D1672063

Urban-Crell/Germakowski
AÜG
Kommentar zum Arbeitnehmerüberlassungsgesetz

Reihe Arbeitsrechtliche Kurzkommentare
Herausgegeben von Hans-Jürgen Dörner,
Vizepräsident des Bundesarbeitsgerichts a.D.

Urban-Crell/Germakowski

AÜG

Kommentar zum
Arbeitnehmerüberlassungsgesetz

von

Dr. Sandra Urban-Crell
Rechtsanwältin und Fachanwältin für Arbeitsrecht in Düsseldorf

Dr. Gudrun Germakowski
Rechtsanwältin in Düsseldorf

1. Auflage

 Luchterhand 2010

Bibliografische Information der Deutschen Nationalbibliothek
Die Deutsche Nationalbibliothek verzeichnet diese Publikation in der
Deutschen Nationalbibliografie; detaillierte bibliografische Daten sind im
Internet über http://dnb.d-nb.de abrufbar.

ISBN 978-3-472-07557-8

www.wolterskluwer.de
www.luchterhand-fachverlag.de

Umschlagkonzeption: Martina Busch, Grafikdesign, Fürstenfeldbruck
Satz: WMTP Wendt-Media Text-Processing GmbH, Birkenau
Druck: Wilhelm & Adam OHG, Heusenstamm

Gedruckt auf säurefreiem, alterungsbeständigem und chlorfreiem Papier

Vorwort

Gerade in der aktuellen Wirtschaftssituation suchen Unternehmen nach Mitteln zur Beschäftigungssicherung und Kostensenkung. Während Instrumente wie Kurzarbeit und Sanierungstarifverträge oftmals lediglich vorübergehenden Effekt haben, ermöglicht der flexible Einsatz unternehmensfremder Arbeitnehmer im Rahmen der Zeitarbeit – nach Abschaffung der Überlassungshöchstdauer durch "Hartz I" – langfristige Lösungen. Die derzeit abnehmende Zahl der in Leiharbeit beschäftigten Arbeitnehmer steht nicht im Widerspruch dazu, dass die Arbeitnehmerüberlassung auch in der Krise für Unternehmen als Flexibilisierungsinstrument attraktiv bleibt. Die Bedeutung der Zeitarbeitsbranche für die betriebliche Praxis belegen nicht zuletzt die politischen Diskussionen über die Einführung eines gesetzlichen Mindestlohns und die gesetzliche Legitimation des Bezugs von Kurzarbeitergeld in der Zeitarbeitsbranche durch das Konjunkturpaket II.

Dieser Kommentar soll möglichst viele Aspekte des facettenreichen und ständigem Wandel unterworfenen Bereichs der Arbeitnehmerüberlassung behandeln. Ein Schwerpunkt liegt hierbei auf den praxisrelevanten Aspekten im Anwendungsbereich des AÜG, etwa den rechtlichen Fragestellungen im Zusammenhang mit den die Branche dominierenden Zeitarbeitstarifverträgen und dem Problemkreis der konzerninternen Arbeitnehmerüberlassung. Der Kommentar berücksichtigt die bis zum Sommer 2009 ergangene Rechtsprechung insbesondere der ersten und zweiten Instanz. Die von einem Praxiskommentar nicht zu leistende wissenschaftliche Aufarbeitung wird an den jeweiligen Stellen durch Hinweis auf vertiefende Literatur berücksichtigt. Um dem Rechtsanwender eine schnelle und sichere Arbeit mit diesem Kommentar zu ermöglichen, enthält dieser eine Vielzahl von Beispielen und Praxistipps. Darüber hinaus sind im Anhang Auszüge der maßgeblichen internen Weisungen der Arbeitsagentur, Übersichten zu Bußgeldern und Straftaten sowie den zuständigen Behörden, Mustervereinbarungen und andere Arbeitshilfen beigefügt.

Düsseldorf im September 2009

Dr. Sandra Urban-Crell   Dr. Gudrun Germakowski

Bearbeiterverzeichnis

Germakowski

Einleitung (A.–B.); § 1 (ohne Abs. 2); § 1a; § 6; § 7; § 8; § 11; § 12; § 14

Urban-Crell

Einleitung (C.–E.); § 1 Abs. 2; § 1b; § 2; § 2a; § 3; § 4; § 5; § 9; § 10; § 13; § 15; § 15a; § 16; § 17; § 18; § 19
Anhang, Formalien

Inhaltsverzeichnis

**Kommentierung
Arbeitnehmerüberlassungsgesetz**

Literaturverzeichnis

Annuß/Thüsing Teilzeit- und Befristungsgesetz, 2. Aufl. 2006 (zit.: *Annuß/ Thüsing*)

Ascheid/Preis/Schmidt (Hrsg.) Kündigungsrecht, Großkommentar zum gesamten Recht der Beendigung von Arbeitsverhältnissen, 3. Aufl. 2007 (zit.: APS/*Bearbeiter*)

Becker/Wulfgramm Kommentar zum Arbeitnehmerüberlassungsgesetz, 3. Aufl. 1985 (zit.: *Becker/Wulfgramm*)

Blümich EStG – KStG-GewStG, 101. Ergänzungslieferung, Stand: Oktober 2008 (zit.: Blümich/*Bearbeiter*)

Boemke/Lembke Arbeitnehmerüberlassungsgesetz, Kommentar, 2. Aufl. 2005 (zit.: *Boemke/Lembke*)

Böhm/Hennig/Popp Zeitarbeit – Leitfaden für die Praxis, 2008 (zit.: Böhm/ Hennig/Popp/*Bearbeiter*)

Däubler (Hrsg.) Kommentar zum Tarifvertragsgesetz, 2. Aufl. 2006 (zit.: Däubler/*Bearbeiter*)

Däubler/Kittner/Klebe (Hrsg.) Betriebsverfassungsgesetz, 11. Aufl. 2008 (zit.: DKK/*Bearbeiter*)

Dieterich/Müller-Glöge/Preis/Schaub (Hrsg.) Erfurter Kommentar zum Arbeitsrecht, 9. Aufl. 2009 (zit.: ErfK/*Bearbeiter*)

Dörner Der befristete Arbeitsvertrag, 2004 (zit.: *Dörner*)

Düwell (Hrsg.) Betriebsverfassungsgesetz Handkommentar, 2. Aufl. 2006 (zit.: HaKo-BetrVG/*Bearbeiter*)

Erdlenbruch Die betriebsverfassungsrechtliche Stellung gewerbsmäßig überlassener Arbeitnehmer, 1992 (zit.: *Erdlenbruch*)

Etzel/Bader u.a. Gemeinschaftskommentar zum Kündigungsschutzgesetz und zu sonstigen kündigungsschutzrechtlichen Vorschriften, 8. Aufl. 2007 (zit.: KR/*Bearbeiter*)

Fitting/Engels/Schmidt u.a. Betriebsverfassungsgesetz, 24. Aufl. 2008 (zit.: Fitting u.a./*Bearbeiter*)

Franßen/Haesen Arbeitnehmerüberlassungsgesetz (Loseblattsammlung), Stand: 1974 (zit.: *Franßen/Haesen*)

Gagel Sozialgesetzbuch III, Arbeitsförderung (Loseblattsammlung), Stand: Oktober 2008 (zit.: Gagel/*Bearbeiter*)

Gleitze/Krause/v. Maydell u.a. Gemeinschaftskommentar zum Sozialgesetzbuch, Gemeinsame Vorschriften für die Sozialversicherung, 2. Aufl. 1993 (zit.: GK-SGB IV/*Bearbeiter*)

Grimm/Brock Praxis der Arbeitnehmerüberlassung, 2004 (zit.: *Grimm/ Brock*)

Großmann/Schimanski/Dopatka Gemeinschaftskommentar zum Schwerbehindertengesetz, 2. Aufl. 2000 (zit.: GK-SchwbG/*Bearbeiter*)

Hamann Fremdpersonal im Unternehmen, 3. Aufl. 2008 (zit.: *Hamann*)

Hauck/Noftz Sozialgesetzbuch (SGB) III: Arbeitsförderung (Loseblattsammlung), Stand: August 2008 (zit.: *Hauck/Noftz*)

Henssler/Willemsen/Kalb (Hrsg.) Arbeitsrecht-Kommentar, 3. Aufl. 2008 (zit.: HWK/*Bearbeiter*)

v. Hoyningen-Huene/Linck Kündigungsschutzgesetz, 14. Aufl. 2007 (zit. *v. Hoyningen-Huene/Linck*)

Hüffer Aktiengesetz, 8. Aufl. 2008 (zit.: *Hüffer*)

Kempen/Zachert (Hrsg.) Tarifvertragsgesetz, 4. Aufl. 2006 (zit.: Kempen/Zachert/*Bearbeiter*)

Koberski/Asshoff/Hold Arbeitnehmer-Entsendegesetz, 2. Aufl. 2002 (zit.: *Koberski/Asshoff/Hold*)

Kopp/Ramsauer Verwaltungsverfahrensgesetz, 10. Aufl. 2008 (zit.: *Kopp/ Ramsauer*)

Kraft/Wiese/Kreutz u.a. Gemeinschaftskommentar zum Betriebsverfassungsgesetz mit Wahlordnungen, Bd. I und II, 8. Aufl. 2005 (zit.: GK-BetrVG/*Bearbeiter*)

Leinemann (Hrsg.) Kasseler Handbuch zum Arbeitsrecht, Bd. 1 und Bd. 2, 2. Aufl. 2000 (zit.: KHK/*Bearbeiter*)

Meinel/Heyn/Herms Teilzeit- und Befristungsgesetz, 3. Auf. 2009 (zit.: *Meinel/Heyn/Herms*)

Meyer-Ladewig/Keller/Leitherer Sozialgerichtsgesetz, 9. Aufl. 2008 (zit.: Meyer-Ladewig/Keller/Leitherer/*Bearbeiter*)

Niesel (Hrsg.) Kasseler Kommentar zum Sozialversicherungsrecht (Loseblattsammlung), Stand: Januar 2009 (zit.: Kasseler Kommentar/*Bearbeiter*)

Palandt (Hrsg.) Bürgerliches Gesetzbuch, 68. Aufl. 2009 (zit.: Palandt/*Bearbeiter*)

Preis Der Arbeitsvertrag, 3. Aufl. 2009 (zit.: Preis/*Bearbeiter*)

Rebmann/Säcker/Rixecker (Hrsg.) Münchener Kommentar zum Bürgerlichen Gesetzbuch, Bd. 4: Schuldrecht Besonderer Teil II, (§§ 611–704, EFZG, TzBfG, KSchG), 5. Aufl. 2009 (zit.: MünchKomm/*Bearbeiter*)

Richardi (Hrsg.) Betriebsverfassungsgesetz, 11. Aufl. 2008 (zit.: Richardi/ *Bearbeiter*)

Richardi/Wlotzke (Hrsg.) Münchener Handbuch zum Arbeitsrecht, Bd. 1: Individualarbeitsrecht I, 2. Aufl. 2000, Bd. 2: Individualarbeitsrecht II, 2. Aufl. 2000, Bd. 3: Kollektives Arbeitsrecht, 2. Aufl. 2000, Ergänzungsbd. Individualarbeitsrecht, 2001 (zit.: MünchArbR/*Bearbeiter*)

Sandmann/Marschall Arbeitnehmerüberlassungsgesetz (Loseblattausgabe), Stand: Dez. 2008 (zit.: *Sandmann/Marschall*)

Schaub Arbeitsrechtshandbuch, 12. Aufl. 2007 (zit.: *Schaub* Handbuch-ArbR)

Schmidt EStG – Einkommensteuergesetz, 28. Aufl. 2009 (zit.: Schmidt/*Bearbeiter*)

Schubel/Engelbrecht Kommentar zum Gesetz über die gewerbsmäßige Arbeitnehmerüberlassung, 1973 (zit.: *Schubel/Engelbrecht*)

Schüren/Hamann Arbeitnehmerüberlassungsgesetz, 3. Aufl. 2007 (zit.: Schüren/Hamann/*Bearbeiter*)

Sievers TzBfG – Kommentar zum Teilzeit- und Befristungsgesetz, 2. Aufl. 2007 (zit.: *Sievers*)

Stahlhacke/Preis/Vossen Kündigung und Kündigungsschutz im Arbeitsverhältnis, 9. Aufl. 2005 (zit.: *Stahlhacke/Preis/Vossen*)

Tettinger/Wank Gewerbeordnung, 7. Aufl. 2004 (zit.: Tettinger/Wank/*Bearbeiter*)

Thomas/Putzo Zivilprozessordnung, 29. Aufl. 2008 (zit.: *Thomas/Putzo*)

Thüsing (Hrsg.) Arbeitnehmerüberlassungsgesetz, 2. Aufl. 2008 (zit.: Thüsing/*Bearbeiter*)

Thüsing AGB-Kontrolle im Arbeitsrecht, 2007 (zit.: *Thüsing*, AGB-Kontrolle im Arbeitsrecht)

Tröndle/Fischer Strafgesetzbuch und Nebengesetze, 56. Aufl. 2009 (zit.: *Tröndle/Fischer*)

Ulber Arbeitnehmerüberlassungsgesetz, 3. Aufl. 2006 (zit.: *Ulber*)

Urban Der Kündigungsschutz außerhalb des Kündigungsschutzgesetzes – Das Arbeitsverhältnis im Spannungsfeld zwischen Kündigungsfreiheit und Kündigungsschutz, 2001 (zit.: *Urban*)

Urban-Crell/Schulz Arbeitnehmerüberlassung und Arbeitsvermittlung, 2003 (zit.: *Urban-Crell/Schulz*)

Wiedemann (Hrsg.) Tarifvertragsgesetz, 7. Aufl. 2007 (zit.: Wiedemann/*Bearbeiter*)

Zöller/Geimer Zivilprozessordnung, 27. Aufl. 2008 (zit.: Zöller/*Bearbeiter*)

Abkürzungsverzeichnis

a.	auch
a.A.	anderer Ansicht
a.a.O.	am angegebenen Ort
abl.	ablehnend
ABl.	Amtsblatt
ABlEG	Amtsblatt der Europäischen Gemeinschaften
Abs.	Absatz
Abschn.	Abschnitt
abw.	abweichend
a.e.	am Ende
AE	Arbeitsrechtliche Entscheidungen (Zeitschrift)
AEntG	Arbeitnehmer-Entsendegesetz
a.F.	alte Fassung
AFG	Arbeitsförderungsgesetz
AG	Aktiengesellschaft, Amtsgericht
AGB	Allgemeine Geschäftsbedingungen
AGG	Allgemeines Gleichbehandlungsgesetz
AiB	Arbeitsrecht im Betrieb (Zeitschrift)
AktG	Aktiengesetz
allg.	allgemein(e)
Alt.	Alternative
a.M.	anderer Meinung
amtl.	amtlich
Amtl. Begr.	Amtliche Begründung
Anh.	Anhang
Anl.	Anlage
Anm.	Anmerkung
AO	Abgabenordnung
AP	Arbeitsrechtliche Praxis (Entscheidungssammlung)
AR-Blattei	Arbeitsrecht-Blattei (Loseblattausgabe)
ArbG	Arbeitsgericht
ArbGG	Arbeitsgerichtsgesetz
ArbPlSchG	Arbeitsplatzschutzgesetz
ArbSchG	Arbeitsschutzgesetz
ArbuR	Arbeit und Recht (Zeitschrift)
ArbZG	Arbeitszeitgesetz
arg.	argumentum
Art.	Artikel
AsylbLG	Asylbewerberleistungsgesetz
AuA	Arbeit und Arbeitsrecht (Zeitschrift)

AufenthG	Aufenthaltsgesetz
Aufl.	Auflage
AÜG	Arbeitnehmerüberlassungsgesetz
AÜ-KostVO	Kostenverordnung zum AÜG
AuR	Arbeit und Recht (Zeitschrift)
BA	Bundesagentur für Arbeit
BABl.	Bundesarbeitsblatt (Zeitschrift)
BAG	Bundesarbeitsgericht
BAGE	Amtliche Sammlung der Entscheidungen des Bundesarbeitsgerichts
BAnz.	Bundesanzeiger
BArbBl.	Bundesarbeitsblatt
BAT	Bundes-Angestelltentarifvertrag
BB	Betriebs-Berater (Zeitschrift)
Bd.	Band
BDA	Bundesverband Deutscher Arbeitgeberverbände
BDI	Bundesverband der Deutschen Industrie
BDSG	Bundesdatenschutzgesetz
Begr.	Begründung
Beil.	Beilage
Bek.	Bekanntmachung
betr.	betrifft
BetrVG	Betriebsverfassungsgesetz
BGB	Bürgerliches Gesetzbuch
BGBl.	Bundesgesetzblatt
BGH	Bundesgerichtshof
BGHZ	Amtliche Sammlung der Entscheidungen des Bundesgerichtshofs in Zivilsachen
Bl.	Blatt
BMF	Bundesministerium für Finanzen
BPersVG	Bundespersonalvertretungsgesetz
BR-Drucks.	Bundesrats-Drucksache
BR-Prot.	Bundesratsprotokolle
bspw.	beispielsweise
BStBl.	Bundessteuerblatt
BT	Bundestag
BT-Drucks.	Drucksache des Deutschen Bundestages
BT-Prot.	Bundestagsprotokolle
Buchst.	Buchstabe
BUrlG	Bundesurlaubsgesetz
BuW	Betrieb und Wirtschaft (Zeitschrift)
BVerfG	Bundesverfassungsgericht
BVerfGE	Amtliche Sammlung der Entscheidungen des Bundesverfassunsgerichts

BVerwG	Bundesverwaltungsgericht
BVerwGE	Amtliche Sammlung der Entscheidung des Bundesverwaltungsgerichts
bzgl.	bezüglich
bzw.	beziehungsweise
ca.	circa
DB	Der Betrieb (Zeitschrift)
DBA	Doppelbesteuerungsabkommen
ders.	derselbe
DGB	Deutscher Gewerkschaftsbund
d.h.	das heißt
dies.	dieselben
Diss.	Dissertation
Dok.	Dokument
DrittelbG	Drittelbeteiligungsgesetz
Drucks.	Drucksache
DVKA	Deutsche Verbindungsstelle Krankenversicherung – Ausland
EG	Europäische Gemeinschaft
e.G.	eingetragene Genossenschaft
EGBGB	Einführungsgesetz zum Bürgerlichen Gesetzbuch
Einf.	Einführung
einschl.	einschließlich
EntgeltFZG	Entgeltfortzahlungsgesetz
Erg.	Ergänzung
EStG	Einkommensteuergesetz
etc.	et cetera
EU	Europäische Union
EuGH	Europäischer Gerichtshof
EuroAS	Informationsdienst Eurpäisches Arbeits- und Sozialrecht (Zeitschrift)
EuZA	Europäische Zeitschrift für Arbeitsrecht (Zeitschrift)
e.V.	eingetragener Verein
evtl.	eventuell
EWR	Europäischer Wirtschaftsraum
EzA	Entscheidungssammlung zum Arbeitsrecht (Loseblattausgabe)
f.	folgende
FA	Fachanwalt Arbeitsrecht (Zeitschrift)

FD-InsR	Fachdienst Insolvenzrecht (Zeitschrift)
ff.	fortfolgende
FG	Finanzgericht
GbR	Gesellschaft bürgerlichen Rechts
GG	Grundgesetz
ggf.	gegebenenfalls
GmbH	Gesellschaft mit beschränkter Haftung
grds.	grundsätzlich
GS	Großer Senat
h.L.	herrschende Lehre
h.M.	herrschende Meinung
Hrsg.	Herausgeber
Hs.	Halbsatz
i.d.F.	in der Fassung
i.d.R.	in der Regel
i.E.	im Einzelnen
i.e.S.	im engeren Sinne
IHK	Industrie- und Handelskammer
insbes.	insbesondere
i.S.	im Sinne
i.S.d.	im Sinne des / der
IStR	Internationales Steuerrecht (Zeitschrift)
i.S.v.	im Sinne von
i.V.m.	in Verbindung mit
JArbSchG	Jugendarbeitsschutzgesetz
juris PR	juris PraxisReport (Online-Zeitschrift)
KG	Kommanditgesellschaft
KGaA	Kommanditgesellschaft auf Aktien
krit.	kritisch
KSchG	Kündigungsschutzgesetz
KuR	Zeitschrift für die kirchliche und staatliche Praxis – Kirche & Recht (Zeitschrift)
LAG	Landesarbeitsgericht
LAGE	Entscheidungssammlung (Landesarbeitsgerichte)
LG	Landgericht
lit.	Litera, Buchstabe(n)
LStR	Lohnsteuerrichtlinie(n)

max.	maximal
MiArbG	Mindestarbeitsbedingungengesetz
Mio.	Million
MitbestG	Mitbestimmungsgesetz
Montan-Mitbest-ErgG	Montan-Mitbestimmungsergänzungsgesetz
Montan-MitbestG	Montan-Mitbestimmungsgesetz
Mrd.	Milliarde
MuSchG	Mutterschutzgesetz
m.w.Nachw.	mit weiteren Nachweisen
Nachw.	Nachweise
n.F.	neue Fassung
NJOZ	Neue juristische Online-Zeitschrift
NJW	Neue Juristische Wochenschrift (Zeitschrift)
NJW-RR	NJW Rechtsprechungs-Report
Nr.	Nummer
NStZ	Neue Zeitschrift für Strafrecht
n.v.	nicht veröffentlicht
NVwZ	Neue Zeitschrift für Verwaltungsrecht (Zeitschrift)
NVwZ-RR	NvWZ Rechtsprechungs-Report (Zeitschrift)
NZA	Neue Zeitschrift für Arbeitsrecht (Zeitschrift)
NZA-RR	NZA Rechtsprechungs-Report
NZG	Neue Zeitschrift für Gesellschaftsrecht (Zeitschrift)
NZS	Neue Zeitschrift für Sozialrecht (Zeitschrift)
o.Ä.	oder Ähnliches
OECD-MA	OECD-Musterabkommen
o.g.	oben genannte
oHG	offene Handelsgesellschaft
OLG	Oberlandesgericht
Prot.	Protokoll
rd.	Rund
RdA	Recht der Arbeit (Zeitschrift)
Rdn.	Randnummer (interner Verweis)
RegBl.	Regierungsblatt
RegE	Regierungsentwurf
RIW	Recht der internationalen Wirtschaft (Zeitschrift)
RL	Richtlinie(n)
Rn.	Randnummer (externer Verweis)
Rs.	Rechtssache

Rspr.	Rechtsprechung
sh.	siehe
S.	Satz, Seite
s.a.	siehe auch
SchwarzArbG	Schwarzarbeitsbekämpfungsgesetz
SG	Sozialgericht
SGb	Die Sozialgerichtsbarkeit (Zeitschrift)
SGB	Sozialgesetzbuch
SGG	Sozialgerichtsgesetz
s.o.	siehe oben
sog.	sogenannt(~e, ~er, ~es)
StGB	Strafgesetzbuch
str.	streitig
st. Rspr.	ständige Rechtsprechung
teilw.	teilweise
TVG	Tarifvertragsgesetz
TzBfG	Teilzeit- und Befristungsgesetz
u.a.	und andere
UmwG	Umwandlungsgesetz
unstr.	unstreitig
usw.	und so weiter
u.U.	unter Umständen
UWG	Gesetz gegen den unlauteren Wettbewerb
v.	von, vom
VBG	Verwaltungs-Berufsgenossenschaft
Verf.	Verfassung
VGH	Verwaltungsgerichtshof
vgl.	vergleiche
v.H.	vom Hundert
VO	Verordnung
VOBl.	Verordnungsblatt
Voraufl.	Vorauflage
Vorb.	Vorbemerkung
VwGO	Verwaltungsgerichtsordnung
VwVfG	Verwaltungsverfahrensgesetz
VwVG	Verwaltungsvollstreckungsgesetz
VwZG	Verwaltungszustellungsgesetz
z.B.	zum Beispiel
ZfA	Zeitschrift für Arbeitsrecht
Ziff.	Ziffer

ZInsO	Zeitschrift für das gesamte Insolvenzrecht
ZIP	Zeitschrift für Wirtschaftsrecht und Insolvenzpraxis
zit.	zitiert
ZPO	Zivilprozessordnung
z.T.	zum Teil
zust.	zustimmend
zutr.	zutreffend
zzt.	zurzeit

Arbeitnehmerüberlassungsgesetz (AÜG)

Vom 3. Februar 1995 (BGBl. I S. 158),
zuletzt geändert durch Artikel 16 und 19 des Gesetzes
zur Sicherung von Beschäftigung und Stabilität in Deutschland
vom 2. März 2009 (BGBl. I S. 416)

§ 1 Erlaubnispflicht

(1) [1]Arbeitgeber, die als Verleiher Dritten (Entleihern) Arbeitnehmer (Leiharbeitnehmer) gewerbsmäßig zur Arbeitsleistung überlassen wollen, bedürfen der Erlaubnis. [2]Die Abordnung von Arbeitnehmern zu einer zur Herstellung eines Werkes gebildeten Arbeitsgemeinschaft ist keine Arbeitnehmerüberlassung, wenn der Arbeitgeber Mitglied der Arbeitsgemeinschaft ist, für alle Mitglieder der Arbeitsgemeinschaft Tarifverträge desselben Wirtschaftszweiges gelten und alle Mitglieder auf Grund des Arbeitsgemeinschaftsvertrages zur selbständigen Erbringung von Vertragsleistungen verpflichtet sind. [3]Für einen Arbeitgeber mit Geschäftssitz in einem anderen Mitgliedstaat des Europäischen Wirtschaftsraumes ist die Abordnung von Arbeitnehmern zu einer zur Herstellung eines Werkes gebildeten Arbeitsgemeinschaft auch dann keine Arbeitnehmerüberlassung, wenn für ihn deutsche Tarifverträge desselben Wirtschaftszweiges wie für die anderen Mitglieder der Arbeitsgemeinschaft nicht gelten, er aber die übrigen Voraussetzungen des Satzes 2 erfüllt.

(2) Werden Arbeitnehmer Dritten zur Arbeitsleistung überlassen und übernimmt der Überlassende nicht die üblichen Arbeitgeberpflichten oder das Arbeitgeberrisiko (§ 3 Abs. 1 Nr. 1 bis 3), so wird vermutet, daß der Überlassende Arbeitsvermittlung betreibt.

(3) Dieses Gesetz ist mit Ausnahme des § 1b Satz 1, des § 16 Abs. 1 Nr. 1b und Abs. 2 bis 5 sowie der §§ 17 und 18 nicht anzuwenden auf die Arbeitnehmerüberlassung

1. zwischen Arbeitgebern desselben Wirtschaftszweiges zur Vermeidung von Kurzarbeit oder Entlassungen, wenn ein für den Entleiher und Verleiher geltender Tarifvertrag dies vorsieht,
2. zwischen Konzernunternehmen im Sinne des § 18 des Aktiengesetzes, wenn der Arbeitnehmer seine Arbeit vorübergehend nicht bei seinem Arbeitgeber leistet, oder

3. in das Ausland, wenn der Leiharbeitnehmer in ein auf der Grundlage zwischenstaatlicher Vereinbarungen begründetes deutschausländisches Gemeinschaftsunternehmen verliehen wird, an dem der Verleiher beteiligt ist.

§ 1a Anzeige der Überlassung

(1) Keiner Erlaubnis bedarf ein Arbeitgeber mit weniger als 50 Beschäftigten, der zur Vermeidung von Kurzarbeit oder Entlassungen an einen Arbeitgeber einen Arbeitnehmer bis zur Dauer von zwölf Monaten überläßt, wenn er die Überlassung vorher schriftlich der Bundesagentur für Arbeit angezeigt hat.

(2) In der Anzeige sind anzugeben
1. Vor- und Familiennamen, Wohnort und Wohnung, Tag und Ort der Geburt des Leiharbeitnehmers,
2. Art der vom Leiharbeitnehmer zu leistenden Tätigkeit und etwaige Pflicht zur auswärtigen Leistung,
3. Beginn und Dauer der Überlassung,
4. Firma und Anschrift des Entleihers.

§ 1b Einschränkungen im Baugewerbe

[1]Gewerbsmäßige Arbeitnehmerüberlassung in Betriebe des Baugewerbes für Arbeiten, die üblicherweise von Arbeitern verrichtet werden, ist unzulässig. [2]Sie ist gestattet
a) zwischen Betrieben des Baugewerbes und anderen Betrieben, wenn diese Betriebe erfassende, für allgemeinverbindlich erklärte Tarifverträge dies bestimmen,
b) zwischen Betrieben des Baugewerbes, wenn der verleihende Betrieb nachweislich seit mindestens drei Jahren von denselben Rahmen- und Sozialkassentarifverträgen oder von deren Allgemeinverbindlichkeit erfasst wird.

[3]Abweichend von Satz 2 ist für Betriebe des Baugewerbes mit Geschäftssitz in einem anderen Mitgliedstaat des Europäischen Wirtschaftsraumes gewerbsmäßige Arbeitnehmerüberlassung auch gestattet, wenn die ausländischen Betriebe nicht von deutschen Rahmen- und Sozialkassentarifverträgen oder für allgemeinverbindlich erklärten Tarifverträgen erfasst werden, sie aber nachweislich seit mindestens drei Jahren überwiegend Tätigkeiten ausüben, die unter den Geltungsbereich derselben Rahmen- und Sozialkassentarifverträge fallen, von denen der Betrieb des Entleihers erfasst wird.

§ 2 Erteilung und Erlöschen der Erlaubnis

(1) Die Erlaubnis wird auf schriftlichen Antrag erteilt.

(2) [1]Die Erlaubnis kann unter Bedingungen erteilt und mit Auflagen verbunden werden, um sicherzustellen, daß keine Tatsachen eintreten, die nach § 3 die Versagung der Erlaubnis rechtfertigen. [2]Die Aufnahme, Änderung oder Ergänzung von Auflagen sind auch nach Erteilung der Erlaubnis zulässig.

(3) Die Erlaubnis kann unter dem Vorbehalt des Widerrufs erteilt werden, wenn eine abschließende Beurteilung des Antrags noch nicht möglich ist.

(4) [1]Die Erlaubnis ist auf ein Jahr zu befristen. [2]Der Antrag auf Verlängerung der Erlaubnis ist spätestens drei Monate vor Ablauf des Jahres zu stellen. [3]Die Erlaubnis verlängert sich um ein weiteres Jahr, wenn die Erlaubnisbehörde die Verlängerung nicht vor Ablauf des Jahres ablehnt. [4]Im Falle der Ablehnung gilt die Erlaubnis für die Abwicklung der nach § 1 erlaubt abgeschlossenen Verträge als fortbestehend, jedoch nicht länger als zwölf Monate.

(5) [1]Die Erlaubnis kann unbefristet erteilt werden, wenn der Verleiher drei aufeinanderfolgende Jahre lang nach § 1 erlaubt tätig war. [2]Sie erlischt, wenn der Verleiher von der Erlaubnis drei Jahre lang keinen Gebrauch gemacht hat.

§ 2a Kosten

(1) Für die Bearbeitung von Anträgen auf Erteilung und Verlängerung der Erlaubnis werden vom Antragsteller Kosten (Gebühren und Auslagen) erhoben.

(2) [1]Die Vorschriften des Verwaltungskostengesetzes sind anzuwenden. [2]Die Bundesregierung wird ermächtigt, durch Rechtsverordnung die gebührenpflichtigen Tatbestände näher zu bestimmen und dabei feste Sätze und Rahmensätze vorzusehen. [3]Die Gebühr darf im Einzelfall 2500 Euro nicht überschreiten.

§ 3 Versagung

(1) Die Erlaubnis oder ihre Verlängerung ist zu versagen, wenn Tatsachen die Annahme rechtfertigen, daß der Antragsteller
1. die für die Ausübung der Tätigkeit nach § 1 erforderliche Zuverlässigkeit nicht besitzt, insbesondere weil er die Vorschriften des Sozialversicherungsrechts, über die Einbehaltung und Abführung der Lohnsteuer, über die Arbeitsvermittlung, über die Anwerbung

im Ausland oder über die Ausländerbeschäftigung, die Vorschriften des Arbeitsschutzrechts oder die arbeitsrechtlichen Pflichten nicht einhält;

2. nach der Gestaltung seiner Betriebsorganisation nicht in der Lage ist, die üblichen Arbeitgeberpflichten ordnungsgemäß zu erfüllen;

3. dem Leiharbeitnehmer für die Zeit der Überlassung an einen Entleiher die im Betrieb dieses Entleihers für einen vergleichbaren Arbeitnehmer des Entleihers geltenden wesentlichen Arbeitsbedingungen einschließlich des Arbeitsentgelts nicht gewährt, es sei denn, der Verleiher gewährt dem zuvor arbeitslosen Leiharbeitnehmer für die Zeit der Überlassung an einen Entleiher für die Dauer von insgesamt höchstens sechs Wochen mindestens ein Nettoarbeitsentgelt in Höhe des Betrages, den der Leiharbeitnehmer zuletzt als Arbeitslosengeld erhalten hat; Letzteres gilt nicht, wenn mit demselben Verleiher bereits ein Leiharbeitsverhältnis bestanden hat. Ein Tarifvertrag kann abweichende Regelungen zulassen. Im Geltungsbereich eines solchen Tarifvertrages können nicht tarifgebundene Arbeitgeber und Arbeitnehmer die Anwendung der tariflichen Regelungen vereinbaren.

(2) Die Erlaubnis oder ihre Verlängerung ist ferner zu versagen, wenn für die Ausübung der Tätigkeit nach § 1 Betriebe, Betriebsteile oder Nebenbetriebe vorgesehen sind, die nicht in einem Mitgliedstaat der Europäischen Wirtschaftsgemeinschaft oder einem anderen Vertragsstaat des Abkommens über den Europäischen Wirtschaftsraum liegen.

(3) Die Erlaubnis kann versagt werden, wenn der Antragsteller nicht Deutscher im Sinne des Art. 116 des Grundgesetzes ist oder wenn eine Gesellschaft oder juristische Person den Antrag stellt, die entweder nicht nach deutschem Recht gegründet ist oder die weder ihren satzungsmäßigen Sitz noch ihre Hauptverwaltung noch ihre Hauptniederlassung im Geltungsbereich dieses Gesetzes hat.

(4) [1]Staatsangehörige der Mitgliedstaaten der Europäischen Wirtschaftsgemeinschaft oder eines anderen Vertragsstaates des Abkommens über den Europäischen Wirtschaftsraum erhalten die Erlaubnis unter den gleichen Voraussetzungen wie deutsche Staatsangehörige. [2]Den Staatsangehörigen dieser Staaten stehen gleich Gesellschaften und juristische Personen, die nach den Rechtsvorschriften dieser Staaten gegründet sind und ihren satzungsgemäßen Sitz, ihre Hauptverwaltung oder ihre Hauptniederlassung innerhalb dieser Staaten haben. [3]Soweit diese Gesellschaften oder juristische Personen zwar ihren satzungsmäßigen Sitz, jedoch weder ihre Hauptverwaltung noch ihre Hauptniederlassung innerhalb dieser Staaten haben, gilt Satz 2 nur, wenn ihre Tätigkeit in tatsächlicher und dauerhafter Verbindung

mit der Wirtschaft eines Mitgliedstaates oder eines Vertragsstaates des Abkommens über den Europäischen Wirtschaftsraum steht.

(5) [1]Staatsangehörige anderer als der in Absatz 4 genannten Staaten, die sich aufgrund eines internationalen Abkommens im Geltungsbereich dieses Gesetzes niederlassen und hierbei sowie bei ihrer Geschäftstätigkeit nicht weniger günstig behandelt werden dürfen als deutsche Staatsangehörige, erhalten die Erlaubnis unter den gleichen Voraussetzungen wie deutsche Staatsangehörige.[2]Den Staatsangehörigen nach Satz 1 stehen gleich Gesellschaften, die nach den Rechtsvorschriften des anderen Staates gegründet sind.

§ 4 Rücknahme

(1) [1]Eine rechtswidrige Erlaubnis kann mit Wirkung für die Zukunft zurückgenommen werden. [2]§ 2 Abs. 4 Satz 4 gilt entsprechend.

(2) [1]Die Erlaubnisbehörde hat dem Verleiher auf Antrag den Vermögensnachteil auszugleichen, den dieser dadurch erleidet, daß er auf den Bestand der Erlaubnis vertraut hat, soweit sein Vertrauen unter Abwägung mit dem öffentlichen Interesse schutzwürdig ist. [2]Auf Vertrauen kann sich der Verleiher nicht berufen, wenn er

1. die Erlaubnis durch arglistige Täuschung, Drohung oder eine strafbare Handlung erwirkt hat;
2. die Erlaubnis durch Angaben erwirkt hat, die in wesentlicher Beziehung unrichtig oder unvollständig waren, oder
3. die Rechtswidrigkeit der Erlaubnis kannte oder infolge grober Fahrlässigkeit nicht kannte.

[3]Der Vermögensnachteil ist jedoch nicht über den Betrag des Interesses hinaus zu ersetzen, das der Verleiher an dem Bestand der Erlaubnis hat. [4]Der auszugleichende Vermögensnachteil wird durch die Erlaubnisbehörde festgesetzt. [5]Der Anspruch kann nur innerhalb eines Jahres geltend gemacht werden; die Frist beginnt, sobald die Erlaubnisbehörde den Verleiher auf sie hingewiesen hat.

(3) Die Rücknahme ist nur innerhalb eines Jahres seit dem Zeitpunkt zulässig, in dem die Erlaubnisbehörde von den Tatsachen Kenntnis erhalten hat, die die Rücknahme der Erlaubnis rechtfertigen.

§ 5 Widerruf

(1) Die Erlaubnis kann mit Wirkung für die Zukunft widerrufen werden, wenn

1. der Widerruf bei ihrer Erteilung nach § 2 Abs. 3 vorbehalten worden ist;

2. der Verleiher eine Auflage nach § 2 nicht innerhalb einer ihm gesetzten Frist erfüllt hat;

3. die Erlaubnisbehörde auf Grund nachträglich eingetretener Tatsachen berechtigt wäre, die Erlaubnis zu versagen, oder

4. die Erlaubnisbehörde auf Grund einer geänderten Rechtslage berechtigt wäre, die Erlaubnis zu versagen; § 4 Abs. 2 gilt entsprechend.

(2) [1]Die Erlaubnis wird mit dem Wirksamwerden des Widerrufs unwirksam. [2]§ 2 Abs. 4 Satz 4 gilt entsprechend.

(3) Der Widerruf ist unzulässig, wenn eine Erlaubnis gleichen Inhalts erneut erteilt werden müßte.

(4) Der Widerruf ist nur innerhalb eines Jahres seit dem Zeitpunkt zulässig, in dem die Erlaubnisbehörde von den Tatsachen Kenntnis erhalten hat, die den Widerruf der Erlaubnis rechtfertigen.

§ 6 Verwaltungszwang

Werden Leiharbeitnehmer von einem Verleiher ohne die erforderliche Erlaubnis überlassen, so hat die Erlaubnisbehörde dem Verleiher dies zu untersagen und das weitere Überlassen nach den Vorschriften des Verwaltungsvollstreckungsgesetzes zu verhindern.

§ 7 Anzeigen und Auskünfte

(1) [1]Der Verleiher hat der Erlaubnisbehörde nach Erteilung der Erlaubnis unaufgefordert die Verlegung, Schließung und Errichtung von Betrieben, Betriebsteilen oder Nebenbetrieben vorher anzuzeigen, soweit diese die Ausübung der Arbeitnehmerüberlassung zum Gegenstand haben. [2]Wenn die Erlaubnis Personengesamtheiten, Personengesellschaften oder juristischen Personen erteilt ist und nach ihrer Erteilung eine andere Person zur Geschäftsführung oder Vertretung nach Gesetz, Satzung oder Gesellschaftsvertrag berufen wird, ist auch dies unaufgefordert anzuzeigen.

(2) [1]Der Verleiher hat der Erlaubnisbehörde auf Verlangen die Auskünfte zu erteilen, die zur Durchführung des Gesetzes erforderlich sind. [2]Die Auskünfte sind wahrheitsgemäß, vollständig, fristgemäß und unentgeltlich zu erteilen. [3]Auf Verlangen der Erlaubnisbehörde hat der Verleiher die geschäftlichen Unterlagen vorzulegen, aus denen sich die Richtigkeit seiner Angaben ergibt, oder seine Angaben auf sonstige Weise glaubhaft zu machen. [4]Der Verleiher hat seine Geschäftsunterlagen drei Jahre lang aufzubewahren.

(3) ¹In begründeten Einzelfällen sind die von der Erlaubnisbehörde beauftragten Personen befugt, Grundstücke und Geschäftsräume des Verleihers zu betreten und dort Prüfungen vorzunehmen. ²Der Verleiher hat die Maßnahmen nach Satz 1 zu dulden. ³Das Grundrecht der Unverletzlichkeit der Wohnung (Artikel 13 des Grundgesetzes) wird insoweit eingeschränkt.

(4) ¹Durchsuchungen können nur auf Anordnung des Richters bei dem Amtsgericht, in dessen Bezirk die Durchsuchung erfolgen soll, vorgenommen werden. ²Auf die Anfechtung dieser Anordnung finden die §§ 304 bis 310 der Strafprozeßordnung entsprechende Anwendung. ³Bei Gefahr im Verzuge können die von der Erlaubnisbehörde beauftragten Personen während der Geschäftszeit die erforderlichen Durchsuchungen ohne richterliche Anordnung vornehmen. ⁴An Ort und Stelle ist eine Niederschrift über die Durchsuchung und ihr wesentliches Ergebnis aufzunehmen, aus der sich, falls keine richterliche Anordnung ergangen ist, auch die Tatsachen ergeben, die zur Annahme einer Gefahr im Verzuge geführt haben.

(5) Der Verleiher kann die Auskunft auf solche Fragen verweigern, deren Beantwortung ihn selbst oder einen der in § 383 Abs. 1 Nr. 1 bis 3 der Zivilprozeßordnung bezeichneten Angehörigen der Gefahr strafgerichtlicher Verfolgung oder eines Verfahrens nach dem Gesetz über Ordnungswidrigkeiten aussetzen würde.

§ 8 Statistische Meldungen

(1) ¹Der Verleiher hat der Erlaubnisbehörde halbjährlich statistische Meldungen über
1. die Zahl der überlassenen Leiharbeitnehmer getrennt nach Geschlecht, nach der Staatsangehörigkeit, nach Berufsgruppen und nach der Art der vor der Begründung des Vertragsverhältnisses zum Verleiher ausgeübten Beschäftigung,
2. die Zahl der Überlassungsfälle, gegliedert nach Wirtschaftsgruppen,
3. die Zahl der Entleiher, denen er Leiharbeitnehmer überlassen hat, gegliedert nach Wirtschaftsgruppen,
4. die Zahl und die Dauer der Arbeitsverhältnisse, die er mit jedem überlassenen Leiharbeitnehmer eingegangen ist,
5. die Zahl der Beschäftigungstage jedes überlassenen Leiharbeitnehmers, gegliedert nach Überlassungsfällen,
zu erstatten. ²Die Erlaubnisbehörde kann die Meldepflicht nach Satz 1 einschränken.

(2) Die Meldungen sind für das erste Kalenderhalbjahr bis zum 1. September des laufenden Jahres, für das zweite Kalenderhalbjahr bis zum 1. März des folgenden Jahres zu erstatten.

(3) [1]Die Erlaubnisbehörde gibt zur Durchführung des Absatzes 1 Erhebungsvordrucke aus. [2]Die Meldungen sind auf diesen Vordrucken zu erstatten. [3]Die Richtigkeit der Angaben ist durch Unterschrift zu bestätigen.

(4) [1]Einzelangaben nach Absatz 1 sind von der Erlaubnisbehörde geheimzuhalten. [2]Die §§ 93, 97, 105 Abs. 1, § 111 Abs. 5 in Verbindung mit § 105 Abs. 1 sowie § 116 Abs. 1 der Abgabenordnung gelten nicht. [3]Dies gilt nicht, soweit die Finanzbehörden die Kenntnisse für die Durchführung eines Verfahrens wegen einer Steuerstraftat sowie eines damit zusammenhängenden Besteuerungsverfahrens benötigen, an deren Verfolgung ein zwingendes öffentliches Interesse besteht, oder soweit es sich um vorsätzlich falsche Angaben des Auskunftspflichtigen oder der für ihn tätigen Personen handelt. [4]Veröffentlichungen von Ergebnissen auf Grund von Meldungen nach Absatz 1 dürfen keine Einzelangaben enthalten. [5]Eine Zusammenfassung von Angaben mehrerer Auskunftspflichtiger ist keine Einzelangabe im Sinne dieses Absatzes.

§ 9 Unwirksamkeit

Unwirksam sind:

1. Verträge zwischen Verleihern und Entleihern sowie zwischen Verleihern und Leiharbeitnehmern, wenn der Verleiher nicht die nach § 1 erforderliche Erlaubnis hat,
2. Vereinbarungen, die für den Leiharbeitnehmer für die Zeit der Überlassung an einen Entleiher schlechtere als die im Betrieb des Entleihers für einen vergleichbaren Arbeitnehmer des Entleihers geltenden wesentlichen Arbeitsbedingungen einschließlich des Arbeitsentgelts vorsehen, es sei denn, der Verleiher gewährt dem zuvor arbeitslosen Leiharbeitnehmer für die Überlassung an einen Entleiher für die Dauer von insgesamt höchstens sechs Wochen mindestens ein Nettoarbeitsentgelt in Höhe des Betrages, den der Leiharbeitnehmer zuletzt als Arbeitslosengeld erhalten hat; Letzteres gilt nicht, wenn mit demselben Verleiher bereits ein Leiharbeitsverhältnis bestanden hat; ein Tarifvertrag kann abweichende Regelungen zulassen; im Geltungsbereich eines solchen Tarifvertrages können nicht tarifgebundene Arbeitgeber und Arbeitnehmer die Anwendung der tariflichen Regelungen vereinbaren,
3. Vereinbarungen, die dem Entleiher untersagen, den Leiharbeitnehmer zu einem Zeitpunkt einzustellen, in dem dessen Arbeitsver-

hältnis zum Verleiher nicht mehr besteht; dies schließt die Vereinbarung einer angemessenen Vergütung zwischen Verleiher und Entleiher für die nach vorangegangenem Verleih oder mittels vorangegangenem Verleih erfolgte Vermittlung nicht aus,

4. Vereinbarungen, die dem Leiharbeitnehmer untersagen, mit dem Entleiher zu einem Zeitpunkt, in dem das Arbeitsverhältnis zwischen Verleiher und Leiharbeitnehmer nicht mehr besteht, ein Arbeitsverhältnis einzugehen.

§ 10 Rechtsfolgen bei Unwirksamkeit

(1) [1]Ist der Vertrag zwischen einem Verleiher und einem Leiharbeitnehmer nach § 9 Nr. 1 unwirksam, so gilt ein Arbeitsverhältnis zwischen Entleiher und Leiharbeitnehmer zu dem zwischen dem Entleiher und dem Verleiher für den Beginn der Tätigkeit vorgesehenen Zeitpunkt als zustande gekommen; tritt die Unwirksamkeit erst nach Aufnahme der Tätigkeit beim Entleiher ein, so gilt das Arbeitsverhältnis zwischen Entleiher und Leiharbeitnehmer mit dem Eintritt der Unwirksamkeit als zustande gekommen. [2]Das Arbeitsverhältnis nach Satz 1 gilt als befristet, wenn die Tätigkeit des Leiharbeitnehmers bei dem Entleiher nur befristet vorgesehen war und ein die Befristung des Arbeitsverhältnisses sachlich rechtfertigender Grund vorliegt. [3]Für das Arbeitsverhältnis nach Satz 1 gilt die zwischen dem Verleiher und dem Entleiher vorgesehene Arbeitszeit als vereinbart. [4]Im übrigen bestimmen sich Inhalt und Dauer dieses Arbeitsverhältnisses nach den für den Betrieb des Entleihers geltenden Vorschriften und sonstigen Regelungen; sind solche nicht vorhanden, gelten diejenigen vergleichbarer Betriebe. [5]Der Leiharbeitnehmer hat gegen den Entleiher mindestens Anspruch auf das mit dem Verleiher vereinbarte Arbeitsentgelt.

(2) [1]Der Leiharbeitnehmer kann im Falle der Unwirksamkeit seines Vertrages mit dem Verleiher nach § 9 Nr. 1 von diesem Ersatz des Schadens verlangen, den er dadurch erleidet, daß er auf die Gültigkeit des Vertrages vertraut. [2]Die Ersatzpflicht tritt nicht ein, wenn der Leiharbeitnehmer den Grund der Unwirksamkeit kannte.

(3) [1]Zahlt der Verleiher das vereinbarte Arbeitsentgelt oder Teile des Arbeitsentgelts an den Leiharbeitnehmer, obwohl der Vertrag nach § 9 Nr. 1 unwirksam ist, so hat er auch sonstige Teile des Arbeitsentgelts, die bei einem wirksamen Arbeitsvertrag für den Leiharbeitnehmer an einen anderen zu zahlen wären, an den anderen zu zahlen. [2]Hinsichtlich dieser Zahlungspflicht gilt der Verleiher neben dem Entleiher als Arbeitgeber; beide haften insoweit als Gesamtschuldner.

(4) Der Leiharbeitnehmer kann im Falle der Unwirksamkeit der Vereinbarung mit dem Verleiher nach § 9 Nr. 2 von diesem die Gewährung der im Betrieb des Entleihers für einen vergleichbaren Arbeitnehmer des Entleihers geltenden wesentlichen Arbeitsbedingungen einschließlich des Arbeitsentgelts verlangen.

§ 11 Sonstige Vorschriften über das Leiharbeitsverhältnis

(1) [1]Der Nachweis der wesentlichen Vertragsbedingungen des Leiharbeitsverhältnisses richtet sich nach den Bestimmungen des Nachweisgesetzes. [2]Zusätzlich zu den in § 2 Abs. 1 des Nachweisgesetzes genannten Angaben sind in die Niederschrift aufzunehmen:
1. Firma und Anschrift des Verleihers, die Erlaubnisbehörde sowie Ort und Datum der Erteilung der Erlaubnis nach § 1,
2. Art und Höhe der Leistungen für Zeiten, in denen der Leiharbeitnehmer nicht verliehen ist.

(2) [1]Der Verleiher ist ferner verpflichtet, dem Leiharbeitnehmer bei Vertragsschluß ein Merkblatt der Erlaubnisbehörde über den wesentlichen Inhalt dieses Gesetzes auszuhändigen. [2]Nichtdeutsche Leiharbeitnehmer erhalten das Merkblatt und den Nachweis nach Absatz 1 auf Verlangen in ihrer Muttersprache. [3]Die Kosten des Merkblatts trägt der Verleiher.

(3) [1]Der Verleiher hat den Leiharbeitnehmer unverzüglich über den Zeitpunkt des Wegfalls der Erlaubnis zu unterrichten. [2]In den Fällen der Nichtverlängerung (§ 2 Abs. 4 Satz 3), der Rücknahme (§ 4) oder des Widerrufs (§ 5) hat er ihn ferner auf das voraussichtliche Ende der Abwicklung (§ 2 Abs. 4 Satz 4) und die gesetzliche Abwicklungsfrist (§ 2 Abs. 4 Satz 4 letzter Halbsatz) hinzuweisen.

(4) [1]§ 622 Abs. 5 Nr. 1 des Bürgerlichen Gesetzbuchs ist nicht auf Arbeitsverhältnisse zwischen Verleihern und Leiharbeitnehmern anzuwenden. [2]Das Recht des Leiharbeitnehmers auf Vergütung bei Annahmeverzug des Verleihers (§ 615 Satz 1 des Bürgerlichen Gesetzbuchs) kann nicht durch Vertrag aufgehoben oder beschränkt werden; § 615 Satz 2 des Bürgerlichen Gesetzbuchs bleibt unberührt. [3]Das Recht des Leiharbeitnehmers auf Vergütung kann durch Vereinbarung von Kurzarbeit für die Zeit aufgehoben werden, für die dem Leiharbeitnehmer Kurzarbeitergeld nach dem Dritten Buch Sozialgesetzbuch gezahlt wird; eine solche Vereinbarung kann das Recht des Leiharbeitnehmers auf Vergütung bis längstens zum 31. Dezember 2010 ausschließen.

(5) [1]Der Leiharbeitnehmer ist nicht verpflichtet, bei einem Entleiher tätig zu sein, soweit dieser durch einen Arbeitskampf unmittelbar betroffen ist. [2]In den Fällen eines Arbeitskampfes nach Satz 1 hat der

Verleiher den Leiharbeitnehmer auf das Recht, die Arbeitsleistung zu verweigern, hinzuweisen.

(6) [1]Die Tätigkeit des Leiharbeitnehmers bei dem Entleiher unterliegt den für den Betrieb des Entleihers geltenden öffentlich-rechtlichen Vorschriften des Arbeitsschutzrechts; die hieraus sich ergebenden Pflichten für den Arbeitgeber obliegen dem Entleiher unbeschadet der Pflichten des Verleihers. [2]Insbesondere hat der Entleiher den Leiharbeitnehmer vor Beginn der Beschäftigung und bei Veränderungen in seinem Arbeitsbereich über Gefahren für Sicherheit und Gesundheit, denen er bei der Arbeit ausgesetzt sein kann, sowie über die Maßnahmen und Einrichtungen zur Abwendung dieser Gefahren zu unterrichten. [3]Der Entleiher hat den Leiharbeitnehmer zusätzlich über die Notwendigkeit besonderer Qualifikationen oder beruflicher Fähigkeiten oder einer besonderen ärztlichen Überwachung sowie über erhöhte besondere Gefahren des Arbeitsplatzes zu unterrichten.

(7) Hat der Leiharbeitnehmer während der Dauer der Tätigkeit bei dem Entleiher eine Erfindung oder einen technischen Verbesserungsvorschlag gemacht, so gilt der Entleiher als Arbeitgeber im Sinne des Gesetzes über Arbeitnehmererfindungen.

§ 12 Rechtsbeziehungen zwischen Verleiher und Entleiher

(1) [1]Der Vertrag zwischen dem Verleiher und dem Entleiher bedarf der Schriftform. [2]In der Urkunde hat der Verleiher zu erklären, ob er die Erlaubnis nach § 1 besitzt. [3]Der Entleiher hat in der Urkunde anzugeben, welche besonderen Merkmale die für den Leiharbeitnehmer vorgesehene Tätigkeit hat und welche berufliche Qualifikation dafür erforderlich ist sowie welche im Betrieb des Entleihers für einen vergleichbaren Arbeitnehmer des Entleihers wesentlichen Arbeitsbedingungen einschließlich des Arbeitsentgelts gelten; Letzteres gilt nicht, soweit die Voraussetzungen einer der beiden in § 3 Abs. 1 Nr. 3 und § 9 Nr. 2 genannten Ausnahmen vorliegen.

(2) [1]Der Verleiher hat den Entleiher unverzüglich über den Zeitpunkt des Wegfalls der Erlaubnis zu unterrichten. [2]In den Fällen der Nichtverlängerung (§ 2 Abs. 4 Satz 3), der Rücknahme (§ 4) oder des Widerrufs (§ 5) hat er ihn ferner auf das voraussichtliche Ende der Abwicklung (§ 2 Abs. 4 Satz 4) und die gesetzliche Abwicklungsfrist (§ 2 Abs. 4 Satz 4 letzter Halbsatz) hinzuweisen.

§ 13 Auskunftsanspruch des Leiharbeitnehmers

Der Leiharbeitnehmer kann im Falle der Überlassung von seinem Entleiher Auskunft über die im Betrieb des Entleihers für einen vergleichbaren Arbeitnehmer des Entleihers geltenden wesentlichen Arbeitsbedingungen einschließlich des Arbeitsentgelts verlangen; dies gilt nicht, soweit die Voraussetzungen einer der beiden in § 3 Abs. 1 Nr. 3 und § 9 Nr. 2 genannten Ausnahmen vorliegen.

§ 14 Mitwirkungs- und Mitbestimmungsrechte

(1) Leiharbeitnehmer bleiben auch während der Zeit ihrer Arbeitsleistung bei einem Entleiher Angehörige des entsendenden Betriebs des Verleihers.

(2) [1]Leiharbeitnehmer sind bei der Wahl der Arbeitnehmervertreter in den Aufsichtsrat im Entleiherunternehmen und bei der Wahl der betriebsverfassungsrechtlichen Arbeitnehmervertretungen im Entleiherbetrieb nicht wählbar. [2]Sie sind berechtigt, die Sprechstunden dieser Arbeitnehmervertretungen aufzusuchen und an den Betriebs- und Jugendversammlungen im Entleiherbetrieb teilzunehmen. [3]Die §§ 81, 82 Abs. 1 und die §§ 84 bis 86 des Betriebsverfassungsgesetzes gelten im Entleiherbetrieb auch in bezug auf die dort tätigen Leiharbeitnehmer.

(3) [1]Vor der Übernahme eines Leiharbeitnehmers zur Arbeitsleistung ist der Betriebsrat des Entleiherbetriebs nach § 99 des Betriebsverfassungsgesetzes zu beteiligen. [2]Dabei hat der Entleiher dem Betriebsrat auch die schriftliche Erklärung des Verleihers nach § 12 Abs. 1 Satz 2 vorzulegen. [3]Er ist ferner verpflichtet, Mitteilungen des Verleihers nach § 12 Abs. 2 unverzüglich dem Betriebsrat bekanntzugeben.

(4) Die Absätze 1 und 2 Sätze 1 und 2 sowie Absatz 3 gelten für die Anwendung des Bundespersonalvertretungsgesetzes sinngemäß.

§ 15 Ausländische Leiharbeitnehmer ohne Genehmigung

(1) Wer als Verleiher einen Ausländer, der einen erforderlichen Aufenthaltstitel nach § 4 Abs. 3 des Aufenthaltsgesetzes, eine Aufenthaltsgestattung oder eine Duldung, die zur Ausübung der Beschäftigung berechtigen, oder eine Genehmigung nach § 284 Abs. 1 des Dritten Buches Sozialgesetzbuch nicht besitzt, entgegen § 1 einem Dritten ohne Erlaubnis überläßt, wird mit Freiheitsstrafe bis zu drei Jahren oder mit Geldstrafe bestraft.

(2) [1]In besonders schweren Fällen ist die Strafe Freiheitsstrafe von sechs Monaten bis zu fünf Jahren. [2]Ein besonders schwerer Fall liegt in der Regel vor, wenn der Täter gewerbsmäßig oder aus grobem Eigennutz handelt.

§ 15a Entleih von Ausländern ohne Genehmigung

(1) [1]Wer als Entleiher einen ihm überlassenen Ausländer, der einen erforderlichen Aufenthaltstitel nach § 4 Abs. 3 des Aufenthaltsgesetzes, eine Aufenthaltsgestattung oder eine Duldung, die zur Ausübung der Beschäftigung berechtigen, oder eine Genehmigung nach § 284 Abs. 1 des Dritten Buches Sozialgesetzbuch nicht besitzt, zu Arbeitsbedingungen des Leiharbeitsverhältnisses tätig werden läßt, die in einem auffälligen Mißverhältnis zu den Arbeitsbedingungen deutscher Leiharbeitnehmer stehen, die die gleiche oder eine vergleichbare Tätigkeit ausüben, wird mit Freiheitsstrafe bis zu drei Jahren oder mit Geldstrafe bestraft. [2]In besonders schweren Fällen ist die Strafe Freiheitsstrafe von sechs Monaten bis zu fünf Jahren; ein besonders schwerer Fall liegt in der Regel vor, wenn der Täter gewerbsmäßig oder aus grobem Eigennutz handelt.

(2) [1]Wer als Entleiher
1. gleichzeitig mehr als fünf Ausländer, die einen erforderlichen Aufenthaltstitel nach § 4 Abs. 3 des Aufenthaltsgesetzes, eine Aufenthaltsgestattung oder eine Duldung, die zur Ausübung der Beschäftigung berechtigen, oder eine Genehmigung nach § 284 Abs. 1 des Dritten Buches Sozialgesetzbuch nicht besitzen, tätig werden läßt oder
2. eine in § 16 Abs. 1 Nr. 2 bezeichnete vorsätzliche Zuwiderhandlung beharrlich wiederholt,

wird mit Freiheitsstrafe bis zu einem Jahr oder mit Geldstrafe bestraft. [2]Handelt der Täter aus grobem Eigennutz, ist die Strafe Freiheitsstrafe bis zu drei Jahren oder Geldstrafe.

§ 16 Ordnungswidrigkeiten

(1) Ordnungswidrig handelt, wer vorsätzlich oder fahrlässig
1. entgegen § 1 einen Leiharbeitnehmer einem Dritten ohne Erlaubnis überläßt,
1a. einen ihm von einem Verleiher ohne Erlaubnis überlassenen Leiharbeitnehmer tätig werden läßt,
1b. entgegen § 1b Satz 1 gewerbsmäßig Arbeitnehmer überläßt oder tätig werden läßt,
2. einen ihm überlassenen ausländischen Leiharbeitnehmer, der einen erforderlichen Aufenthaltstitel nach § 4 Abs. 3 des Aufenthaltsgesetzes, eine Aufenthaltsgestattung oder eine Duldung, die zur Ausübung der Beschäftigung berechtigen, oder eine Genehmigung nach § 284 Abs. 1 des Dritten Buches Sozialgesetzbuch nicht besitzt, tätig werden läßt,

2a. eine Anzeige nach § 1a nicht richtig, nicht vollständig oder nicht rechtzeitig erstattet,

3. einer Auflage nach § 2 Abs. 2 nicht, nicht vollständig oder nicht rechtzeitig nachkommt,

4. eine Anzeige nach § 7 Abs. 1 nicht, nicht richtig, nicht vollständig oder nicht rechtzeitig erstattet,

5. eine Auskunft nach § 7 Abs. 2 Satz 1 nicht, nicht richtig, nicht vollständig oder nicht rechtzeitig erteilt,

6. seiner Aufbewahrungspflicht nach § 7 Abs. 2 Satz 4 nicht nachkommt,

6a. entgegen § 7 Abs. 3 Satz 2 eine dort genannte Maßnahme nicht duldet,

7. eine statistische Meldung nach § 8 Abs. 1 nicht, nicht richtig, nicht vollständig oder nicht rechtzeitig erteilt,

8. einer Pflicht nach § 11 Abs. 1 oder Abs. 2 nicht nachkommt,[1]

(2) Die Ordnungswidrigkeit nach Absatz 1 Nr. 1 bis Nr. 1b kann mit einer Geldbuße bis zu fünfundzwanzigtausend Euro, die Ordnungswidrigkeit nach Absatz 1 Nr. 2 mit einer Geldbuße bis zu fünfhunderttausend Euro, die Ordnungswidrigkeit nach Absatz 1 Nr. 2a und 3 mit einer Geldbuße bis zu zweitausendfünfhundert Euro, die Ordnungswidrigkeit nach Absatz 1 Nr. 4 bis 8 mit einer Geldbuße bis zu fünfhundert Euro geahndet werden.

(3) Verwaltungsbehörden im Sinne des § 36 Abs. 1 Nr. 1 des Gesetzes über Ordnungswidrigkeiten sind für die Ordnungswidrigkeiten nach Absatz 1 Nr. 1 bis 2a die Behörden der Zollverwaltung, für die Ordnungswidrigkeiten nach Absatz 1 Nr. 3 bis 8 die Bundesagentur für Arbeit.

(4) § 66 des Zehnten Buches Sozialgesetzbuch gilt entsprechend.

(5) [1]Die Geldbußen fließen in die Kasse der zuständigen Verwaltungsbehörde. [2]Sie trägt abweichend von § 105 Abs. 2 des Gesetzes über Ordnungswidrigkeiten die notwendigen Auslagen und ist auch ersatzpflichtig im Sinne des § 110 Abs. 4 des Gesetzes über Ordnungswidrigkeiten.

§ 17 Durchführung

[1]Die Bundesagentur für Arbeit führt dieses Gesetz nach fachlichen Weisungen des Bundesministeriums für Arbeit und Soziales durch. [2]Verwaltungskosten werden nicht erstattet.

---

1 Zeichensetzung amtlich.

§ 18 Zusammenarbeit mit anderen Behörden

(1) Zur Verfolgung und Ahndung der Ordnungswidrigkeiten nach § 16 arbeiten die Bundesagentur für Arbeit und die Behörden der Zollverwaltung insbesondere mit folgenden Behörden zusammen:

1. den Trägern der Krankenversicherung als Einzugsstellen für die Sozialversicherungsbeiträge,
2. den in § 71des Aufenthaltsgesetzes genannten Behörden,
3. den Finanzbehörden,
4. den nach Landesrecht für die Verfolgung und Ahndung von Ordnungswidrigkeiten nach dem Schwarzarbeitsbekämpfungsgesetz zuständigen Behörden,
5. den Trägern der Unfallversicherung,
6. den für den Arbeitsschutz zuständigen Landesbehörden,
7. den Rentenversicherungsträgern,
8. den Trägern der Sozialhilfe.

(2) Ergeben sich für die Bundesagentur für Arbeit oder die Behörden der Zollverwaltung bei der Durchführung dieses Gesetzes im Einzelfall konkrete Anhaltspunkte für

1. Verstöße gegen das Schwarzarbeitsbekämpfungsgesetz,
2. eine Beschäftigung oder Tätigkeit von Ausländern ohne erforderlichen Aufenthaltstitel nach § 4 Abs. 3 des Aufenthaltsgesetzes, eine Aufenthaltsgestattung oder eine Duldung, die zur Ausübung der Beschäftigung berechtigen, oder eine Genehmigung nach § 284 Abs. 1 des Dritten Buches Sozialgesetzbuch,
3. Verstöße gegen die Mitwirkungspflicht nach § 60 Abs. 1 Satz 1 Nr. 2 des Ersten Buches Sozialgesetzbuch gegenüber einer Dienststelle der Bundesagentur für Arbeit, einem Träger der gesetzlichen Kranken-, Pflege-, Unfall- oder Rentenversicherung oder einem Träger der Sozialhilfe oder gegen die Meldepflicht nach § 8a des Asylbewerberleistungsgesetzes,
4. Verstöße gegen die Vorschriften des Vierten und Siebten Buches Sozialgesetzbuch über die Verpflichtung zur Zahlung von Sozialversicherungsbeiträgen, soweit sie im Zusammenhang mit den in den Nummern 1 bis 3 genannten Verstößen sowie mit Arbeitnehmerüberlassung entgegen § 1 stehen,
5. Verstöße gegen die Steuergesetze,
6. Verstöße gegen das Aufenthaltsgesetz,

unterrichten sie die für die Verfolgung und Ahndung zuständigen Behörden, die Träger der Sozialhilfe sowie die Behörden nach § 71 des Aufenthaltsgesetzes.

(3) [1]In Strafsachen, die Straftaten nach den §§ 15 und 15a zum Gegenstand haben, sind der Bundesagentur für Arbeit und den Behörden der Zollverwaltung zur Verfolgung von Ordnungswidrigkeiten

1. bei Einleitung des Strafverfahrens die Personendaten des Beschuldigten, der Straftatbestand, die Tatzeit und der Tatort,

2. im Falle der Erhebung der öffentlichen Klage die das Verfahren abschließende Entscheidung mit Begründung

zu übermitteln. [2]Ist mit der in Nummer 2 genannten Entscheidung ein Rechtsmittel verworfen worden oder wird darin auf die angefochtene Entscheidung Bezug genommen, so ist auch die angefochtene Entscheidung zu übermitteln. [3]Die Übermittlung veranlaßt die Strafvollstreckungs- oder die Strafverfolgungsbehörde. [4]Eine Verwendung

1. der Daten der Arbeitnehmer für Maßnahmen zu ihren Gunsten,

2. der Daten des Arbeitgebers zur Besetzung seiner offenen Arbeitsplätze, die im Zusammenhang mit dem Strafverfahren bekanntgeworden sind,

3. der in den Nummern 1 und 2 genannten Daten für Entscheidungen über die Einstellung oder Rückforderung von Leistungen der Bundesagentur für Arbeit

ist zulässig.

(4) [1]Gerichte, Strafverfolgungs- oder Strafvollstreckungsbehörden sollen den Behörden der Zollverwaltung Erkenntnisse aus sonstigen Verfahren, die aus ihrer Sicht zur Verfolgung von Ordnungswidrigkeiten nach § 16 Abs. 1 Nr. 1 bis 2 erforderlich sind, übermitteln, soweit nicht für die übermittelnde Stelle erkennbar ist, daß schutzwürdige Interessen des Betroffenen oder anderer Verfahrensbeteiligter an dem Ausschluß der Übermittlung überwiegen. [2]Dabei ist zu berücksichtigen, wie gesichert die zu übermittelnden Erkenntnisse sind.

§ 19 Übergangsvorschrift

[1]§ 1 Abs. 2, § 1b Satz 2, die §§ 3, 9, 10, 12, 13 und 16 in der vor dem 1. Januar 2003 geltenden Fassung sind auf Leiharbeitsverhältnisse, die vor dem 1. Januar 2004 begründet worden sind, bis zum 31. Dezember 2003 weiterhin anzuwenden. [2]Dies gilt nicht für Leiharbeitsverhältnisse im Geltungsbereich eines nach dem 15. November 2002 in Kraft tretenden Tarifvertrages, der die wesentlichen Arbeitsbedingungen einschließlich des Arbeitsentgelts im Sinne des § 3 Abs. 1 Nr. 3 und des § 9 Nr. 2 regelt.

§ 20

(weggefallen)

Kommentierung
Arbeitnehmerüberlassungsgesetz

Einleitung

A. Rechtsgrundlagen

1 Die Arbeitnehmerüberlassung stellt eine besondere Form des Einsatzes von Arbeitskräften innerhalb eines Betriebes dar, die keinen Arbeitsvertrag mit dem Betriebsinhaber geschlossen haben. Arbeitnehmerüberlassung ist damit ein **Unterfall des sogenannten drittbezogenen Personaleinsatzes**, also der Bereitstellung von Arbeitskräften durch einen Dritten. Das Gesetz enthält **keine Legaldefinition** der Arbeitnehmerüberlassung.

2 Zu trennen ist zwischen gewerbsmäßiger und nicht gewerbsmäßiger Arbeitnehmerüberlassung. Für letztgenannte bestehen bis auf wenige Ausnahmen keine Sonderregeln gegenüber Normalarbeitsverhältnissen. Für die **gewerbsmäßige Arbeitnehmerüberlassung** sind dagegen zusätzlich zum allgemeinen Arbeitsrecht die speziellen Regelungen des **Arbeitnehmerüberlassungsgesetzes (AÜG) zu beachten,** das den Bereich unter einen grundsätzlichen Erlaubnisvorbehalt stellt.

3 Neben dem vom Gesetzgeber verwendeten Begriff der Arbeitnehmerüberlassung finden sich im allgemeinen Sprachgebrauch **mehrere synonyme Bezeichnungen.** Von Seiten der Verleiher wird zumeist der Begriff der Zeitarbeit favorisiert. Entsprechend hat sich der Begriff

der Zeitarbeitsbranche etabliert. Daneben finden sich auch die Bezeichnungen Leiharbeit, Personalleasing, Arbeitskräfteverleih sowie
Temporary Employment.

I. Gemeinschaftsrecht

Der Regelungsbereich der Arbeitnehmerüberlassung ist stark europa-   **4**
rechtlich geprägt. Zwar enthält der **EG-Vertrag** keine speziellen Regelungen zur Arbeitnehmerüberlassung, sie berührt jedoch mehrere
von diesem garantierte Freiheiten. So dürfen die Vorschriften zur Arbeitnehmerüberlassung insbesondere nicht die Grundsätze der **Arbeitnehmerfreizügigkeit** (Art. 39 EG-Vertrag), **Niederlassungsfreiheit** (Art. 43, 48 EG-Vertrag) und **Dienstleistungsfreiheit** (Art. 49
EG-Vertrag) verletzen. Zudem sind die Vorgaben des EWR-Abkom-
mens vom 2.5.1992[1] samt Anschlussprotokollen zu beachten.[2]

Maßgebliche Interessenvertretungen der Zeitarbeitsbranche auf euro-   **5**
päischer Ebene sind einerseits der Europäische Dachverband der
Zeitarbeit EUROCIETT (European Confederation of Private Employment Agencies), dem 25 europäische Zeitarbeitsverbände angehören,
und andererseits die UNI-Europa (UNI Temporary Work Agencies),
die dem europäischen Gewerkschaftsbund (EGB) zugeordnet ist.

1. Richtlinien

Der Bereich der Arbeitnehmerüberlassung ist durch mehrere Richt-   **6**
linien geprägt. Zuletzt hat der deutsche Gesetzgeber mit der Neufassung des Arbeitnehmerentsendegesetzes (AEntG) vom 20.4.2009 die
Vorgaben der Entsenderichtlinie umgesetzt.

a) Richtlinie 2008/104/EG

Das Europäische Parlament und der Rat der Europäischen Union ha-   **7**
ben am **19.11.2008 die Richtlinie 2008/104/EG** erlassen.[3] Die Frist zur
Umsetzung der Richtlinie beträgt drei Jahre (Art. 11). Zumindest Teile
der Literatur gehen davon aus, dass die derzeitigen Regelungen des
AÜG den Vorgaben der Richtlinie nicht genügen. **Umsetzungsbedarf**
wird hinsichtlich der derzeitigen Fassung der Ausnahmetatbestände

---

1 BGBl. 1993 II S. 266.
2 Vgl. zur grenzüberschreitenden Arbeitnehmerüberlassung AÜG Einl.
  Rdn. 50 ff.; ausführlich zum Recht der Arbeitnehmerüberlassung auf internationaler Ebene Schüren/Hamann/*Riederer von Paar* AÜG Einl. Rn. 520 ff.
3 Amtsblatt vom 5.12.2008 ABl. EU Nr. L 327, 9.

in § 3 Abs. 1 Nr. 3 S. 2 AÜG und § 9 Nr. 2 AÜG gesehen.[4] Diese stünden nicht im Einklang mit Wortlaut und Sinn und Zweck des Art. 5 Abs. 3 der Richtlinie.[5] Die durch das AÜG eingeräumten Befugnis der Tarifvertragsparteien, welche eine Abweichung vom **Gleichbehandlungsprinzip** zu Ungunsten der Leiharbeitnehmer erlaube, gewährleiste keinen ausreichenden Schutz für Leiharbeitnehmer.

8 Als ebenfalls nicht mit der **Richtlinie 2008/104/EG** vereinbar wird die derzeitige gesetzliche Regelung bewertet, wonach bei einer Höchstüberlassungsdauer von sechs Wochen gemäß § 3 Abs. 1 Nr. 3 S. 1 Hs. 1, § 9 Nr. 2 AÜG der Equal-Pay-Grundsatz nicht gilt.[6] Als Argument für eine grundsätzliche Unvereinbarkeit der derzeitigen Regelung mit den europäischen Vorgaben lässt sich anführen, dass trotz eines entsprechenden Vorschlags des Europäischen Parlaments, eine dem deutschen Recht entsprechende, sehr weitgehende Befugnis der Tarifvertragsparteien zu schaffen, gerade keinen Eingang in den Text der Richtlinie gefunden hat.[7] Vor diesem Hintergrund lässt sich auch der Gesetzentwurf zur Vorgabe eines Mindestlohns einordnen.

b) Entsenderichtlinie

9 Bereits in nationales Recht umgesetzt wurde die Entsenderichtlinie 96/71/EG durch Inkrafttreten des Arbeitnehmer-Entsendegesetz (AEntG). Das AEntG ist am 1.1.2003 in Kraft getreten und erfuhr seine letzte Änderung durch das Gesetz über zwingende Arbeitsbedingungen für grenzüberschreitend entsandte und für regelmäßig im Inland beschäftigte Arbeitnehmer und Arbeitnehmerinnen vom 23.4.2009.[8]

10 Die Änderung der Gesetzesbezeichnung spiegelt nun den tatsächlichen Anwendungsbereich des Gesetzes wider. Das **AEntG** gilt weder ausschließlich noch vorrangig für Beschäftigungsbedingungen im Falle der Überlassung von Arbeitnehmern vom Ausland nach Deutschland, sondern erfasst **ebenso rein inländische Sachverhalte**. Die Arbeitgeber der in § 4 AEntG genannten Bereiche sind verpflichtet, ihren Arbeitnehmern tarifliche Mindestarbeitsbedingungen zu gewähren. Durch Rechtsverordnung gemäß § 7 AEntG wird die Geltung von Tarifverträgen auf nicht an ihn gebundene Arbeitgeber erweitert. Im Bereich der Leiharbeit sind diese Tarifverträge stets zu beachten,

---

4 Vgl. § 3 AÜG Rdn. 82 ff.
5 *Fuchs* NZA 2009, 57.
6 *Fuchs* NZA 2009, 57.
7 *Fuchs* NZA 2009, 57.
8 BGBl. 2009 I S. 799.

wenn **Leiharbeitnehmer** vom Entleiher mit einer der **in § 4 AEntG benannten Tätigkeiten** betraut werden. Bisher bezieht das AEntG (§ 4 Ziffern 1–8) die Branchen des Bauhaupt- und Baunebengewerbes (hier ist bereits die Bereichsausnahme des § 1b AÜG zu beachten), der Gebäudereinigung, der Briefdienstleistungen, der Sicherheitsdienstleistungen, der Bergbauspezialarbeiten auf Steinkohlebergwerken, der Wäschereidienstleistungen im Objektkundengeschäft, der Abfallwirtschaft einschließlich Straßenreinigung und Winterdienst sowie der Aus- und Weiterbildungsdienstleistungen nach dem SGB II und III ein.

In der politischen **Diskussion** steht derzeit die Überlegung, auch für **11** die **Zeitarbeitsbranche Mindestlöhne** festzulegen. Anknüpfungspunkt der Diskussion sind zumeist die im Bereich der Leiharbeit anzutreffenden äußerst arbeitgeberfreundlichen Tarifabschlüsse wie diejenigen der zuletzt als nicht tariffähig eingeordneten CGZP.[9] Schlechtere Tarifregelungen könnten unter den jeweiligen Voraussetzungen sowohl durch eine Hereinnahme in den Katalog des neuen § 4 AEntG als auch durch eine Aufnahme der Zeitarbeitsbranche in das – nach Neufassung gemäß § 1 Abs. 2 lediglich nur noch auf Arbeitsentgelte anzuwendende – Gesetz über die Festsetzung von Mindestarbeitsbedingungen (MiArbG) erreicht werden. Sowohl § 7 AEntG als auch § 8 MiArbG räumen dem staatlich festgelegten oder durch Rechtsverordnung bestätigten tariflichen Mindestlohn einen Geltungsvorrang vor abweichenden schlechteren Tarifregelungen ein.[10]

2. Regelungen in anderen Mitgliedsstaaten der EU

In Europa gibt es **zwei Grundmodelle der Arbeitnehmerüberlas- 12 sung.** Sie stimmen insoweit überein, als sie jeweils die Überlassung eines Leiharbeitnehmers aufgrund eines Vertrages zwischen Verleiher und Entleiher vorsehen wobei ein Arbeitsverhältnis des Leiharbeitnehmers ausschließlich zum Verleiher besteht. In »**Modell 1**« ist der Leiharbeitnehmer zu den im Entleiherbetrieb geltenden Arbeitsbedingungen beschäftigt und steht lediglich befristet für die Verleihdauer in einem Arbeitsverhältnis zum Verleiher. Die deutsche Regelung entspricht im Grundsatz dem »**Modell 2**«, indem es eine Beschäftigung zu den Bedingungen des Verleihbetriebes vorsieht, gekoppelt mit einer unbefristeten Einstellung beim Verleiher. Mittlerweile hat sich die deutsche Regelung aufgrund des »Equal-Pay- und

---

9 ArbG Berlin 1.4.2009, 35 BV 17008/08, NZA 2009, 740.
10 Vgl. hierzu *Sittard* NZA 2009, 346; *Bayreuther* NJW 2009, 2006; *Löwisch* RdA 2009, 215.

Equal-Treatment-Grundsatzes«[11] zu einem »**Mischsystem**« gewandelt.[12]

II. Grundgesetz

13 Die Zulässigkeit von Leiharbeit ist grundgesetzlich geschützt. Das bis 1967 geltende grundsätzliche Verbot der – als Arbeitsvermittlung eingeordneten – Leiharbeit verstieß gegen das **Grundrecht der freien Berufswahl des Art. 12 GG**.[13] Das Verbot ist daher heute ausschließlich auf den Bereich des **Baugewerbes** beschränkt. Diese Einschränkung der Zulässigkeit der Arbeitnehmerüberlassung ist mit dem Grundgesetz vereinbar.[14]

14 Die Rolle der Tarifvertragsparteien ist aufgrund der diesen eingeräumten Befugnis, **Ausnahmen vom »Equal-Pay- und Equal-Treatment-Grundsatz«** zu schaffen, im Bereich der Arbeitnehmerüberlassung von besonderer Bedeutung. Die vom deutschen Gesetzgeber eingeräumte Freiheit der Tarifvertragsparteien hat ihren Grund in der durch **Art. 9 GG garantierten Tarifautonomie**. Den Tarifpartnern sind auch für den Bereich der Arbeitnehmerüberlassung weder Einschränkungen noch eine Zweckrichtung bezüglich der Abweichung zu Ungunsten von Leiharbeitnehmern vorgegeben. Diese Regelungsfreiheit führt nach teilweise vertretener Ansicht zu einer **Unvereinbarkeit** mit den Vorgaben der einschlägigen **Richtlinie 2008/104/EG**.[15]

III. Tarifverträge

15 In der Zeitarbeitsbranche haben Tarifverträge besondere Bedeutung, da durch sie unmittelbar oder durch die vertragliche Vereinbarung ihrer Geltung der Grundsatz des »Equal-Pay und Equal-Treatment« durchbrochen werden kann.

16 Der deutsche Gesetzgeber hat mit Schaffung des § 3 Abs. 1 Nr. 3, § 9 Nr. 2 AÜG die **Vergütungsproblematik** im Hinblick auf Leiharbeitnehmer im Wesentlichen **an die Tarifvertragsparteien abgegeben**. Gilt ein Tarifvertrag der Zeitarbeitsbranche im verleihenden Unternehmen, können die dort beschäftigten Arbeitnehmer zu schlechte-

---

11 Vgl. § 3 AÜG Rdn. 70 ff.
12 *Behrens/Richter* NZA 2003, 87 unter Verweis auf *Wank* Vortrag zur EIAS-Tagung am 10./11.10.2002.
13 BVerfG 4.4.1967, 1 BvR 84/65, BVerfGE 21, 261 = AP AVAVG § 37 Nr. 7.
14 BVerfG 6.10.1987, 1 BvR 1086/82, 1 BvR 1468/82, 1 BvR 1623/82, BVerfGE 77, 84 = EzAÜG AFG Nr. 22 = NZA 1989, 28 (zur Vorgängerregelung des § 12a AFG).
15 Vgl. § 3 AÜG Rdn. 76 ff.

ren Bedingungen als die Stammbelegschaft im Entleihunternehmen beschäftigt werden. Diese Ungleichbehandlung steht nicht im Widerspruch zum allgemeinen **Gleichbehandlungsgrundsatz**. Dieser verpflichtet allein den jeweiligen Arbeitgeber. Stammbelegschaft und überlassene Arbeitnehmer haben indes gerade **unterschiedliche Arbeitgeber**. Den Grundsatz der Gleichbehandlung muss daher lediglich einerseits der Entleiher als Arbeitgeber der Stammbelegschaft innerhalb dieser Gruppe, sowie andererseits der Verleiher innerhalb der Gruppe der entliehenen Arbeitnehmer beachten.[16]

Wegen der so eingeräumten Möglichkeit einer geringeren Bezahlung **17** von Leiharbeitnehmern wird die Arbeitnehmerüberlassung teilweise als Mittel zur »**legalen Tarifflucht**«[17] empfohlen. In der Sache wird die in der Regel schlechtere Bezahlung der Leiharbeitnehmer meist dadurch gerechtfertigt, dass Leiharbeitnehmer dieses Entgelt auch in einsatzfreien Zeiten, wenn ihre Tätigkeit beim entleihenden Betrieb endet und sich keine unmittelbare neue Tätigkeit anschließt, fortgezahlt erhalten.

Die Geltung eines Tarifvertrages der Zeitarbeitsbranche erlaubt auch **18** dann eine Schlechterstellung der Leiharbeitnehmer, wenn ein Tarifvertrag der Zeitarbeitsbranche durch bloße – wirksame – Bezugnahme im Arbeitsvertrag Anwendung findet. Insoweit ist die neue Rechtsprechung des Bundesarbeitsgerichts zu **Bezugnahmeklauseln** sowie die besondere Problematik der Vereinbarung einer lediglich teilweisen Inbezugnahme von Tarifverträgen der Zeitarbeitsbranche (»**Rosinenpicken**«) zu beachten.[18]

1. Geltende Tarifverträge in der Zeitarbeitsbranche; Diskussion um Mindestarbeitsentgelt

a) Geltende Tarifverträge

Seit Inkrafttreten des Ersten Gesetzes für moderne Dienstleistungen **19** am Arbeitsmarkt[19], welches eine Beschäftigung von Leiharbeitnehmern zu schlechteren Bedingungen als im Entleiherbetrieb üblich allein im Falle der Geltung eines Tarifvertrages der Zeitarbeitsbranche

---

16 Vgl. § 3 AÜG Rdn. 92 ff. Sowie zur Problematik der Annahme eines Umgehungsverbots bei Bildung einer Personalführungsgesellschaft § 1 AÜG Rdn. 240 ff.
17 *Melms/Lipinski* BB 2004, 2409; *Hamann* Anmerkung zu BAG 12.11.2002, 1 ABR 1/02, EzA § 99 BetrVG 2001 Nr. 1; a.A. *Brors/Schüren* BB 2004, 2745; zum Einwand des Rechtsmissbrauchs vgl. § 1 AÜG Rdn. 243.
18 Vgl. § 3 AÜG Rdn. 131.
19 BGBl. I 2002 S. 4607.

zulässt, hat es in diesem Bereich eine Vielzahl von Tarifvertragsschlüssen gegeben.[20]

20 Die Tarifsituation der Zeitarbeitsbranche ist in besonderem Maße durch die Geltung von **Haustarifverträgen** geprägt. Auf Arbeitnehmerseite stehen insoweit häufig nicht dem Deutschen Gewerkschaftsbund (DGB) angeschlossene christliche Gewerkschaften. Aufgrund häufig arbeitgebergünstiger Abschlüsse wird gegen diese Organisationen teilweise der Vorwurf der **fehlenden Tariffähigkeit**, insbesondere wegen »Gegnerfinanzierung« erhoben.[21] Betroffen hiervon ist insbesondere die Tarifgemeinschaft Christlicher Gewerkschaften für Zeitarbeit und Personal-Service-Agentur (CGZP). Dieser hat das Arbeitsgericht Berlin jüngst im Verfahren gemäß 97 Abs. 1 AGG die Tariffähigkeit abgesprochen.[22]

b) Beschränkung der Tariffreiheit durch Vorgabe eines Mindestlohns

21 Da die Höhe der Löhne von Leiharbeitnehmern regelmäßig deutlich hinter dem Lohnniveau festangestellter Arbeitnehmer mit vergleichbaren Tätigkeiten zurückbleibt und nicht selten am unteren Ende des Niedriglohnsektors angesiedelt ist, befindet sich die Notwendigkeit eines Eingreifens des Staates im Sinne einer Festsetzung von **Mindestlöhnen** derzeit in der politischen Diskussion. Hierbei geht es insbesondere um die Aufnahme der Zeitarbeit in das Entsendegesetz.[23]

22 Sowohl das (neue) AEntG als auch das novellierte MiArbG[24] stehen im Spannungsverhältnis zur **Tarifautonomie**. Beide Gesetze sehen die Möglichkeit staatlicher Stellen vor, bestehende **Tarifverträge zu verdrängen**. Teile der Literatur ordnen dies als mit der durch Art. 9 GG garantierten Koalitionsfreiheit unvereinbar ein.[25] Das BVerfG hat eine Entscheidung darüber, ob der Erlass einer Rechtsverordnung gemäß § 7 AEntG die Tariffreiheit des Art. 9 Abs. 3 GG verletzt, wegen fehlender unmittelbarer Betroffenheit des Beschwerdeführers bisher nicht zur Entscheidung angenommen.[26]

---

20 Vgl. Übersicht unter § 3 AÜG Rdn. 146 ff.
21 *Park/Riederer v. Paar/Schüren* NJW 2008, 3670; a.A. *Lembke* § 9 AÜG Rn. 124 ff.; vgl. § 3 AÜG Rdn. 152 ff.
22 ArbG Berlin 16.1.2007, 81 Ca 27913/05, ArbuR 2007, 182; zur Bedeutung der Entscheidung vgl. § 3 AÜG Rdn. 154 ff.
23 Vgl. hierzu Plenarprotokoll 16/200, BT, Stenografischer Bericht vom 22.1.2009.
24 BGBl. I 2009 S. 799 (ArbEntG); BGBl. I 2009 S. 818 (MindArbBedG).
25 *Willemsen/Sagan* NZA 2008, 1216.
26 BVerfG 10.6.2009, 1 BvR 1196/09, n.v. (juris).

2. Streikrecht

Wird das verleihende Unternehmen als Arbeitgeber des Leiharbeit- 23
nehmers bestreikt, sind Leiharbeitnehmer gemäß den allgemeinen
Grundsätzen zur Arbeitsniederlegung berechtigt. Es bestehen insoweit keine Unterschiede zum Normalarbeitsverhältnis.[27] Ein Streik-
recht besteht damit für eigene Tarifverträge der Zeitarbeitsbranche.

Soweit der Entleiherbetrieb bestreikt wird, findet für die dort einge- 24
setzten Leiharbeitnehmer die spezielle Regelung des **§ 11 Abs. 5 AÜG**
Anwendung. Diese entbindet den Leiharbeitnehmer von der Pflicht,
in einem bestreikten Betrieb tätig zu sein.[28]

IV. Einfachgesetzliche Regelungen

1. AÜG

Das AÜG regelt die Materie der Arbeitnehmerüberlassung **nicht ab-** 25
schließend.

Es baut zum einen auf dem **allgemeinen Arbeitsrecht** sowie – gerade 26
im Hinblick auf die Beziehungen zwischen Verleiher und Entleiher –
auf dem **allgemeinen Zivilrecht** auf. Daneben muss insbesondere der
Verleiher die ergänzenden **gewerberechtlichen** und sonstigen **öffent-**
lich-rechtlichen Vorschriften wie beispielsweise das Bundesdaten-
schutzgesetz (BDSG) und das Gesetz über Ordnungswidrigkeiten
(OWiG) beachten.

Keine Regelungen enthält das AÜG zu Einzelfragen des **Sozialver-** 27
sicherungs- und Steuerrechts. Auch insoweit gelten die allgemeinen
gesetzlichen Regelungen.[29]

a) Geltungsbereich des AÜG

aa) Räumlich

Der Geltungsbereich des AÜG ist räumlich auf das Gebiet der Bun- 28
desrepublik Deutschland begrenzt. Es gilt damit das **Territorialitäts-**
prinzip. Indes erfasst das AÜG hierbei auch **staatsübergreifende**
Sachverhalte. So ist es nicht nur bei Verleih von Arbeitnehmern innerhalb Deutschlands anwendbar, sondern auch, wenn entweder ein
deutscher Verleiher Arbeitnehmer in das Ausland verleiht oder ein

---

27 *Melms/Lipinski* BB 2004, 2409 m.w.Nachw.
28 Vgl. § 11 AÜG Rdn. 60 ff.
29 Vgl. AÜG Einl. Rdn. 100 ff., 115 ff.

ausländischer Verleiher Arbeitnehmer nach Deutschland oder innerhalb Deutschlands verleiht.[30]

bb) Sachlich

29 Sachlich erfasst das AÜG lediglich die **gewerbsmäßige Arbeitnehmerüberlassung**. Nicht gewerbsmäßige Arbeitnehmerüberlassung wird mit Ausnahme des § 1 Abs. 2 AÜG und des analog anzuwendenden § 14 AÜG ebenso wenig in den Anwendungsbereich des Gesetzes einbezogen wie sonstige Formen des drittbezogenen Personaleinsatzes (beispielsweise aufgrund [echter] Werk- oder Dienstverträge[31]).

30 Da das AÜG an die Einordnung der überlassenen Arbeitskräfte als **Arbeitnehmer**[32] anknüpft, unterfallen die Beschäftigung von Selbständigen sowie – praktisch relevant vor allem im Bereich des Gesundheitswesens – die Gestellung von Ordensleuten nicht unter den Anwendungsbereich des AÜG.[33]

b) Gesetzesänderungen

31 Seit seinem Inkrafttreten am 12.10.1972 wurde das AÜG vielfach geändert. Diese Änderungen waren von praktisch höchst unterschiedlicher Bedeutung.[34]

aa) Arbeitsmarktreformgesetze

32 Von größter praktischer Bedeutung sind die Änderungen zur Höchstüberlassungsdauer und schließlich deren Abschaffung sowie zur Einführung des Equal-Pay- und Equal-Treatment-Grundsatzes.

33 Durch das **Job-AQTIV-Gesetz vom 10.12.2001** wurde die Höchstüberlassungsdauer zunächst auf 24 Monate erhöht. Das **Erste Gesetz für moderne Dienstleistungen am Arbeitsmarkt vom 23.12.2002** hat auch diese Grenze aufgehoben.[35] Im Gegenzug wurde der zunächst erst ab einer Überlassungsdauer von zwölf Monaten einsetzende Equal-Pay-Grundsatz auf die Gesamtüberlassung angewendet. Ausnahmen gel-

---

30 Vgl. Thüsing/*Thüsing* AÜG Einf. Rn. 25; vgl. zur grenzüberschreitenden Arbeitnehmerüberlassung. AÜG Einl. Rdn. 50 ff.
31 Zur Abgrenzung vgl. § 1 AÜG Rdn. 113 ff.
32 Vgl. zum Arbeitnehmerbegriff MünchArbR/*Richardi* § 24 Rn. 1 ff.
33 Vgl. hierzu § 1 AÜG Rdn. 10, 24.
34 Eine Auflistung der Gesetzesänderungen findet sich bei *Urban-Crell/Schulz* Rn. 170.
35 Zur Übersicht vgl. *Bauer/Krets* NJW 2003, 537.

ten lediglich für zuvor arbeitslose Leiharbeitnehmer in den ersten sechs Wochen im Falle ihrer erstmaligen Einstellung sowie für Tarifverträge. Das AÜG wechselte in der Wahrnehmung damit vom reinen Schutzgesetz für Leiharbeiter zu einem Gesetz zur Bekämpfung der Arbeitslosigkeit, was einen Paradigmenwechsel bedeutete und teilweise als »Ritterschlag für die Zeitarbeit« gewertet wurde.[36]

bb) Abschaffung der Personal-Service-Agenturen

Das zur Beschäftigungsförderung entwickelte Instrument der Errich- 34
tung von **Personal-Service-Agenturen (PSA)** ist mittlerweile **entfallen**.

Die Errichtung von Personal-Service-Agenturen war ein mit beson- 35
ders großen Erwartungen eingeführter Gegenstand des Ersten Gesetzes für moderne Dienstleistungen am Arbeitsmarkt.[37] Gemäß § 37c Abs. 1 S. 2 SGB III a.F. hatten Personal-Service-Agenturen die Aufgabe, Arbeitnehmerüberlassung zur Vermittlung von Arbeitslosen in Arbeit durchzuführen sowie ihre Beschäftigten während der Zeiten, in denen sie nicht verliehen sind, zur Qualifizierung weiterzubilden. Gemäß § 37c Abs. 1 S. 1 SGB III a.F. war jede örtliche Arbeitsagentur verpflichtet, die Gründung einer Personal-Service-Agentur sicherzustellen. Die Personal-Service-Agentur schloss Arbeitsverträge mit Arbeitssuchenden ab, zu dem Zweck, die Arbeitnehmer Dritten zur Arbeitsleistung zu überlassen. Dann wurde die Personal-Service-Agentur als »Verleiher« tätig. Gesetzgeberischer Zweck dieser Konstruktion war indes die **Arbeitsvermittlung**. Die Errichtung von Personal-Service-Agenturen sollte vorrangig durch **Private** erfolgen, möglich war auch eine Errichtung als Public-Private-Partnership, lediglich subsidiär sollte die Errichtung durch die Bundesagentur für Arbeit selbst erfolgen.

Mit dem **Gesetz zur Neuausrichtung der arbeitsmarktpolitischen** 36
Instrumente[38] hat der Gesetzgeber das Institut der Personal-Service-Agentur mit dem Ziel einer Erhöhung der Wirksamkeit und Effizienz der Arbeitsförderung **abgeschafft**. Das Instrument der Personal-Service-Agenturen war bereits vor seiner Einführung heftiger Kritik ausgesetzt, durch die Insolvenz des größten PSA-Betreibers im Jahr 2004 erlitt es einen weiteren schweren Imageschaden.[39] Es sollte daher eine

---

36 *Körner* NZA 2006, 573 m.w.Nachw.
37 BGBl. I. S. 4607.
38 BGBl. I 2008 S. 2917; BT-Drucks. 16/10810; vgl. Zusammenfassung *Voelzke* jurisPR-SozR 5/2009 Anm. 4.
39 Ausschuss-Drucks. 16 (11) 1187 vom 21.11.2008 S. 27.

Vereinfachung der erfolgreichen arbeitsmarktpolitischen Instrumente unter gleichzeitiger Abschaffung weniger wirksamer und kaum oder wenig genutzter Instrumente erfolgen. Die Personal-Service-Agentur ebenso wie die Förderung zur Weiterbildung und Vertretung (Job-Rotation) wurden im Gesetzgebungsverfahren ausdrücklich als Beispiele wenig wirksamer und kaum oder wenig genutzter Instrumente aufgeführt.[40]

37 Gleichzeitig mit der Abschaffung des § 37c SGB III hat der Gesetzgeber mit §§ 45, 46 SGB III[41] neue Rahmeninstrumente geschaffen. Die für zielführend erachteten Aspekte des § 37c SGB III a.f. wurden in den neugeschaffenen § 46 SGB III überführt. Elemente der Arbeitsvermittlung bzw. der Einsetzung der Bundesagentur für Arbeit als entleihender Arbeitgeber fehlen in dieser Norm. Zur Steigerung der Vermittlungserfolge soll gemäß § 35 Abs. 3 SGB III die Internet-Jobbörse des »Virtuellen Arbeitsmarktes« der Bundesagentur ausgebaut werden.

2. Sondergesetze

38 Trotz der bereits langjährigen Geltung ist das **Verhältnis** der Vorschriften des AÜG zu spezialgesetzlichen Regelungen noch immer in weiten Teilen **nicht geklärt.**[42] Es bestehen erhebliche Unsicherheiten, ob und inwieweit die Vorgaben des AÜG durch solche Regelungen verdrängt werden. Solche Spezialgesetze finden sich insbesondere, jedoch nicht ausschließlich im Bereich des Güterverkehrs, der Personenbeförderung sowie des Bewachungsgewerbes.

▶ Praxistipp:

Bis zu einer ausdrücklichen Klärung durch den Gesetzgeber sollten Verleiher, die in Bereichen tätig werden, für die Spezialgesetze gelten, neben der dort geforderten speziellen Erlaubnis auch die nach § 1 AÜG geforderte Erlaubnis zur Arbeitnehmerüberlassung einholen.

a) Gesamthafenbetriebe

39 Kein Spannungsverhältnis zwischen spezialgesetzlichen Regelungen und AÜG ergibt sich in der Regel im Bereich der sogenannten Gesamthafenbetriebe.

---

40 BR-Drucks. 8/755 S. 3.
41 Fassung vom 2.3.2009, gültig seit 1.2.2009.
42 Schüren/Hamann/*Hamann* AÜG Einl. Rn. 19 m.w.Nachw.

Gesamthafenbetriebe können nach dem Gesetz über die Schaffung ei- 40
nes besonderen Arbeitgebers für Hafenarbeiter vom 3.7.1950[43] durch
schriftliche Vereinbarung der zuständigen Arbeitgeberverbände und
Gewerkschaften als überbetriebliche Arbeitgeber gebildet werden.
Das Gesetz erlaubt diesen, ihre Arbeitnehmer den Hafeneinzelbetrie-
ben für Hafenarbeiten insbesondere für Verladearbeiten zu überlassen. Nach dem Gesetzeswortlaut ist eine Kollision mit den Regelungen des AÜG von vorne herein ausgeschlossen, da § 1 Abs. 1 S. 2 des
Gesetzes die **erwerbswirtschaftliche Betätigung** von Gesamthafen-
betrieben ausdrücklich **ausschließt**. Da das AÜG bis auf wenige
Ausnahmen lediglich die gewerbsmäßige Arbeitnehmerüberlassung
betrifft, stellen sich keine Fragen einer Verdrängung von dessen Vorschriften.

Streitig ist jedoch, ob das Arbeitnehmerüberlassungsgesetz Anwen- 41
dung findet, wenn ein Gesamthafenbetrieb entgegen der gesetzlichen
Zielsetzung Arbeitnehmer **gewerbsmäßig** überlässt. Die wohl herrschende Meinung verneint auch in diesen Fällen eine Anwendbarkeit
der Vorschriften des AÜG.[44]

b) Personen- und Güterbeförderung

Im Bereich der Personen- und Güterbeförderung sind die Sondervor- 42
schriften des **Personenbeförderungsgesetzes (PBefG)** zu beachten.
Diese regeln das Vermieten von Kraftfahrzeugen mit Fahrern zur Personenbeförderung durch sogenannte Mietwagenunternehmen (§ 49
PBefG). Der Betrieb eines solchen Unternehmens ist – ebenso wie das
Betreiben von Arbeitnehmerüberlassung – genehmigungspflichtig
(§§ 2, 9 ff. PBefG). Liegt eine solche **Genehmigung** vor, ist **streitig**, ob
es einer **weiteren Erlaubnis** nach den AÜG bedarf.[45]

▶ Praxistipp:

Von der Vermietung von Kraftfahrzeugen mit Fahrern zur Personenbeförderung ist der Fall der gewerbsmäßigen Überlassung
eines Fahrers an ein Transportunternehmen zu unterscheiden.
Letzterer unterliegt unstreitig dem AÜG. Eine solche Überlassung
bedarf der Erlaubnis nach § 1 AÜG und muss schriftlich (§ 12
Abs. 1 AÜG) vereinbart werden.[46]

---

43 BGBl. I S. 352.
44 *Urban-Crell/Schulz* Rn. 592 m.w.Nachw.
45 Vgl. Darstellung bei *Urban-Crell/Schulz* Rn. 594.
46 OLG Karlsruhe 23.9.2005, 15 U 16/04, EzAÜG § 9 AÜG Nr. 19.

c) Bewachung

43 Der Einsatz von Wachpersonal stellt regelmäßig **keine Arbeitnehmer-überlassung** dar, sondern ist als Dienstvertrag über Überwachung ein-zuordnen.[47] Das Wachpersonal wird regelmäßig als Erfüllungsgehilfe des Arbeitgebers tätig. Lediglich soweit Wachpersonal ausgeliehen wird, um mit dem Stammpersonal zusammen eingesetzt zu werden, ist vom Bestehen einer Arbeitnehmerüberlassung auszugehen.[48]

44 Wegen der völlig unterschiedlichen Zielrichtung **ersetzt** die zum Be-trieb eines Bewachungsgewerbes notwendige Erlaubnis gemäß **§ 34a GewO** in den Fällen, in denen der Einsatz von Wachpersonal aus-nahmsweise als Arbeitnehmerüberlassung einzuordnen ist, **nicht** eine erforderliche Erlaubnis gemäß § 1 AÜG.[49]

d) Öffentlicher Dienst

45 Im Bereich des Öffentlichen Dienstes soll das AÜG keine Anwendung finden, soweit im Zuge der Erfüllung öffentlicher Aufgaben eine Per-sonalgestellung oder Übertragung des Direktionsrechts vorgesehen ist. Das BAG hat hier in mehreren Entscheidungen (beispielsweise zum Bereich der Jugendhilfemaßnahmen) einen **Vorrang der inso-weit einschlägigen Spezialgesetze** angenommen.[50]

B. Rechtstatsachen

I. Verbreitung der Arbeitnehmerüberlassung

46 Die Zeitarbeitsbranche gehört zu den Wirtschaftszweigen, die von der gegenwärtigen »Finanz- und Wirtschaftskrise« besonders hart betrof-fen sind. Dies hat seine Ursache bereits darin, dass als Reaktion auf die verschlechterte Wirtschaftslage geschlossene Sanierungstarifverträge in der Praxis zum Schutz der Stammbelegschaft regelmäßig zunächst den **Abbau von Leiharbeitsplätzen** vorsehen.[51] Zudem gehören der-zeit besonders betroffene Branchen wie beispielsweise die der Auto-mobilzulieferer zu den wichtigsten Kunden von Zeitarbeitsunterneh-

---

47 BAG 31.3.1993, 7 AZR 338/92, EzA § 10 AÜG Nr. 5.
48 Schüren/Hamann/*Schüren* AÜG Einl. Rn. 20 m.w.Nachw.
49 BAG 8.11.1978, 5 AZR 261/77, NJW 1979, 2636.
50 BAG 11.6.1997, 7 AZR 487/96, EzA § 1 AÜG Nr. 8; BAG 5.3.1997, 7 AZR 357/96, EzA § 1 AÜG Nr. 7; ausführlich KHK/*Düwell* 4.5 Rn. 76a ff.
51 Zur Notwendigkeit, Leiharbeitsplätze vor dem Ausspruch betriebsbeding-ter Kündigungen abzubauen vgl. § 11 AÜG Rdn. 147 ff.

men. Bisher fehlen Angaben dazu, inwieweit sich dies bereits auf die Beschäftigtenzahlen in der Zeitarbeitsbranche ausgewirkt hat.

Bis zum Sommer 2008 war die Zahl der in Leiharbeit beschäftigten **47** Arbeitnehmer dagegen in den letzten Jahren **erheblich angestiegen**. Seit Inkrafttreten des »Ersten Gesetzes für moderne Dienstleistung am Arbeitsmarkt«[52] vom 22.12.2002 bis zum Sommer 2008 hatte sich die Zahl der durchschnittlich beschäftigten Leiharbeitnehmer von etwas über 300000 auf fast den »magischen« Wert von 800000 Arbeitnehmer erhöht.

Der Gesetzgeber hat auf die jüngste Entwicklung durch eine Ergän- **48** zung des § 11 AÜG reagiert. Seit dem 1.2.2009 können auch Leiharbeitnehmer gemäß § 11 Abs. 4 S. 3 AÜG n.F. unter den Voraussetzungen des § 169 SGB III **Kurzarbeitergeld** beanspruchen.[53]

II. Organisationsgrad und Tarifbindung in der Zeitarbeitsbranche

Der Organisationsgrad der Arbeitnehmer in Zeitarbeitsunternehmen **49** ist gering. Verlässliche Zahlen existieren indes nicht. **Schätzungen** gehen von einem gewerkschaftlich organisierten Anteil im Bereich der Zeitarbeit von 5% bis 16% der Leiharbeitnehmer aus.[54]

C. Grenzüberschreitende Arbeitnehmerüberlassung

I. Allgemeines

Angesichts der zunehmenden **Internationalisierung des Mitarbeiter-** **50** **einsatzes** gewinnt auch die grenzüberschreitende Überlassung von Leiharbeitnehmern an Bedeutung. Haben Verleiher und Entleiher ihren Hauptsitz in unterschiedlichen Staaten, ergeben sich über die allgemeinen Fragestellungen bei gewerbsmäßiger Arbeitnehmerüberlassung hinaus zusätzliche **kollisionsrechtliche Probleme**. Diese beziehen sich neben der generellen gewerberechtlichen Zulässigkeit des Personaleinsatzes im Entsende- und Einsatzstaat auf aufenthaltsrechtliche, arbeits- und vertragsrechtliche sowie sozialversicherungs- und steuerrechtliche Aspekte.

---

52 BGBl. I S. 4607.
53 Siehe § 11 AÜG Rdn. 46 ff.
54 Quelle Pernicka / Aust, Die Unorganisierten gewinnen, S. 248.

▶ **Praxistipp:**

Bei vorübergehendem Auslandseinsatz eines Leiharbeitnehmers bleiben **betriebsverfassungsrechtliche Beteiligungsrechte** eines bestehenden Betriebsrates im inländischen Verleiherbetrieb grundsätzlich bestehen (z.b. bei Versetzungen und Kündigungen).[55]

Geht der **Inlandsbetrieb** während der Entsendung eines Arbeitnehmers im Wege des Betriebsübergangs nach § 613a BGB auf einen Betriebserwerber über, so geht auch das Arbeitsverhältnis des entsandten Arbeitnehmers auf den Betriebserwerber über.[56] Für die Fortsetzung gewerbsmäßiger (grenzüberschreitender) Arbeitnehmerüberlassung bedarf der Betriebserwerber einer eigenen Verleiherlaubnis; eine bestehende Erlaubnis verbleibt beim abgebenden Veräußerer.[57]

II. Gewerberechtliche Zulässigkeit

51   Bei **Arbeitnehmerüberlassung mit Auslandsbezug** ist einerseits danach zu unterscheiden, ob der Verleiher Deutscher oder Ausländer ist und andererseits ob der Personaleinsatz von Deutschland (Inland) ins Ausland oder anders herum vom Ausland ins Inland erfolgt.[58] Für den unter dem Schlagwort grenzüberschreitende Arbeitnehmerüberlassung diskutierten Themenkomplex sind folgende **drei Fallgruppen** relevant:

– Verleih von Arbeitnehmern durch einen (deutschen) Verleiher mit Sitz, Hauptverwaltung und/oder Hauptniederlassung in Deutschland (Inland) in das Ausland **(Outbound-Überlassung)**;

– Verleih von Arbeitnehmern durch einen Verleiher mit ausschließlichem/r Sitz, Hauptverwaltung und/oder Hauptniederlassung im Ausland nach Deutschland **(Inbound-Überlassung)**;

– Beschäftigung eines entsandten Arbeitnehmers in Deutschland, obwohl weder Verleiher noch Entleiher ihren Sitz, ihre Hauptverwaltung und/oder Hauptniederlassung in Deutschland haben.

52   Maßstab für die Anwendbarkeit des AÜG ist das sogenannte **Territorialitätsprinzip**.[59] Als Bestandteil des öffentlichen Rechts ist das

---

55 Zur Anknüpfung an deutsches kollektives Arbeitsrecht bei Auslandsentsendungen vgl. ErfK/*Schlachter* Art. 34 EGBGB Rn. 22 ff.; *dies.* NZA 2000, 57; MünchArbR/*Birk* § 21 Rn. 20 ff.

56 Hessisches LAG 15.3.2004, 16 Sa 1377/03, EzAÜG § 613a BGB Nr. 11; BAG 14.7.2005, 8 AZR 392/04, AP BGB § 611 Ruhendes Arbeitsverhältnis Nr. 4 (kein Fall der Arbeitnehmerüberlassung).

57 Sh. § 2 AÜG Rdn. 56, § 3 AÜG Rdn. 25 (Praxistipp).

58 Ausführlich § 3 AÜG Rdn. 172 ff.

59 BSG 29.6.1984, 12 RK 38/82, EzAÜG § 10 AÜG Fiktion Nr. 31.

Gewerberecht Ausfluss der Hoheitsgewalt des Staates. Die gewerberechtliche Zulässigkeit nach deutschem Rechts ist daher immer Voraussetzung, wenn die Arbeitnehmerüberlassung Inlandsbezug hat. Bei **Fallgruppen 1 und 2** ist dies unzweifelhaft. Umstritten ist allerdings, ob die gewerberechtlichen Zulassungsvoraussetzungen grenzüberschreitender Arbeitnehmerüberlassung nach dem deutschen AÜG auch bei **Fallgruppe 3** erfüllt sein müssen. Nach kritisierter Auffassung ist eine Verleiherlaubnis nach dem AÜG nicht erforderlich, wenn der Inlandsbezug allein durch die Beschäftigung des Leiharbeitnehmers in Deutschland begründet wird.[60] Die Ausweitung des deutschen Gewerberechts auf eine Vertragsbeziehung zwischen Verleiher und Entleiher, die sich ausschließlich im Ausland abspiele, sei nicht sachgerecht.[61]

Da bei grenzüberschreitender Überlassung aus oder nach Deutschland zwangsläufig die Belange des Einsatz- als auch des Entsendestaates betroffen sind, sind die **gewerberechtlichen Zulässigkeitsvoraussetzungen beider Staaten** zu beachten.[62]   53

1. Verleih aus Deutschland ins Ausland

Will ein in Deutschland ansässiger Verleiher Arbeitnehmer ins Ausland überlassen, benötigt er hierzu grundsätzlich eine Erlaubnis nach dem AÜG **(Fallgruppe 1)**. Deutsche und – wegen des in Art. 43 EGV verankerten Grundsatzes der Niederlassungsfreiheit – auch in Deutschland ansässige Staatsangehörige oder Unternehmen aus EU-/EWR-Mitgliedsstaaten haben Anspruch auf Erlaubniserteilung, soweit kein Versagungsgrund nach § 3 Abs. 1 AÜG vorliegt.   54

▶ **Praxistipp:**

Ausnahmsweise nicht erlaubnispflichtig ist die Arbeitnehmerüberlassung in das Ausland unter den Voraussetzungen des § 1 Abs. 3

---

60 Hessisches LAG 28.3.1994, 5 Sa 595/93, ZIP 1994, 1626; Thüsing/*Thüsing* AÜG Einf. Rn. 47; *ders.* NZA 2004, 1303; krit. *Mankowski* AR-Blattei ES 920 Nr. 4; wohl a. Böhm/Hennig/Popp/*Popp* Rn. 1013; Schüren/Hamann/*Riederer von Paar* AÜG Einl. Rn. 613.
61 So Thüsing/*Thüsing* AÜG Einf. Rn. 47.
62 EuGH 17.12.1981, C-279/80, AP EWG-Vertrag Art. 177 Nr. 9; Hessisches LAG 28.8.1981, 13 Sa 50/81, EzAÜG § 10 AÜG Fiktion Nr. 11 (Verleiher mit Sitz im Ausland); BayOLG 26.2.1999, 3 ObOWi 4/99, EzAÜG § 16 AÜG Nr. 10 = DB 1999, 1019; *Boemke* BB 2005, 266 m.w.Nachw.; Schüren/Hamann/*Riederer von Paar* AÜG Einl. Rn. 616; zu den Zulassungsvoraussetzungen in anderen EU-Mitgliedsstaaten *Kienle/Koch* DB 2001, 922 m.w.Nachw.

Nr. 3 AÜG.[63] Ob das Konzernprivileg (§ 1 Abs. 3 Nr. 2 AÜG) bei Auslandsentsendungen greift, ist umstritten.[64]

55 In welchem Staat die Leiharbeitnehmer ihre Tätigkeit erbringen sollen, ist unerheblich. Der **Erlaubnisvorbehalt** besteht sowohl für die **Überlassungen in einen Staat des EU-/EWR-Raums** als auch in einen **Drittstaat**.[65] Ob die Erlaubnis erteilt wird, richtet sich allein nach den allgemeinen und besonderen Versagungsgründen des § 3 AÜG.[66] Liegen keine offensichtlichen Rechtsverstöße vor, kann die deutsche Behörde die Erteilung der Erlaubnis nicht aufgrund einer Gesetzeswidrigkeit im ausländischen Einsatzstaat verweigern; die Unterbindung illegaler (grenzüberschreitender) Arbeitnehmerüberlassung wegen Fehlens der zulassungsrechtlichen Voraussetzungen im Ausland ist Aufgabe der ausländischen Behörden.[67] Die Erteilung einer Erlaubnis zur Arbeitnehmerüberlassung in Deutschland trifft keine Aussage darüber, ob das Tätigwerden als Verleiher auch nach dem Recht des Einsatzstaates zulässig ist.

▶ **Beispiel:**

Ein Unternehmen mit Geschäftssitz in Deutschland beabsichtigt, mehrere Arbeitnehmer in einen Drittstaat (z.B. Russland, USA) zu überlassen. Dies ist nach deutschem Recht grundsätzlich möglich, bedarf aber einer Verleiherlaubnis nach dem AÜG. Ob diese Form des Personaleinsatzes auch im Ausland zugelassen ist, bestimmt sich nach den Rechtsvorschriften im Drittstaat. Eine etwaige – weitere – Erlaubnis ist bei den dortigen Behörden zu beantragen.

2. Verleih aus dem Ausland nach Deutschland

56 Da gewerbsmäßige Arbeitnehmerüberlassung nach deutschem Recht unter einem generellen Erlaubnisvorbehalt steht, ist auch jede Überlassung vom Ausland nach Deutschland erlaubnispflichtig **(Fallgruppe 2)**. Unerheblich ist dabei, ob die Arbeitnehmerüberlassung im

---

63 Dazu § 1 AÜG Rdn. 258 ff.
64 Bejahend Thüsing/*Waas* § 1 AÜG Rn. 187; *Urban-Crell/Schulz* Rn. 566; abl. *Ulber* § 1 AÜG Rn. 246; sh. a. § 1 AÜG Rdn. 252.
65 *Boemke* BB 2005, 266; ErfK/*Wank* AÜG Einl. Rn. 52.
66 Vgl. hierzu § 3 AÜG Rdn. 12 ff., 172 ff.
67 BAG 22.3.2000, 7 ABR 34/98, EzA § 14 AÜG Nr. 4 m.Anm. *Hamann; Sandmann/Marschall* Art. 1 § 3 AÜG Anm. 76; Schüren/Hamann/*Riederer von Paar* AÜG Einl. Rn. 616; Thüsing/*Thüsing* AÜG Einf. Rn. 46 m.w.Nachw.

ausländischen Sitz- oder Heimatstaat des Verleihers erlaubnisfrei zulässig ist.[68]

Gemäß **§ 3 Abs. 2 AÜG** ist diese Erlaubnis Verleihern zwingend zu   57
versagen, wenn die Überlassung von einem Betrieb oder Betriebsteil
aus erfolgen soll, der nicht in einem Mitgliedsstaat der europäischen
Wirtschaftsgemeinschaft oder einem anderen Vertragsstaat des Abkommens über den europäischen Wirtschaftsraum liegt; **Verleihern
aus Drittstaaten** wird **keine Erlaubnis** erteilt. Eine Ausnahme besteht
unter den Voraussetzungen des § 3 Abs. 5 AÜG für Angehörige assoziierter Staaten.

▶ **Beispiel:**

  Ein Verleiher aus der Schweiz oder den USA plant den Einsatz
  von Leiharbeitnehmern in Deutschland. Hierfür erteilen die deutschen Behörden keine Verleiherlaubnis.

Die Erlaubnis kann ferner versagt werden, wenn eine Gesellschaft   58
oder juristische Person den Antrag stellt, die entweder nicht nach
deutschem Recht gegründet ist oder weder ihren satzungsmäßigen
Sitz noch ihre Hauptverwaltung noch ihre Hauptniederlassung im
Geltungsbereich des AÜG hat (**§ 3 Abs. 3 AÜG**). Eine Einschränkung
gilt allerdings für Staatsangehörige und Unternehmen aus EU-/EWR-
Mitgliedsstaaten. Diese genießen Dienstleistungsfreiheit (Art. 43, 49
EGV). Ihnen wird die Erlaubnis nach dem AÜG daher unter denselben Voraussetzungen wie im Inland ansässigen deutschen Antragstellern erteilt (**§ 3 Abs. 4 AÜG**).

▶ **Praxistipp:**

  Für die Erlaubniserteilung an Verleiher mit Geschäftssitz im Ausland gilt eine besondere Zuständigkeitsverteilung zwischen den
  einzelnen Regionaldirektionen der BA. Eine Übersicht ist unter § 3
  AÜG (Rdn. 175), die Adressen aller Regionaldirektionen sind im
  Anhang (S. 635 f.) abgedruckt.

Weitere Einschränkungen können sich für Verleiher mit Sitz im Aus-   59
land ergeben, wenn sie **Arbeitnehmer im Geltungsbereich des
AEntG beschäftigen** wollen. Nach § 18 Abs. 3 AEntG n.F. muss der
deutsche Entleiher die Beschäftigung vor deren Beginn bei der zuständigen Behörde der Zollverwaltung schriftlich anmelden; der Anmeldung ist eine Versicherung des ausländischen Verleihers über die

---

68 BayOLG 26.2.1999, 3 ObOWi 4/99, EzAÜG § 16 AÜG Nr. 10 = DB 1999,
   1019.

Einhaltung der Mindestarbeitsbedingungen nach § 8 AEntG n.F. beizufügen (§ 18 Abs. 4 AEntG n.F.).

▶ **Praxistipp:**

Grenzüberschreitende Arbeitnehmerüberlassung vom Ausland
in das deutsche **Baugewerbe** ist wegen des sektoralen Verbots des
§ 1b S. 1 AÜG regelmäßig verboten.[69] Rechtstatsächlich findet
grenzüberschreitender Personaleinsatz – insbesondere in der Baubranche – zumeist auf der Grundlage **grenzüberschreitender
Werk- oder Dienstverträge** statt. Besondere praktische Bedeutung
haben in diesem Zusammenhang die sogenannten Werkvertragsabkommen. Werkvertragsabkommen gestatten ausländischen Unternehmen, zur Ausführung (echter) Werkverträge eine kontin-
gentierte Anzahl ausländischer Arbeitnehmer in Deutschland
einzusetzen.[70]

Werkvertragsabkommen bestehen derzeit zwischen der Bundesrepublik Deutschland und Bosnien-Herzegowina, Bulgarien, Ko-
sovo, Kroatien, Lettland, Mazedonien, Polen, Rumänien, Serbien,
Montenegro, Slowakische Republik, Slowenien, Tschechische Republik, Türkei und Ungarn (Stand: Februar 2009). Über die Zulassungsvoraussetzungen und das Verfahren informiert die BA in ihren Merkblättern 16 (Arbeitnehmer aus Staaten außerhalb der EU)
und 16a (Arbeitnehmer aus den neuen EU-Mitgliedsstaaten). Diese sind abrufbar unter:

www.arbeitsagentur.de

Auch die Beschäftigung im Rahmen von Werkvertragsabkommen
unterliegt den zwingenden **Mindestarbeitsbedingungen des
AEntG** bei grenzüberschreitenden Dienstleistungen.

Werkvertragsabkommen sind rechtspolitisch umstritten. Die Vor-
würfe lauten: Lohndumping, Wettbewerbsverzerrung und zusätzliche Belastung des deutschen Arbeitsmarktes.[71] Hinzu kommt
häufig – beschäftigungspolitisch unerwünschte – illegale Beschäftigung ausländischer Arbeitnehmer unter dem Deckmantel von
Scheinwerkverträgen. Verstöße gegen das AÜG (illegale Arbeitnehmerüberlassung) gehen nicht selten mit illegaler Ausländer-

---

69 Sh. § 1b AÜG Rdn. 6 ff., 48 ff.; die Überlassung von Deutschland in das Bau-
    gewerbe eines ausländischen Tätigkeitsstaates ist – soweit dies nach den
    Rechtsvorschriften des ausländischen Staates erlaubt ist – zulässig, vgl.
    Ebert ArbRB 2007, 83; *Böhm/Hennig/Popp/Popp* Rn. 1013.
70 Ausführlich *Urban-Crell/Schulz* Rn. 1165 ff.
71 Dazu *Hamann* S. 134; *Urban-Crell/Schulz* Rn. 1165.

beschäftigung und weiteren Straftaten (z.B. § 266a StGB, § 370 AO) einher.[72]

III. Aufenthaltsrechtliche Zulässigkeit

Die gewerberechtliche Zulässigkeit der grenzüberschreitenden Ar-   60
beitnehmerüberlassung beantwortet noch nicht die weitere Frage, ob
und unter welchen Voraussetzungen die **Beschäftigung eines nicht-
deutschen Staatsangehörigen** als Leiharbeitnehmer in Deutschland
zulässig ist.[73] Es ist wie folgt zu differenzieren:

- **(Alt-)EU-/EWR[74]-/EFTA[75]-Staaten:** Uneingeschränkte Arbeitnehmerfreizügigkeit (Art. 39 EGV). Es gelten keine ausländerrecht-
  lichen Beschränkungen; das Recht zum Aufenthalt und zur Ausübung einer Erwerbstätigkeit in Deutschland müssen Schweizer
  Staatsangehörige regelmäßig durch eine sogenannte Grenzgängerbescheinigung nachweisen. Staatsangehörige aus diesen Staaten
  können in Deutschland als Leiharbeitnehmer eingesetzt werden.
- **MOE-Staaten (»neue« EU-Staaten):** Arbeitnehmerfreizügigkeit ist
  für Arbeitnehmer aus Mitgliedsstaaten, die der EU zum 1.5.2004
  bzw. 1.1.2007 beigetreten sind (ausgenommen Malta und Zypern),
  für eine Übergangszeit bis zum 1.5.2011 bzw. vorerst bis zum
  31.12.2011 eingeschränkt. Arbeitnehmer aus diesen Staaten benötigen entweder eine befristete Arbeitserlaubnis-EU oder eine unbefristete Arbeitsberechtigung-EU (§ 284 SGB III). Für eine Tätigkeit
  als Leiharbeitnehmer wird diese nicht erteilt.
- **Drittstaaten:** Arbeitnehmer aus Staaten außerhalb des EU-/EWR-
  Raums benötigen zur Ausübung einer Beschäftigung in Deutschland einen Aufenthaltstitel nach dem AufenthG. Ein Aufenthaltstitel zur Aufnahme einer Tätigkeit als Leiharbeitnehmer wird
  nicht erteilt (§ 40 Abs. 1 Nr. 2 AufenthG).

▶ **Praxistipp:**

Ist die Beschäftigung eines ausländischen Staatsangehörigen in
Deutschland aufenthaltsrechtlich verboten, berührt dies die Wirksamkeit eines gleichwohl abgeschlossenen (Leih-) Arbeitsvertrages
nicht. Der Arbeitnehmer darf zwar in Deutschland nicht eingesetzt
werden, behält aber gleichwohl – auch bei Nichteinsatz – seinen

---

72 Thüsing/*Thüsing* AÜG Einf. Rn. 44 m.w.Nachw.
73 Ausführlich § 3 AÜG Rdn. 39 ff., § 15 AÜG Rdn. 10.
74 (Alt-)EU-Staaten zzgl. Island, Norwegen, Liechtenstein.
75 Island, Norwegen, Liechtenstein, Schweiz.

Vergütungsanspruch. Dem Arbeitgeber bleibt nur die Möglichkeit der personenbedingten Kündigung.[76]

IV. Internationales Privatrecht

61 Die Frage des bei grenzüberschreitender Arbeitnehmerüberlassung auf die Rechtsbeziehungen zwischen Verleiher, Leiharbeitnehmer und Entleiher anwendbaren Rechts bestimmt sich nach den **Grundsätzen des Internationalen Privatrechts**. In Deutschland ist dies im **EGBGB** geregelt.

1. Leiharbeitsvertrag

a) Rechtswahl (Art. 27 EGBGB)

62 Der **Leiharbeitsvertrag** unterliegt grundsätzlich dem **von den Parteien gewählten Recht** (Art. 27 Abs. 1 EGBGB). In der Praxis ist dies zumeist die am Sitz des Verleihers geltende Arbeitsrechtsordnung.[77]

▶ Praxistipp:

Um Streitigkeiten über die Frage des anwendbaren nationalen Arbeitsrechts zu vermeiden, sollten die Arbeitsvertragsparteien auf eine **ausdrückliche Rechtswahl** nicht verzichten. Nach deutschem AGB-Recht (§§ 305 ff. BGB) ist die Vereinbarung von Rechtswahlklauseln auch in Formulararbeitsverträgen zulässig.[78]

Fehlt eine Ermächtigungsgrundlage für die Anordnung eines Auslandseinsatzes im Leiharbeitsvertrag, müssen Verleiher und Leiharbeitnehmer als Ergänzung zum Arbeitsvertrag vor Beginn der Auslandtätigkeit eine zusätzliche Entsendevereinbarung abschließen.[79]

---

76 Beschäftigungshindernis aus der Sphäre des Arbeitnehmers ist nach st. Rspr. ein personenbedingter Kündigungsgrund sh. BAG 7.2.1990, 2 AZR 359/89, NZA 1991, 341 (Fehlen der Arbeitserlaubnis); BAG 7.12.2000, 2 AZR 459/99, NZA 2001, 1567 (Verlust der Fluglizenz); allg. APS/*Dörner* § 1 KSchG Rn. 224 f.

77 Schüren/Hamann/*Riederer von Paar* AÜG Einl. Rn. 630; *Urban-Crell/Schulz* Rn. 1176.

78 Thüsing/*Thüsing* AÜG Einf. Rn. 53 m.w.Nachw.

79 Zur Vertragsgestaltung bei Auslandsentsendungen *Mastmann/Stark* BB 2005, 1849; Preis/*Preis* II A 140 Rn. 18 ff., 33 ff.

b) Objektive Anknüpfung und Günstigkeitsvergleich (Art. 30 EGBGB)

Die Rechtswahl der Parteien darf indes nicht dazu führen, dass dem 63
Arbeitnehmer der Schutz entzogen wird, der ihm durch die zwingen-
den Bestimmungen des Rechts gewährt wird, welches bei **objektiver
Anknüpfung ohne Rechtswahl** anzuwenden wäre (**Art. 30 Abs. 1
EGBGB**). Ebenso wie bei gänzlich fehlender Rechtswahl richtet sich
das anwendbare Recht dann nach der **objektiven Anknüpfung des
Art. 30 Abs. 2 EGBGB**. Kollidieren die kraft Rechtswahl und kraft objektiver Anknüpfung anwendbaren Rechtsordnungen, muss das im
Einzelfall einschlägige Recht mittels Günstigkeitsvergleichs bestimmt
werden. Der **Günstigkeitsvergleich** ist weder zwischen den kollidie-
renden Rechtsordnungen an sich noch zwischen einzelnen Rechtsvorschriften, sondern zwischen Gruppen sachlich zusammenhängender
Bestimmungen durchzuführen.[80] Im Ergebnis kann das Arbeitsverhältnis dann einem »Mischrecht«[81] zweier Rechtsordnungen unterfallen.

Bei **grenzüberschreitender Arbeitnehmerüberlassung** wird regel- 64
mäßig das am Betriebssitz des Verleihers geltende Recht Anwendung
finden.[82] Dies ist in den Fällen unproblematisch, in denen der Leiharbeitnehmer nur ausnahmsweise nicht in seinem Heimatstaat eingesetzt wird (Art. 30 Abs. 2 Hs. 1 Nr. 1 EGBGB) oder er zwar regelmäßig
in verschiedene Staaten überlassen wird, sich der Sitz der einstellenden Niederlassung aber im Entsendestaat befindet (Art. 30 Abs. 2
Hs. 1 Nr. 2 EGBGB). In diesen Regelfällen gilt – vorbehaltlich Art. 30
Abs. 2 Hs. 2 EGBGB – das Recht des Entsendestaates.

▶ **Beispiele:**

Ein inländisches Unternehmen überlässt einen Arbeitnehmer nur
vorübergehend an einen Kunden in Belgien, ansonsten wird der
Arbeitnehmer in Deutschland tätig. Maßgeblich ist deutsches Arbeitsvertragsstatut (Art. 30 Abs. 2 Hs. 1 Nr. 1 EGBGB).

Das inländische Unternehmen setzt den Arbeitnehmer ausschließlich – in verschiedenen Staaten – im Ausland ein, der Leiharbeitsvertrag wurde mit der deutschen Niederlassung des verleihenden
Unternehmens in Düsseldorf geschlossen. Es gilt deutsches Arbeitsrecht (Art. 30 Abs. 2 Hs. 1 Nr. 2 EGBGB).

---

80 H.M. sh. ErfK/*Schlachter* Art. 34 EGBGB Rn. 14 m.w.Nachw.; MünchArbR/
    Birk § 20 Rn. 24; *Thüsing* BB 2003, 898.
81 ErfK/*Schlachter* Art. 34 EGBGB Rn. 14.
82 Thüsing/*Thüsing* AÜG Einf. Rn. 66, 57; Schüren/Hamann/*Riederer von Paar*
    AÜG Einl. Rn. 630, 643; *Urban-Crell/Schulz* Rn. 1177 f.

65 Probleme bereitet die Regelanknüpfung nach Art. 30 Abs. 2 Hs. 1 EGBGB lediglich in Fällen, in denen der **Leiharbeitnehmer ständig in denselben ausländischen Staat überlassen** wird.[83]

▶ **Beispiel:**

Ein inländisches Zeitarbeitsunternehmen setzt einen Arbeitnehmer ausschließlich in Belgien ein.

66 Eine engere Verbindung zum Einsatzstaat und damit die – in der Praxis seltene – Durchbrechung der Regelanknüpfung kann sich in diesen Fällen nur aus **Art. 30 Abs. 2 Hs. 2 EGBGB** (sogenannte **Ausweichklausel**) ergeben.[84] Das Recht am Sitz des Verleihers bleibt anwendbar, wenn die Rechtsbeziehung eine engere Verbindung zu diesem als zum Einsatzstaat aufweist. **Anhaltspunkte für eine »engere Verbindung«** sind etwa der (Familien-) Wohnsitz des Arbeitnehmers, der Sitz des Arbeitgebers, die Staatsangehörigkeit der Parteien, der Ort des Vertragsschlusses sowie die für die Vergütungszahlung vereinbarte Währung.[85]

c) Ortsrecht (Art. 32 Abs. 2 EGBGB)

67 Soweit das am Sitz des Verleihers geltende Recht Anwendung findet, sind gemäß **Art. 32 Abs. 2 EGBGB** für die **Erfüllung der Leistungspflichten** gleichwohl die (ausländischen) Rechtsvorschriften am Ort der Leistungserbringung zu beachten. Entsprechend bestimmt sich bei einer **Überlassung von Deutschland ins Ausland** die Entgeltfortzahlung an Feiertagen nach § 2 EntgeltFZG nach den Feiertagsregelungen im ausländischen Einsatzstaat.[86] Auch sonstige die Art und Weise der Erfüllung des Arbeitsverhältnisses betreffenden Vorschriften (z.B. Arbeitsschutz, Höchstarbeitszeiten) des ausländischen Einsatzstaates genießen Vorrang vor den nationalen Bestimmungen, obgleich der Leiharbeitsvertrag ansonsten dem deutschen Arbeitsvertragsstatut untersteht.[87]

---

83 *Boemke* BB 2005, 266.

84 BAG 9.7.2003, 10 AZR 593/02, AP TVG § 1 Tarifverträge: Bau Nr. 261; BAG 29.10.1992, 2 AZR 267/92, EzA Art. 30 EGBGB Nr. 2.

85 BAG 9.7.2003, 10 AZR 593/02, AP TVG § 1 Tarifverträge: Bau Nr. 261; *Thüsing* BB 2003, 898 m.w.Nachw.

86 BT-Drucks. 10/504 S. 82; *Boemke/Lembke* AÜG Einl. Rn. 19; Thüsing/*Thüsing* AÜG Einf. Rn. 58.

87 *Schlachter* NZA 2000, 57; Thüsing/*Thüsing* AÜG Einf. Rn. 58 m.w.Nachw.

d) International zwingende Vorschriften (Art. 34 EGBGB)

Bei grenzüberschreitender Arbeitnehmerüberlassung nach Deutschland ist zudem **Art. 34 EGBGB** zu beachten. Die Vorschrift erlaubt eine Anwendung des deutschen Rechts entgegen das nach Art. 27, 30 EGBGB ermittelte Arbeitsvertragsstatut, erfasst jedoch lediglich **international zwingende Bestimmungen**. International zwingend sind Normen, die nicht nur dem Individualinteresse der Arbeitnehmer, sondern zumindest auch Gemeinwohlinteressen dienen.[88] Ein **Gemeinwohlbezug** wird indiziert, wenn die Vorschrift als Verbotsgesetz ausgestaltet ist oder ein Verstoß sanktioniert wird (z.B. Bußgeld).[89]   **68**

Schrifttum und – soweit vorhanden – Rechtsprechung anerkennen lediglich **wenige Vorschriften des deutschen Arbeitsrechts** als **international zwingend**.[90] Die Regelungen über Urlaubsanspruch und Urlaubsentgelt nach dem BUrlG gehören ebenso wenig zu den Eingriffsnormen i.S. des Art. 34 EGBGB wie die Bestimmungen des Ersten Abschnitts des KSchG (§§ 1–14 KSchG)[91] oder die Betriebsübergangsnorm des § 613a BGB.[92] Weitestgehend anerkannt ist der zwingende Charakter hingegen bei Kündigungs- und Entgeltschutzvorschriften zugunsten (werdender) Mütter oder die Schutzvorschriften zugunsten schwerbehinderter Menschen.[93] Auch die Vorschriften des AEntG über Mindestarbeitsbedingungen sind international zwingend (§ 8 AEntG n.F.).[94]   **69**

Welche **Vorschriften des AÜG** zu den Eingriffsnormen i.S. des Art. 34 EGBGB zählen, ist im Einzelnen umstritten. Im Schrifttum wird dies für die das Rechtsverhältnis zwischen Verleiher und Leiharbeitnehmer gestaltenden Bestimmungen überwiegend bejaht.[95] Richtigerweise ist danach zu differenzieren, ob die jeweilige Regelung des AÜG im Gemeinwohlinteresse steht. Dies ist im Wesentlichen eine Wertungsfrage.   **70**

---

88 BAG 12.1.2005, 5 AZR 617/01, EzA § 1a AEntG Nr. 3; BAG 12.12.2001, 5 AZR 255/00, EzA Art. 30 EGBGB Nr. 5; BAG 24.3.1992, 9 AZR 76/91, EzA § 61 KO Nr. 14.
89 ErfK/*Schlachter* Art. 34 EGBGB Rn. 16 m.w.Nachw.
90 Ausführlich *Junker* NZA-Beil. 2008 (Heft 2), 59.
91 BAG 29.10.1992, 2 AZR 267/92, EzA Art. 30 EGBGB Nr. 2.
92 *Junker* NZA-Beil. 2008 (Heft 2), 59 m.w.Nachw.
93 Ausführlich ErfK/*Schlachter* Art. 34 EGBGB Rn. 1 ff. m.w.Nachw.
94 BAG 25.1.2005, 9 AZR 621/03, NJOZ 2005, 4971; BAG 25.6.2002, 9 AZR 405/00, EzA § 1 AEntG Nr. 1; *Boemke/Lembke* AÜG Einl. Rn. 20; Thüsing/ *Thüsing* AÜG Einf. Rn. 62 m.w.Nachw.
95 Schüren/Hamann/*Riederer von Paar* AÜG Einl. Rn. 642; *Ulber* AÜG Einl. F Rn. 4; krit. Thüsing/*Thüsing* AÜG Einf. Rn. 60 f.

71 Bei **§ 3 Abs. 1 Nr. 3, § 9 Nr. 2 AÜG** (Equal-Pay- und Equal-Treatment-Grundsatz) ist dies zweifelhaft. Das Gleichstellungsgebot verfolgt – wie praktisch alle individualschützenden Arbeitsrechtsvorschriften – auch sozialpolitische Zwecke, ein Gemeinwohlbezug tritt allerdings nicht offensichtlich zu Tage. Überzeugender ist es, den Gleichstellungsanspruch von Leiharbeitnehmern – der restriktiven Anwendung des Art. 34 EGBGB durch die Rechtsprechung folgend – nicht als international zwingend zu kategorisieren und diesen nur Art. 30 EGBGB zu unterstellen.[96] Überwiegend akzeptiert wird der zwingende Charakter des **§ 10 AÜG**.[97]

2. Arbeitnehmerüberlassungsvertrag

72 Für den **Vertrag zwischen Verleiher und Entleiher** gelten – mit Ausnahme des auf Arbeitsverhältnisse zugeschnittenen Art. 30 EGBGB – **dieselben Grundsätze wie für das Leiharbeitsverhältnis**. Regelmäßig vereinbaren die Parteien im Arbeitnehmerüberlassungsvertrag und/oder den AGB ausdrücklich die Anwendbarkeit des am Betriebssitz des Verleihers geltenden Rechts (Art. 27 Abs. 1 EGBGB).[98]

73 Haben die Parteien **ausnahmsweise keine Rechtswahl** getroffen, unterliegt der Vertrag dem **Recht des Staates, mit dem er die engste Verbindung aufweist** (Art. 28 Abs. 1 EGBGB). Nach der Vermutungsregel des Art. 28 Abs. 2 EGBGB ist dies üblicherweise der Ort der Hauptverwaltung bzw. Haupt- oder Zweigniederlassung des Verleihers, wenn von dort aus die Arbeitnehmer überlassen werden.[99] Ebenso wie bei Art. 30 Abs. 2 EGBGB steht dieses Ergebnis unter dem Vorbehalt, dass die Vertragsbeziehung nach den Gesamtumständen des Einzelfalls nicht eine engere Verbindung zu dem anderen Staat aufweist (Art. 28 Abs. 5 EGBGB).[100]

▶ **Beispiel:**

Ein belgisches Zeitarbeitsunternehmen überlässt Arbeitnehmer vorübergehend an einen deutschen Kunden. Verleihendes und entlei-

---

96 Thüsing/*Thüsing* AÜG Einf. Rn. 61; a.A. Schüren/Hamann/*Riederer von Paar* AÜG Einl. Rn. 645.
97 *Hamann* S. 140; Thüsing/*Thüsing* AÜG Einf. Rn. 61; Schüren/Hamann/*Riederer von Paar* AÜG Einl. Rn. 660; i.E. a. OLG Karlsruhe 5.4.1989, 7 U 274/87, BauR 1990, 482; BSG 25.10.1988, 12 RK 21/87, EzAÜG Nr. 303 = BSGE 64, 145; einschr. *Boemke/Lembke* AÜG Einl. Rn. 22, falls die Überlassung nach Deutschland nur vorübergehend erfolgt.
98 *Boemke* BB 2005, 266.
99 ErfK/*Wank* AÜG Einl. Rn. 44a; Thüsing/*Thüsing* AÜG Einf. Rn. 64; *Urban-Crell/Schulz* Rn. 1174 f.
100 Zum Begriff der »engeren Verbindung« sh. AÜG Einl. Rdn. 66.

hendes Unternehmen haben keine – auch keine konkludente – Rechtswahl getroffen. Da der Vertrag keine »engere Verbindung« nach Deutschland aufweist, gilt für den Arbeitnehmerüberlassungsvertrag belgisches Recht.

Ist das kraft Rechtswahl oder kraft Vertragstatuts anwendbare Recht das eines ausländischen Staates, sind gleichwohl international zwingende **Eingriffsnormen i.S. des Art. 34 EGBGB** zu beachten.[101] Praktisch wird diese Frage nur bei der Überlassung von Arbeitnehmern durch einen ausländischen Verleiher nach Deutschland. Welche **Vorschriften des AÜG** im Verhältnis zwischen Verleiher und Entleiher international zwingend sind, hatte die Rechtsprechung bisher nicht zu beantworten. Im Schrifttum wird dies für § 9 Nr. 1 AÜG (Unwirksamkeit des Überlassungsvertrages bei fehlender Verleiherlaubnis) bejaht.[102] Richtigerweise wird dies auch für das sektorale Verbot der Arbeitnehmerüberlassung in das Baugewerbe gelten müssen;[103] bei Verstoß gegen § 1b S. 1 AÜG ist der Arbeitnehmerüberlassungsvertrag nichtig.[104] Demgegenüber dient das Schriftformerfordernis des § 12 Abs. 1 AÜG in erster Linie dem Schutzinteresse des Leiharbeitnehmers, die Vorschrift wird daher zutreffend nicht als international zwingend anerkannt.[105]   74

3. Beschäftigungsverhältnis Entleiher – Leiharbeitnehmer

Bei legaler Arbeitnehmerüberlassung besteht zwischen Entleiher und Leiharbeitnehmer kein Arbeitsverhältnis. Gleichwohl ergeben sich aus dem Beschäftigungsverhältnis »quasi-«arbeitsrechtliche **Rechte und Pflichten** beider Seiten. Auf vertragsähnliche Schuldverhältnisse finden **Art. 27 ff. EGBGB** ebenfalls Anwendung. Dies gilt nach überwiegender Auffassung auch für die Rechtsbeziehung zwischen Entleiher und Leiharbeitnehmer.[106] Eine **Rechtswahl** für das Beschäftigungsverhältnis zwischen Entleiher und Leiharbeitnehmer ist allerdings **ausgeschlossen**.   75

---

101 Dazu bereits AÜG Einl. Rdn. 68 ff.
102 Thüsing/*Thüsing* AÜG Einf. Rn. 64.
103 *Boemke/Lembke* AÜG Einl. Rn. 24; Thüsing/*Thüsing* AÜG Einf. Rn. 64; Schüren/Hamann/*Riederer von Paar* AÜG Einl. Rn. 667.
104 Sh. § 1b AÜG Rdn. 30; Nichtigkeit bei Auslandsbezug abl. *Boemke/Lembke* AÜG Einl. Rn. 24.
105 *Boemke/Lembke* AÜG Einl. Rn. 24; *Urban-Crell/Schulz* Rn. 1175; a.A. Schüren/Hamann/*Riederer von Paar* AÜG Einl. Rn. 623.
106 ErfK/*Wank* AÜG Einl. Rn. 47; Thüsing/*Thüsing* AÜG Einf. Rn. 66; Schüren/Hamann/*Riederer von Paar* AÜG Einl. Rn. 638.

76   Hinsichtlich der Frage des nach **Art. 30 Abs. 2 EGBGB anwendbaren Vertragsstatuts** ist zu differenzieren: Soweit Inhalt und Umfang der arbeitsrechtlichen Weisungsbefugnisse des Entleihers in Rede stehen, handelt es sich um eine originäre Berechtigung aus dem Leiharbeitsverhältnis, welche nur an den Kunden »delegiert« wurde. Es gilt mithin das Arbeitsvertragsstatut des Leiharbeitsvertrages.[107] Leitet der Entleiher seine Befugnisse hingegen nicht aus dem Leiharbeitsvertrag, sondern unmittelbar aus der Tätigkeit des Leiharbeitnehmers in seinem Betrieb her, ist regelmäßig auf das am Betriebssitz des Entleihers geltende Recht abzustellen (Art. 30 Abs. 2 Hs. 1 Nr. 1 EGBGB). Denn insoweit maßgeblich ist der gewöhnliche Arbeitsort des Leiharbeitnehmers während der Auslandsentsendung.[108]

V. Sozialversicherungsrecht

77   Für die grenzüberschreitende Arbeitnehmerüberlassung gelten in sozialversicherungsrechtlicher Hinsicht keine Besonderheiten. Diese richtet sich **nach den Grundsätzen der Arbeitnehmerentsendung**.[109] Zu unterscheiden ist zwischen grenzüberschreitendem Personaleinsatz innerhalb des EU-/EWR-Raums einerseits und außerhalb des EU-/EWR-Raums andererseits.[110]

1. Arbeitnehmerüberlassung innerhalb des EU-/EWR-Raums

78   Ob für eine **innerhalb des EU-/EWR-Raums** ausgeübte Beschäftigung die Rechtsvorschriften über soziale Sicherheit des Heimatstaates oder des Beschäftigungsstaates gelten, bestimmt derzeit die »Verordnung über die Anwendung der Systeme der sozialen Sicherheit auf Arbeitnehmer und Selbständige sowie deren Familienangehörige, die innerhalb der Gemeinschaft zu- und abwandern« vom 14.6.1971 **(EWG-VO Nr. 1408/71)**. Voraussichtlich zum 31.12.2009 wird die EWG-VO Nr. 1408/71 außer Kraft treten und zum 1.1.2010 durch die »**Verordnung (EG) Nr. 883/2004 des Europäischen Parlaments und des Rates zur Koordinierung der Systeme der sozialen Sicherheit**« vom

---

107   *Boemke/Lembke* AÜG Einl. Rn. 25; Thüsing/*Thüsing* AÜG Einf. Rn. 67; *Urban-Crell/Schulz* Rn. 1182.
108   *Boemke/Lembke* AÜG Einl. Rn. 26; Thüsing/*Thüsing* AÜG Einf. Rn. 67; *Urban-Crell/Schulz* Rn. 1182.
109   EuGH 26.1.2006, C-2/05, AP EWG-Verordnung Nr. 1408/71 Nr. 13; so bereits für die nahezu inhaltsgleichen Vorgängerregelung zur EWG-VO Nr. 1408/71 EuGH 17.12.1970, 35/70, SozR Nr. 2 zu Art. 13 EWG-VO Nr. 4.
110   Ausführlich *Hamann* S. 135; *Urban-Crell/Schulz* Rn. 1196 ff.; allg. zur Sozialversicherung bei Auslandseinsatz *Werthebach* NZA 2006, 247.

29.4.2004 abgelöst werden.[111] Die Verordnungen gelten auch im Verhältnis zur Schweiz.[112]

Die EWG-VO Nr. 1408/71 koordiniert die verschiedenen nationalen **79**
Sozialversicherungssysteme, sie bewirkt jedoch nicht deren Vereinheitlichung. Sie dient damit insbesondere der **Vermeidung von Doppelversicherungen.**[113]

▶ **Praxistipp:**

Die Anwendbarkeit der Verordnung setzt grundsätzlich die **EU-/EWR-Vollmitgliedschaft** der an der Entsendung beteiligten Staaten voraus. Darauf ist insbesondere bei Überlassungen aus oder in **MOE-Staaten** zu achten. Soweit die Auslandsentsendung bereits vor Aufnahme dieser Staaten als Vollmitglieder der EU zum 1.5.2004 bzw. 1.1.2007 erfolgte, findet die Verordnung keine Anwendung.[114] Unter Umständen ist bei einem solchen Sachverhalt aber ein vor dem Beitritt abgeschlossenes Sozialversicherungsabkommen einschlägig.

Die Verordnungen sind abrufbar unter:

www.dvka.de/oeffentlicheSeiten/Rechtsquellen/Rechtsquellen_EWR.htm (EWG-VO Nr. 1408/71);

www.arbeitsagentur.de/zentraler-Content/A20-Intern/A201-Organisation/Publikation/pdf/Verordnung-EG-Nr-883-2004-neue-VO-noch-nicht-wirksam.pdf (EG-VO Nr. 883/2004).

Grundsätzlich besteht Sozialversicherungspflicht in dem Land, in **80**
dem eine unselbständige und damit sozialversicherungspflichtige Tätigkeit tatsächlich ausgeübt wird (sogenanntes **Beschäftigungsortsprinzip**, Art. 13 Abs. 2a) EWG-VO Nr. 1408/71). Dieser Grundsatz gilt unabhängig davon, in welchem Staat der Beschäftigte wohnt oder wo sich der Sitz des Arbeitgebers befindet.

▶ **Beispiel:**

Ein dauerhaft in Deutschland tätiger Leiharbeitnehmer mit Familienwohnsitz in der Schweiz untersteht dem deutschen System der sozialen Sicherheit.

---

111 Mitteilung der Kommission an das Europäische Parlament v. 7.1.2009, KOM(2008) 869 endg. – COD 2006/0006.
112 EU/CH-Assoziierungsabkommen v. 21.6.1999, ABl. 2002 L 114/6.
113 EuGH 10.2.2000, C-202/97, ZIP 2000, 468.
114 LSG NRW 17.1.2005, L 2 B 9/03 KR ER, EzAÜG SGB IV Nr. 34.

81 Eine von mehreren Ausnahmen von diesem Grundsatz greift bei **Auslandsentsendungen** ein (Art. 14 Nr. 1 Buchst. a) i) EWG-VO Nr. 1408/71). Bei Entsendungen gelten die sozialversicherungsrechtlichen Regelungen des Wohnsitzstaates weiter (sogenanntes **Wohnortsprinzip**). Eine Entsendung im Sinne der Verordnung setzt voraus:

– Entsendung eines Arbeitnehmers im Rahmen eines in einem Mitgliedsstaat der EU, des EWR oder der Schweiz weiterhin bestehenden Beschäftigungsverhältnisses in einen anderen unter den Geltungsbereich der EWG-VO Nr. 1408/71 fallenden Mitgliedsstaat;
– Entsendung ist auf maximal zwölf[115] Monate befristet und
– Arbeitnehmer löst keinen anderen Arbeitnehmer ab, dessen zwölfmonatige Entsendung abgelaufen ist.

▶ **Beispiel:**

Ein in Deutschland bei einem Zeitarbeitsunternehmen angestellter Leiharbeitnehmer soll voraussichtlich für zehn Monate bei einem Kunden in Belgien als Planungsingenieur eingesetzt werden. Bei der vorübergehenden Überlassung des Leiharbeitnehmers handelt es sich um eine Entsendung. Der Arbeitnehmer ist daher unverändert in Deutschland sozialversicherungspflichtig. Auch Arbeitnehmerüberlassung unterfällt nach der Rechtsprechung des EuGH dem Entsendebegriff.[116]

82 Um Zweifelsfragen bei der sozialversicherungsrechtlichen Behandlung des grenzüberschreitenden Personaleinsatzes auszuschließen, stellen die zuständigen Behörden des Entsendestaates eine »**Bescheinigung über die anzuwendenden Rechtsvorschriften**« (Vordruck E 101) aus. Die zuständige Behörde entscheidet darüber, ob eine Entsendung im Sinne der EWG-VO Nr. 1408/71 vorliegt. Nach der Rechtsprechung kommt der E 101-Bescheinigung grundsätzlich die Vermutung der Richtigkeit und Ordnungsgemäßheit zu. Die Bescheinigung ist daher für die Behörden und Gerichte beider Staaten, insbesondere auch der im Einsatzstaat, bindend.[117] Die Durchführung eines Strafverfahrens wegen Vorenthaltens von Sozialversicherungs-

---

115 Voraussichtlich ab 1.1.2010 verlängert sich die maximale Entsendedauer auf 24 Monate (Art. 12 Abs. 1 EG-VO Nr. 883/2004).
116 EuGH 17.12.1970, 35/70, SozR Nr. 2 zu Art. 13 EWG-VO Nr. 4.
117 EuGH 26.1.2006, C-2/05, AP EWG-Verordnung Nr. 1408/71 Nr. 13; BGH 24.10.2006, 1 StR 44/06, NJW 2007, 233; BayLSG 27.2.2007, L 5 KR 32/04, EzAÜG Sozialversicherungsrecht Nr. 47; krit. *Hamann* S. 136; *Urban-Crell/ Schulz* Rn. 1200.

beiträgen (§ 266a StGB) ist ausgeschlossen, solange die E 101-Bescheinigung nicht zurückgenommen wurde.[118]

▶ **Praxistipp:**

Zur Klärung bestehender Unsicherheiten im Zusammenhang mit grenzüberschreitenden Tätigkeiten – insbesondere zur Vermeidung einer doppelten sozialversicherungsrechtlichen Inanspruchnahme und der Strafverfolgung im Inland – sollten Leiharbeitnehmer und/oder (ausländischer) Verleiher, einen **Antrag auf Feststellung der einschlägigen sozialversicherungsrechtlichen Bestimmungen** stellen.

In Deutschland ist die gesetzliche Krakenkasse, bei der der Leiharbeitnehmer versichert ist, für die Ausstellung zuständig. Der **Antragsvordruck E 101 DE** ist abrufbar unter:

www.dvka.de

Bei **Verlängerung** der ursprünglich für einen maximalen Zeitraum von zwölf Monaten vorgesehenen Entsendung aus unvorhersehbaren Gründen kann die Entsendedauer auf Antrag einmalig um weitere zwölf Monate verlängert werden (Art. 14 Nr. 1 Buchst. a) ii) EWG-VO Nr. 1408/71). **83**

▶ **Beispiel:**

Das von dem Leiharbeitnehmer als Planungsingenieur in Belgien mitbetreute Projekt beim Kunden konnte aus unvorhersehbaren Gründen nicht fristgerecht fertig gestellt werden. Die Überlassung wird daher um weitere drei Monate verlängert. Da die Überlassung einen maximalen Zeitraum von 24 Monaten nicht überschreiten wird, kann das Zeitarbeitsunternehmen beantragen, das Beschäftigungsverhältnis des Leiharbeitnehmers auch während des Verlängerungszeitraums den deutschen Rechtsvorschriften zu unterstellen.

Der Verlängerungsantrag muss innerhalb der ersten 12-Entsendemonate gestellt werden. Für den **Verlängerungsantrag** ist der **Antragsvordruck E 102 DE**[119] zu verwenden. Dieser ist in vierfacher Ausfertigung unmittelbar an die zuständige Behörde im ausländischen Entsendestaat zu senden.

---

118 BGH 24.10.2007, 1 StR 160/07, NJW 2008, 595; BGH 24.10.2006, 1 StR 44/06, NJW 2007, 233.
119 Abrufbar unter www.dvka.de.

84 Findet nach Maßgabe der EWG-VO Nr. 1408/71 das **Sozialversiche-rungsrecht des ausländischen Entsendestaates** Anwendung, unter-fällt das Beschäftigungsverhältnis nicht dem deutschen Recht der Ar-beitslosen-, Renten-, Kranken-, Unfall- und Pflegeversicherung.

▶ **Beispiel:**

Bei einer vorübergehenden Überlassung eines Arbeitnehmers aus Frankreich nach Deutschland für sechs Monate bleibt der Leih-arbeitnehmer in seinem Heimatstaat sozialversicherungspflichtig. Die deutschen Vorschriften über soziale Sicherheit finden keine Anwendung.

85 Mangels Anwendbarkeit deutschen Sozialversicherungsrechts gelten die **Haftungsbeschränkungen in der gesetzlichen Unfallversiche-rung (§§ 104 ff. SGB VII)** weder zugunsten des aus einem EU-/EWR-Mitgliedsstaat oder der Schweiz überlassenen Arbeitnehmers noch zugunsten des inländischen Entleihers.[120] Ebenso wenig trifft den Entleiher in einem solchen Fall die **sozialversicherungsrechtliche Subsidiärhaftung** nach § 28e Abs. 2 SGB IV, da die Bürgenhaftung al-lein der Sicherung der Ansprüche des Trägers der inländischen Sozi-alversicherung dient.[121]

▶ **Praxistipp:**

Grenzüberschreitend tätige inländische Entleiher sollten ihre Haf-tungsrisiken im Falle der Nichtanwendbarkeit der §§ 104 ff. SGB VII durch Abschluss einer Zusatzversicherung absichern.[122]

86 In den seltenen Fällen, in denen – gegebenenfalls nach erfolglo-ser Beantragung einer Ausnahmevereinbarung (Art. 17 EWG-VO Nr. 14008/71) – die **grenzüberschreitende Überlassung die höchst-zulässige Entsendedauer überschreitet**, gilt vom ersten Tag an das Sozialversicherungsrecht des Tätigkeitsortes.[123]

---

120 *Hamann* S. 137; Thüsing/*Thüsing* AÜG Einf. Rn. 77; *Urban-Crell/Schulz* Rn. 1197; dies gilt im umgekehrten Fall der Entsendung von Deutschland ins Ausland a. für den inländischen Verleiher, soweit das ausländische So-zialversicherungsrecht anwendbar ist – allerdings dürfte dieser Fall in der Praxis nur selten vorkommen.

121 *Boemke/Lembke* AÜG Einl. Rn. 29; Thüsing/*Thüsing* AÜG Einf. Rn. 70; *Ur-ban-Crell/Schulz* Rn. 1198.

122 Dazu *Jercynski/Zimmermann* NZS 2007, 243.

123 *Boemke/Lembke* AÜG Einl. Rn. 27; Thüsing/*Thüsing* AÜG Einf. Rn. 70.

2. Arbeitnehmerüberlassung außerhalb des EU-/EWR-Raums

a) Überlassung in einen Drittstaat

Grenzüberschreitende Arbeitnehmerüberlassung in Drittstaaten ist   87
nach den Bestimmungen des AÜG gewerberechtlich zulässig. Die sozialversicherungsrechtliche Behandlung des Personaleinsatzes richtet
sich unter den Voraussetzungen des § 4 SGB IV weiterhin nach deutschem Sozialversicherungsrecht (sogenannte **Ausstrahlung**).

Nach § 4 SGB IV gelten die deutschen Vorschriften über die Versiche-   88
rungspflicht und die Versicherungsberechtigung auch für Personen,
die im Rahmen eines im Geltungsbereich des SGB bestehenden Beschäftigungsverhältnisses in ein Gebiet außerhalb dieses Geltungsbereichs entsandt werden, wenn die **Entsendung** infolge der Eigenart
der Beschäftigung oder vertraglich im Voraus zeitlich begrenzt ist.[124]
Wann der Auslandseinsatz im Sinne dieser Vorschrift »**im Voraus
zeitlich begrenzt**« ist, lässt § 4 SGB IV (ebenso wie § 5 SGB IV) offen.
Klare zeitliche Höchstgrenzen gibt es nicht.[125] Die Praxis sollte sich
aber an der bei Ausnahmevereinbarungen nach Art. 17 EWG-VO
Nr. 14008/71 regelmäßig akzeptierten Höchstdauer von fünf Jahren
als äußerster Grenze orientieren.

Nach der Rechtsprechung des BSG ist im Falle von **Arbeitnehmer-**   89
überlassung eine Ausstrahlung des inländischen Sozialversicherungsrechts grundsätzlich anzunehmen, da das Arbeitsverhältnis
zum inländischen Arbeitgeber fortbesteht. Die Entsendung erfolgt daher »im Rahmen eines bestehenden Beschäftigungsverhältnisses«.
Nach § 4 SGB IV muss der inländische Verleiher als entsendender Arbeitgeber das Entgelt fortzahlen oder zumindest die Kosten der Arbeitsleistung als Aufwendungen geltend machen; zahlt bei einer **kon-**
zerninternen Entsendung die ausländische Konzerngesellschaft im
Einsatzstaat das Arbeitsentgelt, liegen diese Voraussetzungen regelmäßig nicht vor.[126]

▶ Praxistipp:

Keine Entsendung liegt regelmäßig vor, wenn der Arbeitgeber des
entsandten Arbeitnehmers im Drittstaat keine nennenswerte Geschäftstätigkeit ausübt (»Briefkastenfirma«), der zum Zwecke der
Entsendung eingestellte Arbeitnehmer seinen gewöhnlichen Auf-

---

124 BAG 14.7.2005, 8 AZR 392/04, AP Nr. 4 zu § 611 BGB Ruhendes Arbeits-
    verhältnis.
125 Thüsing/*Thüsing* AÜG Einf. Rn. 73 m.w.Nachw.
126 BSG 5.12.2006, B 11a AL 3/06 R, SozR 4-2004 § 4 Nr. 1; BSG 7.11.1996, 12
    RK 79/94, NZS 1997, 372.

enthalt oder Wohnsitz nicht im Entsendestaat hat, illegale Arbeitnehmerüberlassung nach dem AÜG vorliegt oder der Arbeitnehmer seit der letzten Entsendung weniger als zwei Monate im Entsendestaat beschäftigt war.

90 Zur Vermeidung einer doppelten sozialversicherungsrechtlichen Inanspruchnahme im Einsatz- und Entsendestaat hat die Bundesrepublik Deutschland mit einigen Drittstaaten bilaterale Abkommen über Soziale Sicherheit abgeschlossen. Soweit der sachliche Geltungsbereich dieser **Sozialversicherungsabkommen** nicht alle Versicherungszweige umfasst, gelten die nationalen Rechtsvorschriften (§ 6 SGB IV) weiter.

▶ **Praxistipp:**

Derzeit bestehen Sozialversicherungsabkommen mit Australien, Bosnien-Herzegowina, Chile, China, Israel, Japan, Kanada, Korea, Kroatien, Marokko, Mazedonien, Montenegro, Quebec, Serbien, Türkei, Tunesien und den USA. Diese sind abrufbar auf den Seiten der DVKA unter:

www.dvka.de (Rubrik: Rechtsquellen\Bilaterale Abkommen).

b) Überlassung aus einem Drittstaat

91 **Gewerbsmäßige Arbeitnehmerüberlassung aus einem Drittstaat** nach Deutschland ist nach § 3 Abs. 2 AÜG zwingend zu versagen. Eine Verleiherlaubnis nach dem AÜG wird dem ausländischen Verleiher nicht erteilt. Eine gleichwohl – häufig unter dem Deckmantel eines **Scheinwerkvertrages**[127] – durchgeführte Arbeitnehmerüberlassung ist illegal. Die sozialversicherungsrechtliche Beurteilung richtet sich nach den Grundsätzen der **illegalen Arbeitnehmerüberlassung.**[128]

VI. Steuerrecht

92 Die Besteuerung der Einkünfte aus unselbständiger Tätigkeit im Rahmen grenzüberschreitenden Personaleinsatzes richtet sich regelmäßig nach zwischenstaatlichen **Doppelbesteuerungsabkommen (DBA).**[129] Soweit diese nicht abgeschlossen sind oder keine Regelung zur

---

127 Zu Scheinwerkverträgen bei grenzüberschreitendem Personaleinsatz LSG NRW 17.1.2005, L 2 B 9/03 KR ER, EzAÜG SGB IV Nr. 34.
128 Dazu AÜG Einl. Rdn. 98 f.
129 Abzurufen auf der Homepage des Bundesministeriums der Finanzen unter: www.bundesfinanzministerium.de.

Besteuerung der Einkünfte aus einem abhängigen Beschäftigungsverhältnis enthalten, können die Einkünfte nach Maßgabe des Auslandstätigkeitserlasses (ATE) von der deutschen Einkommensteuer freigestellt werden. Ist das Arbeitsentgelt weder nach DBA noch nach ATE von der inländischen Einkommensteuerpflicht freigestellt, kommt in Einzelfällen auch eine Anrechnung oder ein Abzug der ausländischen Steuer nach § 34c EStG in Betracht.

Bei einer **Auslandsentsendung im Rahmen grenzüberschreitender**   93
Arbeitnehmerüberlassung wird das Besteuerungsrecht zumeist beim jeweiligen Ansässigkeitsstaat[130] verbleiben. Besteht zwischen der Bundesrepublik Deutschland und dem ausländischen Staat ein dem **OECD-Musterabkommen** entsprechendes DBA, hängt die Frage der Besteuerung unter anderem von der Dauer der Auslandstätigkeit ab (Art. 15 Abs. 2 Buchst. a) OECD-MA).[131] Hält sich der Arbeitnehmer nicht länger als 183 Tage im Tätigkeitsstaat auf (sogenannte **183-Tage-Regelung**), sind seine Einkünfte nur im Ansässigkeitsstaat zu versteuern. Die 183-Tage-Regelung führt zu einer **Durchbrechung des Arbeitsortsprinzips** des Art. 15 Abs. 1 S. 1 OECD-MA. Für die Bestimmung der 183-Tage-Frist kommt es auf die Dauer des tatsächlichen Aufenthalts im Tätigkeitsstaat während eines Zwölf-Monats-Zeitraums an.[132] Die Frist beginnt mit der Einreise und endet mit der Ausreise des Arbeitnehmers.[133]

Bei Leiharbeitnehmern dürfte die zeitliche Grenze von 183 Tagen häu   94
fig nicht überschritten werden. Allerdings schließen einige DBA die Anwendung der 183-Tage-Regelung auf Leiharbeitnehmer ausdrücklich aus (z.B. Dänemark, Frankreich, Italien, Norwegen, Schweden, Schweiz); eine Doppelbesteuerung wird insoweit durch **Steueranrechnung nach § 34c EStG** vermieden.[134]

▶ **Beispiel:**

Ein Zeitarbeitsunternehmen mit Sitz in Spanien überlässt für eine Dauer von zwei Monaten im IT-Bereich spezialisierte Leiharbeitnehmer an einen Kunden in Deutschland.

---

130 Zum Begriff der Ansässigkeit vgl. Art. 4 Abs. 1 OECD-MA.
131 Für die Besteuerung der Einkünfte im Ansässigkeitsstaat müssen die Voraussetzungen des Art. 15 Abs. 2 Buchst. a) bis c) OECD-MA kumulativ erfüllt sein; zum Arbeitgeberbegriff i.S.d. Art. 15 Abs. 2 OECD-MA sh. BFH 4.9.2002, I R 21/01, RIW 2003, 156; ausführlich *Krawitz/Hick* RIW 2003, 900.
132 *Krawitz/Hick* RIW 2003, 900 m.w.Nachw.; einige DBA stellen abweichend auf das Steuerjahr ab.
133 BFH 18.7.1990, I R 109/88, DB 1990, 2570.
134 *Boemke/Lembke* AÜG Einl. Rn. 31; *Krawitz/Hick* RIW 2003, 900; sh. a. BMF-Erlass v. 14.9.2006, BStBl. I 2006 S. 532.

Soweit die Arbeitnehmer ihren Wohnsitz oder gewöhnlichen Aufenthalt in Spanien haben und sich nicht länger als 183 Tage in Deutschland aufhalten, verbleibt die unbeschränkte Steuerpflicht in Spanien. Die beschränkte Steuerpflicht im Tätigkeitsstaat Deutschland führt zu keinem Steuerabzug (§§ 1 Abs. 4, 49 Abs. 1 Nr. 4 EStG); der ausländische Verleiher kann sich beim zuständigen Betriebsstättenfinanzamt von der Verpflichtung zum Lohnsteuerabzug freistellen lassen (§ 41 Abs. 2 S. 2 Hs. 2 EStG).

95 Liegen bei einer Arbeitnehmerüberlassung von Deutschland ins Ausland die Voraussetzungen zur **Besteuerung im ausländischen Tätigkeitsstaat** ausnahmsweise vor, sind die Einkünfte in Deutschland von der Besteuerung freizustellen (vgl. Art. 23A Abs. 1 OECD-MA). Der **inländische Verleiher** ist dann **nicht zum Lohnsteuerabzug nach §§ 38 ff. EStG verpflichtet**.[135] Eine gesamtschuldnerische Mithaftung des ausländischen Entleihers nach § 42d Abs. 1 und 6 EStG kommt nicht in Betracht. Denn innerstaatliche fiskalische Interessen müssen nur bei bestehender Steuerschuld im Inland geschützt werden.[136]

▶ Praxistipp:

Regelmäßig darf der Lohnsteuerabzug nur unterbleiben, wenn – vorbehaltlich abweichender Regelungen im einschlägigen DBA – eine **Freistellungsbescheinigung** des zuständigen Betriebsstättenfinanzamtes vorliegt (§ 39b Abs. 6, § 39d Abs. 1 und 3 S. 4 EStG). Um Haftungsrisiken gegenüber dem deutschen Fiskus zu vermeiden, müssen inländische Verleiher diese unbedingt beantragen und als Beleg zum Lohnkonto nehmen.

96 Bei gewerbsmäßiger **Arbeitnehmerüberlassung durch einen im Ausland ansässigen Verleiher** an einen Entleiher mit Sitz in Deutschland hat der ausländische Verleiher nach § 38 Abs. 1 S. 1 Nr. 2 EStG die Lohnsteuer nach § 39 Abs. 3 EStG einzubehalten und nach § 41a Abs. 1 Nr. 2 EStG an das zuständige Finanzamt abzuführen. Die Verpflichtung zum Lohnsteuereinbehalt besteht allerdings nur, wenn die Einkünfte des Leiharbeitnehmers nach Maßgabe des anwendbaren DBA **ausnahmsweise im Tätigkeitsstaat Deutschland zu versteuern** sind.[137] Für die Abführung der Lohnsteuer haften ausländischer Ver-

---

135 Behält der inländische Verleiher irrtümlich Lohnsteuer ein, so kann diese unter den Voraussetzungen des § 41c EStG erstattet werden; vgl. *Krawitz/ Hick* RIW 2003, 900.
136 *Boemke/Lembke* AÜG Einl. Rn. 31 a.E.; *Urban-Crell/Schulz* Rn. 1203.
137 BFH 18.12.2002, I R 96/01, IStR 2003, 537; FG Münster 8.10.2001, 7 K 854/00, IStR 2002, 28.

leiher und inländischer Entleiher als Gesamtschuldner (§ 42d Abs. 6 S. 5 EStG); nach S. 6 wird der ausländische Verleiher vorrangig in Anspruch genommen.[138]

Nach dem Wortlaut des § 39b Abs. 6 EStG (»Arbeitgeber« statt früher »inländischer Arbeitgeber«) können auch **ausländische Verleiher** die Erteilung einer **Freistellungsbescheinigung** beanspruchen, wenn dem ausländischen Staat das Besteuerungsrecht zusteht.[139]   97

VII. Illegale Arbeitnehmerüberlassung

Für die **grenzüberschreitende illegale Arbeitnehmerüberlassung** gelten die allgemeinen Grundsätze.[140] Ist der ausländische Auftragnehmer nicht im Besitz einer Erlaubnis zur gewerbsmäßigen Arbeitnehmerüberlassung nach dem AÜG fingiert § 10 Abs. 1 AÜG ein Arbeitsverhältnis zwischen dem entsandten Arbeitnehmer und dem inländischen Auftraggeber. Die **Fiktionswirkung** tritt unabhängig davon ein, ob der Arbeitnehmer aus einem Staat aus dem EU-/EWR-Gebiet oder aus einem Drittstaat nach Deutschland entsandt wurde. Entscheidend ist allein das Fehlen der Verleiherlaubnis.   98

▶ **Beispiel 1:**

Ein inländischer Auftragnehmer schließt mit einem Unternehmen der Fleisch- und/oder Blechverarbeitung mit Sitz in Ungarn »Werkverträge« aufgrund derer ungarische Arbeitskräfte in Deutschland eingesetzt werden. Die »Werkverträge« wurden nur zum Schein abgeschlossen, tatsächlich ist illegale Arbeitnehmerüberlassung anzunehmen. Da das ausländische Unternehmen keine Verleiherlaubnis besitzt, kommt es zur gesetzlichen Fiktion eines Arbeitsverhältnisses nach § 10 AÜG.[141]

▶ **Beispiel 2:**

Wie oben, nur werden von einem Unternehmen mit Sitz in Russland russische Arbeitnehmer entsandt. Arbeitnehmerüberlassung ist nach § 3 Abs. 2 AÜG verboten. Mangels Erlaubnis nach dem AÜG werden Arbeitsverhältnisse zum inländischen Auftraggeber fingiert. Da den russischen Arbeitnehmern der erforderliche Auf-

---

138 BFH 24.3.1999, I R 64/98, IStR 2000, 105.
139 *Krawitz/Hick* RIW 2003, 900 unter Hinweis auf den Entwurf des StÄndG 2003; zur alten Rechtslage BFH 4.9.2002, I R 21/01, RIW 2003, 156.
140 Sh. zum Sozialversicherungsrecht AÜG Einl. Rdn. 112 ff.; zum Arbeitsrecht § 10 AÜG Rdn. 1 ff.
141 LSG NRW 17.1.2005, L 2 B 9/03 KR ER, EzAÜG SGB IV Nr. 34.

enthaltstitel zur Tätigkeit als Leiharbeitnehmer in Deutschland fehlt, dürfen diese auch nicht beschäftigt werden. Dem inländischen Unternehmen bleibt nur die Kündigung der kraft Gesetzes begründeten Arbeitsverhältnisse.

99 Illegale grenzüberschreitende Arbeitnehmerüberlassung unterfällt weder dem Begriff der **Entsendung** im Sinne der EWG-VO Nr. 1408/71 noch im Sinne des § 5 SGB IV (sogenannte Einstrahlung).[142] Die Entsendung setzt voraus, dass während der inländischen Beschäftigung das ausländische Vertragsverhältnis fortbesteht.[143] Daran fehlt es bei illegaler (grenzüberschreitender) Arbeitnehmerüberlassung; der Leiharbeitsvertrag zwischen illegalem Verleiher und Entleiher ist nach § 9 Nr. 1 AÜG unwirksam. Nach dem in § 3 Nr. 1 SGB IV niedergelegten **Territorialitätsprinzip** findet deshalb **deutsches Sozialversicherungsrecht** Anwendung.[144]

▶ Praxistipp:

Bei illegalem Entleih haftet der inländische Auftraggeber als Arbeitgeber für die (Nach-)Zahlung der Sozialversicherungsbeiträge (§ 28e Abs. 1 SGB IV).[145] Zudem ist er beitragspflichtig in der gesetzlichen Unfallversicherung (§ 150 SGB VII).[146]

D. Sozialversicherungsrecht

I. Legale Arbeitnehmerüberlassung

100 Bei legaler Arbeitnehmerüberlassung ist der **Verleiher alleiniger Arbeitgeber** des Leiharbeitnehmers. Diesen treffen daher die üblichen Arbeitgeberpflichten im Rahmen der Sozialversicherung. Der Verleiher hat den Gesamtsozialversicherungsbeitrag für alle Versicherungszweige (Kranken-, Renten-, Arbeitslosen- und Pflegeversicherung, § 28d SGB IV) nach § 28e Abs. 1 SGB IV abzuführen sowie die Beiträge zur gesetzlichen Unfallversicherung zu zahlen (§ 150 SGB VII). Darüber hinaus obliegen ihm die allgemeinen Meldepflichten

---

142 LSG NRW 17.1.2005, L 2 B 9/03 KR ER, EzAÜG SGB IV Nr. 34.
143 BSG 25.10.1988, 12 RK 21/87, EzAÜG § 10 AÜG Sozialrecht Nr. 4 = BSGE 64, 145; LSG Hamburg 20.4.2005, L 1 KR 16/04, n.v.
144 BSG 25.10.1988, 12 RK 21/87, EzAÜG § 10 AÜG Sozialrecht Nr. 4 = BSGE 64, 145.
145 LSG Niedersachsen 15.5.1985, L 4 Kr 50/83, EzAÜG § 631 BGB Werkvertrag Nr. 9.
146 BSG 27.8.1987, 2 RU 41/85, EzAÜG § 631 BGB Werkvertrag Nr. 17; BSG 18.3.1987, 9b RU 16/85, NZA 1987, 500.

nach § 28a SGB IV; die Pflicht des Entleihers zur Kontrollmitteilung (§ 28a Abs. 4 SGB IV a.f.) wurde durch das Zweite Gesetz für moderne Dienstleistungen am Arbeitsmarkt[147] zum 1.1.2003 aufgehoben.

1. Subsidiärhaftung des Entleihers

Für die Zahlung des **Gesamtsozialversicherungsbeitrages**[148] sowie   101
für die **Beiträge zur Berufsgenossenschaft** haftet der legale Entleiher nach § 28e Abs. 2 S. 1 SGB IV und § 150 Abs. 3 SGB VII wie ein selbstschuldnerischer Bürge. Bei nicht vollständiger Abführung des Sozialversicherungsbeitrages durch den Verleiher erstreckt sich die Subsidiärhaftung des Entleihers auf den Unterschiedsbetrag. Die Haftung nach **§ 28e Abs. 2 SGB IV** greift bei jeder Form der Arbeitnehmerüberlassung, auch bei nichtgewerbsmäßiger Überlassung von Leiharbeitnehmern.[149]

▶ Praxistipp:

> In der Praxis wird der Entleiher zumeist bei Insolvenz des verleihenden Unternehmens auf Nachzahlung nicht oder nicht vollständig abgeführter Sozialversicherungsbeiträge in Anspruch genommen. Angesichts ihrer (subsidiären) Haftungsrisiken sollten Entleiher ihren Vertragspartner sorgfältig auswählen.

Fehlendes Verschulden des Entleihers schließt – anders als bei der   102
Generalunternehmerhaftung im Baugewerbe (§ 28e Abs. 3a SGB IV) und der subsidiären Lohnsteuerhaftung nach § 42d Abs. 6 S. 3 EStG – die **Subsidiärhaftung nicht aus.** Der Entleiher kann die Zahlung nur verweigern, solange die Einzugsstelle den Verleiher nicht unter Einhaltung einer angemessenen Frist gemahnt hat und die Mahnfrist nicht abgelaufen ist (§ 28e Abs. 2 S. 2 SGB IV). Angemessen ist in der Regel eine Frist von einer Woche.[150] Auf § 28e Abs. 2 S. 2 SGB IV kann sich der Entleiher nicht berufen, wenn über das Vermögen des Verleihers das Insolvenzverfahren eröffnet wurde.[151] Er trägt also das **Insolvenzrisiko des Verleihers.** Dieses Risiko wird dadurch weiter erhöht, dass abgeführte Arbeitnehmeranteile zur Sozialversicherung insolvenzrechtlich anfechtbar sind.[152]

---

147 BGBl. I 2002 S. 4621.
148 Haftung für den Arbeitgeber- und Arbeitnehmeranteil bejahend OLG Hamm 1.6.2006, 27 U 200/05, FD-InsR 2007, 245941.
149 Thüsing/*Thüsing* AÜG Einf. Rn. 75; *Urban-Crell/Schulz* Rn. 1261; *Vor* Euro-AS 2002, 177.
150 *Schubert* AuA 2007, 680 m.w.Nachw.
151 BSG 7.3.2007, B 12 KR 11/06 R, DB 2007, 153.
152 BGH 8.12.2005, IX ZR 182/01, NJW 2006, 1348.

▶ **Praxistipp:**

Die Vorlage einer von der zuständigen Einzugsstelle ausgestellten Unbedenklichkeitsbescheinigung über die ordnungsgemäße Abführung der Sozialversicherungsbeiträge durch den Verleiher in der Vergangenheit befreit den Entleiher nicht von seiner Haftung.

103 Die **Bürgenhaftung** des Entleihers bei Nichtzahlung des Verleihers besteht nur »soweit« ihm der Arbeitnehmer überlassen wurde (§ 28e Abs. 2 S. 1 Hs. 2 SGB IV). Die Haftung umfasst daher nicht den gesamten für den Leiharbeitnehmer zu entrichtenden Sozialversicherungsbeitrag, sondern beschränkt sich auf den auf den **jeweiligen Überlassungszeitraum** des Arbeitnehmers entfallenden Anteil.

▶ **Praxistipp:**

Wegen der drohenden sozialversicherungsrechtlichen Subsidiärhaftung sollten Entleiher **Vorsichtsmaßnahmen** ergreifen. Praktisch wirksamstes Mittel für den Entleiher ist die Gewährung einer **Bankbürgschaft** durch das verleihende Unternehmen. Aufgrund des bürokratischen und finanziellen Aufwandes scheuen die meisten Zeitarbeitsunternehmen derartige Sicherheitsleistungen allerdings.[153]

Alternativ kommt der **Einbehalt eines angemessenen Anteils des Überlassungsentgelts für Sozialversicherungsbeiträge** in Betracht. Tragfähig ist diese Vorgehensweise indes nur außerhalb der Insolvenz. Im Fall der Insolvenz kann der Insolvenzverwalter die einbehaltenen oder bereits an die Krankenkasse gezahlten Beiträge als restliches Überlassungsentgelt herausverlangen.[154]

Ein **Regress des Entleihers** nach tatsächlicher Inanspruchnahme aus seiner sozialversicherungsrechtlichen Subsidiärhaftung gegenüber dem Verleiher hat wegen bestehender Zahlungsschwierigkeiten oder gar Insolvenz des Verleihers kaum Aussicht auf Erfolg.[155]

104 Bei Inanspruchnahme des Entleihers als Bürge ist der **Rechtsweg zu den Sozialgerichten** (§ 51 SGG) eröffnet.

---

153 Zur Problematik der Bestimmtheit einer Sicherungsvorausabtretung im Überlassungsvertrag sh. OLG Zweibrücken 10.12.2002, 8 U 70/02, EzAÜG SGB IV Nr. 28.
154 BGH 14.7.2005, IX ZR 142/02, NZA 2006, 375; BGH 2.12.2004, IX ZR 200/03, NJW 2005, 254.
155 Dazu LG Bochum 19.2.2002, 17 O 1/02, ZInsO 2002, 334.

2. Unfallversicherung

Gemäß § 2 Abs. 1 Nr. 1 SGB VII sind sämtliche Beschäftigten kraft Ge-   **105**
setzes in der gesetzlichen Unfallversicherung versichert. Die **Beiträge
zur gesetzlichen Unfallversicherung** trägt der Verleiher als Arbeitgeber (§ 150 SGB VII), der Entleiher haftet subsidiär (§ 150 Abs. 3
SGB VII).

▶ Praxistipp:

> Die Beiträge zur gesetzlichen Unfallversicherung werden nach Ab-
> lauf des Kalenderjahres, in dem die Beitragsansprüche dem Grun-
> de nach entstanden sind, im Wege der **Umlage** festgesetzt (§ 152
> Abs. 1 S. 1 SGB VII). Berechnungsgrundlagen für die Beiträge sind
> grundsätzlich der Finanzbedarf (Umlagesoll), die Arbeitsentgelte
> der Versicherten und die Gefahrenklassen (§ 153 Abs. 1 SGB VII).
> Regelmäßig werden die Arbeitgeber zu **Abschlagszahlungen** he-
> rangezogen.

Bei Arbeitsunfällen des Leiharbeitnehmers ist die für das verleihende   **106**
Unternehmen zuständige **Berufsgenossenschaft** entschädigungs-
pflichtig. Die sachliche Zuständigkeit für die gewerbsmäßige Arbeit-
nehmerüberlassung nimmt die **Verwaltungs-Berufsgenossenschaft
(VBG)** gemäß § 3 Abs. 1 ihrer Satzung für sich in Anspruch. Die
Rechtsprechung hat dies bislang gebilligt.[156] Die Auffangzuständig-
keit der VBG gilt nicht für Mischunternehmen. Diese sind regelmäßig
Mitglied in einer Fach-Berufsgenossenschaft, welche dann auch bei
Arbeitsunfällen von Leiharbeitnehmern eintritt.[157]

▶ Praxistipp:

> Nach § 157 Abs. 1 S. 1 SGB VII hat die VBG für Unternehmen der
> Zeitarbeitsbranche einen eigenen Gefahrtarif festgesetzt. Dies ist
> nach der Rechtsprechung des BVerfG verfassungsgemäß.[158]

Für den Leiharbeitnehmer gelten sowohl die **Unfallverhütungsvor-**   **107**
schriften des Verleih- als auch des Entleihbetriebs (§ 16 Abs. 1 SGB
VII). Dies trägt den Besonderheiten des Tätigwerdens von Leiharbeitnehmern im Rahmen der Arbeitnehmerüberlassung Rechnung. Die
Überwachung kann im Entleiherbetrieb durch die Berufsgenossenschaften beider Unternehmen erfolgen (§ 17 Abs. 2 SGB VII). In der

---

156 *Blüggel* Anm. zu BVerfG 3.7.2007, 1 BvR 1696/03, jurisPR-SozR 23/2007
   Anm. 1 m.w.Nachw.
157 ErfK/*Wank* AÜG Einl. Rn. 37; ausführlich *Urban-Crell/Schulz* Rn. 1258
   m.w.Nachw.
158 BVerfG 3.7.2002, 1 BvR 1696/03, NZS 2008, 144.

Praxis wird die **Überwachung** jedoch zumeist auf die für den Betrieb des entleihenden Unternehmens zuständigen Unfallversicherungsträger übertragen (zur Zusammenarbeit vgl. § 17 Abs. 2 S. 2 SGB VII).[159]

108   Im Falle eines **Arbeitsunfalls** ist der Verleiher nach § 193 SGB VII zur **Anzeige bei der Berufsgenossenschaft** unabhängig davon verpflichtet, ob sich dieser Unfall im eigenen Betrieb oder – wie üblich – im Betrieb des Entleihers ereignet hat. Dem Entleiher obliegt gegenüber dem Verleiher eine unverzügliche Unfallmeldepflicht.[160] Auf Verlagen ist dieser gegenüber der Berufsgenossenschaft zudem zur Auskunft verpflichtet (§ 192 Abs. 3 SGB VII).

109   Die **Haftungsprivilegierungen der gesetzlichen Unfallversicherung gemäß §§ 104 ff. SGB VII** gelten nicht nur im Verhältnis zwischen Verleiher und Leiharbeitnehmer, sondern auch zwischen Entleiher und Leiharbeitnehmer. Der Leiharbeitnehmer ist ähnlich wie jeder Stammarbeitnehmer in den Entleiherbetrieb eingegliedert. Dies rechtfertigt die Anwendung der Privilegierungsvorschriften auch im Beschäftigungsverhältnis dieser Parteien, obwohl der Entleiher nicht Arbeitgeber des Leiharbeitnehmers ist.[161]

▶ **Praxistipp:**

Finden bei **grenzüberschreitender Arbeitnehmerüberlassung** die deutschen Bestimmungen des Sozialversicherungsrechts keine Anwendung, können sich weder ausländischer Leiharbeitnehmer noch inländischer Entleiher auf eine Haftungsbeschränkung nach §§ 104 ff. SGB VII berufen.[162] Zur Absicherung gegen Haftungsrisiken sollten inländische Entleiher deshalb eine private Zusatzversicherung gegen Sach- und Personenschäden abschließen.

3. Kurzarbeitergeld

110   **Grundsätzlich** erhalten Leiharbeitnehmer in Zeiten der Nichtbeschäftigung **kein Kurzarbeitergeld** nach § 169 SGB III, da der Arbeitsausfall branchenüblich i.S.d. § 170 Abs. 4 S. 2 Nr. 1. Alt. 1 SGB III ist. Dies ist Folge des dem Verleiher obliegenden Beschäftigungs- und Wirtschaftsrisikos.[163]

---

159 LSG Niedersachsen-Bremen 29.9.2005, L 6 U 38/02; BeckRS 2005 43606.
160 *Hamann* S. 63.
161 BAG 11.2.1969, 1 AZR 280/68, EzAÜG Sozialversicherungsrecht Nr. 1; BAG 15.2.1974, 2 AZR 57/73, EzAÜG Sozialversicherungsrecht Nr. 3; BAG 23.2.1978, 3 AZR 695/76, EzAÜG § 611 BGB Haftung Nr. 5.
162 Vgl. dazu AÜG Einl. Rdn. 85.
163 BAG 1.2.1973, 5 AZR 382/72, AP BGB § 615 Betriebsrisiko Nr. 29.

Dieser Grundsatz wird in konjunkturell schwachen Zeiten – zunächst   111
für eine Übergangszeit bis zum 31.12.2010 – durch den zum 1.2.2009
neu eingefügten § 11 Abs. 4 S. 3 AÜG durchbrochen.[164] Auch Leiharbeitnehmern kann Kurzarbeitergeld gewährt werden, wenn der
Arbeitsausfall nicht nur Ausdruck einer kurzfristigen Auftragsschwankung, sondern eines voraussichtlich zur betriebsbedingten
Kündigung berechtigenden dauerhaften Arbeitsausfalls i.S.d. § 1
Abs. 2 KSchG ist. Nach der internen Verwaltungsanweisung der BA
ist die Betriebsbedingtheit anhand der im Urteil des BAG vom
18.5.2006[165] aufgestellten Grundsätze zu ermitteln.[166]

II. Illegale Arbeitnehmerüberlassung

Nach **§ 28e Abs. 1 S. 1 SGB IV** hat der Arbeitgeber den Gesamtsozial-   112
versicherungsbeitrag sowie nach § 150 SGB VII die Beiträge zur gesetzlichen Unfallversicherung zu zahlen. Kraft gesetzlicher Fiktion
gilt ein Arbeitsverhältnis zwischen Entleiher und Leiharbeitnehmer
als zustande gekommen, wenn der Arbeitnehmer ohne Erlaubnis an
den Entleiher überlassen worden war (§ 9 Nr. 1, § 10 Abs. 1 S. 1
AÜG). Der **illegale Entleiher** ist in einem solchen Fall **alleiniger Arbeitgeber** des Leiharbeitnehmers.[167] Er haftet daher für die Abführung des Gesamtsozialversicherungsbeitrages und die Entrichtung
der Beiträge zur Unfallversicherung. Darüber hinaus treffen ihn alle
sonstigen sozialversicherungsrechtlichen Pflichten. Als Arbeitgeber
ist der illegale Entleiher auch in der gesetzlichen Unfallversicherung
beitragspflichtig.[168]

Soweit der **illegale Verleiher** den vereinbarten Arbeitslohn oder Teile   113
davon an den Leiharbeitnehmer zahlt, liegt ungeachtet der Unwirksamkeit des Leiharbeitsvertrages nach § 9 Nr. 1 AÜG zwischen Verleiher und Leiharbeitnehmer ein entgeltliches Beschäftigungsverhältnis
im sozialversicherungsrechtlichen Sinne vor (§§ 7 Abs. 1, 14 Abs. 1
SGB IV).[169] Für die Beiträge zur Sozialversicherung haftet der illegale
Verleiher neben dem illegalen Entleiher als **Gesamtschuldner** (§ 28e
Abs. 2 S. 3 und Abs. 4 SGB IV, § 10 Abs. 3 S. 2 AÜG). Gleiches gilt für

---

164 BGBl. I S. 416; ausführlich § 11 AÜG Rdn. 46 ff.
165 BAG 18.5.2006, 2 AZR 412/05, EzA § 1 KSchG Betriebsbedingte Kündigung Nr. 146 = AP AÜG § 9 Nr. 7.
166 Vgl. dazu DA 2.8.1 Abs. 8 KUG-Sammelerlass.
167 LSG Niedersachen 15.5.1985, L 4 Kr 50/83, EzAÜG § 631 BGB Werkvertrag
   Nr. 9.
168 BSG 18.3.1987, 9b RU 16/85, NZA 1987, 500; BSG 27.8.1987, 2 RU 41/85,
   EzAÜG § 631 BGB Werkvertrag Nr. 17.
169 LSG Berlin 29.1.2003, L 9 KR 32/00, n.v. (juris); GK-SGB IV/*Merten* § 7
   Rn. 25; Kasseler Kommentar/*Seewald* § 7 SGB IV Rn. 3, 9, 126, 139 ff.

die Beitragspflicht zur gesetzlichen Unfallversicherung (§ 150 Abs. 3 SGB VII i.V.m. § 28e Abs. 2 und 4 SGB IV).

114 Wird das unwirksame Leiharbeitsverhältnis nicht (mehr) durchgeführt, d.h. zahlt der Verleiher weder das vereinbarte Arbeitsentgelt oder Teile des Entgelts an den Leiharbeitnehmer, entfällt die gesamtschuldnerische Haftung des illegalen Verleihers. Der illegale Entleiher haftet dann nach § 28e Abs. 1 S. 1 SGB IV und § 150 Abs. 1 SGB VII.

▶ Praxistipp:

> Die sozialversicherungsrechtliche Haftung ist bei illegaler Arbeitnehmerüberlassung häufig schärfer als bei der legalen Arbeitnehmerüberlassung. Im Normalfall verjähren Ansprüche auf Sozialversicherungsbeiträge in vier Jahren nach Ablauf des Kalenderjahres, in dem sie fällig geworden sind (§ 25 Abs. 1 Satz 1 SGB IV). Im Falle vorsätzlicher Beitragsvorenthaltung gilt hingegen eine Verjährungsfrist von 30 Jahren (§ 25 Abs. 1 Satz 2 SGB IV). Bei illegaler Arbeitnehmerüberlassung werden Auftragnehmer und Auftraggeber unter dem Deckmantel eines Scheinwerk- oder Scheindienstvertrages häufig kollusiv zusammenwirken.[170]

E. Steuerrecht

115 Den Arbeitgeber treffen die üblichen Steuerabzugs- und Steuereinbehaltungspflichten nach dem EStG (§ 38 Abs. 1 S. 1 Nr. 2 und Abs. 3, § 41a Abs. 1 EStG). Für nicht einbehaltene oder abgeführte Lohnsteuer haftet er nach § 42d Abs. 1 EStG. Die **Lohnsteuerhaftung bei gewerbsmäßiger Arbeitnehmerüberlassung** wird umfassend in § **42d Abs. 6–8 EStG** geregelt.[171]

116 Arbeitsrechtlicher und **lohnsteuerrechtlicher Arbeitgeberbegriff** sind nicht identisch. Nach der finanzgerichtlichen Rechtsprechung ist die Fiktionswirkung des § 10 Abs. 1 S. 1 AÜG für die Frage, ob Verleiher oder Entleiher Arbeitgeber im steuerrechtlichen Sinne sind, ohne Bedeutung. Entscheidend ist allein, wer im eigenen Namen und für eigene Rechnung die Vergütung (unmittelbar) an den Leiharbeitnehmer zahlt.[172] Dies ist – gemäß der überlassungsrechtlichen Terminologie – bei legaler Arbeitnehmerüberlassung stets, bei illegaler Arbeit-

---

170 Zu den sozialversicherungsrechtlichen Risiken allg. *Reipen* NZS 2005, 407.
171 Ausführlich Blümich/*Heuermann* § 42d EStG Rn. 216 ff.; *Reinhart* BB 1986, 500; Schmidt/*Drenseck* § 42d EStG Rn. 66 ff.
172 BFH 24.3.1999, I R 64/98, NZG 2000, 331.

nehmerüberlassung jedenfalls während der Durchführung der Dreiecksbeziehung regelmäßig der Verleiher.[173]

Unter den Voraussetzungen des **§ 42d Abs. 6 EStG** haftet der **Entleiher** bei legaler und zumeist auch bei illegaler Arbeitnehmerüberlassung im Sinne des AÜG als Gesamtschuldner für die Haftungsschuld des Verleihers. Sofern der Entleiher bei illegaler Überlassung ausnahmsweise als wirtschaftlicher Arbeitgeber zu qualifizieren ist, haftet der **Verleiher nach § 42d Abs. 7 i.V.m. Abs. 6 EStG** subsidiär.   117

I. Subsidiärhaftung des Entleihers

Nach **§ 42d Abs. 6 S. 1 EStG** haftet der Entleiher bei gewerbsmäßiger Arbeitnehmerüberlassung akzessorisch für eine Haftungsschuld des Verleihers.   118

▶ Praxistipp:

> Die Subsidiärhaftung nach § 42d EStG setzt **gewerbsmäßige Arbeitnehmerüberlassung** voraus. In den privilegierten Fällen des § 1 Abs. 3 AÜG scheidet eine solche nach dem ausdrücklichen Wortlaut des § 42d Abs. 6 S. 1 EStG aus.[174]

Unter den Voraussetzungen des § 42d Abs. 6 S. 2 und 3 EStG ist eine **Mithaftung des Entleihers ausgeschlossen**. Der Haftungsausschluss nach § 42d Abs. 6 S. 2 EStG greift nach dem Gesetzeswortlaut bei legaler Arbeitnehmerüberlassung mit Verleiherlaubnis nach § 1 AÜG ein, soweit der Entleiher nachweist, seinen Mitwirkungspflichten nach § 51 Abs. 1 Nr. 2 Buchst. d) EStG nachgekommen zu sein. Die Nachweispflicht hat keine praktische Bedeutung, da die Bundesregierung von der Ermächtigung zum Erlass einer Rechtsverordnung bisher keinen Gebrauch gemacht hat.[175] § 42d Abs. 6 S. 2 EStG gilt auch im Nachwirkungszeitraum nach § 2 Abs. 4 AÜG.[176]   119

▶ Praxistipp:

> Bei **legaler Arbeitnehmerüberlassung** mit Erlaubnis nach § 1 AÜG ist die **subsidiäre Lohnsteuerhaftung des Entleihers ausgeschlossen** (§ 42d Abs. 6 S. 2 EStG).

---

173 In diesem Sinne a. LStR 2008 R 42d.2 Abs. 1.
174 Schmidt/*Drenseck* § 42d EStG Rn. 68.
175 Blümich/*Heuermann* § 42d EStG Rn. 225; Schmidt/*Drenseck* § 42d EStG Rn. 70.
176 LStR 2008 R 42d.2 Abs. 4.

Deshalb sollten Auftraggeber stets darauf bedacht sein, nur mit Auftragnehmern zusammenzuarbeiten, die im Besitz einer Verleiherlaubnis sind. Bei den auf Basis des AÜG stets unerlaubten Personaleinsätzen im Baugewerbe (vgl. § 1b S. 1 AÜG) empfiehlt sich zum Schutz des Auftraggebers – ebenso wie bei der sozialversicherungsrechtlichen Subsidiärhaftung nach § 28e Abs. 2 SGB IV – die Vereinbarung einer Sicherheitsleistung.[177]

120 Weiter haftet der Entleiher – anders als bei § 28e Abs. 2 SGB IV – nicht, wenn er über das Vorliegen einer Arbeitnehmerüberlassung **ohne Verschulden** irrte (§ 42d Abs. 6 S. 3 EStG). Praktisch bedeutsam wird dieser Befreiungstatbestand, wenn die Parteien das Vertragsverhältnis aufgrund der im Einzelfall häufig schwierigen Abgrenzung zur Arbeitnehmerüberlassung fehlerhaft als erlaubnisfreien Fremdpersonaleinsatz, etwa auf der Grundlage eines **Werk- oder Dienstvertrages**, eingeordnet haben und deshalb eine Verleiherlaubnis fehlt.[178] Ein schlichter (Tatbestands-)Irrtum über das Vorliegen einer tatsächlich fehlenden, aber erforderlichen Erlaubnis nach § 1 AÜG befreit den Entleiher nicht.[179] Für das Eingreifen des Ausschlussgrundes trägt der Entleiher die Feststellungslast.[180]

▶ **Praxistipp:**

Seine Unkenntnis über das Fehlen einer erforderlichen Verleiherlaubnis ist dem Entleiher stets vorzuwerfen, wenn der Entleiher die Erklärung des Verleihers über das Vorliegen einer Erlaubnis gemäß § 12 Abs. 1 AÜG nicht durch Nachfrage bei der zuständigen Regionaldirektion der BAG überprüft hat.[181]

121 Die Haftung beschränkt sich auf die **Lohnsteuer für die Zeit, für die dem Entleiher der Arbeitnehmer überlassen** worden ist (§ 42d Abs. 6 S. 4 EStG). Da der Verleiher – vorbehaltlich einer abweichenden Vereinbarung im Arbeitnehmerüberlassungsvertrag – bei Ausfall des Arbeitnehmers (z.B. Urlaub, Krankheit) eine Ersatzkraft stellen muss, ist der Arbeitnehmer dem Entleiher in dieser Ausfallzeit nicht überlassen.[182] Hat der Verleiher einen Teil der einbehaltenen Lohnsteuer abgeführt, haftet der Entleiher nur in Höhe des Differenzbetrages.

---

177 Sh. bereits AÜG Einl. Rdn. 103 (Praxistipp).
178 BT-Drucks. 10/4119 S. 8.
179 Blümich/*Heuermann* § 42d EStG Rn. 226.
180 LStR 2008 R 42d.2 Abs. 4.
181 LStR 2008 R 42d.2 Abs. 4.
182 Schmidt/*Drenseck* § 42d EStG Rn. 72; *Urban-Crell/Schulz* Rn. 1277.

Ist die tatsächliche Lohnsteuer für den Überlassungszeitraum nicht   122
oder nur schwer zu ermitteln, so gestattet § 42d Abs. 6 S. 7 EStG eine
Lohnsteuerpauschalierung in Höhe von 15 v.H. des zwischen Verleiher und Entleiher vereinbarten Entgelts ohne Umsatzsteuer; der Entleiher kann eine geringere Haftungsschuld glaubhaft machen.

Soweit die Haftung des Entleihers reicht, sind Verleiher, Entleiher   123
und Leiharbeitnehmer **Gesamtschuldner** (§ 42d Abs. 6 S. 5 EStG).
Nach § 42d Abs. 6 S. 6 EStG darf der Entleiher im Verhältnis zum Verleiher nur nachrangig in Anspruch genommen werden, wenn die
Vollstreckung in das inländische bewegliche Vermögen des Verleihers
fehlgeschlagen ist oder keinen Erfolg verspricht. Diese Subsidiarität
gilt allerdings nicht gegenüber dem Arbeitnehmer; im Haftungs-
bescheid muss das Finanzamt deshalb regelmäßig seine nach pflichtgemäßem Ermessen getroffene Entscheidung begründen, warum der
Arbeitnehmer als Steuerschuldner nicht vorrangig in Anspruch genommen wird.[183]

▶ Praxistipp:

   Bei Arbeitnehmerüberlassung ohne Auslandsbezug ist das **Be-**
   triebsstättenfinanzamt des Verleihers zuständig (§ 42d Abs. 6 S. 9
   EStG). Bei grenzüberschreitendem Personaleinsatz durch einen
   Verleiher mit Betriebssitz im Ausland gilt der Ort der Arbeitsleistung im Inland, d.h. der Einsatzort in Deutschland als Betriebsstätte. Zuständig ist dann das Betriebsstättenfinanzamt des Entleihers
   (§ 41 Abs. 2 S. 2 Hs. 2 EStG).

Das zuständige Finanzamt kann gegenüber dem Entleiher nach   124
Ermessen notwendige **Maßnahmen zur Sicherung des Steueran-**
spruchs anordnen (§ 42d Abs. 8 EStG). Die Sicherungsanordnung
kann mündlich und in den Fällen ohne Begründung ergehen, in denen der Sicherungsbetrag maximal 15 v.H. des zwischen Verleiher
und Entleiher vereinbarten Entgelts beträgt (§ 42d Abs. 8 S. 1 Hs. 2,
S. 2 und 3 EStG).[184]

II. Subsidiärhaftung des Verleihers

Trotz fehlender Arbeitgeberstellung des illegalen Verleihers (§ 9 Nr. 1   125
i.V.m. § 10 Abs. 1 S. 1 AÜG) bleibt er im lohnsteuerrechtlichen Sinne
Arbeitgeber, soweit er das Arbeitsentgelt an den Leiharbeitnehmer

---

183 Blümich/*Heuermann* § 42d EStG Rn. 232 f.; Schmidt/*Drenseck* § 42d EStG
    Rn. 73; sh. a. LStR 2008 R 42d.2 Abs. 6.
184 Sh. dazu Schmidt/*Drenseck* § 42d EStG Rn. 74.

zahlt.[185] In diesem Fall haftet er für die Steuerschuld neben Leih-arbeitnehmer und illegalem Entleiher als Gesamtschuldner (§ 42d Abs. 1, Abs. 3, Abs. 6 S. 5 EStG).

126 Zu einer **Subsidiärhaftung des Verleihers nach § 42d Abs. 7 EStG** kommt es nur in den Fällen, in denen der Entleiher die Vergütung an den Leiharbeitnehmer zahlt und damit steuerrechtlich als Arbeitgeber behandelt wird. Faktisch werden diese Voraussetzungen nur bei ille-galer Arbeitnehmerüberlassung erfüllt sein.[186] Die Haftung des Ver-leihers entspricht der Entleiherhaftung nach § 42d Abs. 6 EStG.[187]

---

185 BFH 24.3.1999, I R 64/98, NZG 2000, 331; BFH 18.1.1991, VI R 122/87, NJW 1992, 261.
186 Schmidt/*Drenseck* § 42d EStG Rn. 75.
187 Blümich/*Heuermann* § 42d EStG Rn. 235; *Reinhart* BB 1986, 500.

§ 1 Erlaubnispflicht

(1) [1]Arbeitgeber, die als Verleiher Dritten (Entleihern) Arbeitnehmer (Leiharbeitnehmer) gewerbsmäßig zur Arbeitsleistung überlassen wollen, bedürfen der Erlaubnis. [2]Die Abordnung von Arbeitnehmern zu einer zur Herstellung eines Werkes gebildeten Arbeitsgemeinschaft ist keine Arbeitnehmerüberlassung, wenn der Arbeitgeber Mitglied der Arbeitsgemeinschaft ist, für alle Mitglieder der Arbeitsgemeinschaft Tarifverträge desselben Wirtschaftszweiges gelten und alle Mitglieder auf Grund des Arbeitsgemeinschaftsvertrages zur selbständigen Erbringung von Vertragsleistungen verpflichtet sind. [3]Für einen Arbeitgeber mit Geschäftssitz in einem anderen Mitgliedstaat des Europäischen Wirtschaftsraumes ist die Abordnung von Arbeitnehmern zu einer zur Herstellung eines Werkes gebildeten Arbeitsgemeinschaft auch dann keine Arbeitnehmerüberlassung, wenn für ihn deutsche Tarifverträge desselben Wirtschaftszweiges wie für die anderen Mitglieder der Arbeitsgemeinschaft nicht gelten, er aber die übrigen Voraussetzungen des Satzes 2 erfüllt.

(2) Werden Arbeitnehmer Dritten zur Arbeitsleistung überlassen und übernimmt der Überlassende nicht die üblichen Arbeitgeberpflichten oder das Arbeitgeberrisiko (§ 3 Abs. 1 Nr. 1 bis 3), so wird vermutet, daß der Überlassende Arbeitsvermittlung betreibt.

(3) Dieses Gesetz ist mit Ausnahme des § 1b Satz 1, des § 16 Abs. 1 Nr. 1b und Abs. 2 bis 5 sowie der §§ 17 und 18 nicht anzuwenden auf die Arbeitnehmerüberlassung
1. zwischen Arbeitgebern desselben Wirtschaftszweiges zur Vermeidung von Kurzarbeit oder Entlassungen, wenn ein für den Entleiher und Verleiher geltender Tarifvertrag dies vorsieht,
2. zwischen Konzernunternehmen im Sinne des § 18 des Aktiengesetzes, wenn der Arbeitnehmer seine Arbeit vorübergehend nicht bei seinem Arbeitgeber leistet, oder
3. in das Ausland, wenn der Leiharbeitnehmer in ein auf der Grundlage zwischenstaatlicher Vereinbarungen begründetes deutsch-ausländisches Gemeinschaftsunternehmen verliehen wird, an dem der Verleiher beteiligt ist.

A. Gewerbsmäßige Arbeitnehmerüberlassung – Abs. 1 S. 1

I. Arbeitnehmerüberlassung

1 Die Arbeitnehmerüberlassung stellt eine Form des **drittbezogenen Personaleinsatzes** dar, bei dem Arbeitskräfte zum Einsatz in einen

fremden Betrieb zur Verfügung gestellt werden. Dem Arbeitnehmerüberlassungsgesetz liegt eine Dreieckskonstellation zugrunde,
in welcher einem Dritten, dem **Entleiher**, von einem Arbeitgeber,
dem **Verleiher**, Arbeitnehmer, **Leiharbeitnehmer**, zur Arbeitsleistung
überlassen werden, die der Entleiher dann entsprechend seinen betrieblichen Erfordernissen in seinem Betrieb einsetzt.

Neben der vom Gesetzgeber verwendeten Bezeichnung als Arbeit-   2
nehmerüberlassung finden sich im allgemeinen Sprachgebrauch mehrere Synonyme für diesen Begriff. Durchgesetzt haben sich die Bezeichnungen Zeitarbeit, Leiharbeit, Personalleasing sowie Temporary
Employment.

1. Begriff

Das Gesetz enthält **keine Legaldefinition** der Arbeitnehmerüberlas-   3
sung sondern setzt diese voraus.

Arbeitnehmerüberlassung erfordert eine **Vereinbarung** zwischen   4
dem **Vertragsarbeitgeber** (Verleiher) und einem **Dritten** (Entleiher),
wonach mindestens ein **Arbeitnehmer** (Leiharbeitnehmer) aufgrund
der damit eingegangenen Verpflichtung seines Arbeitgebers bei dem
Dritten zur Förderung von dessen – also fremden – Betriebszwecken
tätig wird und es zu einer vollständigen **Eingliederung** des Arbeitnehmers in den Betrieb des Entleihers kommt.[1]

a) Onsite Management

Im Rahmen der Arbeitnehmerüberlassung trifft man in der Praxis   5
häufig auf das Schlagwort des **Onsite-Managements**. Dieser Begriff
bezeichnet die Bereitstellung eines Ansprechpartners und **Koordina-
tors** des Verleihunternehmens innerhalb des Betriebes des entleihenden Unternehmens.

Der praktische Vorteil einer solchen Gestaltung liegt in der größeren   6
Sachnähe des Verleihers hinsichtlich der individuellen Bedürfnisse
des einzelnen Entleihers. Das Onsite-Management soll die unmittelbare Möglichkeit vermitteln, die gegebenenfalls **wechselnden Anforderungen**, welche sich beim Entleiher stellen, zu beurteilen und diese
sowohl dem Verleiher als auch den überlassenen Arbeitnehmern mitzuteilen. Das Onsite-Management hat sich damit im Sinne einer lediglich hinsichtlich der **praktischen Ausgestaltung** speziellen Form der

---

1 BAG 18.1.1989, 7 ABR 21/88, BAGE 61, 7 = AP BetrVG 1972 § 9 Nr. 1; zum
deckungsgleichen Begriff im Sozialversicherungsrecht BSG 24.4.2003, B 10
LW 8/02 R, EzAÜG § 10 AÜG Fiktion Nr. 110 = NZS 2004, 43.

Arbeitnehmerüberlassung als Folge der Abschaffung der Höchstüberlassungsdauer herausgebildet. Rechtliche Besonderheiten bestehen
dagegen nicht.

7 Beschäftigungspolitisch werden gerade in diesem Zusammenhang
aufgrund der nicht selten über Jahre unveränderten Zusammensetzung der eingesetzten Gruppen, die überlassenen Arbeitnehmer häufig als »**zweite Belegschaft**« des entleihenden Unternehmens bezeichnet.[2]

▶ **Beispiel:**

Der Entleiher betreibt ein Call-Center. Der Verleiher stellt regelmäßig Leiharbeitnehmer als »Call-Center-Agents« zur Verfügung,
die für den Entleiher Angebote dessen jeweiliger Auftraggeber am
Telefon anbieten. Ebenfalls innerhalb des Call-Centers eingesetzt
ist ein Arbeitnehmer des Verleihers, der dem Entleiher als Ansprechpartner zur Verfügung steht und die entliehenen »Call-Center-Agents« bei jedem Auftrag eines Neukunden (des Entleihers)
in dessen Angebotsportfolio, die jeweils gewünschte Art der An-
sprache etc. einweist.

b) Kirchliche Arbeitgeber

8 Das Institut der Arbeitnehmerüberlassung ist mittlerweile auch bei
kirchlichen Arbeitgebern anerkannt – wenngleich nur eingeschränkt.

9 Die **Einschränkung** besteht jedenfalls für den Bereich der evangelischen Kirche. Ihren Grund findet diese Einschränkung im kirchlichen
Grundsatz des **Leitbildes von der Dienstgemeinschaft**.[3] Eine auf
Dauer angelegte Beschäftigung von Leiharbeitnehmern, insbesondere
eine (mittelbare) Ersetzung von Mitarbeitern der Stammbelegschaft
durch Leiharbeitnehmer, stehe zu diesem Grundsatz im Widerspruch.
Ein geplanter **dauerhafter Einsatz** von Leiharbeitnehmern ist nach
der Rechtsprechung des Kirchengerichtshofs der evangelischen Kirche daher mit dem **Kirchenarbeitsrecht** nicht vereinbar. Für die ka-
tholische Kirche fehlt es bisher an einer korrespondierenden Entscheidung.

10 Keine Arbeitnehmerüberlassung im Sinne des AÜG liegt im Falle sogenannter **Gestellungsverträge** vor. Hierbei handelt es sich um eine

---

2 *Böhm* NZA 2005, 554.
3 Kirchengerichtshof der evangelischen Kirche in Deutschland – Senate für
  mitarbeitervertretungsrechtliche Streitigkeiten 2. Kammer, 9.10.2006, II-0124/
  M35-06, NZA 2007, 761.

Form des Tätigwerdens Betriebsfremder in einem Betrieb, bei denen Ordensangehörige Kraft eines Vertrages zwischen religiösem Orden und »Entleiher« in dessen Betrieb tätig werden. Die Anwendbarkeit des AÜG scheitert in diesen Fällen regelmäßig sowohl an der Arbeitnehmereigenschaft der Ordensangehörigen, als auch an der fehlenden Gewerbsmäßigkeit der Überlassung selbst.[4]

2. Beteiligte Personen

Die Arbeitnehmerüberlassung erfordert begrifflich die Beteiligung **11** mindestens dreier Personen, des **Verleihers**, des **Entleihers** sowie des **Leiharbeitnehmers**.

a) Verleiher

Der Verleiher ist der Arbeitgeber des Leiharbeitnehmers. Wegen der **12** mit der Arbeitnehmerüberlassung einhergehenden Aufteilung der Arbeitgeberstellung, die einen teilweisen Übergang des Direktionsrechts auf den Entleiher beinhaltet, wird der Verleiher zur Klarstellung häufig als **Vertragsarbeitgeber** des Leiharbeitnehmers bezeichnet.

aa) Begriff

Um eine missbräuchliche Nutzung der Möglichkeiten der Arbeitneh- **13** merüberlassung auszuschließen, wird die Definition des Verleihers in der Literatur teilweise **enger** gefasst. Abgestellt wird insoweit darauf, dass der Verleiher als Arbeitgeber des Leiharbeitnehmers das **Betriebs- bzw. Arbeitgeberrisiko** trage.[5] Diese Voraussetzung soll lediglich dann als erfüllt anzusehen sein, wenn der Verleiher am Markt auftritt und seine Leiharbeitnehmer nicht nur an einen, sondern an eine Vielzahl von Entleihern ausleiht.

Die Pflichten des Verleihers im Dreiecksverhältnis der Arbeitnehmer- **14** überlassung ergeben sich einerseits aus dem Arbeitnehmerüberlassungsvertrag mit dem Entleiher,[6] sowie andererseits aus dem mit dem Leiharbeitnehmer geschlossenen Arbeitsvertrag.[7] Aufgrund des

---

4 *Schaub*, HandbuchArbR, § 120 Rn. 23; ErfK / *Wank* § 1 AÜG Rn. 79; ausführlich zur Frage der Gewerbsmäßigkeit bei der Personalüberlassung gemeinnütziger Körperschaften, insbesondere kirchlicher Einrichtungen *Münzel* KuR 2008, 350, 78.
5 *Brors/Schüren* BB 2004, 2745.
6 Vgl. hierzu § 12 AÜG Rdn. 10 ff.
7 Vgl. hierzu § 11 AÜG Rdn. 11 ff.

letztgenannten treffen den Verleiher als (alleinigen) Arbeitgeber die üblichen Verpflichtungen. So obliegt es ihm, den Leiharbeitnehmer zur Sozialversicherung anzumelden und die Sozialversicherungsbeiträge abzuführen.

bb) Mischbetriebe

15 Neben reinen Zeitarbeitsunternehmen, die ausschließlich Arbeitnehmerüberlassung betreiben gibt es sogenannte **Mischbetriebe**, die neben einem anderen Betriebszweck, der meist den **Hauptzweck** bildet, auch Beschäftige an andere Unternehmen überlassen.[8] Für die Frage der Erlaubnisfähigkeit und -pflichtigkeit ist es ohne Belang, ob Unternehmen vorrangig Arbeitnehmerüberlassung betreiben möchten oder eigentlicher Geschäftszweck nicht die Arbeitnehmerüberlassung ist, es aber trotzdem regelmäßig oder in Einzelfällen zur Überlassung Beschäftigter an andere Betriebe kommen soll.

▶ **Beispiel:**

  Das Unternehmen C betreibt einen Catering Service. Hierbei übernimmt es vorrangig die Bewirtung von Gästen im Rahmen großer Veranstaltungen, insbesondere bei Messen. Findet keine Messe statt, kommt es häufig zum Auftragsmangel. In diesen Zeiten überlässt das Unternehmen C seine Service-Mitarbeiter an andere Gastronomiebetriebe. Die Servicemitarbeiter werden dort als Krankheitsvertretungen oder zur Verstärkung des vorhandenen Personals wie eigene Arbeitnehmer eingesetzt.

(a) Anwendbarkeit des AÜG

16 Nach der für die Praxis maßgeblichen Auffassung der Bundesagentur soll die Anwendung des AÜG auf Mischbetriebe allein von der Frage der **Gewerbsmäßigkeit** der Arbeitnehmerüberlassung abhängen. Der **Umfang**, in welchem Arbeitnehmer in der jeweiligen betrieblichen Sparte eingesetzt werden oder welche Umsätze mit Arbeitnehmerüberlassung in Relation zu den übrigen betrieblichen Tätigkeiten erzielt werden, soll demgegenüber **unerheblich** sein.[9] Problematisch bei Mischbetrieben ist, ob diese durch wirksame **Inbezugnahme von Tarifverträgen** der Zeitarbeitsbranche die Anwendbarkeit des **Equal-pay-and-equal-treatment-Grundsatzes** ausschließen können.[10] Die Bundesagentur für Arbeit bestimmt anhand der jeweiligen überwie-

---

8 BT-Drucks. 15/6008 S. 14.
9 DA-Bundesagentur für Arbeit, Stand: Oktober 2004, S. 14.
10 Vgl. § 3 AÜG Rdn. 133.

genden betrieblichen Gesamtarbeitszeit der Arbeitnehmer, ob ein Mischbetrieb vom Geltungsbereich eines Tarifvertrages erfasst wird.[11]

(b) Fallgruppen

Häufig handelt es sich bei Mischbetrieben um Unternehmen, welche   17
die notwendige Erlaubnis zur Arbeitnehmerüberlassung lediglich
vorsorglich, zur rechtlichen Absicherung beantragen, falls ihre Tätigkeit im Rahmen eines **Werkvertrages oder Dienstvertrages** aufgrund
der tatsächlichen Durchführung als Arbeitnehmerüberlassung eingeordnet werden sollte.

Als **typisches Beispiel** nennt ein Bericht der Bundesregierung hier   18
ausdrücklich Fälle, in denen es bei der **Ausführung eines Werkvertrages** dazu kommt, dass die Beschäftigten des Mischbetriebes im Betrieb des Kunden mehr als zunächst beabsichtigt eingegliedert werden und Anweisungen überwiegend direkt von Mitarbeitern des
Kunden entgegennehmen.[12] Wegen der erheblichen Risiken, die das
Vorliegen illegaler Arbeitnehmerüberlassung auch für den Entleiher
bedeutet, dient die vorsorgliche Beantragung einer Verleiherlaubnis
in diesen Fällen nicht nur der eigenen Absicherung, sondern auch
den **Interessen der Kunden**.[13] Nicht selten erfolgt die Beantragung
einer Verleiherlaubnis jedoch auch zu dem Zweck, sich für den Fall
eines auftretenden **eigenen Auftragsmangels** abzusichern.

b) Entleiher

Entleiher ist derjenige, in dessen Betrieb auf der Grundlage des mit   19
dem Verleiher abgeschlossenen Arbeitnehmerüberlassungsvertrages
Leiharbeitnehmer tätig sind. Der Entleiher setzt die überlassenen
Leiharbeitnehmer entsprechend seiner betrieblichen Zielvorgaben
wie eigenes Personal ein. Für die Dauer der Überlassung steht ihm
trotz seiner vertraglichen Stellung als **Dritter** das arbeitsplatzbezoge-
ne Direktionsrecht zu. Der Entleiher wird hierdurch jedoch nicht Arbeitgeber des Leiharbeitnehmers. Eine vertragliche Beziehung besteht
lediglich zwischen Entleiher und Verleiher, welcher Arbeitgeber des
Leiharbeitnehmers ist.

Die mit der Leistungserbringung des Leiharbeitnehmers im Betrieb   20
des Entleihers zwingend verbundene **Eingliederung** in den Betrieb
des Entleihers führt jedoch dazu, dass auch den Entleiher Teile der

---

11 DA-AÜG S. 14.
12 BT-Drucks. 15/6008 S. 14.
13 Vgl. zu den Risiken illegaler Arbeitnehmerüberlassung § 10 AÜG.

Arbeitgeberpflichten treffen.[14] Die Tätigkeit des Leiharbeitnehmers bei dem Entleiher unterliegt gemäß § 11 Abs. 6 AÜG den in dessen Betrieb geltenden öffentlich-rechtlichen Arbeitsschutzvorschriften.[15]

21 **Nicht** vom Anwendungsbereich des AÜG erfasst sind Fälle des sogenannte **»Selbstverleihs«**. Ein solcher liegt vor, wenn nicht an einen Dritten überlassen wird, sondern ein Arbeitgeber einen Arbeitnehmer lediglich in eine andere Betriebsstätte (seines Unternehmens) entsendet. In diesen Fällen besteht kein Dreiecksverhältnis, also kein Hinzutreten eines Dritten, sondern eine bloße Vereinbarung zwischen Arbeitgeber und Arbeitnehmer über die Veränderung des Arbeitsortes.

▶ **Beispiel:**

Ein Einzelhandelsunternehmen setzt Arbeitnehmer als »Springer« in verschiedenen – unternehmenseigenen – Filialen ein.

22 Anwendbar ist das AÜG demgegenüber im Falle des sogenannte **Ketten- oder Zwischenverleihs**. Dieser bezeichnet eine Konstellation der Arbeitnehmerüberlassung, in welcher ein Vertragsarbeitgeber Arbeitnehmer an ein Unternehmen verleiht, welches seinerseits den Arbeitnehmer als bei ihm beschäftigtes Fremdpersonal an einen **»Endentleiher«** verleiht. Streitig ist, ob im Falle eines Kettenverleihs eine Erlaubnispflicht nach § 1 AÜG lediglich für den (Erst-)Verleiher besteht oder aber zwei getrennte Arbeitnehmerüberlassungen vorliegen und deshalb auch eine Erlaubnis des **»Zwischenverleihers«**, der gleichzeitig **»Erstentleiher«** ist, vorliegen muss.[16] Die Bundesagentur für Arbeit geht demgegenüber von einer grundsätzlichen Unzulässigkeit des Kettenverleihs von Arbeitnehmern aus.[17]

c) Leiharbeitnehmer

23 Leiharbeitnehmer ist, wer aufgrund eines Arbeitsvertrages seine **Arbeitsleistung im Betrieb** eines Dritten in der Art erbringt, dass er nach dessen Weisungen die **Betriebszwecke des Dritten** verfolgt und hierbei in den fremden Betrieb eingegliedert ist.

24 Der Anwendungsbereich des AÜG erstreckt sich hierbei ausschließlich auf den Verleih von **Arbeitnehmern** (§ 1 Abs. 1 S. 1 AÜG). Maßgeblich ist insoweit der allgemeine Arbeitnehmerbegriff.[18] Nicht dem

---

14 Vgl. zur »Aufspaltung der Arbeitgeberstellung« § 1 AÜG Rdn. 75.
15 Vgl. hierzu § 1 AÜG Rdn. 63 ff.
16 Thüsing/*Waas* § 1 AÜG Rn. 28 m.w.Nachw.
17 DA-Arbeitnehmerüberlassung Ziff. 1.1.2.
18 MünchArbR/*Richardi* § 24 Rn. 1 ff.

AÜG unterfallen demnach Dienst- und Werkleistungen Selbständiger sowie – praktisch relevant insbesondere im Bereich des Gesundheitswesen – die Gestellung von Ordensleuten.[19] Streitig ist, ob auch Auszubildende als Leiharbeitnehmer eingeordnet werden können.[20]

3. Rechtsbeziehungen

a) Leiharbeitsvertrag

Der Leiharbeitsvertrag ist ein allein zwischen dem Verleiher und dem Leiharbeitnehmer geschlossener Vertrag. Durch ihn kommt ein **Arbeitsverhältnis** ausschließlich zwischen dem Leiharbeitnehmer und dem Verleiher zustande (§§ 9, 11 AÜG).[21] Dogmatisch wird der Leiharbeitsvertrag zumeist als echter[22] oder unechter[23] Vertrag zu Gunsten Dritter eingeordnet. Die unterschiedliche Einordnung ist in der Praxis ohne Relevanz. **25**

Beim Leiharbeitsvertrag handelt es sich um ein Arbeitsverhältnis, welches den Leiharbeitnehmer zur Arbeitsleistung und den Verleiher zur Zahlung der vertraglich vereinbarten Vergütung verpflichtet. Die Besonderheit gegenüber sonstigen Arbeitsverhältnissen besteht darin, dass der Leiharbeitnehmer zur Erbringung der **Arbeitsleistung außerhalb des Betriebes** seines Arbeitgebers, des Verleihers, verpflichtet ist. **26**

Seit dem Inkrafttreten des Ersten Gesetzes für moderne Dienstleistung am Arbeitsmarkt am 1.1.2004 ist der Abschluss eines Leiharbeitsvertrages auch dann möglich, wenn bereits zuvor ein Arbeitsverhältnis zwischen dem Verleiher und dem Leiharbeitnehmer bestand. Das ursprünglich geltende **Wiedereinstellungsverbot** des § 3 Abs. 1 Nr. 4, § 9 Nr. 3 AÜG a.F., welches eine Wiedereinstellung durch den Verleiher nach Kündigung oder Auslaufenlassen eines befristeten Arbeitsvertrages untersagte, soweit nicht seit dem Vertragsende drei Monate vergangen waren, ist **abgeschafft.** **27**

aa) Pflichten des Verleihers

Den Verleiher treffen als Arbeitgeber die üblichen Arbeitgeberpflichten. Als Hauptleistungspflicht schuldet er dem Leiharbeitnehmer die **28**

---

19 Vgl. zu Letzteren § 1 AÜG Rdn. 10; im Übrigen *Urban-Crell/Schulz* Rn. 21 ff. m.w.Nachw.
20 Vgl. zum Meinungsstand Thüsing/*Waas* § 1 AÜG Rn. 34 m.w.Nachw.
21 Vgl. zu Form- und Vertragspflichten auch Kommentierung zu § 11 AÜG.
22 Vgl. *Hamann* Anm. zu BAG 10.3.2004, 7 ABR 49/03, EzA § 9 BetrVG 2001 Nr. 2.
23 *Urban-Crell/Schulz* Rn. 5.

Zahlung des vereinbarten Entgelts. Diese Pflicht trifft ihn gleichermaßen in einsatzfreien Zeiten, wie in Zeiten, in denen der Leiharbeitnehmer bei einem Entleiher eingesetzt ist. Das unternehmerische Risiko trägt insoweit der Verleiher.

29 In Verknüpfung mit seiner **Entgeltzahlungspflicht** als Arbeitgeber ist der Verleiher zur Einbehaltung und Abführung der Lohnsteuer, zur Zahlung des Gesamtsozialversicherungsbeitrags (§ 28e Abs. 1 S. 1 SGB IV) und des Beitrags zur gesetzlichen Unfallversicherung (§ 150 Abs. 1 S. 1 SGB VII) verpflichtet.[24]

(a) Beschäftigungspflicht

30 Angesichts der Besonderheiten der Arbeitnehmerüberlassung stellen sich Probleme in Bezug auf das Bestehen einer Beschäftigungspflicht des Verleihers als Arbeitgeber. Die Beschäftigungspflicht wird in typischen Arbeitsverhältnissen als gewichtige, häufig sogar als Hauptleistungspflicht des Arbeitsverhältnisses auf Seiten des Arbeitgebers eingeordnet.[25] Bereits rein faktisch kann eine Pflicht zur **tatsächlichen Beschäftigung** zwischen Verleiher und Leiharbeitnehmer lediglich begrenzt bestehen, da Zeiten vorübergehend fehlenden Beschäftigungsbedarfs des Verleihers das Leiharbeitsverhältnis gerade typisieren.[26] Nicht geklärt ist jedoch, ob oder inwieweit der Verleiher bei der Auswahl der überlassenden Arbeitnehmer aus einem bei ihm vorhandenen Pool zu einer »**ausgewogenen**« Berücksichtigung der einzelnen Arbeitnehmer bei Vergabe von Einsatzmöglichkeiten verpflichtet ist. Es ist jedoch davon auszugehen, dass der Verleiher bei der Erbringung seiner vertraglichen Verpflichtung gegenüber dem Entleiher grundsätzlich frei in der Auswahl der jeweiligen Arbeitnehmer bleiben muss.

31 Für die Praxis bedeutsam wird die Frage der »Einsatzgerechtigkeit«, wenn sich die Arbeitnehmerüberlassung stärker in Bereichen des Arbeitsmarktes durchsetzt, in denen hochqualifizierte Tätigkeiten erbracht werden und die Arbeitnehmer im Falle längerer Zeiten der Nichtbeschäftigung den Verlust ihrer Qualifikation befürchten müssen.

---

24 Vgl. AÜG Einl. Rdn. 100 ff.
25 ErfK/*Preis* § 611 BGB Rn. 563 ff.
26 Zum Streit, inwieweit eine solche Pflicht den Entleiher trifft, siehe *Ulber* § 12 AÜG Rn. 19.

(b) Nebenpflichten/Obliegenheiten

Auch im Verhältnis zwischen Leiharbeitnehmer und Verleiher besteht 32
gemäß § 241 Abs. 2 BGB die Nebenpflicht zur **Rücksichtnahme** auf
die berechtigten Interessen des Vertragspartners. Nach höchstrichterlicher Rechtsprechung soll aus dieser Norm eine Hinweispflicht des
Verleihers als Arbeitgeber folgen, wenn die bestehende **Qualifikation**
des Leiharbeitnehmers nicht ausreicht, um ihn zukünftig in neuen
Aufträgen einsetzen zu können und damit eine Kündigung droht.[27]

Als Arbeitgeber ist der Verleiher schließlich zur Meldung eines Ar- 33
beitsunfalls nach § 193 SGB VII unabhängig davon verpflichtet, ob
sich der **Arbeitsunfall** in den eigenen Räumlichkeiten oder im Betrieb
des Entleihers ereignet hat.[28] Als Arbeitgeber ist der Verleiher dem
Leiharbeitnehmer zum Ersatz eines **Personenschadens**, den ein Versicherungsfall verursacht hat, nur verpflichtet, wenn der Verleiher
den Versicherungsfall vorsätzlich oder auf einem nach § 8 Abs. 2
Nr. 1–4 versicherten Weg herbeigeführt hat. Dies ergibt sich aus dem
Eingreifen der Haftungsprivilegierung des § 104 Abs. 1 S. 1 SGB IV.
Dasselbe **Haftungsprivileg** genießen gemäß § 105 Abs. 1 S. 1 im Falle
der Verletzung eines Leiharbeitnehmers die beim Verleiher beschäf-
tigten übrigen (Leih-)Arbeitnehmer, sofern sie durch eine betriebliche
Tätigkeit einen Versicherungsfall eines Arbeitskollegen verursachen.

bb) Pflichten des Leiharbeitnehmers

Der Leiharbeitnehmer schuldet den Einsatz seiner **Arbeitskraft**. Im 34
Unterschied zum Normalarbeitsverhältnis wird er jedoch nicht im Betrieb seines Arbeitgebers, des Verleihers, sondern in dem eines Dritten, des Entleihers, tätig. Er ist hierbei nicht Erfüllungsgehilfe, sondern erbringt im Fremdbetrieb unmittelbar seine dem Arbeitgeber
geschuldete Arbeitsleistung. Die grundsätzliche Regelung des **§ 613
S. 2 BGB**, wonach der Anspruch auf die Dienste des Arbeitnehmers
durch den Arbeitgeber im Zweifel nicht übertragbar ist, findet somit
im Rahmen des Leiharbeitsvertrages keine Anwendung.[29]

---

27 BAG 18.5.2006, 2 AZR 412/05, EzA § 1 KSchG Betriebsbedingte Kündigung
   Nr. 146 = AP AÜG § 9 Nr. 7; vgl. dazu § 11 AÜG Rdn. 119.
28 *Hamann* RdW S. 63; vgl. auch für den Einsatz nur innerhalb eines bestimmten Gewerbezweiges LSG Niedersachsen-Bremen 29.9.2005, L 6 U 38/02,
   EzAÜG SGB VII Nr. 38.
29 *Boemke/Lembke* § 11 AÜG Rn. 5 m.w.Nachw.

(a) Weisungsrecht des Verleihers

35 Obschon der Leiharbeitnehmer nach der Natur der Arbeitnehmerüberlassung im Betrieb des Entleihers tätig wird und dieser daher für
die Zeit der Überlassung »faktischer Arbeitgeber«[30] ist, verbleibt ein
Teil der Direktionsbefugnis dauerhaft beim Verleiher. In der Praxis relevant ist insbesondere das **zeitliche Weisungsrecht**. Nicht nur der
Einsatzort, sondern auch die Lage der Arbeitszeit ist Gegenstand des
arbeitgeberseitigen Weisungsrechts des Verleihers.[31] Der Verleiher ist
in der Festlegung der Lage der Arbeitszeit grundsätzlich frei. Auch
soweit ein Leiharbeitnehmer über einen erheblichen Zeitraum **stets
zu bestimmten Zeiten** eingesetzt wurde tritt hierdurch grundsätzlich
keine Konkretisierung ein.

▶ **Beispiel:**

Der Leiharbeitnehmer L war über drei Jahre lang im Betrieb des
Entleihers E in der Tagesschicht eingesetzt. Ende April weist der
Verleiher L an, ab sofort bei dem als Kunden neugewonnenen Ent-
leiher K in Frühschicht tätig zu sein.

36 Ob eine Erweiterung des Direktionsrechts durch Tarifvertrag möglich
ist, ist höchstrichterlich bisher nicht entschieden.[32]

(b) Leistungs-, Erfüllungs-, Arbeits- und Einsatzort

37 Gerade im Bereich der Arbeitnehmerüberlassung werden die Begriffe
des Leistungs-, Erfüllungs-, Arbeits- und Einsatzortes häufig uneinheitlich verwandt. Die Begriffe sind nicht als Synonyme zu verstehen,
überschneiden sich jedoch häufig.[33] Dies führt in der Praxis nicht selten zu Schwierigkeiten.

(i) Begriffe

38 Bei dem gemäß § 11 Abs. 1 S. 1 i.V.m. § 2 Abs. 2 S. 2 Nr. 4 NachwG an-
zugebenden **Arbeitsort** handelt es sich um den Sitz des Verleihers.
Dieser ist regelmäßig nicht deckungsgleich mit dem Ort der tatsächlichen Leistungserbringung, da charakteristisch für den Leiharbeitsvertrag die Verpflichtung des Arbeitnehmers zur Erbringung der Ar-

---

30 Vgl. zur Rechtsbeziehung Entleiher-Leiharbeitnehmer AÜG § 1 Rdn. 72 ff.
31 LAG Schleswig-Holstein 7.11.2007, 4 Sa 361/07, n.v.
32 LAG Schleswig-Holstein 10.2.2005, 4 Sa 477/03, EzAÜG § 1 TVG Tarifverträge Nr. 9.
33 Vgl. hierzu *Francken/Natter/Rieker* NZA 2008, 377 m.w.Nachw.

beitsleistung in einem Fremdbetrieb ist.[34] Die Leistungserbringung erfolgt damit entweder an wechselnden Orten oder, soweit der Leiharbeitnehmer dauerhaft – gegebenenfalls im Rahmen einer Synchronisation mit dem Beschäftigungsbedarf – bei einem einzelnen Entleiher in einem bestimmten Betrieb eingesetzt wird, allein in einem bestimmten Entleiherbetrieb. Der Arbeitsort im Sinne des § 11 AÜG ist damit nicht deckungsgleich mit dem **Ort der Leistungserbringung**.

Das Problem der Begriffsabgrenzung ist kein spezielles der Arbeitnehmerüberlassung. Es stellt sich ganz ähnlich auch bei Außendienstmitarbeitern. Dort gibt es ebenfalls keine einheitliche Rechtsprechung dazu, wann ein einheitlicher **Erfüllungsort** festzustellen ist. Dies gilt gerade im Falle des Fehlens einer betrieblichen Organisation.[35] **39**

(ii) Gerichtsstand des Arbeitsortes

Bisher nicht geklärt ist, wonach sich für Streitigkeiten im Leiharbeitsverhältnis – insbesondere für Kündigungsschutzklagen des Leiharbeitnehmers – die örtliche Zuständigkeit der Arbeitsgerichte bestimmt. Die Neufassung des § 48 ArbGG zum 1.4.2008[36] hat diese Unsicherheit nicht beseitigt. **40**

Rechtssicherheit besteht insoweit, als nach den allgemeinen Regeln jedenfalls das Arbeitsgericht am **Sitz des Verleihers** örtlich zuständig ist. Fraglich ist, ob im Falle der Arbeitnehmerüberlassung wegen der regelmäßigen Leistungserbringung außerhalb der Betriebsstätte(n) des Verleihers noch eine **weitere Zuständigkeit** eines anderen Gerichts besteht. Eine solche könnte aus § 48 Abs. 1a ArbGG n.F. folgen. Greift § 48 ArbGG ein, so kann der Arbeitnehmer zwischen dem allgemeinen Gerichtsstand (§§ 13 und 17 ZPO) und dem nach § 48 ArbGG wählen. Ein sich nach § 48 Abs. 1a ArbGG im Bereich der Leiharbeit ergebender Gerichtsstand träte somit neben den am Sitz des Verleihers. **41**

Gemäß **§ 48 Abs. 1a ArbGG n.F.** ist (zusätzlich) das Arbeitsgerichts zuständig, in dessen Bezirk der Arbeitnehmer gewöhnlich seine Arbeit verrichtet oder zuletzt gewöhnlich verrichtet hat (S. 1). Ist ein gewöhnlicher Arbeitsort im Sinne des S. 1 nicht feststellbar, ist das Arbeitsgericht örtlich zuständig, von dessen Bezirk aus der Arbeitnehmer gewöhnlich seine Arbeit verrichtet oder zuletzt gewöhnlich verrichtet hat (S. 2). Die Vorschrift stellt auf den Arbeitsort als denjenigen Ort ab, an dem der Arbeitnehmer gewöhnlich den **wesentli-** **42**

---

34 Schüren / Hamann / *Schüren* § 11 AÜG Rn. 35.
35 Vgl. hierzu *Reinhard/Böggemann* NJW 2008, 1263 m.w.Nachw.
36 BGBl. I 2008 S. 444.

chen Teil seiner Tätigkeit verrichtet.[37] Im Rahmen der Arbeitnehmerüberlassung ist der Arbeitsort also nicht ein Betrieb des Verleihers.

43   Typischerweise werden Leiharbeitnehmer in **wechselnden Betrieben**
eingesetzt. Aufgrund seiner Auffangfunktion liegt es nahe, ein Eingreifen des § 48 Abs. 1a S. 2 ArbGG bereits dann anzunehmen, wenn
Tätigkeiten vertragsgemäß in mehreren Gerichtsbezirken zu erbringen sind.[38] Danach wäre bei entsprechendem Einsatz des Leiharbeitnehmers das Arbeitsgericht örtlich zuständig, »von dessen Bezirk aus
der Arbeitnehmer gewöhnlich seine Arbeit verrichtet oder zuletzt gewöhnlich verrichtet hat.« Unklar bleibt jedoch, ob der Leiharbeitnehmer im Sinne dieser Vorschrift von seinem **Wohnsitz** oder vom Sitz
des Verleihers aus tätig wird.[39] Die Gesetzesbegründung spricht dagegen, hier auf den Wohnsitz des Leiharbeitnehmers abzustellen.[40] Es
verbliebe dann bei der Zuständigkeit des Gerichts am Ort des **Ge-
schäftssitzes des Verleihers**.

44   Zumindest in den Fällen, in denen ein Leiharbeitnehmer ausschließlich oder weit überwiegend bei einem bestimmten Entleiher eingesetzt wird, spricht mit Blick auf den Gesetzeszweck viel dafür, nach
§ 48 Abs. 1a S. 1 ArbGG n.F. eine (zusätzliche) Zuständigkeit des Arbeitsgerichts anzunehmen, in dessen Bezirk der Entleiherbetrieb liegt.

▶ **Beispiel:**

> Der Leiharbeitnehmer wird von einem Düsseldorfer Verleiher aus-
> schließlich an einen Automobilbauer in Bochum überlassen. Le-
> diglich während der Werksferien erfolgt gelegentlich ein Einsatz
> bei anderen Entleihern. Hier kommt eine zusätzliche Zuständig-
> keit des Arbeitsgerichts Bochum in Betracht.

45   Für die Annahme einer zusätzlichen Zuständigkeit spricht, dass der
Gesetzgeber das ArbGG ausdrücklich insoweit für Arbeitnehmer
günstiger gestalten wollte, als diese wahlweise auch vor dem Arbeitsgericht Klage sollen erheben können, in dessen Bezirk sie regelmäßig
ihre Arbeitsleistung erbringen.[41]

---

37   Zur Auslegung vor dem Hintergrund der Rechtsprechung des EuGH vgl.
     Francken/Natter/Rieker NZA 2008, 377.
38   In diesem Sinne *Düwell* jurisPR-ArbR 13/2008 Anm. 6 zu Änderungen des
     ArbGG zum 1.4.2008.
39   Ähnlich – allerdings nicht zum Bereich der Arbeitnehmerüberlassung –
     Bergwitz NZA 2008, 443; *Francken/Natter/Rieker* NZA 2008, 377.
40   BT-Drucks. 16/7716 S. 24, der Gesetzgeber stellt danach darauf ab, ob vom
     Wohnsitz aus eine Planung erfolgt.
41   BT-Drucks. 16/7716 S. 14.

▶ **Praxistipp:**

Bis zu einer höchstrichterlichen Klärung kann der Leiharbeitnehmer eine fristwahrende Klage nur durch deren Erhebung beim örtlich zuständigen Arbeitsgericht am Sitz des Verleihers sicherstellen.

Der Verleiher kann sich indes nicht auf eine Versäumnis der Klagefrist wegen Anrufens des unzuständigen Gerichts verlassen,
wenn die Klageerhebung beim Gericht des Wohnortes des Leiharbeitnehmers oder der Betriebsstätte des Entleihers erfolgt, bei
dem der Leiharbeitnehmer regelmäßig eingesetzt war.

cc) Schwerbehindertenrecht

Der Verleiher ist Vertragsarbeitgeber des Leiharbeitnehmers. Diesen   **46**
treffen daher auch die sich aus dem Schwerbehindertenrecht ergebenden Pflichten. Auch ist auf das verleihende Unternehmen abzustellen,
soweit der Anteil der mit schwerbehinderten Menschen zu besetzenden Arbeitsplätze gemäß **§§ 71 ff. SGB IX** festzustellen ist. Der Verleiher wird entsprechend bei fehlender Erfüllung der Beschäftigungspflicht mit der **Ausgleichsabgabe** gemäß § 77 SGB IX belastet. Dies
hat das BVerwG bestätigt, obschon der Verleiher regelmäßig nicht mit
der Beschäftigungspflicht in natura belastet sein kann.[42] Für die Anrechnung des Arbeitsplatzes nach § 73 Abs. 1 SGB IX komme es nicht
darauf an, ob der Arbeitnehmer im eigenen Betrieb oder außerhalb tätig werde. Abzustellen sei allein auf die Person des Arbeitgebers. An
diesen richte sich die Verpflichtung zur Beschäftigung schwerbehinderter Arbeitnehmer.

Offen gelassen hat das BVerwG, ob eine **Mehrfachanrechnung**   **47**
schwerbehinderter Leiharbeitnehmer – also eine Anrechnung sowohl
beim Ver- als auch beim Entleiher – vorzunehmen ist. In der Literatur
wird dies wegen der Aufspaltung der Arbeitgeberfunktion auf mehrere Betriebe teilweise für angemessen gehalten.[43] Andere lehnen eine
Mehrfachanrechnung mit dem Hinweis ab, lediglich der Verleiher
könne als Arbeitgeber Adressat der Pflichten aus § 73 Abs. 9 SGB IX
sowie § 81 Abs. 1 SGB IX sein. Es sei daher an ihm, Arbeitsplätze mit
schwerbehinderten Arbeitnehmern zu besetzen.[44]

---

42 BVerwG 13.12.2001, 5 C 26/01, BVerwGE 115, 312 = EzAÜG SGB IV Nr. 25
   (noch zum früheren Schwerbehindertengesetz, die Entscheidung ist jedoch
   auf die Neufassung der Vorschriften im SGB IX übertragbar).
43 GK-SchwbG/*Großmann* § 7 AÜG Rn. 55.
44 *Edenfeld* NZA 2006, 126.

dd) Entgeltfortzahlungspflichten

48 Der Verleiher ist als Arbeitgeber Schuldner der Entgeltfortzahlungsansprüche des Leiharbeitnehmers. Ob und inwieweit er berechtigt ist,
seinerseits Rückgriff auf den Entleiher zu nehmen, ist gesetzlich noch
immer nicht geklärt und daher vorrangig eine frage der vertraglichen
Gestaltung des Arbeitnehmerüberlassungsvertrages.

(a) Entgeltfortzahlung im Krankheitsfall

49 Gemäß § 3 Abs. 1 EntgeltFZG ist der **Verleiher** zur **Entgeltfortzahlung im Krankheitsfall** verpflichtet. Insoweit folgen aus der untypi-
schen Ausgestaltung des Arbeitsverhältnisses als Arbeitnehmerüberlassung keine Besonderheiten. Soweit Leiharbeit in Form von
Abrufarbeit geleistet wird, darf dies nicht zur Umgehung des § 3
Abs. 1 EngteltFZG missbraucht werden, indem der Verleiher Krankheitszeiten während eines Arbeitseinsatzes durch Nichtabruf in
»Freizeit« umwandelt. Der Arbeitnehmer ist so zu stellen, wie er gestanden hätte, wäre er gesund geblieben. Es ist hierbei auf den **regelmäßigen Einsatz** des Arbeitnehmers abzustellen. Gegebenenfalls sind
Krankheitszeiten nach dem Durchschnittsprinzip zu errechnen.[45] Regelmäßig finden sich Vorschriften zur Entgeltfortzahlung an Krank-
heitstagen im Rahmen flexibler Arbeitszeitmodel in den einschlägigen Tarifverträgen.

50 Lediglich hinsichtlich der **Unterrichtungsobliegenheit** des Arbeitnehmers über die Arbeitsunfähigkeit (§ 5 Abs. 1 S. 1 EntgeltFZG) ist
dem Umstand der Aufspaltung der Arbeitgeberfunktion Rechnung
zu tragen. Da der Leiharbeitnehmer vereinbarungsgemäß seine Leistung im Betrieb des **Entleihers** zu erbringen hat, muss er diesen – **neben dem Verleiher** als seinem (Vertrags-)Arbeitgeber – ebenfalls unverzüglich über eine Erkrankung unterrichten.

51 Geht die Arbeitsunfähigkeit auf einen Arbeitsunfall zurück, den der
Entleiher oder seine Mitarbeiter verschuldet haben, sind ein Regress
des Verleihers und ein Forderungsübergang nach § 6 Abs. 1 EntgeltFZG regelmäßig ausgeschlossen.[46] Dies folgt aus den **Haftungsbeschränkungen** gemäß §§ 104, 105 SGB VII.[47]

---

45 Schüren/Hamann/*Schüren* AÜG Einl. Rn. 202.
46 Schüren/Hamann/*Schüren* AÜG Einl. Rn. 201, 203.
47 BAG 27.5.1983, 7 AZR 1210/79, EzAÜG § 611 BGB Haftung Nr. 7.

(b) Entgeltfortzahlung an Feiertagen

Hinsichtlich der **Entgeltfortzahlung** an Feiertagen (§ 2 Abs. 1 Ent- 52
geltFZG) ist ebenfalls der Verleiher als Arbeitgeber der alleinige
Schuldner des Anspruchs des Leiharbeitnehmers.

Zu beachten ist jedoch, dass es für die Bestimmung der gesetzlichen 53
Feiertage stets auf die **Feiertagsregelung des Einsatzortes** ankommt.[48] Maßgeblich ist danach allein die Feiertagsregelung in dem
Gebiet, in welchem der Betrieb des jeweiligen Entleihers liegt, bei
dem der Leiharbeitnehmer gerade eingesetzt ist. Ohne Belang ist dagegen die Feiertagsregelung am Sitz des Verleihers.

b) Arbeitnehmerüberlassungsvertrag

Notwendiger Inhalt des Arbeitnehmerüberlassungsvertrages ist die 54
Verpflichtung des Verleihers gegenüber dem Entleiher ihm zur Förderung der Betriebszwecke des Entleihers Arbeitnehmer zur Verfügung zu stellen. Der Entleiher wiederum verpflichtet sich gegenüber dem Verleiher, diesem als Gegenleistung ein Entgelt zu zahlen.[49]

Für den Arbeitnehmerüberlassungsvertrag gilt gemäß § 12 Abs. 1 S. 1 55
AÜG ein **strenges Schriftformerfordernis**, wonach alle wesentlichen
vertraglichen Abreden in einer Urkunde enthalten sein müssen.[50] Die
Schriftform richtet sich nach § 126 BGB. Ein Verstoß gegen die Schriftform führt gemäß § 125 S. 1 BGB zur **Nichtigkeit** des Vertrages.

Hauptleistungspflicht des Entleihers ist die **Zahlung der vereinbar-** 56
ten Vergütung für das Überlassen der fremden Arbeitnehmer.

Hauptleistungspflicht des Verleihers ist die **Bereitstellung** von für 57
den Betriebszweck des Entleihers **geeigneten Arbeitnehmern**.

aa) Inhaltliche Ausgestaltung

Die oben umrissenen Pflichten bestehen grundsätzlich über die ge- 58
samte Laufzeit des Vertrages.

(a) Hauptpflicht des Verleihers

Mit der Verpflichtung, dem Entleiher Arbeitnehmer zur Verfügung 59
zu stellen, endet die vertragliche Pflicht des Verleihers gegenüber
dem Entleiher. Stellt der Verleiher dem Entleiher geeignete Arbeitneh-

---

48 ErfK/*Dörner* § 2 EntgelfFZG Rn. 5 m.w.Nachw.
49 BAG 3.12.1997, 7 AZR 764/96, AP AÜG § 1 Nr. 24 m.w.Nachw.
50 Vgl. § 12 AÜG Rdn. 3 ff.

mer zur Verfügung, hat er seine Leistungspflicht solange erfüllt, wie die Arbeitnehmer **vereinbarungsgemäß** ihre Arbeit erbringen. Der einzelne Leiharbeitnehmer muss seine Arbeitsleistung hierzu im Betrieb des Entleihers erbringen und dieser den Arbeitnehmer nach seinen Vorstellungen und Zielen in seinem Betrieb wie einen eigene Arbeitnehmer einsetzen. Der Arbeitnehmer muss voll in den Betrieb eingegliedert sein, insbesondere muss er den Weisungen des Entleihers und dessen Repräsentanten hinsichtlich der **Arbeitsausführung** unterliegen.[51]

60 Voraussetzung einer Pflichterfüllung durch den Verleiher ist zudem, dass der überlassene Leiharbeitnehmer gemäß dem im Vertrag zwischen Verleiher und Entleiher vereinbarten Zweck geeignet ist. Er muss über **sämtliche geforderten Qualifikationen** verfügen. Insoweit gilt für den Arbeitnehmerüberlassungsvertrag der Rechtsgedanke des **§ 243 BGB**. Sobald der Entleiher berechtigt erklärt, der überlassene Arbeitnehmer sei im Sinne des vereinbarten Vertragszwecks nicht geeignet und daher die Überlassung eines anderen Leiharbeitnehmers verlangt, ist der Verleiher zur (erneuten) Leistung verpflichtet. Gleiches gilt, wenn der Leiharbeitnehmer die Arbeit beim Entleiher einstellt. Das Risiko, qualifizierte Arbeitnehmer in ausreichender Zahl für die Zeit der Vertragsdauer bereitzustellen, ist Betriebsrisiko des Verleiherunternehmens.[52] Überlässt der Verleiher keine zur Erbringung der vereinbarten Arbeitsleistung fähigen und willigen Leiharbeitnehmer oder stellt er nicht rechtzeitig geeignete Arbeitnehmer zur Verfügung, so verliert er seinen Anspruch auf Überlassungsvergütung und kann sich zudem im Rahmen des § 280 BGB gegenüber dem Entleiher schadensersatzpflichtig machen.[53]

(i) Keine Konkretisierung

61 Entsprechend bedeutet die Überlassung eines geeigneten Leiharbeitnehmers **keine Konkretisierung** der Leistungspflicht des Verleihers nach § 243 Abs. 2 BGB. Im Falle des Ausfalls eines Leiharbeitnehmers tritt daher auch **keine Leistungsbefreiung** nach § 275 Abs. 1 BGB ein. Der Verleiher bleibt vielmehr zur Überlassung eines anderen qualifizierten Arbeitnehmers verpflichtet.[54] Er kann sich dieser Verpflich-

---

51 BAG 28.6.2000, 7 AZR 45/99, BB 2001, 98.
52 *Ulber* § 12 AÜG Rn. 12. Zu den Anstrengungen, welche der Verleiher zur Erfüllung der Beschaffungspflicht tätigen muss, vgl. die Darstellung bei *Boemke* BB 2006, 997.
53 *Boemke* BB 2006, 997.
54 *Boemke* BB 2006, 997; Schüren/Hamann/*Schüren* AÜG Einl. Rn. 117, 310 ff.; *Boemke/Lembke* § 12 AÜG Rn. 34 ff.

tung nicht mit der Begründung entziehen, der konkret ausgewählte Arbeitnehmer stehe beispielsweise aufgrund Krankheit oder Ausscheidens aus dem Unternehmen nicht mehr zur Überlassung zur Verfügung. Etwas anderes kann lediglich im – in der Praxis eher seltenen – Fall der vereinbarten Überlassung eines im Arbeitnehmerüberlassungsvertrag namentlich benannten Leiharbeitnehmers gelten.

(ii) Austauschrecht/Ersetzungsbefugnis

Korrespondierend mit seiner bis zum Ende der Vertragslaufzeit bestehenden Pflicht zur Überlassung entsprechend den vertraglichen Vorgaben qualifizierter Arbeitnehmer, ist der Verleiher im Grundsatz jederzeit berechtigt, seine Leiharbeitnehmer gegen andere, vergleichbare Arbeitnehmer auszutauschen. Dieses zumeist als **Austauschrecht** oder **Ersetzungsbefugnis** bezeichnete Recht gilt jedoch nicht schrankenlos. 62

Zum einen kann ein Austausch von Leiharbeitnehmern durch vertragliche Vereinbarung zwischen Verleiher und Entleiher **ausdrücklich ausgeschlossen** werden. Zudem kann die beliebige Entziehung im Einzelfall treuwidrig und daher nach § 242 BGB ausgeschlossen sein. Ein solcher Sonderfall wird angenommen, wenn der Leiharbeitnehmer zur Erbringung von Leistungen überlassen wurde, die spezielle Kenntnisse, insbesondere eine **längere Einarbeitungszeit** erfordern. In diesem Fall würde ein Abberufen und Ersetzen von – eingearbeiteten – Leiharbeitnehmern den Zweck des zwischen Verleiher und Entleiher geschlossenen Vertrages gefährden. 63

Auch soweit eine Ersetzungsbefugnis besteht, kann die Art und Weise von ihr Gebrauch zu machen Einschränkungen unterliegen. Eine Beschränkung der Ersetzungsbefugnis kann aus **§ 241 Abs. 2 BGB** folgen, der den Verleiher verpflichtet, die berechtigten Interessen des Entleihers so wenig wie möglich zu beeinträchtigen. Dies kann vor dem Austausch eines Leiharbeitnehmers insbesondere die Einhaltung einer angemessenen Ankündigungsfrist erforderlich machen.[55] 64

(b) Hauptleistungspflicht des Entleihers

Der Entleiher ist gegenüber dem Verleiher zur Zahlung der nach dem Arbeitnehmerüberlassungsvertrag geschuldeten Vergütung verpflichtet. Diese Verpflichtung besteht für die vereinbarte Laufzeit des Vertrages grundsätzlich unabhängig von der konkreten Beschäftigungssituation. 65

---

55 *Ulber* § 12 AÜG Rn. 13.

66   Hat der Entleiher während des Laufs des Arbeitnehmerüberlassungs-vertrages **keine Verwendungsmöglichkeit** mehr für die zur Ver-fügung gestellten Leiharbeitnehmer, bleibt er dennoch zur Erbrin-gung der Gegenleistung verpflichtet. Durch das im Bereitstellen der Leiharbeitnehmer liegende tatsächliche Angebot (§ 294 BGB) wird der Entleiher in diesen Fällen in **Annahmeverzug** gesetzt. Entspre-chend den oben genannten Anforderungen an ein ordnungsgemäßes Leistungsangebot scheidet das Vorliegen von Annahmeverzug jedoch aus, wenn der Entleiher berechtigt auf eine **Unzumutbarkeit der Be-schäftigung** des Leiharbeitnehmers wegen dessen Schlechtleistung hinweist. Als Kriterium zur Feststellung dieser Zumutbarkeit greift die Literatur auf die im Rahmen des Kündigungsschutzes für Stamm-arbeitnehmer entwickelten Grundsätze zurück.[56]

67   Eine **Pflicht** zur tatsächlichen Beschäftigung der überlassenen Leih-arbeitnehmer trifft den Entleiher – anders als gegenüber seiner Stammbelegschaft – nach herrschender Meinung nicht.[57]

68   Kommt es zu einer Verletzung eines Leiharbeitnehmers im Betrieb des Entleihers, greifen die Haftungsprivilegien gemäß § 104 Abs. 1, § 105 SGB VII zugunsten des Entleihers und zugunsten anderer, im Betrieb tätiger Arbeitnehmer ein.[58]

bb) Nebenpflichten

69   Die Pflicht des Verleihers für die Leiharbeitnehmer **Sozialversiche-rungsbeiträge abzuführen** stellt demgegenüber keine Hauptleis-tungspflicht, sondern lediglich eine Nebenpflicht des Arbeitnehmer-überlassungsvertrages dar.[59] Diese Ansicht wird von Teilen der Literatur mit dem Hinweis kritisiert, der Entleiher habe ein eigenes Interesse daran, dass die Überlassung unter Beachtung der sozialver-sicherungsrechtlichen Vorschriften erfolge und der Verleiher die Be-träge tatsächlich entrichte. Dieses ergebe sich aus der Vorschrift des § 28e Abs. 2 S. 1 SGB IV, wonach der Entleiher wie ein selbstschuldne-rischer Bürge für die Erfüllung der Zahlungspflicht des Verleihers haftet.[60] Aufgrund dieses erheblichen Haftungsrisikos liege es nahe, in der Pflicht zum Abführen von Sozialversicherungsbeiträgen keine

---

56   *Boemke* BB 2006, 997 m.w.Nachw.
57   *Urban-Crell/Schulz* Rn. 247 m.w.Nachw.; a.A. *Becker/Wulfgramm* § 12 AÜG Rn. 27; *Ulber* § 12 AÜG Rn. 19.
58   Schüren/Hamann/*Schüren* Einl. Rn. 722 m.w.Nachw.
59   BGH 2.12.2004, IX ZR 200/03, EWiR § 818 BGB 1/05, 565 = NJW 2005, 884.
60   Sh. AÜG Einl. Rdn. 101 ff.

bloße Nebenpflicht, sondern eine Hauptpflicht des Arbeitnehmerüberlassungsvertrages zu sehen.[61]

▶ **Praxistipp:**

Da der Entleiher im Falle der Zahlungsunfähigkeit des Verleihers
gegenüber den Sozialversicherungsträgern gemäß § 28e Abs. 2 S. 1
SGB VII als selbstschuldnerischer Bürge haftet, empfiehlt es sich,
im Arbeitnehmerüberlassungsvertrag eine Sicherheitsleistung zu
vereinbaren.

cc) Pflichtverletzungen

Die Leiharbeitnehmer sind im Verhältnis zwischen Verleiher und Ent-   70
leiher **keine Erfüllungsgehilfen**. Der Verleiher schuldet dem Entleiher nicht die Arbeitsleistung der von ihm überlassenen Leiharbeitnehmer. Seine Hauptleistungspflicht liegt in der vertragsmäßigen
Überlassung selbst.[62] Aus diesem Grund sollen sich Schadensersatzansprüche gegen den Verleiher lediglich aus einer fehlerhaften Auswahl der überlassenen Leiharbeitnehmer (sogenanntes Auswahlverschulden) oder der fehlenden Bereitstellung einer ausreichenden
Menge Leiharbeitnehmer ergeben können.[63]

Im Falle der Nichterfüllung der Überlassungspflicht, kommen An-   71
sprüche des Entleihers auf Schadensersatz gemäß **§ 175 Abs. 4 BGB
i.V.m. § 280 Abs. 1 und 3, § 283 S. 1 BGB** in Betracht. Im Falle eines
Auswahlverschuldens hinsichtlich der gestellten Leiharbeitnehmer
kommt eine Schadensersatzpflicht oder Haftung des Verleihers gemäß **§ 280 Abs. 1 S. 1, § 241 Abs. 2 BGB** in Betracht.

c) Beschäftigungsverhältnis Entleiher – Leiharbeitnehmer

Die Arbeitnehmerüberlassung im Sinne des § 1 Abs. 1 AÜG ist durch   72
das **Fehlen einer arbeitsvertraglichen Beziehung** zwischen Leiharbeitnehmer und Entleiher gekennzeichnet.[64] Allein für den Fall der
Unwirksamkeit des Leiharbeitsverhältnisses wegen fehlender Erlaubnis fingiert § 10 Abs. 1 AÜG aus Gründen des Arbeitnehmerschutzes

---

61 Naraschewski Anmerkung zu BGH 12.4.2004, XI ZR 200/03, EWiR § 818
    BGB 1/05, 565.
62 Vgl. § 1 AÜG Rdn. 59 ff.
63 Schüren/Hamann/*Schüren* AÜG Einl. Rn. 310 ff.; ausführlich *Dahl/Färber* DB
    2009, 1650 unter Berücksichtigung von BGH 13.5.1975, VI ZR 247/73, NJW
    1975, 1695.
64 BAG 3.12.1997, 7 AZR 764/96, BAGE 87, 186 = AP AÜG § 1 Nr. 24; BAG
    25.10.2000, 7 AZR 487/99, BAGE 96, 150 = AP AÜG § 10 Nr. 15.

ein Arbeitsverhältnis zwischen dem Entleiher und dem Leiharbeitnehmer.[65]

73 Der Leiharbeitnehmer wird beim Entleiher tätig, um damit seine sich aus dem Arbeitsvertrag mit dem Verleiher ergebende Verpflichtung zu erfüllen. Ausschließlich sein Vertrag mit dem Verleiher verpflichtet den Leiharbeitnehmer, seine Arbeitsleistung im Organisationsbereich des Entleihers zu erbringen. In Abweichung von dem gesetzlichen Leitbild des § 613 S. 2 BGB wird ein Leiharbeitnehmer damit ausschließlich aufgrund seiner **Einwilligung zur Übertragung des Anspruchs auf seine Dienste** auf einen Dritten tätig.[66]

74 Dogmatisch ist weiterhin umstritten, ob zwischen Entleiher und Leiharbeitnehmer ein – vom Bestehen eines Arbeitsverhältnisses zu trennendes – **Schuldverhältnis** besteht, welches dem Entleiher ein Forderungsrecht auf die Arbeitsleistung gibt und aus dem bei Pflichtverletzung Schadensersatzansprüche abgeleitet werden können oder ob der Anspruch auf die Arbeitsleistung vom Verleiher an den Entleiher abgetreten wird oder ein Vertrag zugunsten Dritter anzunehmen ist.[67]

aa) Aufspaltung der Arbeitgeberfunktionen

75 Während seines Einsatzes beim Entleiher unterliegt der Leiharbeitnehmer dessen **fachlichen und zeitlichen** – nicht jedoch disziplinarischen – **Weisungen**. Die Arbeitnehmerüberlassung führt zu einer tatsächlichen Eingliederung des Leiharbeitnehmers in den Betrieb des Entleihers, der den Leiharbeitnehmer seinen Vorstellungen und Zielen gemäß innerhalb seiner Betriebsorganisation wie einen eigenen Arbeitnehmer zur Förderung seiner Betriebszwecke einsetzt und ihm gegenüber hinsichtlich der konkreten Arbeitsausführung weisungsbefugt ist.[68]

76 Dadurch kommt es bei einem Leiharbeitsverhältnis zu einer gewissen Aufspaltung der Arbeitgeberfunktionen zwischen dem Verleiher als dem Vertragsarbeitgeber und dem Entleiher als »**faktischem Arbeitgeber**«.[69]

---

65 BT-Drucks. VI/2303 S. 13, vgl. § 10 AÜG Rdn. 3 ff.
66 *Boemke/Lembke* § 11 AÜG Rn. 19; Schüren/Hamann/*Schüren* § 1 AÜG Rn. 77.
67 LAG Hamm 4.8.2003, 2 Ta 739/02, NZA-RR 2004, 106 = EzAÜG § 611 BGB Haftung Nr. 11 m.w.Nachw.
68 BAG 18.1.1989, 7 ABR 21/88, BAGE 61, 7 = AP BetrVG 1972 § 9 Nr. 1; BAG 28.6.2000, 7 AZR 45/99, BB 2001, 98.
69 BAG 18.1.1989, 7 ABR 21/88, BAGE 61, 7 = AP BetrVG 1972 § 9 Nr. 1; BAG 22.3.2000, 7 ABR 34/98, BAGE 94, 144 = AP AÜG § 14 Nr. 8.

Dieser Besonderheit und dem daraus folgenden erhöhten Schutzbe- 77
dürfnis des Leiharbeitnehmers trägt der Gesetzgeber dadurch Rechnung, dass er den Entleiher als faktischen Arbeitgeber neben dem
Vertragsarbeitgeber bezüglich der Einhaltung der **öffentlich-rechtlichen Arbeitsschutzvorschriften** in die Pflicht nimmt (§ 11 Abs. 6
AÜG) und ihn als selbstschuldnerischen Bürgen für die Erfüllung der
sozialversicherungsrechtlichen Beitragspflichten haften lässt (vgl.
§ 28e Abs. 2 SGB IV, § 150 Abs. 3 SGB VII).[70] Mit Rücksicht auf die tatsächliche Eingliederung des Leiharbeitnehmers in den Betrieb des
Entleihers schließlich billigt § 14 Abs. 2 S. 2 und 3 AÜG Leiharbeitnehmern einzelne betriebsverfassungsrechtliche Rechte im Entleiherbetrieb zu.[71]

Die schutzwürdigen Belange des Entleihers andererseits berücksich- 78
tigt das Gesetz dadurch, dass es ihn als Arbeitgeber im Sinne des Gesetzes über **Arbeitnehmererfindungen** bestimmt, wenn der Leiharbeitnehmer während der Dauer seiner Tätigkeit bei dem Entleiher
eine Erfindung oder einen technischen Verbesserungsvorschlag
macht (§ 11 Abs. 7 AÜG).

Streitig ist, ob der Entleiher dem Leiharbeitnehmer gegenüber zur **Be-** 79
schäftigung verpflichtet ist.[72] Wegen der fehlenden Arbeitgeberstellung des Entleihers ist eine Beschäftigungspflicht abzulehnen.

bb) Haftung des Entleihers

Arbeitgeber des Leiharbeitnehmers ist ausschließlich der Verleiher. 80
Dennoch treffen den Entleiher Pflichten aus der tatsächlichen Beschäftigung des Leiharbeitnehmers.[73]

(a) Schädigung des Leiharbeitnehmers

Der Entleiher ist gemäß **§ 11 Abs. 6 AÜG** verpflichtet, unbeschadet 81
der Pflichten des Verleihers eigene öffentlich-rechtliche Arbeitgeberpflichten zu erfüllen.[74] Der privat-rechtliche Umfang der dem Entleiher obliegenden **Fürsorgepflichten** erfasst darüber hinaus alle
Schutzpflichten, die mit der Einordnung des Arbeitnehmers in den
betrieblichen Geschehensablauf und seiner Arbeitsleistung verbunden sind. Dies soll insbesondere auch für die arbeitsrechtlichen Haf-

---

70 Sh. AÜG Einl. Rdn. 101 ff.
71 BVerwG 13.12.2001, 5 C 26/01, BVerwGE 115, 312 = EzAÜG SGB IV Nr. 25
   unter Hinweis auf BAG 18.1.1989, 7 ABR 21/88, BAGE 61, 7.
72 Vgl. zum Meinungsstand *Ulber* § 12 AÜG Rn. 19.
73 Sh. § 1 AÜG Rdn. 80 ff.
74 Vgl. § 11 AÜG Rdn. 27 ff., 64 ff.

tungsbeschränkungen zugunsten des Arbeitnehmers für Schäden des Entleihers bei der Ausübung betrieblich veranlasster Tätigkeiten gelten.[75]

82   Die **Haftungsprivilegierung** gemäß § 104 Abs. 1, § 105 SGB VII greift auch zugunsten des Entleihers und seiner im Betrieb tätigen (Stamm-)Arbeitnehmer ein, wenn sie den Leiharbeitnehmer verletzen.[76] Erleidet ein Leiharbeitnehmer im Betrieb des Entleihers einen Arbeitsunfall, ist der Entleiher – neben dem Verleiher – verpflichtet, den **Arbeitsunfall** der zuständigen Berufsgenossenschaft zu melden (§ 193 SGB VII).[77] Im Falle der Beschädigung eigener Sachen des Leiharbeitnehmers im Rahmen dessen Tätigkeit im Interesse des Entleihers haftet dieser analog § 670 BGB auf Ersatz des Schadens.[78]

(b) Haftung für nicht abgeführte Abgaben

83   Im Falle unzureichender Zahlungen durch den Verleiher kann der Entleiher sowohl bezüglich der auf die Entgeltdifferenz entfallenden **Lohnsteuer** als auch für die, auf die Differenzen entfallenden **Sozialversicherungsbeiträge** und die Beiträge zur Unfallversicherung wie ein selbstschuldnerischer Bürge herangezogen werden (vgl. § 42d Abs. 6 EStG, § 28e Abs. 2 SGB IV, § 150 Abs. 3 SGB VII).[79]

84   Risiken ergeben sich für den Entleiher vor allem im Falle der **Insolvenz** des Verleihers. Grundsätzlich besteht bei Nichtzahlen der Sozialversicherungsbeiträge durch den Verleiher gemäß § 28e Abs. 2 S. 2 SGB IV ein Leistungsverweigerungsrecht des Entleihers so lange die Einzugsstelle den Arbeitgeber nicht gemahnt hat und die Mahnfrist nicht abgelaufen ist. Nach Eröffnung des Insolvenzverfahrens über das Vermögen des Vertragsarbeitgebers kann der Entleiher indes auch ohne eine solche Mahnung anstelle des Vertragsarbeitgebers in Anspruch genommen werden. Nach der Rechtsprechung des BSG soll das Leistungsverweigerungsrecht nach § 28e Abs. 2 S. 2 SGB IV den Entleiher vor einer Inanspruchnahme lediglich insoweit bewahren, wie die Nichterfüllung der Zahlungspflicht des Verleihers hinrei-

---

75 LAG Hamm 4.8.2003, 2 Ta 739/02, NZA-RR 2004, 106 = EzAÜG § 611 BGB Haftung Nr. 11; LAG Düsseldorf 4.10.1990, 5 Sa 377/90, LAGE § 670 BGB Nr. 7 = EzAÜG § 823 BGB Nr. 5.
76 Schüren/Hamann/*Schüren* AÜG Einl. Rn. 722 m.w.Nachw; zu Besonderheiten bei Wegeunfällen OLG Hamm 14.4.2000, 9 U 3/00, NZA-RR 2000, 648.
77 *Hamann* RdW S. 63; vgl. auch für den Einsatz nur innerhalb eines bestimmten Gewerbezweiges LSG Niedersachsen-Bremen 29.9.2005, L 6 U 38/02, EzAÜG SGB VII Nr. 38.
78 ErfK/*Wank* AÜG Einl. Rn. 83.
79 Sh. AÜG Einl. Rdn. 101 ff.

chend sicher feststeht. Deren Geltendmachung sei im Falle der Insolvenz nicht mehr möglich. Insoweit kommt es weder auf die Gründe der fehlenden Erfüllung noch auf die Erfolglosigkeit der Zahlungsvollstreckung gegen den Arbeitgeber an. Mit der Eröffnung des Insolvenzverfahrens über das Vermögen des Vertragsarbeitgebers ist dessen Zahlungsunfähigkeit und Überschuldung festgestellt. Er scheidet daher als Adressat der individuellen Rechtsverfolgung aus.[80] Dem Entleiher stehen in der Insolvenz des Verleihers zudem keine Aufrechnungsmöglichkeiten zu, wenn der Verleiher seine vertragliche Pflicht, die Lohnnebenkosten an die Einzugsstelle abzuführen schuldhaft verletzt und der Entleiher die entsprechenden Beiträge nach Eröffnung des Insolvenzverfahrens an die Einzugsstelle zu entrichten hat.[81] Eine Aufrechnung ist in diesen Fällen gemäß § 95 Abs. 1 S. 1 und 3 InsO ausgeschlossen. Hat der Entleiher vor Eröffnung des Insolvenzverfahrens an die Einzugsstelle noch keine Zahlung erbracht, steht ihm in der Insolvenz des Verleihers weder ein insolvenzfestes Leistungsverweigerungsrecht (§ 51 Nr. 2 und 3 InsO) noch eine insolvenzbeständige Aufrechnungs- oder Verrechnungsposition (§§ 94–96 InsO) zu. Eine Umwandlung gemäß § 250 BGB des auf Befreiung von der Verbindlichkeit gerichteten Schadensersatzanspruchs vor Eröffnung des Insolvenzverfahrens in einen Zahlungsanspruch, mit dem der Entleiher nach Eröffnung des Insolvenzverfahrens gemäß § 94 InsO noch aufrechnen könnte, widerspricht nach bestätigter Rechtsprechung des BGH schuldrechtlichen und insolvenzrechtlichen Grundsätzen.[82]

cc) Haftung des Leiharbeitnehmers

Hinsichtlich der Haftung des Leiharbeitnehmers ist zu beachten, dass 85 dieser gerade nicht dem Entleiher, sondern allein dem Verleiher die (gemessen an seinen Fähigkeiten bestmögliche) Erbringung der Arbeitsleistung schuldet.

(a) Ansprüche des Entleihers

Ob der Entleiher gegenüber dem Leiharbeitnehmer Schadensersatz- 86 ansprüche geltend machen kann, hängt maßgeblich von der noch immer unentschiedenen Frage ab, ob der Leiharbeitsvertrag (zwischen Verleiher und Leiharbeitnehmer) als Vertrag zugunsten Dritter ein-

---

80 BSG 7.3.2007, B 12 KR 11/06 R, EzAÜG InsO Nr. 4 = DB 2007, 1870.
81 BGH 14.7.2005, IX ZR 142/02, NJW 2005, 3285 = EzAÜG InsO Nr. 2.
82 BGH 14.7.2005, IX ZR 142/02, NJW 2005, 3285 = EzAÜG InsO Nr. 2 m.w.Nachw.

zuordnen ist. Aufgrund der tatsächlichen Beschäftigung des Leiharbeitnehmers im Entleiherbetrieb und der damit identischen Gefähr-
dungslage müssen in jedem Fall Haftungsbeschränkungen, etwa die
Grundsätze über den innerbetrieblichen Schadensausgleich analog
§ 334 BGB berücksichtigt werden.[83] Die wohl überwiegende Ansicht
hält es angesichts der für die Arbeitnehmerüberlassung typischen
Dreieckskonstellation für sachgerecht, den Vertrag zwischen Verleiher
und Leiharbeitnehmer zugunsten des Entleihers und den Arbeitnehmerüberlassungsvertrag zwischen Verleiher und Entleiher zugunsten
des Leiharbeitnehmers (zumindest) als Vertrag mit Schutzwirkung
zugunsten Dritter anzusehen.[84] Vor diesem Hintergrund kommt eine
Haftung des Leiharbeitnehmers gegenüber dem Entleiher nach § 280
Abs. 1 und 3, § 283, § 286 BGB entweder direkt oder aus einem Vertrag mit Schutzwirkung zugunsten Dritter in Betracht.[85]

(b) Freistellungsansprüche

87   Im Falle der Schädigung eines Dritten durch einen (Leih-)Arbeitneh-
      mer bestehen auch im Rahmen betrieblich veranlasster Tätigkeiten kei-
      ne Haftungsprivilegien. Der Arbeitnehmer ist dem Dritten nach den
      allgemeinen haftungsrechtlichen Grundsätzen zum Schadensersatz
      verpflichtet. Indes kann der Arbeitnehmer seinerseits gegenüber dem
      Arbeitgeber Anspruch auf Freistellung von den Schadensersatz-
      ansprüchen des Dritten haben.[86] Im Falle der Arbeitnehmerüberlas-
      sung handelt der Leiharbeitnehmer im unternehmerischen Interesse
      des Entleihers. Aus diesem Grund richtet sich der Freistellungs-
      anspruch des Leiharbeitnehmers grundsätzlich gegen den Entleiher
      (streitig).[87]

(c) Rechtsweg

88   Obwohl kein Arbeitsverhältnis besteht, ist für Schadensersatzansprü-
      che des Entleihers gegen den Leiharbeitnehmer der Rechtsweg zu
      den **Gerichten für Arbeitssachen** eröffnet. Für die Zuordnung spricht
      die besondere Qualität des Leiharbeitsverhältnisses als »gespaltenes
      Arbeitsverhältnis«, welches einerseits durch das Bestehen arbeitsver-
      traglicher Beziehungen und andererseits durch die Aufspaltung der
      Arbeitgeberfunktion zwischen Verleiher und Entleiher charakterisiert

---

83 MünchArbR/*Marschall* § 175 Rn. 86.
84 *Urban-Crell/Schulz* Rn. 498.
85 ErfK/*Wank* AÜG Einl. Rn. 34.
86 Sh. zu den Grundsätzen der Arbeitnehmerhaftung *Waltermann* JuS 2009,
    193.
87 *Urban-Crell/Schulz* Rn. 400 m.w.Nachw.

wird.[88] Insoweit bestehen auch arbeitsrechtliche Beziehungen zwischen dem Leiharbeitnehmer und dem Entleiher, welcher das Weisungsrecht ausübt und demgegenüber der Leiharbeitnehmer bei Verletzung der Arbeitspflicht haftet.[89] Die am Sinn und Zweck orientierte Ausdehnung der Zuständigkeitsnorm gebietet es nach der Rechtsprechung, bürgerlich-rechtliche Streitigkeiten, welche in einer greifbaren Beziehung zum Arbeitsvertrag stehen, prozessual durch die Arbeitsgerichte entscheiden zu lassen.[90]

II. Gewerbsmäßigkeit

Regelungsgegenstand des AÜG ist die gewerbsmäßige Arbeitnehmerüberlassung. Auf die nicht gewerbsmäßige Arbeitnehmerüberlassung finden die Vorschriften des AÜG dagegen grundsätzlich keine Anwendung. 89

1. Begriff

Für das AÜG gilt der allgemeine gewerberechtliche Begriff der Gewerbsmäßigkeit. Dieser setzt Gewinnerzielungsabsicht und Wiederholungsabsicht voraus und erfordert damit eine selbständige sowie nachhaltige, planmäßige und nicht nur gelegentliche oder zufällige Tätigkeit.[91] Das entscheidende Kriterium der Gewerbsmäßigkeit ist die Gewinnerzielungsabsicht.[92] 90

Nach der Rechtsprechung des BAG spricht bei Beteiligung von Wirtschaftsunternehmen »möglicherweise« eine **Vermutung** für das Vorliegen von Gewerbsmäßigkeit.[93] Es lasse sich ohne Weiteres unterstellen, dass, wenn derselbe Arbeitnehmer über mehrere Jahre andauernd an denselben Entleiher überlassen werde, mit der Überlassung die Erzielung eines Gewinns angestrebt werde. Eine **lange Verleihdauer** stehe der Annahme entgegen, Arbeitnehmer seien lediglich zum Ausgleich oder zur Minderung von Personalkosten überlassen 91

---

88 LAG Hamm 4.8.2003, 2 Ta 739/02, NZA-RR 2004, 106 = EzAÜG § 611 BGB Haftung Nr. 11.
89 LAG Hamm 4.8.2003, 2 Ta 739/02, NZA-RR 2004, 106 = EzAÜG § 611 BGB Haftung Nr. 11 m.w.Nachw.
90 BAG 23.8.2001, 5 AZB 11/01, NZA 2002, 230.
91 ErfK/*Wank* § 1 AÜG Rn. 31 m.w.Nachw.
92 BAG 25.1.2005, 1 ABR 61/03, BAGE 113, 218 = AP BetrVG 1972 § 99 Nr. 48 Einstellung m.w.Nachw.
93 BAG 18.2.2003, 3 AZR 160/02, EzA § 10 AÜG Nr. 11; anders in einer Entscheidung zum Bereich der Tätigkeit der früheren Treuhandanstalt, BAG 24.8.2006, 8 AZR 317/05, EzA § 613a BGB 2002 Nr. 60 = AP KSchG 1969 § 1 Betriebsbedingte Kündigung Nr. 152.

worden, weil die Vertragsarbeitgeberinnen keine eigenen Einsatzmöglichkeiten hatten.[94] Möglicherweise sei das Vorliegen einer selbständigen sowie nachhaltigen, planmäßigen und nicht nur gelegentlichen zufälligen Tätigkeit bereits als erfüllt zu vermuten, wenn es sich
bei der Vertragsarbeitgeberin um ein **Wirtschaftsunternehmen** handelt.

92 **Unerheblich** für die Beurteilung der Frage der Gewerbsmäßigkeit ist,
ob die Arbeitnehmerüberlassung für einen Betrieb Haupt- oder nur
Nebenzweck ist.[95]

2. Nichtgewerbsmäßige Arbeitnehmerüberlassung

93 Eine nichtgewerbemäßige Arbeitnehmerüberlassung liegt vor bei **Un-
entgeltlichkeit** der Arbeitnehmerüberlassung,[96] Hilfe in Katastro-
phenfällen sowie im Falle der Gemeinnützigkeit. Gleiches kann bei
spontanem Verleih eines Arbeitnehmers aufgrund einer Sondersitua-
tion gelten.

94 Wurde einer Einrichtung von den Finanzbehörden gemäß § 52 AO
Gemeinnützigkeit zuerkannt, geht die Bundesagentur für Arbeit
grundsätzlich nicht von einer Gewerbsmäßigkeit aus, wenn dieses
Unternehmen Arbeitnehmer überlässt.[97] Die Aufnahme der Gemeinnützigkeit in die Satzung des Verleihers genügt demgegenüber nicht.
Zudem muss sich die Anerkennung der Gemeinnützigkeit (auch) auf
den Aspekt der Überlassung von Arbeitskräften beziehen. Die Anerkennung sonstiger Tätigkeiten einer Gesellschaft als gemeinnützig ist
demgegenüber nicht entscheidend.

▶ **Beispiel:**

Trotz Gemeinnützigkeit einer Gesellschaft liegt gewerbsmäßige
Arbeitnehmerüberlassung vor, wenn die Gesellschaft auch Arbeitnehmerüberlassung als ein besonderes Betätigungsfeld betreibt
und dieses aus Sicht der Finanzbehörden als steuerpflichtiger wirtschaftlicher Geschäftsbetrieb qualifiziert ist.

95 Auch die **Selbsthilfeorganisationen** im Bereich der Land- und Fort-
wirtschaft (Maschinen- und Betriebshilfsringe MR) handeln beim
Zurverfügungstellen von Betriebshelfern nicht in Gewinnabsicht und

---

94 BAG 18.2.2003, 3 AZR 160/02, EzA § 10 AÜG Nr. 11.
95 DA-AÜG S. 14.
96 Zum Sonderproblem bei Vorliegen von Konzernsachverhalten vgl. § 1 AÜG
Rdn. 238 ff.
97 DA-AÜG Ziff. 1.1.3.

damit nicht gewerbsmäßig, soweit die Gemeinnützigkeit in der jeweiligen Satzung verankert ist. Dies gilt auch für die Fälle, in denen land- und fortwirtschaftliche Betriebe Betriebshelfer Mitgliedern eines solchen Maschinenrings zu den jeweils festgelegten Verrechnungssätzen zur Verfügung stellen. Ob Betriebe der Land- oder Forstwirtschaft zuzuordnen sind, ist im Rahmen einer Gesamtschau zu ermitteln.[98]

3. Merkmale

Nach der Rechtsprechung des BAG ist das Merkmal der Gewerbsmäßigkeit im Sinne des AÜG zu bejahen bei jeder nicht nur gelegentlichen, sondern auf eine **gewisse Dauer** angelegten und auf die Erzielung unmittelbarer oder mittelbarer **wirtschaftlicher Vorteile** gerichteten **selbständigen** Tätigkeit, die auf die Teilnahme am allgemeinen wirtschaftlichen Verkehr gerichtet ist.[99]   96

a) Selbständigkeit

Der Begriff der Selbständigkeit entspricht demjenigen des Gewerberechts. Selbständigkeit setzt danach eine Tätigkeit im eigenen Namen, für eigene Rechnung unter Tragung des Unternehmensrisikos voraus.[100]   97

Wie im Gewerberecht kommt es auf das Bestehen von Selbständigkeit auch im Rahmen des § 1 AÜG insoweit an, als es um die Erlaubniserteilung geht. Nur an die Person des tatsächlich Verantwortlichen und Entscheidenden kann die Bewertung der Erlaubnisfähigkeit der Arbeitnehmerüberlassung (durch ihn) sinnvoll anknüpfen.   98

Das Merkmal der Selbständigkeit soll gewährleisten, dass nur derjenige die Erlaubnis erhält, der das Unternehmen tatsächlich führt und nicht eine vorgeschobene Person im Sinne eines Strohmannes oder ein Dritter, der lediglich als Handelsvertreter Arbeitnehmerüberlassungsverträge abschließt.[101]   99

b) Auf Dauer angelegt

Die Voraussetzung einer auf Dauer angelegten Tätigkeit soll die Fälle gewerbsmäßiger Arbeitnehmerüberlassung **lediglich** von denen der   100

---

98 Schüren/Hamann/*Hamann* § 1 AÜG Rn. 316 m.w.Nachw.
99 BAG 21.3.1990, 7 AZR 198/89, BAGE 65, 43, 51 m.w.Nachw.; *Ulber* AÜG § 1 Rn. 148; *Boemke/Lembke* § 1 AÜG Rn. 43, Schüren/Hamann/*Schüren* § 1 AÜG Rn. 274.
100 Tettinger/Wank/*Tettinger* § 1 GewO Rn. 25 f.
101 ErfK/*Wank* § 1 AÜG Rn. 37; vgl. ferner § 3 Rdn. 27 ff.

unplanmäßigen, einmaligen Überlassung eines Arbeitnehmers **abgrenzen**.

101   Das Merkmal stellt weder auf die Dauer der einzelnen Überlassungen, noch auf den Umfang des Überlassungsgeschäfts hinsichtlich der Zahl der Arbeitnehmer ab. Ebenso wenig maßgeblich sind zeitliche Dichte der Verleihfälle oder Verleihdauer.[102]

102   Streitig ist, ob eine **einmalige Überlassung** eines Arbeitnehmers bereits als auf Dauer angelegt und damit gewerbsmäßig anzusehen ist, wenn sie in **Wiederholungsabsicht** erfolgte.[103] Da die Arbeitnehmerüberlassung grundsätzlich bereits von ihrem Beginn an lediglich von Verleihern betrieben werden soll, die eine entsprechende Erlaubnis besitzen, spricht viel dafür, bereits bei der ersten Überlassung – auch wenn sich dieser im Nachhinein keine weiteren anschließen – aufgrund der ursprünglichen Planungen eine auf Dauer angelegte, gewerbsmäßige Arbeitnehmerüberlassung anzunehmen.

▶ **Beispiel:**

Ein Arbeitgeber entschließt sich, eine der drei von ihm betriebenen Autowerkstätten zu schließen. Da er in den verbliebenen Werkstätten keinen Beschäftigungsbedarf für den einzigen von der Schließung betroffenen Meister hat und mit dessen Einsatz wieder Gewinn erzielen möchte, überlässt er diesen an ein Konkurrenzunternehmen. Nachdem Nachverhandlungen über die Höhe der für die Überlassung geschuldeten Vergütung scheitern, erscheint dem Arbeitgeber der sich aus der Überlassung ergebende Gewinn als zu gering, weshalb er dem Meister kündigt und auch keine weiteren Arbeitnehmer mehr überlässt.

c) Gewinnerzielungsabsicht

103   Das Merkmal der Gewinnerzielungsabsicht ist ebenso wie das der Selbständigkeit vorrangig als Gegenbegriff und **Abgrenzungsmerkmal** zu verstehen. Es soll Fälle insbesondere gemeinnütziger Tätigkeit vom Anwendungsbereich ausnehmen.

aa) Begriff

104   Das Merkmal der Gewinnerzielungsabsicht ist weit zu verstehen. Der Wortbestandteil »**Gewinn**« ist nicht wörtlich zu verstehen, vielmehr

---

102 HWK/*Kalb* § 1 AÜG Rn. 34.
103 Schüren/Hamann/*Hamann* § 1 AÜG Rn. 97 m.w.Nachw.

genügt ein unmittelbarer oder mittelbarer wirtschaftlicher Vorteil. Selbst dieser muss nicht tatsächlich eintreten. Entscheidend ist allein die »**Absicht**«, diesen zu erzielen.[104]

Für die Gewinnerzielungsabsicht reicht es aus, wenn mit der Arbeit- **105** nehmerüberlassung lediglich ein **mittelbarer Gewinn** angestrebt wird.[105] Streitig ist, ob eine Gewinnerzielungsabsicht bereits dann vorliegt, wenn der Verleiher die Arbeitnehmer zum Ausgleich oder zur **Minderung eigener Kosten** überlässt.[106] Hierfür wird überzeugend angeführt, dass auch der Ausgleich oder die Minderung der eigenen Kosten per Saldo eine Verbesserung der Vermögenslage und damit wirtschaftlich einen Gewinn darstellt.

Grundsätzlich zu verneinen ist eine Gewinnerzielungsabsicht, falls **106** das Überlassungsentgelt lediglich die **Selbstkosten** des Verleihers deckt.[107] Ebenfalls zur Annahme einer Gewinnerzielungsabsicht nicht ausreichend ist es, wenn die Arbeitnehmerüberlassung **im bloßen Interesse** des Verleihers erfolgt. Danach liegt auch keine mittelbare Gewinnerzielungsabsicht vor, wenn ein Arbeitgeber seiner Ehefrau eine Arbeitnehmerin für deren Betrieb unentgeltlich überlässt, damit diese sich der Pflege des gemeinsamen Kindes widmen kann. Das Anstreben eines solchen Vorteils ist nicht mit einer Gewinnerzielungsabsicht gleichzusetzen.[108]

bb) Mittelbarer Gewinn

Die Vermutungsregel des BAG, wonach bei Wirtschaftsunternehmen **107** grundsätzlich davon auszugehen sei, dass diese aus der Arbeitnehmerüberlassung wirtschaftliche Vorteile ziehen wollen, ist auf den Bereich der Arbeitnehmerüberlassung im Konzern nicht übertragbar.[109] Im Falle konzerninterner vorübergehender Abordnungen sowie bei konzernangehörigen Personalführungsgesellschaften fehlt es regelmäßig an einer Absicht, mit der Arbeitnehmerüberlassung einen eigenen Gewinn zu erzielen. Das BAG hat daher ausgeführt, eine im Konzern zur Vereinheitlichung der Arbeitsrechtsbeziehung gebildete **Personalführungsgesellschaft** sei jedenfalls dann **nicht auf Gewinnerzielung angelegt**, wenn sie als eine Serviceagentur und ausgelagerte Personalabteilung auf Selbstkostenbasis betrieben werde, um

---

104 ErfK/*Wank* § 1 AÜG Rn. 34 m.w.Nachw.
105 BAG 21.3.1990, 7 AZR 198/89, EzA § 1 AÜG Nr. 2 m.w.Nachw.
106 Bejahend *Ulber* § 1 AÜG Rn. 154; Schüren/Hamann/*Hamann* § 1 AÜG Rn. 311.
107 BAG 20.4.2005, 7 ABR 20/04, EzA § 14 AÜG Nr. 5 = NZA 2005, 1006.
108 LAG Berlin 8.12.2006, 6 Sa 1230/06, EzA-SD 2007, Nr. 2, 8.
109 Vgl. zu Personalführungsgesellschaften § 1 AÜG Rdn. 233 ff.

die angeschlossenen Konzernunternehmen bei der formalen Abwicklung von Arbeitsverträgen zu unterstützen.[110] Auch eine von den entleihenden Konzernunternehmen zu zahlende **5%ige Umlage** lasse nicht auf eine Gewinnerzielungsabsicht der Arbeitgeberin schließen. Eine Umlage in dieser Höhe diene regelmäßig allein dazu, die beim Verleiher für die Arbeitnehmerüberlassung anfallenden Verwaltungskosten (Büromiete, Büropersonal, Kosten für Buchführung und Führung der Telefon- und sonstiger Betriebskosten) zu decken, nicht jedoch dazu, Gewinne zu erzielen.[111]

108   Die nachfolgende **Instanzrechtsprechung** hat demgegenüber vereinzelt eine Gewinnerzielungsabsicht auch dann angenommen, wenn die Vertragsarbeitgeberin nicht die Absicht hatte, eigene Gewinne zu erzielen. Teilweise erfolgte hierbei eine Bejahung einer Gewinnerzielungsabsicht über einen **Konzerndurchgriff**.[112] Zu einer Überprüfung durch das BAG ist es bisher nicht gekommen.[113] Nach diesen Entscheidungen soll auch auf die Gewinnerzielungsabsicht der Konzernmutter bzw. -schwester abzustellen sein, die von der Existenz des Verleihunternehmens profitierten. Eine solche **mittelbare Gewinnerzielungsabsicht** reiche zur Bejahung des Merkmals der Gewinnerzielungsabsicht aus.

III. Präventives Verbot mit Erlaubnisvorbehalt

109   Aufgrund der erhöhten Gefahren, die der Gesetzgeber im Bereich der gewerbsmäßigen Arbeitnehmerüberlassung vermutet, ist diese unter ein **präventives Verbot mit Erlaubnisvorbehalt** gestellt.

110   Damit ist die Arbeitnehmerüberlassung grundsätzlich verboten, wobei sich dieses Verbot nicht auf diejenigen Verleiher erstreckt, die eine **Erlaubnis** nach § 2 AÜG besitzen. Auf diese Erlaubnis wiederum besteht grundsätzlich ein **Anspruch**, soweit keine Versagungsgründe (§ 3 AÜG) eingreifen.[114]

---

110   BAG 20.4.2005, 7 ABR 20/04, EzA § 14 AÜG Nr. 5 = NZA 2005, 1006 unter Verweis auf *Becker/Wulfgramm* Einl. Rn. 27a.
111   BAG 20.4.2005, 7 ABR 20/04, EzA § 14 AÜG Nr. 5 = NZA 2005, 1006.
112   LAG Schleswig-Holstein 18.6.2008, 3 TaBV 8/08, EzA-SD 2008, Nr. 22, 15; LAG Schleswig-Holstein 18.6.2008, 3 TaBV 12/08, DB 2008, 2428; LAG Schleswig-Holstein 3.7.2008, 4 TaBV 13/08 und 4 TaBV 9/08, n.v; ArbG Düsseldorf 11.8.2004, 4 BV 90/04, EzAÜG § 14 AÜG Betriebsverfassung Nr. 59; ähnlich wohl LAG München 26.10.2006, 4 Sa 1324/05, EzAÜG § 10 AÜG Fiktion Nr. 115.
113   Das hierzu geführte Revisionsverfahren (1 ABR 10/08) endete durch anderweitige Erledigung.
114   Vgl. hierzu § 2 AÜG Rdn. 3 ff. und § 3 AÜG Rdn. 12 ff.

Die Erlaubnispflicht der Arbeitnehmerüberlassung nach § 1 Abs. 1 **111**
S. 1 AÜG gilt hierbei nicht nur für die Arbeitnehmerüberlassung innerhalb Deutschlands, sondern auch für die Arbeitnehmerüberlassung von Deutschland aus ins Ausland.[115]

Zuständig für die Erteilung der Erlaubnis auf Arbeitnehmerüberlassung sind die Regionaldirektionen der Arbeitsagentur.[116] **112**

IV. Abgrenzungsfragen

Die Arbeitnehmerüberlassung unterscheidet sich von sonstigen Erscheinungsformen des drittbezogenen Personaleinsatzes – auf welche **113**
das AÜG keine Anwendung findet – durch die vollständige **Eingliederung des Leiharbeitnehmers** in den Betrieb des Entleihers. Im Unterschied zu allen anderen Gestaltungsformen setzt im Falle der Arbeitnehmerüberlassung der Entleiher den fremden Arbeitnehmer gemäß seinen Vorstellungen und Zielen innerhalb seiner Betriebsorganisation **wie einen eigenen Arbeitnehmer** zur Förderung seiner Betriebszwecke ein.[117]

Ob der Vertrag zwischen dem Arbeitgeber und dem Dritten, in dessen Betrieb der Arbeitnehmer eingesetzt werden soll, rechtlich als Arbeitnehmerüberlassungsvertrag oder als andere Form des drittbezogenen Personaleinsatzes, insbesondere als Werk- oder Dienstvertrag **114**
zu qualifizieren ist, in dessen Rahmen der Arbeitnehmer lediglich als Erfüllungsgehilfe seines Arbeitgebers in dem Betrieb des Dritten tätig wird, ist im Rahmen einer **Gesamtschau** der (tatsächlichen) vertraglichen Beziehung zu ermitteln.

Über die rechtliche Einordnung eines Vertrages entscheidet hierbei allein die **inhaltliche Ausgestaltung** und nicht die von den Parteien **115**
gewünschte **Rechtsfolge**. Insbesondere kommt es nicht auf die **Bezeichnung** des Vertrages an, soweit dieser nicht dem tatsächlichen Geschäftsinhalt entspricht. Der **tatsächliche Geschäftsinhalt** kann sich sowohl aus den ausdrücklichen Vereinbarungen der Vertragsparteien als auch aus der praktischen Durchführung des Vertrages ergeben. Widersprechen sich vertragliche Vereinbarungen und tatsächliche Durchführung des Vertrages, ist die Durchführung maß-

---

115 *Boemke* BB 2005, 266 m.w.Nachw; näher AÜG Einl. Rdn. 50 ff.
116 Siehe Anhang S. 635 f., abzurufen unter http://www.arbeitsagentur.de/
   zentraler-Content/A08-Ordnung-Recht/A083-AUEG/Publikation/pdf/
   Informationen-zur-Arbeitnehmerueberlassu.pdf.
117 BAG 3.12.1997, 7 AZR 764/96, BAGE 87, 186 = EzA § 1 AÜG Nr. 9
   m.w.Nachw.

gebend.[118] Es kommt somit darauf an, wie die Beschäftigung der Fremdarbeitnehmer im Betrieb tatsächlich gelebt wird.

1. Allgemeines

116 Die Grenzen zwischen gewerbsmäßiger Arbeitnehmerüberlassung und anderen Formen des Einsatzes von Fremdpersonal sind fließend. Dies gilt vor allem für den Einsatz von Arbeitnehmern auf Grundlage eines Werk-, Dienst-, Geschäftsbesorgungs- oder Mischvertrages. Die nicht nur kurzfristige Tätigkeit unternehmensfremder Arbeitnehmer im Betrieb birgt in der Praxis häufig das Risiko, als (illegale) Arbeitnehmerüberlassung eingestuft zu werden. Dies gilt auch bei ursprünglich klarer vertraglicher Regelung und praktischer Planung. Gerade im Falle eines längerfristigen Einsatzes von Fremdpersonal erfolgt im Rahmen der tagtäglichen Zusammenarbeit zwischen Eigen- und Fremdpersonal nicht selten eine **Verschiebung der Art des Personaleinsatzes**. Exemplarisch sind Fälle, in welchen Arbeitnehmer, welche zunächst aufgrund eines Werkvertrages im Betrieb tätig waren, **faktisch zunehmend in den Betrieb eingebunden** werden. So erfolgen beispielsweise fachliche Weisungen nicht mehr durch den externen Vertragsarbeitgeber sondern durch Verantwortliche innerhalb des Betriebes.

▶ **Beispiel:**

Ein Unternehmen, das eine Internetseite betreibt, auf welcher Sportartikel bestellt werden können, entschließt sich, das Verpacken der Ware nicht durch eigene Arbeitnehmer durchzuführen, sondern hiermit ein Logistikunternehmen zu beauftragen. Diesem stellt es auf seinem Betriebsgelände Räumlichkeiten zur Verfügung. Nach mehrjähriger Tätigkeit des Logistikunternehmens auf dem Betrieb des Internetanbieters gehen dessen Angestellte dazu über, entgegen den vertraglichen Regelungen mit dem Logistikunternehmen, jedoch mit Wissen des Geschäftsführers, Mitarbeiter des Logistikunternehmens Anweisungen zur schnelleren Bearbeitung der Aufträge zu geben und sie bei Bedarf im Betrieb des Internetanbieters mit Hausmeistertätigkeiten und der Entgegennahme von Anrufen zu betrauen.

117 Die hierdurch entstehenden **Risiken** sind erheblich.[119] Wird verdeckte illegale Arbeitnehmerüberlassung praktiziert, drohen zivilrechtliche, sozialversicherungsrechtliche, gewerberechtliche, steuerrecht-

---

118 LAG Rheinland-Pfalz 3.5.2006, 10 Sa 913/05, n.v. m.w.Nachw.
119 Vgl. Einl. AÜG Rdn. 112 ff. und § 9 AÜG Rdn. 12 ff.

liche und eventuell sogar straf- oder zumindest ordnungswidrigkeits-
rechtliche Sanktionen.[120] Die starke **Einzelfallabhängigkeit** macht eine exakte Risikoprognose für den Fall einer Überprüfung des Fremdeinsatzes regelmäßig kaum möglich.

▶ **Praxistipp:**

Die Grenzziehung zur Arbeitnehmerüberlassung lässt sich häufig
nicht zweifelsfrei vornehmen. Aus diesem Grund ist insbesondere
bei einem geplanten längerfristigen Einsatz von Arbeitnehmern eines anderen Unternehmens im Betrieb, stets – also auch beim Abschluss von Werk- oder Dienstverträgen – ein Vertragspartner zu
wählen, der eine Erlaubnis zur Arbeitnehmerüberlassung besitzt.

Die Wahl eines Vertragspartners mit **Arbeitnehmerüberlassungs-** 118
erlaubnis kann indes nicht vor sämtlichen Risiken schützen. Da
Fremdpersonal regelmäßig nicht dieselbe Vergütung erhält, wie die
Stammbelegschaft können die nachträglich als im Sinne des AÜG
überlassenen Arbeitnehmer gemäß § 10 Abs. 4 AÜG Differenzansprü-
che aufgrund der Verletzung des »Equal-Pay- und Equal-Treatment-
Grundsatzes« geltend machen. Schuldner dieser Ansprüche ist zwar
ausschließlich das überlassende Unternehmen, daneben haftet jedoch
auch der Entleiher.[121]

Zudem ist der faktisch gelebte Arbeitnehmerüberlassungsvertrag ge- 119
mäß § 12 Abs. 1 AÜG **formnichtig**.[122] Der Auftraggeber hat daher
mangels vertraglicher Grundlage im Falle der Schlechterfüllung **kei-**
nerlei Gewährleistungsansprüche.[123] Eine Schlechtleistung seiner
»Erfüllungsgehilfen« wird dem Auftragnehmer nicht gemäß § 278
BGB zugerechnet, da ein Verleiher nicht die Arbeit seiner Arbeitnehmer im Entleiherbetrieb schuldet. Ein Werk-, Dienst- oder Geschäftsbesorgungsvertrag lag gerade nicht vor.

a) Indizien für das Vorliegen faktischer Arbeitnehmer-
überlassung

Bei der **Einzelfallbetrachtung** zur Abgrenzung der Arbeitnehmer- 120
überlassung von anderen Formen des Einsatzes fremder Arbeitnehmer im Betrieb hat sich ähnlich der Situation zur Abgrenzung im
Rahmen der Scheinselbständigkeit ein **Indizienbündel** herausgebil-

---

120 *Hamann* Anmerkung zu LAG Frankfurt 19.11.2007, 16 Sa 569/07, jurisPR-
ArbR 24/2008.
121 Vgl. § 10 AÜG Rdn. 81 ff.
122 Vgl. § 12 AÜG Rdn. 6 ff.
123 Schüren/Hamann/*Schüren* AÜG Einl. Rn. 303.

det. Wie stets liegt die Bewertung der einzelnen Indizien weitgehend im Ermessen des Gerichts. Für die Bewertung durch die Behörden sind die Vorgaben der Dienstanweisung in der Praxis entscheidend.[124] Das Bestehen einer Arbeitnehmerüberlassung indizieren folgende – keineswegs als abschließend zu verstehende – Umstände:[125]

- Das Fehlen einer eigenen **Betriebsorganisation** beim Vertragsarbeitgeber (keine weisungsberechtigten Vorgesetzten, kein Personalbüro oder vergleichbare Einrichtung);
- Verrichten derselben Tätigkeiten sowohl durch eigene Arbeitnehmer als auch durch Fremdarbeitnehmer, insbesondere im Falle des **arbeitsteiligen Zusammenwirkens** der Mitarbeitergruppen;[126]
- Erteilung von **Anweisungen** durch Mitarbeiter der Stammbelegschaft gegenüber den Fremdarbeitnehmern;[127]
- Ausfüllungsbedürftige, lediglich skizzenhafte Beschreibung der Arbeitspflicht der Fremdarbeitnehmer im zu Grunde liegenden Vertrag bei **Konkretisierung des Tätigkeitsinhalts** durch Weisungen der Stammbelegschaft;
- Aufnahme der Fremdarbeitnehmer in gemeinsame **Urlaubspläne** mit der Stammbelegschaft (Einsatz als »Urlaubsvertretung«).[128]

b) Abgrenzung zum Gemeinschaftsbetrieb

121   Mit der Beseitigung der Vorschriften zur Höchstüberlassungsdauer von Leiharbeitnehmern stellen sich Fragen der Abgrenzung zur Arbeitnehmerüberlassung auch im Rahmen des unternehmensübergreifenden Personaleinsatzes in einem **Gemeinschaftsbetrieb.**[129]

122   Maßgebliches Unterscheidungskriterium ist insoweit der im Gegensatz zum Fall der Arbeitnehmerüberlassung bei einem Gemeinschaftsbetrieb vorliegende **gemeinsame Betriebszweck.** Arbeitnehmerüberlassung liegt vor, wenn der Vertragsarbeitgeber des Arbeitnehmers dem Entleiher den Arbeitnehmer überlässt, um diesen zur Verfolgung des betrieblichen Zwecks des Entleihers einzusetzen. Ein Gemeinschaftsbetrieb von Vertragsarbeitgeber und »Entleiher« liegt dagegen

---

124 DA-AÜG zu § 1 Ziff. 1.1.6, Auszug siehe Anhang.
125 Vgl. Übersicht in LAG Frankfurt 19.11.2007, 16 Sa 569/07, EzAÜG § 10 AÜG Inhalt Nr. 3 m.w.Nachw.
126 SG Hamburg 23.11.2004, S 13 AL 5/99, EzAÜG § 1 AÜG Gewerbsmäßige Arbeitnehmerüberlassung Nr. 39.
127 LAG Rheinland-Pfalz 3.5.2006, 10 Sa 913/05, n.v. m.w.Nachw.
128 ArbG Freiburg 30.1.2007, 3 Ca 174/06, ArbuR 2007, 182 m.w.Nachw.
129 Gemeint sind hier selbstverständlich lediglich Gemeinschaftsbetriebe von Auftraggeber und Auftragnehmer, nicht der Einsatz von Arbeitnehmern bei einem Unternehmen, das zusammen mit einem Dritten einen Gemeinschaftsbetrieb betreibt.

vor, wenn ein gemeinsamer Betriebszweck beider besteht. Der Arbeitnehmer wird somit nicht zur Verfolgung eines »fremden« Betriebszwecks eingesetzt, sondern zu dem Betriebszweck »auch seines Arbeitgebers«. Ausreichend um das Vorliegen von Arbeitnehmerüberlassung zu verneinen ist es, wenn der Arbeitnehmer bei der Erfüllung seiner Arbeitsleistung unter anderem auch für seinen Vertragsarbeitgeber bei der Erfüllung von dessen Aufgaben tätig wird.[130] Entgegen der Definition der Arbeitnehmerüberlassung wird der Arbeitnehmer ferner nicht im Berieb eines Dritten tätig, wenn **Beschäftigungsbetrieb ein Gemeinschaftsbetrieb** von Vertragsarbeitgeber und Drittem ist. Es handelt es sich gerade nicht um einen »fremden«, sondern um einen »gemeinsamen« Betrieb der beteiligten Unternehmen.[131]

Dass mehrere rechtlich selbständige Arbeitgeber einen Betrieb als gemeinsamen Betrieb führen, ist nach der ständigen Rechtsprechung des Bundesarbeitsgerichts anzunehmen, wenn die in einer Betriebsstätte vorhandenen **materiellen und immateriellen Betriebsmittel** für einen einheitlichen arbeitstechnischen Zweck zusammengefasst, geordnet und gezielt eingesetzt werden und der Einsatz der menschlichen Arbeitskraft von einem **einheitlichen Leitungsapparat** gesteuert wird.[132] Die beteiligten Unternehmen müssen sich hierzu zumindest stillschweigend zu einer gemeinsamen Führung rechtlich verbunden haben. Hierbei muss sich die einheitliche Leitung auf die wesentlichen Funktionen des Arbeitgebers in personellen und sozialen Angelegenheiten erstrecken. Eine lediglich unternehmerische Zusammenarbeit genügt nicht. Vielmehr müssen die **Funktionen des Arbeitgebers institutionell einheitlich** für die beteiligten Unternehmen wahrgenommen werden. Entscheidend ist insoweit, ob ein arbeitgeberübergreifender Personaleinsatz praktiziert wird, der für den normalen Betriebsablauf charakteristisch ist. So genügt die mit einem Konzernverhältnis verbundene Beherrschung eines Unternehmens durch ein anderes nicht, um das Vorliegen eines gemeinsamen Betriebes zu bejahen. Dies gilt auch dann, wenn das herrschende Unternehmen einem beherrschten Unternehmen Weisungen erteilt. Das herrschende Unternehmen wird dadurch nicht zusammen mit dem beherrschten Unternehmen Inhaber eines gemeinsamen Betriebes. Es fehlt an der hierzu erforderlichen Einbringung von Betriebsmitteln

123

---

130 BAG 22.6.1994, 7 AZR 850/94, NZA 1995, 462; BAG 25.10.2000, 7 AZR 487/99, NZA 2001, 259.
131 *Schönhöft/Lermen* BB 2008, 2515 m.w.Nachw.
132 BAG 11.12.2007, 1 AZR 824/06, EzA § 77 BetrVG 2001 Nr. 21 = NZA-RR 2008, 298 m.w.Nachw.

und Arbeitnehmern.[133] Eine gemeinsame Personalabteilung indiziert
einen Gemeinschaftsbetrieb noch nicht, wenn sich ihre Tätigkeit im
Wesentlichen auf Unterstützungs- und Beratungsleistungen beschränkt.[134] Entscheidend ist, dass für die maßgeblichen Personalfra-
gen wie Einstellung, Versetzung oder Arbeitszeitfragen das jeweilige
Unternehmen zuständig ist.[135]

▶ **Beispiel:**

Unternehmen A und B betreiben zusammen einen großen Hotelbetrieb. Als Küchenpersonal sind Arbeitnehmer des Unternehmens A eingesetzt, während die Bedienung der Restaurantgäste
ebenso wie den Service im Hotelbetrieb Arbeitnehmer des Unternehmens B leisten. Sämtliche im Hotel tätigen Arbeitnehmer unterliegen der Weisungsbefugnis einer einheitlichen Hotelleitung.

In diesem Fall besteht ein Gemeinschaftsbetrieb.

124   Anders als im Falle der Arbeitnehmerüberlassung unterliegt der Arbeitnehmer im Gemeinschaftsbetrieb nicht dem **Weisungsrecht** eines
anderen Arbeitgebers. Das Weisungsrecht wird vom einheitlichen
Leitungsapparat der am Gemeinschaftsbetrieb beteiligten Unternehmen ausgeübt.

125   Problematisch, jedoch nicht zwingend als Arbeitnehmerüberlassung
einzustufen sind Fälle, in denen eines der am Gemeinschaftsbetrieb
beteiligten Unternehmen lediglich Personal, jedoch keine sachlichen
Betriebsmittel einbringt. Hierzu wird darauf verwiesen, dass der Begriff des Gemeinschaftsbetriebes nicht festlege, in welchem Umfang
und ob überhaupt von beiden Unternehmen jeweils ein Teil der Betriebsmittel eingebracht werden müsse. Ausreichend sei die gemeinsame Nutzung von Betriebsmitteln zur Verfolgung der arbeitstechnischen Zwecke. Aus diesem Grund soll ein Gemeinschaftsbetrieb
auch unter **Beteiligung einer reinen Personalführungsgesellschaft**
entstehen können.[136] Ausgeschlossen sei das Vorliegen eines Gemeinschaftsbetriebes dagegen, wenn eines der beteiligten Unternehmen
gar kein eigenes Personal habe. Nach Rechtsprechung des BAG soll
das Vorliegen eines Gemeinschaftsbetriebes dagegen regelmäßig zu

133 BAG 11.12.2007, 1 AZR 824/06, EzA § 77 BetrVG 2001 Nr. 21 = NZA-RR
     2008, 298 m.w.Nachw.
134 BAG 13.8.2008, 7 ABR 21/07, EzA-SD 2008, Nr. 26, 14 = DB 2009, 184.
135 LAG Düsseldorf 15.1.2009, 15 TaBV 379/08, EzA-SD 2009, Nr. 17, 16.
136 *Schönhöft/Lermen* BB 2008, 2515.

verneinen sein, wenn Unternehmenszweck eines von zwei Unternehmen allein die Personalgestellung ist.[137]

c) Prozessuale Situation

Besteht Streit darüber, wie die Beschäftigung eines Arbeitnehmers einzuordnen ist, und macht dieser geltend, als Leiharbeitnehmer eingesetzt worden zu sein, ist es grundsätzlich an ihm, das Vorliegen von Arbeitnehmerüberlassung darzulegen und zu beweisen. Hierbei sind jedoch die Grundsätze der **abgestuften Darlegungs- und Beweislast** anzuwenden. Vom Arbeitnehmer lässt sich lediglich Vortrag über diejenigen Umstände verlangen, über welche er Kenntnis haben kann. **126**

aa) Darlegungs- und Beweislast

Der Arbeitnehmer muss darlegen, dass eine – die Arbeitnehmerüberlassung kennzeichnende – **Verlagerung des arbeitsbezogenen Weisungsrechts** von seinem Vertragsarbeitgeber hin zum behaupteten Entleiher eingetreten ist. Zur Erfüllung dieser **Darlegungslast** reicht es nicht aus, wenn er einzelne Fälle von »Fremdweisungen« vorträgt. Sein Vorbringen muss sich auf die gesamte Einsatzdauer erstrecken. Der klagende Arbeitnehmer muss darlegen, im Einsatzbetrieb nach den Weisungen des Inhabers des Einsatzbetriebes oder seiner dazu autorisierten Mitarbeiter tätig geworden zu sein, während sich sein Vertragsarbeitgeber auf die Funktion eines bloßen Personalgestellers beschränkte. Dieser Nachweis darf sich nicht auf **untypische Einzelfälle** beschränken, die Darlegungen des Arbeitnehmers müssen vielmehr beispielhaft die Erscheinungsform einer **durchgehend geübten Vertragspraxis** belegen. Zudem obliegt es dem Arbeitnehmer darzulegen und zu beweisen, dass diese Vertragspraxis je auf Seiten von verleihendem und entleihendem Betrieb **berechtigten Personen** bekannt gewesen und von ihnen zumindest geduldet worden ist, da anderenfalls eine den schriftlichen Vereinbarungen widersprechende Vertragsdurchführung nicht als Ausdruck des wirklichen Geschäftswillens der Vertragspartner angesehen werden kann.[138] **127**

Als ebenfalls nicht ausreichend zur Darlegung einer Arbeitnehmerüberlassung wurde der Vortrag eines Arbeitnehmers bewertet, wonach dieser seine Arbeitsleistung in einer aus Fremdarbeitnehmern **128**

---

137 BAG 16.4.2008, 7 ABR 4/07, NZA-RR 2008, 583 = AP BetrVG 1972 § 1 Gemeinsamer Betrieb Nr. 32.
138 LAG Frankfurt 19.11.2007, 16 Sa 569/07, EzAÜG § 10 AÜG Inhalt Nr. 3 unter Verw. auf BAG 30.1.1991, 7 AZR 497/89, BAGE 67, 124–146 = AP AÜG § 10 Nr. 8.

und Arbeitnehmern der Stammbelegschaft **gemischten Gruppe** erbracht hatte.[139] Die Darstellung wurde als zu pauschal verworfen. Den Arbeitnehmer treffe bei einem solchen Vortrag die Obliegenheit sowohl die **Personen** als auch die **Arbeitsweise** der Gruppe zu konkretisieren. Ebenso wenig genügt insoweit der bloße Hinweis auf eine erfolgte Urlaubsabstimmung mit der Stammbelegschaft den an die Darlegungs- und Beweislast gestellten Anforderungen. Das Vorliegen einer **Urlaubsabstimmung** kann lediglich dann Indizwirkung entfalten, wenn die Darstellung ausreichend konkret ist, um eine Eingliederung in den Betrieb nahezulegen. Dies ist beispielsweise anzunehmen, wenn der fremde Arbeitnehmer als Urlaubsvertretung für Mitarbeiter der Stammbelegschaft eingesetzt wurde.[140]

bb) Verwirkung

129 Eine Verwirkung des Rechts zur Geltendmachung des Zustandekommens eines fingierten Arbeitsverhältnisses durch verdeckte Arbeitnehmerüberlassung kommt unter den **allgemeinen Voraussetzungen** des Verwirkungstatbestandes in Betracht. Neben dem Zeitmoment bedarf es danach eines Umstandsmoments.[141]

130 Der Arbeitnehmer muss den Eindruck erwecken, sein Recht nicht mehr geltend machen zu wollen. Regelmäßig **nicht ausreichend,** um einen Rechtsverzicht zu begründen, ist es, wenn ein zunächst überlassener Arbeitnehmer aufgrund eines später abgeschlossenen Arbeitsvertrages **weiterarbeitet**, ohne einen Beginn des Arbeitsverhältnisses bereits vor Abschluss des zuletzt unterzeichneten Arbeitsvertrages geltend zu machen.[142]

131 Das BAG stellt auch insoweit auf den Einzelfall und die sich daraus ergebenden Bedürfnisse von Arbeitgeber und Arbeitnehmer ab.[143] Soweit es um die Feststellung des (Fort-)Bestehens eines Arbeitsverhältnisses gehe, sei das Zeitmoment einer Prozessverwirkung bereits bei Zeiträumen von wenigen Monaten bis zu einem Jahr **nach Beendigung der Tätigkeit** des Arbeitnehmers als erfüllt anzusehen. Das In-

---

139 LAG Düsseldorf 27.8.2007, 17 Sa 864/07, 17 Sa 270/07, LAGE § 10 AÜG Nr. 4 = EzAÜG § 10 AÜG Fiktion Nr. 119; ArbG Freiburg 30.1.2007, 3 Ca 174/06, ArbuR 2007, 182.

140 LAG Düsseldorf 27.8.2007, 17 Sa 864/07, 17 Sa 270/07, LAGE § 10 AÜG Nr. 4 = EzAÜG § 10 AÜG Fiktion Nr. 119; ArbG Freiburg 30.1.2007, 3 Ca 174/06, ArbuR 2007, 182.

141 Ausführlich § 10 AÜG Rdn. 63 ff.

142 Vgl. zur nachträglichen Beseitigung des fingierten Arbeitsverhältnisses § 10 AÜG Rdn. 35 ff.

143 BAG 24.5.2006, 7 AZR 365/05, EzAÜG § 10 AÜG Fiktion Nr. 114.

teresse der Rechtssicherheit und Rechtsklarheit rechtfertige es, der
Zeitspanne, in der der Vertrauenstatbestand für die Nichterhebung einer auf die Feststellung des Arbeitsverhältnisses gerichteten Klage geschaffen wird, zeitlich enge Grenzen zu setzen. Der Arbeitgeber habe
ein berechtigtes Interesse daran, dass **baldmöglichst Klarheit** darüber geschaffen werde, ob das Arbeitsverhältnis (fort-)besteht oder ob
dies nicht der Fall sei und er über den Arbeitsplatz anderweitig dis-
ponieren könne.[144] Dies kommt auch in den gesetzlich normierten
Klagefristen in § 4 KSchG, § 17 S. 1 TzBfG zum Ausdruck. Dieses Bedürfnis soll jedoch **nicht in gleicher Weise** bestehen, wenn lediglich
mit dem Ziel, hieraus noch finanzielle Ansprüche für die Gegenwart
und Zukunft geltend zu machen der Bestand eines bereits beendeten
Arbeitsverhältnisses festgestellt werden solle.[145]

2. Werkvertrag

Entsprechend den allgemeinen Grundsätzen kommt es für die Ab-   132
grenzung zwischen Arbeitnehmerüberlassung und Werkvertrag
weder auf die von den Parteien gewünschte Rechtsfolge noch die von
ihnen gewählte Bezeichnung, sondern auf den **tatsächlichen Geschäftsinhalt** an.[146] Maßgeblich ist damit nicht die Vertragsbezeich-
nung, sondern der objektive Geschäftsinhalt sowie die tatsächliche
Vertragsausführung. Im Bereich des Werkvertragsrechts ist daher
nicht von einer Arbeitnehmerüberlassung auszugehen, wenn der
Auftragnehmer als **Subunternehmer** tätig ist oder mit dem Auftraggeber unternehmerisch zusammenarbeitet.

Schwierigkeiten der Abgrenzung zwischen Arbeitnehmerüberlassung   133
und Werkvertrag ergeben sich insbesondere aus atypischen Gestaltungsformen. Dies gilt vor allem, wenn der Werkunternehmer statt eines einzelnen konkreten Werkes eine **Reihe von Einzelwerken** aufgrund eines Rahmenvertrages anbietet. Gleiches gilt, wenn die zu
leistende Vergütung des Bestellers nach **zeitlichem Aufwand** und
nicht nach dem Erfolg bemessen wird.[147] Dies bedeutet indes nicht,
dass in solchen Fällen stets vom Vorliegen von Arbeitnehmerüberlassung auszugehen ist.

Nach den Umständen des Einzelfalls können auch langfristig ange-   134
legte Vertragsbeziehungen zwischen Auftraggeber und Auftragneh-

---

144 BAG 24.5.2006, 7 AZR 365/05, EzAÜG § 10 AÜG Fiktion Nr. 114
     m.w.Nachw.
145 BAG 24.5.2006, 7 AZR 365/05, EzAÜG § 10 AÜG Fiktion Nr. 114.
146 BGH 21.1.2003, X ZR 261/01, NZA 2003, 616 = EzAÜG § 9 AÜG Nr. 12.
147 LAG Düsseldorf 10.3.2008, 17 Sa 856/07, EzAÜG § 10 AÜG Fiktion
     Nr. 120.

mer, welche die Einzelleistung jeweils zu der Bedingung des abgeschlossenen **Rahmenvertrages** abrufen, rechtlich als Werkvertrag einzuordnen sein.[148] Dies gilt beispielsweise im Falle **wiederkehrender
Wartungsarbeiten** an Einrichtungen und Geräten, die der Erfüllung
des Betriebszweckes dienen.[149] Abhängig vom Einzelfall kann ein
Werkvertrag auch dann noch anzunehmen sein, wenn der Fremdarbeitnehmer gebeten wird, **Urlaub** mit dem Auftraggeber abzustimmen sowie dann, wenn ihm durch **Teilnahme an Kursen** eines Werkbestellers Kenntnisse vermittelt werden, damit er die ihm obliegenden
Tätigkeiten im Rahmen des von seinem Arbeitgeber abgeschlossenen
Werkvertrages ordnungsgemäß erfüllen kann.[150] Das Risiko einer
Einstufung als Arbeitnehmerüberlassung steigt jedoch, je weiter sich
die Vertragsgestaltung vom Grundfall des Werkvertrages entfernt.

a) Vertragspflichten und Vertragszweck

135 Notwendiger Inhalt eines Arbeitnehmerüberlassungsvertrages ist die
Verpflichtung des Verleihers gegenüber dem Entleiher, diesem zur
Förderung von dessen Betriebszwecken Arbeitnehmer zur Verfügung
zu stellen. Im Gegensatz zur Situation beim Werkvertrag endet die
Vertragspflicht gegenüber dem Entleiher, wenn der Verleiher den Arbeitnehmer ausgewählt und ihn dem Entleiher zur Verfügung gestellt
hat.[151] Im Gegensatz hierzu wird beim Werkvertrag **ein Unternehmer
für einen anderen tätig.** Der Werkunternehmer organisiert die zur Erreichung eines wirtschaftlichen Erfolgs notwendigen Handlungen
nach **eigenen betrieblichen Voraussetzungen** und bleibt für die Herstellung des geschuldeten Werkes gegenüber dem Drittunternehmen
verantwortlich.

136 Hinsichtlich des **Vertragszwecks** hat das BAG ausdrücklich offen gelassen, ob es der Annahme einer Arbeitnehmerüberlassung entgegensteht, wenn Vertragsarbeitgeber und Auftraggeber eine **zukünftige
unternehmerische Zusammenarbeit** planen. Für eine ausschließende
Wirkung spricht, dass aufgrund der bestehenden Erwartungen zur
künftigen Entwicklung beide Unternehmen eigene unternehmerische
Zwecke außerhalb der Überlassung der Arbeitnehmer verfolgen. Verfolgen die beteiligten Arbeitgeber im Rahmen einer unternehmerischen Zusammenarbeit mit dem Einsatz ihrer Arbeitnehmer **jeweils**

---

148 LAG Hamm 9.11.2006, 15 Sa 789/06, n.v.
149 ArbG Freiburg 30.1.2007, 3 Ca 174/06, ArbuR 2007, 182 unter Verweis auf
      BAG 13.5.1992, 7 AZR 284/91, EzA § 10 AÜG Nr. 4 = NZA 1993, 357.
150 LAG Hamm 9.11.2006, 15 Sa 789/06, n.v.
151 BAG 3.12.1997, 7 AZR 764/96, EzA § 1 AÜG Nr. 9; BAG 19.1.2000, 7 AZR
      6/99, EzS 15/62; BAG 24.5.2006, 7 AZR 365/05, EzAÜG § 10 AÜG Fiktion
      Nr. 114; vgl. im Übrigen § 1 AÜG Rdn. 59 ff.

ihre eigenen Betriebszwecke, ist grundsätzlich gerade kein Fall der Arbeitnehmerüberlassung anzunehmen, da letztere durch die Überlassung von Arbeitnehmern für den Betriebszweck des Entleihers gekennzeichnet ist.[152] Die Instanzrechtsprechung hat dagegen teilweise eine erlaubnispflichtige Arbeitnehmerüberlassung bejaht, wenn der Einsatz von Arbeitnehmern dazu diente, neue Kunden zu gewinnen, mit denen eine künftige unternehmerische Zusammenarbeit geplant war.[153] Der Gesetzeszweck des AÜG gebiete es, das Verbot der gewerblichen Arbeitnehmerüberlassung ohne Erlaubnis auch auf solche Fälle anzuwenden, in denen die Überlassung der **Gewinnung künftiger Kunden** gelten soll.

▶ **Beispiel:**

Ein Gärtnereiunternehmen erhält einen Anruf des neuen Pächters eines Biergartens. Dieser bittet um Bereitstellung zweier Gärtner, um das verwilderte Grundstück vor Neueröffnung des Biergartens wieder in Stand zu setzen. Ohne Kenntnis von Beschaffenheit und Größe des Grundstücks oder der Art der gewünschten Arbeiten vereinbart das Gärtnereiunternehmen mit dem Pächter einen Stundensatz für den Einsatz seiner Arbeitnehmer in der Hoffnung, künftig die regelmäßige Pflege der Außenanlagen des Biergartens zu übernehmen.

b) Unschädlichkeit von Anweisungen gemäß § 645 Abs. 1 S. 1 BGB

Die zur Ausführung des Werkvertrages eingesetzten Arbeitnehmer 137 unterliegen ausschließlich den Weisungen des Werknehmers. Sie sind als dessen Erfüllungsgehilfen eingesetzt. Im Gegensatz zur Arbeitnehmerüberlassung findet **keine Aufspaltung der Arbeitgeberfunktionen** statt. Das zeitliche, hierarchische und auch fachliche **Weisungsrecht** übt allein der Werkunternehmer als Arbeitgeber aus. Von diesem zu unterscheiden ist das Recht des Bestellers aus **§ 645 Abs. 1 S. 1 BGB**. Danach ist der Werkbesteller berechtigt, dem Werkunternehmer selbst oder dessen Erfüllungsgehilfen Anweisungen für die **Ausführung des Werkes** zu erteilen.[154]

---

152 *Reiserer/Koller-van Delden* Anm. zu OLG Koblenz EWiR § 1 AÜG 1/03, 611 unter Hinweis auf BAG 25.10.2000, 7 AZR 487/99, BAGE 96, 150 = EzA § 10 AÜG Nr. 10 m.w.Nachw.
153 OLG Koblenz 16.1.2003, 5 U 885/02, EzAÜG § 9 AÜG Nr. 11 = EWiR § 1 AÜG 1/03, 611.
154 BAG 19.3.2003, 7 AZR 267/02, AP AÜG § 13 Nr. 4 m.w.Nachw.; BAG 24.5.2006, 7 AZR 365/05, EzAÜG § 10 AÜG Fiktion Nr. 114.

138 Anders als das allgemeine arbeitsrechtliche Weisungsrecht ist das Anweisungsrecht des Werkbestellers gegenständlich auf das **konkrete
Werk** bezogen. Fehlt es in einem abgrenzbaren, dem Werkunternehmer als eigene Leistung zurechenbaren und abnahmefähigen Werk,
so liegt hierin ein **deutliches Indiz** für das Vorliegen von Arbeitnehmerüberlassung. Gegen das Bestehen eines Werkvertrages spricht in
diesen Fällen, dass der Besteller erst durch seine Anweisung den
Gegenstand der von dem Arbeitnehmer zu erbringenden Leistung
überhaupt bestimmt und damit Arbeit und Einsatz für ihn bindend
organisiert.[155] Zwar sei eine **»wenig präzise« Beschreibung** der geschuldeten Gesamt- und Einzelleistungen mit einem Werkvertrag
nicht unvereinbar, sie passe jedoch jedenfalls ebenso gut zu einer
mengenbezogenen Vergütung für die Arbeitsleistung überlassener
Arbeitnehmer.[156]

139 Üben nicht nur ganz gelegentlich sondern regelmäßig allein oder vorrangig Mitarbeiter des Bestellers das über § 645 BGB hinausgehende
arbeitgeberliche Weisungsrecht aus, ist jedoch von Arbeitnehmerüberlassung auszugehen.[157]

▶ **Praxistipp:**

Das geschuldete Werk sollte jeweils möglichst präzise vertraglich
festgelegt werden. Im Falle der Bestellung einer Vielzahl von Einzelwerken lässt sich dies mit einer katalogisierenden Zusammenstellung erreichen. Sind bei der nachfolgenden Leistungserbringung Anweisungen durch den Besteller notwendig, sollte sich
dieser gegenüber den vom Auftragnehmer eingesetzten Arbeitnehmern stets auf die niedergelegte Werkbeschreibung berufen.
Soweit praktisch möglich, ist der Auftragnehmer selbst, nicht dessen Arbeitnehmer, als Ansprechpartner zu wählen.

c) Spezifische Abgrenzungsmerkmale

140 Die Frage der Abgrenzung des Werkvertrages von der Arbeitnehmerüberlassung erfordert stets eine Gesamtbetrachtung. Die von Rechtsprechung und Literatur herausgearbeiteten Indizien können lediglich dazu dienen, die daraus folgenden Risiken zu reduzieren.

141 Es wäre jedoch verfehlt, den Einsatz von Fremdarbeitnehmern im Betrieb aufgrund eines Werkvertrages als ständig an der Schwelle zur

---

155 BAG 9.11.1994, 7 AZR 217/94, EzA § 10 AÜG Nr. 8.
156 BGH 21.1.2003, X ZR 261/01, NZA 2003, 616 = EzAÜG § 9 AÜG Nr. 12.
157 BAG 6.8.2003, 7 AZR 180/03, AP AÜG § 9 Nr. 6 m.w.Nachw.; Schüren/Hamann/*Hamann* § 1 Rn. 93, 156, 203.

Arbeitnehmerüberlassung stehend einzuordnen. Die Rechtsprechung kommt der Praxis zumindest insoweit entgegen, als sie »**gelegentliche Ausrutscher**« bei der Vertragsdurchführung duldet. Kommt es beispielsweise lediglich gelegentlich unter Abweichung vom normalen Tagesablauf auch zu arbeitsrechtlichen Weisungen eines Werkbestellers, führt dies noch nicht zur Annahme einer (unerlaubten) Arbeitnehmerüberlassung.[158] Vom Normalfall abweichende **Einzelfälle** sind nicht geeignet, eine Tätigkeit insgesamt als Arbeitnehmerüberlassung zu qualifizieren.[159]

aa) Ausgestaltung des Vertragsinhalts zwischen Besteller und Auftragnehmer

Für das Vorliegen eines Werkvertrages spricht es, wenn der zu Grunde liegende Vertrag **technische Regelungen** über die Erstellung des Werkes enthält oder **Preisvereinbarungen**, welche sich nicht (allein) auf Arbeitnehmerschichten, sondern auf die Fertigstellung des Werkes beziehen.   142

▶ **Beispiel:**

Im Vertrag über das Pflastern eines Kundenparkplatzes wird ein Quadratmeterpreis vereinbart.

Ebenfalls für das Vorliegen eines Werkvertrages spricht das Bestehen von Haftungsregelungen im Leistungsverzeichnis. Die Übernahme eines eigenen Unternehmerrisikos, zu dem **Haftung und Gewährleistung** gehören, ist typisch für einen Werk-, nicht hingegen für einen Arbeitnehmerüberlassungsvertrag.[160]   143

bb) Ausgestaltung des Vertragsinhalts zwischen Auftragnehmer und Arbeitnehmer

Kein Indiz für das Vorliegen einer Arbeitnehmerüberlassung stellt das **Fehlen eines Hinweises auf § 613 S. 2 BGB** im Vertrag zwischen Auftragnehmer und seinen Arbeitnehmern dar.[161]   144

Hierzu fehlt es bereits an einer gesetzlichen Grundlage. Eine Analogie zu § 10 Abs. 1 S. 1 AÜG ist nicht möglich, da keine ungewollte Rege-   145

---

158 LAG Düsseldorf 27.8.2007, 17 Sa 864/07, n.v. (juris).
159 BAG 6.8.2003, 7 AZR 180/03, AP AÜG § 9 Nr. 6; BAG 30.1.1990, 7 AZR 497/89, AP AÜG § 10 Nr. 8.
160 Schüren/Hamann/*Hamann* § 1 AÜG Rn. 153.
161 LAG Düsseldorf 27.8.2007, 17 Sa 270/07, LAGE § 10 AÜG Nr. 4 = EzAÜG § 10 AÜG Fiktion Nr. 119.

lungslücke vorliegt. Der Gesetzgeber hat das Problem einer fehlenden Vereinbarung zur Überlassung im Arbeitsvertrag gesehen. Dies belegt die Regelung des § 613 S. 2 BGB. Eine Rechtsfolge entsprechend § 10 Abs. 1 S. 1 AÜG hat der Gesetzgeber jedoch nicht für erforderlich gehalten.

cc) Arbeitszeiten

146 Dass ein Arbeitnehmer seinen Urlaub mit Mitarbeitern der Stammbelegschaft abzustimmen hat, kann ebenso wie eine Abstimmung über die **Lage der Arbeitszeit** durch Art und Inhalt der zu erbringenden Dienst- oder Werkleistung bedingt sein und indiziert damit nicht notwendig eine Arbeitnehmerüberlassung.[162]

147 Gleiches gilt für die **Erfassung von Arbeitszeiten** der Fremdarbeitnehmer. Gegen eine solche Indizwirkung spricht die im Werkvertragsrecht durchaus übliche Praxis der **Aufwandsberechnung**. Die Erfassung von Arbeitszeiten deutet vor diesem Hintergrund nicht stets auf eine Eingliederung des Arbeitnehmers in den Betrieb hin, sondern kann auch lediglich Grundlage für eine werkvertragliche Abrechnung sein. Noch deutlicher gegen eine Indizwirkung spricht es, wenn der vermeintliche Entleiher mit der Zeiterfassung lediglich bestehende **gesetzliche Verpflichtungen** erfüllt.[163]

dd) Arbeitsausrüstung

148 Das **Stellen von Werkzeugen und Schutzkleidung** hat in der neueren Rechtsprechung als Indiz für das Vorliegen von Arbeitnehmerüberlassung an Bedeutung verloren.[164]

149 Werden Fremdarbeitnehmer allerdings **täglich** vor Aufnahme der Arbeiten von Arbeitnehmern der Stammbelegschaft **eingewiesen und mit Material und Werkzeugen** versorgt, spricht dies für eine Eingliederung in den Betrieb, die das Vertragsverhältnis als Arbeitnehmerüberlassung qualifiziert.[165]

---

162 LAG Rheinland-Pfalz 3.5.2006, 10 Sa 913/05, n.v. unter Verweis auf BAG 30.1.1991, 7 AZR 497/89, BAGE 67, 124 = AP AÜG § 10 Nr. 8.
163 LAG Düsseldorf 27.8.2007, 17 Sa 864/07, n.v. (juris).
164 LAG Düsseldorf 15.1.2009, 15 TaBV 379/08, EzA-SD 2009, Nr. 17,16; LAG Düsseldorf 27.8.2007, 17 Sa 864/07, n.v. (juris) unter Hinweis auf Schüren/Hamann/*Hamann* § 1 AÜG Rn. 127 ff., 131 f. und 147 ff., jeweils m.w.Nachw., DA-AÜG zu § 1 Ziff. 1.41.4; a.A. SG Hamburg 23.11.2004, S 13 AL 5/99, EzAÜG § 1 AÜG Gewerbsmäßige Arbeitnehmerüberlassung Nr. 39; BAG 15.6.1983, 5 AZR 111/81, AP AÜG § 10 Nr. 5.
165 BGH 21.1.2003, X ZR 261/01, NZA 2003, 616 = EzAÜG § 9 AÜG Nr. 12 m.w.Nachw.

3. Bedienungspersonal

Wird **Bedienungspersonal** für zum Gebrauch überlassener Maschinen oder Geräte gestellt, liegt keine Arbeitnehmerüberlassung vor, wenn der Schwerpunkt eines Vertrages nicht in der Überlassung der Arbeitnehmer, sondern in der Gebrauchsüberlassung der Maschine oder des Gerätes liegt. 150

Die Gebrauchsüberlassung muss hierbei prägendes Element des Vertrages sein. Das BAG hat einen solchen Schwerpunkt bei der **Vermietung von Baumaschinen** sowie der **Gebrauchsüberlassung eines Flugzeugs** einschließlich fliegenden Personals (sogenanntes Wet-Lease) angenommen und eine Anwendbarkeit des AÜG daher verneint.[166] 151

Keine Arbeitnehmerüberlassung im Sinne des AÜG liegt ferner vor, wenn ein Unternehmen, das **technische Produktionsanlagen**, Einrichtungen oder Systeme herstellt und eigenes Stammpersonal zu einem Betreiber derartiger Anlagen, Einrichtungen oder Systeme entsendet, um typische Instandhaltungs-, Inbetriebnahme-, Änderungs-, Erweiterungsarbeiten oder Ingenieurleistung daran durchzuführen, soweit das entsendende Unternehmen Träger des **Unternehmerrisikos und der Unternehmerfreiheit** ist.[167] 152

4. Dienstvertrag

Der Dienstvertrag und der Arbeitnehmerüberlassungsvertrag liegen hinsichtlich ihrer Ausgestaltung noch näher beieinander als Arbeitnehmerüberlassungs- und Werkvertrag. In beiden Fällen ist – anders als beim Werkvertrag – kein Erfolg geschuldet. 153

a) Vertragliche Ausgestaltung

Bei der Abgrenzung zwischen Dienstvertrag und dem Vorliegen von Arbeitnehmerüberlassung soll nach Ansicht des BGH der Grundsatz einer nach beiden Seiten **interessegerechten Auslegung** als anerkannte Auslegungsregel Anwendung finden. Danach sei im Zweifel zwar einer Auslegung der Vorzug zu geben, welche nicht zur Nichtigkeit des angestrebten Vertrages führt. Dies würde bei fehlender Einhaltung 154

---

166 BAG 17.2.1993, 7 AZR 167/92, AP AÜG § 10 Nr. 9; BAG 31.1.1996, 2 AZR 68/95, AP KSchG 1969 § 1 Personenbedingte Kündigung Nr. 17; BAG 16.6.1982, 4 AZR 862/79, AP TVG § 1 Tarifverträge: Bau Nr. 41.
167 DA Agentur für Arbeit Ziff. 1.1.11.

des Schriftformerfordernisses des § 12 AÜG gegen eine Auslegung vertraglicher Regelung als Arbeitnehmerüberlassung sprechen.[168]

155 Inhaltlich ist zur Abgrenzung zwischen Arbeitnehmerüberlassung und Dienstvertrag hauptsächlich auf die Frage abzustellen, inwieweit der Arbeitnehmer in die Betriebsorganisation des Fremdunternehmens eingegliedert ist und wer die jeweiligen arbeitsrechtlichen Weisungen erteilt hat. Ebenso wenig wie bei der Abgrenzung zum Werkvertrag führt hierbei die Erteilung allenfalls **fachlicher Weisungen** zur Annahme einer Arbeitnehmerüberlassung.[169]

b) Spezifische Abgrenzungsmerkmale

aa) Ausgestaltung des Vertragsinhalts

156 Hauptleistungspflicht im Rahmen eines Dienstvertrages ist das Erbringen einer Tätigkeit, wobei der Auftragnehmer für die Erbringung der Dienste verantwortlich ist. Entscheidend für die Abgrenzung zwischen Arbeitnehmerüberlassung und Dienstvertrag ist die **Bestimmbarkeit der Dienstleistung**.[170] Wie beim Werkvertrag spricht eine vertragliche Gestaltung, welche die geschuldeten Dienste möglichst genau beschreibt, für das Vorliegen eines Dienstvertrages.

157 Hat der Fremdarbeitnehmer Dienstleistungen in dem vom Besteller beauftragten Umfang eigenständig zu erbringen und handelt es sich um abgrenzbare und im Vertragsangebot ausreichend beschriebene Leistungen, liegt eine **ausreichend konkrete Ausgestaltung** vor. In diesem Falle ist es unschädlich, wenn dieses Leistungspaket nach Vorgaben eines Verantwortlichen des Bestellers bearbeitet wird.[171]

158 Ist die Beschreibung im Vertrag dagegen so vage, dass die eingesetzten Mitarbeiter erst im Fremdbetrieb von Arbeitnehmern des Dienstberechtigten erfahren, welche Leistung sie erbringen sollen, liegt in der Regel Arbeitnehmerüberlassung vor. Ebenso ist die Grenze überschritten, wenn der Dienstberechtigte nicht nähere Anforderungen an die vereinbarte Dienstleistung stellt, sondern **losgelöst** von dieser den Einsatz der Fremdarbeitnehmer bestimmt.

---

168 BGH 2.2.2006, III ZR 61/05, EzAÜG § 611 BGB Abgrenzung Nr. 10 m.w.Nachw.
169 LAG Düsseldorf 10.3.2008, 17 Sa 856/07, EzAÜG § 10 AÜG Fiktion Nr. 120.
170 *Steinau-Steinrück/Paul* NJW Spezial 2006, 81.
171 LAG München 7.12.2004, 6 Sa 1235/03, n.v.

▶ **Beispiel:**

Ein Chemieunternehmen schließt mit einem Reinigungsunternehmen einen Dienstvertrag über die Reinigung von Laborräumen. Das Reinigungsunternehmen setzt hierzu Reinigungskräfte ein. Diese sind auch dann als Erfüllungsgehilfen ihres Arbeitgebers einzuordnen, wenn Mitarbeiter des Chemieunternehmens ihnen genaue Anweisungen dazu geben, welche Bereiche des Labors mit welchen Mitteln und in welcher Intensität gereinigt werden dürfen. Geht das Chemieunternehmen jedoch mit Wissen des Arbeitgebers der Reinigungskräfte dazu über, diese auch anzuweisen, nach Abschluss der Reinigungsarbeiten die im Labor gehaltenen Mäuse zu füttern und die ausgehende Post einzuwerfen, überschreitet dies die Grenze zur Arbeitnehmerüberlassung.

bb) Überlassung von Arbeitsmaterialien/Visitenkarten

Die Überlassung von **Arbeitsmaterialien** kann regelmäßig nicht als 159
Indiz für das Vorliegen von Arbeitnehmerüberlassung herangezogen werden.[172] Selbstverständlich ist auch dies abhängig von den Besonderheiten des jeweiligen Einzelfalls. Dies soll mit Einschränkungen selbst bei der Verwendung von **Visitenkarten** gelten. Auch wenn der Arbeitnehmer im Rahmen seiner Aufgabenerledigung nach Außen im Namen des Drittunternehmens auftritt, soll dies nicht zwingend einen Rückschluss auf Arbeitnehmerüberlassung zulassen. Verwendet der Fremdarbeitnehmer die Visitenkarte des Drittunternehmens soll dies zumindest gelten, sofern auch der Vertragsarbeitgeber des Arbeitnehmers auf der Visitenkarte vermerkt ist.[173]

cc) Gruppenbildung

Wichtiges Indiz zur Abgrenzung zwischen Arbeitnehmerüberlassung 160
und Dienstvertrag ist die Gruppenbildung der eingesetzten Arbeitnehmer. Für das Vorliegen von Arbeitnehmerüberlassung spricht es, wenn **Stamm- und Fremdarbeitnehmer** in einer Gruppe **zusammenarbeiten**.[174] Sind dagegen in einer Kolonne ausschließlich Fremd-

---

172 LAG Düsseldorf 10.3.2008, 17 Sa 856/07, EzAÜG § 10 AÜG Fiktion Nr. 120
      für den Bereich Bergbau.
173 LAG Berlin 27.5.2005, 6 Sa 1499/04, NZA-RR 2005, 516 = EzAÜG KSchG
      Nr. 13 (nachgehend BAG 24.8.2006, 8 AZR 317/05, AP KSchG 1969 § 1 Be-
      triebsbedingte Kündigung Nr. 152, abstellend allein auf die fehlende Ge-
      werbsmäßigkeit).
174 SG Hamburg 23.11.2004, S 13 AL 5/99, EzAÜG § 1 AÜG Gewerbsmäßige
      Arbeitnehmerüberlassung Nr. 39.

arbeitnehmer zusammengefasst, spricht dies dafür, dass diese allein als Erfüllungsgehilfen ihres Vertragsarbeitgebers tätig werden. Inso weit ist es für die Annahme des Vorliegens eines Dienstvertrages unschädlich, wenn die Fremdarbeitnehmer dieser Gruppe lediglich im Rahmen **fachlicher Notwendigkeit** Unterstützung durch Arbeitnehmer der Stammbelegschaft erfahren.[175]

▶ Praxistipp:

Aufgrund der erheblichen Rechtsunsicherheit, welche gerade in Bezug auf die Abgrenzung zwischen Dienstvertrag und Arbeitnehmerüberlassungsvertrag besteht, sollte keine Vermischung der externen Arbeitnehmer mit eigenen Arbeitnehmern im Sinne einer übergreifenden Gruppenbildung erfolgen.

dd) Sonstige Indizien

161 Gegen die Annahme von Arbeitnehmerüberlassung spricht es, wenn die **Termine** der zu erbringenden Dienstleistungen nicht vom Auftraggeber gesetzt werden, sondern sich aus dem Auftrag selbst ergeben und es dem Auftraggeber im Wesentlichen auf die termingerechte Erledigung der Aufgaben zum festgelegten Zeitpunkt und nicht auf die vom Fremdarbeitnehmer hierzu aufgewendeten Arbeitszeiten ankommt.[176]

162 Ebenso indiziert eine **Rückbelastung des Auftragnehmers** für den Fall, dass Arbeitsergebnisse des Fremdarbeitnehmers nachgearbeitet werden müssen oder der Fremdarbeitnehmer auf zunächst vom Auftraggeber angeregten Schulungen oder Einweisungen Kosten verursacht das Vorliegen eines Dienstvertrages.[177]

5. Geschäftsbesorgungsvertrag

163 Kein Fall der Arbeitnehmerüberlassung liegt im Falle eines Geschäftsbesorgungsvertrages (§ 675 BGB) vor. Dies scheitert bereits an der fehlenden Eingliederung eines Arbeitnehmers in eine fremde Arbeitsorganisation.

164 Ein Geschäftsbesorgungsvertrag im Sinne des § 675 BGB setzt eine **selbständige Tätigkeit wirtschaftlicher Art im fremden Interesse**

---

175 LAG Düsseldorf 10.3.2008, 17 Sa 856/07, EzAÜG § 10 AÜG Fiktion Nr. 120.
176 LAG München 7.12.2004, 6 Sa 1235/03, n.v.
177 LAG München 7.12.2004, 6 Sa 1235/03, n.v.

voraus.[178] Da der Beauftragte damit zwingend Selbständiger ist, kommt eine Arbeitnehmerüberlassung bereits unter diesem Aspekt nicht in Betracht. Nichts anderes gilt, wenn der Selbständige sich zur Erbringung seiner Leistung Erfüllungsgehilfen bedient. Typische Fälle für Geschäftsbesorgungsverträge sind **anwaltliche Tätigkeiten**, die Tätigkeit eines **Architekten** sowie allgemeine **Bankverträge**.

6. Sonderfall: Interimsmanagement

Der Begriff des Interimsmanagement bezeichnet in Deutschland die **befristete Beschäftigung externer Führungskräfte** im Unternehmen. Im Unterschied zur Leistung von Unternehmensberatern werden die Interimsmanager nicht nur von außen beratend und konzeptionell tätig. Ihre Aufgabe ist auch die Einführung und Umsetzung von Konzepten sowie die Steuerung und Begleitung des täglichen operativen Geschäfts.[179] 165

Nach einer Erhebung des »Arbeitskreises Interimmanagement Provider« (AINP) arbeiten in Deutschland derzeit mehr als 10000 Manager auf Zeit, bei einem Geschäftsumsatz der Branche von ca. 1,33 Milliarden Euro.[180] Seit einigen Jahren gibt es mit der Dachgesellschaft Deutscher Interimmanager e.V. (DDIM) und dem Bundesarbeitskreis Interim Management (BIM) sowie der Bundesvereinigung Rekrutierung, Sanierung und Interimsmanagement e.V. (BRSI) organisierte Interessenvertretungen der Interimmanager bzw. der entsprechenden Agenturen. 166

Ein Dreiecksverhältnis der Vertragsbeziehungen, welches den Grenzbereich zur Arbeitnehmerüberlassung berühren kann, entsteht, wenn Interimsmanager über eine **Agentur** vermittelt wurden. Da es beim Einsatz eines Interimsmanagers gerade darum geht, dem Auftraggeber Know-how und Arbeitskraft im Interesse des **Hinwirkens auf den Betriebszweck** des Auftraggebers zur Verfügung zu stellen, liegt beim Einsatz von Interimsmanagern stets Arbeitnehmerüberlassung vor, sofern der Interimmanager nicht selbständig sondern abhängig tätig wird.[181] Im Bereich des Interimsmanagements stellt sich daher in besonderem Maße die Abgrenzungsfrage zwischen abhängiger Beschäftigung und **Scheinselbständigkeit**.[182] Die Eigenart der Beschäftigung, die regelmäßig eine weitgehende Weisungsfreiheit 167

---

178 BGH 17.10.1991, III Z 352/89, NJW-RR 1992, 560.
179 Vgl. zur Definition *Dahl* DB 2005, 1738.
180 Quelle: agenda Handelsblatt 18.2.2009 Nr. 34 Rn. 8.
181 *Dahl* DB 2005, 1738.
182 Zum allgemeinen Problem der Scheinselbständigkeit vgl. §1 AÜG Rdn. 120 ff.

voraussetzt, spricht grundsätzlich für eine Selbständigkeit von Interimsmanagern und damit gegen die Annahme von Arbeitnehmerüberlassung.

7. Mischverträge

168 Abgrenzungsfragen zur Arbeitnehmerüberlassung entstehen im Fall des drittbezogenen Personaleinsatzes, bei denen der Arbeitgeber einem Kunden Maschinen, Geräte oder Softwareprogramme mit Bedienungspersonal zur Verfügung stellt[183] und der Dritte deren Einsatz nach seinen eigenen betrieblichen Erfordernissen bestimmt und organisiert.

169 Nach der Rechtsprechung werden derartige Mischverträge von den Vorschriften des AÜG dann nicht erfasst, wenn der Schwerpunkt des Vertrages nicht in der Überlassung der Arbeitnehmer, sondern der Gebrauchsüberlassung der Maschine, des Gerätes oder eines Softwareprogramms liegt, diese Gebrauchsüberlassung also prägendes Element des Vertrages ist. Maßgeblich ist danach, ob die Personalgestellung nur in dem Sinne dienende Funktion hat, dass sie **den Einsatz des Gerätes erst ermöglichen** soll oder ob den Schwerpunkt des Vertrages die Beschaffung der Arbeitsleistung selbst bildet. Auf den **wirtschaftlichen Wert** der Überlassung oder des Geräts soll es nicht ankommen.[184]

170 Was prägendes Element des Vertrages ist, lässt sich mitunter kaum feststellen. Gerade soweit es um **hochspezielle Maschinen**, Geräte oder Programme geht, ist häufig auch der Einsatz **hoch spezialisierter Fachkräfte** beim Kunden essentiell. Die Abgrenzungsschwierigkeiten in der Praxis liegen auf der Hand.

171 Nach der zitierten Durchführungsanweisung der Bundesagentur für Arbeit ist die Entsendung von Stammpersonal zur Entwicklung, Erprobung und Herstellung der Nutzbarkeit von **Softwareprogrammen** beim Kunden regelmäßig keine Arbeitnehmerüberlassung. Demgegenüber soll die kontinuierliche Anwendung eines Programms durch Fremdkräfte in der Regel einen Fall der Arbeitnehmerüberlassung darstellen.

172 Ein Indiz gegen einen auf der Arbeitnehmerüberlassung liegenden Vertragsschwerpunkt ist dann gegeben, wenn das Personal lediglich in der **Anfangsphase** der Maschinennutzung oder zur Einweisung in die Maschinentechnik zur Verfügung gestellt wird.[185]

---

183 Siehe hierzu bereits § 1 AÜG Rdn. 150 ff.
184 DA-AÜG zu § 1 Ziff. 1.1.11.
185 HWK/*Kalb* § 1 AÜG Rn. 29.

▶ **Praxistipp:**

Als grobe Daumenregel[186] lässt sich eine Abgrenzung danach vornehmen,

– ob der Kunde lediglich entscheidet, wann, wo und wie die Maschine oder das Gerät nutzbar sein soll (= Schwerpunkt Gebrauchsüberlassung) oder

– ob der Kunde (auch) entscheidet, wann, wo und wie die Arbeitnehmer an der Maschine tätig sein sollen (= Schwerpunkt Arbeitnehmerüberlassung).

8. Arbeitsvermittlung

Nach Entfallen der Regelungen zur Höchstüberlassungsdauer, dem Wegfall des Synchronisationsverbotes sowie der seit 2002 bestehenden Freiheit privater Arbeitsvermittlung hat die Abgrenzung zwischen Arbeitnehmerüberlassung und Arbeitsvermittlung **an Bedeutung verloren**.   173

Praktisch ergibt es für ein Zeitarbeitsunternehmen **keinen Sinn mehr**, das mittlerweise zulässige Geschäft der Arbeitsvermittlung im Gewande der Arbeitnehmerüberlassung als einem damit **erlaubnispflichtigen Scheingeschäft** zu betreiben.[187]   174

9. Identifikation von Scheinwerk- und Scheindienstverträgen

Die Identifikation von Scheinwerk- und Scheindienstverträgen erfolgt im Rahmen einer **Gesamtschau** anhand der oben[188] dargestellten Abgrenzungsmerkmale. Für die Praxis von hoher Bedeutung sind insoweit die umfangreichen Ausführungen der Durchführungsanweisung der Arbeitsagentur.[189]   175

10. Praxis und Durchführungsanweisung der Bundesagentur für Arbeit

Die Bundesagentur für Arbeit ist gemäß § 17 AÜG für die Überwachung der Arbeitnehmerüberlassung zuständig. Die Durchführungsanweisung der Bundesagentur ist daher praktisch von er-   176

---

186 *Hamann* S. 86 ff.
187 Böhm/Hennig/Hopp/*Böhm* Rn. 75.
188 Vgl. für Werkverträge § 1 AÜG Rdn. 140, für Dienstverträge § 1 AÜG Rdn. 156.
189 DA-AÜG, vgl. Anhang, abzurufen unter http://www.arbeitsagentur.de/ zentraler-Content/A01-Allgemein-Info/A015-Oeffentlichkeitsarbeit/ Publikation/pdf/DA-Arbeitnehmerueberlassungsgesetz.pdf.

heblicher Bedeutung. Dass sie **keine rechtliche Bindungswirkung** entfaltet, ändert hieran nichts. Die Verwaltungspraxis der zuständigen örtlichen Bundesagenturen bestimmt sich streng nach den Durchführungsanweisungen der Bundesagentur. Besonders hoch ist die **praktische Bedeutung** insbesondere für die Abgrenzung der Arbeitnehmerüberlassung von anderen Formen des drittbezogenen Personaleinsatzes.

177 Derzeit maßgeblich ist die unter der Nr. PP11-7160.4 (1) herausgegebene Durchführungsanweisung zum Arbeitnehmerüberlassungsgesetz (DA-AÜG) vom Oktober 2004.[190]

B. Abordnung zu einer Arbeitsgemeinschaft – Abs. 1 Sätze 2 und 3

178 Keine Arbeitnehmerüberlassung liegt gemäß § 1 Abs. 1 S. 2 AÜG bei der Abordnung von Arbeitnehmern zu einer **zur Herstellung eines Werkes gebildeten Arbeitsgemeinschaft** vor, wenn der Vertragsarbeitgeber Mitglied der Arbeitsgemeinschaft ist, für alle Mitglieder der Arbeitsgemeinschaft **Tarifverträge desselben Wirtschaftszweiges** gelten und alle Mitglieder aufgrund des Arbeitsgemeinschaftsvertrages zur selbständigen Erbringung von **Vertragsleistung** verpflichtet sind.

I. Voraussetzungen für Arbeitgeber mit Sitz im Inland

179 Alle in § 1 Abs. 1 S. 2 AÜG genannten Voraussetzungen müssen **kumulativ** vorliegen. Ist eines der Merkmale nicht erfüllt, greift die Privilegierung nicht ein.[191]

180 Der Begriff des **Wirtschaftszweiges** ist im Sinne des allgemeinen Sprachgebrauchs zu verstehen. Als Wirtschaftszweig im Sinne der Norm sind beispielsweise das Baugewerbe, die chemische Industrie, der Bergbau und die Kraftfahrzeugindustrie anzusehen.[192]

181 Da bei Erfüllung der gesetzlichen Merkmale keine Beschränkungen nach dem AÜG bestehen, ist die Abordnung eines Arbeitnehmers zu einer Arbeitsgemeinschaft **auch im Bereich des Baugewerbes**, für welches im Übrigen die Bereichsausnahme des § 1b AÜG greift, **zulässig**. Aus diesem Grund finden sich in der Praxis Arbeitsgemeinschaften

---

190 Abzurufen auf den Seiten der Agentur für Arbeit www.arbeitsagentur.de, in Auszügen abgedruckt im Anhang.
191 OLG Karlsruhe 7.3.1990, 3 Ss 172/89, BB 1990, 1561.
192 *Urban-Crell/Schulz* Rn. 549, 541 m.w.Nachw.

hauptsächlich im Bereich des Baugewerbes. Rechtlich ist die Arbeitsgemeinschaft als Gesellschaft bürgerlichen Rechts einzuordnen.[193]

II. Voraussetzungen für Arbeitgeber in anderen Mitgliedsstaaten

In Umsetzung der nach der Rechtsprechung des EuGH verbindlichen   **182**
europarechtlichen Vorgaben hat der Gesetzgeber für den Fall der Abordnung von Arbeitnehmern durch einen Arbeitgeber mit Geschäftssitz in einem anderen **Mitgliedsstaat des EWR** auf die Erfüllung des
Tatbestandsmerkmals einer Geltung deutscher **Tarifverträge desselben Wirtschaftszweiges** verzichtet.[194]

▶ **Übersicht:**

Der Privilegierungstatbestand des § 1 Abs. 1 S. 2, 3 AÜG greift
demnach ein, wenn die »Überlassung« eines Arbeitnehmers
– durch einen Arbeitgeber erfolgt, der selbst Mitglied der Arbeitsgemeinschaft ist,
– die Arbeitsgemeinschaft zur Herstellung eines Werkes gebildet
    ist,
– alle Mitglieder aufgrund des Gemeinschaftsvertrages zur selbständigen Erbringung von Vertragsleistungen verpflichtet sind,
– die Tarifverträge desselben Wirtschaftszweiges für alle Mitarbeiter der ARGE gelten, soweit diese nicht ihren Geschäftssitz
    in einem anderen Mitgliedsstaat des EWR haben.

Ist streitig, ob die Ausnahmevorschrift des § 1 S. 2 Nr. 1 AÜG ein   **183**
greift, sind die Unternehmen **darlegungs- und beweispflichtig.**[195]

C. Vermutete Arbeitsvermittlung – Abs. 2

I. Allgemeines

In Fällen, in denen der Arbeitnehmer Dritten zur Arbeitsleistung (tat   **184**
sächlich) überlassen wird und der Überlassende nicht die üblichen
Arbeitgeberpflichten oder das Arbeitgeberrisiko (§ 3 Abs. 1 Nr. 1–3
AÜG) übernimmt, wird nach **§ 1 Abs. 2 AÜG Arbeitsvermittlung
vermutet.** Die gesetzliche Vermutungsregelung gilt unstreitig für die

---

193 *Schwab* NZA-RR 2008, 169.
194 EuGH 25.10.2001, C-493/99, EzA § 1 AÜG Nr. 11.
195 *Sandmann/Marschall* Art. 1 § 1 AÜG Rn. 77.

gewerbsmäßige, nach überwiegender Auffassung auch für die nicht-gewerbsmäßige Arbeitnehmerüberlassung.[196]

185   § 1 Abs. 2 AÜG knüpft an die **frühere Rechtsprechung** des BVerfG und BSG zur Abgrenzung der Arbeitnehmerüberlassung von der Arbeitsvermittlung an.[197] Der Vermutungstatbestand ist **heute nur noch historisch zu erklären**; rechtliche Bedeutung oder gar ein praktisches Bedürfnis besteht nicht.[198] Der Gesetzgeber sollte § 1 Abs. 2 AÜG ersatzlos streichen.

II. Voraussetzungen

1. Nichtübernahme der Arbeitgeberpflichten und des Arbeitgeberrisikos

186   Der Vermutungstatbestand knüpft an die **Nichtübernahme der Arbeitgeberpflichten und des Arbeitgeberrisikos** nach § 3 Abs. 1 Nr. 1–3 AÜG. Der Verweis des § 1 Abs. 2 auf die Versagungstatbestände in § 3 AÜG ist abschließend.[199] Nach dem Gesetzeswortlaut genügt es, wenn der »Verleiher« entweder die Arbeitgeberpflichten oder das Arbeitgeberrisiko nicht übernimmt.[200] Nach der Gesetzesbegründung werden die Arbeitgeberpflichten dann nicht übernommen, wenn der »Verleiher« diese vertraglich ausschließt oder sie rein tatsächlich nicht erfüllt.[201]

▶ **Beispiel:**

Ein Zeitarbeitsunternehmen stellt 20 Arbeitnehmer für Hilfstätigkeiten ein und zahlt ihnen auf der Grundlage eines dubiosen Tarifvertrages einen weit unterdurchschnittlichen Dumpinglohn.

Der Vermutungstatbestand des § 1 Abs. 2 i.V.m. § 3 Abs. 1 Nr. 3 AÜG ist erfüllt, sollte der Tarifvertrag unwirksam sein. Das Problem ist in diesem Fall aber keineswegs die Abgrenzung von Ar-

---

196 BAG 21.3.1990, 7 AZR 198/89, EzA § 1 AÜG Nr. 2, BB 1991, 275; BAG 26.4.1995, 7 AZR 850/94, EzA § 1 AÜG Nr. 6, NZA 1996, 92; *Boemke/Lembke* § 1 AÜG Rn. 147 m.w.Nachw.; a.A. Schüren/Hamann/*Schüren* § 1 AÜG Rn. 433 ff.

197 BVerfG 4.4.1967, 1 BvR 84/65, AP AVAVG § 37 Nr. 7 – »Einordnungstheorie«; BSG 29.7.1970, 7 RAr 44/68, BSGE 31, 235 ff. – »Schwerpunkttheorie«; dazu ausführlich *Becker/Wulfgramm* § 1 AÜG Rn. 43 ff.

198 In diesem Sinne a. *Boemke/Lembke* § 1 AÜG Rn. 7; Böhm/Hennig/Popp/ *Böhm* Rn. 71; ErfK/*Wank* § 1 AÜG Rn. 46; *Urban-Crell/Schulz* Rn. 846; a.A. Schüren/Hamann/*Schüren* § 1 AÜG Rn. 432 ff.

199 Ganz herrschende Meinung vgl. nur *Boemke/Lembke* § 1 AÜG Rn. 148.

200 Zu diesen Versagungstatbeständen vgl. § 3 AÜG Rdn. 12 ff.

201 BT-Drucks. 10/2102 S. 32.

beitnehmerüberlassung und Arbeitsvermittlung, sondern der angewandte Scheintarifvertrag. Dieser und die Tariffähigkeit der diesen abschließenden Vereinigung ist zu hinterfragen. Sollte die Unwirksamkeit des Tarifvertrages rechtskräftig festgestellt werden, griffe das Schlechterstellungsverbot des § 9 Nr. 2 AÜG; die Arbeitnehmer könnten die Nachzahlung der Differenzvergütung nach § 10 Abs. 4 AÜG verlangen. Die gewerberechtliche Rechtsfolge eines Verstoßes gegen § 1 Abs. 2 AÜG spielte demgegenüber kaum eine Rolle.[202]

2. Widerlegbarkeit

Die Vermutung ist – wie sich aus der Gesetzesformulierung und der Entstehungsgeschichte ergibt – widerlegbar.[203] Das BAG bejaht die **Widerlegbarkeit** allerdings nur **in Fällen nichtgewerbsmäßiger Arbeitnehmerüberlassung**.[204] 187

Das Eingreifen der Vermutung entbindet die BA nicht von ihrer Verpflichtung zur umfassenden **Sachverhaltsaufklärung**. Bestehen trotz aller Aufklärungsbemühungen Zweifel (non liquet), ob Arbeitnehmerüberlassung oder Arbeitsvermittlung vorliegt, führt § 1 Abs. 2 AÜG zu Lasten des Überlassenden zu einer objektiven Beweislastumkehr. Dem Überlassenden obliegt der Nachweis von Tatsachen, aus denen sich das Betreiben von Arbeitnehmerüberlassung ergibt.[205] 188

Ob dem Überlassenden trotz des Vorliegens eines Versagungstatbestandes nach § 3 Abs. 1 AÜG der **Entlastungsbeweis** gelingt, ist eine Frage des Einzelfalls. Bei wertender Gesamtbetrachtung kommt es darauf an, ob der Schwerpunkt des Arbeitsverhältnisses weiterhin im Verhältnis zum überlassenden Arbeitgeber liegt oder der Arbeitnehmer zur Begründung eines Arbeitsverhältnisses mit dem Dritten zusammengeführt worden ist.[206] Der Vermutungstatbestand knüpft damit an die zur Abgrenzung von Arbeitnehmerüberlassung und Arbeitsvermittlung bestehenden Kriterien an. Charakteristisch für die Tätigkeit eines Arbeitsvermittlers (vgl. § 35 Abs. 1 S. 2 SGB III) ist das Zusammenführen von zwei potentiellen Partnern eines Arbeitsvertrages. Seine Rolle ist also der eines Maklers (vgl. § 652 BGB) vergleich- 189

---

202 Ähnlich Böhm/Hennig/Popp/*Böhm* Rn. 73.
203 BT-Drucks. VI/3505 S. 2.
204 BAG 23.11.1988, 7 AZR 34/88, EzA § 3 AÜG Nr. 1; BAG 3.12.1997, 7 AZR 764/96, EzA § 1 AÜG Nr. 9; krit. *Boemke/Lembke* § 1 AÜG Rn. 158; *Schüren/Behrend* NZA 2003, 521; *Urban-Crell/Schulz* Rn. 848.
205 MünchArbR/*Marschall* § 176 Rn. 13; *Behrend* BB 2001, 2641; *Schüren/Behrend* RdA 2001, 107 ff.
206 BAG 21.3.1990, 7 AZR 198/98, AP AÜG § 1 Nr. 15.

bar.[207] Unerheblich ist es, ob über die auf das Zusammenführen der Parteien gerichtete Tätigkeit hinaus im Ergebnis ein Vertragsschluss tatsächlich zustande kommt.[208] Maßstab für eine erfolgreiche Widerlegung der gesetzlichen Vermutung ist insbesondere die ernsthafte Wahrnehmung der Arbeitgeberrolle durch den Überlassenden; fungiert dieser nur als »Zahlstelle«, ist er Vermittler.[209]

III. Rechtsfolgen

190 Wird die Vermutung widerlegt, so liegt Arbeitnehmerüberlassung vor. Wird die Vermutung nicht widerlegt, wird kraft Gesetzes **Arbeitsvermittlung** vermutet.

1. Vermutete Arbeitsvermittlung bei Verleih mit Verleiherlaubnis

191 Die **Konstruktionen der vermuteten Arbeitsvermittlung** bei Verleih eines Arbeitnehmers mit Verleiherlaubnis lässt sich graphisch wie folgt abbilden:

**Konstruktion vermutete Arbeitsvermittlung bei Verleih
mit Verleiherlaubnis**

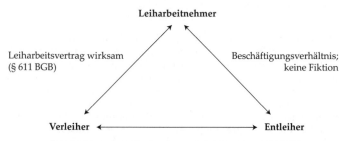

Arbeitnehmerüberlassungsvertrag; i.d.R. wirksam (§ 12 AÜG)

a) Rechtsbeziehungen zwischen Leiharbeitnehmer und Entleiher

192 Vor **Aufhebung des § 13 AÜG a.F.** durch Art. 63 Nr. 9 des Arbeitsförderungs-Reformgesetzes (AFRG) vom 24.3.1997[210] mit Wirkung zum

---

207 BSG 6.5.2008, B 7/7a AL 10/07 R, BeckRS 2008 55596.
208 *Säcker/Kühnast* ZfA 2001, 117, 121.
209 BAG 20.7.1982, 3 AZR 446/80, EzA § 611 BGB Mittelbares Arbeitsverhältnis Nr. 1.
210 BGBl. I. S. 594.

1.4.1997 nahm das BAG in ständiger Rechtsprechung an, dass zwischen dem Leiharbeitnehmer und dem Entleiher ein Arbeitsverhältnis als zustande gekommen gilt, wenn mit der Überlassung des Arbeitnehmers der Tatbestand der unerlaubten Arbeitsvermittlung unwiderleglich verwirklicht wird. Hinsichtlich der Modalitäten dieses fingierten Arbeitsverhältnisses wurde § 10 Abs. 1 S. 2 bis 5 AÜG analog angewandt.[211] Nach Aufhebung des Arbeitsvermittlungsmonopols der BA ging der Verweis des § 13 AÜG a.F. auf § 4 AFG ins Leere. Auf diese Unstimmigkeit reagierte der Gesetzgeber mit der ersatzlosen Streichung des § 13 AÜG a.F. Damit entfiel die dogmatische Grundlage für die bisherige Rechtsprechung des BAG zur Fiktion eines Arbeitsverhältnisses im Falle vermuteter Arbeitsvermittlung. Der 7. Senat des BAG gab seine Rechtsprechung folglich auf. Trotz Eintritts der Vermutungsfolge des § 1 Abs. 2 AÜG entsteht **zwischen Leiharbeitnehmer und Entleiher kein Arbeitsverhältnis** weder allein auf Grundlage des § 1 Abs. 2 AÜG noch im Wege analoger Anwendung des § 10 Abs. 1 S. 1 AÜG.[212]

b) Rechtsbeziehungen zwischen Verleiher und Leiharbeitnehmer

Die nach § 1 Abs. 2 AÜG vermutete Arbeitsvermittlung hat **nicht die Nichtigkeit des Leiharbeitsvertrages** zur Folge.[213] Seit Aufhebung des § 13 AÜG a.F. und der geänderten Rechtsprechung des BAG zu den Rechtsfolgen vermuteter Arbeitsvermittlung sind mit dem Eingreifen des Vermutungstatbestandes keine arbeitsrechtlichen Konsequenzen mehr verbunden. § 1 Abs. 2 AÜG ist vielmehr überflüssig; die Vorschrift sollte ersatzlos gestrichen werden.[214]

193

---

211 Grundlegend BAG 10.2.1977, 2 ABR 80/76, EzA § 103 BetrVG 1972 Nr. 18; BAG 23.11.1988, 7 AZR 34/88, EzA § 3 AÜG Nr. 1; BAG 21.3.1990, 7 AZR 198/98, AP AÜG § 1 Nr. 15; BAG 26.4.1995, 7 AZR 850/94, EzA § 1 AÜG Nr. 6.

212 BAG 28.6.2000, 7 AZR 100/99, AP AÜG § 13 Nr. 3 m.Anm. *Urban-Crell*; noch offengelassen von BAG 15.4.1999, 7 AZR 437/97, AP AÜG § 13 Nr. 1 m.Anm. *Urban-Crell*; jüngst BAG 19.9.2001, 7 AZR 574/00, EzA § 1 BeschFG 1985 Klagefrist Nr. 7; ausführlich *Urban-Crell/Schulz* Rn. 855 ff.

213 BAG 15.4.1999, 7 AZR 437/97, AP AÜG § 13 Nr. 1 m.Anm. *Urban-Crell*; BAG 22.3.2000, 7 AZR 758/98, EzA § 620 BGB Nr. 170; BAG 28.6.2000, 7 AZR 100/99, AP AÜG § 13 Nr. 3 m.Anm. *Urban-Crell*; BAG 19.3.2003, 7 AZR 267/02, EzA § 1 AÜG Nr. 12; a.A. BAG 10.2.1977, 2 ABR 80/76, EzA § 103 BetrVG 1972 Nr. 18; *Behrend* BB 2001, 2641, 2643; *Sandmann/Marschall* Art. 1 § 1 AÜG Anm. 64.

214 *Boemke/Lembke* § 1 AÜG Rn. 168; *Urban-Crell/Schulz* Rn. 866.

c) Rechtsbeziehungen zwischen Verleiher und Entleiher

194 Bis zur Abschaffung der Erlaubnispflicht für private Arbeitsvermittler durch das am 27.3.2002 in Kraft getretene Gesetz zur Vereinfachung der Wahl der Arbeitnehmervertreter in den Aufsichtsrat hatte die nach § 1 Abs. 2 AÜG vermutete Arbeitsvermittlung Auswirkungen auf die Wirksamkeit des **Arbeitnehmerüberlassungsvertrages**. Dieser war nach § 291 Abs. 1, § 297 SGB III i.V.m. § 134 BGB nichtig[215], soweit der illegal Überlassende nicht im Besitz einer Vermittlungserlaubnis nach § 291 Abs. 1 SGB III war.[216] Für die **Nichtigkeitsfolge des Überlassungsvertrages** fehlt es inzwischen an einer **Rechtsgrundlage**, nachdem die Rechtsfolgenanordnung des § 297 Nr. 1 SGB III a.F. entfallen ist. Mangels Verstoßes gegen ein Verbotsgesetz bleibt der Arbeitnehmerüberlassungsvertrag auch im Falle des § 1 Abs. 2 AÜG wirksam.[217]

d) Sonstige Sanktionen

195 Private Arbeitsvermittler müssen ihre Tätigkeit lediglich beim zuständigen Gewerbeamt anmelden. Die behördliche Überwachung beschränkt sich bei der privaten Arbeitsvermittlung als nunmehr erlaubnisfreies Gewerbe auf die **Anzeigepflicht nach § 14 GewO**. Das zuständige Gewerbeamt kann die Vermittlungstätigkeit nur unter den Voraussetzungen des § 35 GewO untersagen.[218]

196 Die unterbliebene oder nicht ordnungsgemäße Anzeige stellt zwar eine **Ordnungswidrigkeit** dar (**§ 146 Abs. 2 Nr. 1 GewO**), die mit einer Geldbuße bis zu € 1 000,00 geahndet werden kann (§ 146 Abs. 3 GewO).[219] Doch berechtigt sie die Behörde nicht zur Untersagung oder Unterbindung der Gewerbeausübung nach § 35 GewO; dies folgt aus einem Umkehrschluss zu § 15 Abs. 2 GewO.[220] Ein Verstoß gegen § 14 GewO kann allerdings die **Unzuverlässigkeit des Erlaubnisinhabers** im Sinne des § 3 Abs. 1 Nr. 1 begründen; unter Umständen kann die Verleiherlaubnis daher zurückgenommen oder widerrufen werden (§ 4 Abs. 1 S. 1 AÜG; § 5 Abs. 1 Nr. 3 AÜG). Allein ein Verstoß gegen

---

215 LAG Hamburg 18.1.1991, 3 Sa 51/90, LAGE § 9 AÜG Nr. 3.
216 *Behrend* BB 2001, 2641, 2645 f.; *Hager* Gemeinsame Anmerkung zu BAG 15.4.1999 und 28.6.2000, SAE 2000, 317, 320; KHK/*Düwell* 4.5 Rn. 323; a.A. *Ulber* § 1 AÜG Rn. 203, Einleitung D Rn. 46.
217 LAG Niedersachsen 28.2.2006, 13 TaBV 56/05, AuA 2006, 753 (zur Strohmannkonstruktion bei konzerneigener Personalführungsgesellschaft).
218 Zu den Einzelheiten privater Arbeitsvermittlung vgl. *Urban-Crell/Schulz* Rn. 1382 ff.; ausführlich zur Gewerbeuntersagung Tettinger/Wank/*Tettinger* § 35 GewO Rn. 1 ff.
219 So a. DA-AÜG § 1 Ziff. 1.2.
220 Dazu ausführlich Tettinger/Wank/*Tettinger* § 35 GewO Rn. 1 ff.

§ 14 GewO führt nicht zur Nichtigkeit des Überlassungsvertrages (§ 134 BGB).[221]

Illegale Auslandsvermittlung nach § 292 SGB III kann nach § 404 **197** Abs. 2 Nr. 9 SGB III als Ordnungswidrigkeit mit einer Geldbuße bis zu € 30000,00 geahndet werden. Nach zutreffender Auffassung genügt insoweit die bloße Vermutung des § 1 Abs. 2 AÜG nicht. Es bedarf vielmehr des konkreten Nachweises illegaler Arbeitsvermittlung.[222]

Bei **gesetzes- oder tarifwidriger Vergütung** des Arbeitnehmers ent- **198** gegen § 9 Nr. 2 AÜG (§ 3 Abs. 1 Nr. 3 AÜG) haftet der Verleiher arbeitsrechtlich auf die **Differenzvergütung** (§ 10 Abs. 4 AÜG).

2. Vermutete Arbeitsvermittlung bei Verleih ohne Verleiherlaubnis

Soweit der Verleiher nicht im Besitz einer Erlaubnis zur gewerbsmäßi- **199** gen Arbeitnehmerüberlassung ist, ist zur Beurteilung der Rechtsfolgen der illegalen Arbeitnehmerüberlassung danach zu differenzieren, ob eine Verleiherlaubnis für die Überlassung des Arbeitnehmers erforderlich war oder nicht. Im Vordergrund steht mithin die Abgrenzung zwischen gewerbsmäßiger und nichtgewerbsmäßiger Arbeitnehmerüberlassung.[223]

Die Rechtsfolgen illegaler Arbeitnehmerüberlassung bei einem **Ver- 200 leih ohne Verleiherlaubnis** richten sich ausschließlich nach § 9 Nr. 1 i.V.m. § 10 AÜG. Die daneben eingreifende Vermutung nach § 1 Abs. 2 AÜG beeinflusst die insoweit eintretenden Rechtsfolgen nicht.[224]

Nichtgewerbsmäßige oder sonst **erlaubnisfreie Arbeitnehmerüber- 201 lassung** setzt keine Erlaubnis nach § 1 Abs. 1 AÜG voraus. Ein Konkurrenzverhältnis zwischen § 9 Nr. 1, § 10 Abs. 1 S. 1 AÜG einerseits und § 1 Abs. 2 AÜG andererseits besteht daher nicht. Die Rechtsfolgen entsprechen denen bei vermuteter Arbeitsvermittlung bei Verleih mit Verleiherlaubnis.[225]

3. Verwaltungszwang

Die BA wird durch § 6 **AÜG** verpflichtet, dem Verleiher die illegale **202** Arbeitnehmerüberlassung ohne Erlaubnis nach § 1 Abs. 1 AÜG zu

---

221 *Urban-Crell/Schulz* Rn. 869.
222 *Boemke/Lembke* § 1 AÜG Rn. 171; Schüren/Hamann/*Hamann* § 1 AÜG Rn. 594 ff.
223 Vgl. § 1 AÜG Rdn. 89 ff.
224 ErfK/*Wank* § 1 AÜG Rn. 49; KHK/*Düwell* 4.5 Rn. 312.
225 Vgl. § 1 AÜG Rdn. 190 ff.

untersagen und das weitere Überlassen nach den Vorschriften des VwVG (Bund) zu verhindern. Nach seinem ausdrücklichen Wortlaut ist § 6 AÜG auf die vermutete Arbeitsvermittlung nach § 1 Abs. 2 AÜG **nicht anzuwenden, wenn der Überlassende im Besitz einer Verleiherlaubnis ist.**[226]

203 Ein Verstoß allein gegen die Anzeigepflicht des § 14 GewO berechtigt das zuständige Gewerbeamt auch **nicht** zur **Untersagung der Gewerbeausübung nach § 35 GewO** (vgl. § 15 Abs. 2 GewO).

204 Der Arbeitgeber hat die Arbeitnehmerüberlassung grundsätzlich unter einen Erlaubnisvorbehalt gestellt. § 1 Abs. 3 AÜG macht von dieser grundsätzlichen Erlaubnispflicht **Ausnahmen** für Fälle, in denen die typischen mit der Arbeitnehmerüberlassung einhergehenden Gefahren nach Einschätzung des Gesetzgebers nicht realisiert werden. Ausdrücklich ausgenommen sind nach § 1 Abs. 3 AÜG die arbeitsplatzsichernde Arbeitnehmerüberlassung (Nr. 1), die konzerninterne Arbeitnehmerüberlassung (Nr. 2) sowie die Überlassung ins Ausland (Nr. 3).

205 Anwendbar bleiben im Fall des Eingreifens einer der Ausnahmetatbestände des Abs. 3 lediglich § 1b S. 1, § 16 Abs. 1 Nr. 1b und Abs. 2–5 AÜG sowie der §§ 17 und 18 AÜG.

D. Ausnahmetatbestände – Abs. 3

I. Arbeitsplatzsichernde Arbeitnehmerüberlassung – Abs. 3 S. 1

206 Der Privilegierungstatbestand des § 1 Abs. 3 Nr. 1 AÜG sieht eine Ausnahme von der allgemeinen Erlaubnispflicht vor, wenn eine Arbeitnehmerüberlassung zwischen Arbeitgebern desselben Wirtschaftszweiges zur Vermeidung von Kurzarbeit oder Entlassung erfolgt und ein für den Entleiher und Verleiher geltender Tarifvertrag dies vorsieht. Der Privilegierungstatbestand soll dem **Erhalt von Arbeitsplätzen** insbesondere in **krisenanfälligen Wirtschaftszweigen** dienen. Hierzu sollen unnötige Erschwerungen eines im Sinne der Beschäftigungssicherung **sinnvollen Personalaustausches** durch Eingreifen der Vorschriften des AÜG verhindert werden.

1. Praktische Bedeutung

207 **Praktisch** hat der Privilegierungstatbestand des § 1 Abs. 3 Nr. 1 AÜG bisher **kaum Anwendung** gefunden. Grund hierfür ist unter ande-

---

226 Vgl. § 6 AÜG Rdn. 1 ff.

rem, dass in kaum einem Tarifvertrag eine entsprechende Regelung vereinbart wurde.[227] Aufgrund der derzeitigen Verschlechterung der Wirtschaftslage könnte jedoch auch dieses Instrument zur Sanierung **in Zukunft** größere Berücksichtigung finden. So hat die IG Metall mit Wirkung zum April 2009 einen weiteren Tarifvertrag geschlosssen, welcher eine Nichtanwendbarkeit des AÜG bei einigen Siegerländer Arbeitgebern vorsieht.[228] Diese Tarifverträge sehen beispielsweise die Fortgewährung des üblichen Lohns und Urlaubs durch das entleihende Unternehmen, eine Art Gebühr des verleihenden Unternehmens sowie häufig ein Abwerbeverbot vor.

2. Voraussetzungen

Als Ausnahmevorschrift ist § 1 Abs. 3 Nr. 1 AÜG entsprechend den 208 allgemeinen Auslegungsregeln restriktiv auszulegen. Hierbei müssen kumulativ die drei gesetzlich ausdrücklich benannten Voraussetzungen eingreifen:
– die Arbeitgeber müssen **demselben Wirtschaftszweig** angehören,
– die Arbeitnehmerüberlassung muss der **Vermeidung von Kurzarbeit oder Entlassungen** dienen,
– es muss ein **Tarifvertrag** für Entleiher und Verleiher gelten, der die Nichtanwendbarkeit des AÜG vorsieht.

a) Arbeitgeber desselben Wirtschaftszweiges

Der Begriff des **Wirtschaftszweiges** ist im Sinne des allgemeinen 209 Sprachgebrauchs zu verstehen. Mit diesem Merkmal soll ein **Unterlaufen von Tarifverträgen** durch das Abordnen von Arbeitnehmern insbesondere durch reine Verleihunternehmen vermieden werden.

Der Ausnahmetatbestand greift daher auch dann ein, wenn zwar eine 210 Zugehörigkeit zum selben Wirtschaftsbereich, nicht aber zum **fachlichen Geltungsbereich** desselben Tarifvertrages besteht. Hier gilt nichts anderes als bzgl. § 1 Abs. 1 S. 2 AÜG, wobei zu beachten ist, dass anders als dort die Bereichsausnahme für das Baugewerbe gemäß § 1 Abs. 3 S. 1, § 1b S. 1 AÜG gilt. Als Wirtschaftszweige im Sinne der Norm sind beispielsweise die chemische Industrie, der Bergbau und die Kraftfahrzeugindustrie anzusehen.[229] Nach anderer Ansicht soll auf das **Industrieverbandsprinzip** abzustellen sein. Dies wirft insbesondere Probleme bei gemischten Unternehmen auf.[230]

---

227 Vgl. die Zusammenstellung bei *Sandmann/Marschall* Art. 1 § 1 AÜG Rn. 78.
228 Quelle: Handelsblatt 14.5.2009.
229 *Urban-Crell/Schulz* Rn. 549, 541.
230 Vgl. Darstellung des Meinungsstands bei Thüsing / Waas § 1 AÜG Rn. 164 ff.

b) Vermeidung von Kurzarbeit und Entlassungen

211 § 1 Abs. 3 Nr. 1 AÜG soll eine Ausnahme von der Erlaubnispflicht nur im Falle einer **tatsächlichen Gefährdung von Arbeitsplätzen** begründen. Allein die Absicht, Arbeitsplatzgefährdungen zu unterbinden, genügt nicht. Voraussetzung ist vielmehr eine an **objektiven Merkmalen** festzumachende Eignung der Personalüberlassung, Kurzarbeit oder Entlassungen tatsächlich zu vermeiden.[231]Aus diesem Grund müssen die Voraussetzungen für die Gewährung von Kurzarbeitergeld oder für den Ausspruch betriebsbedingter Kündigungen erfüllt sein.

212 Eine tatsächliche Vermeidung von **Kurzarbeit** ist nur bei Erfüllung der Voraussetzungen des **§§ 169 ff. SGB III** anzunehmen.[232] Aufgrund dieser Anknüpfung ist davon auszugehen, dass die bis zum 31.12.2010 geltende **Geschäftsanweisung zur Erleichterung der Gewährung von Kurzarbeitergeld**[233] auch im Rahmen des § 1 Abs. 3 Nr. 1 AÜG zu berücksichtigen ist.

213 Eine tatsächliche Gefährdung ist auch dann anzunehmen, wenn die Voraussetzungen für eine betriebsbedingte **Massenentlassung** tatsächlich vorliegen.[234] Maßgeblich sind insoweit die Tatbestände des **§ 17 KSchG** sowie **§ 112a BetrVG**.

214 Sowohl hinsichtlich der Kurzarbeit als auch hinsichtlich der zu befürchtenden Entlassungen ist lediglich eine Phase des **vorübergehenden Arbeitsausfalls** gemeint, nicht hingegen ein dauerhaftes Entfallen eines Arbeitsplatzes.[235]

c) Geltung eines Tarifvertrags für Entleiher und Verleiher

215 Gemäß § 1 Abs. 3 S. 1 AÜG ebenfalls notwendig ist eine **ausdrückliche Zulassung** des Personalaustauschs unter **Nichtanwendung des AÜG** in einem für den Entleiher und Verleiher geltenden Tarifvertrag.

216 Streitig ist, ob für Verleiher und Entleiher hierbei ein und derselbe Tarifvertrag gelten muss. Die Wortlautauslegung spricht für das Erfordernis der **Einschlägigkeit desselben Tarifvertrages** für Verleiher und Entleiher.[236] Gegen ein solches Verständnis sprechen indes **Telos**

---

231 *Urban-Crell/Schulz* Rn. 551.
232 Herrschende Meinung vgl. ErfK / *Wank* § 1 AÜG Rn. 77 m.w.Nachw.
233 Materiell-rechtliche und verfahrenstechnische Änderungen / Anpassungen der Geschäftsanweisung Kurzarbeitergeld Stand 4/2009.
234 Schüren/Hamann/*Hamann* § 1 AÜG Rn. 487 m.w.Nachw.
235 ErfK / *Wank* § 1 AÜG Rn. 77 m.w.Nachw.
236 ErfK / *Wank* § 1 AÜG Rn. 72.

und Gesetzgebungsgeschichte der Vorschrift. Das Gesetzgebungsverfahren erfolgte in dem Verständnis, dass zwischen sämtlichen Werften des Norddeutschen Küstenbereichs die Arbeitnehmerüberlassung durch Tarifverträge zulässig sein soll, obschon aufgrund verschiedener räumlich Tarifbezirke für die Werften verschiedene Tarifverträge Anwendung fanden. Die mit § 1 Abs. 3 Nr. 1 AÜG intendierte Erleichterung des Personalaustauschs wäre bei einer Beschränkung auf den Bereich lediglich eines Tarifvertrages kaum mehr zu erreichen.[237]

II. Konzerninterne Arbeitnehmerüberlassung – Abs. 3 Nr. 2

Das AÜG enthält gemäß § 1 Abs. 3 Nr. 2 AÜG ein **Konzernprivileg.** 217 Danach sind bei Erfüllung der Tatbestandsmerkmale auf die Arbeitnehmerüberlassung zwischen Konzernunternehmen die **Vorschriften des AÜG** mit Ausnahme des § 1b S. 1, des § 16 Abs. 1 Nr. 1b und Abs. 2–5 sowie der §§ 17 und 18 **nicht anzuwenden.**

1. Anwendungsbereich und Reichweite des Konzernprivilegs

Entgegen einer in vielen Personalabteilungen verbreiteten Annahme 218 privilegiert § 1 Abs. 3 S. 2 AÜG **keinesfalls jede Form des Fremdeinsatzes konzernangehöriger Arbeitnehmer** innerhalb verbundener Unternehmen.

Insbesondere sind die Fälle des § 1 Abs. 3 Nr. 2 abzugrenzen vom 219 Sonderfall der **Personalführungsgesellschaften.**[238] Diese stellen den in der Praxis weit überwiegenden Teil des Fremdeinsatzes von Arbeitnehmern konzernangehöriger Unternehmen dar. Da sie meist der dauerhaften Überlassung von Arbeitnehmern dienen, unterfallen sie jedoch regelmäßig **nicht dem Konzernprivileg.** Die Vorschriften des AÜG sind daher auf sie anzuwenden.

Indes gibt es bei Einsatz unternehmensfremder, konzernangehöriger 220 Arbeitnehmer in anderen Konzernunternehmen **keine grundsätzliche Vermutung** für das Vorliegen – privilegierter oder nicht privilegierter – Arbeitnehmerüberlassung. Arbeitnehmermobilität im Konzern kann in **verschiedenen Vertragsformen** erfolgen, ohne dass diese in den Anwendungsbereich des AÜG fallen. Die Vertragsparteien können beispielsweise **mehrere Arbeitsverhältnisse** miteinander in der Form verknüpfen, dass das Stammarbeitsverhältnis mit dem Einstellungsunternehmen ruht, d.h. die gegenseitigen Hauptleis-

---

237 *Urban-Crell/Schulz* Rn. 554 unter Verweis auf BT-Drucks. 10/3206 S. 33.
238 Vgl. hierzu § 1 AÜG Rdn. 233 ff.

tungspflichten suspendiert sind, gleichzeitig aber ein zweites Arbeits-verhältnis mit einem anderen Konzernunternehmen begründet und durchgeführt wird. Eine solche Vereinbarung – die angesichts des Ar-beitgeberwechsels **keine Arbeitnehmerüberlassung darstellen** kann – ist auch vor dem Hintergrund einer Kontrolle nach §§ 305 ff. BGB grundsätzlich unbedenklich.[239]

▶ **Beispiel:**

Ein als Ingenieur angestellter Arbeitnehmer der Muttergesellschaft, der dort in der Entwicklungsabteilung beschäftigt ist, soll vorüber-gehend technischer Leiter des neuen Werks eines Tochterunterneh-mens werden. Mutter-, Tochterunternehmen und Arbeitnehmer schließen einen dreiseitigen Vertrag, wonach das Arbeitsverhältnis (Ingenieur Entwicklung) zwischen Mutterunternehmen und Ar-beitnehmer für ein halbes Jahr ruht und in diesem Zeitraum das Tochterunternehmen aufgrund eines neuen, befristeten Arbeitsver-trages (Technischer Leiter) Arbeitgeber des Arbeitnehmers wird.

Ein Eingreifen des AÜG scheidet aus. Der Arbeitnehmer wird nicht in einem fremden Betrieb, sondern in dem seines (vorüber-gehenden) Arbeitgebers eingesetzt.

2. Voraussetzungen

221   Die Privilegierung des § 1 Abs. 3 Nr. 2 AÜG setzt zum einen voraus, dass die Arbeitnehmerüberlassung zwischen Konzernunternehmen i.S.d. § 18 AktG erfolgt. Zum anderen darf der Arbeitnehmer seine Arbeit lediglich vorübergehend nicht bei seinem Arbeitgeber leisten. Diese Voraussetzungen müssen kumulativ vorliegen.

a) Eingreifen des sektoralen Verbots des § 1b S. 1 AÜG

222   Ausweislich des eindeutigen Gesetzeswortlauts besteht im Bereich des Bauhauptgewerbes kein Konzernprivileg. Die Versagung einer Ersteckung des Privilegierungstatbestandes auf diesen Bereich soll im Interesse eines **Schutzes des deutschen Arbeitsmarktes** eine Umge-hung des § 1b S. 1 AÜG durch Gründung von (ausländischen) Kon-zerntöchtern verhindern.[240]

---

239   LAG Hamburg 21.5.2008, 5 Sa 82/07, EzA-SD 2009 Nr. 2, 4 m.w.Nachw.
240   BT-Drucks. 13/4941 S. 248.

b) Konzernunternehmen

Ob ein Unternehmen als Konzernunternehmen im Sinne des AÜG 223
einzustufen ist, richtet sich nach § 18 AktG.

Nach der Legaldefinition des § 18 AktG liegt ein Konzern vor, wenn 224
mindestens zwei rechtlich selbständige Unternehmen unter einer **einheitlichen Leitung** zusammengefasst sind.[241] Da § 1 Abs. 3 Nr. 2
AÜG in vollem Umfang auf § 18 AktG Bezug nimmt, ist es für die
Anwendbarkeit des Konzernprivilegs unerheblich, ob ein Unterord-
nungskonzern (§ 18 Abs. 1 AktG) oder ein Gleichordnungskonzern
(§ 18 Abs. 2 AktG) vorliegt. Ebenso ist unerheblich, ob bei einem Un-
terordnungskonzern die Abhängigkeit auf Vertrag (sogenannter Ver-
tragskonzern) oder auf sonstigen Beherrschungsmitteln (sogenannter
faktischer Konzern) basiert.[242]

Das LAG München hat in diesem Zusammenhang zuletzt offen gelas- 225
sen, ob und ab welchem Grad der Beteiligung es sich bei einem Rechtsverhältnis zwischen einer Gesellschaft und ihrer »Großmuttergesell-
schaft« um eine Konzernbeziehung im Sinne des § 18 AktG handelt.[243]

c) Vorübergehende Arbeitsleistung

Das Merkmal »vorübergehend« ist weit auszulegen. Es ist jedenfalls 226
dann erfüllt, wenn **zum Zeitpunkt der Überlassung** die Tatsache einer **Rückkehr** des Arbeitnehmers zur Vertragsarbeitgeberin sichergestellt ist, der Arbeitnehmer also seine Arbeitsleistung zu einem
späteren Termin wieder im abordnenden Konzernunternehmen erbringen kann. Streitig ist, ob auch bereits eine bloße Rückkehroption
des Arbeitnehmers zum Vertragsarbeitgeber ausreicht, um das Merkmal des lediglich vorübergehenden Einsatzes zu erfüllen.[244]

aa) Festlegung des Rückkehrtermins und zeitliche Höchstgrenze

Ebenfalls umstritten ist, ob zum Zeitpunkt der Überlassung das ge- 227
naue Rückkehrdatum bereits festgelegt sein muss.[245] Nach herrschen-

---

241 Vgl. zum Konzernbegriff *Hüffer* § 18 AktG Rn. 2.
242 *Urban-Crell/Schulz* Rn. 562 m.w.Nachw.
243 LAG München 26.10.2006, 4 Sa 1324/05, EzAÜG § 10 AÜG Fiktion Nr. 115
    unter Verweis auf BAG 5.5.1988, 2 AZR 795/87, EzA § 1 AÜG Nr. 1; BAG
    22.6.1994 und 3.12.1997, 7 AZR 286/93 und 7 AZR 764/96, EzA § 1 AÜG
    Nr. 4 und Nr. 9.
244 Bejahend LAG Frankfurt 26.5.2000, 2 Sa 423/99, EzAÜG § 1 AÜG Kon-
    zerninterne Arbeitnehmerüberlassung Nr. 9 = NZA-RR 2000, 572, ableh-
    nend *Hamann* Anm. zu BAG 20.4.2005, 7 ABR 20/04, EzA § 14 AÜG Nr. 5.
245 Vgl. zum Meinungsstand ErfK/*Wank* § 1 AÜG Rn. 60.

der Meinung muss der **Termin** der (geplanten) Rückkehr nicht fest-stehen.[246]

228   Eine exakt bestimmte **zeitliche Höchstgrenze** für den Einsatz im kon-zernangehörigen Entleiherbetrieb gibt es nicht. Als vorübergehend kann nach ständiger Rechtsprechung des BAG auch ein Zeitraum von **mehreren Jahren** einzuordnen sein.[247]

bb) Wiederaufnahme der Tätigkeit

229   Bei der Beurteilung des lediglich zeitlich begrenzten Fremdeinsatzes ist nicht auf die (geplante) Dauer des Einsatzes beim Entleiher abzu-stellen, sondern auf die (geplante Wieder-) **Aufnahme der Tätigkeit bei der Arbeitgebergesellschaft.**

230   Das Merkmal der vorübergehenden Überlassung ist daher **nicht** er-füllt, wenn ein Arbeitnehmer nach seiner Tätigkeit bei einem entlei-henden Konzernunternehmen an **weitere** – konzernzugehörige – **Un-ternehmen** überlassen werden soll.[248] In diesen Fällen ist gerade nicht die Rückkehr des Arbeitnehmers in einen Betrieb seines Arbeit-gebers (d.h. der personalüberlassenden Gesellschaft) geplant. Ent-sprechend kann das Konzernprivileg nicht eingreifen, wenn eine Rückkehr **mangels eigenen Geschäftsbetriebes** des verleihenden Un-ternehmens bereits faktisch ausgeschlossen ist.[249]

▶ **Beispiel:**

Arbeitgeberin eines Staplerfahrers ist eine Konzerngesellschaft, de-ren Tätigkeit ausschließlich in der Überlassung von Arbeitskräften an andere Konzernunternehmen besteht. Ihr Betrieb besteht aus ei-nem Büroraum, in dem zwei Arbeitnehmer diese Überlassung or-ganisieren. Der Staplerfahrer wurde mehrfach an unterschiedliche Konzernunternehmen überlassen. In seinem derzeitigen Einsat-zunternehmen wird er noch für zwei Monate gebraucht, danach wechselt er zu einem anderen Konzernunternehmen.

---

246 LAG Rheinland-Pfalz 3.5.2006, 10 Sa 913/05, n.v. m.w.Nachw.; LAG Mün-chen 26.10.2006, 4 Sa 1324/05, EzAÜG § 10 AÜG Fiktion Nr. 115 unter Ver-weis auf BAG 5.5.1988, 2 AZR 795/87, EzA § 1 AÜG Nr. 1.
247 BAG 10.3.2004, 7 ABR 49/03, EzA § 9 BetrVG 2001 Nr. 2 m.w.Nachw.
248 Missverständlich insoweit *Melms/Lipinski* BB 2004, 2409.
249 LAG Schleswig-Holstein 18.6.2008, 3 TaBV 8/08, EzA-SD 2008, Nr. 22, 15; LAG Schleswig-Holstein 18.6.2008, 3 TaBV 12/08, DB 2008, 2428; LAG Schleswig-Holstein 3.7.2008, 4 TaBV 13/08, n.v.; LAG Schleswig-Holstein 3.7.2008, 4 TaBV 9/08 n.v.

Das Konzernprivileg greift hier nicht ein. Die Aufnahme einer Tätigkeit des Staplerfahrers im Betrieb seines Arbeitgebers ist und war von Beginn an ausgeschlossen.

d) Gewerbsmäßigkeit

Liegen die Voraussetzungen des Ausnahmetatbestandes des § 1 Abs. 3 S. 2 AÜG vor, greift nach dem Gesetzeswortlaut das Konzernprivileg unabhängig davon ein, ob die Arbeitnehmerüberlassung gewerbsmäßig oder nicht gewerbsmäßig erfolgt. Der Gesetzeswortlaut schränkt den Anwendungsbereich der Vorschrift ausdrücklich nicht auf die nicht gewerbsmäßige Arbeitnehmerüberlassung ein.[250]   231

Probleme ergeben sich allerdings bei »**Altfällen**«. Diese treten in der heutigen Praxis noch immer nicht selten auf. Ursprünglich galten die Vorschriften des AÜG uneingeschränkt auch für die gewerbsmäßige Arbeitnehmerüberlassung von einem Konzernunternehmen an ein anderes Unternehmen desselben Konzerns. Das **Konzernprivileg** in § 1 Abs. 3 Nr. 2 AÜG wurde erst mit Wirkung zum 1.5.1985 in das Gesetz aufgenommen. Deshalb war die – auch nur vorübergehende – gewerbsmäßige konzerninterne Arbeitnehmerüberlassung bis zum **30.4.1985** erlaubnispflichtig.[251] Soweit eine **gewerbliche Überlassung vor diesem Stichtag** erfolgte, kann daher auch in Fällen der vorübergehenden konzerninternen Arbeitnehmerüberlassung ein fingiertes Arbeitsverhältnis entstanden sein.[252] Die nachträgliche Legalisierung der Arbeitnehmerüberlassung beseitigt die eingetretene Fiktion nicht. Das Recht, sich auf die eingetretene Fiktion zu berufen, verliert der Arbeitnehmer auch nicht durch den Abschluss eines Arbeitsvertrages mit dem früheren Entleiher. Ob durch **Vereinbarung** die Wirkungen des Art. 1 § 10 und § 13 AÜG a.F. rückwirkend durch Abschluss eines entsprechenden Arbeitsvertrages zwischen dem Leiharbeitnehmer und dem Entleiher abbedungen werden kann, hat die höchstrichterliche Rechtsprechung bisher offen gelassen.[253] Ist das Arbeitsverhältnis bereits beendet, kann ausnahmsweise auch auf Feststellung des beendeten Arbeitsverhältnisses geklagt werden, wenn sich aus diesem noch Rechtsfolgen für die Gegenwart oder Zukunft ergeben.[254]   232

---

250 *Urban-Crell/Schulz* Rn. 559 m.w.Nachw.
251 BAG 17.1.2007, 7 AZR 23/06, AP AÜG § 1 Nr. 32.
252 Vgl. hierzu allgemein § 10 AÜG Rdn. 3 ff.
253 *Schumann* Anm. zu BAG 18.3.2003, 3 AZR 160/02, EWiR § 1 BetrAVG 6/03, 1119.
254 BAG 15.12.1999, 5 AZR 457/98, EzA § 256 ZPO Nr. 52; BAG 21.6.2000, 5 AZR 782/98, BAGE 95, 141 = EzA § 256 ZPO Nr. 53; BAG 24.5.2006, 7 AZR 365/05, EzAÜG § 10 AÜG Fiktion Nr. 114.

▶ **Beispiel:**

Ein Arbeitnehmer wurde 1977 von der Konzernmutter (die keine Verleiherlaubnis besaß) eingestellt. Diese überließ ihn ab 1984 an ein Tochterunternehmen, mit dem der Arbeitnehmer 1989 einen Arbeitsvertrag schloss. Der mittlerweile ausgeschiedene Arbeitnehmer rügt nun die unter Zugrundelegung eines Eintritts im Jahr 1989 vorgenommene Berechnung seiner Bezüge aus der beim Tochterunternehmen geltenden Zusage über betriebliche Altersversorgung. Die Rüge ist berechtigt. Maßgeblich ist der Eintrittstermin 1984.

3. Sonderfall: Personalführungsgesellschaften

233 Keinen Fall des § 1 Abs. 3 Nr. 2 AÜG bilden in der Regel sogenannte **Personalführungsgesellschaften**. Auf diese ist das AÜG daher uneingeschränkt anzuwenden.

a) Gesetzgeberischer Wille

234 Bereits die Beschlussempfehlung des Ausschusses für Arbeits- und Sozialordnung stellte sich gegen eine Herausnahme der dauerhaften Entsendungen von Arbeitnehmern von einem Konzernunternehmen zum anderen aus dem Anwendungsbereich des AÜG. Das **Konzernprivileg** soll sich gerade **nicht auf reine Personalführungsgesellschaften** beziehen, deren einziger Zweck die Einstellung und Beschäftigung von Arbeitnehmern ist, die dann zu Konzernunternehmen entsandt werden.[255]

b) Nicht nur vorübergehende Tätigkeit

235 Liegt eine **reine Personalführungsgesellschaft** vor, kann bereits das Tatbestandsmerkmal des lediglich vorübergehenden Einsatzes außerhalb des Arbeitgeberunternehmens nicht erfüllt sein.[256]

236 Personalführungsgesellschaften zielen darauf, Arbeitnehmer **dauerhaft bei anderen Konzernunternehmen** einzusetzen. Eine Rückkehr zum Vertragsarbeitgeber ist nicht geplant. Es besteht nicht einmal auch nur eine Rückkehroption.

---

255 BT-Drucks. 10/3206 S. 33; zur Abgrenzung zum Gemeinschaftsbetrieb vgl. § 1 AÜG Rdn. 121 ff.
256 Vgl. § 1 AÜG Rdn. 226 ff.

Damit ist das **Konzernprivileg** auf Personalführungsgesellschaften   237
nicht anwendbar, sie unterliegen in vollem Umfang den Bestimmungen des AÜG.[257]

▶ **Praxistipp:**

In der Praxis unterfallen die meisten Fälle des konzerninternen Personalaustausches nicht dem Konzernprivileg des § 1 Abs. 3 Nr. 2 AÜG. Konzerngesellschaften, die (auch) dazu dienen, Arbeitnehmer an andere Konzernunternehmen zu überlassen, sollten daher zumindest zur Absicherung eine Verleiherlaubnis besitzen.

c) Rechtsmissbrauch durch Überlassung im Konzern

In Rechtsprechung und Literatur ist **umstritten,** ob und unter welchen Voraussetzungen bei Nutzung von Konzernsachverhalten ein   238
Verstoß gegen das **Verbot unzulässiger Gesetzesumgehung** anzunehmen ist. Diskutiert wird vor allem die Frage, ob und wann eine Konstruktion als unzulässig anzusehen ist, in welcher ein Konzernunternehmen gebildet wird, um die Anwendbarkeit des in Konzerngesellschaften geltenden Tarifniveaus zu vermeiden (»**Tarifflucht**«).

aa) Umgehung durch geplante langfristige Überlassung

Weder eine langfristige Überlassung noch ein damit einhergehender   239
Austausch von Stammpersonal bedeutet automatisch einen Verstoß gegen das AÜG. Soweit diese Aspekte zur Begründung eines Umgehungstatbestandes herangezogen wurden, ist dieser Argumentation durch die mittlerweile erfolgten Gesetzesänderungen der Boden entzogen.[258] Der Gesetzgeber hat die Beschränkung der Überlassungsdauer sowie die speziellen Synchronisationsverbote in § 3 Abs. 1 Nr. 1–5a AÜG a.F. zum 1.1.2004 aufgehoben.

bb) Umgehung durch Zweckrichtung der Lohnkostenreduktion

Teilweise wird der Einwand des Rechtsmissbrauchs erhoben, wenn ein   240
Personal überlassendes Konzernunternehmen lediglich »**als Papierti-**

---

257 BAG 20.4.2005, 7 ABR 20/04, NZA 2005, 1006.
258 LAG Niedersachsen 28.2.2006, 13 TaBV 56/05, EzAÜG § 14 AÜG Betriebsverfassung Nr. 64.

ger« existiert, dessen **Sinn und Zweck** allein darin bestehe, **Arbeitnehmer im Hinblick auf ihre Vergütung ungleich** zu behandeln.[259]

(a) Kein generelles Verbot der Schlechterstellung

241   Teilweise wird es als **unzulässiges Ziel** angesehen, wenn eine Konzerngesellschaft Leiharbeitnehmer nur deshalb einsetzt, um das für die Stammbelegschaft geltende **Lohnniveau** durch die Beschäftigung günstigerer (Fremd-)Arbeitskräfte zu umgehen.[260] Entgegen dieser Ansicht kann das Ziel, Lohnkosten einzusparen, noch keinen Rechtsmissbrauchstatbestand begründen. Werden seine Grenzen beachtet, ist die **Nutzung eines Gesetzes auch zur Kostenersparnis** zulässig. Das deutsche Arbeitsrecht enthält kein generelles Verbot der schlechteren Behandlung von Arbeitnehmern durch die willkürliche Zuordnung von deren Arbeitsverhältnissen.[261] Das »**traditionell niedrige Tarifniveau**« in der Verleihbranche hat die höchstrichterliche Rechtsprechung ausdrücklich als gesetzeskonform gewürdigt.[262]

242   Die Absenkung des Lohnniveaus über die Vereinbarung von Tarifverträgen der Zeitarbeitsbranche ist solange zulässig, wie sie sich **innerhalb der gesetzlichen Vorschriften** bewegt. Macht ein Konzern durch die Gründung einer eigenen Personalführungsgesellschaft von diesen gesetzlichen Möglichkeiten Gebrauch, stellt dies nach zutreffender Ansicht eine Anwendung und keine Umgehung des Gesetzes dar.[263]

(b) Unterlaufen von Gesetzes- und Tarifnormen

243   Der Einsatz konzernangehöriger Leiharbeitnehmer widerspricht auch nicht Sinn und Zweck des AÜG. Der Gesetzgeber hat die Regelung der **Vergütungshöhe** bewusst den **Tarifvertragsparteien überantwortet**. Soweit die gesetzlichen Vorgaben – die im Zuge der derzeitigen politischen Diskussion eventuell noch um Mindestlohnvorgaben er-

---

259   LAG Schleswig-Holstein 18.6.2008, 3 TaBV 8/08, EzA-SD 2008, Nr. 22, 15; LAG Schleswig-Holstein 18.6.2008, 3 TaBV 12/08, DB 2008, 2428; LAG Schleswig-Holstein 3.7.2008, 4 TaBV 13/08, n.v.; LAG Schleswig-Holstein 3.7.2008, 4 TaBV 9/08, n.v.

260   LAG Schleswig-Holstein 18.6.2008, 3 TaBV 8/08, EzA-SD 2008, Nr. 22, 15; LAG Schleswig-Holstein 18.6.2008, 3 TaBV 12/08, DB 2008, 2428; LAG Schleswig-Holstein 3.7.2008, 4 TaBV 13/08, n.v.; LAG Schleswig-Holstein 3.7.2008, 4 TaBV 9/08, n.v.

261   *Willemsen/Annuß* BB 2005, 437.

262   *Hamann* Anm. zu BAG 10.3.2004, 7 ABR 49/03, EzA § 9 BetrVG 2001 Nr. 2 unter Verweis auf BAG 6.8.2003, 7 AZR 180/03, EzA § 1 AÜG Nr. 13.

263   *Willemsen/Annuß* BB 2005, 437.

gänzt werden – eingehalten sind, kann von einer Gesetzwidrigkeit und damit Unzulässigkeit nicht ausgegangen werden.[264]

Der Gesetzgeber hat die **Nutzungs- und Gestaltungsmöglichkeiten** für Leiharbeit zugunsten der Arbeitgeber ausgeweitet. Dies gilt auch im Konzern. Diese Nutzungs- und Gestaltungsmöglichkeiten werden auch bei tarifgebundenen Entleihern nicht durch Art. 9 Abs. 3 GG beschränkt. Die Absicht eines Entleihers auf Dauer Arbeitskapazitäten unter **Umgehung eines für ihn geltenden Flächentarifvertrages** durch Leiharbeitnehmer bewältigen zu lassen, ist daher zulässig.[265] **244**

cc) Strohmannkonstruktionen

Verfügt ein Personal überlassendes Konzernunternehmen über **keinen eigenen Betrieb**, bedeutet dies noch keine rechtsmissbräuchliche Gestaltung, wohl aber verhindert dies das Eingreifen des Konzernprivilegs des § 1 Abs. 3 Nr. 2 AÜG. Das Merkmal des »vorübergehenden« Beschäftigung ist **offensichtlich nicht erfüllt**.[266] Personalführungsgesellschaften, deren einziger Zweck die Einstellung und Beschäftigung von Arbeitnehmern ist, um sie dauerhaft bei anderen Konzernunternehmen einzusetzen, unterliegen den Bestimmungen des AÜG, sind **jedoch nicht zu beanstanden**.[267] **245**

Teilweise wird zur Abgrenzung zulässiger Arbeitnehmerüberlassung zu unzulässigen Strohmannkonstruktionen darauf abgestellt, ob der Verleiher »in symbiotischer Beziehung« zu **nur einem Kunden** steht.[268] Wegen der fehlenden Übernahme eines Verleiherrisikos spreche viel für eine Strohmannkonstruktion, wenn die Einschaltung einer Konzernschwester als Leiharbeitgeber auf Selbstkostenbasis zur **bloßen Verlagerung von Personalkosten** in den Bereich der Sachkosten führt, und der schon bisher im Rahmen eines befristeten Arbeitsverhältnisses beschäftigt gewesene Arbeitnehmer künftig auf demselben Dauerarbeitsplatz beschäftig wird.[269] Grund für die Annahme einer unzulässigen Gestaltung soll nach dieser Ansicht das Verleiherrisiko sein. Eine Strohmannkonstruktion liege vor, wenn der Verleiher lediglich einen einzigen Kunden habe und ansonsten nicht am Markt auftrete, also bei Wegfall des Kunden seinen Arbeitnehmern keinen **246**

---

264 Ähnlich *Melms/Lipinski* BB 2004, 2409, welche jedoch eine Ausnahme für »reine Umgehungskonstruktionen« machen.
265 LAG Niedersachsen 26.11.2007, 6 TaBV 32/07, EzAÜG § 9 AÜG Nr. 25.
266 Vgl. ausführlich *Dörner* FS Wißmann 2005, S. 286.
267 LAG Niedersachsen 26.11.2007, 6 TaBV 32/07, EzAÜG § 9 AÜG Nr. 25.
268 *Brors/Schüren* BB 2005, 494 m.w.N.
269 LAG Berlin 7.1.2005, 6 Sa 2008/04, LAGE § 14 TzBfG Nr. 19a = EzAÜG § 17 TzBfG Nr. 2.

Arbeitsplatz bei einem anderen Entleiher anbieten kann.[270] In welchem **Umfang eine Teilnahme am Markt** erfolgen soll, um dem Vorwurf des Rechtsmissbrauchs zu entgehen, ist hierbei unklar.[271] Weitere Indizien für das Vorliegen einer unzulässigen Strohmannkonstruktion sollen eine **Personenidentität** der Unternehmensführung von Verleiher und Entleiher, ein **einheitlicher Unternehmenssitz** sowie eine (hundertprozentige) **Beteiligung** des Entleiher- am Verleiherunternehmen sein.[272]

247 Unzulässige »Strohmannkonstruktionen« finden sich – losgelöst von Konzerngestaltungen – insbesondere in der Form des **Scheinwerkvertrages**.[273] Insoweit wird ebenfalls die Übernahme des Verleiherrisikos als Abgrenzungsmerkmal herangezogen.[274] Im Übrigen verweist diese Literaturansicht auf die Abgrenzung des BAG zwischen Arbeitsverhältnissen und Werkverträgen.[275]

▶ **Praxistipp:**

Die uneinheitliche Rechtsprechung zur Annahme rechtsmissbräuchlicher Gestaltungen im Rahmen konzerninterner Arbeitnehmerüberlassung bedeutet eine erhebliche Rechtsunsicherheit. Diese lässt sich durch die Beantragung einer Erlaubnis gemäß § 1 AÜG nicht beseitigen.

Das Risiko ist bei Konzernsachverhalten minimiert, wenn
- das Verleihunternehmen erkennbar am Markt agiert oder eine eigenen Betriebsorganisation und einen tragfähigen Betriebszweck hat,
- die Anteile am Verleihunternehmen nicht überwiegend vom Hauptentleiher gehalten werden,
- keine (teilweise) Personenidentität der Geschäftsführung von Verleiher und Entleiher besteht,
- Verleih- und Entleihunternehmen örtlich getrennt sind.

---

270 Gegen eine Abgrenzung anhand des Arbeitgeberrisikos LAG Niedersachsen 26.11.2007, 6 TaBV 32/07, EzAÜG § 9 AÜG Nr. 25 m.w.Nachw.
271 *Haman*, jurisPR-ArbR 9/2009 Anm. 2 zu BAG 21.5.2008, 8 AZR 481/07.
272 Siehe Nachweise bei *Hohaus/Schüren* BB 2004, 2745.
273 *Brors/Schüren*, BB 2004, 2745; Vgl. zur Abgrenzung von Arbeitnehmerüberlassung und Werkvertrag § 1 AÜG Rdn. 132 ff.
274 *Hohaus/Schüren* BB 2004, 2745.
275 Vgl. hierzu § 1 AÜG Rdn. 140 ff.

4. Betriebsübergangsproblematik

Neben der Annahme einer rechtsmissbräuchlichen Nutzung des 248
AÜG liegt der weitere praktisch erhebliche **Risikobereich** im Bereich
des Fremdeinsatzes konzernangehöriger Arbeitnehmer in der **Nähe
zum Betriebsübergang**.[276]

Nach höchstrichterlicher Rechtsprechung kann ein Betriebsübergang 249
oder ein Teilbetriebsübergang im Sinne des § 613a BGB vorliegen,
wenn ein konzernangehöriges Unternehmen, welches als Leiharbeitsunternehmen eine Erlaubnis im Sinne des § 1 AÜG besitzt, **nicht am
freien Markt tätig wird**, sondern von einem anderen Konzernunternehmen übernommene Arbeitnehmer ausschließlich an dieses oder
dessen Tochterunternehmen **zurück entleiht** und die Arbeitnehmer
dort **die gleichen Tätigkeiten** wie bisher verrichten.[277] Nach Ansicht
des BAG steht es der für die Annahme des § 613a BGB maßgeblichen
Übernahme der betrieblichen Identität nicht entgegen, wenn der Betriebszweck des neuen Unternehmens (Verleih von Arbeitnehmer an
Konzerngesellschaften) mit dem bisherigen im Betrieb oder Betriebsteil verfolgten Zweck (im entschiedenen Fall Reinigungstätigkeiten)
nicht identisch ist. In der Literatur wird die Begründung des BAG zu
Recht angegriffen, die Entscheidung jedoch im Ergebnis – wegen Umgehung des durch § 1 Abs. 2, § 2 S. 1 KSchG garantierten Bestands-
und Inhaltsschutzes – bestätigt.[278]

Das **Risiko** hat durch die **neueste Rechtsprechung des EuGH**,[279] wo- 250
nach der Verlust der organisatorischen Selbstständigkeit einem Eingreifen des § 613a BGB nicht entgegensteht, an praktischer Relevanz
gewonnen. Aufgrund der eindeutigen Vorgaben des EuGH ist davon
auszugehen, dass das BAG seine Rechtsprechung zum Ausschluss eines Betriebsübergangs im Falle der Eingliederung in den Verleiherbetrieb nicht wie bisher weiterführen wird.

Fraglich ist damit auch, ob es das BAG vor dem Hintergrund der neu- 251
esten EuGH-Rechtsprechung weiterhin für eine Verneinung des Eingreifens von § 613a BGB genügen lassen wird, wenn der Verleiher die
von dem früheren Vertragsarbeitgeber übernommenen Arbeitnehmer
– wie bei Leiharbeitsunternehmen regelmäßig der Fall – nicht allein
dem früheren Arbeitgeber, sondern **auch anderen Unternehmen zur
Arbeitsleistung** überlässt.[280] Demgegenüber konnte schon bisher

---

276 Zu den allgemeinen Voraussetzungen eines Betriebsübergangs vgl. BAG
 6.4.2006, 8 AZR 249/04, BAGE 117, 361 = AP BGB § 613a Nr. 303.
277 BAG 21.5.2008, 8 AZR 481/07, NZA 2009, 144 = DB 2009, 291.
278 *Hamann* Anm. zu BAG 21.5.2008, 8 AZR 481/07, AP BGB § 613a Nr. 354.
279 EuGH 12.2.2009, C-466/07, EzA-SD 2009, Nr. 5, 10 = NZA 2009, 251.
280 BAG 21.5.2008, 8 AZR 481/07, EzA § 613a BGB 2002 Nr. 96.

allein die Tatsache, dass ein Konzernunternehmen als ein Unternehmen der Arbeitnehmerüberlassung – und nicht beispielsweise als Reinigungsunternehmen – gegründet ist, das seine Arbeitskräfte ausschließlich dem früheren Vertragsarbeitgeber der Arbeitnehmer zur
Verfügung stellt, der Annahme eines (Teil-) Betriebsüberganges nicht
entgegenstehe.[281] Ebenso wenig verhindert die **vor Tätigkeitsaufnahme** durch den »Verleiher« vereinbarte **Beendigung** der Arbeitsverhältnisse zwischen Arbeitnehmern und ihrem bisherigen Arbeitgeber
(dem künftigen »Entleiher«) den Eintritt eines Betriebsüberganges.
Dies gilt auch im Falle des Abschlusses von **Aufhebungsverträgen.**
Diese wären wegen Umgehung des § 613a BGB gemäß § 134 BGB als
nichtig anzusehen.[282]

▶ Praxistipp:

Eine Lohnkostenreduktion durch Ersetzung von Stammarbeitnehmern durch (konzernangehörige) Leiharbeitnehmer kann sowohl
an einer Einordnung als Rechtsmissbrauch als auch als Betriebsübergang scheitern.

Besonders riskant ist eine solche Ersetzung, wenn bereits bestehende Arbeitsverhältnisse bislang bei der künftig entleihenden
Gesellschaft beschäftigter Stammarbeitnehmer auf eine (konzernangehörige) Personalführungsgesellschaft übergeleitet werden (sogenannte **Große Lösung**). Dass die Überleitung einvernehmlich
erfolgt, mindert dieses Risiko nicht.

Nach derzeitiger Rechtsprechung des BAG zulässig ist demgegenüber eine Ersetzung von Stammareitnehmern im Rahmen der Per-
sonalfluktiation (sogenannte **Kleine Lösung**). Bei dieser werden
im entleihenden Unternehmen frei werdende Arbeitsplätze nicht
wieder von Stammarbeitnehmern, sondern von (konzernangehörigen) Leiharbeitnehmern besetzt.

5. Grenzüberschreitende konzerninterne Arbeitnehmer-
überlassung

252 Umstritten ist, ob im Anwendungsbereich des AÜG[283] das Konzernprivileg auch Sachverhalte erfasst, in denen eines der an der Überlassung beteiligten Konzernunternehmen seinen Sitz außerhalb Deutschlands hat. Teile der Literatur verneinen dies mit dem Hinweis, eine
Anwendbarkeit des Konzernprivilegs setze zwingend voraus, dass

---

281 BAG 21.5.2008, 8 AZR 481/07, EzA § 613a BGB 2002 Nr. 96.
282 BAG 21.5.2008, 8 AZR 481/07, EzA § 613a BGB 2002 Nr. 96.
283 Zur kollisionsrechtlichen Anwendbarkeit vgl. Einl. AÜG Rdn. 61 ff.

sowohl das verleihende als auch das entleihende Unternehmen seinen Sitz im Inland haben müsse.[284] Die wohl h.M. bejaht ein Eingreifen der Privilegierung. Diese gelte sowohl bei vorübergehender Überlassung eines deutschen an ein ausländisches Konzernunternehmen, als auch eines ausländischen an ein deutsches.[285] Der Ausnahmetatbestand der Nr. 2 setze insoweit lediglich voraus, dass eines der Unternehmen nach einer im Inland anerkannten Rechtsform organisiert ist, seinen Sitz in Deutschland hat und die sachlichen Voraussetzungen des § 18 AktG erfüllt sind.[286] Klärende Rechtsprechung gibt es zu dieser Frage bisher nicht.

6. Arbeitsrechtliche Erfordernisse

Das Eingreifen des Privilegierungstatbestandes des § 1 Abs. 3 Nr. 2   253
AÜG lässt die Frage der **arbeitsrechtlichen Zulässigkeit** einer Überlassung an ein anderes Konzernunternehmen völlig **unberührt**.

Das deutsche Arbeitsrecht ist **grundsätzlich nicht konzernbezogen**   254
ausgerichtet. Abgesehen von Fällen besonderer Vertragsgestaltung besteht eine arbeitsrechtliche Beziehung stets nur zwischen Arbeitnehmer und dem jeweils einstellenden Unternehmen. Nur dieses ist Vertragspartner des Arbeitsvertrages.[287] § 613 S. 2 BGB gilt daher auch in Bezug auf Konzernunternehmen, auch diese sind im Verhältnis zum Arbeitnehmer grundsätzlich Dritte.

a) Individualrechtlich

Da allein das vertragsschließende konzernangehörige Unternehmen   255
Arbeitgeber ist, ist auch nur dieses Gläubiger der Arbeitsleistung des Arbeitnehmers.

Der Arbeitnehmer ist daher grundsätzlich **nicht verpflichtet**, seine   256
Arbeitskraft in einem **anderen Konzernunternehmen** zu erbringen (§ 613 S. 2 BGB). Vielmehr bedarf ein solcher Einsatz grundsätzlich der **Zustimmung des Arbeitnehmers**. Das **Direktionsrecht** des Arbeitgebers ist im Falle einer Überlassung des Arbeitnehmers an ein anderes Konzernunternehmen daher regelmäßig überschritten. Lediglich in Ausnahmefällen kann ein solch weit gehendes Direktionsrecht bestehen. Es setzt voraus, dass der Arbeitsvertrag eine Kon-

---

284 *Ulber* § 1 AÜG Rn. 246 m.w.Nachw.
285 Vgl. *Urban-Crell/Schulz* Rn. 566; Schüren/Hamann/*Hamann* § 1 AÜG Rn. 536 m.w.Nachw.
286 Schüren/Hamann/*Hamann* § 1 AÜG Rn. 536 m.w.Nachw.
287 BAG 23.3.2006, 2 AZR 162/05, AP KSchG § 1 Konzern Nr. 13 = NZA 2007, 30.

zernversetzungs- oder Konzernabordnungsklausel enthält oder das Arbeitsverhältnis bereits von Beginn an für den gesamten Konzern begründet wurde.[288]

▶ **Beispiel einer Konzernversetzungsklausel:**

»Der Arbeitgeber ist berechtigt, den Arbeitnehmer an einem anderen, seiner Vorbildung und seinen Fähigkeiten entsprechenden Arbeitsplatz innerhalb des Landes NRW auch bei einem anderen Unternehmen, das dem A-Konzern angehört, zu beschäftigen. Die persönlichen und sozialen Belange des Arbeitnehmers sind zu berücksichtigen.«[289]

b) Kollektivrechtlich

257   Obschon bei Eingreifen des Privilegierungstatbestandes keine Arbeitnehmerüberlassung im Sinne des AÜG vorliegt, sind die Grundsätze zur **Mitbestimmung gemäß § 14 AÜG** zu berücksichtigen.[290]

III. Auslandsverleih – § 1 Abs. 3 Nr. 3

1. Allgemeines

258   Die Vorschriften des AÜG finden gemäß § 1 Abs. 3 Nr. 3 AÜG keine Anwendung auf eine Arbeitnehmerüberlassung in das Ausland, wenn der Leiharbeitnehmer in ein auf der Grundlage **zwischenstaatlicher Vereinbarungen** gegründetes **deutsch-ausländisches Gemeinschaftsunternehmen** verliehen wird, an welchem der **Verleiher beteiligt** ist.

259   Gesetzgeberisches Ziel dieser Privilegierung war es, die Durchführung **internationaler Joint-Ventures** zu fördern, gleichzeitig jedoch die Geltung des deutschen Arbeitsrechts sicherzustellen und die Möglichkeit der Zugehörigkeit zur **deutschen Sozialversicherung** und den Fortbestand sozialer Ansprüche im Betrieb zu gewährleisten.[291]

▶ **Beispiel:**

Der Parfümhersteller P mit Sitz in Deutschland gründet zusammen mit einem Waschmittelhersteller mit Sitz in China ein Joint-

---

288 Vgl. nur Schüren/Hamann/*Hamann* § 1 Rn. 566 m.w.Nachw.
289 Nach BAG 23.3.2006, 2 AZR 162/05, AP KSchG § 1 Konzern Nr. 13 = NZA 2007, 30.
290 Vgl. § 14 AÜG Rdn. 54.
291 BT-Drucks. 13/4941 S. 248.

Venture-Unternehmen, welches Waschmittel mit der von P vertriebenen Duftnote herstellen und vertreiben soll. Sitz des neuen Unternehmens ist China. Um die Produktion, insbesondere die richtige Zusammenstellung der Duftstoffe zu gewährleisten, entsendet P einen Chemiker aus Deutschland zum chinesischen Betrieb des Joint-Venture-Unternehmens.

2. Voraussetzungen

a) Eingreifen des sektoralen Verbots des § 1b S. 1 AÜG

Nach dem eindeutigen Wortlaut des § 1 Abs. 3 AÜG beseitigt die Privilegierung nicht die Geltung des sektoralen Verbots des § 1b S. 1 AÜG. Damit ist auch bei Vorliegen aller Voraussetzungen des Privilegierungstatbestandes ein Verleih untersagt, soweit Betriebe des Baugewerbes betroffen sind. **260**

b) Deutsch-ausländisches Gemeinschaftsunternehmen

Die Privilegierung umfasst ausschließlich – gewerbsmäßige sowie nicht gewerbsmäßige – Arbeitnehmerüberlassung **vom Inland in das Ausland**. Dagegen unterfällt der umgekehrte Fall einer Entleihung eines Arbeitnehmers aus dem Ausland in ein deutsch-ausländisches Gemeinschaftsunternehmen im Inland nicht der Privilegierung.[292] **261**

Mit Schaffung des Ausnahmetatbestandes des § 1 Abs. 3 Nr. 3 AÜG wollte der Gesetzgeber einem **Bedürfnis des internationalen Wirtschaftsverkehrs** nach Befreiung von den Vorschriften des AÜG nachkommen. Im Rahmen deutsch-ausländischer Gemeinschaftsunternehmen (Joint-Ventures) ist es häufig aus organisatorischen und wirtschaftlichen Gründen notwendig, dass ein Unternehmen mit **Geschäftssitz in Deutschland** Arbeitnehmer zu einem deutsch-ausländischen Gemeinschaftsunternehmen **ins Ausland** entsendet ohne hierbei an die Vorschriften des Arbeitnehmerüberlassungsgesetzes gebunden zu sein. In diesen Fällen soll eine Zugehörigkeit zur deutschen Sozialversicherung erhalten sowie der **im inländischen Betrieb erworbene Besitzstand** bestehen bleiben.[293] **262**

▶ Praxistipp:

Der Privilegierungstatbestand des § 1 Abs. 3 Nr. 3 AÜG ist nicht anwendbar auf Arbeitsverhältnisse, die eigens für den Einsatz im

---

292 Schüren/Hamann/*Hamann* § 1 AÜG Rn. 571.
293 Vgl. zum Bereich der Sozialversicherung Einl. AÜG Rdn. 100 ff.

deutsch-ausländischen Gemeinschaftsverhältnis befristet abgeschlossen werden.[294]

aa) Keine Notwendigkeit eines Konzernbezugs

263 Die Vorschriften des Arbeitnehmerüberlassungsgesetzes sind im Falle
einer Arbeitnehmerüberlassung aus Deutschland in das Ausland zu
einem Entleiher, der ein deutsch-ausländisches Gemeinschaftsunternehmen ist, **unabhängig** davon nicht anwendbar, ob ein **Konzernbezug** besteht.[295] Umstritten ist, ob im Falle einer Zugehörigkeit zum
selben Konzern der Ausnahmetatbestand der Konzernleihe (§ 1
Abs. 3 Nr. 2 AÜG) als speziellere Vorschrift den der Nr. 3 bei Beteiligung des Verleihers an dem entleihenden deutsch-ausländischem
Gemeinschaftsunternehmen verdrängt.[296] Für die Praxis ist dieser
Streit indes ohne Bedeutung.

bb) Auf Grundlage zwischenstaatlicher Vereinbarung

264 Das deutsch-ausländische Gemeinschaftsunternehmen muss auf der
Grundlage zwischenstaatlicher Vereinbarungen gegründet sein. Dieses Merkmal ist zwingende Voraussetzung des Eingreifens des Ausnahmetatbestandes des § 1 Abs. 3 Nr. 3 AÜG.

265 Vielfach wird dieses Tatbestandsmerkmal – ausgehend von der rein
faktischen Lage – verkürzt dahin dargestellt, dass der Privilegierungstatbestand des § 1 Abs. 3 Nr. 3 AÜG ausschließlich bei Überlassung von Arbeitnehmern aus Deutschland in einen anderen **Staat außerhalb der EU und des EWR** anzuwenden sei.[297] Tatsächlich ist
nicht davon auszugehen, dass es zwischenstaatliche Vereinbarungen
im Sinne des § 1 Abs. 3 Nr. 3 AÜG mit Staaten innerhalb des EWR
geben kann. Bei rein praktischer Betrachtung bezieht sich der Privilegierungstatbestand des § 1 Abs. 3 Nr. 3 AÜG derzeit lediglich auf
deutsch-chinesische Joint-Ventures. Als einschlägige zwischenstaatliche Vereinbarung existiert derzeit der **deutsch-chinesische Investiti-
onsförderungs- und -schutzvertrag** vom 7.10.1983.[298]

---

294 H.M. vgl. *Ulber* § 1 AÜG Rn. 263; Schüren/Hamann/*Hamann* § 1 AÜG
     Rn. 572 m.w.Nachw.
295 BT-Drucks. 13/4941 S. 248.
296 Vgl. Schüren/Hamann/*Hamann* § 1 AÜG Rn. 573 m.w.Nachw.
297 So beispielsweise Schüren/Hamann/*Hamann* § 1 AÜG Rn. 594.
298 BGBl. 1985 II S. 30.

IV. Rechtsfolgen

Greift einer der **Ausnahmetatbestände des § 1 Abs. 3 Nr. 1–3 AÜG** 266
ein, bedeutet dies mit Ausnahme der von der Norm einleitend genannten Vorschriften – insbesondere der Bereichsausnahme für das
Baugewerbe – eine nahezu vollständige Befreiung von den Beschränkungen des AÜG.

Auch die **Grundsätze des Equal-Pay und Equal-Treatment** gelten bei 267
Eingreifen der Privilegierung nicht. Aus diesem Grund kann das Eingreifen eines Ausnahmetatbestandes auch Vorteile für solche Unternehmen haben, die insoweit nicht auf eine Privilegierung angewiesen
sind, als sie eine Verleiherlaubnis besitzen.[299]

---

299 Böhm/Hennig/Popp/*Popp* Rn. 218 ff.

§ 1a Anzeige der Überlassung

(1) Keiner Erlaubnis bedarf ein Arbeitgeber mit weniger als 50 Beschäftigten, der zur Vermeidung von Kurzarbeit oder Entlassungen an einen Arbeitgeber einen Arbeitnehmer bis zur Dauer von zwölf Monaten überläßt, wenn er die Überlassung vorher schriftlich der Bundesagentur für Arbeit angezeigt hat.

(2) In der Anzeige sind anzugeben
1. **Vor- und Familiennamen, Wohnort und Wohnung, Tag und Ort der Geburt des Leiharbeitnehmers,**
2. **Art der vom Leiharbeitnehmer zu leistenden Tätigkeit und etwaige Pflicht zur auswärtigen Leistung,**
3. **Beginn und Dauer der Überlassung,**
4. **Firma und Anschrift des Entleihers.**

A. Allgemeines

1 Nach § 1a AÜG bedarf es keiner Erlaubnis und es genügt eine bloße **Anzeige**, wenn ein Arbeitgeber mit **weniger als 50 Beschäftigten** zur **Vermeidung von Kurzarbeit oder Entlassung** Arbeitnehmer an einen anderen Arbeitgeber **für die Dauer von bis zu zwölf Monaten** überlässt (»Kollegenhilfe«). Der Arbeitgeber muss die Überlassung jedoch zuvor schriftlich der Arbeitsagentur mitteilen.

B. Voraussetzungen

2 Keine Wirkung entfaltet § 1a AÜG bei Unternehmen, welche bereits eine **Verleiherlaubnis besitzen**. In diesen Fällen ist § 1a AÜG entwe-

der **überflüssig** oder nicht geeignet, bestehende Einschränkungen zu beseitigen. Wurde die Erlaubnis nach § 1 AÜG lediglich unter Auflagen erteilt, können diese **Auflagen nicht** durch ein Ausweichen auf § 1a AÜG **umgangen** werden.[1]

Zuständiger Adressat der Anzeige gemäß § 1a AÜG ist die örtlich **zuständige Regionaldirektion**. Die Zuständigkeit ist nach dem Geschäftssitz des überlassenden Unternehmens zu bestimmen. **3**

I. Arbeitgeber mit weniger als 50 Beschäftigten

§ 1a AÜG stellt nicht auf den Betrieb ab, sondern ist arbeitgeberbezogen. Für die Berechnung des Schwellenwertes von **maximal 49 Beschäftigten** ist daher die Gesamtzahl der Beschäftigten des **Unternehmens** maßgeblich.[2] **4**

Beschäftigte im Sinne des § 1a AÜG sind alle Arbeitnehmer, sowie die zur Berufsausbildung Beschäftigten. Nach herrschender Meinung nicht zu berücksichtigen sind freie Mitarbeiter und Leiharbeitnehmer.[3] Die Zählung erfolgt »**nach Köpfen**«. Dies bedeutet, dass Beschäftigte unabhängig vom Umfang ihrer Beschäftigung zu zählen sind. Somit sind bei der Bestimmung der Beschäftigtenzahl auch **geringfügig Beschäftigte** wie Vollzeitkräfte zu berücksichtigen. Im Gegensatz zu § 23 Abs. 1 S. 2 und 3 KSchG enthält § 1a Abs. 1 AÜG weder eine Beschränkung für die Zählung von zur Berufsausbildung Beschäftigten noch sieht die Vorschrift eine nur anteilige Berücksichtigung der geringfügig Beschäftigten vor. **5**

II. Vermeidung von Kurzarbeit oder Entlassungen

Die Arbeitnehmerüberlassung muss im Falle des § 1a AÜG zur Vermeidung von Kurzarbeit oder Entlassungen dienen. Der Arbeitgeber muss hierbei darlegen und beweisen, dass Kurzarbeit oder Entlassungen konkret drohen.[4] Zur Definition des Merkmals der Vermeidung von Kurzarbeit und Entlassungen gelten diejenigen des § 1 Abs. 3 Nr. 1 AÜG.[5] **6**

Die Privilegierung des § 1a AÜG greift nicht für jeden Fall der Überlassung von Arbeitnehmern zur Überbrückung wirtschaftlicher Schwierigkeiten eines Unternehmens ein. So soll es die Voraussetzung **7**

---

1 BT-Drucks. 11/4952 S. 12.
2 *Sandmann/Marschall* Art. 1 § 1a AÜG Anm. 5; BT-Drucks. 11/4952 S. 11, damals noch zum Schwellenwert von 20 Beschäftigten.
3 Vgl. zum Meinungsstand *Thüsing/Waas* § 1a AÜG Rn. 14 ff.
4 BT-Drucks. 11/4952 S. 11 ff.
5 Vgl. § 1 AÜG Rdn. 211 ff.

des § 1a AÜG **nicht erfüllen**, wenn ein Arbeitgeber Arbeitskräfte zum **Abbau von Schulden** an einen anderen Arbeitgeber überlässt.[6]

III. Überlassung an einen anderen Arbeitgeber bis zur Dauer von zwölf Monaten

8   § 1a AÜG setzt ferner eine maximale Überlassungsdauer von **zwölf Monaten** voraus. Diese **Höchstüberlassungsdauer** kann nicht überschritten werden. Keine Überschreitung sondern eine zweimalige erlaubnisfreie Überlassung liegt vor, wenn tatsächlich aufgrund eines **völlig neuen Sachverhalts** nach Beendigung einer Notlage eine zweite die Überlassung erforderlich macht, um Kurzarbeit oder Entlassungen zu vermeiden.[7]

9   Grundsätzlich erlaubt § 1a AÜG – bei Vorliegen der übrigen Tatbestandsmerkmale – zeitgleich oder auch zeitlich aufeinander folgend **mehrere Arbeitnehmer** zu überlassen, wobei Einsatzort sowohl stets derselbe »Kollegenbetrieb« sein kann als auch ein Entleih **an jeweils verschiedene Unternehmen** erfolgen kann.[8]

IV. Vorherige Anzeige

10   Das Gesetz fordert eine **vorherige Anzeige** der Arbeitnehmerüberlassung. Hierbei handelt es sich um ein **echtes Tatbestandsmerkmal**, nicht um einen bloßen Formalismus.

1. Vor Beginn der Arbeitnehmerüberlassung

11   Eine den Voraussetzungen des § 1a AÜG genügende Anzeige muss **zeitlich vor dem Beginn der Arbeitnehmerüberlassung** erfolgen. Fehlt diese materielle Zulässigkeitsvoraussetzung, ist die Arbeitnehmerüberlassung **illegal**.[9] Eine **Heilung** durch eine nachträgliche Anzeige der Arbeitnehmerüberlassung ist nicht möglich. Die bereits eingetretene Illegalität wird nach herrschender Meinung weder rückwirkend beseitigt, noch tritt eine Heilung mit Wirkung für die Zukunft ein.[10]

12   **Nicht gleichzusetzen** mit einer fehlenden Anzeige ist eine Anzeige mit **bloß unvollständigem Inhalt**. Ein Verstoß gegen die Voraussetzungen des Anzeigeninhalts nach § 1a Abs. 2 AÜG stellt nach herr-

---

6 OLG Celle 27.8.2003, 7 U 52/03, EzAÜG § 1b AÜG Nr. 2.
7 *Boemke/Lembke* § 1a AÜG Rn. 18.
8 Böhm/Hennig/Hopp/*Popp* Rn. 225 m.w.Nachw.
9 *Boemke/Lembke* § 1a AÜG Rn. 27.
10 Vgl. Schüren/Hamann/*Hamann* § 1a AÜG Rn. 73 m.w.Nachw.

schender Ansicht lediglich eine **Ordnungswidrigkeit** gemäß § 16 Abs. 1 Nr. 2a AÜG dar. Fehlende Angaben sind nachzuholen und unzutreffende richtig zu stellen.[11]

Nicht geklärt ist, ob das Tatbestandsmerkmal einer vorherigen Anzeige gewahrt ist, wenn vor Aufnahme der Arbeitnehmerüberlassung die Anzeige bei einer **unzuständigen Dienststelle der Bundesagentur** gestellt wurde.[12]   13

2. Mindestangaben

§ 1a Abs. 2 AÜG führt ausdrücklich auf, welche Angaben der Arbeitgeber in der Anzeige zu machen hat. Dies sind   14
– Vor- und Familienname, Anschrift, Tag und Ort der Geburt des Leiharbeitnehmers,
– Art der vom Leiharbeitnehmer zu leistenden Tätigkeit und etwaige Pflicht zur auswärtigen Leistung,
– Beginn und Dauer der Überlassung,
– Firma und Anschrift des Entleihers.

Die Bundesagentur hält für die Anzeige nach § 1a AÜG **Vordrucke** bereit. Diese gehen jedoch inhaltlich über die Anforderungen des § 1a Abs. 2 AÜG hinaus. Ein **formgerechter Antrag** setzt nicht zwingend die Verwendung des Vordrucks voraus. Sie muss jedoch schriftlich erfolgen, was auch eine Unterzeichnung durch den Arbeitgeber voraussetzt (§ 126 BGB). Eine Übersendung der Anzeige per Telefax genügt danach ebenso wenig wie eine Unterzeichnung durch einen nicht offensichtlich bevollmächtigten Stellvertreter.   15

▶ **Praxistipp:**

Um formelle Fehler bei der Anzeige zu vermeiden, sollten Arbeitgeber auf den Vordruck der BA für die anzeigepflichtige Überlassung nach § 1a AÜG zurückgreifen. Ein Muster ist im Anhang abgedruckt.

V. Arbeitsrechtliche Erfordernisse

§ 1a AÜG regelt **ausschließlich** die Voraussetzungen des **Entfallens der Erlaubnispflicht** der Arbeitnehmerüberlassung. Wirkung auf das Vertragsverhältnis zwischen Arbeitgeber und Arbeitnehmer hat die Norm demgegenüber nicht. Sieht der Arbeitsvertrag des Arbeitneh-   16

---

11 ErfK/*Wank* § 1a AÜG Rn. 9; a.A. *Ulber* § 1a AÜG Rn. 28.
12 *Boemke/Lembke* § 1a AÜG Rn. 21.

mers nicht ausnahmsweise eine Verpflichtung zur Leistung von Leiharbeit vor, ist der Arbeitnehmer lediglich zur Erbringung seiner
Arbeitsleistung beim Arbeitgeber als seinem Vertragspartner verpflichtet (§ 613 S. 2 BGB). Vom Arbeitnehmer kann **grundsätzlich**
nicht erwartet werden, für einen Arbeitgeber tätig zu werden, den er
sich nicht als **Vertragspartner** ausgesucht hat.[13] Fehlt es an einer speziellen Leiharbeitsklausel sowie an einer Zustimmung des Arbeitnehmers, bleibt der Arbeitgeber daher auf die Anordnung von Kurzarbeit
oder betriebsbedingte Kündigung verwiesen.

1. Individualrechtlich

17   Enthält der Arbeitsvertrag keine Klausel, wonach der Arbeitnehmer
auch zur Leistung von Leiharbeit und damit zum Einsatz in anderen
Unternehmen verpflichtet ist, kann der Arbeitgeber von der Ausnahmevorschrift des § 1a AÜG nur dann mit Erfolg Gebrauch machen,
wenn – in Abänderung des ursprünglichen Arbeitsvertrages – der Arbeitnehmer sich mit dem Einsatz als Leiharbeitnehmer jeweils einverstanden erklärt.[14]

▶ **Praxistipp:**

Stimmt der Arbeitnehmer einem Einsatz in einem fremden Unternehmen nicht zu und hat der Arbeitgeber auch nicht die Möglichkeit, einen solchen Einsatz einseitig anzuordnen, kann praktisch
sinnvoll der Ausspruch einer Änderungskündigung sein. Zwar
sind die Anforderungen an eine Rechtfertigung der Änderungskündigung hoch, der Arbeitnehmer wird sie jedoch regelmäßig
zumindest unter Vorbehalt annehmen (§ 2 KSchG). Zumindest bis
zur Klärung der Rechtfertigung ist der Arbeitnehmer dann zur Tätigkeit als Leiharbeitnehmer verpflichtet.

Ist der Notfall überbrückt, kann die Kündigung zurückgenommen
werden. Der fortdauernde Arbeitseinsatz des Arbeitnehmers minimiert das Lohnfortzahlungsrisiko.

2. Kollektivrechtlich

18   Der Einsatz von Arbeitnehmern als Leiharbeiter in Betrieben anderer
Arbeitgeber wird regelmäßig eine Versetzung gemäß §§ 99, 95 Abs. 3
BetrVG darstellen. Entsprechend sind bei Überschreiten des Schwel-
lenwerts von 20 wahlberechtigten Arbeitnehmern die insoweit beste-

---

13 Schüren/Hamann/*Hamann* § 1a AÜG Rn. 55 m.w.Nachw.
14 *Ulber* § 1a AÜG Rn. 29.

henden Mitbestimmungsrechte des Betriebsrats zu beachten.[15] Noch ungeklärt ist, ob eine »Kollegenhilfe« größeren Ausmaßes als Betriebsänderung im Sinne des § 111 S. 1 BetrVG einzuordnen ist und damit nach § 112 Abs. 1 S. 2 BetrVG sozialplanpflichtig ist.[16] Demgegenüber nicht einschlägig ist die Vorschrift des § 112a Abs. 1 Nr. 1 BetrVG, da diese einen Personalabbau voraussetzt, der bei Nutzung des § 1a AÜG gerade nicht vorliegt.

Zu den übrigen Mitbestimmungsrechten insbesondere zur Frage der **19** Arbeitszeit gelten die allgemeinen Darlegungen unter § 14 AÜG.[17]

C. Rechtsfolgen

Im Gegensatz zu den Privilegierungstatbeständen des § 1 Abs. 3 AÜG **20** **suspendiert § 1a AÜG nicht** die Anwendbarkeit der Vorschriften des AÜG. Diese bleiben auch bei Erfüllung sämtlicher Tatbestandsmerkmale des § 1a AÜG grundsätzlich anwendbar.

Die Bedeutung des § 1a AÜG **erschöpft** sich darin, dass der Verleiher **21** bei Eingreifen der Tatbestandsmerkmale **keiner Erlaubnis** zur gewerbsmäßigen Arbeitnehmerüberlassung bedarf. Damit findet lediglich § 1 Abs. 1 S. 1 AÜG keine Anwendung, die übrigen Vorschriften des AÜG sind dagegen zu beachten. Entsprechend ist eine Überlassung im Bereich des Bauhauptgewerbes auch durch Unternehmen mit weniger als 50 Beschäftigten unzulässig, da auch das sektorale Verbot des § 1b AÜG in den Fällen des § 1a AÜG gilt.[18]

▶ **Praxistipp:**

Die Vorschrift des § 1a AÜG darf keinesfalls als »Vermeidungstatbestand« missverstanden werden. Die Norm gewährt lediglich eine Ausnahme von der Erlaubnispflicht. Die hierfür aufgestellten gesetzlichen Voraussetzungen sind ernst zu nehmen. Dies gilt insbesondere für die zeitlich vorausgehende Anzeige. Eine Umgehung von Auflagen lässt sich durch § 1a AÜG ebenfalls nicht erreichen.

Zur Absicherung sollte sich der Arbeitgeber vor Aufnahme der Arbeitnehmerüberlassung sowohl vom **vorher erfolgten Eingang** der Anzeige als auch von der tatsächlichen **Zuständigkeit der angeschriebenen Behörde** überzeugen.

---

15 *Ulber* § 1a AÜG Rn. 30.
16 Schüren/Hamann/*Hamann* § 1a AÜG Rn. 60 m.w.Nachw.
17 Vgl. § 14 AÜG Rdn. 86.
18 *Urban-Crell/Schulz* Rn. 579.

§ 1b Einschränkungen im Baugewerbe

[1]Gewerbsmäßige Arbeitnehmerüberlassung in Betriebe des Baugewerbes für Arbeiten, die üblicherweise von Arbeitern verrichtet werden, ist unzulässig. [2]Sie ist gestattet
a) zwischen Betrieben des Baugewerbes und anderen Betrieben, wenn diese Betriebe erfassende, für allgemeinverbindlich erklärte Tarifverträge dies bestimmen,
b) zwischen Betrieben des Baugewerbes, wenn der verleihende Betrieb nachweislich seit mindestens drei Jahren von denselben Rahmen- und Sozialkassentarifverträgen oder von deren Allgemeinverbindlichkeit erfasst wird.

[3]Abweichend von Satz 2 ist für Betriebe des Baugewerbes mit Geschäftssitz in einem anderen Mitgliedstaat des Europäischen Wirtschaftsraumes gewerbsmäßige Arbeitnehmerüberlassung auch gestattet, wenn die ausländischen Betriebe nicht von deutschen Rahmen- und Sozialkassentarifverträgen oder für allgemeinverbindlich erklärten Tarifverträgen erfasst werden, sie aber nachweislich seit mindestens drei Jahren überwiegend Tätigkeiten ausüben, die unter den Geltungsbereich derselben Rahmen- und Sozialkassentarifverträge fallen, von denen der Betrieb des Entleihers erfasst wird.

Übersicht

A. Allgemeines

Ein **sektorales Verbot der gewerbsmäßigen Arbeitnehmerüberlas-** 1
sung gilt nach § 1b S. 1 AÜG in Betriebe des Baugewerbes, soweit
es sich um Tätigkeiten handelt, die üblicherweise von Arbeitern verrichtet werden. Lediglich die Fälle des § 1b S. 2 AÜG sowie die
durch § 1b S. 3 AÜG geregelten Sachverhalte werden von dem Verbot ausgenommen. Wegen Verstoßes gegen die **Dienstleistungs-**
freiheit des Art. 49 EGV wurde § 1b S. 2 AÜG a.f. durch das Erste
Gesetz für moderne Dienstleistungen am Arbeitsmarkt vom
23.12.2002[1] neu gefasst und zugleich mit Wirkung vom 1.1.2003 ein
den europäischen Grundfreiheiten und der Rechtsprechung des
EuGH[2] Rechnung tragender neuer Satz 3 aufgenommen. In seiner
heutigen Fassung ist § 1b AÜG **verfassungsgemäß** und wohl auch
europarechtskonform.[3]

Der **Gesetzgeber** verfolgt mit dem grundsätzlichen Verbot gewerbs- 2
mäßiger Arbeitnehmerüberlassung insbesondere das Ziel, illegale
Praktiken in der Baubranche zu unterbinden und auftretende Miss-
stände zu bekämpfen.[4] Durch die sukzessive Lockerung des ursprünglichen Totalverbotes im Baugewerbe (§ 12a AFG) wollte der
Gesetzgeber die Wettbewerbsfähigkeit der Betriebe im Baugewerbe
stärken, Wettbewerbsverzerrungen zwischen den Betrieben der **vier**
traditionellen Tarifbereiche der Bauwirtschaft (Garten- und Landschaftsbau, Gerüstbau, Dachdeckerhandwerk, Bauhauptgewerbe)
entgegenwirken und nicht zuletzt die Finanzierung der Sozialkassen
der Bauwirtschaft sicherstellen.[5]

Flankiert werden § 1b S. 2 und 3 AÜG durch die **Mindestgarantie** 3
des § 8 Abs. 3 AEntG n.F. Werden Leiharbeitnehmer mit Tätigkeiten
beschäftigt, welche in den Geltungsbereich eines für allgemeinverbindlich erklärten Tarifvertrages nach §§ 4, 5 Nr. 1–3 AEntG n.F. oder
einer Rechtsverordnung nach § 7 AEntG n.F. fallen, hat der Verleiher
zumindest die in diesem Tarifvertrag oder dieser Rechtsverordnung
vorgeschriebenen Arbeitsbedingungen zu gewähren sowie die der gemeinsamen Einrichtung nach diesem Tarifvertrag zustehenden Bei-

---

1 BGBl. I S. 4607.
2 EuGH 25.10.2001, C-493/99, EzA § 1 AÜG Nr. 11 = NZA 2001, 1299; dazu
  ausführlich *Kort* NZA 2002, 1248.
3 BVerfG 6.10.1987, 1 BvR 1086/82, 1 BvR 1468/82, 1 BvR 1623/82, EzAÜG
  AFG Nr. 22 = NZA 1989, 28; *Thüsing/Waas* § 1b AÜG Rn. 9 f. (Europarechtskonformität offen gelassen); zweifelnd hinsichtlich der Eurorechtskonfor-
  mität *Boemke/Lembke* § 1b AÜG Rn. 43.
4 BT-Drucks. 9/846 S. 35 f.
5 BT-Drucks. 12/7564 S. 3.

träge zu leisten. In den vier klassischen Tarifbereichen des Baugewerbes – Garten- und Landschaftsbau, Gerüstbau, Dachdeckerhandwerk, Bauhauptgewerbe – existieren allgemeinverbindliche Tarifverträge. Ein identisches Schutzniveau für inländische und ausländische Arbeitnehmer wird mithin gewährleitstet; gleichsam verhindert wird eine Diskriminierung inländischer Baubetriebe.[6]

4   § 1b AÜG gilt – ebenso wie die sonstigen Bestimmungen des AÜG – nur im Hoheitsgebiet der Bundesrepublik Deutschland (sogenanntes **Territorialitätsprinzip**). Das sektorale Verbot des S. 1 greift daher lediglich in Fällen des Inlandsbezuges, d.h. bei Verleih innerhalb Deutschlands und bei Verleih vom Ausland nach Deutschland. **Nicht** erfasst wird die gewerbsmäßige Überlassung von Leiharbeitnehmern durch inländische Verleiher **an Baubetriebe im Ausland**.[7]

5   Ob Letzteres auch dann gilt, wenn der an einen Entleiher-Baubetrieb mit Sitz im Ausland überlassene Arbeitnehmer nur mit dem Ziel des **Einsatzes auf einer Baustelle im Inland** verliehen wurde, ist in der Literatur umstritten.[8] Die Rechtsprechung musste sich mit dieser Frage bisher nicht befassen. Richtigerweise wird man insoweit auf den tatsächlichen Einsatzort des Leiharbeitnehmers abstellen müssen. Ist dieser im Inland, findet § 1b S. 1 AÜG Anwendung. Die Zulassung des Verleihs an einen ausländischen Rechtsträger, der die ihm überlassenen Arbeitnehmer wiederum in einer deutschen Betriebsstätte des Baugewerbes tätig werden lässt, eröffnete ungeahnte Umgehungs- und Missbrauchsmöglichkeiten. Mit dem Schutzzweck des sektoralen Verbots der gewerbsmäßigen Arbeitnehmerüberlassung in das Baugewerbe wäre dies nicht zu vereinbaren.[9] Ob der Arbeitseinsatz im In- oder Ausland gesteuert wird, ist deshalb unerheblich.[10]

B. Sektorales Verbot – S. 1

I. Voraussetzungen

6   Das sektorale Verbot des § 1b S. 1 AÜG gilt unter folgenden **Voraussetzungen**:

---

6 Ausführlich zum neuen AEntG vgl. *Bayreuther* NJW 2009, 2006; *Sittard* NZA 2009, 346.

7 *Boemke/Lembke* § 1b AÜG Rn. 6; Schüren/Hamann/*Hamann* § 1b AÜG Rn. 58; a.A. *Ulber* § 1b AÜG Rn. 17, der räumliche Geltungsbereich werde durch § 1 WintergeldVO erweitert und erfasse daher jede Überlassung mit Auslandsbezug im europäischen Gebiet nördlich des 42. Breitengrades.

8 Bejahend *Boemke/Lembke* § 1b AÜG Rn. 6; abl. *Ulber* § 1b AÜG Rn. 17.

9 *Ulber* § 1b AÜG Rn. 17.

10 A.A. *Boemke/Lembke* § 1b AÜG Rn. 6.

– Gewerbsmäßige Arbeitnehmerüberlassung
– in Betriebe des Baugewerbes
– für Arbeiten, die üblicherweise von Arbeitern verrichtet werden.

1. Gewerbsmäßige Arbeitnehmerüberlassung

Nach seinem ausdrücklichen Wortlaut findet § 1b S. 1 AÜG nur auf **7** **gewerbsmäßige Arbeitnehmerüberlassung** Anwendung. Zulässig bleibt die – seltene – nichtgewerbsmäßige Überlassung in das Baugewerbe.[11]

Das grundsätzliche **Verbot** greift **ungeachtet der Erteilung einer Er-** **8** **laubnis** zur gewerbsmäßigen Arbeitnehmerüberlassung nach § 1 AÜG. Dies gilt auch für die von der Erlaubnispflicht ausgenommenen Privilegierungstatbestände des § 1 Abs. 3 AÜG und die lediglich anzeigepflichtige Kollegenhilfe (§ 1a AÜG). Trotz Befreiung von der Erlaubnispflicht handelt es sich unverändert um gewerbsmäßige Arbeitnehmerüberlassung; für die Ausnahmefälle des § 1 Abs. 3 AÜG stellt der Einleitungssatz die unveränderte Anwendbarkeit des § 1b S. 1 AÜG ausdrücklich klar.

▶ **Praxistipp:**

Auch in den privilegierten Fällen des § 1 Abs. 3 AÜG – Verleih zur Vermeidung von Kurzarbeit oder Entlassungen (Nr. 1), konzerninterne Arbeitnehmerüberlassung (Nr. 2), Gemeinschaftsprivileg (Nr. 3) – sowie bei der lediglich anzeigepflichtigen Kollegenhilfe für Kleinunternehmer (§ 1a AÜG) findet das sektorale Verbot der Arbeitnehmerüberlassung in das Baugewerbe nach § 1b S. 1 AÜG Anwendung.

Zulässig bleibt hingegen die **Abordnung von Bauarbeitern zu einer** **9** **Arbeitsgemeinschaft (ARGE).** Dies gilt sowohl für Fälle tariflicher Freistellung (z.B. § 9 BRTV-Bau, § 8 RTV-Angestellte, § 9 RTV-Poliere) als auch bei Übertragung des Weisungsrechts auf die ARGE nach § 1 Abs. 1 S. 2 und 3 AÜG. In diesen Fällen liegen die Voraussetzungen gewerbsmäßiger Arbeitnehmerüberlassung bereits tatbestandlich nicht vor.[12]

§ 1b S. 1 AÜG verbietet nur die Beschäftigung von Leiharbeitnehmern **10** in Baubetrieben. Nicht erfasst wird der Einsatz von Fremdpersonal

---

11 Zur Abgrenzung sh. § 1 AÜG Rdn. 89 ff.
12 *Boemke/Lembke* § 1b AÜG Rn. 8; *Thüsing/Waas* § 1b AÜG Rn. 13; sh. a. DA-AÜG zu § 1 Ziff. 1.1.5 letzter Abs., Ziff. 1.1.13; zum ARGE-Privileg vgl. § 1 AÜG Rdn. 178 ff.

im baugewerberechtlichen Umfeld, etwa auf der Grundlage eines Werk- oder Dienstvertrages. Dabei muss es sich allerdings tatsächlich um einen **echten Werk- bzw. Dienstvertrag** handeln. Bei Durchführung eines sogenannten Scheinwerk- oder Scheindienstverhältnisses sehen sich Auftraggeber und Auftragnehmer sonst neben den Rechtsfolgen eines Verstoßes gegen § 1b S. 1 AÜG denen illegaler Arbeitnehmerüberlassung ausgesetzt.[13]

► **Praxistipp:**

Ein **Ausweichen auf Werkverträge** ist sorgfältig zu prüfen. Vorsicht ist geboten, wenn der Auftragnehmer bereits nicht in der Lage ist, eigenverantwortlich Bauleistungen zu erbringen, etwa weil es an den nötigen Betriebsmitteln, der erforderlichen Betriebsorganisation, technischem Know-how, etc. fehlt. Kann er den Personaleinsatz vor Ort nicht selbst oder durch eigene Mitarbeiter steuern und organisieren, indiziert dies unzulässige Arbeitnehmerüberlassung.[14] Fehlt es dann an einer Erlaubnis nach § 1 AÜG treten neben die allgemeinen Rechtsfolgen illegaler Arbeitnehmerüberlassung nach §§ 9, 10 AÜG die eines Verstoßes gegen § 1b S. 1 AÜG.

11 Betriebe, die **Baumaschinen mit Bedienungspersonal** zur Erbringung baulicher Leistungen vermieten, sind Betriebe des Baugewerbes (vgl. § 1 Abs. 2 Nr. BaubetriebeVO). Allerdings stellt das Überlassen in diesen Fällen regelmäßig keine gewerbsmäßige Arbeitnehmerüberlassung dar, wenn die Vermietung im Vordergrund steht und dem Besteller kein arbeitsplatzbezogenes Weisungsrecht zusteht.[15]

2. Betriebe des Baugewerbes

12 Das Verbot im Baugewerbe knüpft an den **Entleiherbetrieb** an, d.h. nicht der Betrieb des Verleihers, sondern der des Entleihers darf kein Betrieb des Baugewerbes sein.[16]

► **Beispiel:**

Dachdeckerbetrieb A überlässt zwei Arbeiter an den Nicht-Baubetrieb des Kunden B.

---

13 Zu den Rechtsfolgen eines Verstoßes gegen § 1b S. 1 AÜG sh. Rdn. 29 ff.; zur illegalen Arbeitnehmerüberlassung vgl. § 9 AÜG Rdn. 7 ff., § 10 AÜG Rdn. 1 ff.

14 Zur Abgrenzung gewerbsmäßiger Arbeitnehmerüberlassung von sonstigen Formen drittbezogenen Personaleinsatzes sh. § 1 AÜG Rdn. 113 ff.

15 Schüren/Hamann/*Hamann* § 1b AÜG Rn. 41; *Urban-Crell/Schulz* Rn. 514; zur Abgrenzung vgl. § 1 AÜG Rdn. 150 ff.

16 Allg. Meinung vgl. nur Schüren/Hamann/*Hamann* § 1b AÜG Rn. 30.

Die Arbeiter werden in einen Nicht-Baubetrieb überlassen. Unerheblich ist, dass es sich beim Betrieb des Verleihers um einen solchen des Baugewerbes handelt. Dies ist zulässig und unterfällt nicht § 1b S. 1 AÜG.

Das **Tatbestandsmerkmal »Betriebe des Baugewerbes«** ist im AÜG 13 selbst nicht definiert. Nach einhelliger Auffassung ist zur Auslegung auf die im Recht der Förderung der ganzjährigen Beschäftigung in der Bauwirtschaft (§§ 175, 175a, § 434m Abs. 2 SGB III; §§ 209–216 SGB III a.f.) geltenden Begriffsbestimmungen zurück zu greifen.[17]

a) Baubetrieb

Betriebe des Baugewerbes im Sinne des § 1b S. 1 AÜG sind alle Be- 14 triebe, die gewerblich überwiegend Bauleistungen auf dem Baumarkt erbringen (vgl. § 175 Abs. 2 S. 1 SGB III). Bauleistungen werden definiert als »alle Leistungen, die der Herstellung, Instandsetzung, Instandhaltung, Änderung oder Beseitigung von Bauwerken dienen«.

Ob es sich bei dem Entleiherbetrieb tatsächlich um einen Baubetrieb 15 im Sinne des § 1b AÜG handelt, ist in der Praxis häufig schwierig zu beurteilen. Die ganz herrschende Auffassung[18] bestimmt den Kreis der Betriebe des Baugewerbes anhand der **Baubetriebe-Verordnung** vom 28.10.1980 in der Fassung vom 26.4.2006.[19] Die Verordnung legt in § 1 im Einzelnen fest, in welchen Zweigen des Baugewerbes die Leistungen zur Förderung der ganzjährigen Beschäftigung in der Bauwirtschaft erbracht werden. Die Aufzählung umfasst ausschließlich Betriebe des Bauhauptgewerbes. Nur diese, nicht aber die in § 2 BaubetriebeVO genannten Betriebe des Baunebengewerbes, werden vom Verbot des § 1b S. 1 AÜG erfasst.[20] Die gewerbsmäßige Arbeitnehmerüberlassung in Betriebe des Baunebengewerbes bleibt unter den sonstigen Voraussetzungen des AÜG zulässig.

▶ **Praxistipp:**

Die vom Verbot des § 1b S. 1 AÜG **ausgenommenen Betriebe des Baunebengewerbes** sind in § 2 **BaubetriebeVO** definiert. Rückausnahmen gelten für die in Ziffern 2, 7 und 12 aufgeführten Be-

---

17 Thüsing/Waas § 1b AÜG Rn. 15; DA-AÜG zu § 1b Ziff. 1b.1.
18 BGH 17.2.2000, III ZR 78/99, AP AFG § 12a Nr. 1 = NJW 2000, 1557; *Boemke/Lembke* § 1b AÜG Rn. 15; Schüren/Hamann/*Hamann* § 1b AÜG Rn. 34; Thüsing/Waas § 1b AÜG Rn. 17 f.; *Urban-Crell/Schulz* Rn. 511; so a. DA-AÜG § 1b Ziff. 1 b.1; a.A. *Ulber* § 1b AÜG Rn. 14 ff.
19 BGBl. I S. 1085.
20 BGH 17.2.2000, III ZR 78/99, AP AFG § 12a Nr. 1 = NJW 2000, 1557.

triebe. Diese können je nach den Umständen des Einzelfalls Betriebe des Bauhauptgewerbes im Sinne des § 1 BaubetriebeVO sein, wenn diese überwiegend Bauleistungen erbringen.

Die BaubetriebeVO ist im Anhang abgedruckt.

▶ **Beispiel 1:**

Verleiher A überlässt zwei Arbeiter an den rein metallverarbeitenden Betrieb des Kunden B.

Der Kundenbetrieb ist ein Betrieb des Baunebengewerbes (vgl. § 2 Nr. 13. BaubetriebeVO). Die Arbeiter werden also in einen Nicht-Baubetrieb überlassen. Der fachliche Geltungsbereich des Verbots im Baugewerbe ist nicht eröffnet.

▶ **Beispiel 2:**

Der Kunde ist ein Unternehmen des Bereichs Hoch- und Tiefbau. Für die Errichtung eines großen Bürokomplexes benötigt dieser Maurer und Fliesenleger.

Da es sich um Tätigkeiten des Bauhauptgewerbes handelt, dürfen Leiharbeitnehmer nicht eingesetzt werden. Möglich bleiben aber Fremdpersonaleinsätze auf der Grundlage von Werk- oder Dienstverträgen.[21]

16   In vielen Fällen erlaubt der **Positivkatalog des § 1 BaubetriebeVO** keine sichere Beurteilung. Zweifelsfälle muss der Verleiher selbst aufklären. Er ist verpflichtet, alle ihm zur Verfügung stehenden **Auskunftsmöglichkeiten** auszuschöpfen, etwa durch Beteiligung der Agentur für Arbeit, der für die Winterbauförderung bzw. die für die Heranziehung zur Winterbauumlage zuständigen Stellen, der Handwerkskammern, Industrie- und Handelskammern.[22] Darüber hinaus sollten Verleiher sich vom Entleiherbetrieb schriftlich – üblicherweise im Arbeitnehmerüberlassungsvertrag – bestätigen lassen, dass die zu überlassenden Arbeiter nur in einem Nicht-Baubetrieb im Sinne des § 1 BaubetriebeVO eingesetzt werden.

▶ **Praxistipp:**

Illegale Arbeitnehmerüberlassung in das Baugewerbe entgegen § 1b S. 1 AÜG hat erhebliche Folgen sowohl für Verleiher als auch

---

21 Zur Abgrenzung, insbesondere zu Scheinwerkverträgen sh. § 1 AÜG Rdn. 132 ff., 153 ff., 175.
22 DA-AÜG § 1b Ziff. 1b.1.

für Entleiher.[23] Deshalb sollten die Parteien bereits aus Eigeninteresse sorgfältig die **Überlassung in einen Nicht-Baubetrieb prüfen**. Zweifel gehen zu ihren Lasten; die Regionaldirektionen bürden Verleihern und Entleihern das Nichtaufklärungsrisiko auf.[24]

In der Praxis bieten sich insbesondere an:

– **Anfrage bei der SOKA-Bau**[25] Wiesbaden (abrufbar unter www.soka-bau.de)
– **Auskunft über Creditreform** (Branchenschlüssel Bau = F4500)
– **Schriftliche Bestätigung** des Nichteinsatzes in einem Baubetrieb im Sinne des § 1 BaubetriebeVO durch den Entleiher.

Alle Betriebe, die dem Bauhauptgewerbe zuzuordnen sind, müssen 1% ihrer Gesamtbruttolohnsumme als Umlage für das sogenannte Winterausfallgeld entrichten.

b) Überwiegender Betriebszweck

Von § 1b AÜG werden auch sogenannte **Mischbetriebe** erfasst, soweit der überwiegende Betriebszweck auf die Erbringung von Bauleistungen gerichtet ist (vgl. § 175 Abs. 2 S. 1 SGB III). **17**

Das **Kriterium des »überwiegenden« Betriebszwecks** ist erfüllt, wenn mehr als 50% der Gesamtarbeitszeit im Betrieb auf Bauleistungen entfällt; auf wirtschaftliche Gesichtspunkte wie Umsatz und Verdienst oder auf handels- und gewerberechtliche Kriterien kommt es nicht an.[26] **18**

Die **arbeitszeitlich überwiegende Tätigkeit** ist durch einen Gesamtvergleich zwischen der Arbeitszeit der mit Bautätigkeiten und der mit sonstigen Aufgaben betrauten Arbeitnehmer festzustellen.[27] Voll- und Teilzeitkräfte sind entsprechend ihrer regelmäßigen Arbeitszeit zu berücksichtigen; eine »Pro-Kopf-Betrachtung« findet nicht statt. Entsprechendes gilt für Arbeitnehmer, die teilweise Bau- und teilweise andere Tätigkeiten ausführen. In diesem Fall sind nur die auf Bau- **19**

---

23 Dazu § 1b AÜG Rdn. 29 ff.
24 Vgl. DA-AÜG zu § 1b Ziff. 1b.1.
25 Gemeinsamer Name für die Urlaubs-/Lohnausgleichskasse der Bauwirtschaft (ULAK) und der Zusatzversorgungskasse des Baugewerbes VVaG (ZVK).
26 BAG 19.11.2008, 10 AZR 864/07, EzA-SD 2009 Nr. 4, 12.
27 BAG 25.11.1987, 4 AZR 361/87, EzA § 4 TVG Geltungsbereich Nr. 1 = NZA 1988, 317; vgl. a. BAG 16.5.2001, 10 AZR 438/00, EzA § 4 TVG Bauindustrie Nr. 106; Thüsing/*Waas* § 1b AÜG Rn. 22 m.w.Nachw.; a.A. *Ulber* § 1b AÜG Rn. 15, der eine Abgrenzung anhand der Gesamtarbeitsplätze vorschlägt.

leistungen entfallenden Arbeitszeiten in die Betrachtung einzubeziehen.

20 Abzustellen ist nur auf die »in der Regel« Beschäftigten. Zur Auslegung des Begriffs der regelmäßig beschäftigten Arbeitnehmer kann auf die Rechtsprechung zu Vorschriften zurückgegriffen werden, die ebenfalls auf dieses Kriterium abstellen (z.B. § 23 Abs. 1 KSchG, § 111 Abs. 1 S. 1 BetrVG). Vorübergehend beschäftigte Aushilfskräfte, freie Mitarbeiter, Leiharbeitnehmer bleiben beispielsweise ebenso außer Betracht wie kurzfristige Schwankungen im Personalbestand.[28] Geringfügig beschäftigte Teilzeitkräfte sind hingegen mit zu zählen, jedenfalls soweit die Tätigkeit nicht im Sinne des § 8 Abs. 1 Nr. 2 SGB IV begrenzt ist.[29]

▶ **Beispiel:**

Ein Betrieb des Maler- und Lackiererhandwerks wendet rund 80 % der jährlichen Arbeitsstunden für klassische Maler- und Lackierertätigkeiten auf, zu 20 % führt er mit demselben Personal Wärmedämmverbundsystemarbeiten durch.

Die Maler- und Lackierertätigkeit fällt unter § 2 Nr. 7 BaubetriebeVO und gehört mithin nicht zum Bauhauptgewerbe; anders die Wärmedämmarbeiten (§ 1 Abs. 2 Nr. 38a BaubetriebeVO). Da die nicht dem Bauhauptgewerbe zuzuordnenden Tätigkeiten überwiegen, unterfällt der Mischbetrieb insgesamt nicht dem fachlichen Geltungsbereich des § 1b AÜG.

c) Betriebsabteilungen

21 **Betriebsabteilungen** sind Betrieben gleichstellt (vgl. § 175 Abs. 1 Nr. 3 SGB III i.V.m. § 171 S. 2 SGB III). Das sektorale Verbot der Arbeitnehmerüberlassung in das Baugewerbe nach § 1b S. 1 AÜG kann daher auch abgrenzbare Betriebsabteilungen eines Betriebes erfassen, der an sich nicht dem Bauhauptgewerbe zuzuordnen ist.

▶ **Beispiel:**

Ein Betrieb handelt mit Fliesen. Daneben unterhält er eine wahrnehmbar räumlich und organisatorisch vom Geschäftsbereich »Fliesenhandel« abgrenzbare Abteilung »Fliesen- und Estrichver-

---

28 Thüsing/*Waas* § 1b AÜG Rn. 23; Schüren/Hamann/*Hamann* § 1b AÜG Rn. 51; vgl. zu § 23 KSchG etwa BAG 22.1.2004, 2 AZR 237/03, NZA 2004, 479; BAG 31.1.1991, 2 AZR 356/90, NJW 1991, 562.
29 So wohl a. Schüren/Hamann/*Hamann* § 1b AÜG Rn. 51; a.A Thüsing/*Waas* § 1b AÜG Rn. 23.

legung«, die dort beschäftigten Mitarbeiter werden häufiger auf Großbaustellen eingesetzt.

Gewerbsmäßige Arbeitnehmerüberlassung in den Bereich »Fliesenhandel« ist zulässig. Für den Bereich »Fliesen- und Estrichverlegung« gilt jedoch das Verbot des § 1b S. 1 AÜG, soweit es sich um eine Betriebsabteilung im Rechtssinne handelt.

In diesen Fällen ist allerdings Vorsicht geboten. Eine rechtlich einwandfreie Trennung erfolgt in der Praxis häufig nicht. Werden etwa einem für den Arbeitsplatz »Fliesenhandel« entliehenen Arbeitnehmer vom Kunden Tätigkeiten auf der Großbaustelle zugewiesen, ist der Einsatz illegal. Stellen die Fahnder der Zollverwaltung (Finanzkontrolle Schwarzarbeit) den Gesetzesverstoß bei einer ihrer regelmäßigen Baustellenkontrollen fest, werden gegen die Verantwortlichen des Zeitarbeitsunternehmens und des Kunden Bußgeldverfahren eingeleitet. Dem Zeitarbeitsunternehmen droht darüber hinaus der Widerruf der Lizenz zur gewerbsmäßigen Arbeitnehmerüberlassung.

Der **Begriff Betriebsabteilung** richtet sich – ebenso wie der des Betriebes – nach **allgemeinen arbeitsrechtlichen Grundsätzen**. Betrieb ist demnach eine organisatorische Einheit, innerhalb derer der Inhaber allein oder in Gemeinschaft mit seinen Mitarbeitern mit Hilfe von sachlichen oder immateriellen Mitteln arbeitstechnische Zwecke unmittelbar fortgesetzt verfolgt.[30] Betriebsabteilung ist hingegen ein räumlich, personell und organisatorisch vom Gesamtbetrieb abgegrenzter Betriebsteil, der mit eigenen technischen Betriebsmitteln einen eigenen Betriebszweck verfolgt, der auch nur ein Hilfszweck sein kann.[31] **22**

Eine **einzelne Baustelle** erfüllt den Begriff der Betriebsabteilung im Regelfall nicht.[32] Etwas anderes kann dann gelten, wenn es sich um ein abgrenzbares Großprojekt von längerer Dauer handelt, welches aufgrund personeller Ausstattung und Leitung eine gewisse Selbständigkeit aufweist und deshalb einer ortsfesten Betriebsstätte vergleichbar ist.[33] **23**

---

30 St. Rspr. BAG 3.6.2004, 2 AZR 386/03, NZA 2004, 1380; BAG 11.2.2004, 7 ABR 27/03, NZA 2004, 618.
31 BAG 19.11.2008, 10 AZR 864/07, EzA-SD 2009 Nr. 4, 12; BAG 26.9.2007, 10 AZR 415/06, NZA 2007, 1442; BAG 28.9.2005, 10 AZR 28/05, EzA § 1 AEntG Nr. 9; BAG 25.1.2005, 9 AZR 146/04, BAGE 113, 238.
32 Schüren/Hamann/*Hamann* § 1b AÜG Rn. 45, Thüsing/*Waas* § 1b AÜG Rn. 20.
33 Hessisches LAG 25.2.2008, 16 Sa 1009/07, n.v. (zur Betriebsabteilung nach dem AEntG i.d.F. v. 1.1.2004); Hauck/*Noftz* § 173 SGB III Rn. 11; a. Thüsing/*Waas* § 1b AÜG Rn. 20.

24 Auch bei Betriebsabteilungen bestimmt sich die Anwendbarkeit des
§ 1b S. 1 AÜG danach, ob in diesen – nicht im Gesamtbetrieb – »über
wiegend« Bauleistungen erbracht werden (vgl. § 171 S. 2 SGB III).[34]

3. Arbeiter

25 Das Verbot des § 1b S. 1 AÜG gilt lediglich für solche **Tätigkeiten**, die
üblicherweise von Arbeitern verrichtet werden. Nicht erfasst werden
Angestelltentätigkeiten. Deshalb ist im Anwendungsbereich des § 1b
AÜG die Überlassung von Arbeitskräften für Tätigkeiten nicht verboten, die üblicherweise von Angestellten erbracht werden.

▶ **Beispiel:**

Verleiher A plant die Überlassung einer Mitarbeiterin aus dem Bereich Buchhaltung an den Baubetrieb des Kunden B.

Die Überlassung verstößt nicht gegen das grundsätzliche Verbot
der Arbeitnehmerüberlassung in den Baubereich. Nur der Verleih
von »Arbeitern«, nicht aber die Überlassung kaufmännischen (und
technischen) Personals ist gesetzlich verboten.

26 Welche Tätigkeiten üblicherweise von Arbeitern oder von Angestellten erbracht werden, bestimmt sich nach der **Verkehrsanschauung**.
Diese wird erheblich durch tarifliche Regelungen geprägt. Deshalb ist
nach allgemeiner Auffassung die Abgrenzung anhand der Lohngrup-
pen nach § 5 BRTV-Bau vorzunehmen; diese entsprechen im Wesentlichen dem früheren Berufsgruppenverzeichnis zum BRTV-Bau.[35]
Weitere Anhaltspunkte liefern der RTV-Angestellte in seiner alten
Fassung, der aufgehobene § 3 AVG a.F.[36] nebst Berufsgruppenkatalog
sowie § 133 Abs. 2 SGB VI in der bis zum 31.12.2004 gültigen Fassung.[37]

▶ **Beispiele:**

Zur Gruppe der Arbeiter gehören beispielsweise, aber nicht abschließend:

Werker, Maschinenwerker, Fachwerker, Maschinisten, Asphal-
tierer, Baustellenmagaziner, Betonstahlbieger, Betonstahlflechter,

---

34 Schüren/Hamann/*Hamann* § 1b AÜG Rn. 52 m.w.Nachw.; dazu § 1b AÜG
     Rdn. 17 ff.
35 Schüren/Hamann/*Hamann* § 1b AÜG Rn. 54 f.; Thüsing/*Waas* § 1b AÜG
     Rn. 25a f.; *Urban-Crell/Schulz* Rn. 515.
36 Außer Kraft getreten zum 31.12.1991.
37 Ausführlich Schüren/Hamann/*Hamann* § 1b AÜG Rn. 55.

Fertigteilbauer, Fuger, Verfuger, Gleiswerker, Mineure, Putzer, Rabitzer, Rammer, Pfahlrammer, Rohrleger, Schalungsbauer, Schwarzdeckenbauer, Betonstraßenwerker, Schweißer, Terrazzoleger, Wasser- und Landschaftsbauer, Kraftfahrer, Baugeräteführer, Baumaschinenführer sowie die ungelernten Hilfsarbeiter des Baugewerbes.

Soweit anhand der tariflichen und gesetzlichen Bestimmungen eine 27 eindeutige Abgrenzung nicht möglich ist, ist für die Einordnung als Arbeiter- bzw. Angestelltentätigkeit auf die überkommenen Grundsätze zurückzugreifen. Demnach leisten **Arbeiter** überwiegend körperlich-mechanische, **Angestellte** überwiegend geistige Arbeit.[38]

Entscheidend für die Abgrenzung ist ausschließlich die im Entleiher- 28 betrieb **tatsächlich verrichtete Tätigkeit**.[39] Die beruflichen Qualifikationen des Arbeitnehmers bleiben ebenso außer Betracht wie die in der Vergangenheit – auch im Betrieb des Verleihers – ausgeführten Arbeiten.

▶ **Beispiel:**

Verleiher A überlässt einen ausgebildeten Bauingenieur als Putzer in den Baubetrieb des Kunden B.

Putzer verrichten Arbeitertätigkeiten i.S.d. BRTV-Bau. Der Einsatz verstößt daher gegen § 1b S. 1 AÜG; die Ausbildung und der Status des Arbeitnehmers im Verleiherbetrieb sind unerheblich.

II. Rechtsfolgen eines Verstoßes

Hinsichtlich der Rechtsfolgen eines Verstoßes gegen § 1b S. 1 AÜG ist 29 zwischen den **zivil- und arbeitsrechtlichen Auswirkungen** auf den Arbeitnehmerüberlassungs- und Leiharbeitsvertrag einerseits und den weiteren **gewerberechtlichen und ordnungswidrigkeitenrechtlichen Folgen** andererseits zu unterscheiden.

1. Arbeitnehmerüberlassungsvertrag

Nach einhelliger Auffassung sind **Arbeitnehmerüberlassungsverträ-** 30 **ge** bei einem Verstoß gegen das sektorale Verbot der Arbeitnehmerüberlassung in das Baugewerbe **nichtig**; für Verleiher und Entleiher

---

38 Zur Abgrenzung BAG 4.8.1993, 4 AZR 515/92, NZA 1994, 39.
39 *Boemke/Lembke* § 1b AÜG Rn. 18; Thüsing/*Waas* § 1b AÜG Rn. 27.

ist § 1b S. 1 AÜG Verbotsgesetz im Sinne des § 134 BGB.[40] Bereits ausgetauschte Leistungen sind nach Bereicherungsrecht (§§ 812 ff. BGB) unter Berücksichtigung der von der Rechtsprechung zur Rückabwicklung von nach § 9 Nr. 1 AÜG unwirksamen Verträgen entwickelten Grundsätze zurück zu gewähren.[41]

2. Leiharbeitsvertrag

31 Ob der Verstoß gegen § 1b S. 1 AÜG auch die Nichtigkeit des Leiharbeitsvertrages zur Folge hat, ist höchstrichterlich noch nicht entschieden.[42] Als – soweit ersichtlich – einziges Instanzgericht hat bisher das **Hessische LAG** die **Nichtigkeitsfolge ausdrücklich abgelehnt**.[43]

32 In der **Literatur** wird die Frage höchst **kontrovers diskutiert**. Die Auffassungen reichen über die beiden Extremstandpunkte[44] – Befürwortung der generellen Nichtigkeit einerseits und Annahme der uneingeschränkten Wirksamkeit des Leiharbeitsvertrages andererseits – bis hin zu einer differenzierenden Meinung.[45] Letztere unterscheidet danach, ob der Leiharbeitsvertrag ausschließlich oder nur gelegentlich die Erbringung von Arbeitertätigkeiten in fremden Baubetrieben vorsieht. Sei der Vertrag auf die Baubranche beschränkt, sei dieser – ebenso wie der Überlassungsvertrag – wegen Verstoßes gegen ein gesetzliches Verbot nichtig; die Abwicklung erfolge nach den Grundsätzen über das fehlerhafte Arbeitsverhältnis. Eine nur partielle Nichtigkeit sei hingegen anzunehmen, wenn der Leiharbeitnehmer nur gelegentlich entgegen § 1b S. 1 AÜG eingesetzt werde. Die Interessen des Leiharbeitnehmers seien hinreichend durch sein Leistungsverweigerungsrecht gewahrt; verweigere er berechtigterweise den Einsatz in einem Baubetrieb, behalte er nach den Grundsätzen des An-

---

40 ErfK/*Wank* § 1b AÜG Rn. 8; Thüsing/*Waas* § 1b AÜG Rn. 48; *Urban-Crell/Schulz* Rn. 517; jeweils m.w.Nachw.

41 BGH 17.2.2000, III ZR 78/99, AP AFG § 12a Nr. 1 = NJW 2000, 1557; BGH 17.1.1984, VI ZR 187/82, EzAÜG § 10 AÜG Fiktion Nr. 22 (zum formnichtigen Vertrag); a. *Boemke/Lembke* § 1b AÜG Rn. 21.

42 Zuletzt offen gelassen BAG 13.12.2006, 10 AZR 674/05, AP AÜG § 1 Nr. 31 m.Anm. *Urban-Crell* = NZA 2007, 751.

43 Hessisches LAG 24.5.2005, 15 Sa 511/03, EzAÜG § 1b AÜG Nr. 3.

44 Nichtigkeit bejahend: *Becker/Wulfgramm* Art. 1 § 1 AÜG Rn. 98; Wirksamkeit bejahend: MünchArbR/*Marschall*, 2. Aufl. 2000, § 176 Rn. 5 ff.; *Sandmann/Marschall* Art. 1 § 1b AÜG Rn. 14; *Urban-Crell/Schulz* Rn. 520; *Urban-Crell*, Anm. zu BAG 13.12.2006, 10 AZR 674/05, AP AÜG § 1 Nr. 31; a. *Grimm/Brock* § 10 Rn. 18.

45 *Boemke/Lembke* § 1b AÜG Rn. 22 f.; KHK/*Düwell* 4.5 Rn. 253 f.; Schüren/Hamann/*Hamann* § 1b AÜG Rn. 92 ff.; *Ulber* § 1b AÜG Rn. 20 ff.

nahmeverzugs seinen Lohnanspruch (§ 615 S. 1 BGB, § 11 Abs. 4 S. 2 AÜG).

Die Befürwortung eines – in der Praxis unzweifelhaft problemati- 33
schen – **Leistungsverweigerungsrechts** des Arbeitnehmers ist sicherlich richtig. Die Annahme einer **(Teil-)Nichtigkeit des Leiharbeitsvertrages** bei Verstoß gegen § 1b S. 1 AÜG **überzeugt** hingegen **nicht**.
Richtigerweise ist § 134 BGB in diesen Fällen auf das Leiharbeitsverhältnis nicht anzuwenden. Dafür sprechen systematische Überlegungen und insbesondere das mit § 1b AÜG verfolgte gesetzgeberische Schutzanliegen.

Die Vorschrift ist ein **Verbotsgesetz** – allerdings **nur für Verleiher** 34
und Entleiher. Für den Leiharbeitnehmer ist es ein Schutzgesetz.
Richtet sich ein Verbot nur gegen einen Vertragspartner, folgt daraus
– soweit dies mit Sinn und Zweck des Verbotsgesetzes vereinbar ist –
nicht die Nichtigkeit des gesamten Rechtsgeschäfts. Bei lediglich einseitigen Verbotsgesetzen ist die Nichtigkeitsfolge nur dann ausnahmsweise sachgerecht, wenn diese Rechtsfolge nach dem Normzweck oder aufgrund vorrangiger Allgemeininteressen zwingend
ist.[46] Dies mag in den Fällen richtig sein, in denen das Verbot gerade
dem Schutz des Arbeitnehmers dient (z.B. Einstellung einer Schwangeren für nach dem MuSchG verbotene Arbeiten).[47] Die Nichtigkeitsfolge des Leiharbeitsvertrages diente aber nicht dem Schutz des Leiharbeitnehmers. Bestätigt wird dies durch die Gesetzesbegründung zu
§ 12a AFG a.F. Der Gesetzgeber wollte durch das vollständige Verbot
des Überlassens in das Baugewerbe die Arbeitern drohenden Gefahren vermeiden, etwa Nichtanwendung tariflicher Regelungen und damit fehlender Anspruch auf Leistungen aus den Sozialkassen der
Bauwirtschaft, der Urlaubs- und Lohnausgleichskasse sowie der Zusatzversorgungskasse.[48] Gesetzgeberisches Ziel ist keineswegs eine
Verkürzung des Sozialschutzes der Leiharbeitnehmer. Gerade dazu
würde eine Nichtigkeit des Leiharbeitsvertrages aber führen. Der analogen Anwendung des § 10 Abs. 1 AÜG bei lediglich nach § 1b S. 1
AÜG unzulässiger Arbeitnehmerüberlassung hat das BAG eine klare
Absage erteilt;[49] mangels Fiktion eines Arbeitsverhältnisses zum Ent-

---

46 BGH 23.10.1980, IVa ZR 28/80, NJW 1981, 399 (zur Nichtigkeit eines von einem Steuerberater geschlossenen Maklervertrages); LG Potsdam 17.1.1997,
1 S 330/96, Stbg 1997, 225 (zur Nichtigkeit eines Vertrages mit einem Steuerberater über die Tätigkeit im Aufsichtsrat); Palandt/*Heinrichs* § 134 BGB
Rn. 8.
47 Vgl. etwa BAG 8.9.1988, 2 AZR 102/88, EzA § 8 MuSchG Nr. 1.
48 BT-Drucks. 9/846 S. 35 f.
49 BAG 13.12.2006, 10 AZR 674/05, AP AÜG § 1 Nr. 31 m.Anm. *Urban-Crell* =
NZA 2007, 751.

leiher bliebe der Arbeitnehmer folglich ohne echten Arbeitgeber. Ein fehlerhaftes Arbeitsverhältnis – ohne jeglichen Bestandsschutz – böte keinen adäquaten Schutz. Mit dem Schutzzweck des AÜG wäre dies nicht vereinbar.[50]

3. Gewerberechtliche Folgen

35 Ein Verstoß gegen das sektorale Verbot der Arbeitnehmerüberlassung in das Baugewerbe nach § 1b S. 1 AÜG indiziert die **Unzuverlässig-keit des Verleihers (§ 3 Abs. 1 Nr. 1 AÜG)**. Die Erlaubnisbehörde kann die Verlängerung einer befristeten Erlaubnis versagen (§ 2 Abs. 4 i.V.m. § 3 Abs. 1 Nr. 1 AÜG) oder diese mit Wirkung für die Zukunft widerrufen (§ 5 Abs. 1 Nr. 3 AÜG).

36 Die **Untersagung einer einzelnen Arbeitnehmerüberlassung** findet im AÜG keine Rechtsgrundlage. In Betracht kommt jedoch ein Rückgriff auf das allgemeine Polizei- und Ordnungsrecht der Länder. Zuständig ist die jeweilige Ordnungsbehörde, nicht die BA.[51]

4. Ordnungswidrigkeiten

37 Ein schuldhafter Verstoß des Verleihers und/oder Entleihers gegen § 1b S. 1 AÜG kann als **Ordnungswidrigkeit** mit einer Geldbuße bis zu € 25000,00 geahndet werden **(§ 16 Abs. 1 Nr. 1b., Abs. 2 AÜG)**.[52] Für den Leiharbeitnehmer bleibt ein Verstoß sanktionslos.

C. Ausnahmetatbestände – S. 2 und 3

38 Durch das **Erste Gesetz für moderne Dienstleistungen am Arbeits-markt vom 23.12.2002**[53] wurde § 1b S. 2 AÜG neu gefasst; gleichzeitig wurde ein neuer Satz 3 angefügt. Letzterer geht auf eine Entscheidung des EuGH[54] zur Unvereinbarkeit von § 1b AÜG a.F. mit der **europäischen Dienstleistungsfreiheit** (Art. 49 EGV) zurück, da nach der Altregelung Betrieben mit Sitz im Ausland de facto der Verleih von Arbeitskräften an deutsche Baubetriebe untersagt war.

---

50 *Urban-Crell/Schulz* Rn. 520; a. *Grimm/Brock* § 10 Rn. 18 a.E.
51 So a. *Boemke/Lembke* § 1b AÜG Rn. 27.
52 Dazu ausführlich § 16 AÜG Rdn. 15 ff.
53 BGBl. I S. 4607.
54 EuGH 25.10.2001, C-493/99, EzA § 1 AÜG Nr. 11 = NZA 2001, 1299; dazu ausführlich *Kort* NZA 2002, 1248.

I. Arbeitnehmerüberlassung zwischen Betrieben des Baugewerbes und anderen Betrieben – S. 2 Buchst. a)

Nach § 1b S. 2 Buchst. a) AÜG ist die Arbeitnehmerüberlassung zwischen Betrieben des Baugewerbes und anderen Betrieben gestattet, wenn diese Betriebe erfassende, für allgemeinverbindlich erklärte Tarifverträge dies bestimmen. **39**

▶ **Praxistipp:**

> Bedeutung erlangt die Vorschrift nur in den Fällen, in denen der Verleiher einen »anderen Betrieb« betreibt. Der umgekehrte Fall des Verleihs aus dem Baugewerbe ist bereits tatbestandlich nicht vom Verbot des § 1b S. 1 AÜG erfasst. Nicht der Verleiher-, sondern der Entleiherbetrieb muss ein solcher des Baugewerbes sein.

Voraussetzung für das Eingreifen der Ausnahme vom sektoralen Verbot der Arbeitnehmerüberlassung in Betriebe des Baugewerbes nach § 1b S. 2 Buchst. a) AÜG ist, dass **40**
– ein Tarifvertrag die branchenübergreifende Arbeitnehmerüberlassung vorsieht, d.h. ausdrücklich zulässt;
– dieser Tarifvertrag für allgemeinverbindlich[55] erklärt wurde und
– Verleiher und Entleiher nach allgemeinen tariflichen Grundsätzen dem Geltungsbereich ein und desselben Tarifvertrages unterfallen.[56]

▶ **Praxistipp:**

> Auch wenn die Voraussetzungen des § 1b S. 2 AÜG erfüllt sind – Entsprechendes gilt für Satz 3 – ist die gewerbsmäßige Arbeitnehmerüberlassung nur zulässig, wenn der Verleiher über eine Verleiherlaubnis nach § 1 AÜG verfügt.

Der **praktische Anwendungsbereich** des Ausnahmetatbestandes wird durch diese engen Voraussetzungen **erheblich eingeschränkt**. Ein branchenübergreifender Tarifvertrag im Sinne des § 1b S. 2 Buchst. a) AÜG, dessen Geltungsbereich neben einem der klassischen Tarifbereiche des Baugewerbes mindestens noch eine Branche außer- **41**

---

55 So der ausdrückliche Gesetzeswortlaut, vgl. a. *Ulber* § 1b AÜG Rn. 29; krit. *Boemke/Lembke* § 1b AÜG Rn. 32, Schüren/Hamann/*Hamann* § 1b AÜG Rn. 66.
56 Thüsing/*Waas* § 1b AÜG Rn. 34; Schüren/Hamann/*Hamann* § 1b AÜG Rn. 64; *Urban-Crell/Schulz* Rn. 528; a.A. *Boemke/Lembke* § 1b AÜG Rn. 32, die auf das Erfordernis desselben Tarifvertrages verzichten wollen.

halb des Baubereichs erfasst, existiert soweit ersichtlich bisher nicht. Die Vorschrift ist daher bislang ohne praktische Bedeutung.

II. Arbeitnehmerüberlassung zwischen Betrieben des Baugewerbes – S. 2 Buchst. b)

42 Nach § 1b S. 2 Buchst. b) AÜG ist gewerbsmäßige Arbeitnehmerüberlassung auch zwischen Betrieben des Baugewerbes[57] gestattet. Privilegiert wird also die sogenannte **Kollegenhilfe im Baubereich**.

▶ Praxistipp:

Reine Verleihunternehmen sind keine »Betriebe des Baugewerbes«. Sie sind daher von der Privilegierung des § 1b S. 2 Buchst. b) AÜG ausgeschlossen.

43 Der **Verleiher** muss vor der ersten Überlassung nachweislich seit mindestens drei Jahren von **denselben Rahmen- und Sozialkassentarifverträgen oder deren Allgemeinverbindlichkeit** erfasst sein. Die Tarifbindung des Verleihers kann sich also entweder aufgrund Mitgliedschaft im Arbeitgeberverband (§ 3 Abs. 1 TVG) oder – der in der Baubranche traditionell üblichen – Allgemeinverbindlicherklärung (§ 5 TVG) des Tarifvertrages ergeben; nicht ausreichend ist eine einzelvertragliche Inbezugnahme oder eine Anwendung kraft betrieblicher Übung.[58] Eine Tarifbindung des Entleihers wird nicht vorausgesetzt.[59]

44 Verleiher müssen nachweisen, **seit mindestens drei Jahren** von demselben Rahmen- und Sozialkassentarifvertrag erfasst zu sein. Ein Nachweis kann etwa durch Vorlage einer Bestätigung der zuständigen Einzugsstelle für die Sozialkassenbeiträge erfolgen.[60]

45 **Umstritten** ist, **ob Verleiher und Entleiher demselben Tarifbereich der Bauwirtschaft** (Garten- und Landschaftsbau, Gerüstbau, Dachdeckerhandwerk, Bauhauptgewerbe) **angehören müssen**. Jeder dieser Tarifbereiche verfügt über eigene Sozialkassen als gemeinsame Einrichtungen im Sinne von § 4 Abs. 2 TVG, deren Sozialkassensysteme unterschiedlich ausgestaltet sind. Aus dem Wortlaut (»denselben«) und aus Sinn und Zweck der Norm, die Sicherung der Sozialkassen im Baugewerbe sowie den Schutz vor Wettbewerbsverzerrung durch

---

57 Zum Begriff vgl. § 1b AÜG Rdn. 14 ff.
58 Schüren/Hamann/*Hamann* § 1b AÜG Rn. 71, 73; Thüsing/*Waas* § 1b AÜG Rn. 40.
59 Thüsing/*Waas* § 1b AÜG Rn. 39; *Urban-Crell/Schulz* Rn. 529.
60 DA-AÜG zu § 1b Ziff. 1.b.2.

Arbeitnehmerüberlassung zu gewährleisten, leitet die wohl herrschende Meinung die Notwendigkeit der Zugehörigkeit zu demselben Tarifbereich ab.[61]

Auf den Ausnahmetatbestand des § 1b S. 2 Buchst. b) AÜG können **46** sich auch **Mischbetriebe** berufen, sofern sie überwiegend Bauleistungen erbringen.[62]

Bei **ausländischen Betrieben** hat § 1b S. 2 Buchst. b) AÜG hingegen **47** keine Bedeutung, da diese nicht vom räumlichen Geltungsbereich der deutschen Bautarifverträge erfasst sind. Diese beziehen sich lediglich auf das Hoheitsgebiet der Bundesrepublik Deutschland. Für diese Betriebe kann allerdings eine Ausnahme nach § 1b S. 3 AÜG in Betracht kommen.

III. Ausländische Betriebe des Baugewerbes mit Sitz im EWR-Raum – S. 3

Ausländischen Baubetrieben mit Geschäftssitz **innerhalb des EWR-** **48** **Raums** wird gewerbsmäßige Arbeitnehmerüberlassung unter den Voraussetzungen des § 1b S. 3 AÜG ausnahmsweise gestattet.

Tatbestandlich setzt die **Privilegierung für ausländische Baubetriebe** **49** voraus, dass
– der Verleiher über eine Verleiherlaubnis nach deutschem Recht und – soweit vorausgesetzt – auch über eine Erlaubnis zur Arbeitnehmerüberlassung seines Heimatstaates verfügt und
– dieser nachweislich seit mindestens drei Jahren überwiegend Tätigkeiten ausübt, die unter den Geltungsbereich derselben Rahmen- und Sozialkassentarifverträge fallen, von denen der Betrieb des Entleihers erfasst wird.

Auf eine **Tarifbindung** des ausländischen Verleihers verzichtet das **50** Gesetz; diese wäre aufgrund des räumlichen Geltungsbereichs der deutschen Bautarifverträge auch nicht möglich. Der Entleiher hingegen muss – entweder aufgrund Verbandszugehörigkeit (§ 3 Abs. 1 TVG) oder Allgemeinverbindlichkeit (§ 5 TVG) – tarifgebunden sein. Vertragliche Inbezugnahme oder ständige betriebliche Übung genügen nicht.

Um einen **Missbrauch des Ausnahmetatbestandes** durch **auslän-** **51** **dische Verleiher** zu **verhindern**, muss dieser aber nachweislich seit

---

61 Thüsing/*Waas* § 1b AÜG Rn. 38a, Schüren/Hamann/*Hamann*, § 1b Rn. 70, *Sandmann/Marschall* § 1b AÜG Anm. 17, vgl. DA-AÜG zu § 1b Ziff. 1.b.2.; a.A. *Boemke/Lembke* § 1b AÜG Rn. 38.
62 Zu Mischbetrieben § 1b AÜG Rdn. 17 ff.

mindestens drei Jahren überwiegend Tätigkeiten im Geltungsbereich
desselben – auch für den Entleiher geltenden – Rahmen- und Sozialkassentarifvertrages erbracht haben.[63] Es ist insoweit darauf abzustellen, ob die im Ausland ausgeübten Tätigkeiten bei sinngemäßer Anwendung der deutschen Vorschriften unter denselben Rahmen- und
Sozialkassentarifvertrag fallen würden, von denen der Betrieb des
Entleihers tatsächlich erfasst wird. Zur Beurteilung, ob ein Verleiher
»überwiegend« baugewerbliche Tätigkeiten im Geltungsbereich eines
inländischen Rahmen- und Sozialkassentarifvertrages erbracht hat,
sind seine Aktivitäten innerhalb und außerhalb des EWR zu berücksichtigen.[64] »Überwiegend« sind diese bei Überschreiten der
50%-Schwelle.

▶ **Praxistipp:**

  Als Nachweis erkennt die BA eine Bescheinigung der SOKA-Bau,
  Abteilung Eurorechtsangelegenheiten, an.[65]

52 Die Bestimmung des Merkmals **Betrieb des Baugewerbes** richtet sich
    ebenso wie die Definition der **Betriebsabteilung** und des **Misch-
    betriebes** ausschließlich nach deutschem Recht.[66]

▶ **Praxistipp:**

  Reine Verleihunternehmen sind keine »Betriebe des Baugewerbes«. Sie sind daher von der Privilegierung des § 1b S. 3 AÜG ausgenommen.

53 Es muss sich um einen Betrieb des Baugewerbes mit **(Haupt-) Ge-
    schäftssitz** in einem anderen **EWR-Staat** handeln, lediglich Nieder-
    lassungen in der EU oder im EWR-Raum genügen nicht.[67]

---

63 BT-Drucks. 15/91 S. 17; ausführlich Schüren/Hamann/*Hamann* § 1b AÜG
   Rn. 83.
64 *Boemke/Lembke* § 1b AÜG Rn. 48; Thüsing/*Waas* § 1b AÜG Rn. 46; Schüren/
   Hamann/*Hamann* § 1b AÜG Rn. 80.
65 *Ebert* ArbRB 2007, 83.
66 Dazu § 1b AÜG Rdn. 13.
67 Thüsing/*Waas* § 1b AÜG Rn. 46; *Ulber* ArbuR 2003, 7.

§ 2 Erteilung oder Erlöschen der Erlaubnis

(1) Die Erlaubnis wird auf schriftlichen Antrag erteilt.

(2) [1]Die Erlaubnis kann unter Bedingungen erteilt und mit Auflagen verbunden werden, um sicherzustellen, daß keine Tatsachen eintreten, die nach § 3 die Versagung der Erlaubnis rechtfertigen. [2]Die Aufnahme, Änderung oder Ergänzung von Auflagen sind auch nach Erteilung der Erlaubnis zulässig.

(3) Die Erlaubnis kann unter dem Vorbehalt des Widerrufs erteilt werden, wenn eine abschließende Beurteilung des Antrags noch nicht möglich ist.

(4) [1]Die Erlaubnis ist auf ein Jahr zu befristen. [2]Der Antrag auf Verlängerung der Erlaubnis ist spätestens drei Monate vor Ablauf des Jahres zu stellen. [3]Die Erlaubnis verlängert sich um ein weiteres Jahr, wenn die Erlaubnisbehörde die Verlängerung nicht vor Ablauf des Jahres ablehnt. [4]Im Falle der Ablehnung gilt die Erlaubnis für die Abwicklung der nach § 1 erlaubt abgeschlossenen Verträge als fortbestehend, jedoch nicht länger als zwölf Monate.

(5) [1]Die Erlaubnis kann unbefristet erteilt werden, wenn der Verleiher drei aufeinanderfolgende Jahre lang nach § 1 erlaubt tätig war. [2]Sie erlischt, wenn der Verleiher von der Erlaubnis drei Jahre lang keinen Gebrauch gemacht hat.

A. Allgemeines

1 Nach § 1 Abs. 1 S. 1 AÜG ist gewerbsmäßige Arbeitnehmerüberlassung vorbehaltlich einer Arbeitnehmerüberlassungserlaubnis grundsätzlich verboten (sogenanntes **Verbot mit Erlaubnisvorbehalt**). Deutsche im Sinne des Art. 116 GG sowie die nach § 3 Abs. 4 und 5 AÜG
deutschen Staatsangehörigen Gleichgestellten, d.h. Antragsteller aus
anderen EU-Mitgliedsstaaten und aus dem EWR-Raum, haben ein
Anspruch auf Erlaubniserteilung, wenn keine Versagungsgründe im
Sinne des § 3 AÜG vorliegen.[1]

▶ Praxistipp:

  Die gewerbsmäßige Arbeitnehmerüberlassung ist grundsätzlich
  erlaubnispflichtig. Eine Ausnahme vom Erlaubnisvorbehalt besteht lediglich für die in § 1 Abs. 3 AÜG geregelten Fälle der
  »Nachbarschaftshilfe«, Konzernleihe und Arbeitnehmerüberlassung in das Ausland aufgrund einer zwischenstaatlichen Vereinbarung. Nicht erlaubnis-, sondern lediglich anzeigepflichtig ist die
  sogenannte Kollegenhilfe (§ 1a AÜG). Ein sektorales Verbot der gewerbsmäßigen Arbeitnehmerüberlassung besteht in der Regel im
  Baugewerbe (§ 1b AÜG).

2 Die Arbeitnehmerüberlassungserlaubnis wird von der zuständigen
Regionaldirektion auf **schriftlichen Antrag** zunächst auf ein Jahr be-

---

1 Ausführlich § 3 AÜG Rdn. 12 ff., 184 f.

fristet erteilt und kann anschließend um den jeweils gleichen Zeitraum verlängert werden (§ 2 Abs. 4 AÜG). Die Erteilung einer unbefristeten **Erlaubnis** setzt voraus, dass das verleihende Untenehmen drei aufeinanderfolgende Jahre erlaubt tätig war (§ 2 Abs. 5 S. 1 AÜG). Soweit die Erlaubnisbehörde die beantragte Erlaubnis erteilt, kann sie diese mit **Nebenbestimmungen** versehen (§ 2 Abs. 2–4 AÜG). Unter Berücksichtigung des Grundsatzes der Verhältnismäßigkeit ist sie dazu sogar verpflichtet, wenn die Alternative zur Erteilung der Erlaubnis mit Nebenbestimmungen nur die Versagung der Erlaubnis nach § 3 Abs. 1 AÜG wäre. Unter mehreren gleich geeigneten Mitteln ist zunächst dasjenige auszuwählen, welches den Antragsteller am wenigsten belastet.[2]

▶ **Praxistipp:**

In der Praxis ist häufig problematisch, ob ein konkreter Sachverhalt – etwa bei Personaleinsatz auf der Grundlage eines Werkoder Dienstvertrages – den Bestimmungen des AÜG unterfällt. Anders als etwa die Finanzbehörden stellen die Regionaldirektionen weder Negativbescheinigungen aus, noch erteilen sie verbindliche Auskünfte. In Einzelfällen möglich ist lediglich eine unverbindliche Darlegung der Auffassung der zuständigen Regionaldirektion zur rechtlichen Einordnung eines Sachverhalts.[3]

Unverbindliche Auskünfte der Regionaldirektionen ermöglichen zwar eine bessere Einschätzung der Risiken, sind aber rechtlich nicht bindend. Bei unklaren Sachverhalten sollten Auftraggeber und Auftragnehmer daher bereits im eigenen Interesse vor Durchführung eines konkreten Auftrags oder Projekts eine Arbeitnehmerüberlassungserlaubnis rein vorsorglich beantragen bzw. die Durchführung eines Geschäftes unter die Bedingung einer erfolgreichen Antragstellung stellen.

B. Erlaubniserteilung

I. Formelle Voraussetzungen – Abs. 1

1. Förmlicher Antrag

Nach **§ 2 Abs. 1 AÜG** wird die Arbeitnehmerüberlassungserlaubnis 3 nur auf schriftlichen Antrag erteilt. Die **Schriftform** ist Wirksamkeits-

---

2 BSG 22.3.1979, 7 RAr 47/78, BSGE 48, 115.
3 Vgl. dazu DA-AÜG zu § 2 Ziff. 2.1.1.

voraussetzung. Der Antragsteller oder sein Vertreter[4] hat den Antrag eigenhändig zu unterzeichnen (§ 126 BGB).

▶ **Praxistipp:**

> Ein Antrag per Telefax oder E-Mail genügt dem Schriftformerfordernis nicht. In diesem und sonstigen Fällen unzureichender Antragstellung hat die BA den Antragsteller darauf hinzuweisen und auf eine entsprechende Korrektur hinzuwirken.[5]

4 Nach allgemeinen verfahrensrechtlichen Grundsätzen muss der **Antrag in deutscher Sprache** gestellt werden (§ 23 Abs. 1 VwVfG).[6] Dies gilt auch für alle sonstigen Eingaben, Belege, Urkunden oder Dokumente (§ 23 Abs. 2 S. 1 VwVfG). Reicht der Antragsteller Anträge und Unterlagen in fremder Sprache ein, fordert ihn die zuständige Regionaldirektion regelmäßig unter angemessener Fristsetzung zur Vorlage einer beglaubigten Übersetzung auf.[7]

5 Kommt der Antragsteller dieser oder sonstigen Aufforderungen nicht fristgemäß nach, kann der Antrag allein wegen mangelnder Mitwirkung abgelehnt werden. Grundsätzlich gilt im Verwaltungsverfahren der **Untersuchungsgrundsatz** (§ 24 VwVfG), d.h. die zuständige Behörde muss den Sachverhalt von Amts wegen ermitteln. Allerdings sollen die Beteiligten gemäß § 26 Abs. 2 VwVfG bei der Ermittlung des Sachverhalts mitwirken, insbesondere ihnen bekannte Tatsachen und Beweismittel angeben.[8] Die **Mitwirkungsobliegenheit des Antragstellers** kann nicht mit Zwangsmitteln durchgesetzt werden. Allerdings drohen ihm insoweit mittelbare Nachteile, als die Erlaubnisbehörde aufgrund fehlender Sachverhaltsinformationen nicht zur abschließenden Beurteilung und Klärung des Sachverhalts in der Lage sein kann. War dem Beteiligten in diesen Fällen eine Mitwirkung möglich und zumutbar, ist die Behörde in der Regel nicht mehr zur umfassenden Sachverhaltsaufklärung verpflichtet. Insbesondere muss sie nicht allen denkbaren Erkenntnismöglichkeiten zur weiteren Sachverhaltsaufklärung nachgehen.[9] Die fehlende Mitwirkung kann

---

4 Vgl. dazu § 2 AÜG Rdn. 11.
5 Vgl. dazu DA-AÜG zu § 2 Ziff. 2.1.2.
6 Zum eher dogmatischen Streit über die unmittelbare oder nur entsprechende Anwendbarkeit der Regeln des VwVfG vgl. *Boemke/Lembke* § 2 AÜG Rn. 5 f.; *Thüsing/Kämmerer* § 2 AÜG Rn. 1 f.; die Anwendung des VwVfG abl. HWK/ *Kalb* § 2 AÜG Rn. 3 f.
7 DA-AÜG zu § 2 Ziff. 2.1.1. Abs. 6.
8 DA-AÜG zu § 2 Ziff. 2.1.2.
9 BVerwG 7.11.1986, 8 C 27/85, NVwZ 1987, 404; *Kopp/Ramsauer* § 26 VwVfG Rn. 44.

sich deshalb im Ergebnis zu Ungunsten des Verfahrensbeteiligten auswirken.[10]

Das AÜG enthält **keine** Rechtspflicht zur **inhaltlichen Begründung** 6 **des Antrags** und/oder zur Vorlage bestimmter Unterlagen. Gleichwohl verlangt die BA in ständiger Verwaltungspraxis unter Hinweis auf die Mitwirkungsobliegenheit des Antragstellers die **Beibringung diverser Unterlagen.** Bei erstmaliger Antragstellung sollen grundsätzlich folgende Unterlagen beigebracht werden:[11]

- Kopien von Gesellschaftsvertrag/Satzung/Statut (soweit keine natürliche Person);
- Führungszeugnis zur Vorlage bei einer Behörde (Beleg-Art O);
- Auskunft aus dem Gewerbezentralregister (Beleg-Art. 9);
- Aktueller Auszug aus dem Handelsregister (dann Verzicht auf Gewerbeanmeldung und Gesellschaftsvertrag);
- Bescheinigung der Krankenkasse bei der die Mehrzahl der Arbeitnehmer versichert ist oder werden soll (gesonderter Vordruck AÜG 6);
- Einverständniserklärung für das Einholen von Auskünften beim Finanzamt (gesonderter Vordruck AÜG 4a/b);
- Bescheinigung der Berufsgenossenschaft (Unfallversicherungsträger – gesonderter Vordruck AÜG 7);
- Aktuelle Liquiditätsnachweise, z.B. sofort verfügbare Guthaben oder Kreditbestätigung über Kontokorrentkredit, Betriebsmittelkredit. Hinsichtlich der Bonität müssen € 2 000,00 pro Leiharbeitnehmer, mindestens jedoch € 10 000,00 liquide Mittel nachgewiesen werden;
- Muster eines Arbeitsvertrages mit dem Leiharbeitnehmer – bzw. einer Zusatzvereinbarung über den Einsatz als Leiharbeitnehmer bei sogenannten Mischbetrieben;
- Muster eines Arbeitnehmerüberlassungsvertrages.

▶ **Hinweis:**

Um formelle Fehler bei der Antragstellung zu vermeiden, ist es zweckmäßig – wenngleich nicht zwingend – den Antragsvordruck AÜG 2a zu verwenden. Dieser und die Anlagen (Vordrucke AÜG 4a/b, AÜG 6 und AÜG 7) sind abrufbar unter:

www.arbeitsagentur.de (Kategorie: »Formulare für Unternehmen« – »Arbeitnehmerüberlassung«).

Alle Vordrucke sind überdies im Anhang abgedruckt.

---

10 DA-AÜG zu § 2 Ziff. 2.1.3.
11 Vgl. DA-AÜG zu § 2 Ziff. 2.1.4.

7   In Einzelfällen kann die zuständige Erlaubnisbehörde auf die Vorlage einzelner Unterlagen verzichten. Dies gilt insbesondere bei Verlängerungsanträgen auf Erteilung einer befristeten oder unbefristeten Verleiherlaubnis.[12]

2. Antragsteller

8   **Antragsteller** kann jede natürlich oder juristische Person des privaten und öffentlichen Rechts sowie jede Personengesamtheit oder Personengesellschaft sein, die auch Erlaubnisinhaber werden kann (vgl. § 7 Abs. 1 AÜG).[13]

▶ **Beispiele:**

- – Einzelkaufmann;
- – AG;
- – GmbH;
- – Kirchen;
- – Kommunen;
- – Nicht-rechtsfähige Vereine;
- – Erbengemeinschaft;
- – oHG;
- – KG;
- – BGB-Gesellschaft.

9   **Juristische Personen** des Privatrechts werden durch das zur Vertretung berechtigte Organ (Vorstand einer AG, Geschäftsführer einer GmbH), **Personengesellschaften** durch die zur Vertretung berechtigten Gesellschafter vertreten.

10   Auch **Minderjährige** – soweit die Voraussetzungen des § 112 BGB nicht vorliegen mit Einwilligung ihrer gesetzlichen Vertreter – und **unter Betreuung stehende Personen** (§§ 1896 ff. BGB) können grundsätzlich einen Antrag auf Erlaubniserteilung stellen. In diesen Fällen wird die BA die Erlaubnis allerdings regelmäßig wegen fehlender Zuverlässigkeit (§ 3 Abs. 1 Nr. 1 AÜG) versagen.

11   Nach allgemeinen **vertretungsrechtlichen Grundsätzen** (§§ 164 ff. BGB) können sich Antragsteller bei der Antragstellung wirksam vertreten lassen. Die BA verlangt in solchen Fällen üblicherweise die Vorlage einer schriftlichen **Vollmachtsurkunde**.[14] Da der Antragsteller

---

12   Dazu DA-AÜG zu § 2 Ziff. 2.1.4. (»Unterlagen für die befristete/unbefristete Verlängerung einer Verleiherlaubnis«).
13   Zum Inhaberwechsel und zur Rechtsnachfolge vgl. § 3 AÜG Rdn. 24 f.
14   DA-AÜG zu § 2 Ziff. 2.1.3.

selbst das Gewerbe betreiben muss, ist das Vorschieben eines sogenannten Strohmanns als Erlaubnisinhaber und damit zunächst als
Antragsteller aber unzulässig.[15]

Bei der Erlaubnis zur gewerbsmäßigen Arbeitnehmerüberlassung **12**
handelt es sich um eine sogenannte **Personalkonzession**. Sie ist an
die jeweils antragstellende Person bzw. den Rechtsträger gebunden.
Sie ist deshalb grundsätzlich nicht übertragbar;[16] auch geht sie im
Wege der Rechtsnachfolge in der Regel nicht auf den Rechtsnachfol-
ger über.[17] Dies folgt mittelbar aus § 7 Abs. 1 S. 1 AÜG.

Aus dem Personenbezug der Verleiherlaubnis folgt ferner, dass nicht **13**
der einzelne Betrieb, eine Betriebsstätte oder Niederlassung, sondern
der jeweilige **Erlaubnisinhaber Verleiher** im Sinne des AÜG ist. Insofern erstreckt sich eine erteilte Erlaubnis auf **alle Betriebe und
Niederlassungen eines Unternehmens**.[18] Eine erteilte Arbeitnehmerüberlassungserlaubnis ist allerdings **nicht konzernbezogen**. Rechtlich
selbständige Unternehmen müssen ungeachtet einer etwaigen Konzernverflechtung jeweils gesonderte Erlaubnisse nach dem AÜG beantragen. Gleiches gilt für Familienunternehmen.[19]

▶ Praxistipp:
  Die Verleiherlaubnis ist unternehmens-, nicht aber konzernbezogen.

3. Zuständige Behörde

Der Antrag auf Erlaubniserteilung kann bei jeder Agentur für Arbeit **14**
– als Dienststelle der BA – eingereicht werden (vgl. § 17 AÜG). Denn
das AÜG selbst enthält keine Vorschriften über die sachliche und örtliche Zuständigkeit der Erlaubnisbehörde.[20] Allerdings ist nach der
internen Geschäftsverteilung der BA[21] jeweils die Regionaldirektion
zuständig, in deren Bezirk der inländische Antragsteller seinen Ge-

---

15 LSG Rheinland-Pfalz 16.1.1981, L6 Ar 65/80, EzAÜG § 3 AÜG Versagungsgründe Nr. 5; vgl. a. § 3 AÜG Rdn. 27 f.
16 LSG Baden-Württemberg 6.12.1983, L 5 Ar 659/82, EzAÜG § 2 AÜG Erlöschensgründe Nr. 1.
17 BSG 12.12.1991, 7 RAr 56/90, NZA 1992, 668; dazu a. § 3 AÜG Rdn. 24 f.
18 *Boemke/Lembke* § 2 AÜG Rn. 16; *Sandmann/Marschall* Art. 1 § 2 AÜG Anm. 4;
   Schüren/Hamann/*Schüren* § 2 AÜG Rn. 23 ff.
19 DA-AÜG zu § 2 Ziff. 1.3.
20 *Boemke/Lembke* § 2 AÜG Rn. 13; Thüsing/*Kämmerer* § 2 AÜG Rn. 4; *Urban-
   Crell/Schulz* Rn. 612.
21 Amtliche Bekanntmachung v. 16.8.1972, BAnz. 1972 Nr. 196 S. 5 »Landesarbeitsämter«.

schäfts- oder Wohnsitz hat. Für **Antragsteller mit Sitz im Ausland** gilt eine besondere Geschäftsverteilung:

Regionaldirektion	Geschäftssitz des Verleihers
Nordrhein-Westfalen	Niederlande, Großbritannien, Irland
Rheinland-Pfalz	Belgien, Frankreich, Luxemburg
Bayern	Italien, Griechenland
Nord	Dänemark, Norwegen
Hessen	Alle übrigen Länder

▶ **Hinweis:**

Eine Übersicht über alle Regionaldirektionen mit Anschriften, etc. ist im Anhang abgedruckt.

4. Kosten

15 Nach § 2a Abs. 1 AÜG werden vom Antragsteller für die Bearbeitung von Anträgen auf Erteilung und Verlängerung der Erlaubnis Kosten **(Gebühren und Auslagen)** erhoben.[22]

▶ **Praxistipp:**

Die Antragsbearbeitung erfolgt erst nach Zahlung eines Gebühren-vorschusses.[23]

5. Bescheid

16 Anders als für die Antragstellung stellt das AÜG für die Erlaubniser-teilung kein Formerfordernis auf. Gleichwohl spielt der Grundsatz der Formwahlfreiheit des § 37 Abs. 2 S. 1 VwVfG in der Praxis keine Rolle. Die zuständigen Dienststellen der BA sind gehalten, **Bescheide** unter Verwendung standardisierter Textblöcke zu erteilen. Antrag-steller werden stets schriftlich beschieden.[24] Bescheide über die erstmalige Erteilung einer Erlaubnis, Ablehnungs-, Widerrufs-, Rück-nahme- und/oder Auflagenbescheide werden regelmäßig mittels **Postzustellungsurkunde (PZU)** oder **gegen Empfangsbekenntnis zugestellt.** Ins Ausland werden diese grundsätzlich mittels Einschrei-

---

22 Dazu § 2a AÜG Rdn. 1 ff.
23 DA-AÜG zu § 2a Ziff. 2a.2.
24 DA-AÜG zu § 2 Ziff. 2.1.4.

ben mit Rückschein übersandt, soweit nicht einem Bevollmächtigten im Inland (§ 8 VwZG) zugestellt werden kann. Verspricht die Zustellung im Ausland keinen Erfolg, ist die förmliche Zustellung nach § 14 Abs. 1 VwZG zu bewirken.[25]

II. Nebenbestimmungen

Eine Verleiherlaubnis kann nach Maßgabe des **§ 2 Abs. 2–4 AÜG** mit **Nebenbestimmungen** versehen werden.[26] Die im AÜG ausdrücklich und abschließend genannten Nebenbestimmungen entsprechen denen des § 36 Abs. 2 VwVfG. Für Begriffsbestimmungen und Rechtsfragen kann insofern auf die allgemeinen Grundsätze des Verwaltungsverfahrens zurückgegriffen werden.[27]   17

Ob eine Erlaubnis zur gewerbsmäßigen Arbeitnehmerüberlassung mit einer Nebenbestimmung erlassen wird, steht im pflichtgemäßen Ermessen der BA. Als **milderes Mittel** gegenüber der sofortigen Versagung der Erlaubnis gemäß § 3 Abs. 1 AÜG ist diese Möglichkeit stets zu prüfen.[28] Wenn ein Versagungsgrund nach § 3 Abs. 1 AÜG durch eine begünstigende Erlaubnis mit einer belastenden Nebenbestimmung ausgeräumt werden kann, ist diese zu erteilen **(Ermessensreduzierung auf Null)**. Können die die Versagung einer Erlaubnis rechtfertigenden Tatsachen (§ 3 Abs. 1 AÜG) aber auch durch Nebenbestimmungen nicht beseitigt werden, ist die Erlaubnis zu versagen. Eine Erteilung mit Nebenbestimmungen ist dann rechtswidrig.   18

1. Bedingungen und Auflagen – Abs. 2

Nach **§ 2 Abs. 2 S. 1 AÜG** kann die Erlaubnis unter **Bedingungen** erteilt oder mit **Auflagen** versehen werden, um sicherzustellen, dass keine Tatsachen eintreten, die nach § 3 AÜG die Versagung der Erlaubnis rechtfertigen.   19

a) Bedingung

Nach der **Legaldefinition des Verwaltungsverfahrensrechts** versteht man unter einer Bedingung eine Bestimmung, nach der der Eintritt oder der Wegfall einer Vergünstigung oder einer Belastung von dem   20

---

25 DA-AÜG zu § 2 Ziff. 2.1.4.
26 Allg. zu Nebenbestimmungen *Kopp/Ramsauer* § 36 VwVfG Rn. 13 ff.
27 So a. Thüsing/*Kämmerer* § 2 AÜG Rn. 7.
28 BSG 21.7.1988, 7 RAr 60/86, NZA 1989, 74; LSG Nordrhein-Westfalen 2.1.1977, L 12 Ar 15/76, n.v.; *Boemke/Lembke* § 2 AÜG Rn. 19; Thüsing/*Kämmerer* § 2 AÜG Rn. 12.

ungewissen Eintritt eines zukünftigen Ereignisses abhängt (vgl. § 36 Abs. 2 Nr. 2 VwVfG). Je nach den Rechtswirkungen ist zwischen der **auflösenden** und der **aufschiebenden Bedingung** zu unterscheiden. Bei der auflösenden Bedingung entfällt die zunächst rechtswirksam erteilte Erlaubnis bei Eintritt des ungewissen zukünftigen Ereignisses. Demgegenüber wird die unter einer aufschiebenden Bedingung erteilte Erlaubnis erst mit Eintritt des Ereignisses wirksam; bis dahin ist sie schwebend unwirksam.

21 Nach der wohl überwiegend in der **Literatur** zum AÜG vertretenen Auffassung soll bei gewerbsmäßiger Arbeitnehmerüberlassung **nur eine Erlaubniserteilung unter einer aufschiebenden**, nicht aber einer auflösenden **Bedingung zulässig** sein. Begründet wird dies mit der fehlenden Regelung über eine Nachwirkung im Falle späteren Wegfalls einer zunächst zulässigerweise unter einer auflösenden Bedingung erteilten Erlaubnis.[29] Aus dem Wortlaut des § 2 Abs. 2 S. 1 AÜG ergibt sich eine derartige Einschränkung nicht. Auch teleologische Erwägungen zwingen nicht zu dieser Annahme. Die auflösende Bedingung steht in ihren Rechtswirkungen dem Widerrufsvorbehalt (§ 2 Abs. 3 AÜG) gleich. Deshalb ist es gerechtfertigt, die Bestimmungen über die Nachwirkung nach § 2 Abs. 4 S. 4 AÜG (i.V.m. § 5 Abs. 1 Nr. 1, Abs. 2 S. 2 AÜG) auf die auflösende Bedingung analog anzuwenden.

22 In der **Praxis** erweist sich diese Frage als eher theoretischer Streit. Denn die zuständigen Regionaldirektionen sehen von der Erteilung einer Erlaubnis unter Bedingungen in der Regel ab. Grund dafür ist die oft nur schwer feststellbare Frage des Bedingungseintritts. Eine Erlaubniserteilung unter einer Bedingung wäre daher mit einer erheblichen Rechtsunsicherheit verbunden.[30]

b) Auflage

23 Mittels einer **Auflage** wird dem Begünstigten ein Tun, Dulden oder Unterlassen vorgeschrieben (vgl. § 36 Abs. 2 Nr. 4 VwVfG).

24 Die Auflage als selbständig belastender Verwaltungsakt muss **inhaltlich hinreichend bestimmt** sein (vgl. § 37 Abs. 1 VwVfG). Folglich darf sie sich nicht auf eine reine Wiederholung des Gesetzeswortlautes beschränken. Unbestimmt sind beispielsweise Auflagen, die dem

---

29 I.d.S. *Boemke/Lembke* § 2 AÜG Rn. 20; ErfK/*Wank* § 2 AÜG Rn. 5; Thüsing/ *Kämmerer* § 2 AÜG Rn. 14; a.A. *Ulber* § 2 AÜG Rn. 24; HWK/*Kalb* § 2 AÜG Rn. 7 f., der demgegenüber eine Erteilung unter einer aufschiebenden Bedingung für unzulässig hält.
30 DA-AÜG zu § 2 Ziff. 2.2.

Antragsteller aufgeben, das AÜG nicht unter dem Deckmantel eines Scheinwerkvertrages zu umgehen oder den Arbeitnehmerüberlassungsvertrag schriftlich abzuschließen (vgl. § 12 Abs. 1 S. 1 AÜG).[31]

Rechtswidrig sind auch **Auflagen**, durch die die Erlaubnisbehörde – 25 ohne konkreten Verstoß gegen arbeitsvertragliche Pflichten – schlicht eine andere Gestaltung der Formulararbeitsverträge vorschreiben will. Unwirksame Arbeitsvertragsklauseln rechtfertigen weder die Versagung einer Erlaubnis nach § 3 Abs. 1 Nr. 1 AÜG noch den Erlass einer Auflage.[32]

Auflagen müssen an ein **konkretes Verhalten** (Tun, Dulden, Unter- 26 lassen) anknüpfen und dabei insbesondere Anordnungen zur Gewährleistung des Schutzes der Leiharbeitnehmer vor unseriösen und gefährdenden Praktiken des Antragstellers treffen. Zulässig sind beispielsweise Auflagen, durch die die Beachtung der Regelungen des Arbeitsschutzes (§ 3 Abs. 1 Nr. 1 AÜG) oder eine ausreichende Betriebsorganisation im Verleiherbetrieb (§ 3 Abs. 1 Nr. 2 AÜG) sichergestellt werden soll.[33]

Eine **Auflage** kann auch erst **nachträglich nach Erteilung einer Er-** 27 **laubnis** nach § 1 AÜG erlassen werden.[34] Die Änderung oder Ergänzung der Auflage selbst ist ebenfalls noch nach Erlaubniserteilung zulässig (§ 2 Abs. 2 S. 1 AÜG).

Als selbständig belastender Verwaltungsakt kann die Auflage nach 28 den Vorschriften des VwVG (Bund) im Wege des **Verwaltungs-zwangs** durchgesetzt werden (§ 6 AÜG).[35] Die Missachtung einer erlassenen Auflage lässt die Erlaubnis selbst unberührt; diese bleibt wirksam. Dies folgt mittelbar aus § 5 Abs. 1 Nr. 2 AÜG. Danach berechtig die Nichtbeachtung einer Auflage die Erlaubnisbehörde zum Widerruf der Erlaubnis mit Wirkung für die Zukunft. Nach dem **Grundsatz der Verhältnismäßigkeit** muss die zuständige Regionaldirektion aber zunächst prüfen, ob eine Ahndung als **Ordnungswidrig-keit** (§ 16 Abs. 1 Nr. 3, Abs. 2 AÜG) als milderes Mittel ausreichend ist.[36]

---

31 BSG 19.3.1992, 7 RAr 34/91, NZA 1993, 95; *Boemke/Lembke* § 2 AÜG Rn. 23; *Urban-Crell/Schulz* Rn. 693.
32 BSG 6.4.1999, B 11/7 AL 10/99, n.v.; DA-AÜG zu § 2 Ziff. 2.2. Abs. 6.
33 BT-Drucks. VI/2303 S. 10 f.
34 BSG 21.7.1988, 7 RAr 60/86, NZA 1989, 74 (zur nachträglichen Erteilung einer Auflage bei Verstoß gegen das abgeschaffte Synchronisationsverbot).
35 BSG 19.3.1992, 7 RAr 34/91, NZA 1993, 95.
36 DA-AÜG zu § 2 Ziff. 2.2.

2. Widerrufsvorbehalt – Abs. 3

29   Der **Widerrufsvorbehalt** ist eine **besondere Form der auflösenden Bedingung**. Der Vorbehalt eines Widerrufs ermöglicht die Erteilung einer – letztlich vorläufigen – Erlaubnis ohne abschließende und endgültige Prüfung aller Erteilungsvoraussetzungen. Dies dient der Verfahrensbeschleunigung. Macht die Behörde von der Widerrufsmöglichkeit Gebrauch, erlischt die erteilte Erlaubnis mit Wirkung für die Zukunft (§ 5 Abs. 1 Nr. 1 AÜG); die Bestimmungen über den zwölfmonatigen Nachwirkungszeitraum des § 2 Abs. 4 S. 4 AÜG gelten entsprechend (§ 5 Abs. 2 AÜG).

30   Abweichend von § 36 Abs. 2 Nr. 3 VwVfG kann eine Erlaubnis nach dem AÜG nur dann unter einem Widerrufsvorbehalt erteilt werden, wenn eine **abschließende Beurteilung des Antrags noch nicht möglich** ist (§ 2 Abs. 3 AÜG). Der Erlass eines Widerrufsvorbehalts steht mithin nicht im freien Ermessen der Erlaubnisbehörde. Voraussetzung ist vielmehr **fehlende Beurteilungsreife im Zeitpunkt der Antragstellung**.[37] Dies kann beispielsweise bei komplexen Sachverhalten der Fall sein. Voraussetzung ist allerdings stets, dass die vollständige Aufklärung des Sachverhalts längere Zeit in Anspruch nehmen wird, erforderliche Unterlagen nicht rechtzeitig vorgelegt werden können und die Gründe für eine derartige Verzögerung nicht nur in der Person des Antragstellers liegen.[38] Deshalb scheidet die Erteilung unter Widerrufsvorbehalt aus, wenn die abschließende Prüfung voraussichtlich zu einer Versagung der Erlaubnis führen wird. Der Widerrufsvorbehalt dient gerade nicht – anders als die Befristung – der Erprobung des Antragstellers. Liegen Gründe in der Person oder Sphäre des Antragstellers vor, die zu einer Versagung der Erlaubnis führen werden, ist ein Widerrufsvorbehalt rechtswidrig.[39]

31   **Praktische Bedeutung** gewinnt die Erteilung einer Erlaubnis unter Widerrufsvorbehalt insbesondere in Fällen der **Rechtsnachfolge durch Tod des bisherigen Erlaubnisinhabers**. Wegen der Personenbezogenheit benötigt der Erbe eine eigene Erlaubnis. Um eine möglichst ungestörte Fortführung des Verleihbetriebes zu ermöglichen, erteilt die zuständige Regionaldirektion auf Antrag regelmäßig eine vorläufige Erlaubnis unter Widerrufsvorbehalt; allein die Abwicklung

---

37   BT-Drucks. VI/2303 S. 11.
38   DA-AÜG zu § 2 Ziff. 2.3 Abs. 1.
39   *Boemke/Lembke* § 2 AÜG Rn. 26; vgl. a. DA-AÜG zu § 2 Ziff. 2.3; differenzierend Thüsing/*Kämmerer* § 2 AÜG Rn. 16 f., der eine Beschränkung der Beurteilungsreife auf nicht aus der Sphäre des Antragsstellers kommende Gründe ablehnt.

des Geschäftsbetriebes in entsprechender Anwendung des § 2 Abs. 4 S. 4 AÜG ermöglichte eine solche nicht.[40]

▶ **Praxistipp:**

Die praktische Bedeutung der Erlaubniserteilung unter Widerrufsvorbehalt ist gering. Hauptanwendungsfall sind Eilfälle wie der Tod des bisherigen Erlaubnisinhabers.

3. Befristung und Verlängerung – Abs. 4 S. 1–3

a) Befristung

Die Erlaubnis ist bei **erstmaliger Erteilung** zwingend **auf ein Jahr zu befristen** (§ 2 Abs. 4 S. 1 AÜG). Erst nach drei Jahren kontinuierlicher und beanstandungsfreier Verleihtätigkeit kann die Erlaubnis unbefristet erteilt werden (§ 2 Abs. 5 S. 1 AÜG). Die Befristung dient mithin der Erprobung des Antragstellers. Obgleich diese Regelung als Berufsausübungsregelung in die Berufsfreiheit des verleihenden Unternehmens eingreift (Art. 12 GG), unterliegt sie keinen verfassungsrechtlichen Bedenken. Eine Kontrolle der Verleihtätigkeit zum Schutz der Leiharbeitnehmer kann nur auf diese Weise effektiv gewährleistet werden.[41]

32

b) Verlängerung

Die befristet erteilte Erlaubnis wird nur auf Antrag verlängert. Der **Verlängerungsantrag** ist spätestens drei Monate vor Ablauf der Jahresfrist zu stellen (§ 2 Abs. 4 S. 2 AÜG). Die Jahresfrist beginnt mit dem Zugang des (Erst-)Bescheides beim Antragsteller. Die **Fristberechnung** bestimmt sich nach **§ 31 VwVfG i.V.m. §§ 187 ff. BGB**. Fällt das Fristende auf einen Sonn-, Feiertag oder Sonnabend, gilt die Zustellung als am nächsten Werktag bewirkt (§ 193 BGB).

33

▶ **Beispiel:**

Nach umfassender Prüfung des Sachverhalts und der eingereichten Antragsunterlagen erteilt die zuständige Regionaldirektion dem Antragsteller die begehrte Erlaubnis zur gewerbsmäßigen Arbeitnehmerüberlassung. Der Bescheid wird dem Antragsteller förmlich am 1.6.2009 zugestellt. Die Jahresfrist endet damit am 1.6.2010 (nicht 31.5.2010!). Der Verlängerungsantrag muss spätes-

---

40 DA-AÜG zu § 2 Ziff. 2.3 Abs. 1; zum Erlöschen der Erlaubnis beim Tod des Erlaubnisinhabers vgl. § 2 AÜG Rdn. 55 ff.
41 *Boemke/Lembke* § 2 AÜG Rn. 28.

tens am 1.3.2010 (Montag) bei der zuständigen Regionaldirektion eingehen.

34 Wird der **Verlängerungsantrag verspätet** gestellt, so erlischt die befristete Erlaubnis mit Zeitablauf. Der verspätet gestellte Antrag auf Verlängerung wird als Neuantrag behandelt.[42] Bei Versäumung der Frist zur Stellung des Verlängerungsantrages ist eine Wiedereinsetzung in den vorigen Stand nicht möglich; bei § 2 Abs. 4 S. 2 AÜG handelt es sich um eine materiell-rechtliche Ausschlussfrist.[43]

▶ Praxistipp:

Verleihunternehmen sollten einen Verlängerungsantrag unbedingt rechtzeitig stellen, d.h. spätestens drei Monate vor Ablauf der befristeten Erlaubnis. Bei verspäteter Antragsstellung ist eine kontinuierliche Tätigkeit nicht sichergestellt, da die Regionaldirektionen einen zu spät gestellten Antrag als Neuantrag behandeln. Die Bearbeitung eines solchen Antrags kann erfahrungsgemäß mehrere Monate in Anspruch nehmen. Der Erlaubnisinhaber muss seine Tätigkeit zum Ende der Jahresfrist einstellen, wenn bis dahin nicht über seinen Neuantrag zustimmend beschieden worden ist. Nachwirkung tritt nicht ein.

Der Verlängerungsantrag ist ebenso wie der Erstantrag schriftlich zu stellen.

35 Im Interesse der Verfahrensbeschleunigung und der Vermeidung eines erlaubnislosen Zustandes verlängert sich die Erlaubnis nach § 2 **Abs. 4 S. 3 AÜG** automatisch um ein weiteres Jahr, wenn die Erlaubnisbehörde die fristgemäß beantragte Verlängerung nicht vor Ablauf des Jahres ablehnt. Das **Schweigen der Behörde** ist mithin rechtserheblich.

III. Nachwirkung – Abs. 4 S. 4

36 Lehnt die Regionaldirektion den Verlängerungsantrag eines Verleihers ab, gilt die Erlaubnis zur Abwicklung bereits bestehender Verträge für einen Zeitraum von bis zu höchstens zwölf Monaten als fortbestehend (**§ 2 Abs. 4 S. 4 AÜG**; sogenannte **Abwicklungsfrist**).

37 Die **zwölfmonatige Abwicklungsfrist** beginnt mit dem Zeitpunkt des Auslaufens der befristeten Erlaubnis, nicht bereits mit der Be-

---

42 DA-AÜG zu § 2 Ziff. 2.4.
43 DA-AÜG zu § 2 Ziff. 2.4.

kanntgabe des Bescheides über die Nichtverlängerung.[44] Allein durch den Bescheid über die Nichtverlängerung der Erlaubnis verliert diese ihre Wirksamkeit nicht; § 5 Abs. 2 AÜG findet keine entsprechende Anwendung.

1. Arbeitnehmerüberlassungsverträge

Im Abwicklungszeitraum dürfen Verleihunternehmen weder neue **38** **Arbeitnehmerüberlassungsverträge** abschließen noch bestehende Verträge verlängern. Der Nachwirkungszeitraum soll den Vertragsparteien lediglich die **legale Abwicklung des Vertragsverhältnisses** ermöglichen. Dabei erstreckt sich diese nur auf die zum Zeitpunkt der Abwicklung gültigen **Einzelverträge** zur Überlassung, die die nach Zahl, Dauer und Qualifikation zu überlassenden Leiharbeitnehmer konkretisieren. Diese Verträge muss der Verleiher während des Abwicklungszeitraums einseitig durch Kündigung oder einvernehmlich durch Aufhebungsvertrag **beenden**, soweit sie ansonsten über den zwölfmonatigen Abwicklungszeitraum hinaus fortbestehen würden.

Diese Grundsätze gelten nicht für **Rahmenverträge zur Arbeitneh-** **39** **merüberlassung**. Diese regeln die Eckpunkte der Zusammenarbeit, nicht aber den konkreten Personaleinsatz. Insoweit bleiben sie nach Sinn und Zweck der Abwicklungsfrist unberührt.[45]

Nach überwiegender Auffassung steht auch dem **Entleiher** zum **40** Ablauf des Abwicklungszeitraums ein **fristloses Kündigungsrecht** (§ 314 Abs. 1 BGB) zu; hat der Verleiher die Nichtverlängerung der befristeten Erlaubnis zu vertreten, kommen überdies **Schadensersatz-** **ansprüche** des Entleihers gegen den Verleiher nach § 280 Abs. 1 BGB in Betracht.[46]

2. Leiharbeitsverträge

Nach dem Willen des Gesetzgebers[47] und der wohl **überwiegenden** **41** **Auffassung** im Schrifttum soll während der Abwicklungsfrist nicht nur der Neuabschluss und die Verlängerung von Arbeitnehmerüberlassungsverträgen, sondern auch der **Abschluss neuer und die Ver-** **längerung bestehender Leiharbeitsverträge** unzulässig sein. Beste-

---

44 *Boemke/Lembke* § 2 AÜG Rn. 32; Thüsing/*Kämmerer* § 2 AÜG Rn. 22; a.A. Schüren/Hamann/*Schüren* § 2 AÜG Rn. 72.
45 DA-AÜG zu § 2 AÜG Ziff. 2.4.
46 *Boemke/Lembke* § 2 AÜG Rn. 33; Schüren/Hamann/*Schüren* § 2 AÜG Rn. 91 ff.
47 BT-Drucks. VI/2303 S. 11.

hende Leiharbeitsverträge sollen im Nachwirkungszeitraum »abgewickelt« werden. Soweit – wie regelmäßig – eine einvernehmliche Beendigung nicht möglich ist, sei der Verleiher zur ordentlichen Kündigung aus betriebsbedingten Gründen berechtigt und verpflichtet.
Werde das Arbeitsverhältnis hingegen über den zwölfmonatigen Abwicklungszeitraum hinaus fortgesetzt, träten die Rechtsfolgen illegaler Arbeitnehmerüberlassung ein.[48]

42   Diese **Auffassung ist abzulehnen.**[49] Weder aus dem Wortlaut des § 2
Abs. 4 S. 4 AÜG noch aus dem des § 1 AÜG ergibt sich, dass der
Abwicklungszeitraum auch für die mit den Leiharbeitnehmern abgeschlossenen Arbeitsverträge gelten soll. Unter Arbeitnehmerschutzgesichtspunkten wäre dies auch kaum zu rechtfertigen. Die Unwirksamkeitsfolge des Leiharbeitsvertrages ergibt sich allein aus § 9 Nr. 1
AÜG. Danach führt nicht schon der Abschluss des Leiharbeitsvertrages, sondern erst die tatsächliche Überlassung des Leiharbeitnehmers
ohne die erforderliche Erlaubnis nach § 1 AÜG zur Fiktion des Arbeitsverhältnisses zum Entleiher (§ 10 Abs. 1 S. 1 AÜG).[50] Vor diesem
Hintergrund vermag es schon nicht zu überzeugen, dass der Abschluss von Leiharbeitsverträgen im Nachwirkungszeitraum unzulässig sein soll. **Keineswegs** zu rechtfertigen ist, dass der **Leiharbeitsvertrag** – wie vereinzelt vertreten wird – **automatische zum Ende des
Abwicklungszeitraums erlischt**; eine Kündigung sei nicht erforderlich.[51] Es weist nichts auf einen besonderen Beendigungstatbestand
des »automatischen Erlöschens« des Leiharbeitsverhältnisses im Zeitpunkt des Auslaufens der Nachwirkungsfrist hin. Auch teleologisch
ist dieser Ansatz nicht zu begründen. Das Wirtschaftsrisiko würde in
diesen Fällen unzulässigerweise auf den Leiharbeitnehmer abge-
wälzt.

43   Der Verleiher kann bestehende Leiharbeitsverhältnisse nur **nach allgemeinen Grundsätzen ordentlich aus betriebsbedingten Gründen
kündigen.** Insbesondere in Mischbetrieben ist besonderes Augenmerk auf die Möglichkeit einer Weiterbeschäftigung im Unternehmen
und eine ordnungsgemäße Sozialwahl zu legen.[52] Für die Kündigung
gelten – wie üblich – tarifvertragliche, gesetzliche oder vertraglich
vereinbarte Kündigungsfristen. Laufen diese erst nach Ende des
Abwicklungszeitraumes aus, gerät der Verleiher in Annahmeverzug

---

48 So Schüren/Hamann/*Schüren* § 2 AÜG Rn. 74 ff.; Thüsing/*Kämmerer* § 2
    AÜG Rn. 23; DA-AÜG zu § 2 Ziff. 2.4.
49 So a. mit überzeugender Begründung *Boemke/Lembke* § 2 AÜG Rn. 34.
50 Dazu § 9 AÜG Rdn. 23.
51 So Thüsing/*Kämmerer* § 2 AÜG Rn. 26 m.w.Nachw.; wie hier *Boemke/Lembke*
    § 2 AÜG Rn. 34; Schüren/Hamann/*Schüren* § 2 AÜG Rn. 79 ff.
52 Ähnlich a. *Boemke/Lembke* § 2 AÜG Rn. 34.

(§ 615 BGB). Hat der Verleiher die Nichtverlängerung der Erlaubnis zu vertreten, kann der Leiharbeitnehmer grundsätzlich Schadensersatzansprüche gegen diesen gemäß § 280 Abs. 1 BGB geltend machen.

Nur wenn Leiharbeitnehmer **nach Beendigung des Abwicklungs-** 44 **zeitraums** tatsächlich (weiterhin) bei einem Entleiher eingesetzt werden, endet das Arbeitsverhältnis zwischen Leiharbeitnehmer und Verleiher kraft Gesetzes gemäß § 9 Nr. 1 AÜG. Gleichzeitig beginnt das fiktive Arbeitsverhältnis zum illegalen Entleiher (§ 10 Abs. 1 S. 1 AÜG).

3. Nachwirkung bei Rücknahme, Widerruf oder Fristversäumnis

Die Abwicklungsfrist des § 2 Abs. 4 S. 4 AÜG gilt auch im Falle der 45 **Rücknahme** und des **Widerrufs** einer Erlaubnis (§ 4 Abs. 1 S. 2 AÜG und § 5 Abs. 2 AÜG). Im Falle der Fristversäumnis nach § 2 Abs. 4 S. 2 AÜG gilt die Nachwirkung hingegen nicht.

Schließt der Verleiher **nach Ablauf der Jahresfrist** für die befristete 46 Erlaubnis Arbeitnehmerüberlassungsverträge oder überlässt er Leiharbeitnehmer weiterhin an Entleiher, sind Arbeitnehmerüberlassungs- und Leiharbeitsvertrag nach § 9 Nr. 1 AÜG unwirksam. Es greifen dann die Rechtsfolgen illegaler Arbeitnehmerüberlassung. Dies gilt auch dann, wenn die Erlaubnis zu einem späteren Zeitpunkt neu erteilt wird.[53]

IV. Unbefristete Erlaubniserteilung – Abs. 5 S. 1

Eine **unbefristete Erlaubnis** können Verleihunternehmen frühestens 47 **nach Ablauf von drei Jahren** beantragen (**§ 2 Abs. 5 S. 1 AÜG**). Der Erlaubnisinhaber muss in drei aufeinanderfolgenden Jahren erlaubt als Verleiher tätig gewesen sein. Dabei muss jährlich mindestens ein Verleihvorgang tatsächlich durchgeführt worden sein; dies folgt aus einem Umkehrschluss zu § 2 Abs. 5 S. 2 AÜG.

▶ **Praxistipp:**

Der Erlaubnisinhaber ist nach Ablauf von drei Jahren nicht verpflichtet, eine unbefristete Erlaubnis zu beantragen.

Voraussetzung einer unbefristeten Erlaubniserteilung ist die Zuver- 48 lässigkeit des Antragstellers. Nach dem Gesamtbild seiner bisherigen

---

53 *Boemke/Lembke* § 2 AÜG Rn. 35; *Sandmann/Marschall* Art. 1 § 2 AÜG Anm. 28; vgl. a. § 9 AÜG Rdn. 8.

Geschäftstätigkeit – auch wenn diese außerhalb der Verleihtätigkeit erfolgte – muss er die Gewähr dafür bieten, sich als Gewerbetreibender künftig gesetzestreu zu verhalten und seine Arbeitgeberpflichten ordnungsgemäß zu erfüllen. Ob einem Verleiher eine unbefristete Erlaubnis zur gewerbsmäßigen Arbeitnehmerüberlassung erteilt wird, steht im pflichtgemäßen Ermessen der Erlaubnisbehörde (»kann«). Im Rahmen der **Ermessensentscheidung** darf diese lediglich geringfügige Verstöße gegen die Vorschriften des Arbeitnehmerüberlassungsrechts, etwa die Nichtaushändigung des Merkblatts an einen ausländischen Leiharbeitnehmer in seiner Muttersprache (§ 11 Abs. 2 S. 2 AÜG), nicht zum Anlass zur Versagung einer unbefristeten Erlaubnis nehmen.[54] Dies wäre unter rechtsstaatlichen Gesichtspunkten ebenso wenig zu rechtfertigen wie die Verweigerung einer unbefristeten Verleiherlaubnis bei gänzlichem Fehlen von Gesetzesverstößen in den vergangenen drei Jahren. In diesen Fällen reduziert sich das Ermessen der Erlaubnisbehörde auf Null.[55]

▶ Praxistipp:

  Die Prüfpraxis einiger Regionaldirektionen erweist sich zuweilen als sehr kleinlich. Selbst kleinere Verfahrensverstöße werden zum Anlass genommen, eine beantragte unbefristete Erlaubnis zur gewerbsmäßigen Arbeitnehmerüberlassung zu verweigern. Viele Verleihunternehmen, denen eine unbefristete Erlaubnis erteilt wurde, nutzen diesen Umstand daher als Marketinginstrument. Bei Vorliegen einer unbefristet erteilten Erlaubnis können Kunden in der Regel von der Seriosität des verleihenden Unternehmens ausgehen.

49 Scheidet eine unbefristete Erlaubniserteilung aus, muss die Erlaubnisbehörde die Möglichkeit der befristeten Verlängerung der Erlaubnis prüfen. Eine solche wird erteilt werden müssen, soweit keine Versagungsgründe im Sinne des § 3 Abs. 1 AÜG vorliegen.

C. Erlöschen der Erlaubnis

I. Nichtgebrauch – Abs. 5 S. 2

50 **§ 2 Abs. 5 S. 2 AÜG** sieht das **Erlöschen einer unbefristeten Erlaubnis** vor, wenn der Erlaubnisinhaber von der Erlaubnis drei Jahre lang keinen Gebrauch gemacht hat. Ein **Nichtgebrauchmachen** setzt vo-

---

54 Anders wohl DA-AÜG zu § 2 Ziff. 2.5.
55 *Boemke/Lembke* § 2 AÜG Rn. 37; *Sandmann/Marschall* Art. 1 § 2 AÜG Anm. 31; Schüren/Hamann/*Schüren* § 2 AÜG Rn. 109 ff.

raus, dass der Verleiher in den vergangenen drei Jahren keinen einzigen Verleihvorgang abgewickelt, d.h. keinen einzigen Leiharbeitnehmer an einen Entleiher überlassen hat. Entscheidend ist mithin die tatsächliche Durchführung erlaubnispflichtiger Arbeitnehmerüberlassung; allein der Abschluss von Leih- und/oder Arbeitnehmerüberlassungsverträgen genügt nicht.[56]

Aus welchen Gründen der Erlaubnisinhaber von der Erlaubnis tatsächlich keinen Gebrauch gemacht hat, ist unerheblich. **Verschulden** spielt keine Rolle. **Wiedereinsetzung in den vorigen Stand** scheidet aus. Bei der Drei-Jahres-Frist des § 2 Abs. 5 S. 2 AÜG handelt es sich um eine materiell-rechtliche Ausschlussfrist.[57]   51

▶ **Praxistipp:**
  Durch die halbjährlichen statistischen Meldepflichten des Erlaubnisinhabers nach § 8 AÜG wird die zuständige Regionaldirektion in die Lage versetzt, die tatsächliche Verleihtätigkeit zu überwachen und einen etwaigen Nichtgebrauch der Erlaubnis festzustellen.

II. Sonstige Erlöschensgründe

Über den im Gesetz geregelten Fall des Nichtgebrauchmachens hinaus gibt es **weitere** – teilweise ungeschriebene – **Erlöschensgründe.**   52

1. Zeitablauf, Rücknahme und Widerruf

Eine **befristete Erlaubnis** erlischt mit **Zeitablauf.** Dies gilt auch, wenn ein Verlängerungsantrag nach § 2 Abs. 4 S. 2 AÜG verspätet gestellt und die Erlaubnisbehörde den Antragsteller nicht mehr vor Ablauf der Jahresfrist positiv beschieden hat. In diesem Fall gilt der verspätet gestellte Verlängerungsantrag als Neuantrag; für diesen gilt die Abwicklungsfrist des § 2 Abs. 4 S. 4 AÜG nicht.[58]   53

Die Erlaubnis erlischt auch im Falle der **Rücknahme (§ 4 AÜG)** und des **Widerrufs (§ 5 AÜG)**.[59] Sie gilt dann lediglich noch für den Nachwirkungszeitraum von maximal zwölf Monaten als fortbestehend (§ 4 Abs. 1 S. 2 AÜG; § 5 Abs. 1 Nr. 4 Hs. 2 AÜG).   54

---

56 ErfK/*Wank* § 2 AÜG Rn. 9; KHK/*Düwell* 4.5 Rn. 180; Schüren/Hamann/*Schüren* § 2 AÜG Rn. 114 f.; a.A. Thüsing/*Kämmerer* § 2 AÜG Rn. 30, der das Bestehen von Leiharbeitsverhältnissen für ausreichend erachtet.
57 So a. Schüren/Hamann/*Schüren* § 2 AÜG Rn. 113; *Ulber* § 2 AÜG Rn. 50.
58 LSG Schleswig-Holstein 6.4.1984, 3 (4) Sa 597/82, EzAÜG § 10 AÜG Fiktion Nr. 35; vgl. a. § 2 AÜG Rdn. 34.
59 Dazu die Kommentierung zu §§ 4, 5 AÜG.

2. Tod des Erlaubnisinhabers und Auflösung des Rechtsträgers

55 Als Personalkonzession ist die Verleiherlaubnis personengebunden. Wegen ihres höchstpersönlichen Charakters erlischt sie daher mit dem **Ende der Existenz des Erlaubnisinhabers**. Bei einer natürlichen Person ist dies der Tod, bei einer juristischen Person die Auflösung des Rechtsträgers.[60]

56 Auch ist die **Erlaubnis rechtsgeschäftlich nicht übertragbar**. Ein neuer Inhaber bedarf einer eigenen Erlaubnis zur gewerbsmäßigen Arbeitnehmerüberlassung. Dies soll der Erlaubnisbehörde die Prüfung der persönlichen Zuverlässigkeit nach § 3 Abs. 1 Nr. 1 AÜG ermöglichen. Im Fall eines **Betriebsübergangs nach § 613a BGB** erlischt die Erlaubnis nicht; sie verbleibt beim bisherigen Erlaubnisinhaber. Der Erwerber muss ggf. einen Neuantrag auf Erlaubniserteilung stellen.[61]

a) Tod des Erlaubnisinhabers

57 Bei einer **natürlichen Person** erlischt die Erlaubnis bei **Tod des Erlaubnisinhabers**. Umstritten ist allerdings, ob diese unmittelbar im Zeitpunkt des Todes endet oder ob den Erben die Fortführung des Verleihunternehmens jedenfalls für einen Abwicklungszeitraum gestattet ist. Nach dem Wortlaut des § 2 Abs. 4 S. 4 AÜG setzt ein plötzlicher Inhaberwechsel im Verleihbetrieb im Wege der Erbfolge keine Abwicklungsfrist in Gang. Folge wäre jedenfalls in Verleihzeiten[62] die gesetzliche Fiktion eines Arbeitsverhältnisses zwischen Leiharbeitnehmer und Entleiher nach § 9 Nr. 1 AÜG i.V.m. § 10 Abs. 1 S. 1 AÜG. Aus Gründen des Sozialschutzes der Leiharbeitnehmer ist es im Anschluss an die wohl überwiegend vertretende Auffassung sachgerecht, den Erben des verstorbenen Erlaubnisinhabers in analoger Anwendung des Erbenprivilegs in § 46 GewO i.V.m. § 2 Abs. 4 S. 4 AÜG ein höchstens zwölfmonatiges Fortführungsrecht zur Abwicklung des Verleihbetriebes zuzubilligen.[63]

58 Wollen die **Erben** den **Betrieb des verstorbenen Verleihers nicht fortführen**, müssen sie diesen nach allgemeinen Grundsätzen abwi-

---

60 Zur Nachwirkung vgl. § 2 AÜG Rdn. 36 ff.
61 Zur Neubeantragung einer Erlaubnis bei Inhaberwechsel vgl. § 3 AÜG Rdn. 25.
62 Zur Frage, ob die Unwirksamkeitsfolge des Leiharbeitsvertrages nach § 9 Nr. 1 AÜG bereits mit Wegfall der Verleiherlaubnis oder nur bei tatsächlicher Überlassung an einen Entleiher eintritt, vgl. § 9 AÜG Rdn. 23.
63 *Boemke/Lembke* § 2 AÜG Rn. 40; Schüren/Hamann/*Schüren* § 2 AÜG Rn. 100; *Urban-Crell/Schulz* Rn. 702; a.A. Thüsing/*Kämmerer* § 2 AÜG Rn. 33; zu weitgehend *Becker/Wulfgramm* § 2 AÜG Rn. 41, die ein unbeschränktes Fortführungsrecht ohne eigene Erlaubnis der Erben zulassen wollen.

ckeln. Bestehende Arbeitnehmerüberlassungs- und Leiharbeitsverhältnisse sind einvernehmlich oder einseitig durch Kündigung zu beenden; bestehende Vertragsverhältnisse erlöschen weder automatisch mit Ablauf des Abwicklungszeitraums noch steht den Erben ein Recht zur einseitigen Lossagung zu. Für die Abwicklung gelten die Grundsätze des § 2 Abs. 4 S. 4 AÜG entsprechend.[64]

Sofern die **Erben den Betrieb selbst fortführen** möchten, bedürfen **59** Sie einer eigenen Erlaubnis zur gewerbsmäßigen Arbeitnehmerüberlassung.[65] Auf Antrag erteilt die zuständige Regionaldirektion üblicherweise eine vorläufige Erlaubnis unter Widerrufsvorbehalt.[66]

b) Auflösung des Rechtsträgers

Bei **juristischen Personen** oder **Personengesellschaften** erlischt die **60** Erlaubnis mit deren **Auflösung**.[67] Anders als bei natürlichen Personen bedarf es der Anerkennung einer Abwicklungsfrist in entsprechender Anwendung des § 2 Abs. 4 S. 4 AÜG nicht. Juristische Personen und Personengesellschaften erlöschen kraft Gesetzes in der Regel erst nach Ablauf der Liquidations- oder Abwicklungsfrist (vgl. etwa § 70 S. 1, § 73 GmbHG, § 268 Abs. 1 S. 1, § 272 AktG, §§ 145 ff. HGB, §§ 730 ff. BGB).[68]

3. Verzicht

Die Erlaubnis erlischt auch in den Fällen, in denen der Verleiher auf die **61** Erlaubnis ausdrücklich verzichtet (vgl. § 43 Abs. 2 VwVG – »Erledigung auf andere Weise«). Die Erlaubnisbehörden verlangen dazu allerdings stets eine schriftliche Erklärung des Erlaubnisinhabers.[69] Im Falle eines **Verzichts** gilt die Abwicklungsfrist des § 2 Abs. 4 S. 4 AÜG nicht.

D. Verfahren und Rechtsbehelfe

Verfahren und Rechtsbehelfe bei Auseinandersetzungen mit der BA **62** richten sich nach dem **Sozialgerichtsgesetz (SGG)**. Zuständig sind

---

64 Dazu § 2 AÜG Rdn. 36 ff.
65 ErfK/*Wank* § 2 AÜG Rn. 10; Schüren/Hamann/*Schüren* § 2 AÜG Rn. 101.
66 DA-AÜG zu § 2 Ziff. 2.3 Abs. 1; vgl. a. § 2 AÜG Rdn. 31.
67 LSG Baden-Württemberg 6.12.1983, L5 Ar 659/82, EzAÜG § 2 AÜG Erlöschensgründe Nr. 1; a. DA-AÜG zu § 2 Ziff. 2.5.
68 Zu weitgehend Thüsing/*Kämmerer* § 2 AÜG Rn. 32, der über die gesetzlich angeordnete Liquidationswirkung hinaus auch in diesen Fällen § 2 Abs. 4 S. 4 AÜG entsprechend anwenden möchte.
69 DA-AÜG zu § 2 Ziff. 2.5.

deshalb die Sozial-, nicht die Verwaltungsgerichte (vgl. § 51 Abs. 1 Nr. 4 SGG).

I. Verwaltungsverfahren

63 Einen den Antragsteller oder Erlaubnisinhaber **belastenden Bescheid** über die Versagung, Nichtverlängerung, Rücknahme oder den Widerruf der Erlaubnis hat die im Ausgangsverfahren zuständige Regionaldirektion schriftlich zu begründen (vgl. § 39 Abs. 1 VwVfG) und mit einer Rechtsbehelfsbelehrung zu versehen (vgl. § 66 Abs. 1 SGG).

64 Gegen den belastenden Verwaltungsakt kann der Beschwerte innerhalb eines Monats nach Bekanntgabe Widerspruch einlegen; bei Bekanntgabe im Ausland beträgt die Widerspruchsfrist drei Monate (§ 84 Abs. 1 SGG). Mit der Einlegung des Widerspruchs beginnt das **Vorverfahren** (§ 83 SGG). Widerspruchs- und Ausgangsbehörde sind identisch; in beiden Verfahren ist die Regionaldirektion zuständig (§ 85 Abs. 2 S. 1 Nr. 3 SGG). Hilft diese dem Widerspruch nicht ab, so erlässt sie den Widerspruchsbescheid.

▶ Praxistipp

Der Widerspruch gegen Versagungs-, Nichtverlängerungs-, Widerrufs- oder Rücknahmebescheide der Regionaldirektion in Angelegenheiten des AÜG entfaltet keine aufschiebende Wirkung (§ 86a Abs. 4 S. 1 SGG).

II. Sozialgerichtliches Verfahren

65 Gegen den Widerspruchsbescheid der Regionaldirektion ist die **Klage zu den Sozialgerichten** statthaft (§ 51 Abs. 1 Nr. 4, § 87 ff. SGG). Die Klageart richtet sich nach dem Klagegegenstand (§ 54 SGG).

1. Versagungsbescheid

66 Lehnt die Regionaldirektion nach ordnungsgemäßer Durchführung des Widerspruchsverfahrens (§§ 77 ff. SGG) die Erteilung oder Verlängerung einer Verleiherlaubnis ab, kann der Antragsteller innerhalb eines Monats nach Zustellung des Widerspruchsbescheides (§ 87 SGG) **Verpflichtungsklage** zum zuständigen Sozialgericht erheben (§ 54 Abs. 1 S. 1 SGG).[70]

---

70 Thüsing/*Kämmerer* § 2 AÜG Rn. 36 f., der im Falle der Nichtverlängerung der Erlaubnis alternativ eine Anfechtungsklage für statthaft hält.

2. Erlaubnis mit Nebenbestimmungen

Die Frage des **Rechtsschutzes gegen die einem begünstigenden Ver-** 67
waltungsakt beigefügte Nebenbestimmung ist bis heute **nicht ab-**
schließend geklärt.[71] Unklar ist, ob der Betroffene eine Nebenbestimmung isoliert anfechten kann oder ob er eine Verpflichtungsklage auf
Erteilung einer Erlaubnis ohne Nebenbestimmung erheben muss.

In der **Literatur zum AÜG** wird dazu überwiegend vertreten, dass 68
Bedingung, Befristung und Widerrufsvorbehalt als unselbständige
Nebenbestimmungen mittels Verpflichtungsklage angegriffen werden
müssen.[72] Als selbständig belastender Verwaltungsakt sei demgegenüber die Auflage isoliert vom Haupt-Verwaltungsakt angreifbar. Je
nach der Art der Auflage und des Klagebegehrens sei insoweit eine
isolierte Anfechtungs- oder Verpflichtungsklage auf Erteilung einer
Erlaubnis ohne oder mit abgeänderter Auflage statthaft.[73]

Diese strikte Trennung zwischen Auflage und sonstigen Neben- 69
bestimmungen entspricht der **klassischen Auffassung im Verwal-**
tungsrecht. Entscheidender Leitgedanke bei der Frage des Rechtsschutzes gegen Nebenbestimmungen muss die Frage sein, ob diese
vom Haupt-Verwaltungsakt im logischen Sinne teilbar ist. Nur wenn
eine isolierte Aufhebung »von vornherein und offensichtlich« ausscheidet, ist die Anfechtungsklage unzulässig; ansonsten ist gegen jede Nebenbestimmung eine isolierte Teilanfechtungsklage statthaft.[74]

▶ **Praxistipp:**

Die Frage des Rechtsschutzes gegen Nebenbestimmungen ist umstritten. Insofern sollten sich beschwerte Antragsteller an der klassischen Auffassung im Verwaltungsrecht orientieren, um nicht Gefahr zu laufen, eine bereits unzulässige Klage zu erheben. Statthaft
sind demnach:
- – Verpflichtungsklage gegen Bedingung, Befristung und Widerrufsvorbehalt;
- – Anfechtungs- oder Verpflichtungsklage gegen selbständige
  Auflagen.

---

71 Zum Streitstand *Kopp/Ramsauer* § 36 VwVfG Rn. 60 ff.; a. Thüsing/*Kämmerer*
§ 2 AÜG Rn. 38.
72 *Boemke/Lembke* § 2 AÜG Rn. 45; Schüren/Hamann/*Schüren* § 2 AÜG
Rn. 125 f.
73 Dazu Schüren/Hamann/*Schüren* § 2 AÜG Rn. 52 ff., 123.
74 BVerwG 19.3.1996, 1 C 34/93, DVBl. 1997, 165; BVerwG 22.11.2000, 11 C
2/00, BVerwGE 112, 221; ausführlich *Kopp/Schenke* § 42 VwGO Rn. 22 ff.

3. Rücknahme und Widerruf

70 Im Verhältnis zum ursprünglichen Verwaltungsakt (Bescheid über die Erteilung einer Erlaubnis nach § 1 AÜG) sind Rücknahme (§ 4 AÜG) und Widerruf (§ 5 AÜG)[75] **selbständig belastende Verwaltungsakte.** Gegen den Rücknahme- oder Widerrufsbescheid kann der Erlaubnisinhaber grundsätzlich im Wege der Anfechtungsklage vorgehen.[76]

III. Vorläufiger Rechtsschutz

71 Ebenso wie der **Widerspruch** haben auch **Klagen** gegen belastende Bescheide der BA **grundsätzlich keine aufschiebende Wirkung** (§ 86a Abs. 4 SGG).

72 Die **Vollziehung eines Verwaltungsaktes** kann aber auf Antrag gemäß § 86a Abs. 3, 4 S. 2 SGG ganz oder teilweise ausgesetzt werden. Entspricht die Erlaubnisbehörde diesem Antrag nicht, kann der Verleiher einen entsprechenden Antrag auch beim Gericht der Hauptsache stellen (§ 86 Abs. 1 S. 1 Nr. 2 SGG).[77] Bei summarischer Prüfung muss das Aufschiebungsinteresse des Verleihers das Vollzugsinteresse der BA überwiegen.[78] Dies wird regelmäßig in den Fällen in Betracht kommen, in denen bei Nichtverlängerung, Rücknahme oder Widerruf der Erlaubnis ein den Erlaubnisinhaber begünstigender Verwaltungsakt bei Erlass von Nebenbestimmungen in Betracht gekommen wäre.[79]

73 Eine **erstmalige Erlaubnis** zur gewerbsmäßigen Arbeitnehmerüberlassung kann hingegen regelmäßig **nicht im Wege vorläufigen Rechtsschutzes** erstritten werden. Dies bedeutete eine grundsätzlich unzulässige Vorwegnahme der Hauptsache.[80]

---

75 Bei der Klage gegen einen Widerrufsbescheid richtet sich der Streitwert grundsätzlich nach dem Regelstreitwert; im Verfahren des vorläufigen Rechtsschutzes ist dieser auf die Hälfte zu reduzieren, dazu LSG Niedersachsen 26.2.2003, L 8 AL 336/02 ER, n.v.

76 Sh. § 4 AÜG Rdn. 21, § 5 AÜG Rdn. 29 f.

77 Zur Aussetzung der Vollziehung eines angefochtenen Bescheides nach dem AÜG vgl. SG Duisburg 9.9.1986, S 12 Ar 175/86, EzAÜG § 3 AÜG Versagungsgründe Nr. 10; LSG Hamm 26.4.1991, V ARBs 24/91, EzAÜG § 2 AÜG Erlaubnisarten Nr. 6.

78 Zum einstweiligen Rechtsschutz ausführlich Meyer-Ladewig/Keller/Leitherer/*Keller* § 86b SGG Rn. 1 ff. m.w.Nachw.; ferner *Groth* NJW 2007, 2294.

79 *Boemke/Lembke* § 2 AÜG Rn. 47; Thüsing/*Kämmerer* § 2 AÜG Rn. 37.

80 LSG Hamburg 16.5.1991, V EABs 41/91, EzAÜG § 1 AÜG Erlaubnispflicht Nr. 20; die Möglichkeit vorläufigen Rechtsschutzes auch bei erstmaliger Antragsstellung grundsätzlich bejahend *Boemke/Lembke* § 2 AÜG Rn. 48; allg. Meyer-Ladewig/Keller/Leitherer/*Keller* § 86b SGG Rn. 31.

§ 2a Kosten

(1) Für die Bearbeitung von Anträgen auf Erteilung und Verlängerung der Erlaubnis werden vom Antragsteller Kosten (Gebühren und Auslagen) erhoben.

(2) [1]Die Vorschriften des Verwaltungskostengesetzes sind anzuwenden. [2]Die Bundesregierung wird ermächtigt, durch Rechtsverordnung die gebührenpflichtigen Tatbestände näher zu bestimmen und dabei feste Sätze und Rahmensätze vorzusehen. [3]Die Gebühr darf im Einzelfall 2500 Euro nicht überschreiten.

Übersicht

A. Allgemeines

Für die Bearbeitung von Anträgen auf Erteilung und Verlängerung einer Erlaubnis erhebt die BA gemäß **§ 2a AÜG** Kosten **(Gebühren und Auslagen)**. Die Kostenpflicht beschränkt sich auf behördliche Maßnahmen im Anwendungsbereich des § 2 AÜG, sonstige Verwaltungsakte nach dem AÜG sind gebührenfrei.[1]   1

B. Kostenpflicht – Abs. 1 und Abs. 2 S. 1

Kostenpflichtig ist der **Antragsteller.** Auch von Antragstellern mit   2 Geschäftssitz im Ausland werden Kosten nach § 2a Abs. 1 AÜG erhoben. Dies gilt selbst in den Fällen, in denen dem ausländischen Antragsteller nach dem Recht seines Sitzstaates bereits eine Erlaubnis zur Arbeitnehmerüberlassung erteilt wurde.[2] Lediglich **juristische Personen des öffentlichen Rechts** können unter den Voraussetzungen des § 2a Abs. 2 S. 1 AÜG i.V.m. § 8 VwKostG von der Kostentragungspflicht befreit werden.

---

1 Schüren/Hamann/*Schüren* § 2a AÜG Rn. 4.
2 EuGH 17.12.1981, 278/80, AP EWG-Vertrag Art. 177 Nr. 9.

3 § 2a Abs. 1 AÜG knüpft nach seinem Wortlaut für die **Kostenerhe-bung** an die **Bearbeitung von Anträgen** an. Die Kostenpflicht ent-steht deshalb grundsätzlich unabhängig von der Entscheidung der zuständigen Regionaldirektion. Auch wenn diese den Antrag ablehnt, werden vom Antragsteller Kosten erhoben.

▶ **Praxistipp:**

Gebühren nach § 2a Abs. 1 AÜG können als Vorschuss erhoben werden (§ 2a Abs. 2 S. 1 AÜG i.V.m. § 16 VwKostG). Die Regional-direktionen sind nach ihrer internen Dienstanweisung angehalten, von dieser Möglichkeit Gebrauch zu machen. Deshalb werden Erstantragsteller regelmäßig zur Zahlung eines **Kostenvorschus-ses** in Höhe der für die Erteilung einer Erlaubnis zu zahlenden Ge-bühr aufgefordert. Entsprechendes gilt für Verleiher, die einen Ver-längerungsantrag stellen.[3]

Kommen **Erstantragsteller** dieser Aufforderung nicht nach, nimmt die Regionaldirektion weder die Bearbeitung auf noch entscheidet sie über den Antrag in der Sache.

Bei **Verlängerungsanträgen** sieht die BA in der Nichtzahlung des Gebührenvorschusses sogar ein Indiz für die Unzuverlässigkeit des Verleihers nach § 3 Abs. 1 Nr. 1 AÜG. Nach ordnungsgemäßer Belehrung erhalten Verleiher – ohne weitere Sachprüfung – einen kostenpflichtigen Ablehnungsbescheid. Deshalb ist es schon im Ei-geninteresse des Verleihers dringend erforderlich, einer Zahlungs-aufforderung der Regionaldirektion fristgemäß Folge zu leisten.

4 Die **Gebührenerhebung entfällt,** wenn bei Neu- oder Verlängerungs-anträgen der **Antrag zurückgenommen** wird und die Regionaldirek-tion zu diesem Zeitpunkt die **Sachbearbeitung** (nähere Prüfung der Unterlagen) **noch nicht aufgenommen** hatte. Nach Beginn der Sach-bearbeitung kann diese die Gebühr in Anwendung des § 2a Abs. 2 S. 1 AÜG i.V.m. § 15 Abs. 2 VwKostG nach pflichtgemäßem Ermessen um bis zu 3/4 ermäßigen.[4]

5 Demgegenüber werden Gebühren selbst dann in voller Höhe erho-ben, wenn eine **Verlängerung der Erlaubnis kraft Gesetzes nach § 2 Abs. 4 S. 3 AÜG** eingetreten ist oder die Erlaubnisbehörde durch ge-richtliche Entscheidung zur Erlaubniserteilung verpflichtet wurde.[5]

---

3 DA-AÜG zu § 2a Ziff. 2a.2.
4 DA-AÜG zu § 2a Ziff. 2a.3.
5 DA-AÜG zu § 2a Ziff. 2a.3.

Zu Unrecht erhobene Kosten sind nach § 2a Abs. 2 S. 1 AÜG i.V.m. 6 § 21 VwKostG **zu erstatten**. Dies gilt uneingeschränkt für noch anfechtbare Kostenentscheidungen; bei Unanfechtbarkeit kommt eine Erstattung des Ermäßigungsbetrages nur noch aus Billigkeitsgründen in Betracht.

C. Kostenhöhe – Abs. 2 S. 2 und 3

Nach § 2a Abs. 2 S. 2 AÜG wird die Bundesregierung ermächtigt, 7 durch Rechtsverordnung die gebührenpflichtigen Tatbestände näher zu bestimmen und dabei Festsätze und Rahmensätze vorzusehen. Auf der Grundlage dieser Ermächtigung wurde die **Verordnung über die Kosten der Erlaubnis zur gewerbsmäßigen Arbeitnehmerüberlassung (AÜKostV)** vom 18.6.1982 erlassen.[6]

I. Gebühren

Der Gebührenhöchstrahmen des § 2a Abs. 2 S. 3 AÜG von € 2 500,00 8 wird durch die AÜKostV nicht ausgeschöpft. Die **Gebühren betragen seit dem 1.1.2003:**

Erlaubnis	Gebührenhöhe
Erteilung oder Verlängerung einer befristeten Erlaubnis	€ 750,00
Erteilung einer unbefristeten Erlaubnis	€ 2 000,00

II. Auslagen

Darüber hinaus kann die BA vom Antragsteller **Auslagen** ersetzt ver- 9 langen. Die Auslagen sind im Einzelnen in **§ 10 Abs. 1 Nr. 2–4 VwKostG** bezeichnet (vgl. § 3 AÜKostV). Zu den Auslagen zählen:
– Aufwendungen für weitere Ausfertigungen, Abschriften und Auszüge, die auf besonderen Antrag erteilt werden;
– Aufwendungen für Übersetzungen, die auf besonderen Antrag gefertigt werden;
– Kosten, die durch öffentliche Bekanntmachung entstehen, mit Ausnahme der hierbei erwachsenen Postgebühren.

---

6 BGBl. I. S. 692, zuletzt geändert durch Art. 94 des Dritten Gesetzes für moderne Dienstleistungen am Arbeitsmarkt vom 23.12.2003 (BGBl. I. S. 2848).

10 Die übrigen in § 10 VwKostG genannten Aufwendungen werden nicht gesondert als Auslagen nach § 2a AÜG erhoben.

D. Kostenentscheidung

11 Grundsätzlich soll die **Kostenentscheidung** zusammen mit der Sachentscheidung ergehen (§ 14 Abs. 1 S. 1 VwKostG). Die Entscheidung über die Kosten kann zusammen mit der Sachentscheidung oder selbständig angefochten werden; der Rechtsbehelf gegen die Sachentscheidung erstreckt sich zugleich auf die Kostenentscheidung (§ 22 Abs. 1 VwKostG).

12 Für das Rechtsmittelverfahren gegen Kostenentscheidungen ist der **Rechtsweg zu den Sozialgerichten** gegeben (§ 51 SGG).

§3 Versagung

(1) Die Erlaubnis oder ihre Verlängerung ist zu versagen, wenn Tatsachen die Annahme rechtfertigen, daß der Antragsteller

1. die für die Ausübung der Tätigkeit nach § 1 erforderliche Zuverlässigkeit nicht besitzt, insbesondere weil er die Vorschriften des Sozialversicherungsrechts, über die Einbehaltung und Abführung der Lohnsteuer, über die Arbeitsvermittlung, über die Anwerbung im Ausland oder über die Ausländerbeschäftigung, die Vorschriften des Arbeitsschutzrechts oder die arbeitsrechtlichen Pflichten nicht einhält;

2. nach der Gestaltung seiner Betriebsorganisation nicht in der Lage ist, die üblichen Arbeitgeberpflichten ordnungsgemäß zu erfüllen;

3. dem Leiharbeitnehmer für die Zeit der Überlassung an einen Entleiher die im Betrieb dieses Entleihers für einen vergleichbaren Arbeitnehmer des Entleihers geltenden wesentlichen Arbeitsbedingungen einschließlich des Arbeitsentgelts nicht gewährt, es sei denn, der Verleiher gewährt dem zuvor arbeitslosen Leiharbeitnehmer für die Überlassung an einen Entleiher für die Dauer von insgesamt höchstens sechs Wochen mindestens ein Nettoarbeitsentgelt in Höhe des Betrages, den der Leiharbeitnehmer zuletzt als Arbeitslosengeld erhalten hat; Letzteres gilt nicht, wenn mit demselben Verleiher bereits ein Leiharbeitsverhältnis bestanden hat. Ein Tarifvertrag kann abweichende Regelungen zulassen. Im Geltungsbereich eines solchen Tarifvertrages können nicht tarifgebundene Arbeitgeber und Arbeitnehmer die Anwendung der tariflichen Regelungen vereinbaren.

(2) Die Erlaubnis oder ihre Verlängerung ist ferner zu versagen, wenn für die Ausübung der Tätigkeit nach § 1 Betriebe, Betriebsteile oder Nebenbetriebe vorgesehen sind, die nicht in einem Mitgliedstaat der Europäischen Wirtschaftsgemeinschaft oder einem anderen Vertragsstaat des Abkommens über den Europäischen Wirtschaftsraum liegen.

(3) Die Erlaubnis kann versagt werden, wenn der Antragsteller nicht Deutscher im Sinne des Artikels 116 des Grundgesetzes ist oder wenn eine Gesellschaft oder juristische Person den Antrag stellt, die entweder nicht nach deutschem Recht gegründet ist oder die weder ihren satzungsmäßigen Sitz noch ihre Hauptverwaltung noch ihre Hauptniederlassung im Geltungsbereich dieses Gesetzes hat.

(4) ¹Staatsangehörige der Mitgliedstaaten der Europäischen Wirtschaftsgemeinschaft oder eines anderen Vertragsstaates des Abkommens über den Europäischen Wirtschaftsraum erhalten die Erlaubnis unter den gleichen Voraussetzungen wie deutsche Staatsangehörige. ²Den Staatsangehörigen dieser Staaten stehen gleich Gesellschaften und juristische Personen, die nach den Rechtsvorschriften dieser Staaten gegründet sind und ihren satzungsgemäßen Sitz, ihre Hauptverwaltung oder ihre Hauptniederlassung innerhalb dieser Staaten haben. ³Soweit diese Gesellschaften oder juristische Personen zwar ihren satzungsmäßigen Sitz, jedoch weder ihre Hauptverwaltung noch ihre Hauptniederlassung innerhalb dieser Staaten haben, gilt Satz 2 nur, wenn ihre Tätigkeit in tatsächlicher und dauerhafter Verbindung mit der Wirtschaft eines Mitgliedstaates oder eines Vertragsstaates des Abkommens über den Europäischen Wirtschaftsraum steht.

(5) ¹Staatsangehörige anderer als der in Absatz 4 genannten Staaten, die sich aufgrund eines internationalen Abkommens im Geltungsbereich dieses Gesetzes niederlassen und hierbei sowie bei ihrer Geschäftstätigkeit nicht weniger günstig behandelt werden dürfen als deutsche Staatsangehörige, erhalten die Erlaubnis unter den gleichen Voraussetzungen wie deutsche Staatsangehörige. ²Den Staatsangehörigen nach Satz 1 stehen gleich Gesellschaften, die nach den Rechtsvorschriften des anderen Staates gegründet sind.

Übersicht

A. Allgemeines

I. Gesetzeszweck und Entstehungsgeschichte

1   § 3 AÜG ist die **gewerberechtliche Kernvorschrift** des Gesetzes. Sie normiert die materiellen Voraussetzungen unter denen eine Erlaubnis zur gewerbsmäßigen Arbeitnehmerüberlassung oder ihre Verlängerung zu versagen bzw. zu erteilen ist. Dabei enthält § 3 Abs. 1 AÜG die allgemeinen, § 3 Abs. 2–5 AÜG die besonderen Versagungsgründe bei grenzüberschreitender Arbeitnehmerüberlassung. Die Vorschrift dient einerseits dem Schutz der Leiharbeitnehmer und andererseits dem Schutz der Kunden (Entleiher) vor unzuverlässigen und unseriösen Verleihern. Der Zugang letzterer zum gewerbsmäßigen Zeitarbeitsmarkt soll verhindert werden.[1]

2   Seit in Kraft treten des AÜG im Jahre 1972 wurde § 3 AÜG mehrfach geändert und gelockert.[2] Die wohl weitreichendste Modifikation erfuhr die Bestimmung bisher durch das am 1.1.2003 in Kraft getretene **Erste Gesetz für moderne Dienstleistungen am Arbeitsmarkt vom 23.12.2002 (»Hartz I«)**.[3] Durch dieses schaffte der Gesetzgeber die früheren Grundprinzipien des AÜG, das besondere Befristungs-, das sogenannte Synchronisations- und Wiedereinstellungsverbot sowie die Überlassungshöchstdauer von zuletzt 24 Monaten (§ 3 Abs. 1 Nr. 3–6 AÜG a.F.) ab. An die Stelle der alten Regelungen trat der vollkommen neu gefasste § 3 Abs. 1 Nr. 3 AÜG n.F.[4] **§ 3 Abs. 1 Nr. 3 n.F.** normiert den gewerberechtlichen Teil des **Grundsatz des Equal-Pay und Equal-Treatment** (»Schlechterstellungsverbot«).[5] Nach Maßgabe dieses Grundsatzes hat der Leiharbeitnehmer für Zeiten der Überlassung Anspruch auf Gewährung der wesentlichen Arbeits- und Entgeltbe-

---

1 BT-Drucks. VI/2303 S. 11.
2 Ausführlich zu den Gesetzesänderungen im AÜG, vgl. *Urban-Crell/Schulz* Rn. 170 ff.
3 BGBl. I S. 4607.
4 Vgl. Art. 6 Nr. 3 des Ersten Gesetzes für moderne Dienstleistungen am Arbeitsmarkt.
5 Die gewerberechtliche Sanktion des § 3 Abs. 1 Nr. 3 AÜG wird durch die – nahezu inhaltsgleiche – arbeitsrechtliche Regelung des § 9 Nr. 2 AÜG n.F. ergänzt, vgl. dazu § 9 AÜG Rdn. 30 ff.

dingungen vergleichbarer Stammarbeitnehmer im Entleiherbetrieb.[6] Mit der Einführung des Diskriminierungsverbots zu Gunsten von Leiharbeitnehmern verband der Gesetzgeber die Erwartung, Leiharbeit aus der »Schmuddelecke« zu holen, die »Leiharbeit [also] zu einem anerkannten Bereich der deutschen Wirtschaft zu entwickeln, der durch Qualität, Flexibilität und soziale Sicherheit Standards setzt, sowie mittels Leiharbeit Überstunden in neue Beschäftigungsverhältnisse umzuwandeln und so einen Beitrag zum Abbau der Arbeitslosigkeit zu leisten«.[7]

Der neue § 3 Abs. 1 AÜG gilt aufgrund der **Übergangsvorschrift des** 3 **§ 19 AÜG** seit dem 1.1.2004 für alle Leiharbeitsverhältnisse. Lediglich soweit der Leiharbeitsvertrag bereits zuvor unter den Anwendungsbereich eines nach dem 15.11.2002 abgeschlossenen Tarifvertrages fiel, der die wesentlichen Arbeitsbedingungen einschließlich des Arbeitsentgelts im Sinne der § 3 Abs. 1 Nr. 3 AÜG und 9 Nr. 2 AÜG n.F. regelte, galt die gesetzliche Regelung bereits seit in Kraft treten dieses Tarifvertrages.[8]

Von den Änderungen durch das Erste Gesetz für moderne Dienstleis- 4 tung am Arbeitsmarkt unberührt blieben die allgemeinen Versagungsgründe des § 3 Abs. 1 Nr. 1 und 2 AÜG sowie die besonderen Versagungsgründe (§ 3 Abs. 2–5 AÜG).

II. Präventives Verbot mit Erlaubnisvorbehalt

1. Anspruch und Ermessen der Erlaubnisbehörde

Gewerbsmäßige Arbeitnehmerüberlassung ist vorbehaltlich einer Er- 5 laubnis grundsätzlich verboten (vgl. § 1 Abs. 1 S. 1 AÜG). Es handelt sich daher um ein sogenanntes **präventives Verbot mit Erlaubnisvorbehalt**. Deutsche Staatsangehörige im Sinne des Art. 116 GG sowie die ihnen nach § 3 Abs. 4 und 5 AÜG gleichgestellten haben ein subjektiv-öffentliches Recht auf Erlaubniserteilung, wenn keine Versagungsgründe vorliegen. Dies gebietet bereits das Grundrecht der Berufsfreiheit (Art. 12 GG).[9]

Liegt **keiner der Versagungsgründe des § 3 AÜG** vor, hat die für die 6 Erteilung der Erlaubnis zuständige Regionaldirektion keinen Ermessensspielraum. Die Erlaubnis darf nicht versagt werden. Infolge **Er-**

---

6 Zu den Einzelheiten, insbesondere den Ausnahmetatbeständen, vgl. § 3 AÜG Rdn. 70 ff., 109 ff.
7 BT-Drucks. 15/25 S. 24.
8 Dazu § 19 AÜG Rdn. 3 f.
9 BVerfG 4.4.1967, 1 BvR 84/65, AP AVAV § 37 Nr. 7; *Boemke/Lembke* § 3 AÜG Rn. 4, 6 m.w.Nachw.; a. *Hamann* S. 43.

messensreduzierung auf Null ist diese vielmehr antragsgemäß zu erteilen bzw. zu verlängern.[10]

7 Auch im umgekehrten Fall des **Vorliegens der Voraussetzungen der Versagungsgründe** hat die Erlaubnisbehörde kein Ermessen. Sie muss – ausgenommen § 3 Abs. 3 AÜG (»kann«) – die Erlaubniserteilung bzw. deren Verlängerung versagen.[11] Ist allerdings eine gesetzeskonforme Durchführung der Arbeitnehmerüberlassung durch weniger einschneidende, **mildere Maßnahmen** zu gewährleisten, etwa die Erteilung oder Verlängerung einer Erlaubnis unter Auflagen oder Bedingungen nach § 2 Abs. 2 AÜG, ist eine Versagung nicht gerechtfertigt. Dies gebietet der Grundsatz der Verhältnismäßigkeit.[12]

2. Beurteilungszeitpunkt

8 Die Gründe für die Versagung einer Erlaubnis müssen im **Zeitpunkt der behördlichen Entscheidung** über deren Erteilung bzw. Verlängerung vorliegen; im Falle eines Widerspruchsverfahrens ist der **Zeitpunkt des Erlasses des Widerspruchsbescheides** maßgeblich.[13] Erhebt der Antragsteller gegen einen ablehnenden Bescheid der Erlaubnisbehörde Klage, kommt es nach der Rechtsprechung auf den **Zeitpunkt der letzten mündlichen Verhandlung in der Tatsacheninstanz** an.[14] Ändert sich die Sachlage zwischen der Widerspruchsentscheidung und dem Schluss der mündlichen Verhandlung in der Tatsacheninstanz zu Gunsten des Antragstellers, ist der Klage stattzugeben und der ablehnende Bescheid aufzuheben.[15]

3. Beweiserleichterung

9 **Beweisbelastet ist die Erlaubnisbehörde.** Allerdings muss sie nach dem eindeutigen Wortlaut des § 3 Abs. 1 AÜG nicht das Vorliegen der Versagungsgründe selbst, sondern lediglich das Vorliegen von Tatsachen nachweisen, welche die Annahme eines Versagungsgrundes rechtfertigen (»… ist zu versagen, wenn Tatsachen die Annahme rechtfertigen, dass …«). Die BA kann daher bei den allgemeinen Ver-

---

10 LSG Bremen 17.12.1975, L 5 Ar 11/75, EzAÜG § 3 AÜG Versagungsgründe Nr. 1; LSG Niedersachsen 22.7.1977, L 7 S (Ar) 31/77, EzAÜG § 4 AÜG Rücknahme Nr. 1; Thüsing/*Pelzner* § 3 AÜG Rn. 4.
11 *Boemke/Lembke* § 3 AÜG Rn. 7; Schüren/Hamann/*Schüren* § 3 AÜG Rn. 24 ff.
12 So überzeugend *Boemke/Lembke* § 3 AÜG Rn. 7; a.A. *Ulber* § 3 AÜG Rn. 15; DA-AÜG zu § 3 Ziff. 3.1.
13 Thüsing/*Pelzner* § 3 AÜG Rn. 6.
14 BSG 6.2.1992, 7 RAr 140/90, NZW 1992, 1006 ff.
15 BVerwG 2.2.1982, 1C 52/78, GewArch 1982, 233, 234; krit. *Boemke/Lembke* § 3 AÜG Rn. 9.

sagungsgründen des § 3 Abs. 1 AÜG auf eine **Beweiserleichterung** zurückgreifen. Entgegen § 24 VwVfG muss sie den Sachverhalt grundsätzlich nicht vollständig aufklären. Vollständige Sachverhaltsaufklärung ist nur dann ausnahmsweise erforderlich, wenn greifbare Anhaltspunkte die Vermutungswirkung von Tatsachen erschüttern. Die der Entscheidung zugrunde liegenden Tatsachen selbst müssen nach allgemeinen Grundsätzen hinreichend sicher feststehen. Bloße Vermutungen, Spekulationen, Gerüchte oder Annahmen genügen nicht.[16] Das Vorliegen der die Vermutungswirkung auslösenden Tatsachen einerseits und der auf diese Tatsachen gestützte Rückschluss auf das Vorliegen eines Versagungsgrundes andererseits, sind gerichtlich voll überprüfbar.[17]

▶ **Hinweis:**

Die Regionaldirektionen müssen das Vorliegen eines allgemeinen Versagungsgrundes nicht beweisen. § 3 Abs. 1 AÜG enthält eine Beweiserleichterung, es genügen Indizien (»… wenn Tatsachen die Annahme rechtfertigen, dass …«).

III. Enumerative Aufzählung der Versagungsgründe

Die in § 3 AÜG genannten **allgemeinen und besonderen Versagungsgründe** sind **abschließend**. Die Gegenmeinung[18], welche die in Absatz 1 Nr. 1 bis 3 genannten Gründe als nicht enumerative Regelbeispiele einordnet, findet weder im Gesetzeswortlaut eine Stütze noch ist sie mit verfassungsrechtlichen Grundprinzipien vereinbar. Die Tätigkeit des Verleihers wird durch das Grundrecht aus Art. 12 Abs. 1 S. 1 GG geschützt. Eingriffe bedürfen nach Maßgabe des Art. 12 Abs. 1 S. 2 GG einer ausdrücklichen gesetzlichen Anordnung.[19]   **10**

Die BA ist daher nur aus den in § 3 AÜG genannten Gründen zur Versagung der Erlaubniserteilung bzw. ihrer Verlängerung befugt. Dies gilt auch für den in **§ 3 Abs. 1 Nr. 1 AÜG** normierten Versagungsgrund der Unzuverlässigkeit des Antragstellers. Das Gesetz nennt **beispielhaft** einige **Unzuverlässigkeitsgründe**. Sonstige ungeschriebene Unzuverlässigkeitsgründe müssen daher mindestens das Gewicht der im Gesetz genannten haben. Andere Gründe als die Un-   **11**

---

16 *Boemke/Lembke* § 3 AÜG Rn. 12; Thüsing/*Pelzner* § 3 AÜG Rn. 7; Schüren/ Hamann/*Schüren* § 3 AÜG Rn. 45.
17 BSG 6.2.1992, 7 RAr 140/90, BB 1992 2365, 2366.
18 LSG Bremen 17.12.1975, L5 Ar 11/75, EzAÜG § 3 AÜG Versagungsgründe Nr. 1; *Ulber* § 3 AÜG Rn. 10 ff.
19 Ganz h.M.: *Boemke/Lembke* § 3 AÜG Rn. 8; Thüsing/*Pelzner* § 3 AÜG Rn. 5; *Sandmann/Marschall* § 3 AÜG Anm. 1.

zuverlässigkeit des Antragstellers rechtfertigen die Versagung nach § 3 Abs. 1 Nr. 1 AÜG nicht.

B. Allgemeine Versagungsgründe – Abs. 1

12 Arbeitgeber, die den Bestimmung des AÜG zuwider handeln, dessen Anforderungen nicht genügen oder sonstigen erlaubnisrelevanten Pflichten nicht nachkommen, können von der gewerbsmäßigen Arbeitnehmerüberlassung ausgeschlossen werden. Die **allgemeinen Versagungsgründe** regelt **§ 3 Abs. 1 AÜG.** Danach kann die erstmalige Erteilung oder Verlängerung der Erlaubnis versagt werden, wenn Tatsachen die Annahme rechtfertigen, dass der Antragsteller
– persönlich unzuverlässig ist **(Nr. 1)**;
– über eine unzureichende Betriebsorganisation verfügt **(Nr. 2)**;
– dem Gebot der Gleichbehandlung von Leiharbeitnehmern mit vergleichbaren Arbeitnehmern des Entleiherbetriebes zuwider handelt **(Nr. 3)**.

13 Die allgemeinen **Versagungsgründe müssen nicht kumulativ vorliegen.**[20] Bereits bei Vorliegen eines genannten Grundes ist die beantragte Erlaubnis zu versagen. Eine rechtswidrig erteilte Erlaubnis kann bei Vorliegen eines Versagungsgrundes unter den Voraussetzungen des § 4 AÜG zurückgenommen werden. Sie kann mit Wirkung für die Zukunft widerrufen werden, wenn ein Widerrufsvorbehalt vorliegt, eine dem Verleiher gestellte Auflage nicht fristgerecht erfüllt wird oder die Erlaubnisbehörde aufgrund nachträglich eingetretener Tatsachen oder aufgrund einer geänderten Rechtslage berechtigt wäre, die Erlaubnis zu versagen (§ 5 AÜG).

14 Darüber hinaus hat **§ 3 Abs. 1 AÜG Bedeutung für den Tatbestand vermuteter Arbeitsvermittlung.** § 1 Abs. 2 AÜG knüpft an die Nichtübernahme der üblichen Arbeitgeberpflichten oder das Arbeitgeberrisiko (§ 3 Abs. 1 Nr. 1 bis 3 AÜG) die (widerlegbare) Vermutung von Arbeitsvermittlung. Allerdings ist § 1 Abs. 2 AÜG seit der Aufhebung des Erlaubnisvorbehalts für die private Arbeitsvermittlung und der geänderten Rechtsprechung des 7. Senats des BAG zur nicht mehr eintretenden Fiktion eines Arbeitsverhältnisses zum Entleiher bei vermuteter Arbeitsvermittlung praktisch bedeutungslos. Mit der Erfüllung des Tatbestandes des § 1 Abs. 2 AÜG sind keine wesentlichen Rechtsfolgen mehr verbunden.[21]

---

20 BayLSG 29.7.1986, L8 AI 40/83, EzAÜG § 3 AÜG Versagungsgründe Nr. 9; so a. DA-AÜG zu § 3 Ziff. 3.1.
21 *Urban-Crell/Schulz* Rn. 843 ff.; zu Einzelheiten sh. § 1 AÜG Rdn. 190 ff.

Die Versagung einer Erlaubnis bzw. deren Nichtverlängerung kann   15
mit einem **Verstoß gegen die ehemaligen Strukturprinzipien des
AÜG** nicht begründet werden.[22] Das besondere Befristungs-, das
sogenannte Synchronisations- und Wiedereinstellungsverbot sowie
die Überlassungshöchstdauer (§ 3 Abs. 1 Nr. 3–6 AÜG a.f.) wurden
durch Art. 6 des Ersten Gesetzes für moderne Dienstleistung am Arbeitsmarkt ersatzlos abgeschafft. Verstöße gegen die aufgehobenen
allgemeinen Versagungsgründe des AÜG rechtfertigen daher heute
keine gewerberechtlichen Sanktionen. Auch können die Regionaldirektionen bei Prüfung der Zuverlässigkeit des Antragstellers auf derartige Verstöße in der Vergangenheit keine negative Zukunftsprognose mehr stützen.[23]

I. Zuverlässigkeit – Nr. 1

1. Einleitung

a) Begriff

Die Verleiherlaubnis ist nach **§ 3 Abs. 1 Nr. 1 AÜG** zu versagen, wenn   16
die BA einem Antragsteller aufgrund greifbarer Anhaltspunkte **fehlende Zuverlässigkeit zur gewerbsmäßigen Arbeitnehmerüberlassung** nachweisen kann.

Der Begriff der **»erforderlichen Zuverlässigkeit«** ist ein **unbestimm-   17
ter Rechtsbegriff**, der gerichtlich voll überprüfbar ist.[24] Grundlage
des spezialgesetzlichen Zuverlässigkeitsbegriffs des AÜG ist die gewerberechtliche Generalklausel des § 35 Abs. 1 GewO[25]. Der gewerberechtliche Begriff ist vor dem Hintergrund der spezifischen, an die
konkrete Gewerbeausübung zu stellenden persönlichen Anforderungen an den Antragsteller zu definieren. Unter Berücksichtigung des
Schutzanliegens des AÜG ist derjenige Antragsteller unzuverlässig,
der nach dem Gesamteindruck seines Verhaltens nicht die Gewähr
dafür bietet, das von ihm ausgeübte Gewerbe der Arbeitnehmerüberlassung ordnungsgemäß zu betreiben, sondern versuchen wird, die
mit der Arbeitnehmerüberlassung verbundenen Arbeitgeberpflichten
und -risiken auf den Leiharbeitnehmer abzuwälzen.[26]

Die Versagung der Erlaubnis zur gewerbsmäßigen Arbeitnehmer-   18
überlassung dient der **Gefahrenprävention**. Die Unzuverlässigkeit

---

22 A.A. Thüsing/*Pelzner* § 3 AÜG Rn. 11, die frühere Verstöße bei der Prognoseentscheidung berücksichtigen will.
23 A.A. Thüsing/*Pelzner* § 3 AÜG Rn. 11.
24 BSG 6.2.1992, 7 RAr 140/90, NZA 1992, 1006.
25 Hamburgisches OVG 5.4.2005, 1 Bs 64/05, EzAÜG § 3 AÜG Nr. 2.
26 BSG 6.2.1992, 7 RAr 140/90, NZA 1992, 1006.

des Antragstellers ist daher nicht nur im Falle nachweisbaren Verschuldens anzunehmen. Erforderlich ist vielmehr eine **Zukunftsprognose**. Die Prognoseentscheidung muss auf nachweisbaren Tatsachen und nicht auf bloßen Vermutungen beruhen.[27] Die Erlaubnisbehörde hat die gegenwärtigen oder die in der Vergangenheit eingetretenen Tatschen daraufhin zu beurteilen, ob sie auf eine Unzuverlässigkeit des Antragstellers in der Zukunft schließen lassen. Die Prognose bezieht sich also darauf, ob sich der Antragsteller bei seiner künftigen Verleihtätigkeit voraussichtlich gesetzeskonform verhalten wird. Bewusste Pflichtverstöße können als Indiz für die Wiederholungsgefahr berücksichtigt werden. Bloß fahrlässigen Pflichtverletzungen kommt diese Indizwirkung nicht zu.[28] Unklarheiten und Zweifel bei der Prognose gehen zu Lasten der Behörden.[29]

b) Persönliche Zuverlässigkeit des Antragstellers

19 Die **Zuverlässigkeit** bei gewerbsmäßiger Arbeitnehmerüberlassung muss **in der Person des Antragstellers** vorhanden sein. Antragsteller kann jede natürliche oder juristische Person sowie jede Personengesamtheit oder Personengesellschaft sein, die auch Erlaubnisinhaber werden kann (vgl. § 7 Abs. 1 AÜG).

▶ Praxistipp:

Die Erlaubnis zur Arbeitnehmerüberlassung ist personenbezogen. Deshalb kommt es auch für die Frage der Zuverlässigkeit auf die Person des Antragstellers an. Bei einer Kapitalgesellschaft wie der GmbH oder der AG beispielsweise bedeutet dies, dass die Regionaldirektion die Zuverlässigkeit des Geschäftsführers bzw. Vorstands der Gesellschaft überprüft.

aa) Natürliche Personen

20 Bei natürlichen Personen kommt es auf die **persönliche Zuverlässigkeit des Antragstellenden** an.

▶ Beispiel:

Einzelkaufmann A betreibt einen kleinen Gewerbebetrieb. Er plant nun, seinen Geschäftsbetrieb auf gewerbsmäßige Arbeitnehmer-

---

27 Schüren/Hamann/*Schüren* § 3 AÜG Rn. 46.
28 Schüren/Hamann/*Schüren* § 3 AÜG Rn. 57; Thüsing/*Pelzner* § 3 AÜG Rn. 13.
29 BSG 6.2.1992, 7 RAr 140/90, NZA 1992, 1006.

überlassung auszuweiten. Die zuständige Regionaldirektion wird vor Erteilung der Erlaubnis die persönliche Zuverlässigkeit des Herrn A prüfen.

bb) Juristische Personen

Beantragt eine **juristische Person** (z.B. GmbH, AG) die Erteilung ei- 21 ner Erlaubnis zur gewerbsmäßigen Arbeitnehmerüberlassung, müssen die **zur Vertretung der Gesellschaft berechtigten Organe** (z.B. Geschäftsführer der GmbH, Vorstand der AG) zuverlässig sein.[30] Sind mehrere Personen zur gesetzlichen Vertretung der Kapitalgesellschaft berechtigt, so ist die Erlaubnis bereits bei Unzuverlässigkeit eines Vertretungsberechtigten zu versagen. Eine Ausnahme ist lediglich in den Fällen anzuerkennen, in denen die Erlaubnis unter entsprechenden Auflagen nach § 2 Abs. 2 AÜG nur den zuverlässigen Vertretern unter Ausschluss des unzuverlässigen Organs erteilt werden kann.[31] Ausgeschlossen ist dies jedenfalls dann, wenn die unzuverlässige Person zur alleinigen Vertretung der Gesellschaft berechtig ist. Unbeachtlich ist demgegenüber die Unzuverlässigkeit eines Gesellschafters der juristischen Person.[32]

cc) Personengesellschaften und Personengesamtheiten

Bei **Personengesellschaften** (z.B. oHG, KG, GbR) und **Personen-** 22 **gesamtheiten** (z.B. nichtrechtsfähiger Verein, Erbengemeinschaft) müssen **alle geschäftsführenden Gesellschafter bzw. Gesamthänder zuverlässig** sein.[33] Ist nur einer der geschäftsführenden Mitgesellschafter bzw. Gesamthänder unzuverlässig, dann ist die Erlaubnis bzw. deren Verlängerung allen antragstellenden Gesellschaftern bzw. Gesamthändern zu versagen. Die Erlaubnisbehörde kann lediglich in den Fällen eine Ausnahme machen, in denen der unzuverlässige Gesellschafter bzw. Gesamthänder durch Auflagen von der Geschäftsführung in Angelegenheiten der gewerbsmäßigen Arbeitnehmerüberlassung ausgeschlossen werden kann. In diesem Fall strahlt die

---

30 BayLSG 29.7.1986, L8 A1 40/83, EzAÜG § 3 AÜG Versagungsgründe Nr. 9; Schüren/Hamann/*Schüren* § 3 AÜG Rn. 68.

31 *Boemke/Lembke* § 3 AÜG Rn. 19; *Urban-Crell/Schulz* Rn. 623.

32 *Boemke/Lembke* § 3 AÜG Rn. 19; Thüsing/*Pelzner* § 3 AÜG Rn. 16, die jedoch einschränkend darauf abstellt, ob den Gesellschaftern aufgrund Gesellschaftsvertrages oder Gesellschafterbeschlüssen maßgeblicher Einfluss auf die Geschäftsführung eingeräumt wird.

33 Auch für die Zuverlässigkeit der Komplementärin einer KG SG Düsseldorf 26.4.1978, S 15 (23) Ar 260/73, n.v.; ferner ErfK/*Wank* § 3 AÜG Rn. 4 m.w.Nachw.

Unzuverlässigkeit des einen auf die Zuverlässigkeit der anderen Mitgesellschafter bzw. Gesamthänder nicht negativ aus.[34]

23 Nach einer Entscheidung des **OVG Münster** aus dem Jahr 1961 sei die **Zuverlässigkeitsprüfung** – ungeachtet einer Befugnis zur Geschäftsführung – **auf alle Gesellschafter zu erstrecken**.[35] Dies ist jedoch abzulehnen. Nach Sinn und Zweck des AÜG ist ein Schutz der Leiharbeitnehmer lediglich vor solchen Personen erforderlich, die jedenfalls maßgebenden Einfluss auf die Geschäftsführung ausüben können. Sind sie jedoch weder kraft Gesetzes noch kraft Gesellschaftsvertrages in der Lage, entsprechenden Einfluss geltend zu machen, kommt es auf ihre Zuverlässigkeit auch nicht an.[36] Etwas anderes gilt lediglich dann, wenn der Gesellschafter oder Gesamthänder zwar nicht kraft Gesetzes oder Vertrages, jedoch tatsächlich maßgeblichen Einfluss auf die Geschäftsführung nimmt.[37]

dd) Wechsel eines Vertretungsberechtigten

24 Der **Wechsel eines zur gesetzlichen Vertretung** einer juristischen Person **berechtigten Organs** (z.B. Geschäftsführer, Vorstand) oder eines **geschäftsführenden Gesellschafters** einer Personengesellschaft/-gesamtheit ist der BA unaufgefordert anzuzeigen (§ 7 Abs. 1 S. 2 AÜG). Auf die Fortgeltung der Verleiherlaubnis hat dies zunächst keinen Einfluss. Allerdings prüft die Erlaubnisbehörde die persönliche Zuverlässigkeit der neu eingetretenen vertretungs- oder geschäftsführungsbefugten Personen. Rechtfertigen greifbare Anhaltspunkte die Unzuverlässigkeit dieser, kann die erteilte Erlaubnis zur gewerbsmäßigen Arbeitnehmerüberlassung mit Wirkung für die Zukunft widerrufen werden (§ 5 AÜG).

25 Ein **Gesellschafterwechsel bei einer juristischen Person** (z.B. Gesellschafter einer GmbH) erfordert hingegen keine erneute Zuverlässigkeitsprüfung. Etwas anderes gilt lediglich in den Fällen, in denen ein Wechsel zugleich eine Identitätsänderung der Gesellschaft oder Person des Erlaubnisinhabers bewirkt. Scheidet beispielsweise bei einer Personengesellschaft ein Gesellschafter aus oder wird eine juristische Person von einer GmbH in eine AG umgewandelt, so erlischt der ursprüngliche Rechtsträger. In diesem Fall ist eine neue Erlaubnis erforderlich. Dies gilt auch für eine GmbH, die aus der Umwandlung eines Verleihunternehmens einer natürlichen Person entstanden ist,

---

34 ErfK/*Wank* § 3 AÜG Rn. 4; Thüsing/*Pelzner* § 3 AÜG Rn. 15.
35 OVG Münster 5.7.1961, IV A 1597/60, GewArch 1962, 84.
36 ErfK/*Wank* § 3 AÜG Rn. 5.
37 Schüren/Hamann/*Schüren* § 3 AÜG Rn. 69 ff.

selbst dann, wenn der frühere Inhaber des Verleihunternehmens Geschäftsführer der GmbH wird.[38]

▶ **Praxistipp:**

Die **Erlaubnis erlischt**
- bei Tod des Erlaubnisinhabers (für die Erben gilt dann jedoch die einjährige Abwicklungsfrist[39]);
- bei Unternehmensumwandlungen nach dem UmwG (Verschmelzung[40], Abspaltung, Vermögensvollübertragung);
- bei einer formwechselnden Umwandlung, z.b. einer GbR in eine GmbH, einer GmbH in eine AG.[41]

Die **Erlaubnis erlischt nicht**
- bei der Abspaltung (die Erlaubnis verbleibt allerdings beim bisherigen Rechtsträger und geht nicht auf den abgespaltenen über);
- bei Änderung der Firma;
- beim Ausscheiden von Organen oder von Gesellschaftern einer Kapitalgesellschaft (z.b. Wechsel des Geschäftsführers einer GmbH[42]);
- beim Betriebsübergang (die Erlaubnis verbleibt beim bisherigen Rechtsträger, der Erwerber muss bei Bedarf eine eigene Erlaubnis beantragen[43]).

ee) Unzuverlässige Dritte

Von der Unzuverlässigkeit des Antragstellers geht die Erlaubnisbehörde auch dann aus, wenn dieser einem **unzuverlässigen Dritten maßgeblichen Einfluss auf die Geschäftsführung** einräumt oder   **26**

---

38 BAG 14.12.1983, 7 AZR 371/80, EzAÜG § 611 BGB Haftung Nr. 9; LSG Baden-Württemberg 6.12.1983, L5 Ar 659/82, EzAÜG § 2 AÜG Erlöschensgründe Nr. 1; *Boemke/Lembke* § 3 AÜG Rn. 21; Thüsing/*Pelzner* § 3 AÜG Rn. 17.
39 Strittig, vgl. dazu § 2 AÜG Rdn. 57.
40 LAG Düsseldorf 25.8.2008, 17 Sa 153/08, EzA-SD 2008 Nr. 22, 8, welches zur Vermeidung illegaler Arbeitnehmerüberlassung zugleich mit Abschluss des notariellen Umwandlungsvertrages die Beantragung einer Erlaubnis nach dem AÜG durch den aufnehmenden Rechsträger verlangt. Vorzugswürdig erscheint die Übertragung der Grundsätze zur Abwicklung beim Versterben einer natürlichen Person, dazu § 2 AÜG Rdn. 57; anhängig BAG, 7 AZR 709/08.
41 Einschränkend nicht bei der formwechselnden Umwandlung einer juristischen Person DA-AÜG zu § 7 Ziff. 7.1.
42 Vgl. dazu § 3 AÜG Rdn. 24.
43 Schüren/Hamann/*Schüren* § 2 AÜG Rn. 105.

diesen nicht unterbindet. In diesen Fällen wird von der Unzuverlässigkeit des Dritten auf die Unzuverlässigkeit des Gewerbetreibenden selbst geschlossen.[44] Beschäftigt der Antragsteller beispielsweise unzuverlässiges Personal mit Führungsverantwortung[45] oder räumt der Antragsteller seinem unzuverlässigen Ehepartner maßgeblichen Einfluss auf die Geschäftsführung ein, bedingt dies die Unzuverlässigkeit des Antragstellers selbst. Im letztgenannten Fall gilt dies selbst dann, wenn die Ehe rechtskräftig geschieden ist.[46] Auflagen nach § 2 Abs. 2 AÜG sind bei unzuverlässigen Ehepartnern kein geeignetes milderes Mittel im Vergleich zur Versagung der Erlaubnis bzw. deren Nichtverlängerung. Denn Auflagen können nicht gewährleisten, dass der als unzuverlässig anzusehende Ehegatte, insbesondere in persönlichen Gesprächen, maßgeblichen Einfluss auf die Geschäftsführung und die geschäftlichen Angelegenheiten im Zusammenhang mit der Verleihtätigkeit nimmt oder nehmen wird.[47]

ff) Strohmann- und Scheingeschäfte

27   Entsprechendes gilt für sogenannte **Strohmanngeschäfte**, bei denen einem **unzuverlässigen Hintermann** die gewerbliche Betätigung erst durch die Zwischenschaltung eines zuverlässigen Antragstellers ermöglicht wird. Wird der Antragsteller dabei nur als Strohmann für den Hintermann tätig, der den Geschäftsablauf selbst lenkt und steuert, so hat die Erlaubnisbehörde sowohl gegenüber dem unzuverlässigen Hintermann als auch gegenüber dem Strohmann selbst Versagungsverfügungen zu erlassen.[48]

28   Von Strohmannverhältnissen zu unterscheiden sind sogenannte **Scheingeschäfte**. Bei diesen beantragt der Antragsteller lediglich formal die Erteilung einer Erlaubnis, beabsichtigt jedoch zu keiner Zeit, das Gewerbe der Arbeitnehmerüberlassung selbst zu betreiben, d.h. Leiharbeitsverträge und Arbeitnehmerüberlassungsverträge im eigenen Namen abzuschließen und durchzuführen. Ziel ist es lediglich, einem geschäftsführungswilligen Hintermann mittelbar zu einer Erlaubnis zu verhelfen. In diesen Fällen ist die beantragte Erlaubnis ungeachtet einer etwaigen Unzuverlässigkeit des Hintermanns auf jeden

---

44 BVerwG 2.2.1982 1 C 52/78, NJW 1982, 2834; BSG 6.2.1992, 7 RAr 140/90, NZA 1992, 1006.
45 SG Koblenz 3.12.1980, S 4 Ar 121/80, EzAÜG § 3 AÜG Versagungsgründe Nr. 4; ErfK/*Wank* § 3 AÜG Rn. 14; Thüsing/*Pelzner* § 3 AÜG Rn. 18.
46 VG Oldenburg 4.7.1972, A 11/71 A, n. v.
47 LSG Rheinland-Pfalz 16.1.1981, L 6 AR 65/80, EzAÜG § 3 AÜG Versagungsgründe Nr. 5.
48 BSG 6.2.1992, 7 RAr 140/90, NZA 1992, 1006; BVerfG 2.2.1982, 1 C 3/81, NVwZ 1982, 559.

Fall zu versagen. Der Antragsteller hat an ihr bereits kein rechtliches Interesse, da er Leiharbeitnehmer nicht selbst gewerbsmäßig an Entleiher überlassen will.[49]

2. Regelbeispiele

Das Gesetz nennt in § 3 Abs. 1 Nr. 1 AÜG einige **Beispielsfälle**, in denen die Regionaldirektionen die fehlende Zuverlässigkeit des Antragstellers zunächst vermuten. Dies gilt bei: **29**
– Verstößen gegen das Sozialversicherungsrecht,
– Verletzung der Pflicht zur Einbehaltung und Abführung der Lohnsteuer,
– Missachtung der Vorschriften über die Arbeitsvermittlung sowie das Anwerben im Ausland und die Ausländerbeschäftigung,
– Verletzung der Vorschriften des Arbeitsschutzrechts, sowie
– arbeitsrechtlichen Pflichtverstößen.

Liegen die Kriterien eines Regelbeispiels vor, muss die Behörde gleichwohl vor Versagung oder Nichtverlängerung einer Erlaubnis eine konkrete **Einzelfallprüfung** unter Berücksichtigung der Art, Intensität und Konsequenzen eines Verstoßes vornehmen.[50]   **30**

a) Sozialversicherungsrecht

An der Spitze der in § 3 Abs. 1 Nr. 1 AÜG benannten allgemeinen Versagungsgründe stehen **Verstöße gegen die Vorschriften des Sozialversicherungsrechts**. Unter diesen Oberbegriff fallen sämtliche Regelungen des SGB in allen Sozialversicherungszweigen (Kranken-, Renten-, Unfall-, Pflege- und Arbeitslosenversicherung) sowie sonstigen Bestimmungen in entsprechenden Nebengesetzen und Verordnungen, die sozialversicherungsrechtliche Arbeitgeberpflichten festlegen.   **31**

Zu den einzuhaltenden **Arbeitgeberpflichten** gehören beispielsweise Melde-, Anzeige- und Auskunftspflichten (z.B. Meldepflicht zur Sozialversicherung, § 28a SGB IV), die Pflicht zur Abführung von Sozialversicherungsbeiträgen (vgl. § 28e SGB IV) und Umlagen (z.B. Winterbau-Umlage, § 3 Winterbau-Umlagenverordnung; Insolvenzgeld-Umlage, §§ 354 ff. SGB III) sowie die Pflicht zur Erstellung von Entgeltbescheinigungen.[51]   **32**

---

49 *Boemke/Lembke* § 3 AÜG Rn. 23; Thüsing/*Pelzner* § 3 AÜG Rn. 18.
50 BSG 6.2.1992, 7 RAr 140/90, NZA 1992, 1006; bayLSG 14.3.1985, L 9/Al 146/83, NZA 1986, 109.
51 *Becker/Wulfgramm* § 3 AÜG Rn. 19; ErfK/*Wank* § 3 AÜG Rn. 8.

▶ **Beispiele:**

Die Durchführungsanweisung[52] der BA zum AÜG nennt beispielhaft folgende sozialversicherungsrechtliche Verstöße:
- Nichtanmeldung von Leiharbeitnehmern zur Sozialversicherung;
- Nichtabführen des Gesamtsozialversicherungsbeitrags durch den Verleiher[53];
- Nichtabführung der Beiträge zur Unfallversicherung;
- Nichteinhaltung der Melde-, Anzeige- und Auskunftspflichten;
- Nichtabführung der Sozialkassenbeiträge an die Urlaubskasse;
- Nichtabführung der Sozialkassenbeiträge an die Lohnausgleichskassen der Bauwirtschaft (z.B. SOKA-Bau).

b) Steuerrecht

33 Ein **Verstoß gegen die Vorschriften über die Einbehaltung und Abführung der Lohnsteuer,** im Wesentlichen also eine Verletzung der § 38 Abs. 3, § 41a Abs. 1 Nr. 2 EStG und der Vorschriften der Lohnsteuer-DVO, können die Annahme der Unzuverlässigkeit begründen.[54] Bei grenzüberschreitender Arbeitnehmerüberlassung richten sich die lohnsteuerrechtlichen Abführungsverpflichtungen nach den jeweils einschlägigen Doppelbesteuerungsabkommen (DBA).[55]

34 Die Nichteinhaltung der Vorschriften über die Einbehaltung und Abführung der Lohnsteuer muss sich nicht aus einem mit der Verleihtätigkeit selbst im Zusammenhang stehenden Verstoß ergeben. Bei vorsätzlicher Nichtabführung von Lohnsteuer ist die Erlaubnis auch dann zwingend zu versagen, wenn der Antragsteller in der Vergangenheit in einem **vom Verleihbetrieb unabhängigen Geschäftsbetrieb Lohnsteuer hinterzogen** hat.[56.]

▶ **Beispiel:**

Der Antragsteller ist Inhaber eines kleinen Dachdeckerbetriebes mit 30 Mitarbeitern. Die Geschäfte laufen schon seit Monaten schlecht. Deshalb ist er mit der Abführung der Lohnsteuer der vergangenen vier Monate in Verzug.

---

52 Vgl. DA-AÜG zu § 3 Ziff. 3.1.1.
53 SG Köln 11.8.1977, S 10 Ar 183/74, EzAÜG § 3 AÜG Versagungsgründe Nr. 3.
54 LSG Niedersachsen 22.7.1977, L 7 S (Ar) 31/77, EzAÜG § 4 AÜG Rücknahme Nr. 1.
55 Vgl. AÜG Einl. Rdn. 92 ff.
56 LSG Niedersachsen 22.7.1977, L 7 S (Ar) 31/77, EzAÜG § 4 AÜG Rücknahme Nr. 1.

Die Steuerrückstände sprechen gegen die Zuverlässigkeit des Antragstellers, die Regionaldirektion kann die Erlaubnis daher nach § 3 Abs. 1 Nr. 1 AÜG versagen. Wird der Behörde der Versagungsgrund erst nach Erlaubniserteilung bekannt, kann sie die rechtswidrige Erlaubnis zurücknehmen (§ 4 AÜG).

Auch bei **Verstößen gegen sonstige steuerrechtliche Bestimmungen** 35 ist die Erlaubnisbehörde je nach Art und Schwere des Verstoßes zur Annahme der Unzuverlässigkeit des Antragstellers berechtigt. Zwar fällt ein solcher Verstoß nicht unter das genannte Regelbeispiel. Dies ist jedoch unerheblich, da der in § 3 Abs. 1 Nr. 1 AÜG niedergelegte Katalog nicht abschließend ist. Als unbenannte Unzuverlässigkeitsgründe kommen hier insbesondere die Hinterziehung von Einkommen-, Körperschafts- und Umsatzsteuer in Betracht.[57]

c) Arbeitsvermittlung, Anwerbung im Ausland, Ausländerbeschäftigung

Den **Erlaubnisvorbehalt für die private Arbeitsvermittlung** hat der 36 Gesetzgeber durch das am 27.3.2002[58] in Kraft getretene Gesetz zur Vereinfachung der Wahl der Arbeitnehmervertreter in den Aufsichtsrat vom 23.3.2002 **abgeschafft**. Private Anbieter können daher neben gewerbsmäßiger Arbeitnehmerüberlassung auch private Arbeitsvermittlung betreiben. Die Vermittlungstätigkeit ist dabei lediglich bei der nach Landesrecht zuständigen Behörde, regelmäßig dem Gewerbeaufsichtsamt, anzuzeigen (§ 14 Abs. 1 S. 1 GewO).[59] Zudem muss die private Vermittlungstätigkeit ordnungsgemäß durchgeführt werden (§§ 292 ff. SGB III). Die Missachtung der Vorschriften über die nicht genehmigungspflichtige Gewerbeausübung begründet je nach Schwere des Verstoßes einen Versagungsgrund.

Auch lediglich mittelbar mit der Vermittlungstätigkeit im Zusammenhang stehende Verstöße können die Unzuverlässigkeit des Antragstellers begründen. Die gilt beispielsweise für die missbräuchliche Ausnutzung des Verfahrens zur Auszahlung eines **Vermittlungsgutscheins** (§ 421g SGB III).[60]

---

57 *Boemke/Lembke* § 3 AÜG Rn. 28; *Urban-Crell/Schulz* Rn. 629.
58 BGBl. I S. 1130.
59 Vgl. Gesetzesbegründung BT-Drucks. 14/8546 S. 5 f.
60 Ausführlich zur Arbeitsvermittlung *Urban-Crell/Schulz* Rn. 1381 ff., zum Vermittlungsgutschein Rn. 1405 ff.; a. *Thüsing/Pelzner* § 3 AÜG Rn. 22.

38 Neben der Aufhebung des Erlaubnisvorbehalts für private Arbeitsvermittlung in § 291 SGB III a.f. wurde § 292 SGB III im Zuge der Gesetzesänderung neu gefasst. Seitdem ist die **private Vermittlung mit
    Auslandsberührung auch außerhalb des EU-/EWR-Raums** grundsätzlich erlaubt. Die ehemals getrennten Institute der Auslandsvermittlung (§ 292 Abs. 2 S. 1 SGB III a.f.) und der Anwerbung aus dem
    Ausland (§ 302 Abs. 2 S. 1 SGB III a.f.) wurden unter dem neuen § 292
    SGB III zusammengefasst. Beide wurden für die private Arbeitsvermittlung – soweit eine Rechtsverordnung nichts Abweichendes vorschreibt – grundsätzlich freigegeben.[61]

39 Ein **Verstoß gegen die Bestimmungen über die Ausländerbeschäftigung** kann die Versagung bzw. Nichtverlängerung einer Erlaubnis
    rechtfertigen. Zu den einschlägigen Regelungen des Arbeitsgenehmigungsrechts zählen insbesondere §§ 7 ff., 18 ff., 39 ff., 96 ff. AufenthG,
    § 284 SGB III n.f. sowie die Vorschriften der Arbeitsgenehmigungsverordnung (ArGV). **Staatsangehörige der EU bzw. des EWR** genie
    ßen aufgrund gesetzlicher Bestimmungen oder zwischenstaatlicher
    Abkommen Arbeitnehmerfreizügigkeit. Sie benötigen vor Aufnahme
    einer Tätigkeit in der Bundesrepublik Deutschland keine Arbeitsgenehmigung (Art. 39 ff. EGV i.V.m. FreizügG/EU). Entsprechendes
    gilt für **Schweizer Staatsangehörige** (vgl. Freizügigkeitsabkommen
    zwischen der EU und der Schweiz vom 24.5.2003).

40 Für **Staatsangehörige aus Staaten außerhalb des EU-/EWR-Raums**
    gilt ein Arbeitsgenehmigungsvorbehalt. Für gewerbsmäßige Arbeitnehmerüberlassung besteht ein absoluter Versagungsgrund. Nach
    § 40 Abs. 1 Nr. 2 AufenthG ist eine Arbeitserlaubnis zu versagen,
    wenn der Arbeitnehmer als Leiharbeitnehmer tätig werden will.[62]

41 Für **EU-Staatsangehörige der neuen MOE-Mitgliedsstaaten** ist die
    Arbeitnehmerfreizügigkeit für eine Übergangszeit von bis zu sieben
    Jahren (»2+3+2-Modell«) eingeschränkt.[63] Diese bedürfen ebenso wie
    Drittstaatenangehörige einer Arbeitsgenehmigung (befristet als sogenannte Arbeitserlaubnis-EU, unbefristet als sogenannte Arbeitsberechtigung-EU). Deren Erteilung bestimmt sich nach § 284 SGB III,
    § 12a ArGV. Die Entscheidung über die Erlaubniserteilung an einen
    MOE-Bürger hat die BA nach pflichtgemäßem Ermessen unter Berücksichtigung der gesetzlichen Wertentscheidung des § 40 Abs. 1

---

61 Thüsing/*Pelzner* § 3 AÜG Rn. 22; *Urban-Crell/Schulz* Rn. 1392 f.
62 So a. § 6 Abs. 1 Nr. 2 ArGV in der bis zum 31.7.2004 geltenden Fassung.
63 Ausführlich zur Ausländerbeschäftigung § 15 AÜG Rdn. 5 ff.; zur Anwendbarkeit des § 6 ArGV auf Staatsangehörige der osteuropäischen Mitgliedsstaaten vgl. Thüsing/*Pelzner* § 3 AÜG Rn. 23.

Nr. 2 AufenthG zu treffen. Grundsätzlich wird die Genehmigung daher nicht erteilt werden, wenn der MOE-Bürger in Deutschland als Leiharbeitnehmer eingesetzt werden soll.[64] Nur in Ausnahmefällen wird Arbeitnehmern aus den neuen MOE-Mitgliedsstaaten eine Arbeitsgenehmigung erteilt, wenn diese entweder auch die Staatsangehörigkeit eines alten Mitgliedsstaates haben (sogenannter Doppelstaatler) oder bereits auf anderem Wege ein Recht auf Zugang zum deutschen Arbeitsmarkt erworben haben (etwa durch eine Arbeitserlaubnis-EU, vgl. § 284 Abs. 2, 5 SGB III, § 12a Abs. 1 S. 1 ArGV). Letzteres gilt nicht im Falle der Entsendung durch einen Arbeitgeber mit Sitz im Ausland (§ 12a Abs. 1 S. 2 ArGV).

d) Arbeitsschutz

Zum Arbeitsschutz rechnen alle **Bestimmungen des öffentlich-recht-** 42 **lichen Arbeitsschutzrechts.** Zu diesen zählen insbesondere die nach § 120e GewO erlassenen Verordnungen, die Unfallverhütungsvorschriften der Berufsgenossenschaften (vgl. § 15 SGB VII) sowie alle sonstigen Arbeitsschutzvorschriften des sozialen und technischen Arbeitsschutzes, welche der Sicherheit und dem Gesundheitsschutz der Arbeitnehmer am Arbeitsplatz dienen (z.B. ArbSchG, ArbZG, ArbSichG, GeräteSichG, JArbschG, MuSchG, SGB IX).[65] Der Verleiher ist nicht nur im eigenen Unternehmen zur Einhaltung der Arbeitsschutzvorschriften verpflichtet, er muss auch die Einhaltung des Arbeitsschutzrechts im Entleiherbetrieb überwachen und kontrollieren (§ 11 Abs. 6 AÜG).[66]

▶ **Beispiele:**

Nach der Durchführungsanweisung[67] der BA zum AÜG sind Verstöße gegen
 – das Arbeitszeitgesetz;
 – das Mutterschutzgesetz;
 – das Jugendarbeitsschutzgesetz;
 – sonstige öffentlich-rechtliche Arbeitsschutzbestimmungen und
 – die Unfallverhütungsvorschriften
beachtlich.

---

64 Dazu *Boemke* BB 2005, 266, 268; ebenso Schüren/Hamann/*Riederer von Paar* AÜG Einl. Rn. 623.
65 Ausführlich zum Arbeitsschutz Münch ArbR/*Wlotzke* § 211 Rn. 1 ff.
66 Vgl. § 11 AÜG Rdn. 64 ff.
67 Vgl. DA-AÜG zu § 3 Ziff. 3.1.1.

e) Arbeitsrechtliche Pflichten

43 Nach dem Gesetzeswortlaut können sämtliche **Verstöße gegen arbeitsrechtliche Pflichten**, gleichgültig ob sie auf Gesetz, Tarifvertrag, Betriebsvereinbarung oder Einzelarbeitsvertrag beruhen, die Unzuverlässigkeit des Antragstellers begründen. Dieser Wortlaut ist zu weit. Richtigerweise ist darauf abzustellen, ob es sich um Verstöße gegen zwingende arbeitsrechtliche Pflichten handelt. Es muss zu einer **Verletzung der Rechte des Leiharbeitnehmers im Kernbereich** kommen.[68]

44 Eine Verletzung von **Arbeitgeberpflichten im Kernbereich** liegt insbesondere bei Missachtung der arbeitgeberseitigen Hauptleistungspflicht zur Vergütungszahlung (§ 611 BGB) sowie bei Verletzung zwingender gesetzlicher Regelungen (z.B. BUrlG, EntgeltFZG, TzBfG, AGG) vor. Auch die Verletzung von Pflichten aus dem AÜG selbst (§§ 9–11 AÜG) können den Regeltatbestand erfüllen.

▶ **Beispiele:**

Arbeitsrechtliche Pflichtverletzungen sind dem Verleiher insbesondere dann vorzuwerfen, wenn dieser die vertraglich oder tariflich geschuldete Vergütung nicht oder nicht ordnungsgemäß gewährt oder Entgeltfortzahlungsansprüche, Ansprüche auf Erholungsurlaub und sonstige Ansprüche auf geldwerte Leistungen missachtet.

45 Allein die **Verwendung unzulässiger Arbeitsvertragsklauseln in Formulararbeitsverträgen** – etwa zur Pauschalabgeltung von Überstunden oder unzulässige Regelungen zu Fahrtkostenzuschüssen – rechtfertigt die Annahme der Unzuverlässigkeit nicht. Die Regionaldirektion kann dem Verleiher in einem solchen Fall allerdings die Verwendung entsprechender Vertragsklauseln untersagen.[69] Nebenbestimmungen sind hingegen nicht dazu geeignet, dem Gewerbetreibenden die Verwendung bestimmter Vertragsklauseln in Formulararbeitsverträgen vorzuschreiben.[70]

---

68 Bay. LSG 14.3.1985, L 9/Al 146/83, NZA 1986, 109 f.; ErfK/*Wank* § 3 AÜG Rn. 13; *Urban-Crell-Schulz* Rn. 634.
69 BayLSG 14.3.1985, L 9 A1 146/83, EzAÜG § 3 AÜG Versagungsgründe Nr. 8; SG Hamburg 24.9.1992, 13 AR 247/92, 13 AR 928/92, EzAÜG § 3 AÜG Versagungsgründe Nr. 17; vgl. a. DA-AÜG zu § 3 Ziff. 3.1.1.
70 SG Hamburg, 24.9.1992, 13 AR 247/92, 13 AR 928/92, EzAÜG § 3 AÜG Versagungsgründe Nr. 17.

▶ **Beispiele:**

Folgende Arbeitsvertragsklauseln wurden von der Rechtsprechung[71] beispielsweise als unzulässig angesehen:
- Angabe des Grundes für krankheitsbedingte Fehlzeiten,
- Pflicht zur Vorlage einer Fortsetzungsbescheinigung des Arztes
  bereits am letzten Tag der bis dahin attestierten Arbeitsunfähig-
  keit,
- Vertragsstraferegelung von drei Tagesverdiensten,
- Verpflichtung des Leiharbeitnehmers, sich in verleihfreien Zei-
  ten, zweimal täglich zu melden,
- Aufzählung fristloser Kündigungsgründe im Leiharbeitsvertrag, da dadurch gegenüber dem Arbeitnehmer der Eindruck
  erweckt werde, ihm könne bei Vorliegen eines der genannten
  Gründe stets und ohne weitere Einzelfallprüfung gekündigt
  werden,
- Freiwilligkeitsvorbehalt bei Fahrtkostenzuschüssen, soweit der
  Leiharbeitnehmer Anspruch auf pauschalierten Aufwendungs-
  ersatz nach § 670 BGB hat[72],
- Verpflichtung des Arbeitnehmers zur Beantragung »unbezahl-
  ten« Urlaubs auf Verlangen des Verleihers, insbesondere in verleihfreien Zeiten[73].

3. Sonstige Unzuverlässigkeitsgründe

Die in § 3 Abs. 1 Nr. 1 AÜG genannten **Beispiele** sind **nicht abschlie-** 46
ßend. Dies lässt sich dem Wortlaut der Vorschrift entnehmen (»insbesondere«). Außerhalb der im Gesetz genannten Gründe können
auch alle sonstigen gegen die Rechtsordnung verstoßenden Verhal-
tensweisen des Antragstellers Anlass zu Zweifeln an einer ordnungsgemäßen Ausübung der Verleihtätigkeit geben. Die in Rede stehenden sonstigen Verletzungshandlungen müssen lediglich einen Bezug
zur gewerblichen Tätigkeit aufweisen (gewerbebezogene Unzuverlässigkeit) und nach Art und Intensität mit einem benannten Regelbeispiel vergleichbar sein.

▶ **Praxistipp:**

Nicht mit der gewerblichen Tätigkeit in Zusammenhang stehende
Verstöße rechtfertigen die Annahme der Unzuverlässigkeit nicht.

---

71 Vgl. SG Hamburg 24.9.1992, 13 AR 247/92, 13 AR 928/92 EzAÜG § 3 AÜG
   Versagungsgründe Nr. 17.
72 ArbG Mainz 4.1.2007, 3 Ca 1608/06, n.v.
73 LSG NRW 16.1.1997, L 9 Ar 162/96, EzAÜG § 3 AÜG Versagungsgründe
   Nr. 19.

Dies gilt beispielsweise für eine Trunkenheitsfahrt mit dem privaten Pkw.

47 Die Frage der Zuverlässigkeit oder der Unzuverlässigkeit des Antragstellers beantwortet sich unter Berücksichtigung von Sinn und Zweck des AÜG, insbesondere ist der soziale Schutz des Leiharbeitnehmers sicherzustellen. Vor diesem Hintergrund haben **Rechtsprechung und Literatur einige Fallgruppen entwickelt,** bei denen neben den ausdrücklich in § 3 Abs. 1 Nr. 1 AÜG genannten Fällen eine Versagung der Erlaubnis bzw. deren Nichtverlängerung rechtmäßig sein kann.

a) Verstöße gegen das AÜG

48 **Zuwiderhandlungen gegen das AÜG selbst** können einen sonstigen Unzuverlässigkeitsgrund darstellen. Dies gilt etwa für die gewerbsmäßige Überlassung von Arbeitnehmern vor Beantragung bzw. vor Erteilung einer Erlaubnis nach dem AÜG.[74] Auch das Einreichen manipulierter Unterlagen oder Urkunden sowie vorsätzliches bzw. fahrlässiges Falschausfüllen von Formularen bei der Antragstellung kann zur Versagung der Erlaubnis führen.[75]

b) Verstöße gegen das AEntG

49 Wird ein Leiharbeitnehmer, auch ein aus dem Ausland entliehener, mit Tätigkeiten beschäftigt, die in den Geltungsbereich eines für allgemeinverbindlich erklärten Tarifvertrages nach § 3 Abs. 1 oder 5 Nr. 3 AEntG n.F. oder einer Rechtsverordnung nach § 7 AEntG n.F. fallen, so hat ihm der Verleiher zumindest die in diesem Tarifvertrag oder dieser Rechtsverordnung vorgeschriebenen Arbeitsbedingungen zu gewähren sowie die der gemeinsamen Einrichtung nach diesem Tarifvertrag zustehenden Beiträge zu leisten (§ 8 Abs. 3 AEntG n.F.). Die **Mindestlöhne und Mindestarbeitsbedingungen nach dem AEntG sind zwingendes Recht.** Von diesem kann auch durch einen Zeitarbeitstarifvertrag nicht zu Ungunsten, lediglich zu Gunsten, der Leiharbeitnehmer abgewichen werden.[76]

50 Auch **sonstige Verstöße gegen das AEntG,** etwa gegen die dort geregelten Mitwirkungs-, Aufbewahrungs-, und Meldepflichten vor Aufnahme der Tätigkeit (§§ 18, 19 AEntG n.F.) können eine Versagung

---

74 SG Köln 11.8.1977, S 10 Ar 183/74, EzAÜG § 3 AÜG Versagungsgründe Nr. 3.
75 SG Koblenz, 3.12.1980, S 4 Ar 121/80, EzAÜG § 3 AÜG Versagungsgründe Nr. 4.
76 Thüsing/*Pelzner* § 3 AÜG Rn. 30, 93.

der Erlaubnis rechtfertigen. Für Verleiher mit Geschäftssitz im Ausland normiert § 18 Abs. 3 AEntG n.F. zusätzliche Anforderungen. Überlässt dieser Leiharbeitnehmer in den Geltungsbereich des AEntG, so hat der Entleiher der zuständigen Behörde der Zollverwaltung vor Aufnahme der Tätigkeit schriftlich eine Anmeldung in deutscher Sprache zuzuleiten. Die Anmeldung muss die in § 18 Abs. 3 Nr. 1 bis 7 AEntG n.F. genannten Angaben enthalten. Ferner ist ihr eine Versicherung des Verleihers beizufügen, dass dieser die in § 8 AEntG n.F. vorgeschriebenen Arbeitsbedingungen einhält (§ 18 Abs. 4 AEntG n.F.).[77]

▶ **Praxistipp:**

Eine Übersicht über alle allgemeinverbindlichen Tarifverträge nach dem AEntG ist im Anhang abgedruckt. Zu den in das AEntG einbezogenen Branchen sh. § 4 AEntG n.F.

c) Mindestmaß an Rechtskenntnissen

Einschlägige Rechts- und Branchenkenntnisse muss der Antragsteller bei der Antragstellung nicht nachweisen. Personen ohne Berufserfahrung gelten daher nicht automatisch als unzuverlässig, auch ihnen kann eine Erlaubnis erteilt werden. Vorausgesetzt ist aber ein **Mindestmaß an Kenntnissen des Arbeits-, Sozialversicherungs- und Steuerrechts**. Ohne elementarste Rechtskenntnisse ist nicht zu gewährleisten, dass der Antragsteller die mit der Arbeitnehmerüberlassung einhergehenden rechtlichen Verpflichtungen ordnungsgemäß erfüllen wird.[78]   **51**

Von entsprechenden **Grundkenntnissen** gehen die Regionaldirektionen aus, wenn der Antragsteller   **52**
– bereits in der Vergangenheit als selbstständiger Gewerbe-treibender im Wirtschaftsleben tätig war,
– über eine abgeschlossene kaufmännische Ausbildung verfügt,
– im Besitz eines Meisterbriefes ist,
– im Personalbereich eines Unternehmens längere Zeit tätig war,
– an einem Existenzgründerlehrgang der IHK oder einem vergleichbaren Lehrgang teilgenommen hat oder
– Inhaber eines bereits seit längerer Zeit bestehenden Mischbetriebes ist.[79]

---

77 Dazu ausführlich ErfK/*Schlachter* § 3 AEntG Rn. 3.
78 BSG 6.2.1992, 7 ARr 140/90, NZA 1992, 1006, 1007; Schüren/Hamann/*Schüren* § 3 AÜG Rn. 141 ff.
79 Vgl. DA-AÜG zu § 3 Ziff. 3.1.1.

53   Auch wenn diese Voraussetzungen nicht vorliegen, kann der Antragsteller seine zumindest grundlegenden Rechtskenntnisse in einem **persönlichen Gespräch** nachweisen.

54   Der Antragsteller muss nicht zwingend persönlich über die entsprechenden rechtlichen Grundkenntnisse verfügen. Das BSG lässt es ausreichen, wenn er sich die **notwendigen Grundkenntnisse mit Hilfe Dritter** verschaffen kann.[80] Ob es sich bei diesem Dritten auch um einen externen Berater handeln kann oder ob der Antragsteller zumindest einen sachkundigen Mitarbeiter beschäftigen muss, ist umstritten. Richtigerweise wird man es genügen lassen müssen, wenn der Antragsteller bei Bedarf auf die Fach- und Sachkunde externer Dienstleiter zurückgreifen kann, etwa indem er ein Abrechnungsbüro, einen Steuerberater oder Rechtsanwalt beauftragt.[81]

d) Wirtschaftliche Leistungsfähigkeit

55   **Ungeordnete Vermögensverhältnisse** können gegen die Zuverlässigkeit des Antragstellers sprechen. Gerade die gewerbsmäßige Arbeitnehmerüberlassung setzt eine gewisse Kapitalreserve des Antragstellers voraus, da er als Verleiher auch in verleihfreien Zeiten das Lohnrisiko trägt und die Gewähr für die Abführung von Sozialversicherungsbeiträgen und Steuern bieten muss (vgl. § 615 BGB, § 11 Abs. 4 S. 2 AÜG). Voraussetzung für die Erlaubniserteilung bzw. deren Verlängerung ist daher der **Nachweis eines Mindestmaßes liquider Mittel**. Für eine ausreichende finanzielle Grundausstattung verlangen die Regionaldirektionen € 2 000,00 pro Leiharbeitnehmer, insgesamt mindestens € 10000,00. Diese Mittel müssen nicht zwingend in bar zur Verfügung stehen, der Nachweis von Bürgschaften oder Kreditzusagen kann genügen.[82]

56   An der wirtschaftlichen Leistungsfähigkeit des Antragstellers bestehen erhebliche Zweifel, wenn er nach § 807 ZPO die **eidesstattliche Versicherung** abgegeben hat[83] oder in das bei einem Vollstreckungsgericht oder Insolvenzgericht geführte **Schuldnerverzeichnis** (§ 915 ZPO, § 26 Abs. 2 InsO) eingetragen ist.[84] Auch die **Eröffnung eines**

---

80 BSG 6.2.1992, 7 ARr 140/90, NZA 1992, 1006; Schüren/Hamann/*Schüren* § 3 AÜG Rn. 141 ff.

81 *Boemke/Lembke* § 3 AÜG Rn. 44; Schüren/Hamann/*Schüren* § 3 AÜG Rn. 143 ff.; a.A. SG Berlin 29.11.1989, S51 Ar 1794/89, EzAÜG § 3 AÜG Versagungsgründe Nr. 13; *Ulber* § 3 AÜG Rn. 32.

82 *Sandmann/Marschall* § 3 AÜG Anm 21; Thüsing/*Pelzner* § 3 AÜG Rn. 34.

83 BayLSG 8.11.2002, 8 AL 268/99, EzAÜG § 3 AÜG Versagungsgründe Nr. 20.

84 *Boemke/Lembke* § 3 AÜG Rn. 40; Schüren/Hamann/*Schüren* § 3 AÜG Rn. 148.

Insolvenzverfahrens ist ein wichtiger Anhaltspunkt für ungeordnete wirtschaftliche Verhältnisse. Allerdings sind gewerberechtliche Sanktionen dann nicht gerechtfertigt, solange das Zeitarbeitsunternehmen fortgeführt wird (vgl. § 22 Abs. 1 Nr. 2, § 230 Abs. 1 InsO).[85]

e) Straftaten und Ordnungswidrigkeiten

Einschlägige Straftaten und Ordnungswidrigkeiten, d.h. solche, die 57
auf Grund ihres Gewerbebezugs die Zuverlässigkeit im Hinblick auf
das konkret auszuübende Gewerbe der Arbeitnehmerüberlassung in
Frage stellen, indizieren die Unzuverlässigkeit des Antragstellers.
Dies gilt beispielsweise bei Verurteilung wegen Vermögensdelikten
wie Diebstahl, Unterschlagung, Erpressung, Betrug, Untreue, Hehlerei oder Wucher.[86]

Für die Beurteilung der Zuverlässigkeit im konkreten Einzelfall 58
kommt es neben Art und Umständen der Straftat auch auf den **Zeitpunkt der Tatbegehung** an. Mit zunehmendem zeitlichen Abstand
nimmt die Bedeutung des Gesetzesverstoßes für die negative Zukunftsprognose deutlich ab.[87] Maßgeblich sind hier die Fristen des
BZRG: strafrechtliche Verurteilungen, die nicht mehr in ein Führungszeugnis aufgenommen werden dürfen (§§ 32, 34 BZRG) oder solche,
die nach Fristablauf im Bundeszentralregister zu tilgen sind (§§ 45 ff.
BZRG), rechtfertigen die Annahme der Unzuverlässigkeit grundsätzlich nicht. Abweichendes gilt nur dann, wenn die Erteilung der Gewerbeerlaubnis sonst zu einer erheblichen Gefährdung der Allgemeinheit, insbesondere der Leiharbeitnehmer, führen würde (vgl.
§ 52 Abs. 1 Nr. 4 BZRG).[88]

Auch im Zusammenhang mit der Verleihtätigkeit begangene **Ord-** 59
nungswidrigkeiten sind zu berücksichtigen.[89]

f) Weitere Umstände

Die Nichtverlängerung bzw. der Widerruf der Erlaubnis kann zuläs- 60
sig sein, wenn der Antragsteller durch seine Verhaltensweise den **Wuchertatbestand** des § 138 Abs. 2 BGB erfüllt. Der vertragliche Aus-

---

85 Vgl. DA-AÜG zu § 3 Ziff. 3.1.3.
86 SG Speyer 16.9.1981, S 3 Ar 84/81, EzAÜG § 3 AÜG Versagungsgründe
    Nr. 7; ferner BayLSG 8.11.2002, L 8 AL 268/99, EzAÜG § 3 AÜG Versagungsgründe Nr. 20.
87 LSG Baden-Württemberg 15.3.1981, L 5 AR 2015/87, n.v.; *Boemke/Lembke* § 3
    AÜG Rn. 41.
88 *Urban-Crell/Schulz* Rn. 636.
89 Thüsing/*Pelzner* § 3 AÜG Rn. 35.

schluss der gesetzlichen Regelung des § 670 BGB beispielsweise kann gemäß § 138 Abs. 2 BGB sittenwidrig und damit nichtig sein, wenn der Verleiher damit zugleich das typische Risiko von Einsatzwechseltätigkeiten ohne die Gewährung von Fahrtkostenzuschüssen auf den Leiharbeitnehmer abwälzt.[90]

61 Auch das **sittenwidrige Abwerben von (Leih-)Arbeitnehmern** oder deren Verleitung zum Vertragsbruch indiziert die Unzuverlässigkeit des Verleihers.[91]

62 **Weitere Unzuverlässigkeitsgründe** können beispielsweise Geisteskrankheit oder -schwäche, Alkohol- oder Drogenabhängigkeit sowie schwerwiegende Charaktermängel sein.[92]

II. Ordnungsgemäße Betriebsorganisation – Nr. 2

63 Die Erlaubnis oder Verlängerung der Erlaubnis ist auch dann zu versagen, wenn der Antragsteller nach der Gestaltung seiner Betriebsorganisation nicht in der Lage ist, die üblichen Arbeitgeberpflichten ordnungsgemäß zu erfüllen (§ 3 Abs. 1 Nr. 2 AÜG). Nach dem Willen des Gesetzgebers muss der Antragsteller nicht nur formell als Arbeitgeber auftreten, sondern er muss – neben der persönlichen Zuverlässigkeit – auch betriebsorganisatorisch seine üblichen Arbeitgeberpflichten, insbesondere aus dem Arbeits-, Sozialversicherungs- und Steuerrecht, erfüllen können. Dies kann er nicht, wenn er seine Geschäfte – bildlich gesprochen –»vom Sofa aus« betreibt.[93]

64 Eine **ordnungsgemäße Betriebsorganisation** setzt eine dauerhafte Betriebsstätte des Verleihers voraus. Posteingang und telefonische Erreichbarkeit müssen gewährleistet sein. Anderenfalls können Gerichte, Sozialversicherungsträger und sonstige (Aufsichts-)Behörden ihren Kontrollaufgaben nicht nachkommen. Als Betriebsstätte ungeeignet sind deshalb beispielsweise Campingwagen, Baubuden oder Hotelzimmer.[94]

65 **Umfang und Ausmaß der Betriebsorganisation** bestimmt sich **einzelfallabhängig** nach der Größe des Verleiherbetriebes. Ein größerer Betrieb mit vielen Leiharbeitnehmern wird womöglich eine eigene Personalabteilung und Personalbuchhaltung benötigen, die die Abrechnung des Arbeitsentgelts, die Abführung der Lohnsteuer und der

---

90 BAG 3.12.2002, 9 AZR 520/01, n.v.; LAG Baden-Württemberg 15.8.2001, 12 Sa 50/01, n.v.; ArbG Mainz 4.1.2007, 3 Ca 1608/06, n.v.
91 Schüren/Hamann/*Schüren* § 3 AÜG Rn. 144.
92 *Becker/Wulfgramm* § 3 AÜG Rn. 31; *Boemke/Lembke* § 3 AÜG Rn. 45.
93 BT-Drucks. VI/2303 S. 11.
94 ErfK/*Wank* § 3 AÜG Rn. 14; *Urban-Crell/Schulz* Rn. 641 f.

Sozialversicherungsbeiträge, die Einhaltung der entsprechenden Melde-, Anzeige- und Auskunftspflichten sowie die Abgabe der nach § 8 AÜG erforderlichen statistischen Meldungen übernimmt. Lässt der Verleiher diese Aufgaben, gerade in Zweigniederlassungen, von geeignetem Aufsichtspersonal durchführen, wandelt sich seine Verantwortung in eine Überwachungs- und Aufsichtspflicht.[95] Zur Erfüllung seiner betriebsorganisatorischen Pflichten kann sich der Antragsteller aber auch der Hilfe Dritter bedienen, beispielsweise kann er seine Rechts- und Steuerangelegenheiten durch einen zugelassenen Steuerberater bzw. Rechtsanwalt und die Gehaltsabrechnung durch ein externes Lohnbüro erledigen lassen.[96]

Zu einer ordnungsgemäßen Betriebsorganisation gehört auch ein gewisses **Betriebsvermögen des Antragstellers**, insbesondere prüfen die Regionaldirektionen die finanzielle Leistungsfähigkeit des Antragstellers. Seine Vermögenslage muss die ordnungsgemäße Abführung von Sozialversicherungsbeiträgen und Lohnsteuern, die Zahlung von Arbeitsentgelten und Vorschüssen, etc. gewährleisten.[97]   66

▶ **Beispiele:**

- Feste Geschäftsräume (kein Campingwagen; keine Briefkastenfirma);
- Telefonische Erreichbarkeit;
- Ordnungsgemäße Buchhaltung;
- Ordnungsgemäße Abführung von Sozialversicherungsbeiträgen[98];
- Ausreichende Liquidität (mindestens € 2 000,00 pro Leiharbeitnehmer, insgesamt mindestens € 10 000,00). Die liquiden Mittel müssen nicht bar zur Verfügung stehen, der Nachweis von Bürgschaften oder Kreditzusagen kann genügen.

Der gewerbsmäßige Verleiher ist üblicherweise Kaufmann im Sinne   67 des § 1 HGB. Sein Gewerbebetrieb ist regelmäßig ein Handelsgewerbe gemäß § 1 Abs. 2 HGB. **Verstöße** gegen die – nur deklaratorische – **registerrechtliche Anmeldungspflicht nach § 29 HGB** führen jedoch ebenso wenig zur Versagung der Erlaubnis wie die Nichteintragung der gewerbsmäßigen Arbeitnehmerüberlassung als Geschäftszweck im Handelsregister bei juristischen Personen (§ 33 Abs. 2 S. 2 HGB)

---

95 *Sandmann/Marschall* § 3 AÜG Anm. 20.
96 ErfK/*Wank* § 3 AÜG Rn. 15; Thüsing/*Pelzner* § 3 AÜG Rn. 39; vgl. a. § 3 AÜG Rdn. 54.
97 Vgl. dazu oben § 3 AÜG Rdn. 55 f.
98 BSG 24.4.2003, B 10 LW 8/02 R, EzAÜG § 10 AÜG Fiktion Nr. 110.

oder die Nichtaufnahme der Arbeitnehmerüberlassung in der Satzung einer Aktiengesellschaft (§ 23 Abs. 3 Nr. 2 AktG) bzw. in den Gesellschaftsvertrag einer GmbH (§ 3 Abs. 1 Nr. 2 GmbHG). Derartige formale Verstöße beeinträchtigen die ordnungsgemäße Betriebsorganisation des Antragstellers nicht.[99]

68 Bei sogenannten **Mischbetrieben**, d.h. solchen Betrieben, deren Geschäftszweck nicht ausschließlich auf Arbeitnehmerüberlassung gerichtet ist, müssen die einzelnen Geschäftsbereiche nicht betriebsorganisatorisch getrennt sein.[100] Bei Arbeitnehmern, die sowohl als Leiharbeitnehmer als auch im eigenen Betrieb des Verleihers eingesetzt werden, ist dies rein tatsächlich bereits nicht möglich. Nichts anderes gilt im Übrigen bei Antragstellern, die neben gewerbsmäßiger Arbeitnehmerüberlassung private Arbeitsvermittlung betreiben. Auch in diesen Fällen bedarf es keiner betriebsorganisatorischen Trennung.[101]

69 Bei nicht ordnungsgemäßer Betriebsorganisation kann die Erlaubnisbehörde die Erteilung bzw. die Verlängerung der Erlaubnis nicht sofort versagen. Vielmehr hat sie unter Berücksichtigung der Umstände des Einzelfalls zunächst zu prüfen, ob die bestehenden Mängel **vorrangig** durch **Auflagen** behoben werden können. Dies gebietet der Grundsatz der Verhältnismäßigkeit.

III. Equal-Pay- und Equal-Treatment-Grundsatz – Nr. 3

70 Die gewerberechtliche Vorschrift des § 3 Abs. 1 Nr. 3 AÜG normiert – im Zusammenspiel mit den arbeitsrechtlichen Parallelvorschriften in § 9 Nr. 2, § 10 Abs. 4 AÜG[102] – ein **umfassendes Diskriminierungsverbot von Leiharbeitnehmern**. Der Verleiher muss dem Leiharbeitnehmer für die Zeit dessen Überlassung an einen Dritten grundsätzlich die im Betrieb des Entleihers für einen vergleichbaren Arbeitnehmer geltenden wesentlichen Arbeitsbedingungen einschließlich des Arbeitsentgelts (»Equal-Pay- und Equal-Treatment-Grundsatz«) gewähren.

▶ Praxistipp:

Der Equal-Pay- und Equal-Treatment-Grundsatz findet nur zu Gunsten der Leiharbeitnehmer, nicht aber auch zu Gunsten der

---

99 *Boemke/Lembke* § 3 AÜG Rn. 50; *Urban-Crell/Schulz* Rn. 646.
100 *Boemke/Lembke* § 3 AÜG Rn. 51; Thüsing / *Pelzner* § 3 AÜG Rn. 42, a.A. *Ulber* § 3 AÜG Rn. 81; zu Problemen bei der Anwendbarkeit von Zeitarbeitstarifverträgen sh. § 3 AÜG Rdn. 133 ff.
101 *Boemke/Lembke* § 3 AÜG Rn. 51; a.A. *Ulber* § 3 AÜG Rn. 81.
102 Zu den eher dogmatischen Unterschieden zwischen § 3 Abs. 1 Nr. 3 AÜG und § 9 Nr. 2 AÜG vgl. *Boemke/Lembke* § 3 AÜG Rn. 54.

Stammbelegschaft im Entleiherbetrieb Anwendung. Dogmatisch handelt es sich deshalb nicht um eine Gleichbehandlungs-, sondern um eine **Gleichstellungspflicht**. Das Schrifttum spricht zutreffend von einem Gleichstellungsgebot[103] oder von einem Schlechterstellungsverbot[104].

Die Gleichstellungspflicht gilt nur für Zeiten der Überlassung an einen Entleiher. In verleihfreien Zeiten gelten weiterhin die mit dem Verleiher vereinbarten Arbeits- und Entgeltbedingungen. Für **verleihfreie Zeiten** dürfen daher auch **ungünstigere Arbeits- und Entgeltbedingungen** vereinbart werden.

Vergütungszahlungen in lediglich **symbolischer Höhe** oder die **unbezahlte Freistellung von der Arbeitsleistung in verleihfreien Zeiten** sind hingegen unzulässig. Dies gebietet der Schutzzweck des § 11 Abs. 4 S. 2 AÜG – das Ausfall- und Wirtschaftsrisiko in verleihfreien Zeiten trägt der Verleiher.[105] Die Grenze der Sittenwidrigkeit und des Lohnwuchers sind zu beachten.[106] Lohnwucher liegt jedenfalls dann vor, wenn die Arbeitsvergütung nicht einmal 2/3 eines in der betreffenden Branche und Wirtschaftsregion üblicherweise gezahlten Tariflohns erreicht.[107]

Vom Grundsatz des Equal-Pay und Equal-Treatment kann bei der   71
Einstellung Arbeitsloser und durch Tarifvertrag abgewichen werden
(Ausnahmetatbestände).

▶ **Praxistipp:**

Die praktische Bedeutung des Equal-Pay- und Equal-Treatment-Grundsatzes ist gering. Die **Praxis der Zeitarbeit** wird durch **Zeitarbeitstarifverträge** bestimmt. Diese durchbrechen – ebenso wie

---

103 *Rieble/Klebeck* NZA 2003, 23.
104 *Boemke/Lembke* § 3 AÜG Rn. 54.
105 Vgl. dazu § 11 AÜG Rdn. 38 ff.
106 ErfK/*Wank* § 3 AÜG Rn. 17; Schüren/Hamann/*Schüren* § 9 AÜG Rn. 155.
107 BAG 22.4.2009, 5 AZR 436/08, n.v.; vgl. a. BAG 24.3.2004, 5 AZR 303/03, NZA 2004, 971 (»Randstad-Entscheidung«); LAG Bremen 28.8.2008, 3 Sa 69/08, ZInsO 2009, 304 (Lohnwucher bei 1/3 der Tariflohns); LAG Hamm 18.3.2009, 6 Sa 1284/08 und 6 Sa 1372/08, n.v. (»Kik-Entscheidung« – üblichen Tariflohn um 48% unterschreitender Lohn von € 5,20/h sei wegen auffälligen Missverhältnisses zwischen Leistung und Gegenleistung sittenwidrig; Verurteilung zur Zahlung des Differenzbetrages zum Studenlohn von € 8,21 entsprechend Tarifverträge Einzelhandel NRW); zur Inhaltskontrolle von Tariflöhnen *Hamann*, Anmerkung zu BAG 24.3.2004, 5 AZR 303/03, EzA § 138 BGB 2002 Nr. 2; allg. zu sittenwidrigem Lohnwucher ErfK/*Preis* § 612 BGB Rn. 3 f.; vgl. a. § 15a AÜG Rdn. 14.

die weit weniger praxisrelevante Ausnahme der Einstellung eines zuvor Arbeitslosen – den Gleichstellungsgrundsatz.

72 Gewährt der Verleiher dem Leiharbeitnehmer entgegen § 3 Abs. 1 Nr. 3 AÜG nicht die wesentlichen Arbeits- und Entgeltbedingungen, kann die BA die **Erteilung oder Verlängerung der Erlaubnis versagen.** Die Nichterteilung einer Ersterlaubnis wird jedoch regelmäßig nicht in Betracht kommen. Denn im Zeitpunkt der erstmaligen Antragstellung fehlt es üblicherweise noch an Anhaltspunkten für einen entsprechenden gewerberechtlichen Verstoß des Antragstellers in der Zukunft.

1. Entstehungsgeschichte

73 Das **Verbot der Diskriminierung von Leiharbeitnehmern** ist **nicht neu.** Es hat nicht nur internationale Vorbilder in einigen anderen Mitgliedsstaaten der EU und in dem EU-Richtlinienentwurf zur Leiharbeit. Auch auf nationaler Ebene hatte § 3 Abs. 1 Nr. 3 AÜG mit § 10 Abs. 5 AÜG a.F. eine – inzwischen aufgehobene – Vorgängerregelung.

a) AÜG – »Job-AQTIV-Gesetz« und »Hartz I«

74 Bereits durch das Gesetz zur Reform der arbeitsmarktpolitischen Instrumente **(Job-AQTIV-Gesetz)** wurde mit Wirkung zum 1.1.2002 **§ 10 Abs. 5 AÜG a.F.** neu eingeführt. Danach wurde Leiharbeitnehmern ab dem 13. Monat der Beschäftigung bei einem Entleiher ein Anspruch auf die gleichen Arbeitsbedingungen wie der Stammbelegschaft eingeräumt. Ausnahmen vom Prinzip der Gleichstellung sah das AÜG ebenso wenig vor, wie gewerberechtliche Sanktionen im Falle eines Verstoßes.

75 Mit Inkrafttreten des Ersten Gesetzes für moderne Dienstleistungen am Arbeitsmarkt vom 23.12.2002[108] wurde § 10 Abs. 5 AÜG a.F. aufgehoben. Gleichzeitig wurde **§ 3 Abs. 1 Nr. 3 AÜG** in seiner heutigen Fassung etabliert. Die Vorschrift basiert – ebenso wie die weiteren Änderungen durch die Arbeitsmarktreformgesetze – auf **Vorschlägen der sogenannten Hartz-Kommission,** welche aus arbeitsmarktpolitischen Gesichtspunkten eine Liberalisierung des AÜG empfahl.[109]

---

108 BGBl. I S. 4607.
109 Bericht »Moderne Dienstleistungen am Arbeitsmarkt« vom 16.10.2002, S. 157; ausführlich auch zur Novellierung des AÜG *Urban-Crell/Schulz* Rn. 170 ff.

b) Richtlinienentwurf und Richtlinie 2008/104/EG über Leiharbeit

Ein wichtiges Vorbild fand § 3 Abs. 1 Nr. 3 AÜG zudem im **Richtlini-** 76
enentwurf des Europäischen Parlaments und des Rates über die Ar-
beitsbedingungen von Leiharbeitnehmern. Die EU-Kommission legte den Richtlinienentwurf bereits am 20.3.2002 vor.[110] Am 21.11.2002
verabschiedete das Europäische Parlament den Richtlinienvorschlag
der Kommission mit zahlreichen Änderungen in erster Lesung.
Den geänderten Richtlinienvorschlag legte die EU-Kommission am
28.11.2002 vor.[111]

Nach jahrelangem Stillstand erzielte der Rat der Europäischen Kom- 77
mission in seiner Sitzung am 9./10.6.2008 eine politische Einigung
über einen gemeinsamen Standpunkt im Hinblick auf den Erlass der
Richtlinie des Europäischen Parlaments und des Rates über Leiharbeit.[112] Das Europäische Parlament hat am 22.10.2008 die **Richtlinie**
2008/104/EG über Leiharbeit in zweiter Lesung gebilligt, sie wurde
am 19.11.2008 erlassen und am 5.12.2008 im Amtsblatt veröffentlicht.[113] Die Mitgliedsstaaten müssen die Leiharbeits-Richtlinie spätestens drei Jahre nach ihrem Inkrafttreten **in nationales Recht um-**
setzen (Art. 11 Richtlinie), mithin bis zum **5.12.2011.**

aa) Kernaspekte der Richtlinie

Kernaspekt der Leiharbeits-Richtlinie ist – ebenso wie bereits im 78
Richtlinien-Entwurf – der in Art. 5 Abs. 1 verankerte **Grundsatz der**
Gleichbehandlung. Die wesentlichen Arbeits- und Beschäftigungsbedingungen der Leiharbeitnehmer müssen während der Dauer ihrer
Überlassung an ein entleihendes Unternehmen mindestens denjenigen entsprechen, die für sie gelten würden, wenn sie von jenem genannten Unternehmen unmittelbar für den gleichen Arbeitsplatz eingestellt worden wären.

Die Mitgliedsstaaten sollen unter den in Art. 5 Abs. 2 bis 4 der Richt- 79
linie genannten Voraussetzungen **Ausnahmen von der Gleichstel-**
lungspflicht zulassen können. In Bezug auf das Arbeitsentgelt kann
der nationale Gesetzgeber vom Grundsatz des Art. 5 Abs. 1 der Richt-

---

110 KOM [2002] 149 endgültig, Ratdokument 7430/02, Stand 20.3.2002, ABL C
    203 E, S. 6, BR-Drucks. 319/02; ausführlich zur Vorgeschichte der Richt-
    linie *Hamann* EuZA Bd. 2 (2009), S. 288 ff.
111 KOM [2002] 701 endgültig, Stand 28.11.2002.
112 Rat der Europäischen Union 10599/08, 2002/0072 (COD).
113 ABl. EU Nr. C 327 S. 9; ausführlich zur neuen Richtlinie *Fuchs* NZA 2009,
    57.

linie Abweichungen vorsehen, wenn der Leiharbeitnehmer in einem unbefristeten Arbeitsverhältnis zum Verleiher steht und er auch in Zeiten zwischen den Überlassungen bezahlt wird (Art. 5 Abs. 2 Richtlinie). Abweichende Regelungen in Bezug auf die Arbeits- und Beschäftigungsbedingungen von Leiharbeitnehmern können darüber hinaus »unter Achtung des Gesamtschutzes von Leiharbeitnehmern« in Tarifverträgen festgelegt werden (Art. 5 Abs. 3 Richtlinie); bei Fehlen von Tarifverträgen können die nationalen Gesetzgeber gesetzliche Regelungen zur Abweichung vom Grundsatz der Gleichbehandlung vorsehen, sofern den Leiharbeitnehmern ein angemessenes Schutzniveau gewährt wird (Art. 5 Abs. 4 Richtlinie).

80   Der **ursprüngliche Richtlinienentwurf** der EU-Kommission vom 20.3.2002 sah darüber hinaus noch eine **weitere Ausnahme für den Fall einer Überlassung von weniger als sechs Wochen** vor. Dieser Ausnahmetatbestand war bereits im geänderten Richtlinienvorschlag vom 28.11.2002 gestrichen worden, er findet sich auch in der erlassenen Leiharbeits-Richtlinie nicht mehr.[114]

bb) Umsetzung in nationales Recht

81   Der **erste Richtlinienvorschlag** aus dem Jahre 2002 war Vorbild für den durch die Hartz-Reformen in das AÜG eingefügten Grundsatz des Equal-Pay und Equal-Treatment (§ 3 Abs. 1 Nr. 3, § 9 Nr. 2 AÜG). Trotz der damit quasi in »**vorauseilendem Gehorsam**«[115] erfolgten »**Umsetzung**« der europarechtlichen Überlegungen durch den deutschen Gesetzgeber, werden Anpassungen des AÜG nach dem Erlass der teilweise erheblich geänderten endgültigen Fassung der Leiharbeits-Richtlinie unvermeidlich sein.[116]

82   Die Kernregelung der Richtlinie – »**Gleiches Geld für gleiche Arbeit**« – gilt in Deutschland seit Inkrafttreten des Ersten Gesetzes für moderne Dienstleistungen am Arbeitsmarkt. Die von der Richtlinie ausdrücklich zugelassene Abweichung vom Grundsatz der Gleichstellung durch Tarifvertrag sieht § 3 Abs. 1 Nr. 3 AÜG – sowie damit korrespondierend die arbeitsrechtliche Norm des § 9 Nr. 2 AÜG – bereits vor. Anpassungsbedarf besteht allerdings hinsichtlich der Definition der wesentlichen Arbeitsbedingungen. Die Richtlinie enthält eine

---

114 *Urban-Crell/Schulz* Rn. 145; ausführlich zum ersten Vorschlag der EU-Kommission vom 20.3.2002 *Wank* NZA 2003, 14.
115 *Lembke* BB 2003, 98.
116 Ausführlich *Hamann* EuZA Bd. 2 (2009), S. 296 ff.; *Thüsing* RdA 2009, 118; das BMAS geht allerdings davon aus, »dass der Anpassungsbedarf überschaubar ist«; vgl. Pressemitteilung v. 22.10.2008 – www.bmas.de/portal/29200.

solche, der deutsche Gesetzgeber hat hingegen auf eine Konkretisierung verzichtet.[117]

Auch bezüglich der **Ausnahmetatbestände zum Equal-Pay- und** **83** **Equal-Treatment-Gebot** werden Änderungen notwendig werden. Dies gilt sowohl für die Tariföffnungsklausel als auch die Einstellung zuvor Arbeitsloser. Nach dem Richtlinienentwurf aus 2002 besteht die Regelungsbefugnis der Tarifvertragsparteien nicht uneingeschränkt, sondern nur bei gleichzeitiger Gewährleistung eines angemessenen Schutzniveaus der Leiharbeitnehmer. Dieser Grundgedanke der EU-Richtlinie hat im Wortlaut des deutschen Gleichstellungsgebots keinen Ausdruck gefunden, er findet sich nur in der Gesetzesbegründung.[118] In der nun erlassenen **Richtlinie über Leiharbeit** ist die umstrittene Formulierung »angemessenes Schutzniveau« durch »**Achtung des Gesamtschutzes von Leiharbeitnehmern**« ersetzt worden (Art. 5 Abs. 3 Richtlinie). Ihre praktisch freie Dispositionsbefugnis haben die deutschen Tarifvertragsparteien in den vergangenen Jahren zu einem viel kritisierten Lohndumping in der Zeitarbeitsbranche missbraucht.[119] Vor diesem Hintergrund sind die aktuellen Überlegungen der Großen Koalition zur Einführung eines gesetzlichen Mindestlohns für die Zeitarbeitsbranche zu sehen.[120] Ein Mindestlohn auch für die Zeitarbeit dürfte die Zweifel an der Europarechtskonformität der Tariföffnungsklausel beseitigen.[121]

Keinesfalls mehr vom Wortlaut der Richtlinie gedeckt ist die erste **Aus-** **84** **nahme des § 3 Abs. 1 Nr. 3 AÜG bei Einstellung zuvor Arbeitsloser**. Diese im deutschen Recht vorgesehene Ausnahmeregelung hat offenbar die ursprünglich im Richtlinienvorschlag der EU-Kommission vom 20.3.2002 vorgesehene dritte Ausnahme bei einer Überlassung von weniger als sechs Wochen (Art. 5 Abs. 4 Richtlinienvorschlag vom 20.3.2002)[122] vorweggenommen. Dieser Ausnahmetatbestand hat **keinen Eingang in die erlassene Leiharbeits-Richtlinie** vom 19.11.2008 gefunden. Innerhalb der dreijährigen Umsetzungsfrist wird der deutsche Gesetzgeber daher § 3 Abs. 1 Nr. 3 AÜG an die Vorgaben des europäischen Rechts anpassen müssen.[123]

---

117 Dazu § 3 AÜG Rdn. 99; so a. *Thüsing* RdA 2009, 118.
118 BT-Drucks. 15/25 S. 24.
119 Dazu *Schüren* NZA 2007, 1213; *ders.* NZA 2008, 453; *ders.* RdA 2009, 58.
120 Vgl. § 3 AÜG Rdn. 86 f.
121 So a. *Thüsing* RdA 2009, 118.
122 KOM [2002] 149 endgültig, Ratsdokument 7430/02, Stand: 20.3.2002, ABL C 203 E, S. 6, BR-Drucks. 319/02.
123 Ebenso *Fuchs* NZA 2009, 57; *Thüsing* RdA 2009, 118.

> **Praxistipp:**
> Die Ausnahmeregelung des § 3 Abs. 1 Nr. 3 AÜG für zuvor Ar-
> beitslose ist nach dem Inkrafttreten der Leiharbeits-Richtlinie euro-
> parechtswidrig. Verleiher sollten – spätestens nach Ablauf der
> Umsetzungsfrist – auf deren Anwendung verzichten.

85 An anderer Stelle geht der **deutsche Gesetzgeber** hingegen weit **über
die europäischen Anforderungen zur Gleichbehandlung von Leiharbeitnehmern hinaus**, indem diesen auch dann ein Anspruch auf
das Arbeitsentgelt vergleichbarer Stammarbeitnehmer des Entleihers
gewährt wird, wenn sie ein unbefristetes Leiharbeitsverhältnis abgeschlossen haben.[124] Ob der nationale Normgeber im Zuge der Arbeiten zur Umsetzung der Leiharbeits-Richtlinie die Möglichkeit nutzen
und die Reichweite des Gleichstellungsgrundsatzes auf europäisches
Niveau absenken wird, bleibt abzuwarten.

c) AÜG – Gesetzliche Lohnuntergrenzen

86 Bereits seit Juni 2006 liegt ein **Tarifvertrag Mindestlohn** vor, welcher
von der Tarifgemeinschaft Zeitarbeit des DGB einerseits und BZA
und iGZ andererseits abgeschlossen wurde. Eine Aufnahme in das
AEntG scheiterte bisher. Dies insbesondere deshalb, weil es mit den
Vereinbarungen der CGZP konkurrierende – für Zeitarbeitsunternehmen günstigere – Flächentarifverträge gibt.[125] Im Zuge der **Verhandlungen über das Konjunkturpaket II** einigte sich der Koalitionsausschuss von SPD und Union am 13.1.2009 dem Vernehmen nach auf
einen Kompromissvorschlag, der trotz Einführung eines Mindestlohns eine Aufnahme der Zeitarbeitsbranche in das AEntG nicht erfordert. Vielmehr soll das AÜG um eine **gesetzliche Regelung zum
Mindestlohn** ergänzt werden. Die geplante Neuregelung stößt – nicht
zu Unrecht – unter Hinweis auf eine Aushöhlung der Tarifautonomie
(Art. 9 Abs. 3 GG) der Tarifvertragsparteien auf erhebliche verfassungsrechtliche Kritik.[126]

---

124 Krit. dazu *Hümmerich/Holthausen/Welslau* NZA 2003, 7, 9; *Wank* NZA 2003,
14, 22 f.; a. Schüren/Hamann/*Riederer von Paar* AÜG Einl. Rn. 591.
125 Zur Mindestlohndebatte sh. allg. *Sittard* NZA 2009, 346; zur Tariffähigkeit
der CGZP § 3 AÜG Rdn. 152 ff.
126 Vgl. nur *Astheimer* FAZ 11/2009 S. 9; FAZ 14.1.2009 »Mindestlohn für Zeitarbeit«; Tagesspiegel 14.1.2009 »Neue Regeln für die Zeitarbeit«; zur Notwendigkeit einer gesetzlichen Lohnuntergrenze vor dem Hintergrund der
Leiharbeits-Richtlinie sh. § 3 AÜG Rdn. 83.

Das **Gesetzgebungsverfahren** zur Änderung des AÜG sollte ur-   87
sprünglich bereits Ende Januar 2009 eingeleitet werden. Bisher
konnten sich die Spitzen von SPD und Union allerdings nicht auf
eine konkrete Ausgestaltung verständigen. Neben der Einführung
konkreter Lohnuntergrenzen werden und wurden offenbar auch
andere Möglichkeiten diskutiert, etwa die Kodifizierung sittenwidriger Löhne oder die Einschränkung der tariflichen Nachwirkung in der Zeitarbeitsbranche. Bis zum Ablauf der Legislaturperiode im Herbst 2009 ist es der Großen Koalition nicht gelungen,
eine endgültige Mindestlohnlösung für die Zeitarbeitsbranche zu
finden.

2. Grundsatz des Equal-Pay und Equal-Treatment

a) Einleitung

Die Erlaubnis oder ihre Verlängerung ist nach dem gewerberecht-   88
lichen Grundsatz des **§ 3 Abs. 1 Nr. 3 AÜG** zu versagen, wenn Tatsachen die Annahme rechtfertigen, dass der Antragsteller dem Leiharbeitnehmer für die Zeit der Überlassung an einen Entleiher die im
Betrieb dieses Entleihers für einen vergleichbaren Arbeitnehmer des
Entleihers geltenden wesentlichen Arbeitsbedingungen einschließlich
des Arbeitsentgelts nicht gewährt.

§ 3 Abs. 1 Nr. 3 AÜG schafft – vorbehaltlich des Eingreifens eines der   89
beiden Ausnahmetatbestände – **gesetzliche Mindestarbeitsbedingungen für Leiharbeitnehmer**. Weder dem Wortlaut des § 3 Abs. 1
Nr. 3 AÜG noch dem des § 9 Nr. 2 AÜG ist dies indes ausdrücklich
zu entnehmen. Für den – in der Praxis sehr unwahrscheinlichen – Fall
ungünstigerer Arbeits- und Entgeltbedingungen im Entleiher- als im
Verleiherbetrieb rechtfertigt das Gleichstellungsgebot keine Verschlechterung der Arbeitsbedingungen des Leiharbeitnehmers. Eine
Durchbrechung des arbeitsvertraglichen Synallagmas zu Ungunsten
der Leiharbeitnehmer ist wegen Verstoßes gegen die Vertragsauto-
nomie unzulässig; auch steht sie mit dem Rechtsgedanken des
inzwischen aufgehobenen § 10 Abs. 5 AÜG a.F. sowie der Leiharbeits-
richtlinie nicht in Einklang.[127] Die Vereinbarung von für den Leiharbeitnehmer günstigeren Arbeits- und Entgeltbedingungen, d.h.
seine Besserstellung gegenüber vergleichbaren Arbeitnehmern im

---

127 Im Ergebnis ebenso Thüsing/*Pelzner* § 3 AÜG Rn. 53; *Urban-Crell/Schulz*
     Rn. 370.

Entleiherbetrieb, ist – wenngleich in der Praxis mehr als unüblich[128] – jederzeit zulässig.[129]

90   Ob § 3 Abs. 1 Nr. 3 AÜG nur die gewerbsmäßige oder auch die **nicht-gewerbsmäßige Arbeitnehmerüberlassung** erfasst, ist umstritten.[130] Für die Anwendbarkeit des Gleichstellungsgebots auch auf die nicht gewerbsmäßige Arbeitnehmerüberlassung spricht der Wortlaut des § 1 Abs. 2 AÜG. Der Tatbestand vermuteter Arbeitsvermittlung (§ 1 Abs. 2 AÜG) gilt nach gefestigter Rechtsprechung auch für die nicht gewerbliche Arbeitnehmerüberlassung.[131] Im Klammerzusatz des Vermutungstatbestandes wird § 3 Abs. 1 Nr. 3 AÜG ausdrücklich genannt. Allerdings ist § 3 AÜG selbst von seiner systematischen Grundkonzeption ausschließlich auf den Fall gewerbsmäßiger Arbeitnehmerüberlassung zugeschnitten. Einer Erlaubnis bedarf nur der gewerbliche Verleiher, nicht gewerbsmäßige Arbeitnehmerüberlassung ist erlaubnisfrei zulässig. Insofern ist es auch nicht sachgerecht, nicht gewerbsmäßige Verleiher mittelbar dem Erlaubnistatbestand des § 3 AÜG zu unterwerfen. Nach richtiger Auffassung gilt das Gleichstellungsgebot – ebenso wie die weiteren Tatbestände des § 3 AÜG – nur für die gewerbsmäßige Arbeitnehmerüberlassung.

91   Basieren die **Arbeits- und Entgeltbedingungen** vergleichbarer Stammarbeitnehmer **des Entleihers auf kollektivvertraglichen Regelungen,** so gilt ein beim Entleiher anwendbarer Tarifvertrag im Leiharbeitsverhältnis nicht normativ.[132] Entsprechendes gilt grundsätzlich für Betriebsvereinbarungen, es sei denn, es handelt sich um Regelungsgegenstände, hinsichtlich derer dem Leiharbeitnehmer ein aktives Wahlrecht im Entleiherbetrieb zusteht (§ 7 S. 2 BetrVG).[133]

92   Die **gesetzliche Grundkonzeption des Schlechterstellungsverbots** (Equal-Pay und Equal-Treatment) verdeutlicht das nachfolgende Schaubild:

---

128 Vgl. BT-Drucks. 14/4220 S. 15: Leiharbeitnehmer verdienen durchschnittlich 30 bis 40% weniger als Stammarbeitnehmer im Entleiherbetrieb.

129 *Boemke/Lembke* § 9 AÜG Rn. 51; Thüsing/*Pelzner* § 3 AÜG Rn. 53.

130 Die Anwendbarkeit auf die nicht gewerbsmäßige Arbeitnehmerüberlassung bejahend: Thüsing/*Pelzner* § 3 AÜG Rn. 59; *Ulber* AuR 2003, 7, 10; die Anwendbarkeit auf die nichtgewerbsmäßige Arbeitnehmerüberlassung abl.: *Boemke/Lembke* § 9 AÜG Rn. 42; HWK-*Kalb* § 3 AÜG Rn. 28; jeweils mit weiteren Nachweisen; offengelassen von BAG 25.1.2005, 1 ABR 61/03, EzAÜG § 14 AÜG Betriebsverfassung Nr. 60 = NZA 2005, 1199.

131 Vgl. dazu § 1 AÜG Rdn. 184.

132 *Boemke/Lembke* DB 2002, 893.

133 *Lembke* BB 2003, 98; vgl. ausführlich zur Anwendbarkeit von Entleiher-Betriebsvereinbarungen § 14 AÜG Rdn. 73 ff.

Konstruktion legaler Zeitarbeit bei Equal-Pay und Equal-Treatment

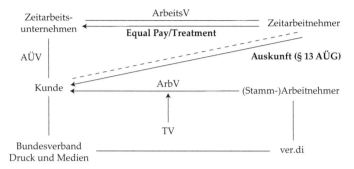

b) Vergleichbare Arbeitnehmer

Bezugspunkt für den Gleichstellungsgrundsatz sind die wesentlichen 93
Arbeitsbedingungen vergleichbarer Arbeitnehmer im Entleiherbetrieb. **Vergleichbarer Arbeitnehmer** ist der mit gleicher oder ähnlicher Tätigkeit beim Entleiher beschäftigte Stammarbeitnehmer (vgl. auch § 2 Abs. 1 S. 3 TzBfG).[134] Entscheidend ist mithin die **Art der Tätigkeit**. Können Leiharbeitnehmer und Stammarbeitskraft gegeneinander ausgetauscht werden, handelt es sich um dieselbe Tätigkeit. Sie sind ähnlich, wenn sie zwar inhaltlich nicht identisch, aber vergleichbar sind, d.h. die Tätigkeiten strukturell derselben Hierarchieebene zugeordnet sind und im Wesentlichen vergleichbare Anforderungen an die Qualifikationen, die Berufserfahrung und eine etwaige Führungsverantwortung des Arbeitnehmers stellen.[135] Einen in der Praxis wichtigen Anhaltspunkt für die Vergleichbarkeit der Arbeitnehmer liefert eine etwaige **tarifliche Eingruppierung**.[136] Fehlt es an einem derartigen kollektivrechtlichen Beurteilungsmaßstab ist es sachgerecht, auf die im Rahmen der **Sozialauswahl** nach § 1 Abs. 3 KSchG entwickelten Grundsätze abzustellen.[137] Leiharbeitnehmer und Stammarbeitskräfte im Entleiherbetrieb, die kraft Direktionsrechts (hypothetisch) gegeneinander austauschbar wären, sind vergleichbar. **Arbeitsvertragliche Versetzungsklauseln** im Leiharbeitsvertrag sind – soweit sie nach AGB-rechtlichen Grundsätzen zulässig

---

134 BT-Drucks. 15/25 S. 38.
135 Ähnlich *Boemke/Lembke* § 9 AÜG Rn. 53; *Thüsing/Pelzner* § 3 AÜG Rn. 68.
136 *Boemke/Lembke* § 9 AÜG Rn. 53; *Urban-Crell/Schulz* Rn. 355.
137 *Boemke/Lembke* § 9 AÜG Rn. 53; *Thüsing/Mengel* § 9 AÜG Rn. 24; *Urban-Crell/Schulz* Rn. 355, 366.

sind – ein wichtiges Indiz für die Austauschbarkeit und damit Vergleichbarkeit.[138]

94 Auswirkungen auf der Rechtsfolgenseite ergeben sich, wenn im Betrieb des Entleihers **mehrere vergleichbare Arbeitnehmer** mit unterschiedlichen Arbeitsbedingungen beschäftigt werden. Soweit diese unterschiedlichen Arbeitsbedingungen der Stammarbeitnehmer ihre Grundlage in **individuellen Vertragsvereinbarungen**, etwa zur Vergütungshöhe haben, erstreckt sich die Gleichstellungspflicht nur auf die insgesamt ungünstigsten Arbeitsvertragsbedingungen.[139] Beruhen die unterschiedlichen Arbeitsbedingungen hingegen auf **einheitlichen Entgeltbedingungen** im Betrieb des Entleihers, etwa auf einer Staffelung des Arbeitsentgelts nach dem jeweiligen Einstellungsdatum oder der Dauer der Betriebszugehörigkeit, so finden diese Grundsätze auch auf den Leiharbeitnehmer Anwendung. Dieser ist deshalb so zu behandeln wie ein gerade neu eingestellter, vergleichbarer Stammarbeitnehmer im Entleiherbetrieb.[140]

▶ **Beispiele:**

Die bis zum 31.12.2008 im Betrieb des Entleihers A eingestellten Stammarbeitskräfte erhalten als freiwillige Arbeitgeberleistungen Weihnachtsgeld und Jubiläumszuwendungen. Für ab dem 1.1.2009 neu eingestellte Arbeitnehmer werden diese Leistungen nicht gewährt. Auch die ab diesem Stichtag beschäftigten Leiharbeitnehmer haben daher keinen Anspruch auf Zahlung von Weihnachts- und Jubiläumsgeld auf Grundlage des gesetzlichen Gleichstellungsgebots.

Im Entleiherbetrieb erhalten alle Arbeitnehmer auf Grund einer Betriebsvereinbarung Weihnachtsgeld, deren Arbeitsverhältnis im Bezugsjahr zum Stichtag 1.10. ungekündigt besteht und nicht vor dem 1.3. des Folgejahres endet. Der Verleiher gewährt seinen Leiharbeitnehmern keine entsprechende Leistung. Er muss daher nach Maßgabe des Equal-Pay- und Equal-Treatment-Gebots den Leiharbeitnehmern ein Weihnachtsgeld zahlen, die vor dem 1.10. des Bezugsjahres an den Entleiher überlassen wurden und ihre Tätigkeit über den 28./29.2. des Folgejahres hinaus fortsetzen.[141]

---

138 So a. Thüsing/*Mengel* § 9 AÜG Rn. 24 m.w.Nachw.
139 *Boemke/Lembke* § 9 AÜG Rn. 58; ErfK/*Wank* § 3 AÜG Rn. 21; Thüsing/*Pelzner* § 3 AÜG Rn. 68; *Urban-Crell/Schulz* Rn. 356; jeweils m.w.Nachw.; zweifelnd nach Erlass der Leiharbeits-Richtlinie *Thüsing* RdA 2009, 118.
140 *Boemke/Lembke* § 9 AÜG Rn. 59; ErfK/*Wank* § 3 AÜG Rn. 21; HWK/*Pods* § 3 AÜG Rn. 34; Thüsing/*Pelzner* § 3 AÜG Rn. 69.
141 Nachgebildet dem Bsp. bei *Hamann* S. 48.

Umstritten ist die Rechtslage, wenn **vergleichbare Arbeitnehmer** im   95
Entleiherbetrieb gänzlich **fehlen.**

▶ **Beispiel:**

Der Leiharbeitnehmer wird als Spezialist eingestellt, vergleichbare
Arbeitnehmer werden im Entleiherbetrieb nicht beschäftigt.

Gesetzeswortlaut und Gesetzesbegründung lassen diese Frage offen.   96
In analoger Anwendung des § 10 Abs. 1 S. 4 Hs. 2 AÜG und § 612
Abs. 2 BGB sind als Maßstab dann die **Arbeitsbedingungen ver-**
gleichbarer Betriebe heranzuziehen.[142] Als Orientierung können die
im Entleiherbetrieb anwendbaren einschlägigen Tarifverträge oder
einschlägige Branchentarifverträge dienen.[143]

c) Wesentliche Arbeits- und Entgeltbedingungen

§ 3 Abs. 1 Nr. 3 AÜG verpflichtet den Verleiher grundsätzlich zur Ge-   97
währung der **wesentlichen Arbeitsbedingungen einschließlich des**
Arbeitsentgelts vergleichbarer Stammarbeitnehmer im Entleiherbetrieb. Das Gesetz konkretisiert die Begriffe Arbeitsbedingungen und
Arbeitsentgelt nicht.

Die **Gesetzesbegründung** zu § 3 Abs. 1 Nr. 3 AÜG definiert das **Ar-**   98
beitsentgelt als laufendes Entgelt, Zuschläge, Ansprüche auf Entgeltfortzahlung und Sozialleistungen und andere Lohnbestandteile.[144] Sie
enthält darüber hinaus eine nicht enumerative Aufzählung **wesentli-**
cher Arbeitsbedingungen, nämlich den vagen Hinweis auf »alle nach
dem allgemeinen Arbeitsrecht vereinbarten Bedingungen wie Dauer
der Arbeitszeit und Urlaub oder die Nutzung sozialer Einrichtungen«.

Dies wurde seit jeher in der Literatur als unbefriedigend empfunden.   99
Diese Formulierung birgt ein erhebliches Potential an Rechtsunsicherheit und führt in den seltenen Fällen, in denen das gesetzliche Gleichstellungsgebot auf das Leiharbeitsverhältnis Anwendung findet, zu
erheblichen Anwendungsproblemen.[145] Zur **Konkretisierung des un-**
bestimmten Begriffs der »**wesentlichen Arbeitsbedingungen**« war

---

142 Wohl h.M., vgl. *Boemke/Lembke* § 9 AÜG Rn. 57; ErfK/*Wank* § 3 AÜG
Rn. 22; HWK/*Pods* § 3 AÜG Rn. 33; Thüsing/*Pelzner* § 3 AÜG Rn. 68; *Ur-*
ban-Crell/Schulz Rn. 358; a.A. *Bauer/Krets* NJW 2003, 537, 539; *Rieble/Klebeck*
NZA 2003, 23, 24; *Thüsing* DB 2003, 446, 447, die annehmen, in diesem Fall
liefe das Gleichstellungsgebot des § 3 Abs. 1 Nr. 3 AÜG leer.
143 *Boemke/Lembke* § 9 AÜG Rn. 57, ErfK/*Wank* § 3 AÜG Rn. 22.
144 BT-Drucks. 15/25 S. 38; so a. DA-AÜG zu § 3 Ziff. 3.1.5.
145 So bereits zur Kritik an § 10 Abs. 5 AÜG a.F. *Urban-Crell/Schulz* Rn. 348.

es jedenfalls vor Erlass der Leiharbeits-Richtlinie zutreffend, auf die
in § 2 Abs. 1 S. 2 NachwG genannten wesentlichen Bedingungen abzustellen.[146] Eines Rückgriffs auf das NachwG bedarf es indes seit Erlass der Leiharbeits-Richtlinie Ende des Jahres 2008 nicht mehr; dieser
wäre sogar verfehlt. **Art. 3 Abs. 1. f) der Leiharbeits-Richtlinie** definiert die wesentlichen Arbeits- und Beschäftigungsbedingungen verbindlich.[147] Dabei handelt es sich um solche Arbeits- und Beschäftigungsbedingungen, (...), die im entleihenden Unternehmen gelten,
festgelegt sind und sich auf folgende Punkte beziehen:
– Dauer der Arbeitszeit, Überstunden, Pausen, Ruhezeiten, Nachtarbeit, Urlaub, arbeitsfreie Tage;
– Arbeitsentgelt.

Für die sonstigen Arbeitsbedingungen ist diese Definition abschließend. Für das »Arbeitsentgelt« kommt es **weiterhin auf die nationale Begriffsbestimmung** an. Dies sieht Art. 3 Abs. 2 Leiharbeits-Richtlinie ausdrücklich vor.

aa) Arbeitsentgelt

100 Als wesentlichste Arbeitsbedingung nennt § 3 Abs. 1 Nr. 3 AÜG ausdrücklich das **Arbeitsentgelt**. Zur Begriffsbestimmung ist auf die allgemeinen nationalen Grundsätze unter Berücksichtigung der Gesetzesbegründung zurückzugreifen. Die Gesetzesbegründung definiert
als Arbeitsentgelt nicht nur das laufende Entgelt, sondern auch Zuschläge, Ansprüche auf Entgeltfortzahlung[148] und Sozialleistungen
und andere Lohnbestandteile.[149] Zum Arbeitsentgelt zählen daher
nicht nur die feste und variable Vergütung, also »**Arbeitsentgelt im
engeren Sinne**«. Ebenso erfasst werden sonstige Leistungen mit
Entgeltcharakter wie Zuschläge (z.B. Überstunden-, Nacht-, Schicht-,
Sonn- und Feiertagszuschläge), Zulagen (z.B. Schmutzzulagen), Prämien und Gratifikationen (z.B. Urlaubs- und Weihnachtsgeld). Hin-
zukommen alle sonstigen Entgeltbestandteile, die terminologisch
zum »**Arbeitsentgelt im weiteren Sinne**« gerechnet werden.[150]

---

146 *Lembke* BB 2003, 198, 101; ferner HWK/*Kalb* § 3 AÜG Rn. 29; Thüsing/*Men-*
    gel § 9 AÜG Rn. 30; *Urban-Crell/Schulz* Rn. 368; a.A. ErfK/*Wank* § 3 AÜG
    Rn. 19, der bereits vor Erlass der Leiharbeits-Richtlinie auf die Definition
    des Richtlinienentwurfs abstellte; wohl a. *Hamann* S. 47.
147 Richtlinie 2008/104 EG über Leiharbeit vom 19.11.2008; a. *Hamann* EuZA
    Bd. 2 (2009), S. 304 f.
148 A.A. ErfK/*Wank* § 3 AÜG Rn. 19.
149 BT-Drucks. 15/25 S. 38.
150 Ausführlich zu den Entgeltbegriffen ErfK/*Preis* § 611 BGB Rn. 597 ff.

Auch **Leistungen der betrieblichen Altersversorgung** zählen zum 101
Arbeitsentgelt.[151] Allerdings haben Altersversorgungsansprüche
beim gesetzlichen Gleichstellungsgebot eine nur geringe praktische
Bedeutung. Die Überlassung von Leiharbeitnehmern ist – auch nach
Aufhebung der Höchstüberlassungsdauer – regelmäßig nicht auf
Dauer, sondern nur auf einen vorübergehenden Zeitraum angelegt.
Insoweit werden nur die wenigsten Leiharbeitnehmer eine fünfjäh-
rige Betriebszugehörigkeit im Entleiherbetrieb und damit die Voraussetzung zur Unverfallbarkeit von Versorgungsanwartschaften nach
§ 1b BetrAVG erreichen. Für etwaige Altersversorgungsansprüche
sollten Verleiher gleichwohl vorsorglich Rückstellungen bilden.

Auch **Sachleistungen sind, wenn sie als Gegenleistung für die er-** 102
brachte Arbeitsleistung geschuldet sind, Arbeitsentgelt. Dazu zählen beispielsweise ein zur privaten Nutzung überlassener Firmenwa-
gen[152], Personalrabatte[153] und Aktienoptionen des Arbeitgebers[154].
Diese Leistungen wird der Verleiher häufig faktisch und rechtlich
nicht in derselben Weise erbringen können wie der Entleiher. Deshalb
ist es sachlich gerechtfertigt, dem Leiharbeitnehmer Sachleistungen
nicht in Natura zu gewähren. Vielmehr ist bei Sachleistungen dessen
wirtschaftlicher Wert zu errechnen und der sich ergebende Betrag als
Kapitalleistung an den Leiharbeitnehmer auszuzahlen. Dies verstößt
nicht gegen das Gleichstellungsgebot.[155]

Ebenfalls zum Arbeitsentgelt zählen **Sozialleistungen**.[156] Wenig 103
trennscharf differenziert die Gesetzesbegründung zwischen Sozialleistungen als Bestandteil des Arbeitsentgelts und sozialen Einrichtungen als Teil der Arbeitsbedingungen. Richtigerweise ist der
Zugang zu und die Nutzung von **sozialen Einrichtungen** eine Sozial-
leistung des Arbeitgebers, die dem Begriff des Arbeitsentgelts unterfällt.[157] Diese Unterscheidung ist im Ergebnis rein dogmatischer Natur, auf sie kommt es in der Praxis nicht an.[158] Soziale Leistungen und

---

151 BAG 9.12.1997, 3 AZR 661/96, EzA § 1 BetrAVG Gleichbehandlung Nr. 16.
152 BAG 23.6.1994, 8 AZR 537/92, EzA § 249 BGB Nr. 20.
153 ErfK/*Preis* § 611 BGB Rn. 654 m.w.Nachw.
154 Kein Arbeitsentgelt sind Aktienoptionen der Muttergesellschaft, dazu
    BAG 12.2.2003, 10 AZR 299/02, NJW 2003, 1755; a. *Urban-Crell/Manger*
    NJW 2004, 125.
155 Ganz h.M. *Boemke/Lembke* § 9 AÜG Rn. 163; ErfK/*Wank* § 3 AÜG Rn. 20;
    Thüsing/*Pelzner* § 3 AÜG Rn. 62; *Urban-Crell/Schulz* Rn. 353, 367.
156 BAG 21.9.1998, 1 AZR 454/88, EzA § 77 BetrVG 1972 Nr. 33; BT-Drucks.
    15/25 S. 38.
157 Thüsing/*Pelzner* § 3 AÜG Rn. 63.
158 Artikel 6 Abs. 4 Leiharbeits-Richtlinie nennt auch den Zugang zu »Ge-
    meinschaftseinrichtungen oder -diensten, insbesondere zur Gemein-
    schaftsverpflegung, zu Kinderbetreuungseinrichtungen und zu Beför-

damit auch soziale Einrichtungen des Entleihers stehen ausschließlich in dessen Verfügungsgewalt. Gewährt dieser den beschäftigten Leiharbeitnehmern keinen Zugang, muss auch hier eine Kapitalisierung der nicht gewährten Sozialleistungen bzw. der fehlenden Nutzungsmöglichkeiten erfolgen.[159]

▶ **Praxistipp:**

In der Praxis lässt sich eine Verpflichtung zur Kapitalisierung von Sozialleistungen zumeist durch eine Vereinbarung zwischen Verleiher und Entleiher vermeiden, die dem Leiharbeitnehmer den Zugang zu entsprechenden sozialen Einrichtungen im Entleiherbetrieb gestattet.

104 **Zugang und Nutzung von Sozialeinrichtungen** durch die überlassenen Leiharbeitnehmer (z.B. der Zugang zur Betriebskantine, die Nutzung eines Betriebskindergartenplatzes) sollten stets im abzuschließenden **Arbeitnehmerüberlassungsvertrag** vereinbart werden. Beruht die Ausgestaltung einer Sozialeinrichtung hingegen auf einer **Betriebsvereinbarung** werden die überlassenen Leiharbeitnehmer bereits auf Grund des betriebsverfassungsrechtlichen Gleichbehandlungsgrundsatzes des § 75 Abs. 1 BetrVG ein entsprechendes Zugangsrecht haben.[160]

▶ **Praxistipp:**

Zum Arbeitsentgelt gehört die gesamte steuerpflichtige Vergütung, insbesondere:
- Grundvergütung;
- Provisionen;
- Variable Vergütungszahlungen (z.B. Zielbonus/Erfolgsvergütung, Umsatz-/Gewinnbeteiligung, Tantieme);
- Gratifikationen, Jahressonderzahlungen (z.B. Urlaubs-/Weihnachtsgeld);
- Zuschläge (z.B. Überstunden, Nachtarbeit, Wechselschicht, Sonn-/Feiertagsarbeit, Rufbereitschaft);
- Zulagen (z.B. Schmutz-/Lärm-/Gefahrenzulage);
- Vermögenswirksame Leistungen;
- Zuschüsse zum Krankengeld;
- Leistungen der betrieblichen Altersversorgung;

---

derungsmittteln« als Gegenstand der grundsätzlichen Gleichstellungsverpflichtung.
159 *Boemke/Lembke* § 9 AÜG Rn. 164; Thüsing/*Mengel* § 9 AÜG Rn. 32; *Urban-Crell/Schulz* Rn. 368.
160 *Boemke/Lembke* § 9 AÜG Rn. 164.

- Sachbezüge (z.b. Personalrabatt, Dienstwagen, subventioniertes Kantinenessen, Aktienoptionen);
- Nutzung von Sozialeinrichtungen (z.b. Kantine, Wasch-/Umkleideräume).

bb) Sonstige Arbeitsbedingungen

Zu den **sonstigen wesentlichen Arbeitsbedingungen** gehören die Dauer der Arbeitszeit, Überstunden, Pausen, Ruhezeiten, Nachtarbeit, Urlaub und arbeitsfreie Tage. Dies ergibt sich aus der abschließenden Aufzählung in **Art. 3 Abs. 1. f) Leiharbeits-Richtlinie**.[161]   105

cc) Günstigkeitsvergleich

§ 3 Abs. 1 Nr. 3 AÜG garantiert **gesetzliche Mindestarbeitsbedingungen**.[162] Insofern stellt sich in jedem konkreten Einzelfall die Frage, ob die mit dem Verleiher vereinbarten Arbeitsbedingungen oder die im Entleiherbetrieb für vergleichbare Stammarbeitnehmer geltenden Arbeitsbedingungen günstiger sind. Beim Vergleich der Arbeitsbedingungen im Verleiher- und Entleiherbetrieb ist – entsprechend des Günstigkeitsvergleichs nach § 4 Abs. 3 TVG – ein **Sachgruppenvergleich** vorzunehmen.[163] Beim Sachgruppenvergleich sind solche Vertragsbedingungen miteinander zu vergleichen, die in einem inneren sachlichen Zusammenhang stehen.[164] Welche Vertragsregelungen dabei dieselbe Sachgruppe betreffen, bestimmt sich nach der Verkehrsanschauung.[165]   106

▶ **Beispiel:**

Zu einer Sachgruppe zusammenfassen lassen sich beispielsweise
- Dauer des Urlaubs, Länge der Wartezeit und Höhe des Urlaubsgeldes;
- Grundlohn und Lohnzuschläge im Vergleich zur Gesamtvergütung[166];
- Fahrtkostenerstattung im Vergleich zur Überlassung eines Dienstwagens[167].

---

161 Vgl. dazu § 3 AÜG Rdn. 99.
162 Vgl. a. Art. 5 Abs. 1 LeiharbeitsRL.
163 So a. DA-AÜG zu § 3 Ziff. 3.1.5.
164 ErfK/*Franzen* § 4 TVG Rn. 66 m.w.Nachw.
165 BAG 23.5.1984, 4 AZR 129/82, NZA 1984, 255; BAG 20.4.1999, 1 ABR 72/98, EzA Art. 9 GG Nr. 65; Thüsing/*Pelzner* § 3 AÜG Rn. 55.
166 BAG 23.5.1984, 4 AZR 129/82, AP BGB § 339 Nr. 9.
167 MünchArbR/*Löwisch/Rieble* § 272 Rn. 43.

107 Bleibt nach einem Vergleich der Arbeitsbedingungen im Verleiher-
und Entleiherbetrieb **unklar, wessen Arbeitsbedingungen** für den
Leiharbeitnehmer **günstiger sind**, gelten weiterhin die mit dem Verleiher vereinbarten Bedingungen.[168]

▶ **Beispiele:**

– **Arbeitszeit**

Die arbeitsvertragliche regelmäßige Wochenarbeitszeit des Leiharbeitnehmers beträgt 40 Stunden. Im Entleiherbetrieb gilt hingegen eine kürzere wöchentliche Regelarbeitszeit von 35 Stunden.
Ob eine kürzere oder eine längere Wochenarbeitszeit für den Leiharbeitnehmer günstiger ist, lässt sich nicht generell abstrakt beantworten.[169] Die wohl herrschende Meinung verlangt in derartigen
Fällen eine am Einzelfall orientierte Abwägung. Nur in den seltensten Fällen wird diese allerdings zu einem eindeutigen Ergebnis führen. Man spricht deshalb von sogenannten günstigkeitsneu-
tralen Regelungen. Im Leiharbeitsverhältnis verbleibt es dann bei
der vertraglichen Vereinbarung zwischen Leiharbeitnehmer und
Verleiher.[170]

Im vorliegenden Fall bleibt es daher bei der Arbeitszeitregelung
des Leiharbeitsvertrages (40 h / Woche). Dieses Ergebnis ist in der
Praxis äußerst unbefriedigend, zwingt es den Verleiher zur Vermeidung des Annahmeverzugs (§ 615 BGB) doch zur Zuweisung
einer anderweitigen Tätigkeit für die verbleibenden fünf Wochen-
arbeitsstunden. Dies wird regelmäßig nicht oder nur sehr schwierig möglich sein. Deshalb empfiehlt es sich im Rahmen des Leiharbeitsvertrages zu vereinbaren, dass sich die Arbeitszeiten des
Leiharbeitnehmers in Zeiten der Überlassung an einen Entleiher
nach der Regelarbeitszeit im Entleiherbetrieb richten.[171]

– **Kündigungsfristen**

Der Leiharbeitsvertrag verweist auf die Geltung der gesetzlichen
Kündigungsfristen. Im Betrieb des Entleihers gelten tarifvertragliche Kündigungsfristen, die ab einer Betriebszugehörigkeit von
zwei Jahren längere als die gesetzlichen Kündigungsfristen vorsehen. Die verlängerten tariflichen Kündigungsfristen gelten auf

---

168 So richtigerweise *Boemke/Lembke* § 9 AÜG Rn. 65.
169 Zum Günstigkeitsprinzip des § 4 TVG vgl. LAG Köln 26.4.2007, 6 Sa
208/07, AuR 2007, 357; ausführlich *Joost* ZfA 1984, 173.
170 *Boemke/Lembke* § 9 AÜG Rn. 74; 160; allg. zum Günstigkeitsvergleich mit tariflichen Arbeitszeitregelungen ErfK/*Franzen* § 4 TVG Rn. 40 m.w.Nachw.
171 Vgl. dazu Musterleiharbeitsvertrag im Anhang S. 603.

Grund ausdrücklicher Regelung sowohl für Arbeitgeber als auch Arbeitnehmer.

Auch längere (tarifliche) Kündigungsfristen im Entleiherbetrieb gegenüber gesetzlichen Kündigungsfristen im Leiharbeitsverhältnis sind ambivalent. Durch längere Kündigungsfristen wird einerseits die Mobilität des Arbeitnehmers eingeschränkt, andererseits erhöhen sie den formellen Bestandsschutz.[172] Im Ergebnis sind daher auch unterschiedliche Regelungen zu Kündigungsfristen günstigkeitsneutral, es gelten weiterhin die im Leiharbeitsvertrag zwischen Leiharbeitnehmer und Verleiher getroffenen Vereinbarungen.[173]

– Urlaub

Die Stammarbeitskräfte im Betrieb des Entleihers haben einen jährlichen Anspruch auf Erholungsurlaub von 30 Tagen, im Leiharbeitsvertrag ist hingegen lediglich ein Jahresurlaub von 20 Tagen (Fünf-Tage-Woche) vereinbart.

In diesem Fall gelten die für den Leiharbeitnehmer eindeutig günstigeren Urlaubsregelungen des Entleihers. Er erwirbt für jeden Monat seiner Überlassung 1/12 des Jahresurlaubs im Entleiherbetrieb.[174]

d) Auskunftsanspruch

Damit der Leiharbeitnehmer Inhalt und Umfang seines gesetzlichen Anspruchs auf Gleichstellung zuverlässig prüfen kann und sich nicht nur auf die Aussagen des Verleihers verlassen muss, verschafft ihm § 13 AÜG n.F. einen eigenständigen **Auskunftsanspruch gegen den Entleiher**.[175] Der Verleiher seinerseits hat einen Auskunftsanspruch gegen den Entleiher (vgl. § 12 Abs. 1 S. 3 AÜG).[176] Die Verpflichtung zur Auskunftserteilung entfällt, soweit eine der gesetzlichen Ausnahmen zur Abbedingung der Gleichstellung eingreift (vgl. § 12 Abs. 1 S. 3 Hs. 2, § 13 Hs. 2 AÜG).

108

---

172 BAG 29.8.2001, 4 AZR 337/00, EzA § 622 BGB Tarifvertrag Nr. 2.
173 Ebenso *Boemke/Lembke* § 9 AÜG Rn. 73.
174 Thüsing/*Pelzner* § 3 AÜG Rn. 66.
175 BAG 19.9.2007, 4 AZR 656/06, NZA-RR 2008, 231.
176 So bereits vor Einführung des gesetzlichen Auskunftsanspruchs *Urban-Crell/Schulz* Rn. 359.

3. Ausnahmen

a) Einleitung

109   Der gesetzliche **Grundsatz der Gleichstellung** wird **durch zwei Ausnahmen durchbrochen**. Zum einen ist im Fall der Einstellung eines zuvor arbeitslosen Arbeitnehmers für die Dauer von höchstens sechs Wochen lediglich ein Nettoarbeitsentgelt in Höhe des Betrages zu gewähren, den der Arbeitnehmer zuletzt als Arbeitslosengeld erhalten hat; Letzteres gilt nicht, wenn mit demselben Verleiher zuvor bereits ein Arbeitsverhältnis bestanden hat (§ 3 Abs. 1 Nr. 3 S. 1 Hs. 2 AÜG). Zum anderen kann ein einschlägiger oder vereinbarter Tarifvertrag abweichende Vereinbarungen zu Gunsten oder zu Ungunsten der Leiharbeitnehmer zulassen (§ 3 Abs. 1 Nr. 3 S. 2 AÜG).

b) Einstellung Arbeitsloser

110   **§ 3 Abs. 1 Nr. 3 S. 1 Hs. 2 AÜG** gestattet es dem Verleiher vom gesetzlichen Gleichstellungsgebot bei Einstellung eines zuvor arbeitslosen Arbeitnehmers abzuweichen. Die Ausnahmeregelung hat sich in der Praxis nicht bewährt, sie wirft zahlreiche Zweifelsfragen auf und steht seit Erlass der Leiharbeits-Richtlinie in Widerspruch zu europäischem Recht.[177]

▶ Praxistipp:

   Die **praktische Bedeutung** des Ausnahmetatbestandes für zuvor Arbeitslose ist **gering**. Der Praxistauglichkeit dieser Regelung steht einerseits der sehr kurze Zeitraum von nur sechs Wochen und zum anderen die Notwendigkeit des Abschlusses von Nettolohnvereinbarungen entgegen. Nettolohnvereinbarungen sind in der Personalarbeit ungewöhnlich und bergen insbesondere nicht unerhebliche finanzielle Risiken. Sobald der gesetzliche Mindestlohn unterschritten wird, ist der Verleiher zur Zahlung des Arbeitsentgelts eines vergleichbaren Stammarbeitnehmers im Entleiherbetrieb verpflichtet (vgl. § 9 Nr. 2, § 10 Abs. 4 AÜG).[178]

111   Der **Begriff der Arbeitslosigkeit** ist in § 119 SGB III legal definiert.[179] Arbeitslos ist demnach eine Person, die nicht in einem Beschäftigungsverhältnis steht (Beschäftigungslosigkeit), sich bemüht, ihre Beschäftigungslosigkeit zu beenden (Eigenbemühungen) und den Vermittlungsbemühungen der Agentur für Arbeit zur Verfügung

---

177   Zu Zweifeln an der Europarechtskonformität vgl. § 3 AÜG Rdn. 83.
178   Einschr. bei Kalkulationsirrtum *Boemke/Lembke* § 9 AÜG Rn. 91.
179   Die Anwendbarkeit des § 119 SGB III abl. Thüsing/*Pelzner* § 3 AÜG Rn. 74.

steht (Verfügbarkeit). Dies gilt unzweifelhaft zunächst für alle Personen, die Anspruch auf **Arbeitslosengeld I** oder **Arbeitslosengeld II** (»Hartz IV«) haben.[180] Dem gesetzgeberischen Anliegen, Arbeitslosen die Wiedereingliederung in den ersten Arbeitsmarkt zu erleichtern[181], genügt es allerdings nicht, den Tatbestand lediglich auf Personen mit Anspruch auf Arbeitslosengeld anzuwenden.[182] Die Ausnahmeregelung für zuvor Arbeitslose gilt deshalb auch – entsprechend der Neuregelung zur Altersbefristung des § 14 Abs. 3 TzBfG – für **sonst beschäftigungslose Personen**. Dies gilt beispielsweise für Berufsanfänger, Teilnehmer an Rehabilitationsmaßnahmen, vorübergehend erwerbsunfähige Personen und Personen, die eine Freiheitsstrafe verbüßen.[183] Ob hingegen auch **unwiderruflich Freigestellte** als im Sinne des § 3 Abs. 1 Nr. 3 S. 1 Hs. 2 AÜG arbeitslos gelten, ist zweifelhaft.[184]

Der Ausnahmetatbestand gilt für die **maximale Dauer von sechs Wochen**. Unterbrechungen der sechs Wochen und eine Aufteilung auf Beschäftigungen bei verschiedenen Entleihern sind möglich.[185] **112**

Die Anwendbarkeit der Ausnahmeregelung ist ausgeschlossen, wenn zwischen zuvor arbeitslosem Leiharbeitnehmer und Verleiher bereits in der Vergangenheit ein Leiharbeitsvertrag bestanden hat. Im Anwendungsbereich des § 3 Abs. 1 Nr. 3 AÜG gilt mithin – ähnlich wie bei § 14 Abs. 2 TzBfG – ein **absolutes Vorbeschäftigungsverbot**.[186] Das Vorbeschäftigungsverbot erfasst allerdings nur vorangegangene Leiharbeitsverhältnisse; bestand ein »normales« Arbeitsverhältnis – etwa bei Mischbetrieben – ist dies unschädlich.[187] **113**

Verleiher und Leiharbeitnehmer müssen für den Sechs-Wochen-Zeitraum ein **Nettoarbeitsentgelt** vereinbaren. Dessen Höhe muss dem Betrag des vom Leiharbeitnehmer zuletzt bezogenen Arbeitslosengeld entsprechen. Bei Empfängern von Arbeitslosengeld II ist nicht die Höhe des von ihnen zuletzt bezogenen Leistungssatzes maßgeb- **114**

---

180 *Boemke/Lembke* § 9 AÜG Rn. 78; ErfK/*Wank* § 3 AÜG Rn. 28; Thüsing/*Pelzner* § 3 AÜG Rn. 74; vgl. a. DA-AÜG zu § 3 Ziff. 3.1.6.
181 BT-Drucks. 15/25 S. 38.
182 *Boemke/Lembke* § 9 AÜG Rn. 78; ebenso Thüsing/*Pelzner* § 3 AÜG Rn. 74.
183 Zur Auslegung des § 14 Abs. 3 TzBfG n.F. vgl. ErfK/*Müller-Glöge* § 14 TzBfG Rn. 111 ff.; *Bauer* NZA 2007, 544.
184 So *Boemke/Lembke* § 9 AÜG Rn. 78; vgl. die neuere Rechtsprechung des BSG zum Fortbestehen eines sozialversicherungsrechtlichen Beschäftigungsverhältnisses trotz unwiderruflicher Freistellung, BSG 24.9.2008, B 12 KR 10/07 R, SGb 2008, 651.
185 BT-Drucks. 15/25 S. 39.
186 ErfK/*Wank* § 3 AÜG Rn. 28.
187 Thüsing/*Pelzner* § 3 AÜG Rn. 25.

lich. Entscheidend ist vielmehr auch bei ihnen die Höhe eines fiktiv zu errechnenden Arbeitslosengeldes I.[188]

c) Tariföffnungsklausel

aa) Einleitung

115 Das gesetzliche Prinzip des Equal-Pay und Equal-Treatment kann des Weiteren durch einen **einschlägigen Tarifvertrag** abgelöst werden (**§ 3 Abs. 1 Nr. 3 S. 2, 3 AÜG**). Diese Ausnahme soll den Tarifvertragsparteien ermöglichen,»die Arbeitsbedingungen flexibel zu gestalten und beispielsweise Pauschalierungen beim Arbeitsentgelt zuzulassen und die Leistungen für Zeiten des Verleihs und Nichtverleihs in einem Gesamtkonzept zu regeln.«[189] Durch einen Tarifvertrag kann auch von der Ausnahmeregelung für einzelvertragliche Vereinbarungen während der ersten sechs Wochen des Verleihs eines zuvor arbeitslosen Arbeitnehmers abgewichen werden.[190]

116 Die durch die **Tarifdispositivität des § 3 Abs. 1 Nr. 3 AÜG** geschaffene Ausgangsposition ist ungewöhnlich. Üblicherweise garantieren gesetzliche Regelungen einen Mindeststandard, von dem die Tarifvertragsparteien zu Gunsten der Arbeitnehmer abweichen können. Der Gesetzgeber lässt beim Equal-Pay- und Equal-Treatment-Grundsatz des AÜG hingegen nicht nur eine **Abweichung zu Gunsten**, sondern **auch zu Ungunsten der Leiharbeitnehmer** zu. Letzteres entspricht derzeit nahezu ausnahmslos der tariflichen Praxis in der Zeitarbeitsbranche.[191]

117 Weite Teile der Literatur sahen in dieser Ausgangsposition eine massive Beeinflussung der Verhandlungsposition der Tarifvertragsparteien und hielten die Ausnahmeregelung des § 3 Abs. 1 Nr. 3 AÜG deshalb für unvereinbar mit der durch Art. 9 Abs. 3 GG geschützten **Koalitionsfreiheit**.[192] Das BVerfG schloss sich diesen Bedenken nicht an. Es hat eine Verfassungsbeschwerde mit Beschluss vom 29.12.2004 mangels grundsätzlicher Bedeutung und Aussicht auf Erfolg nicht zur Entscheidung angenommen.[193]

---

188 Vgl. so a. Thüsing/*Pelzner* § 3 AÜG Rn. 77; DA-AÜG zu § 3 Ziff. 3.1.6.

189 BT-Drucks. 15/25 S. 38.

190 BT-Drucks. 15/77 S. 3.

191 Krit. zu den rechtlichen Grenzen tariflicher Regelungsmacht bei Zeitarbeit *Ulber* NZA 2009, 232.

192 So *Bauer/Krets* NJW 2003, 537, 539; *Hümmerich/Holthausen/Welslau* NZA 2003, 7, 9 f.; krit. a. *Boemke/Lembke* § 9 AÜG Rn. 101 ff.; ErfK/*Wank* § 3 AÜG Rn. 31; Schüren/Hamann/*Schüren* § 9 AÜG Rn. 96 ff.

193 BVerfG 29.12.2004, 1 BvR 2083/03, 1 BvR 2504/03, 1 BvR 2582/03, AP AEntG § 3 Nr. 2 = NZA 2005, 153; dazu *Bayreuther* NZA 2005, 341; *Lembke* BB 2005, 499.

Der vom Gesetz abweichende Tarifvertrag muss nicht ausdrücklich   118
auf eine Abweichung vom Gleichstellungsgebot hinweisen. Es besteht
kein Zitiergebot.[194] Insofern ist es ausreichend, aber auch erforderlich, dass der Tarifvertrag die wesentlichen Arbeits- und Entgeltbedingungen im Sinne des § 3 Abs. 1 Nr. 3 AÜG regelt; lediglich allgemeine Regelungen zum Arbeitsentgelt und zu Arbeitsbedingungen
genügen nicht.[195] Ein diesen Anforderungen nicht genügender Tarifvertrag suspendiert nicht von der gesetzlichen Gleichstellungspflicht.
Regelt der Tarifvertrag die wesentlichen Arbeitsbedingungen nicht
oder nicht vollständig, ist der überlassene Leiharbeitnehmer nach
Maßgabe des Equal-Pay und Equal-Treatment den Stammarbeitnehmern im Entleiherbetrieb gleichzustellen.[196]

Eine **Tarifinhaltskontrolle** findet nur eingeschränkt statt. Tarifliche   119
Regelungen unterliegen grundsätzlich einer **Richtigkeits- und Ange-
messenheitsgewähr**.[197] Gleichwohl sind die Tarifpartner bei der
inhaltlichen Ausgestaltung nicht vollkommen frei. Sie sind insbesondere an höherrangiges Recht gebunden.[198] Daraus wird vereinzelt ge-
schlussfolgert, Zeitarbeitstarifverträge müssten – entsprechend § 4
Abs. 4 EFZG – zumindest annähernd die gesetzliche Wertentscheidung zur Gleichstellung von Leih- und Stammarbeitnehmern berücksichtigen.[199] Diese Auffassung überzeugt nicht. § 3 Abs. 1 Nr. 3 AÜG
lässt ausdrücklich Abweichungen vom gesetzlichen Grundprinzip
des Equal-Pay und Equal-Treatment sowohl zu Gunsten als auch zu
Ungunsten der Leiharbeitnehmer zu. Der **Gesetzeswortlaut** schreibt
gerade **keine tarifliche Mindestvergütung** vor.[200] Tarifverträge sind
nur an den allgemeinen gesetzlichen Schranken zu messen. Dazu gehören auch gesetzliche Verbote (z.B. Sittenwidrigkeit oder Wucher

---

194 *Boemke/Lembke* § 9 AÜG Rn. 108; *Thüsing/Mengel* § 9 AÜG Rn. 43; Thü-
sing/*Pelzner* § 3 AÜG Rn. 80; a.A. *Ulber* AuR 2003, 7, 12.
195 HWK/*Kalb* § 3 AÜG Rn. 37; a.A. *Boemke/Lembke* § 9 AÜG Rn. 108.
196 *Däubler* DB 2008, 1914; Thüsing/*Pelzner* § 3 AÜG Rn. 83; vgl. so a. DA-
AÜG zu § 3 Ziff. 3.1.7.10.
197 ErfK/*Dieterich/Schmidt* Art. 3 GG Rn. 25 ff.; HWK/*Henssler* § 1 TVG
Rn. 87 ff.; sh. a. BAG 10.6.1980, 1 AZR 822/79, EzA Art. 9 GG Arbeitskampf Nr. 37; Wiedemann/*Wiedemann* TVG Einl. Rn. 221.
198 Allg. zum Verhältnis von Tarifverträgen zu anderen Rechtsnormen ErfK/
Franzen § 1 TVG Rn. 8 ff.
199 Thüsing/*Pelzner* § 3 AÜG Rn. 82; Schüren/Hamann/*Schüren* § 9 AÜG
Rn. 132; Schüren/*Behrends* NZA 2003, 521, 525, jeweils unter Hinweis auf
BAG 13.3.2002, 5 AZR 648/00, EzA § 4 EntgfzG Nr. 6; *Ulber* NZA 2009, 232;
a.A. *Böhm* DB, 2598; *Hanau* ZIP 2003, 1573, 1577; Thüsing/*Mengel* § 9 AÜG
Rn. 44.
200 So a. mit überzeugender Begründung *Boemke/Lembke* § 9 AÜG Rn. 110 f.;
Thüsing/*Mengel* § 9 AÜG Rn. 44; zur geplanten Einführung eines Mindest-
lohns vgl. § 3 AÜG Rdn. 150 f.

nach § 138 BGB). Nach der Rechtsprechung des BAG können die Tarifvertragsparteien der Zeitarbeit die Besonderheiten der Branche bei
Festlegung der Vergütungshöhe durchaus berücksichtigen. Der Sozi-
alhilfesatz stellt insofern keinen geeigneten Vergleichsmaßstab dar.[201]
Tarifvertragliche Entgeltvereinbarungen dürfen jedoch nicht gegen
grundgesetzliche Gerechtigkeitsanforderungen verstoßen, insbesondere dürfen **keine »Hungerlöhne«** vereinbart werden.[202]

120 **Leiharbeitsverträge**, auf die tarifvertragliche Regelungen Anwendung finden, sind daher ebenso wie die Tarifbestimmungen selbst
nur einer **eingeschränkten Vertragsinhaltskontrolle** zugänglich. Gilt
auf Grund beidseitiger Tarifbindung oder wirksamer Inbezugnahme
ein Tarifwerk vollständig, gilt die tarifliche Richtigkeitsgewähr. Nach
Maßgabe der § 310 Abs. 4 S. 3, § 307 Abs. 3 BGB sind die AGB-rechtlichen Kontrollmaßstäbe der § 307 Abs. 1, 2, §§ 308, 309 BGB nicht anzuwenden.[203] Eine generelle Richtigkeitsvermutung ist hingegen bei
Einzel- oder Teilverweisungen nicht anzunehmen; § 310 Abs. 4 S. 3
BGB steht einer Inhaltskontrolle dann nicht entgegen.[204]

121 Wird ein Leiharbeitnehmer mit **Tätigkeiten** beschäftigt, die in den
Anwendungsbereich eines für allgemeinverbindlich erklärten Tarifvertrages **nach dem AEntG** fallen, so können die Mindestarbeitsbedingungen nach dem AEntG nicht durch einen anderen Tarifvertrag abbedungen oder durch einen bereits bestehenden Tarifvertrag
verdrängt werden (vgl. § 8 Abs. 2 AEntG n.F.).[205] Eine Abweichung
von den Regelungen des für allgemeinverbindlich erklärten Tarifvertrages nach dem AEntG zu Gunsten der Arbeitnehmer ist hingegen
stets zulässig.

122 Der den gesetzlichen Gleichstellungsgrundsatz durchbrechende **Tarifvertrag muss nicht** – entgegen einer in der Literatur vertretenen Auffassung – **nach dem 15.11.2002 in Kraft getreten sein.**[206] Der Wortlaut
des § 3 Abs. 1 Nr. 3 S. 2 AÜG enthält einen derartigen Stichtag nicht.
Auch aus der Übergangsvorschrift des § 19 AÜG ergibt sich diese Notwendigkeit nicht. Seit dem 1.1.2004 gilt das reformierte AÜG für alle
Leiharbeitsverhältnisse und dies ungeachtet des Zeitpunkts des Tarif-

---

201 So aber wohl *Ulber* NZA 2009, 232.
202 BAG 24.3.2004, 5 AZR 303/03, NZA 2004, 971 (»Randstad«).
203 BAG 27.7.2005, 7 AZR 486/04, NZA 2006, 40; ErfK/*Preis* §§ 305–310 BGB
      Rn. 16; vgl. a. BT-Drucks. 14/6857 S. 54.
204 *Diehn* NZA 2004, 129, 130 f.; ErfK/*Preis* §§ 305–310 BGB Rn. 19 ff.; *Thü-
      sing/Lambrich* NZA 2002, 1361; *Ulber* NZA 2009, 232.
205 Thüsing/*Mengel* § 9 AÜG Rn. 45; allg. sh. *Koberski/Asshoff/Hold* § 1 AEntG
      Rn. 104; *Maier* NZA 2009, 351; krit. aufgrund verfassungsrechtlicher Be-
      denken *Willemsen/Sagan* NZA 2008, 1216; vgl. DA-AÜG zu § 3 Ziff. 3.1.7.7.
206 So HWK/*Kalb* § 3 AÜG Rn. 37; Thüsing/*Pelzner* § 3 AÜG Rn. 79.

abschlusses (vgl. § 19 S. 1 AÜG).[207] Soweit die Vereinbarung zwischen den Tarifpartnern die inhaltlichen Anforderungen an einen den Grundsatz des § 3 Abs. 1 Nr. 3 AÜG durchbrechenden Tarifvertrag im Übrigen erfüllen, können auch vor dem 15.11.2002 abgeschlossene Tarifwerke den gesetzlichen Grundsatz ablösen. Dies gilt allerdings auf Grund der Übergangsvorschrift des § 19 AÜG erst seit dem 1.1.2004.

Die **Durchbrechung des gesetzlichen Prinzips des Equal-Pay und Equal-Treatment durch einzelvertragliche Inbezugnahme** eines Tarifvertrages lässt sich graphisch wie folgt darstellen: 123

Konstruktion legale Zeitarbeit bei Tariföffnung

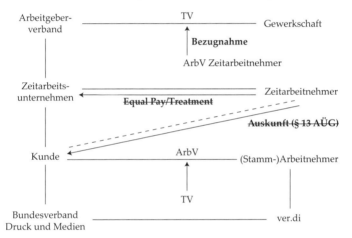

bb) **Geltung von Tarifverträgen**

Die Anwendbarkeit der Öffnungsklausel des § 3 Abs. 1 Nr. 3 S. 3 und 4 AÜG setzt die **Wirksamkeit des Tarifvertrages** voraus. Insofern gelten die allgemeinen Grundsätze.[208]   124

Die **Öffnungsklausel** für Tarifverträge findet Anwendung bei   125
– **beiderseitiger Tarifbindung** von Verleiher und Leiharbeitnehmer (§ 3 Abs. 1 Nr. 3 S. 3 AÜG) oder
– wirksamer **Inbezugnahme eines Zeitarbeitstarifvertrages** im Arbeitsvertrag (§ 3 Abs. 1 Nr. 3 S. 4 AÜG).

---

207 *Boemke/Lembke* § 9 AÜG Rn. 108; *Thüsing/Mengel* § 9 AÜG Rn. 43.
208 Vgl. nur ErfK/*Franzen* § 1 TVG Rn. 19 ff.

126 Dabei genügt es nach dem ausdrücklichen Gesetzeswortlaut, wenn ein Tarifvertrag abweichende Regelungen »zulässt«. Insofern kann auch **auf Grund eines Tarifvertrages**, welcher eine Tariföffnungsklausel für Betriebsvereinbarungen oder Individualarbeitsverträge enthält, vom gesetzlichen Grundsatz des Equal-Pay und Equal-Treatment abgewichen werden.[209]

(a) Tarifbindung

127 § 3 Abs. 1 Nr. 3 S. 3 AÜG gilt für die kraft **beiderseitiger Tarifbindung** anwendbaren Tarifverträge. Verleiher und Leiharbeitnehmer sind tarifgebunden, wenn sie Mitglieder der vertragsschließenden Tarifvertragsparteien sind oder der Verleiher bei einem Firmentarifvertrag selbst Tarifvertragspartei ist. Die Tarifverträge gelten dann ebenso mit normativer Wirkung (vgl. § 3 Abs. 1, § 4 Abs. 1 TVG) wie im Falle der Anwendbarkeit eines allgemeinverbindlichen Tarifvertrages (§ 5 TVG).

128 Schätzungen zufolge liegt der **Organisationsgrad** innerhalb der Gruppe der **Leiharbeitnehmer bei lediglich ca. 2 %**. Über die Tarifbindung der Zeitarbeitsunternehmen selbst gibt es kaum verlässliche Zahlen. Vermutungen zu Folge ist der Fall beiderseitiger Tarifbindung in der Zeitarbeitsbranche jedoch eine absolute »Rarität«. Wollen Verleiher also zuverlässig eine Ablösung des gesetzlichen Gleichstellungsgrundsatzes durch Tarifvertrag erreichen, müssen sie den Weg über die Inbezugnahme wählen.[210]

(b) Inbezugnahme von Tarifverträgen

129 **Nicht tarifgebundene Vertragsparteien** können die Anwendung der tariflichen Regelungen »im Geltungsbereich eines solchen Tarifvertrages« vereinbaren (§ 3 Abs. 1 Nr. 3 S. 4 AÜG). Verleiher und Leiharbeitnehmer sollten die **Bezugnahme** ausdrücklich vereinbaren. Das BAG lässt zwar auch die stillschweigende Einbeziehung eines Tarifvertrages, etwa kraft betrieblicher Übung, zu.[211] Streitigkeiten über die wirksame konkludente Vereinbarung sind dann jedoch vorprogrammiert. Dies gilt auch und gerade im Hinblick auf doppelte

---

209 *Boemke/Lembke* § 9 AÜG Rn. 113 ff.; Thüsing/*Pelzner* § 3 Rn. 80; zweifelnd hinsichtlich der individualvertraglichen Inbezugnahme eines Tarifvertrages mit Öffnungsklausel Thüsing/*Mengel* § 9 AÜG Rn. 41.
210 Ebenso Thüsing/*Mengel* § 9 AÜG Rn. 41.
211 BAG 19.1.1999, 1 AZR 606/98, EzA § 3 TVG Bezugnahme auf Tarifvertrag Nr. 10.

Schriftformklauseln, die – soweit sie einer AGB-Kontrolle standhalten – das Entstehen einer betrieblichen Übung verhindern sollen.[212]

▶ **Praxistipp:**

Besonders Augenmerk müssen Zeitarbeitsunternehmen auf die **Formulierung formularmäßiger Bezugnahmeklauseln** richten.

Statische Verweisungen auf einen konkreten Tarifvertrag (*»Es gilt der Tarifvertrag zwischen ____ in der Fassung vom ____.«*) sollten vermieden werden. Andernfalls droht im Nachwirkungszeitraum des Tarifvertrages das Wiederaufleben des Gleichstellungsgrundsatzes.[213]

Dynamische Bezugnahmeklauseln haben demgegenüber den Vorteil, dauerhaft die Suspendierung des gesetzlichen Equal-Pay- und Equal-Treatment-Prinzips zu gewährleisten. Welche Art der dynamischen Verweisung vereinbart werden sollte, hängt davon ab, ob der Arbeitgeber tarifgebunden ist:

– **Tarifgebundene Arbeitgeber** sollten mit großen dynamischen Bezugnahmen arbeiten, um im Falle eines Verbandswechsels die Tarifwerke des neuen Arbeitgeberverbandes ohne weitere Zustimmung der Mitarbeiter anwenden zu können (*»Es gelten die für den Arbeitgeber einschlägigen Tarifverträge in der jeweils geltenden Fassung.«*).

– **Nicht tarifgebundenen Arbeitgebern** ist die Anwendung kleiner dynamischer Verweisungsklauseln in Formularverträgen zu empfehlen (*»Es gelten die Tarifverträge zwischen ____ in der jeweils geltenden Fassung.«*). Verwenden nicht organisierte Arbeitgeber große dynamische Bezugnahmeklauseln ist einerseits das Bezugnahmeobjekt, d.h. der anzuwendende Zeitarbeitstarifvertrag, unklar (§ 305c Abs. 2 BGB). Andererseits steht zu befürchten, dass die Arbeitsgerichte in der Möglichkeit des jederzeitigen »Tarifwechsels« durch den Arbeitgeber eine unangemessene Benachteiligung der Arbeitnehmer sehen werden (§ 307 BGB).[214]

Von geringer praktischer Bedeutung für die Zeitarbeitsbranche ist – jedenfalls solange Zeitarbeitstarifverträge das gesetzliche Niveau der § 3 Abs. 1 Nr. 3, § 9 Nr. 2 AÜG unterschreiten – die **geänderte**

---

212 Jüngst zur Wirksamkeit doppelter Schriftformklauseln BAG 20.5.2008, 9 AZR 382/07, DB 2008, 2365.
213 Schüren/Hamann/*Schüren* § 9 AÜG Rn. 163, 165; zu nachwirkenden Tarifverträgen § 3 AÜG Rdn. 141 ff.
214 Böhm/Hennig/Popp/*Popp* Rn. 980; *Meinel/Herms* DB 2006, 1429.

> Rechtsprechung des **BAG**[215] zur sogenannten **Gleichstellungs-abrede**.[216] Durch die ungewöhnliche gesetzliche Ausgangssituation im AÜG haben Zeitarbeitsunternehmen ein Interesse an der Anwendung der den Grundsatz des Equal-Pay und Equal-Treatment verdrängenden Zeitarbeitstarifverträge. Würden diese durch einen Verbandsaustritt des tarifgebundenen Verleihers entdynamisiert, drohten dieselben nachteiligen Folgen wie bei statischen Verweisungsklauseln; die Tarifverträge wirkten bei Verbandsautritt nur noch statisch fort.

130   Nicht tarifgebundene Leiharbeitsvertragsparteien können nur einen **einschlägigen Tarifvertrag** in Bezug nehmen. Es muss sich deshalb um einen **räumlich, zeitlich, fachlich und betrieblich anwendbaren Tarifvertrag** handeln. Dies ergibt sich aus dem Wortlaut des § 3 Abs. 3 Nr. 3 S. 4 AÜG (»im Geltungsbereich eines solchen Tarifvertrages …«).[217] Die einzelvertragliche Einbeziehung »fremder« Tarifverträge ist ausgeschlossen. Dies gilt selbst dann, wenn diese günstiger sind als ein etwaiger einschlägiger Tarifvertrag.[218] Firmentarifverträge eines anderen Unternehmens können die Leiharbeitsvertragsparteien deshalb ebenso wenig wirksam in Bezug nehmen wie Tarifverträge eines anderen Tarifgebiets; bei Ersteren ist der persönliche bei Letzteren der räumliche Geltungsbereich nicht eröffnet.[219] Die Inbezugnahme von Zeitarbeitstarifverträgen durch Mischbetriebe, d.h. solchen, deren Geschäftszweck nicht ausschließlich oder überwiegend auf Arbeitnehmerüberlassung gerichtet ist, ist umstritten.[220]

131   Der Tarifvertrag muss nicht vollständig, sondern kann auch nur partiell in Bezug genommen werden **(Teil-Inbezugnahme)**. Die Einbeziehung lediglich einzelner Tarifbestimmungen ist hingegen ausgeschlossen. Dadurch wird der Schutz der Leiharbeitnehmer unterlaufen. Erforderlich ist vielmehr die **Inbezugnahme eines zusammenhängenden Regelungskomplexes** eines Tarifvertrages.[221] Bei Teil-Inbezugnahme findet eine Inhaltskontrolle statt.[222] Soweit tarifliche Be-

---

215   BAG 18.4.2007, 4 AZR 652/05, NZA 2007, 965.
216   A.A. wohl Böhm/Hennig/Popp/*Popp* Rn. 972 ff.
217   *Boemke/Lembke* § 9 AÜG Rn. 142 ff.; Thüsing/*Pelzner* § 3 AÜG Rn. 89.
218   KR/*Spilger* § 622 BGB Rn. 181; *Stahlhacke/Preis/Vossen* Rn. 383; *Urban-Crell/Schulz* Rn. 327; Wiedemann/*Oetker* § 3 TVG Rn. 257.
219   *Boemke/Lembke* § 9 AÜG Rn. 144; Schüren/Hamann/*Schüren* § 9 AÜG Rn. 157.
220   Vgl. dazu § 3 AÜG Rdn. 133 ff.
221   Thüsing/*Pelzner* § 3 AÜG Rn. 89 m.w.Nachw.; a.A. wohl Schüren/Hamann/*Schüren* § 9 AÜG Rn. 160.
222   Sh. § 3 AÜG Rdn. 120.

stimmungen nur partiell angewandt werden, gilt der Grundsatz des
Equal-Pay und Equal-Treatment weiter.

▶ **Praxistipp:**

Empfohlen werden kann Zeitarbeitsunternehmen gleichwohl nur
eine **Globalverweisung** auf das gesamte Tarifwerk (Mantel-, Ent-
gelt- und Entgeltrahmentarifverträge).[223] Angesichts des Streits
über den rechtlich notwendigen Umfang der Inbezugnahme, kann
lediglich diese Gestaltung die Anwendung des gesetzlichen
Gleichstellungsgrundsatzes rechtssicher ausschließen.

Die rechtlichen Möglichkeiten der Verleiher, die vor dem Inkrafttreten   **132**
des Gleichstellungsgebots am 1.1.2004 abgeschlossenen »**Altverträge**«
mit den nach diesem Zeitpunkt begründeten Leiharbeitsverträgen zu
harmonisieren und für alle Leiharbeitnehmer den Grundsatz des
Equal-Pay und Equal-Treatment durch Inbezugnahme von Zeitarbeitstarifverträgen abzulösen, sind begrenzt.[224] Regelmäßig kommt
nur eine **einvernehmliche Vertragsänderung** in Betracht. Denn die
Anforderungen an eine **betriebsbedingte Änderungskündigung zur
Entgeltreduzierung** sind im Normalfall nicht erfüllt. In dem nach-
vollziehbaren Interesse des Verleihers an einer Vereinheitlichung der
Arbeitsbedingungen sieht das BAG keinen Grund im Sinne des § 2
KSchG zur Umstellung auf einen Zeitarbeitstarifvertrag.[225] Etwas
anderes mag in den seltenen Fällen gelten, in denen der Verleiher
Leiharbeitnehmer nicht mehr zu den bisherigen Equal-Pay- und
Equal-Treatment-Bedingungen überlassen kann, seine weitere wirtschaftliche Betätigung also maßgeblich von der Bindung an die Tarifverträge der Zeitarbeitsbranche abhängt. Ob die einseitige Änderung
der Vertragsbedingungen unter diesen Voraussetzungen verhältnis-
mäßig wäre, konnte das BAG in einem jüngst entschiedenen Fall
allerdings dahinstehen lassen. Denn die betriebsbedingte Änderungskündigung war bereits wegen fehlender Bestimmtheit des Än-
derungsangebots unwirksam.[226] Keine Vertragsanpassung ist zudem
nach den **Grundsätzen über die Störung der Geschäftsgrundlage**

---

223 Böhm/Hennig/Popp/*Popp* Rn. 983; Schüren/Hamann/*Schüren* § 9 AÜG
     Rn. 161; a.A. *Boemke/Lembke* § 9 AÜG Rn. 117.
224 Aus diesem Grund empfehlen *Röder/Krieger* DB 2006, 2122 die einseitige
     Tarifbindung nur des Verleihers als Ausweg aus der »Equal-Pay-Falle«; zu
     Recht abl. *Böhm* DB 2007, 168.
225 BAG 12.1.2006, 2 AZR 126/05, EzA § 2 KSchG Nr. 56 m.Anm. *Hamann.*
226 BAG 15.1.2009, 2 AZR 641/07, DB 2009, 1299; weiterführend zur (Ände-
     rungs-) Kündigung auch bei Arbeitnehmerüberlassung *Herbert/Oberrath*
     NJW 2008, 3177; *Ittmann/Moll* RdA 2008, 321.

(§ 313 Abs. 1 BGB) möglich, das Kündigungsrecht geht diesem Institut als lex specialis vor.[227]

(c) Mischbetriebe

133 Betriebe eines Unternehmens, die mehrere Geschäftszwecke verfolgen, aufgrund ihrer unterschiedlichen arbeitstechnischen Zwecke verschiedenen Branchen angehören und damit unter unterschiedliche Branchentarifverträge fallen können, werden als **Mischbetriebe** bezeichnet.[228] Im Anwendungsbereich des AÜG handelt es sich dabei um Betriebe, deren eigentlicher Geschäftszweck nicht die Arbeitnehmerüberlassung ist, die aber trotzdem regelmäßig oder in Einzelfällen Beschäftigte an andere Unternehmen überlassen.[229]

▶ **Beispiel:**

Ein Unternehmen der Metall- und Elektroindustrie überlässt seine Produktionsmitarbeiter in Zeiten geringer Kapazitätsauslastung in Folge Auftragsmangels auch an andere Unternehmen; nach einer Umstrukturierung setzt ein Unternehmen mit zunächst ausschließlich im eigenen Betrieb eingesetztem Reinigungspersonal diese Mitarbeiter auch bei anderen Unternehmen ein[230].

134 Rund 53% der Verleihbetriebe sind Mischbetriebe.[231] Die in der Praxis besonders wichtige Frage der wirksamen **Inbezugnahme von Zeitarbeitstarifverträgen** in Arbeitsverträgen zwischen Verleihern und Leiharbeitnehmern wirft **bei Mischbetrieben spezielle Probleme** auf. Nach dem am Grundsatz der Tarifeinheit orientierten Verwaltungspraxis der BA können tarifgebundene Arbeitgeber von Mischbetrieben grundsätzlich nicht die Tarifverträge der Zeitarbeitsbranche wirksam einzelvertraglich in Bezug nehmen. Insoweit werden nicht tarifgebundene Arbeitgeber günstiger als tarifgebundene Arbeitgeber gestellt.[232] Für nicht tarifgebundene Arbeitgeber ist die Inbezugnahme

---

227 BAG 12.1.2006, 2 AZR 126/05, EzA § 2 KSchG Nr. 56 m.Anm. *Hamann.*
228 Vgl. etwa BAG 19.2.2003, 4 AZR 118/02, AP TVG § 2 Tarifzuständigkeit Nr. 17.
229 BT-Drucks. 15/6008 S. 14; von »echten Mischbetrieben« sind »unechte Mischbetriebe« zu unterscheiden – unechte Mischbetriebe sind solche, die keine Leiharbeitnehmer unter Vertrag haben, die aber aufgrund der in der Praxis häufig schwierigen Abgrenzung der Arbeitnehmerüberlassung von sonstigen Formen des drittbezogenen Personaleinsatzes vorsorglich eine Erlaubnis nach dem AÜG beantragen.
230 Vgl. BT-Drucks. 15/6008 S. 15.
231 Stand: 30.6.2004, vgl. 10. Erfahrungsbericht der Bundesregierung zum AÜG, BT-Drucks. 15/6008 S. 14.
232 DA-AÜG zu § 3 Ziff. 3.1.6.

einschlägiger Tarifverträge zur Suspendierung des Equal-Pay- und Equal-Treatment-Grundsatzes ausdrücklich gesetzlich zugelassen.[233]

Nach dem zunehmend in die Kritik[234] geratenen **Grundsatz der Ta-** 135 **rifeinheit** (»ein Betrieb, ein Tarifvertrag«) unterfallen tarifgebundene Arbeitgeber eines Mischbetriebes grundsätzlich nur einem und zwar dem fachlich spezielleren Tarifvertrag. Welcher Tarifvertrag fachlich spezieller ist, beantwortet sich nach dem sogenannten **Überwiegensprinzip**. Zur Bestimmung des einschlägigen Tarifvertrages kommt es dabei darauf an, auf welche Geschäftstätigkeit die überwiegende Arbeitszeit der Arbeitnehmer entfällt.[235] Mischbetriebe, deren überwiegender Geschäftszweck – wie regelmäßig – nicht auf die Überlassung von Arbeitnehmern gerichtet ist, können daher Zeitarbeitstarifverträge grundsätzlich nicht wirksam in Bezug nehmen.[236]

Eine **Ausnahme vom Überwiegensprinzip** lässt die derzeitige Recht- 136 sprechung des BAG nur in den Fällen zu, in denen der Mischbetrieb über eine eigenständige, räumlich und organisatorisch abgrenzbare Einheit verfügt.[237]

▶ Praxistipp:

Die Rechtsprechung versteht unter einer eigenständigen Organisationseinheit nur selbständige Abteilungen, denen die Qualität eines Betriebes im Sinne des TVG zukommt. Voraussetzung für die Selbständigkeit der Abteilung ist, dass diese im Verhältnis zum Gesamtbetrieb eine personelle Einheit darstellt, organisatorisch abgrenzbar ist, über eigene technische Betriebsmittel verfügt und einen eigenen Betriebszweck verfolgt. Neben der räumlichen und organisatorischen Trennung kann beispielsweise ein nach Organi-

---

233 Strittig, in diesem Sinne *Lembke/Distler* NZA 2006, 952; a. DA-AÜG zu § 3 Ziff. 3.1.6: »Nicht tarifgebundene Arbeitgeber werden insoweit günstiger als tarifgebundene Arbeitgeber gestellt.«; zweifelnd *Hamann*, Anmerkung zu BAG 19.9.2007, 4 AZR 656/06, jurisPR-ArbR 12/2008 Anm. 2, C. 1.

234 *Bayreuther* NZA 2006, 642; zur Kritik vgl. nur ErfK/*Schaub/Franzen* § 4 TVG Rn. 113 ff.; a. LAG Hessen 2.5.2003, 9 SaGa 637/03, BB 2003, 1229 (»Lokführerstreik«).

235 BAG 7.11.2001, 4 AZR 663/00, BAGE 99, 289; BAG 19.2.2003, 4 AZR 118/02, AP TVG § 2 Tarifzuständigkeit Nr. 17; vgl. a. *Thüsing/Pelzner* § 3 AÜG Rn. 86 m.w.Nachw.

236 *Boemke/Lembke* § 9 AÜG Rn. 143; ErfK/*Wank* § 3 AÜG Rn. 22; *Thüsing/Pelzner* § 3 AÜG Rn. 86; a.A. HWK/*Kalb* § 3 AÜG Rn. 39; *Lembke/Distler* NZA 2006, 952, die unabhängig vom Überwiegensprinzip für die Möglichkeit der wirksamen Inbezugnahme von Zeitarbeitstarifverträgen plädieren.

237 BAG 11.9.1991, 4 AZR 40/91, AP TVG § 1 Tarifverträge Bau Nr. 145; vgl. a. DA-AÜG § 3 Ziff. 3.1.7.4 und 3.1.7.11.

sationseinheiten getrenntes Auftrags- und Rechnungswesen ein
Indiz für die Trennung sein.

137 Mischbetriebe, die demnach gewerbsmäßige **Arbeitnehmerüberlassung in einer eigenständigen Betriebsabteilung** organisieren, können die Zeitarbeitstarifverträge für die ausschließlich dieser Abteilung zugeordneten Arbeitnehmer durch Vereinbarung einer
Bezugnahmeklausel anwenden.[238]

Grafik abgrenzbare Organisationseinheit Zeitarbeit

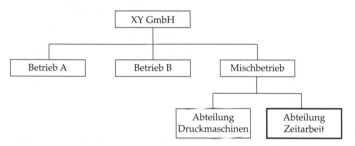

138 In der Praxis erweist sich die selbständige **»Betriebsabteilung Zeitarbeit«** allerdings als **höchst unpraktikabel.** Gerade Mischbetriebe
sind auf eine besondere Flexibilität angewiesen. Diese würde durch
entsprechende betriebsorganisatorische Änderungen faktisch zunich-
te gemacht. In der Praxis werden daher zunehmend andere Gestaltungen vorgeschlagen, die eine Anwendung der für den Verleiher
günstigen Zeitarbeitstarifverträge ermöglichen sollen. Als Wege aus
der Gleichbehandlung nach dem AÜG werden insbesondere der Abschluss von **Haustarifverträgen** und die Gründung einer **konzerninternen »AÜG-Gesellschaft«** diskutiert.[239]

139 Für den klassischen Mischbetrieb eignen sich beide Varianten kaum.
Gewerkschaften lehnen Haustarifvertragsverhandlungen häufig zur
Vermeidung des Aufweichens ihres Flächentarifvertrages ab; auf
Arbeitgeber wirken drohende tarifliche Kündigungsverbote der Gewerkschaften als Gegenleistung für das Angebot eines Haustarifver-
trages gerade in schwierigen wirtschaftlichen Situationen abschre-
ckend. Gleichwohl bieten Haustarifverträge für Mischbetriebe die
praktische einzige Möglichkeit, dem gesetzlichen Gleichstellungs-

---

238 Vgl. a. Thüsing/*Pelzner* § 3 AÜG Rn. 86.
239 Dazu *Hamann* S. 52 f.; *Melms/Lipinski* BB 2004, 2409.

grundsatz zu entgehen. Denn die Ausgründung und Schaffung einer reinen Personalführungsgesellschaft ist im Normalfall des Mischbetriebes keine Lösung.[240] Letzteres setzt eine im Sinne des § 613a BGB übergangsfähige Einheit voraus, welche als Ganzes in eine »Service-GmbH« mit zumeist günstigeren Tarifbedingungen ausgegliedert werden kann.[241] An einer solchen fehlt es bei Mischbetrieben aber gerade.

Die **Praxis** wird sich – jedenfalls solange das BAG den stark kritisierten Grundsatz der Tarifeinheit nicht endgültig aufgegeben hat – auf die **derzeitige Verwaltungspraxis der BA einstellen müssen.** Tarifgebundene Arbeitgeber mit Mischbetrieben können Zeitarbeitstarifverträge grundsätzlich nicht einzelvertraglich zur Geltung bringen. Allerdings bedeutet dies nicht automatisch die Anwendbarkeit des Grundsatzes des Equal-Pay und Equal-Treatment. Denn auch der nach dem Überwiegensprinzip **einschlägige Haus- oder Branchentarifvertrag kann das gesetzliche Gleichstellungsgebot suspendieren.** Voraussetzung ist allerdings, dass dieser die wesentlichen Entgelt- und Arbeitsbedingungen im Sinne des AÜG regelt. Dabei muss es sich entgegen der Praxis der Regionaldirektionen nicht um Tarifverträge handeln, die erst nach dem 15.11.2002 in Kraft getreten sind oder nach diesem Datum an das reformierte AÜG angepasst wurden.[242] Im Wortlaut des § 3 Abs. 1 Nr. 3 AÜG findet diese Auffassung ebenso wenig eine Stütze wie in der Gesetzesbegründung.[243] **140**

(d) Nachwirkende Tarifverträge

Für die Anwendbarkeit der Tariföffnungsklausel (§ 3 Abs. 1 Nr. 3 S. 3 und 4 AÜG) genügt nach überwiegender Auffassung auch ein nur **nachwirkender Tarifvertrag** nach § 4 Abs. 5 TVG.[244] Nachwirkende Vorschriften eines Tarifvertrages wirken nicht normativ, sondern nur noch schuldrechtlich auf die Arbeitsvertragsbeziehung ein.[245] Gleichwohl behalten sie Vorrang gegenüber tarifdispositivem Gesetzesrecht.[246] Denn trotz Nachwirkung bleibt die Vermutung der **141**

---

240 Vgl. ausführlich zur Personalführungsgesellschaft § 1 AÜG Rdn. 233 ff.
241 Jüngst zum Betriebsübergang durch Gründung einer Service-GmbH BAG 21.5.2008, 8 AZR 481/07, NZA 2009, 144.
242 DA-AÜG zu § 3 Ziff. 3.1.6; a. *Thüsing/Pelzner* § 3 AÜG Rn. 86, 79.
243 Ebenso *Boemke/Lembke* § 9 AÜG Rn. 108; *Lembke/Diestler* NZA 2006, 952, 958; Thüsing/*Mengel* § 9 AÜG Rn. 43; vgl. a. § 3 AÜG Rdn. 118.
244 *Boemke/Lembke* § 9 AÜG Rn. 138; HWK/*Kalb* § 3 AÜG Rn. 38; Thüsing/ *Mengel* § 9 AÜG Rn. 41; krit. *Ulber* § 9 AÜG Rn. 264 ff.; Schüren/Hamann/ *Schüren* § 9 AÜG Rn. 165; a.A. *Denzel/Hummel* AiB 2008, 567.
245 BAG 14.2.1973, 4 AZR 176/72, AP TVG § 4 Nachwirkung Nr. 6.
246 BAG 27.6.1978, 6 AZR 59/77, AP BUrlG § 13 Nr. 12; *Hamann* BB 2005, 2185 m.w.Nachw.

Angemessenheit und Ausgeglichenheit tariflicher Regelungen (**Richtigkeitsgewähr**) unverändert bestehen.

142 Diese Richtigkeits- und Überbrückungsfunktion des nachwirkenden Tarifvertrages gilt für **tarifgebundene Arbeitsvertragsparteien**, deren Arbeitsverhältnis im Zeitpunkt des Eintritts der Nachwirkung bereits bestand, uneingeschränkt. Bei **arbeitsvertraglicher Inbezugnahme** eines geltenden Tarifvertrages ist nach richtiger Auffassung allerdings zu **differenzieren**.[247] Nur bei dynamischen, nicht bei statischen Verweisungen werden Anschlusstarifverträge für das Arbeitsverhältnis verbindlich. Der Vermeidung einer statischen Ewigkeitsbindung an einen ausgelaufenen Tarifvertrag genügen nur dynamische Bezugnahmeklauseln. Nur diesen wohnt die Richtigkeits- und auch Überbrückungsfunktion inne, die für die Suspendierung des gesetzlichen Grundsatzes des Equal-Pay und Equal-Treatment erforderlich ist. Soll dieser durch eine arbeitsvertragliche Inbezugnahme ausgeschlossen werden, müssen nicht (beidseitig) tarifgebundene Arbeitsvertragsparteien unbedingt darauf achten, dynamische Bezugnahmeklauseln zu vereinbaren.

▶ Praxistipp:

Nach richtiger Auffassung suspendieren auch nachwirkende Tarifverträge den Equal-Pay- und Equal-Treatment-Grundsatz. Nicht tarifgebundenen Arbeitsvertragsparteien ist ebenso wie tarifgebundenen (sh. Rdn. 129 ff.) allerdings zu raten, (zusätzlich) eine einzelvertragliche dynamische Verweisung auf die einschlägigen Zeitarbeitstarifverträge zu vereinbaren.

143 Auf erst **im Nachwirkungszeitraum begründete Arbeitsverhältnisse** erstreckt sich die Nachwirkung nach ständiger Rechtsprechung nicht.[248] Um die Anwendbarkeit eines nur nachwirkenden Tarifvertrages bei Einstellungen im Nachwirkungszeitraum zu gewährleisten, müssen auch tarifgebundene Arbeitsvertragsparteien eine (zusätzliche) **dynamische Verweisung** auf den jeweiligen – nur noch nachwirkenden – Tarifvertrag vereinbaren.[249] Ob diese Auffassung allerdings den Segen des BAG erhalten wird, bleibt abzuwarten.[250] Vorsichtige Arbeitgeber sollten daher während des Nachwirkungszeitraums ei-

---

247 *Hamann* BB 2005, 2185; sh. a. *Thüsing* DB 2003, 446.
248 BAG 22.7.1998, 4 AZR 403/97, EzA § 4 TVG Nachwirkung Nr. 27; BAG 2.3.2004, 1 AZR 271/03, NZA 2004, 852.
249 So a. HWK/*Kalb* § 3 AÜG Rn. 38; zur geänderten Rspr. des 4. Senats zur Gleichstellungsabrede, BAG 18.4.2007, 4 AZR 652/05, NZA 2007, 965.
250 So bereits für das Urlaubsrecht der Vorsitzende des 7. Senats des BAG ErfK/*Dörner* § 13 BUrlG Rn. 55.

nes Zeitarbeitstarifvertrages Neueinstellungen entweder nur befristet vornehmen (§ 14 Abs. 2 TzBfG) oder auf diese gänzlich verzichten.[251] Letzteres dürfte allerdings kaum praktikabel sein.

▶ **Beispiel:**[252]
Der Verleiher ist kraft Mitgliedschaft im Arbeitgeberverband an einen zum 31.12. auslaufenden Entgelttarifvertrag gebunden. Leiharbeitnehmer, die Mitglieder der vertragsschließenden Gewerkschaft sind, und vor dem 31.12. eingestellt wurden, können auch im Nachwirkungszeitraum weiterhin nach den tariflichen Regelungen vergütet werden. Neu eingestellte Leiharbeitnehmer, deren Arbeitsverhältnis erst nach dem 31.12. begründet wurde, haben Anspruch auf »Equal Pay«. Um diesen abzulösen, müsste der Verleiher eine dynamische Bezugnahmeklausel im Arbeitsvertrag vereinbaren.

(e) Ausländische Tarifverträge

Auch Verleiher mit Sitz im EU-/EWR-Raum können bei **grenzüber-** 144 **schreitender Überlassung** von Leiharbeitnehmern **nach Deutschland** durch Anwendung eines ausländischen Tarifvertrages vom gesetzlichen Prinzip der Gleichstellung abweichen. Dies gebieten Art. 39, 49 EGV.[253] Soweit nach dem nationalen Arbeitsrecht des Entsendestaates zulässig, ist auch eine einzelvertragliche Inbezugnahme des ausländischen Tarifvertrages möglich.[254] Ein ausländischer Tarifvertrag ist deshalb unter den gleichen Voraussetzungen wie ein inländischer Tarifvertrag geeignet, das Prinzip des Equal-Pay und Equal-Treatment abzulösen.

Dabei sind nach ständiger **Verwaltungspraxis** allerdings gewisse **Min-** 145 **destanforderungen** zu erfüllen. Die Erlaubnisbehörden verlangen, dass ausländische Tarifverträge die Arbeitsbedingungen unter anderem zwingend und verbindlich regeln. Nach Auffassung der BA ist dies bei britischen Tarifverträgen regelmäßig nicht der Fall.[255] Ein diese Voraussetzungen nicht erfüllender ausländischer Tarifvertrag suspendiere das gesetzliche Gleichstellungsprinzip nicht; diese Verwaltungspraxis führt zu erheblicher Rechtsunsicherheit. Es bleibt abzuwarten, ob die Arbeitsgerichte diese Verwaltungspraxis bestätigen werden.

---

251 Überzeugend *Hamann* BB 2005, 2185.
252 Nachgebildet dem Beispiel bei Boemke/Lembke § 9 AÜG Rn. 138.
253 Thüsing/*Pelzner* § 3 AÜG Rn. 87 m.w.Nachw.
254 Thüsing/*Pelzner* § 3 AÜG Rn. 90.
255 DA-AÜG zu § 3 Ziff. 3.1.7.8.

cc) Zeitarbeitstarifverträge

(a) Überblick

146 Die gewerbsmäßige Arbeitnehmerüberlassung war und ist seit Jahrzehnten **Gegenstand heftiger sozial- und rechtspolitischer Auseinandersetzungen**. Die Gewerkschaften in ganz Europa beklagten das Lohn-Dumping der Zeitarbeitsbranche und weigerten sich deshalb lange Zeit, die gewerbsmäßige Arbeitnehmerüberlassung als alternative Beschäftigungsform anzuerkennen.[256] Angesichts dieser distanzierten Haltung der Gewerkschaften zur gewerbsmäßigen Arbeitnehmerüberlassung existierten in der Branche **jahrzehntelang kaum Tarifverträge**. Dies änderte sich erst mit der Reformierung des AÜG und der Einführung des Gleichstellungsgrundsatzes durch das Erste Gesetz für moderne Dienstleistungen am Arbeitsmarkt vom 23.12.2002 (»Hartz I«).

147 Mit Wirkung zum **1.3.2003** erzielten die Interessengemeinschaft Nordbayerischer Zeitarbeitsunternehmen (INZ) und die Christlichen Gewerkschaften den **ersten flächendeckenden Tarifabschluss der Zeitarbeitsbranche**.[257] Von diesem ging eine Sogwirkung für die gesamte Zeitarbeitsbranche aus. Es entstand in der Folgezeit eine hart umkämpfte Tarifkonkurrenz, insbesondere zwischen den **Christlichen Gewerkschaften** und der **Tarifgemeinschaft Zeitarbeit des Deutschen Gewerkschaftsbundes** (DGB). Nach fünfmonatigen Verhandlungen schlossen die Tarifgemeinschaft Zeitarbeit des DGB und der Bundesverband Zeitarbeit e.V. (BZA) am 11.6.2003 den ersten flächendeckenden Manteltarifvertrag, der am 1.1.2004 in Kraft trat. Bereits im Mai 2003 hatten sie einen Entgelt- und Entgeltflächentarifvertrag paraphiert.

148 Die für die Praxis der Zeitarbeit **wichtigsten Verbandstarifverträge** bestehen zwischen der Tarifgemeinschaft Zeitarbeit des DGB und dem BZA einerseits und dem Interessenverband Deutscher Zeitarbeitsunternehmen e.V. (iGZ) andererseits sowie zwischen der Tarifgemeinschaft Christlicher Gewerkschaften für Zeitarbeit und Personalserviceagenturen (CGZP) und dem Arbeitgeberverband Mittelständischer Personaldienstleister e.V. (AMP).[258]

---

256 Zur Einstellung des DGB vgl. 9. AÜG-Erfahrungsbericht, BT-Drucks. 14/4220 S. 26 ff.; zur Kritik a. *Ulber* AÜG Einleitung C Rn. 10 ff.
257 Dazu *Ankersen* NZA 2003, 421.
258 Der AMP entstand aus einer Fusion aus INZ und MVZ, deren Tarifverträge 2005 ausgelaufen sind.

Die **(Mindest-)Laufzeiten der Mantel-, Entgeltrahmen- und Entgelt-** 149
tarifverträge sind der nachfolgenden Übersicht zu entnehmen[259]:

Parteien	MantelTV(e)	EntgeltRTV(e)	EngeltTV(e)
BZA/DGB	31.12.2008	31.12.2008	31.12.2008 Nachwirkung
iGZ/DGB	30.6.2006 Nachwirkung	31.12.2008	31.12.2008 Nachwirkung
AMP/CGZP	31.12.2009	30.6.2010	30.6.2010

▶ **Praxistipp:**

Die Tarifwerke können im Volltext auf den Internetseiten der beteiligten Verbände abgerufen werden:
- www.bza.de
- www.ig-zeitarbeit.de
- www.amp-info.de

Eine Synopse der verschiedenen tariflichen Arbeits- und Entgeltbedingungen sowie der Eingruppierungsmerkmale ist im Anhang
abgedruckt.

(b) Gesetzliche Lohnuntergrenze

Nach heftigem politischem Streit hat sich die Große Koalition am 150
13.1.2009 grundsätzlich auf die **Einführung eines Mindestlohns in
der Zeitarbeitsbranche** verständigt. Geplant ist allerdings nicht eine
Aufnahme in das AEntG, sondern die Etablierung einer gesetzlichen
Lohnuntergrenze durch Neufassung des AÜG. Die Ausweitung des
Entsendegesetzes lehnt die Union unter Hinweis auf das Vorliegen
zweier konkurrierender Tarifverträge mit unterschiedlichem Lohnniveau ab; ein gesetzlicher Mindestlohn auf Grundlage des Tarifvertrages zwischen der Tarifgemeinschaft Zeitarbeit des DGB und dem
BZA einerseits und dem iGZ andererseits würde die niedrigeren Ent-
gelttarifverträge der CGZP außer Kraft setzen.

Über die **Höhe der gesetzlichen Lohnuntergrenze** besteht bislang 151
kein Einvernehmen. Die Große Koalition hat sich bis zum Ende der
Legislaturperiode im September 2009 nicht verständigen können. Das

---

259 Soweit nichts Abweichendes vermerkt ist, handelt es sich um den jeweils
erstmöglichen Kündigungstermin (Stand: April 2009).

Thema ist dem »Jahrmarkt des Bundestagswahlkampfes« zum Opfer gefallen.[260]

(c) Problematik der Tariffähigkeit und -zuständigkeit

(i) Streitstand

152 Im Zuge des Abschlusses von Zeitarbeitstarifverträgen nach Einführung der Tariföffnungsklausel in § 3 Abs. 1 Nr. 3 AÜG und § 9 Nr. 2 AÜG wird vehement die **Tariffähigkeit und -zuständigkeit der Gewerkschaften der Zeitarbeitsbranche** diskutiert.[261] Weder die Tarifgemeinschaft Zeitarbeit des DGB noch die CGZP verfügen – Schätzungen zufolge – über eine repräsentative Mitgliederbasis in der Zeitarbeitsbranche. Die überwiegende Auffassung im Schrifttum zweifelt insbesondere deshalb an einer wirksamen Interessenvertretung der Leiharbeitnehmer durch die DGB-Gewerkschaften, hinsichtlich der CGZP lehnt sie diese sogar ab.[262]

153 Begründet wird die **Tarifunfähigkeit der CGZP** unter Hinweis auf die fehlende Gegnerunabhängigkeit und ihrer daher fehlenden sozialen Mächtigkeit im Sinne der Rechtsprechung des BAG zum Tarifrecht – die von der CGZP abgeschlossenen Verträge seien unwirksame »Gefälligkeitstarifverträge«.[263] Die Tariffähigkeit der CGZP werde auch nicht durch die rechtskräftig festgestellte Tariffähigkeit zweier ihrer Mitgliedsgewerkschaften (CGM[264] und DHV[265]) vermittelt. Die CGZP versteht sich selbst als Spitzenorganisation[266] im Sinne des § 2 Abs. 3 TVG; die Tariffähigkeit einer Spitzenorganisation hänge

---

260 Dazu bereits § 3 AÜG Rdn. 86 f.
261 Zum Streitstand *Ulber* NZA 2008, 438.
262 Die Tariffähigkeit abl. *Schüren* NZA 2007, 1213; *ders.* NZA 2008, 453; *Ulber* § 9 AÜG Rn. 190 ff.; *ders.* NZA 2008, 438; die Tariffähigkeit der CGZP bejahend *Lembke* NZA 2007, 1333; *Boemke/Lembke* § 9 AÜG Rn. 130 ff.; jeweils m.w.Nachw.; krit. a. zur Tariffähigkeit der Tarifgemeinschaft Zeitarbeit des DGB *Schüren/Hamann/Schüren* § 9 AÜG Rn. 115; *Ulber* § 9 AÜG Rn. 184 ff.; *Schöne* DB 2004, 136.
263 *Schüren* AuR 2008, 239 unter Hinweis auf eine angebliche Finanzierung der CGZP durch das Arbeitgeberlager.
264 BAG 28.3.2006, 1 ABR 58/04, AP TVG § 2 Tariffähigkeit Nr. 4 m.Anm. *Henssler/Heiden* = NZA 2006, 1112.
265 LAG Hamburg 18.2.1997, 2 Ta 9/95, n.v.
266 Mitglieder der CGZP sind derzeit: Christliche Gewerkschaft Metall (CGM), Christliche Gewerkschaft für Postservice und Telekommunikation (CGPT), Deutscher Handels- und Industrieangestellten-Verband (DHV), Gewerkschaft Öffentlicher Dienst und Dienstleistungen (GÖD).

– so jedenfalls die Verfechter der Tarifunfähigkeit der CGZP – von der Tariffähigkeit aller ihrer Mitglieder ab[267].

Inzwischen haben zahlreiche Arbeitsgerichte anhängige Verfahren ausgesetzt (§ 97 Abs. 5 S. 1 ArbGG), in denen die Entscheidung des Rechtsstreits von der Frage der Tariffähigkeit der CGZP abhängt.[268] Eine Aussetzungspflicht besteht stets, wenn entweder die Tariffähigkeit einer Vereinigung streitig ist oder gegen deren Tariffähigkeit Bedenken bestehen (Vorgreiflichkeit);[269] eine Aussage in der Sache beinhaltet ein Aussetzungsbeschluss allerdings nicht. Jüngst hat das **ArbG Berlin** als erstes Gericht in einem Beschlussverfahren nach § 2a Abs. 1 Nr. 4 ArbGG die **Tariffähigkeit der CGZP verneint.**[270] Die Entscheidung ist nicht rechtskräftig, vermutlich wird es sogar noch Jahre bis zu einer endgültigen Klärung dauern. Für die Praxis ist dies höchst unbefriedigend. **154**

(ii) Rechtsfolgen unwirksamer Zeitarbeitstarifverträge

Die von einer tarifunfähigen Vereinigung abgeschlossenen Tarifverträge sind unwirksam. Nach der Rechtsprechung des BAG tritt die **Unwirksamkeitsfolge rückwirkend** (ex-tunc) ein; Praktikabilitätserwägungen können einen Vertrauensschutz und damit die Annahme einer ex-nunc-Unwirksamkeit nicht rechtfertigen.[271] Denn die Entscheidung über die Tariffähigkeit einer Vereinigung begründe oder **155**

---

267 ArbG Limburg 19.11.2008, 1 Ca 541/08, n.v. unter Hinweis auf BAG 2.11.1960, 1 ABR 18/59, AP ArbGG 1953 § 97 Nr. 1; Däubler/*Peter* § 2 TVG Rn. 56; Kempen/Zachert/*Kempen* § 2 TVG Rn. 80 (3. Aufl.); Wiedemann/*Oetker* § 2 TVG Rn. 335; *Schüren* NZA 2008, 453; *Ulber* NZA 2008, 438; a.A. *Lembke* NZA 2007, 1333; jeweils m.w.Nachw.
268 Vgl. nur Hessisches LAG 7.7.2008, 4 Ta 260/08, n.v.; LAG Hannover 2.7.2007, 16 Ta 108/07, ArbuR 2008, 113; ArbG Limburg 19.11.2008, 1 Ca 541/08, n.v.; ArbG Berlin 16.1.2007, 81 Ca 27913/05, ArbuR 2007, 182; ArbG Osnabrück 15.1.2007, 3 Ca 535/06, EzAÜG § 9 AÜG Rn. 23.
269 BAG 28.1.2008, 3 AZB 30/07, EzA § 97 ArbGG 1979 Nr. 9 = NZA 2008, 489.
270 ArbG Berlin 1.4.2009, 35 BV 17008/08, BB 2009, 1477; noch offen gelassen von ArbG Berlin 5.2.2008, 54 BV 13961/06, EzAÜG § 81 ArbGG Nr. 1; zur Feststellung der fehlenden Tariffähigkeit der »Post-Gewerkschaft GNBZ« vgl. ArbG Köln 30.10.2008, 14 BV 324/08, ArbuR 2009, 100; LAG Köln 20.5.2009, 9 TaBV 105/08, BeckRS 2009 64528; krit. zur CGZA-Entscheidung *Franzen* BB 2009, 1472.
271 So ausdrücklich BAG 15.11.2006, 10 AZR 665/05, NZA 2007, 448; ebenso *Park/Riederer von Paar/Schüren* NJW 2008, 3670; *Ulber* § 9 AÜG Rn. 195; *ders.* NZA 2008, 438; aus Vertrauensschutzgesichtspunkten für eine Unwirksamkeit ex-nunc plädieren hingegen *Boemke/Lembke* § 9 AÜG Rn. 132; *Schöne* DB 2006, 136; offen gelassen von Schüren/Hamann/*Schüren* § 9 AÜG Rn. 124.

beende nicht erst die Tariffähigkeit, sondern stelle die Rechtslage lediglich fest.[272]

156 Die **arbeits-, sozialversicherungs-, steuer- und/oder strafrechtlichen (Haftungs-)Risiken** bei der Anwendung unwirksamer Scheintarifverträge sind erheblich. Im Anwendungsbereich des AÜG sind davon sowohl Verleiher als auch Entleiher betroffen.[273]

157 Aus **arbeitsrechtlicher Sicht** führte dies zur Anwendung des gesetzlichen Gleichstellungsgrundsatzes vom ersten Tag der Überlassung an. Nach § 10 Abs. 4 AÜG kann der Leiharbeitnehmer vom Verleiher den Differenzbetrag zwischen den tatsächlich gewährten und den nach § 611 BGB i.V.m. § 3 Abs. 1 Nr. 3, § 9 Nr. 2 AÜG geschuldeten Arbeits- und Entgeltbedingungen nachfordern (sogenanntes Garantieprinzip).[274]

158 Der Verleiher schuldet die auf den Nachzahlungsbetrag abzuführenden **Sozialversicherungsbeiträge** einschließlich der Beiträge zur Unfallversicherung (§ 23 Abs. 1 SGB IV, § 150 SGB VII). Die Beitragshaftung besteht ungeachtet der Geltendmachung des Differenzbetrages durch den Leiharbeitnehmer (sogenanntes Entstehungsprinzip).[275] Der **Entleiher** kann **subsidiär** wie ein selbstschuldnerischer Bürge in Anspruch genommen werden, soweit der Verleiher trotz Mahnung nicht zahlt (§ 28e Abs. 2 S. 1, 2 SGB IV, § 150 Abs. 3 SGB VII).[276] Gerade bei hohen Nachzahlungsforderungen droht Verleihern nicht selten die Insolvenz; das Risiko des Entleihers ist daher nicht zu unterschätzen.

159 Steuerlich droht dem Verleiher die **Lohnsteuernachhaftung** (§ 42d Abs. 3 EStG i.V.m. § 44 Abs. 2 S. 1 AO).

▶ Praxistipp:

»**Tarifliche**« **Ausschlussklauseln** bieten keinen Schutz.[277] Diese sind mitsamt der sonstigen Bestimmungen des Scheintarifvertrages unwirksam. Der Verleiher kann daher weder dem Differenzvergütungsanspruch des Leiharbeitnehmers das Verstreichen einer Ausschlussfrist entgegenhalten noch kann er gegenüber der sozialversicherungs- und steuerrechtlichen Haftung erfolgreich »tarifliche« oder gar individualvertragliche Ausschlussfristen einwenden.

---

272 BAG 15.11.2006, 10 AZR 665/05, NZA 2007, 448.
273 Ausführlich *Park/Riederer von Paar/Schüren* NJW 2008, 3670.
274 Dazu § 10 AÜG Rdn. 81 ff.
275 BSG 26.11.1985, 12 RK 51/83, BSGE 59, 183; Kasseler Kommentar/*Seewald* § 22 SGB IV Rn. 8; *Reipen* NZS 2005, 407.
276 Ausführlich AÜG Einl. Rdn. 101 ff.
277 *Park/Riederer von Paar/Schüren* NJW 2008, 3670; dazu a. § 3 AÜG Rdn. 163.

Es bleibt insoweit bei den allgemeinen **Verjährungsregelungen**.[278] Für Ansprüche aus dem Arbeitsverhältnis gilt die Regelverjährung von drei Jahren (§ 199 Abs. 1 Nr. 2 BGB). Die sozialversicherungsrechtlichen Beitragsforderungen verjähren in vier, bei Vorsatz sogar erst in 30 Jahren (§ 25 SGB IV); ein Rückgriff gegenüber dem Leiharbeitnehmer für nachzuentrichtende Arbeitnehmerbeiträge kommt regelmäßig nur bei den nächsten drei Lohn- und Gehaltszahlungen in Betracht (§ 28g SGB IV).

Eine strafrechtliche Verantwortung des Verleihers kann insbesondere mit Blick auf **Betrugstatbestände** (§§ 263, 266a StGB) bestehen.[279]   **160**

(iii) Praxisempfehlung

Die Praxis versucht die rechtlichen Risiken womöglich unwirksamer Tarifverträge durch arbeitsvertragliche Blankoerklärungen abzufangen. Verbreitet finden sich gerade in Formularleiharbeitsverträgen sogenannte **Absicherungs- oder Tarifwechselklauseln**.   **161**

▶ **Beispiel:**

»*Auf das Arbeitsverhältnis der Parteien finden die Tarifverträge zwischen dem AMP und der CGZP in ihrer jeweils gültigen Fassung Anwendung. Im Falle der Feststellung der Unwirksamkeit dieser Tarifverträge, gelten ab dem Zeitpunkt der Feststellung (alternativ: rückwirkend) die jeweils geltenden Tarifverträge zwischen dem _____ (BZA oder iGZ) und der DGB Tarifgemeinschaft Zeitarbeit.*«

Derartige Klauseln in Formularverträgen halten einer **AGB-Kontrolle** kaum stand. Es gibt gute Gründe für die Annahme eines Verstoßes gegen das Transparenzgebot des § 307 Abs. 1 S. 2 BGB.[280] Das BAG hat jüngst – im Zusammenhang mit einer betriebsbedingten Änderungskündigung – entschieden, dass die Bezugnahme auf einen Tarifvertrag der Zeitarbeitsbranche zu unbestimmt sei, wenn im Falle der Unwirksamkeit dieses Tarifvertrages ein anderer Tarifvertrag gelten solle. Für den Leiharbeitnehmer sei in diesen Fällen nicht ersichtlich, welche Arbeitsbedingungen für ihn zukünftig gelten sollten.[281] Ähnlich wie das zu unbestimmte Änderungsangebot bei der Änderungs-   **162**

---

278 Anders offenbar Schüren/Hamann/*Schüren* § 9 AÜG Rn. 123, der die zum fingierten Arbeitsverhältnis entwickelten Grundsätze der Verwirkung heranzieht.
279 Ausführlich *Park/Riederer von Paar/Schüren* NJW 2008, 3670.
280 Dazu ausführlich *Brors* DB 2006, 101; a. *Hamann* S. 54.
281 BAG 15.1.2009, 2 AZR 641/07, DB 2009, 1299.

kündigung lässt auch eine gestufte Tarifwechselklausel im Leiharbeitsvertrag den Arbeitnehmer über den tatsächlich anwendbaren Tarifvertrag im Unklaren.

▶ **Praxistipp:**

> Sollte die Rechtsprechung gestufte Tarifwechselklauseln wider Erwarten akzeptieren, würden die subsidiär anwendbaren wirksamen Zeitarbeitstarifverträge (i.d.R. DGB-Tarifverträge) den gesetzlichen Gleichstellungsgrundsatz der § 3 Abs. 1 Nr. 3, § 9 Nr. 2 AÜG zwar suspendieren. Gleichwohl müssten Verleiher die Differenzbeträge zwischen den geringer dotierten CGZP-Entgelttarifverträgen und den dann einschlägigen Zeitarbeitstarifverträgen an die Leiharbeitnehmer nachzahlen und die darauf entfallenden Sozialversicherungsbeiträge nebst Beiträgen zur Unfallversicherung nachentrichten. Bis zu einer endgültigen Entscheidung über die Tariffähigkeit der CGZP kann der Praxis die Anwendung der CGZP-Zeitarbeitstarifverträge daher nicht empfohlen werden.

163 Unzweifelhaft keinen Schutz gegen die Inanspruchnahme des Verleihers auf die Differnzvergütung nach § 10 Abs. 4 AÜG bieten im **Scheintarifvertrag** selbst enthaltene **Ausschlussfristen**. Diese sind ebenso wie alle anderen Regelungen des von einer tarifunfähigen Vereinigung geschlossenen »Tarifvertrages« unwirksam.[282]

164 Erwägenswert erscheint die Anwendung tariflicher **Ausschlussfristen eines Entleihertarifvertrages**, welcher infolge Unwirksamkeit des Zeitarbeitstarifvertrages aufgrund Anwendbarkeit des Gleichstellungsgebotes der § 3 Abs. 1 Nr. 3, § 9 Nr. 2 AÜG wieder auflebt. In der Litertaur wird dies dogmatisch überzeugend allerdings unter Hinweis darauf abgelehnt, dass der gesetzliche Gleichstellungsgrundsatz lediglich tarifdispositiv sei und die Tarifgeltung des Entleihertraifvertrages nicht kraft Gesetzes fingiert werde.[283]

165 Bisher kaum diskutiert wird die Frage, ob **einzelvertraglich vereinbarte Ausschlussfristen** Schutz gegen die vergütungsrechtliche Nachhaftung des Verleihers aufgrund Anwendung des Gleichstellungsgrundsatzes bei unwirksamen Zeitarbeitstarifverträgen bieten können.[284] Nach allgemeinen Grundsätzen ist die Vereinbarung von Ausschlussfristen zulässig. Formulararbeitsverträge unterliegen dabei

---

282 *Park/Riederer von Paar/Schüren* NJW 2008, 3670.
283 *Park/Riederer von Paar/Schüren* NJW 2008, 3670.
284 Dazu *Thüsing*, AGB-Kontrolle im Arbeitsrecht, Rn. 154 ff.; sh. a. LAG München 2.9.2008, 6 Sa 41/08, n.v. (zum erfolgreichen Verlangen auf Nachzahlung der Differenzvergütung nach § 10 Abs. 4 AÜG).

lediglich einer Inhaltskontrolle gemäß §§ 305 ff. BGB. Für Leiharbeitsverträge gilt insofern nichts anderes. Verleiher können auch in ihren Arbeitsvertragsmustern mit Tarifbezug zusätzlich individualvertragliche Klauseln zu Ausschlussfristen verwenden.[285] Wie auch sonst, dürfen diese Klauseln weder intransparent, d.h. unter den »Schlussbestimmungen« versteckt sein, noch dürfen diese den Leiharbeitnehmer sonst unangemessen benachteiligen.[286]

In der Praxis wird es entscheidend auf die Frage des **Fristbeginns zur** **Berechnung der Ausschlussfrist** bei individualrechtlichen Ansprüchen nach § 9 Nr. 2, § 10 Abs. 4 AÜG ankommen. Regelmäßig stellen Verfallklauseln auf die Fälligkeit des Anspruchs ab. Das BAG begegnet den Härten kurzer Ausschlussfristen für den Arbeitnehmer mit einer eigenen Definition des **Fälligkeitsbegriffs**.[287] Danach muss der Arbeitnehmer als Gläubiger des Anspruchs Kenntnis von den Tatsachen haben, aus denen sein Anspruch folgt. Mindestens muss er bei Beachtung der gebotenen Sorgfalt in der Lage sein, Kenntnis von solchen Tatsachen zu erlangen. Wird eine Rechtsposition erst rückwirkend festgestellt, beginnt die Fälligkeit erst mit Rechtskraft der gerichtlichen Entscheidung.[288] Leiharbeitnehmer können etwaige Differenzvergütungsansprüche rechtlich und tatsächlich mithin erst dann geltend machen, wenn die Tarifunfähigkeit der »gewerkschaftlichen« Vereinigung endgültig rechtskräftig festgestellt sein wird. Dies kann noch Jahre dauern. Erst ab diesem Zeitpunkt beginnen anwendbare Ausschlussfristen zu laufen.

166

▶ **Praxistipp:**

Obgleich höchstrichterlich ungeklärt ist, ob individualvertragliche Verfallklauseln das Risiko der Inanspruchnahme auf die Differenzvergütung (§ 10 Abs. 4 AÜG) reduzieren können, sollten CGZP-Tarifverträge anwendende Zeitarbeitsunternehmen auf solche nicht verzichten. Solange die Frage offen ist, können Verleiher in außergerichtlichen und gerichtlichen Auseinandersetzungen ihre Verhandlungsposition bei Vergleichsgesprächen dadurch nur verbessern.

---

285 Dazu das Vertragsmuster im Anhang.
286 Dazu allg. BAG 12.3.2008, 10 AZR 152/07, NZA 2008, 1651; BAG 25.5.2005, 5 AZR 572/04, NZA 2005, 1111.
287 BAG 30.10.2008, 8 AZR 886/07, EzA-SD 2009 Nr. 7, 10; BAG 16.5.2007, 8 AZR 709/06, NZA 2007, 1154; BAG 16.5.1984, 7 AZR 143/81, EzA § 4 TVG Ausschlussfristen Nr. 58.
288 BAG 14.3.2001, 4 AZR 152/00, NZA 2002, 155 (zur tariflichen Ausschlussfrist bei rückwirkender Statusfeststellung).

167 Keinesfalls vermeiden können Zeitarbeitsunternehmen – und Kunden – aber die **sozialversicherungs- und steuerrechtliche (Nach-) Haftung**; öffentlich-rechtliche Forderungen können durch Individualvereinbarung nicht wirksam abbedungen werden.

IV. Aufgehobene Strukturprinzipien des AÜG

168 Durch das **Erste Gesetz für moderne Dienstleistungen am Arbeitsmarkt (»Hartz I«)** vom 23.12.2002 wurden die **früheren Strukturprinzipien des AÜG in § 3 Abs. 1 Nr. 3 bis 6 a.F. abgeschafft.** Diese Änderung trat für alle Leiharbeitsverhältnisse spätestens zum 1.1.2004 in Kraft; für unter den Geltungsbereich eines nach dem 15.11.2002 abgeschlossenen Tarifvertrages fallende Leiharbeitsverträge gilt die Neufassung bereits seit dem 1.1.2003 bzw. dem Zeitpunkt des späteren Inkrafttretens des Zeitarbeitstarifvertrages (vgl. § 19 AÜG).

▶ Hinweis:

Verleiher durften nach den inzwischen aufgehobenen Strukturprinzipien des AÜG (**§ 3 Abs. 1 Nr. 3 bis 6 AÜG a.F.**):
- mit Leiharbeitnehmern keine wiederholt befristeten Arbeitsverträge abschließen, es sei denn, dass sich für die Befristung aus der Person des Leiharbeitnehmers ein sachlicher Grund ergab oder die Befristung für einen Arbeitsvertrag vorgesehen war, der unmittelbar an den mit demselben Verleiher geschlossenen Arbeitsvertrag anschloss (Nr. 3);
- unbefristete Leiharbeitsverhältnisse nicht durch Kündigung beenden und den Leiharbeitnehmer wiederholt innerhalb von drei Monaten nach Beendigung des Arbeitsverhältnisses bei entsprechendem Bedarf neu einstellen (Nr. 4);
- die Dauer des Leiharbeitsverhältnisses nicht wiederholt auf die Zeit der erstmaligen Überlassung an einen Entleiher beschränken (Nr. 5);
- einen Leiharbeitnehmer nicht länger als 24 Monate an denselben Entleiher überlassen (Nr. 6).

169 Als Korrelat zur Liberalisierung des AÜG durch Abschaffung dieser überlassungsrechtlichen Strukturmerkmale führte der Gesetzgeber ab dem ersten Tag der Überlassung an einen Entleiher den **Grundsatz der Gleichstellung von Leiharbeitnehmern** und vergleichbaren Stammarbeitnehmern im Entleiherbetrieb ein (§ 3 Abs. 3 Nr. 3 n.F.).

170 Verstöße gegen das aufgehobene besondere Befristungs-, Wiedereinstellungs- und Synchronisationsverbot sowie die Höchstüberlassungsdauer rechtfertigen **gewerberechtliche Sanktionen** heute nicht mehr.

▶ **Praxistipp:**

Ganz im Gegenteil eröffnet gerade die Abschaffung der Überlassungshöchstdauer Unternehmen besondere Gestaltungsmöglichkeiten. Der Dauereinsatz von Leiharbeitnehmern ist – auch mit der Folge der Substituierung von Stammarbeitskräften[289] – rechtlich zulässig. Da diese bei der Berechnung der Belegschaftsstärke im Entleiherbetrieb nicht mit zählen, können durch den Einsatz von Leiharbeitnehmern Schwellenwerte (etwa im BetrVG, KSchG, TzBfG, DrittelbG, MitbestG) in rechtlich zulässiger Weise unterschritten werden.[290]

Nach Abschaffung der spezialgesetzlichen Regelungen zu **Befristung** 171 **und Kündigungen** gelten im Anwendungsbereich des AÜG keinerlei Besonderheiten mehr. Die Wirksamkeit befristeter Arbeitsverträge richtet sich ausschließlich nach den allgemeinen Bestimmungen des Teilzeit- und Befristungsgesetzes (TzBfG); für die Rechtmäßigkeit von Kündigungen ist auf die Regelungen zum allgemeinen und besonderen Kündigungsschutz zurückzugreifen, insbesondere auf das Kündigungsschutzgesetz (KSchG).[291]

C. Versagungsgründe bei grenzüberschreitender Arbeitnehmerüberlassung – Abs. 2 bis 5

I. Allgemeines

§ 3 Abs. 2–5 AÜG regeln die sogenannten besonderen Versagungs- 172 gründe bei **grenzüberschreitender Arbeitnehmerüberlassung**.

Das AÜG unterliegt dem **Territoralitätsprinzip**. Es gilt daher für al- 173 le Überlassungen, die das deutsche Staatsgebiet berühren. Dies gilt einerseits für die Überlassung eines Arbeitnehmers vom Inland (Deutschland) ins Ausland und andererseits für die grenzüberschreitenden Personaleinsatz vom Ausland nach Deutschland. In beiden Konstellationen hat die Arbeitnehmerüberlassung Anknüpfungs-

---

289 Das »Freikündigen« von mit Stammarbeitnehmern besetzten Arbeitskräften ist allerdings unzulässig, vgl. § 11 AÜG Rdn. 148 f.
290 Zu den betriebsverfassungsrechtlichen Schwellenwerten § 14 AÜG Rdn. 53.
291 Zur Befristung/Kündigung von Leiharbeitsverhältnissen vgl. § 11 AÜG Rdn. 71 ff.; ausführlich a. *Urban-Crell/Schulz* Rn. 410 ff.

punkte sowohl im In- als auch im Ausland. In Folge dessen müssen die gewerberechtlichen Voraussetzungen für eine grenzüberschreitende Arbeitnehmerüberlassung beider Staaten erfüllt sein.[292]

▶ **Praxistipp:**

Ein Verleiher mit Geschäftssitz im Inland bedarf stets einer Erlaubnis nach dem AÜG. Dies gilt unabhängig davon, ob die Arbeitnehmer im In- oder Ausland eingesetzt werden sollen. Unbeachtlich ist auch, ob sich der Einsatzstaat im EU-/EWR-Raum befindet oder es sich um einen sogenannten Drittstaat handelt.

Die Praxis weicht bei grenzüberschreitenden Sachverhalten häufig auf sonstige Formen drittbezogenen Personaleinsatzes aus, etwa auf Dienst- oder Werkverträge. In diesem Zusammenhang sind bilaterale Verträge, insbesondere Werkvertragsabkommen und Gastarbeitnehmer-Abkommen, zu berücksichtigen.[293]

174 Die **gewerberechtliche Zulässigkeit der Arbeitnehmerüberlassung in Deutschland** bestimmt sich ausschließlich nach dem AÜG. Für die Erlaubniserteilung kommt es – weder im Falle der Überlassung von Deutschland in das Ausland noch für den umgekehrten Fall des Personaleinsatzes vom Ausland nach Deutschland – auf die gewerberechtliche Zulässigkeit der grenzüberschreitenden Arbeitnehmerüberlassung nach dem jeweiligen ausländischen Recht des Einsatz- bzw. Entsendestaates an.[294]

▶ **Praxistipp:**

Vor Überlassung eines Arbeitnehmers in das Ausland muss der (deutsche) Verleiher zwingend die Rahmenbedingungen der geplanten Arbeitnehmerüberlassung im Einsatzland prüfen (z.B. generelle Zulässigkeit, formelle und materielle Voraussetzungen, steuer- und sozialversicherungsrechtliche Fragen).[295]

---

292 EuGH 17.12.1981, 279/80, AP EWG-Vertrag Art. 177 Nr. 9; sh. a. AÜG Einl. Rdn. 51 ff.
293 Dazu *Urban-Crell/Schulz* Rn. 1163 ff.
294 *Boemke* BB 2005, 266; Schüren/Hamann/*Feuerborn* AÜG Einl. Rn. 581 (anders für den Fall der Überlassung vom Aus- ins Inland); *Urban-Crell/Schulz* Rn. 1158 f.; enger wohl a. DA-AÜG § 3 Ziff. 3.5.
295 Zum Recht der Arbeitnehmerüberlassung im Ausland Schüren/Hamann/ *Schüren* AÜG Einl. Rn. 611 f.; zur Arbeitskräfteüberlassung in Österreich vgl. *Grillberger*, Festschrift für Rolf Birk, 2008, S. 151 ff.; sh. AÜG Einl. Rdn. 54 f.

Für die Erlaubniserteilung an **Verleiher mit Geschäftssitz im Aus-** 175
land gelten nach der internen Geschäftsverteilung der BA besondere
Zuständigkeitsregelungen. Zuständig sind:

Regionaldirektion	Geschäftssitz des Verleihers
Nordrhein-Westfalen	Niederlande, Großbritannien, Irland
Rheinland-Pfalz	Belgien, Frankreich, Luxemburg
Bayern	Italien, Griechenland
Nord	Dänemark, Norwegen
Hessen	Alle übrigen Länder

▶ **Hinweis:**

Eine Übersicht über alle Regionaldirektionen mit Anschriften etc.
ist im Anhang abgedruckt.

II. Verleiher mit Sitz außerhalb des EU- oder EWR-Raums – Abs. 2

Nach § 3 Abs. 2 AÜG ist die Erlaubnis oder ihre Verlängerung zwin- 176
gend zu versagen, wenn die Betriebsstätte (Betriebe, Betriebsteile oder
Nebenbetriebe) des Verleihers weder in einem Mitgliedsstaat der EU
noch im EWR-Raum liegt (sogenannter **Drittstaat**). Das **Verbot** ist ab-
solut, da eine wirksame Kontrolle von Verleihern aus Drittstaaten
durch die BA nicht möglich ist[296]. Die BA hat keinerlei Ermessensspielraum.[297]

Die Verbotsvorschrift greift **unabhängig von der Staatsangehörigkeit** 177
des Verleihers oder den Rechtsvorschriften des Staates, nach denen
die verleihende Gesellschaft gegründet wurde, ein.

▶ **Beispiel:**

Auch einem deutschen Staatsangehörigen ist eine beantragte
AÜG-Erlaubnis zu versagen, wenn sein Geschäftssitz in einem
Drittstaat liegt.

Maßgeblich ist **allein der Geschäftssitz des Verleihers.** Als Ge- 178
schäftssitz nennt § 3 Abs. 2 AÜG Betriebe, Betriebsteile oder Nebenbetriebe. Das AÜG definiert die Begriffe Betrieb, Betriebsteil und Ne-

---

296 Vgl. dazu BT-Drucks. VI/2303 S. 12.
297 Zu den Besonderheiten bei den MOE-Mitgliedsstaaten sh. § 3 Rdn. 41.

benbetrieb nicht. Nach herrschender Auffassung ist insoweit auf die Begriffsbestimmung des Betriebsverfassungsgesetzes in §§ 1 und 4 zurückzugreifen.[298]

▶ Praxistipp:

Für die zwingende Untersagung der Erlaubniserteilung oder -verlängerung kommt es ausschließlich auf den Geschäftssitz des Verleihers an. Liegt dieser in einem sogenannten Drittstaat ist die Erlaubnis zwingend zu versagen. Deshalb kann beispielsweise Verleihern mit Sitz in den USA, der Schweiz[299] und der Türkei[300] keine Erlaubnis nach dem AÜG erteilt werden.

179 Der Versagungsgrund knüpft allein an die Betriebsstätte des Verleihers im Entsendestaat an; im Einsatzstaat der Leiharbeitnehmer muss dieser keine Betriebsstätte unterhalten.[301] Nach dem Gesetzeswortlaut muss die **Betriebsstätte**, die der Verleiher **außerhalb des EU-/EWR-Raums** unterhält, **für die Verleihtätigkeit im Sinne des § 1 AÜG vorgesehen** sein. Indizien dafür sind beispielsweise die administrative Abwicklung der Arbeitnehmerüberlassung durch diese Betriebsstätte, etwa die dortige Verwaltung der Leiharbeitsverträge und sonstiger mit der Arbeitnehmerüberlassung in Zusammenhang stehender Geschäftsvorgänge.[302] Für die Beurteilung der Erlaubnisversagung unerheblich sind demgegenüber Betriebsstätten des Verleihers, die mit (grenzüberschreitender) Arbeitnehmerüberlassung in keinerlei Zusammenhang stehen.[303]

▶ Praxistipp:

Zum Zwecke (grenzüberschreitender) Arbeitnehmerüberlassung sollten Verleiher mit Geschäftssitz in Drittstaaten die Gründung einer Betriebsstätte im EU-/EWR-Raum erwägen. Dieser Betrieb, Betriebsteil oder Nebenbetrieb muss dabei nicht in Deutschland errichtet werden.

---

298 ErfK/*Wank* § 3 AÜG Rn. 30 m.w.Nachw.; ausführlich zu den betriebsverfassungsrechtlichen Begrifflichkeiten Richardi/*Richardi* § 1 BetrVG Rn. 15 ff., § 4 BetrVG Rn. 3 ff.
299 Sh. 10. AÜG-Erfahrungsbericht, BT-Drucks. 15/6008 S. 7.
300 Vgl. dazu BVerwG 13.9.2007, 3 C 49/06, DÖV 2008, 428.
301 ErfK/*Wank* § 3 AÜG Rn. 30; HWK-*Kalb* § 3 Rn. 42; jeweils a. m.w.Nachw. und unter Hinweis auf die Niederlassungs- und Dienstleistungsfreiheit.
302 HWK-*Kalb* § 3 AÜG Rn. 46; *Sandmann/Marschall* § 3 AÜG Anm. 44.
303 ErfK/*Wank* § 3 AÜG Rn. 31 m.w.Nachw.

III. Ausländische Verleiher aus Nicht-EU- oder Nicht-EWR-Staaten – Abs. 3

Nach **§ 3 Abs. 3 AÜG** kann die Erlaubnis versagt werden, wenn der **180** **Antragsteller** nicht Deutscher im Sinne des Art. 116 GG ist oder wenn eine Gesellschaft (z.B. KG, oHG, GbR) oder juristische Person (AG, GmbH, Genossenschaft) den Antrag stellt, die entweder nicht nach deutschem Recht gegründet ist oder die weder ihren satzungsmäßigen Sitz noch ihre Hauptverwaltung noch ihre Hauptniederlassung im Geltungsbereich des AÜG hat. **Natürliche oder juristische Personen aus Drittstaaten** haben – anders als nach § 3 Abs. 4–5 AÜG deutschen Gleichgestellte – keinen Anspruch auf Erlaubniserteilung. Die BA erteilt diese nach pflichtgemäßem Ermessen.[304]

§ 3 Abs. 3 AÜG regelt **nur die erstmalige Erteilung** (Versagung) der **181** Erlaubnis nach dem AÜG. Spätere Verlängerungsanträge können nicht unter Hinweis auf diese Vorschrift abgelehnt werden. Eine beantragte Verlängerung ist nach den Maßstäben der allgemeinen Versagungsgründe des § 3 Abs. 1 AÜG sowie des absoluten Versagungsgrundes des § 3 Abs. 2 AÜG zu überprüfen.[305]

Bei Gesellschaften oder juristischen Personen spielt die **Staatsangehö-** **182** **rigkeit der Gesellschafter oder ihrer Organe keine Rolle**. Entscheidend ist allein, ob diese nach deutschem Recht gegründet sind oder ihren satzungsmäßigen Sitz, ihre Hauptverwaltung oder Hauptniederlassung in Deutschland haben. Der Sitz einer Gesellschaft ergibt sich üblicherweise aus der Satzung oder dem Gesellschaftsvertrag.[306] Die Hauptverwaltung einer Gesellschaft oder juristischen Person befindet sich an dem Ort, an dem die tatsächliche Leitungsmacht durch die Gesellschafter oder die Organe ausgeübt wird. Davon unterscheidet sich die Hauptniederlassung insofern, als es für diese auf den Schwerpunkt der gewerblichen Tätigkeit ankommt.[307]

Über den Wortlaut des § 3 Abs. 3 AÜG hinaus verlangt die wohl herr- **183** schende Literaturauffassung zur Vermeidung von **Scheingründungen nach deutschem Recht**, dass eine Bindung an die deutsche

---

304 Zur fehlerhaften Ermessensunterschreitung bei Annahme, einem Antragsteller außerhalb des EU-/EWR-Raums generell die Verleiherlaubnis versagen zu müssen, vgl. BSG 12.12.1990, 11 RAr 49/90, EzAÜG § 3 AÜG Versagungsgründe Nr. 16.
305 Der Wortlaut des § 3 Abs. 3 AÜG und ein systematischer Vergleich mit dem Wortlaut des § 3 Abs. 2 AÜG streitet für dieses Verständnis; vgl. a. HWK/*Kalb* § 3 AÜG Rn. 50.
306 ErfK/*Wank* § 3 AÜG Rn. 35; *Sandmann/Marschall* § 3 AÜG Anm. 54.
307 Ausführlich zu den einzelnen Begriffen Schüren/Hamann/*Schüren* § 3 AÜG Rn. 213 ff.

Rechtsordnung fortbestehen muss.[308] Unter Berücksichtigung der Gleichstellungsregelungen des § 3 Abs. 4–5 AÜG muss es dabei allerdings ausreichend sein, dass die Gesellschaft oder juristische Person tatsächlich und dauerhaft mit der Rechts- und Wirtschaftsordnung eines EU-/EWR-Staates verbunden ist.

IV. Ausländische Verleiher aus EU- oder EWR-Staaten – Abs. 4

184   § 3 Abs. 4 AÜG stellt natürliche oder juristische Personen, die dem Recht eines EU-/EWR-Mitgliedsstaates unterliegen, deutschen Staatsangehörigen und nach deutschem Recht gegründeten Gesellschaften und juristischen Personen gleich. Diese Antragsteller erhalten daher nach dem **Grundsatz der Inländergleichbehandlung** unter denselben Voraussetzungen wie deutsche Antragsteller eine Erlaubnis nach dem AÜG. Der BA steht allein wegen der Staatsangehörigkeit bzw. dem Gesellschaftstatut der Gesellschaft oder juristischen Person kein Ermessensspielraum zu.[309]

185   Für Gesellschaften und juristische Personen sieht § 3 Abs. 4 S. 3 AÜG allerdings einschränkend vor, dass diese nicht nur ihren **satzungsmäßigen Sitz im EU-/EWR-Raum** haben müssen, sondern darüber hinaus ihre Tätigkeit in tatsächlicher und dauerhafter Verbindung mit der Wirtschaft eines Mitgliedsstaates oder eines Vertragsstaates des Abkommens über den Europäischen Wirtschaftsraum steht, soweit sie weder ihre Hauptverwaltung noch ihre Hauptniederlassung innerhalb einer dieser Staaten unterhalten. Diese Entscheidung soll **Scheingründungen** und Briefkastenfirmen vermeiden. Erforderlich aber auch ausreichend dafür ist das Bestehen einer Zweitniederlassung oder einer Betriebsstätte in einem EU-/EWR-Staat.[310]

V. Ausländische Verleiher aus Abkommenstaaten – Abs. 5

186   Als weitere Ausnahme zu § 3 Abs. 3 AÜG bestimmt **§ 3 Abs. 5 AÜG**, dass Antragsteller aus Drittstaaten auch dann mit deutschen Staatsangehörigen oder deutschen Gesellschaften und juristischen Personen gleichzustellen sind, wenn sich diese auf Grund eines **internationalen Abkommens** im Geltungsbereich des AÜG, d.h. in Deutschland, niederlassen.

---

308 Thüsing/*Pelzner* § 3 AÜG Rn. 134; *Ulber* § 3 AÜG Rn. 140; a.A. Schüren/ Hamann/*Hamann* § 3 AÜG Rn. 212.
309 Thüsing/*Pelzner* § 3 AÜG Rn. 137.
310 *Becker/Wulfgramm* § 3 AÜG Rn. 91 ff.; Schüren/Hamann/*Schüren* § 3 AÜG Rn. 219 ff.; Thüsing/*Pelzner* § 3 AÜG Rn. 139.

▶ **Beispiele:**

Für die Praxis von Bedeutung sind beispielsweise:

Niederlassungsvertrag mit der Schweiz vom 13.11.1909[311];

Assoziierungsabkommen zwischen der EWG und der Türkei vom 12.9.1963 (Art. 13)[312].

Keine praktische Bedeutung mehr haben **Assoziierungsabkommen** 187 **mit mittel- und osteuropäischen Staaten** (MOE-Staaten), für die nach deren Beitritt zur EU am 1.5.2004 bzw. 1.1.2007 die europäischen Grundfreiheiten ohnehin grundsätzlich gelten.[313]

▶ **Praxistipp:**

Zu beachten bleibt allerdings, dass bestehende Beschäftigungsverbote für ausländische Leiharbeitnehmer auch bei Erteilung einer Erlaubnis nach § 1 AÜG an ausländische Verleiher ihre Bedeutung nicht verlieren. Arbeitnehmer aus Drittstaaten und – bis zum Ablauf der jeweiligen Übergangsfrist – aus MOE-Staaten dürfen in Deutschland nicht als Leiharbeitskräfte eingesetzt werden.[314]

D. Verfahren und Rechtsbehelfe

Einen den Antragsteller **belastenden Bescheid** über die Versagung 188 oder Nichtverlängerung der Erlaubnis hat die BA schriftlich zu begründen (vgl. § 39 Abs. 1 VwVfG) und mit einer Rechtsbehelfsbelehrung zu versehen. **Verfahren und Rechtsbehelfe** richten sich nach dem **SGG**.

Nach ordnungsgemäßer Durchführung eines **Widerspruchsverfahrens** (§§ 78, 86 SGG) kann innerhalb eines Monats nach Zustellung des Widerspruchsbescheides oder, wenn ein Vorverfahren nicht stattgefunden hat, einen Monat nach Bekanntgabe des Verwaltungsaktes, **Verpflichtungsklage** zum zuständigen Sozialgericht erhoben werden (§ 51 Abs. 1, §§ 54, 87 SGG).

---

311 RGBl. 887, 894.
312 BGBl. II 1964 S. 510, 520.
313 Etwa Abkommen mit Bulgarien vom 8.3.1993 (Art. 45 Abs. 1), BGBl. II 1994 S. 2753, 2761; Abkommen mit Rumänien vom 1.2.1993 (Art. 45 Abs. 1), BGBl. II 1994 S. 2957, 2965.
314 Zu Beschäftigungsverboten vgl. § 3 AÜG Rdn. 40 f., § 15 AÜG Rdn. 10.

190 Widerspruch und Anfechtungsklage gegen Versagungs- und Nicht-
verlängerungsbescheide nach dem AÜG haben grundsätzlich **keine
aufschiebende Wirkung (§ 86a Abs. 4 SGG)**; die Vollziehung eines
Verwaltungsaktes kann aber auf Antrag gemäß § 86a Abs. 3 und 4
SGG ganz oder teilweise ausgesetzt werden.[315]

---

315 Ausführlich zum Rechtsschutz § 2 AÜG Rdn. 62 ff.

§ 4 Rücknahme

(1) [1]Eine rechtswidrige Erlaubnis kann mit Wirkung für die Zukunft zurückgenommen werden. [2]§ 2 Abs. 4 Satz 4 gilt entsprechend.

(2) [1]Die Erlaubnisbehörde hat dem Verleiher auf Antrag den Vermögensnachteil auszugleichen, den dieser dadurch erleidet, daß er auf den Bestand der Erlaubnis vertraut hat, soweit sein Vertrauen unter Abwägung mit dem öffentlichen Interesse schutzwürdig ist. [2]Auf Vertrauen kann sich der Verleiher nicht berufen, wenn er
1. die Erlaubnis durch arglistige Täuschung, Drohung oder eine strafbare Handlung erwirkt hat;
2. die Erlaubnis durch Angaben erwirkt hat, die in wesentlicher Beziehung unrichtig oder unvollständig waren, oder
3. die Rechtswidrigkeit der Erlaubnis kannte oder infolge grober Fahrlässigkeit nicht kannte.

[3]Der Vermögensnachteil ist jedoch nicht über den Betrag des Interesses hinaus zu ersetzen, das der Verleiher an dem Bestand der Erlaubnis hat. [4]Der auszugleichende Vermögensnachteil wird durch die Erlaubnisbehörde festgesetzt. [5]Der Anspruch kann nur innerhalb eines Jahres geltend gemacht werden; die Frist beginnt, sobald die Erlaubnisbehörde den Verleiher auf sie hingewiesen hat.

(3) Die Rücknahme ist nur innerhalb eines Jahres seit dem Zeitpunkt zulässig, in dem die Erlaubnisbehörde von den Tatsachen Kenntnis erhalten hat, die die Rücknahme der Erlaubnis rechtfertigen.

Übersicht

A. Allgemeines

§ 4 AÜG regelt die **Rücknahme** einer rechtswidrigen Erlaubnis,   1
§ 5 AÜG insbesondere den Widerruf einer rechtmäßigen Erlaub-

nis.[1] Beide Bestimmungen gehen den Regelungen des allgemeinen Verwaltungsverfahrensrechts (§§ 48, 49 VwVfG) spezialgesetzlich vor.

2 Abweichend von § 48 VwVfG genießt der Inhaber einer rechtswidrigen Verleiherlaubnis keinen Bestandsschutz. Nach § 4 Abs. 1 S. 1 AÜG kann eine rechtswidrige Erlaubnis mit Wirkung für die Zukunft ohne Einschränkung zurückgenommen werden (so genannte **freie Rücknehmbarkeit**); nach Satz 2 gilt die Abwicklungsfrist des § 2 Abs. 4 S. 4 AÜG in diesen Fällen entsprechend. Die Rücknahmeentscheidung steht im **Ermessen der Erlaubnisbehörde** (»kann«). Die **Vermögensnachteile**, die dem Erlaunisinhaber dadurch entstehen, dass er auf den Bestand der Erlaubnis vertraut hat, werden unter den Voraussetzungen des § 4 Abs. 2 AÜG ausgeglichen.

3 Die **praktische Bedeutung** der Rücknahme ist **äußerst gering**. Die weitaus überwiegende Anzahl aller nach dem AÜG erteilten Erlaubnisse erlischt aufgrund Nichtverlängerung, einige aufgrund Widerrufs nach § 5 AÜG.[2]

B. Voraussetzungen – Abs. 1 S. 1

4 Die Rücknahme nach § 4 AÜG ist nur zulässig, wenn die **Erlaubnis rechtswidrig** ist. Rechtswidrig ist eine Erlaubnis, die fehlerhaft erteilt wurde, etwa weil bereits zum Zeitpunkt der Erlaubniserteilung Versagungsgründe nach § 3 AÜG vorlagen.[3] Die **Rechtswidrigkeit muss bis zum Zeitpunkt der Rücknahmeentscheidung fortwirken**, d.h. die Regionaldirektion ist im Zeitpunkt der Rücknahme nicht verpflichtet, eine Erlaubnis gleichen Inhalts erneut zu erteilen (arg.e.c. § 5 Abs. 3 AÜG analog).[4] Die Rechtswidrigkeit muss zum Zeitpunkt der Erlaubniserteilung objektiv, d.h. nicht nur nach der Vorstellung der Behörde, gegeben sein. Bei einer nachträglichen Änderung der Sachlage kommt nur ein Widerruf der Erlaubnis in Betracht (§ 5 Abs. 1 Nr. 3 AÜG).

---

1 Zur Anwendbarkeit des § 5 AÜG auf die rechtswidrig erteilte Erlaubnis sh. § 5 AÜG Rdn. 3.
2 Vgl. dazu 10. AÜG-Erfahrungsbericht, BT-Drucks. 15/6009 S. 13, 25 f.; 9. AÜG-Erfahrungsbericht, BT-Drucks. 14/4220 S. 22; ausführlich zur Entstehungsgeschichte der §§ 4, 5 AÜG sh. Schüren/Hamann/*Schüren* § 4 AÜG Rn. 4; Schüren/Hamann/*Stracke* § 5 AÜG Rn. 1 ff.; a. § 5 AÜG Rdn. 2.
3 HWK/*Kalb* § 4 AÜG Rn. 4.
4 ErfK/*Wank* § 4 AÜG Rn. 3; *Sandmann/Marschall* Art. 1 § 4 AÜG Anm. 6, Schüren/Hamann/*Schüren* § 4 AÜG Rn. 7.

▶ **Beispiel:**[5]

Bereits zum Zeitpunkt der Erlaubniserteilung hatte der Antragsteller Lohnsteuern hinterzogen, ohne dass dies der zuständigen Regionaldirektion bekannt geworden war. Dem Antragsteller mangelte es bereits zu diesem Zeitpunkt an der erforderlichen Zuverlässigkeit. Die Erlaubnis wurde mithin rechtswidrig erteilt und kann daher nach § 4 AÜG zurückgenommen werden. Ein Widerruf kommt nicht in Betracht. Handelte es sich zum Zeitpunkt der Erlaubniserteilung um Delikte, die nach dem Grundsatz der Verhältnismäßigkeit für sich genommen eine Rücknahme nicht gerechtfertigt hätten, so kann unter Umständen die Summe der Vorkommnisse einen Widerruf der Erlaubnis erforderlich machen.

Die Frage, ob bei der Begehung einer **Straftat oder Ordnungswidrigkeit** die Erlaubnis zurückzunehmen oder zu widerrufen ist, beantwortet sich nach dem Zeitpunkt der Tatbegehung. Auf die (strafrechtliche) Verurteilung kommt es nicht an.[6] **5**

Unrichtige Angaben des Antragstellers sind nur dann ein Rücknahmegrund, wenn sie rechtserheblich sind. Bestand ungeachtet der Unrichtigkeit ein Anspruch auf Erlaubniserteilung, scheidet eine Rücknahme nach § 4 AÜG aus (z.B. bei falscher Angabe des Geburtsdatums).[7] Ebenfalls **unbeachtlich sind Verfahrensfehler**, soweit diese geheilt wurden oder die Erlaubnis trotz des Fehlers materiell zu Recht erteilt wurde.[8] Entsprechendes gilt für bloße **Bagatellfehler**, etwa offensichtliche Schreib- oder Rechenfehler. Diese kann die Behörde jederzeit berichtigen.[9] **6**

Für die Rechtswidrigkeit der Erlaubniserteilung ist die **Regionaldirektion darlegungs- und beweispflichtig.**[10] Dies gilt sowohl für die anfängliche als auch für die im Zeitpunkt der Rücknahmeentscheidung noch fortdauernde Rechtswidrigkeit.[11] Die BA trägt auch die Beweislast für die Einhaltung der Rücknahmefrist (§ 4 Abs. 3 AÜG). **7**

---

5 So DA-AÜG zu § 4 Ziff. 4.1.
6 LSG Niedersachsen 22.7.1977, L 7 S(Ar) 31/77, EzAÜG § 4 AÜG Rücknahme Nr. 1.
7 DA-AÜG zu § 4 Ziff. 4.1.
8 Schüren/Hamann/*Schüren* § 4 AÜG Rn. 13.
9 ErfK/*Wank* § 4 AÜG Rn. 3; Schüren/Hamann/*Schüren* § 4 AÜG Rn. 12.
10 *Sandmann/Marschall* Art. 1 § 4 AÜG Anm. 8.
11 Schüren/Hamann/*Schüren* § 4 AÜG 14 m.w.Nachw.

C. Rechtsfolgen

I. Rücknahme

8   § 4 Abs. 1 S. 1 AÜG stellt die Rücknahme der rechtswidrigen Erlaubnis in das **Ermessen der zuständigen Behörde** (»kann«). Beschränkt wird die Ermessensausübung durch den Grundsatz der Verhältnismäßigkeit. Können die die Rechtswidrigkeit begründenden Tatsachen durch andere **mildere Mittel** beseitigt werden, z.b. durch den Erlass einer nachträglichen Auflage, genießen diese Vorrang. Die Erlaubnis darf dann nicht zurückgenommen werden. Stehen mildere Mittel zur Herstellung eines gesetzeskonformen Zustandes nicht zur Verfügung, reduziert sich das Ermessen der Behörde auf Null. Die Erlaubnis ist in diesem Fall zwingend zurückzunehmen. **Vertrauensschutzgesichtspunkte** spielen bei der Rücknahmeentscheidung keine Rolle.[12] Die Nachteile der freien Rücknehmbarkeit der Erlaubnis werden wirtschaftlich durch die Entschädigungspflicht nach § 4 Abs. 2 AÜG kompensiert.[13]

9   Anders als im Anwendungsbereich des § 48 VwVfG kann die Erlaubnis nach § 4 AÜG nur **mit Wirkung für die Zukunft** (ex-nunc) zurückgenommen werden. Dadurch soll ein rechtloser Zustand vermieden werden, der auch durch die entsprechende Anwendung der Abwicklungsfrist nach § 2 Abs. 4 S. 4 AÜG nicht abgedeckt werden kann.[14]

10 Die Rücknahme wird **mit Bekanntgabe des Rücknahmebescheides wirksam** (§ 43 VwVfG). Die Entscheidung ist grundsätzlich dem Erlaubnisinhaber bekanntzugeben, es sei denn dieser hat einen Bevollmächtigten bestimmt (§ 41 Abs. 1 VwVfG). Ein schriftlicher Verwaltungsakt gilt mit dem dritten Tage nach der Aufgabe zur Post als bekanntgegeben (§ 41 Abs. 2 VwVfG).

▶ Praxistipp:

Die zuständige Regionaldirektion fordert die unwirksam gewordene Erlaubnisurkunde regelmäßig zurück (§ 52 VwVfG). Hat der Betroffene allerdings ein schutzwürdiges Interesse an einem Fortbesitz der Urkunde (z.B. während der Abwicklungsfrist), kann die

---

12 Vgl. DA-AÜG zu § 4 Ziff. 4.1.
13 BT-Drucks. VI/2303 S. 12, 24; *Boemke/Lembke* § 4 AÜG Rn. 7, *Sandmann/Marschall* Art. 1 § 4 Anm. 7; a.A. Schüren/Hamann/*Schüren* § 4 AÜG Rn. 17; Thüsing/*Kämmerer* § 4 AÜG Rn. 3; jeweils m.w.Nachw., die eine Berücksichtigung von Vertrauensschutzgesichtspunkten bei der Rücknahmeentscheidung zulassen.
14 Thüsing/*Kämmerer* § 4 AÜG Rn. 4.

Urkunde nach deren Unbrauchbarmachung bzw. ihrer Kennzeichnung als ungültig dem früheren Erlaubnisinhaber wieder ausgehändigt werden.[15]

II. Nachwirkung – Abs. 1 S. 2

Für die Rücknahme gilt die **Nachwirkung des § 2 Abs. 4 S. 4 AÜG** 11
entsprechend (§ 4 Abs. 1 S. 2 AÜG); die Erlaubnis gilt für einen maximalen Zeitraum von zwölf Monaten fort.[16]

III. Vermögensnachteil – Abs. 2

Unter den Voraussetzungen des **§ 4 Abs. 2 AÜG** hat der Verleiher An- 12
spruch auf **Ausgleich des Vermögensnachteils**, der ihm durch die Rücknahme der rechtwidrigen Erlaubnis entstanden ist. Die praktische Bedeutung des Ausgleichsanspruchs ist gering.[17]

Ein Vermögensnachteil ist nur auf **Antrag des Verleihers** auszuglei- 13
chen. Der **Ausgleichsanspruch** setzt voraus, dass das Vertrauen des Verleihers unter Abwägung mit den öffentlichen Interessen schutzwürdig ist (§ 4 Abs. 2 S. 1 AÜG). Dies dürfte im Wesentlichen nur dann der Fall sein, wenn die Erlaubnisbehörde vollständig und richtig informiert wurde (vgl. § 4 Abs. 2 S. 2 Nr. 2 AÜG), dann aber die Sachlage rechtlich fehlerhaft bewertet hat.[18]

§ 4 Abs. 2 S. 2 AÜG nennt drei **Fallgruppen**, bei denen sich der Ver- 14
leiher auf ein schutzwürdiges Vertrauen nicht berufen kann; die Aufzählung ist **nicht abschließend**.[19] Die benannten Fälle sind:
– Erwirkung der Erlaubnis durch arglistige Täuschung, Drohung oder eine strafbare Handlung (Nr. 1);
– Erwirkung der Erlaubnis durch Angaben, die in wesentlicher Beziehung unrichtig oder unvollständig waren (Nr. 2);
– Kenntnis oder grob fahrlässige Unkenntnis des Verleihers von der Rechtswidrigkeit der Erlaubnis (Nr. 3).

Der Rechtsanspruch des Verleihers ist auf den **Vertrauensschaden** be- 15
schränkt, d.h. den Schaden, den er dadurch erleidet, auf den Bestand der Erlaubnis vertraut zu haben (§ 4 Abs. 2 S. 3 AÜG). Dazu gehören

---

15 DA-AÜG zu § 4 Ziff. 4.1.
16 Vgl. dazu § 2 AÜG Rdn. 36 ff.
17 ErfK/*Wank* § 4 AÜG Rn. 6; Schüren/Hamann/*Schüren* § 4 AÜG Rn. 4 f., 24.
18 Schüren/Hamann/*Schüren* § 4 AÜG Rn. 24.
19 ErfK/*Wank* § 4 AÜG Rn. 6; Schüren/Hamann/*Schüren* § 4 AÜG Rn. 24, ausführlich *Sandmann/Marschall* Art. 1 § 4 AÜG Anm. 10 ff.

in erster Linie Aufwendungen zur Errichtung, Erhaltung und/oder Erweiterung des Verleihunternehmens. Ferner solche Schäden, die dadurch entstanden sind, dass der Verleiher anderweitige Gewinnmöglichkeiten im Rahmen einer anderen gewerblichen Tätigkeit nicht genutzt hat. Nicht ersatzfähig ist hingegen der entgangene Gewinn (§ 252 BGB), den der Verleiher aufgrund der erteilten Erlaubnis voraussichtlich hätte erzielen können.[20] Das negative ist durch das positive Interesse begrenzt. Die **Höhe** des auszugleichenden Vermögensnachteils wird durch die Erlaubnisbehörde festgesetzt (**§ 4 Abs. 2 S. 4 AÜG**).

16   Der Verleiher kann einen Anspruch auf Vermögensausgleich nur innerhalb eines Jahres geltend machen. Die Frist beginnt, sobald die Erlaubnisbehörde ihn darauf hingewiesen hat (**§ 4 Abs. 2 S. 5 AÜG**). Die **Jahresfrist** ist eine Ausschlussfrist, gegen deren Versäumung die Wiedereinsetzung in den vorigen Stand nicht zulässig ist.

D. Rücknahmefrist – Abs. 3

17   Eine rechtswidrige **Erlaubnis** kann **nur innerhalb eines Jahres zurückgenommen** werden. Nach dem Wortlaut des § 4 Abs. 3 AÜG ist allein auf die für die Rücknahme maßgebliche Tatsachenkenntnis abzustellen.[21] Darüber hinaus verlangt die wohl herrschende Rechtsprechung und Literaturauffassung zum allgemeinen Verwaltungsverfahrensrecht, dass die Behörde neben der **Tatsachenkenntnis** zusätzlich **Kenntnis von Rechtsanwendungsfehlern**, d.h. der Rechtswidrigkeit des Verwaltungsaktes, erlangen muss. Erst dann werde der Fristlauf in Gang gesetzt.[22] Von den zur Rücknahme berechtigenden Umständen muss die Behörde positive Kenntnis haben; fahrlässige Unkenntnis (Kennenmüssen) genügt nicht.[23]

18   Richtigerweise ist auf die **dienstliche Kenntniserlangung eines Mitarbeiters der BA** – nicht zwingend der zuständigen Regionaldirektion – abzustellen (§ 166 BGB analog).[24] Keine Stütze im Gesetz findet

20   ErfK/*Wank* § 4 AÜG Rn. 7; Thüsing/*Kämmerer* § 4 AÜG Rn. 10; *Urban-Crell/ Schulz* Rn. 710.
21   So a. DA-AÜG zu § 4 Ziff. 4.3.
22   BVerwG 19.12.1984, GrSen 1/84, NJW 1985, 819; ausführlich Thüsing/*Kämmerer* § 4 AÜG Rn. 6 m.w.Nachw.; a. Schüren/Hamann/*Schüren* § 4 AÜG Rn. 21.
23   ErfK/*Wank* § 4 AÜG Rn. 5; *Kopp/Ramsauer* § 48 VwVfG Rn. 153; a.A. *Boemke/ Lembke* § 4 AÜG Rn. 11; Thüsing/*Kämmerer* § 4 AÜG Rn. 6, die jeweils ein Kennenmüssen ausreichen lassen wollen.
24   Schüren/Hamann/*Schüren* § 4 AÜG Rn. 23; einschr. LSG Niedersachsen 25.11.1993, L 10 Ar 219/92, EzAÜG § 5 AÜG Nr. 3; *Boemke/Lembke* § 4 AÜG

die Auffassung des BVerwG, welches Kenntniserlangung durch den nach der internen Geschäftsverteilung zuständigen Sachbearbeiter, jedenfalls aber das zuständige Referat verlangt.[25] Erlangt ein Bediensteter der BA von Umständen Kenntnis, die eine Rücknahme der Erlaubnis rechtfertigen, muss er die sachbearbeitende Abteilung unverzüglich informieren. Ansonsten liegt ein zurechenbares Organisationsverschulden vor. Dabei ist auf den Zeitpunkt abzustellen, zu dem die zuständige Stelle bei ordnungsgemäßem Geschäftsgang hätte Kenntnis erlangen müssen.[26]

▶ **Praxistipp:**

Für den Beginn der Jahresfrist ist es ausreichend, wenn nicht nur mit der Durchführung des AÜG beauftragte Bedienstete der BA, sondern auch nur andere Bedienstete, etwa Arbeitsvermittler, Berufsberater, OWi-Sachbearbeiter, von dem Rücknahmegrund positive Kenntnis erlangen.[27]

Die Jahresfrist ist eine Ausschlussfrist, sie kann nicht verlängert wer- **19** den. Für die **Fristberechnung** gelten **§ 31 VwVfG i.V.m. §§ 187 ff. BGB**. Für den Fristbeginn maßgeblich ist der Zeitpunkt, in dem die Behörde Kenntnis im Sinne des § 4 Abs. 3 AÜG erlangt. Die Frist endet nach einem Jahr mit Ablauf des Tages, der durch seine Zahl dem Tag entspricht, in den die Kenntniserlangung fällt (§ 188 Abs. 2 Alt. 1 BGB).

▶ **Beispiel:**

Kenntniserlangung am 15.9.2009 (Fristbeginn), Fristablauf am 15.9.2010 um 24.00 Uhr. Der Rücknahmebescheid muss dem Erlaubnisinhaber vor Ablauf der Frist bekannt gegeben werden.

E. Verfahren und Rechtsbehelfe

Eine eigene Rechtswegbestimmung enthält § 4 AÜG nicht. Deshalb **20** bleibt es – auch für Streitigkeiten im Zusammenhang mit Entschädi-

---

Rn. 12; ErfK/*Wank* § 4 AÜG Rn. 5, HWK/*Kalb* § 4 AÜG Rn. 13; Thüsing/ *Kämmerer* § 4 AÜG Rn. 6, die Kenntniserlangung durch die zuständige Dienststelle der BA verlangen.
25 BVerwG 19.12.1984,GrSen 1/84, BVerwGE 70, 356 = NJW 1985, 819.
26 *Kopp* GewArch. 1986, 185; *Kopp/Ramsauer* § 48 VwVfG Rn. 158; *Urban-Crell/ Schulz* Rn. 708.
27 DA-AÜG zu § 4 Ziff. 4.3.

gungsansprüchen nach § 4 Abs. 2 AÜG – bei der **Zuständigkeit der Sozialgerichte** (§ 51 SGG).[28]

21 Die **Rücknahme einer rechtswidrigen Erlaubnis** ist ein belastender Verwaltungsakt (§ 35 VwVfG). Gegen diesen ist nach erfolgloser Durchführung des Widerspruchsverfahrens die **Anfechtungsklage** statthaft.[29] Auf Antrag kann der Vollzug der Rücknahme im Widerspruchs- und Klageverfahren ausgesetzt werden (§ 86b Abs. 1 Nr. 2 SGG).

22 Begehrt der Verleiher den **Ausgleich seines Vermögensnachteils** nach § 4 Abs. 2 AÜG, bedarf es zunächst eines entsprechenden Antrags bei der zuständigen Erlaubnisbehörde. Lehnt diese den Antrag ab, ist nach erfolglosem Widerspruch beim Sozialgericht **Verpflichtungsklage** auf Festsetzung eines (höheren) Ausgleichs zu erheben.[30]

---

28 Schüren/Hamann/*Schüren* § 4 AÜG Rn. 26; Thüsing/*Kämmerer* § 4 AÜG Rn. 11.
29 Ausführlich zum Rechtsschutz § 2 AÜG Rdn. 62 ff.
30 Thüsing/*Kämmerer* § 4 AÜG Rn. 11.

§ 5 Widerruf

(1) Die Erlaubnis kann mit Wirkung für die Zukunft widerrufen werden, wenn
1. der Widerruf bei ihrer Erteilung nach § 2 Abs. 3 vorbehalten worden ist;
2. der Verleiher eine Auflage nach § 2 nicht innerhalb einer ihm gesetzten Frist erfüllt hat;
3. die Erlaubnisbehörde auf Grund nachträglich eingetretener Tatsachen berechtigt wäre, die Erlaubnis zu versagen, oder
4. die Erlaubnisbehörde auf Grund einer geänderten Rechtslage berechtigt wäre, die Erlaubnis zu versagen; § 4 Abs. 2 gilt entsprechend.

(2) ¹Die Erlaubnis wird mit dem Wirksamwerden des Widerrufs unwirksam. ²§ 2 Abs. 4 Satz 4 gilt entsprechend.

(3) Der Widerruf ist unzulässig, wenn eine Erlaubnis gleichen Inhalts erneut erteilt werden müßte.

(4) Der Widerruf ist nur innerhalb eines Jahres seit dem Zeitpunkt zulässig, in dem die Erlaubnisbehörde von den Tatsachen Kenntnis erhalten hat, die den Widerruf der Erlaubnis rechtfertigen.

A. Allgemeines

1 Unter den Voraussetzungen des § 5 AÜG kann eine **Erlaubnis mit Wirkung für die Zukunft widerrufen** werden.[1] Der Widerruf ist – ebenso wie die Rücknahme (§ 4 AÜG) – ein belastender Verwaltungsakt. §§ 4, 5 AÜG gehen den allgemeinen verwaltungsverfahrensrechtlichen Bestimmungen über Rücknahme und Widerruf (§§ 48, 49 VwVfG) als speziellere Vorschriften vor.

2 Die **praktische Bedeutung des Widerrufs** ist um ein Vielfaches größer als die der Rücknahme nach § 4 AÜG. Ausweislich des 10. AÜG-Erfahrungsberichts der Bundesregierung wurden im Berichtszeitraum 2000 bis 2004 lediglich 46 Erlaubnisse zurückgenommen, aber 421 durch die BA widerrufen.[2] Der weitaus größte Anteil (7477) ist hingegen durch die Nichtverlängerung befristeter Verleiherlaubnisse erloschen. Gründe für Rücknahmen, Widerrufe oder Nichtverlängerungen waren insbesondere Insolvenzverfahren, mangelnde Bonität, Rückstände von Steuern und Sozialversicherungsbeiträgen, Verstöße gegen Auflagenbescheide, arbeitsrechtliche Unzuverlässigkeit, mangelnde Mitwirkung und Vorstrafen.[3]

B. Voraussetzungen

I. Rechtmäßige und rechtswidrige Erlaubnis

3 Von Anfang an **rechtmäßige Erlaubnisse** nach dem AÜG können nur widerrufen (§ 5 AÜG), nicht aber nach § 4 AÜG zurückgenommen werden. Die Ermächtigung zur Rücknahme erfasst lediglich von Anfang an rechtwidrige Verwaltungsakte. Nach ganz einhelliger Auffassung ist bei **rechtswidrig erlassenen Verwaltungsakten** aber auch ein Widerruf grundsätzlich statthaft, soweit dessen Voraussetzungen vorliegen.[4] Im Anwendungsbereich des AÜG folgt dies bereits aus der sprachlichen Fassung des § 5 AÜG, die – anders als der Wortlaut des § 4 AÜG (»rechtswidrige Erlaubnis«) – keine Beschränkung auf nur rechtmäßige Erlaubnisse enthält. Da sich §§ 4, 5 AÜG insoweit nicht ausschließen, kann die BA die Frage der Rechtswidrigkeit dahinste-

---

1 Zum Anwendungsbereich des § 5 AÜG vgl. Rdn. 3.
2 BT-Drucks. 15/6008 S. 7, 25; ausführlich zur Entstehungsgeschichte *Schüren/Hamann/Stracke* § 5 AÜG Rn. 1 ff.
3 BT-Drucks. 15/6008 S. 7.
4 BVerwG 21.11.1986, 8 C 33/84, NJW 1987, 1964; *Kopp/Ramsauer* § 49 VwVfG Rn. 12; *Thüsing/Kämmerer* § 5 AÜG Rn. 2; jeweils m.w.Nachw.; unklar *Boemke/Lembke* § 5 AÜG Rn. 2; *HWK/Kalb* § 5 AÜG Rn. 1; *Schüren/Hamann/Stracke* § 5 AÜG Rn. 6.

hen lassen und von vornherein zur Ermächtigung nach § 5 AÜG greifen.[5]

Ob eine Erlaubnis nach dem AÜG rechtmäßig oder rechtswidrig er- **4** teilt wurde, bestimmt sich nach den **Verhältnissen im Zeitpunkt der Erlaubniserteilung**. Wurde die Erlaubnis anfänglich rechtmäßig erteilt und änderten sich die Verhältnisse zu einem späteren Zeitpunkt, kommt nur ein Widerruf nach § 5 AÜG in Betracht.

II. Widerrufsgründe

Der Widerruf ist nur bei **Vorliegen eines Widerrufsgrundes** zulässig. **5** Diese sind in § 5 Abs. 1 AÜG abschließend aufgezählt.[6] Es lassen sich **zwei Fallgruppen** unterscheiden: Die Fälle, in denen der Verleiher entweder kein schutzwürdiges Vertrauen genießt (Nr. 1 und Nr. 2) und die Fälle, in denen die Behörde aufgrund nachträglich eingetretener Tatsachen oder einer geänderten Rechtslage zur Versagung der Erlaubnis berechtigt wäre (Nr. 3 und Nr. 4).[7]

Für das Vorliegen eines Widerrufsgrundes ist die **BA** ebenso **darle-** **6** **gungs- und beweispflichtig** wie für die Einhaltung der Widerrufsfrist nach § 5 Abs. 4 AÜG.[8]

1. Widerrufsvorbehalt – Abs. 1 Nr. 1

Der Widerruf nach **§ 5 Abs. 1 Nr. 1 AÜG** setzt voraus, dass sich die **7** Behörde bei Erlaubniserteilung den **Widerruf nach § 2 Abs. 3 AÜG vorbehalten** hat und die abschließende Beurteilung des Antrags ergibt, dass der Erteilung der Erlaubnis ein Versagungsgrund nach § 3 AÜG entgegensteht. Nicht ausreichend ist es, wenn im Zeitpunkt der Widerrufsentscheidung die endgültige Beurteilungsreife weiterhin fehlt und die Behörde lediglich deswegen die Verleiherlaubnis widerruft, weil der Schwebezustand nicht länger tragbar und hinnehmbar ist.[9] Wenn sich die Prognose der BA seit dem Zeitpunkt der Erteilung

---

5 BVerwG 18.9.1991, 1 B 107/91, NVwZ-RR 1992, 68; *Kopp/Ramsauer* § 49 VwVfG Rn. 12 (zum Verhältnis § 49 VwVfG zu § 48 VwVfG); Thüsing/*Kämmerer* § 5 AÜG Rn. 2 m.w.Nachw.
6 ErfK/*Wank* § 5 AÜG Rn. 2; Schüren/Hamann/*Stracke* § 5 AÜG Rn. 7; a. BT-Drucks. VI/2303 S. 12.
7 *Becker/Wulfgramm* § 5 AÜG Nr. 5 f.; ErfK/*Wank* § 5 AÜG Rn. 2.
8 *Boemke/Lembke* § 5 AÜG Rn. 20; Thüsing/*Kämmerer* § 5 AÜG Rn. 12; einschr. für den Fall des § 5 Abs. 1 Nr. 1 AÜG *Sandmann/Marschall* Art. 1 § 5 AÜG Anm. 2; Schüren/Hamann/*Stracke* § 5 AÜG Rn. 28.
9 *Boemke/Lembke* § 5 AÜG Rn. 7; Thüsing/*Kämmerer* § 5 AÜG Rn. 4; a.A. ErfK/*Wank* § 5 AÜG Rn. 3; Schüren/Hamann/*Stracke* § 5 AÜG Rn. 16 m.w.Nachw.

unter Vorbehalt nicht geändert hat, ist der Widerruf rechtswidrig. Denn in diesem Fall müsste die Behörde auf entsprechenden Antrag des Verleihers eine erneute Erlaubnis unter Widerrufsvorbehalt erteilen; diesen Fall will § 5 Abs. 3 AÜG jedoch gerade ausschließen.[10]

8 Ein **rechtswidriger** – nicht nichtiger – **Widerrufsvorbehalt** genügt formell den Anforderungen des Widerrufsgrundes nach § 5 Abs. 1 Nr. 1 AÜG.[11] Bei offensichtlicher Rechtswidrigkeit eines bestandskräftigen Widerrufvorbehalts nach § 2 Abs. 3 AÜG ist die Ausübung des Widerrufs jedoch regelmäßig ermessensfehlerhaft.[12]

2. Nichterfüllung einer Auflage – Abs. 1 Nr. 2

9 Nach **§ 5 Abs. 1 Nr. 2 AÜG** kann die Erlaubnis widerrufen werden, wenn der Verleiher eine **Auflage nach § 2 Abs. 2 AÜG nicht innerhalb einer ihm gesetzten Frist erfüllt.** Die Frist zur Erfüllung der Auflage muss angemessen sein. Allerdings ist eine Fristsetzung nur erforderlich, wenn dem Erlaubnisinhaber ein positives Tun (z.B. Vervollständigung der Betriebsorganisation) auferlegt wird. Enthält die Auflage ein Verbot (Unterlassen), so ist die Fristsetzung entbehrlich; der Verleiher hat der Auflage sofort nachzukommen.[13] Über den Wortlaut des § 5 Abs. 1 Nr. 2 AÜG hinaus sind der Nichterfüllung einer Auflage nach allgemeiner Auffassung schwere Verstöße gegen eine Auflage gleichzusetzen.[14]

10 Ein Widerruf nach § 5 Abs. 1 Nr. 2 AÜG setzt nicht voraus, dass den Erlaubnisinhaber an der Nichterfüllung der Auflage ein Verschulden trifft. **Verschulden** oder Nichtverschulden sind allerdings nicht im Rahmen der **Ermessensentscheidung** zu berücksichtigen.[15] Widerruft die BA bei fehlendem Verschulden des Verleihers die Erlaubnis, wird dies in der Regel ermessensfehlerhaft sein.

---

10 *Boemke/Lembke* § 5 AÜG Rn. 8; Thüsing/*Kämmerer* § 5 AÜG Rn. 4.
11 BVerwG 21.11.1986, 8 C 33/84, NVwZ 1987, 498; *Boemke/Lembke* § 5 AÜG Rn. 6; *Kopp/Ramsauer* § 49 VwVfG Rn. 37; VGH Kassel 26.4.1988, 11 KE 219/84, NVwZ 1989, 165; Thüsing/*Kämmerer* § 5 AÜG Rn. 5; a.A. ErfK/ *Wank* § 5 AÜG Rn. 4; Schüren/Hamann/*Stracke* § 5 AÜG Rn. 14.
12 BVerwG 27.9.1982, 8 C 96/81, NVwZ 1994, 588; *Kopp/Ramsauer* § 49 VwVfG Rn. 37; *Urban-Crell/Schulz* Rn. 717.
13 BVerwG 27.9.1982, 8 C 96/81, BVerwGE 66, 172; Thüsing/*Kämmerer* § 5 AÜG Rn. 6 m.w.Nachw.; DA-AÜG zu § 5 Ziff. 5.1; a.A. *Boemke/Lembke* § 5 AÜG Rn. 9; ErfK/*Wank* § 5 AÜG Rn. 5; Schüren/Hamann/*Stracke* § 5 Rn. 18, die jeweils den Widerrufsgrund der Nr. 3 anwenden wollen.
14 BVerwG 16.9.1975, 1 C 44/74, BVerwGE 49, 168; *Kopp/Ramsauer* § 49 VwVfG Rn. 38; Thüsing/*Kämmerer* § 5 AÜG Rn. 6.
15 ErfK/*Wank* § 5 AÜG Rn. 5; *Kopp/Ramsauer* § 49 VwVfG Rn. 39 m.w.Nachw.

Der Widerruf verlangt nicht die **Bestandskraft der Auflage**; ihre Voll- 11
ziehbarkeit (§ 6 VwVG) genügt. Eine isolierte Anfechtung der Auflage durch den Erlaubnisinhaber hindert den Widerruf allein nicht,
zumal Widerspruch und/oder Klage gemäß § 86a Abs. 4, § 86b SGG
keine aufschiebende Wirkung entfalten.[16]

Eine etwaige **Rechtswidrigkeit der Auflage** ist allerdings im Rahmen 12
der Verhältnismäßigkeitsprüfung zu berücksichtigen. Ist die Auflage
offensichtlich rechtswidrig, handelt die BA in der Regel ermessensfehlerhaft, wenn sie gleichwohl einen Widerrufsbescheid erlässt.[17]
Unzweifelhaft entfällt der Widerrufsgrund, wenn die Auflage vor
Fristablauf als rechtswidrig aufgehoben worden ist.[18]

Der im Rahmen der Ermessensausübung zu beachtende **Grundsatz** 13
der Verhältnismäßigkeit erfordert regelmäßig auch einen vorherigen
– erfolglosen – **Vollstreckungsversuch**. Zusätzlich kann die BA eine
Geldbuße nach § 16 Abs. 1 Nr. 3 AÜG verhängen. Erst wenn diese im
Vergleich zum Widerruf milderen Maßnahmen den gesetzeskonformen Zustand nicht herstellen konnten, ist ein Widerruf nach § 5
Abs. 1 Nr. 2 AÜG rechtmäßig.[19]

3. Nachträglich eingetretene Tatsachen – Abs. 1 Nr. 3

§ 5 Abs. 1 Nr. 3 AÜG lässt den Widerruf der Erlaubnis bei nachträg- 14
lich eingetretenen Tatsachen zu, wenn die Erlaubnisbehörde aufgrund dieser zur Versagung der Erlaubnis nach § 3 Abs. 1–5 AÜG berechtigt wäre. Die maßgeblichen Tatsachen dürfen erst nach der
Erlaubniserteilung eingetreten sein. Der Widerrufsgrund verlangt eine **hypothetische Betrachtung der Tatsachenlage** durch die BA.
Müsste diese aufgrund der nun nachträglich eingetretenen Änderungen eine erst jetzt beantragte Erlaubnis nach § 3 AÜG versagen, ist
der Widerrufsgrund erfüllt. An der anfänglichen Rechtmäßigkeit der
Erlaubniserteilung ändert dies nichts mehr.[20] Auf eine Gefährdung
des öffentlichen Interesses kommt es – anders als bei § 49 Abs. 1 Nr. 3
VwVfG – nicht an.[21]

---

16 Ganz h.M. *Boemke/Lembke* § 5 AÜG Rn. 10; Schüren/Hamann/*Stracke* § 5
AÜG Rn. 20.
17 *Boemke/Lembke* § 5 AÜG Rn. 10, Thüsing/*Kämmerer* § 5 AÜG Rn. 6a; *Urban-
Crell/Schulz* Rn. 718.
18 Vgl. DA-AÜG zu § 5 Ziff. 5.1.
19 ErfK/*Wank* § 5 AÜG Rn. 5; Schüren/Hamann/*Stracke* § 5 AÜG Rn. 21; a.A.
Ulber § 5 AÜG Rn. 6; sh. a. § 5 AÜG Rdn. 22 f.
20 Thüsing/*Kämmerer* § 5 AÜG Rn. 9, § 4 AÜG Rn. 8.
21 ErfK/*Wank* § 5 AÜG Rn. 5; Thüsing/*Kämmerer* § 5 AÜG Rn. 8.

▶ **Beispiele:**

Nachträglich eingetretenen Unzuverlässigkeit im Sinne des § 3 Abs. 1 Nr. 1 AÜG, etwa wegen Eröffnung des Insolvenzverfahrens über das Vermögen des Verleihers; nachträglicher Vermögensverfall, aufgrund dessen Liquidität für eine ausreichende Betriebsorganisation fehlt (§ 3 Abs. 1 Nr. 2 AÜG); nachträglicher Verstoß gegen das Gebot von Equal-Pay und Equal-Treatment (§ 3 Abs. 1 Nr. 3 AÜG).

15 Ein **Widerruf** nach § 5 AÜG **scheidet aus,** wenn die **Tatsachen bereits im Zeitpunkt der Erlaubniserteilung vorlagen**, der BA aber erst im Nachhinein bekannt wurden. In diesen Fällen kommt nur eine Rücknahme der Erlaubnis nach § 4 AÜG in Betracht.[22]

▶ **Beispiel:**

Anfänglicher Verstoß gegen den gesetzlichen Gleichstellungsgrundsatz (§ 3 Abs. 1 Nr. 3 AÜG) wegen Anwendung eines unwirksamen Zeitarbeitstarifvertrages.[23] Die Rücknahme der Erlaubnis muss in diesem Fall aber »ultima ratio« sein. Vorrangig wird die BA die Anwendung milderer Mittel, etwa die Erteilung einer nachträglichen Auflage, prüfen müssen.

16 Ist ein Widerruf unzulässig, liegen aber die Voraussetzungen der Rücknahme nach § 4 AÜG vor, kann ein gleichwohl von der Erlaubnisbehörde erlassener Widerrufsbescheid in einen Rücknahmebescheid umgedeutet werden.[24]

4. Geänderte Rechtslage – Abs. 1 Nr. 4 Hs. 1

17 Nach **§ 5 Abs. 1 Nr. 4 Hs. 1 AÜG** kann die Erlaubnis widerrufen werden, wenn die Erlaubnisbehörde aufgrund einer **geänderten Rechtslage** berechtigt wäre, die Erlaubnis zu versagen. Für die Fälle der Änderung der Rechtslage trifft die Vorschrift eine ähnliche Regelung wie § 5 Abs. 1 Nr. 3 AÜG für die Änderung der entscheidungserheblichen Tatsachen.[25]

---

22 LSG Niedersachsen 22.7.1977, L7 S(Ar) 31/77, EzAÜG § 4 AÜG Rücknahme Nr. 1; ErfK/*Wank* § 5 AÜG Rn. 6; Schüren/Hamann/*Stracke* § 5 AÜG Rn. 24; vgl. DA-AÜG zu § 5 Ziff. 5.1.
23 Vgl. zum Streitstand hinsichtlich der CGZP-Tarifverträge § 3 AÜG Rdn. 152 ff.
24 LSG Niedersachsen 22.7.1977, L 7 S (Ar) 31/77, EzAÜG § 4 AÜG Rücknahme Nr. 1; *Boemke/Lembke* § 5 AÜG Rn. 13.
25 Vgl. § 5 AÜG Rdn. 14.

Eine Änderung der Rechtslage im Sinne des § 5 Abs. 1 Nr. 4 Hs. 1 **18**
AÜG liegt bei einer **Änderung von Rechtsvorschriften** vor. Im Anwendungsbereich des AÜG muss es sich dabei um eine Gesetzesänderung handeln, welche nachträglich eine Versagung der Verleiherlaubnis rechtfertigte.

▶ **Beispiel:**
Einführung des Equal-Pay- und Equal-Treatment-Grundsatzes in
§ 3 Abs. 1 Nr. 3 AÜG n.F. durch das Erste Gesetz für moderne
Dienstleistungen am Arbeitsmarkt zum 1.1.2003.

Ob der **Änderung** gesetzlicher Bestimmungen eine Änderung der **19**
höchstrichterlichen Rechtsprechung gleichzusetzen ist, ist umstritten.[26] Nach überzeugender Auffassung berechtigt die Änderung der
höchstrichterlichen Rechtsprechung die Erlaubnisbehörde grundsätzlich nicht zum Widerruf nach § 5 Abs. 1 Nr. 1 Hs. 1 AÜG. Eine
Ausnahme ist lediglich in den Fällen anzuerkennen, in denen die Änderung der Rechtsprechung zugleich Ausdruck neu gebildeten Ge-
wohnheitsrechts oder neuer allgemeiner Rechtsüberzeugungen ist.[27]
Im Anwendungsbereich des AÜG dürfte dieser Ausnahme allerdings
keine besondere Bedeutung zukommen. Der uneingeschränkten Anerkennung einer geänderten Rechtsprechung als Widerrufsgrund
nach § 5 AÜG steht entgegen, dass diese zu keiner Änderung der objektiven Rechtslage führt. Vielmehr ist sie lediglich Ausdruck einer –
zumeist langjährig – falschen Rechtsanwendung. Ob in diesem Fall eine Rücknahme nach § 4 AÜG in Betracht kommt, ist eine Frage des
Einzelfalls. Da gerichtliche Entscheidungen grundsätzlich nur im Verhältnis der Parteien des Rechtsstreits wirken, ist die Erlaubniserteilung nur dann von Anfang an rechtswidrig, wenn der Verleiher als
Partei an der gerichtlichen Auseinandersetzung beteiligt war und die
Änderung der Rechtsprechung mangels Vertrauensschutzes auf den
Zeitpunkt der Erlaubniserteilung zurückwirkt.[28]

III. Unzulässigkeit – Abs. 3

Der Widerruf der Erlaubnis ist nach **§ 5 Abs. 3 AÜG** unzulässig, **20**
wenn eine Erlaubnis gleichen Inhalts erneut erteilt werden müsste.

---

26 Bejahend ErfK/*Wank* § 5 AÜG Rn. 7 unter Verweis auf BT-Drucks. VI/3505
S. 5; DA-AÜG zu § 5 Ziff. 5.1; abl. *Boemke/Lembke* § 5 AÜG Rn. 15; *Thüsing/
Kämmerer* § 5 Rn. 10; *Schüren/Hamann/Stracke* § 5 AÜG Rn. 27.
27 *Kopp/Ramsauer* § 49 VwVfG Rn. 50a m.w.Nachw.; *Urban-Crell/Schulz* Rn. 720.
28 Ähnlich *Thüsing/Kämmerer* § 5 AÜG Rn. 10; generell die Möglichkeit der
Rücknahme bejahend *Boemke/Lembke* § 5 AÜG Rn. 15; *Schüren/Hamann/
Stracke* § 5 AÜG Rn. 27 m.w.Nachw.

Die Vorschrift ist damit Ausdruck des **Verbots widersprüchlichen Verhaltens**, sie soll ein gesetzmäßiges Verhalten der Erlaubnisbehörde sicherstellen.[29]

21 Das **Recht zum Widerruf** ist in den Fällen **eingeschränkt**, in denen die BA aufgrund des anwendbaren materiellen Rechts zur Erteilung einer Erlaubnis mit gleichem Inhalt verpflichtet wäre. Durch die Ausübung des Widerrufs würde die Erlaubnisbehörde einen gesetzeswidrigen Zustand erst herbeiführen. Da die Widerrufsgründe des § 5 Abs. 1 Nr. 3 und 4 AÜG eine Berechtigung der BA zur Versagung der Erlaubnis gerade voraussetzen, beschränkt sich die praktische Bedeutung des § 5 Abs. 3 AÜG auf die Gründe nach § 5 Abs. 1 Nr. 1 AÜG (Widerrufsvorbehalt) und § 5 Abs. 1 Nr. 2 AÜG (Nichterfüllung einer Auflage).[30] Keine inhaltsgleiche, sondern eine andere Erlaubnis erlässt die Behörde allerdings in den Fällen, in denen eine ursprünglich uneingeschränkte Verleiherlaubnis nur noch unter Nebenbestimmungen (z.B. Auflagen) erteilt wird.[31]

C. Rechtsfolgen

I. Widerruf – Abs. 2 S. 1

22 Sind die Voraussetzungen eines in § 5 Abs. 1 AÜG genannten besonderen Grundes erfüllt, so hat die BA nach **pflichtgemäßem Ermessen** unter Berücksichtigung und Abwägung aller einschlägigen Gesichtspunkte über den Widerruf zu entscheiden (»kann«).[32] Sowohl bei der Entscheidung über den Widerruf als auch bei dessen Ausübung muss die Erlaubnisbehörde den **Grundsatz der Verhältnismäßigkeit** beachten.[33] Regelmäßig rechtfertigt ein einzelner leichter Verstoß nicht den Widerruf einer rechtmäßig erteilten Erlaubnis. Insofern bedarf es entweder eines schwerwiegenden Verstoßes oder mehrerer leichter Verstöße.[34] Kann der Widerruf der Erlaubnis durch die Anordnung milderer Mittel, etwa der nachträglichen Erteilung einer Auflage, vermieden werden, ist die BA dazu verpflichtet; ein Widerruf wäre in einem solchen Fall ermessensfehlerhaft.[35]

---

29 Thüsing/*Kämmerer* § 5 AÜG Rn. 13; *Urban-Crell/Schulz* Rn. 722.
30 So zu Recht Thüsing/*Kämmerer* § 5 AÜG Rn. 13.
31 Thüsing/*Kämmerer* § 5 AÜG Rn. 13; *Ulber* § 5 AÜG Rn. 15.
32 Anders wohl DA-AÜG zu § 5 Ziff. 5.1 Abs. 3.
33 BayLSG 29.7.1986, L8 AI 40/83, EzAÜG § 3 AÜG Versagungsgründe Nr. 9.
34 BayLSG 29.7.1986, L8 AI 40/83, EzAÜG § 3 AÜG Versagungsgründe Nr. 9;
    dazu a. *Boemke/Lembke* § 5 AÜG Rn. 17; Thüsing/*Kämmerer* § 5 AÜG Rn. 7,
    14.
35 DA-AÜG zu § 5 Ziff. 5.1; a. *Boemke/Lembke* § 5 AÜG Rn. 17.

Ob die Erlaubnisbehörde bei **Nichterfüllung einer Auflage** (§ 5   23
Abs. 1 Nr. 2 AÜG) zunächst mit Mitteln des **Verwaltungszwangs** versuchen muss, einen gesetzeskonformen Zustand herzustellen, ist umstritten. Teilweise wird in der Literatur die Erteilung einer Abmahnung oder die Setzung einer Nachfrist für ausreichend erachtet.[36] Gerade im Anwendungsbereich des AÜG kann je nach den Umständen des Einzelfalles der Grundsatz der Verhältnismäßigkeit einen vorherigen Vollstreckungsversuch erforderlich machen.[37] Als Mittel des Verwaltungszwangs kann die BA zur Durchsetzung einer Auflage neben der Ersatzvornahme, auf die Verhängung eines Zwangsgeldes und die Ausführung unmittelbaren Zwangs zurückgreifen (vgl. § 9 VwVG).

Die Erlaubnis wird mit dem **Wirksamwerden des Widerrufs** unwirk-   24
sam (§ 5 Abs. 2 S. 1 AÜG). Wirksam wird der Widerruf im Zeitpunkt der Bekanntgabe gegenüber dem Erlaubnisinhaber (§ 43 Abs. 1 VwVfG). Die Erlaubnis erlischt im Falle des Widerrufs daher ebenso wenig mit rückwirkender Kraft wie im Falle der Rücknahme nach § 4 AÜG.[38]

▶ **Praxistipp:**

Ebenso wie bei der Rücknahme fordert die zuständige Regionaldirektion auch beim Widerruf die unwirksam gewordene Erlaubnisurkunde zurück (§ 52 VwVfG). Im Falle schutzwürdigen Interesses (z.B. für die Abwicklung während der Abwicklungsfrist) kann der Betroffene die Urkunde nach deren Unbrauchbarmachung bzw. ihrer Kennzeichnung als ungültig zurück erhalten.[39]

II. Nachwirkung – Abs. 2 S. 2

Obgleich mit dem Wirksamwerden des Widerrufs die Verleiherlaub-   25
nis erlischt (§ 5 Abs. 2 S. 1 AÜG) muss der Erlaubnisinhaber seine Geschäftstätigkeit nicht mit der Bekanntgabe des belastenden Bescheides einstellen. Vielmehr gilt entsprechend § 2 Abs. 4 S. 4 AÜG eine **maximal zwölfmonatige Abwicklungsfrist** (§ 5 Abs. 2 S. 2 AÜG).[40]

---

36 *Kopp/Ramsauer* § 49 VwVfG Rn. 39; a.A. *Boemke/Lembke* § 5 AÜG Rn. 11; ErfK/*Wank* § 5 AÜG Rn. 5; Thüsing/*Kämmerer* § 5 AÜG Rn. 7 m.w.Nachw.
37 Thüsing/*Kämmerer* § 5 AÜG Rn. 7.
38 Vgl. § 4 AÜG Rdn. 9.
39 DA-AÜG zu § 5 Ziff. 5.2.
40 Zu den Einzelheiten vgl. § 2 AÜG Rdn. 36 ff.

III. Nachteilsausgleich – Abs. 1 Nr. 4 Hs. 2

26 Unter den Voraussetzungen des entsprechend anwendbaren § 4 Abs. 2 AÜG steht dem Erlaubnisinhaber im Falle des Widerrufs der Erlaubnis nach § 5 Abs. 1 Nr. 4 AÜG ein **Ausgleichsanspruch** zu (§ 5 Abs. 1 Nr. 4 Hs. 2 AÜG). Der Anspruch auf Ausgleich des Vermögensnachteils ist auf Fälle der Änderung der Rechtslage beschränkt.[41]

D. Widerrufsfrist – Abs. 4

27 § 5 Abs. 4 AÜG begrenzt – ebenso wie § 4 Abs. 3 AÜG – die Möglichkeit des Widerrufs einer Verleiherlaubnis auf den Zeitraum **eines Jahres nach Kenntniserlangung**. Bei Widerruf wegen Nichterfüllung einer Auflage (§ 5 Abs. 1 Nr. 2 AÜG) beginnt die Frist frühestens mit Ablauf der für die Erfüllung der Auflage gesetzten angemessenen Frist. Dies gilt jedenfalls dann, wenn dem Erlaubnisinhaber ein positives Tun auferlegt wurde.[42]

28 Wegen der Einzelheiten der Widerrufsfrist wird auf das zu § 4 Abs. 3 AÜG Ausgeführte verwiesen.[43]

E. Verfahren und Rechtsbehelfe

29 Ebenso wie die Rücknahme nach § 4 AÜG ist auch der Widerruf ein belastender Verwaltungsakt. Gegen Entscheidungen der BA ist nach Durchführung des Widerspruchsverfahrens der **Rechtsweg zu den Sozialgerichten** (§ 51 SGG) eröffnet.[44]

30 Der **Vollzug des Widerrufs** kann im Widerspruchs- und Klageverfahren auf Antrag ausgesetzt werden (§ 86a i.V.m. § 86b Abs. 1 Nr. 2 SGG).

▶ Praxistipp:

Die Aussetzung des Widerrufsbescheides kann lediglich die Wirkung des ursprünglichen Erlaubnisbescheides wiederherstellen. Eine darüber hinausgehende Verlängerung der Erlaubnis während der Dauer des Widerspruchs- und/oder Klageverfahrens hat er

---

41 Ausführlich zum Ausgleichsanspruch Thüsing/*Kämmerer* § 5 AÜG Rn. 18 f.; ferner § 4 AÜG Rdn. 12 ff.
42 *Kopp/Ramsauer* § 49 VwVfG Rn. 59; zur Fristsetzung vgl. § 5 AÜG Rdn. 9 ff.
43 Vgl. § 4 AÜG Rdn. 17 ff.
44 Zum Rechtsschutz § 2 AÜG Rdn. 62 ff.

nicht zur Folge. Ein Verleiher, dessen befristet erteilte Erlaubnis aufgrund der Aussetzung des Widerrufsbescheides zunächst bis zum Ablauf der Befristung erhalten bleibt, muss also rechtzeitig einen Verlängerungsantrag stellen und den hierfür erforderlichen Gebührenvorschuss einzahlen.[45]

---

45 Zitiert nach DA-AÜG zu § 5 Ziff. 5.2.

§ 6 Verwaltungszwang

Werden Leiharbeitnehmer von einem Verleiher ohne die erforderliche Erlaubnis überlassen, so hat die Erlaubnisbehörde dem Verleiher dies zu untersagen und das weitere Überlassen nach den Vorschriften des Verwaltungsvollstreckungsgesetzes zu verhindern.

A. Allgemeines

1   § 6 AÜG dient der **Präventivkontrolle** von Verleihunternehmen.[1] Die
    Vorschrift ordnet an, dass die Erlaubnisbehörde einem Verleiher, der
    Leiharbeitnehmer ohne die erforderliche Erlaubnis überlässt, die
    Überlassung zu untersagen und das weitere Überlassen nach den
    Vorschriften des Verwaltungsvollstreckungsgesetzes zu verhindern
    hat.

I. Zuständige Erlaubnisbehörde

2   Zuständige Erlaubnisbehörde für den Erlass der Untersagungsver-
    fügung im Rahmen des § 6 AÜG ist das in den Regionaldirektionen
    gebildete Fachgebiet illegale Arbeitnehmerüberlassung. Dessen Zu-
    ständigkeit erstreckt sich auch auf das weitere sich anschließende Ver-
    fahren nach dem VwVG. Für die Vollstreckung von Zwangmitteln
    sind nach § 7 VwVG i.V.m. § 4 Buchst. b) VwVG die Hauptzollämter
    zuständig. Im Übrigen verbleibt es bei der Zuständigkeit der für die
    Bekämpfung der illegalen Arbeitnehmerüberlassung gemäß § 16
    Abs. 3 AÜG zuständigen Verwaltungsbehörden.[2]

---

1 BT-Drucks. VI/2303 S. 9 f.
2 Vgl. § 16 AÜG Rdn. 38 ff.

II. Normzweck

Erhält die Behörde Kenntnis von einer unerlaubten Arbeitnehmer- 3
überlassung, so ist sie zum Eingreifen **verpflichtet.** Ein Ermessen
steht ihr insoweit nicht zu.[3]

Die Verhinderung unerlaubter Arbeitnehmerüberlassung dient dazu, 4
eine Gefährdung der Schutzzwecke des AÜG abzuwenden, den sozialen und arbeitsrechtlichen Schutz der Leiharbeitnehmer sicherzustellen und über die Überprüfung des Versagungsgrundes gemäß
§ 3 AÜG zu gewährleisten, dass Arbeitnehmerüberlassung nicht von
möglicherweise unseriösen Verleihfirmen betrieben wird.[4]

Anwendbar ist das **VwVG Bund,** was sich daraus ergibt, dass die 5
Bundesagentur für Arbeit das AÜG unter der fachlichen Weisung des
Bundesministeriums für Arbeit und Soziales durchführt (§ 17 S. 1
AÜG).

B. Untersagungsverfügung

I. Voraussetzungen

Nach wohl herrschender Meinung kann eine Untersagungsverfügung 6
bereits dann ergehen, wenn der Verstoß gegen die Erlaubnispflicht
unmittelbar bevorsteht, also es faktisch noch zu keinem Verstoß, d.h.
zu keiner Arbeitnehmerüberlassung gekommen ist.[5] Ein Eingreifen
der Bundesagentur ist daher bereits möglich, wenn der Verleiher ohne Erlaubnis als solcher **am Markt werbend** auftritt.[6]

II. Form, Inhalt, Adressat

1. Form und Inhalt

Ob die Untersagungsverfügung als **Verwaltungsakt** in einer be- 7
stimmten Form, namentlich schriftlich zu erfolgen hat, ist streitig.[7]
Praktisch ist diese Frage insoweit nicht relevant, als nach Praxis und
interner Anweisung der Bundesagentur Verfügungen gemäß § 6
AÜG stets schriftlich erfolgen.

---

3 *Ulber* § 6 AÜG Rn. 9; a.A. *Sandmann/Marshall* § 6 AÜG Rn. 3.
4 SG Hamburg 23.11.2004, S13AL5/99 EzAÜG § 1 AÜG Gewerbsmäßige Arbeitnehmerüberlassung Nr. 39 m.w.Nachw.
5 Schüren/Hamann/*Stracke* § 6 AÜG Rn. 8 m.w.Nachw.
6 ErfK/*Wank* § 6 AÜG Rn. 3.
7 Vgl. *Boemke/Lembke* § 6 AÜG Rn. 5 m.w.Nachw.

8 Gemäß §§ 37, 39 VwVfG muss die Untersagungsverfügung **begründet** sein. Wird die Untersagungsverfügung als Vollstreckungstitel für die Anwendung von Verwaltungszwang eingesetzt, bedarf sie einer **schriftlichen Rechtsbehelfsbelehrung**. Streitig ist, ob diese darauf hinweisen muss, dass Rechtsmittel gegen die Untersagungsverfügung keine aufschiebende Wirkung besitzen.[8]

2. Adressat

9 Nach § 6 AÜG kann eine Verfügung lediglich **gegen den Verleiher** ergehen, nicht jedoch gegen den Entleiher. Ist der Verleiher eine juristische Person oder eine Personengesellschaft, so ist die Verfügung gegen diese – vertreten durch ihre Organe – und nicht persönlich an die Organe zu richten.[9] Liegt ein Strohmannverhältnis[10] vor, so sind Strohmann und Hintermann gleichermaßen richtiger Adressat der Verfügung.[11]

10 Der **Entleiher** kann **nicht Adressat** einer Verfügung aufgrund § 6 AÜG sein. Gegen ihn kommt lediglich ein Vorgehen nach den allgemeinen Vorschriften des **OWiG** in Betracht.[12]

C. Durchsetzbarkeit und Vollstreckung

11 Die zuständigen Behörden sind gemäß § 6 AÜG i.V.m. § 6 Abs. 1, § 9 Abs. 1b, §§ 11 und 13 VwVG zu Maßnahmen der **Verwaltungsvollstreckung** verpflichtet. Maßgeblich ist stets das VwVG des Bundes, dies gilt auch, soweit die Regionaldirektionen tätig werden.

12 Bei der **Auswahl des Zwangsmittels** sind sie nach pflichtgemäßem Ermessen berechtigt, gegenüber einem Verleiher, der nicht über die notwendige Erlaubnis verfügt, die Unterlassung weiterer Arbeitnehmerüberlassungen zu erzwingen. Hierzu können sie für jeden Fall der Zuwiderhandlung ein eigenes Zwangsmittel androhen.

13 Nach § 9 Abs. 2 VwVG muss das Zwangsmittel in einem **angemessenen Verhältnis** zu seinem Zweck stehen. Dabei ist das Zwangsmittel möglichst so zu bestimmen, dass der Betroffene und die Allgemein-

---

8 Thüsing/*Kämmerer* § 6 AÜG Rn. 3 m.w.Nachw.
9 Schüren/Hamann/*Stracke* § 6 AÜG Rn. 13 unter Verweis auf LSG Niedersachsen 24.2.1981, L 7 Ar 78/79, EzAÜG § 1 AÜG Erlaubnispflicht Nr. 7.
10 Vgl. § 1 AÜG Rdn. 245.
11 BVerwG 2.2.1982, 1 C 14/78, NVwZ 1982, 557; ErfK/*Wank* § 6 AÜG Rn. 3.
12 ErfK/*Wank* § 6 AÜG Rn. 3.

heit am wenigsten beeinträchtigt werden.[13] Die Bundesagentur kann für den Fall, dass der Verleiher der Untersagungsverfügung nicht nachkommt, diese unmittelbar zwangsweise durch die Androhung und Festsetzung von Zwangsmitteln durchsetzten. Nach § 9 VwVG kommen hierbei faktisch allein das **Zwangsgeld** sowie eine Anwendung **unmittelbaren Zwangs** insbesondere durch **Schließung der Geschäftsräume** in Betracht.[14] Die **Höhe des Zwangsgeldes** richtet sich hierbei nach § 11 VwVG.

D. Verfahren und Rechtsmittel

Gemäß § 13 Abs. 1 S. 1, 3 VwVG sind die Regionaldirektionen verpflichtet, die Anwendung eines Zwangsmittels zuvor **unter Fristsetzung anzudrohen**. Die Festsetzung des Zwangsmittels erfolgt erst, wenn der Verleiher den Verwaltungsakt nicht innerhalb der in der Androhung anzusetzenden Frist nachkommt. Kann das Zwangsgeld nicht beigetrieben werden, kommt die Verhängung von **Ersatzzwangshaft** in Betracht, wobei auf diese in der Zwangsgeldandrohung gemäß § 16 Abs. 1 Hs. 2 VwVG hinzuweisen ist und sie lediglich durch gerichtlichen Beschluss angeordnet werden darf.[15] **14**

Gemäß § 6 Abs. 1 VwVG i.V.m. § 86a Abs. 4 SGG haben Rechtsmittel gegen die Untersagungsverfügung **keine aufschiebende Wirkung**.[16] **15**

---

13 SG Hamburg 23.11.2004, S13AL5/99, EzAÜG § 1 AÜG Gewerbsmäßige Arbeitnehmerüberlassung Nr. 39.
14 *Boemke/Lembke* § 6 AÜG Rn. 10.
15 Böhm/Hennig/Popp/*Hennig* Rn. 352.
16 *Sandmann/Marshall* § 6 AÜG Rn. 10.

§ 7 Anzeigen und Auskünfte

(1) [1]Der Verleiher hat der Erlaubnisbehörde nach Erteilung der Erlaubnis unaufgefordert die Verlegung, Schließung und Errichtung von Betrieben, Betriebsteilen oder Nebenbetrieben vorher anzuzeigen, soweit diese die Ausübung der Arbeitnehmerüberlassung zum Gegenstand haben. [2]Wenn die Erlaubnis Personengesamtheiten, Personengesellschaften oder juristischen Personen erteilt ist und nach ihrer Erteilung eine andere Person zur Geschäftsführung oder Vertretung nach Gesetz, Satzung oder Gesellschaftsvertrag berufen wird, ist auch dies unaufgefordert anzuzeigen.

(2) [1]Der Verleiher hat der Erlaubnisbehörde auf Verlangen die Auskünfte zu erteilen, die zur Durchführung des Gesetzes erforderlich sind. [2]Die Auskünfte sind wahrheitsgemäß, vollständig, fristgemäß und unentgeltlich zu erteilen. [3]Auf Verlangen der Erlaubnisbehörde hat der Verleiher die geschäftlichen Unterlagen vorzulegen, aus denen sich die Richtigkeit seiner Angaben ergibt, oder seine Angaben auf sonstige Weise glaubhaft zu machen. [4]Der Verleiher hat seine Geschäftsunterlagen drei Jahre lang aufzubewahren.

(3) [1]In begründeten Einzelfällen sind die von der Erlaubnisbehörde beauftragten Personen befugt, Grundstücke und Geschäftsräume des Verleihers zu betreten und dort Prüfungen vorzunehmen. [2]Der Verleiher hat die Maßnahmen nach Satz 1 zu dulden. [3]Das Grundrecht der Unverletzlichkeit der Wohnung (Artikel 13 des Grundgesetzes) wird insoweit eingeschränkt.

(4) [1]Durchsuchungen können nur auf Anordnung des Richters bei dem Amtsgericht, in dessen Bezirk die Durchsuchung erfolgen soll, vorgenommen werden. [2]Auf die Anfechtung dieser Anordnung finden die §§ 304 bis 310 der Strafprozeßordnung entsprechende Anwendung. [3]Bei Gefahr im Verzuge können die von der Erlaubnisbehörde beauftragten Personen während der Geschäftszeit die erforderlichen Durchsuchungen ohne richterliche Anordnung vornehmen. [4]An Ort und Stelle ist eine Niederschrift über die Durchsuchung und ihr wesentliches Ergebnis aufzunehmen, aus der sich, falls keine richterliche Anordnung ergangen ist, auch die Tatsachen ergeben, die zur Annahme einer Gefahr im Verzuge geführt haben.

(5) Der Verleiher kann die Auskunft auf solche Fragen verweigern, deren Beantwortung ihn selbst oder einen der in § 383 Abs. 1 Nr. 1 bis 3 der Zivilprozeßordnung bezeichneten Angehörigen der Gefahr strafgerichtlicher Verfolgung oder eines Verfahrens nach dem Gesetz über Ordnungswidrigkeiten aussetzen würde.

A. Allgemeines

Gemäß § 7 AÜG ist der Verleiher zu weitreichenden Anzeigen und 1
Auskünften verpflichtet. Adressat dieser Pflichten ist der Verleiher
als Erlaubnisinhaber. Soweit es sich hierbei um eine juristische Person
oder Personengesamtheit handelt, ist Adressat der gesetzliche Vertreter. Eine Verletzung der Anzeige- und Auskunftspflichten kann die
Unzuverlässigkeit nach § 3 Abs. 1 Nr. 1 AÜG begründen und zum
Widerruf der Erlaubnis nach § 5 Abs. 1 Nr. 3 führen.[1]

B. Anzeigepflichten – Abs. 1

Zweck der Anzeigepflichten gemäß § 7 Abs. 1 S. 1 AÜG ist es, die 2
Überwachung der **erforderlichen Betriebsorganisation** gemäß § 3
Abs. 1 Nr. 2 AÜG sicherzustellen. Der Verleiher hat danach der Erlaubnisbehörde nach Erteilung der Erlaubnis unaufgefordert die **Verlegung, Schließung und Errichtung von Betrieben, Betriebsteilen
oder Nebenbetrieben** vorher anzuzeigen, soweit er in diesen Arbeitnehmerüberlassung betreibt.

Die Anzeigepflichten des § 7 Abs. 1 S. 2 AÜG dienen der Über- 3
wachung der **Zuverlässigkeit des Verleihers** gemäß § 3 Abs. 1 Nr. 1
AÜG. Danach sind – soweit es sich beim Verleiher um eine Personengesamtheit, Personengesellschaft oder juristische Person handelt –
personelle Veränderungen innerhalb der Geschäftsführung oder der
Vertretung anzuzeigen. Da die Erlaubniserteilung personengebunden

---

1 DA-AÜG § 7 AÜG Ziff. 7.

und nicht betriebsbezogen ist, ist im Falle der Änderung einer KG oder GbR in eine GmbH nach der Praxis der Bundesagentur eine neue Erlaubnis zu erteilen.[2]

C. Auskunfts-, Vorlage- und Aufbewahrungspflichten – Absätze 2 und 5

4　Gemäß § 7 Abs. 2 S. 1 AÜG hat der Verleiher der Erlaubnisbehörde auf Verlagen sämtliche Auskünfte zu erteilen, die zur Durchführung des Gesetzes erforderlich sind. Der Verleiher ist nach S. 2 verpflichtet, die Auskünfte **wahrheitsgemäß, vollständig, fristgemäß und unentgeltlich** zu erteilen. S. 3 verpflichtet ihn zudem, auf Verlangen der Erlaubnisbehörde die **geschäftlichen Unterlagen vorzulegen,** aus denen sich die Richtigkeit seiner Angaben ergibt, oder die der Glaubhaftmachung dienen. Hierzu hat der Verleiher sämtliche Geschäftsunterlagen drei Jahre lang aufzubewahren (§ 7 Abs. 2 S. 4 AÜG).

5　Die Auskunftspflichten werden hierbei teilweise **sehr weit verstanden.** Nach älterer Instanzsrechtsprechung verpflichtet § 7 Abs. 2 AÜG den Verleiher beispielsweise dazu, in Mischbetrieben jeden Beschäftigten jeweils der Gruppe der Leiharbeitnehmer oder Nichtleiharbeitnehmer zuzuordnen sowie jeweils die Beschäftigungsdauer anzugeben.[3]

6　Die **Vorlagepflicht** hinsichtlich geschäftlicher Unterlagen erfolgt in der Praxis in Form der von Zeit zu Zeit durchgeführten Prüfung der Zeitarbeitsunternehmen. Diese sollen nach den Vorgaben der Arbeitsagentur zumindest vor der erstmaligen Verlängerung der befristeten Erlaubnis sowie vor Erteilung der unbefristeten Erlaubnis durchgeführt werden.[4]

D. Duldungspflichten

I. Betretungs- und Prüfungsrecht – Abs. 3

7　§ 7 Abs. 3 AÜG normiert eine **Duldungspflicht des Verleihers**. Dieser hat in begründeten Einzelfällen hinzunehmen, dass von der Er-

---

2　DA-AÜG § 7 AÜG Ziff. 7.1, die zudem genaue Anweisungen für den Fall einer Umwandlung nach dem Umwandlungsgesetz enthält.
3　LSG Berlin 26.1.1988, L 14 Ar 7/86, EzAÜG § 7 AÜG Auskunftspflichten Nr. 1.
4　Böhm/Hennig/Popp/*Hennig* Rn. 357 unter Hinweis auf DA-AÜG zu § 7 Ziff. 7.2.

laubnisbehörde beauftragte Personen befugt sind, seine Grundstücke und Geschäftsräume zu betreten und dort Prüfungen vorzunehmen (sogenanntes Nachschaurecht). Eine **Duldungsverfügung oder Ankündigung** ist hierbei **nicht erforderlich**. Dies soll zeitliche Verzögerungen verhindern. Vor Inkrafttreten des Dritten Gesetzes für moderne Dienstleistungen am Arbeitsmarkt vom 23.12.2003 war der Verleiher zwar bereits zur Duldung entsprechender Maßnahmen verpflichtet, im Falle seiner Weigerung konnte die Erlaubnisbehörde ihre Kontrollen jedoch allenfalls im Wege des Verwaltungszwangs durchsetzen. Der damit einhergehenden regelmäßigen Vereitelung des Zwecks des »**behördlichen Nachschaurechts**« wollte der Gesetzgeber durch die Neuregelung des Duldungsrechts begegnen.[5]

Die Ausübung des Betretungs- und Prüfungsrechts nach § 7 Abs. 3 AÜG setzt nicht voraus, dass die Erlaubnisbehörde zunächst ein entsprechendes **Auskunftsverlangen** nach Abs. 2 an den Verleiher gerichtet hat. **8**

Problematisch ist, wann ein »**begründeter Einzelfall**« im Sinne des § 7 Abs. 3 S. 1 AÜG anzunehmen ist. Nach der Rechtsprechung soll ein begründeter Einzelfall beispielsweise dann gegeben sein, wenn die Erlaubnisbehörde **konkrete Hinweise** – etwa eine Anzeige oder Beschwerde – erhalten hat, die den Anfangsverdacht begründen, der Verleiher habe ihm nach § 4 AÜG obliegende Pflichten missachtet.[6] **9**

II. Durchsuchungsrecht – Abs. 4

Das Durchsuchungsrecht des § 7 Abs. 4 AÜG setzt voraus, dass die nach den Absätzen 2 und 3 begriffenen Überwachungsmaßnahmen keinen Erfolg im Sinne einer wirksamen Kontrolle des Verleihers versprechen. Streitig ist, ob die Erlaubnisbehörde vor einer Durchsuchung sowohl das Auskunftsverlangen als auch das Nachschaurecht zunächst erfolglos durchgeführt haben muss.[7] **10**

Das Durchsuchungsrecht des § 7 Abs. 4 AÜG kann sich hierbei auch auf die Wohnräume des Verleihers erstrecken. **11**

1. Richterliche Anordnung

Durchsuchungen können grundsätzlich nur auf **Anordnung des Richters** bei dem Amtsgericht, in dessen Bezirk die Durchsuchung erfolgen soll vorgenommen werden. Die Pflicht zur **richterlichen An-** **12**

---

5 *Benkert* BB 2004, 998 m.w.Nachw.
6 BSG 29.7.1992, 11 RAr 57/91, NZA 1993, 524 = DB 1993, 889.
7 Thüsing/*Thüsing* § 7 AÜG Rn. 34 m.w.Nachw.

ordnung der Durchsuchung folgt aus den Vorgaben des Art. 13 Abs. 2 GG.

13 Der Verleiher kann eine richterliche Anordnung der Durchsuchung **anfechten.** Insoweit finden gemäß § 7 Abs. 4 S. 2 AÜG die §§ 304–310 StPO entsprechende Anwendung

2. Gefahr im Verzuge – Abs. 4 S. 3

14 Die von der Erlaubnisbehörde beauftragten Personen können bei Gefahr im Verzuge während der Geschäftszeiten die erforderlichen Durchsuchungen auch **ohne richterliche Anordnung** und **ohne nachträgliche Zustimmung des Amtsrichters** durchführen.

15 Gefahr im Verzuge ist anzunehmen, wenn die richterliche Anordnung nicht eingeholt werden kann, ohne dass der **Zweck der Maßnahme gefährdet** wird.[8] Ob Gefahr im Verzug vorliegt, entscheiden die von der Erlaubnisbehörde beauftragten Personen nach **pflichtgemäßem Ermessen.** Ein tatsächlicher oder rechtlicher Irrtum soll die Anordnung nicht unwirksam machen.[9]

16 Das Durchsuchungsrecht bei Gefahr im Verzug ist ausdrücklich auf die Geschäftszeiten beschränkt. Abzustellen sein soll hierbei auf die üblichen Geschäftszeiten der **Verleiherbranche**, nicht auf die **konkreten Geschäftszeiten** des Verleihers.[10]

17 Im Falle einer Durchsuchung bei Gefahr im Verzuge gemäß § 7 Abs. 4 S. 3 AÜG kann eine Überprüfung der Durchsuchungsanordnung der von der Bundesagentur beauftragten Person durch den betroffenen Verleiher im sozialgerichtlichen Verfahren im Wege der Feststellungsklage gemäß § 55 Abs. 1 Nr. 1 SGG oder im Wege der Fortsetzungsfeststellungsklage analog § 113 Abs. 1 S. 1 SGG erfolgen.[11]

3. Niederschrift

18 Nach § 7 Abs. 4 S. 4 AÜG ist an Ort und Stelle eine Niederschrift über die Durchsuchung und ihr wesentliches Ergebnis aufzunehmen. Im Falle einer Durchsuchung ohne richterliche Anordnung gemäß § 7 Abs. 4 S. 3 AÜG, müssen sich aus dieser Niederschrift auch diejenigen Tatsache ergeben, die zu einer Gefahr im Verzuge geführt haben.

---

8 BVerwG 12.12.1967, I C 112.64, DVBl. 1968, 752.
9 *Becker/Wulfgramm* § 7 AÜG Rn. 17.
10 Thüsing/*Thüsing* § 7 AÜG Rn. 37 m.w.Nachw.
11 *Urban-Crell/Schulz* Rn. 750 unter Verweis auf LSG NRW 11.4.1979, L 12 Ar 236/77, EzAÜG § 7 AÜG Prüfrecht Nr. 1 sowie BSG 12.7.1989, 7 RAr 46/88, NZA 1990, 157.

III. Auskunftsverweigerungsrecht – Abs. 5

Ein Auskunftsverweigerungsrecht nach § 7 Abs. 5 AÜG besteht für **19**
solche Fragen, deren Beantwortung den Verleiher selbst oder einen
der in § 383 Abs. 1 Nr. 1–3 der ZPO bezeichneten Angehörigen der
Gefahr einer **strafgerichtlichen Verfolgung** oder eines **Ordnungs-
widrigkeitenverfahrens** aussetzen würde.

Als **Angehörige** erfasst sind   **20**
– der Verlobte sowie derjenige, mit dem die Partei ein Versprechen
   eingegangen ist, eine Lebenspartnerschaft zu begründen,
– der Ehegatte (auch wenn die Ehe nicht mehr besteht),
– der Lebenspartner (auch wenn die Lebenspartnerschaft nicht mehr
   besteht),
– diejenigen, die mit dem Verleiher bzw. dessen gesetzlichem Vertreter in gerader Linie verwandt oder verschwägert, in der Seitenlinie
   bis zum dritten Grad verwandt oder bis zum zweiten Grad verschwägert sind oder waren.

Das Auskunftsverweigerungsrecht des § 7 Abs. 5 AÜG steht dem Ver- **21**
leiher zu, soweit es sich hierbei um eine natürliche Person handelt,
andernfalls dem Geschäftsführer oder dem gesetzlichen Vertreter einer Personengesamtheit, Gesellschaft oder juristischen Person. Sind
bei Gesellschaften **mehrere Auskunftspflichtige** vorhanden, prüft
die Bundesagentur bei jedem gesondert, ob die Voraussetzungen des
§ 7 Abs. 5 AÜG gegeben sind.

Der Verleiher muss sich **ausdrücklich** auf das **Auskunftsverweige-** **22**
rungsrecht berufen. Eine nähere Begründung braucht der Verleiher
nicht zu geben. Ist allerdings im Einzelfall weder eine Straftat noch eine Ordnungswidrigkeit (hier kommen insbesondere die Tatbestände
gemäß §§ 15 ff. AÜG in Betracht) ersichtlich, obliegt es dem Verleiher
wenigstens andeutungsweise darzulegen, warum die fragliche Gefahr bestehen könnte.[12] Kommt der Verleiher dieser Obliegenheit
nicht nach, so läuft er Gefahr, einem Verfahren nach § 16 Abs. 1 Nr. 5
AÜG ausgesetzt zu werden.

▶ Praxistipp:

Das Gebrauchmachen vom Auskunftsverweigungsrecht des § 7
Abs. 5 AÜG erweist sich in der Praxis aus Sicht des Verleihers als
contraproduktiv, da eine Weigerung regelmäßig zusätzliche Ermittlungen der Erlaubnisbehörde in Gang setzt. Diese ist auch

---

12 Schüren/Hamann/*Stracke* § 7 AÜG Rn. 28 m.w.Nachw.

durch die berechtigte Geltendmachung des Auskunftverweige-
rungsrechts nicht daran gehindert, sich die vom Verleiher nicht erlangten Informationen auf anderem Wege zu beschaffen.

E. Rechtsfolgen bei Verletzung der Anzeige-, Auskunfts-, Duldungspflichten

I. Widerruf der Erlaubnis

23 Ein Verstoß gegen die Pflichten nach § 7 AÜG ist grundsätzlich geeignet, die Annahme der Unzuverlässigkeit und den **Widerruf der Erlaubnis** zur gewerbsmäßigen Arbeitnehmerüberlassung zu rechtfertigen. Die Behörden können insoweit nicht darauf verwiesen werden,
zunächst ein milderes Mittel insbesondere dadurch zu ergreifen, dass
sie die Auskunftspflichten des Verleihers zunächst mittels Verwaltungsakt feststellen und im Wege der Zwangsvollstreckung durchsetzten. Vielmehr sind sie regelmäßig **sofort zum Widerruf berechtigt**. Zwar begründen geringfügige Rechtsverstöße in der Regel noch
keine Unzuverlässigkeit, im Rahmen des § 7 Abs. 2 AÜG wird jedoch
lediglich dann von einem geringfügigen Rechtsverstoß ausgegangen,
wenn die Erteilung von Auskünften mit **geringer Verzögerung** erfolgt.[13] Eine **wahrheitswidrige oder unvollständige** Beantwortung
zulässiger Fragen der Erlaubnisbehörde wird dagegen nicht als geringfügig angesehen. Der **Grund** der Wahrheitswidrigen oder unvoll-
ständigen Beantwortung ist hierbei **unerheblich**.

24 Auch wenn der Verleiher die gewerbsmäßige Arbeitnehmerüberlassung im Übrigen rechtskonform betreibt, rechtfertigt allein die Tatsache, dass der Verleiher versucht, sich der fortlaufenden Kontrolle und
Überwachung durch die Bundesagentur für Arbeit zu entziehen, die
Annahme seiner Unzuverlässigkeit.

II. Ordnungswidrigkeit

25 Gemäß § 16 Abs. 1 Nr. 4–6a AÜG handelt ein Verleiher, der die Anzei-
ge-, Auskunfts-, Aufbewahrungs- und Duldungspflichten des § 7
AÜG verletzt, ordnungswidrig. Die Ordnungswidrigkeit kann gemäß
§ 16 Abs. 2 mit einer **Geldbuße von bis zu € 500,00** geahndet werden.

---

13 LSG Rheinland-Pfalz 19.12.2002, L 1 AL 4/01, EzAÜG § 1 AÜG Gewerbsmäßiger Arbeitnehmerüberlassung Nr. 37.

§ 8 Statistische Meldungen

(1) [1]Der Verleiher hat der Erlaubnisbehörde halbjährlich statistische Meldungen über

1. die Zahl der überlassenen Leiharbeitnehmer getrennt nach Geschlecht, nach der Staatsangehörigkeit, nach Berufsgruppen und nach der Art der vor der Begründung des Vertragsverhältnisses zum Verleiher ausgeübten Beschäftigung,
2. die Zahl der Überlassungsfälle, gegliedert nach Wirtschaftsgruppen,
3. die Zahl der Entleiher, denen er Leiharbeitnehmer überlassen hat, gegliedert nach Wirtschaftsgruppen,
4. die Zahl und die Dauer der Arbeitsverhältnisse, die er mit jedem überlassenen Leiharbeitnehmer eingegangen ist,
5. die Zahl der Beschäftigungstage jedes überlassenen Leiharbeitnehmers, gegliedert nach Überlassungsfällen,

zu erstatten. [2]Die Erlaubnisbehörde kann die Meldepflicht nach Satz 1 einschränken.

(2) Die Meldungen sind für das erste Kalenderhalbjahr bis zum 1. September des laufenden Jahres, für das zweite Kalenderhalbjahr bis zum 1. März des folgenden Jahres zu erstatten.

(3) [1]Die Erlaubnisbehörde gibt zur Durchführung des Absatzes 1 Erhebungsvordrucke aus. [2]Die Meldungen sind auf diesen Vordrucken zu erstatten. [3]Die Richtigkeit der Angaben ist durch Unterschrift zu bestätigen.

(4) [1]Einzelangaben nach Absatz 1 sind von der Erlaubnisbehörde geheimzuhalten. [2]Die §§ 93, 97, 105 Abs. 1, § 111 Abs. 5 in Verbindung mit § 105 Abs. 1 sowie § 116 Abs. 1 der Abgabenordnung gelten nicht. [3]Dies gilt nicht, soweit die Finanzbehörden die Kenntnisse für die Durchführung eines Verfahrens wegen einer Steuerstraftat sowie eines damit zusammenhängenden Besteuerungsverfahrens benötigen, an deren Verfolgung ein zwingendes öffentliches Interesse besteht, oder soweit es sich um vorsätzlich falsche Angaben des Auskunftspflichtigen oder der für ihn tätigen Personen handelt. [4]Veröffentlichungen von Ergebnissen auf Grund von Meldungen nach Absatz 1 dürfen keine Einzelangaben enthalten. [5]Eine Zusammenfassung von Angaben mehrerer Auskunftspflichtiger ist keine Einzelangabe im Sinne dieses Absatzes.

A. Meldepflichten – Abs. 1 bis 3

1   Die Meldungen nach § 8 AÜG dienen der vom Gesetzgeber gewollten **zuverlässigen Arbeitsmarktbeobachtung** in dem Arbeitsmarktsegment Arbeitnehmerüberlassung.[1]

I. Umfang der Meldung

2   Nach § 8 Abs. 1 S. 1 AÜG treffen den Verleiher daher **umfangreiche statistische Meldepflichten**. Diese beziehen sich auf die nach Geschlecht, Staatsangehörigkeit, Berufsgruppen und ursprünglich ausgeübter Beschäftigung aufzuschlüsselnde Zahl der überlassenen Leiharbeitnehmer (Nr. 1); die Zahl der Überlassungsfälle und Entleiher jeweils gegliedert nach Wirtschaftsgruppen (Nr. 2 und 3), die Zahl und Dauer der mit jedem überlassenen Leiharbeitnehmer eingegangenen Arbeitsverhältnisse (Nr. 4) sowie die Zahl der Beschäftigungstage jedes überlassenen Leiharbeitnehmers, gegliedert nach Überlassungsfällen (Nr. 5).

3   Die **Erlaubnisbehörde** kann die genannten statistischen Meldepflichten **einschränken** (§ 8 Abs. 1 S. 2 AÜG). Keine Meldepflicht besteht im Falle nichtgewerbsmäßiger Arbeitnehmerüberlassung. Streitig ist, ob Meldepflichten im Falle der sogenannten Kollegenhilfe, also bei Abordnung von Arbeitnehmern zu einer Arbeitsgemeinschaft nach § 1 Abs. 1 S. 2 AÜG bestehen.[2]

II. Form und Zeitpunkt der Meldung

4   Der Verleiher ist verpflichtet, die Meldungen **unaufgefordert und unentgeltlich**
    –   für das erste Halbjahr bis zum 1.9. des laufenden Jahres,
    –   für das zweite Halbjahr bis zum 1.3. des Folgejahres
    als sogenannte Halbjahresmeldung abzugeben (§ 8 Abs. 2 AÜG).

---

1 DA-AÜG zu § 8 AÜG Ziff. 8.
2 Thüsing/*Thüsing* § 8 AÜG Rn. 3 m.w.Nachw.

Gemäß § 8 Abs. 3 AÜG gibt die Erlaubnisbehörde zur Durchführung 5
der Halbjahresmeldungen **Erhebungsvordrucke** aus. Die Meldungen
sind auf diesen Vordrucken zu erstatten. Die Richtigkeit der Angaben
muss der Verleiher durch Unterschrift bestätigen (§ 8 Abs. 3 S. 1–3
AÜG). Aufgrund des Wortlautes des § 8 Abs. 3 S. 2 AÜG ist die **Verwendung der Vordrucke zwingend.** Nach herrschender Meinung ist
es daher nicht ausreichend, die Meldung ohne Nutzung des Vordru-
ckes abzugeben.[3] Die Meldungen sind der jeweils zuständigen Regionaldirektion der Bundesagentur zu erstatten.[4]

B. Geheimhaltung – Abs. 4 (»Statistikgeheimnis«)

Vom Verleiher übermittelte Einzelangaben sind von der Erlaubnis- 6
behörde **geheim zu halten.** Diese Geheimhaltungspflicht besteht
grundsätzlich auch gegenüber den **Finanzbehörden,** es sei denn, die
Finanzbehörden benötigen die Kenntnisse für die Durchführung eines Verfahrens wegen einer Steuerstraftat sowie eines damit zusammenhängenden Besteuerungsverfahrens, an deren Verfolgung ein
zwingendes öffentliches Interesse besteht oder sofern es sich um
vorsätzlich falsche Angaben des Auskunftspflichtigen oder der für
ihn tätigen Person handelt (§ 8 Abs. 4 S. 3 AÜG). Voraussetzung für
den Auskunftsanspruch der Finanzbehörden ist danach ein aufgrund
greifbarer Anhaltspunkte erhärteter **Verdacht** der Begehung einer
Steuerstraftat die durch andere Maßnahmen nicht mit demselben Erfolg aufzuklären ist.[5]

Gegenstand der Geheimhaltungspflicht sind lediglich die vom Ver- 7
leiher übermittelten **Einzelangaben.** Werden Einzelangaben mehrerer
Meldepflichtiger zusammengefasst, ist diese **Zusammenfassung** gemäß § 8 Abs. 4 S. 4 AÜG nicht mehr als Einzelangabe anzusehen. Um
eine Anonymität der Daten zu gewährleisten, muss die Art der Zusammenfassung sicherstellen, dass auch Dritte, die mit den Verhältnissen des Verleihers vertraut sind, **nicht zur Individualisierung** der
Daten in der Lage sind.[6]

---

3 *Urban-Crell/Schulz* Rn. 753 m.w.Nachw.
4 Vgl. zur Zuständigkeit der Regionaldirektion vgl. Anhang S. 635 f.
5 Schüren/Hamann/*Stracke* § 8 AÜG Rn. 18.
6 *Sandmann/Marschall* § 8 AÜG Anm. 21.

C. Verhältnis zum Datenschutz

8 Neben der Verpflichtung zur Geheimhaltung gemäß § 8 Abs. 4 AÜG ist die **Regionaldirektion der Bundesagentur** als bundesunmittelbare Körperschaft des öffentlichen Rechts gemäß § 1 Abs. 2 Nr. 1 i.V.m. § 2 **Abs. 1 S. 1 BDSG** zur Einhaltung der Regelungen des Bundesdatenschutzgesetzes verpflichtet. Gemäß **§ 12 Abs. 1 BDSG** ist die Bundesagentur damit an die **Rechtsgrundlagen der Datenverarbeitung** (§§ 12–18 BDSG) gebunden. Für die Datenerhebung gelten damit die Einschränkungen zur **Zweckbindung** der Datenerhebung gemäß § 13 BDSG, die Vorschriften zur **Speicherung, Veränderung und Nutzung personenbezogener Daten** (§ 14 BDSG) sowie zur **Datenübermittlung** (§§ 15, 16 BDSG).

9 Zudem ergeben sich datenschutzrechtliche Pflichten aus den **Sozialgesetzbüchern**, insbesondere den §§ 67 ff. SGB X.[7]

D. Rechtsfolgen bei Verletzung der statistischen Meldepflichten

10 Die Pflichten aus § 7 AÜG und § 8 AÜG bestehen nebeneinander und unabhängig von einander. Ein Verleiher kann sich daher nicht auf die ordnungsgemäße Erfüllung seiner Meldepflichten berufen, wenn das Auskunftsverlangen inhaltlich oder zeitlich über die Meldeerfordernisse hinausgeht.[8] Kommt der Verleiher seiner Meldepflicht gemäß § 8 Abs. 1 AÜG nicht nach, kann das Versäumnis als **Ordnungswidrigkeit** nach § 16 Abs. 1 Nr. 7 i.V.m. § 16 Abs. 2 letzter Hs. AÜG geahndet werden.

11 Lediglich bei wiederholten, schwerwiegenden und beharrlichen Verstößen gegen die Meldepflicht des § 8 AÜG kann nach § 5 Abs. 1 Nr. 3 i.V.m. § 3 Abs. 1 Nr. 1 AÜG auch die Erlaubnis zur Arbeitnehmerüberlassung entzogen werden.[9]

---

7 Vgl. hierzu Thüsing/*Thüsing* § 8 AÜG Rn. 13.
8 LAG Rheinland-Pfalz 19.12.2002, L 1 AL 4/01, EzAÜG § 1 AÜG Gewerbsmäßige Arbeitnehmerüberlassung Nr. 37.
9 Thüsing/*Thüsing* § 8 AÜG Rn. 6.

§ 9 Unwirksamkeit

Unwirksam sind:

1. Verträge zwischen Verleihern und Entleihern sowie zwischen Verleihern und Leiharbeitnehmern, wenn der Verleiher nicht die nach § 1 erforderliche Erlaubnis hat,

2. Vereinbarungen, die für den Leiharbeitnehmer für die Zeit der Überlassung an einen Entleiher schlechtere als die im Betrieb des Entleihers für einen vergleichbaren Arbeitnehmer des Entleihers geltenden wesentlichen Arbeitsbedingungen einschließlich des Arbeitsentgelts vorsehen, es sei denn, der Verleiher gewährt dem zuvor arbeitslosen Leiharbeitnehmer für die Überlassung an einen Entleiher für die Dauer von insgesamt höchstens sechs Wochen mindestens ein Nettoarbeitsentgelt in Höhe des Betrages, den der Leiharbeitnehmer zuletzt als Arbeitslosengeld erhalten hat; Letzteres gilt nicht, wenn mit demselben Verleiher bereits ein Leiharbeitsverhältnis bestanden hat; ein Tarifvertrag kann abweichende Regelungen zulassen; im Geltungsbereich eines solchen Tarifvertrages können nicht tarifgebundene Arbeitgeber und Arbeitnehmer die Anwendung der tariflichen Regelungen vereinbaren,

3. Vereinbarungen, die dem Entleiher untersagen, den Leiharbeitnehmer zu einem Zeitpunkt einzustellen, in dem dessen Arbeitsverhältnis zum Verleiher nicht mehr besteht; dies schließt die Vereinbarung einer angemessenen Vergütung zwischen Verleiher und Entleiher für die nach vorangegangenem Verleih oder mittels vorangegangenem Verleih erfolgte Vermittlung nicht aus,

4. Vereinbarungen, die dem Leiharbeitnehmer untersagen, mit dem Entleiher zu einem Zeitpunkt, in dem das Arbeitsverhältnis zwischen Verleiher und Leiharbeitnehmer nicht mehr besteht, ein Arbeitsverhältnis einzugehen.

A. Allgemeines

I. Gesetzeszweck

1 **§ 9 AÜG** steht am Anfang des Abschnitts über die arbeits- und zivilrechtlichen Vorschriften des Gesetzes (§§ 9–14 AÜG), welche als Sonderregelungen den allgemeinen Bestimmungen des Arbeits- und Zi-
vilrechts vorgehen. Soweit das AÜG keine besondere Anordnung für
die Rechtsbeziehungen zwischen Verleiher und Leiharbeitnehmer einerseits und Verleiher und Entleiher andererseits enthält, ist auf die
allgemeinen Bestimmungen zurückzugreifen. § 9 AÜG gilt ebenso
wie der überwiegende Teil der sonstigen Bestimmungen des AÜG
nur für die gewerbsmäßige, nicht für die nichtgewerbsmäßige **Überlassung von Arbeitnehmern.**[1]

2 Durch die arbeits- und zivilrechtliche Bestimmung des § 9 AÜG – insbesondere durch den Tatbestand illegaler Arbeitnehmerüberlassung

---

[1] *Boemke/Lembke* § 9 AÜG Rn. 1, 42; HWK / *Gotthardt* § 9 AÜG Rn. 12; a.A. *Kokemoor* NZA 2003, 238, 242; *Ulber* § 9 AÜG Rn. 37, 54, 73; vgl. ausführlich zur
Paralleldiskussion bei § 3 Abs. 1 Nr. 3 AÜG dort Rdn. 90.

der Nr. 1 sowie durch das Schlechterstellungsverbot der Nr. 2 – werden die **gewerberechtlichen Regelungen über die Erlaubnispflicht (§ 1 AÜG) und das Gleichstellungsgebot (§ 3 Abs. 1 Nr. 3 AÜG) ergänzt.** § 9 Nr. 1 AÜG kommt zentrale Bedeutung für die praktische Effektivität des Gesetzes zu. Neben den Unwirksamkeitsfolgen für den Arbeitnehmerüberlassungs- und Leiharbeitsvertrag eröffnet **§ 9 Nr. 1 AÜG** insbesondere den Weg zu § 10 AÜG, der die arbeitsrechtlichen Folgen illegaler Arbeitnehmerüberlassung fixiert. *Schüren* spricht in diesem Zusammenhang treffend von zwei »Wirkrichtungen« des § 9 Nr. 1 AÜG.[2] Während diese Regelung damit in erster Linie die Praktiken unseriöser Verleiher und Entleiher unterbinden und zugleich den sozialen Schutz der Leiharbeitnehmer sicherstellen will, sind **§ 9 Nr. 2–4 AÜG** vor allem auf die finanzielle Absicherung der im Wege gewerbsmäßiger Arbeitnehmerüberlassung verliehener Arbeitnehmer gerichtet.[3]

▶ **Praxistipp:**

Der Begriff der **illegalen Arbeitnehmerüberlassung** ist kein Rechtsbegriff. Er wird vielmehr geprägt durch das Gesetz zur Bekämpfung der illegalen Beschäftigung. Im Anwendungsbereich des AÜG umschreibt illegale Arbeitnehmerüberlassung insbesondere die Konstellation der gewerbsmäßigen Arbeitnehmerüberlassung ohne Vorliegen der erforderlichen Erlaubnis (soweit keiner der Ausnahmetatbestände eingreift). Ebenfalls unter dem Oberbegriff illegale Arbeitnehmerüberlassung werden Sachverhalte der Nichtübernahme der Arbeitgeberpflichten oder des Arbeitgeberrisikos durch den Verleiher (§ 3 Abs. 1 Nr. 1–3 AÜG) zusammengefasst. Diese Tatbestände sind aber jedenfalls für den Entleiher weitaus weniger einschneidend als illegale Arbeitnehmerüberlassung bei Fehlen der gewerberechtlichen Erlaubnis. Konsequenzen ergeben sich vorrangig für das verleihende Unternehmen selbst, welches mit der Nichtverlängerung einer befristeten Erlaubnis bzw. deren Widerruf rechnen muss. Zur Fiktion eines Arbeitsverhältnisses zum Entleiher kommt es – anders als bei Fehlen einer Erlaubnis – hingegen nicht.

Als **Rechtsfolge eines Verstoßes** gegen die Tatbestände des § 9 AÜG **3** ordnet das Gesetz die Unwirksamkeit der privatrechtlichen Vereinbarungen bzw. Abreden an. Den Begriff der **Unwirksamkeit** verwen-

---

2 Schüren/Hamann/*Schüren* § 9 AÜG Rn. 1 ff.
3 BT-Drucks. VI/2303 S. 13; ferner ausführlich Schüren/Hamann/*Schüren* § 9 AÜG Rn. 3, 10 f.

det das AÜG aus rechtsdogmatischen Gründen.[4] Während nichtige
Rechtsgeschäfte stets von Anfang an rechtsunwirksam sind, können
unwirksame Rechtsgeschäfte zunächst wirksam sein und erst zu einem späteren Zeitpunkt rechtsunwirksam werden.[5]

II. Entstehungsgeschichte

4   § 9 AÜG wurde seit Inkrafttreten des Gesetzes im Jahre 1972 mehrfach reformiert.[6] Am weitreichendsten waren die Änderungen durch
das **Erste Gesetz für moderne Dienstleistungen am Arbeitsmarkt**
vom 23.12.2002 (»Hartz I«). Die ehemaligen Unwirksamkeitstatbestände der Nr. 2 a.F. und Nr. 3 a.F. knüpften an die gewerberechtlichen Versagungsgründe des § 3 Abs. 1 Nr. 3–4 AÜG a.F. an und
wurden im Zuge der Lockerung des AÜG ersatzlos gestrichen. An
die Stelle der alten Regelungen trat – parallel zur gewerberechtlichen
Vorschrift des § 3 Abs. 1 Nr. 3 AÜG – der völlig neu gefasste Grundsatz des Equal-Pay und Equal-Treatment (§ 9 Nr. 2 AÜG n.F.). Die
letzte Änderung erfuhr **§ 9 Nr. 3 AÜG**. Der Gesetzgeber reagierte auf
eine höchst umstrittene Entscheidung des BGH[7] zur Unwirksamkeit
von Vermittlungsprovisionen in Arbeitnehmerüberlassungsverträgen.
§ 9 Nr. 3 AÜG wurde um einen zweiten Hs. ergänzt – die Vereinbarung einer angemessenen Vermittlungsgebühr zwischen Verleiher
und Entleiher wurde damit legalisiert.[8]

5   Die Änderungen des § 9 AÜG im Zuge der Hartz I-Reform gelten auf
Grund der **Übergangsvorschrift des § 19 AÜG** seit dem 1.1.2004 für
alle Leiharbeitsverhältnisse. In der Literatur war die Auslegung der
Übergangsvorschrift zunächst heftig umstritten, dies im Hinblick auf
die frühere Anwendbarkeit der Gesetzesänderungen bei Einschlägigkeit eines entsprechenden Tarifvertrages nach § 3 Abs. 1 Nr. 3 und § 9
Nr. 2 AÜG n.F.[9] Probleme ergaben sich insbesondere im Übergangs-
zeitraum des Jahres 2003. Inzwischen ist diese Diskussion überholt.
Die gesetzgeberische Klarstellung zur Zulässigkeit von Vermittlungs-

---

4 Ausführlich *Becker/Wulfgramm* § 9 AÜG Rn. 7 ff.
5 *Boemke/Lembke* § 9 AÜG Rn. 2; *Urban-Crell/Schulz* Rn. 775; jeweils m.w.Nachw.
6 Ausführlich zur Entstehungsgeschichte *Urban-Crell/Schulz* Rn. 170 ff., 176 ff.;
  vgl. zu den Änderungen des § 3 AÜG im Zuge der »Hartz I«-Reform § 3
  AÜG Rdn. 75.
7 BGH 3.7.2003, III ZR 348/02, BB 2003, 2015.
8 Drittes Gesetz für moderne Dienstleistungen am Arbeitsmarkt vom
  23.12.2003 (»Hartz III«), BGBl. I S. 2848; ausführlich zur gesetzlichen Neuregelung; *Thüsing* DB 2003, 21, 22; a. § 9 AÜG Rdn. 40.
9 Dazu *Böhm* NZA 2003, 828, 829 f.; *Boemke/Lembke* § 9 AÜG Rn. 6, § 19 AÜG
  Rn. 5 ff.; vgl. a. § 19 AÜG Rdn. 4.

provisionen in Arbeitnehmerüberlassungsverträgen (§ 9 Nr. 3 Hs. 2 AÜG) gilt seit dem 1.1.2004.

Am **13.1.2009** erzielte der Koalitionsausschuss von SPD und Union 6 im Zuge der Verhandlungen über das **Konjunkturpaket II** grundsätzliches Einvernehmen über die Einführung einer gesetzlichen Lohnuntergrenze in das AÜG. Der Abschluss des Gesetzgebungsverfahrens scheiterte bisher an den unterschiedlichen Auffassungen über eine angemessene Höhe des Mindestlohns in der Zeitarbeitsbranche.[10]

B. Unwirksamkeitsgründe

I. Fehlende Verleiherlaubnis – Nr. 1

1. Voraussetzungen

Ist der Verleiher nicht im Besitz der nach § 1 AÜG erforderlichen Er- 7 laubnis zur gewerbsmäßigen Arbeitnehmerüberlassung bestimmt **§ 9 Nr. 1 AÜG**, dass **Arbeitnehmerüberlassungs- und Leiharbeitsverträge unwirksam** sind. § 9 Nr. 1, § 10 AÜG gelten auch bei illegalem grenzüberschreitendem Verleih vom Ausland nach Deutschland; das Vorliegen einer E 101-Bescheinigung steht dem nicht entgegen.[11]

▶ Praxistipp:

Reine Verleihunternehmen werden regelmäßig im Besitz einer Erlaubnis nach dem AÜG sein. Die mit der illegalen Arbeitnehmerüberlassung einhergehenden Probleme kommen in der Praxis deshalb insbesondere in den Fällen vor, in denen die Vertragsparteien – irrtümlich oder bewusst – ein Vertragsverhältnis fälschlicherweise als Werk-, Dienstvertrag oder freies Mitarbeiterverhältnis qualifiziert haben. Ein wichtiges Beispiel ist – angesichts des partiellen Verbots der **Arbeitnehmerüberlassung in das Baugewerbe** (§ 1b S. 1 AÜG) – die Baubranche. Aber auch in sonstigen Fällen, in denen Subunternehmer sich gegenüber einem Generalunternehmer verpflichten, werkvertragliche Leistungen unter Einsatz eigener Arbeitnehmer etwa als Monteure, Konstrukteure oder

---

10 Dazu bereits § 3 AÜG Rdn. 86 f.
11 Thüringer LSG 10.3.2004, L 1 U 560/00, EzAÜG Sozialversicherungsrecht Nr. 44; LSG Hamburg 20.4.2005, L 1 KR 16/04, n.v.; sh. a. AÜG Einl. Rdn. 82.

Ingenieure zu erbringen, soll gewerbsmäßige Arbeitnehmerüberlassung häufig nur verschleiert werden.[12]

Wird durch einen **Scheinwerk- oder Scheindienstvertrag** die Arbeitnehmerüberlassung lediglich verdeckt, so finden die für das verdeckte Rechtsgeschäft – den Arbeitnehmerüberlassungsvertrag – geltenden Vorschriften Anwendung (§ 117 Abs. 2 BGB). Trotz eines solchen Scheingeschäfts treten die Rechtsfolgen des § 9 Nr. 1 AÜG i.V.m. § 10 Abs. 1 AÜG dann nicht ein, wenn der Verleiher gleichwohl eine gewerberechtliche Erlaubnis besitzt.

Eine klare **Abgrenzung** zwischen Werk-/Dienstverträgen und der gewerbsmäßigen Arbeitnehmerüberlassung ist in der Praxis häufig äußerst schwierig.[13] Sofern bei der Abgrenzung Zweifel bestehen, sollten die Parteien eines Werk- oder Dienstvertrages das Vertragsverhältnis nur bei Vorliegen einer – vorsorglichen – Erlaubnis nach dem AÜG durchführen.

8   Die **zivil- und arbeitsrechtliche Unwirksamkeitsfolge** des § 9 Nr. 1 AÜG tritt unabhängig davon ein, ob die Erlaubnis von Anfang an fehlte oder erst zu einem späteren Zeitpunkt erloschen ist, z.B. durch Rücknahme (§ 4 AÜG), Widerruf (§ 5 AÜG) oder Fristablauf (§ 2 Abs. 4 AÜG).[14] Die Unwirksamkeit tritt bei **nachträglichem Wegfall der Verleiherlaubnis** im Zeitpunkt des tatsächlichen Erlöschens ein. Eine Rückwirkung auf den Zeitpunkt, in dem die rechtlichen Voraussetzungen für einen Widerruf oder eine Rücknahme erstmals vorlagen, findet nicht statt. § 9 Nr. 1 AÜG greift nur ein, wenn die Erlaubnis tatsächlich nicht vorliegt. Die Geschäftstätigkeit im Rahmen der Abwicklungsfrist nach § 2 Abs. 4 S. 4 AÜG wird hiervon nicht erfasst.[15]

▶ Praxistipp:

Fällt die **Erlaubnis nachträglich weg**, beispielsweise infolge Nichtverlängerung, Rücknahme oder Widerruf, tritt die Unwirksamkeit erst nach Ablauf der gesetzlichen **Abwicklungsfrist von zwölf Monaten** ein (§ 2 Abs. 4 S. 4 AÜG). Darüber muss der Verleiher so-

---

12 Vgl. zu diesen Beispielen BT-Drucks. 8/4479 S. 139; zur Abgrenzung des Fremdpersonaleinsatzes bei Ingenieurleistungen LAG Hamm 4.12.2003, 8 (17) Sa 1006/03, EzAÜG § 611 BGB Abgrenzung Nr. 8.
13 Vgl. zur Abgrenzung § 1 AÜG Rdn. 132 ff., 153 ff.
14 HWK/*Gotthardt* § 9 AÜG Rn. 4; Thüsing/*Mengel* § 9 AÜG Rn. 9; *Urban-Crell/Schulz* Rn. 765, 776; jeweils m.w.Nachw.
15 ErfK/*Wank* § 9 AÜG Rn. 4; Schüren/Hamann/*Schüren* § 9 AÜG Rn. 20; *Urban-Crell/Schulz* Rn. 780.

wohl den Leiharbeitnehmer als auch den Entleiher unterrichten (vgl. §§ 11, 12 AÜG).

Im **Abwicklungszeitraum** können Verleiher **neue Arbeitnehmerüberlassungsverträge** nicht wirksam abschließen. Der Abwicklungszeitraum soll den Vertragsparteien lediglich die legale Abwicklung des Vertragsverhältnisses ermöglichen. Die Regionaldirektionen halten nicht nur den Neuabschluss von Arbeitnehmerüberlassungsverträgen, sondern auch den Abschluss **neuer Leiharbeitsverträge** während der zwölfmonatigen Abwicklungsfrist für unzulässig.[16]

Unerheblich ist auch, ob den Beteiligten das **Fehlen der Erlaubnis** **bekannt** oder in Folge grober Fahrlässigkeit unbekannt war oder ob sie irrtümlich sogar – wie häufig im Falle von Werk- oder Dienstverträgen – davon ausgingen, eine Erlaubnis nicht zu benötigen.[17]   9

Fehlte die Erlaubnis bereits bei Abschluss der Verträge führt auch eine **nachträglich erteilte Erlaubnis nicht rückwirkend zur Heilung** der unwirksamen Vertragsverhältnisse. Spätestens im Zeitpunkt der Überlassung des Arbeitnehmers zur Arbeitsleistung muss eine wirksame Verleiherlaubnis vorliegen.[18]   10

Umstritten ist allerdings, **ob durch die Neuerteilung einer Erlaubnis unwirksame Arbeitnehmerüberlassungs- und Leiharbeitsverträge mit Wirkung für die Zukunft geheilt werden**[19] oder ob es eines erneuten Vertragsabschlusses bedarf[20]. Da § 9 Nr. 1 AÜG eine Gesamt- und nicht nur Teilunwirksamkeit des Überlassungs- und Leiharbeitsvertrages herbeiführt, ist nach überzeugender Auffassung eine Heilung nicht – auch nicht mit Wirkung für die Zukunft – möglich. Insbesondere die Auslegungsregel des § 139 BGB hilft hier nicht weiter.[21] Hinsichtlich des formlos wirksamen Leiharbeitsvertrages kommt grundsätzlich ein konkludenter Neuabschluss des Vertrages   11

---

16 Vgl. DA-AÜG § 2 Ziff. 2.4; ausführlich § 2 AÜG Rdn. 41.
17 LAG Frankfurt 10.6.1983, 6 Sa 62/83, ArbR 1984, 154; *Sandmann/Marschall* § 9 AÜG Anm. 19; *Thüsing/Mengel* § 9 AÜG Rn. 9; *Urban-Crell/Schulz* Rn. 776; jeweils m.w.Nachw.
18 LAG Schleswig-Holstein 6.4.1984, 3 (4) Sa 597/82, EzAÜG § 10 AÜG Nr. 35; LAG Hessen 10.6.1983, 6 Sa 62/83, EzAÜG § 1 AÜG Erlaubnispflicht Nr. 11; *Thüsing/Mengel* § 9 AÜG Rn. 12 m.w.Nachw.
19 KHK/*Düwell* 4.5 Rn. 316; *Schüren/Hamann/Schüren* § 9 AÜG Rn. 24 ff.
20 *Becker/Wulfgramm* § 9 AÜG Rn. 11, 16.
21 *Thüsing/Mengel* § 9 AÜG Rn. 12 m.w.Nachw.

allein durch die Fortsetzung der Vertragsbeziehung zum Verleiher nach Erlaubniserteilung in Betracht. Allerdings muss das dann bereits fingierte Arbeitsverhältnis zum Entleiher unter Beachtung des Schriftformerfordernisses des § 623 BGB ausdrücklich aufgehoben werden; die Voraussetzungen eines Kündigungsgrundes im Sinne des § 1 Abs. 2 KSchG für eine wirksame Kündigung des fingierten Arbeitsverhältnisses werden regelmäßig nicht vorliegen. Hinsichtlich des Überlassungsvertrages ist ein konkludenter Neuabschluss ausgeschlossen.[22] Dem steht das Schriftformerfordernis des § 12 Abs. 1 S. 1 AÜG entgegen, es bedarf stets eines formwirksamen Neuvertrags.[23]

▶ **Praxistipp:**

Soweit dem Verleiher eine Erlaubnis nach § 1 AÜG erst nach Abschluss des Überlassungs- und/oder Leiharbeitsvertrages erteilt worden ist, sollten die Beteiligten ihre Vertragsbeziehung – der Entleiher den Überlassungsvertrag mit dem Verleiher und der Arbeitnehmer den Arbeitsvertrag – auf eine neue rechtliche Grundlage stellen. Dadurch »sanieren« sie die Vertragsbeziehung jedenfalls für die Zukunft. Gleichzeitig muss das Kraft Gesetzes fingierte Arbeitsverhältnis zwischen Arbeitnehmer und Entleiher in einer gesonderten schriftlichen Vereinbarung ausdrücklich aufgehoben werden.

2. Rechtsfolgen

12   Die **Rechtsfolgen illegaler Arbeitnehmerüberlassung** sind erheblich. Nach § 9 Nr. 1 AÜG sind sowohl der Arbeitnehmerüberlassungsvertrag als auch der Arbeitsvertrag zwischen Verleiher und Leiharbeitnehmer unwirksam. An die Unwirksamkeitsfolge des Leiharbeitsvertrages knüpft die Fiktion des § 10 Abs. 1 AÜG an: Kraft Gesetzes wird ein Arbeitsverhältnis zwischen Leiharbeitnehmer und Entleiher fingiert.[24]

13   Die **Konstruktion der illegalen Arbeitnehmerüberlassung** ohne Vorliegen der erforderlichen Erlaubnis nach § 1 AÜG verdeutlicht das nachfolgende Schaubild:

---

22 So aber ErfK/*Wank* § 9 Rn. 6.
23 So a. HWK/*Gotthardt* § 9 AÜG Rn. 8; Thüsing/*Mengel* § 9 AÜG Rn. 12; *Urban-Crell/Schulz* Rn. 779.
24 Dazu ausführlich § 10 AÜG Rdn. 3 ff.

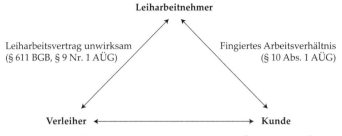

Konstruktion der illegalen Arbeitnehmernehmerüberlassung ohne Erlaubnis

Leiharbeitnehmer

Leiharbeitsvertrag unwirksam
(§ 611 BGB, § 9 Nr. 1 AÜG)

Fingiertes Arbeitsverhältnis
(§ 10 Abs. 1 AÜG)

Verleiher ←——————————→ Kunde

Arbeitnehmerüberlassungsvertrag unwirksam (§ 12 AÜG, § 9 Nr. 1 AÜG)

a) Unwirksamkeit des Überlassungsvertrages – Nr. 1 Var. 1

Fehlte die Verleiherlaubnis bereits im Zeitpunkt des Abschlusses des **14** Arbeitnehmerüberlassungsvertrages ist dieser von Anfang an unwirksam; entfiel diese hingegen erst zu einem späteren Zeitpunkt nach Invollzugsetzung des Vertragsverhältnisses tritt die Unwirksamkeit ab diesem Zeitpunkt – nicht rückwirkend – ein. Aus dem rechtsunwirksamen Vertrag können Verleiher und Entleiher keinerlei Ansprüche herleiten. Auch die Grundsätze über das fehlerhafte Arbeitsverhältnis gelten für den nach § 9 Nr. 1 AÜG unwirksamen Überlassungsvertrag nicht, ein faktischer Arbeitnehmerüberlassungsvertrag scheidet aus.[25]

aa) Haftung

Aus dem **unwirksamen Überlassungsvertrag** ergeben sich keine ver- **15** traglichen Haftungsansprüche (z.B. vertragliche Schadensersatzansprüche wegen Schlechtleistung eines für die konkrete Tätigkeit nicht geeigneten und qualifizierten Leiharbeitnehmers). In Betracht kommen allerdings **Schadensersatzansprüche** aus Vertrauenshaftung (§ 311 Abs. 2, § 280 Abs. 1 BGB) und deliktischer Haftung, soweit allein die fehlende Qualifikation des eingesetzten Arbeitnehmers Ursache des Schadensereignisses war.[26] Insofern anerkennt die Rechtsprechung auch bei einem illegalen Entleiher ein schützenswertes Vertrauen.[27]

---

25 Allg. Meinung vgl. ErfK/*Wank* § 9 AÜG Rn. 5; HWK/*Gotthardt* § 9 AÜG Rn. 6; *Urban-Crell/Schulz* Rn. 833.
26 Thüsing/*Mengel* § 9 AÜG Rn. 14 m.w.Nachw.
27 BGH 5.11.1974, VI ZR 100/73, BGHZ 63, 140, 144.

bb) Bereicherungsausgleich

16 Die **Rückabwicklung** des unwirksamen – bereits in Vollzug gesetzten – Vertragsverhältnisses richtet sich nach den allgemeinen zivilrechtlichen **Regelungen über die ungerechtfertigte Bereicherung (§§ 812 ff. BGB)**. Eine Leistungskondiktion wird durch die Sonderregelungen des AÜG nicht verdrängt, die Fiktion eines Arbeitsverhältnisses zum Entleiher nach § 10 Abs. 1 S. 1 AÜG wurde allein im Interesse des Leiharbeitnehmers geschaffen.[28]

17 Bei der **Rückabwicklung** ist zwischen den Ansprüchen des Verleihers hinsichtlich der von dem illegal verliehenen Arbeitnehmer erbrachten Arbeitsleistungen einerseits und dem von dem illegalen Verleiher an den Leiharbeitnehmer bezahlten Arbeitslohn nebst Sozialversicherungsbeiträgen andererseits zu unterscheiden. Im Ergebnis kommt es für den Umfang des Wertersatzes auf die **Gut- oder Bösgläubigkeit des illegalen Verleihers** an.

18 Der **bösgläubige Verleiher,** der unerlaubt Arbeitnehmer zur Arbeitsleistung überlässt, kann aus ungerechtfertigter Bereicherung regelmäßig keinen Wertersatz für die von den überlassenen Leiharbeitnehmern geleisteten Dienste verlangen. Der Anspruch auf Wertersatz, der sich auf den Ausgleich der objektiv beim Entleiher eingetretenen Bereicherung richtet, scheitert insoweit regelmäßig an § 817 S. 2 BGB.[29] Grundsätzlich kann er nur seine direkten Lohnkosten ersetzt verlangen. Er verliert dadurch seine im Stundenverrechnungssatz kalkulierte Gewinnmarge. Nach der Rechtsprechung steht § 817 S. 2 BGB diesem Anspruch nicht entgegen, da die Erfüllung der Verbindlichkeit des Entleihers aus dem fingierten Arbeitsverhältnis durch den Verleiher weder gegen ein gesetzliches Verbot noch gegen die guten Sitten verstößt.[30]

19 Etwas anderes gilt nur, wenn der **Verleiher ausnahmsweise gutgläubig** war. In diesem Fall kann er vom illegalen Entleiher Wertersatz gerichtet auf die marktübliche Überlassungsvergütung verlangen (§ 612 Abs. 2 BGB), diese kann hinter der vereinbarten Vergütung zurückbleiben.

---

28 BGH 21.1.2003, X ZR 261/01, EzAÜG § 9 AÜG Nr. 12 = NZA 2003, 616; BGH 18.7.2000, X ZR 62/98, NJW 2000, 3492; Thüsing/*Mengel* § 9 AÜG Rn. 14 m.w.Nachw.; a.A. *Bertram/Ockerfels* NZA 1985, 552, 554.
29 BGH 8.11.1979, VII ZR 337/78, AP AÜG § 10 Nr. 2; BGH 18.7.2000, X ZR 62/98, NJW 2000, 3492.
30 BGH 8.11.1979, VII ZR 337/78, AP AÜG § 10 Nr. 2; BGH 18.7.2000, X ZR 62/98, NJW 2000, 3492; OLG Celle 27.8.2003, 7 U 52/03, EzAÜG § 1b AÜG Nr. 2.; LG Köln 14.3.2008, 17 O 239/07, n.v.

▶ **Praxistipp:**

Welche Ansprüche der illegale Verleiher gegen den illegalen Entleiher hat, hängt von dessen Gut- bzw. Bösgläubigkeit ab:

– Sahen die Vertragspartner die Rechtsbeziehung irrtümlich als echten Werk- oder Dienstvertrag an, so handelten sie regelmäßig gutgläubig. In diesem Fall kann der illegal handelnde Auftragnehmer von seinem Kunden Wertersatz verlangen. Der Wertersatz ist auf die marktübliche Überlassungsvergütung gerichtet, die regelmäßig hinter der vereinbarten Vergütung zurückbleiben wird.

– War der Auftragnehmer bzw. der Verleiher hingegen bösgläubig, so kann er nur seine direkten Lohnkosten nebst Arbeitgeberbeiträgen zur Sozialversicherung ersetzt verlangen. Seine im Stundenverrechnungssatz kalkulierte Gewinnmarge geht ihm dadurch verloren.

Der **illegale Entleiher** kann – **gleichgültig, ob gut- oder bösgläubig** – 20 die von ihm bereits gezahlte Überlassungsvergütung im Wege der Leistungskondiktion zurückverlangen. Diesem Anspruch steht § 817 S. 2 BGB nicht entgegen.[31] Kondiktionsansprüche des Entleihers werden rechtstechnisch gegen die Ansprüche des illegal handelnden Verleihers nach den bereicherungsrechtlichen Grundsätzen der Saldotheorie verrechnet.[32]

cc) Gesamtschuldnerausgleich

Einige Autoren befürworten darüber hinaus einen Ausgleichsan- 21 spruch gestützt auf die **Grundsätze des (gestörten) Gesamtschuldnerausgleichs** nach § 426 BGB.[33] Diese Auffassung ist abzulehnen. Der illegale Verleiher und der illegale Entleiher stehen in keinem Gesamtschuldverhältnis (§ 421 BGB). Aus dem unwirksamen Leiharbeitsvertrag nach § 9 Nr. 1 AÜG kann der Arbeitnehmer keine Hauptleistungspflichten gegen den illegalen Verleiher herleiten, ein Vergütungsanspruch besteht lediglich gegen den illegalen Entleiher auf Grund des nunmehr bestehenden fingierten Arbeitsverhältnisses (§ 10 Abs. 1 S. 1 AÜG). Der Arbeitnehmer steht nicht zusätzlich in ei-

---

31 *Boemke/Lembke* § 9 AÜG Rn. 13.
32 *Boemke/Lembke* § 9 AÜG Rn. 13; KHK/*Düwell* 4.5 Rn. 321.
33 So *Becker/Wulfgramm* § 9 AÜG Rn. 18; Schüren/Hamann/*Schüren* § 9 AÜG Rn. 41 ff., 46 ff.; a. HWK/*Gotthardt* § 9 AÜG Rn. 6 allerdings unter falschem Verweis auf BGH 17.2.2000, III ZR 78/99, NJW 2000, 1557.

nem fehlerhaften Arbeitsverhältnis zum illegal handelnden Verleiher.[34]

b) Unwirksamkeit des Leiharbeitsvertrages – Nr. 1 Var. 2

aa) Unwirksamkeit Leiharbeitsvertrag

22   Nach **§ 9 Nr. 1 Var. 2 AÜG** sind Verträge zwischen Verleiher und Leiharbeitnehmer unwirksam, wenn der Verleiher nicht die erforderliche Erlaubnis nach dem AÜG hat. Die **Unwirksamkeit** tritt – ebenso wie beim unwirksamen Arbeitnehmerüberlassungsvertrag – **mit Wirkung ex nunc** ein.[35] Aus dem unwirksamen Leiharbeitsvertrag können nen Verleiher und Leiharbeitnehmer keine primären Leistungspflichten herleiten.

23   Über den Gesetzeswortlaut hinaus knüpft die Rechtsfolge der Unwirksamkeit an die **tatsächliche** – nicht nur vertraglich geplante – **Überlassung des Leiharbeitnehmers an einen Dritten** an. Allein der Abschluss eines Leiharbeitsvertrages durch einen illegalen Verleiher genügt nicht.[36] Diese Interpretation rechtfertigt sich nicht nur aus dem systematischen Zusammenspiel zwischen § 9 AÜG und § 10 AÜG, sondern auch und insbesondere mit Blick auf Sinn und Zweck der Regelung. Systematisch ist § 9 Nr. 1 Var. 2 AÜG im Kontext der Fiktionswirkung des § 10 Abs. 1 AÜG auszulegen. Die Fiktionswirkung greift erst bei tatsächlicher Überlassung eines Leiharbeitnehmers an einen illegalen Entleiher, d.h. bei tatsächlicher Durchführung der Arbeitnehmerüberlassung, ein. Wäre der Leiharbeitsvertrag aber bereits im Zeitpunkt des rechtlichen Vertragsabschlusses unwirksam – ohne dass die Person des Dritten bereits konkretisiert ist und die Fiktion des § 10 Abs. 1 AÜG eintreten könnte – träfe das Unwerturteil illegaler Arbeitnehmerüberlassung insbesondere den Leiharbeitnehmer. Dies würde dem Gesetzeszweck, Leiharbeitnehmer gegen unseriöse Praktiken von illegalen Verleihern und Entleihern zu schützen, konterkarieren.[37]

---

34 BGH 8.11.1979, VII ZR 337/78, AP AÜG § 10 Nr. 2 = NJW 1980, 452; BGH 18.7.2000, X ZR 62/98, NJW 2000, 3492; ferner MünchArbR/*Marschall* § 176 Rn. 15; *Sandmann/Marschall* § 10 AÜG Anm. 7, 9; *Urban-Crell/Schulz* Rn. 838 f.; a.A. Schüren/Hamann/*Schüren* § 9 AÜG Rn. 28; offengelassen BAG 26.7.1984, 2 AZR 471/83, EzAÜG § 1 AÜG Gewerbsmäßige Arbeitnehmerüberlassung Nr. 18; ferner § 9 AÜG Rdn. 25 ff.

35 *Boemke/Lembke* § 9 AÜG Rn. 34; Thüsing/*Mengel* § 9 AÜG Rn. 18.

36 Dazu ausführlich *Boemke/Lembke* § 9 AÜG Rn. 32 ff.; wohl a. BAG 10.2.1977, 2 ABR 80/76, NJW 1977, 1413; BAG 8.7.1998, 10 AZR 274/97, NZA 1999, 493; a.A. *Becker/Wulfgramm* § 10 AÜG Rn. 12; *Sandmann/Marschall* Art. 1 § 10 AÜG Anm. 4.

37 Ebenso, mit ähnlicher Begründung *Boemke/Lembke* § 9 AÜG Rn. 32 ff.

Als in der Praxis problematisch erweisen sich **(Leih-) Arbeitsverhält-** 24
nisse in Mischbetrieben.[38] Wird der Arbeitnehmer neben seiner Tätigkeit bei seinem Arbeitgeber nur zeitweise auch an Dritte überlassen und besitzt der Inhaber des Mischbetriebes keine Erlaubnis nach
§ 1 AÜG, soll der Arbeitsvertrag unter unverändertem Fortbestand
des auf die Tätigkeit im Mischbetrieb selbst gerichteten Vertragsteils
teilunwirksam sein.[39] Diese Auffassung ist abzulehnen. Der Wortlaut
des § 9 Nr. 1 AÜG spricht eindeutig – anders als die nur auf Teilunwirksamkeit einzelner Vertragsklauseln gerichteten Nr. 2–4 des § 9
AÜG – von einer uneingeschränkten Unwirksamkeit des gesamten
Arbeitsvertragsverhältnisses.[40]

bb) Faktisches Arbeitsverhältnis

Ob und inwieweit sich aus einem in Vollzug gesetzten unwirksamen 25
Leiharbeitsvertrag Ansprüche nach den Grundsätzen über das
faktische Arbeitsverhältnis herleiten lassen, ist **umstritten.** Die Be-
fürworter eines faktischen Arbeitsverhältnisses wollen den unwirksamen und in Vollzug gesetzten Leiharbeitsvertrag für die Vergangenheit wie ein wirksames Arbeitsverhältnis behandeln, von dem sich
beide Parteien durch einseitige Erklärung für die Zukunft ohne Weiteres lösen können.[41]

Die Gegner dieser Auffassung plädieren für die **Anwendung der** 26
Grundsätze über die ungerechtfertigte Bereicherung (§§ 812 ff. BGB)
auch auf das nach § 9 Nr. 1 Var. 2 AÜG unwirksame Leiharbeitsverhältnis.[42] Diese Auffassung überzeugt. Eines Rückgriffs auf den rich-
terrechtlichen Grundsatz des fehlerhaften Arbeitsverhältnisses bedarf
es nicht. Der Gesetzgeber hat die Rechtsfolgen der Unwirksamkeit
des Leiharbeitsvertrages abschließend geregelt. Nach dessen Willen
soll der Entleiher bei illegaler Arbeitnehmerüberlassung ohne Ver-

---

38 Zu Mischbetrieben vgl. § 3 AÜG Rdn. 133.
39 Schüren/Hamann/*Schüren*; § 9 AÜG Rn. 25 ff.
40 *Ulber* § 9 AÜG Rn. 25 ff., § 10 AÜG Rn. 63 f.; offen gelassen Thüsing/*Mengel*
    § 9 AÜG Rn. 19.
41 *Becker/Wulfgramm* § 9 AÜG Rn. 18, § 10 AÜG Rn. 14; ErfK/*Wank* § 9 AÜG
    Rn. 5; HWK/*Gotthardt* § 9 AÜG Rn. 9 f.; Schüren/Hamann/*Schüren* § 9
    AÜG Rn. 28; wohl a. LAG Hessen 27.11.2003, 9 TaBV 51/03, NZA-RR 2004,
    343 (obiter dictum); einschränkend nur für den Fall, dass a. der illegale Ver-
    leiher bereits Leistungen zu Gunsten des Leiharbeitnehmers erbracht hat,
    BGH 31.3.1982, 2 StR 744/82, AP AÜG § 10 Nr. 4.
42 BGH 18.7.2000, X ZR 62/98, NJW 2000, 3492, 3495; BGH 8.11.1979, VII ZR
    337/78, AP AÜG § 10 Nr. 2 = NJW 1980, 452, 453; *Boemke/Lembke* § 9 AÜG
    Rn. 37; *Urban-Crell/Schulz* Rn. 823, 838 f.; jeweils m.w.Nachw.; offen gelassen
    BAG 26.7.1984, 2 AZR 471/83, EzAÜG § 1 AÜG Gewerbsmäßige Arbeitneh-
    merüberlassung Nr. 18.

leiherlaubnis »der alleinige Arbeitgeber des Leiharbeitnehmers mit allen sich daraus ergebenden Pflichten« sein.[43] Das soziale Schutzbedürfnis erfordert es nicht, dem Leiharbeitnehmer für seine Vergütungsansprüche zwei gesamtschuldnerisch haftende Arbeitgeber gleichermaßen verpflichtet gegenüber zu stellen. Dieser Gedanke wird sowohl durch die Schadensersatzpflicht des Verleihers nach § 10 Abs. 2 AÜG als auch durch § 10 Abs. 3 AÜG bestätigt. Der letztgenannten Regelung hätte es nicht bedurft, wenn der Gesetzgeber von einer allgemeinen Pflicht des Verleihers gegenüber dem Leiharbeitnehmer nach den Grundsätzen über das fehlerhafte Arbeitsverhältnis ausgegangen wäre. Überdies wäre dann auch ein bereicherungsrechtlicher Rückgriff des Verleihers gegen den Entleiher wegen gezahlten Arbeitslohns ausgeschlossen, da der illegale Verleiher in diesem Fall auf eine eigene nicht auf eine fremde Schuld zahlen würde.[44] Alleiniger Arbeitgeber des Leiharbeitnehmers ist ab dem Zeitpunkt der Unwirksamkeit des Leiharbeitsvertrages der illegale Entleiher (§ 10 Abs. 1 S. 1 AÜG).

▶ Praxistipp:

Ob sich das wegen Fehlens der Verleiherlaubnis unwirksame Leiharbeitsverhältnis in einen faktischen Arbeitsvertrag wandelt, ist umstritten. Obwohl dies in erster Linie eine dogmatische Frage ist, sollte der illegale Verleiher vorsorglich gegenüber dem Leiharbeitnehmer die Beendigung der Vertragsbeziehung anzeigen. Zur Lossagung genügt eine einfache – aus Beweisgründen schriftliche – Erklärung. Dieser kommt nicht die Qualität einer Kündigung zu; der Betriebsrat ist nicht nach § 102 BetrVG anzuhören.

27 Einigkeit besteht jedoch darüber, dass einerseits der Leiharbeitnehmer keine doppelten Vergütungsansprüche gegenüber illegalem Verleiher und Entleiher hat[45] und andererseits dem Verleiher für die Vergangenheit kein bereicherungsrechtlicher Rückgriffsanspruch gegen den Leiharbeitnehmer auf Rückzahlung rechtsgrundlos gewährter Vergütungsleistungen zusteht.[46]

---

43 BT-Drucks. VI/2303 S. 14.
44 BGH 18.7.2000, X ZR 62/98, NJW 2000, 3492; wohl a. LAG Hessen 27.11.2003, 9 TaBV 51/03, NZA-RR 2004, 343 (obider dictum).
45 BGH 8.11.1979, VII ZR 337/78, AP AÜG § 10 Nr. 2 = NJW 1980, 452.
46 BGH 31.3.1982, 2 StR 744/81, AP AÜG § 10 Nr. 4; BGH 8.11.1979, VII ZR 337/78, AP AÜG § 10 Nr. 2; vgl. ferner jeweils m.w.Nachw. Thüsing/*Mengel* § 9 AÜG Rn. 20; *Urban-Crell/Schulz* Rn. 824.

cc) Sonstige Rechtsfolgen

Im Falle der Unwirksamkeit des Leiharbeitsvertrages nach § 9 Nr. 1 **28** AÜG kann der Leiharbeitnehmer von dem Verleiher nach § 10 Abs. 2 S. 1 AÜG den Vertrauensschaden ersetzt verlangen.[47] Darüber hinaus kommen **Schadensersatzansprüche des Leiharbeitnehmers** gegen den illegal handelnden Verleiher aus Vertrauenshaftung (§ 280 Abs. 1 BGB) sowie aus deliktischer Haftung (§ 826 BGB, § 823 Abs. 2 BGB i.V.m. § 263 StGB) in Betracht. Außerdem **haftet der illegale Verleiher** auch für sonstige Teile des Arbeitsentgelts, wenn er trotz Unwirksamkeit des Leiharbeitsvertrages (§ 9 Nr. 1 AÜG) das vereinbarte Arbeitsentgelt oder Teile des vereinbarten Arbeitsentgelts an den Leiharbeitnehmer rechtsgrundlos gezahlt hat (**§ 10 Abs. 3 AÜG**).[48]

▶ **Praxistipp:**

Darüber hinaus hat der Leiharbeitnehmer auch bei illegaler Arbeitnehmerüberlassung trotz fehlender ausdrücklicher gesetzlicher Regelung einen **Auskunftsanspruch** (§ 242 BGB) gegen den illegalen Verleiher. Der illegale Verleiher ist verpflichtet, dem Leiharbeitnehmer Auskunft über solche Tatsachen zu erteilen, die dieser zur Durchsetzung etwaiger Ansprüche gegen ihn selbst oder den Entleiher benötigt. Dies gilt unabhängig davon, ob die illegale Arbeitnehmerüberlassung nachgewiesen ist. Es reicht aus, wenn Tatsachen den Verdacht einer illegalen Arbeitnehmerüberlassung ohne Verleiherlaubnis rechtfertigen.[49]

c) Sonstiges

Verstöße gegen die Erlaubnispflicht nach § 1 AÜG muss die BA mit **29** Mitteln des **Verwaltungszwangs** nach § 6 AÜG untersagen (Untersagungsverfügung).[50] Außerdem wird illegale Arbeitnehmerüberlassung ohne Verleiherlaubnis sowohl gegenüber dem illegalen Verleiher als auch gegenüber dem illegalen Entleiher als **Ordnungswidrigkeit** sanktioniert (§ 16 Abs. 1 Nr. 1, Nr. 1a., Abs. 2 AÜG). Bei Verleih ausländischer Leiharbeitnehmer ohne Genehmigung entgegen § 1 AÜG verwirkt der Verleiher überdies den **Straftatbestand** des § 15 AÜG.[51]

---

47 Ausführlich § 10 AÜG Rdn. 69 ff.
48 Ausführlich § 10 AÜG Rdn. 79 ff.
49 BAG 11.4.1984, 5 AZR 316/82, AP AÜG § 10 Nr. 7; allg. BAG 22.4.1967, 3 AZR 347/66, AP BGB § 242 Auskunftspflicht Nr. 12.
50 Ausführlich § 6 AÜG Rdn. 6 ff.
51 Dazu § 15 AÜG Rdn. 5 ff.

II. Vereinbarung schlechterer Arbeits- und Entgeltbedingungen für Verleihzeiten im Leiharbeitsvertrag – Nr. 2

1. Voraussetzungen und Ausnahmen

30   Der Unwirksamkeitsgrund des § 9 Nr. 2 AÜG ist das arbeitsrechtliche Pendant zur gewerberechtlichen Regelung des § 3 Abs. 1 Nr. 3 AÜG.[52] Danach sind Vereinbarungen zwischen Verleiher und Leiharbeitnehmer unwirksam, die für den Leiharbeitnehmer für die Zeit der Überlassung an einen Entleiher schlechtere als die im Betrieb des Entleihers für einen vergleichbaren Arbeitnehmer geltenden wesentlichen Arbeitsbedingungen einschließlich des Arbeitsentgelts vorsehen (sogenanntes Gleichstellungsgebot oder Schlechterstellungsverbot). § 9 Nr. 2 AÜG ist **verfassungsgemäß**.[53]

▶ Praxistipp:
   Der Grundsatz des Equal-Pay und Equal-Treatment gilt nur für Verleihzeiten. In verleihfreien Zeiten bleiben individualvertraglich vereinbarte schlechtere Arbeits- und Entgeltbedingungen bis zur Grenze der Sittenwidrigkeit wirksam.[54]

31   Vom **Grundsatz der Gleichstellung** kann bei **Einstellung Arbeitsloser** und **durch Tarifvertrag abgewichen** werden.[55] Der Gesetzgeber plant die Einführung einer gesetzlichen Lohnuntergrenze in das AÜG; trotz verfassungsrechtlicher Bedenken müssten sich die Tarifvertragsparteien diesem gesetzlichen Diktat zunächst beugen.[56]

2. Rechtsfolgen

32   Arbeitsvertragliche **Klauseln, die § 9 Nr. 2 AÜG missachten**, sind **von Anfang an unwirksam**. Die Unwirksamkeit erfasst nicht den gesamten Leiharbeitsvertrag; § 139 BGB findet keine Anwendung.[57]

33   Trotz der Teilnichtigkeit des Leiharbeitsvertrages ist der Leiharbeitnehmer nicht schutzlos. Nach **§ 10 Abs. 4 AÜG** hat er im Falle der Unwirksamkeit der Vereinbarung nach § 9 Nr. 2 AÜG Anspruch auf Gewährung der im Betrieb des Entleihers für einen vergleichbaren

---

52 Ausführlich § 3 AÜG Rdn. 70 ff.
53 BVerfG 29.12.2004, 1 BvR 2283/03 u.a., NZA 2005, 153.
54 Dazu § 3 AÜG Rdn. 70 (Praxistipp).
55 Ausführlich zu den Ausnahmetatbeständen § 3 AÜG Rdn. 109 ff.
56 Zur Lohnuntergrenze vgl. § 3 AÜG Rdn. 86 f.
57 Thüsing/*Mengel* § 9 AÜG Rn. 48 m.w.Nachw.

Arbeitnehmer geltenden wesentlichen Arbeits- und Entgeltbedingungen (sogenanntes **Garantieprinzip**).[58]

Verstöße gegen § 9 Nr. 2 AÜG begründen weder eine Ordnungswidrigkeit noch einen Straftatbestand. Allerdings muss der Verleiher mit **gewerberechtlichen Sanktionen** rechnen; ein Verstoß gegen § 9 Nr. 2 AÜG indiziert dessen Unzuverlässigkeit im Sinne des § 3 Abs. 1 Nr. 1 AÜG.[59] **34**

III. Vereinbarung von Abwerbungs- und Einstellungsverboten im Überlassungsvertrag – Nr. 3

§ 9 Nr. 3 AÜG erklärt Vereinbarungen, die dem Entleiher untersagen, **35** den Leiharbeitnehmer zu einem Zeitpunkt einzustellen, in dem dessen Arbeitsverhältnis zum Verleiher nicht mehr besteht, für unwirksam. Der Gesetzgeber verfolgt mit diesem ebenso wie mit dem Unwirksamkeitsgrund des § 9 Nr. 4 AÜG **beschäftigungspolitische Ziele**. Die Arbeitnehmerüberlassung soll für Leiharbeitnehmer ein Sprungbrett in eine dauerhafte Beschäftigung im Entleiherbetrieb sein (sogenannter **Klebeeffekt**).[60] Damit stellt § 9 Nr. 3 AÜG sicher, dass das Recht des Leiharbeitnehmers auf freie Wahl des Arbeitsplatzes nicht beeinträchtigt wird; der gleichzeitige Eingriff in die Vertragsfreiheit von Verleiher und Entleiher ist vor diesem Hintergrund verfassungsrechtlich unbedenklich.[61]

1. Voraussetzungen

a) Einstellungs- und Abwerbeverbote

§ 9 Nr. 3 Hs. 1 AÜG untersagt **unmittelbare und mittelbare Einstel-** **36** **lungs- und Abwerbeverbote** im Arbeitnehmerüberlassungsvertrag. Erfasst werden nicht nur Angebote des Entleihers **nach Beendigung des Leiharbeitsvertrages**. Ebenso sind Klauseln unwirksam, die dem Entleiher das Angebot auf Übernahme in eine Dauerbeschäftigung für die Zeit nach Beendigung des Leiharbeitsverhältnisses bereits während der Zeit der Überlassung verbieten. Entscheidend ist mithin nicht der Zeitpunkt der Vertragsverhandlungen bzw. des -abschlusses, sondern der rechtliche Beginn des Arbeitsverhältnisses zwischen

---

58 Ausführlich § 10 AÜG Rdn. 81 ff.
59 Vgl. § 3 AÜG Rdn. 44.
60 Vgl. 10. AÜG-Erfahrungsbericht, BT-Drucks. 15/6008 S. 11: »Erfahrungsgemäß werden rund ein Drittel aller Leiharbeitnehmer durch den entleihenden Betrieb nach einer gewissen Zeit übernommen (sogenannter Klebeeffekt).«
61 BT-Drucks. 15/6008 S. 11; Schüren/Hamann/*Schüren* § 9 AÜG Rn. 88 ff.

Leiharbeitnehmer und Entleiher. Nach Beendigung des Leiharbeitsvertrages darf der (ehemalige) Leiharbeitnehmer jederzeit eingestellt werden. Dagegen gerichtete Verbote sind unzulässig.[62] Unwirksam sind auch sonstige **Nebenabreden** im Arbeitnehmerüberlassungsvertrag, welche das Verbot der Einstellung zusätzlich absichern sollen. Dies gilt beispielsweise für **Vertragsstrafenregelungen**.[63]

37 Die Unwirksamkeitsfolge des § 9 Nr. 3 Hs. 1 AÜG erstreckt sich nicht auf **unlautere Abwerbeverbote**, d.h. auf die Verleitung des Leiharbeitnehmers zum Vertragsbruch durch den Entleiher. Das Verbot sittenwidriger Abwerbung fremder Arbeitnehmer ist ein – wenngleich in der Praxis nur schwierig nachweisbarer – Anwendungsfall des wettbewerbsrechtlichen Abwerbe- und Einstellungsverbots nach § 1 UWG. Derart wettbewerbswidriges Verhalten des Entleihers stellt eine Nebenpflichtverletzung aus dem Überlassungsvertrag dar, wegen derer sich der Entleiher nach § 280 Abs. 1 BGB und/oder wegen vorsätzlicher sittenwidriger Schädigung nach § 826 BGB schadensersatzpflichtig machen kann.[64]

▶ **Praxistipp:**

Die Vereinbarung von Abwerbeverboten für die Laufzeit des Leiharbeitsverhältnisses ist wirksam und in der Praxis üblich. Der Verleiher sollte dieses durch eine Vertragsstrafe absichern. In Formularverträgen bzw. Allgemeinen Geschäftsbedingungen dürfen nur »angemessene« Vertragsstrafen vereinbart werden, ansonsten ist die Klausel wegen Verstoßes gegen §§ 305 ff. BGB[65] unwirksam.

b) Vermittlungsgebühr

38 Arbeitnehmerüberlassungsverträge – insbesondere Allgemeine Geschäftsbedingungen – enthalten regelmäßig **Regelungen zur Personalvermittlung**.

aa) Zulässigkeit

39 In Rechtsprechung und Literatur war **lange Zeit umstritten**, ob die Vereinbarung von **Vermittlungsgebühren** vom Verbot des § 9 Nr. 3 AÜG a.F. erfasst wird. Zuletzt hatte der BGH mit Urteil vom 3.7.2003

---

62 *Boemke/Lembke* § 9 AÜG Rn. 177; HWK/*Gotthardt* § 9 AÜG Rn. 13; Thüsing/
    Mengel § 9 AÜG Rn. 52.
63 BGH 3.7.2003, III ZR 348/02, NJW 2003, 2906.
64 AG Düsseldorf 17.1.2001, 25 C 14262/00, NZA-RR 2001, 297; *Boemke/Lembke*
    § 9 AÜG Rn. 178; *Urban-Crell/Schulz* Rn. 201 m.w.Nachw.
65 Vgl. § 309 Nr. 6, § 307 BGB.

für formularmäßige Vereinbarungen in Allgemeinen Geschäftsbedingungen entschieden, dass in diesen Fällen ein Verstoß gegen § 9 Nr. 3 AÜG a.f. anzunehmen sei. Die Leistung des Verleihers sei bereits mit der Überlassungsvergütung abgegolten, jede weitere Zahlung stelle deshalb ein vertragsstrafenbewährtes Einstellungsverbot dar.[66]

Nicht zuletzt auf Druck der Zeitarbeitsbranche hat der Gesetzgeber **40** schnell auf diese Entscheidung des BGH reagiert und die bisherige Praxis der Vereinbarung von Vermittlungsprovisionen legalisiert. Durch das **Dritte Gesetz für moderne Dienstleistungen am Arbeitsmarkt** wurde § 9 Nr. 3 AÜG mit Wirkung zum 1.1.2004 dahingehend ergänzt, dass die Vereinbarung einer angemessenen Vergütung zwischen Verleiher und Entleiher für eine nach vorangegangenem oder mittels vorgeschaltetem Verleih erfolgte Vermittlung nicht ausgeschlossen ist. Inzwischen hat auch der **BGH seine frühere Rechtsprechung aufgegeben** und die Vereinbarung formularmäßiger Klauseln zu Vermittlungsprovisionen – auch in Allgemeinen Geschäftsbedingungen – als grundsätzlich zulässig akzeptiert.[67] Wegen der Branchenüblichkeit von Vermittlungsprovision in der Zeitarbeit handelt es sich auch nicht um eine überraschende Klausel (§ 305c Abs. 1 BGB).

bb) Angemessenheit

Für die Praxis stellt sich die Frage der **Angemessenheit einer verein-** **41** **barten Vermittlungsprovision**. Die Rechtsprechung hat bisher keine verlässlichen Leitlinien entwickelt.[68] Nach der Gesetzesbegründung sind bei der Beurteilung der Angemessenheit neben der Dauer des vorangegangenen Verleihs, die Höhe des vom Entleiher für den Verleih bereits gezahlten Entgelts und der Aufwand für die Gewinnung eines vergleichbaren Arbeitnehmers zu berücksichtigen.[69] Der »Aufwand« entspricht der marktüblichen Provision von Personalvermittlern für die jeweilige Vermittlungstätigkeit. In der Literatur werden **drei Bruttomonatsgehälter** als **absolute Obergrenze** einer angemessenen Vermittlungsgebühr genannt.[70]

---

66 BGH 3.7.2003, III ZR 348/02, NJW 2003, 2906; ausführlich zur früheren Rechtslage *Urban-Crell/Schulz* Rn. 202 ff.
67 BGH 7.12.2006, III ZR 82/06, NZA 2007, 571.
68 BGH 7.12.2006, III ZR 82/06, NZA 2007, 571; grundsätzlich zur Vermittlungsprovision nach »Hartz III« vgl. *Lembke/Fesenmeyer* DB 2007, 801.
69 BT-Drucks. 15/6008 S. 11.
70 *Sandmann/Marschall* Art. 1 § 9 AÜG Anm. 29; Schüren/Hamann/*Schüren* § 9 AÜG Rn. 82; *Boemke/Lembke* § 9 AÜG Rn. 189 ziehen die Grenze bei einem Bruttomonatsgehalt.

▶ **Praxistipp:**

Bei der **Klauselgestaltung** sind folgende Faktoren zu berücksichtigen:
- Höhe der Provision darf freie Wahl des Arbeitsplatzes des Leiharbeitnehmers nicht gefährden (keine Vermittlungsbarriere);
- Dauer der vorangegangenen Überlassung ist zu berücksichtigen (Armortisationsgedanke);
- Höhe des vom Entleiher für den Verleih bereits gezahlten Entgelts ist zu berücksichtigen;
- Aufwand für die Gewinnung eines vergleichbaren Arbeitnehmers ist zu berücksichtigen.

Gestaltung in der Praxis
- Zwei-/Dreifacher Monatslohn oder 200-facher Stundenverrechnungssatz;
- um 1/12 je unmittelbar vorangegangenem Überlassungsmonat zu kürzen;
- Anspruch auf Vermittlungshonorar entsteht bei Abschluss eines Arbeitsvertrages zwischen Entleiher und Leiharbeitnehmer – auch dann, wenn dieser erst bis zu sechs Monaten nach Ende der Überlassung geschlossen wird;
- Regelungen gelten entsprechend, wenn ein Schwester-/Tochterunternehmen des Entleihers den Leiharbeitnehmer übernimmt.[71]

cc) Kausalität

42 Die **Vermittlung** muss darüber hinaus **kausal auf die vorangegangene Überlassung** des Arbeitnehmers an den Entleiher zurückzuführen sein. Dies folgt aus dem Wortlaut des § 9 Nr. 3 Hs. 2 AÜG. Eine generelle Vermittlungsvermutung bei Einstellung eines früheren Leiharbeitnehmers durch den Entleiher besteht nicht.

▶ **Praxistipp:**

Um in der Praxis bei der Frage der Kausalität Streitigkeiten zu vermeiden, sollten Personaldienstleister Vermittlungsklauseln verwenden, in denen die Voraussetzungen unter denen ein Vergütungsanspruch entstehen soll, klar und eindeutig definiert sind.

43 Der Kausalzusammenhang besteht zweifelsfrei, wenn Arbeitnehmer und Kunde noch **während der laufenden Überlassung einen Ar-**

---

71 Zulässigkeit zweifelhaft, sh. § 9 AÜG Rdn. 44.

beitsvertrag abschließen und/oder der Leiharbeitnehmer eine **Eigenkündigung** ausspricht, um nach Ablauf der Kündigungsfrist eine Tätigkeit beim bisherigen Entleiher aufzunehmen. Entsprechendes gilt, wenn sich der Leiharbeitnehmer auf eine **Stellenausschreibung** im Entleiherbetrieb bewirbt, selbst wenn der Entleiher die Zusage erst nach Ende der Verleihzeit erteilt. Ob auch Bewerbungen des ehemaligen Leiharbeitnehmers nach Abschluss des Einsatzes im Entleiherbetrieb genügen, ist einzelfallabhängig.[72] Arbeitsvertragsabschlüsse innerhalb von sechs Monaten nach Ende der Überlassung sind aufgrund des **engen zeitlichen Zusammenhangs** jedoch ein gewichtiges Indiz für die Kausalität.[73]

Vielfach sehen Provisionsklauseln auch dann einen Vergütungsanspruch des Verleihers vor, wenn der Leiharbeitnehmer nicht in ein Arbeitsverhältnis zum früheren Entleiher, sondern zu einem mit dem Entleiher **verbundenen Unternehmen im Sinne des AktG** vermittelt wird. Problematisch ist in diesem Zusammenhang, ob die Tätigkeit des Leiharbeitnehmers beim Kunden und damit die Vermittlungstätigkeit des Verleihers für den Arbeitsvertragsabschluss zwischen (Leih-)Arbeitnehmer und Drittem ursächlich war. Zwar wird die in die Arbeitnehmerüberlassung bisher nicht eingebundene Konzerngesellschaft den Arbeitnehmer häufig aufgrund seiner positiven Bewährung im Rahmen des Einsatzes beim Entleiher einstellen. Dabei handelt es sich dann aber lediglich um eine mittelbare Vermittlung. Dies genügt für vermittlungsorientierte und damit provisionspflichtige Arbeitnehmerüberlassung kaum. Denn nach der Legaldefinition des § 35 Abs. 1 S. 2 SGB III umfasst Arbeitsvermittlung alle Tätigkeiten, die auf das Zusammenführen von Arbeitsuchenden mit Arbeitgebern zur Begründung eines Arbeitsverhältnisses gerichtet sind. Zwischen Verleiher und Drittem besteht weder eine rechtliche noch tatsächliche Beziehung; dieser kann dem neuen Arbeitgeber den Anstoß zu einem Vertragsabschluss mit dem (Leih-)Arbeitnehmer nicht gegeben haben. Es spricht daher vieles dafür, dass **konzernweite Vermittlungsgebührvereinbarungen** ein unzulässiges Einstellungshemmnis im Sinne des § 9 Nr. 3 Hs. 2 AÜG begründen. Die Praxis wird damit rechnen müssen, dass die Rechtsprechung entsprechende Beweislastvereinbarungen als unzulässig verwerfen wird.

44

---

72 Generell abl. Schüren/Hamann/*Schüren* § 9 AÜG Rn. 85.
73 *Boemke/Lembke* § 9 AÜG Rn. 185, die die vertragliche Regelung einer Vermittlungsvermutung innerhalb der ersten sechs Monate nach Ende der Überlassung empfehlen; a.A. Schüren/Hamann/*Schüren* § 9 AÜG Rn. 87.

▶ **Praxistipp:**

Sofern Personaldienstleister auf die Konzernerstreckung der Vermittlungsklausel nicht verzichten wollen, sollten sie besonderes Augenmerk auf die **Klauselgestaltung** legen. Die Voraussetzungen für einen Vermittlungsanspruch des Verleihers für eine Vermittlung in ein Arbeitsverhältnis zum Entleiher einerseits und die Aufnahme einer Tätigkeit des Arbeitnehmers bei einem anderen Konzernunternehmen andererseits sollten in getrennten Absätzen geregelt werden. Denkbar ist dann zumindest eine geltungserhaltende Reduktion im Sinne eines für die AGB-Kontrolle von Formularverträgen anerkannten **blue-pencil Tests**.[74]

dd) Klauselbeispiel

45 **Vermittlungshonorarklauseln** in Überlassungsverträgen oder in AGB sollten die für die Angemessenheit maßgeblichen Bemessungsfaktoren kombinieren und insbesondere eine degressive Staffelung der Höhe der Provision vorsehen. Da die Höhe der zwischen Arbeitnehmer und Kunden vereinbarten Arbeitsvergütung dem vermittelnden Verleiher nur in den seltensten Fällen bekannt werden wird, ist die Vereinbarung einer am Stundenverrechnungssatz des Überlassungsvertrages orientierten Vermittlungsgebühr vorzuziehen. Der **200-fache Stundenverrechnungssatz** sollte als **absoluter Höchstbetrag** angesetzt werden.

▶ **Klauselbeispiel:**

§ xy
Vermittlungshonorar

1. Das mit dem Entleiher bestehende Vertragsverhältnis ist über die Arbeitnehmerüberlassung hinaus darauf gerichtet, den Arbeitnehmer zur dauerhaften Einstellung zu vermitteln. Begründen der Entleiher und der überlassene Arbeitnehmer während der Arbeitnehmerüberlassung oder innerhalb von sechs Monaten nach Beendigung des Leiharbeitsvertrages ein Arbeitsverhältnis, gilt dies als Arbeitsvermittlung durch den Verleiher. In diesem Fall hat der Verleiher Anspruch auf ein Vermittlungshonorar in Höhe des 200-fachen vereinbarten Stundenverrechnungssatzes. Das Honorar reduziert sich für jeden der Vermittlung unmittelbar vorgegangenen Überlassungsmonat um je 1/12.

---

74 Zur Unwirksamkeit der Klausel bei Unangemessenheit der Höhe des Vermittlungshonorars sh. § 9 AÜG Rdn. 46.

2. Vorstehender Absatz 2 gilt entsprechend bei Begründung eines Arbeitsverhältnisses zwischen überlassenem Arbeitnehmer und einem mit dem Entleiher verbundenen Unternehmen im Sinne des AktG.[75]

ee) Rechtsfolge der Unwirksamkeit

Eine **unangemessene Vermittlungsgebühr** stellt ein unzulässiges **46** Einstellungshemmnis dar. Die **Provisionsklausel** ist **unwirksam**. Eine gerichtliche Herabsetzung des unverhältnismäßig hohen Vermittlungshonorars entsprechend § 655 BGB lehnt die überwiegende Auffassung bei Vermittlung aus dem Überlassungsverhältnis zu Recht ab.[76] § 9 Nr. 3 AÜG geht § 655 BGB als speziellere Norm vor. Für eine geltungserhaltende Reduktion ist deshalb kein Raum. Dem gesetzlichen Schutzzweck liefe es zuwider, wenn der Verleiher risikolos unangemessene Vermittlungsvereinbarungen treffen könnte.

2. Rechtsfolgen

Die **Unwirksamkeitsfolge des § 9 Nr. 3 AÜG** erfasst nicht das gesam- **47** te Vertragsverhältnis zwischen Verleiher und Entleiher, sondern lediglich die **Teilvereinbarung** über das unzulässige Einstellungsverbot (Hs. 1) bzw. die unangemessene Vermittlungsprovision (Hs. 2). § 139 BGB findet keine Anwendung. Von der Teilunwirksamkeit mit erfasst werden Klauseln, die die unzulässigen Verbote mittelbar absichern sollen (z.B. **Vertragsstrafenregelungen**).[77]

Verstöße gegen das Einstellungs- und Abwerbeverbot sowie das Ver- **48** bot unangemessener Vermittlungsgebühren können je nach den Umständen des Einzelfalles die **gewerberechtliche Unzuverlässigkeit** des Verleihers nach § 3 Abs. 1 Nr. 1 AÜG begründen. Ordnungswidrigkeiten bzw. Straftatbestände werden nicht verwirkt.

---

75 Ob eine derartige Konzernerweiterung zulässig oder vielmehr ein unzulässiges Einstellungshemmnis im Sinne des § 9 Nr. 3 Hs. 2 AÜG ist, ist zweifelhaft (sh. § 9 AÜG Rdn. 44).
76 *Boemke/Lembke* § 9 AÜG Rn. 192; Schüren/Hamann/*Schüren* § 9 AÜG Rn. 78 f.; Thüsing/*Mengel* § 9 AÜG Rn. 192; jew. m.w.Nachw.; a.A. *Hamann* S. 147; *ders.* EzA § 9 AÜG Nr. 2; *Rambach/Begerau* BB 2002, 937.
77 *Becker/Wulfgramm* § 9 AÜG Rn. 30a; Schüren/Hamann/*Schüren* § 9 AÜG Rn. 76; Thüsing/*Mengel* § 9 AÜG Rn. 56.

IV. Vereinbarung von nachvertraglichen Verboten zur Aufnahme eines Arbeitsverhältnisses zum Entleiher – Nr. 4

1. Voraussetzungen

49 § 9 Nr. 4 AÜG regelt – parallel zum Einstellungsverbot zwischen Verleiher und Entleiher in § 9 Nr. 3 AÜG – die **Unwirksamkeit von Vereinbarungen zwischen Verleiher und Leiharbeitnehmer**, mit denen dem Leiharbeitnehmer die Eingehung eines Arbeitsverhältnisses zum Entleiher zu einem Zeitpunkt, in dem das Arbeitsverhältnis zum Verleiher nicht mehr besteht, untersagt wird. Diese Regelung verfolgt damit dasselbe Ziel wie § 9 Nr. 3 AÜG. Leiharbeitnehmern soll die Chance auf freie Wahl des Arbeitsplatzes gesichert und die Möglichkeit der Übernahme in ein Normalarbeitsverhältnis beim Entleiher eröffnet werden (sogenannter **Klebeeffekt**).[78]

50 § 9 Nr. 4 AÜG erfasst nicht nur **unmittelbare Verbote** zur Eingehung eines Arbeitsverhältnisses gegenüber dem Leiharbeitnehmer, sondern – ebenso wie die Regelung in Nr. 3 – auch **sonstige Initiativen des Leiharbeitnehmers zur Begründung eines Arbeitsverhältnisses zum Entleiher** (z.B. Bewerbungen). Sowohl Vertragsverhandlungen als auch der Abschluss eines Arbeitsvertrages mit dem Entleiher während der Laufzeit des Leiharbeitsverhältnisses sind unschädlich, soweit der rechtliche Beginn des Arbeitsverhältnisses zum Entleiher nach Beendigung des Leiharbeitsverhältnisses liegt. Gegen derartige Abreden und Absprachen gerichtete Verbote im Leiharbeitsvertrag sind unwirksam.

51 Im Gegensatz zu Vereinbarungen mit dem Entleiher sind Abreden über die Zahlung einer **Vermittlungsprovision** mit dem Leiharbeitnehmer unzulässig. Dies ergibt sich ohne Weiteres aus einem Umkehrschluss zu § 9 Nr. 3 Hs. 2 AÜG.[79]

52 Selbst wenn sich der Verleiher zur Zahlung einer **Karenzentschädigung** für die Dauer des Tätigkeitsverbots beim Entleiher oder einer »**Abfindung« für die Nichtaufnahme eines Beschäftigungsverhältnisses zum Entleiherunternehmen** verpflichtet, bleiben entsprechende Vereinbarungen unwirksam. § 9 Nr. 4 AÜG geht als Sonderregelungen den allgemeinen Bestimmungen über Wettbewerbsverbote (§ 110 GewO, §§ 74 ff. HGB) vor.[80] Die praktische Bedeutung der Wirksam-

---

78 LAG Köln 22.8.1984, 5 Sa 1306/83, EzAÜG § 10 AÜG Fiktion Nr. 32; ferner § 9 AÜG Rdn. 35.
79 Thüsing/*Mengel* § 9 AÜG Rn. 60 m.w.Nachw.
80 Allg. Auffassung vgl. nur LAG Köln 22.8.1984, 5 Sa 1306/83, EzAÜG § 10 AÜG Fiktion Nr. 32; *Becker/Wulfgramm* § 9 AÜG Rn. 33; ErfK/*Wank* § 9 AÜG Rn. 11; a.A. *Schubel/Engelbrecht* § 9 AÜG Rn. 12.

keit **nachvertraglicher Wettbewerbsabreden** in Leiharbeitsverträgen ist aber ohnehin gering. Ein nachvertragliches Wettbewerbsverbot untersagt dem Leiharbeitnehmer lediglich eine Konkurrenztätigkeit im Geschäftsbereich des Verleihers, mithin in der Zeitarbeitsbranche. Wird der Arbeitnehmer aber im Entleiherbetrieb tätig, ohne ein eigenes Verleihunternehmen zu gründen oder sich daran zu beteiligen, übt er keine Konkurrenz auf dem Gebiet der Arbeitnehmerüberlassung aus. Der sachliche Geltungsbereich eines nachvertraglichen Wettbewerbsverbots erfasst daher Tätigkeiten bei einem Entleiher in der Regel nicht.[81]

Während der Laufzeit des Leiharbeitsverhältnisses unterliegt der **53** Leiharbeitnehmer – wie jeder sonstige Arbeitnehmer auch – einem **vertraglichen Wettbewerbsverbot** (§ 60 HGB analog); dabei hat er auch die schutzwürdigen Interessen des Entleihers zu beachten.[82] Daher darf er weder unselbständig noch selbständig dem Verleiher in dessen Geschäftsbereich Konkurrenz machen. Nach allgemeinen Grundsätzen sind allerdings Vorbereitungshandlungen für die Zeit nach Beendigung des Leiharbeitsverhältnisses zulässig. Erlaubte Vorbereitungshandlungen sind beispielsweise der Einkauf von Einrichtungsgegenständen, die Beschaffung von Materialien, der Erwerb von Waren, der Abschluss eines Franchise-Vertrages, die Einstellung von Arbeitnehmern und die Anmietung von Geschäftsräumen. Auch das Abwerben von Arbeitskollegen, etwa um ein eigenes Personaldienstleistungsunternehmen zu gründen, ist nicht generell verboten. Ein wettbewerbswidriges und damit unzulässiges Abwerben von Kollegen und Kunden liegt allerdings bei Verleitung zum Vertragsbruch vor.[83] Derart wettbewerbswidriges Verhalten des Leiharbeitnehmers während der Dauer des Leiharbeitsverhältnisses stellt eine Nebenpflichtverletzung dar. Bei unerlaubter Konkurrenztätigkeit haftet der Leiharbeitnehmer auf Schadensersatz. Ferner berechtigt das treuwidrige Verhalten den Verleiher – je nach den Umständen des Einzelfalles – zur außerordentlichen oder zur ordentlichen Kündigung des Arbeitsverhältnisses. Wettbewerbswidriges Verhalten kann darüber hi-

---

81 KHK/*Düwell* 4.5 Rn. 362; Thüsing/*Mengel* § 9 AÜG Rn. 60; *Urban-Crell/ Schulz* Rn. 381; zum nachvertraglichen Wettbewerbsverbot bei Gründung eines eigenen Verleihunternehmens vgl. Schüren/Hamann/*Schüren* § 9 AÜG Rn. 92.
82 LAG Berlin 9.2.1981, 9 Sa 83/80, DB 1981, 1095.
83 LAG Rheinland-Pfalz 7.2.1992, 6 Sa 528/91, NZA 1993, 265; LAG Hamburg 21.12.1999, 2 Sa 62/99, n.v.; allg. zur Mitarbeiterabwerbung *Schmiede*, BB 2003, 1120.

naus mittels Unterlassungsklage – ggf. im einstweiligen Verfügungs-
verfahren – unterbunden werden.[84]

54 Nicht vom Unwirksamkeitsgrund des § 9 Nr. 4 AÜG umfasst sind die
nach allgemeinen Grundsätzen zulässigen **Nebentätigkeitsverbote**.
Nach der Rechtsprechung können einem Arbeitnehmer im Rahmen
seiner vertraglichen Nebenpflichten solche Nebentätigkeiten zulässigerweise untersagt werden, welche berechtigte Interessen des Arbeitgebers beeinträchtigen.[85] Dies gilt auch bei Arbeitnehmerüberlassung.

2. Rechtsfolgen

55 Von der **Unwirksamkeitsfolge des § 9 Nr. 4 AÜG** wird nicht das gesamte Vertragsverhältnis, sondern nur die das konkrete Verbot enthaltene **Klausel** erfasst. Dies gilt auch für die das Verbot mittelbar
absichernden **Nebenabreden**, etwa Vereinbarungen über eine Karenzentschädigung oder eine Vertragsstrafe. Auch Rückzahlungsver-
einbarungen über eine als Gegenleistung für die Nichtaufnahme einer
Wettbewerbstätigkeit nach Beendigung des Leiharbeitsverhältnisses
gezahlte »Abfindung« unterfallen dem Verbot des § 9 Nr. 4 AÜG.[86]
Hat der Verleiher die Entschädigung bereits an den Leiharbeitnehmer
gezahlt, kann er diese selbst dann nicht kondizieren, wenn der Leiharbeitnehmer dem – unwirksamen – Verbot zuwider gehandelt hat.
Dem Rückgriffsanspruch des Verleihers steht § 817 S. 2 BGB entgegen.[87]

56 Ebenso wie bei der Parallelvorschrift des § 9 Nr. 3 AÜG können auch
Verstöße gegen das Eingehungsverbot der Nr. 4 **gewerberechtliche
Sanktionen** wegen Unzuverlässigkeit des Verleihers (§ 3 Abs. 1 Nr. 1
AÜG) auslösen. Ordnungswidrigkeitenrechtliche und/oder straf-
rechtliche Konsequenzen hat ein Verstoß hingegen nicht.

---

84 LAG Hamm 19.3.2001, 16 Sa 322/01, BuW 2001, 924; LAG Köln 8.12.1995,
    13 Sa 1153/95, AP HGB § 60 Nr. 11; ArbG Düsseldorf 21.1.2000, 1 Ga 99/99,
    NZA-RR 2001, 248; *Urban-Crell/Schulz* Rn. 379.
85 BAG 26.8.1976, 2 AZR 377/75, AP BGB § 626 Nr. 68; ErfK/*Wank* § 9 AÜG
    Rn. 12; HWK/*Gotthard* § 9 AÜG Rn. 17.
86 LAG Köln 22.8.1984, 5 Sa 1306/83, EzAÜG § 10 AÜG Fiktion Nr. 32; Thü-
    sing/*Mengel* § 9 AÜG Rn. 63 m.w.Nachw.
87 LAG Köln 22.8.1984, 5 Sa 1306/83, EzAÜG § 10 AÜG Fiktion Nr. 32; ErfK/
    Wank § 9 AÜG Rn. 13; KHK/*Düwell* 4.5 Rn. 362.

§ 10 Rechtsfolgen der Unwirksamkeit

(1) [1]Ist der Vertrag zwischen einem Verleiher und einem Leiharbeitnehmer nach § 9 Nr. 1 unwirksam, so gilt ein Arbeitsverhältnis zwischen Entleiher und Leiharbeitnehmer zu dem zwischen dem Entleiher und dem Verleiher für den Beginn der Tätigkeit vorgesehenen Zeitpunkt als zustande gekommen; tritt die Unwirksamkeit erst nach Aufnahme der Tätigkeit beim Entleiher ein, so gilt das Arbeitsverhältnis zwischen Entleiher und Leiharbeitnehmer mit dem Eintritt der Unwirksamkeit als zustande gekommen. [2]Das Arbeitsverhältnis nach Satz 1 gilt als befristet, wenn die Tätigkeit des Leiharbeitnehmers bei dem Entleiher nur befristet vorgesehen war und ein die Befristung des Arbeitsverhältnisses sachlich rechtfertigender Grund vorliegt. [3]Für das Arbeitsverhältnis nach Satz 1 gilt die zwischen dem Verleiher und dem Entleiher vorgesehene Arbeitszeit als vereinbart. [4]Im übrigen bestimmen sich Inhalt und Dauer dieses Arbeitsverhältnisses nach den für den Betrieb des Entleihers geltenden Vorschriften und sonstigen Regelungen; sind solche nicht vorhanden, gelten diejenigen vergleichbarer Betriebe. [5]Der Leiharbeitnehmer hat gegen den Entleiher mindestens Anspruch auf das mit dem Verleiher vereinbarte Arbeitsentgelt.

(2) [1]Der Leiharbeitnehmer kann im Falle der Unwirksamkeit seines Vertrages mit dem Verleiher nach § 9 Nr. 1 von diesem Ersatz des Schadens verlangen, den er dadurch erleidet, daß er auf die Gültigkeit des Vertrages vertraut. [2]Die Ersatzpflicht tritt nicht ein, wenn der Leiharbeitnehmer den Grund der Unwirksamkeit kannte.

(3) [1]Zahlt der Verleiher das vereinbarte Arbeitsentgelt oder Teile des Arbeitsentgelts an den Leiharbeitnehmer, obwohl der Vertrag nach § 9 Nr. 1 unwirksam ist, so hat er auch sonstige Teile des Arbeitsentgelts, die bei einem wirksamen Arbeitsvertrag für den Leiharbeitnehmer an einen anderen zu zahlen wären, an den anderen zu zahlen. [2]Hinsichtlich dieser Zahlungspflicht gilt der Verleiher neben dem Entleiher als Arbeitgeber; beide haften insoweit als Gesamtschuldner.

(4) Der Leiharbeitnehmer kann im Falle der Unwirksamkeit der Vereinbarung mit dem Verleiher nach § 9 Nr. 2 von diesem die Gewährung der im Betrieb des Entleihers für einen vergleichbaren Arbeitnehmer des Entleihers geltenden wesentlichen Arbeitsbedingungen einschließlich des Arbeitsentgelts verlangen.

Übersicht

A. Allgemeines

1　**§ 10 AÜG** knüpft an die Unwirksamkeitstatbestände des § 9 Nr. 1 und Nr. 2 AÜG an. Kern der Vorschrift ist die Regelung der **Rechtsfolgen illegaler gewerbsmäßiger Arbeitnehmerüberlassung bei Fehlen der Verleiherlaubnis**. Die Fiktion eines Arbeitsverhältnisses zwischen Leiharbeitnehmer und Entleiher sowie die inhaltliche Ausgestaltung dieses fingierten Vertragsverhältnisses regelt – wenngleich nicht vollständig – § 10 Abs. 1 AÜG. Weitere arbeits- und zivilrechtliche Rechtsfolgen des nach § 9 Nr. 1 AÜG unwirksamen Leiharbeitsvertrages finden sich in Abs. 2 und 3 der Vorschrift. Schließlich ordnet § 10 Abs. 4 AÜG die Anwendung des Equal-Pay- und Equal-Treatment-Grundsatzes im Falle eines Verstoßes gegen das Schlechterstellungsverbot (§ 9 Nr. 2 AÜG) an.

§ 10 AÜG – insbesondere die Anordnung eines kraft Gesetzes fin- 2
gierten Arbeitsverhältnisses zum Entleiher bei illegaler Arbeitnehmerüberlassung – dient in erster Linie dem **sozialen Schutz des
Leiharbeitnehmers**; ihr kommt darüber hinaus eine **Kontroll- und
Selbstregulierungsfunktion** zu. Der Gesetzgeber verbindet mit § 10
Abs. 1 bis 3 AÜG die Hoffnung, der Entleiher werde in Anbetracht
der drohenden Fiktionswirkung bereits aus Eigeninteresse sorgfältig
das Vorliegen einer Arbeitnehmerüberlassungserlaubnis prüfen.[1] § 10
Abs. 4 AÜG basiert auf den Änderungsvorschlägen der Hartz-Kom-
mission und ergänzt den mit Wirkung zum 1.1.2003 durch das Erste
Gesetz für Moderne Dienstleistungen am Arbeitsmarkt eingefügten
Gleichstellungsgrundsatz (§ 9 Nr. 2 AÜG; vgl. auch die gewerberechtliche Parallelvorschrift des § 3 Abs. 1 Nr. 3 AÜG). Gesetzgeberisches
Ziel dieser Neuregelung ist es, das öffentliche Ansehen der Zeitarbeit
zu verbessern, es quasi »salonfähig« zu machen.[2]

B. Fingiertes Arbeitsverhältnis zum Entleiher – Abs. 1

I. Voraussetzungen der Fiktion

Die Voraussetzungen der Fiktion sind in § 9 Nr. 1 AÜG geregelt. § 10 3
Abs. 1 S. 1 AÜG knüpft ausschließlich an das **Fehlen der Erlaubnis
zur gewerbsmäßigen Arbeitnehmerüberlassung** nach § 1 AÜG an.
Tatbestandlich müssen also die Voraussetzungen gewerbsmäßiger Arbeitnehmerüberlassung vorliegen. Erfolgt diese erlaubniswidrig, greifen die Rechtsfolgen des § 10 Abs. 1 AÜG ein.

Keine Anwendung findet § 10 Abs. 1 AÜG auf **echte Dienst- und/ 4
oder Werkvertragsverhältnisse.**[3] Ebenso wenig einschlägig sind die
Vorschriften des AÜG bei sog. »1-Euro-Jobs«. Bei diesen handelt es
sich nicht um Arbeitsverhältnisse,[4] § 10 Abs. 1 AÜG ist daher nicht –
auch nicht analog – anwendbar.[5]

▶ Praxistipp:
  § 10 AÜG findet weder unmittelbar noch analog auf Dienst- und/
  oder Werkvertragsverhältnisse Anwendung. In der Praxis besonders **problematisch** sind Fallgestaltungen, in denen eine Arbeit-

---

1 *Becker/Wulfgramm* § 10 AÜG Rn. 3; KHK/*Düwell* 4.5 Rn. 268; Thüsing/*Mengel*
  § 10 AÜG Rn. 2 m.w.Nachw.
2 *Boemke/Lembke* § 10 AÜG Rn. 6.
3 Vgl. zur Abgrenzung § 1 AÜG Rdn. 132 ff., 153 ff.
4 BAG 8.11.2006, 5 AZB 36/06, EzA § 2 ArbGG 1979 Nr. 65 = NZA 2007, 53;
  BAG 17.1.2007, 5 AZB 43/06, EzA § 78 ArbGG 1979 Nr. 8.
5 LAG Köln 27.4.2007, 4 Sa 1406/06, BeckRS 2007 45599.

nehmerüberlassung lediglich durch die Wahl einer anderen Vertragsform verdeckt werden soll. Bei diesen Fällen handelt es sich üblicherweise um **Scheindienst- und/oder Scheinwerkverträge**. Wird die Arbeitnehmerüberlassung – bewusst oder unbewusst – durch ein Scheingeschäft verdeckt, finden die Regelungen des AÜG ohne Einschränkung Anwendung. Dies geschieht besonders häufig in Branchen, in denen eine gewerbsmäßige Arbeitnehmerüberlassung kein rechtlich zulässiges Gestaltungsmittel ist (vgl. § 1b AÜG für die Baubranche).

5   Die Fiktion eines Arbeitsverhältnisses tritt nicht ein, wenn das Arbeitsverhältnis nicht wegen Fehlens der Erlaubnis nach § 1 AÜG, sondern **aus anderen Gründen unwirksam** ist (z.B. fehlender Geschäftsfähigkeit eines Vertragsteils).[6]

6   Die an den Verleih ohne Verleiherlaubnis anknüpfende Fiktion des § 10 Abs. 1 AÜG wird allerdings nicht ausgeschlossen, wenn die Überlassung zugleich gegen ein **Verbotsgesetz** verstößt. Eine verbotswidrige Überlassung in Betriebe des Baugewerbes entgegen § 1b S. 1 AÜG etwa **schließt die Rechtsfolge des § 10 Abs. 1 AÜG nicht aus**; liegt die Erlaubnis vor, gilt § 10 AÜG nicht analog.[7] § 10 Abs. 1, § 9 Nr. 1 AÜG bleiben auch bei einem Verstoß gegen die Strafvorschriften nach §§ 15, 15a AÜG anwendbar.[8]

7   **§ 10 Abs. 1 S. 1 AÜG ist zwingend.** Das Eingreifen der Fiktionswirkung kann durch eine individualvertragliche Vereinbarung nicht wirksam abbedungen werden.[9] Nach herrschender Auffassung kann der Leiharbeitnehmer den Eintritt der Rechtsfolge des § 10 Abs. 1 S. 1 AÜG auch nicht durch Ausübung eines Widerspruchs verhindern.[10]

---

6   ErfK/*Wank* § 10 AÜG Rn. 2; Thüsing/*Mengel* § 10 AÜG Rn. 5; jeweils m.w.Nachw.

7   BAG 8.7.1998, 10 AZR 274/97, NZA 1999, 493; Frage der Nichtigkeit des Leiharbeitsvertrages im Falle eines Verstoßes gegen § 1b AÜG offengelassen BAG 13.12.2006, 10 AZR 674/05, NZA 2007, 751 = AP AÜG § 1 Nr. 31 m.Anm. *Urban-Crell.*

8   Schüren/Hamann/*Schüren*; § 10 AÜG Rn. 29; Thüsing/*Mengel* § 10 AÜG Rn. 5; jeweils m.w.N; a.A. *Boemke/Lembke* § 10 AÜG Rn. 15.

9   HWK/*Gotthardt* § 10 AÜG Rn. 3a; Thüsing/*Mengel* § 10 AÜG Rn. 6; Schüren/Hamann/*Schüren* § 10 AÜG Rn. 41 f.; *Urban-Crell/Schulz* Rn. 786; a.A. LAG Hamm 12.2.1992, 9 Sa 993/91, EzAÜG § 10 AÜG Fiktion Nr. 70.

10   ErfK/*Wank* § 10 AÜG Rn. 2, 8; HWK/*Gotthardt* § 10 AÜG Rn. 3a; Thüsing/*Mengel* § 10 AÜG Rn. 6; *Urban-Crell/Schulz* Rn. 787 ff.; so für den Fall der Fiktion eines Arbeitsverhältnisses bei vermuteter Arbeitsvermittlung nach § 1 Abs. 2, § 13 AÜG a.F. BAG 19.3.2003, 7 AZR 267/02, BB 2003, 2296; a.A. LAG Frankfurt a.M. 6.3.2001, 2/9 Sa 1246/00, NZA-RR 2002, 73; ArbG Köln 7.3.1996, 17 Ca 6257/95, DB 1996, 1342; offen gelassen LAG Düsseldorf 7.5.2003, 12 Sa 216/03, EzAÜG § 9 AÜG Nr. 15.

Die Regelungen des Widerspruchs beim Betriebsübergang nach
§ 613a Abs. 6 BGB sind auf das fingierte Arbeitsverhältnis nach § 10
Abs. 1 AÜG **nicht übertragbar**.

Ob dem Selbstbestimmungsrecht des Leiharbeitnehmers durch die 8
Einräumung eines **fristlosen Kündigungsrechts** Rechnung getragen
werden darf, ist im Einzelnen **umstritten**. Die wohl herrschende Auffassung bejaht ein Recht des Arbeitnehmers zur außerordentlichen
Kündigung aus wichtigem Grund (§ 626 BGB).[11]

Im Gegensatz zu § 10 Abs. 1 S. 1 AÜG sind die **Sätze 2 bis 5 disposi-** 9
tiv. Entleiher und Leiharbeitnehmer steht es daher frei, den Inhalt des
fingierten Arbeitsverhältnisses durch Abschluss eines neuen Arbeitsvertrages oder einer entsprechenden **Änderungsvereinbarung** zu
modifizieren.[12] Eine dem § 613a Abs. 1 S. 4 BGB vergleichbare Ver-
änderungssperre enthält das AÜG nicht. Das BAG konnte bislang offen lassen, ob auch eine **rückwirkende Vertragsinhaltsänderung** zulässig ist. Zuletzt deuteten der 3. und 7. Senat jedoch an, dies nur
zuzulassen, wenn die Parteien bei Abschluss des Änderungsvertrages
einen hierauf gerichtlichen rechtsgeschäftlichen Willen eindeutig zum
Ausdruck gebracht haben.[13]

▶ Praxistipp:

Erkennt der Auftraggeber, dass der Fremdfirmeneinsatz den Tatbestand verdeckter illegaler Arbeitnehmerüberlassung erfüllt,
kann es »billiger« sein, dem Leiharbeitnehmer den Abschluss eines neuen Arbeitsvertrages anzubieten. Ansonsten muss er unter
Umständen noch Jahre später mit einer Inanspruchnahme rechnen. Wirtschaftlich attraktiv ist dies für den Auftraggeber indes
nur, wenn die zurückliegende Tätigkeitszeit im Betrieb des Kunden nicht als Betriebszugehörigkeit anerkannt wird. Das BAG
wird **Umgehungsgeschäfte** unter Täuschung des Leiharbeitnehmers über das bereits Kraft Gesetzes entstandene Arbeitsverhältnis
nicht billigen. Bei der Vertragsgestaltung ist deshalb unbedingt darauf zu achten, die gewollte und bewusste Änderung des fingierten Arbeitsverhältnisses zum Ausdruck zu bringen. Eine lediglich

---

11 ErfK/*Wank* § 10 AÜG Rn. 8; HWK/*Gotthardt* § 10 AÜG Rn. 3a; Thüsing/
   Mengel § 10 AÜG Rn. 6; *Urban-Crell/Schulz* Rn. 790; a.A. *Boemke/Lembke* § 10
   AÜG Rn. 26.
12 BAG 18.2.2003, 3 AZR 160/02, AP AÜG § 13 Nr. 5 m.Anm. *Boemke* (einschränkend); *Boemke/Lembke* § 10 AÜG Rn. 22; Thüsing/*Mengel* § 10 AÜG
   Rn. 31; a.A. *Ulber* § 10 AÜG Rn. 11, 50.
13 BAG 18.2.2003, 3 AZR 160/02, AP AÜG § 13 Nr. 5 m.Anm. *Boemke*; BAG
   13.8.2008, 7 AZR 269/07, n.v.

allgemein formulierte Klausel über die Aufhebung »aller in der Vergangenheit zwischen den Parteien bestehenden Vertragsverhältnisse und Zusagen« wird dazu kaum ausreichen.

II. Beginn des fingierten Arbeitsverhältnisses – Abs. 1 S. 1

10 Nach dem **Wortlaut des § 10 Abs. 1 S. 1 AÜG** »gilt ein Arbeitsverhältnis zwischen Entleiher und Leiharbeitnehmer zu dem zwischen dem Entleiher und dem Verleiher für den Beginn der Tätigkeit vorgesehene Zeitpunkt als zustande gekommen; tritt die Unwirksamkeit erst nach Aufnahme der Tätigkeit beim Entleiher ein, so gilt das Arbeitsverhältnis zwischen Entleiher und Leiharbeitnehmer mit dem Eintritt der Unwirksamkeit als zustande gekommen«. Die Rechtsfolgen der Unwirksamkeit treten im Zeitpunkt der Unwirksamkeit des Leiharbeitsvertrages nach § 9 Nr. 1 Var. 2. AÜG ein.

11 Ob im Falle des bereits **anfänglichen Fehlens der Verleiherlaubnis** das fingierte Arbeitsverhältnis erst bei tatsächlicher Arbeitsaufnahme im Entleiherbetrieb oder bereits zu dem im Arbeitnehmerüberlassungsvertrag vorgesehenen Zeitpunkt der Arbeitsaufnahme beginnt, ist umstritten.[14] Diejenigen, die auf den vereinbarten Arbeitsbeginn abstellen, lassen eine Ausnahme dann zu, wenn entweder ein fester Zeitpunkt zur Arbeitsaufnahme nicht vereinbart wurde oder sich im Nachhinein nicht feststellen lässt. In diesem Fall sei ausnahmsweise auf den Zeitpunkt der tatsächlichen Arbeitsaufnahme abzustellen. Nach richtiger Auffassung tritt die **Fiktion immer erst im Zeitpunkt tatsächlicher Arbeitsaufnahme** ein. Dafür sprechen neben Arbeitnehmerschutzgesichtspunkten insbesondere praktische Erwägungen.[15]

12 **Entfällt die Erlaubnis nach Aufnahme der Tätigkeit** (z.B. durch Rücknahme, Widerruf, Fristablauf ohne Verlängerung), beginnt das fingierte Arbeitsverhältnis nach dem Gesetzeswortlaut mit dem Eintritt der Unwirksamkeitsfolge des § 9 Nr. 1 Var. 2 AÜG. Ansprüche gegen den Entleiher aus einem fingierten Arbeitsverhältnis entstehen daher erst nach Ablauf der zwölfmonatigen **Abwicklungsfrist** (vgl. § 2 Abs. 4 S. 4 AÜG). Soweit also das Arbeitsverhältnis zum Leiharbeitnehmer im Abwicklungszeitraum ohnehin endete (z.B. aufgrund Befristungsablaufs, Kündigung) oder einvernehmlich aufgehoben wird, wird ein Arbeitsverhältnis zum Entleiher nicht mehr

---

14 Für tatsächliche Arbeitsaufnahme *Boemke/Lembke* § 10 AÜG Rn. 16 ff.; *Ulber* § 10 AÜG Rn. 10, 21 ff.; für den vereinbarten Arbeitsbeginn *Becker/Wulfgramm* § 10 AÜG Rn. 12; ErfK/*Wank* § 10 AÜG Rn. 3; *Thüsing/Mengel* § 10 AÜG Rn. 9; wohl a. BAG 10.2.1977, 2 ABR 80/76, NJW 1977, 1413.
15 Vgl. dazu bereits § 9 AÜG Rdn. 23 f.

fingiert. Neben dem Fehlen der Erlaubnis ist weitere Voraussetzung der Fiktionswirkung die tatsächliche Beschäftigung des Leiharbeitnehmers beim Entleiher auch noch nach Ablauf des Zwölf-Monats-Zeitraums.[16]

III. Inhalt des fingierten Arbeitsverhältnisses

Durch die gesetzliche Fiktion des Arbeitsverhältnisses rückt der **illegale Entleiher** in die **volle Arbeitgeberstellung** ein. Das fingierte Arbeitsverhältnis ist ein vollwertiges Arbeitsverhältnis und steht dem vertraglich begründeten Arbeitsverhältnis gleich.[17] 13

Das AÜG enthält in **§ 10 Abs. 1 S. 2 bis 5** partielle Regelungen über die **inhaltliche Ausgestaltung des fingierten Arbeitsverhältnisses**. Für die kraft Gesetzes fingierte Arbeitsvertragsbeziehung zwischen Entleiher und Leiharbeitnehmer gelten grundsätzlich alle im Entleiherbetrieb anwendbaren Vorschriften und sonstigen Regelungen. Diese Selbstverständlichkeit wird durch § 10 Abs. 1 S. 4 Hs. 1 AÜG klargestellt. Sind betriebsübliche Regelungen im Betrieb des Entleihers nicht vorhanden, gelten die Bestimmungen vergleichbarer Betriebe (§ 10 Abs. 1 S. 4 Hs. 2 AÜG). Der Grundsatz des § 10 Abs. 1 S. 4 AÜG wird für die besonders wichtigen Bereiche der Befristung, der Arbeitszeit und des Arbeitsentgelts durch die Ausnahmeregelungen in § 10 Abs. 1 S. 2, 3 und 5 AÜG durchbrochen. 14

1. Arbeitszeit – Abs. 1 S. 3

Als **Arbeitszeit** gilt für das fingierte Arbeitsverhältnis grundsätzlich die zwischen dem Verleiher und dem Entleiher im Arbeitnehmerüberlassungsvertrag – in der Regel im Einzelvertrag zur Überlassung eines konkreten Leiharbeitnehmers – vereinbarte tägliche Überlassungszeit als vereinbart (**§ 10 Abs. 1 S. 3 AÜG**). Dadurch soll der Leiharbeitnehmer vor unvorhersehbaren Änderungen der Arbeitszeitdauer geschützt werden.[18] 15

▶ **Beispiel:**

Ein Leiharbeitnehmer, der aufgrund einer Vereinbarung im Überlassungsvertrag als Halbtagskraft tätig war, muss auch im fingierten Arbeitsverhältnis nur halbtags beim Entleiher arbeiten.

---

16 So a. *Boemke/Lembke* § 10 AÜG Rn. 20.
17 BAG 30.1.1991, 7 AZR 497/89, EzA § 10 AÜG Nr. 3.
18 BT-Drucks. VI/2303 S. 13 f.

16 Die **Anknüpfung an den Arbeitnehmerüberlassungsvertrag** zur Bestimmung der Arbeitszeitdauer im fingierten Arbeitsverhältnis ist lediglich für den Fall des wirksam befristeten Vertragsverhältnisses
(§ 10 Abs. 1 S. 2 AÜG) überzeugend. Der vom Gesetzgeber intendierte
Schutz des Leiharbeitnehmers wird jedenfalls im unbefristeten Arbeitsverhältnis besser erreicht, wenn auf die im Leiharbeitsvertrag
vereinbarte individuelle Arbeitszeitdauer abgestellt wird.[19] Diese
Auslegung entspricht Sinn und Zweck des § 10 Abs. 1 S. 3 AÜG. Eine
erfolgreiche Integration des ehemaligen Leiharbeitnehmers in den
Entleiherbetrieb setzt – jedenfalls bei unbefristeter Tätigkeit – eine
Anpassung der Arbeitszeitdauer an die Regelungen im Beschäftigungsbetrieb voraus. Grenze dieser Anpassung ist dann nicht der unwirksame Arbeitnehmerüberlassungsvertrag bzw. der der konkreten
Tätigkeit zugrunde liegende Einzelvertrag, sondern der ebenfalls unwirksame Leiharbeitsvertrag zwischen illegalem Verleiher und Leiharbeitnehmer. Ob sich die Rechtsprechung dieser differenzierten Betrachtungsweise anschließen wird, bleibt abzuwarten.

17 Nach herrschender Auffassung erstreckt sich die Anordnung des § 10
Abs. 1 S. 3 AÜG nicht nur auf die **Arbeitszeitdauer**, sondern auch auf
die **Lage der Arbeitszeit**.[20] Der Schutz des Leiharbeitnehmers vor
überraschenden Änderungen der Arbeitszeit wäre unvollständig,
würde sich die Regelung ausschließlich auf die Dauer der Arbeitszeit
beziehen. Ist die Arbeitszeitlage nicht – wie häufig – individualvertraglich vereinbart, kann der Entleiher diese grundsätzlich kraft
Weisung festlegen. Er kann diese dann in den Grenzen billigen Er-
messens (§ 106 GewO, § 315 BGB) sowie unter Berücksichtigung
kollektivvertraglicher und/oder individualvertraglicher Grenzen einseitig ändern.[21] In mitbestimmten Entleiherbetrieben ergibt sich die
Arbeitszeitlage regelmäßig aus einer Betriebsvereinbarung (§ 87
Abs. 1 Nr. 2 BetrVG). Diese kollektivrechtliche Regelung gilt dann
auch für den ehemaligen Leiharbeitnehmer, es sei denn, eine individualvertraglich vereinbarte Regelung zur Arbeitszeitverteilung ist für
ihn günstiger.[22]

18 **Kein einseitiges Leistungsbestimmungsrecht** steht dem Entleiher
hingegen hinsichtlich des **Umfangs der Arbeitszeit** zu. Für die Ein-

---

19 Schüren/Hamann/*Schüren* § 10 AÜG Rn. 83; *Urban-Crell/Schulz* Rn. 805;
    krit. a. *Becker/Wulfgramm* § 10 AÜG Rn. 20.
20 *Becker/Wulfgramm* § 10 AÜG Rn. 19; ErfK/*Wank* § 10 AÜG Rn. 10; *Thüsing/*
    Mengel § 10 AÜG Rn. 18; Schüren/Hamann/*Schüren* § 10 AÜG Rn. 83 ff.
21 *Boemke/Lembke* § 10 AÜG Rn. 48; ErfK/*Wank* § 10 AÜG Rn. 11; *Thüsing/Men-*
    gel § 10 AÜG Rn. 20; *Urban-Crell/Schulz* Rn. 806.
22 Schüren/Hamann/*Schüren* § 10 AÜG Rn. 80.

führung von Kurzarbeit[23] und die Anordnung von Mehrarbeit beispielsweise benötigt er eine ausdrückliche Ermächtigungsgrundlage. Üblicherweise finden sich diese in einschlägigen Tarifverträgen und/oder Betriebsvereinbarungen bzw. wurden einzelvertraglich im Leiharbeitsvertrag vereinbart.

§ 10 Abs. 1 S. 3 AÜG ist dispositiv. Eine **einvernehmliche Änderung** **19** **der Arbeitszeitregelung** ist unter Berücksichtigung der durch kollektivrechtliche Regelungen im Entleiherbetrieb gesetzten Grenzen jederzeit zulässig.[24]

Enthält der Arbeitnehmerüberlassungsvertrag keine oder eine un- **20** günstigere Regelung über Dauer und Lage der Arbeitszeit, gelten nach **§ 10 Abs. 1 S. 4 AÜG** die im Entleiherbetrieb geltenden gesetzlichen und/oder kollektivrechtlichen Bestimmungen bzw. subsidiär die Vorschriften vergleichbarer Betriebe.

2. Arbeitsentgelt – Abs. 1 S. 5

a) Entgeltsicherung

Im fingierten Arbeitsverhältnis ist dem Leiharbeiter das Arbeitsent- **21** gelt garantiert, welches er auf Grundlage des unwirksamen Leiharbeitsvertrages mit dem Verleiher nicht mehr verlangen kann **(Mindestentgeltanspruch, § 10 Abs. 1 S. 5 AÜG)**. Auf normativ geltende Regelungen zu Arbeitsentgeltbedingungen im Leiharbeitsverhältnis kraft beidseitiger Tarifbindung von Verleiher und Leiharbeitnehmer (§ 4 Abs. 1 S. 1 TVG) findet § 10 Abs. 1 S. 5 AÜG analog Anwendung. Soweit der Entleiher nicht – wie regelmäßig – unter den Geltungsbereich desselben Tarifvertrages wie der tarifgebundene Leiharbeitnehmer fällt, gelten die tariflichen Bestimmungen im fingierten Arbeitsverhältnis einzelvertraglich fort.[25]

In der Praxis bemisst sich die **Entgelthöhe** üblicherweise nicht nach **22** § 10 Abs. 1 S. 5 AÜG, sondern nach der **üblichen Vergütung im Entleiherbetrieb bzw. in vergleichbaren Betrieben**. Denn nach § 10 Abs. 1 S. 4 AÜG hat der Leiharbeitnehmer im fingierten Arbeitsverhältnis Anspruch auf die gleichen Entgelt- und Arbeitsbedingungen wie vergleichbare Stammarbeitskräfte im Betrieb des Entleihers.[26] Bei

---

23 Zur Kurzarbeit im Leiharbeitsverhältnis vgl. § 11 AÜG Rdn. 46 ff.
24 ErfK/*Wank* § 10 AÜG Rn. 11; Thüsing/*Mengel* § 10 AÜG Rn. 21 m.w.Nachw.
25 *Boemke/Lembke* § 10 AÜG Rn. 55; ErfK/*Wank* § 10 AÜG Rn. 14.
26 BAG 15.6.1983, 5 AZR 111/81, AP AÜG § 10 Nr. 5; ErfK/*Wank* § 10 AÜG Rn. 13; Thüsing/*Mengel* § 10 AÜG Rn. 22 m.w.Nachw.; zu den praktischen Problemen bei Feststellung des Arbeitsentgelts vergleichbarer Stammarbeitnehmer vgl. § 3 AÜG Rdn. 94.

übertariflichen Vergütungszahlungen an die gesamte Stammbelegschaft oder jedenfalls die mit dem Leiharbeitnehmer vergleichbaren
Stammarbeitskräfte hat der ehemalige Leiharbeitnehmer nach den
Grundsätzen der betrieblichen Übung und/oder des allgemeinen arbeitsrechtlichen Gleichbehandlungsgrundsatzes Anspruch auf dieselbe Vergütung.[27]

23 Soweit es für die Vergütungshöhe auf die Dauer der Betriebszugehörigkeit ankommt, ist nur die **Betriebszugehörigkeit** beim Entleiher
seit Beginn des fingierten Arbeitsverhältnisses zu berücksichtigen.
Vorangegangene Überlassungszeiten sind unbeachtlich.[28]

24 Der **Begriff des Arbeitsentgelts** in § 10 Abs. 1 S. 5 AÜG entspricht
dem bei § 3 Abs. 1 Nr. 3, § 9 S. 2 AÜG.[29]

25 Als in der Praxis häufig schwierig erweist sich der vorzunehmende
**Günstigkeitsvergleich zwischen dem im Leiharbeitsverhältnis ge-
schuldeten Arbeitsentgelt mit den im Entleiherbetrieb geltenden
Vergütungsregelungen.** Das dem Arbeitnehmer nach § 10 Abs. 1 S. 4
AÜG grundsätzlich zu zahlende und das mit dem Verleiher vereinbarte Arbeitsentgelt sind zu vergleichen; das höhere Arbeitsentgelt ist gesetzlich geschuldet.[30] **Praktische Probleme** ergeben sich insbesondere
bei **sonstigen Entgeltbestandteilen** (z.B. Sonderzahlungen, Zulagen
und Zuschläge, Privatnutzung eines Firmenwagens, Aktienoptionen),
die zusätzlich zur fixen und/oder variablen Vergütung gewährt werden. Nach zutreffender Auffassung sind nicht alle einzelnen Komponenten der Arbeitsvergütung miteinander zu vergleichen, sondern
es ist ein Gesamtvergleich des Vergütungspakets im Leiharbeitsverhältnis mit jenen im Entleiherbetrieb vorzunehmen. Dabei ist der wirtschaftliche Wert der nach § 10 Abs. 1 S. 4 AÜG grundsätzlich zu zahlenden Vergütung mit dem Mindestentgeltanspruch (§ 10 Abs. 1 S. 5
AÜG) zu vergleichen.[31] Dies gebietet Sinn und Zweck der Entgeltsi-
cherung. Der Leiharbeitnehmer soll im fingierten Arbeitsverhältnis
nicht schlechter als im Leiharbeitsverhältnis stehen. Im Ergebnis soll
er allerdings auch keine ungerechtfertigte Besserstellung erfahren.

26 § 10 Abs. 1 S. 5 AÜG dient nicht dem Erhalt eines bei Beginn des fingierten Arbeitsverhältnisses bestehenden Gehaltsvorsprungs vor
Stammarbeitnehmern des Entleihers mit vergleichbarer Tätigkeit.[32]

---

27 ErfK/*Wank* § 10 AÜG Rn. 13; Thüsing/*Mengel* § 10 AÜG Rn. 25.
28 Allg. Auffassung vgl. nur Thüsing/*Mengel* § 10 AÜG Rn. 25.
29 Ausführlich § 3 AÜG Rdn. 100 ff.
30 BAG 21.7.1993, 5 AZR 554/92, EzA § 10 AÜG Nr. 7.
31 *Boemke/Lembke* § 10 AÜG Rn. 57; a.A. KHK/*Düwell* 4.5 Rn. 271; Schüren/Ha-
    mann/*Schüren* § 10 AÜG Rn. 96.
32 BAG 21.7.1993, 5 AZR 554/92, EzA § 10 AÜG Nr. 7.

Dieser Fall dürfte praktisch selten sein. Nichtsdestotrotz darf der Entleiher einen **Vergütungsvorsprung des ehemaligen Leiharbeitnehmers** bei Entgelterhöhungen gegenüber vergleichbaren Stammarbeitnehmern »**abschmelzen**«; ein Mitstimmungsrecht des Betriebsrates nach § 87 Abs. 1 Nr. 10 BetrVG besteht nicht.[33]

▶ **Beispiel:**

Die vergleichbaren Arbeitnehmer im Verleiher- und Entleiherbetrieb erhalten jeweils eine monatliche Vergütung von € 2500,00 brutto. Im Entleiherbetrieb wird ein Teilbetrag von € 500,00 brutto monatlich allerdings als auf Tariflohnerhöhungen anrechenbare Ausgleichzulage gewährt.

Der illegal verliehene Leiharbeitnehmer hat keinen Anspruch gegen den Entleiher auf anrechnungsfreie Vergütungszahlungen. Künftige tarifliche Lohnerhöhungen werden daher bei ihm – wie bei allen anderen vergleichbaren Arbeitnehmern im Entleiherbetrieb – mit dem Teilbetrag verrechnet, bis dieser abgeschmolzen ist.[34]

Richtet sich der Vergütungsanspruch des ehemaligen Leiharbeitnehmers nach den günstigeren Regelungen im Entleiherbetrieb bzw. in vergleichbaren Betrieben (§ 10 Abs. 1 S. 4 AÜG), können die Parteien des fingierten Arbeitsverhältnisses das fingierte Vergütungsniveau durch **individualvertragliche Änderungsvereinbarung** abändern. Dabei sind allerdings nicht nur etwaige kollektivrechtlichen Grenzen, sondern insbesondere auch der Mindestentgeltanspruch zu beachten. Die durch § 10 Abs. 1 S. 5 AÜG vorgegebene Grenze darf nicht unterschritten werden.[35] 27

Auch für Vergütungsansprüche im fingierten Arbeitsverhältnis können tarifliche oder individualvertragliche **Ausschlussfristen** zu berücksichtigen sein.[36] 28

3. Sonstige Arbeitsbedingungen – Abs. 1 S. 4

Das fingierte Arbeitsverhältnis nach § 10 Abs. 1 S. 1 AÜG ist ein vollwertiges Arbeitsverhältnis. Deshalb ist es eine Selbstverständlichkeit, dass sich **Inhalt und Dauer** dieses Arbeitsverhältnisses grundsätzlich 29

---

33 BAG 21.7.1993, 5 AZR 554/92, EzA § 10 AÜG Nr. 7; ferner *Boemke/Lembke* § 10 AÜG Rn. 60a.
34 Nachgebildet BAG 21.7.1993, 5 AZR 554/92, EzA § 10 AÜG Nr. 7.
35 So wohl a. *Thüsing/Mengel* § 10 AÜG Rn. 31; sh. a. § 10 AÜG Rdn. 21 ff.
36 Dazu § 10 AÜG Rdn. 62.

– vorbehaltlich der Sonderregelungen der Sätze 2, 3 und 5 – **nach den für den Betrieb des Entleihers geltenden Vorschriften und sonstigen Regelungen** bestimmen (§ 10 Abs. 1 S. 4 Hs. 1 AÜG). Fehlen derartige Vorschriften und Regelungen im Entleiherbetrieb, dann gelten nach § 10 Abs. 1 S. 4 Hs. 2 AÜG die Bestimmungen vergleichbarer Betriebe.

30 Zu den Vorschriften und sonstigen Regelungen im Sinne des § 10 Abs. 1 S. 4 Hs. 1 AÜG zählen die jeweils **einschlägigen Gesetze, Verordnungen, Tarifverträge, Betriebsvereinbarungen und Betriebsübungen**, die auch für die Stammarbeitnehmer im Entleiherbetrieb gelten.[37] Betriebsvereinbarungen im Entleiherbetrieb gelten auch für den ehemaligen Leiharbeitnehmer unmittelbar und zwingend (§ 77 Abs. 4 S. 1 BetrVG).[38] Tarifliche Regelungen im Entleiherbetrieb werden hingegen – mit Ausnahme der Rechtsnormen über betriebliche und betriebsverfassungsrechtliche Fragen (§ 3 Abs. 2 TVG) – nur selten unmittelbar und normativ im Sinne des TVG wirken, da es in aller Regel an der beiderseitigen Tarifbindung des illegalen Entleihers und Leiharbeitnehmers (§ 3 Abs. 1 TVG) oder der Allgemeinverbindlichkeit eines Tarifvertrages fehlen wird.[39] In diesen Fällen stellt § 10 Abs. 1 S. 4 AÜG den ehemaligen Leiharbeitnehmer rechtlich so, als würde der Entleiher den Arbeitnehmer zu den bei ihm üblichen Arbeitsbedingungen beschäftigen.[40]

31 Kommt es für den Inhalt des fingierten Arbeitsverhältnisses auf die **Dauer der Betriebszugehörigkeit** an, sind nur die Zeiten ab Beginn des kraft Gesetzes begründeten Arbeitsverhältnisses zu berücksichtigen. Vorangegangene Beschäftigungszeiten im Entleiherbetrieb sind ohne ausdrückliche Vereinbarung nicht anzurechnen.[41]

---

37 BAG 18.2.2003, 3 AZR 160/02, AP AÜG § 13 Nr. 5 m.Anm. *Boemke*; BAG 1.6.1994, 7 AZR 7/93, AR-Blattei ES 1840 Nr. 26; ErfK/*Wank* § 10 AÜG Rn. 15; HWK/*Gotthardt* § 10 AÜG Rn. 13.
38 Zur betrieblichen Altersversorgung aufgrund Betriebsvereinbarung BAG 18.2.2003, 3 AZR 160/02, AP AÜG § 13 Nr. 2; allg. zu Versorgungsanwartschaften und deren Verwirkung LAG Köln 20.9.2005, 3 Sa 110/05, AE 2007, 137; nachgehend BAG 17.1.2007, 7 AZR 23/06, EzAÜG § 10 AÜG Fiktion Nr. 116 = NZA 2007, 768.
39 BAG 21.7.1993, 5 AZR 554/92, EzA § 10 AÜG Nr. 7.
   [1209] *Boemke/Lembke* § 10 AÜG Rn. 51; ErfK/*Wank* § 10 AÜG Rn. 15; Thüsing/*Mengel* § 10 AÜG Rn. 33.
40 Schüren/Hamann/*Schüren*, § 10 AÜG Rn. 73 ff.; zur zulässigen Differenzierung zwischen organisierten und nicht-organisierten Arbeitnehmern bei Anwendung des Gleichbehandlungsgrundsatzes vgl. zutreffend *Boemke/Lembke* § 10 AÜG Rn. 51.
41 Dazu § 10 AÜG Rdn. 43.

Nur **subsidiär** gelten hinsichtlich der sonstigen Arbeitsbedingungen 32 (z.b. Urlaubs-/Weihnachtsgeld, Urlaubsanspruch, betriebliche Altersversorgung) die **Vorschriften und Regelungen vergleichbarer Betriebe (§ 10 Abs. 1 S. 4 Hs. 2 AÜG)**. Ein anderer Betrieb ist mit dem Entleiherbetrieb vergleichbar, wenn diese hinsichtlich Betriebsgröße, örtlichen Verhältnissen und Geschäftstätigkeit einander entsprechen und insbesondere derselben Branche angehören. Maßgebliches Kriterium ist dabei, ob der Entleiherbetrieb grundsätzlich dem Geltungsbereich desselben Tarifvertrages wie der Vergleichsbetrieb unterfiele.[42] In der Praxis werden daher über die Auffangregelung des § 10 Abs. 1 S. 4 Hs. 2 AÜG insbesondere die tariflichen Regelungen der jeweiligen Branche erfasst.[43]

§ 10 Abs. 1 S. 4 AÜG ist dispositiv. Die Parteien des kraft Gesetzes be- 33 gründeten Arbeitsverhältnisses können daher jederzeit – unter Berücksichtigung zwingender gesetzlicher und/oder tarifvertraglicher Bestimmungen – den Inhalt des Arbeitsverhältnisses einvernehmlich ändern. Dies gilt auch für die **Vereinbarung verschlechternder Arbeitsbedingungen**.[44] Dem Schriftformerfordernis des § 623 BGB unterliegen derartige Änderungsvereinbarungen nicht; etwas anderes gilt lediglich bei Aufhebung des fingierten Arbeitsvertrages und gleichzeitigem Neuabschluss eines Arbeitsvertrages zwischen ehemaligem Leiharbeitnehmer und Entleiher.[45] Eine einvernehmliche Vertragsänderung ist in der Praxis häufig die einzige Möglichkeit, ungünstigere Vertragsinhalte zu implementieren. Die strengen Voraussetzungen für den Ausspruch einer Änderungskündigung nach § 2 KSchG werden in der Regel nicht vorliegen.

Da sich das kraft Gesetzes **fingierte Arbeitsverhältnis nicht von ei-** 34 **nem normalen Arbeitsverhältnis unterscheidet**, bestehen für den Entleiher als Arbeitgeber und den ehemaligen Leiharbeitnehmer alle üblichen Pflichten und Rechte eines ordentlichen Arbeitgebers bzw. eines ordentlichen Arbeitnehmers. Als solcher muss der Entleiher nicht nur seiner Lohnzahlungspflicht nachkommen, sondern insbesondere auch die sozialversicherungsrechtlichen Pflichten eines Ar-

---

42 *Boemke/Lembke* § 10 AÜG Rn. 54; *Thüsing/Mengel* § 10 AÜG Rn. 27 f.; *Urban-Crell/Schulz* Rn. 795; jeweils m.w.Nachw.

43 *Boemke/Lembke* § 10 AÜG Rn. 54; Schüren/Hamann/*Schüren* § 10 AÜG Rn. 101 ff.

44 BAG 19.12.1979, 4 AZR 901/77, EzA § 10 AÜG Nr. 2; krit. jedenfalls zur rückwirkenden Änderungsvereinbarung BAG 18.2.2003, 3 AZR 160/02, AP AÜG § 13 Nr. 5 m.Anm. *Boemke*; BAG 13.8.2008, 7 AZR 269/07, n.v.; ausführlich § 10 AÜG Rdn. 9.

45 *Thüsing/Mengel* § 10 AÜG Rn. 17; missverständlich HWK/*Gotthardt* § 10 AÜG Rn. 15.

beitgebers erfüllen. Dies gilt sowohl für die Anmeldung des ehemaligen Leiharbeitnehmers zur Sozialversicherung (§ 28a SGB IV) als auch für die ordnungsgemäße Abführung des Gesamtsozialversicherungsbeitrages gemäß § 28e Abs. 1 SGB IV.[46] Zahlt der illegale Verleiher trotz Unwirksamkeit des Leiharbeitsvertrages nach § 9 Nr. 1 AÜG das vereinbarte Arbeitsentgelt oder Teile des Arbeitsentgelts an den Leiharbeitnehmer, so hat er auch den hierauf entfallenden Gesamtsozialversicherungsbeitrag an die Einzugsstelle zu zahlen; insoweit gelten illegaler Verleiher und illegaler Entleiher beide als Arbeitgeber und haften als Gesamtschuldner (§ 28e Abs. 2 S. 3, 4 SGB IV).[47]

IV. Beendigung des fingierten Arbeitsverhältnisses

1. Befristung – Abs. 1 S. 2

35 Für die Dauer des fingierten Arbeitsverhältnisses gilt die **spezielle Befristungsfiktion** des § 10 Abs. 1 S. 2 AÜG. War die Tätigkeit des Leiharbeitnehmers im Betrieb des Entleihers nur befristet vorgesehen und lag zugleich ein die Befristung des Arbeitsverhältnisses sachlich rechtfertigender Grund vor, so gilt das kraft Gesetzes begründete Arbeitsverhältnis zum illegalen Entleiher als befristet.

36 Erste **Voraussetzung der Befristungsfiktion** ist die Vereinbarung einer lediglich **befristeten Beschäftigung des Leiharbeitnehmers** im zwischen Verleiher und Entleiher abgeschlossenen Arbeitnehmerüberlassungsvertrag. In der Praxis wird regelmäßig nicht der Rahmenvertrag zur Arbeitnehmerüberlassung, sondern erst die die Person des zu überlassenden Arbeitnehmers konkretisierende Einzelvereinbarung eine entsprechende Abrede enthalten.[48] Nach Aufhebung der Überlassungshöchstdauer in § 3 Abs. 1 Nr. 6 AÜG a.F. verzichtet die Praxis zuweilen auf die Vereinbarung nur befristeter Überlassungszeiträume. Dies ist in Anbetracht der Befristungsfiktion des § 10 Abs. 1 S. 2 AÜG nicht zu empfehlen. Idealerweise sollten Entleiher stets nur befristeten Einsätzen der überlassenen Leiharbeitnehmer zustimmen; spätere Verlängerungsabreden sind ohne Weiteres möglich.

---

46 LSG Niedersachsen 15.5.1985, L 4 Kr 50/83, EzAÜG § 631 BGB Werkvertrag Nr. 9; zur Beitragspflicht in der gesetzlichen Unfallversicherung vgl. BSG 18.3.1987, 9b RU 16/85, NZA 1987, 500.
47 Ausführlich zum Sozialversicherungs- und Steuerrecht bei illegaler Arbeitnehmerüberlassung *Boemke/Lembke* § 10 AÜG Rn. 64 ff., 73 ff.; *Urban-Crell/Schulz* Rn. 1269 ff., 1282 ff.; ferner AÜG Einl. Rdn. 112 ff.
48 *Boemke/Lembke* § 10 AÜG Rn. 38; *Thüsing/Mengel* § 10 AÜG Rn. 36.

▶ **Praxistipp:**

Da Fallkonstellationen illegaler Arbeitnehmerüberlassung insbesondere im Zusammenhang mit Scheindienst- oder Scheinwerkverträgen anzutreffen sind, ist die praktische Bedeutung der Befristungsfiktion des § 10 Abs. 1 S. 2 AÜG fraglich. Denn gerade in Konstellationen, in denen die Vertragsparteien – bewusst oder unbewusst – gewerbsmäßige Arbeitnehmerüberlassung ohne Verleiherlaubnis praktizieren, werden sie eine ausdrückliche Befristungsabrede nur selten getroffen haben.

Als weitere Voraussetzung muss nach dem Wortlaut des § 10 Abs. 1 S. 2 AÜG ein die »**Befristung des Arbeitsverhältnisses sachlich rechtfertigender Grund**« vorliegen. Dabei kommt es nicht auf eine wirksame Befristung des Leiharbeitsvertrages zwischen Verleiher und Leiharbeitnehmer nach § 14 Abs. 1 TzBfG an. Entscheidend ist allein, ob für die Befristung des fingierten Arbeitsverhältnisses – zumindest hypothetisch – ein Sachgrund vorliegt.[49] § 10 Abs. 1 S. 2 AÜG verlangt lediglich das Vorliegen eines – hypothetischen – Sachgrundes, nicht aber eine tatsächlich bestehende Befristungsabrede. Insofern ist ein Verstoß gegen das Schriftformerfordernis (§ 14 Abs. 4 TzBfG) unerheblich.[50] 37

Nach dem Wortlaut des § 10 Abs. 1 S. 2 AÜG ist ein »sachlich rechtfertigender Grund« zwingende Voraussetzung. Eine **sachgrundlose Befristung** nach § 14 Abs. 2 TzBfG löst die Befristungsfiktion mithin **nicht** aus.[51] 38

Liegen die Voraussetzungen des § 10 Abs. 1 S. 2 AÜG vor, **endet das fingierte Arbeitsverhältnis** – vorbehaltlich einer vorherigen einvernehmlichen Vertragsbeendigung oder Kündigung – mit **Fristablauf bzw. Zweckerreichung**. Eine zusätzliche Mitteilung des Entleihers – ähnlich einer Mitteilung über die Zweckerreichung bei zweckbefristeten Arbeitsverträgen nach § 15 Abs. 2 TzBfG – ist nicht erforderlich.[52] Eine (freiwillige) Unterrichtung über das Auslaufen der Befristung ist zulässig, sie stellt insbesondere keine Kündigungserklärung dar.[53] Nach **überwiegender Auffassung** ist das nach § 10 Abs. 1 S. 2 AÜG befristete Arbeitsverhältnis **ordentlich unkündbar** (§ 15 Abs. 3 39

---

49 *Boemke/Lembke* § 10 AÜG Rn. 39; Thüsing/*Mengel* § 10 AÜG Rn. 39; Schüren/Hamann/*Schüren* § 10 AÜG Rn. 63 ff.
50 Thüsing/*Mengel* § 10 AÜG Rn. 40; *Urban-Crell/Schulz* Rn. 812.
51 Schüren/Hamann/*Schüren* § 10 AÜG Rn. 67.
52 Thüsing/*Mengel* § 10 AÜG Rn. 42; offen gelassen ErfK/*Wank* § 10 AÜG Rn. 16; a.A. *Becker/Wulfgramm* § 10 AÜG Rn. 36.
53 BAG 26.4.1979, 2 AZR 431/77, AP BGB § 620 Befristeter Arbeitsvertrag Nr. 47.

TzBfG).[54] Richtigerweise wird man insoweit allerdings auf den Grundsatz des § 10 Abs. 1 S. 4 AÜG ergänzend zurückgreifen müssen. Sind befristete Arbeitsverträge im Entleiherbetrieb oder in vergleichbaren Betrieben üblicherweise ordentlich kündbar, gilt dies auch für das wirksam befristete Arbeitsverhältnis nach § 10 AÜG.[55]

40 Wird ein nach § 10 Abs. 1 S. 2 AÜG wirksam befristetes **Arbeitsverhältnis über den vorgesehenen Beendigungszeitpunkt** mit Wissen des Entleihers **fortgesetzt**, so gilt das Arbeitsverhältnis als auf unbestimmte Zeit verlängert, sofern der Entleiher nicht unverzüglich widerspricht (§ 15 Abs. 5 TzBfG).[56]

41 Sind die **Voraussetzungen der Befristungsfiktion nicht erfüllt**, so ist das kraft Gesetzes fingierte Arbeitsverhältnis zwischen ehemaligem Leiharbeitnehmer und illegalem Entleiher unbefristet.

2. Sonstige Beendigungstatbestände

a) Kündigung

42 Als normales Arbeitsvertragsverhältnis kann das fingierte Arbeitsverhältnis nach § 10 Abs. 1 S. 1 AÜG nach allgemeinen Grundsätzen durch **Kündigung** beendet werden. Eine Einschränkung gilt – jedenfalls nach überwiegender Auffassung – für das befristet fingierte Arbeitsverhältnis (§ 10 Abs. 1 S. 2 AÜG). Dieses ist ordentlich unkündbar (§ 15 Abs. 3 TzBfG).[57] Das unbefristet fingierte Arbeitsverhältnis kann hingegen sowohl vom Leiharbeitnehmer als auch vom Entleiher ordentlich gekündigt werden. **Nicht kündigungsbefugt** ist der **illegale Verleiher**.[58]

aa) Ordentliche Kündigung

43 Die **ordentliche Arbeitgeberkündigung** ist dabei – wie auch sonst – an den Grundsätzen des allgemeinen und besonderen Kündigungsschutzes zu messen. Ob der allgemeine Kündigungsschutz nach dem **Kündigungsschutzgesetz** im Rahmen des fingierten Arbeitsverhältnisses eingreift, bestimmt sich nach dem sachlichen (§ 23 Abs. 1 S. 2 KSchG) und dem persönlichen (§ 1 Abs. 1 KSchG) Anwendungsbereich des Gesetzes. Bei Berechnung der gesetzlichen Wartezeit sind

---

54 HWK/*Gotthardt* § 10 AÜG Rn. 10; Thüsing/*Mengel* § 10 AÜG Rn. 42.
55 *Boemke/Lembke* § 10 AÜG Rn. 43.
56 Allg. Meinung vgl. nur ErfK/*Wank* § 10 AÜG Rn. 17 (allerdings unter falschem Verweis auf § 625 BGB).
57 Vgl. § 10 AÜG Rdn. 39.
58 LAG Köln 28.11.1986, 4 Sa 918/86, DB 1987, 2419.

Zeiten vor Beginn des gesetzlich fingierten Arbeitsverhältnisses nach § 10 Abs. 1 S. 1 AÜG nicht zu berücksichtigen.[59] Bei der Berechnung des **Schwellenwertes** nach § 23 Abs. 1 S. 2 KSchG ist der ehemalige Leiharbeitnehmer mitzuzählen.[60] Der Schwellenwert muss im Betrieb des illegalen Entleihers überschritten sein; lagen die Voraussetzungen des § 23 Abs. 1 KSchG nur im Betrieb des illegalen Verleihers vor, geht der allgemeine Kündigungsschutz nicht auf das fingierte Arbeitsverhältnis über.[61]

Ist der Anwendungsbereich des Kündigungsschutzgesetzes eröffnet, **44** hat der Entleiher die die Kündigung bedingenden personen-, verhaltens- oder betriebsbedingten **Kündigungsgründe** darzulegen und zu beweisen (§ 1 Abs. 1, 2 S. 2 und 4 KSchG). Allein die durch die Fiktion des Arbeitsverhältnisses entstehende zusätzliche wirtschaftliche Belastung des Entleihers rechtfertigt keine betriebsbedingte Kündigung des fingierten Arbeitsverhältnisses.[62]

▶ Praxistipp:

   In der Praxis kann illegalen Entleihern – jedenfalls bei unbefristet fingierten Arbeitsverhältnissen – nur eine Kündigung während der gesetzlichen Wartezeit empfohlen werden, soweit sie eine dauerhafte Beschäftigung des ehemaligen Leiharbeitnehmers ohne zeit- und kostenintensive rechtliche Auseinandersetzung vermeiden möchten.

Ist das **Kündigungsschutzgesetz** im konkreten Fall **nicht einschlägig**, **45** ist der ehemalige Leiharbeitnehmer nicht vollkommen schutzlos. Es gelten dann die Grundsätze des Kündigungsschutzes außerhalb des Kündigungsschutzgesetzes.[63]

bb) Außerordentliche Kündigung

Als Dauerschuldverhältnis ist auch das **fingierte Arbeitsverhältnis** **46** nach allgemeinen Grundsätzen **außerordentlich kündbar (§ 626**

---

59 BAG 8.12.1988, 2 AZR 308/88, EzA § 1 BeschFG 1985 Nr. 6; ArbG Bochum 14.1.1982, 2 Ca 495/81, DB 1982, 1623; ErfK/*Wank* § 10 AÜG Rn. 18; a.A. *Ulber* § 10 AÜG Rn. 39.
60 LAG Frankfurt a.M. 18.9.1987, 13 Sa 153/87, EzAÜG BeschFG Nr. 1; *Urban-Crell/Schulz* Rn. 820.
61 So für den Fall des Betriebsübergangs BAG 15.2.2007, 8 AZR 397/06, EzA § 23 KSchG Nr. 30 = NZA 2007, 739.
62 *Sandmann/Marschall* Art. 1 § 10 AÜG Anm. 19.
63 BAG 28.8.2003, 2 AZR 333/02, NZA 2004, 1296; BAG 6.2.2003, 2 AZR 672/01, NZA 2003, 717 = AP KSchG 1969 § 23 Nr. 30 m.Anm. *Urban-Crell*; ausführlich *Urban*, Kündigungsschutz, S. 153 ff., 161 ff.

BGB). Ebenso wenig wie die kraft Gesetzes eingetretene Fiktion eines Arbeitsverhältnisses zum ehemaligen Leiharbeitnehmer einen be- triebsbedingten Kündigungsgrund im Sinne des § 1 Abs. 2 KSchG be- gründet, rechtfertigt diese eine fristlose Kündigung des fingierten Ar- beitsverhältnisses durch den Entleiher.[64]

47 Dem Leiharbeitnehmer steht hingegen nach richtiger Auffassung ein **Recht zur außerordentlichen Eigenkündigung** des fingierten Ar- beitsverhältnisses zu. Dies gebietet das Grundrecht auf freie Wahl des Arbeitsplatzes (Art. 12 Abs. 1 GG). Verfassungsrechtliche Bedenken lassen sich nur vermeiden, wenn dem Leiharbeitnehmer als Korrelat zum gesetzlich erzwungenen Arbeitgeberwechsel ein Recht zur frist- losen Kündigung des fingierten Arbeitsverhältnisses aus wichtigem Grund eingeräumt wird.[65] Bei Ausspruch einer außerordentlichen Kündigung muss der ehemalige Leiharbeitnehmer die Kündigungs- erklärungsfrist des § 626 Abs. 2 BGB beachten. Die Frist beginnt mit Kenntnis des Leiharbeitnehmers von der Unwirksamkeit des Leih- arbeitsvertrages nach § 9 Nr. 1 AÜG.[66]

b) Anfechtung

48 Das fingierte Arbeitsverhältnis ist **nicht anfechtbar**, da dieses kraft Gesetzes und nicht durch beidseitige Willenserklärungen begründet worden ist.[67]

c) Aufhebungsvertrag

49 Das kraft Gesetzes begründete Arbeitsverhältnis nach § 10 Abs. 1 S. 1 AÜG kann **jederzeit durch Abschluss eines Aufhebungsvertrages** beendet werden.[68] Dies gilt sowohl für das fingiert befristete als auch das fingierte unbefristete Arbeitsverhältnis. Das Schriftformerfordernis des § 623 BGB ist zu beachten.

---

64 Thüsing/*Mengel* § 10 AÜG Rn. 45; *Sandmann/Marschall* Art. 1 § 10 AÜG Anm. 19.
65 Thüsing/*Mengel* § 10 AÜG Rn. 45 m.w.Nachw.; *Urban-Crell/Schulz* Rn. 822; a.A. *Boemke/Lembke* § 10 AÜG Rn. 26; ErfK/*Wank* § 10 AÜG Rn. 19; Schüren/ Hamann/*Schüren* § 10 AÜG Rn. 113; jeweils unter Hinweis auf die grund- sätzlich ausreichende Möglichkeit der ordentlichen Kündigung.
66 MünchArbR/*Marschall* § 176 Rn. 80; *Thüsing/Mengel* § 10 AÜG Rn. 45 m.w.Nachw.
67 *Becker/Wulfgramm* § 10 AÜG Rn. 37; *Boemke/Lembke* § 10 AÜG Rn. 23; Thü- sing/*Mengel* § 10 AÜG Rn. 47 m.w.Nachw.
68 Allg. Auffassung: KHK/*Düwell* 4.5 Rn. 278; Thüsing/*Mengel* § 10 AÜG Rn. 46; *Urban-Crell/Schulz* Rn. 816.

V. Betriebsverfassungsrechtliche Zuordnung des Leiharbeitnehmers

Betriebsverfassungsrechtlich wird der illegal verliehene Leiharbeit- 50
nehmer kraft der Fiktion des § 10 Abs. 1 S. 1 AÜG **vollwertiger Arbeitnehmer des Entleiherbetriebes.**[69]

Ein **Zustimmungsverweigerungsgrund zur »Einstellung«** des Leih- 51
arbeitnehmers nach § 99 BetrVG steht dem Entleiherbetriebsrat **nicht**
zu, da es sich nicht um ein vertraglich, sondern vielmehr kraft Gesetzes begründetes Arbeitsverhältnis handelt.

Ein Mitbestimmungsrecht des Betriebsrates im Entleiherbetrieb 52
kommt im Falle der Fiktion eines Arbeitsverhältnisses allenfalls hinsichtlich der **Eingruppierung** des ehemaligen Leiharbeitnehmers in
Betracht. Dies setzt allerdings voraus, dass die Höhe des Arbeitsentgelts nach § 10 Abs. 1 S. 4 AÜG zu bestimmen ist.[70]

VI. Geltendmachung von Ansprüchen

1. Verfahren

a) Feststellungsklage

Der in dem Betrieb eines Dritten eingesetzte Arbeitnehmer kann das 53
Bestehen eines nach § 10 Abs. 1 S. 1 AÜG fingierten Arbeitsverhältnisses im Wege der **allgemeinen Feststellungsklage** (§ 256 Abs. 1,
§ 495 ZPO i.V.m. § 46 Abs. 2 S. 1 ArbGG) vor dem Arbeitsgericht (§ 2
Abs. 1 Nr. 3b) ArbGG) geltend machen. Dem Arbeitnehmer obliegt
nach allgemeinen Grundsätzen die Darlegungs- und Beweislast hinsichtlich der Tatsachen, aus denen sich die Vorliegend unerlaubte Arbeitnehmerüberlassung ergibt.[71]

Obgleich das AÜG keine ausdrückliche Anordnung für diesen Fall 54
enthält, kann der Arbeitnehmer auch in Fällen illegaler Arbeitnehmerüberlassung **vom Verleiher Auskunft** über solche Tatsachen
verlangen, die er zur Durchsetzung etwaiger Ansprüche gegen den
Entleiher – insbesondere auch hinsichtlich des Bestandes eines kraft
Gesetztes begründeten Arbeitsverhältnisses – benötigt. Die Auskunftspflicht besteht unabhängig davon, ob die unerlaubte Arbeitnehmerüberlassung nachgewiesen ist. Es reicht aus, wenn Tatsachen

69 Ausführlich zur Zuordnung bei legaler Überlassung § 14 AÜG Rdn. 13 ff.
70 In diesem Sinne a. *Boemke/Lembke* § 10 AÜG Rn. 63.
71 BAG 19.1.2000, 7 AZR 11/99, n.v.; st. Rspr. vgl. BAG 18.2.2003, 3 AZR
160/02, AP AÜG § 13 Nr. 5 m.Anm. *Boemke*; BAG 28.6.2000, 7 AZR 100/99,
AP AÜG § 13 Nr. 3 m.Anm. *Urban-Crell.*

vorliegen, die den Verdacht einer illegalen Arbeitnehmerüberlassung ohne Verleiherlaubnis begründen.[72]

55 Die **Klagefrist** des Kündigungsschutzgesetztes (§§ 4, 13 KSchG) gilt für die Bestandsklage nach § 10 Abs. 1 AÜG **nicht**.[73] Allerdings kann der Arbeitnehmer sein Recht zur Feststellung eines fingierten Arbeitsverhältnisses nach allgemeinen Grundsätzen prozessual und materiell-rechtlich **verwirken**.[74]

▶ Praxistipp:

  Der (Leih-)Arbeitnehmer kann sowohl gegenüber dem Verleiher als auch gegenüber dem (vermeintlichen) Fiktionsarbeitgeber das Bestehen eines Arbeitsverhältnisses geltend machen. Prozessual zulässig ist dies auch im Wege subjektiver Klagehäufung, allerdings bedarf es dann der Bestimmung eines Rangverhältnisses.[75]

56 **Anerkennt der Entleiher** ausdrücklich, rechtskräftig festgestellte Zeiten des Bestandes des fingierten Arbeitsverhältnisses als Betriebszugehörigkeit auch im Rahmen seiner betrieblichen Versorgungsbedingungen zu berücksichtigen, hat der Arbeitnehmer insoweit **kein Feststellungsinteresse** im Sinne des § 256 Abs. 1 ZPO.[76]

57 Soweit sich der illegal entliehene Arbeitnehmer gegen das Auslaufen eines fingierten, **befristeten Arbeitsverhältnisses** (§ 10 Abs. 1 S. 2 AÜG) wenden will, hat er die dreiwöchige Frist der **Entfristungsklage nach § 17 TzBfG** einzuhalten.[77]

b) Leistungsklage

58 **Materielle Ansprüche gegen den illegalen Entleiher** aus einem fingierten Arbeitsverhältnis kann der Arbeitnehmer **mittels Leistungsklage** vor dem Arbeitsgericht (§ 2 Abs. 1 Nr. 3a) ArbGG) einklagen.

---

72 BAG 11.4.1984, 5 AZR 316/82, AP AÜG § 10 Nr. 7; Thüsing/*Mengel* § 10 AÜG Rn. 50 m.w.Nachw.
73 BAG 10.10.2007, 7 AZR 487/06, AP AÜG § 10 Nr. 19; *Boemke/Lembke* § 10 AÜG Rn. 82; Schüren/Hamann/*Schüren* § 10 AÜG Rn. 135.
74 Dazu § 10 AÜG Rdn. 63 ff.
75 LAG Düsseldorf 29.7.2005, 12 Sa 484/05, EzAÜG § 9 AÜG Nr. 18; für den Fall des Betriebsübergangs BAG 24.6.2004, 2 AZR 215/03, EzA § 626 BGB 2002 Unkündbarkeit Nr. 5.
76 LAG Düsseldorf 2.6.2005, 11 Sa 218/05, EzAÜG § 256 ZPO Nr. 1; nachgehend BAG 24.5.2006, 7 AZR 365/05, EzAÜG § 10 AÜG Fiktion Nr. 114; allg. zum Wegfall des Feststellungsinteresses Zöller/*Greger* § 256 ZPO Rn. 7c ff.
77 *Boemke/Lembke* § 10 AÜG Rn. 45, 82; Thüsing/*Mengel* § 10 AÜG Rn. 49. Auf diese Fälle ist § 17 TzBfG zumindest analog anwendbar.

Anders als die Bestandsklage nach § 10 Abs. 1 S. 1 AÜG unterliegt die Befugnis zur Klage grundsätzlich nicht der prozessualen Verwirkung; lediglich das **materielle Recht** kann nach allgemeinen Grundsätzen **verwirken**. Die Klage ist dann unbegründet, nicht aber bereits unzulässig.[78]

Auf Ansprüche aus dem fingierten Arbeitsverhältnis finden die allgemeinen Grundsätze über die Verjährung Anwendung. Es gilt die **Regelverjährungsfrist** von drei Jahren (§ 195 BGB).[79] Ferner zu berücksichtigen sind individual- oder tarifvertragliche **Ausschlussfristen**.[80] 59

▸ Praxistipp:

Die Verjährungsfrist beginnt erst zu laufen, wenn der Arbeitnehmer von den den Anspruch begründenden Umständen und der Person des Schuldners Kenntnis erlangt oder ohne große Fahrlässigkeit erlangen musste (§ 199 Abs. 1 Nr. 2 BGB). Dies kann – gerade bei unter dem Deckmantel eines Scheinwerk- oder Scheindienstvertrages betriebener illegaler Arbeitnehmerüberlassung – zu ganz erheblichen Verzögerungen des Laufs der Verjährungsfrist führen.

c) Arbeitsgerichtliches Beschlussverfahren

Streitigkeiten über den betriebsverfassungsrechtlichen Status eines 60 **Leiharbeitnehmers** sind im arbeitsgerichtlichen Beschlussverfahren (§ 2a Abs. 1 Nr. 1 ArbGG) zu klären. Statusfragen stellen sich sowohl generell als auch aus konkretem Anlass, etwa aufgrund bevorstehender Betriebsratswahlen oder wegen der Berechnung von betriebsverfassungsrechtlichen Schwellenwerten. Das Rechtsschutzinteresse für die beantragte Statusfeststellung besteht jederzeit, auch wenn kein aktueller Streit zwischen den Betriebspartnern besteht.[81] Es entfällt allerdings spätestens im Zeitpunkt des Ausscheidens des Arbeitnehmers aus dem Arbeitsverhältnis[82]; beim Leiharbeitnehmer also im Zeitpunkt der Beendigung des Leiharbeitsvertrages mit dem Entleiher, nicht hingegen bereits im Zeitpunkt der Beendigung des Einsatzes im Drittbetrieb.

---

78 BGH 21.2.1990, VIII ZR216/89, NJW-RR 1990, 886; a. *Boemke/Lembke* § 10 AÜG Rn. 84.
79 Ausführlich Schüren/Hamann/*Schüren* § 10 AÜG Rn. 135 f.
80 Sh. § 10 AÜG Rdn. 62.
81 Allg. BAG 20.7.1994, 5 AZR 169/93, EzA § 256 ZPO Nr. 43; *Fitting* u.a. § 5 BetrVG Rn. 427.
82 BAG 23.1.1986, 6 ABR 47/82, EzA § 233 ZPO Nr. 7.

61 **Antragsberechtigt** sind nach allgemeinen Grundsätzen der Arbeitgeber, der Betriebsrat und der Arbeitnehmer, um dessen Status ge-
stritten wird.[83] Da im Falle des Verdachts illegaler Arbeitnehmerüberlassung die Frage der Arbeitgebereigenschaft gerade umstritten ist,
sind sowohl der Verleiher als auch der Entleiher grundsätzlich an-
tragsbefugt.[84] Nichts anderes kann letztlich für die Betriebsräte gelten
(Verleiher- und Entleiher-Betriebsrat). Soweit Gegenstand der Auseinandersetzung eine konkret bevorstehende oder bereits durchgeführte Betriebsratswahl ist, ist auch eine im Betrieb (des Entleihers)
vertretene Gewerkschaft antragsberechtigt.[85]

2. Verfallfristen

62 Auch im fingierten Arbeitsverhältnis können individualvertraglich
vereinbarte oder tarifliche **Verfall- und Ausschlussfristen** gelten.[86]
Hinsichtlich der Ansprüche des Arbeitnehmers gegen den illegalen
Entleiher beginnen diese allerdings nach der Rechtsprechung erst
dann zu laufen, wenn der Entleiher seine Schuldnerstellung eingeräumt und sich dazu bekannt hat.[87] Für den Eintritt der Fälligkeit
kann hingegen nicht auf die Anerkennung der Schuldnerstellung
durch den illegalen Entleiher abgestellt werden. Dieser könnte dadurch die Geltendmachung von Ansprüchen treuwidrig vereiteln.
Deshalb ist es für die Fälligkeit der Forderungen aus dem kraft Gesetztes begründeten Arbeitsverhältnis nach § 10 Abs. 1 AÜG allein
entscheidend, wann dem Arbeitnehmer der richtige Schuldner bekannt ist.[88]

3. Verwirkung

63 Ob das Recht eines Arbeitnehmers, sich gegenüber dem (illegalen)
Entleiher auf den **Bestand eines kraft Gesetzes begründeten Arbeitsverhältnisses** nach § 10 Abs. 1 S. 1 AÜG zu berufen, nach Treu
und Glauben verwirken kann, ist **umstritten**. In der Literatur und der
Instanzrechtsprechung wird dies nahezu einhellig bejaht.[89] Das BAG

---

83 BAG 23.1.1986, 6 ABR 47/82, EzA § 233 ZPO Nr. 7; *Fitting* u.a. § 5 BetrVG
    Rn. 425.
84 So a. *Boemke/Lembke* § 10 AÜG Rn. 85.
85 So allg. *Fitting* u.a. § 5 BetrVG Rn. 426.
86 Zu Ausschlussfristen eines allgemeinverbindlichen Tarifvertrages LAG
    Rheinland-Pfalz 1.12.2006, 3 Ta 221/06, n.v.
87 BAG 27.7.1983, 5 AZR 194/81, AP AÜG § 10 Nr. 6.
88 *Urban-Crell/Schulz* Rn. 803; ähnlich a. *Boemke/Lembke* § 10 AÜG Rn. 36.
89 *Boemke/Lemke* § 10 AÜG Rn. 31; *Schüren/Hamann/Schüren* § 10 AÜG
    Rn. 138 ff.; *Thüsing/Mengel* § 10 AÜG Rn. 48; *Urban-Crell/Schulz* Rn. 808; so
    a. noch BAG 30.1.1991, 7 AZR 239/90, AP AÜG § 10 Nr. 8; LAG Düsseldorf

äußerte sich zu dieser Frage in den vergangenen Jahren eher kritisch und deutete an, nur eine materiell-rechtliche Verwirkung der Ansprüche aus dem fingierten Arbeitsverhältnis im Einzelfall annehmen zu wollen.[90]

In diesem Punkt kann dem **BAG** nicht gefolgt werden. Der 3. Senat 64 begründet seine Auffassung damit, dass zwar Ansprüche, nicht aber Rechtsverhältnisse verwirken können. Dies gelte insbesondere im Hinblick auf Kraft gesetzlicher Anordnung begründete Vertragsverhältnisse.[91] Bei dieser Betrachtungsweise verkennt der Senat, dass der Bestand des fingierten Arbeitsverhältnisses und die daraus resultierenden Ansprüche eine untrennbare Einheit darstellen. Dogmatisch begründet sich das Institut der Verwirkung aus dem Vertrauensschutz. Das Vertrauen des illegalen Entleihers kann sich dabei – wie auch sonst – nicht nur auf die Durchsetzbarkeit einzelner Ansprüche, sondern auch auf das Bestehen der Rechtsbeziehung selbst beziehen.[92] Allenfalls kann in derartigen Fällen an die Tatbestandsvoraussetzungen der Verwirkung ein strengerer Maßstab angelegt werden. Hier gilt im Übrigen nichts anderes als im Zusammenhang mit dem kraft Gesetzes im Falle eines Betriebsüberganges begründeten Arbeitsverhältnis. Auch im Anwendungsbereich des § 613a BGB ist das Rechtsinstitut der Verwirkung grundsätzlich anerkannt.[93]

Nach **hier vertretener Auffassung** unterliegt das fingierte Arbeitsver- 65 hältnis als Rechtsbeziehung ebenso der Verwirkung wie einzelne Ansprüche aus dem kraft Gesetzes begründeten Arbeitsverhältnis. Die Verwirkung setzt nach allgemeinen Grundsätzen voraus, dass der Arbeitnehmer über einen längeren Zeitraum ein Recht oder eine Rechtsposition nicht geltend gemacht hat, obwohl er dazu in der Lage gewesen wäre (Zeitmoment) und der Schuldner sich mit Rücksicht auf das Verhalten des Arbeitnehmers darauf einrichten durfte und eingerichtet hat, dass dieser sein Recht auch in Zukunft nicht geltend machen werde (Umstandsmoment).[94]

14.1.2002, 5 Sa 1448/01, FA 2002, 217; LAG Köln 28.1.2002, 2 Sa 272/01, NZA-RR 2002, 458; LAG Düsseldorf 2.6.2005, 11 Sa 218/05, EzAÜG § 256 ZPO Nr. 1; LAG Düsseldorf 9.3.2006, 13 Sa 549/05, n.v.
90 BAG 18.2.2003, 3 AZR 160/02, AP AÜG § 13 Nr. 5 m.Anm. *Boemke*; offen gelassen von BAG 24.5.2006, 7 AZR 365/05, EzAÜG § 10 AÜG Fiktion Nr. 114; BAG 17.1.2007, 7 AZR 23/06, AP AÜG § 1 Nr. 32; BAG 10.10.2007, 7 AZR 487/06, AP AÜG § 10 Nr. 19.
91 BAG 18.2.2003, 3 AZR 160/02, AP AÜG § 13 Nr. 5 m.Anm. *Boemke*.
92 Dazu überzeugend *Boemke*, Anm. zu BAG 18.2.2003, 3 AZR 116/02, AP AÜG § 13 Nr. 5; ebenfalls ErfK/*Wank* AÜG Rn. 21.
93 LAG Köln 13.12.1989, 7 Sa 253/89, ZIP 1990, 1294.
94 BAG 17.2.1988, 5 AZR 638/86, EzA § 630 BGB Nr. 12; BGH 19.10.2005, XII ZR 224/03, NJW 2006, 219; allg. Palandt/*Heinrichs* § 242 BGB Rn. 87 ff.

66 Reiner Zeitablauf führt mithin nicht zur Verwirkung. Welcher Zeitraum für die Annahme des **Zeitmoments** der Verwirkung verstrichen sein muss, ist eine Frage des Einzelfalls. Nach der Instanzrechtsprechung bedarf es einer längeren Untätigkeit des Arbeitnehmers nach Beendigung des Fremdfirmeneinsatzes durch welche beim Entleiher ein Vertrauenstatbestand geschaffen wurde. Je nach Einzelfall wurden Zeiträume von drei und vier Monaten sowie von einem Jahr als ausreichend erachtet.[95]

67 Das **Umstandsmoment** kann beispielsweise erfüllt sein, wenn der Leiharbeitnehmer sein Vertragsverhältnis zum Verleiher beendet und damit auch gegenüber dem Entleiher zum Ausdruck bringt, das Beschäftigungsverhältnis nicht fortführen zu wollen.[96] Letzteres gilt insbesondere dann, wenn der ehemalige Leiharbeitnehmer eine Arbeitsvertragsbeziehung zu einem unbeteiligten Dritten eingeht.[97] Keine Verwirkung – weder des Rechts auf Feststellung des Bestandes eines fingierten Arbeitsverhältnisses noch der aus diesem Rechtsverhältnis resultierenden Ansprüche – kommt in Betracht, so lange der Arbeitnehmer an den illegalen Entleiher überlassen ist. Während seiner Einsatzzeit kann beim Entleiher kein Vertrauenstatbestand geschaffen werden.[98] Der Einwand der Verwirkung greift auch dann nicht ein, wenn der Arbeitnehmer angesichts der unklaren Rechtslage Ansprüche sowohl gegen den Verleiher als auch gegen den Entleiher geltend macht; zulässig ist auch eine subjektive Klagehäufung.[99] Entsprechendes gilt im Falle des Abschlusses eines Prozessvergleichs über die Beendigung des Arbeitsverhältnisses mit dem Verleiher. Einem solchen Vergleich ist nicht die Aussage zu entnehmen, Ansprüche gegen den illegalen Entleiher nicht mehr geltend machen zu wollen.[100]

68 Ungeachtet des Einzelfalls sind die Voraussetzungen der Verwirkung jedenfalls dann nicht erfüllt, wenn der Arbeitnehmer von den anspruchsbegründenden Umständen tatsächlich keine positive Kennt-

---

95 LAG Hamm 21.9.1998, 19 Sa 664/98, NZA-RR 1999, 297 (bez. Betriebsübergang); LAG Köln 28.1.2002, 2 Sa 272/01, NZA-RR 2002, 458; LAG Köln 3.6.2003, 13 (3) Sa 2/03, EzAÜG § 9 AÜG Nr. 13.
96 LAG Köln 28.1.2002, 2 Sa 272/01, NZA-RR 2002, 458.
97 BAG 30.1.1991, 7 AZR 239/90, AP AÜG § 10 Nr. 8; LAG Köln 28.1.2002, 2 Sa 272/01, NZA-RR 2002, 458; krit. BAG 10.10.2007, 7 AZR 487/06, AP AÜG § 10 Nr. 19 (zur Verwirkung von Ansprüchen auf betriebliche Altersversorgung aus einem fingierten Arbeitsverhältnis).
98 BAG 19.3.2003, 7 AZR 269/02, n.v.
99 LAG Düsseldorf 29.7.2005, 12 Sa 484/05, EzAÜG § 9 AÜG Nr. 18; *Boemke/Lembke* § 10 AÜG Rn. 31 m.w.Nachw.
100 Hessisches LAG 17.11.2005, 11 Sa 1890/04, n.v.; LAG Köln 28.11.1986, 4 Sa 918/86, EzAÜG § 10 AÜG Fiktion Nr. 46.

nis hatte. Der positiven Kenntnis hinsichtlich bestehender Rechtsansprüche und Forderungen bedarf es hingegen nicht.[101]

▶ Praxistipp:

Auch dem illegalen Entleiher kann es ausnahmsweise verwehrt sein, sich infolge Verwirkung auf die Fiktion des § 10 Abs. 1. S. 1 AÜG zu berufen. Praktisch wird dies bei Schadensersatzklagen des illegalen Entleihers wegen Pflichtverletzungen des Arbeitnehmers bei Ausübung seiner Tätigkeit. In einer durchaus atypischen Fallgestaltung musste das LAG München[102] im Jahre 2006 über die Frage entscheiden, ob der Verwirkungseinwand gegenüber einem Enkelunternehmen durchgreifen kann, welches als (illegaler) Entleiher im Rahmen gewerbsmäßiger Arbeitnehmerüberlassung einen Arbeitnehmer seiner Muttergesellschaft entliehen hatte. Die verleihende Holding hatte mit dem Arbeitnehmer in einem umfassenden Prozessvergleich im Rahmen eines Kündigungsschutzverfahrens vereinbart, dieser werde sich nicht auf das Bestehen eines Arbeitsverhältnisses mit dem Enkelunternehmen berufen. Das entleihende Unternehmen hatte in Kenntnis des Ausgangs des Kündigungsschutzverfahrens 16 Monate mit der Geltendmachung von Schadensersatzansprüchen gegen den Arbeitnehmer zugewartet. In diesem Fall bejahte das LAG München die Voraussetzungen der Verwirkung, obwohl der Prozessvergleich weder unmittelbar noch mittelbar gegen das Enkelunternehmen wirkte. Dieses war dem Kündigungsschutzverfahren nicht beigetreten.

In der Praxis werden derartige Verleihkonstellationen lediglich bei Konzernverflechtung vorkommen. Denn tragende Begründung des LAG München für seine dogmatisch durchaus überraschende Entscheidung war die wirtschaftliche und personelle Verflechtung zwischen verleihendem Mutter- und entleihendem Enkelunternehmen. Aufgrund dieser Verflechtung habe der Arbeitnehmer darauf vertrauen dürfen, vom illegalen Entleiher aufgrund eines fingierten Arbeitsverhältnisses nicht mehr in Anspruch genommen zu werden.

---

101 BAG 27.1.2000, 8 AZR 106/99, ZInsO 2000, 569 (bez. Betriebsübernahme); einschränkend BAG 18.2.2003, 3 AZR 160/02, AP AÜG § 13 Nr. 5 m. krit. Anm. *Boemke*, welches zusätzlich die Kenntnis des Schuldners von der in Rede stehenden Forderung verlangt (ansonsten nur Verjährungseinrede).
102 LAG München 26.10.2006, 4 Sa 1324/05, EzAÜG § 10 AÜG Fiktion Nr. 115.

C. Schadensersatzanspruch gegen den illegalen Verleiher – Abs. 2

69   Im Falle der Unwirksamkeit des Leiharbeitsvertrages nach § 9 Nr. 1 AÜG kann der Leiharbeitnehmer von dem Verleiher nach **§ 10 Abs. 2 S. 1 AÜG** den Schaden ersetzt verlangen, den er dadurch erleidet, dass er auf die Gültigkeit des Vertrages vertraut. Die Vorschrift ist insoweit **lex specialis zu §§ 122, 179 BGB**.

I. Voraussetzungen

70   Ein Ersatzanspruch kann ausschließlich im Falle der **Unwirksamkeit des Leiharbeitsvertrages nach § 9 Nr. 1 Hs. 2 AÜG** bestehen.[103] Ist der Leiharbeitsvertrag hingegen ausschließlich aus anderen Gründen unwirksam, greift § 10 Abs. 2 AÜG nicht ein.[104] Mangels Fiktion eines Arbeitsverhältnisses (§ 10 Abs. 1 S. 1 AÜG) in diesen Fällen wäre dies auch gar nicht möglich.[105]

71   **Anspruchsausschließend** wirkt, wenn der **Leiharbeitnehmer den Grund der Unwirksamkeit kannte (§ 10 Abs. 2 S. 2 AÜG)**. Ausreichend ist positive Kenntnis von den zur Unwirksamkeit führenden Umständen. Er muss nicht den Rückschluss auf die Unwirksamkeit des Vertrages nach § 9 Nr. 1 AÜG gezogen haben. Der Leiharbeitnehmer muss also wissen, dass er im Rahmen erlaubnispflichtiger gewerbsmäßiger Arbeitnehmerüberlassung eingesetzt wird, obgleich die erforderliche Erlaubnis entweder von Anfang an fehlte oder später entfallen ist.[106] Die positive Kenntnis kann fehlen, wenn dem Arbeitnehmer – trotz Kenntnis des Fehlens einer Verleiherlaubnis – nur Tatsachen bekannt sind, die die Annahme eines Werk- oder Dienstvertrages rechtfertigen.[107] Ein Kennenmüssen der der Unwirksamkeit zugrunde liegenden Tatsachen genügt nicht. Bloße Vermutungen, selbst grobe Fahrlässigkeit, schließen den Schadensersatzanspruch des Leiharbeitnehmers nach § 10 Abs. 2 S. 1 AÜG nicht aus.[108]

---

103   Klargestellt durch Art. 6 Ziff. 5.a) Erstes Gesetz für moderne Dienstleistungen am Arbeitsmarkt, BGBl. I. S. 4607.
104   Schüren/Hamann/*Schüren* § 10 AÜG Rn. 193; Thüsing/*Mengel* § 10 AÜG Rn. 53; unzutreffend insoweit *Boemke/Lembke* § 10 AÜG Rn. 88, die die Anwendbarkeit der Vorschrift bereits bei anderen – neben § 9 Nr. 1 AÜG – vorliegenden Unwirksamkeitsgründen ausschließen wollen.
105   Dazu § 10 AÜG Rdn. 5.
106   ErfK/*Wank* § 10 AÜG Rn. 23; HWK/*Gotthardt* § 10 AÜG Rn. 20; Thüsing/*Mengel* § 10 AÜG Rn. 54 m.w.Nachw.
107   MünchArbR/*Marschall* § 176 Rn. 23; *Urban-Crell/Schulz* Rn. 826.
108   *Becker/Wulfgramm* § 10 AÜG Rn. 42; Schüren/Hamann/*Schüren* § 10 AÜG Rn. 196; *Urban-Crell/Schulz* Rn. 826.

Infolge Unwirksamkeit des Leiharbeitsvertrages nach § 9 Nr. 1 Hs. 2   **72**
AÜG muss dem illegal verliehenen Leiharbeitnehmer überdies ein
Schaden entstanden sein.

II. Rechtsfolgen

Liegen die Tatbestandsvoraussetzungen des § 10 Abs. 2 AÜG vor, hat   **73**
der Leiharbeitnehmer gegen den illegalen Verleiher Anspruch auf
Schadensersatz. Der Anspruch richtet sich auf **Ersatz des Vertrauens-
schadens** (negatives Interesse), welcher – anders als etwa bei §§ 122,
179 BGB – nicht durch das Erfüllungsinteresse begrenzt wird.[109]

Als Vertrauensschaden kann der Arbeitnehmer die **Nachteile** ersetzt   **74**
verlangen, die ihm durch das **Vertrauen auf die Gültigkeit des Leiharbeitsvertrages** entstanden sind. Erfasst werden mithin Schäden,
welche der Arbeitnehmer infolge Nichterfüllung der Verpflichtungen
des Entleihers aus dem fingierten Arbeitsverhältnis nach § 10 Abs. 1
AÜG erleidet. Ersatzfähiger Schaden ist auch der Vergütungsanspruch aus dem kraft Gesetzes begründeten Arbeitsverhältnis.[110]

Ersatzfähig sind ferner die **Nachteile**, die **aufgrund der Beendigung**   **75**
des Leiharbeitsvertrages wegen Unwirksamkeit nach § 9 Nr. 1 AÜG
entstehen. Dazu können beispielsweise Urlaubsgeldansprüche oder
etwaige an die Dauer der Betriebszugehörigkeit anknüpfende und
deshalb entfallende oder verminderte Ansprüche auf Sozialleistungen zählen.[111] Zum Vertrauensschaden gehören auch solche Ansprüche des Arbeitnehmers gegen den Entleiher, welche dieser im Vertrauen auf die Wirksamkeit des Leiharbeitsvertrages nicht fristgerecht
– insbesondere nicht innerhalb einschlägiger individualvertraglicher
oder tarifvertraglicher Ausschlussfristen – außergerichtlich und/oder
gerichtlich geltend macht.[112] In der Praxis dürften derartige Nachteile
allerdings nur selten entstehen. Denn die regelmäßig an die Fälligkeit
des Anspruchs anknüpfenden Ausschlussfristen beginnen erst dann
zu laufen, wenn der illegale Entleiher seine Schuldendarstellung eingeräumt und sich dazu bekannt hat.[113]

---

109 ErfK/*Wank* § 10 AÜG Rn. 24; HWK/*Gotthardt* § 10 AÜG Rn. 21; Thüsing/
Mengel § 10 AÜG Rn. 55 m.w.Nachw.; allg. zum Umfang des Ersatz-
anspruchs Palandt/*Heinrichs* vor § 249 BGB Rn. 17.
110 ErfK/*Wank* § 10 AÜG Rn. 24; HWK/*Gotthardt* § 10 AÜG Rn. 22; Thüsing/
Mengel § 10 AÜG Rn. 56 m.w.Nachw.; a.A. *Boemke/Lembke* § 10 AÜG Rn. 92.
111 DT-Drucks. VI/2303 S. 14; HWK/*Gotthardt* § 10 AÜG Rn. 22; Thüsing/*Mengel* § 10 AÜG Rn. 56 m.w.Nachw.; a.A. *Boemke/Lembke* § 10 AÜG Rn. 98.
112 ErfK/*Wank* § 10 AÜG Rn. 24; *Sandmann/Marschall* Art. 1 § 10 AÜG
Anm. 26; Thüsing/*Mengel* § 10 AÜG Rn. 56.
113 Dazu § 10 AÜG Rdn. 63 ff.

76 Auch der **entgangene Gewinn (§ 252 BGB)** ist im Rahmen des § 10 Abs. 2 AÜG grundsätzlich zu ersetzen. Dies betrifft etwa Fälle, in denen der Berechtigte im Vertrauen auf die Wirksamkeit eines Rechtsverhältnisses ein bestehendes Vertragsverhältnis aufgibt oder ein solches nicht zustande kommt.[114] Einen solchen Schaden wird der Leiharbeitnehmer nur höchst selten geltend machen können. Wegen der durchschnittlich schlechteren Vergütung im Rahmen von Leiharbeitsverhältnissen werden Leiharbeitnehmer üblicherweise ein ihnen angebotenes – besser vergütetes – Normalarbeitsverhältnis nur selten ablehnen.

77 Bedeutung kann der Schadensersatzanspruch nach § 10 Abs. 2 AÜG auch in der Insolvenz erlangen. Im Falle der **Insolvenz des Entleihers** haftet der Verleiher grundsätzlich auch auf den Anspruch auf Insolvenzgeld (§ 183 ff. SGB III), wenn der Leiharbeitnehmer die zweimonatige Ausschlussfrist des § 324 Abs. 3 S. 1 SGB III versäumt hat.[115] In der Praxis dürfte allerdings auch dieser Ersatzanspruch eine nur untergeordnete Rolle spielen. Die nicht schuldhaft verspätete Antragstellung durch den Leiharbeitnehmer kann noch innerhalb von zwei Monaten nach Wegfall der Hinderungsgründe nachgeholt werden (§ 324 Abs. 3 S. 2 SGB III). Die Frist verlängert sich nochmals, wenn der Arbeitnehmer in Unkenntnis des Insolvenzereignisses bei dem Entleiher weitergearbeitet hat (§ 183 Abs. 2 SGB III). Dann beginnt die Ausschlussfrist erst mit Beginn der Kenntnis des Arbeitnehmers vom Insolvenzereignis. Nur wenn der Anspruch auf Insolvenzgeld tatsächlich ausgeschlossen ist, kommt ein nach § 10 Abs. 2 AÜG zu ersetzender Schaden des Leiharbeitnehmers in Betracht.[116]

78 Nach – dogmatisch bedenklicher – Rechtsprechung des BSG hat der illegal verliehene Arbeitnehmer trotz Unwirksamkeit des Leiharbeitsvertrages nach § 9 Nr. 1 AÜG auch im Falle der **Insolvenz des Verleihers** Anspruch auf Insolvenzgeld, wenn er auf die Gültigkeit des Leiharbeitsvertrages vertraute.[117] Weiter sei – so das BSG – der Schadensersatzanspruch nach § 10 Abs. 2 AÜG Ersatz für den Verlust des vom illegalen Verleiher nicht geschuldeten Arbeitsentgelts. Diese Auffassung überzeugt nicht. Ersatzfähig ist im Rahmen des § 10 Abs. 2 AÜG nicht der wegen Unwirksamkeit des Leiharbeitsvertrages nicht bestehende Vergütungsanspruch gegen den Verleiher selbst,

---

114 Dazu allg. Palandt/*Heinrichs* § 122 BGB Rn. 4.
115 LSG Nordrhein-Westfalen 11.4.1979, L12 Ar 236/77, EzAÜG § 7 AÜG Prüfrecht Nr. 1; ErfK/*Wank* § 10 AÜG Rn. 25; *Ulber* § 10 AÜG Rn. 74.
116 *Brors* WiVerw 2001, 204, 214; *Urban-Crell/Schulz* Rn. 829.
117 BSG 20.3.1984, 10 Rar 11/83, BB 1985, 665; abl. *Boemke/Lembke* § 10 AÜG Rn. 70 ff.

sondern lediglich ein etwaiger vom illegalen Entleiher nicht erfüllter Vergütungsanspruch (§ 10 Abs. 1 AÜG).[118]

D. Gesamtschuldnerische Haftung des illegalen Verleihers und Entleihers – Abs. 3

Zahlt der Verleiher trotz Unwirksamkeit des Leiharbeitsvertrages 79 nach § 9 Nr. 1 AÜG das vereinbarte Arbeitsentgelt oder Teile des vereinbarten Arbeitsentgelts an den Leiharbeitnehmer, so hat er nach **§ 10 Abs. 3 S. 1 AÜG** auch sonstige – im Falle der Wirksamkeit des Leiharbeitsvertrages zu zahlende – Teile des Arbeitsentgelts zu gewähren. Hinsichtlich der Zahlungspflicht gilt der **Verleiher neben dem Entleiher als Arbeitgeber** und haftet gemeinsam mit diesem als **Gesamtschuldner** (§ 10 Abs. 3 S. 2 AÜG).

Für den praktisch wichtigsten Bereich der Haftung wegen **Abfüh-** 80 **rung des Gesamtsozialversicherungsbeitrages** ordnet bereits § 28e **Abs. 2 S. 4 SGB IV** die Gesamtschuldnerschaft von Verleiher und Entleiher im Falle illegaler Arbeitnehmerüberlassung an. Insoweit dient § 10 Abs. 3 AÜG im Wesentlichen der Klarstellung. Für **nicht abgeführte Lohnsteuer** gilt die Sonderregelung des **§ 42d Abs. 6 EStG**.[119] Eine allein auf § 10 Abs. 3 AÜG gestützte gesamtschuldnerische Mithaftung des Verleihers ergibt sich deshalb insbesondere hinsichtlich sonstiger Zahlungsverpflichtungen, etwa bezüglich vermögenswirksamer Leistungen, Beiträgen zur betrieblichen Altersversorgung sowie nicht bedienter Pfändungs- und Überweisungsbeschlüsse.[120]

▶ **Praxistipp:**

Verleiher und Entleiher haften für die Zahlung der Beiträge zur Sozialversicherung als Gesamtschuldner, wenn der Verleiher das vereinbarte Arbeitsentgelt an den Leiharbeitnehmer zahlt, da dieser insoweit ebenfalls als Arbeitgeber gilt (§ 10 Abs. 3 S. 2 AÜG).[121]

---

118 Schüren/Hamann/*Schüren* § 10 AÜG Rn. 145, 206 ff.; Thüsing/*Mengel* § 10 AÜG Rn. 59; a.A. *Becker/Wulfgramm* § 10 AÜG Rn. 56; MünchArbR/*Marschall* § 176 Rn. 28.
119 ErfK/*Wank* § 10 AÜG Rn. 26; HWK/*Gotthardt* § 10 AÜG Rn. 24; *Urban-Crell/Schulz* Rn. 831; dazu AÜG Einl. Rdn. 115 ff.
120 *Boemke/Lembke* § 10 AÜG Rn. 103; HWK/*Gotthardt* § 10 AÜG Rn. 24; Thüsing/*Mengel* § 10 AÜG Rn. 63.
121 LSG Berlin 29.1.2003, L 9 KR 32/00.

E. Haftung des Verleihers auf gesetzliche Mindestvergütung und -arbeitsbedingungen – Abs. 4

81 § 10 Abs. 4 AÜG regelt die **Rechtsfolgen bei Unwirksamkeit des Leiharbeitsvertrages nach § 9 Nr. 2 AÜG**. Im Falle des Verstoßes gegen das gesetzliche Schlechterstellungsverbot kann der Leiharbeitnehmer kraft Gesetzes vom Verleiher die Gewährung der im Betrieb des Entleihers für einen vergleichbaren Arbeitnehmer geltenden wesentlichen Arbeitsbedingungen, einschließlich des Arbeitsentgelts, verlangen.[122]

▶ Praxistipp:

Im Falle des Verstoßes gegen das Schlechterstellungsverbot (§ 9 Nr. 2 AÜG) hat der Leiharbeitnehmer gegen den Verleiher **Anspruch auf Zahlung der Differenzvergütung**. Anspruchsgrundlage ist § 10 Abs. 4 AÜG.

82 Dieser Anspruch bezieht sich – ebenso wie § 9 Nr. 2 AÜG – nur auf **Zeiten der Überlassung an einen Entleiher**; verleihfreie Zeiten werden nicht erfasst. Anders als die Absätze 1 bis 3 gilt § 10 Abs. 4 AÜG lediglich im Falle **legaler gewerbsmäßiger Arbeitnehmerüberlassung**.

83 Zur Durchsetzung seines Gleichstellungsanspruchs nach § 9 Nr. 2, § 10 Abs. 4 AÜG verschafft § 13 AÜG dem Leiharbeitnehmer einen eigenständigen **Auskunftsanspruch gegen den Entleiher**.[123] Zur prozessualen Substantiierung seines Vortrages genügt es im ersten Schritt, wenn der Leiharbeitnehmer auf den Inhalt einer ihm gemäß § 13 AÜG erteilten Auskunft verweist.[124]

▶ Praxistipp:

Für einen schlüssigen Vortrag zur Geltendmachung eines Anspruchs nach § 10 Abs. 4 AÜG reicht die Wiedergabe der vom Entleiher erteilten Auskunft. Der Leiharbeitnehmer ist nicht verpflichtet, die Vergleichbarkeit der Tätigkeiten näher darzulegen. Es ist zunächst Aufgabe des Verleihers, zur fehlenden Vergleichbarkeit der in der Auskunft des Entleihers genannten Arbeitnehmer vor-

---

122 Dazu LAG München 2.9.2008, 6 Sa 41/08, n.v.
123 Sh. § 13 AÜG Rdn. 3 ff.
124 BAG 19.9.2007, 4 AZR 656/06, EzA § 13 AÜG Nr. 1 = NZA-RR 2008, 231; LAG München 2.9.2008, 6 Sa 41/08, n.v. (Nachverfahren zu BAG 19.9.2007, aaO).

zutragen. Erst darauf muss der Leiharbeitnehmer substantiiert erwidern (sog. abgestufte Darlegungs- und Beweislast).

Da § 10 Abs. 4 AÜG lediglich den Gleichstellungsanspruch des Leih- **84** arbeitnehmers nach § 9 Nr. 2 AÜG absichern soll, besteht dieser Anspruch nicht, wenn einer der gesetzlichen Ausnahmefälle – Beschäftigung eines zuvor Arbeitslosen oder Anwendbarkeit eines einschlägigen Tarifvertrages – das gesetzliche Schlechterstellungsverbot suspendiert.[125]

Beruht die gesetzeswidrig zu geringe Vergütungszahlung des Verlei- **85** hers an den Leiharbeitnehmer auf **schuldhaft unrichtigen Angaben des Entleihers**, kann der Verleiher den Entleiher wegen des Differenzbetrages auf Schadensersatz (§ 280 Abs. 1, § 241 Abs. 2 BGB) in Anspruch nehmen.[126] Bei vorsätzlichem Handeln können des Weiteren Ansprüche aus Deliktsrecht (§ 823 Abs. 2, § 826 BGB) bestehen.

▶ **Praxistipp:**

Der dem Leiharbeitnehmer nach § 10 Abs. 4 AÜG zu gewährende Nachzahlungsbetrag ist sozialversicherungsrechtlich zu verbeitragen. Auch insoweit gilt die gesamtschuldnerische Haftung des Entleihers (neben dem Verleiher) für die Sozialversicherungsbeiträge nach § 28e Abs. 2 SGB IV. Die Haftung des Entleihers ist allerdings subsidiär. Sie setzt erst nach einer erfolglosen Mahnung des Verleihers durch die zuständige Einzugsstelle der Krankenkasse ein.

Ferner haftet der Entleiher – generell und im besonderen Fall des § 10 Abs. 4 AÜG – für rückständige Lohnsteuer nach § 42d Abs. 6 EStG. Es handelt sich allerdings um eine lediglich nachrangige Ausfallhaftung.

Angesichts der sozialversicherungs- und steuerrechtlichen Haftungsrisiken sollte der Entleiher Vorkehrungen gegen drohende Beitrags(nach)forderungen bzw. Steuer(nach)forderungen treffen. Wirksamstes Mittel ist eine vom Verleiher beizubringende Bankbürgschaft.[127]

---

125 Zu den Ausnahmetatbeständen § 3 AÜG Rdn. 109 ff.
126 *Bauer/Krets* NJW 2993, 537, 539; ErfK/*Wank* § 10 AÜG Rn. 27; Thüsing/
Mengel § 10 AÜG Rn. 72.
127 Zur sozialversicherungs- und steuerrechtlichen Problematik vgl. AÜG
Einl. Rdn. 100 ff., 115 ff.

§ 11 Sonstige Vorschriften über das Leiharbeitsverhältnis

(1) [1]Der Nachweis der wesentlichen Vertragsbedingungen des Leiharbeitsverhältnisses richtet sich nach den Bestimmungen des Nachweisgesetzes. [2]Zusätzlich zu den in § 2 Abs. 1 des Nachweisgesetzes genannten Angaben sind in die Niederschrift aufzunehmen:
1. Firma und Anschrift des Verleihers, die Erlaubnisbehörde sowie Ort und Datum der Erteilung der Erlaubnis nach § 1,
2. Art und Höhe der Leistungen für Zeiten, in denen der Leiharbeitnehmer nicht verliehen ist.

(2) [1]Der Verleiher ist ferner verpflichtet, dem Leiharbeitnehmer bei Vertragsschluß ein Merkblatt der Erlaubnisbehörde über den wesentlichen Inhalt dieses Gesetzes auszuhändigen. [2]Nichtdeutsche Leiharbeitnehmer erhalten das Merkblatt und den Nachweis nach Absatz 1 auf Verlangen in ihrer Muttersprache. [3]Die Kosten des Merkblatts trägt der Verleiher.

(3) [1]Der Verleiher hat den Leiharbeitnehmer unverzüglich über den Zeitpunkt des Wegfalls der Erlaubnis zu unterrichten. [2]In den Fällen der Nichtverlängerung (§ 2 Abs. 4 Satz 3), der Rücknahme (§ 4) oder des Widerrufs (§ 5) hat er ihn ferner auf das voraussichtliche Ende der Abwicklung (§ 2 Abs. 4 Satz 4) und die gesetzliche Abwicklungsfrist (§ 2 Abs. 4 Satz 4 letzter Halbsatz) hinzuweisen.

(4) [1]§ 622 Abs. 5 Nr. 1 des Bürgerlichen Gesetzbuchs ist nicht auf Arbeitsverhältnisse zwischen Verleihern und Leiharbeitnehmern anzuwenden. [2]Das Recht des Leiharbeitnehmers auf Vergütung bei Annahmeverzug des Verleihers (§ 615 Satz 1 des Bürgerlichen Gesetzbuchs) kann nicht durch Vertrag aufgehoben oder beschränkt werden; § 615 Satz 2 des Bürgerlichen Gesetzbuchs bleibt unberührt. [3]Das Recht des Leiharbeitnehmers auf Vergütung kann durch Vereinbarung von Kurzarbeit für die Zeit aufgehoben werden, für die dem Leiharbeitnehmer Kurzarbeitergeld nach dem Dritten Buch Sozialgesetzbuch gezahlt wird; eine solche Vereinbarung kann das Recht des Leiharbeitnehmers auf Vergütung bis längstens zum 31. Dezember 2010 ausschließen.

(5) [1]Der Leiharbeitnehmer ist nicht verpflichtet, bei einem Entleiher tätig zu sein, soweit dieser durch einen Arbeitskampf unmittelbar betroffen ist. [2]In den Fällen eines Arbeitskampfes nach Satz 1 hat der Verleiher den Leiharbeitnehmer auf das Recht, die Arbeitsleistung zu verweigern, hinzuweisen.

(6) [1]Die Tätigkeit des Leiharbeitnehmers bei dem Entleiher unterliegt den für den Betrieb des Entleihers geltenden öffentlich-rechtlichen Vorschriften des Arbeitsschutzrechts; die hieraus sich ergebenden Pflichten für den Arbeitgeber obliegen dem Entleiher unbeschadet der Pflichten des Verleihers. [2]Insbesondere hat der Entleiher den Leiharbeitnehmer vor Beginn der Beschäftigung und bei Veränderungen in seinem Arbeitsbereich über Gefahren für Sicherheit und Gesundheit, denen er bei der Arbeit ausgesetzt sein kann, sowie über die Maßnahmen und Einrichtungen zur Abwendung dieser Gefahren zu unterrichten. [3]Der Entleiher hat den Leiharbeitnehmer zusätzlich über die Notwendigkeit besonderer Qualifikationen oder beruflicher Fähigkeiten oder einer besonderen ärztlichen Überwachung sowie über erhöhte besondere Gefahren des Arbeitsplatzes zu unterrichten.

(7) Hat der Leiharbeitnehmer während der Dauer der Tätigkeit bei dem Entleiher eine Erfindung oder einen technischen Verbesserungsvorschlag gemacht, so gilt der Entleiher als Arbeitgeber im Sinne des Gesetzes über Arbeitnehmererfindungen.

Übersicht

A. Form und Inhalt des Leiharbeitsvertrages

Der Begriff »Leiharbeitsvertrag« bezeichnet den zwischen dem Verlei- **1**
her und dem Leiharbeitnehmer geschlossenen Arbeitsvertrag. Beim
Abschluss des Leiharbeitsvertrages sind die Vorgaben des § 11 AÜG
einzuhalten. Dabei sind die wesentlichen Vertragsbedingungen des
Leiharbeitsverhältnisses gemäß den Bestimmungen des Nachweisgesetzes (NachwG) nachzuweisen. Zusätzlich sind die in § 11 AÜG genannten Hinweis- und Nachweispflichten zu beachten.

I. Form

§ 11 Abs. 1 AÜG schreibt für den Leiharbeitsvertrag **keine Schrift-** **2**
form vor. Entsprechend ist auch der **Abschluss** eines Leiharbeitsvertrages gemäß dem allgemeinen Grundsatz der Formfreiheit **formlos**
möglich. § 125 BGB steht dem nicht entgegen.

§ 11 AÜG weist dem Verleiher jedoch zwingende **Informations- und** **3**
Hinweispflichten zu. Hierzu zählt auch die Verpflichtung zur schriftlichen Niederlegung der Vertragsbedingungen. Der sich hieraus ergebenden Nachweispflicht ist genügt, wenn entweder
– gemäß § 2 Abs. 4 NachwG ein Arbeitsvertrag geschlossen wird,
  der sämtliche erforderlichen Angaben enthält oder
– die erforderlichen Angaben nach § 2 Abs. 1 und 2 NachwG in einem vom Arbeitsvertrag separaten Dokument niedergelegt wer-

den und der Leiharbeitnehmer dieses Dokument spätestens einen Monat nach dem vereinbarten Beginn des Arbeitsverhältnisses erhält.[1]

4   In beiden Fällen ist der Verleiher gemäß § 11 Abs. 1 S. 1 AÜG i.V.m. § 2 Abs. 1 S. 1 NachwG verpflichtet, die Niederschrift zu unterzeichnen. Dies setzt eine Originalunterschrift voraus.

5   Eine **Abbedingung** der Vorschriften des Nachweisgesetzes durch Parteivereinbarung ist gemäß **§ 5 NachwG nicht möglich**. Auch sieht das Gesetz keine Heilungsmöglichkeit für erfolgte Formverstöße vor.

1. Nachträge

6   Gemäß § 11 AÜG i.V.m. § 3 S. 1 NachwG muss der Verleiher nicht nur bei Abschluss des Arbeitsvertrages, sondern zudem **bei jeder Änderung**, welche die erteilten Angaben betreffen, dem Arbeitnehmer einen **schriftlichen Nachtrag** zum Nachweis übergeben. Hierbei hat er eine Frist von **einem Monat** einzuhalten. Die Dokumentationspflicht entsteht bereits in dem Zeitpunkt, in dem die entsprechende **Änderung rechtsverbindlich festgelegt** wird. Unerheblich ist demgegenüber der Zeitpunkt, zu dem diese Änderung tatsächliche Wirkung entfaltet.[2]

2. Folgen einer Formverletzung

7   Ein Verstoß gegen die Formerfordernisse des § 11 AÜG i.V.m. dem Nachweisgesetz führt **nicht zur Nichtigkeit** des Leiharbeitsvertrages.[3]

8   Für den Verleiher birgt ein Verstoß jedoch die Gefahr, durch den Leiharbeitnehmer auf **Schadensersatz** in Anspruch genommen zu werden. Daneben kann ein Verstoß gegen die formalen Mindestanforderungen des § 11 Abs. 1 und 2 AÜG nach **§ 16 Abs. 1 Nr. 3 AÜG**[4] **mit einer Geldbuße** geahndet werden. Schließlich kann ein Verstoß gegen die Vorschrift zur **Nichtverlängerung** oder zum **Widerruf der Verleiherlaubnis** führen (§ 3 Abs. 1 Nr. 1 i.V.m. § 5 Abs. 1 Nr. 3 AÜG).

9   Ein Verstoß gegen § 11 Abs. 1 S. 1 AÜG durch bloße Verletzung der Vorgaben des Nachweisgesetzes führt dagegen lediglich zu einer **Beweislastumkehr**.

---

1 Thüsing/*Mengel* § 11 AÜG Rn. 5.
2 *Boemke/Lembke* § 11 AÜG Rn. 85 m.w.Nachw.
3 Vgl. nur ErfK/*Wank* § 11 AÜG Rn. 2.
4 Vgl. § 16 AÜG Rdn. 23.

II. Pflichtangaben

1. Nachweispflichten nach dem Nachweisgesetz – Abs. 1 S. 1

§ 11 Abs. 1 S. 1 AÜG verweist auf die Geltung des Nachweisgesetzes **10**
(NachwG). Entsprechend § 2 Abs. 1 NachwG hat der Verleiher damit
spätestens einen Monat nach dem vereinbarten Beginn des Arbeitsverhältnisses die **wesentlichen Vertragsbedingungen** schriftlich niederzulegen, die **Niederschrift** zu unterzeichnen und dem Arbeitnehmer **auszuhändigen.**

a) Angaben nach § 11 Abs. 1 S. 1 AÜG i.V.m. § 2 Abs. 1 NachwG

In der dem Leiharbeitnehmer zu übergebenden **Niederschrift** müssen **11**
gemäß § 2 Abs. 1 NachwG **mindestens** enthalten sein:
– Name und Anschrift der Vertragsparteien,
– der Zeitpunkt des Beginns des Arbeitsverhältnisses,
– der Arbeitsort,
– eine kurze Charakterisierung der zu leistenden Tätigkeit,
– Höhe und Zusammensetzung des Arbeitsentgelts,
– die vereinbarte Arbeitszeit,
– die Dauer des jährlichen Erholungsurlaubs,
– die Kündigungsfristen sowie
– soweit anwendbar: ein allgemeiner Hinweis auf Tarifverträge, Be-
triebs- oder Dienstvereinbarungen.

Im Falle eines befristeten Arbeitsverhältnisses ist zudem die vorher- **12**
sehbare Dauer anzugeben.

b) Nachweispflichten bei Tätigkeitserbringung im Ausland

Soweit der Leiharbeitnehmer seine Arbeitsleistung länger als einen **13**
Monat **außerhalb der Bundesrepublik Deutschland** zu erbringen
hat, muss ihm der Verleiher die Niederschrift über die wesentlichen Arbeitsbedingungen **vor Abreise ins Ausland** aushändigen
(§ 2 Abs. 2 NachwG).

Die Niederschrift muss hierbei folgende **zusätzliche** Angaben enthal- **14**
ten:
– Dauer der im Ausland auszuübenden Tätigkeit,
– Währung, in der das Arbeitsentgelt ausgezahlt wird,
– ggf. ein zusätzliches mit dem Auslandsaufenthalt verbundenes
Arbeitsentgelt sowie damit verbundene zusätzliche Sachleistung,
– die Rückkehrbedingungen des Arbeitgebers (vgl. § 2 Abs. 2
NachwG)

2. Zusätzliche Angaben – Abs. 1 S. 2 AÜG

15 **Zusätzlich** zu den in § 2 Abs. 1 NachwG genannten Angaben sind in
die Niederschrift des Vertrages
- Firma und Anschrift des Verleihers (nicht lediglich Postfachadres-
  se),
- Ort und Datum der Erteilung der Erlaubnis nach § 1 AÜG,
- die ausstellende Erlaubnisbehörde sowie
- Art und Höhe der Leistungen für Zeiten, in denen der Leiharbeitnehmer nicht verliehen ist,
aufzunehmen.

3. Abbedingung des § 613 S. 2 BGB

16 Nicht zwingend notwendig ist die Aufnahme des Hinweises auf die
fehlende Geltung des § 613 S. 2 BGB in den Leiharbeitsvertrag (sogenannte Leiharbeitnehmerklausel). § 613 S. 2 BGB regelt, dass der
Anspruch des Arbeitgebers auf die Dienste des Arbeitnehmens **im
Zweifel** nicht übertragbar ist.

17 Im Fall des Fehlens einer arbeitsvertraglichen Leiharbeitnehmerklausel kann dem Arbeitnehmer jedoch ein **Zurückbehaltungsrecht** gegenüber seinem Arbeitgeber zustehen.[5] Praktisch denkbar ist dies bei
Arbeitnehmern von Mischbetrieben.[6] Allerdings setzt § 613 S. 2 BGB
keine ausdrückliche Vereinbarung voraus. Wird ein Arbeitnehmer
regelmäßig im Wege einer Arbeitnehmerüberlassung eingesetzt, ohne
diesen Einsätzen zu widersprechen, ist von einer **stillschweigenden
Regelung** auszugehen.[7]

4. Aushändigung und Aufbewahrung

18 Den Nachweis über den wesentlichen Inhalt des Arbeitsverhältnisses
muss der Verleiher dem Leiharbeitnehmer spätestens einen Monat
nach dem vereinbarten Beginn des Arbeitsverhältnisses, im Falle einer Auslandtätigkeit des Leiharbeitnehmers spätestens vor dessen
Abreise aushändigen (§ 2 Abs. 1 S. 1, Abs. 2 NachwG). Streitig ist, ob
auf den **vertraglich vereinbarten Beginn** des Arbeitsverhältnisses
oder den Beginn der **tatsächlichen Arbeitsaufnahme** abzustellen ist.[8]

---

5 *Ulber* § 1 AÜG Rn. 41.
6 Vgl. § 1 AÜG Rdn. 15 ff.
7 LAG Düsseldorf 27.8.2007, 17 Sa 270/07, LAGE § 10 AÜG Nr. 4 = EzAÜG
   § 10 AÜG Fiktion Nr. 119.
8 Vgl. zum Meinungsstand *Boemke/Lembke* § 11 AÜG Rn. 84.

Änderungen – auch tatsächlicher Art – müssen spätestens nach einem Monat mitgeteilt werden.

§ 11 Abs. 1 S. 5 AÜG a.F. verpflichtete den Verleiher, eine Durchschrift 19 der dem Leiharbeitnehmer überlassenen Urkunde **drei Jahre lang aufzubewahren**. Mit Neufassung des § 11 AÜG zum 31.12.2002[9] ist S. 5 entfallen. Der Verleiher bleibt jedoch gemäß § 7 Abs. 2 S. 4 AÜG zur Aufbewahrung einer Durchschrift verpflichtet, da es sich insoweit um **Geschäftsunterlagen** im Sinne des § 7 Abs. 2 S. 4 AÜG handelt.[10]

III. Freiwillige Angaben

Wegen der im Rahmen der Arbeitnehmerüberlassung geltenden Be- 20 sonderheiten bei der Beschäftigung nicht-deutscher Leiharbeitnehmer (vgl. § 11 Abs. 2 S. 2, §§ 15 ff. AÜG) ist es empfehlenswert, auch eine ausländische Staatsangehörigkeit mit in den Arbeitsvertrag aufzunehmen.

Wegen des Bestehens des sich aus den Sondervorschriften ergeben- 21 den sachlichen Grundes kommt insoweit ein Verstoß gegen die Vorschriften des AGG nicht in Betracht.

IV. Inhaltliche Ausgestaltung[11]

Das Arbeitsverhältnis kommt ausschließlich zwischen dem Leih- 22 arbeitnehmer und dem Verleiher zustande (§§ 9, 11 AÜG). Den Verleiher treffen daher die üblichen Arbeitgeberpflichten, hierzu gehören die Pflicht zur Zahlung des **Entgelts**, zur Einbehaltung und Abführung der **Lohnsteuer**, zur Zahlung des **Gesamtsozialversicherungsbeitrages** (§ 28e Abs. 1 S. 1 SGB IV) und des Beitrags zur gesetzlichen **Unfallversicherung** (§ 150 Abs. 1 S. 1 SGB VII) sowie das **Arbeitgeberrisiko** (§ 1 Abs. 2, § 3 Abs. 1 Nr. 1 bis 5 AÜG). Der Leiharbeitnehmer verpflichtet sich zur ordnungsgemäßen Arbeitsleistung, die er (auch) im Betrieb Dritter erbringt.[12]

1. Inhaltskontrolle

Wegen seiner Einordnung als Arbeitsvertrag sind auf den Leiharbeits- 23 vertrag ohne Einschränkungen die **Vorschriften der §§ 305 ff. BGB**

---

9 Erstes Gesetz für moderne Dienstleistungen am Arbeitsmarkt BGBl. I 2002 S. 4607.
10 Vgl. § 7 AÜG Rdn. 4.
11 Siehe zu den Vertragspflichten auch § 1 AÜG Rdn. 25 ff.
12 Vgl. zu den Rechtsbeziehungen § 1 AÜG Rdn. 54 ff.

anzuwenden. Entscheidungen hierzu sind insbesondere zum Sonderproblem einer Vereinbarkeit der (gestaffelten) Verweisung auf Tarifverträge der Zeitarbeitsbranche ergangen.[13] Aufgrund der im Rahmen der Arbeitnehmerüberlassung häufig geltenden kurzen Kündigungsfristen, wurde nach den Grundsätzen der §§ 305 ff. BGB zudem die Unwirksamkeit von unverhältnismäßig hohen Vertragsstrafen festgestellt und eine geltungserhaltende Reduktion insoweit verneint.[14]

▶ **Beispiel:**

Im Leiharbeitsvertrag ist für die Dauer der sechsmonatigen Probezeit eine Kündigungsfrist von zwei Wochen vereinbart. Des Weiteren wurde folgende Vertragsstrafenabrede getroffen:

»Der Arbeitgeber ist berechtigt, eine Vertragsstrafe von 20 Bruttotagesarbeitsverdiensten einzubehalten, wenn der Arbeitnehmer rechtswidrig die Arbeit nicht aufnimmt oder schuldhaft die verhaltensbedingte Kündigung des Arbeitsverhältnisses herbeiführt.«

Der Arbeitgeber kündigt das Arbeitsverhältnis, da der Arbeitnehmer rechtswidrig seine Arbeit nicht aufnimmt und macht die Vertragsstrafe geltend. Die Vertragsstrafenabrede ist unwirksam, da sie die Dauer der Kündigungsfrist (um nahezu das Doppelte) überschreitet.[15]

24   Einschränkungen der inhaltlichen Ausgestaltung von Leiharbeitsverträgen ergeben sich zudem unmittelbar aus dem AÜG selbst.[16]

2. Ausprägungen der Leiharbeit

25   Das Leiharbeitsverhältnis kann entsprechend den allgemeinen Grundsätzen auch als **Teilzeitarbeitsverhältnis** abgeschlossen werden.[17]

26   Streitig ist, ob ein Leiharbeitsverhältnis als **Abrufarbeitsverhältnis** im Sinne des § 12 TzBfG begründet werden kann. Höchstrichterlich geklärt ist die Frage bisher nicht. Die herrschende Meinung in der Literatur geht von einer Zulässigkeit aus.[18] Selbstverständlich kann je-

---

13 Vgl. hierzu § 3 AÜG Rdn. 92 ff. sowie unter dem Aspekt fehlender Tariffähigkeit *Brors* BB 2006, 101.
14 LAG Niedersachsen 31.10.2003, 16 Sa 1211/03, EzAÜG § 626 BGB Nr. 4.
15 LAG Niedersachsen 31.10.2003, 16 Sa 1211/03, EzAÜG § 626 BGB Nr. 4.
16 Vgl. § 11 AÜG Rdn. 34 ff., 60 ff., § 9 AÜG Rdn. 30 ff.
17 Allgemein vgl. *Meinel/Heyn/Herms* § 8 TzBfG Rn. 1 ff.
18 Zum Meinungsstand vgl. Schüren/Hamann/*Schüren* Einl. Rn. 181 m.w.Nachw.

doch auch im Bereich der Leiharbeit die Vereinbarung von Abrufarbeit nur zulässig sein, wenn sie sich in den gesetzlich vorgegebenen Grenzen bewegt. Gemäß **§ 12 TzBfG** ist die Vereinbarung einer variablen Arbeitszeit lediglich unter der Bestimmung eines **festen Arbeitszeitumfangs** möglich. Durch die Vereinbarung wurde aufgrund der gesetzlichen Fiktion eines festen Arbeitsdeputats eine Abwälzung des Beschäftigungsrisikos auf den Leiharbeitnehmer verhindert. Ruft der Arbeitgeber das vereinbarte Arbeitsvolumen nicht ab, besteht für den Leiharbeitnehmer ein nicht abdingbarer Anspruch auf Vergütung bei **Annahmeverzug gemäß § 615 S. 1 BGB i.V.m. § 11 Abs. 4 S. 2 AÜG.** Die Agentur für Arbeit erkennt Abrufarbeit grundsätzlich weiterhin nur dann im Leiharbeitsverhältnis an, wenn das **tägliche, wöchentliche oder monatliche Arbeitsvolumen** festgelegt ist, weshalb die Vereinbarung von Jahresarbeitszeitverträgen problematisch ist.[19]

B. Merkblatt für Leiharbeitnehmer – Abs. 2

§ 11 Abs. 2 AÜG verpflichtet den Arbeitgeber, dem Leiharbeitnehmer 27 bei Abschluss des Leiharbeitsvertrages ein **Merkblatt der Erlaubnisbehörde** über den wesentlichen Inhalt des AÜG auszuhändigen. Der Text des Merkblattes ist von der Bundesagentur für Arbeit festgelegt, und wurde in nahezu allen europäischen Sprachen verfasst.

▶ Praxistipp:

Eine Kopie des Merkblattes für Leiharbeitnehmer ist im Anhang abgedruckt.

Das Merkblatt ist **nicht-deutschen Leiharbeitnehmern** auf Verlangen 28 in ihrer **Muttersprache** auszuhändigen. Die Aushändigung des Merkblattes in der Muttersprache muss bei entsprechendem Verlangen des ausländischen Mitarbeiters **unabhängig von dessen Sprachkenntnissen** erfolgen.[20] Streitig ist, ob der Verleiher das Merkblatt auf eigene Kosten übersetzen lassen muss, sofern die Arbeitsagentur kein Merkblatt in der Muttersprache des ausländischen Arbeitnehmers vorhält.[21]

---

19 *Urban-Crell/Schulz* Rn. 312 f. m.w.Nachw.
20 LSG HB 15.3.1983, L5 BR 11/82, n.v., ErfK/*Wank* § 11 AÜG Rn. 14 m.w.Nachw.
21 Verneinend ErfK/*Wank* § 11 Rn. 18; bejahend HWK/*Gotthardt* § 11 AÜG Rn. 20 m.w.Nachw.

C. Unterrichtungs- und Hinweispflichten des Verleihers – Abs. 3

29   Entfällt die nach § 1 AÜG notwendige Erlaubnis des Verleihers zur Arbeitnehmerüberlassung, hat er den Leiharbeitnehmer unverzüglich über den **Zeitpunkt des Wegfalls der Erlaubnis** zu unterrichten. In den Fällen der Nichtverlängerung (§ 2 Abs. 4 S. 3 AÜG), der Rücknahme (§ 4 AÜG) oder des Widerrufs (§ 5 AÜG) hat er ihn ferner auf das **voraussichtliche Ende der Abwicklung** (§ 2 Abs. 4 S. 4 AÜG) und die **gesetzliche Abwicklungsfrist** (§ 2 Abs. 4 S. 4 letzter Hs. AÜG) hinzuweisen.

I. Form

30   Nach dem Gesetzeswortlaut besteht für die Unterrichtung nach § 11 Abs. 3 AÜG **keinerlei Formerfordernis**. Ob hieraus eine Formfreiheit folgt ist indes streitig. Teilweise wird im Sinne eines Umkehrschlusses eine **schriftliche Dokumentation der Unterrichtung** über den Wegfall der Erlaubniserteilung wegen der Pflicht zur schriftlichen Bestätigung des Bestehens einer Erlaubnis gemäß § 11 Abs. 1 S. 2 Nr. 1 AÜG angenommen.[22]

II. Unterrichtung bei Erlaubniswegfall – Abs. 3 S. 1

31   Im Falle eines Wegfalls der Erlaubnis zur Arbeitnehmerüberlassung hat der Verleiher den Leiharbeitnehmer unverzüglich über diesen Umstand sowie den Zeitpunkt des Wegfalls zu unterrichten. Bestehen noch **Zweifel über den Zeitpunkt des Wegfalls** der Erlaubnis, ist der **voraussichtliche** Zeitpunkt des Wegfalls dem Leiharbeitnehmer mitzuteilen.[23]

III. Hinweis bei Nichtverlängerung, Rücknahme, Widerruf – Abs. 3 S. 2

32   In den Fällen der Nichtverlängerung, Rücknahme oder des Widerrufs der Verleiherlaubnis muss der Verleiher den darüber hinaus gehenden Unterrichtungs- und Hinweispflichten genügen. § 11 Abs. 3 S. 2 AÜG ordnet an, dass in diesen Fällen der Verleiher den Leiharbeitnehmer zusätzlich auch auf das voraussichtliche Ende der Abwicklung gemäß § 2 Abs. 4 S. 4 AÜG und die gesetzliche Abwicklungsfrist des § 2 Abs. 4 S. 4 letzter Hs. hinzuweisen hat.

---

22 Vgl. zum Meinungsstand Schüren/Hamann/*Schüren* § 11 AÜG Rn. 88.
23 ErfK/*Wank* § 11 AÜG Rn. 19 m.w.Nachw.

Der Hinweis auf das voraussichtliche Ende der Abwicklung sowie 33
die gesetzliche Abwicklungsfrist von maximal zwölf Monaten ist
dem Leiharbeitnehmer insoweit von Bedeutung, als während der Abwicklungsfrist die Verleiherlaubnis als **fortbestehend fingiert** wird.[24]
Nach herrschender Ansicht ist der Verleiher **nicht** verpflichtet, auf
die **Rechtsfolgen** des Fortfalls der Erlaubnis hinzuweisen.[25]

D. Unanwendbarkeit des § 622 Abs. 5 Nr. 1 BGB und Unabding-barkeit des § 615 S. 1 BGB – Abs. 4 S. 1 und 2

Regelungszweck des § 11 Abs. 4 S. 1 und 2 AÜG ist es, eine **Verlage-** 34
rung des Betriebsrisikos beschäftigungsfreier Zeiten vom Verleiher
auf den Leiharbeitnehmer zu verhindern. Die Regelungen stellen insoweit eine **Ergänzung der §§ 3, 9 und 10 AÜG** dar.[26] Aus diesem
Grund soll § 11 Abs. 4 S. 1 und 2 AÜG ausschließen, dass für Leiharbeitnehmer kürzere Kündigungsfristen nach § 622 Abs. 5 Nr. 1 BGB
vereinbart oder die Vorschrift des § 615 BGB über die Zahlung des
Arbeitsentgelts bei Annahmeverzug des Arbeitgebers abbedungen
wird.[27]

I. Unanwendbarkeit des § 622 Abs. 5 Nr. 1 BGB - Abs. 4 S. 1

§ 11 Abs. 4 S. 1 AÜG verbietet die Einordnung eines Leiharbeitneh- 35
mers als vorübergehende Aushilfe. Die bei **Aushilfsarbeitsverhält-**
nissen zulässige einzelvertragliche Verkürzung der Kündigungsfristen des § 622 BGB ist im Leiharbeitsverhältnis **nicht anwendbar**.

Möglich ist demgegenüber eine Verkürzung der Kündigungsfristen 36
gemäß § 622 Abs. 5 Nr. 2 BGB, soweit der Verleiher **nicht mehr als 20**
Arbeitnehmer beschäftigt und die Kündigungsfrist **vier Wochen**
nicht unterschreitet.

Ebenfalls möglich ist eine Verkürzung der Kündigungsfristen durch 37
tarifvertragliche Vorschriften.[28]

---

24 Schüren/Hamann/*Schüren* § 11 AÜG Rn. 89; zur Fiktion der Verleiherlaubnis vgl. § 2 AÜG Rdn. 45.
25 Vgl. zum Meinungsstand Thüsing/*Mengel* § 11 AÜG Rn. 38 m.w.Nachw.
26 *Sandmann/Marschall* § 11 AÜG Rn. 22.
27 Vgl. *Boemke/Lembke* § 11 AÜG Rn. 113 unter Hinweis auf BT-Drucks.
  VI/2303 S. 14.
28 Vgl. hierzu insbesondere zur Inbezugnahme von Tarifverträgen § 3 AÜG
  Rdn. 92 ff.

II. Unabdingbarkeit des § 615 S. 1 BGB – Abs. 4 S. 3

38 Nach § 615 S. 1 BGB besteht eine Verpflichtung zur Fortzahlung der vereinbarten Vergütung, soweit der Verleiher als Arbeitgeber in **Annahmeverzug** gerät. Um den Verleiher in Annahmeverzug zu versetzen ist nach § 296 S. 1 BGB selbst ein wörtliches Angebot des Leiharbeitnehmers entbehrlich, wenn für eine Mitwirkungshandlung des Verleihers als Gläubiger im Sinne des § 295 S. 1 Var. 2 BGB eine Zeit nach dem Kalender bestimmt ist und der Verleiher diese Handlung nicht rechtzeitig vornimmt. Danach hat der Arbeitgeber als Gläubiger der Arbeitsleistung dem Arbeitnehmer einen funktionsfähigen Arbeitsplatz zur Verfügung zu stellen und ihm **konkrete Arbeit zuzuweisen.**

1. Obliegenheit des Verleihers

39 Der Arbeitgeber muss den Arbeitseinsatz des Arbeitnehmers fortlaufend **planen und konkretisieren** (Ort, Zeit etc.).[29] Durch die Regelung des § 11 Abs. 4 S. 2 AÜG hat der Gesetzgeber ausdrücklich festgelegt, dass diese Grundsätze auch für das Leiharbeitsverhältnis gelten und eine von § 615 S. 1 BGB abweichende Aufhebung oder Beschränkung des Anspruchs auf Vergütung aus Annahmeverzug unzulässig ist. Dem Verleiher obliegt es daher, dem Arbeitnehmer einen neuen Arbeitseinsatz zuzuweisen, wenn der vorangegangene Einsatz des Leiharbeitnehmers endet.

40 Das **Risiko einer fehlenden Einsetzbarkeit** soll nach dem eindeutigen Willen des Gesetzgebers den Verleiher treffen. Dies gilt auch für den Fall, dass ein Entleiher einen weiteren Einsatz des Arbeitnehmers ablehnt und hierzu zur Begründung anführt, dieser verfüge nicht über die erforderlichen Qualifikationen, weshalb ein anderer Arbeitseinsatz nicht möglich sei. **Annahmeverzug** im Leiharbeitsverhältnis tritt danach ohne Weiteres ein, wenn der Arbeitgeber dem Arbeitnehmer nach einem beendeten Arbeitseinsatz keine neue Arbeit zuweist. Anderes kann lediglich dann gelten, wenn der Arbeitgeber Arbeit hat und diese zuweisen will, der Leiharbeitnehmer aber **nicht erreichbar** ist.[30]

2. Darlegungs- und Beweislast

41 Kommt der Verleiher seiner Obliegenheit, dem Leiharbeitnehmer die Leistungserbringung durch hinreichend konkrete Weisung zu ermög-

---

29 BAG 19.1.1999, 9 AZR 679/97, EzA § 615 BGB Nr. 93.
30 LAG Köln 29.11.2005, 9 Sa 659/05, EzA-SD 2006, Nr. 9, 8.

lichen, nicht nach, gerät er in Annahmeverzug, **ohne** dass es eines **Angebots der Arbeitsleistung** durch den Arbeitnehmer bedarf.

Im Falle einer streitigen Auseinandersetzung muss der **Arbeitgeber** 42 daher im Einzelnen **darlegen und gegebenenfalls** beweisen, dass er dem Arbeitnehmer eine Arbeit in einem bestimmten Entleiherbetrieb zugewiesen hat.[31]

3. Reichweite des Verbots

Das Verbot der Abbedingung des § 615 S. 1 BGB wird teilweise weit 43 ausgelegt. Die Bedeutung des § 11 Abs. 4 S. 2 AÜG dürfe nicht darauf beschränkt werden, die Höhe des während des Annahmeverzuges zu entrichtenden Arbeitsverdienstes und den Wegfall einer Nachleistungspflicht des Arbeitnehmers zu sichern. Vielmehr sei **jede Verlagerung des Arbeitgeberrisikos** auf den Leiharbeitnehmer im Falle einer vom Arbeitgeber zu verantwortenden Einsatzunterbrechung nach dem Willen des AÜG ausgeschlossen.

Einigkeit besteht lediglich insoweit, als Klauseln zulässig sind, welche 44 die **Erreichbarkeit** des Arbeitnehmers im Falle einsatzfreier Zeiten regeln. Hierbei ist Erreichbarkeit keinesfalls gleichzusetzen mit aktiven Meldepflichten.[32]

4. Wegen Verstoßes gegen § 11 Abs. 4 AÜG unzulässige Klauseln

Bei der Vertragsgestaltung von Leiharbeitsverträgen ist neben den allgemeinen Grundsätzen, was insbesondere die Beachtung der §§ 305 ff. BGB betrifft, das aus § 11 Abs. 4 S. 2 AÜG folgende **Verbot der Verlagerung des Wirtschaftsrisikos** auf den Arbeitnehmer zu beachten.

▶ **Beispiele:**

Wegen eines Verstoßes gegen § 11 Abs. 4 AÜG sollen nach der bisherigen Rechtsprechung folgende Klauselinhalte unwirksam sein:
– Einräumung eines Dispositionsrechts des Arbeitgebers, das bis zur 70. Guthabenstunde eines Leiharbeitnehmers in einsatzfreien Zeiten einen Stundenminuszeitausgleich in einsatzfreien Zeiten bis auf »0« zulässt.[33]

---

31 LAG Rheinland-Pfalz 24.4.2008, 10 Sa 19/08, EzAÜG § 11 AÜG Verleiherpflicht Nr. 5 unter Hinweis auf BAG 19.1.1999, 9 AZR 679/97, NZA 1999, 925.
32 Vgl. Beispiele Rdn. 45.
33 LAG Rheinland-Pfalz 24.4.2008, 10 Sa 19/08, EzAÜG § 11 AÜG Verleiherpflicht Nr. 5.

- Verpflichtung eines Leiharbeitnehmers, sich an Tagen ohne Arbeitseinsatz um 08:00 Uhr und um 16:00 Uhr telefonisch im Büro des Arbeitgebers zu melden.[34] (Auch die wohl herrschende Meinung in der Literatur hält eine Pflicht zur [telefonischen] Meldung an einsatzfreien Tagen für unwirksam[35]).
- Entfallen der Arbeitsentgeltzahlungspflicht, wenn die Nichtunterbringung bzw. Nichtbeschäftigung der Arbeitnehmer im Vertragsgebiet durch einen Arbeitskampf bedingt sind.[36]

E. Kurzarbeitergeld, Abs. 4 S. 3 n.F.

46 Das Recht des Leiharbeitnehmers auf Vergütung kann durch **Vereinbarung von Kurzarbeit** für die Zeit aufgehoben werden, für die dem Leiharbeitnehmer **Kurzarbeitergeld** nach dem Dritten Buch Sozialgesetzbuch gezahlt wird, wobei eine solche Vereinbarung das Vergütungsrecht bis längstens zum **31. Dezember 2010** ausschließen kann. Diese Möglichkeit ordnet § 11 Abs. 4 S. 3 n.F. ausdrücklich an.[37] Hintergrund der Neuregelung ist, dass die Zeitarbeitsbranche vom Rückgang des Wirtschaftswachstums in besonderem Maße betroffen ist, da Leiharbeitnehmer gerade im Bereich der Produktion eingesetzt werden. Eine Vielzahl der Unternehmen hat seine Produktion erheblich zurückgefahren.

47 Die **Praxis** hat von dieser vom Gesetz eingeräumten Möglichkeit bisher kaum Gebrauch gemacht. Im Januar 2009 wurde für lediglich 15 000, im Februar 2009 für 26 000 Leiharbeitnehmer Kurzarbeit beantragt.[38] Mutmaßlicher Hintergrund der Zurückhaltung sind vor allem die im Bereich der Leiharbeit durch den hohen Anteil befristeter Arbeitsverhältnisse leichteren Lösungsmöglichkeiten vom Arbeitsverhältnis.

---

34 ArbG Frankfurt 20.12.2005, 5 Ca 6207/04, EzAÜG § 11 AÜG Annahmeverzug Nr. 1 m.w.Nachw.; AG Bremen 1.8.2002, 5 Ca 5089/02, n.v. (juris); *Ulber* § 11 AÜG Rn. 65; Schüren/Hamann/*Schüren* § 11 AÜG Rn. 101.

35 ArbG Frankfurt 20.12.2005, 5 Ca 6207/04, EzAÜG § 11 AÜG Annahmeverzug Nr. 1; Hessisches LAG 23.1.1987, 13 Sa 1007/86, EzAÜG Nr. 228 = DB 1987, 1741; ArbG Bremen 1.8.2002, 5 Ca 5089/02, n.v.; *Ulber* § 11 AÜG Rn. 65; Schüren/Hamann/*Schüren* § 11 AÜG Rn. 101; *Becker/Wulfgramm* Art. 1 § 11 AÜG Rn. 55b.

36 LSG NRW 30.8.2006, L 12 AL 168/05, NZA 2007, 4 m.w.Nachw.; im Übrigen vgl. § 11 AÜG Rdn. 60.

37 In Kraft seit 1.2.2009.

38 Quelle: Die Zeit, 8.4.2009.

I. Voraussetzungen

Aus Anlass der sogenannten **Wirtschafts- und Finanzkrise** hat der   48
Gesetzgeber mit § 11 Abs. 4 S. 3 n.F. Kurzarbeit zumindest vorübergehend im Bereich der Zeitarbeit ausdrücklich zugelassen. Die Bundesagentur für Arbeit hat die insoweit maßgebliche Dienstanweisung
zum **Kurzarbeitergeld-Sammelerlass** ergänzt.[39]

1. Erweiterung der DA der Arbeitsagentur

Die Bundesagentur für Arbeit hat eine »differenzierende Dienst-   49
anweisung« erlassen, um auf die wirtschaftlichen Probleme der Zeitarbeitsbranche zu reagieren.

Nach dieser ist ein Anspruch auf Kurzarbeitergeld **ausgeschlossen,**   50
»soweit die **spezifische Verantwortungsbeziehung** des Verleihers für
den Bestand der Arbeitsverhältnisse der Leiharbeitnehmer reicht«.
Dieser Verantwortungsbereich, der nichts anderes bezeichnet als das
typische unternehmerische Risiko des Entleihers, ist unter Berücksichtigung des § 170 Abs. 4 S. 2 Nr. 1 Var. 1 SGB III, welcher auf die
Branchenüblichkeit des Arbeitsausfalls abstellt, sowie anhand der
vom BAG[40] entwickelten Grundsätze zu bestimmen. Danach kann
der verleihende Arbeitnehmer für seine Leiharbeitnehmer erst dann
Kurzarbeitergeld erhalten, wenn eine nicht nur kurzfristige Auftragsschwankung vorliegt, sondern auch **in absehbarer Zeit kein Folge-
auftrag** zu erwarten ist.

Einen solchen Sachverhalt nimmt die Agentur für Arbeit an, wenn   51
entweder vertraglich bereits vorgesehene Beschäftigungsmöglichkeiten bei Entleihern in Folge **kurzfristig vorgenommener Produktions-
einschränkungen** enden und aufgrund einer **Prognose** anderweitige
Einsatzmöglichkeiten in absehbarer Zeit mit der Folge nicht gegeben
sind, dass den Arbeitnehmern **ordentlich betriebsbedingt gemäß § 1
KSchG gekündigt werden kann.**[41]

Bei **außergewöhnlichen Verhältnissen** habe der Verleiher das Fehlen   52
alternativer Beschäftigungsmöglichkeiten in absehbarer Zeit **glaubhaft zu machen.** Liegen keine außergewöhnlichen Verhältnisse vor,

---

39 Ergänzung DA 2.8.1 Abs. 8; KUG-Sammelerlass (»ausschließliche Arbeitnehmerüberlassung«).
40 BAG 18.5.2006, 2 AZR 412/05, EzA § 1 KSchG Betriebsbedingte Kündigung
Nr. 146 = AP AÜG § 9 Nr. 7.
41 E-Mail-Info SGB III 5.11.2008 der Bundesagentur für Arbeit zu Kurzarbeitergeld-Ergänzung DA 2.8.1 Abs. 8 KUG-Sammelerlass (»ausschließliche Arbeitnehmerüberlassung«); Zu den Voraussetzungen einer betriebsbedingten
Kündigung eines Leiharbeitnehmers vgl. § 11 AÜG Rdn. 115 ff.

sind die Anforderungen an die Darlegungen des Verleihers deutlich höher. Er muss **konkret nachweisen**, dass es sich bei den entstandenen Nichteinsatzzeiten nicht nur um eine kurzfristige Umsatzschwankung handelt. Hierzu soll eine **Vergleichsbetrachtung** zwischen den beschäftigten Leiharbeitnehmern, den aktuell freigesetzten Mitarbeitern des Entleihers und den Personalanforderungen anderer Entleiher erfolgen. Als Beispiel für »außergewöhnliche Verhältnisse« nennt diese DA eine nicht vorhersehbare, krisenhafte Entwicklung im Finanzsektor in deren Folge die industrielle Produktion und damit die Nachfrage nach Leiharbeitnehmern nachhaltig und erheblich beeinträchtigt wird.[42]

2. Vorraussetzungen des § 169 SGB III

53   Gemäß **§ 169 SGB III** haben Arbeitnehmer Anspruch auf **Kurzarbeitergeld**, wenn
1. ein erheblicher Arbeitsausfall mit Entgeltausfall vorliegt,
2. die betrieblichen Voraussetzungen erfüllt sind,
3. die persönlichen Voraussetzungen erfüllt sind und
4. der Arbeitsausfall der Agentur für Arbeit angezeigt worden ist.

54   Diese Voraussetzungen müssen **kumulativ** erfüllt sein. Zur Einführung von Kurzarbeit bedarf es einer entsprechenden **Vereinbarung** zwischen den Vertragsparteien oder einer besonderen kollektiven Grundlage. Das Direktionsrecht des Arbeitgebers reicht hingegen nicht aus.[43]

II. Bisheriger Meinungsstand

55   Bereits **bisher** wurde von Teilen der **Rechtsprechung** zumindest dann eine Vereinbarung von Kurzarbeit im Bereich der Zeitarbeit als möglich angesehen, wenn eine **betriebsbedingte Kündigung** hätte grundsätzlich wirksam ausgesprochen werden können.[44] Auch das Arbeitgeberrisiko des Verleihers sei zeitlich durch die Möglichkeit der betriebsbedingten Kündigung von Leiharbeitnehmern begrenzt. Diese **Begründung** steht allerdings in **gewissem Widerspruch** zu den Voraussetzungen eines Anspruchs auf **Kurzarbeitergeld.** Nach diesen

---

42 Ergänzung DA 2.8.1 Abs. 8; KUG-Sammelerlass (»ausschließliche Arbeitnehmerüberlassung«).
43 BAG 17.1.1995, 1 AZR 283/94, n.v. (juris); BAG 27.1.1994, 6 AZR 541/93, EzA § 615 BGB Kurzarbeit Nr. 1; BAG 14.2.1991, 2 AZR 415/90, EzA § 87 BetrVG 1972 Kurzarbeit Nr. 1.
44 LSG Baden-Württemberg 14.12.2007, L 13 AL 4932/06, EzAÜG SGB III Nr. 15.

darf der Arbeitsausfall **gerade nicht dauerhaft** sein, da andernfalls der Zweck der Erhaltung von Arbeitsplätzen verfehlt würde (§ 170 Abs. 1 Nr. 2 SGB III).

An anderer Stelle wurde die Vereinbarung von Kurzarbeit im Bereich **56** der Arbeitnehmerüberlassung – einschließlich bei Vorliegen eines Mischbetriebes – als grundsätzlich gemäß **§ 134 BGB** unwirksam eingeordnet.[45] Die Verkürzung der Arbeitszeit führe mittelbar zu einem entsprechenden **Verlust des Entgeltanspruchs.** Soll die vereinbarte Arbeitszeit verringert werden, weil es wegen Auftragsausfällen an ausreichender Beschäftigung für die Leiharbeitnehmer fehlt, solle damit das Eintreten eines Annahmeverzuges und die Entstehung des Vergütungsanspruchs nach § 615 S. 1 BGB verhindert werden, worin eine **klare Umgehung der in § 11 Abs. 4 S. 2 AÜG i.V.m. § 615 S. 1 BGB** zwingend vorgegebenen Risikoverteilung liege.

Nach Rechtsprechung des BSG sollten konjunkturell bedingte, vorü- **57** bergehende Auftragsnachfragerückgänge bei Zeitarbeitsunternehmen dem Risikobereich des Verleihers zuzuordnen sein. Eine Anwendbarkeit des § 170 Abs. 4 S. 2 Nr. 1 SGB III sei grundsätzlich ausgeschlossen, wobei das Gericht offen ließ, ob dies bereits aus § 11 Abs. 4 S. 2 AÜG a.F. folge.[46]

Weniger überzeugend wurde gegen eine Berechtigung zum Bezug **58** von Kurzarbeitergeld zudem eingewandt, die gemäß § 169 Nr. 1 SGB III maßgeblichen Voraussetzung seien bei Leiharbeitnehmern regelmäßig nicht erfüllt. Es fehlte an einem erheblichen Arbeitsausfall mit Entgeltausfall, da zumindest das **Drohen eines Entgeltausfalls** bei Leiharbeitnehmern in der Regel zu verneinen sei, weil diese durch § 11 Abs. 4 S. 2 Hs. 1 AÜG i.V.m. § 615 S. 3, 1 geschützt seien.[47]

Höchstrichterliche Rechtsprechung des BAG zur Möglichkeit einer **59** Einführung von Kurzarbeit in Zeitarbeitsunternehmen besteht bisher **nicht.** Zwar musste sich das BAG bereits mit der Frage beschäftigen, die Entscheidung betraf jedoch einen Sachverhalt vor Inkrafttreten des AÜG und setzt sich daher mit dem Spannungsverhältnis zu § 11 Abs. 4 S. 1 AÜG nicht auseinander.[48] Umstritten ist, ob zur Beurteilung der Zulässigkeit einer Vereinbarung von Kurzarbeit weiter an der **dreimonatigen Frist** des früheren Wiedereinstellungsverbots als

---

45 LSG Baden-Württemberg 14.12.2007, L 13 AL 4932/06, EzAÜG SGB III Nr. 15; a.A. *Boemke/Lembke* § 11 AÜG Rn. 128.
46 BSG 21.7.2009, B 7 AL 3/08 R, ArbRB 2009, 221.
47 LSG NRW 30.8.2006, L 12 AL 168/05, NZA 2007, 84; vgl. zur Unabdingbarkeit des § 615 BGB sowie zu unzulässigen Klauseln § 11 AÜG Rdn. 45.
48 BAG 1.2.1973, 5 AZR 382/72, AP BGB § 615 Betriebsrisiko Nr. 29.

»Daumenregel« für eine kurzfristige Auftragslücke festzuhalten ist.[49] Dies scheint im Hinblick auf die neuere Rechtsprechung des BAG fraglich, nach welcher die Dreimonatsfrist gerade **nicht mehr** als **Orientierungsmaßstab** gelten soll.[50]

F. Arbeitskampf im Entleiherbetrieb – Abs. 5

60   Leiharbeitnehmer dürfen sich **nicht an einem Arbeitskampf** gegen das entleihende Unternehmen **beteiligen**. Dies folgt bereits daraus, dass sogenannte Sympathiestreiks nach höchstrichterlicher Rechtsprechung grundsätzlich unzulässig sind.[51] Andererseits haftet einer Weiterarbeit der Leiharbeitnehmer in einem bestreikten Betrieb – unabhängig von der abweichenden rechtlichen Einordnung – nicht selten der Geruch des »Streikbrechens« an.

61   Diesem Umstand trägt § 11 Abs. 5 AÜG Rechnung. Nach diesem besteht für den Fall eines Streiks beim Entleiher ein **Leistungsverweigerungsrecht** der dort eingesetzten Leiharbeitnehmer. Diese sind nicht verpflichtet, bei einem Entleiher tätig zu sein, soweit dieser durch einen Arbeitskampf unmittelbar betroffen ist.

62   Auf dieses Recht hat der Verleiher den einzelnen Leiharbeitnehmer gem. § 11 Abs. 5 S. 2 AÜG **hinzuweisen**.

63   Die gesetzlich ausdrücklich geschützte Verweigerung von Streikbrecherarbeiten im Arbeitskampf des Einzelbetriebs hat **nicht den Verlust des Vergütungsanspruchs** zur Folge. Das Risiko einer Bestreikung des Entleihers ist dem Verleiher zugewiesen. Dieser ist umgekehrt berechtigt, den Leiharbeitnehmer bei anderen Entleihern einzusetzen.[52]

G. Arbeitsschutzrecht – Abs. 6

64   Gemäß § 11 Abs. 6 S. 1 AÜG unterliegt die Tätigkeit des Leiharbeitnehmers im Entleiherbetrieb den dort geltenden **öffentlich-rechtlichen Arbeitsschutzvorschriften**. Für deren Einhaltung trägt der **Entleiher die Verantwortung**. Dies entbindet den **Verleiher** als Ver-

---

49 LSG Baden-Württemberg 14.12.2007, L 13 AL 4932/06, EzAÜG SGB III Nr. 15 m.w.Nachw.

50 BAG 18.5.2006, 2 AZR 412/05, EzA § 1 KSchG Betriebsbedingte Kündigung Nr. 146 = AP AÜG § 9 Nr. 7.

51 BAG 20.12.1963, 1 AZR 157/63, AP GG Art. 9 Arbeitskampf Nr. 34.

52 *Brors/Schüren* BB 2004, 2745; Schüren/Hamann/*Feuerborn* § 11 AÜG Rn. 105 m.w.Nachw.; a.A. *Melms/Lipinski* BB 2004, 2409.

tragsarbeitgeber jedoch nicht von seiner **Mitverantwortlichkeit** (§ 11 Abs. 6 S. 1 Hs. 2 a.E. AÜG). Die allgemeinen Vorschriften des Arbeitsschutzgesetzes (§ 8 Abs. 1 ArbSchG) verpflichten Entleiher und Verleiher bei der Durchführung der Sicherheits- und Gesundheitsschutzbestimmungen zur **Zusammenarbeit**.

Der Entleiher hat den Leiharbeitnehmer **vor Beginn der Beschäfti-** 65 **gung** sowie bei **Veränderung** in seinem Arbeitsbereich über Gefahren für Sicherheit und Gesundheit, den der Leiharbeitnehmer bei der Arbeit ausgesetzt sein kann, sowie über die Maßnahmen und Einrichtung zur Abwendung dieser Gefahren zu **unterrichten** (§ 11 Abs. 6 S. 2 AÜG). Darüber hinaus trifft den Entleiher gemäß § 11 Abs. 6 S. 3 AÜG eine **Unterrichtungspflicht** hinsichtlich besonderer **Qualifikationen** oder beruflicher Fähigkeiten oder einer besonderen **ärztlichen Überwachung** sowie über erhöhte besondere **Gesundheitsgefahren** des Arbeitsplatzes. Der Entleiher ist insoweit zu einer inhaltlichen Darlegung der Gefahren verpflichtet. Des Weiteren hat der Entleiher die Vorschriften des AGG zu beachten.[53]

Nicht geklärt ist, welche **Rechtsfolge** eine Verletzung der Pflichten 66 des Abs. 6 hat. Entsprechend den allgemeinen Grundsätzen des Arbeitsschutzrechts ist zumindest vom Bestehen eines **Leistungsverweigerungsrechts** des Leiharbeitnehmers auszugehen. Zudem kommen Ansprüche auf **Schadensersatz** in Betracht.[54]

Bei einem **Arbeitsunfall** im Betrieb des Entleihers ist dieser neben 67 dem Verleiher verpflichtet, den Arbeitsunfall der zuständigen Berufsgenossenschaft zu melden (§ 193 SGB VII).[55]

H. Arbeitnehmererfindungen – Abs. 7

Die Vorschrift des § 11 Abs. 7 AÜG fingiert eine Stellung des Entlei- 68 hers als **Arbeitgeber** im Sinne des Gesetzes über Arbeitnehmererfindungen, sofern der Leiharbeiter während der Dauer seiner Tätigkeit bei dem Entleiher eine Erfindung oder einen technischen Verbesserungsvorschlag macht.

Nach ganz überwiegender Meinung ist der Gesetzeswortlaut »wäh- 69 rend der Dauer der Tätigkeit bei dem Entleiher« dahin auszulegen, dass lediglich solche Erfindungen und Verbesserungsvorschläge von der Fiktion des § 11 Abs. 7 AÜG erfasst sein sollen, die sich **auf den**

---

53 Thüsing/*Mengel* § 11 AÜG Rn. 54 f. m.w.Nachw.
54 *Boembke/Lembke* § 11 AÜG Rn. 154 ff. m.w.Nachw.
55 *Hamann* S. 63.

Betrieb des Entleihers beziehen, also dort entstanden oder maßgeblich auf die dortige Tätigkeit oder die dort gewonnenen Erfahrungen zurückzuführen sind.[56]

70   Die Definition von »**Erfindungen**« sowie »**Verbesserungsvorschlägen**« richtet sich nach dem Arbeitnehmererfindungsgesetz (§§ 2, 3 ArbnErfG). Erfasst sind Erfindungen, die während der Dauer des Arbeitsverhältnisses entweder im Betrieb gemacht worden sind oder maßgeblich auf Erfahrung oder Arbeiten des Betriebes beruhen. **Irrelevant** ist demgegenüber, ob die Erfindung während der **Dienstzeit** oder innerhalb der **Diensträume** gemacht wurde. Hinsichtlich der Erfindung des Arbeitnehmers steht dem Entleiher ein beschränktes oder unbeschränktes **Verwertungsrecht** zu. Der Leiharbeitnehmer hat im Falle der Inanspruchnahme seiner Erfindung durch den Entleiher Anspruch auf Vergütung gemäß § 9 ArbnErfG.[57]

I. Beendigung des Leiharbeitsverhältnisses

I. Befristung

71   Für die Befristung des Leiharbeitsverhältnisses gelten die allgemeinen Vorschriften des **Teilzeit- und Befristungsgesetzes (TzBfG).** Die Regelungen zur Befristung von Arbeitsverhältnissen richten sich damit grundsätzlich nach den §§ 14 ff. TzBfG. Diese sehen sowohl sachgrundlose, als auch Befristungen mit Sachgrund vor.

72   **Spezielle Regelungen** des AÜG, welche die Befristung von Leiharbeitsverhältnissen betreffen, bestehen **nicht** (mehr). Demgegenüber war in § 9 Nr. 2 AÜG in der bis zum 31.3.1997 geltenden Fassung die sachgrundlose Befristung eines Arbeitsvertrags zwischen Verleiher und Leiharbeitnehmer unwirksam. Da das Risiko von Zeiten, in denen kein Entleihen des Arbeitnehmers möglich ist, zum Unternehmerrisiko des Entleihers gehört, enthielt zudem § 3 Abs. 1 Nr. 3–5 AÜG a.F. ein »**Synchronisationsverbot**«. Danach war es unzulässig, die Dauer des Leiharbeitsverhältnisses zeitlich an die Einsatzmöglichkeiten zu koppeln.

1. Sachgrundlose Befristung

73   Hinsichtlich der **sachgrundlosen Befristung** gelten für Leiharbeitsverhältnisse **keine Besonderheiten** mehr. Der erstmalige Abschluss

---

56 ErfK/*Wank* § 11 AÜG Rn. 21 m.w.Nachw.
57 *Urban-Crell/Schulz* Rn. 192 m.w.Nachw.

eines sachgrundlos befristeten Arbeitsvertrags mit einem Arbeitgeber, der nach § 1 Abs. 1 AÜG gewerbsmäßig Arbeitnehmerüberlassung betreibt, unterliegt nach der Änderung von § 3 Abs. 1 Nr. 3 AÜG[58] und § 9 Nr. 2 AÜG durch Art. 63 Nr. 7 Buchst. b, Nr. 8 Buchst. a des Arbeitsförderungs-Reformgesetzes vom 24.3.1997[59] seit dem 1.4.1997 lediglich den für befristete Arbeitsverhältnisse allgemein geltenden Beschränkungen.[60]

Die **rein zeitliche Befristung** wird im Bereich der Arbeitnehmerüberlassung lediglich teilweise durch erweiternde Regelungen in **Tarifverträgen** erleichtert.   74

▶ **Hinweis:**

Dazu die Synopse der wichtigsten Manteltarifverträge der Zeitarbeitsbranche im Anhang.

a) Höchstbefristungsdauer, § 14 Abs. 2 S. 1, Hs. 1 TzBfG

Die **Höchstbefristungsdauer** einer sachgrundlosen Befristung beträgt gemäß § 14 Abs. 2 S. 1 Hs. 1 TzBfG grundsätzlich **zwei Jahre**. Dies gilt uneingeschränkt auch bei Abschluss befristeter Leiharbeitsverträge.   75

Im Bereich der Zeitarbeitsbranche wird die grundsätzliche Höchstbefristungsdauer jedoch teilweise von Regelungen in Tarifverträgen verdrängt. Die Möglichkeit einer solchen Verdrängung ergibt sich aus § 14 Abs. 2 S. 3 TzBfG. Die Tarifverträge sehen hierbei sowohl eine größere Anzahl von Verlängerungen, als auch längere Befristungszeiträume vor.[61]   76

b) Verlängerungsmöglichkeit, § 14 Abs. 2 S. 1, Hs. 2 TzBfG

§ 14 Abs. 2 S. 1 Hs. 2 TzBfG erlaubt innerhalb der maximalen Befristungsdauer von zwei Jahren die **höchstens dreimalige Verlängerung** eines Arbeitsvertrages.[62] Dies gilt auch für befristete Leiharbeitsverträge, wobei zu beachten ist, dass auch insoweit die gesetzliche Grundregel teilweise durch abweichende tarifvertragliche Vorschriften gemäß § 14 Abs. 2 S. 3 TzBfG verdrängt wird.[63]   77

---

58 BGBl. I. S. 4607.
59 BGBl. I S. 594.
60 *Sievers* § 23 TzBfG Rn. 90.
61 Vgl. Darstellung bei *Düwell/Dahl* NZA 2007, 889, Fn. 27.
62 *Sievers* § 14 TzBfG Rn. 309.
63 Vgl. Darstellung bei *Düwell/Dahl* NZA 2007, 889, Fn. 27.

78   Keine Besonderheiten bestehen auch insoweit, als bei Leiharbeitsverhältnissen eine Verlängerung der Befristung lediglich **schriftlich vor
deren Ablauf** und **ohne Änderung der übrigen Vertragsbestandteile**
wirksam möglich ist.[64]

c) Anschlussverbot, § 14 Abs. 2 S. 2 TzBfG

79   Die Möglichkeit zur sachgrundlosen Befristung eines Arbeitsvertrages ist durch § 14 Abs. 2 S. 1 TzBfG insoweit eingeschränkt, als eine
sachgrundlose kalendermäßige Befristung **unzulässig** ist, wenn mit
demselben Arbeitgeber schon zuvor ein unbefristetes oder befristetes
Arbeitsverhältnis bestanden hat. Abzustellen ist hierbei auf das Verhältnis zwischen Leiharbeitnehmer und Verleiher.

aa) Normzweck im Rahmen der Arbeitnehmerüberlassung

80   Die im TzBfG enthaltenen Vorschriften über das befristete Arbeitsverhältnis sollen unter anderem den Schutz befristet beschäftigter Arbeitnehmer vor Diskriminierung gewährleisten, die Aufeinanderfolge
befristeter Arbeitsverträge einschränken und die Chancen befristet
beschäftigter Arbeitnehmer auf eine Dauerbeschäftigung verbessern.[65] Die Vorschrift soll nach dem Willen des Gesetzgebers zugleich
für befristet beschäftigte Arbeitnehmer eine Brücke zur **Dauerbeschäftigung** sein. Aus diesem Grund ist die erleichterte Befristung eines Arbeitsvertrags nur bei der **erstmaligen Beschäftigung** eines Arbeitnehmers durch einen Arbeitgeber und nur bis zu einer Dauer von
zwei Jahren zulässig. Eine darüber hinausgehende Flexibilisierung
des vorübergehenden Arbeitskräftebedarfs in zeitlicher Hinsicht hat
der Gesetzgeber nur unter den Voraussetzungen des § 14 Abs. 2a
TzBfG sowie § 14 Abs. 2 S. 3 TzBfG ermöglicht.

bb) Sonderproblem: Überlassung an einen vormaligen
Vertragsarbeitgeber

81   Problematisch sind Sachverhalte, in denen ein Leiharbeitnehmer an
einen **Entleiher** überlassen wird, der **zuvor Vertragsarbeitgeber** des
Leiharbeitnehmers und bei dem der Leiharbeitnehmer zuvor zwei
Jahre sachgrundlos befristet beschäftigt war.

82   Risiken bestehen hierbei in zweierlei Hinsicht. Zum einen stellen sich
Fragen einer Umgehung des Verbots der **Anschlussbefristung**. Zum

---

64   BAG 23.8.2006, 7 AZR 12/06, NZA 2007, 204; *Urban-Crell/Schulz* Rn. 1233.
65   BT-Drucks. 14/4374 S. 1.

anderen kann ein Fall des **Betriebsübergangs** nach § 613a BGB anzunehmen sein, wenn eine Gesamtheit von Arbeitnehmern nach Wechsel in ein (hierzu gegründetes) Verleihunternehmen an den vormaligen Arbeitgeber zurücküberlassen wird.[66]

▶ **Beispiel:**

Arbeitnehmer A arbeitete aufgrund eines befristeten Arbeitsvertrages mit dem Möbelfabrikanten M insgesamt zwei Jahre lang in
der Produktion dessen Möbelfabrik, in der auch Leiharbeitnehmer
des Zeitarbeitsunternehmens Z tätig sind. M lässt den befristeten
Vertrag auslaufen. Daraufhin schließt A mit Z einen Leiharbeitsvertrag, aufgrund dessen A als Leiharbeitnehmer in der Produktion von M eingesetzt wird. A verrichtet hierbei genau dieselben Tätigkeiten wie zuvor als (befristeter) Arbeitnehmer des M, erhält
hierfür jedoch, da ein Tarifvertrag der Zeitarbeitsbranche Anwendung findet, eine geringere Vergütung.

(a) Rechtsprechung des BAG

Nach – umstrittener – höchstrichterlicher Rechtsprechung verstößt es   83
nicht gegen das **Anschlussverbot** des § 14 Abs. 2 S. 2 TzBfG, wenn
ein Arbeitnehmer unter **Beibehaltung seines Arbeitsplatzes** an seinen vormaligen Vertragsarbeitgeber **überlassen** wird, bei welchem er
zuvor bis zur Höchstüberlassungsdauer von zwei Jahren sachgrundlos befristet beschäftigt war. Dies gilt selbst dann, wenn der Verleiher
eine **hundertprozentige Tochtergesellschaft** des Entleihers ist.[67]

Der Rechtsprechung des BAG ist zuzustimmen, da § 14 Abs. 2 S. 2   84
TzBfG allein auf den Vertragsarbeitgeber abstellt. Das Vorliegen einer
solchen Konstellation verletzt nicht die Vorschrift des § 14 Abs. 2
TzBfG. Arbeitgeber im Sinne des § 14 Abs. 2 S. 2 TzBfG ist der Vertragsarbeitgeber, also die natürliche oder juristische Person die mit
dem Arbeitnehmer den Arbeitsvertrag geschlossen hat. Der Gesetzgeber hat somit bewusst nicht an den Betrieb, die Betriebszugehörigkeit oder den Betriebsinhaber angeknüpft, sondern an einen vorangegangenen rechtlichen Bestand eines **Arbeitsverhältnisses** mit dem
Vertragsarbeitgeber.[68]

---

66 Vgl. hierzu § 11 AÜG Rdn. 81 ff.
67 BAG 18.10.2006, 7 AZR 145/06, BAGE 120, 34 = AP TzBfG § 14 Verlänge-
     rung Nr. 4.
68 LAG Baden-Württemberg 30.6.2005, 13 Sa 71/04, EzAÜG § 14 TzBfG Nr. 2
     m.w.Nachw.

(b) Rechtsmissbräuchliche Umgehung der Höchstbefristungsdauer

85   Die »Rücküberlassung« von Arbeitnehmern darf selbstverständlich **nicht rechtsmissbräuchlich** genutzt werden. Rechtsmissbräuchliches Verhalten[69] ist indes nicht ohne Weiteres anzunehmen. So ist der Abschluss eines sachgrundlos befristeten Arbeitsvertrags nicht allein wegen des damit verfolgten Ziels, einen Arbeitnehmer beim bisherigen Arbeitgeber auf demselben Arbeitsplatz einzusetzen als rechtsmissbräuchlich mit der Folge des § 16 S. 1 TzBfG zu bewerten.[70]

86   Zur Annahme einer rechtsmissbräuchlichen Vertragsgestaltung reicht es daher **noch nicht aus**, wenn früherer Arbeitgeber und Verleiher die Überlassung des Arbeitnehmers **bereits vor dem Abschluss** des neuen Arbeitsvertrags vereinbaren. Durch den Abschluss eines solchen befristeten Arbeitsvertrages zwischen Leiharbeitnehmer und Verleiher werden weder das Anschlussverbot des § 14 Abs. 2 S. 2 TzBfG noch die Höchstbefristungsdauer des § 14 Abs. 2 S. 1 TzBfG in einer mit dem Grundsatz von Treu und Glauben (§ 242 BGB) nicht zu vereinbarenden Weise umgangen.[71]

87   Von einer **missbräuchlichen**, dem Zweck des Teilzeit- und Befristungsgesetzes widersprechenden Gestaltung ist nach Rechtsprechung des BAG jedoch auszugehen, wenn **mehrere rechtlich und tatsächlich verbundene Vertragsarbeitgeber** in **bewusstem und gewolltem Zusammenwirken** abwechselnd mit einem Arbeitnehmer befristete Arbeitsverträge schließen, eine Befristung der Arbeitsverträge ohne Auswechslung des Arbeitgebers nicht mehr möglich wäre und der Wechsel ausschließlich deshalb erfolgt, um auf diese Weise über die gesetzlich vorgesehenen Befristungsmöglichkeiten hinaus sachgrundlose Befristungen aneinanderreihen zu können.[72] In einem solchen Fall sei das Verhalten der Vertragsarbeitgeber darauf angelegt, durch die Vertragsgestaltung zum Nachteil des Arbeitnehmers eine Rechtsposition zu erlangen, die vom Gesetz nicht vorgesehen ist.

88   Zudem soll nach der Rechtsprechung des BAG für die Einordnung einer »Rücküberlassung« als rechtsmissbräuchlich der Einsatzdauer erhebliches Gewicht zukommen. So soll bis zur zeitlichen Grenze von

---

69   Zur Definition siehe LAG Baden-Württemberg 30.6.2005, 13 Sa 71/04, EzA-ÜG § 14 TzBfG Nr. 2 m.w.Nachw.
70   BAG 18.10.2006, 7 AZR 145/06, BAGE 120, 34 = AP TzBfG § 14 Verlängerung Nr. 4; a.A. *Brose* DB 2008, 1378 unter Hinweis auf die Vorgaben der Richtlinie 99/70/EG.
71   BAG 18.10.2006, 7 AZR 145/06, BAGE 120, 34 = AP TzBfG § 14 Verlängerung Nr. 4.
72   BAG 25.4.2001, 7 AZR 376/00, BAGE 97, 317 = AP BeschFG 1996 § 1 Nr. 10.

vier Jahren bei Ausnutzung der durch § 14 Abs. 2 TzBfG und §§ 3, 9 AÜG eröffneten Gestaltungsmöglichkeit regelmäßig keine rechtsmissbräuchliche Gestaltung anzunehmen sein. Dagegen indiziere – dies deutet das BAG zumindest an – eine **länger als vierjährige** Beschäftigung, beispielsweise durch Abschluss eines weiteren sachgrundlos befristeten Arbeitsvertrags mit einem dritten Arbeitgeber, einen Rechtsmissbrauch. Innerhalb eines Konzerns soll dies bereits beim erstmaligen Arbeitgeberwechsel gelten.[73]

▶ Praxistipp:

Obschon die Frage der Konzernzugehörigkeit für die Zulässigkeit von Befristungstatbeständen rechtlich grundsätzlich keine Bedeutung hat, muss beim Einsatz von Leiharbeitnehmern im Betrieb ihres früheren Vertragsarbeitgebers im besonderen Maße mit dem Vorwurf einer rechtsmissbräuchlichen Gestaltung gerechnet werden.

Ist der Leiharbeitnehmer beim Verleiher wie bei seinem früheren Vertragsarbeitgeber lediglich befristet beschäftigt, sollte der Leiharbeitnehmer – auch wenn der Tarifvertrag andere Gestaltungen zulässt – nicht länger als zwei Jahre lang an seinen bisherigen Vertragsarbeitgeber überlassen werden.

2. Befristung mit Sachgrund

Neben der sachgrundlosen ist auch die **Sachgrundbefristung** im Leiharbeitsverhältnis zulässig. Auch diese richtet sich grundsätzlich nach den Vorgaben des TzBfG. Ungeklärt ist jedoch insoweit das Verhältnis der Abschaffung des Synchronisationsverbotes im Rahmen der Hartz-Reform mit dem Befristungsrecht des TzBfG.[74]   89

Nach ganz überwiegender Meinung muss sich der sachliche Befristungsgrund aus der Rechtsbeziehung zwischen **Verleiher und Leiharbeitnehmer** ergeben.[75] In der Literatur wird – insbesondere vor dem Hintergrund entsprechender Richtlinienumsetzung in anderen Mitgliedstaaten – erwogen, für das Vorliegen eines Befristungsgrun-   90

---

73 *Boemke* Anm. zu BAG 18.10.2006, 7 AZR 145/06, AP TzBfG § 14 Verlängerung Nr. 4.
74 Vgl. § 11 AÜG Rdn. 95; ausführlich *Hanau* ZIP 2003, 1573; *Düwell/Dahl* NZA 2007, 889 m.w.Nachw.
75 Vgl. zum Meinungsstand *Frik* NZA 2005, 386 m.w.Nachw., der selbst betriebsbezogene sachliche Gründe auf die Situation im Entleiherbetrieb abstellt.

des im Sinne des § 14 Abs. 1 TzBfG auf den Betrieb des Entleihers abzustellen.[76] Das BAG hat dieser Ansicht eine klare Absage erteilt.[77]

a) Nur vorübergehender Bedarf (§ 14 Abs. 1 S. 2 Nr. 1 TzBfG)

91   Das Tatbestandsmerkmal des lediglich vorübergehenden betrieblichen Bedarfs setzt die im Zeitpunkt des Vertragsschlusses bestehende **hinreichende Sicherheit** voraus, dass für die Beschäftigung des Arbeitnehmers über das vereinbarte Vertragsende hinaus **kein Bedarf** mehr besteht.[78] Das Merkmal erfordert somit eine Prognose. Nicht ausreichend für die Prognose eines lediglich vorübergehenden Bedarfs ist hierbei die **bloße Unsicherheit** über die künftige Entwicklung des Arbeitsbedarfs. Diese gehört vielmehr zum unternehmerischen Risiko des Arbeitgebers, das er nicht durch den Abschluss befristeter Arbeitsverträge auf seine Arbeitnehmer abwälzen darf.

92   Für die Prognose des **lediglich vorübergehenden Beschäftigungsbedarfs** ist nach herrschender Meinung nicht auf den Bedarf des Entleihers, sondern auf den des **Verleihers** abzustellen, da allein letzterer Arbeitgeber des Leiharbeitnehmers ist.[79] Aus diesem Grund wird sich eine Befristung des Leiharbeitsverhältnisses nur selten über den Befristungsgrund des § 14 Abs. 1 S. 1 Nr. 1 TzBfG wegen »nur vorübergehenden Bedarfs« begründen lassen.

93   Im Streitfall hat der Arbeitgeber – im Falle der Arbeitnehmerüberlassung somit der Verleiher – die Prognose des lediglich vorübergehenden Bedarfs **darzulegen und zu beweisen**.[80]

aa) Zeitlich befristeter Bedarf bei Kunden

94   Geschäftsgegenstand eines Arbeitnehmerüberlassungsunternehmens ist grundsätzlich der wechselnde, jeweils zeitlich befristete Einsatz von Leiharbeitnehmern bei unterschiedlichen Unternehmen. Es ist daher **äußerst streitig**, ob und unter welchen Umständen der zeitlich befristete Bedarf bei Kunden (Entleihern) auf das Arbeitsverhältnis zwischen Leiharbeitnehmer und Verleiher durchschlagen kann.[81]

---

76   Vgl. zum Meinungsstand *Frik* NZA 2005, 386 m.w.Nachw.
77   BAG 22.3.2000, 7 AZR 758/98, NZA 2000, 881; *Dahl* DB 2006, 2519 m.w.Nachw.
78   BAG 25.8.2004, 7 AZR 7/04, NZA 2005, 357.
79   Differenzierend *Böhm* RdA 2005, 360.
80   *Düwell/Dahl* NZA 2007, 889 unter Hinweis auf BAG 22.3.2000, 7 AZR 758/98, NZA 2000, 881.
81   Vgl. zum Meinungsstand *Düwell/Dahl* NZA 2007, 889.

Teilweise wird mit beachtlichen Argumenten vertreten, eine Befris- 95
tung zur **Synchronisation** mit dem **Beschäftigungsbedarf des Entleihers** sei angesichts der gesetzgeberischen Entscheidung einer ersatzlosen Streichung des in § 3 Abs. 1 Nr. 5 AÜG a.F. geregelten
Synchronisationsverbotes zulässig und verdränge insoweit die Regelungen des TzBfG.[82] Die herrschende Meinung[83] lehnt dies jedoch ab.
Der Wegfall einer Norm des AÜG könne die **Wertungen des TzBfG**
nicht beseitigen. Eine Befristungsabrede auf das Ende eines bestimmten Überlassungsauftrages führe zu einer Schlechterstellung von
Leiharbeitnehmern gegenüber anderen Arbeitnehmern, da auch im
»Normalarbeitsverhältnis« eine **bloße Ungewissheit** über einen Anschlussauftrag eine Befristung nicht rechtfertigen könne.

(a) Art der Leistung

Nach herrschender Meinung setzt ein befristeter Bedarf im Rahmen 96
der Leiharbeit danach voraus, dass insgesamt kein Bedarf für die Be-
reithaltung von Arbeitnehmern zur Überlassung an mögliche Kunden
beim Verleiher mehr besteht. Vorübergehender Bedarf i.S. des § 14
TzBfG für ein Leiharbeitsverhältnis sei daher nur dann anzunehmen,
wenn die Nachfrage nach Leiharbeitnehmern einer bestimmten »Art«
am gesamten Markt lediglich vorübergehend ist. Dies kann etwa bei
Saisonkräften der Fall sein.[84]

▶ Praxistipp:

Rechtssicher lässt sich eine Befristung des Arbeitsverhältnisses mit
Leiharbeitnehmern lediglich im Falle von Saisonkräften verein-
baren, für deren Beschäftigung nach Ende der Saison am gesamten
Arbeitsmarkt kein Bedarf mehr besteht.

Typische Beispiele sind hier Erntehelfer, Skipistenwärter u.Ä.

(b) Sonderkonstellationen

Teilweise wird bei Unternehmen im **Aufbau**, in der **Krise** sowie bei 97
Mischbetrieben ein nachweisbar lediglich befristeter Beschäftigungsbedarf des Entleihers als zulässiger Befristungsgrund anerkannt.[85]

---

82 *Hanau* ZIP 2003, 1573.
83 LAG Chemnitz 25.1.2008, 3 Sa 458/07, EzAÜG § 14 TzBfG Nr. 3 unter Hinweis auf die ständige Rechtsprechung des BAG; *Böhm* RdA 2007, 360; *Dü-
   well/Dahl* NZA 2007, 889; ErfK/*Wank* AÜG Einl. Rn. 7; a.A. *Boemke/Lembke*
   § 9 AÜG Rn. 226; *Thüsing* DB 2003, 4486; *Ulber* AuR 2003, 7.
84 *Schüren/Behrend* NZA 2003, 521.
85 *Frik* NZA 2005, 386; *Lembke* DB 2003, 2702.

98 Eine Befristung aufgrund lediglich vorübergehenden Bedarfs soll zu-
    dem auch im Bereich der Leiharbeit zulässig sein, wenn **temporär
    hinzukommende Aufgaben** anfallen.[86]

99 Stellt der Verleiher zur Begründung einer Befristung auf den Bedarf
    des einzigen möglichen Entleihers ab, ist neben der Unsicherheit über
    die Zulässigkeit der Befristung zu beachten, dass in einer solchen An-
    knüpfung ein Indiz für **verdeckte Arbeitsvermittlung** – und damit ei-
    ne Arbeitgeberstellung des Entleihers – liegen kann.[87]

bb) Sonderfall: Geplanter Einsatz von Leiharbeitnehmern als Befristungsgrund für die Stammbelegschaft

100 Kein Fall des § 14 Abs. 1 Nr. 1 TzBfG soll nach der Rechtsprechung
    des BAG vorliegen, wenn ein Arbeitgeber sich entschließt, in seinem
    Betrieb **anfallende Tätigkeiten** künftig nicht mehr von eigenen Ar-
    beitnehmer, sondern **durch Leiharbeitnehmer** (beispielsweise einer
    Personalführungsgesellschaft) vornehmen zu lassen.[88] Die Unzuläs-
    sigkeit der Befristung folge daraus, dass es für den im Rahmen des
    § 14 Abs. 1 Nr. 1 TzBfG maßgeblichen »**betrieblichen Bedarf an der
    Arbeitsleistung**« keinen Unterschied mache, ob die Arbeitsleistung
    von eigenen Arbeitnehmern oder mit in die eigene Betriebsorganisati-
    on integrierten Leiharbeitnehmern erbracht werde. Der Einsatz von
    Leiharbeitnehmern stellt gerade **kein Outsourcing** dar und bedeutet
    damit kein Entfallen des Beschäftigungsbedarfs.[89]

b) Befristung im Anschluss an eine Ausbildung oder ein Studium (§ 14 Abs. 1 S. 2 Nr. 2 TzBfG)

101 Der Befristungsgrund des § 14 Abs. 1 S. 2 Nr. 2 TzBfG setzt indes
    nicht voraus, dass Arbeitgeber des Ausbildungsverhältnisses und des
    befristeten Überbrückungsarbeitsverhältnisses identisch sind. Voraus-
    setzung ist lediglich, dass die Befristung im Anschluss an eine Ausbil-
    dung oder ein Studium erfolgt.[90] Zudem setzt eine Beschäftigung »im
    Anschluss an ein Studium« nicht voraus, dass dieses zuvor abge-
    schlossen wurde. Aus diesem Grund könnte dieser Befristungsgrund
    im Bereich der Leiharbeit für Studienabbrecher eingreifen.[91]

---

86 *Dörner* Rn. 281.
87 Vgl. *Behrend* BB 2001, 2641.
88 BAG 17.1.2007, 7 AZR 20/06, NZA 2007, 566.
89 BAG 17.1.2007, 7 AZR 20/06, NZA 2007, 566.
90 *Böhm* RDA 2005, 360 m.w.Nachw.
91 *Böhm* RDA 2005, 360.

Indes spielt zumindest in der heutigen Praxis der Arbeitnehmerüber- **102** lassung die Befristung im Anschluss an eine Ausbildung oder ein Studium keine Rolle. Einem Eingreifen wird regelmäßig die fehlende Darlegbarkeit einer Einstellung zur Suche nach einer dauerhaften Beschäftigung entgegenstehen. Eine solche Zwecksetzung widerspräche dem Betriebszwecks eines Verleihunternehmens.[92]

c) Beschäftigung zur Vertretung eines anderen Arbeitnehmers (§ 14 Abs. 1 S. 2 Nr. 3 TzBfG)

Da § 14 TzBfG sich auf das existierende Arbeitsverhältnis bezieht, ist **103** das Vorliegen eines Vertretungsbedarfs im Sinne des § 14 Abs. 1 S. 2 Nr. 3 TzBfG auf die Beschäftigungssituation beim Verleiher zu beziehen. Der Vertretungsbedarf muss demnach beim Verleiher, nicht im Entleihbetrieb bestehen. Der Befristungsgrund der Vertretung greift ein, wenn **ein anderer Leiharbeitnehmer vorübergehend ausfällt**.

Typisch sind Befristungen zur Vertretung von Arbeitnehmern für Zei- **104** ten einer Elternzeit, Pflegezeit oder Langzeiterkrankung.

d) Rechtfertigung durch Eigenart der Arbeitsleistung (§ 14 Abs. 1 S. 2 Nr. 4 TzBfG)

Der Befristungsgrund des § 14 Abs. 1 S. 2 Nr. 4 TzBfG, der seine **105** Hauptanwendung im Bereich der programmgestalteten Tätigkeit in Kulturbetrieben hat, wird lediglich im Ausnahmefall eingreifen.

Eine Entscheidung liegt nun für den Bereich des Leistungssports vor. **106** Dort entschied das BAG, dass die Befristung des Arbeitsvertrages eines Sporttrainers nicht darauf gestützt werden könne, die Fähigkeiten zur Motivation der anvertrauten Sportler lasse regelmäßig nach, wenn die zu betreuenden Sportler ohnehin während der vorausgehenden Befristungsdauer wechseln. Hierbei ließ das Gericht offen, ob die Befristungskontrolle anhand des allgemeinen grundsätzlichen Verschleißtatbestands oder der damals noch geltenden, strengeren Anforderungen nach Art. 1 § 9 Nr. 2 AÜG a.F. zu überprüfen sei.[93]

e) Befristung zur Erprobung (§ 14 Abs. 1 S. 2 Nr. 5 TzBfG)

Auch hinsichtlich der Befristung zur Erprobung ist ausschließlich auf **107** das zwischen Verleiher und Leiharbeitnehmer abgeschlossene Arbeitsverhältnis abzustellen. Der Erprobungszweck kann mit der Dauer einer Erstüberlassung verbunden werden, solange diese nur einige

---

92 *Wank* NZA 2002, 14; *Frik* NZA 2005, 386.
93 BAG 15.4.1999, 7 AZR 437/97, AP AÜG § 13 Nr. 1, m.Anm. *Urban*.

Wochen andauert und dem Verleiher Gelegenheit bietet, Qualität und Zuverlässigkeit des Leiharbeitnehmers zu erproben.[94] Längstens kann eine Befristung zur Erprobung sechs Monate betragen.[95]

108   Streitig ist, ob der Befristungsgrund des § 14 Abs. 1 S. 2 Nr. 5 TzBfG lediglich eine Erstbefristung begründen kann oder aufgrund der sich ständig wechselnden neuen Tätigkeiten, mit welchen der Leiharbeitnehmer betraut wird und in denen er sich bewähren muss auch eine mehrfache Befristung zur Erprobung zuzulassen ist.[96] Teilweise wird eine mehrfache Befristung dann für zulässig gehalten, wenn dem Leiharbeitnehmer ein gegenüber einer früheren Beschäftigung erheblich abweichendes Aufgabenfeld übertragen wird, da in diesen Fällen der Bewährung im Rahmen vorangegangener Tätigkeiten keine Aussagekraft zukomme.[97]

f) In der Person des Arbeitnehmers liegende Gründe (§ 14 Abs. 1 S. 2 Nr. 6 TzBfG)

109   Die wichtigsten Fälle des Befristungsgrundes der in der Person des Arbeitnehmers liegenden Gründe (§ 14 Abs. 1 S. 2 Nr. 6 TzBfG) dürften – nach Abschaffung des Instruments der PSA – in der Praxis Ferienarbeitsverhältnisse sowie der Wunsch des Arbeitnehmers sein.[98]

▶ Praxistipp:

   Nach neuerer Rechtsprechung problematisch ist es, die Beschäftigung von Studenten nach § 14 Abs. 2 Nr. 6 TzBfG zu beschränken.

   Eine solche Beschränkung sei nur dann sachgerecht, wenn es anderenfalls an einer Vereinbarkeit von Studium und Erwerbstätigkeit fehlt. Aus diesem Grund ist auch für den Bereich der Leiharbeit eine Vollzeitbeschäftigung während der Semesterferien zu empfehlen, soweit vom Befristungsgrund des § 14 Abs. 2 Nr. 6 TzBfG Gebrauch gemacht werden soll.

110   Im Rahmen von Entsendesachverhalten mit Auslandsbezug hat zudem das BAG das Ziel, weiterhin der deutschen Sozialversicherung zu unterliegen, grundsätzlich als sachlichen Befristungsgrund anerkannt.[99]

---

94 *Wank* NZA 2003, 14.
95 H.M. vgl. auch BAG 17.2.1983, 2 AZR 208/81, EzA § 620 BGB Nr. 62.
96 *Frik* NZA 2005, 386 m.w.Nachw.
97 *Schüren/Behrend* NZA 2003, 521.
98 *Böhm* RDA 2005, 360.
99 BAG 14.7.2005, 8 AZR 392/04, AP BGB § 611 Ruhendes Arbeitsverhältnis Nr. 4 m.w.Nachw.

g) Vergütung aus Haushaltsmitteln (§ 14 Abs. 1 S. 2 Nr. 7 TzBfG)

Fälle, in denen es zum Eingreifen des Befristungsgrundes des § 14 **111** Abs. 1 S. 2 Nr. 7 TzBfG kommen könnte, sind nicht ersichtlich.[100]

h) Befristung aufgrund gerichtlichen Vergleichs (§ 14 Abs. 1 S. 2 Nr. 8 TzBfG)

Für den Befristungsgrund des § 14 Abs. 1 S. Nr. 8 TzBfG gelten keine **112** Besonderheiten. Die Befristung muss in einem gerichtlichen Vergleich zwischen Verleiher und Entleiher vereinbart sein. Zu diesen wird es insbesondere im Rahmen von Kündigungsschutzprozessen über das Bestehen eines Leiharbeitsverhältnisses kommen. Die Literatur sieht dagegen keinen Anwendungsbereich für diese Vorschrift.[101]

i) Unbenannter Sachgrund, § 14 Abs. 1 S. 1 TzBfG

Ausweislich der klaren gesetzlichen Formulierung »insbesondere« ist **113** die Aufzählung der Sachgründe in § 14 Abs. 1 S. 1 TzBfG nicht abschließend. In der Praxis spielen unbenannte Sachgründe indes eine stark untergeordnete Rolle, da sich die Gerichte erfahrungsgemäß ausschließlich an den gesetzlich vorgegebenen Gründen orientieren.

Angesichts des ausdrücklichen gesetzgeberischen Willens der Strei- **114** chung des Synchronisationverbots spricht viel dafür die **Synchronisation** des Arbeitsverhältnisses mit der Überlassungsdauer beim Entleiher als Sachgrund anzuerkennen. In dieser Weise würde sowohl dem Gesetzeszweck des reformierten AÜG als auch den Wertungen des TzBfG entsprochen, welche das Interesse des Verleihers an einer Synchronisation als nach geltender Rechtslage anerkanntes Interesse ausweisen.[102] Sonstige, in § 14 Abs. 1 S. 2 Nr. 1–8 TzBfG nicht benannte Sachgründe können die Befristung eines Arbeitsverhältnisses nach der Rechtsprechung des BAG rechtfertigen, wenn sie den Wertungsmaßstäben des § 14 TzBfG entsprechen.[103]

▶ Praxistipp:

Bis zu einer höchstgerichtlichen Klärung der Frage der Zulässigkeit, sollte eine Befristung grundsätzlich nicht auf das Auslaufen

---

100 *Wank* NZA 2002, 14; *Reipen* BB 2003, 787.
101 *Wank* NZA 2002, 14; *Reipen* BB 2003, 787.
102 Annuß/Thüsing/Lambrich, § 23 AÜG Rn. 150; a.A. *Schüren/Behrend* NZA 2003, 521.
103 BAG 16.3.2005, 7 AZR 289/04, EzA § 14 TzBfG Nr. 17 = NZA 2005, 923; BAG 23.1.2002, 7 AZR 611/00, EzA § 625 BGB Nr. 185 = NZA 2002, 986.

eines Auftrages im Sinne einer Synchronisation mit dem Beschäftigungsbedarf eines Entleihers gestützt werden.

Praktisch kann eine solche Befristung nur als »Versuch« empfohlen werden, wenn weder eine sachgrundlose noch eine Befristung aus einem anderen Sachgrund in Betracht kommt.

II. Kündigung des Arbeitsvertrages mit Leiharbeitnehmern

115 Da es sich beim Vertrag zwischen Verleiher und Leiharbeitnehmer um einen vollwertigen Arbeitsvertrag handelt, sind die Vorschriften des KSchG auf das Arbeitsverhältnis anzuwenden. Auch hinsichtlich der Wertung nach § 626 BGB ergibt sich keine Besonderheit für Unternehmen der Arbeitnehmerüberlassung.

116 Mit der AÜG-Reform durch das Erste Gesetz für moderne Dienstleistung am Arbeitsmarkt vom 23.12.2002[104] wurden die Sonderregelungen der § 3 Abs. 1 Nr. 4, § 9 Nr. 3 AÜG a.F., nach welchen eine Kündigung des Verleihers unwirksam war, wenn dieser den Arbeitnehmer wiederholt innerhalb von drei Monaten nach Beendigung des Arbeitsverhältnisses erneut einstellte, ersatzlos gestrichen.

1. Schwellenwert des § 23 KSchG

117 Für den Schwellenwert des § 23 KSchG ist hierbei ausschließlich auf die Arbeitnehmerzahl beim Verleiher als Vertragsarbeitgeber abzustellen.

2. Personen- und verhaltensbedingte Kündigung

118 Für die personen- und verhaltensbedingte Kündigung ergeben sich grundsätzlich keinerlei Besonderheiten.

a) Fehlende Qualifikation

119 Allerdings soll nach neuerer Rechtsprechung des BAG den Verleiher eine Hinweispflicht treffen, wenn die bestehende **Qualifikation** des Leiharbeitnehmers nicht ausreicht, um ihn zukünftig in neuen Aufträgen einsetzen zu können und damit eine Kündigung droht.[105] Unterlässt der Verleiher einen solchen Hinweis, so soll zumindest in

---

104 BGBl. I 2002 S. 4607.
105 BAG 18.5.2006, 2 AZR 412/05, EzA § 1 KSchG Betriebsbedingte Kündigung Nr. 146 = AP AÜG § 9 Nr. 7.

einigen Fällen sein Recht entfallen, das Arbeitsverhältnis aufgrund künftig **fehlender Einsetzbarkeit** des Arbeitnehmers zu beenden.[106]

▶ **Praxistipp:**

Ist ein Leiharbeitnehmer aufgrund fehlender Qualifikation künftig voraussichtlich dauerhaft nicht mehr einsetzbar, sollte der Verleiher den Arbeitnehmer möglichst frühzeitig und konkret auf dessen fehlende Qualifikation (beispielsweise fehlende Fähigkeit zur Nutzung von Computern, fehlende Sprachkenntnisse) und die daraus resultierende Gefährdung seines Arbeitsplatzes hinweisen. Zu Beweiszwecken sollte der Arbeitgeber dies schriftlich tun. Zu empfehlen ist eine Anlehnung an das Vorgehen bei Abmahnungen. Das Schreiben ließe sich als »Hinweis auf die Gefährdung Ihres Arbeitsplatzes aufgrund Qualifikationsdefiziten« überschreiben.

b) Verhaltensbedingtes Entfallen der Einsatzmöglichkeit beim Entleiher

Der durch das Gesetz gewährleistete Schutz des Arbeitnehmers soll im Falle der Arbeitnehmerüberlassung nicht dadurch verringert sein, dass der Entleiher als **Dritter** erklärt, der weitere Einsatz eines Leiharbeitnehmers sei ihm nicht möglich. Nach Ansicht des LAG Niedersachsen liegt das Risiko, dass der Arbeitnehmer aus Gründen, die in seinem Verhalten oder seiner Person liegen, nicht mehr beim Kunden eingesetzt werden kann, weil dieser die weitere Beschäftigung ablehnt, beim Verleiher.[107] Der Verleiher könne daher bei einer **Zurückweisung des Leiharbeitnehmers** durch den Entleiher regelmäßig nicht mit einer fristlosen Kündigung (§ 626 BGB) reagieren.   120

Ergibt sich aufgrund seines Verhaltens gegenüber einem Entleiher keine Beschäftigungsmöglichkeit mehr für den Leiharbeitnehmer, so soll nach Ansicht des LAG Niedersachsen diese fehlende Einsetzbarkeit, nicht aber bereits das **Fehlverhalten** gegenüber dem Entleiher den Ausspruch einer (ordentlichen) Kündigung rechtfertigen können.[108]   121

Das Urteil ist lediglich mit Einschränkungen zu verallgemeinern. Nach den allgemeinen Grundsätzen des KSchG und des § 626 BGB   122

---

106 BAG 18.5.2006, 2 AZR 412/05, EzA § 1 KSchG Betriebsbedingte Kündigung Nr. 146 = AP AÜG § 9 Nr. 7.
107 LAG Niedersachsen 31.10.2003, 16 Sa 1211/03, EzAÜG § 626 BGB Nr. 4 zu § 626 BGB.
108 LAG Niedersachsen 31.10.2003, 16 Sa 1211/03, EzAÜG § 626 BGB Nr. 4 zu § 626 BGB.

muss die Kündigung eines Leiharbeitnehmers auch auf ein Fehlverhalten gegenüber einem Entleiher gestützt werden können. Auch im Normalarbeitsverhältnis kann ein Fehlverhalten gegenüber einem Kunden eine (außerordentliche) Kündigung rechtfertigen.[109]

3. Betriebsbedingte Kündigung

123 Da es zum typischen Geschäftsbetrieb eines Verleihunternehmens gehört, dass immer wieder bei einzelnen Arbeitnehmern verleihfreie Zeiten eintreten, ist in der Praxis häufig schwierig festzustellen, wann eine betriebsbedingte Kündigung wegen fehlenden Beschäftigungsbedarfs nach § 1 KSchG gerechtfertigt ist. Die Gefahr verleihfreier Zeiten soll gerade nicht der Leiharbeitnehmer tragen. Sie ist vielmehr maßgeblicher Teil des unternehmerischen Risikos des Verleihunternehmers. Nicht zuletzt ist es dieses Risiko, welches das niedrige Lohnniveau im Verleihsektor rechtfertigt.

124 Aus diesem Grund werden betriebsbedingte Kündigungen im Bereich der Arbeitnehmerüberlassung lediglich dann als gerechtfertigt anerkannt, wenn ein dauerhafter Überhang an Arbeitskräften wahrscheinlich ist. Hierbei werden auch **erhebliche Überbrückungszeiten** ohne Verleihmöglichkeit noch als **zumutbar** angesehen.[110]

a) Wegfall des Beschäftigungsbedarfs

125 Nach dem deutschen Arbeitnehmerüberlassungsrecht endet das Leiharbeitsverhältnis nicht mit der Beendigung des Einsatzes beim Entleiher. Nach der gesetzlichen Wertung der § 11 Abs. 4 S. 2 AÜG i.V.m. § 615 BGB trägt grundsätzlich der Verleiher das wirtschaftliche Risiko für Zeiten, in denen er keine Verleihmöglichkeit für einen Leiharbeitnehmer hat, also das sogenannte Beschäftigungsrisiko.[111] Selbstverständlich kann dem Arbeitgeber dieses Beschäftigungsrisiko **nicht schrankenlos** auferlegt werden. Entsprechend den allgemeinen Grundsätzen ist insoweit eine Prognose hinsichtlich der künftigen Entwicklung zu treffen. Lässt sich danach aus Sicht des Verleihers in einem **akzeptablen Zeitraum** keine weitere Überlassungsmöglichkeit für den Leiharbeitnehmer finden, ist er aufgrund fehlender Einsatzmöglichkeit berechtigt, dem Leiharbeitnehmer betriebsbedingt zu kündigen.

---

109 *v. Hoyningen-Huene/Linck* § 1 Rn. 605.
110 BAG 15.6.1989, 2 AZR 600/88, EzA § 1 KSchG Betriebsbedingte Kündigung Nr. 63.
111 *Boemke/Lembke* § 11 AÜG Rn. 117.

aa) Wegfall der besonderen Kündigungsbeschränkungen in der Leiharbeit

Die früheren Vorschriften zur Wiedereinstellungssperre in § 3 Abs. 1 Nr. 4, § 9 Nr. 3 AÜG sowie das korrespondierende Synchronisationsverbot des § 3 Abs. 1 Nr. 3 AÜG a.f. führten zur Ableitung einer besonderen Kündigungsbeschränkung für Leihunternehmen. Bei fehlendem Anschlussauftrag durften Leihunternehmen erst nach Ablauf von drei Monaten betriebsbedingte Kündigungen aussprechen. Das finanzielle Risiko einer **Nicht-Einsetzbarkeit für drei Monate** war von ihnen zu tragen.[112] Mit Blick auf die Streichung des § 9 Nr. 3 AÜG a.f. hat das **BAG** eine pauschale Pflicht des Verleihunternehmens zur Übernahme des Risikos fehlender Einsetzbarkeit für drei Monate **verneint**. Eine entsprechende Einschränkung des Rechts des Arbeitgebers zur betriebsbedingten Kündigung bei einem **dauerhaften Rückgang des Beschäftigungsvolumens** lasse sich – jedenfalls nach Aufhebung des § 9 Nr. 3 AÜG a.f. – für Leiharbeitnehmer auch unter dem Gesichtspunkt der Natur des Leiharbeitsverhältnisses nicht begründen.[113]

bb) Dauerhafter Wegfall des Beschäftigungsbedarfs

Die höchstrichterliche Rechtsprechung lässt den Hinweis auf einen **auslaufenden Auftrag** nicht ausreichen, um eine betriebsbedingte Kündigung eines Leiharbeitnehmers zu rechtfertigen.[114] Der Verleiher muss vielmehr **darlegen**, warum der auslaufende Auftrag oder das Fehlen von Anschlussaufträgen **nicht** nur eine vom Unternehmen zu tragende, **kurzfristige Auftragsschwankung** ist, sondern den **dauerhaften Wegfall des Beschäftigungsbedarfs** bedeutet.

Das Verleihunternehmen muss hierzu regelmäßig anhand der **Auftrags- und Personalplanung** den dauerhaften Auftragsrückgang und die **fehlende Möglichkeit eines Einsatzes des Arbeitnehmers** bei einem anderen Kunden, gegebenenfalls nach entsprechenden Anpassungsfortbildungen, belegen.[115] **Kurzfristige Auftragslücken** sind bei einem Leiharbeitsunternehmen nicht geeignet, eine betriebsbedingte Kündigung i.S.d. § 1 Abs. 2 S. 2 KSchG zu rechtfertigen, da diese zum

---

112 *Hamann* jurisPR-ArbR 38/06 Anm. 4.
113 BAG 18.5.2006, 2 AZR 412/05, EzA § 1 KSchG Betriebsbedingte Kündigung Nr. 146 = AP AÜG § 9 Nr. 7 m.w.Nachw.
114 BAG 18.5.2006, 2 AZR 412/05, EzA § 1 KSchG Betriebsbedingte Kündigung Nr. 146 = AP AÜG § 9 Nr. 7.
115 BAG 18.5.2006, 2 AZR 412/05, EzA § 1 KSchG Betriebsbedingte Kündigung Nr. 146 = AP AÜG § 9 Nr. 7.

typischen Wirtschaftsrisiko dieser Unternehmen gehören. Dieses Risiko bei der Berechnung des regelmäßigen Überlassungsentgelts miteinzubeziehen sei Sache des Verleihers.[116]

129　Zur Darlegung betrieblicher Kündigungsgründe muss der Arbeitgeber für einen »**repräsentativen Zeitraum spezifizieren**« wie sich Aufträge und Einsatzmöglichkeiten (inkl. der benötigten Qualifikationen der Arbeitnehmer) entwickelt haben und zukünftig (in einem Vergleich der Aufträge in den verschiedenen Referenzperioden) entwickeln werden.[117] Das BAG gibt keine Hilfestellung, welchen Umfang dieser repräsentative Zeitraum haben soll. Die Ausfüllung dieser Anforderung des repräsentativen Zeitraums (auch »Referenzperiode«) könnte daher als Einfallstor für eine Berücksichtigung des »**Wesens der Arbeitnehmerüberlassung**« genutzt werden.[118]

130　Keine Besonderheiten bestehen indes im Bereich der Leiharbeit, falls während des Laufs der Kündigungsfrist **neue Beschäftigungsmöglichkeiten** entstehen. Erweist sich die zur Kündigung berechtigende Prognose des dauerhaften Entfallens von Aufträgen und damit Beschäftigungsmöglichkeiten aufgrund später hinzutretender Ereignisse als **unzutreffend**, steht dem Leiharbeitnehmer bei Erfüllung der übrigen Voraussetzungen ein **Wiedereinstellungsanspruch** zu.[119]

131　Hinsichtlich der Darlegungs- und Beweislast des Vorliegens eines dringenden betrieblichen Grundes im Sinne des § 1 Abs. 2 S. 1 Var. 3 KSchG stellen sich aufgrund der praktischen Spezifika der Arbeitnehmerüberlassung zusätzliche Probleme. Um auf künftige – noch nicht absehbare – Auftragserteilungen sofort flexibel reagieren zu können, platzieren Arbeitnehmerüberlassungsunternehmen auch zu Zeiten zurückgehenden und fehlenden Beschäftigungsbedarfs wegen ausbleibender Aufträge regelmäßig weiterhin **Stellenanzeigen** in verschiedenen Medien. Aufgrund dieser branchenspezifischen Besonderheit stellt das Annoncieren von freien Stellen daher regelmäßig kein Indiz gegen den Wegfall des Bestätigungsbedarfs dar.[120]

---

116 *Dahl* DB 2003, 1626.
117 BAG 18.5.2006, 2 AZR 412/05, EzA § 1 KSchG Betriebsbedingte Kündigung Nr. 146 = AP AÜG § 9 Nr. 7 m.w.Nachw.
118 *Brose* DB 2008, 1378.
119 Vgl. als grundlegende Entscheidung zum Wiedereinstellungsanspruch BAG 28.6.2000, 7 AZR 904/98, EzA § 1 KSchG Wiedereinstellungsanspruch Nr. 5 = NZA 2000, 1097–1102.
120 *Dahl* DB 2003, 1626.

▶ **Praxistipp:**

Für einen kündigungsrelevanten Beschäftigungswegfall sprechen[121]:

- Das Fehlen sich abzeichnender Beschäftigungsmöglichkeiten innerhalb eines repräsentativen Zeitraums von bis zu einem halben Jahr,
- Das Fehlen von Einsatzmöglichkeiten in anderen Branchen auch nach notwendigen und zumutbaren Umschulungs- und Fortbildungsmaßnahmen,
- Das Fehlen von vergleichbaren Schwankungen der Einsatzmöglichkeiten und daraus resultierender Nichteinsatzzeiten in der Vergangenheit.

b) Sozialauswahl

Nach § 1 Abs. 3 S. 1 KSchG ist der Arbeitgeber vor Ausspruch einer 132
betriebsbedingten Kündigung verpflichtet, eine **ordnungsgemäße Sozialauswahl** durchzuführen. Schwierigkeit bereitet hierbei bereits die notwendige Bestimmung der Gruppe vergleichbarer Arbeitnehmer. Insoweit sind die allgemeinen Regeln anzuwenden.[122]

Umstritten ist, ob sich die Sozialauswahl auf diejenigen Leiharbeit- 133
nehmer beschränkt, die im Kündigungszeitpunkt **nicht verliehen** sind. Die wohl herrschende Meinung lehnt eine solche Beschränkung ab.[123] Der Verleiher muss danach gemäß § 1 Abs. 3 KSchG grundsätzlich **sämtliche** vergleichbaren Arbeitnehmer – unabhängig davon, ob sie gerade **verliehen sind oder nicht** – in die Sozialauswahl mit einbeziehen. **Vergleichbarkeit** ist anzunehmen, soweit Leiharbeitnehmer aufgrund ihrer **Qualifikation** und des **Weisungsrechts** des Arbeitgebers **austauschbar** sind, d.h. nach zumutbarer Einarbeitungszeit dieselben Arbeiten erbringen können.

Im Bereich der Leiharbeit kann das **Direktionsrecht** des Arbeitgebers 134
indes aufgrund seiner **vertraglichen Verpflichtungen** gegenüber dem **Entleiher** eingeschränkt sein. Dies gilt nicht nur bei namentlicher Festlegung der überlassenen Leiharbeitnehmer sondern auch dann, wenn Leiharbeitnehmer vom Entleiher nach einem Vorstellungsgespräch oder einer vorangegangener Beschäftigung im Entleiherbetrieb von diesem **abgelehnt** wurden.[124] Anders als im Fall der Druck-

---

121 Kurzarbeitergeld-Ergänzung DA 2.8.1 Abs. 8 KUG-Sammelerlass (»ausschließliche Arbeitnehmerüberlassung«).
122 Vgl. hierzu MünchKomm/*Hergenröder* Bd. 4 § 1 KSchG Rn. 340 ff.
123 *Schüren/Behrend* NZA 2003, 521.
124 *Dahl* DB 2003, 1626.

kündigung wird das Verlangen des Entleihers, innerhalb seines Betriebes lediglich Arbeitnehmer beschäftigen zu wollen, die seinen persönlichen Vorstellungen entsprechen, sehr viel eher schützenswert sein. Zumindest dann, wenn der Arbeitnehmer dort längerfristig arbeitet und ein **Austausch** des Arbeitnehmers im zwischen Ver- und Entleiher geschlossenen Arbeitnehmerüberlassungsvertrag **ausgeschlossen** oder praktisch **unzumutbar** ist, kann der vorübergehende Einsatz bei einem Fremdunternehmen eine **Herausnahme** aus der Sozialauswahl rechtfertigen.[125] Aufgrund der **Missbrauchsmöglichkeiten** ist davon auszugehen, dass eine solche vertragliche Verpflichtung von den Arbeitsgerichten mit besonderer Genauigkeit überprüft werden wird.

▶ **Beispiel 1:**

Der Verleiher V entschließt sich wegen der allgemein zurückgegangenen Nachfrage die Anzahl der bei ihm beschäftigten Leiharbeitnehmer zu reduzieren. Von den 100 derzeit bei ihm angestellten Leiharbeitnehmern sind derzeit 60 bei verschiedenen Entleihern als Produktionshelfer tätig. 40 befinden sich derzeit in einsatzfreier Zeit. Sämtliche 100 Arbeitnehmer sind in die notwendige Sozialauswahl einzubeziehen.

▶ **Beispiel 2:**

Wie Beispiel 1, allerdings sind zehn Leiharbeitnehmer bei einem Entleiher als Gabelstaplerfahrer in einem Chemikalienlager eingesetzt. Im Gegensatz zu den übrigen Leiharbeitnehmern verfügen diese über einen Staplerschein und haben beim Entleiher die notwendigen Schulungen zum Umgang mit den von ihnen transportierten Chemikalien absolviert. Aufgrund mangelnder Vergleichbarkeit sind die zehn als »Spezialisten« eingesetzten Leiharbeitnehmer nicht in die Sozialauswahl miteinzubeziehen.

4. Änderungskündigung zur Entgeltsenkung

135   Unter der grundsätzlichen Geltung des Equal-Pay- und Equal-Treatment-Grundsatzes[126] ist der Verleiher nur dann von der Verpflichtung zur Gewährung gleicher Arbeits- und Lohnbedingungen wie im Entleihbetrieb entbunden, wenn das Leiharbeitsverhältnis einem Tarifvertrag unterstellt ist, § 3 Abs. 1 Nr. 3 AÜG.[127]

---

125 *Schüren/Behrend* NZA 2003, 521.
126 Vgl. hierzu § 3 AÜG Rdn. 70 ff.
127 Vgl. hierzu § 3 AÜG Rdn. 115.

Höchstrichterlich nicht geklärt ist, ob bzw. wann eine **Änderungskün-** **136** **digung** (§ 1 Abs. 2 KSchG i.V.m. § 2 S. 1 KSchG) zulässig ist, mit welcher der Leiharbeitnehmer **nachträglich** an einen **Tarifvertrag der Verleihbranche** gebunden werden soll. Da eine Änderungskündigung mit dem Ziel einer Vereinbarung der Anwendung der genannten Verträge regelmäßig mit einer Kürzung der bisherigen Vergütung verbunden ist, sind nach einer Entscheidung des BAG die strengen Voraussetzungen für die soziale Rechtfertigung einer **Änderungskündigung zur Entgeltsenkung** einzuhalten.[128] Eine solche Änderungskündigung muss entsprechend den allgemeinen Grundsätzen im Anwendungsbereich des Kündigungsschutzgesetzes wegen **dringender betrieblicher Gründe** gerechtfertigt sein. Wann diese erfüllt sind, wenn ein Verleihunternehmen einem Leiharbeitnehmer eine betriebsbedingte Kündigung unter gleichzeitigem Angebot eines neuen Arbeitsvertrages ausspricht, welcher eine Bezugnahme auf einen Tarifvertrag vorsah und damit den bisher geltenden Grundsatz des »equal-pay-and-equal-treatment« ablöst, hat das BAG bisher offen gelassen.[129]

Nach allgemeinen Grundsätzen ist eine Änderungskündigung nur **137** dann zulässig, wenn anhand eines Sanierungsplans substantiiert dargelegt werden kann, dass bei einer Aufrechterhaltung der bisherigen Personalkostenstruktur **nicht mehr auffangbare Verluste** entstehen, die in absehbarer Zeit zu einer Reduzierung der Belegschaft oder sogar zur Schließung des Betriebs führen.[130] Für Altverträge hatte das BAG entschieden, dass allein die zum 1.1.2004 eingetretene gesetzliche Änderung zur verpflichtenden Anpassung der Arbeitsbedingungen keinen solchen dringenden betrieblichen Grund darstellt.[131]

In jedem Fall zu beachten ist, dass eine Änderungskündigung den all- **138** gemeinen Bestimmtheitserfordernissen entsprechen muss. Entsprechend hat das BAG eine Änderungskündigung als unzulässig verworfen, in der aus dem unterbreiteten Angebot nicht ersichtlich war, welche konkreten Arbeitsbedingungen künftig für das Arbeitsverhältnis gelten sollten.[132]

a) Angebot eines Arbeitsplatzes als Leiharbeitnehmer

Der Ausspruch einer wirksamen Änderungskündigung kommt in Be- **139** tracht, wenn der Arbeitsplatz eines Arbeitnehmers aufgrund Ausglie-

---

128 BAG 12.1.2006, 2 AZR 126/05, EzA § 2 KSchG Nr. 56 = NZA 2006, 587.
129 BAG 15.1.2009, 2 AZR 641/07, Pressemitteilung BAG Nr. 5/09.
130 BAG 16.5.2002, 2 AZR 292/01, EzA § 2 KSchG Nr. 46 = NZA 2003, 147.
131 BAG 12.1.2006, 2 AZR 126/05, EzA § 2 KSchG Nr. 56 = NZA 2006, 587.
132 BAG 15.1.2009, 2 AZR 641/07, Pressemitteilung BAG Nr. 5/09; Näheres unter § 3 AÜG Rdn. 129 ff.

derung entfällt und der Arbeitnehmer dem hieraus folgenden Übergang seines Arbeitsverhältnisses wegen Betriebsübergangs gemäß § 613 Abs. 6 BGB widerspricht. In diesen Fällen kann der Arbeitgeber dem einem Betriebsübergang widersprechenden »Stammarbeitnehmer« eine **Änderungskündigung** mit dem Inhalt auszusprechen, diesen **künftig als Leiharbeitnehmer** bei anderen Gesellschaften einzusetzen.[133]

140   Die **Möglichkeit** einer solchen Änderungskündigung bedeutet grundsätzlich **nicht**, dass der Arbeitgeber diese als anderweitige Beschäftigungsmöglichkeit auch anbieten muss.[134]

▶ Praxistipp:

Einfluss auf den Beschäftigungsbedarf des Arbeitgebers kann allein die Fremdvergabe von Tätigkeiten (Outsourcing), insbesondere in Form von Werk- oder Dienstverträgen haben. Der Entschluss, Tätigkeiten künftig durch Leiharbeitnehmer wahrnehmen zu lassen, stellt keine Fremdvergabe von Tätigkeiten dar.

Somit kann weder eine Änderungs- noch Beendigungskündigung auf den Entschluss gestützt werden, künftig Leiharbeitnehmer im Betrieb einzusetzen.[135]

b) »Druckänderungskündigung«

141   Teilweise wird eine Änderungskündigung zur Entgeltsenkung auch dann für zulässig gehalten, wenn sämtliche Kunden eines Leiharbeitsunternehmens erklären, eine Beschäftigung von Leiharbeitnehmern zu »**Equal-treatment**«-**Bedingungen** abzulehnen.[136] Wegen des erheblichen **Missbrauchsrisikos** ist eine solche Kündigungsbegründung jedoch äußerst problematisch. Es ist insoweit zumindest mit einer genauen gerichtlichen Prüfung hinsichtlich eines Zusammenwirkens von Verleiher und Entleiher zu rechnen.

5. Sonderfall: Arbeitsverhältnisse mit Konzernbezug

a) Speziell ausgestalteter Kündigungsschutz

142   Die **Möglichkeit einer ordentlichen betriebsbedingten** Änderungskündigung zwecks Überlassung des Arbeitnehmers bedeutet grund-

---

133 BAG 29.3.2007, 2 AZR 31/06, EzA § 2 KSchG Nr. 66 = NZA 2007, 855.
134 *Moll/Ittmann* RdA 2008, 321; vgl. zu abweichenden Sonderkonstellationen § 11 AÜG Rdn. 142 ff.
135 Vgl. § 11 AÜG Rdn. 148.
136 LAG Baden-Württemberg 12.4.2007, 21 Sa 62/06, n.v. (juris).

sätzlich nicht, dass der Arbeitgeber diese als anderweitige Beschäftigungsmöglichkeit auch anbieten muss.[137] Lediglich bei **speziell ausgestaltetem Kündigungsschutz** durch tarifliche oder arbeitsvertragliche Unkündbarkeitsregelungen ist der Arbeitgeber verpflichtet, einer Unterbringung des Arbeitnehmers im Wege der Personalgestellung beim anderen Arbeitgeber, ggf. unter Leistung einer **Differenzzahlung** im Falle einer beabsichtigen Kündigung in die Überlegung mit einzubeziehen.[138]

Aufgrund der Möglichkeit zur konzerninternen Arbeitnehmerüber- 143 lassung hat das BAG die außerordentliche Kündigung eines ordentlich unkündbaren Arbeitnehmers, der mangels Beschäftigungsmöglichkeit seit Jahren für eine andere Konzerngesellschaft tätig war, für unzulässig erklärt.[139] Diese Entscheidung betrifft jedoch einen Sonderfall in der Konzernsituation. Auf den Fall der ordentlichen betriebsbedingten Kündigung ist diese Rechtsprechung **nicht übertragbar** und auch nicht auf den Fall der außerordentlichen betriebsbedingten Kündigung außerhalb von Konzernsituation verallgemeinerungsfähig.

Indes sollte bei der **Vertragsgestaltung** die Gefahr einer Auslegung 144 von Absichtserklärungen zur Fortsetzung des Arbeitsverhältnisses nach Entsendung als Verzicht auf eine ordentliche Kündigung beachtet werden.[140]

b) Organstellung bei Tochterunternehmen

Nicht abschließend geklärt ist die Anwendbarkeit des KSchG, wenn 145 ein Arbeitnehmer innerhalb eines Konzerns zu einem verbundenen Unternehmen entsandt wird und dort eine Organstellung bekleidet. In diesen Fällen fehlt es an klaren Vorgaben der Rechtsprechung dazu, unter welchen Voraussetzungen sich diese **Organstellung** auf die zugrundeliegende Vertragsbeziehung zwischen Arbeitnehmer und verleihender Gesellschaft auswirkt und den Arbeitnehmer als leitenden Angestellten im Sinne des § 5 Abs. 3 BetrVG ausweist.[141]

---

137 *Moll/Ittmann* RdA 2008, 321.
138 BAG 29.3.2007, 8 AZR 538/06, EzA § 626 BGB 2002 Unkündbarkeit Nr. 14 = AP BGB § 613a Widerspruch Nr. 4 unter Verweis auf BAG 6.10.2005, 2 AZR 362/04, EzA § 626 BGB 2002 Nr. 14.
139 BAG 29.3.2007, 8 AZR 538/06, EzA § 626 BGB 2002 Unkündbarkeit Nr. 14 = AP BGB § 613a Widerspruch Nr. 4.
140 *Grosjean* DB 2004, 2422 unter Hinweis auf BAG 23.11.1968, 2 AZR 76/68, AP KSchG § 1 Betriebsbedingte Kündigung Nr. 19.
141 LAG München 13.4.2000, 2 Sa 886/1999, NZA-RR 2000, 425.

146 Nach Rechtsprechung des BAG ist eine Organstellung oder die Stellung eines leitenden Angestellten in einem anderen Unternehmen des Konzerns für die Beurteilung, ob eine Arbeitnehmereigenschaft gemäß den § 5 Abs. 2 und Abs. 3 BetrVG vorliegt, **grundsätzlich nicht maßgebend.**[142]

▶ Praxistipp:

Aufgrund der Rechtsprechung des BAG sollte im Fall der Kündigung eines Arbeitnehmers, der in ausländischen Konzernunternehmen eine Organfunktion bekleidet, der Betriebsrat sowie der Sprecherausschuss (vorsorglich) des inländischen Arbeitgebers angehört werden.

III. Einsatz von Leiharbeitnehmern und Kündigung von Arbeitnehmern der Stammbelegschaft

147 Noch immer ungeklärt ist, ob der **Einsatz von Leiharbeitnehmern** in einem Betrieb **betriebsbedingten Kündigungen** von **Arbeitnehmern der Stammbelegschaft** dieses Betriebes entgegensteht.

1. Einführung von Leiharbeit als Kündigungsgrund

148 **Unzulässig** ist es, wenn ein Arbeitgeber **eigene Arbeitnehmer kündigt,** um sie durch **Leiharbeitnehmer zu ersetzen** und bis auf diese Änderung das Beschäftigungskonzept im Betrieb im Übrigen unverändert beibehält.[143] Sollen Arbeiten künftig von Leiharbeitnehmern übernommen werden, so soll dies gerade **keine Fremdvergabe** von Arbeiten und damit kein Entfallen des Beschäftigungsbedarfs bedeuten, da der Arbeitgeber die Arbeiten weiterhin von **Arbeitnehmern, welche seinem Direktionsrecht** unterworfen sind, durchführen lassen will.

149 Die Fremdvergabe von Tätigkeiten kann nur zu einem Wegfall von Arbeit führen, wenn diese Tätigkeiten einem anderen Unternehmen zur **selbständigen Durchführung** übertragen werden. Andernfalls ergäbe sich ein sachlich nicht zu rechtfertigender Widerspruch zum Grundsatz des Verbots der Austauschkündigung.[144]

---

142 BAG 20.4.2005, 7 ABR 20/04, EzA § 14 AÜG Nr. 5 = NZA 2005, 1006.
143 BAG 26.9.2002, 2 AZR 636/01, EzA § 1 KSchG Betriebsbedingte Kündigung Nr. 124; BAG 4.5.2006, 8 AZR 299/05, EzA § 613a BGB 2002 Nr. 51; LAG Hamm 24.7.2007, 12 Sa 320/07, EzAÜG KSchG Nr. 20 = NZA-RR 2008, 239.
144 LAG Hamm 24.7.2007, 12 Sa 320/07, EzAÜG KSchG Nr. 20 = NZA-RR 2008, 239 unter Hinweis auf st. Rspr. des BAG.

2. Kündigung trotz Einsatz von Leiharbeitnehmern

Nicht geklärt ist, ob und unter welchen Voraussetzungen eine Be- **150** schäftigung von Leiharbeitnehmern im Betrieb des Arbeitgebers der Annahme eines **dringenden betrieblichen Erfordernis** im Sinne des § 1 Abs. 2 KSchG zur Rechtfertigung betriebsbedingter Kündigung von Stammarbeitnehmern entgegensteht. Das Problem stellt sich dann, wenn Leiharbeitnehmer dieselben oder vergleichbare Tätigkeiten verrichten wie die zur Entlassung vorgesehenen Arbeitnehmer der Stammbelegschaft.

Ob der dauerhafte Einsatz von Leiharbeitnehmern einer betriebs- **151** bedingten Kündigung von Arbeitnehmern der Stammbelegschaft entgegensteht, hängt **letztlich von der Frage** ab, ob der Abbau von Leiharbeit eine **anderweitige Beschäftigungsmöglichkeit** im Sinne des § 1 Abs. 2 S. 2 und 3 KSchG ist oder ob der Arbeitgeber sich insoweit auf seine freie **unternehmerische Entscheidung** zum Einsatz von Leiharbeitnehmern berufen kann. Eine höchstinstanzliche Entscheidung, welche diese Frage klärt, fehlt bisher.

Sowohl innerhalb der Instanzrechtsprechung als auch des Schrifttums **152** wird das Problem **uneinheitlich** beurteilt.[145] Teilweise wurde die betriebsbedingte Kündigung eines Arbeitnehmers bereits in zweiter Instanz wegen des dauerhaften Einsatzes von Leiharbeitnehmern im Unternehmen **unzulässig** bewertet.[146] Bei der nach § 1 Abs. 2 S. 2 und 3 KSchG durch den Arbeitgeber vorrangig durchzuführenden Prüfung einer anderweitigen Beschäftigungsmöglichkeit seien auch diejenigen Arbeitsplätze einzubeziehen, auf welchen im Zeitpunkt des Auslaufens der Kündigungsfrist Leiharbeitnehmer eingesetzt seien. Im Falle eines Einsatzes von Leiharbeitern könne, entsprechend der Situation einer beständigen Leistung von Überstunden, kein dringendes Bedürfnis für eine betriebsbedingte Kündigung bestehen.[147] Dauerhaft mit Leiharbeitnehmern besetzt Arbeitsplätze seien im Sinne des KSchG vielmehr »freie Arbeitsplätze«.

An anderer Stelle wurde eine **Berücksichtigung** von mit Leiharbeit- **153** nehmern besetzten Arbeitsplätzen mit dem Hinweis abgelehnt, eine

---

145 Zum Meinungsstand vgl. *Moll/Ittmann* RdA 2008, 321.
146 LAG Berlin-Brandenburg 3.3.2009, 12 Sa 2468/08, DB 2009, 1353; LAG Hamm 7.4.2008, 8 (19) Sa 1151/06, n.v. (juris); LAG Hamm 5.3.2007, 11 Sa 1338/06, LAGE Nr. 78 zu § 1 KSchG Betriebsbedingte Kündigung = EzA-ÜG KSchG Nr. 18; LAG Hamm 6.8.2007, 8 Sa 2311/04, EzAÜG KSchG Nr. 21 = NZA-RR 2008, 180; offen gelassen von LAG Rheinland-Pfalz 6.12.2007, 10 Sa 534/07, EzAÜG KSchG Nr. 24.
147 MünchKomm/*Hergenröder* Bd. 5 § 1 KSchG Rn. 299.

solche Bewertung greife unzulässig in die **unternehmerische Entscheidungsfreiheit** des Arbeitgebers ein. Die Ersetzung von Leiharbeitnehmern durch eigene Arbeitnehmer führte zu einer **Änderung der Struktur**. Aus diesem Grund sei der Arbeitgeber nicht verpflichtet, betriebsbedingten Kündigungen zunächst den Abbau von Leiharbeit vorangehen zu lassen.[148]

154　Der **Rechtsprechung des BAG** lässt sich keine klare Tendenz entnehmen, legt jedoch eher die Notwendigkeit eines vorherigen Abbaus von Leiharbeitsplätzen nahe. So hat das BAG im Rahmen der Beurteilung einer betriebsbedingten Kündigung deren **Vermeidbarkeit** durch Beschäftigung des gekündigten Arbeitnehmers mit von Leiharbeitnehmern wahrgenommenen Arbeiten **problematisiert**.[149] Es konnte diese Frage indes offen lassen, da es sich insoweit lediglich um Aufgaben aus dem Weihnachtsgeschäft handelte, der Arbeitgeber Leiharbeitnehmer also nicht dauerhaft einsetzte. Jedenfalls soll die Entscheidung des Arbeitgebers, seinen Personalbedarf künftig durch Leiharbeitnehmer zu decken, **nicht** zur **Unzumutbarkeit** der **Weiterbeschäftigung** eines Mitgliedes der Jugend- und Ausbildungsvertretung gemäß § 78a Abs. 4 BetrVG führen. Zur Begründung führte das BAG aus, die notwendige Veränderung der Arbeitsmenge oder der Anzahl der Arbeitskräfte sei bei einem (geplanten) Einsatz gerade nicht gegeben. Vielmehr würden sämtliche anfallende Tätigkeiten innerhalb einer **unveränderten Betriebsorganisation** von der gleichen Anzahl von Arbeitnehmern nach den Weisungen des Arbeitgebers ausgeführt.[150] Soweit das BAG die **unternehmerische Freiheit** betont, eigenständig darüber zu entscheiden, ob ein betrieblicher Vertretungsbedarf mit Stammkräften oder Aushilfen abgedeckt werden soll und diese Grundsätze auch auf den Einsatz von Leiharbeitnehmern überträgt, betraf diese Entscheidung allein den Einsatz für einen **vorübergehenden Vertretungsbedarf** zwecks Überbrückung von Ausfallzeiten.[151] Soweit das BAG die Zulässigkeit von betriebsbedingten Kündigungen beurteilen musste, in denen der Beschäftigungsbedarf im Rahmen einer Ersetzung von (festangestellten) Arbeitnehmern durch Selbständige erfolgte, hat es darauf abgestellt, ob tatsächlich ei-

---

148　LAG Köln 7.8.2006, 14 Sa 84/06, ArbuR 2007, 144 (obiter dictum).
149　BAG 17.3.2005, 2 AZR 4/04, EzA § 1 KSchG Soziale Auswahl Nr. 58.
150　BAG 16.7.2008, 7 AZR 30/07, AP BetrVG 1972 § 78a Nr. 50 = EzA-SD 2009 Nr. 25, 6–9; BAG 25.2.2009, 7 ABR 61/07, DB 2009, 1473; *Marquardt/Scheicht* ArbRB 1/2009, 7.
151　BAG 1.3.2007, 2 AZR 650/05, EzA § 1 KSchG Betriebsbedingte Kündigung Nr. 154 = AP Nr. 164 zu § 1 KSchG 1969 Betriebsbedingte Kündigung; LAG Hamm 6.8.2007, 8 Sa 2311/04, EzAÜG KSchG Nr. 21 = NZA-RR 2008, 180.

ne strukturelle Veränderung der betrieblichen Abläufe erfolgte.[152] Den Einsatz von Leiharbeitnehmern hat es dagegen grundsätzlich nicht als **strukturelle Veränderung** eingeordnet.[153]

152 BAG 9.5.1996, 2 AZR 438/95, AP KSchG 1969 § 1 Betriebsbedingte Kündigung Nr. 79; BAG 26.9.1996, 2 AZR 200/96, AP KSchG 1969 § 1 Betriebsbedingte Kündigung Nr. 80.
153 BAG 26.9.2002, 2 AZR 636/01, EzA § 1 KSchG Betriebsbedingte Kündigung Nr. 124; BAG 4.5.2006, 8 AZR 299/05, EzA § 613a BGB 2002 Nr. 51; LAG Hamm 24.7.2007, 12 Sa 320/07, EzAÜG KSchG Nr. 20 = NZA-RR 2008, 239.

§ 12　Rechtsbeziehung zwischen Verleiher und Entleiher

(1) [1]Der Vertrag zwischen dem Verleiher und dem Entleiher bedarf der Schriftform. [2]In der Urkunde hat der Verleiher zu erklären, ob er die Erlaubnis nach § 1 besitzt. [3]Der Entleiher hat in der Urkunde anzugeben, welche besonderen Merkmale die für den Leiharbeitnehmer vorgesehene Tätigkeit hat und welche berufliche Qualifikation dafür erforderlich ist sowie welche im Betrieb des Entleihers für einen vergleichbaren Arbeitnehmer des Entleihers wesentlichen Arbeitsbedingungen einschließlich des Arbeitsentgelts gelten; Letzteres gilt nicht, soweit die Voraussetzungen einer der beiden in § 3 Abs. 1 Nr. 3 und § 9 Nr. 2 genannten Ausnahmen vorliegen.

(2) [1]Der Verleiher hat den Entleiher unverzüglich über den Zeitpunkt des Wegfalls der Erlaubnis zu unterrichten. [2]In den Fällen der Nichtverlängerung (§ 2 Abs. 4 Satz 3), der Rücknahme (§ 4) oder des Widerrufs (§ 5) hat er ihn ferner auf das voraussichtliche Ende der Abwicklung (§ 2 Abs. 4 Satz 4) und die gesetzliche Abwicklungsfrist (§ 2 Abs. 4 Satz 4 letzter Halbsatz) hinzuweisen.

A. Form und Inhalt des Überlassungsvertrages

I. Form – Abs. 1 S. 1

1　Der Vertrag zwischen Verleiher und Entleiher bedarf gemäß § 12 Abs. 1 S. 1 AÜG der **Schriftform**. Hinsichtlich seiner Beweissicherungsfunktion ist das Schriftformerfordernis im Zusammenhang mit

§ 7 Abs. 2 S. 3 AÜG zu sehen, der den Verleiher zur Aufbewahrung von Geschäftsunterlagen für drei Jahre verpflichtet.[1]

Nach herrschender Ansicht gilt die Anordnung der Schriftform lediglich für die **gewerbsmäßige Arbeitnehmerüberlassung**.[2] Dieser Meinung ist zuzustimmen, da sich die nicht-gewerbsmäßige Arbeitnehmerüberlassung außerhalb des Anwendungsbereichs des AÜG bewegt. 2

1. Schriftform

Das Formerfordernis umfasst sämtliche **Haupt und Nebenabreden** 3 sowie Rahmen- und Vorverträge, Änderungs- und Verlängerungsverträge des Arbeitnehmerüberlassungsvertrages.[3] Die Schriftform ist bei Verträgen gemäß § 126 Abs. 2 S. 1 BGB gewahrt, wenn dieselbe Urkunde von den Vertragsparteien unterzeichnet wird. Gemäß dem Prinzip der **Einheitlichkeit der Vertragsurkunde** ist hierbei erforderlich, dass alle wesentlichen vertraglichen Abreden in der Urkunde enthalten sind. Insoweit gelten die allgemeinen Grundsätze.[4]

Das Prinzip der Einheitlichkeit der Vertragsurkunde und damit die 4 Voraussetzung für die Einhaltung der Schriftform ist für **Nachtragsverträge** etwas gelockert. Auch insoweit setzt die Schriftform jedoch grundsätzlich eine Verbindung mit der Urkunde des Ausgangsvertrages sowie eine beiderseitige Parafierung voraus. Keiner Schriftform hingegen bedürfen Ergänzungen des Vertrages, die dessen Inhalt nicht abändern, sondern lediglich **erläutern** oder **veranschaulichen** sollen.[5]

Im Arbeitnehmerüberlassungsgesetz ist **nicht** vorgesehen, das Mängel des Vertrages durch dessen Vollzug **geheilt** werden können. Dies 5 gilt für das Fehlen einer notwendigen Erlaubnis ebenso wie für die Nichteinhaltung der Schriftform nach § 125 BGB.[6]

2. Rechtsfolgen des Formmangels

Ein Arbeitnehmerüberlassungsvertrag, welcher die von § 12 Abs. 1 6 S. 1 AÜG vorgegebene Schriftform nicht erfüllt, ist gemäß § 125 S. 1

---

1 Schüren/Hamann/*Brors* § 12 AÜG Rn. 3.
2 *Boemke/Lembke* § 12 AÜG Rn. 6 m.w.Nachw.
3 BGH 13.11.1963, V ZR 8/62, BGHZ 40, 255.
4 Vgl. BGH 2.12.2003, IX ZR 200/03, BGHZ 161, 241 = NJW 2005, 884 m.w.Nachw.
5 BGH 2.12.2004, IX ZR 200/03, BGHZ 161, 241 = NJW 2005, 884 m.w.Nachw.
6 OLG Karlsruhe 23.9.2005, 15 U 16/04, EzAÜG § 9 AÜG Nr. 19.

BGB **unheilbar nichtig.**[7] Sind einzelne wesentliche Abreden nicht schriftlich niedergelegt, hat dies die **Gesamtnichtigkeit** des Vertrags zur Folge (§ 139 BGB).

7   Im Falle der (Form-) Nichtigkeit ist der Vertrag nach **bereicherungsrechtlichen Vorschriften** abzuwickeln. Die Formnichtigkeit des Arbeitnehmerüberlassungsvertrages hat zur Folge, dass der Verleiher zwar nicht die vereinbarte Vergütung jedoch als Wertausgleich nach den Vorschriften über die ungerechtfertigte Bereicherung die **allgemeinübliche Vergütung** verlangen kann. Anspruchsgrundlage ist insoweit § 812 Abs. 1 S. 1 Var. 1, § 818 Abs. 2 BGB. Jedenfalls bei Vorliegen der Erlaubnis nach § 1 AÜG ist der Entleiher um den Verkehrswert der Arbeitnehmerüberlassung einschließlich des Gewinns des Verleihers bereichert. Der Entleiher kann eine solche Arbeitnehmerüberlassung regelmäßig nur auf der Grundlage eines mit dem Verleiher oder einen anderen Verleiher abzuschließenden formwirksamen Vertrages und damit lediglich gegen Zahlung der vollen Vergütung erreichen. Den Umfang der Bereicherung bestimmt daher die Höhe der vom Entleiher **eingesparten Aufwendungen.**[8]

a) Einschränkung nach Treu und Glauben

8   Teilweise wird im Rahmen von Haftungsfragen problematisiert, ob Gesichtspunkte von **Treu und Glauben** gemäß § 242 BGB einer Berücksichtigung der Nichtigkeitsfolgen entgegenstehen. Liegt ein unwirksamer Überlassungsvertrag vor, haftet der Verleiher auch bei fehlerhafter Auswahl nicht.[9] Nach den allgemeinen Rechtsprechungsgrundsätzen kann eine Berufung auf die Formunwirksamkeit eines Vertrages **unzulässig** sein, wenn eine Partei, die am Rechtsgeschäft festhalten will, auf die Formgültigkeit vertraut hat und dieses Vertrauen als schutzwürdig anzusehen ist. Zum anderer kommt eine Anwendung von § 242 BGB in Betracht, wenn eine Berücksichtigung des Formmangels zu einem **untragbaren Ergebnis** führen würde. Ob diese Rechtsprechungsgrundsätze auch auf einen formunwirksamen Arbeitnehmerüberlassungsvertrag anzuwenden sind, hat die Rechtsprechung bisher offen gelassen.[10]

---

7   BGH 2.2.2006, III ZR 61/05, EzAÜG § 611 BGB Abgrenzung Nr. 10 m.w.Nachw.

8   BGH 2.12.2004, IX ZR 200/03, BGHZ 161, 241 = NJW 2005, 884 m.w.Nachw.

9   OLG Karlsruhe 23.9.2005, 15 U 16/04, EzAÜG § 9 AÜG Nr. 19; ausführlich zum Auswahlverschulden *Dahl/Färber* DB 2009, 1650.

10   OLG Karlsruhe 23.9.2005, 15 U 16/04, EzAÜG § 9 AÜG Nr. 19.

► **Praxistipp:**

Ein unter Verletzung des Schriftformerfordernisses geschlossener Arbeitnehmerüberlassungsvertrag ist unheilbar nichtig und lässt auch Haftungsansprüche entfallen.

Eine Ausnahme ist lediglich für den Fall der treuwidrigen Geltendmachung der Formnichtigkeit durch eine Vertragspartei denkbar. Dies setzt arglistiges Verhalten voraus. Allein das Schweigen von Verleiher und Entleiher über die Formbedürftigkeit des Vertrages reicht hierzu nicht aus.

b) Auswirkungen im Falle der Insolvenz des Verleihers

Hat der Verleiher seine vertragliche Pflicht, die Lohnnebenkosten der von ihm verliehenen Arbeitnehmer an die Einzugstelle abzuführen, schuldhaft verletzt, steht dem Entleiher, der entsprechende Beiträge nach Eröffnung des Insolvenzverfahrens an die Einzugstelle zu entrichten hat, in der Insolvenz des Verleihers **keine Aufrechnungsmöglichkeit** zu.[11] Wegen der Einschränkung der Saldotheorie in der Insolvenz kann der Entleiher Sozialversicherungsbeiträge, die er nach Eröffnung des Insolvenzverfahrens über das Vermögen des Verleihers zum Ausgleich der diesem obliegenden Zahlungspflicht an die Kasse geleistet hat, auch in den Fällen, in welchen der Arbeitnehmerüberlassungsvertrag wegen eines **Mangels der Schriftform** nichtig ist, der vom Insolvenzverwalter geltend gemachten Bereicherungsforderung **nicht anspruchsmindernd entgegensetzen.**[12] Einer Aufrechnungsmöglichkeit gegen vom Insolvenzverwalter aus einem nichtigen Arbeitnehmerüberlassungsvertrag geltend gemachten Ansprüchen nach **§ 812 Abs. 1 S. 1 Var. 1, § 818 Abs. 2 BGB** kann insoweit **keine aufrechenbare Gegenforderung** entgegengehalten werden.

► **Praxistipp:**

Da der Entleiher im Falle der Zahlungsunfähigkeit des Verleihers gegenüber den Sozialversicherungsträgern gemäß § 28e Abs. 2 S. 1 SGB VII als selbstschuldnerischer Bürge haftet, empfiehlt es sich, im Arbeitnehmerüberlassungsvertrag eine Sicherheitsleistung zu vereinbaren.

---

11 BGH 14.7.2005, IX ZR 142/02; NJW 2005, 3285 = EzAÜG SGB IV Nr. 33; BGH 2.12.2004, IX ZR 200/03, BGHZ 161, 241 = NJW 2005, 884.
12 BGH 2.12.2004, IX ZR 200/03, BGHZ 161, 241 = NJW 2005, 884.

II. Inhalt

10   Hinsichtlich der inhaltlichen Ausgestaltung des Arbeitnehmerüberlassungsvertrages macht das Gesetz **kaum Vorgaben**. Die Notwendigkeit eines besonderen Schutzes von Leiharbeitnehmern, welche Hintergrund der meisten Regelungen des AÜG sind, ist bzgl. der Ausgestaltung des zwischen Verleiher und Entleiher geschlossenen Vertrages ohne Auswirkung. Inhaltliche Vorgaben macht § 12 AÜG in der Ergänzung zu § 9 Nr. 4 AÜG lediglich hinsichtlich einzelner Punkte.

11   Der Entleiher gilt gemäß § 6 Abs. 2 S. 2 AGG im Hinblick auf die Diskriminierungsverbote des AGG neben dem Verleiher als Arbeitgeber. Es liegt daher in seinem Interesse, in den Arbeitnehmerüberlassungsvertrag die Versicherung des Verleihers aufzunehmen, wonach die bei ihm Beschäftigten gemäß § 12 Abs. 2 AGG **geschult** sind.[13]

▶ Praxistipp:

> Zur Absicherung des Entleihers sollte der Arbeitnehmerüberlassungsvertrag eine Versicherung des Verleihers enthalten, nach welcher die von ihm entsandten Leiharbeitnehmer eine Schulung gemäß § 12 Abs. 2 AGG erhalten haben.

12   Die **Regelungsfreiheit** der Parteien des Arbeitnehmerüberlassungsvertrages bezieht sich auch auf die **Beendigung des Überlassungsverhältnisses**. Neben der aus § 314 Abs. 1 S. 1 BGB folgenden Möglichkeit zur außerordentlichen fristlosen Kündigung können die Parteien ein ordentliches Kündigungsrecht vertraglich vereinbaren. Ebenso sind Gestaltungen mögliche, in denen der Arbeitnehmerüberlassungsvertrag durch Eintritt einer **auflösenden Bedingung** endet oder von vorne herein lediglich als **befristeter Vertrag** abgeschlossen wird. Keine automatische Beendigung des Leiharbeitsverhältnisses tritt in den Fällen des **nachträglichen Wegfalls der Verleiherlaubnis** ein. Insoweit gilt die nach § 2 Abs. 4 S. 4 AÜG maximal zwölfmonatige Abwicklungsfrist.[14] Streitig ist, ob eine Beendigung des Überlassungsvertrages mit dem **Tod des Verleihers** eintritt. Die wohl herrschende Ansicht verneint dies unter Hinweis auf das Fortsetzungsprivileg des § 46 GewO.[15]

---

13   *Hamann* Abschnitt X 2.4.
14   Vgl. hierzu § 2 AÜG Rdn. 36 ff.
15   Thüsing/*Thüsing* § 12 AÜG Rn. 40 m.w.Nachw.; sh. § 2 AÜG Rdn. 57 ff.

1. Erklärung des Verleihers – Abs. 1 S. 2

Gemäß § 12 Abs. 1 S. 2 AÜG hat der Verleiher in der Urkunde zu erklären, ob er die nach § 1 AÜG notwendige **Verleiherlaubnis** besitzt. **13**

Gibt der Verleiher wahrheitswidrig an, er befinde sich im Besitz einer **14** Erlaubnis gemäß § 1 Abs. 1 AÜG, macht er sich gegenüber dem Entleiher **schadensersatzpflichtig** (§ 241 Abs. 2 i.V.m. § 280 Abs. 2, § 280 Abs. 1 BGB, § 823 Abs. 2 BGB i.V.m. § 263 StGB). Zu ersetzen hat der Verleiher hierbei in der Regel den **sich aus den Vorschriften der §§ 9 Nr. 1, 10 AÜG ergebenen Schaden.** Diese sind auch im Falle einer gutgläubigen Annahme des Bestehens einer Verleiherlaubnis durch den Entleiher anwendbar.[16]

Fehlt die Erklärung nach § 12 Abs. 1 S. 2 AÜG in der Vertragsurkunde, kann der Entleiher gemäß **§ 273 BGB** die **Beschäftigung** des **15** Leiharbeitnehmers und die **Vergütungszahlung** verweigern. Tut er das nicht, fällt ihm ein anspruchsminderndes Mitverschulden gemäß § 254 Abs. 1 BGB zur Last.[17] Zudem kommt die **fahrlässige** Begehung einer Ordnungswidrigkeit gemäß **§ 16 Abs. 1 Nr. 1a AÜG** in Betracht.

2. Pflichtangaben des Entleihers – Abs. 1 S. 3

Die Regelung des § 12 Abs. 1 S. 3 AÜG verpflichtet den Entleiher zur **16** Dokumentation der wesentlichen Arbeitsbedingungen, die in seinem Betrieb für vergleichbare Arbeitnehmer gelten. Diese müssen in einer schriftlichen Vereinbarung mit dem Verleiher niedergelegt werden.

Die Norm dient der praktischen Durchsetzbarkeit des »Equal-Pay- **17** und Equal-Treatment-Grundsatzes«. Entsprechend **entfällt** der Auskunftsanspruch, sofern ein Tatbestand eingreift, der diesen Grundsatz beseitigt. Namentlich ist der Fall bei der Beschäftigung von Leiharbeitnehmern, für deren Arbeitsverhältnis mit dem Verleiher die Geltung eines einschlägigen **Tarifvertrages** vereinbart ist. In diesen Fällen kommt ein eingeschränkter Auskunftsanspruch allenfalls dann in Betracht, wenn die Bestimmungen des angewandten Tarifvertrages **ausnahmsweise** auf bestimmte Arbeitsbedingungen im Entleiherbetrieb Bezug nehmen.[18]

Um dem Verleiher eine **sachgerechte Auswahl** der Leiharbeitnehmer **18** zu ermöglichen, hat der Entleiher jedoch in jedem Fall in der Urkun-

16 *Boemke/Lembke* § 12 AÜG Rn. 16; vgl. im Übrigen zu möglichen Schäden § 10 AÜG Rdn. 69 ff.
17 Thüsing/*Thüsing* § 12 Rn. 18 m.w.Nachw.
18 *Benkert* BB 2004, 998.

de anzugeben, welche besonderen **Merkmale** die für den Leiharbeitnehmer vorgesehene **Tätigkeit** hat und welche berufliche **Qualifikation** dafür erforderlich ist.

3. Vermittlungsentgelt

19 Nach Neufassung des § 9 Nr. 3 AÜG zum 1.1.2004 ist die Vereinbarung einer angemessenen Vergütung zwischen Verleiher und Entleiher für den Fall einer Vermittlung des Leiharbeitnehmers in ein Arbeitsverhältnis mit dem Entleiher nach vorangehender Überlassung
nicht mehr unzulässig.[19] Solange die Höhe des zwischen Verleiher
und Entleiher vereinbarten Vermittlungsentgelts nicht faktisch den
Wechsel eines Leiharbeitnehmers zum Entleiher erschwert, sind derartige vertragliche Abreden zulässig.[20]

B. Unterrichtungs- und Hinweispflichten des Verleihers – Abs. 2

20 Aufgrund des verschuldensunabhängigen Eintritts der Rechtsfolgen
des § 10 AÜG erweitert § 12 Abs. 2 AÜG die Unterrichtungs- und
Hinweispflichten des Verleihers zum Schutz des Entleihers im Fall
des **Wegfalls der Erlaubnis**.[21]

21 Streitig ist, ob für die Unterrichtungs- und Hinweispflichten des Abs. 2
besondere **Formvorschriften** gelten. Die herrschende Meinung verneint dies, empfiehlt jedoch aus Beweisgründen eine schriftliche Unterrichtung.[22]

I. Unterrichtung bei Erlaubniswegfall – Abs. 2 S. 1

22 Die Vorschrift des § 12 Abs. 2 S. 1 AÜG verpflichtet den Verleiher, den
Entleiher, **unverzüglich** (§ 121 Abs. 1 BGB) über den **Wegfall** der Erlaubnis zu unterrichten.

23 Ist der Wegfall noch nicht erfolgt, jedoch zu erwarten, ist dem Entleiher der **mögliche Zeitpunkt** des Wegfalls der Erlaubnis mitzuteilen.[23]
Die Regelung dient dazu, dem Entleiher die Möglichkeit zu geben,
sich auf das **Ende der Überlassungszeit** einzustellen. Der Zeitpunkt

---

19 Ausführlich siehe § 9 AÜG Rdn. 39 ff.
20 BT-Drucks. 15/1728 S. 146 Beschlussempfehlung des Ausschusses für Wirtschaft und Arbeit; BGH 7.12.2006, III ZR 82/06, NJW 2007, 764.
21 BT-Drucks. VI/3505 S. 4.
22 *Boemke/Lembke* § 12 Rn. 52 m.w.Nachw.
23 ErfK/*Wank* § 12 AÜG Rn. 12 m.w.Nachw.

eines voraussichtlichen Wegfalls der Erlaubnis ist dem Entleiher mit Blick auf den Zweck der Regelung nur dann nicht zwingend mitzuteilen, wenn das Überlassungsverhältnis bereits vor Wegfall der Erlaubnis endet.[24]

II. Hinweis bei Nichtverlängerung, Rücknahme, Widerruf – Abs. 2 S. 2

Zusätzlich trifft den Verleiher die Pflicht, in den Fällen der Nichtverlängerung (§ 2 Abs. 4 S. 3 AÜG), der Rücknahme der Erlaubnis (§ 4 AÜG) sowie des Widerrufs der Erlaubnis (§ 5 AÜG) auf das **voraussichtliche Ende der Abwicklung** gemäß § 2 Abs. 4 S. 4 AÜG sowie die **gesetzliche Abwicklungsfrist** des § 2 Abs. 4 S. 4 letzter Hs. hinzuweisen.   24

Auch insoweit muss die Unterrichtung **unverzüglich** im Sinne des § 121 BGB erfolgen. Aufgrund der Regelungen des § 2 AÜG endet der Arbeitnehmerüberlassungsvertrag **nicht automatisch** mit dem Wegfall der Verleiherlaubnis. Der Entleiher bleibt bis zum Ende der **maximal zwölfmonatigen Abwicklungsfrist** vor der Fiktion eines Arbeitsverhältnisses des § 10 Abs. 1 S. 1 AÜG geschützt.[25]   25

Weitere Unterrichtungspflichten beispielsweise über die **Gründe des Wegfalls** der Erlaubnis sieht § 12 Abs. 2 S. 2 **nicht** vor.[26]   26

III. Rechtsfolgen bei Pflichtverletzung

Nach herrschender Ansicht in der Literatur stellt § 12 Abs. 2 S. 1 AÜG ein **Schutzgesetz** im Sinne des § 823 Abs. 2 BGB dar. Im Falle einer Verletzung besteht daher für den Verleiher die Gefahr einer **deliktischen Haftung**.[27]   27

Ein **Schadenseintritt** droht dem Entleiher insoweit insbesondere in Folge der **Fiktionswirkung** der § 9 Nr. 1, § 10 Abs. 1 AÜG. Zudem stellt die Verletzung der Unterrichtungspflichten eine Pflichtverletzung dar, welche einen vertraglichen Anspruch aus § 280 Abs. 1 BGB i.V.m. dem Arbeitnehmerüberlassungsvertrag begründen kann.   28

---

24 Thüsing/*Thüsing* § 12 AÜG Rn. 43 m.w.Nachw.
25 Vgl. § 10 AÜG Rdn. 12.
26 *Boemke/Lembke* § 12 AÜG Rn. 54; a.A. *Ulber* § 12 AÜG Rn. 41.
27 Thüsing/*Thüsing* § 12 AÜG Rn. 44 m.w.Nachw.

§ 13 Auskunftsanspruch des Leiharbeitnehmers

Der Leiharbeitnehmer kann im Falle der Überlassung von seinem Entleiher Auskunft über die im Betrieb des Entleihers für einen vergleichbaren Arbeitnehmer des Entleihers geltenden wesentlichen Arbeitsbedingungen einschließlich des Arbeitsentgelts verlangen; dies gilt nicht, soweit die Voraussetzungen einer der beiden in § 3 Abs. 1 Nr. 3 und § 9 Nr. 2 genannten Ausnahmen vorliegen.

A. Allgemeines

1   Der **Auskunftsanspruch des Leiharbeitnehmers gegen den Entleiher** nach § 13 AÜG wurde durch das Erste Gesetz für moderne Dienstleistungen am Arbeitsmarkt vom 23.12.2002[1] neu geschaffen und zuletzt mit Wirkung zum 1.1.2004 modifiziert.[2] Die Regelung gilt seit dem 1.1.2004 für alle Leiharbeitsverhältnisse (§ 19 AÜG).

2   Die Neuregelung des **§ 13 AÜG füllte eine Leerstelle**, die durch die Aufhebung des früheren § 13 AÜG a.F. im Zuge der Arbeitsmarktreformgesetze zum 1.4.1997 entstanden war. Die damalige Regelung hatte einen vollständig anderen Inhalt. Sie diente insbesondere im Zusammenspiel mit § 1 Abs. 2 AÜG zur Begründung eines fingierten Arbeitsverhältnisses zum Entleiher im Falle vermuteter Arbeitsvermittlung.[3]

B. Auskunftsanspruch

3   Der gesetzliche **Anspruch auf Auskunftserteilung** gegen den Entleiher **flankiert das Schlechterstellungsverbot** des § 9 Nr. 2 AÜG. Der Leiharbeitnehmer muss zur Durchsetzung des Gleichstellungsanspruchs (§ 10 Abs. 4 AÜG) wissen, welche Arbeitsbedingungen für

---

1 BGBl. I. S. 4607.
2 Vgl. Drittes Gesetz für moderne Dienstleistungen am Arbeitsmarkt vom 23.12.2003, BGBl. I. S. 2848.
3 Dazu § 1 AÜG Rdn. 192.

vergleichbare Arbeitnehmer des Entleihers gelten.[4] Diesem Ziel dient die gesetzliche Auskunftspflicht des Entleihers. Sie trägt dem Umstand Rechnung, dass der Leiharbeitnehmer üblicherweise weder Einblick in Organigramme, Vergütungsstrukturen noch sonstige Arbeitsbedingungen des Entleiherbetriebes hat. Erst durch eine entsprechende Auskunft erhält er die Möglichkeit, die ihm von Seiten des Verleihers gewährten Leistungen mit denen zu vergleichen, die ihm nach dem Gleichstellungsgebot kraft Gesetzes zustehen.[5]

► **Beispiel:**

Leiharbeitnehmerin A wurde zwischen dem 1.1.2004 und dem 30.9.2004 beim entleihenden B-Verlag im Rahmen gewerbsmäßiger Arbeitnehmerüberlassung als Sekretärin eingesetzt. Für diese Tätigkeit erhielt sie eine Vergütung von € 11,50 je Stunde. Sie erfährt per Zufall, dass vergleichbaren Arbeitnehmerinnen im Betrieb des B-Verlages höhere Gehälter gewährt werden. Sie bittet daraufhin die Verantwortlichen in der Personalabteilung des Verlages, ihr Auskunft über die Zusammensetzung der Bezüge der Mitarbeiter zu erteilen, die, wie sie selbst mit Sekretärinnentätigkeiten betraut sind. Daraufhin erfährt sie vom B-Verlag, dass diesen ein (übertariflicher) Verdienst von € 2 800,00 brutto monatlich, zuzüglich anteiliges Urlaubs- und Weihnachtsgeld, zusteht. Nach Beendigung ihres Einsatzes im B-Verlag verklagt sie daraufhin ihren Arbeitgeber auf Zahlung der Differenzvergütung.

Der gesetzliche Auskunftsanspruch setzt den Einsatz des Leiharbeit- **4** nehmers im Wege **legaler gewerbsmäßiger Arbeitnehmerüberlassung** voraus. Der Anspruch entsteht mit Beginn der Überlassung. Er erlischt nicht automatisch mit Beendigung des Einsatzes im Entleiherbetrieb, sondern besteht jedenfalls solange fort, wie der Leiharbeitnehmer Differenzvergütungsansprüche gegen den Verleiher geltend machen kann. Der Auskunftsanspruch ist also ein Annex zum gesetzlichen Equal-Pay- und Equal-Treatment-Anspruch (§ 9 Nr. 2, § 10 Abs. 4 AÜG). Er erlischt, wenn dieser Anspruch, etwa wegen Verstreichens einer (tariflichen) Ausschlussfrist oder wegen Verjährung, nicht mehr durchsetzbar ist.[6]

Die Auskunftsverpflichtung des Entleihers richtet sich auf die **Mittei- 5 lung der Arbeitsbedingungen vergleichbarer Arbeitnehmer seines**

---

4 BT-Drucks. 15/25 S. 39; BAG 19.9.2007, 4 AZR 656/06, EzA § 13 AÜG Nr. 1 = NZA-RR 2008, 231.
5 HWK/*Gotthardt* § 13 AÜG Rn. 1; Schüren/Hamann/*Brors* § 13 AÜG Rn. 1.
6 *Boemke/Lembke* § 13 AÜG Rn. 7; HWK/*Gotthardt* § 13 AÜG Rn. 2.

Betriebes. Fehlt es an solchen, ist er nicht verpflichtet, dem Leiharbeitnehmer Auskunft über die üblichen Arbeitsbedingungen vergleichbarer Arbeitnehmer der Branche zu erteilen. Für eine derart weit-
reichende Auskunftsverpflichtung gibt der Wortlaut des § 13 AÜG
nichts her. Der Auskunftsanspruch setzt deshalb die Beschäftigung
mindestens eines vergleichbaren Arbeitnehmers voraus.[7]

6 Auskunftsverlangen und -erteilung unterliegen **keinen besonderen
   Formerfordernissen.**

▶ Praxistipp:

   Der Leiharbeitnehmer kann vom Entleiher sowohl mündlich als
   auch schriftlich Auskunft verlangen. Eine besondere Form ist nicht
   vorgeschrieben. Möglich ist daher beispielsweise auch ein Antrag
   auf Auskunftserteilung per Telefax oder E-Mail. Für die Auskunftserteilung des Entleihers gilt Entsprechendes. Aus Beweisgründen sollten indes sowohl Leiharbeitnehmer als auch Entleiher
   auf eine schriftliche Dokumentation bedacht sein.

7 § 13 AÜG findet nur dann Anwendung, wenn der Leiharbeitnehmer
   einen **gesetzlichen Anspruch auf Gleichstellung** geltend machen
   kann. Der Auskunftsanspruch des Leiharbeitnehmers gegenüber dem
   Entleiher nach § 13 AÜG gilt mithin nicht uneingeschränkt. Eine **Auskunft kann nicht verlangt werden,** wenn **eine der beiden Ausnahmen vom Gleichstellungsgebot** – Anwendung eines Tarifvertrages
   oder Einstellung eines zuvor Arbeitslosen – **eingreift.**[8] Allerdings
   sind auch Fallgestaltungen denkbar, in denen das gesetzliche Schlechterstellungsverbot nicht vollständig abbedungen wurde;[9] in diesen
   Fällen besteht ein zumindest eingeschränkter Auskunftsanspruch des
   Leiharbeitnehmers.[10] Diese eingeschränkte Anwendbarkeit des § 13
   AÜG ergibt sich nicht nur aus dem Gesetzeswortlaut (»… soweit …«),
   sondern ist überdies Ausdruck der generellen Bedeutung des Auskunftsanspruchs. Dieser ist im Verhältnis zum Hauptanspruch gegenüber dem Verleiher nur ein **Hilfsanspruch,** der dessen Durchsetzung
   ermöglichen soll. Er ist gegenstandslos, wenn feststeht, dass der Leiharbeitnehmer aufgrund der Auskunft keinesfalls etwas fordern könnte.[11] Bei Zweifeln an der Wirksamkeit eines Tarifvertrages besteht der

---

7 Ebenso *Boemke/Lembke* § 13 AÜG Rn. 8; a.A. Thüsing/*Pelzner* § 13 AÜG Rn. 5.
8 BT-Drucks. 15/15 S. 133.
9 Dazu § 3 AÜG Rdn. 131.
10 *Boemke/Lembke* § 13 AÜG Rn. 12; Thüsing/*Pelzner* § 13 AÜG Rn. 7.
11 Allg. zur Rechtsnatur des Auskunftsanspruchs BAG 21.11.2000, 9 AZR
   665/99, EzA § 242 BGB Auskunftspflicht Nr. 6; BAG 5.9.1995, 9 AZR 660/94,
   EzA § 196 BGB Nr. 9; a. BT-Drucks. 15/15 S. 133.

Auskunftsanspruch nach Sinn und Zweck der gesetzlichen Regelung fort.

▶ **Hinweis:**

Trotz Inbezugnahme eines Zeitarbeitstarifvertrages bleibt der Auskunftsanspruch des Leiharbeitnehmers gegen den Entleiher nach richtiger Auffassung unberührt, da sowohl die Tariffähigkeit der CGZP als auch der Tarifgemeinschaft Zeitarbeit des DGB zweifelhaft sind.[12]

Erteilt der Entleiher entgegen einem Auskunftsersuchen des Leih-   8
arbeitnehmers d**ie Auskunft nicht, unvollständig oder fehlerhaft**, macht er sich gegenüber dem Leiharbeitnehmer schadensersatzpflichtig. Ansprüche können sich aufgrund der kraft Gesetzes begründeten schuldrechtlichen Sonderverbindung aus § 280 Abs. 1, § 241 Abs. 2 BGB sowie aus Delikt (§ 823 Abs. 2 BGB i.V.m. § 13 AÜG) ergeben.[13] Ein Schaden des Leiharbeitnehmers kann beispielsweise dann entstehen, wenn er aufgrund der fehlenden oder fehlerhaften Auskunft Ansprüche gegen seinen Vertragsarbeitgeber wegen Verjährung (§ 195 BGB) oder Ablaufs einer Verfallfrist nicht mehr durchsetzen kann.

Besteht Grund zu der Annahme, der Entleiher habe eine unrichtige   9
oder unvollständige Auskunft erteilt, kann dieser zur Abgabe einer **eidesstattlichen Versicherung** (§§ 260 Abs. 2, 261 BGB analog) verpflichtet sein.[14]

C. Verfahren

Der Leiharbeitnehmer hat einen gerichtlich durchsetzbaren Anspruch   10
auf Auskunftserteilung gegenüber dem Entleiher. Nach zutreffender Auffassung sind die **Arbeitsgerichte** nach § 2 Abs. 1 Nr. 4a) ArbGG – nicht die Zivilgerichte (§ 13 GVG)[15] – **zuständig**.[16]

Dem Leiharbeitnehmer ist es auch unbenommen, einen unbezifferten   11
Zahlungsantrag gegenüber dem Verleiher mit einem Auskunftsanspruch gegenüber dem Entleiher gerichtlich im Wege der **Stufenkla-**

---

12 Zur Problematik der Tariffähigkeit vgl. § 3 AÜG Rdn. 152 ff.
13 *Boemke/Lembke* § 13 AÜG Rn. 15; HWK/*Gotthardt* § 13 AÜG Rn. 2; Thüsing/ *Pelzner* § 13 AÜG Rn. 10; zurückhaltend ErfK/*Wank* § 13 AÜG Rn. 2.
14 Dazu *Boemke/Lembke* § 13 AÜG Rn. 14 m.w.Nachw.
15 So Thüsing/*Pelzner* § 13 AÜG Rn. 11.
16 *Boemke/Lembke* § 13 AÜG Rn. 17; HWK/*Gotthardt* § 13 AÜG Rn. 3; *Schüren* RdA 2009, 58; so wohl a. BAG 19.9.2007, 4 AZR 656/06, EzA § 13 AÜG Nr. 1 = NZA-RR 2008, 231.

ge (§ 254 ZPO analog) zu verbinden.[17] Obgleich sich die Ansprüche gegen unterschiedliche Beklagte richten, ist dieses Verfahren sachgerecht. Die Interessenlage der atypischen Stufenklage bei legaler Arbeitnehmerüberlassung ist der im normalen Arbeitsverhältnis durchaus vergleichbar.

---

17 So a. *Boemke/Lembke* § 13 AÜG Rn. 19; allg. zur Stufenklage *Thomas/Putzo* § 256 ZPO Rn. 1 ff.; Zöller / *Greger* § 254 ZPO Rn. 1 ff.

§ 14 Mitwirkungs- und Mitbestimmungsrechte

(1) Leiharbeitnehmer bleiben auch während der Zeit ihrer Arbeitsleistung bei einem Entleiher Angehörige des entsendenden Betriebs des Verleihers.

(2) ¹Leiharbeitnehmer sind bei der Wahl der Arbeitnehmervertreter in den Aufsichtsrat im Entleiherunternehmen und bei der Wahl der betriebsverfassungsrechtlichen Arbeitnehmervertretungen im Entleiherbetrieb nicht wählbar. ²Sie sind berechtigt, die Sprechstunden dieser Arbeitnehmervertretungen aufzusuchen und an den Betriebs- und Jugendversammlungen im Entleiherbetrieb teilzunehmen. ³Die §§ 81, 82 Abs. 1 und die §§ 84 bis 86 des Betriebsverfassungsgesetzes gelten im Entleiherbetrieb auch in bezug auf die dort tätigen Leiharbeitnehmer.

(3) ¹Vor der Übernahme eines Leiharbeitnehmers zur Arbeitsleistung ist der Betriebsrat des Entleiherbetriebs nach § 99 des Betriebsverfassungsgesetzes zu beteiligen. ²Dabei hat der Entleiher dem Betriebsrat auch die schriftliche Erklärung des Verleihers nach § 12 Abs. 1 Satz 2 vorzulegen. ³Er ist ferner verpflichtet, Mitteilungen des Verleihers nach § 12 Abs. 2 unverzüglich dem Betriebsrat bekanntzugeben.

(4) Die Absätze 1 und 2 Sätze 1 und 2 sowie Absatz 3 gelten für die Anwendung des Bundespersonalvertretungsgesetzes sinngemäß.

A. Allgemeines

Die Vorschrift des **§ 14 AÜG** ist in Zusammenhang mit **§ 7 S. 2** 1
BetrVG zu sehen, der Leiharbeitnehmern ein aktives Wahlrecht im
Entleiherbetrieb zuweist. Da das Betriebsverfassungsrecht meist an
den faktischen **Betriebsbegriff** anknüpft, hierbei aber die dortige **Dispositionsbefugnis** des Arbeitgebers erfordert, ist seine Anwendung
im Bereich der Arbeitnehmerüberlassung oftmals schwierig. Kennzeichnend für die Arbeitnehmerüberlassung ist gerade, dass der Arbeitnehmer in einem (Entleiher-) Betrieb eingesetzt ist, in dem sein
Arbeitgeber (Verleiher) keine Befugnisse besitzt.

2   Dieser **Aufspaltung der Arbeitgeberfunktion** soll § 14 AÜG Rech-
     nung tragen. Indes ist die Norm nicht als abschließende Regelung zu
     verstehen.[1]

B. Betriebsverfassungsrechtliche Zuordnung von Leiharbeitnehmern

3   Die allgemeine Schutzfunktion des Betriebsverfassungsrechts gebietet
     eine betriebsverfassungsrechtliche **doppelte Zuordnung** der Leih-
     arbeitnehmer.[2] Wie sich diese im Einzelnen auswirkt, ist indes noch
     immer hoch umstritten. So ist trotz der mittlerweile erfolgten Schaf-
     fung des § 7 S. 2 BetrVG auch die Rechtsprechung des BAG zur Zu-
     ordnung von Leiharbeitnehmern in der Literatur weiterhin Kritik
     ausgesetzt.

I. Grundsätze

4   Leiharbeitnehmer bleiben auch während der Zeit ihrer Arbeitsleis-
     tung beim Entleiher **Angehörige des entsendenden Betriebes** des
     Verleihers (§ 14 Abs. 1 AÜG).

5   Hierbei setzt die Anwendung des § 14 Abs. 1 AÜG trotz des insoweit
     missverständlichen Wortlauts (»bleiben«) nicht die vorangegangene
     tatsächliche Eingliederung des Arbeitnehmers in den Betrieb des Ver-
     leihers voraus. Anderenfalls würde sich die Geltung des § 14 AÜG
     gerade nicht auf die Fälle der typischen Arbeitnehmerüberlassung be-
     ziehen und damit ihren Sinn und Zweck verlieren.[3]

6   Zwar gilt § 14 Abs. 1 AÜG grundsätzlich lediglich für die **gewerbs-
     mäßige** Arbeitnehmerüberlassung. Aufgrund der vergleichbaren In-
     teressenlage ist die Vorschrift jedoch auf die **nicht gewerbsmäßige
     Arbeitnehmerüberlassung** und die Privilegierungstabestände ent-
     sprechend anzuwenden. In beiden Fällen wird der Arbeitnehmer un-
     ter Fortbestand seiner arbeitsvertraglichen Beziehungen zum Verlei-
     her in die Betriebsorganisation des Entleihers eingegliedert.[4]

7   Allein die **faktische** Durchführung eines nach § 9 Nr. 1 AÜG **unwirk-
     samen** Arbeitsvertrages soll dagegen nach höchstrichterlicher Recht-

---

1 *Dörner* FS Wissmann S. 286.
2 BT-Drucks. 9/847 S. 8 (Begründung zu § 14 AÜG).
3 BAG 20.4.2005, 7 ABR 20/04, EzA § 14 AÜG Nr. 5 = NZA 2005, 1006.
4 BAG 20.4.2005, 7 ABR 20/04, EzA § 14 AÜG Nr. 5 = NZA 2005, 1006.

sprechung eine **entsprechende Anwendung des § 14 Abs. 1 AÜG nicht rechtfertigen** können.[5]

1. Räumliche Ausdehnung

Der Anwendungsbereich des § 14 AÜG deckt sich mit dem des **8** BetrVG und richtet sich damit nach dem **Territorialitätsprinzip**.[6] Aus diesem Grund ist es für die betriebsverfassungsrechtliche Stellung von **Leiharbeitnehmern** eines deutschen Verleihers **irrelevant**, ob sie im **In- oder Ausland** eingesetzt sind, da sie gemäß § 14 Abs. 1 AÜG stets dem (inländischen) Verleiherbetrieb zugeordnet sind.[7] Die Auslandstätigkeit stellt sich daher als »Ausstrahlung« der Inlandsbeschäftigung dar.[8]

Erhebliche Rechtsunsicherheit herrscht jedoch weiterhin im Fall der **9** Entsendung eines Arbeitnehmers zu einem anderen – meist konzernangehörigen – **Unternehmen** ins Ausland. Hinsichtlich der betriebsverfassungsrechtlichen Einordnung von ins Ausland entsandten Arbeitnehmern (expatriates) wird teilweise eine analoge Anwendung des § 14 Abs. 1 AÜG erwogen.[9] Maßgeblich für die fortbestehende Zuordnung des entsandten Arbeitnehmers ist nach der Rechtsprechung des BAG ob die Entsendung lediglich »**vorübergehend**« oder »**dauerhaft**« erfolge. In der älteren Rechtsprechung des BAG hatte dieses entsprechend erklärt, auch eine Eingliederung in den ausländischen Betrieb beende die betriebsverfassungsrechtliche Zuordnung eines entsandten Arbeitnehmers zum deutschen Betrieb solange nicht, wie er lediglich vorübergehend im Ausland beschäftigt sei.[10]

2. Persönlicher Anwendungsbereich

§ 14 AÜG gilt ausschließlich für **Leiharbeitnehmer**. Obwohl das AÜG **10** insoweit grundsätzlich keine Anwendung findet, ist die Vorschrift analog auch auf die Fälle nicht gewerbsmäßiger Arbeitnehmerüberlassung anwendbar. Eine direkte oder analoge Anwendung des § 14

---

5 BAG 20.4.2005, 7 ABR 20/04, EzA § 14 AÜG Nr. 5 m. kritischer Anm. *Hamann*; a.A. GK-BetrVG/*Kreutz* § 7 Rn. 42; DKK/*Trümner* § 5 BetrVG Rn. 79.
6 BAG 25.4.1978, 6 ABR 2/77, BAGE 30, 266.
7 BAG 22.3.2000, 7 ABR 34/98, BAGE 94, 144 = AP AÜG § 14 Nr. 8 m.w.Nachw.
8 BAG 22.3.2000, 7 ABR 34/98, BAGE 94, 144 = AP AÜG § 14 Nr. 8 m.w.Nachw.
9 *Grosjean* DB 2004, 2422 m.w.Nachw.
10 BAG 25.4.1978, 6 ABR 2/77, AP Internationales Privatrecht/Arbeitsrecht Nr. 16.

AÜG auf **andere Formen des drittbezogenen Personaleinsatzes** kommt nach herrschender Meinung nicht in Betracht.[11]

11 Dem ist zuzustimmen. Werden Fremdarbeitnehmer im Rahmen echter Werk- oder Dienstverträge im Betrieb eingesetzt, was zwangsläufig ein Direktionsrecht ausschließlich des Vertragsarbeitgebers bedeutet, kommt eine betriebverfassungsrechtliche Zuordnung dieser Arbeitnehmer zum Betrieb, in dem sie aufgrund des Werk- oder Dienstvertrages tätig werden, nicht in Betracht. Sie sind in diesen Betrieb nicht eingegliedert, weshalb es bei der ausschließlichen Zuordnung zum Betrieb des Werk- bzw. Dienstnehmers und damit der ausschließlichen Zuständigkeit dessen Betriebsrates bleibt.

12 Entsprechend den allgemeinen Grundsätzen sind ausschließlich **Arbeitnehmer** im Sinne des § 5 BetrVG vom Anwendungsbereich erfasst. Damit besteht kein Mitbestimmungsrecht des Verleiherbetriebsrates, wenn im Rahmen von **Gestellungsverträgen** beispielsweise Rote-Kreuz-Schwestern oder -Brüder als Arbeitskräfte verliehen werden, da diese nach ständiger Rechtsprechung des BAG keine Arbeitnehmer im Sinne des § 5 BetrVG sind.[12] Von praktischer Relevanz ist diese Einschränkung im Bereich des Gesundheitswesens.

II. Zugehörigkeit zum Verleiherbetrieb/»Doppelte Betriebszugehörigkeit«

13 Dass Leiharbeitnehmer auch während der Zeit ihrer Arbeitsleistung beim Entleiher **Angehörige des entsendenden Betriebes** des Verleihers (§ 14 Abs. 1 AÜG) bleiben, ordnet das Gesetz eindeutig an. Umstritten ist, ob § 14 AÜG Leiharbeitnehmer während der Zeiten ihrer Eingliederung in einen fremden Betrieb **ausschließlich** oder **auch** dem Verleiherbetrieb zuweist, also eine **doppelte Betriebszugehörigkeit** besteht.[13]

14 Kennzeichnend für die Arbeitnehmerüberlassung sind die Aufspaltung der Arbeitgeberfunktion und die daraus resultierende Aufteilung der Befugnisse. § 14 Abs. 1–3 AÜG trägt dem Rechnung, enthält jedoch keine abschließende Regelung.[14] Mit der Aufteilung der Ar-

---

11 Vgl. zum Meinungsstand *Boemke/Lembke* § 14 AÜG Rn. 8 sowie ausdrücklich nur zu § 99 BetrVG BAG 5.3.1991, 1 ABR 39/90, AP BetrVG 1972 § 99 Nr. 90 m.w.Nachw.
12 Vgl. LAG Düsseldorf 30.10.2008, 15 TaBV 245/08, n.v. (juris), Rechtsbeschwerde eingelegt unter Az. 1 ABR 1/09 unter Verweis auf zuletzt BAG 22.4.1997, 1 ABR 74/96, AP BetrVG 1972 § 99 Einstellung Nr. 18.
13 Vgl. *Urban-Crell/Schulz* Rn. 1018 m.w.Nachw.
14 *Dörner* FS Wissmann S. 286.

beitgeberfunktionen korrespondiert eine **gesplittete Zuständigkeit** von Verleiher- und Entleiherbetriebsrat. Ob sich diese allein aus § 14 AÜG oder aus einer doppelten Betriebszugehörigkeit ergibt, § 14 AÜG daher **lediglich deklaratorische** Bedeutung hätte, ist für die Praxis letztlich irrrelevant.

Gemäß den allgemeinen Grundsätzen ist die Zuständigkeit des Betriebsrates begrenzt auf den Betrieb, für den er gebildet ist. Über die Betriebsgrenze hinaus stehen dem Betriebsrat keine Mitwirkungsbefugnisse zu.[15] Als Grundregel zur Ermittlung der Zuständigkeit gilt, dass der Entleiherbetriebsrat dort für Leiharbeitnehmer zuständig ist, wo seine Befugnis an deren **Eingliederung in die betriebliche Organisation** anknüpft oder der Entleiher das Direktionsrecht gegenüber den Leiharbeitnehmern ausübt. Setzt die Ausübung betriebsverfassungsrechtlicher Befugnisse dagegen eine **arbeitsvertragliche Bindung** voraus, ist der Betriebsrat des Verleihers zuständig.[16] 15

▶ **Praxistipp:**

Grundsätzlich gilt
- eine Zuständigkeit des Verleiherbetriebsrates, soweit das Mitbestimmungsrecht an den Leiharbeitsvertrag anknüpft,
- eine Zuständigkeit des Entleiherbetriebsrates für Mitbestimmungsrechte, die sich auf Betriebsabläufe beziehen.

C. Betriebsverfassungsrechtliche Stellung im Verleiherbetrieb – Abs. 1

I. Rechte des Leiharbeitnehmers

Leiharbeitnehmer bleiben auch während der Zeit ihrer Arbeitsleistung beim Entleiher Angehörige des entsendenden Betriebes des Verleihers. Ihnen stehen daher gegen den Verleiher als ihrem Arbeitgeber grundsätzlich alle Arbeitnehmerrechte des Betriebsverfassungsrechts zu. Diese sind indes durch die sämtliche Fälle der Arbeitnehmerüberlassung kennzeichnende Aufspaltung der Arbeitgeberfunktionen eingeschränkt, sofern diese einem (sinnvollen) Gebrauch entgegensteht. 16

---

15 BAG 19.6.2001, 1 ABR 43/00, BAGE 98, 60 = EzA § 87 BetrVG 1972 Arbeitszeit Nr. 63.
16 *Hamann* Anm. zu BAG 19.6.2001, 1 ABR 43/00, EzA § 87 BetrVG 1972 Arbeitszeit Nr. 63 m.w.Nachw.

1. Wahlrecht

17 Diese grundsätzliche gesetzgeberische Entscheidung, welche in § 14 Abs. 1 AÜG ihren Niederschlag gefunden hat, stellt klar, dass die allgemeinen Bestimmungen gemäß §§ 7 ff. BetrVG für Leiharbeitnehmer in Bezug auf ihren Arbeitgeber im vollen Umfang Anwendung finden.

18 Entsprechend sind daher Leiharbeitnehmer **unabhängig vom Ort ihres Einsatzes** oder des Vorliegens **einsatzfreier Zeiten** im **Verleiherbetrieb wahlberechtigt und wählbar.**[17] Dies gilt auch für die nichtgewerbsmäßige Arbeitnehmerüberlassung.[18]

2. Sonstige Rechte

a) Teilnahme an Sprechstunden und Versammlungen

19 Aufgrund seiner vorrangigen betriebsverfassungsrechtlichen Zuordnung zum Verleiherbetrieb ist der Leiharbeitnehmer auch während der Zeiten seines **Einsatzes in einem Entleiherbetrieb** berechtigt, die **Sprechstunden** des Verleiherbetriebsrates aufzusuchen. Dieses Recht ergibt sich aus § 39 BetrVG. Das Recht zur Teilnahme an Sprechstunden der **Jugend- und Auszubildendenvertretung** im Betrieb des Verleihers folgt aus § 69 BetrVG.

20 Allerdings trifft den Leiharbeitnehmer insoweit eine **Abmeldepflicht,** als er nach den Grundsätzen des BetrVG die Sprechstunde des Betriebsrates zwar während der Arbeitszeit aufsuchen kann, jedoch **nicht zum eigenmächtigen Verlassen des Arbeitsplatzes** berechtigt ist. Insoweit ist der Leiharbeitnehmer nach herrschender Ansicht verpflichtet, sowohl den **Verleiher** als seinen Arbeitgeber um Freistellung zu ersuchen, damit dieser einen Ersatzleiharbeitnehmer stellen kann, als auch sich beim **Entleiher** abzumelden.[19] Streitig ist, wer für die Dauer der Zeit, in der der Leiharbeitnehmer die Sprechstunde des Verleiherbetriebsrates aufsucht, die **Vergütungspflicht** trägt. Ebenso ungeklärt ist, ob der Leiharbeitnehmer die Sprechstunde im Verleiherbetriebsrat nur im Zusammenhang mit Umständen aufsuchen darf, die ihre **Ursache** im Verleiherbetrieb haben.[20]

21 Gemäß den Vorschriften der §§ 42 ff. BetrVG ist der Leiharbeitnehmer ferner berechtigt, an **Betriebs- und Abteilungsversammlungen** des Verleiherbetriebs auch während der **Arbeitszeit** teilzunehmen.

---

17 Allgemeine Meinung vgl. GK-BetrVG/*Kreutz* § 7 BetrVG Rn. 40 m.w.Nachw.
18 BAG 18.1.1989, 1 ABR 39/90, AP AÜG § 14 Nr. 2.
19 *Urban-Crell/Schulz* Rn. 911 m.w.Nachw.
20 Vgl. zum Streitstand in beiden Punkten Thüsing/*Thüsing* § 14 AÜG Rn. 19.

Das Recht zur Teilnahme an der Jugend- und Ausbildungsversammlung ergibt sich für jugendliche Arbeitnehmer und Auszubildende aus § 71 BetrVG. Der Verleiher hat gemäß § 44 Abs. 1 S. 2 BetrVG dem Leiharbeitnehmer die Zeit der Teilnahme sowie ggf. erforderliche Wegzeiten zu **vergüten**. Ebenso wie bei der Teilnahme an Sprechstunden stellt sich insoweit die – noch ungeklärte – Frage der Risikoverteilung zwischen Verleiher und Entleiher.[21]

▶ **Praxistipp:**

Aufgrund der ungeklärten Risikoverteilung empfiehlt es sich, die Frage der Verpflichtung zur Zahlung der Überlassungsvergütung für Zeiten der Teilnahme von Arbeitnehmern an Betriebsversammlungen und Sprechstunden im Überlassungsvertrag zu regeln. Möglich ist folgende – verleihergünstige – Klausel:

»Der Entleiher ist verpflichtet, Zeiten welche die überlassenen Leiharbeitnehmer zur Wahrnehmung ihrer betriebsverfassungsrechtlichen Recht sowohl im Betrieb des Verleihers als auch des Entleihers in Anspruch nehmen, dem Verleiher wie Arbeitszeit des Leiharbeitnehmers zu vergüten.«

b) Betriebsverfassungsrechtliche Individualrechte

Aufgrund der **arbeitsvertraglichen Beziehung** zwischen Leiharbeitnehmer und Verleiher treffen letzteren die **Unterrichtungs- und Erörterungspflichten** hinsichtlich Aufgabenbereich sowie Unfall- und Gesundheitsgefahren gemäß **§ 81 Abs. 1 BetrVG** sowie die Erörterungs- und Hinweispflichten aus **§ 81 Abs. 4 BetrVG**.   22

Der Verleiher ist insoweit verpflichtet, sich ein Bild von den Aufgaben und Arbeitsbedingungen im Entleiherbetrieb zu machen und den Leiharbeitnehmer insoweit zu **informieren**. Zwar sind genaue Kenntnisse des Betriebsablaufs vom Verleiher nicht zu verlangen, die engere Verknüpfung der Tätigkeit des Leiharbeitnehmers mit der im Entleiherbetrieb zu verrichtenden Arbeit entbindet den Verleiher jedoch nicht von seiner **Fürsorgepflicht**.[22] Der Leiharbeitnehmer hat zudem gemäß **§ 82 Abs. 1 S. 1 BetrVG** das Recht, bei betrieblichen Angelegenheiten, die seine Person betreffen, **angehört** zu werden und zu den Maßnahmen des Arbeitgebers **Stellung zu nehmen** oder Vorschläge zu machen (**§ 82 Abs. 1 S. 2 BetrVG**). Insoweit kommen im Verleiherbetrieb insbesondere Maßnahmen in Betracht, welche die Planung von Fremdfirmeneinsätzen sowie Urlaub oder Nutzung so-   23

---

21 *Urban-Crell/Schulz* Rn. 916 ff. m.w.Nachw.
22 *Urban-Crell/Schulz* Rn. 928 m.w.Nachw.

zialer Einrichtungen betreffen.[23] Die sich aus § 82 Abs. 2 BetrVG ergebenden Rechte bestehen demgegenüber gegenüber dem Entleiherbetriebsrat (§ 14 Abs. 2 S. 3 AÜG).

24 Zudem ist der Leiharbeitnehmer gemäß § 83 **BetrVG** berechtigt, Einsicht in seine **Personalakte** zu nehmen. § 14 Abs. 2 S. 3 AÜG steht
dem nicht entgegen. Das aus den §§ 84 ff. BetrVG folgende **Be-
schwerderecht** des Leiharbeitnehmers bezieht sich sowohl auf Beein-
trächtigungen, denen sich der Leiharbeitnehmer im Verleiherbetrieb
ausgesetzt sieht, als auch solchen aus dem Entleiherbetrieb.[24]

II. Zuständigkeit des Verleiherbetriebsrates

1. Grundsatz

25 Gemäß § 14 Abs. 1 AÜG sind Leiharbeitnehmer auch während der
Zeiten ihres Einsatzes beim Entleiher betriebsverfassungsrechtlich
grundsätzlich dem **Betriebsrat des Verleihers**, also ihres Arbeitgebers, zugeordnet. Dieser Zuordnung soll im Sinne eines Regel-Aus-
nahme-Verhältnisses der Vorrang zukommen.[25]

26 Die für die Arbeitnehmerüberlassung typische **Aufspaltung** der Arbeitgeberbefugnisse führt zu einer Modifizierung des Grundsatzes
der **umfassenden Zuständigkeit** des Betriebsrates für sämtliche dem
Betrieb zugeordneten Arbeitnehmer. Die Kompetenzen des Verleiherbetriebsrates beziehen sich daher lediglich auf **das beim Verleiher
verbleibende Direktionsrecht** sowie die **Betriebsordnung im Verleiherbetrieb**, nicht jedoch Maßnahmen des Entleihers im Entleiherbetrieb.[26]

27 Aus diesem Grund ergibt sich aus der betriebsverfassungsrechtlichen
Zuordnung des Leiharbeitnehmers nicht zwingend die Zuständigkeit
des Verleiherbetriebsrates in sämtlichen betriebsverfassungsrechtli-
chen Angelegenheiten. Ob bei Maßnahmen, die Leiharbeitnehmer be-
treffen, der Betriebsrat des Verleiherbetriebs oder derjenige des
Entleiherbetriebs mitzubestimmen hat, richtet sich danach, ob der
Vertragsarbeitgeber oder der Entleiher die mitbestimmungspflichtige
Entscheidung trifft.[27]

---

23 Vgl. *Ulber* § 14 AÜG Rn. 20.
24 *Urban-Crell/Schulz* Rn. 937 ff. m.w.Nachw.
25 LAG Niedersachsen 26.11.2007, 6 TaBV 34/07, LAGE § 99 BetrVG 2001
    Nr. 5; LAG Düsseldorf 26.1.2007, 17 TaBV 109/06, n.v. (juris).
26 *Boemke/Lembke* § 14 AÜG Rn. 23.
27 BAG 19.6.2001, 1 ABR 43/00, BAGE 98, 60 = EzA § 87 BetrVG 1972 Arbeits-
    zeit Nr. 63.

2. Allgemeine Aufgaben

Aufgrund seiner grundsätzlichen Zuständigkeit für sämtliche be- 28
triebsverfassungsrechtliche Belange der Leiharbeitnehmer obliegt
dem Betriebsrat des Verleihers auch die Wahrnehmung der **allgemeinen Aufgaben**. Zu beachten ist hierbei, dass das jeweilige Mitbestim-
mungs- oder Einwirkungsrecht des Betriebsrates zwingend auf den
Einwirkungsbereich des Verleihers als Arbeitgeber beschränkt ist. Der
Betriebsrat kann vom Verleiher nichts verlangen, was dieser nicht
durchsetzen kann. Gegebenenfalls kommen insoweit Rechte des Entleiherbetriebsrates in Betracht.[28]

a) § 74 BetrVG

Keinerlei Besonderheiten gelten insoweit, als die Grundsätze der 29
vertrauensvollen Zusammenarbeit, welche in **§ 74 BetrVG** zusammengefasst sind, auch im Verhältnis zwischen Verleiher und seinem
Betriebsrat gelten. Faktisch haben diese jedoch aufgrund der tatsächlichen Voraussetzungen geringere Bedeutung. Zumindest derzeit
spielen Aspekte der Abs. 2 und 3 lediglich eine untergeordnete Rolle.
Dies liegt zum einen an der häufig fehlenden oder stark reduzierten
betrieblichen Organisation sowie am geringen Organisationsgrad der
Leiharbeitnehmer.[29]

b) § 75 BetrVG

Der Betriebsrat des Verleiherbetriebes hat gemäß **§ 75 BetrVG** darüber 30
zu wachen, dass alle Arbeitnehmer des Verleiherbetriebes nach den
Grundsätzen von Recht und Billigkeit behandelt werden, insbesondere, dass jede **Benachteiligung** von Personen aus Gründen ihrer Rasse
oder ethnischen Herkunft, ihrer Abstammung oder sonstigen Herkunft, ihrer Nationalität, ihrer Religion oder Weltanschauung, ihrer
Behinderung, ihres Alters, ihrer politischen oder gewerkschaftlichen
Betätigung oder Einstellung oder wegen ihres Geschlechts oder ihrer
sexuellen Identität **unterbleibt** (§ 75 Abs. 1 BetrVG).

Da ein Verleiher neben den **Leiharbeitnehmern**, die regelmäßig den 31
Großteil der Belegkraft stellen, zumindest zur Koordination der Ar-
beitseinsätze regelmäßig auch eigene **Stammarbeitnehmer**[30] beschäf-

---

28 Hierzu § 14 AÜG Rdn. 73 ff.
29 Vgl. AÜG Einl. Rdn. 49.
30 Der Begriff ist insofern problematisch, als auch Leiharbeitnehmer als
»Stammarbeitnehmer« des Verleihers angesehen werden können. Er hat
sich jedoch auch in diesem Zusammenhang als Gegenbegriff zum Leiharbeitnehmer durchgesetzt.

tigt, haben Verleiher und Betriebsrat gemäß § 75 Abs. 1 BetrVG nicht nur über die Gleichbehandlung innerhalb der **Gruppe der Leiharbeitnehmer** sondern auch darüber zu wachen, dass **Leiharbeitnehmer gegenüber dem Stammpersonal** betrieblichverfassungsrechtlich und individualrechtlich nicht benachteiligt werden, soweit dies nicht durch **sachliche Gründe** gerechtfertigt ist. Praktisch bedeutsam ist es insbesondere in Bezug auf Sonderzahlungen, betriebliche Altersversorgung und ähnliche Leistungen.[31] Die praktische Möglichkeit dieser Überwachung wird durch die Anwendbarkeit des § 80 **BetrVG** sichergestellt.

▶ **Beispiel:**

In einem Verleihunternehmen erhalten die mit der Organisation der Arbeitnehmerüberlassung betrauten Stammarbeitnehmer fünf Wochen Erholungsurlaub, während der Urlaubsanspruch der Leiharbeitnehmer lediglich vier Wochen beträgt.

Ein sachlicher Grund für diese unterschiedliche Behandlung ist nicht ersichtlich, weshalb ein Verstoß gegen den Gleichbehandlungsgrundsatz und ein Eingreifen des Betriebsrats gemäß § 75 BetrVG in Betracht kommen.

c) § 77 BetrVG

32 Entsprechend den allgemeinen Grundsätzen gelten Betriebsvereinbarungen im Verleiherbetrieb unmittelbar und zwingend für **alle Arbeitnehmer** des Verleihungsbetriebes. Auch insoweit ist nicht zwischen Leiharbeitnehmern und Stammbelegschaft zu differenzieren. Dies gilt gerade auch in **Mischbetrieben**. Nimmt eine Betriebsvereinbarung die Gruppe der Leiharbeitnehmer ausdrücklich aus oder wird eine Vereinbarung ausdrücklich nur für Leiharbeitnehmer geschaffen, ist dies nur unter Berücksichtigung des Gleichbehandlungsgrundsatzes des § 75 **BetrVG** zulässig.

▶ **Beispiel:**

In einem Mischbetrieb wird eine Betriebsvereinbarung geschlossen, nach welcher diejenigen Arbeitnehmer, welche auch als Leiharbeitnehmer eingesetzt werden, die Fahrten zum jeweiligen Entleiher als Arbeitszeit vergütet bekommen.

Das nur Leiharbeitnehmer betreffende Risiko der von ihnen nicht zu beeinflussenden unterschiedlichen Entfernung zum Arbeitsort

---

31 *Urban-Crell/Schulz* Rn. 946 m.w.Nachw.

stellt einen zulässigen sachlichen Differenzierungsgrund dar, der den Ausschluss von Stammarbeitnehmern aus der Betriebsvereinbarung rechtfertigt.

d) § 80 BetrVG

Dem Verleiherbetriebsrat sind gegenüber dem Leiharbeitnehmer 33 ebenso wie gegenüber den im Verleiherbetrieb tätigen Stammarbeitnehmern die allgemeinen Aufgaben des § 80 BetrVG zugewiesen. Hierbei folgt aus § 80 Abs. 2 S. 3 BetrVG auch bezogen auf Leiharbeitnehmer ein **Einblicksrecht** des Verleiherbetriebsrates in die **Bruttolohn- und Gehaltslisten** gemäß der Regelung des § 80 Abs. 2 S. 3 BetrVG.[32] Der Informations- und Unterrichtungsanspruch des § 80 Abs. 2 BetrVG soll den Betriebsrat des Verleihers auch dazu berechtigen, vom Arbeitgeber die Vorlage der **Arbeitnehmerüberlassungsverträge** zu verlangen.[33] Dies soll auch bei nicht-gewerbsmäßiger, konzerninterner oder sonstiger, nicht vom AÜG erfasster Arbeitnehmerüberlassung gelten.[34]

Der Betriebsrat des Verleihers hat diesem gegenüber – soweit zur 34 Wahrung seiner Aufgaben erforderlich – auch das Recht, **Besuche** der Leiharbeitnehmer während der Einsätze im **Entleiherbetrieb** durchzuführen. Allerdings begründet das Betriebsverfassungsgesetz keine Rechte des Betriebsrats gegenüber dem Kunden des Arbeitgebers. Aus diesem Grund kann der Entleiher einen solchen Besuch des Verleiherbetriebsrates unter Hinweis auf sein **Hausrecht** untersagen. Der Betriebsrat hat ein solches Verbot zu beachten.[35] Offengelassen hat das BAG, ob der Verleiher seinen Betriebsrat beim Versuch, ein Zutrittsrecht beim Entleiher zu erlangen, **unterstützen** muss.[36]

e) §§ 81, 82 Abs. 1, §§ 84, 85 BetrVG

Der Verleiher ist gemäß den Vorschriften der §§ 81, 82 Abs. 1 BetrVG 35 und §§ 84–86 BetrVG verpflichtet, über **Unfall- und Gesundheitsgefahren** zu informieren und **Veränderungen der Arbeitsabläufe** sowie deren Auswirkungen auf den Arbeitsplatz des Leiharbeitnehmers zu erörtern.[37] Da Leiharbeitnehmer jedoch zumeist im Entleiher-

---

32 BAG 10.2.1987, 1 ABR 43/84, AP BetrVG 1972 § 80 Nr. 27.
33 *Urban-Crell/Schulz* Rn. 945 m.w.Nachw.
34 *Boemke/Lembke* § 14 AÜG Rn. 27.
35 BAG 13.6.1989, 1 ABR 4/88, BAGE 62, 100 = EzA § 80 BetrVG 1972 Nr. 36.
36 BAG 13.6.1989, 1 ABR 4/88, BAGE 62, 100 = EzA § 80 BetrVG 1972 Nr. 36.
37 HWK/*Gotthardt* § 14 AÜG Rn. 3.

betrieb eingesetzt werden, ist der Verleiher insoweit auf die Aussagen des Entleihers angewiesen.

3. Soziale Angelegenheiten, § 87 BetrVG

36   Im Bereich der Mitbestimmung nach § 87 BetrVG tritt die Aufspaltung der Arbeitgeberfunktion besonders deutlich zu Tage.[38]

37   Die Festlegung der **Örtlichkeit** des vergütungspflichtigen Beginns und des Endes der Arbeitszeit liegt in der Entscheidungshoheit des Vertragsarbeitgebers und mithin im **Zuständigkeitsbereich des Verleiherbetriebsrates**.[39]

38   Die Entsendung von Leiharbeitnehmern in Betriebe, deren **betriebsübliche** Arbeitszeit die vom Leiharbeitnehmer **vertraglich** geschuldete Arbeitszeit übersteigt, ist nach § 87 Abs. 1 Nr. 3 BetrVG mitbestimmungspflichtig, sofern die Entsendung für eine entsprechend verlängerte Arbeitszeit erfolgt. Das Mitbestimmungsrecht steht hier dem beim Verleiher gebildeten Betriebsrat zu.[40] Das Mitbestimmungsrecht folgt daraus, dass die Entsendung zu einer **vorübergehenden Erhöhung** der betriebsüblichen Arbeitszeit des **Verleihbetriebes** führt. Dagegen soll ein Mitbestimmungsrecht des Verleiherbetriebsrates **ausscheiden**, wenn für Leiharbeitnehmer im Entleiherbetrieb aufgrund einer **späteren Entscheidung** des Entleihers die Leistung von Mehrarbeit angeordnet wird und diese Anordnung zu einer vorübergehenden Veränderung der betriebsüblichen Arbeitszeit des Entleiherbetriebes führt. In diesem Fall sei nicht die vertragliche Abrede zwischen Verleiher und Entleiher für die Arbeitszeiterhöhung maßgeblich.[41]

39   Ausschließlich zuständig ist der Verleiherbetriebsrat auch bei Fragen der **betrieblichen Lohngestaltung** nach § 87 Abs. 1 Nr. 10 BetrVG, da allein der Verleiher Schuldner des Entgeltanspruchs des Leiharbeitnehmers ist. Auch besteht ein Mitbestimmungsrecht gemäß § 87 Abs. 1 Nr. 8 und 9 BetrVG, soweit der Verleiher selbst **Sozialeinrichtungen** unterhält. Praktisch kommt eine Anwendbarkeit dieses Mitbestimmungsrechts für Leiharbeitnehmer derzeit fast ausschließlich

---

38   Siehe zu den verschiedenen Regelungsgegenständen des § 87 BetrVG § 14 AÜG Rdn. 84 ff.
39   LAG Rostock 29.2.2008, 3 TaBV 12/07, EzAÜG § 14 AÜG Betriebsverfassungsrecht Nr. 74.
40   BAG 19.6.2001, 1 ABR 43/00, BAGE 98, 60 = EzA § 87 BetrVG 1972 Arbeitszeit Nr. 63.
41   BAG 19.6.2001, 1 ABR 43/00, BAGE 98, 60 = EzA § 87 BetrVG 1972 Arbeitszeit Nr. 63.

in Mischbetrieben in Betracht. Reine Zeitarbeitsunternehmen verfügen regelmäßig über keine ausreichend ausgebildete Betriebsstruktur als dass sie Sozialeinrichtungen unterhielten.

Soweit es um die **Gegebenheiten** des – beim Entleiher gelegenen – **40** **Arbeitsortes** geht, scheiden Mitbestimmungsrechte des Verleiherbetriebsrates für Leiharbeitnehmer regelmäßig aus. Dies gilt namentlich für Mitbestimmung hinsichtlich des Einsatzes **technischer Überwachungseinrichtungen (Nr. 6)**, Einsatz in **Gruppenarbeit (Nr. 13)**. Hinsichtlich der Mitbestimmungsrechte in Bezug auf den **Arbeitsschutz (Nr. 7)**, die vorübergehende Verkürzung oder **Verlängerung der Arbeitszeit (Nr. 3)** sowie **zu Urlaubsfragen (Nr. 5)** können sich die Zuständigkeiten von Verleiher- und Entleiherbetriebsrat überschneiden.[42]

Die grundsätzliche Zuständigkeit für Fragen der Urlaubsgewährung, **41** Arbeitszeitverkürzung oder -verlängerung steht dem Verleiherbetriebsrat zu. Entscheidet jedoch der Entleiher über die Festlegung der Arbeitszeit von Leiharbeitnehmern, ist nur der Betriebsrat des Entleihers nach § 87 Abs. 1 Nr. 2 BetrVG zu beteiligen, nicht der des Verleiherbetriebes. Die **Unzuständigkeit** ist hierbei so offensichtlich, dass sie der Errichtung einer Einigungsstelle entgegenstehen soll.[43] Weder ein Mitbestimmungsrecht des Verleiherbetriebsrates noch des Entleiherbetriebsrates besteht jedoch zu bejahen, sofern es um Fragen der Vergütung von Wegezeiten als Arbeitszeit geht, da diese **nicht** der **zwingenden** Mitbestimmung des § 87 BetrVG unterliegen.[44] Keine Zuständigkeit des Verleiherbetriebsrates besteht zudem, soweit im Entleiherbetrieb eine Arbeitszeiterfassung erfolgt.[45]

4. Personelle Angelegenheiten

Die Zuständigkeit des Verleiherbetriebsrates ist wegen der Besonder- **42** heiten des Leiharbeitsverhältnisses in personellen Angelegenheiten **eingeschränkt.**

So gilt etwa die Entsendung eines Leiharbeitnehmers wegen der Ei- **43** **genart** des Leiharbeitsverhältnisses im Entsendebetrieb **nicht als Versetzung** im Sinne des § 99 BetrVG i.V.m. § 95 Abs. 3 S. 2 BetrVG.[46]

---

42 Vgl. § 14 AÜG Rdn. 90, 95, 91, 88.
43 ArbG Braunschweig 15.8.2005, 3 BV 54/05, n.v. (juris).
44 *Hamann* jurisPR-ArbR 26/2008 Anm. 5 zu LAG Rostock 29.2.2008, 3 TaBV 12/07.
45 VG Frankfurt 19.6.2006, 23 L 850/06, n.v. (juris) unter Hinweis auf BAG-Rechtsprechung.
46 BAG 19.6.2001, 1 ABR 43/00, BAGE 98, 60 = EzA § 87 BetrVG 1972 Arbeitszeit Nr. 63 m.w.Nachw.

Andererseits kann in Fragen der **Eingruppierung** des Leiharbeitnehmers ausschließlich dessen **Vertragsarbeitgeber**, also der Verleiher, in
Anspruch genommen werden. Entsprechend besteht insoweit eine
ausschließliche Zuständigkeit des **Verleiherbetriebsrates**. Die Rechtsprechung zieht hier teilweise eine **Parallele zur Situation im Gemeinschaftsbetrieb** und stellt zudem auf die **Zielrichtung des
Mitbestimmungsrechts**, der Gewährleistung der innerbetrieblichen
Lohngerechtigkeit, ab.[47]

a) Allgemeine personelle Angelegenheiten

44 **Keine Besonderheiten** ergeben sich hinsichtlich der Zuständigkeit
des Verleiherbetriebsrats bzgl. der **Personalplanung gemäß § 92
BetrVG**, der innerbetrieblichen **Ausschreibung** von Arbeitsplätzen
(**§ 93 BetrVG**) sowie den Mitbestimmungsrechten bei Verwendung
von **Personalfragebögen** und dem Aufstellen allgemeiner Beurteilungsgrundsätze und Auswahlrichtlinien (**§§ 94, 95 BetrVG**). Dies
gilt selbstverständlich nur, soweit es sich um Maßnahmen und Planungen handelt, die sich auf den **Verleiherbetrieb** beziehen. Werden
beispielsweise Fragebögen bei einem Entleiher auch Leiharbeitnehmern vorgelegt, scheidet eine Zuständigkeit des Verleiherbetriebsrates aus.[48]

b) Berufsbildung (§§ 96–98 BetrVG)

45 Die Mitbestimmungsrechte in Bezug auf die Berufsbildung als Aufgabe des (Vertrags-)Arbeitgebers stehen ausschließlich dem Verleiherbetriebsrat zu (§§ 96–98 BetrVG).

c) Personelle Einzelmaßnahmen

46 Der Verleiherbetriebsrat ist bei der **Einstellung, Eingruppierung, Um-
gruppierung** sowie einer Versetzung von Leiharbeitnehmern gemäß
§ 99 BetrVG zu beteiligen. Voraussetzung des **§ 99 Abs. 1 BetrVG** ist,
dass beim Verleiher in der Regel **mehr als 20 wahlberechtigte** Arbeitnehmer angestellt sind. Jedoch gilt etwa die Entsendung eines Leiharbeitnehmers in einen Entleiherbetrieb wegen der **Eigenart des Leiharbeitsverhältnisses** nicht als Versetzung im Sinne des § 99 BetrVG

---

47 LAG Niedersachen 26.11.2007, 6 TaBV 34/07, LAGE § 99 BetrVG 2001 Nr. 5
    unter Hinweis auf BAG 23.9.2003, 1 ABR 35/02, AP BetrVG 1972 § 99 Ein-
    gruppierung Nr. 28 sowie BAG 6.8.2002, 1 ABR 49/01, AP BetrVG 1972 § 99
    Eingruppierung Nr. 27.
48 Vgl. zum Mitbestimmungsrecht des Entleiherbetriebsrats in diesen Fällen
    § 14 AÜG Rdn. 103.

i.V.m. § 95 Abs. 3 S. 2 BetrVG.[49] Etwas anderes soll dann gelten, wenn der Leiharbeitnehmer nach dem Überlassungsvertrag ausschließlich zu einer **bestimmten Tätigkeit** in einem festgelegten Arbeitsbereich eingesetzt werden soll. In diesem Fall soll § 95 Abs. 3 S. 1 BetrVG Anwendung finden.[50] Gemäß den allgemeinen Grundsätzen kommt es für die Frage des Mitbestimmungsrechts des Betriebsrates auf das **Einverständnis** des Leiharbeitnehmers mit der Versetzung nicht an.[51]

Im Übrigen entsprechen die Beteiligungsrechte denen des **normalen** **47** **Arbeitsverhältnisses.** Der Verleiherbetriebsrat ist für die Einstellung des Leiharbeitnehmers im Sinne der Begründung des **Arbeitsverhältnisses mit dem Verleiher** allein zuständig. Demgegenüber fallen die späteren »Einstellungen« im Sinne einer Eingliederung in verschiedene Entleiherbetriebe in den Zuständigkeitsbereich des jeweiligen Entleiherbetriebsrats.[52] Das Mitbestimmungsrecht löst bereits der **Abschluss** des (Leih-)Arbeitsvertrages aus. Besitzt der Verleiher **keine** **Überlassungserlaubnis**, ist dessen Betriebsrat daher zur Zustimmungsverweigerung gemäß § 99 Abs. 2 Nr. 1 BetrVG wegen Verstoßes gegen ein **gesetzliches Verbot** berechtigt.[53]

Schließlich finden auch die Vorschriften der §§ 100, 101 BetrVG zur **48** vorläufigen Umsetzung personeller Maßnahmen entsprechend den allgemeinen Grundsätzen Anwendung.[54]

▶ **Praxistipp:**

> Entschließt sich ein Arbeitgeber zur Einstellung eines Arbeitnehmers, der künftig (auch) als Leiharbeitnehmer eingesetzt werden soll, muss er seinen Betriebsrat über das Vorliegen der Verleiherlaubnis nach § 1 AÜG informieren und ihm diese ggf. vorlegen. Anderenfalls kann der Betriebsrat seine Zustimmung zur Einstellung des Arbeitnehmers berechtigt verweigern.

d) Anhörung bei Kündigung, § 102 BetrVG

Beabsichtig der Verleiher (als Vertragsarbeitgeber) das Leiharbeits- **49** verhältnis mit dem Leiharbeitnehmer zu kündigen, muss er zuvor

---

49 BAG 19.6.2001, 1 ABR 43/00, BAGE 98, 60 = EzA § 87 BetrVG 1972 Arbeitszeit Nr. 63 m.w.Nachw.
50 Schüren/Hamann/*Hamann* § 14 AÜG Rn. 342.
51 BAG 25.1.2005, 1 ABR 59/03, AP BetrVG 1972 § 87 Arbeitszeit Nr. 114 = NZA 2005, 945.
52 Vgl. hierzu § 14 AÜG Rdn. 110 ff.
53 *Urban-Crell/Schulz* Rn. 960 m.w.Nachw.
54 Schüren/Hamann/*Hamann* § 14 AÜG Rn. 346.

gemäß § 102 Abs. 1 BetrVG den in seinem Betrieb gebildeten **Verlei-herbetriebsrat** anhören. Der Betriebsrat des Entleiherbetriebes ist demgegenüber nicht zu beteiligen, da zwischen Entleiher und Leih-arbeitnehmer kein Arbeitsverhältnis besteht. Aus demselben Grund ist im Fall der **Beendigung eines Einsatzes** des Leiharbeitnehmers im Entleiherbetrieb weder eine Anhörung des Verleiher- noch des Entlei-herbetriebsrats gemäß § 102 Abs. 1 BetrVG (analog) notwendig.[55]

5. Wirtschaftliche Angelegenheiten

50   Die Bildung eines **Wirtschaftsausschusses** gemäß §§ 106–110 BetrVG setzt voraus, dass der **Verleiher** in der Regel **mehr als 100 Arbeitneh-mer** (Leiharbeitnehmer und »Stammarbeitnehmer«) beschäftigt. Ist dies der Fall, finden die allgemeinen Grundsätze zur Beteiligung des Wirtschaftsausschuss Anwendung.

51   Das Erreichen der notwendigen **Betriebsgröße** ist auch hinsichtlich der Anwendbarkeit der §§ 111–113 BetrVG zu beachten. Ein Abbau von Arbeitsplätzen liegt dann vor, wenn der Verleiher in seinem Be-trieb Arbeitnehmer im von den §§ 111, 112 BetrVG benannten Umfang entlässt. Kommt es zur Aufstellung eines Interessenausgleichs und/oder Sozialplans, muss der Verleiherbetriebsrat auch insoweit den Grundsatz der Gleichbehandlung gemäß § 75 BetrVG beachten.

D. Betriebsverfassungsrechtliche Stellung im Entleiherbetrieb

52   Gemäß § 14 Abs. 1 AÜG sind Leiharbeitnehmer trotz ihrer faktischen Eingliederung in die Betriebsorganisation des Entleihers **nicht** im be-triebsverfassungsrechtlichen Sinn **zugehörig zum Betrieb des Entlei-hers**. Leiharbeitnehmer bleiben daher auch während der Zeit ihrer Arbeitsleistung bei einem Entleiher Angehörige des entsendenden Betriebs des Verleihers. Aufgrund der klaren gesetzgeberischen Ent-scheidung tritt die tatsächliche Eingliederung im Betrieb im Fall der Arbeitnehmerüberlassung hinter der vertraglich festgelegten Rechts-beziehung zum Verleiher als einzigen Arbeitgeber zurück.[56]. Der **tat-sächlichen Eingliederung** des Leiharbeitnehmers in den Betrieb des Entleihers hat der Gesetzgeber durch die Vorschrift des § 14 Abs. 2 S. 2 und 3 AÜG Rechnung getragen. Dieses statuiert **einzelne betriebsver-fassungsrechtlich Rechte** des Leiharbeitnehmers im Entleiherbetrieb.

---

55 Allgemeine Meinung vgl. *Boemke/Lembke* § 14 AÜG Rn. 54 m.w.Nachw.
56 BAG 22.3.2000, 7 ABR 34/98, BAGE 94, 144 = AP AÜG § 14 Nr. 8 m.w.Nachw.

Diese bleiben indes hinter denen zurück, welche im Falle einer vollständigen Betriebszugehörigkeit zum Entleiherbetrieb bestünden.[57]

I. Berücksichtigung bei Schwellenwerten

Da die Beschäftigung eines Leiharbeitnehmers gerade nicht gleichbedeutend mit dem Bestehen eines zusätzlichen Arbeitsplatzes ist, sind Leiharbeitnehmer bei der **Ermittlung von Schwellenwerten** innerhalb eines Betriebes oder Unternehmens nicht zu berücksichtigen. Im Rahmen der Ermittlung der Zahl der wahlberechtigten Arbeitnehmer zur Bestimmung der Betriebsratsgröße nach § 9 BetrVG sind Leiharbeitnehmer daher – unabhängig von der Dauer ihrer Überlassung – ebenso wenig mitzuzählen,[58] wie bei den weiteren betriebsverfassungsrechtlichen (§§ 38, 99 106, 111 BetrVG)[59] und sonstigen Schwellenwerten (z.B. §§ 17, 23 KSchG, DrittelbG, MitbestG).[60]

▶ **Praxistipp:**

Es gilt das Schlagwort »Leiharbeitnehmer im Entleiherbetrieb wählen, zählen aber nicht«.

▶ **Beispiel 1:**

In einem Betrieb sind 160 Stammarbeitnehmer und 50 Leiharbeitnehmer tätig, die länger als drei Monate im Entleiherbetrieb eingesetzt sind oder eingesetzt werden sollen. Wahlberechtigt zur Betriebsratswahl sind damit 210 Arbeitnehmer. Der Betriebsrat besteht gemäß § 9 S. 1 BetrVG aus sieben, nicht aus neun Mitgliedern (101 bis 200 Arbeitnehmer), da die Leiharbeitnehmer bei Berechnung des Schwellenwertes nach § 9 BetrVG unberücksichtigt bleiben.

▶ **Beispiel 2:**

In einem Betrieb sind 50 Stammarbeitnehmer und 160 Leiharbeitnehmer tätig. Zur Betriebsratswahl sind wiederum alle 210 Arbeit-

---

57 BAG 18.1.1989, 7 ABR 21/88, BAGE 61, 7 = AP BetrVG 1972 § 9 Nr. 1; BAG 22.3.2000, 7 ABR 34/98, BAGE 94, 144 = AP AÜG § 14 Nr. 8 m.w.Nachw.
58 BAG 10.3.2004, 7 ABR 49/03, AP BetrVG 1972 § 7 Nr. 8 = NZA 2004, 1340; BAG 16.4.2003, 7 ABR 53/02, BAGE 106, 64 = EzA § 9 BetrVG 2001 Nr. 1; Meinungsstand Thüsing/*Thüsing* § 14 AÜG Rn. 63 m.w.Nachw.
59 BAG 16.4.2003, 7 ABR 53/02, EzA § 9 BetrVG 2001 Nr. 1; BAG 22.10.2003, 7 ABR 3/03, AP BetrVG 1972 § 38 Nr. 28; a.A. *Blanke* DB 2008, 1153 m.w.Nachw.
60 *Boemke/Lembke* § 14 AÜG Rn. 63 m.w.Nachw.

nehmer wahlberechtigt. Der Betriebsrat besteht gemäß § 9 S. 1 BetrVG aus drei Mitgliedern (21 bis 50 Arbeitnehmer).

II. Berücksichtigung bei privilegierter Überlassung

54 Bei Eingreifen eines Privilegierungstatbestandes des § 1 Abs. 3 AÜG ist das AÜG grundsätzlich nicht anzuwenden. Damit dürfte auch § 14 AÜG in diesen Fällen keine Anwendung finden. Gleiches gilt für die Fälle nicht gewerbsmäßiger Arbeitnehmerüberlassung.

55 Wegen der **Vergleichbarkeit der Interessenlage** ist die Norm jedoch auch auf die gesetzlich nicht geregelten Erscheinungsformen der nicht gewerbsmäßigen Arbeitnehmerüberlassung und der privilegierten konzerninternen Arbeitnehmerüberlassung **entsprechend anzuwenden.**[61] Ob ein Verleiher gewerbsmäßig oder nicht gewerbsmäßig handelt, ist für die betriebsverfassungsrechtliche Stellung eines Leiharbeitnehmers unbeachtlich. Auch bei einer nicht gewerbsmäßigen Überlassung oder bei Eingreifen eines Privilegierungstatbestandes nach § 1 Abs. 3 AÜG wird der Leiharbeitnehmer unter **Fortbestand** seiner arbeitsvertraglichen Beziehungen zum Verleiher in die Betriebsorganisation des Entleihers **eingegliedert.** Ob der Vertragsarbeitgeber mit der Überlassung einen eigenen arbeitstechnischen Zweck verfolgt, ist insoweit unbeachtlich. Dies gilt auch dann, wenn die Überlassung zu einem Entleiher länger andauert.[62]

III. Anknüpfungspunkt der Sonderregeln für Tendenzbetriebe

56 Obwohl der Entleiher nicht Vertragsarbeitgeber des Leiharbeitnehmers ist, gelten bei **Entleihern, die als Tendenzbetrieb oder Religionsgemeinschaft** im Sinne der Vorschrift anzusehen sind, die nach § 118 BetrVG bestehenden **Einschränkungen der betriebsverfassungsrechtlichen Rechte.**

57 Der über **§ 118 BetrVG** beabsichtigte Schutz der dort geregelten Freiheiten (Pressefreiheit, Religionsfreiheit, künstlerische Freiheit etc.) drängt das Mitbestimmungsrecht des Betriebsrates des Entleiherbetriebes soweit zurück, wie dies zur Aufrechterhaltung und Durchführung der besonderen **Tendenzverwirklichung** erforderlich ist. Für das Tendenzunternehmen macht es zur Gewährleistung des Tendenz-

---

61 BAG 10.3.2004, 7 ABR 49/03, AP BetrVG 1972 § 7 Nr. 8; BAG 18.1.1989, 7 ABR 62/87, AP AÜG § 14 Nr. 2; BAG 22.3.2000, 7 ABR 34/98, AP AÜG § 14 Nr. 8.
62 LAG Hamburg 26.5.2008, 5 CaBV 12/07, LAGE § 14 AÜG Nr. 1 = EzAÜG BetrVG Nr. 105 – nicht rechtskräftig, Revision eingelegt unter 7 ABR 51/08.

schutzes **keinen Unterschied**, ob es eigene Arbeitnehmer oder Leiharbeitnehmer zur Tendenzverwirklichung einsetzt.[63] Eine Einschränkung kommt insoweit insbesondere hinsichtlich des § 99 BetrVG in
Betracht.

IV. Rechte des Leiharbeitnehmers

1. Wahlrecht – Abs. 2 S. 1

Die Vorschrift des § 14 Abs. 2 S. 1 AÜG regelt das Wahlrecht des Leih- **58**
arbeitnehmers lediglich insoweit, als danach Leiharbeitnehmer bei
der Wahl der Arbeitnehmervertreter in den Aufsichtsrat im Entleiherunternehmen und bei der Wahl der betriebsverfassungsrechtlichen
Arbeitnehmervertretungen im Entleiherbetrieb nicht wählbar sind.
Damit betrifft die Vorschrift lediglich das passive Wahlrecht. Das Bestehen eines aktiven Wahlrechts von Leiharbeitnehmern ergibt sich
dagegen nicht aus dem AÜG, sondern aus § 7 S. 2 BetrVG.

a) Betriebsratswahlen

Entgegen gewerkschaftlicher Forderungen im Rahmen der Reform **59**
des BetrVG 2001 hat der Gesetzgeber Leiharbeitnehmer im Entleiherbetrieb **bewusst nicht** (Vertrags-)Arbeitnehmern dieses Betriebes
gleichgestellt.[64] Der Gesetzgeber hat jedoch mit Blick auf die mit der
Arbeitnehmerüberlassung einhergehende Eingliederung in den Betrieb Leiharbeitnehmern beschränkte betriebsverfassungsrechtliche
Rechte eingeräumt. Bezogen auf Betriebsratswahlen werden diese mit
dem Schlagwort »Wählen aber nicht zählen« beschrieben.[65]

aa) Aktives Wahlrecht

Die mit der Reform des BetrVG 2001 neugefasste Vorschrift des § 7 **60**
S. 2 BetrVG ordnet ausdrücklich ein **aktives Wahlrecht** von Leiharbeitnehmern an, wenn diese **länger als drei Monate** im Betrieb eingesetzt werden.

Nach der Gesetzesbegründung ist **nicht erforderlich**, dass der Leih- **61**
arbeitnehmer bereits **drei Monate** im Entleiherbetrieb **eingesetzt** war,
vielmehr soll ein aktives Wahlrecht bereits vom ersten Tag der Überlassung an bestehen.[66] Damit erfordert das Merkmal eine Prognose

---

63 LAG Niedersachsen 26.11.2007, 6 TaBV 33/07, n.v. (juris).
64 *Körner* NZA 2006, 573 m.w.Nachw.
65 Ausführlich hierzu *Dörner* FS Wissmann S. 286; vgl. auch § 14 AÜG Rdn. 53.
66 BT-Drucks. 14/5741 S. 36.

der Einsatzdauer. Für diese ist der Überlassungsvertrag maßgeblich.[67] Die Regelung der **dreimonatigen Überlassungsdauer** steht im Konflikt zu der für die Arbeitnehmerüberlassung typischen Praxis, im Voraus nicht die Zeit der Überlassung einzelner Personen festzulegen, sondern lediglich einer Anzahl von Arbeitnehmern, die hinsichtlich ihrer Qualifikation jedoch nicht ihrer Person festgelegt sind.[68]

▶ **Beispiel:**

Im Entleiherbetrieb sind zum Zeitpunkt der Betriebsratswahl zwei Leiharbeitnehmer, L und M, eingesetzt. L ist bereits seit zwei Monaten im Betrieb tätig, wird seine Tätigkeit dort jedoch nach einer Gesamtüberlassungsdauer von zweieinhalb Monaten voraussichtlich einstellen. M ist seit einem Tag im Betrieb tätig, der Arbeitnehmerüberlassungsvertrag sieht eine Überlassungsdauer von einem halben Jahr vor.

Wahlberechtigt bei einer Betriebratswahl im Entleiherbetrieb ist allein M.

62 **Streitig** ist ob bei der **Stimmgewichtung** im Gesamtbetriebsrat die **Wählerliste** einschließlich der Leiharbeitnehmer maßgeblich ist.[69]

bb) Passives Wahlrecht

63 Leiharbeitnehmer sind im Entleiherbetrieb gemäß der eindeutigen gesetzlichen Regelung des § 14 Abs. 2 S. 1 Var. 1 AÜG **nicht passiv wahlberechtigt.** Sie können daher selbst im Falle eines mehrjährigen Einsatzes auf einem Arbeitsplatz im Betrieb des Entleihers **nicht Mitglied eines dort gebildeten Betriebsrates** werden.

64 Streitig ist, ob ein passives Wahlrecht besteht, wenn im Falle der Bildung einer **Arbeitsgemeinschaft** gemäß § 1 Abs. 1 S. 2 AÜG ein Betriebsrat entsteht.[70] Die Einschränkung des § 14 AÜG soll in diesem Falle nicht, auch nicht analog anwendbar sein, weshalb ohne die Voraussetzungen der §§ 7, 8 BetrVG eine aktive wie passive Wahlberechtigung anzunehmen sei.

---

67 *Böhm* DB 2006, 104 m.w.Nachw.
68 *Böhm* DB 2006, 104.
69 *Böhm* DB 2006, 104 m.w.Nachw.
70 Vgl. ausführliche Darstellung bei Schüren/Hamann/*Hamann* § 14 AÜG Rn. 438 ff. m.w.Nachw.

b) Aufsichtsratswahlen

Gemäß § 14 Abs. 2 S. 1 AÜG sind Leiharbeitnehmer bei der Wahl der 65
Arbeitnehmervertreter in den **Aufsichtsrat** im Entleiherunternehmen
nicht wählbar. Demgegenüber besteht in den meisten Fällen ebenso
wie im Falle der Betriebsratswahlen ein aktives Wahlrecht der Leiharbeitnehmer.

Im Falle des **Drittelbeteiligungsgesetz** ergibt sich dieses aus § 5 66
Abs. 2 DrittelbG. Dessen S. 2 verweist auf die entsprechende Geltung
des § 7 S. 2 BetrVG, nach welchem Leiharbeitnehmer aktiv wahlberechtigt sind, wenn sie länger als drei Monate im Betrieb eingesetzt
werden. Sofern eine Unternehmensmitbestimmung nach Maßgabe
des **Mitbestimmungsgesetzes** erfolgt, folgt das aktive Wahlrecht von
Leiharbeitnehmern im Falle der unmittelbaren Wahl aus **§ 18 S. 2 MitbestG**, der ebenfalls auf § 7 S. 2 BetrVG verweist. Für den Fall der
Wahl der Aufsichtsratsmitglieder der Arbeitnehmer durch **Delegierte**
folgt das aktive Wahlrecht von Leiharbeitnehmer aus **§ 10 Abs. 2 S. 2
MitbestG**.

Kein aktives Wahlrecht kann für Leiharbeitnehmer entstehen, welche 67
in einem Betrieb eingesetzt sind, für den das **Montanmitbestim-
mungsgesetz** Anwendung findet, da **§ 6 Abs. 1 S. 2 MontanMit-
bestG** eine Wahl der Vertreter der Arbeitnehmer durch die **Betriebsräte** der Betriebe des Unternehmens vorschreibt. Da § 14 Abs. 2 S. 1
AÜG das passive Wahlrecht von Leiharbeitnehmern in den Betriebsrat ausschließt, Leiharbeitnehmer also nicht Betriebsratsmitglieder
des Entleiherbetriebes sein können, ist eine direkte Wahl des Auf-
sichtsrates im Rahmen des Montan-MitbestG somit ausgeschlossen.
Findet demgegenüber das Gesetz zur Ergänzung des Gesetzes über
die Mitbestimmung der Arbeitnehmer in Aufsichtsräten und Vorstän-
den der Unternehmen des Bergbaus und der Eisen und Stahl er-
zeugenden Industrie **(MontMitBestErgG)** Anwendung, sind auch
Leiharbeitnehmer zur aktiven Wahl der Arbeitnehmervertreter im
Aufsichtsrat berechtigt. Für die Wahl durch Delegierte folgt dies aus
§ 8 Abs. 2 S. 2 MontMitBestErgG, im Falle der direkten Wahl aus
§ 10g S. 2 MontMitBestErgG. Die von § 7 S. 2 BetrVG vorgeschriebene Mindesteinsatzdauer ist aufgrund der entsprechenden Anwendung auf den **Konzern** zu beziehen.[71]

---

71 Schüren/Hamann/*Hamann* § 14 AÜG Rn. 66 m.w.Nachw.

2. Sonstige Rechte – Abs. 2 S. 2 und 3

a) Teilnahme an Sprechstunden und Versammlungen – S. 2

68   Obschon der Leiharbeitnehmer nicht vom Betriebsrat des Entleihers repräsentiert wird, trägt § 14 Abs. 2 AÜG der praktischen Eingliederung des Leiharbeitnehmers in den Betrieb des Entleihers für die Dauer der Überlassung Rechnung. Leiharbeitnehmer sind daher berechtigt, die **Sprechstunde des Betriebsrates** des entleihenden Betriebes aufzusuchen sowie an **Betriebsversammlungen** teilzunehmen.

b) Betriebsverfassungsrechtliche Individualrechte – S. 3

69   Leiharbeitnehmer können zudem auch im Betrieb des Entleihers verlangen, zu **betrieblichen Angelegenheiten**, welche ihre **Person** betreffen, angehört zu werden. Insoweit verweist § 14 Abs. 2 S. 3 AÜG ohne Einschränkung auf das Anhörungs- und Erörterungsrecht aus § 82 Abs. 1 BetrVG. Verwiesen wird des Weiteren auf die Unterrichtungs- und Erörterungspflicht des Arbeitgebers gemäß § 81 **BetrVG**. Diese bezieht sich über § 14 Abs. 2 S. 3 AÜG auch auf die **Arbeitsaufgaben** der Leiharbeitnehmer sowie die Art und Weise der Durchführung.

c) Sonstige betriebsverfassungsrechtliche Individualrechte

70   Welche sonstigen betriebsverfassungsrechtlichen Individualrechte bestehen, ist streitig.

71   Teilweise wird vertreten, der Leiharbeitnehmer solle neben seinen Rechten im Verleiherbetrieb[72] im Betrieb des Entleihers all jene Individualrechte beanspruchen können, welche er sinnvoll nur dort ausüben könne. Nach Wegfall der Höchstüberlassungsdauer gehöre hierzu insbesondere das Recht zur Erörterung der **eigenen beruflichen Entwicklung** im Betrieb gemäß § 82 Abs. 2 S. 1 Hs. 2 BetrVG.[73]

72   Sofern eine **Dokumentation** über den Leiharbeitnehmer im entleihenden Betrieb erstellt wird, spricht die Zielsetzung der Vorschrift dafür, auch einen Anspruch entsprechend § 83 **BetrVG** anzunehmen.

---

72   Vgl. hierzu § 14 AÜG Rdn. 16 ff.
73   *Körner* NZA 2006, 573.

E. Rechte des Entleiherbetriebsrates

I. Grundsatz

Wegen des durch § 7 S. 2 BetrVG eingeräumten aktiven Wahlrechts 73
der Leiharbeitnehmer wird teilweise eine rechtliche Gleichstellung
zwischen überlassenen Arbeitnehmern und Stammarbeitnehmern im
Sinne des § 5 BetrVG angenommen. Danach soll der Betriebsrat zur
umfassenden Vertretung von Leiharbeitnehmern, soweit deren Interessen gegenüber dem Entleiherbetrieb betroffen sind, berechtigt
sein.[74] Diese Meinung ist abzulehnen. Die gewerkschaftlichen Forderung einer entsprechenden Änderung des Arbeitnehmerbegriffs in
§ 5 BetrVG im Rahmen der Reform des BetrVG 2001 wurde vom Gesetzgeber gerade nicht umgesetzt.[75]

Andererseits ist § 14 Abs. 3 AÜG auch nicht als Zuweisung eines Ein- 74
zelmitbestimmungsrechts zu lesen.[76] Dem Betriebsrat des entleihenden Betriebes sollen darüber hinaus solche Mitbestimmungsrechte in
Bezug auf Leiharbeitnehmer erwachsen, wie es der **jeweiligen Arbeitgeberfunktion**, um deren Mitbestimmungspflichtigkeit es geht,
zuzuordnen ist.[77]

Im Einzelnen ist die Zuordnung der Mitbestimmungsrechte indes un- 75
geklärt. Aufgrund des Wortlautes, welcher auf alle »**im Betrieb tätigen Personen**« verweist, soll jedenfalls eine Zuständigkeit zur Gewährleistung des Schutzes vor Diskriminierung gemäß **§ 75 BetrVG**
Aufgabe des Betriebsrats auch in Bezug auf Leiharbeitnehmer sein.
Danach haben Arbeitgeber und Betriebsrat über die Gleichbehandlung aller im Betrieb beschäftigten Personen zu wachen und deren
Diskriminierung zu verhindern. Da § 75 BetrVG gerade nicht auf das
Bestehen eines Arbeitsverhältnisses abstellt, sind auch Leiharbeitnehmer als im Betrieb beschäftigte Personen im Sinne des § 75 Abs. 1
BetrVG einzuordnen.[78] Stark vom Einzelfall abhängig ist, inwieweit
der Entleiherbetriebsrat eine **Gleichbehandlung von Leiharbeitnehmer und Stammbelegschaft** gemäß § 75 BetrVG anstreben muss,
denn das Gleichbehandlungsgebot lässt Ungleichbehandlungen zu,
soweit diese gerechtfertigt sind. Eine unterschiedliche Behandlung
von Stammbelegschaft und Leiharbeitnehmer ist daher bei Vorliegen
eines sachlichen Grundes möglich. Dieser sachliche Grund wird nicht

---

74 DKK/*Trümner* § 5 BetrVG Rn. 78a ff.
75 *Körner* NZA 2006, 573.
76 Thüsing/*Thüsing* § 14 AÜG Rn. 99.
77 BAG 19.6.2001, 1 ABR 43/00, EzA § 87 BetrVG 1972 Arbeitszeit Nr. 63.
78 *Boemke/Lembke* § 14 AÜG Rn. 84 m.w.Nachw.

selten in der unterschiedlichen Ausgestaltung des Arbeitsverhältnisses bzw. der fehlenden Arbeitgeberstellung des Entleihers liegen.[79]

II. Allgemeine Aufgaben

76 Fast alle Tatbestände des § 80 BetrVG beziehen auch Leiharbeitnehmer mit ein.[80] Die Informationsrechte des Betriebsrats aus § 80 Abs. 2 BetrVG erstrecken sich ausdrücklich »**auch auf die Beschäftigung von Personen, die nicht in einem Arbeitsverhältnis zum Arbeitgeber stehen**«.

77 Mit der Reform des BetrVG 2001 ist daher klargestellt, dass sich die Unterrichtungspflicht des Arbeitgebers gegenüber dem Betriebsrat gemäß § 80 Abs. 2 S. 1 Hs. 2 BetrVG auch auf Personen ausdehnt, die im Betrieb tätig sind ohne Arbeitnehmer des Arbeitgebers zu sein. Dem Betriebsrat steht somit auch ein **Informationsrecht** bezüglich der im Betrieb tätigen Leiharbeitnehmer einschließlich des Rechts, **Unterlagen anzufordern**, zu. Ob der Arbeitgeber zur Vorlage des **Arbeitnehmerüberlassungsvertrages** verpflichtet ist, ist umstritten.[81] Jedenfalls der **Überlassungspreis** berührt keine schützenswerten Interessen und ist daher auch nicht mitzuteilen.[82]

78 Die Überwachung der Einhaltung der **Arbeitnehmerschutzvorschriften** (§ 80 Abs. 1 Nr. 1 BetrVG) stellt insoweit den wohl wichtigsten Anwendungsfall des § 80 BetrVG dar. Der Betriebsrat des entleihenden Unternehmens hat danach auch hinsichtlich der dort beschäftigten Leiharbeitnehmer über die Einhaltung insbesondere des **Bundesurlaubsgesetzes**, des **Entgeltfortzahlungsgesetzes**, des **Arbeitszeitgesetzes** und des **Jugendarbeitschutzgesetzes** zu wachen. Zudem sind die öffentlich-rechtlichen **Arbeitsschutzvorschriften** zur Arbeitssicherheit zu beachten.[83]

79 Dem Betriebsrat muss es zudem möglich sein, zu prüfen, ob der Verleiher die **erforderliche Erlaubnis** besitzt. Auch insoweit besteht ein Informationsrecht aus § 80 BetrVG.[84] Um eine **Umgehung des AÜG** sowie zwingender Arbeitnehmerschutzvorschriften zu verhindern, kann der Betriebsrat nach § 80 Abs. 2 S. 2 BetrVG die Vorlage der Werk- und Dienstverträge verlangen, soweit Fremdarbeitnehmer auf-

---

79 *Urban-Crell/Schulz* Rn. 1081.
80 *Körner* NZA 2006, 573.
81 Offen gelassen von LAG Niedersachsen 28.2.2006, 13 TaBV 56/05, EzAÜG Betriebsverfassung Nr. 64.
82 *Hunold* NZA-RR 2008, 281.
83 *Urban-Crell/Schulz* Rn. 1074 m.w.Nachw.
84 BAG 18.10.1988, 1 ABR 33/87, AP BetrVG 1972 § 99 Nr. 57.

grund solcher im Betrieb eingesetzt werden.[85] Zudem soll sich der Betriebsrat darüber informieren können müssen, ob durch den Verleiher der Grundsatz des »Equal-Pay« eingehalten wird.[86]

Schließlich schließt die grundsätzliche Aufgabe des Betriebsrates, die **80** Einhaltung abgeschlossener **Betriebsvereinbarungen** zu überprüfen (§ 80 Abs. 1 Nr. 1 BetrVG), auch Leiharbeitnehmer ein, soweit diese vom Anwendungsbereich der Betriebsvereinbarung erfasst sind. Es steht den Betriebspartnern frei, ob sie Leiharbeitnehmer in den Anwendungsbereich von Betriebsvereinbarungen mit einbeziehen.[87] Selbstverständlich kann eine solche Betriebsvereinbarung jedoch nur zwischen den **Betriebspartnern** gelten, dem Verleiher also keine Pflichten auferlegen. Die betriebsverfassungsrechtliche Zuständigkeit kann außerhalb der Regelungen des § 3 BetrVG **nicht** durch Betriebsvereinbarung auf andere Betriebe (und Arbeitgeber) **erweitert** werden.[88]

III. Soziale Angelegenheiten

1. Allgemeines

Die Mitbestimmungstatbestände der **§§ 87 ff. BetrVG** sind in § 14 **81** AÜG nicht ausdrücklich genannt. Dennoch ist der Betriebsrat des Entleiherbetriebes zur Wahrnehmung der Interessen der Leiharbeitnehmer auch in sozialen Angelegenheiten berechtigt.[89]

Die Aufzählung der individuellen betriebsverfassungsrechtlichen **82** Rechte des Arbeitnehmers in **§ 14 Abs. 2 AÜG** ist nach herrschender Meinung, welche ihren Rückhalt in der Gesetzesbegründung findet **nicht abschließend**.[90] Die das Leiharbeitsverhältnis kennzeichnende Aufspaltung der Arbeitgeberfunktion zwischen dem Verleiher als dem Vertragsarbeitgeber und dem Entleiher als demjenigen, der die wesentlichen Arbeitgeberbefugnisse in Bezug auf die Arbeitsleistung ausübt, dürfe nicht die **Schutzfunktion** der Betriebsverfassung außer

85 BAG 31.1.1989, 1 ABR 72/87, AP BetrVG 1972 § 80 Nr. 33; BAG 9.7.1991, 1 ABR 45/90, AP BetrVG 1972 § 99 Nr. 94.
86 LAG Düsseldorf 30.10.2008, 15 TaBV 12/08, ArbuR 2009, 146; Rechtsbeschwerde eingelegt unter Az. 1 ABR 9/09.
87 ArbG Frankfurt 10.12.1985, 8 Ca 50/85, EzAÜG § 11 AÜG Inhalt Nr. 1; Thüsing/*Thüsing* § 14 AÜG Rn. 140 m.w.Nachw.
88 *Hamann* jurisPR-ArbR 26/2008 Anm. 5 zu LAG Rostock 29.2.2008, 3 TaBV 12/07.
89 BAG 19.6.2001, 1 ABR 43/00, EzA § 87 BetrVG 1972 Arbeitszeit Nr. 63 = NZA 2001, 1263 m.w.Nachw.
90 BAG 19.6.2001, 1 ABR 43/00, BAGE 98, 60 = EzA § 87 BetrVG 1972 Arbeitszeit Nr. 63; BT-Drucks. 9/847 S. 8.

Kraft setzen. Nach diesen Grundsätzen bestimmt sich die Zuständigkeit für die Wahrnehmung von Mitbestimmungsrechten in Bezug auf Leiharbeitnehmer nach dem **Gegenstand des Mitbestimmungsrechts** und der darauf bezogenen **Entscheidungsmacht** des jeweiligen Arbeitgebers.[91]

83　Ist das Verhalten von Leiharbeitnehmern im Betrieb betroffen, folgt aus der **faktischen Eingliederung** der Leiharbeitnehmer insoweit ein Mitbestimmungsrecht aus § 87 BetrVG. Betriebsvereinbarungen über die **Ordnung des Betriebes** (§ 87 Abs. 1 Nr. 1 BetrVG), Betriebsvereinbarungen **über technische Einrichtungen** (§ 87 Abs. 1 Nr. 6 BetrVG) oder über den **Gesundheitsschutz** (§ 87 Abs. 1 Nr. 7 BetrVG) wirken daher auch für und gegen die im Betrieb beschäftigten Leiharbeitnehmer.[92]

2. Mitbestimmung in sozialen Angelegenheiten

a) Betriebliche Ordnung, § 87 Abs. 1 Nr. 1 BetrVG

84　Das Mitbestimmungsrecht des Betriebsrats bei Fragen der **Ordnung des Betriebes** und für das **Verhalten der Arbeitnehmer** erstreckt sich auf sämtliche im Betrieb tätigen Arbeitnehmer, somit auch auf **Leiharbeitnehmer**. Dies entspricht der allgemeinen Grundregel, wonach ein Beteiligungsrecht des Entleiherbetriebsrates dann besteht, wenn Anknüpfungspunkt des Mitbestimmungsrechts die **Eingliederung in die betriebliche Organisation** ist. Dies ist in den Fällen der betrieblichen Ordnung der Fall.

85　Entsprechend finden **Betriebsvereinbarungen** nach § 87 Abs. 1 Nr. 1 BetrVG einschließlich **Betriebsbußenordnungen** auch für Leiharbeitnehmer grundsätzliche Anwendung, soweit sie nicht ausdrücklich vom Anwendungsbereich ausgenommen sind. Als Regelungsgegenstand kommen insbesondere Regelungen zur privaten Nutzung von E-Mail und Internet, Rauchverbote, Torkontrollen sowie Vereinbarungen zum Tragen von Arbeits- und Arbeitsschutzkleidung, etc. in Betracht.

b) Arbeitszeit, § 87 Abs. 1 Nr. 2, 3 BetrVG

86　Die Aufspaltung von Arbeitgeberfunktionen und korrespondierender Zuständigkeit der Betriebsräte zeigt sich deutlich im Bereich der Arbeitszeit. Soweit Arbeitnehmer im Entleiherbetrieb tätig sind, steht

---

91 BAG 19.6.2001, 1 ABR 43/00, BAGE 98, 60 = EzA § 87 BetrVG 1972 Arbeitszeit Nr. 63.
92 *Körner* NZA 2006, 573.

dem Entleiher das Weisungsrecht in Bezug auf die Leiharbeiter insoweit zu als er befugt ist, auch für die Leiharbeitnehmer Beginn und
Ende der täglichen Arbeitszeit festzulegen. Daher steht das Mitbestimmungsrecht in Bezug auf die **Lage der Arbeitszeit** der Leiharbeitnehmer im Entleiherbetrieb gemäß **§ 87 Abs. 1 Nr. 2 BetrVG**
dem Betriebsrat des **Entleiherbetriebes** zu.[93] Diese Zuteilung ist insofern zwingend, als der Verleiherbetriebsrat im Entleiherbetrieb keine
Kompetenzen hat.[94] Demgegenüber ist das Mitbestimmungsrecht aus
§ 87 Abs. 1 Nr. 3 BetrVG dem **Betriebsrat des Verleihers zugewiesen**, wenn Leiharbeitnehmer in Betriebe entsandt werden sollen,
deren **betriebsübliche** Arbeitszeit die vom Leiharbeitnehmer vertraglich geschuldete Arbeitszeit übersteigt.[95] Als betriebsübliche Arbeitszeit eines Leiharbeitnehmers gelten hierbei diejenigen Arbeitszeiten,
die jeweils individualrechtlich vereinbart werden.[96]

▶ **Beispiel 1:**

Der Verleiher hat mit seinen Leiharbeitnehmern die Geltung einer
35 Stundenwoche vereinbart. Er überlässt die Leiharbeitnehmer an
einen Entleiher, in dessen Betrieb eine 40 Stundenwoche gilt.

Damit ordnet der Verleiher als Arbeitgeber gegenüber seinen Leiharbeitnehmern die Leistung von Mehrarbeit an. Dies führt zu einer
vorübergehenden Erhöhung der betriebsüblichen Arbeitszeit des
Verleiherbetriebes und damit zu einem Mitbestimmungsrecht des
Verleiherbetriebsrates gemäß § 87 Abs. 1 Nr. 3 BetrVG.

▶ **Beispiel 2:**

Der Verleiher hat mit seinen Leiharbeitnehmern die Geltung einer
40 Stundenwoche vereinbart. Er überlässt die Leiharbeitnehmer an
einen Entleiher, in dessen Betrieb ebenfalls eine 40 Stundenwoche
gilt. Der Entleiher ordnet nach Überlassung des Leiharbeitnehmers
aufgrund später eintretender Umstände die Leistung von Mehrarbeit an.

Es besteht kein Mitbestimmungsrecht des Verleiherbetriebsrates,
da in diesem Fall nicht die vertragliche Abrede zwischen Verleiher
und Entleiher für die Arbeitszeiterhöhung maßgeblich ist. Anzu-

---

93 BAG 15.12.1992, 1 ABR 38/92, BAGE 72, 107 = AP AÜG § 14 Nr. 7.
94 BAG 15.12.1992, 1 ABR 38/92, BAGE 72, 107 = AP AÜG § 14 Nr. 7.
95 BAG 19.6.2001, 1 ABR 43/00, BAGE 98, 60 = EzA § 87 BetrVG 1972 Arbeits-
    zeit Nr. 63.
96 BAG 19.6.2001, 1 ABR 43/00, BAGE 98, 60 = EzA § 87 BetrVG 1972 Arbeits-
    zeit Nr. 63; BAG 23.7.1996, 1 ABR 13/96, EzA § 87 BetrVG 1972 BetrVG Ar-
    beitszeit Nr. 56 = AP BetrVG 1972 § 87 Arbeitszeit Nr. 68.

nehmen ist indes ein Mitbestimmungsrecht des Entleiherbetriebsrates, da auch die Anordnung von Überstunden gegenüber
Leiharbeitnehmern zu einer vorübergehenden Erhöhung der betriebsüblichen Arbeitszeit führt.[97]

c) Auszahlung des Arbeitsentgelts, § 87 Abs. 1 Nr. 4 BetrVG

87 Da der Entleiher dem Leiharbeitnehmer keine Vergütung schuldet,
betrifft die Auszahlung des Arbeitsentgelts allein das Verhältnis
zwischen Verleiher und Leiharbeitnehmer. Dieses liegt außerhalb des
Zuständigkeitsbereichs des Entleiherbetriebsrats, weshalb ein Mitbestimmungsrecht ausscheidet.

d) Urlaub, § 87 Abs. 1 Nr. 5 BetrVG

88 **Grundsätzlich** scheidet auch ein Mitbestimmungsrecht des Entleiherbetriebsrats hinsichtlich der Urlaubsgewährung aus, da allein der
Verleiher zur Gewährung von Urlaub berechtigt ist.

89 Ein Mitbestimmungsrecht kann jedoch entstehen, soweit aufgrund
der **Regelungen des Überlassungsvertrages** der Entleiher gegenüber
dem Leiharbeitnehmer berechtigt ist, den Urlaub festzulegen.[98] Zudem ist der Entleiherbetriebsrat gemäß § 80 BetrVG dann zuständig,
wenn es im Rahmen der Tätigkeit von Leiharbeitnehmern im Entleiherbetrieb zu einer **Verletzung der Vorschriften des Bundesurlaubsgesetzes** kommt.

e) Technische Einrichtungen zur Überwachung, § 87 Abs. 1 Nr. 6 BetrVG

90 Beim Einsatz technischer **Überwachungseinrichtungen** sind in den
Betrieb eingegliederte Leiharbeitnehmer regelmäßig in selber Weise
betroffen wie Arbeitnehmer der Stammbelegschaft. Aus diesem Grund
besteht ein Mitbestimmungsrecht des Betriebsrats des Entleiherbetriebes gemäß § 87 Abs. 1 Nr. 6 BetrVG. Faktisch gilt dies insbesondere
für eine im Betrieb eingesetzte Videoüberwachung, Zeiterfassungs-
systeme sowie Kontrolleinrichtungen im Bereich der IT.[99]

---

97 BAG 19.6.2001, 1 ABR 43/00, BAGE 98, 60 = EzA § 87 BetrVG 1972 Arbeits-
    zeit Nr. 63.
98 *Boemke/Lembke* § 14 AÜG Rn. 122.
99 Schüren/Hamann/*Hamann* § 14 AÜG Rn. 259 m.w.Nachw.

f) Ergänzende Arbeitsschutzregelungen, § 87 Abs. 1 Nr. 7 BetrVG

Das Mitbestimmungsrecht des Betriebsrats bezieht sich auf alle Rege- **91** lungen über die **Verhütung von Arbeitsunfällen** und **Berufskrankheiten** sowie über den **Gesundheitsschutz** im Rahmen der gesetzlichen Vorschriften oder der Unfallverhütungsvorschriften. Ziel ist es, Gefahren für die Gesundheit im Betrieb weitestmöglich zu minimieren. Dies betrifft Arbeitnehmer der Stammbelegschaft und Leiharbeitnehmer gleichermaßen. Der Entleiherbetriebsrat kann daher verlangen, dass Leiharbeitnehmer in Kollektivregelungen über die Sicherheit am Arbeitsplatz sowie den Gesundheitsschutz mit einbezogen werden.[100]

g) Sozialeinrichtungen, § 87 Abs. 1 Nr. 8 und 9 BetrVG

Streitig ist, ob und inwieweit eine Einbeziehung von Leiharbeitneh- **92** mern bei der **Ausgestaltung und Verwaltung von Sozialeinrichtungen** gemäß § 87 Abs. 1 Nr. 8 BetrVG erfolgt.[101] Der Arbeitgeber ist grundsätzlich frei, ob und für wen er Sozialeinrichtungen wie Werkskantinen, Betriebskindergärten u.Ä. einrichtet, solange er den berechtigten Personenkreis anhand allgemeiner und nicht verpönter Merkmale festlegt. Bei der Aufstellung der Kriterien sind hierbei die Diskriminierungsverbote des AGG sowie § 75 BetrVG zu beachten. Uneinheitlich wird hierbei die Frage beurteilt, ob in diesem Sinne der **Bestand eines Arbeitsverhältnisses** mit dem Betriebsinhaber einen **sachlichen Differenzierungsgrund** bildet. Dasselbe Problem stellt sich in Bezug auf die Anwendung des Gleichbehandlungsgebots des § 3 Abs. 1 Nr. 3 und § 9 Nr. 2 AÜG.[102]

h) Mitbestimmung bei Arbeitsentgelt, § 87 Abs. 1 Nr. 10 und 11 BetrVG

Das Mitbestimmungsrecht zu Fragen der **betrieblichen Lohngestal-** **93** **tung**, insbesondere die Aufstellung von Entlohnungsgrundsätzen sowie Entlohnungsmethoden und Festsetzung der Akkord- und Prämiensätze und vergleichbarer leistungsbezogener Entgelte betrifft die Festlegung abstrakt-genereller Grundsätze zur Lohnfindung und bezweckt die Herstellung von Angemessenheit und Durchsichtigkeit des **innerbetrieblichen Lohngefüges**.[103] Da Leiharbeitnehmer grundsätzlich keinen Lohn vom Verleiher erhalten, kommt ein Mitbestim-

---

100 *Urban-Crell/Schulz* Rn. 1125 m.w.Nachw.
101 *Körner* NZA 2006, 573.
102 Vgl. hierzu § 3 AÜG Rdn. 70 ff.
103 BAG 31.1.1984, 1 ABR 46/81, AP BetrVG 1972 § 87 Tarifvorrang Nr. 3.

mungsrecht nach § 87 Abs. 1 Nr. 10, 11 BetrVG grundsätzlich nicht in Betracht.[104]

i) Betriebliches Vorschlagswesen, § 87 Abs. 1 Nr. 12 BetrVG

94   Korrespondierend zur Zuordnung des § 11 Abs. 7 AÜG, nach welchem der **Entleiher** für Erfindungen und technische Verbesserungsvorschläge von Leiharbeitnehmern **als Arbeitgeber** gilt, beziehen auch zwischen Arbeitgeber und Entleiherbetriebsrat getroffene Vereinbarungen zum betrieblichen Vorschlagswesen Leiharbeitnehmer mit ein.

j) Gruppenarbeit, § 87 Abs. 1 Nr. 13 BetrVG

95   Das Mitbestimmungsrecht gemäß § 87 Abs. 1 Nr. 13 BetrVG bezieht sich auch auf Leiharbeitnehmer, soweit sich der Entleiher entschließt, Leiharbeitnehmer in **Gruppenarbeit** einzusetzen. Hinsichtlich Leiharbeitnehmern hat das Mitbestimmungsrecht lediglich einen **eingeschränkten Anwendungsbereich**. Soweit es sicherstellen soll, dass insbesondere leistungsschwächere Arbeitnehmer durch die Durchführung von Gruppenarbeit nicht ausgegrenzt werden, handelt es sich um eine betriebsbezogene Frage, welche Leiharbeitnehmer mit einschließt.[105] Die mit Gruppenarbeit regelmäßig verbundene **Einführung ergebnisorientierter Entlohnungssysteme**, welche nach Nr. 13 ebenfalls der Mitbestimmung des Betriebsrats unterliegen, kann sich in der Regel allein auf Arbeitnehmer der Stammbelegschaft beziehen, da der Entleiher nicht Schuldner des Entgeltanspruchs der Leiharbeitnehmer ist.

3. Freiwillige Betriebsvereinbarung über soziale Angelegenheiten, § 88 BetrVG

96   Ob Leiharbeitnehmer in den Anwendungsbereich freiwilliger Betriebsvereinbarungen mit einbezogen sind, ergibt sich aus deren konkretem Regelungsbereich. Knüpft die freiwillige Betriebsvereinbarung an das Vertragsverhältnis zwischen Arbeitnehmer und Arbeitgeber an, fehlt es an den tatsächlichen Voraussetzungen für eine Anwendbarkeit.[106] Da die Aufzählung in § 88 BetrVG jedoch nur beispielhaft

---

104 Ausführlich Thüsing/*Thüsing* § 14 AÜG Rn. 135 ff.
105 Thüsing/*Thüsing* § 14 AÜG Rn. 139 unter Verweis auf BT-Drucks. 14/5741 S. 47 f.
106 *Boemke/Lembke* § 14 AÜG Rn. 123; Schüren/Hamann/*Hamann* § 14 AÜG Rn. 282.

erfolgt, steht es den Betriebspartnern frei, auch Regelungsgegenstände zu wählen, die Leiharbeitnehmer und Stammbelegschaft in gleicher Weise erfassen.[107]

IV. Personelle Angelegenheiten

1. Allgemeine personelle Angelegenheiten, §§ 92 ff. BetrVG

Die Vorschriften der §§ 92–95 BetrVG tragen dem Interesse einer Transparenz und zielgerichteten Durchführung sowohl von Personalplanung als auch personeller Einzelentscheidung Rechnung. [97]

a) Personalplanung, § 92 BetrVG

Planungen, die den Einsatz von Leiharbeitnehmern betreffen, unterfallen § 92 BetrVG, da sie Auswirkungen auf den **gegenwärtigen und künftigen Personalbedarf** sowie sich hieraus ergebenden personellen Einzelmaßnahmen und Maßnahmen der Berufsbildung haben können.[108] Praktisch gilt dies insbesondere für Planungen des Arbeitgebers, die notwendige Abdeckung des Beschäftigungsbedarfs im Falle von Auftragsspitzen sowie Mutterschutz- oder Urlaubszeiten durch **Rahmenverträge** zum Einsatz von Leiharbeitnehmern sicher zu stellen. [98]

b) Beschäftigungssicherung, § 92a BetrVG

Gemäß § 92a BetrVG kann der Betriebsrat dem Arbeitnehmer **Vorschläge** zur Sicherung und Förderung der Beschäftigung im Betrieb machen. Diese können insbesondere aber nicht nur eine **flexible Gestaltung in der Arbeitszeit**, neue Form der Arbeitsorganisation, Änderungen der Arbeitsverfahren und Arbeitsabläufe, die Qualifizierung von Arbeitnehmern, Alternativen zur Ausgliederung von Arbeit oder ihrer Vergabe an andere Unternehmen sowie zum Produktions- und Investitionsprogramm zum Gegenstand haben. Der Arbeitgeber muss die Vorschläge mit dem Betriebsrat beraten und gegebenenfalls schriftlich ablehnen. Damit ist der Betriebsrat des Entleiherbetriebes aus § 92a BetrVG auch berechtigt, den **Abbau von Leiharbeitsplätzen** oder die **Übernahme von Leiharbeitnehmern** durch den Entleiher anzuregen.[109] [99]

---

107 Zum nicht abschließenden Charakter des § 88 BetrVG vgl. BAG 7.11.1989, GS 3/85, AP BetrVG 1972 § 77 Nr. 46.
108 *Boemke/Lembke* § 14 AÜG Rn. 133 m.w.Nachw.
109 *Urban-Crell/Schulz* Rn. 1088 m.w.Nachw.

100 Die Vorschlags- und Beratungsrechte des Betriebsrates zur Sicherung und Förderung der Beschäftigung im Betrieb sollen gemäß § 92a BetrVG i.V.m. § 80 Abs. 1 Nr. 8 BetrVG auch **Eingliederungsvorschläge** für Leiharbeitnehmer mit einbeziehen. Zu beachten ist, dass nach § 92a Abs. 2 S. 1 Hs. 2 BetrVG der **Schwellenwert** unter Ausklammerung der Leiharbeitnehmer zu ermitteln ist.[110]

c) Ausschreibungspflicht, § 93 BetrVG

101 Ob und mit welchem Inhalt vor Besetzung von Arbeitsplätzen mit Leiharbeitnehmern eine Ausschreibungspflicht nach § 93 **BetrVG** besteht, ist streitig. Besteht für einen Arbeitsbereich bereits der generelle Beschluss des Arbeitgebers, in diesem keine eigenen Arbeitnehmer sondern ausschließlich Leiharbeitnehmer zu beschäftigen, ist eine Ausschreibungspflicht nach § 93 **BetrVG** zu verneinen, weil diese Arbeitsplätze nicht dem **innerbetrieblichen Arbeitsmarkt** zur Verfügung stehen.[111]

102 Sind die Arbeitsplätze (noch) nicht dem innerbetrieblichen Arbeitsmarkt entzogen, ist **problematisch,** mit welchem **Lohn** der nach dem ursprünglichen Willen des Arbeitgebers mit einem Leiharbeitnehmer zu besetzende Arbeitsplatz innerbetrieblich auszuschreiben wäre. Da der Arbeitgeber über § 93 BetrVG nicht zur Ansetzung eines höheren Stundenlohns gezwungen werden kann, erscheint hier die Angabe des **Leiharbeitnehmerlohns** bzw. des **umgerechneten Entleihentgelts** angemessen.[112]

d) Personalfragebogen und Beurteilungsgrundsätze, § 94 BetrVG

103 Gemäß § 94 **BetrVG** bedürfen Personalfragebögen der Zustimmung des Betriebsrates. Gleiches gilt für persönliche Angaben in schriftlichen Arbeitsverträgen sowie die Aufstellung allgemeiner Beurteilungsgrundsätze. Da **Vertragsarbeitgeber** des Leiharbeitnehmers der **Verleiher** ist, ist allein der bei diesem gebildete Betriebsrat für die von § 94 BetrVG betroffenen Auswahl- und Beurteilungsentscheidungen zuständig. Ein **Mitbestimmungsrecht** des Entleiherbetriebsrats kann sich **lediglich dann** ergeben, soweit (auch) der Entleiher beim Einsatz von Leiharbeitnehmern Fragebögen einführen möchte. Dies soll insbesondere dann gelten, wenn der **Arbeitnehmerüberlassungs-**

---

110 *Körner* NZA 2006, 573.
111 LAG Niedersachsen 9.8.2006, 15 TaBV 53/05, EzAÜG BetrVG Nr. 94 (nicht thematisiert in nachgehender BAG-Entscheidung vom 23.1.2008); a.A. ArbG Detmold 12.9.2007, 2 BV 44/07, AiB 2007, 729.
112 *Hunold* NZA-RR 2008, 281, der auf den Leiharbeitslohn abstellen will.

vertrag eine Regelung vorsieht, nach welcher der Entleiher dem Verleiher Tatsachen über Leistung und Führung der Leiharbeitnehmer zu übermitteln hat und dies im Betrieb nach allgemeinen Beurteilungsgrundsätzen erfolgen soll.[113]

e) Auswahlrichtlinien, § 95 BetrVG

Spiegelbildlich zum Mitbestimmungsrecht nach § 94 BetrVG kommt eine Anwendbarkeit des **§ 95 BetrVG** auf Leiharbeitnehmer grundsätzlich ebenfalls nicht in Betracht, da die **Auswahlentscheidung** hinsichtlich der im Entleiherbetrieb eingesetzten Leiharbeitnehmer dem **Verleiher** obliegt. Auch soweit im Rahmen einer längeren Arbeitnehmerüberlassung Leiharbeitnehmer auf unterschiedlichen Arbeitsplätzen eingesetzt werden, steht einer Anwendbarkeit regelmäßig die Regelung des **§ 95 Abs. 3 S. 2** AÜG entgegen, wonach die Bestimmung eines neuen Arbeitsplatzes nicht als Versetzung gilt, wenn (Leih-)Arbeitnehmer nach der Eigenart ihres Arbeitsverhältnisses **üblicherweise nicht ständig** an einem bestimmten Arbeitsplatz beschäftigt werden.[114] | 104

f) Berufsbildung, §§ 96–98 BetrVG

Aufgrund fehlender Arbeitgeberstellung des Entleihers, kommen Beteiligungsrechte des Entleiherbetriebsrats gemäß **§§ 96–98 BetrVG** nicht in Betracht. | 105

2. Personelle Einzelmaßnahmen – Abs. 3

Das aus § 14 Abs. 3 AÜG folgende Beteiligungsrecht beschränkt sich auf die »Übernahme« eines Leiharbeitnehmers im Sinne der »Einstellung« im Sinne des § 99 Abs. 1 BetrVG. Andere Mitbestimmungsrechte lassen sich über den Verweis auf § 99 BetrVG nicht ableiten.[115] | 106

Danach ist der Betriebsrat **jedes Mal** zu beteiligen, wenn die Beschäftigung eines Leiharbeitnehmers im Betrieb geplant ist. Umstritten ist, ob ein Mitbestimmungsrecht allein im Falle der **erstmaligen Beschäftigung** des Leiharbeitnehmers besteht oder erneut dann, wenn die | 107

---

113 *Erdlenbruch* S. 171 f.; *Hamann* WiVerw. 2001, 215.
114 Schüren/Hamann/*Hamann* § 14 AÜG Rn. 301.
115 BAG 17.6.2008, 1 ABR 39/07, EzA § 99 BetrVG 2001 Eingruppierung Nr. 3 = AP BetrVG 1972 § 99 Eingruppierung Nr. 34.

Überlassungsdauer verlängert oder ein Leiharbeitnehmer gegen einen anderen ausgetauscht wird.[116]

108   In der Praxis wirft die Regelung des § 14 Abs. 3 AÜG insoweit Probleme auf, als es gerade im Bereich der Arbeitnehmerüberlassung darum geht, sehr **kurzfristig** auf (Fremd-) Personal zurückgreifen zu können.[117] Nach der Rechtsprechung des BAG soll es das Bestehen des Mitbestimmungsrechts jedoch nicht berühren, wenn der Entleiher aufgrund besonderer **Dringlichkeit** einen Leiharbeitnehmer ganz kurzfristig anfordert. Das BAG verweist insoweit auf seine allgemeine ständige Rechtsprechung wonach ein Mitbestimmungsrecht **nicht deswegen entfällt**, weil die vom Arbeitgeber beabsichtigte Maßnahme eilbedürftig ist und eine rechtzeitige Zustimmung des Betriebsrates möglicherweise nicht oder nur mit erheblichen Schwierigkeiten zu erreichen ist.[118]

a) Anwendbarkeit auf Unternehmen mit weniger als 20 Arbeitnehmern

109   Streitig ist, ob die Vorschrift des § 14 Abs. 3 AÜG eine Rechtsfolgen- oder Rechtsgrundverweisung darstellt.[119] Dies ist insoweit von **praktischer** Bedeutung, als das Mitbestimmungsrecht des § 14 Abs. 3 S. 1 AÜG i.V.m. § 99 BetrVG allein dann, wenn eine Rechtsfolgenverweisung anzunehmen ist, **unabhängig** von der in § 99 BetrVG vorgegebenen **Unternehmensgröße von 20 Arbeitnehmern** Anwendung findet. Klärende Rechtsprechung zu dieser Frage fehlt bisher.

b) Begriff der »Übernahme« eines Leiharbeitnehmers

110   Der Gesetzeswortlaut des § 14 Abs. 3 S. 1 AÜG verwendet den etwas missverständlichen Begriff der **»Übernahme eines Leiharbeitnehmers«**. Mit dieser Formulierung ist nicht etwa die Einstellung des Leiharbeitnehmers unter Begründung eines Arbeitsverhältnisses gemeint. Übernahme bedeutet vielmehr die **tatsächliche Eingliederung** des Leiharbeitnehmers in den Entleiherbetrieb durch Zuweisung eines Arbeitsbereichs.[120]

---

116   Vgl. zum Streitstand *Hunold* NZA-RR 2008, 281; *Körner* NZA 2006, 573 jeweils m.w.Nachw.
117   Siehe Darstellung bei *Böhm* DB 2008, 2026.
118   BAG 19.6.2001, 1 ABR 43/00, BAGE 98, 60 = EzA § 87 BetrVG 1972 Arbeitszeit Nr. 63.
119   Vgl. *Körner* NZA 2006, 573; Schüren/Hamann/*Hamann* § 14 AÜG Rn. 141 m.w.Nachw.
120   *Hamann* Anm. zu BAG 12.11.2002, 1 ABR 1/02, EzA § 99 BetrVG 2001 Nr. 1 m.w.Nachw.; *Wensing/Freise* BB 2004, 2238.

Der bloße **Abschluss des Überlassungsvertrages** stellt dagegen nach 111
zutreffender höchstrichterlicher Rechtsprechung **noch keine solche
Eingliederung** und damit keine Beteilungsrechte auslösende Übernahme dar.[121] Gleiches gilt für eine Vereinbarung darüber, welche Arbeitnehmer der Verleiher in den Betrieb des Entleihers entsenden darf
(**»Arbeitnehmerpool«**). Damit hat das BAG seine ältere Rechtsprechung[122]aufgegeben. Danach sollte bereits der Abschluss eines Rahmenvertrages zwischen Verleiher und Entleiher, selbst bei noch offe-
nem Überlassungszeitraum, der Mitbestimmung unterliegen.

aa) Keine Flexibilisierung durch »Arbeitnehmerpool«

Bei Aufnahme in einen sogenannten Arbeitnehmer-, Personal- oder 112
Aushilfenpool haben die Arbeitnehmer regelmäßig das Recht, der Arbeitgeberin ihre Arbeitskraft für bestimmte Arbeitstage anzubieten,
ohne dass insoweit ein Beschäftigungsanspruch entsteht. Die Arbeitgeberin verpflichtet sich, sich darum zu bemühen, die Arbeitnehmer
proportional zum Umfang ihrer Arbeitsangebote einzusetzen. Im Arbeitnehmerüberlassungsvertrag stellt der Verleiher dem Entleiher regelmäßig eine **bestimmte Mannstundenzahl** aus diesem Pool auf Abruf zur Verfügung. Der Entleiher teilt dem Verleiher dann **jeweils
kurzfristig seinen Bedarf** mit.

Diese Vertragsgestaltung führt jedoch auf **betriebsverfassungsrecht-** 113
licher Ebene zu **keiner Flexibilisierung.**[123] Zwar ist die Aufnahme eines Arbeitnehmers in einen Pool keine Übernahme i.S.d. § 14 Abs. 3
AÜG, wohl aber dessen Einsatz. Die jeweilige Arbeitsaufnahme der
einzelnen Arbeitnehmer im Entleiherbetrieb bleibt – unabhängig von
einer Zugehörigkeit zu einem Pool – mitbestimmungspflichtig, wobei
hinsichtlich der Dauer keine Einschränkung zu machen sein soll.[124]

▶ Praxistipp:

Nach der Rechtsprechung des BAG ist eine pauschale Anhörung
des Betriebsrates zum Einsatz von Leiharbeitnehmern – auch bei
Bezugnahme auf einen Arbeitnehmerpool – nicht ausreichend.
Dem Arbeitgeber bleibt daher nur die Wahl,

---

121 BAG 23.1.2008, 1 ABR 74/06, EzA § 99 BetrVG 2001 Einstellung Nr. 8 = AP
AÜG § 14 Nr. 14 =.
122 BAG 28.4.1992, 1 ABR 73/91, BAGE 70, 147 = AP BetrVG 1972 § 99 Nr. 98.
123 Zu Möglichkeiten und Grenzen der Flexibilisierung durch »Leiharbeiter-
pools« *Hamann* NZA 2008, 1042.
124 LAG Hessen 27.5.2008, 4 TaBV 25/08, n.v. (juris) unter Verweis auf BAG
23.1.2008, 1 ABR 74/06, EzA § 99 BetrVG 2001 Einstellung Nr. 8 = AP AÜG
§ 14 Nr. 14 =.

- den Betriebsrat bei jedem Einzelfall (erstmalige Übernahme, Ersetzung, Verlängerung) in vollem Umfang zu beteiligen oder
- eine Betriebsvereinbarung über das Verfahren beim Einsatz von Leiharbeitnehmern zu schließen und die Anforderungen der Beteilung bei Einzeleinsätzen beispielsweise auf die Mitteilung von geplanten Änderungen des Umfangs eines Einsatzes von Leiharbeitnehmern zu beschränken.

bb) Austausch eines Leiharbeitnehmers

114 Umstritten ist, ob eine mitbestimmungspflichtige Übernahme im Sinne des § 14 Abs. 3 AÜG vorliegt, wenn im Rahmen eines Überlassungsvertrages der überlassene Arbeitnehmer lediglich **ausgetauscht** wird, sowie welchen Umfang die Auskunftspflichten nach § 14 Abs. 3 S. 1 AÜG i.V.m. § 99 Abs. 1, 2 BetrVG im Falle der Übernahme eines Leiharbeitnehmers haben.[125]

115 Im Falle eines **Austausches** des Leiharbeitnehmers wird das erneute Entstehen eines Mitbestimmungstatbestandes in der Literatur vielfach verneint, da der Arbeitnehmerüberlassungsvertrag den Verleiher in der Regel lediglich zu einer nach Qualifikation und Anzahl bestimmten Überlassung verpflichtet und der Austausch lediglich die Personalien des Leiharbeitnehmers ändere, welche dem Betriebsrat des Entleiherbetriebes nicht bekannt gegeben werden müssen. Eine **erneute Übernahme** im Sinne des § 14 Abs. 3 AÜG sei lediglich anzunehmen, wenn der auszutauschende Leiharbeitnehmer nach dem Überlassungsvertrag **persönlich bestimmt** ist.[126] Nach der Rechtsprechung des **BAG** soll dagegen jede noch so kurze tatsächliche Beschäftigung von Leiharbeitnehmern mitbestimmungspflichtig sein. Auch wenn Arbeitgeber und Verleiher die Entscheidung über die **konkrete Auswahl** der auf Anforderung des Arbeitgebers zum Einsatz kommenden Leiharbeitnehmer dem Verleiher überlassen, stelle **jeder Einsatz und jeder Austausch** eine erneute Übernahme im Sinne von § 14 Abs. 3 AÜG dar und löse das Mitbestimmungsrecht des Betriebsrates nach § 99 Abs. 1 BetrVG aus.[127] Zur Begründung führt das BAG an, die im Interesse der Belegschaft bestehenden Mitbestimmungsrechte des Betriebsrates bei der Einstellung von Arbeitnehmern würden weitgehend **entwertet** und wären nicht sinnvoll wahrzunehmen,

---

125 Vgl. zum Umfang der Unterrichtungspflicht § 14 Rdn. 117.
126 *Hunold* NZA-RR 2008, 281 m.w.Nachw.
127 BAG 23.1.2008, 1 ABR 74/06, EzA § 99 BetrVG 2001 Einstellung Nr. 8 = AP AÜG § 14 Nr. 14 =; LAG Frankfurt 16.1.2007, 4 TaBV 203/06, EzAÜG § 14 AÜG Betriebsverfassung Nr. 66.

wenn sie sich auf den **erstmaligen Einsatz** eines Arbeitnehmers beschränkten und völlig offen wäre, wie oft, wie lange und in welchem zeitlichen Umfang er künftig eingesetzt werde.[128]

cc) Wechsel des Verleihers

Wird ein Leiharbeitnehmer fortgesetzt im Entleiherbetrieb auf seinem **bisherigen Arbeitsplatz** eingesetzt, stellt ein Wechsel des Arbeitgebers (Verleihers) **keine erneute Eingliederung** oder mitbestimmungspflichtige Einstellung im Sinne des § 99 BetrVG dar.[129] Ändert sich lediglich das der Überlassung zugrundeliegende **Rechtsverhältnis** derart, dass der Leiharbeitnehmer aufgrund eines anderen Überlassungsvertrages weiter eingesetzt wird, bedeutet dies keine Änderung der Umstände der Beschäftigung als solcher. Ebensowenig soll die Aufnahme einer **Befristung** der Überlassungsdauer keinen Tatbestand darstellen, aus dem ein Zustimmungsverweigerungsgrund des Betriebsrats erwachsen könne.[130]

c) Umfang der Unterrichtungspflicht des Arbeitgebers

Aus der Besonderheit des Dreiecksverhältnisses, welches im Rahmen der Arbeitnehmerüberlassung entsteht, ergeben sich **Schwierigkeiten** hinsichtlich der **Unterrichtungspflicht** des Entleihers nach § 99 Abs. 1 BetrVG, da die Auswahl der zu überlassenden Leiharbeitnehmer ebenso wie ein ggf. erfolgender Austausch grundsätzlich in der Freiheit des Verleihers liegt. Der Umfang der Unterrichtungspflicht wird daher sowohl innerhalb der Rechtsprechung als auch der Literatur **uneinheitlich** beurteilt.

Der Arbeitgeber muss dem Betriebsrat im Rahmen der Unterrichtung nach § 99 Abs. 1 BetrVG **jedenfalls** die **Anzahl der Leiharbeitnehmer** und die **Einsatzdauer** mitteilen.[131] Der Arbeitgeber kann seinen Betriebsrat nur über die Aspekte unterrichten, die ihm selbst bekannt sind.[132] Insoweit ist auch die (ältere) Rechtsprechung des BAG zu beachten, wonach sich Beschränkungen des Umfangs der Unterrich-

116

117

118

---

128 BAG 23.1.2008, 1 ABR 74/06, EzA § 99 BetrVG 2001 Einstellung Nr. 8 = AP AÜG § 14 Nr. 14 =.
129 LAG Düsseldorf 30.10.2008, 15 CaBV 12/08, n.v. (juris) Rechtsbeschwerde eingelegt unter Az. 1 ABR 9/09.
130 LAG Düsseldorf 30.10.2008, 15 CaBV 12/08, n.v. (juris) Rechtsbeschwerde eingelegt unter Az. 1 ABR 9/09.
131 LAG Niedersachsen 9.8.2006, 15 TaBV 53/05, EzAÜG BetrVG Nr. 94; LAG Niedersachsen 13.10.1999, 13 TaBV 106/98, n.v. (juris).
132 BAG 14.5.1974, 1 ABR 40/73, AP BetrVG 1972 § 99 Nr. 2.

tungspflicht aus den Besonderheiten der Arbeitnehmerüberlassung ergeben können.[133]

119   Die in der Literatur herrschende Meinung nimmt eine Unterrichtungspflicht hinsichtlich der **Personaldaten** des Leiharbeitnehmers lediglich für diejenigen Fälle an, in denen dessen Personalien dem Entleiher bekannt sind. In anderen Fällen soll es genügen, wenn der Arbeitgeber die Namen der Leiharbeitnehmer, soweit er diese kennt – regelmäßig erst nach Beginn des Einsatzes – dem Betriebsrat **nachträglich** mitteilt.[134] Eine grundsätzliche Pflicht, eigene **Ermittlungen** anzustellen, soll für den entleihenden Arbeitgeber nicht bestehen.[135]

120   Da für den Betriebsrat des Entleiherbetriebes die Kenntnis der Einstellungsbedingungen der Leiharbeitnehmer unnötig ist, braucht der Entleiher seinem Betriebsrat nach einer älteren Entscheidung des BAG keine Auskunft über **ihm unbekannte Arbeitsverträge** der Leiharbeitnehmer mit dem Verleiher zu geben.[136] Ob diese Rechtsprechung weiterhin Bestand hat, ist fraglich. Eine abweichende Beurteilung könnte sich aus der Geltung des **Equal-Pay-Grundsatzes** ergeben. Nach **neuerer Instanzrechtsprechung** muss der Betriebsrat – allerdings allein zur Überwachung der Gleichbehandlung gemäß § 80 BetrVG, nicht im Rahmen der Feststellung eines Zustimmungsverweigerungsrechts gemäß § 99 BetrVG[137] – Gelegenheit haben, sich darüber zu informieren, ob dieser Grundsatz durch den Verleiher eingehalten wird.[138] Zwar müssen **Lohnhöhe und Eingruppierung** der jeweiligen Leiharbeitnehmer dem Betriebsrat nicht mitgeteilt werden, da bereits grundsätzlich eine unterlassene Mitteilung über die Höhe des Arbeitsentgelts und die vorgesehene Eingruppierung die Unterrichtung des Betriebsrats über die geplante Einstellung und Versetzung nicht unvollständig macht. Aufgrund dessen sei es notwendig

---

133   LAG Frankfurt 16.1.2007, 4 TaBV 203/06, EzAÜG § 14 AÜG Betriebsverfassung Nr. 66 unter Hinweis auf BAG vom 14.5.1974, 1 ABR 40/73, AP BetrVG 1972 § 99 Nr. 2; BAG 6.6.1978, 1 ABR 66/75, AP BetrVG 1972 § 99 Nr. 6.

134   *Fitting* u.a. § 99 Rn. 178 m.w.Nachw.; a.A. *Boemke/Lembke*, § 14 AÜG Rn. 102,;*Ulber* § 14 AÜG Rn. 152; DKK/*Kittner/Bachner* § 99 BetrVG Rn. 133.

135   LAG Köln 12.6.1987, 4 TaBV 10/87, EzAÜG § 14 AÜG Betriebsverfassung Nr. 12, DB 1987, 2106; LAG Frankfurt 16.1.2007, 4 TaBV 203/06, EzAÜG § 14 AÜG Betriebsverfassung Nr. 66.

136   BAG 6.6.1978, 1 ABR 66/75, AP BetrVG 1972 § 99 Nr. 6 = DB 1978, 1841.

137   LAG Düsseldorf 30.10.2008, 15 TaBV 114/08, EzA-SD 2009 Nr. 5, 14 unter Hinweis auf BAG 20.12.1988, 1 ABR 68/87, AP BetrVG 1972 § 99 Nr. 62; BAG 3.10.1989, 1 ABR 73/88, AP BetrVG 1972 § 99 Nr. 74; siehe § 14 AÜG Rdn. 79, 123.

138   LAG Düsseldorf 30.10.2008, 15 TaBV 12/08, n.v. (juris) Rechtsbeschwerde eingelegt unter Az. 1 ABR 9/09.

---

aber auch ausreichend, wenn der Entleiher seinem Betriebsrat mitteile, dass ein **Tarifvertrag** auf die Arbeitsverhältnisse der Leiharbeitnehmer **Anwendung** findet.

Streitig ist, ob eine Verpflichtung des Arbeitgebers besteht, dem Betriebsrat im Rahmen dessen Beteiligung nach § 99 BetrVG den **Arbeitnehmerüberlassungsvertrag** vorzulegen.[139] Dagegen wird eingewandt, § 14 Abs. 3 AÜG erweitere die Unterrichtungsverpflichtung nur insoweit, als eine bloße Erklärung zur Arbeitnehmerüberlassung vorzulegen sei.[140]   121

▶ **Praxistipp:**

Beim beabsichtigten Einsatz von Leiharbeitnehmern ist der Betriebsrat des Entleihers zu informieren über

– Geplanten Beginn und geplantes Ende des Leiharbeitereinsatzes,

– Anzahl und Qualifikation der einzusetzenden Leiharbeitnehmer,

– Angabe der durch Leiharbeitnehmer zu besetzenden Arbeitsplätze (hinsichtlich Arbeitsplatz/Arbeitsort und Funktion des Leiharbeitnehmers),

– Eventuelle Auswirkungen des Leiharbeitnehmereinsatzes auf die Belegschaft,

– Mitteilung des Bestehens einer Erlaubnis des Verleihers zur Arbeitnehmerüberlassung,

– Personalien der jeweiligen Leiharbeitskraft (soweit dem Arbeitgeber bekannt),

– Anwendbarkeit von Zeitarbeitstarifverträgen, Vorlage einer Verleiherlaubnis und (Rahmen-) Überlassungsvertrag (str.).

d) Zustimmungsverweigerungsgründe des § 99 Abs. 2 BetrVG

Der Betriebsrat ist nicht berechtigt, dem Einsatz von Leiharbeitnehmern seine Zustimmung mit **pauschalen Befürchtungen** wie dem Entstehen einer »zweiten Belegschaft« oder einer Untergrabung des im Betrieb bestehenden Lohnniveaus zu verweigern. Ein Recht zur Zustimmungsverweigerung setzt vielmehr das **konkrete Eingreifen** eines rechtlich beachtlichen Grundes voraus.   122

---

139 Vgl. zum Meinungsstand Nachweise bei *Hamann* NZA 2008, 1042.
140 LAG Niedersachsen 26.11.2007, 6 TaBV 34/07, LAGE § 99 BetrVG 2001 Nr. 5.

aa) Zustimmungsverweigerungsgrund des § 99 Abs. 2 Nr. 1 BetrVG

123 Der Zustimmungsverweigerungsgrund des § 99 Abs. 2 Nr. 1 BetrVG
setzt voraus, dass die **Maßnahme selbst** gegen ein **Gesetz verstößt**.
Geht es um den Einsatz eines Leiharbeitnehmers und damit im Sinne
des § 99 Abs. 2 Nr. 1 BetrVG um eine **Einstellung**, muss diese **als solche untersagt** sein. Demgegenüber genügt es nicht, wenn einzelne Bedingungen des mit dem Arbeitnehmer geschlossenen Vertrages nicht
gesetzeskonform sind. Das Mitbestimmungsrecht des Betriebsrats bei
Einstellungen ist kein Instrument einer umfassenden Vertraginhalt-
skontrolle.[141]

▶ **Beispiele:**

Einsatz einer schwangeren Leiharbeitnehmerin trotz bestehenden
Beschäftigungsverbots nach dem MuSchG verstößt gegen ein gesetzliches Verbot. Der Entleiherbetriebsrat kann seine Zustimmung
zur Übernahme verweigern.

Die Behauptung eines Verstoßes gegen den Grundsatz Equal-Pay
und Equal-Treatment genügt hingegen nicht. Der Betriebsrat be-
ruft sich insoweit auf ein ihm nicht zustehendes Recht zur Vertragsinhaltskontrolle. Die Rechte des Leiharbeitnehmers werden
hinreichend durch § 10 Abs. 4 AÜG gewahrt.[142]

(a) Fehlende Verleiherlaubnis

124 In der Instanzrechtsprechung unterschiedlich beurteilt wird, ob ein
Zustimmungsverweigerungsrecht nach § 99 Abs. 2 Nr. 1 BetrVG bei
unerlaubter gewerbsmäßiger Arbeitnehmerüberlassung wegen eines
Verstoßes gegen § 1 Abs. 1 S. 1 AÜG, also bei Fehlen der erforderlichen Überlassungserlaubnis, anzunehmen ist.[143]

---

141 BAG 12.11.2002, 1 ABR 1/02, BAGE 103, 304 = AP BetrVG 1972 § 99 Einstellung Nr. 41 m.w.Nachw.
142 BAG 25.1.2005, 1 ABR 61/03, NZA 2005, 1199 (zur nichtgewerbsmäßigen
   Arbeitnehmerüberlassung); LAG Niedersachsen 20.2.2007, 9 TaBV 107/05,
   EzAÜG § 1 AÜG Konzerninterne Arbeitnehmerüberlassung Nr. 18; LAG
   Düsseldorf 30.10.2008, 15 TaBV 114/08, EzA-SD 2009 Nr. 5, 14, Rechtsbeschwerde eingelegt unter Az. 1 ABR 12/09; a.A. wohl Thüsing/*Thüsing*
   § 14 AÜG Rn. 168.
143 Ablehnend LAG Düsseldorf 30.10.2008, 15 TaBV 114/08, EzA-SD 2009,
   Nr. 5, 14, Rechtsbeschwerde eingelegt unter Az. 1 ABR 12/09; Befürwor-
   tend LAG Schleswig-Holstein 18.6.2008, 3 TaBV 8/08, EzA-SD 2008, Nr. 22,
   15.

Für eine Zustimmungsverweigerung spricht, dass die Übernahme ei- **125** nes Leiharbeitnehmers in diesem Fall als solche gegen die gesetzlichen Vorschriften des AÜG verstößt. Gleiches gilt für ein **Verbot** der Arbeitnehmerüberlassung in **Betriebe des Baugewerbes** gemäß § 1b AÜG.[144] Dennoch verneint das LAG Düsseldorf ein Zustimmungsverweigerungsrecht, indem es auf **Sinn und Zweck** des Gesetzes abstellt. Die gesetzgeberische Intention werde verkehrt, wenn bei unerlaubter gewerbsmäßiger Arbeitnehmerüberlassung wegen Fehlens der erforderlichen Überlassungserlaubnis ein Zustimmungsverweigerungsrecht angenommen und damit die **Wahrnehmung** der von Gesetzes wegen gegebenen Rechte des Leiharbeitnehmers nach **§ 10 Abs. 1 AÜG** zumindest erschwere.[145]

(b) Verstoß gegen den »Epual-Pay-Grundsatz«

Demgegenüber bedeutet ein Verstoß gegen den Equal-Pay-Grundsatz **126** **keine Unzulässigkeit der Übernahme** solcher Arbeitnehmer. Der Einsatz eines Leiharbeitnehmers unter Verletzung des Equal-Pay-Grundsatzes wird entsprechend zwar sanktioniert, jedoch **nicht untersagt**.[146] Soweit auch insoweit eine Unterrichtungspflicht aus § 14 Abs. 3 AÜG angenommen wird, soll diese unter dem Aspekt der allgemeinen Aufgabe einer Gewährleistung der Gleichbehandlung erfolgen und **kein Zustimmungsverweigerungsrecht** begründen können.[147] Jeglichem berechtigtem Informationsbedürfnis des Betriebsrats darüber, ob die Grundsätze des »Equal-Pay« eingehalten werden, ist nicht durch Eröffnung eines an sich nicht gegebenen Mitbestimmungsrechts nach § 99 BetrVG, sondern nach § 80 BetrVG zu genügen.[148]

(c) Verstoß gegen Beschäftigungsverbote

Gemäß den allgemeinen Grundsätzen besteht auch im Rahmen der **127** geplanten Eingliederung eines Leiharbeitnehmers ein Zustimmungs-

---

144 Vgl. ausführlich Darstellung bei Schüren/Hamann/*Hamann* § 14 AÜG Rn. 184.
145 LAG Düsseldorf 30.10.2008, 15 TaBV 114/08, EzA-SD 2009 Nr. 5, 14, Rechtsbeschwerde eingelegt unter Az. 1 ABR 12/09.
146 *Hamann* Anm. zu BAG v. 12.11.2002, 1 ABR 1/02, EzA § 99 BetrVG 2001 Nr. 1.; allgemein HaKo-BetrVG/*Kreuder* § 99 BetrVG Rn. 55 ff.
147 BAG 25.1.2005, 1 ABR 61/03, NZA 2005, 1199 (zur nichtgewerbsmäßigen Arbeitnehmerüberlassung); LAG Düsseldorf 30.10.2008, 15 TaBV 114/08, EzA-SD 2009 Nr. 5, 14 unter Hinweis auf BAG 20.12.1988, 1 ABR 68/87, AP BetrVG 1972 § 99 Nr. 62; BAG 3.10.1989, 1 ABR 73/88, AP BetrVG 1972 § 99 Nr. 74, a.A. wohl Thüsing/*Thüsing* § 14 AÜG Rn. 168.
148 LAG Düsseldorf 30.10.2008, 15 CaBV 12/08, n.v. (juris) Rechtsbeschwerde eingelegt unter Az. 1 ABR 9/09.

verweigerungsrecht des Betriebsrates bei Verstößen gegen **Beschäftigungsverbote** des **JArbSchG** oder des **MuSchG** oder bei **fehlender Arbeitserlaubnis**.[149]

(d) Verstoß gegen Vorschriften des Schwerbehindertenrechts

128 Die Verletzung der **Prüf- und Konsultationspflichten** nach § 81 Abs. 1 S. 1 und S. 2 SGB IX im Rahmen der Übernahme eines Leiharbeitnehmers berechtigt den Betriebsrat nicht, seine Zustimmung nach § 99 Abs. 1 Nr. 1 BetrVG zu verweigern.

129 Grundsätzlich besteht ein Zustimmungsverweigerungsrecht zur beabsichtigten Einstellung eines nicht schwerbehinderten Arbeitnehmers, wenn der Arbeitgeber zuvor nicht geprüft hat, ob der freie Arbeitsplatz mit einem schwerbehinderten arbeitslosen oder arbeitssuchenden Arbeitnehmer besetzt werden kann.[150] Beim geplanten Einsatz eines Leiharbeitnehmers handelt es sich indes **nicht** um die Vergabe eines »**freien Arbeitsplatzes**« im Sinne des § 81 SGB IX. Bei der geplanten Besetzung von Stellen mit **Fremdpersonal** sind externe Bewerber generell von der Stellenbesetzung ausgeschlossen. Der Entleiher möchte gerade keinen eigenen Arbeitnehmer einstellen, sondern auf den Arbeitnehmerstamm eines Verleihunternehmens zurückgreifen. Aus § 81 SGB IX erwächst keine Pflicht, von der Unternehmerentscheidung zur Besetzung von Arbeitsplätzen durch Fremdpersonal zugunsten einer Festanstellung externer schwerbehinderter Bewerber abzurücken.[151]

bb) Zustimmungsverweigerungsgrund des § 99 Abs. 2 Nr. 2 BetrVG

130 Zudem soll der Betriebsrat zur Zustimmungsverweigerung berechtigt sein, wenn im Entleiherbetrieb **Auswahlrichtlinien** nach § 95 BetrVG gelten und der Einsatz des Leiharbeitnehmers gegen diese verstieße. Denkbar sei insoweit eine Auswahlrichtlinie, welche den Einsatz von Leiharbeitnehmern ganz ausschließt oder von bestimmten Voraussetzungen abhängig macht.[152]

---

149 BAG 22.1.1991, 1 ABR 18/90, EzA § 99 BetrVG 1972 Nr. 98 = AP BetrVG 1972 § 99 Nr. 86.
150 BAG 17.6.2008, 1 ABR 20/07, NZA 2008, 1139.
151 LAG Düsseldorf 30.10.2008, 15 TaBV 114/08, EzA-SD 2009 Nr. 5, 14, Rechtsbeschwerde eingelegt unter Az. 1 ABR 12/09.
152 *Wensing/Freise* BB 2004, 2238.

cc) Zustimmungsverweigerungsgrund des § 99 Abs. 2 Nr. 3 BetrVG

Der Betriebsrat kann die Zustimmung zu einer personellen Maßnahme verweigern, wenn die durch Tatsachen begründete Besorgnis besteht, dass in ihrer Folge im Betrieb beschäftigte **Arbeitnehmer gekündigt** werden oder sonstige **Nachteile erleiden**, ohne dass dies aus betrieblichen oder persönlichen Gründen gerechtfertigt ist. **131**

Nach höchstrichterlicher Rechtsprechung stehen Leiharbeitnehmer und Arbeitnehmer der Stammbelegschaft in **keinem betriebsverfassungsrechtlich beachtlichen Konkurrenzverhältnis**.[153] Dieser Rechtsprechung des BAG lag zwar ein Fall der nicht gewerbsmäßigen Arbeitnehmerüberlassung zu Grunde, es ergeben sich jedoch keinerlei Anhaltspunkte dafür, dass im Falle gewerbsmäßiger Arbeitnehmerüberlassung andere Grundsätze gelten sollten.[154] **132**

Die vom Arbeitgeber getroffene Entscheidung, einen oder mehrere bisherige Stammarbeitsplätze unbefristet mit Leiharbeitnehmern zu besetzen, löst für den Betriebsrat daher **keinen Zustimmungsverweigerungsgrund** im Sinne des § 99 Abs. 2 Nr. 3 BetrVG aus. Weder die Befürchtung, durch den Einsatz von Leiharbeitnehmern für zuschlagspflichtige Arbeiten könnten für die Stammbelegschaft **Einkommenseinbußen** entstehen noch die Befürchtung, die Stammbelegschaft könne mittelfristig bei der Wahrung der Löhne des im Betrieb anwendbaren Branchentarifvertrages unter Verhandlungsdruck kommen, erfüllen die tatbestandlichen Voraussetzungen. Solche Nachteile beruhen nicht auf der Einstellung als solcher. Eine Lösung dieser Situation ist den Tarifvertragsparteien zugewiesen, ein Zustimmungsverweigerungsrecht für den Betriebsrat folgt hieraus nicht.[155] **133**

dd) Zustimmungsverweigerungsgrund des § 99 Abs. 2 Nr. 4 BetrVG

Das Recht zur Zustimmungsverweigerung nach § 99 Abs. 1 Nr. 4 BetrVG steht dem Betriebsrat des Entleiherbetriebes lediglich insoweit zu, als die die Verweigerung begründenden Nachteile **unmittelbare Folge** der personellen Einzelmaßnahme sind.[156] Soweit Nachteile aus **134**

---

153 BAG 25.1.2005, 1 ABR 61/03, NZA 2005, 1199; *Düwell/Dahl* NZA 2007, 889 m.w.Nachw.
154 *Düwell/Dahl* NZA 2007, 889 m.w.Nachw.
155 LAG Niedersachsen 31.10.2006, 12 TaBV 1/06, EzAÜG § 1 AÜG Konzern-interne Arbeitnehmerüberlassung Nr. 16.
156 BAG 16.7.1985, 1 ABR 35/83, AP BetrVG 1972 § 99 Nr. 21 = NZA 1986, 163.

dem Vertragsverhältnis zwischen Verleiher und Leiharbeitnehmer resultieren, ist der Entleiherbetriebsrat nicht mitbestimmugsberechtigt.

ee) Zustimmungsverweigerungsgrund des § 99 Abs. 2 Nr. 5 BetrVG

135 Streitig ist, ob und mit welchem Inhalt eine **Ausschreibungspflicht** vor Besetzung von Arbeitsplätzen mit Leiharbeitnehmern nach § 93 BetrVG besteht. Besteht für einen Arbeitsbereich bereits der generelle Beschluss des Arbeitgebers, in diesem keine eigenen Arbeitnehmer sondern ausschließlich Leiharbeitnehmer zu beschäftigen, ist eine Ausschreibungspflicht nach § 93 BetrVG zu verneinen, weil diese Arbeitsplätze nicht dem **innerbetrieblichen Arbeitsmarkt** zur Verfügung stehen.[157] Ein Zustimmungsverweigerungsrecht kommt nicht in Betracht.

136 Sind die Arbeitsplätze (noch) nicht dem innerbetrieblichen Arbeitsmarkt entzogen, soll demgegenüber im Falle der Verletzung der Ausschreibungspflicht ein **Zustimmungsverweigerungsrecht** bestehen.[158]

ff) Zustimmungsverweigerungsgrund des § 99 Abs. 2 Nr. 6 BetrVG

137 Der Betriebsrat kann seine Zustimmung verweigern, wenn die durch Tatsachen begründete Besorgnis besteht, dass durch die personelle Maßnahme der **Betriebsfrieden** durch gesetzwidriges Verhalten oder durch grobe Verletzung der in § 75 Abs. 1 BetrVG enthaltenen Grundsätze gestört wird. Insbesondere gilt dies bei der Besorgnis rassistischer oder fremdenfeindlicher Betätigung. Da der Betriebsfrieden durch einen im Betrieb eingegliederten Leiharbeitnehmer in gleicher Weise beeinträchtigt werden kann, wie durch Arbeitnehmer der Stammbelegschaft, sind die Übernahme von Leiharbeitnehmern und die Einstellung von (Stamm-)Arbeitnehmern gleichermaßen dem Zustimmungsvorbehalt des § 99 Abs. 2 Nr. 6 unterworfen.[159]

e) Mehrfache Vorläufigkeitseinstellung gem. § 100 BetrVG

138 Der Arbeitgeber ist berechtigt, sich unter den Voraussetzungen des § 100 BetrVG auf **Vorläufigkeitsmaßnahmen** zu beschränken. Er ist nicht zur Einleitung eines **Zustimmungsersetzungsverfahrens** nach

---

157 LAG Niedersachsen 9.8.2006, 15 TaBV 53/05, EzAÜG BetrVG Nr. 94 (nicht thematisiert in nachgehender BAG-Entscheidung vom 23.1.2008); a.A. ArbG Detmold 12.9.2007, 2 BV 44/07, AiB 2007, 729.
158 Schüren/Hamann/*Hamann* § 14 AÜG Rn. 205 m.w.Nachw.
159 Thüsing/*Thüsing* § 14 AÜG Rn. 174.

§ 99 Abs. 4 BetrVG verpflichtet. Die dortige Kann-Bestimmung eröffnet dem Arbeitgeber lediglich eine Möglichkeit eine Zustimmung des Betriebsrats zu ersetzen, wenn er sich nicht auf vorläufige Maßnahmen beschränken möchte. Ein Zwang zur Einleitung eines Zustimmungsersetzungsverfahrens besteht jedenfalls nicht, wenn die Vorläufigkeitsmaßnahme den in § 100 Abs. 2 BetrVG enthaltenen Zeitraum von **drei Tagen** jeweils nicht überschreitet.[160]

Maßgeblich für die Einhaltung des Drei-Tages-Zeitraums ist hierbei, **139** dass die **jeweilige** Dringlichkeit der Einzelmaßnahme vorgelegen hat. Es kann daher auch ein Leiharbeitnehmer mehrmals – bei jeweils dringendem Bedarf – über § 100 BetrVG für einen Dreitageszeitraum beschäftigt werden.[161] Die Regelung des § 100 BetrVG räumt dem Arbeitgeber grundsätzlich das Recht ein, eine personelle Maßnahme ohne Zustimmung des Betriebsrates vorläufig durchzuführen. Solange der Arbeitgeber hierbei das gesetzlich vorgeschriebene Verfahren einhält, kann dies auch für den Fall, dass tatsächlich kein dringendes Erfordernis im Sinne der Norm vorliegt, nicht ohne Weiteres als rechtsmißbräuchliche Umgehung der Beteiligungsrechte des Betriebsrates eingeordnet werden.[162]

Die Grenze zwischen erlaubter Nutzung der gesetzlichen Gestal- **140** tungsmöglichkeiten und einer rechtsmissbräuchlichen, unzulässigen Gesetzesumgehung ist äußerst schwierig zu ziehen. Für einen **Rechtsmissbrauch** im Sinne einer gezielten Ausschaltung der Rechte des Betriebsrates nach §§ 99, 100 BetrVG i.V.m. § 14 Abs. 3 S. 1 AÜG sprechen die **Häufigkeit der Einsätze**, »**passgenaue Einsatzzeiten**« sowie der jeweils trotz Bestreitens der Erforderlichkeit durch den Betriebsrat geübte **Verzicht auf Einleitung eines Zustimmungsersetzungsverfahrens**, wobei auch in diesen Fällen noch eine zulässige Nutzung angenommen werden kann. Anders wird dies beurteilt, wenn beispielsweise bereits der **Arbeitnehmerüberlassungsvertrag** vorsieht, dass der Verleiher auf Anfrage hin kurzfristig Leiharbeitnehmer als Vertretungskräfte (Personalreserve) zur Verfügung stellen soll.[163]

---

160 LAG Rheinland-Pfalz 14.12.2007, 6 TaBV 49/07, NZA-RR 2008, 248 = EzA-ÜG BetrVG Nr. 103 m.w.Nachw.
161 LAG Rheinland-Pfalz 14.12.2007, 6 TaBV 49/07, NZA-RR 2008, 248 = EzA-ÜG BetrVG Nr. 103.
162 BAG 16.11.2004, 1 ABR 48/03, AP BetrVG 1972 § 99 Nr. 44; BAG 14.12.2004, 1 ABR 55/03, AP BetrVG 1972 § 99 Nr. 122.
163 *Hamann* Anm. zu LAG Mainz 14.12.2007, 6 TaBV 49/07; jurisPR-ArbR 18/2008 Anm. 5.

f) Beendigung des Einsatzes beim Entleiher

141 Da Entleiher und Leiharbeitnehmer nicht durch einen Arbeitsvertrag verbunden sind, kann eine **Beendigung des Einsatzes** von Leiharbeitnehmern im Entleiherbetrieb **nicht** die Rechte der **§§ 102–103 BetrVG** auslösen. Auch eine analoge Anwendung scheidet angesichts der klaren gesetzgeberischen Entscheidung der primären Zuordnung des Leiharbeitnehmers zum Verleiherbetrieb aus. Dies gilt selbst dann, wenn – aufgrund einer zwischen Leiharbeitnehmer und Verleiher getroffenen Synchronisationsabrede – das Arbeitsverhältnis des Leiharbeitnehmers ausnahmsweise gleichzeitig mit dem Ende des Überlassungszeitraums endet.[164]

142 In Ergänzung zu § 99 Abs. 2 Nr. 6 BetrVG hat der Betriebsrat des **Entleiherbetriebes analog § 104 BetrVG** das Recht, die vorzeitige Beendigung des Einsatzes eines Leiharbeitnehmers zu verlangen, wenn dieser den Betriebsfrieden durch gesetzwidriges Verhalten oder grobe Verletzung der in § 75 Abs. 1 BetrVG enthaltenen Grundsätze wiederholt ernstlich gestört hat. Die fehlende Arbeitgeberstellung des Entleihers ist insoweit ohne Belang. Es obliegt ihm, vom Verleiher den Austausch des Leiharbeitnehmers zu verlangen.[165]

V. Wirtschaftliche Angelegenheiten

143 Ob der Einsatz von Leiharbeitnehmern Gegenstand der Unterrichtungs- und Beratungsrechte des **§ 106 BetrVG** sein kann, ist streitig. Insbesondere wird problematisiert ob der geplante oder fortgesetzte Einsatz von Leiharbeitnehmern als **Rationalisierungsvorhaben** (§ 106 Abs. 3 Nr. 4 BetrVG) oder als **neue Arbeitsmethode** (§ 106 Abs. 3 Nr. 5 BetrVG) einzuordnen ist.[166]

144 Mit der wohl herrschenden Meinung ist eine Einordnung des Einsatzes von Leiharbeitnehmern als wirtschaftliche Angelegenheit im Sinne des § 106 BetrVG **abzulehnen**. Soweit es um das Erreichen des Schwellenwertes des § 106 Abs. 1 S. 1. BetrVG geht, sind Leiharbeitnehmer bei der Bestimmung der Gesamtarbeitnehmerzahl nicht zu berücksichtigen.[167]

---

164 Schüren/Hamann/*Hamann*, § 14 AÜG Rn. 315 ff. m.w.Nachw.
165 KHK/*Düwell* 4.5, Rn. 502 f. m.w.Nachw.
166 Bejahend *Ulber* § 14 AÜG Rn. 87a; verneinend *Böhmke* § 14 AÜG Rn. 145 m.w.Nachw.
167 Thüsing/*Thüsing* § 14 AÜG Rn. 180 m.w.Nachw; zur Berücksichtigung von Leiharbeitnehmern bei Schwellenwerten vgl. § 14 AÜG Rdn. 53.

Der Einsatz und der Abbau von Leiharbeitnehmern stellt **keine Betriebsänderung** im Sinne des **§ 111 BetrVG** dar.[168] Insbesondere begründet der Abbau von Leiharbeitnehmern auch **keinen Personalabbau** gemäß der **§ 111 S. 3 Nr. 1, § 112a BetrVG**. Hiervon zu unterscheiden sind Konstellationen, in welchen die Stammbelegschaft reduziert wird, um bisher von Stammarbeitnehmern besetzte Arbeitsplätze durch Leiharbeitnehmer zu besetzten. Eine solche Maßnahme ist bereits individualrechtlich unzulässig.[169] Der Anwendungsbereich der §§ 111 ff. BetrVG wird allein durch den Abbau der Stammbelegschaft eröffnet. **145**

Wegen der fehlenden Erfassung von Leiharbeitnehmern durch § 111 ff. BetrVG ist auch ein im **Entleiherunternehmen** geschlossener **Sozialplan** auf Leiharbeitnehmer grundsätzlich **nicht anwendbar**. Etwas anderes gilt nur dann, wenn die Betriebspartner freiwillig Leiharbeitnehmern Ansprüche aus dem Sozialplan zugebilligt haben. Eine solche Hereinnahme von Leiharbeitnehmern kann indes nicht durch eine Einigungsstelle erzwungen werden. **146**

F. Personalvertretungsrecht – Abs. 4

Gemäß **§ 14 Abs. 4 AÜG** gelten die Regelungen der Abs. 1 und 2 S. 1 und 2 sowie Abs. 3 sinngemäß auch für die Anwendung des **Bundespersonalvertretungsgesetzes**. **147**

Die Einschränkung auf die Rechtsverhältnisse der im Dienste des Bundes stehenden Personen ergibt sich zwingend aus der insoweit beschränkten Gesetzgebungszuständigkeit des Bundes (Art. 73 Nr. 8 GG). Der Gesetzgeber hat ausdrücklich darauf hingewiesen, dass es »Sache der Landesgesetzgeber (bleibe), dies auch im Bereich ihrer Gesetzgebungskompetenz unterliegenden öffentlichen Dienstes zu gewährleisten«.[170] Die **Länder** haben von dieser Regelungskompetenz in unterschiedlicher Weise Gebrauch gemacht. So finden sich entsprechende Regelungen im LPVG Niedersachsen sowie im LPVG Nordrhein-Westfalen, nicht jedoch in Hessen. Die Bedeutung der unterschiedlichen Handhabung durch den Landesgesetzgeber ist in der Praxis indes von **untergeordneter Relevanz**, da die bestehenden Mitbestimmungstatbestände der verschiedenen Landespersonalvertretungsgesetze im Sinne der von § 14 Abs. 4 AÜG intendierten Siche- **148**

---

168 Vgl. nur Schüren/Hamann/*Hamann* § 14 AÜG Rn. 326 ff. m.w.Nachw.
169 Vgl. § 11 AÜG Rdn. 147 ff.
170 BT-Drucks. 9/847 S. 9.

rung der Mitbestimmung ausgelegt werden.[171] § 14 AÜG spiegele lediglich im Grundsatz wider, was sich bereits aus den **Zuständigkeitsregelungen** der jeweiligen Landesgesetzgebung ergebe.[172]

I. Einstellung

149 Entsprechend der Regelung des § 14 Abs. 1 AÜG bleibt der Leiharbeitnehmer auch während seiner Überlassung **Arbeitnehmer** seiner **bisherigen Dienststelle**.

150 Streitig ist, ob der Arbeitnehmer diesen Status verliert, wenn die Voraussetzungen einer **Abordnung** gemäß § 13 Abs. 2 BPersVG erfüllt sind.[173] Wie auch im Falle der direkten Anwendung des § 14 Abs. 1 AÜG setzt eine Einstellung nicht den rechtswirksamen Arbeitsvertrag zwischen Arbeitgeber und dem neuen Beschäftigen voraus. Die Mitbestimmung des Personalrats bezieht sich demnach nicht auf den Abschluss und den Inhalt des Arbeitsvertrages, sondern allein auf die **Eingliederung** des Einzustellenden in die **Dienststelle**.[174]

151 Das Personalvertretungsgesetz enthält keine Regelung, wann eine Eingliederung anzunehmen ist. Ob ein Arbeitnehmer in die Dienststelle eingegliedert ist, soll indes **weder** von der **Dauer seiner Zugehörigkeit** zu dieser Dienststelle noch von der **Dauer seiner Arbeitszeit** abhängen, sondern davon, ob er eine regelmäßige und dauernde, **nicht bloß vorübergehende** und **auch nicht geringfügige** Arbeit verrichtet.[175] Die Übertragung einer **Daueraufgabe** indiziert eine beabsichtigte Eingliederung. Bei der Beurteilung ob eine Tätigkeit »bloß vorübergehend und geringfügig« ist, orientiert sich die Rechtsprechung an der – insoweit an sich nicht einschlägigen – Legaldefinition des § 8 Abs. 1 und 2 SGB IV.[176]

II. Rechte des Leiharbeitnehmers

152 Hinsichtlich des **Wahlrechts** ist wegen der angeordneten Anwendung des § 14 Abs. 2 S. 1 AÜG das **passive Wahlrecht** in der entleihenden Dienststelle ausgeschlossen. Der entliehene Leiharbeitnehmer kann damit lediglich in die Personalvertretung des **verleihenden, nicht der entleihenden** Dienststelle gewählt werden.

---

171 Vgl. BVerwG 20.5.1992, 6 P 4.90, AP LPVG Rheinland-Pfalz § 80 Nr. 2.
172 VG Frankfurt 19.6.2006, 23 L 850/06, n.v. (juris).
173 *Urban-Crell/Schulz* Rn. 1143 m.w.Nachw.
174 BVerwG 27.11.1991, 6 P15/90, DVBl. 1992, 895 = NVwZ-RR 1993, 149.
175 BVerwG 8.12.1967, 7 P17.66, BVerwGE 28, 282.
176 BVerwG 27.11.1991, 6 P15/90, DVBl. 1992, 895 = NVwZ-RR 1993, 149.

In Bezug auf das **aktive Wahlrecht** ist die Stellung des zu einer ande- 153
ren Dienststelle entsandten Arbeitnehmers schwieriger zu beurteilen.
Im Falle einer Überlassung **zwischen zwei Dienststellen** im Sinne
des § 6 BPersVG verdrängt die insoweit speziellere Bestimmung des
§ 13 Abs. 2 BPersVG die Vorschrift des § 14 Abs. 4 AÜG. Dieses
Rangverhältnis ergibt sich bereits aus der Gesetzesbegründung, nach
welcher § 14 AÜG nur angewandt werden soll, soweit nicht Besonderheiten des Personalvertretungsrechts entgegenstehen.[177] Nach § 13
Abs. 2 S. 1 und 4 BPersVG ist der Arbeitnehmer in der **aufnehmenden Dienststelle wahlberechtigt** und **verliert** zugleich das **aktive
Wahlrecht** in der **bisherigen Dienststelle**, wenn er **mindestens drei
Monate** zu einer anderen Dienststelle abgeordnet oder einer anderen
Dienststelle zugewiesen wird. Eine Ausnahme enthält S. 2 für den
Fall, dass der Leiharbeitnehmer als Mitglied einer Stufenvertretung
oder des Gesamtpersonalrates freigestellt ist oder wenn feststeht, dass
der Beschäftigte binnen weiterer sechs Monate in die alte Dienststelle
zurückkehren wird (§ 13 Abs. 2 S. 3 BPersVG).

Streitig ist, ob dem Leiharbeitnehmer unter den Voraussetzungen des 154
§ 7 S. 2 BetrVG auch das aktive Wahlrecht zum Betriebsrat im Entleiherbetrieb zusteht, wenn die **Überlassung** von einer öffentlichen
Dienststelle **an einen privaten Entleiher** erfolgt und länger als drei
Monate dauert.[178] Ebenfalls **umstritten** ist, ob im Falle der Überlassung eines Leiharbeitnehmers von einem privaten Verleiher **an eine öffentliche Dienststelle** das aktive Wahlrecht im Bereich des
BPersVG dann besteht, wenn die Überlassung länger als drei Monate
andauert und das passive Wahlrecht nach § 14 Abs. 2 S. 1 i.V.m.
Abs. 4 AÜG ausgeschlossen ist.[179]

III. Rechte des Personalrates

Die Rechte des Personalrates bestimmen sich entsprechend den 155
Grundsätzen des § 14 Abs. 3 AÜG, der auch insoweit nicht abschließend zu verstehen ist.[180] Die Ausgestaltung richtet sich hierbei nach
§ 75 Abs. 1 S. 1 BPersVG.[181]

So unterliegt beispielsweise die **Arbeitszeiterfassung** von Beschäf- 156
tigten, die im Rahmen einer Personalgestellung bei einem privat-

---

177 *Urban-Crell/Schulz* Rn. 1147 unter Verweis auf KHK/*Düwell* 4.5 Rn. 511; BT-
  Drucks. 9/847 S. 9.
178 *Urban-Crell/Schulz* Rn. 1146 m.w.Nachw.
179 *Boemke/Lembke* § 14 AÜG Rn. 155 m.w.Nachw.
180 Vgl. hierzu § 14 AÜG Rdn. 14 ff.
181 Vgl. zur näheren Darstellung Schüren/Hamann/*Hamann* § 14 AÜG
  Rn. 578 f.

rechtlich verfassten Betrieb tätig sind, nicht der Beteiligung des Personalrates derjenigen Dienststelle, die für die Personalgestellung verantwortlich ist oder der die entsprechenden Beschäftigten statusrechtlich zuzuordnen sind. Da die Arbeitszeiterfassung im Betrieb des Entleihers erfolgt, kommt insoweit **lediglich eine Beteiligung** des für dessen Betrieb gebildeten Betriebsrats in Betracht.[182]

---

182 VG Frankfurt 19.6.2006, 23 L 850/06, n.v. (juris).

§ 15 Ausländische Leiharbeitnehmer ohne Genehmigung

(1) Wer als Verleiher einen Ausländer, der einen erforderlichen Aufenthaltstitel nach § 4 Abs. 3 des Aufenthaltsgesetzes, eine Aufenthaltsgestattung oder eine Duldung, die zur Ausübung der Beschäftigung berechtigen, oder eine Genehmigung nach § 284 Abs. 1 des Dritten Buches Sozialgesetzbuch nicht besitzt, entgegen § 1 einem Dritten ohne Erlaubnis überläßt, wird mit Freiheitsstrafe bis zu drei Jahren oder mit Geldstrafe bestraft.

(2) [1]In besonders schweren Fällen ist die Strafe Freiheitsstrafe von sechs Monaten bis zu fünf Jahren. [2]Ein besonders schwerer Fall liegt in der Regel vor, wenn der Täter gewerbsmäßig oder aus grobem Eigennutz handelt.

A. Allgemeines

Die **Straftatbestände der §§ 15, 15a AÜG** sollen – neben anderen – 1
die Bekämpfung illegaler Ausländerbeschäftigung ermöglichen. Die Strafvorschriften des AÜG dienen nicht nur dem Schutz des deutschen Arbeitsmarktes, sondern auch und insbesondere dem Schutz ausländischer Arbeitnehmer vor Lohndumping und Ausbeutung.[1] Nicht zuletzt wegen erheblicher Beweisschwierigkeiten ist die praktische Bedeutung der Strafvorschriften des AÜG jedoch gering.[2] § 15 AÜG sanktioniert das strafbare Verhalten des Verleihers, § 15a AÜG das strafbare Verhalten des Entleihers.

---

1 BT-Drucks. VI/2303 S. 15; HWK/*Kalb* § 15 AÜG Rn. 1.
2 BT-Drucks. 14/4220 S. 32 f.

2   Die Straftatbestände des AÜG zählen zum **Nebenstrafrecht**. Auf dieses sind die Vorschriften des Allgemeinen Teils des StGB anzuwenden (Art. 1 Abs. 1 EGStGB). Es gelten mithin die allgemeinen strafrechtlichen Grundsätze des StGB über Täterschaft und Teilnahme (§§ 25 ff. StGB). **Tauglicher Täter** des § 15 AÜG ist der illegale Verleiher, des § 15a AÜG der Entleiher. Der ausländische Leiharbeitnehmer ist als lediglich notwendiger Teilnehmer stets straffrei; er kann allerdings den Ordnungswidrigkeitentatbestand des § 404 Abs. 2 Nr. 4 SGB III verwirklichen. Ebenso gelten der Entleiher für die Straftat des Verleihers nach § 15 AÜG und der Verleiher für eine Straftat des Entleihers nach § 15a AÜG als notwendige Teilnehmer.[3] Als **Anstifter oder Gehilfen** einer Straftat nach §§ 15, 15a AÜG kommen in erster Linie Personen in Betracht, die am Dreiecksverhältnis der Arbeitnehmerüberlassung nicht unmittelbar beteiligt sind. In der Literatur genannt werden beispielsweise berufsmäßige Dolmetscher, welche durch Übersetzungen im Rahmen der Verhandlungen mit ausländischen Arbeitnehmern Unterstützungshandlungen leisten, oder Personen, die Gehaltszahlungen an ausländische Leiharbeitnehmer durchführen.[4]

▶ **Beispiele:**

> Gehilfen einer Straftat nach § 15 AÜG können aber ebenso Mitarbeiter des Verleihers (z.B. in der Personalabteilung) sein, die den Einsatz ausländischer Arbeitnehmer in Kenntnis des fehlenden Aufenthaltstitels oder der fehlenden Genehmigung koordinieren (z.B. Einsatz- und Urlaubspläne erstellen).

> Nichts anderes gilt beispielsweise für Vorarbeiter des Entleihers, die in Kenntnis des Verstoßes gegen § 15a AÜG mehr als fünf ausländische Leiharbeitnehmer beaufsichtigen und fachlich anweisen.

3   Bei einer juristischen Person richtet sich das **Strafverfahren** gegen ihr vertretungsberechtigtes Organ, bei einer rechtsfähigen Personengesellschaft gegen die vertretungsberechtigten Gesellschafter (§ 14 Abs. 1 StGB). Eine entsprechende Strafbarkeit normiert § 14 Abs. 2 StGB für den rechtsgeschäftlich beauftragten Betriebsleiter oder denjenigen, der in eigener Verantwortung die Aufgaben des Betriebsinhabers wahrnimmt (z.B. für Fremdpersonalverträge zuständige Einkaufsleiter).

---

3 Schüren/Hamann/*Stracke* § 15 AÜG Rn. 17; Thüsing/*Kudlich* Vorb. §§ 15 ff. AÜG Rn. 8.

4 HWK/*Kalb* § 15 AÜG Rn. 3; Schüren/Hamann/*Stracke* § 15 AÜG Rn. 17; krit., insbesondere zur Strafbarkeit eines berufsmäßigen Dolmetschers Thüsing/*Kudlich* Vorb. §§ 15 ff. AÜG Rn. 25.

▶ **Praxistipp:**

Bei einer GmbH trifft also den/die Geschäftsführer, bei einer AG den Vorstand die strafrechtliche Verantwortung. Bei einer Personenhandelsgesellschaft (oHG, KG) richtet sich die Strafverfolgung gegen den/die persönlich haftenden Gesellschafter. In Einzelfällen können sich Strafverfahren auch gegen Betriebsleiter oder Personen richten, die Aufgaben des Betriebsinhabers in eigener Verantwortung wahrnehmen (z.B. Einkaufsleiter).

Entsprechendes gilt für die Verfolgung von Ordnungswidrigkeiten nach § 16 AÜG (vgl. § 9 OWiG).

Der **Versuch einer Straftat** nach § 15 AÜG – entsprechendes gilt für 4 § 15a AÜG – ist ebenso wenig unter Strafe gestellt (§ 23 Abs. 1 StGB i.V.m. § 12 Abs. 2 StGB) wie eine **fahrlässige Tatbegehung** (§ 15 StGB). Die Straftatbestände des AÜG verlangen Vorsatz.

B. Tatbestand

I. Objektiver Tatbestand

§ 15 AÜG verknüpft zwei Ordnungswidrigkeitentatbestände: Den 5 Verleih ohne Verleiherlaubnis nach § 16 Abs. 1 Nr. 1 einerseits und die illegale Ausländerbeschäftigung entgegen § 284 Abs. 1 SGB III oder § 4 Abs. 3 S. 2 AufenthG nach § 404 Abs. 2 Nr. 3 SGB III anderseits. Liegen die Tatbestandsvoraussetzungen der Strafvorschrift nicht vor, kann gleichwohl noch ein Ordnungswidrigkeitentatbestand verwirklicht sein; im Rahmen eines Strafverfahrens ist die bezeichnete Tat daher zugleich unter dem rechtlichen Gesichtspunkt einer Ordnungswidrigkeit zu beurteilen (§ 82 Abs. 1 OWiG).[5]

1. Grundtatbestand – Abs. 1

Die Voraussetzungen des Grundtatbestandes des § 15 Abs. 1 AÜG 6 sind erfüllt, wenn der Verleiher einen Ausländer, der einen erforderlichen Aufenthaltstitel nach § 4 Abs. 3 AufenthG, eine Aufenthaltsgestattung oder eine Duldung, die zur Ausübung der Beschäftigung berechtigen, oder eine Genehmigung nach § 284 Abs. 1 SGB III nicht besitzt, entgegen § 1 AÜG einem Dritten ohne Erlaubnis überlässt. Voraussetzung ist mithin ein **Überlassen ausländischer Leiharbeitnehmer,** die **keinen Titel nach § 4 Abs. 3 AufenthG bzw. keine Ge-**

---

5 BGH 24.10.2007, 1 StR 160/07, NJW 2008, 595 = wistra 2008, 60.

nehmigung nach § 284 SGB III besitzen, im Rahmen gewerbsmäßiger Arbeitnehmerüberlassung **ohne** Vorliegen der erforderlichen **Verleiherlaubnis**.[6]

▶ **Praxistipp:**

Eine Strafbarkeit nach § 15 AÜG scheidet aus, wenn
– eine Erlaubnis nach § 1 AÜG vorliegt;
– eine Erlaubnis nach § 1 AÜG wegen Eingreifens eines Ausnahmetatbestandes nach § 1 Abs. 3 AÜG nicht erforderlich ist.

Nach richtiger Auffassung ist auch bei einer lediglich anzeigepflichtigen Überlassung nach § 1a AÜG eine Strafbarkeit nach § 15 AÜG ausgeschlossen.[7]

a) Überlassen eines ausländischen Arbeitnehmers

7 Notwendig Beteiligter der Straftat des Verleihers nach § 15 AÜG ist ein **ausländischer Arbeitnehmer** ohne Aufenthaltstitel oder erforderliche Arbeitsgenehmigung. Ausländer ist jede Person, die weder die deutsche Staatsangehörigkeit noch die Rechtsstellung eines Deutschen nach Art. 116 Abs. 1 GG besitzt.

8 Der ausländische Leiharbeitnehmer muss einem Dritten **tatsächlich zur Arbeitsleistung überlassen** werden.[8] Er muss seine Tätigkeit also tatsächlich aufgenommen haben. Vertragsverhandlungen und sonstige Absprachen im Vorfeld der tatsächlichen Tätigkeitsaufnahme erfüllen die Tathandlung nicht; Vorbereitungshandlungen sind mangels Versuchsstrafbarkeit nicht sanktioniert.[9] Der ausländische Arbeitnehmer muss an einen Entleiher zur Beschäftigung in Deutschland überlassen werden.[10] Die Überlassung an einen inländischen Entleiher zur Beschäftigung im Ausland ist ebenso wenig tatbestandsmäßig wie der Verleih an einen Entleiher mit Sitz im Ausland, soweit der ausländische Leiharbeitnehmer nicht im Inland eingesetzt wird. Entscheidend ist mithin die **Aufnahme einer Beschäftigung im Hoheitsgebiet der Bundesrepublik Deutschland**; die Regelungen zur

---

6 Thüsing/*Kudlich* § 15 AÜG Rn. 5, 7.
7 Thüsing/*Kudlich* § 15 AÜG Rn. 10 unter richtigem Hinweis auf den strafrechtlichen Grundsatz *nulla poena sine lege* (Art. 103 Abs. 2 GG); a.A. wohl Schüren/Hamann/*Hamann* § 1a AÜG Rn. 71.
8 Zum vertragswidrigen Einsatz ausländischer Werkvertragsarbeitnehmer als Leiharbeitnehmer durch Eingliederung in die Betriebsorganisation des Auftraggebers LG Oldenburg 8.7.2004, 2 KLs 65/04, wistra 2005, 354.
9 *Boemke/Lembke* § 15 AÜG Rn. 13; Gagel/*Bieback* Vor § 284 SGB III Rn. 4.
10 Thüsing/*Kudlich* § 15 AÜG Rn. 16. f; a.A. *Boemke/Lembke* § 15 AÜG Rn. 11.

Ausländerbeschäftigung sollen insbesondere den deutschen Arbeitsmarkt schützen.[11]

b) Überlassen ohne Aufenthaltstitel oder Genehmigung

Weiteres objektives Tatbestandsmerkmal des § 15 AÜG ist das Überlassen ohne den erforderlichen Aufenthaltstitel nach § 4 Abs. 3 AufenthG bzw. ohne die erforderliche Genehmigung nach § 284 Abs. 1 SGB III. **9**

Die legale Tätigkeit bzw. Beschäftigung von Ausländern in Deutschland ist **grundsätzlich nur bei Vorliegen eines Aufenthaltstitels** zulässig. Eine **Ausnahme** gilt nach § 4 Abs. 3 S. 3 AufenthG, wenn dem Ausländer aufgrund einer zwischenstaatlichen Vereinbarung, eines Gesetzes oder einer Rechtsverordnung die Erwerbstätigkeit ohne einen Aufenthaltstitel gestattet ist. Insofern ist wie folgt zu unterscheiden:[12] **10**

– **Staatsangehörige der EU bzw. des EWR** genießen Arbeitnehmerfreizügigkeit (vgl. auch Art. 18, 39, 49 EG); sie und ihre Familienangehörigen haben Anspruch auf eine Aufenthaltserlaubnis zur Arbeitssuche und Aufnahme einer Beschäftigung in der Bundesrepublik Deutschland (vgl. §§ 2 ff. FreizügG/EU).

– Entsprechendes gilt für **Schweizer Staatsangehörige** aufgrund des Freizügigkeitsabkommens zwischen der EU und der Schweiz vom 24.5.2003 seit dem 1.6.2003; ihr Recht zum Aufenthalt und zur Ausübung einer Erwerbstätigkeit in Deutschland wird regelmäßig durch eine sogenannte Grenzgängerbescheinigung nachgewiesen.

– Für **Staatsangehörige aus Staaten außerhalb des EU-/EWR-Raums** gilt stets ein Arbeitsgenehmigungsvorbehalt. Eine Genehmigung kann grundsätzlich nur mit Zustimmung der BA erteilt werden (§ 39 Abs. 1 AufenthG). Die BA muss ihre Zustimmung versagen, wenn der Ausländer als Leiharbeitnehmer tätig werden will (§ 40 Abs. 1 Nr. 2 AufenthG).

– Eine Sonderregelung gilt für **Staatsangehörige der neuen MOE-Mitgliedsstaaten**. Für diese bestimmt die Beitrittsakte[13] eine vorübergehende Einschränkung der Arbeitnehmerfreizügigkeit für maximal sieben Jahre ab dem Datum des Beitritts zur EU (»2+3+2«-Modell). Von dieser Möglichkeit hat die Bundesrepublik Deutschland Gebrauch gemacht.[14] Der uneingeschränkte Zugang Staatsangehöriger aus MOE-Staaten zum deutschen Arbeitsmarkt

---

11 Gagel/*Bieback* Vor § 284 SGB III Rn. 3.
12 Allg. zur Ausländerbeschäftigung *Bünte/Knödler* NZA 2008, 743.
13 ABl. EG L 236 vom 23.9.2003, Art. 24 nebst Anhängen.
14 Ausführlich Gagel/*Bieback* § 284 SGB III Rn. 1 ff.

wird durch die Kernvorschrift des § 284 SGB III n.F. reglementiert. Für die im Zuge der sogenannten Osterweiterung mit Wirkung zum 1.5.2004 in die EU aufgenommen Staaten (mit Ausnahme Malta und Zypern) gilt die Beschränkung bis zum 30.4.2011; die Bundesregierung hat die Option zur letztmaligen Verlängerung (Phase 3) der Übergangsregelungen genutzt.[15] Das »2+3+2-Modell« gilt auch für die jüngsten EU-Mitgliedsstaaten, Bulgarien und Rumänien, die zum 1.1.2007 beigetreten sind.[16] Deutschland hat die Übergangsbestimmungen zur Beschränkung der Arbeitnehmerfreizügigkeit gegenüber Bulgarien und Rumänien zuletzt um weitere drei Jahre (Phase 2), d.h. vom 1.1.2009 bis zum 31.12.2011, verlängert.[17]

– Zuständig für die Erteilung der befristeten Arbeitserlaubnis-EU und/oder der unbefristeten Arbeitsberechtigung-EU ist die BA. Diese trifft ihre Entscheidungen über die Erlaubniserteilung nach pflichtgemäßem Ermessen unter Berücksichtigung der gesetzlichen Wertentscheidung des § 40 Abs. 1 Nr. 2 AufenthG. Eine Erlaubnis wird daher regelmäßig dann nicht erteilt, wenn der MOE-Bürger in Deutschland als Leiharbeitnehmer tätig werden will.[18] Liegt eine erforderliche Genehmigung nicht vor, besteht ein Beschäftigungsverbot. Leiharbeitnehmer aus MOE-Mitgliedsstaaten dürfen daher bis zum Auslaufen der jeweiligen Übergangsfrist grundsätzlich nicht in Deutschland eingesetzt werden.[19]

▶ Praxistipp:

Die Einschränkung der Arbeitnehmerfreizügigkeit gilt für Bürger der am **1.5.2004** neu in die EU aufgenommenen **MOE-Beitrittsstaaten** (mit Ausnahme Malta und Zypern):

– Polen,
– Tschechische Republik,
– Estland,
– Lettland,
– Litauen,
– Ungarn,
– Slowenien,
– Slowakische Republik.

---

15 Vgl. Pressemitteilung BMAS vom 16.7.2008 »Aktionsprogramm der Bundesregierung«.
16 Beitrittsvertrag vom 25.4.2005, ABl. EU L 157/11.
17 Sh. Pressemitteilung BMAS vom 16.7.2008 »Aktionsprogramm der Bundesregierung«.
18 Dazu bereits § 3 AÜG Rdn. 41; allg. zum Ermessen Gagel/*Bieback* § 284 SGB III Rn. 75.
19 Zu den Ausnahmen sh. § 3 AÜG Rdn. 41.

Zum **1.1.2007** neu in die EU aufgenommen wurden:
– Bulgarien,
– Rumänien.

Nach der Rechtsprechung des 1. Strafsenats des BGH ist es für die   **11**
Tatbestandsverwirklichung des § 15 AÜG unerheblich, ob die Arbeitserlaubnis materiell-rechtlich zu Recht erteilt wurde. Auch kommt
es nicht darauf an, ob die Arbeitserlaubnis durch unrichtige oder unvollständige Angaben erschlichen worden ist.[20] Allein **entscheidend**
ist das **tatsächliche Vorliegen eines erforderlichen Aufenthaltstitels.**
Umgekehrt bedeutet dies aber auch, dass die objektiven Voraussetzungen des § 15 Abs. 1 AÜG erfüllt sind, wenn der Ausländer trotz
materiell-rechtlichen Vorliegens der Erteilungsvoraussetzungen nicht
im Besitz eines entsprechenden Titels nach § 4 Abs. 3 AufenthG bzw.
§ 284 SGB III ist.[21]

▶ **Praxistipp:**

Der Verleiher sollte schon aus Eigeninteresse vor Überlassung eines ausländischen Arbeitnehmers an einen Dritten sorgfältig prüfen, ob dieser einen erforderlichen Aufenthaltstitel besitzt. Aus Beweisgründen zu empfehlen ist die Anfertigung einer Kopie für die
Personalakte.

Beantwortet der ausländische Arbeitnehmer die Frage wahrheitswidrig falsch, kann der Verleiher den Leiharbeitsvertrag wegen
arglistiger Täuschung (§ 123 BGB) anfechten.

Wurde der Arbeitsvertrag hingegen in Kenntnis des fehlenden Titels geschlossen und wird die Arbeitsgenehmigung dann entweder endgültig rechtskräftig versagt oder ist deren Erteilung höchst
ungewiss, so ist eine ordentliche personenbedingte Kündigung
des Arbeitsverhältnisses regelmäßig gerechtfertigt.[22]

2. Besonders schwerer Fall – Abs. 2

Das Strafmaß des § 15 Abs. 1 AÜG – Freiheitsstrafe bis zu drei Jahren   **12**
oder Geldstrafe – wird in besonders schweren Fällen auf sechs Monate bis zu fünf Jahren Freiheitsstrafe verschärft (§ 15 Abs. 2 S. 1 AÜG).

---

20 BGH 24.10.2007, 1 StR 160/07, NJW 2008, 595 = wistra 2008, 60.
21 Dazu a. *Boemke/Lembke* § 15 AÜG Rn. 12; Thüsing/*Kudlich* Vorb. §§ 15 ff.
   AÜG Rn. 28 ff.
22 BAG 7.2.1990, 2 AZR 359/89, AP KSchG 1969 § 1 Personenbedingte Kündigung Nr. 14.

Ein **besonders schwerer Fall** liegt nach § 15 Abs. 2 S. 2 AÜG in der Regel vor, wenn der Täter – im strafrechtlichen Sinne – **gewerbsmäßig oder aus grobem Eigennutz** handelt. Die genannten Regelbeispiele sind nicht abschließend; ein besonders schwerer Fall liegt auch dann vor, wenn die objektiven und subjektiven Tatumstände die üblichen und damit für den ordentlichen Strafrahmen zu berücksichtigenden Fälle an Strafwürdigkeit so deutlich übertreffen, dass dieser zu Ahndung der Tat nicht mehr ausreicht.[23] Als besonders strafwürdig erweist sich bspw. das Verhalten des Täters, wenn die ausländischen Arbeitnehmer ausgebeutet oder sonst erheblich benachteiligt werden.[24]

a) Gewerbsmäßiges Handeln – S. 2 Var. 1

13   Für das strafschärfende Merkmal des § 15 Abs. 2 S. 2 Var. 1 AÜG ist der **strafrechtliche Begriff der Gewerbsmäßigkeit** maßgebend.[25] Gewerbsmäßig in diesem Sinne handelt erst derjenige, der sich gerade durch die wiederholte Überlassung nichtdeutscher Arbeitnehmer eine nicht nur vorübergehende Einnahmequelle verschaffen will; der gewerberechtliche Begriff der Gewerbsmäßigkeit (§ 1 AÜG) entspricht nicht dem Merkmal der Gewerbsmäßigkeit im strafrechtlichen Sinne.[26]

b) Handeln aus grobem Eigennutz – S. 2 Var. 2

14   Das **Regelbeispiel** »**Handeln aus grobem Eigennutz**« wird verwirklicht, wenn der Täter im besonders anstößigem Maße nach wirtschaftlichem Gewinn strebt.[27] Schlichtes Gewinnstreben soll ebenso wenig ausreichend sein wie ein auffälliges Missverhältnis zwischen den Arbeitsbedingungen deutscher Leiharbeitnehmer und denen ausländischer Leiharbeitnehmer.[28] Indiziert wird ein in besonderem Maße anstößiges Streben nach wirtschaftlichen Vorteilen insbesondere in Fällen, in denen der Verleiher dem ausländischen Leiharbeitnehmer unter Hinweis auf seine illegale Beschäftigung besonders menschen-

---

23 BGH 24.6.1987, 3 StR 200/87, EzAÜG § 15 AÜG Nr. 1.
24 KHK/*Düwell* 4.5 Rn. 292; MünchArb/*Marschall* § 176 Rn. 45.
25 BT-Drucks. 7/3100 S. 6; ferner BGH 14.4.1981, 1 StR 676/80, EzAÜG § 1 AÜG Gewerbsmäßige Arbeitnehmerüberlassung Nr. 14 = NStZ 1981, 303.
26 BGH 14.4.1981, 1 StR 676/80, EzAÜG § 1 AÜG Gewerbsmäßige Arbeitnehmerüberlassung = NStZ 1981, 303; HWK/*Kalb* § 15 AÜG Rn. 13; Schüren/Hamann/*Stracke* § 15 AÜG Rn. 31; Thüsing/*Kudlich* § 15 AÜG Rn. 27.
27 BT-Drucks. 7/3100 S. 6.
28 HWK/*Kalb* § 15 AÜG Rn. 14; Thüsing/*Kudlich* § 15 AÜG Rn. 32.

unwürdige und nicht existenzsichernde Arbeitsbedingungen aufzwingt.[29]

II. Subjektiver Tatbestand

Die Verwirklichung des Straftatbestandes des § 15 AÜG setzt **Vorsatz** 15
des Verleihers voraus (vgl. § 15 StGB). Vorsatz ist nach allgemeinen
strafrechtlichen Grundsätzen Wissen und Wollen der Tatbestandsverwirklichung, d.h. der Verleiher muss die objektiven Tatbestandsmerkmale des § 15 AÜG kennen und deren Verwirklichung auch
anstreben. Eine rechtlich zutreffende Subsumtion unter die Tatbestandsvoraussetzungen ist dabei nicht zu verlangen.

▶ **Beispiel:**

Nimmt der Verleiher irrtümlich das Vorliegen eines Scheinwerkvertrages an, obwohl tatsächlich Arbeitnehmerüberlassung
vorliegt und hat er – unter Verkennung der Rechtslage – von den
tatbestandsbegründenden Voraussetzungen der gewerbsmäßigen
Arbeitnehmerüberlassung Kenntnis, ist dies für die Verwirkung
des subjektiven Tatbestandes unerheblich. Es handelt sich lediglich
um einen unbeachtlichen **Tatbestandsirrtum** (vgl. § 16 StGB).[30]

Für die Abgrenzung zwischen unbeachtlichem **Tatbestandsirrtum** 16
(vgl. § 16 StGB) und unter Umständen schuldausschließendem **Verbotsirrtum** (vgl. § 17 StGB) gelten die allgemeinen Grundsätze.[31] Ein
vermeidbarer Verbotsirrtum lässt die Schuld des Täters nicht entfallen
(§ 17 S. 1 StGB). Ein solcher wird regelmäßig – gerade bei den mit der
Beschäftigung ausländischer Arbeitnehmer verbundenen schwierigen
Rechtsfragen – vorliegen, wenn sich der Verleiher vor Überlassung
des ausländischen Arbeitnehmers nicht hat beraten lassen. Geeignete
Auskunftspersonen sind neben der BA auch entsprechend qualifizierte Rechtsanwälte.[32] Nimmt der Verleiher in Kenntnis aller objektiven
Tatumstände an, für seine Tätigkeit keine Erlaubnis nach dem AÜG
zu benötigen oder nimmt er an, der ausländische Arbeitnehmer benö-

---

29 *Boemke/Lembke* § 15 AÜG Rn. 31; Thüsing/*Kudlich* § 15 AÜG Rn. 32; *Ulber*
§ 15 AÜG Rn. 18.
30 Strittig, vgl. *Boemke/Lembke* § 15 AÜG Rn. 21 m.w.Nachw.; wie hier Thüsing/
Kudlich Vorb. §§ 15 ff. AÜG Rn. 15.
31 Dazu *Tröndle/Fischer* § 16 StGB Rn. 1 ff., § 17 StGB Rn. 1 ff.
32 OLG Düsseldorf 4.9.1979, 5 Ss (OWi) 480/79-477/79 I, EzAÜG § 1 AÜG Gewerbsmäßige Arbeitnehmerüberlassung Nr. 10; AG Giessen 13.4.1987, 54
OWi 15 Js 22376/68, EzAÜG § 1 AÜG Gewerbsmäßige Arbeitnehmerüberlassung Nr. 24.

tige keinen Aufenthaltstitel, liegt regelmäßig ein vermeidbarer Verbotsirrtum vor.[33] Glaubt der Verleiher demgegenüber, ein Titel nach § 4 Abs. 3 AufenthG sei erforderlich und tatsächlich erteilt worden, irrt er über eine Tatsache; es handelt sich mithin um einen vorsatzausschließenden Tatbestandsirrtum (§ 16 StGB).[34]

▶ **Praxistipp:**

Gegen seine Erkundigungspflicht verstößt der Verleiher nicht nur dann, wenn er auf die Einholung sachkundigen Rechtsrates verzichtet, sondern auch dann, wenn er den ausländischen Arbeitnehmer nicht vor der Überlassung an einen Entleiher nach dessen Staatsangehörigkeit befragt. In der Praxis bietet es sich an, einen Einstellungsfragebogen um eine entsprechende Frage zur Staatsangehörigkeit zu ergänzen. Das AGG dürfte einer solch berechtigten Frage nicht entgegenstehen.

C. Strafhöhe

17   Verwirklicht der illegale Verleiher den **Grundtatbestand des § 15 Abs. 1 AÜG**, wird er mit Freiheitsstrafe bis zu drei Jahren oder mit Geldstrafe bestraft. Das Mindestmaß der Freiheitsstrafe beträgt nach § 38 Abs. 2 StGB einen Monat. Die Bemessung der Freiheitsstrafe (nach Wochen, Monaten oder Jahren) bestimmt sich nach § 39 StGB. Wird eine Geldstrafe verhängt, bemisst sich diese in Tagessätzen; das Mindestmaß der Geldstrafe beträgt fünf, das Höchstmaß 360 volle Tagessätze (§ 40 Abs. 1 StGB).[35] Ein Tagessatz wird unter Berücksichtigung der persönlichen und wirtschaftlichen Verhältnisse des Täters auf mindestens € 1,00 und höchstens € 5 000,00 festgesetzt (§ 40 Abs. 2 StGB). Unter den Voraussetzungen des § 41 StGB können Freiheitsstrafe und Geldstrafe nebeneinander verhängt werden, wenn der Täter sich durch die Tat bereichert oder zu bereichern versucht hat.

18   Der Regelstrafrahmen des § 15 Abs. 1 AÜG wird in den **besonders schweren Fällen des § 15 Abs. 2 AÜG** auf sechs Monate bis zu fünf Jahren Freiheitsstrafe ausgeweitet.

---

33 *Boemke/Lembke* § 15 AÜG Rn. 20; HWK/*Kalb* § 15 AÜG Rn. 10; krit. Thüsing/*Kudlich* Vorb. §§ 15 ff. AÜG Rn. 19 f.
34 So a. Thüsing/*Kudlich* Vorb. § 15 ff. AÜG Rn. 18.
35 Der Bundestag hat am 19.3.2009 das Gesetz zur Änderung des StGB – Anhebung der Höchstgrenze des Tagessatzes bei Geldstrafen beschlossen (BT-Drucks. 16/11606 und BT-Drucks. 16/12143). Künftig sollen Tagessätze von bis zu € 30000,00 festgesetzt werden können.

D. Konkurrenzen

Im Falle der Strafbarkeit nach § 15 AÜG begeht der illegale Verleiher 19
zugleich **Ordnungswidrigkeiten**, insbesondere nach **§ 16 Abs. 1 Nr. 1
AÜG** sowie **§ 404 Abs. 2 Nr. 3 SGB III**. Nach § 21 Abs. 1 S. 1 OWiG
treten diese hinter der rechtskräftig festgestellten Straftat zurück. Das
Strafgericht hat den Ordnungswidrigkeitentatbestand im Strafverfahren jedoch dann zu berücksichtigen, wenn eine Verurteilung nach
§ 15 AÜG ausscheidet (vgl. § 82 Abs. 1 OWiG).[36]

Zu den **Straftatbeständen des SchwarzArbG** (§§ 10, 11)[37] wird § 15 20
AÜG häufig in Tateinheit (§ 52 StGB) stehen. Darüber hinaus kom-
men **Steuerstraftaten** (§ 370 AO)[38] und **Betrugstatbestände** (§ 263
StGB bzw. § 266a StGB)[39] in Betracht.

▶ **Hinweis:**

Eine Übersicht über drohende Strafen und Bußgelder bei illegaler
Beschäftigung ist im Anhang abgedruckt.

---

36 BGH 24.10.2007, 1 StR 160/07, NJW 2008, 595 = wistra 2008, 60.
37 Zur Schwarzarbeit auf dem Bau *Spatscheck/Fraedrich* NZBau 2007, 673.
38 Zur Strafzumessung bei Steuerhinterziehung BGH 2.12.2008, 1 StR 416/08,
NJW 2009, 528; *Bilsdorfer* NJW 2009, 476.
39 Zum Konkurrenzverhältnis BGH 12.2.2003, 5 StR 165/02, EzAÜG § 10 AÜG
Fiktion Nr. 108 = NStZ 2009, 552.

§ 15a Entleih von Ausländern ohne Genehmigung

(1) [1]Wer als Entleiher einen ihm überlassenen Ausländer, der einen erforderlichen Aufenthaltstitel nach § 4 Abs. 3 des Aufenthaltsgesetzes, eine Aufenthaltsgestattung oder eine Duldung, die zur Ausübung der Beschäftigung berechtigen, oder eine Genehmigung nach § 284 Abs. 1 des Dritten Buches Sozialgesetzbuch nicht besitzt, zu Arbeitsbedingungen des Leiharbeitsverhältnisses tätig werden läßt, die in einem auffälligen Mißverhältnis zu den Arbeitsbedingungen deutscher Leiharbeitnehmer stehen, die die gleiche oder eine vergleichbare Tätigkeit ausüben, wird mit Freiheitsstrafe bis zu drei Jahren oder mit Geldstrafe bestraft. [2]In besonders schweren Fällen ist die Strafe Freiheitsstrafe von sechs Monaten bis zu fünf Jahren; ein besonders schwerer Fall liegt in der Regel vor, wenn der Täter gewerbsmäßig oder aus grobem Eigennutz handelt.

(2) [1]Wer als Entleiher
1. gleichzeitig mehr als fünf Ausländer, die einen erforderlichen Aufenthaltstitel nach § 4 Abs. 3 des Aufenthaltsgesetzes, eine Aufenthaltsgestattung oder eine Duldung, die zur Ausübung der Beschäftigung berechtigen, oder eine Genehmigung nach § 284 Abs. 1 des Dritten Buches Sozialgesetzbuch nicht besitzen, tätig werden läßt oder
2. eine in § 16 Abs. 1 Nr. 2 bezeichnete vorsätzliche Zuwiderhandlung beharrlich wiederholt,

wird mit Freiheitsstrafe bis zu einem Jahr oder mit Geldstrafe bestraft. [2]Handelt der Täter aus grobem Eigennutz, ist die Strafe Freiheitsstrafe bis zu drei Jahren oder Geldstrafe.

A. Allgemeines

§ 15a AÜG sanktioniert das strafbare Verhalten des Entleihers.[1] Die **1**
Vorschrift enthält insgesamt **drei selbständige Straftatbestände**. Gemeinsam ist diesen, dass alle Varianten auf der Ordnungswidrigkeit des § 16 Abs. 1 Nr. 2 AÜG aufbauen. Die Schwelle von der Ordnungswidrigkeit zur Straftat wird erst durch das Hinzutreten weitere Merkmale überschritten: Dem Tätigwerdenlassen ausländischer Leiharbeitnehmer zu ausbeuterischen Arbeitsbedingung (Abs. 1 S. 1), dem gleichzeitigen Entleih von mehr als fünf Arbeitnehmern (Abs. 2 S. 1 Nr. 1) oder der beharrlichen Zuwiderhandlung gegen § 16 Abs. 1 Nr. 2 AÜG (Abs. 2 S. 1 Nr. 2).

Täter einer Straftat nach § 15a AÜG kann **nur der Entleiher** sein. An- **2**
ders als § 15 AÜG setzt § 15a AÜG legale Arbeitnehmerüberlassung voraus.[2] Liegt keine Verleiherlaubnis vor, so ist der Entleiher fiktiver Arbeitgeber des eingesetzten ausländischen Leiharbeitnehmers und deshalb bereits nach §§ 10, 11 SchwarzArbG (§§ 406, 407 SGB III a.F.) strafbar.

Ob die Tatbestände des § 15a AÜG **gewerbsmäßige Arbeitnehmer-** **3**
überlassung voraussetzen, ist in der Literatur **umstritten**.[3] Der Wortlaut der Strafform enthält eine derartige Einschränkung nicht. Anders als bei § 15 AÜG muss es sich nicht um eine »entgegen § 1« durchgeführte Überlassung handeln. Mit dieser Formulierung wollte der Gesetzgeber aber vermutlich nicht die nichtgewerbsmäßige Arbeitnehmerüberlassung pönalisieren, sondern den Anwendungsbereich auf Fälle legaler Arbeitnehmerüberlassung beschränken.

B. Tatbestand

I. Objektiver Tatbestand

Gemeinsame **Tathandlung aller Straftatbestände** des § 15a AÜG ist **4**
das Tätigwerdenlassen eines Ausländers ohne den erforderlichen Aufenthaltstitel nach § 4 Abs. 3 AufenthaltG oder die erforderliche Genehmigung nach § 284 Abs. 1 SGB III. Es gelten insoweit die Ausführungen zu § 15 AÜG.[4]

---

1 Allg. zu §§ 15, 15a AÜG bereits § 15 AÜG Rdn. 1 ff.
2 Schüren/Hamann/*Stracke* § 15a AÜG Rn. 12; Thüsing/*Kudlich* § 15a AÜG Rn. 9 f.; *Urban-Crell/Schulz* Rn. 888.
3 Schüren/Hamann/*Stracke* § 15a AÜG Rn. 12; a.A. *Boemke/Lembke* § 15a AÜG Rn. 4; Thüsing/*Kudlich* § 15a AÜG Rn. 11; *Ulber* § 15a AÜG Rn. 3.
4 Vgl. § 15 AÜG Rdn. 6 ff.

5 Genauso wie für die Überlassung im Rahmen des objektiven Tatbestandes des § 15 AÜG kommt es auch bei § 15a AÜG auf die **tatsächliche Arbeitsaufnahme durch den ausländischen Leiharbeitnehmer**
an; weder Vertragsverhandlungen noch der Abschluss des Arbeitnehmerüberlassungsvertrages erfüllen das objektive Tatbestandsmerkmal
des Tätigwerdenlassens.[5]

1. Ausbeuterische Arbeitsbedingungen – Abs. 1 S. 1

6 **§ 15a Abs. 1 S. 1 AÜG** setzt zusätzlich voraus, dass dies zu Arbeitsbedingungen geschieht, die in einem **auffälligen Missverhältnis zu
den Arbeitsbedingungen vergleichbarer deutscher Leiharbeitnehmer** stehen. In besonders schweren Fällen wird der Strafrahmen
durch § 15a Abs. 1 S. 2 AÜG erweitert.[6]

a) Vergleichsgruppe

7 Die Arbeitsbedingungen **ausländischer Leiharbeitnehmer** sind mit
solchen **deutscher Leiharbeitnehmer** des Verleihers zu vergleichen.
Der Grundsatz nulla poena sine lege verbietet ein Abstellen auf vergleichbare ausländische Leiharbeitnehmer des Verleihers oder auf
Stammarbeitskräfte im Entleiherbetrieb. Nach überwiegender Auffassung können allerdings die Arbeitsbedingungen vergleichbarer
deutscher Leiharbeitnehmer innerhalb derselben Branche in die Betrachtung einbezogen werden, wenn es im Betrieb des Verleihers an
vergleichbaren deutschen Leiharbeitnehmern fehlt.[7]

8 Zur Vergleichsgruppe gehören **nur solche deutschen Leiharbeitnehmer, die die gleiche oder eine vergleichbare Tätigkeit ausüben.**
Entscheidend ist mithin die Art der Tätigkeit. Können ausländischer
und deutscher Leiharbeitnehmer des Verleihers gegeneinander ausgetauscht werden, handelt es sich um die **gleiche Tätigkeit**; sie
stimmt entweder vollständig oder in wesentlichen Punkten überein.

9 **Vergleichbar sind die Tätigkeiten**, soweit sie einander ähnlich sind.
Dies ist der Fall, wenn sie zwar inhaltlich nicht identisch, aber in we-
sentlichen Punkten zumindest überwiegend einander entsprechen.
Sind die Tätigkeiten strukturell derselben Hierarchieebene zuzuord-
nen und stellen sie im Wesentlichen ähnliche Anforderungen an die
Qualifikationen, die Berufserfahrung und eine etwaige Führungsver-

---

5 Zur Parallelproblematik vgl. § 15 AÜG Rdn. 8.
6 Dazu § 15a AÜG Rdn. 20.
7 *Boemke/Lembke* § 15a AÜG Rn. 7; Schüren/Hamann/*Stracke* § 15a AÜG
   Rn. 18 ff.; Thüsing/*Kudlich* § 15a AÜG Rn. 19.

antwortung des Arbeitnehmers, sind sie vergleichbar. Wichtige Anhaltspunkte können in der Praxis tarifliche Eingruppierungen liefern; fehlt es an solchen, ist auf die Grundsätze der Sozialauswahl nach § 1 Abs. 3 KSchG abzustellen.[8]

b) Vergleichsgegenstand

Vergleichsgegenstand sind die **Arbeitsbedingungen** des überlasse- 10
nen ausländischen Leiharbeitnehmers und die vergleichbarer deutscher Leiharbeitnehmer.

Das Gesetz definiert den **Begriff Arbeitsbedingungen** nicht. Richti- 11
gerweise wird man hier auf die zu § 3 Abs. 1 Nr. 3 AÜG bzw. § 9 Nr. 2 AÜG entwickelten Grundsätze zurückgreifen können.[9] Dabei ist allerdings zu berücksichtigen, dass Anknüpfungspunkt für das Gleichstellungsgebot nach dem ausdrücklichen Gesetzeswortlaut nur die »wesentlichen« Arbeitsbedingungen sind. Diese Einschränkung macht § 15a Abs. 1 S. 1 AÜG nicht. Insoweit sind nicht nur die wesentlichen, sondern auch **alle sonstigen Arbeitsbedingungen** zu berücksichtigen.[10]

Zum Schutz der ausländischen Leiharbeitnehmer vor Ausbeutung 12
durch Lohndumping stellt die wohl überwiegende Auffassung einerseits auf die **rechtlich wirksam vereinbarten Arbeitsbedingungen deutscher Leiharbeitnehmer** und andererseits auf die tatsächlichen – nicht nur rechtlich vereinbarten – Arbeitsbedingungen der überlassenen ausländischen Arbeitnehmer ab.[11] Diese Auffassung überzeugt. Leiharbeitsverträge mit ausländischen Leiharbeitnehmern werden – allein um den gesetzlichen Grundsatz des Equal-Pay und Equal-Pay-Treatment auszuschließen – regelmäßig die einschlägigen Tarifverträge der Zeitarbeitsbranche in Bezug nehmen. Stellte man also formal lediglich auf den Vertragswortlaut ab, wären »ausbeuterische Arbeitsbedingungen« praktisch nicht denkbar. Deshalb ist es richtig, die **tatsächlichen Arbeitsbedingungen ausländischer Arbeitnehmer zugrundezulegen**.

c) Auffälliges Missverhältnis

Zwischen den Arbeitsbedingungen deutscher Leiharbeitnehmer und 13
der einem Entleiher überlassenen Ausländer muss ein **auffälliges**

---

8 So ähnlich bei § 3 Abs. 1 Nr. 3 AÜG, vgl. dort Rdn. 93 ff.
9 Vgl. dazu § 3 AÜG Rdn. 97 ff., 105 ff.
10 So a. *Boemke/Lembke* § 15a AÜG Rn. 8; Thüsing/*Kudlich* § 15a AÜG Rn. 21 m.w.Nachw.
11 *Boemke/Lembke* § 15a AÜG Rn. 6, 8; Thüsing/*Kudlich* § 15a AÜG Rn. 22.

Missverhältnis zu Ungunsten der ausländischen Beschäftigten bestehen.

14 Unzweifelhaft gilt dies in den Fällen, in denen der Verleiher den ausländischen Arbeitnehmern ein die Grenze der Sittenwidrigkeit nach § 138 Abs. 1 BGB nicht überschreitendes Arbeitsentgelt gewährt.[12] Mangels Kodifizierung des »**sittenwidrigen Lohnes**« ist die Bestimmung der Schwelle zur Sittenwidrigkeit jedoch rechtlich und praktisch mit erheblichen Unsicherheiten verbunden. Als Orientierungsgröße bietet sich die Rechtsprechung des BGH zu § 302a StGB a.F. (§ 291 StGB n.F.) an. Nach Auffassung des BGH ist jedenfalls dann von Sittenwidrigkeit und damit einem auffälligen Missverhältnis auszugehen, wenn die vereinbarte Vergütung das allgemeine Tariflohnniveau im Wirtschaftszweig des Arbeitgebers um knapp 2/3 (hier: 63%) unterschreitet.[13]

15 Soweit die unbestimmte Grenze zur Sittenwidrigkeit (noch) nicht überschritten ist, ist danach zu fragen, ob zwischen dem eigentlichen Wert der Arbeitsleistung – festgemacht an den Arbeitsbedingungen vergleichbarer deutscher Leiharbeitnehmer – und dem Wert der dafür als Gegenleistung gewährten Arbeitsbedingungen eine deutliche Diskrepanz besteht. Bei der Entlohnung ausländischer Arbeitnehmer kommt es deshalb nicht darauf an, ob der Ausländer die unverhältnismäßig niedrige Entlohnung bzw. sonstigen Arbeitsbedingungen aus seiner Sicht – etwa aufgrund eines deutlich niedrigeren Lohnniveaus in seinem Heimatland – als angemessen oder sogar besonders günstig bewertet. Für die Bewertung maßgeblich sind ausschließlich die objektiven Bewertungsmaßstäbe im Einsatzland Deutschland.[14] Nach überwiegender Auffassung wird hinsichtlich der besonders wichtigen Fallgruppe der **Vergütung** ein auffälliges Missverhältnis regelmäßig bereits dann angenommen, wenn dem ausländischen Leiharbeitnehmer eine um **mindestens 20% geringere Entlohnung** als Personen der Vergleichsgruppe gewährt wird; Orientierungsmaßstab sind regelmäßig die tarifüblichen Löhne.[15]

16 Eine **abstrakt-pauschalierte Betrachtung** allein anhand von Prozentsätzen **verbietet sich allerdings**. Vielmehr ist in jedem Einzelfall eine Gesamtbetrachtung aller Arbeitsbedingungen vorzunehmen. Inso-

---

12 ErfK/*Wank* § 15a AÜG Rn. 4; Thüsing/*Kudlich* § 15a AÜG Rn. 25; zu sittenwidrigen Löhnen a. § 3 AÜG Rdn. 70 (Praxistipp).
13 BGH 22.4.1997, 1 StR 701/96, AP BGB § 138 Nr. 52; offen gelassen v. BAG 24.3.2004, 5 AZR 303/03, NZA 2004, 971; jetzt a. BAG 22.4.2009, 5 AZR 436/08, n.v.
14 BGH 22.4.1997, 1 StR 701/96, AP BGB § 138 Nr. 52.
15 *Boemke/Lembke* § 15a AÜG Rn. 9; Thüsing/*Kudlich* § 15a AÜG Rn. 24.

weit können möglicherweise ungünstigere Vergütungskomponenten durch andere günstigere Arbeitsbedingungen (z.B. kürzere Arbeitszeiten, mehr Urlaub) kompensiert werden. Ebenso ist zu berücksichtigen, ob den unterschiedlichen Arbeitsbedingungen ein sachlich rechtfertigender Grund zugrunde liegt.[16]

2. Gleichzeitiger Entleih von mehr als fünf Ausländern – Abs. 2 S. 1 Nr. 1

Der Straftatbestand des § 15a Abs. 2 Nr. 1 AÜG setzt als weitere Tat- 17 handlung voraus, dass der Entleiher gleichzeitig **mehr als fünf Ausländer** ohne den erforderlichen Aufenthaltstitel tätig werden lässt. Im Mindestmaß müssen also sechs ausländische Leiharbeitnehmer gleichzeitig eingesetzt werden. Es muss sich nicht um Arbeitnehmer desselben Verleihers handeln.[17] Im Anwendungsbereich des § 15a Abs. 2 S. 1 Nr. 1 AÜG gilt das »Pro-Kopf-Prinzip«. Deshalb ist es unerheblich, ob die überlassenen ausländischen Arbeitnehmer Teilzeit- oder Vollzeitkräfte sind. Eine nur geringfügige Beschäftigung ausländischer Leiharbeitnehmer kann aber unter Umständen bei der Strafzumessung berücksichtigt werden.[18]

3. Beharrliche Zuwiderhandlung gegen § 16 Abs. 1 Nr. 2 – Abs. 2 S. 1 Nr. 2

Nach § 15a Abs. 2 S. 1 Nr. 2 AÜG macht sich der Entleiher strafbar, 18 wenn er eine in § 16 Abs. 1 Nr. 2 AÜG bezeichnete vorsätzliche **Zuwiderhandlung beharrlich wiederholt**. Ein tatbestandsmäßiges Wiederholen liegt bereits dann vor, wenn der Entleiher das Verbot der Beschäftigung ausländischer Leiharbeitnehmer ohne den erforderlichen Titel mindestens zweimal vorsätzlich missachtet.[19]

Eine beharrliche Zuwiderhandlung liegt jedenfalls dann vor, wenn 19 der Entleiher auf die Unrechtmäßigkeit seines Handelns, etwa aufgrund eines **Bußgeldbescheides, behördliche Abmahnung oder sonstige Verwarnung**, ausdrücklich hingewiesen wurde.[20] Aber nicht nur wenn der Entleiher entgegen ausdrücklicher behördlicher Bescheide und / oder Abmahnungen sein ordnungswidriges Verhalten

---

16 *Boemke/Lembke* § 15a AÜG Rn. 9.
17 ErfK / *Wank* § 15a AÜG Rn. 5; Schüren / Hamann / *Stracke* § 15a AÜG Rn. 25.
18 So a. *Boemke/Lembke* § 15a AÜG Rn. 15.
19 *Boemke/Lembke* § 15a AÜG Rn. 16; ErfK / *Wank* § 15a AÜG Rn. 6; Thüsing / *Kudlich* § 15a AÜG Rn. 28.
20 BGH 25.2.1992, 5 StR 528/91, NStZ 1992, 594; ErfK / *Wank* § 15a AÜG Rn. 6; Schüren / Hamann / *Stracke* § 15a AÜG Rn. 28.

fortsetzt, sondern auch in den Fällen, in denen ein vorangegangener behördlicher Hinweis fehlt, soll der Tatbestand des § 15 Abs. 2 S. 1. Nr. 2 verwirklicht sein.[21] Vom Wortlaut des Strafgesetzes ist diese Betrachtungsweise gedeckt. Sie verstößt nicht gegen Art. 103 Abs. 2 GG. In der Praxis werden die Strafverfolgungsbehörden allerdings erheblichen Beweisschwierigkeiten ausgesetzt sein.

4. Besonders schwere Fälle – Abs. 1 S. 2 und Abs. 2 S. 2

20 Das Strafmaß des § 15a Abs. 1 S. 1 AÜG – Freiheitsstrafe bis zu drei Jahren oder Geldstrafe – wird in **besonders schweren Fällen** auf Freiheitsstrafe von sechs Monaten bis zu fünf Jahren erhöht (§ 15a Abs. 1 S. 2 AÜG). Die Strafverschärfung entspricht der des § 15 Abs. 2 S. 2 AÜG; auf die dortigen Ausführungen kann daher verwiesen werden.[22]

21 Handelt der Täter in den Fällen des § 15a Abs. 2 S. 1 AÜG aus **grobem Eigennutz**, ist die Strafe Freiheitsstrafe bis zu drei Jahren oder Geldstrafe (§ 15a Abs. 2 S. 2 AÜG).[23] Der Begriff des groben Eigennutzes entspricht dem in § 15 Abs. 2 S. 2 AÜG; auf die dortigen Ausführungen wird verwiesen.[24]

II. Subjektiver Tatbestand

22 Die verschiedenen Straftatbestände des § 15a AÜG setzen – ebenso wie die Strafbarkeit des Verleihers nach § 15 AÜG – **Vorsatz des Täters** voraus (vgl. § 15 StGB).[25] Der Entleiher muss also die objektiven Tatbestandsmerkmale des jeweiligen Straftatbestandes des § 15a AÜG kennen und deren Verwirklichung auch anstreben. Bei allen Straftatbeständen gleichermaßen muss der Entleiher also die tatbestandsbegründenden Voraussetzungen des Entleihs im Rahmen einer Arbeitnehmerüberlassung und das Fehlen eines erforderlichen Aufenthaltstitels kennen.[26]

23 Darüber hinaus muss sich sein **Vorsatz auch auf die unterschiedlichen zusätzlichen Tathandlungen** der Straftatbestände erstrecken. Beim gleichzeitigen Entleih von mehr als fünf ausländischen Arbeit-

---

21 *Boemke/Lembke* § 15a AÜG Rn. 17.
22 Vgl. § 15 AÜG Rdn. 12 ff.
23 Zum akademischen Streit, ob es sich bei § 15a Abs. 2 S. 2 AÜG um ein Regelbeispiel oder einen Qualifikationstatbestand handelt, vgl. Thüsing/*Kudlich* § 15a AÜG Rn. 42 m.w.Nachw.
24 Dazu § 15 AÜG Rdn. 14.
25 Zum Vorsatz vgl. bereits § 15 AÜG Rdn. 15 f.
26 Dazu bereits § 15 AÜG Rdn. 16 (a. zum Tatbestands- und Verbotsirrtum).

nehmern wird dies regelmäßig ebenso der Fall sein wie bei einem beharrlichen Entleih (§ 15a Abs. 1 Nr. 1 und Nr. 2 AÜG). Problematisch – in der Praxis jedenfalls schwierig nachweisbar – dürfte hingegen der Vorsatz im Hinblick auf die Beschäftigung ausländischer Leiharbeitnehmer zu ausbeuterischen Arbeitsbedingungen sein. Der Entleiher wird häufig keine positive Kenntnis von der Höhe der dem ausländischen Arbeitnehmer gewährten Vergütung und der sonstigen Arbeitsbedingungen haben; eine Erkundigungspflicht trifft ihn nach richtiger Auffassung nicht.[27] Bedingt vorsätzlich handelt der Täter bereits dann, wenn er konkrete Indizien für die Beschäftigung der ausländischen Leiharbeitnehmer zu ausbeuterischen Arbeitsbedingungen hat. Dies kann beispielsweise aufgrund von Hinweisen der Arbeitnehmer selbst der Fall sein. Die in der Literatur des Weiteren genannte Möglichkeit, dass sich dem Entleiher wegen eines im Vergleich zum Normalfall drastisch reduzierten Stundenverrechnungssatzes ein entsprechender Verdacht hätte aufdrängen müssen, dürfte praktisch nur im Falle des kollusiven Zusammenwirkens zwischen Verleiher und Entleiher vorkommen.[28]

C. Strafhöhe

Verwirklicht der Entleiher den **Straftatbestand des § 15a Abs. 1 S. 1 AÜG**, wird er mit Freiheitsstrafe bis zu drei Jahren oder mit Geldstrafe bestraft.[29]   24

In den **Fällen des § 15a Abs. 2 S. 1 AÜG** gilt ein Strafrahmen von einem Jahr Freiheitsstrafe oder Geldstrafe.   25

Der Regelstrafrahmen des § 15a Abs. 1 S. 1 AÜG wird in den **besonders schweren Fällen des § 15a Abs. 1 S. 2 AÜG** auf sechs Monate bis zu fünf Jahren Freiheitsstraße erhöht. Eine Strafverschärfung gilt auch bei den **Straftatbeständen des § 15a Abs. 2 S. 1 AÜG**, wenn der Entleiher aus grobem Eigennutz handelt. In diesen Fällen ist die Strafe Freiheitsstrafe bis zu drei Jahren oder Geldstrafe (§ 15a Abs. 2 S. 2 AÜG).   26

---

27 *Boemke/Lembke* § 15a AÜG Rn. 10; *Thüsing/Kudlich* § 15a AÜG Rn. 34; *Schüren/Hamann/Stracke* § 15a AÜG Rn. 33 ff.; a.A. *Ulber* § 15a AÜG Rn. 16.
28 Dazu generell *Boemke/Lembke* § 15a AÜG Rn. 10; *Schüren/Hamann/Stracke* § 15a AÜG Rn. 36; *Ulber* § 15a AÜG Rn. 16.
29 Zur Bemessung von Freiheitsstrafe und Geldstrafe vgl. bereits § 15 AÜG Rdn. 17 f.

D. Konkurrenzen

27 Der Straftatbestand des § 15a Abs. 1 kann je nach den Umständen des Einzelfalls in Tateinheit mit **Wucher gemäß § 291 StGB** stehen.

28 Bei Verwirklichung eines der Straftatbestände des § 15a AÜG begeht der Entleiher zugleich eine **Ordnungswidrigkeit** nach **§ 16 Abs. 1 Nr. 2 AÜG**. Nach § 21 Abs. 1 S. 1 OWiG tritt diese regelmäßig hinter die rechtskräftig festgestellte Straftat zurück. Das Strafgericht hat den Ordnungswidrigkeitentatbestand im Strafverfahren jedoch dann zu berücksichtigen, wenn eine Verurteilung nach § 15a AÜG – etwa wegen fehlenden Vorsatzes – ausscheidet (vgl. § 82 Abs. 1 OWiG).[30]

29 Eine Strafbarkeit des legalen Entleihers nach §§ 10, 11 **SchwarzArbG** scheidet aus. Eine Strafbarkeit nach diesen Vorschriften setzt die Arbeitgebereigenschaft des Täters voraus; lediglich im Falle illegaler Arbeitnehmerüberlassung nach § 10 Abs. 1 S. 1 AÜG kommt der Entleiher wegen seiner fiktiven Arbeitgeberstellung als Täter in Betracht.

30 Aus denselben Gründen scheidet eine Strafbarkeit des legalen Entleihers wegen Betruges oder des Vorenthaltens von Arbeitnehmerbeiträgen zur Sozialversicherung **(§ 263 StGB bzw. § 266a StGB)** und/oder wegen Steuerhinterziehung **(§ 370 AO)** aus.[31]

▶ **Hinweis:**

Eine Übersicht über drohende Strafen und Bußgelder bei illegaler Beschäftigung ist im Anhang abgedruckt.

---

30 BGH 24.10.2007, 1 StR 160/07, NJW 2008, 595 = wistra 2008, 60 (zu § 15 AÜG).

31 Für Beihilfe zur Steuerhinterziehung durch das Tätigwerdenlassen Schüren/Hamann/*Stracke* § 15a AÜG Rn. 42 ff.; krit. Thüsing/*Kudlich* § 15a AÜG Rn. 46.

§ 16 Ordnungswidrigkeiten

(1) Ordnungswidrig handelt, wer vorsätzlich oder fahrlässig

1. entgegen § 1 einen Leiharbeitnehmer einem Dritten ohne Erlaubnis überläßt,

1a. einen ihm von einem Verleiher ohne Erlaubnis überlassenen Leiharbeitnehmer tätig werden läßt,

1b. entgegen § 1b Satz 1 gewerbsmäßig Arbeitnehmer überläßt oder tätig werden läßt,

2. einen ihm überlassenen ausländischen Leiharbeitnehmer, der einen erforderlichen Aufenthaltstitel nach § 4 Abs. 3 des Aufenthaltsgesetzes, eine Aufenthaltsgestattung oder eine Duldung, die zur Ausübung der Beschäftigung berechtigen, oder eine Genehmigung nach § 284 Abs. 1 des Dritten Buches Sozialgesetzbuch nicht besitzt, tätig werden läßt,

2a. eine Anzeige nach § 1a nicht richtig, nicht vollständig oder nicht rechtzeitig erstattet,

3. einer Auflage nach § 2 Abs. 2 nicht, nicht vollständig oder nicht rechtzeitig nachkommt,

4. eine Anzeige nach § 7 Abs. 1 nicht, nicht richtig, nicht vollständig oder nicht rechtzeitig erstattet,

5. eine Auskunft nach § 7 Abs. 2 Satz 1 nicht, nicht richtig, nicht vollständig oder nicht rechtzeitig erteilt,

6. seiner Aufbewahrungspflicht nach § 7 Abs. 2 Satz 4 nicht nachkommt,

6a. entgegen § 7 Abs. 3 Satz 2 eine dort genannte Maßnahme nicht duldet,

7. eine statistische Meldung nach § 8 Abs. 1 nicht, nicht richtig, nicht vollständig oder nicht rechtzeitig erteilt,

8. einer Pflicht nach § 11 Abs. 1 oder Abs. 2 nicht nachkommt.

(2) Die Ordnungswidrigkeit nach Absatz 1 Nr. 1 bis Nr. 1b kann mit einer Geldbuße bis zu fünfundzwanzigtausend Euro, die Ordnungswidrigkeit nach Absatz 1 Nr. 2 mit einer Geldbuße bis zu fünfhunderttausend Euro, die Ordnungswidrigkeit nach Absatz 1 Nr. 2a und 3 mit einer Geldbuße bis zu zweitausendfünfhundert Euro, die Ordnungswidrigkeit nach Absatz 1 Nr. 4 bis 8 mit einer Geldbuße bis zu fünfhundert Euro geahndet werden.

(3) Verwaltungsbehörden im Sinne des § 36 Abs. 1 Nr. 1 des Gesetzes über Ordnungswidrigkeiten sind für die Ordnungswidrigkeiten nach Absatz 1 Nr. 1 bis 2a die Behörden der Zollverwaltung, für die Ordnungswidrigkeiten nach Absatz 1 Nr. 3 bis 8 die Bundesagentur für Arbeit.

(4) § 66 des Zehnten Buches Sozialgesetzbuch gilt entsprechend.

(5) [1]Die Geldbußen fließen in die Kasse der zuständigen Verwaltungsbehörde. [2]Sie trägt abweichend von § 105 Abs. 2 des Gesetzes über Ordnungswidrigkeiten die notwendigen Auslagen und ist auch ersatzpflichtig im Sinne des § 110 Abs. 4 des Gesetzes über Ordnungswidrigkeiten.

Übersicht

A. Allgemeines

1   Während §§ 15, 15a AÜG bestimmte Formen der illegalen Ausländerbeschäftigung unter Strafe stellen, normiert **§ 16 AÜG** die **Ordnungswidrigkeitentatbestände der gewerbsmäßigen Arbeitnehmerüberlassung**.[1] Die Tatbestände des § 16 AÜG sind nicht auf illegale Arbeitnehmerüberlassung beschränkt, vielmehr werden auch sonstige Verstöße im Rahmen der Durchführung des AÜG (z.B. gegen §§ 2, 7, 8, 11 AÜG) sanktioniert.

2   Im Vergleich zu gewerberechtlichen Maßnahmen, etwa dem Widerruf einer erteilten Verleiherlaubnis (§ 5 AÜG) oder der Anwendung von Verwaltungszwang (§ 6 AÜG), stellt die Ahndung eines gesetzeswid-

---

1 Ausführlich zur Entstehungsgeschichte des § 16 AÜG vgl. Schüren/Hamann/*Stracke* § 16 AÜG Rn. 16 ff.

rigen Verhaltens mittels **Bußgeld** nach § 16 AÜG häufig ein **milderes Mittel** dar. Aus Gründen der Verhältnismäßigkeit können die Verwaltungsbehörden in Einzelfällen verpflichtet sein, zunächst auf diese zurückzugreifen und Verstöße gegen das AÜG durch Bußgelder zu ahnden.[2] Zuständige Verwaltungsbehörde sind in den Fällen der **illegalen Beschäftigung** (§ 16 Abs. 1 Nr. 1–2a AÜG) die **Behörden der Zollverwaltung**, in allen übrigen Fällen des § 16 Abs. 1 AÜG die zur Überwachung der Durchführung des AÜG zuständigen Erlaubnisbehörden (§ 16 Abs. 3 AÜG).

Für die Ordnungswidrigkeiten nach § 16 AÜG gilt das **OWiG** (§ 2 **3** OWiG). Die von § 16 AÜG im einzelnen umschriebenen Tathandlungen können nur von dem gewerbsmäßigen Verleiher und/oder gewerbsmäßigen Entleiher verwirkt werden. Der Leiharbeitnehmer hingegen kommt nicht als **Täter** in Betracht. Zwar handeln alle an einer Ordnungswidrigkeit Beteiligten – ungeachtet ihres Tatbeitrags – ordnungswidrig (§ 14 Abs. 1 OWiG; sog. Einheitstäterprinzip). Nicht erfasst werden allerdings notwendig Beteiligte wie etwa der überlassene Leiharbeitnehmer.[3] Personen, die weder Verleiher bzw. Entleiher sind, noch zum Personenkreis des § 9 Abs. 1, 2 OWiG gehören, begehen nur dann eine Ordnungswidrigkeit nach § 16 AÜG, wenn sie sich an einer solchen – vorsätzlich begangenen – Tat im Sinne des § 14 Abs. 1 OWiG beteiligen.[4]

Begeht auf Verleiher- und/oder Entleiherseite eine **juristische Per- 4 sonen oder Personengesellschaft** eine Ordnungswidrigkeit nach § 16 AÜG, so sind **§§ 9, 29 OWiG** zu beachten. Bei einer juristischen Person richtet sich das Bußgeldverfahren gegen ihr vertretungsberechtigtes Organ, bei einer rechtsfähigen Personengesellschaft gegen die vertretungsberechtigten Gesellschafter (§ 9 Abs. 1 OWiG). Eine entsprechende Verantwortlichkeit normiert § 9 Abs. 2 OWiG für den rechtsgeschäftlich beauftragten Betriebsleiter oder den sonst rechtsgeschäftlich Beauftragten, der in eigener Verantwortung die Aufgaben des Betriebsinhabers wahrnimmt. Die Begriffe »Betrieb« und »Unternehmen« werden im Rahmen des § 9 Abs. 2 OWiG synonym verwendet (§ 9 Abs. 2 S. 2 OWiG).

Kann organschaftlichen Vertretern einer Kapitalgesellschaft oder ge- **5** schäftsführenden Gesellschaftern einer Personengesellschaft eine schuldhafte Verwirklichung eines Ordnungswidrigkeitentatbestandes nicht nachgewiesen werden, kann sich eine Verantwortung gleich-

---

2 ErfK/*Wank* § 16 AÜG Rn. 1; HWK/*Kalb* § 16 AÜG Rn. 2; Thüsing/*Kudlich* § 16 AÜG Rn. 2; vgl. a. BT-Drucks. VI/2303 S. 15.
3 ErfK/*Wank* § 16 AÜG Rn. 2; HWK/*Kalb* § 16 AÜG Rn. 4.
4 BayOLG 28.12.2000, 3 Ob OWi 114/00, EzAÜG § 16 AÜG Nr. 15.

wohl noch nach § 130 OWiG ergeben. Bei **Verletzung seiner Aufsichtspflichten** oder im Falle des Auswahl- bzw. Überwachungsverschuldens kann sich ein Bußgeldverfahren auch gegen den Inhaber eines Betriebes oder Unternehmens richten, der vorsätzlich oder fahrlässig die erforderlichen Aufsichtsmaßnahmen unterlassen hat. Gerade in größeren Unternehmen mit zahlreichen – häufig räumlich weit von der Hauptverwaltung entfernten – Betriebsstätten und Niederlassungen sind unzureichende Aufsichtsmaßnahmen häufig anzutreffen.

6 Unter den Voraussetzungen des § 30 OWiG kann eine **zusätzliche Geldbuße** auch **unmittelbar gegen die juristische Person oder Personenvereinigung** festgesetzt werden.[5] Dies setzt voraus, dass durch die Ordnungswidrigkeit eigene Pflichten der juristischen Person bzw. der Personengesellschaft verletzt wurden oder diese durch die Tat unmittelbar bereichert wurde oder werden sollten.

7 Der **Versuch** einer Ordnungswidrigkeit kann nicht mit einer Geldbuße geahndet werden (§ 13 Abs. 2 OWiG).

8 Ist – wie in Einzelfällen bei § 16 Abs. 1 Nr. 1 AÜG und § 15 AÜG – eine **Handlung gleichzeitig Straftat und Ordnungswidrigkeit**, so wird grundsätzlich nur das Strafgesetz angewendet. Eine Ausnahme gilt dann, wenn eine Strafe nicht verhängt wird (§ 21 OWiG).

▶ Hinweis:

Eine Übersicht über drohende Strafen und Bußgelder bei illegaler Beschäftigung ist im Anhang abgedruckt.

B. Tatbestand

I. Objektiver Tatbestand

1. Verleih und Entleih bei fehlender Erlaubnis – Nr. 1 und 1a

9 Überlässt ein gewerbsmäßiger Verleiher entgegen § 1 AÜG einen Leiharbeitnehmer ohne Erlaubnis vorsätzlich oder fahrlässig an einen Dritten, so handelt es gemäß § 16 Abs. 1 Nr. 1 AÜG ordnungswidrig. Entsprechendes gilt spiegelbildlich für einen Entleiher, der einen von einem illegalen Verleiher überlassenen Leiharbeitnehmer tätig werden lässt (§ 16 Abs. 1 Nr. 1a AÜG). Voraussetzung ist mithin ein Überlassen oder Tätigwerdenlassen im Rahmen gewerbsmäßiger Ar-

---

5 OLG Düsseldorf 16.11.1995, 5 Ss (OWi) 387/95 – (OWi) 174/95 I, NStZ 1996, 193 = BB 1996, 79.

beitnehmerüberlassung ohne Vorliegen der erforderlichen Verleiherlaubnis.[6]

Ordnungswidrig können auch **ausländische Verleiher** handeln, die   10
entgegen § 1 AÜG Arbeitnehmer ohne Erlaubnis an einen inländischen Entleiher überlassen. Auch bei grenzüberschreitendem Verleih
nach Deutschland ist die Überlassung erlaubnispflichtig.[7] Nichts anderes gilt für den umgekehrten Fall des erlaubniswidrigen Verleihs
durch einen deutschen Verleiher an einen ausländischen Entleiher.

▶ **Hinweis:**

Die **grenzüberschreitende Bußgeld- und Strafvollstreckung** erweist sich in der Praxis häufig als schwierig. Für Vollstreckungs-
maßnahmen im Ausland fehlt es an einer völkerrechtlichen
Grundlage, auf die entsprechende Beitreibungsersuchen der Vollstreckungsbehörden gestützt werden könnten. Eine Ausnahme gilt
lediglich für Österreich (Vertrag zwischen der Bundesrepublik
Deutschland und der Republik Österreich über Amts- und Rechtshilfe in Verwaltungssachen vom 31.5.1988).

Nach dem Rahmenbeschluss 2005/214/JI des Rates vom 24.2.2005
über die Anwendung des Grundsatzes der gegenseitigen Anerkennung von Geldstrafen und Geldbußen sollen jedoch in einem EU-
Mitgliedsstaat verhängte Geldstrafen und Geldbußen europaweit
gegenseitig anerkannt und vollstreckt werden können. Der EU-
Rahmenbeschluss trat am 22.3.2005 mit der Veröffentlichung im
EU-Amtsblatt in Kraft.[8] Obgleich die Umsetzungsfrist bereits am
22.3.2007 ablief, haben bisher nur wenige Mitgliedsstaaten den
EU-Rahmenbeschluss in nationales Recht umgesetzt. Die Umsetzung der Vorgaben des EU-Rahmenbeschlusses soll in Deutschland im Jahre 2009 – voraussichtlich als neue §§ 86–87p des
Gesetzes über Internationale Rechtshilfe in Strafsachen (IRG) – erfolgen.[9]

Wie **alle Ordnungswidrigkeiten   nach § 16 AÜG** können auch die   11
Tatbestände der Nr. 1 und 1a **sowohl vorsätzlich als auch fahrlässig**
begangen werden.[10] Fahrlässiges Handeln ist dem Entleiher regel-

---

6 OLG Düsseldorf 7.4.2006, IV-2-Ss (OWi) 170/04 u.a., NStZ 2007, 291.
7 BayOLG 26.2.1999, 3 ObOWi 4/99, EzAÜG § 16 AÜG Nr. 10; Thüringer LSG
   10.3.2004, L 1 U 560/00, EzAÜG Sozialversicherungsrecht Nr. 44; LSG Hamburg 20.4.2005. L 1 KR 16/04, n.v.
8 ABl. EU L 76/16.
9 Vgl. zum Gesetzesentwurf BR-Drucks. 67/09.
10 Vgl. zum subjektiven Tatbestand a. § 16 AÜG Rdn. 29 f.

mäßig vorzuwerfen, wenn er sich das Vorliegen einer Verleiherlaubnis im Arbeitnehmerüberlassungsvertrag nicht nach § 12 Abs. 1 S. 2 AÜG hat schriftlich bescheinigen lassen. Nach überwiegender Auffassung kann er auf eine entsprechende schriftliche Bestätigung vertrauen. Er muss sich – soweit er nicht konkrete Anhaltspunkte für einen Verstoß gegen § 1 AÜG hat – keine Kopie der Erlaubnis vorlegen lassen.[11]

▶ **Praxistipp:**

Schon aus Eigeninteresse sollte sich der Entleiher stets eine Kopie der Überlassungserlaubnis nach § 1 AÜG vorlegen lassen. Dies gilt nicht nur für den Erstbescheid, sondern im Falle einer nur befristet erteilten Erlaubnis auch für alle Verlängerungsbescheide. Nur auf diese Weise kann er sicher die nachteiligen Konsequenzen illegaler Arbeitnehmerüberlassung ausschließen.

12 Agieren Verleiher und Entleiher unter dem Deckmantel eines **Scheindienst- oder Scheinwerkvertrages**, wird regelmäßig ein vorsätzlicher Verstoß anzunehmen sein.[12]

13 Bei längerer Zusammenarbeit zwischen Verleiher und Entleiher stellen das Überlassen von Leiharbeitnehmern einerseits und deren Tätigwerdenlassen andererseits **grundsätzlich kein Dauerdelikt** dar. Vielmehr handelt es sich bei jedem Überlassungsakt und jedem Tätigwerdenlassen um eine selbständige Tat.[13] Für die Beurteilung von **Tatmehrheit** und **Tateinheit** ist in jedem Einzelfall auf den konkreten Entschluss des Verleihers und/oder Entleihers abzustellen, welcher dem Personaleinsatz zugrunde liegt. Wird ein Arbeitnehmer über mehrere Tage für dieselbe Tätigkeit an einen Dritten überlassen oder werden mehrere Arbeitnehmer desselben Verleihers für einen konkreten Auftrag eingesetzt, handelt es sich grundsätzlich um eine einheitliche Tat durch dieselbe Handlung (§ 19 Abs. 1 OWiG).[14] Die Überlassung auf der Grundlage unterschiedlicher Einzelverträge oder auch die Überlassung von Arbeitnehmern an unterschiedliche Entleiher führt dagegen regelmäßig zur Tatmehrheit (§ 20 OWiG).[15]

---

11 KHK/*Düwell* 4.5 Rn. 290; Schüren/Hamann/*Stracke* § 16 AÜG Rn. 30; Thüsing/*Kudlich* § 16 AÜG Rn. 15; *Urban-Crell/Schulz* Rn. 881; a.A. *Becker/Wulfgramm* § 16 AÜG Rn. 9a.
12 AG Düsseldorf 5.8.1987, 301 OWI/18 Js 248/87, EzAÜG § 16 AÜG Nr. 2.
13 OLG Düsseldorf 22.2.1979, 5 Ss (Owi) 633/78 I, EzAÜG § 1 AÜG Gewerbsmäßiger Arbeitnehmerüberlassung Nr. 8 (zum Tatbestand des § 16 Abs. 1 Nr. 1 AÜG); OLG Düsseldorf 7.4.2006, IV-2 Ss (OWi) 170/04 u.a., NStZ 2007, 291 = NJW 2006, 2647 (zum Tatbestand des § 16 Abs. 1 Nr. 1a. AÜG).
14 BayOLG 29.6.1999, 3 ObOWi 50/99, EzAÜG § 16 AÜG Nr. 12.
15 Ähnlich a. Thüsing/*Kudlich* § 16 AÜG Rn. 11.

Der Verstoß gegen § 16 Abs. 1 Nr. 1 AÜG und der **Vorwurf der Lohn-** **14** **steuerverkürzung** (§§ 370, 378 AO) stehen nicht im Verhältnis der Tateinheit; ein rechtskräftig beendetes Bußgeldverfahren führt nicht zum Strafklageverbrauch hinsichtlich der Steuerstraftaten.[16]

2. Verstoß gegen § 1b S. 1 AÜG – Nr. 1b

Nach **§ 16 Abs. 1 Nr. 1b AÜG** handelt ordnungswidrig, wer entgegen **15** § 1b S. 1 AÜG Arbeitnehmer gewerbsmäßig überlässt oder tätig werden lässt. Der Tatbestand knüpft an das **sektorale Verbot** der **gewerbsmäßigen Arbeitnehmerüberlassung in Betriebe des Baugewerbes** an.[17] Als Täter kommen nur gewerbsmäßiger Verleiher und Entleiher in Betracht.

Setzt der Entleiher die ihm überlassenen Leiharbeitnehmer **entgegen** **16** **der ursprünglichen Vereinbarung** mit dem Verleiher **im Überlassungsvertrag** in Betrieben des Baugewerbes ein, begeht auch der Verleiher eine Ordnungswidrigkeit nach § 16 Abs. 1 Nr. 1b AÜG, wenn er nicht für eine unverzügliche Beendigung dieses Zustandes sorgt.[18]

Unerheblich ist, ob der Verleiher im Besitz einer **Erlaubnis zur ge-** **17** **werbsmäßigen Arbeitnehmerüberlassung** ist. Liegt eine solche nicht vor, konkurrieren die Tatbestände des § 16 Abs. 1 Nr. 1b und des § 16 Abs. 1 Nr. 1 und Nr. 1a AÜG.[19] Die begangenen Ordnungswidrigkeiten stehen in diesem Fall in Tateinheit.[20]

▶ Praxistipp:

Auch bei grundsätzlich erlaubnisfreier Arbeitnehmerüberlassung nach § 1 Abs. 3 AÜG können Verstöße gegen § 1b S. 1 AÜG als Ordnungswidrigkeit geahndet werden. Dies stellt der Gesetzgeber in § 1 Abs. 3 AÜG einleitend klar.

3. Entleih eines ausländischen Leiharbeitnehmers ohne Genehmigung – Nr. 2

Lässt ein Entleiher einen ihm überlassenen **ausländischen Leiharbeit-** **18** **nehmer**, der einen erforderlichen Aufenthaltstitel nach § 4 Abs. 3 Auf-

---

16 Brandenburgisches OLG 8.11.2006, 1 Ss 37/06, OLGSt § 370 AO Nr. 11.
17 Vgl. § 1b AÜG Rdn. 6 ff.
18 BayOLG 26.2.1999, 3 ObOWi 4/99, EzAÜG § 16 AÜG Nr. 10.
19 Zur Fiktion eines Arbeitsverhältnisses bei unzulässiger Arbeitnehmerüberlassung in Betriebe des Baugewerbes vgl. BAG 13.12.2006, 10 AZR 674/05, AP AÜG § 1 Nr. 31 m.Anm. *Urban-Crell*.
20 Thüsing/*Kudlich* § 16 AÜG Rn. 20 m.w.Nachw.

enthG, eine Aufenthaltsgestattung oder eine Duldung, die zur Ausübung der Beschäftigung berechtigen oder eine Genehmigung nach § 284 Abs. 1 SGB III nicht besitzt, tätig werden, so kann dies als Ordnungswidrigkeit nach § 16 Abs. 1 Nr. 2 AÜG geahndet werden. § 16 Abs. 1 Nr. 2 liegen dieselben Tatbestandsvoraussetzungen zugrunde wie dem Straftatbestand des § 15a AÜG.[21]

19   Nach ganz überwiegender Auffassung setzt der Ordnungswidrigkeitentatbestand eine **legale gewerbsmäßige Arbeitnehmerüberlassung** voraus.[22] Diese Auffassung überzeugt. Ist der Verleiher nicht im Besitz einer Erlaubnis, gilt der Entleiher als fiktiver Arbeitgeber (§ 10 AÜG). In diesem Fall verwirklicht er durch das Entleihen eines nichtdeutschen Arbeitnehmers ohne den erforderlichen Aufenthaltstitel neben § 16 Abs. 1 Nr. 1a AÜG eine Ordnungswidrigkeit nach § 404 Abs. 2 Nr. 3 SGB III; diese Tatbestände treffen tateinheitlich zusammen.[23]

20   Die **fahrlässige Begehung** einer Ordnungswidrigkeit nach § 16 Abs. 1 Nr. 2 AÜG nimmt die überwiegende Auffassung bereits dann an, wenn sich der Entleiher von dem ausländischen Arbeitnehmer vor Beginn des Arbeitseinsatzes nicht die Arbeitserlaubnis nach § 284 SGB III hat zeigen lassen.[24]

▶ Praxistipp:

Dem Vorwurf der Fahrlässigkeit kann der Entleiher im Rahmen des § 16 Abs. 1 Nr. 2 AÜG nur begegnen, wenn er sich vor Beginn des Arbeitseinsatzes des ausländischen Arbeitnehmers einen erforderlichen Aufenthaltstitel hat vorlegen lassen. Aus Beweisgründen sollte er eine Kopie anfertigen und diese zu den Akten nehmen.

Damit stehen die Anforderungen an den Entleiher bei der Beschäftigung ausländischer Leiharbeitnehmer im Widerspruch zu seinen Obliegenheitsverpflichtungen im Rahmen des § 16 Abs. 1 Nr. 1a AÜG. Dort lässt es die überwiegende Auffassung genügen, wenn der Entleiher auf eine Erklärung des Verleihers nach § 12 Abs. 1 S. 2 AÜG vertraut hat.

---

21   Vgl. insofern § 15a AÜG Rdn. 4 ff.
22   OLG Hamm 14.11.1980, 5 Ss OWi 1967/80, AP AÜG § 10 Nr. 3 = BB 1981, 122; ErfK/*Wank* § 16 AÜG Rn. 8; HWK/*Kalb* § 16 AÜG Rn. 12; *Ulber* § 16 AÜG Rn. 11.
23   BayOLG 22.2.1995, 3 ObOWi 13/95, EzAÜG § 16 AÜG Nr. 6.
24   BT-Drucks. VI/2303 S. 15; ErfK/*Wank* § 16 AÜG Rn. 8; HWK/*Kalb* § 16 AÜG Rn. 12; krit. Thüsing/*Kudlich* § 16 AÜG Rn. 25.

4. Verletzung der Anzeigepflicht nach § 1a AÜG – Nr. 2a

Nach **§ 16 Abs. 1 Nr. 2a** AÜG handelt der Verleiher ordnungswidrig, **21** der vorsätzlich oder fahrlässig eine **erlaubnisfreie Überlassung nach § 1a AÜG nicht richtig, nicht vollständig oder nicht rechtzeitig anzeigt**. Als Tathandlungen kommen nicht nur fehlerhafte materielle Angaben zur Überprüfung der Erlaubnispflicht, sondern auch formelle Verstöße gegen § 1a Abs. 2 AÜG in Betracht.[25]

▶ **Beispiel:**

Der Verleiher täuscht die zuständige Regionaldirektion der BA über die Anzahl der bei ihm regelmäßig Beschäftigten. Im Antrag gibt er lediglich 45 Arbeitnehmer an, obwohl er seit geraumer Zeit mehr als 50 Mitarbeiter beschäftigt.

Unbeachtlich sind solche Falschangaben, die im Muster zur Anzeige **22** nach § 1a AÜG zwar abgefragt, jedoch vom Gesetz selbst nicht verlangt werden (z.B. Telefon- und Faxnummer des Verleihers).[26]

5. Missachtung von Auflagen – Nr. 3

Nach § 2 Abs. 2 AÜG kann die BA eine Erlaubnis mit **Auflagen** erteilen. Handelt der Verleiher dieser Auflage zuwider, indem er dieser **23** nicht, nicht vollständig oder nicht rechtzeitig nachkommt, begeht er eine Ordnungswidrigkeit nach **§ 16 Abs. 1 Nr. 3 AÜG**. Die Unanfechtbarkeit des Auflagenbescheides ist keine Voraussetzung für die Verhängung eines Bußgeldes, da die Anfechtung der Auflage nach § 86 Abs. 2 SGG keine aufschiebende Wirkung entfaltet. Aus verfahrensökonomischen Gründen wird die zuständige Regionaldirektion einen Bußgeldbescheid indes solange nicht erlassen oder ein bereits eingeleitetes Bußgeldverfahren aussetzen, bis über die Rechtmäßigkeit der Auflage nach § 2 Abs. 2 AÜG bestandskräftig entschieden ist.[27]

6. Verstöße gegen § 7 AÜG – Nr. 4–6a

Nach **§ 16 Abs. 1 Nr. 4, 5 und 6 AÜG** werden **Verstöße des Verleihers gegen seine Anzeige-, Auskunfts- und Aufbewahrungspflichten** nach § 7 Abs. 1, Abs. 2 S. 1 und Abs. 2 S. 4 AÜG sanktioniert. Ferner handelt der gewerbsmäßige Verleiher ordnungswidrig, wenn er **24**

---

25 Thüsing/*Kudlich* § 16 AÜG Rn. 29.
26 *Sandmann/Marschall* Art. 1 § 16 AÜG Anm. 29a; Thüsing/*Kudlich* § 16 AÜG Rn. 30.
27 Allg. Auffassung *Boemke/Lemke* § 16 AÜG Rn. 26; Thüsing/*Kudlich* § 16 AÜG Rn. 33 f.; Schüren/Hamann/*Stracke* § 16 AÜG Rn. 40.

entgegen § 7 Abs. 3 S. 2 AÜG der Erlaubnisbehörde das Betreten seiner Grundstücke und Geschäftsräume und Prüfungsmaßnahmen
nicht gestattet (§ 16 Abs. 1 Nr. 6a AÜG).[28]

25 Verweigert der Verleiher die **Vorlage geschäftlicher Unterlagen nach
§ 7 Abs. 2 S. 3 AÜG**, kann die BA dieses Verhalten nicht als Ordnungswidrigkeit ahnden. Von § 16 Abs. 1 AÜG ist dieser Tatbestand
nicht erfasst. Insofern kann die Erlaubnisbehörde den Verleiher lediglich durch Mittel des Verwaltungszwangs (§ 6 AÜG) oder durch die
Androhung des Widerrufs der Verleiherlaubnis (§ 5 AÜG) zu geset-
zeskonformem Verhalten anleiten.

26 Ausnahmsweise kein Verstoß gegen die Auskunftspflicht nach § 7
Abs. 2 S. 1 AÜG liegt vor, wenn sich der Verleiher auf einen **Aus-
kunftsverweigerungsgrund nach § 7 Abs. 5 AÜG** berufen kann. Bei
Zweifeln über das Vorliegen eines Auskunftsverweigerungsrechts
wird die BA nach den Grundsätzen des Opportunitätsprinzips im Ergebnis zugunsten des Verleihers entscheiden müssen und einen Bußgeldbescheid nicht erlassen.[29]

**7. Verletzungen statistischer Meldepflichten nach
§ 8 Abs. 1 AÜG – Nr. 7**

27 Nach § 16 Abs. 1 Nr. 7 AÜG handelt derjenige Verleiher ordnungswid-
rig, der seinen **halbjährlichen statistischen Meldepflichten nach § 8
Abs. 1 AÜG** nicht, nicht richtig, nicht vollständig oder nicht rechtzei-
tig genügt. Statistische Meldungen müssen nur von gewerbsmäßigen
Verleihern abgegeben werden. Insofern kommen auch nur diese als
Täter des Ordnungswidrigkeitentatbestandes in Frage.

**8. Verletzung von Nachweispflichten und Nichtaushändigung
des Merkblatts nach § 11 Abs. 1 oder 2 AÜG – Nr. 8**

28 Nach § 16 Abs. 1 Nr. 8 AÜG handelt ordnungswidrig, wer einer
Pflicht nach § 11 Abs. 1 oder Abs. 2 AÜG nicht nachkommt. Nach
§ 11 Abs. 1 AÜG ist der Verleiher verpflichtet, die wesentlichen Arbeitsbedingungen des Leiharbeitsverhältnisses nach den Bestimmungen des NachwG und die zusätzlichen Angaben des § 11 Abs. 1 S. 2
AÜG zu dokumentieren. Des Weiteren muss der Verleiher dem Leiharbeiter bei Vertragsschluss ein Merkblatt für Leiharbeitnehmer über
den wesentlichen Inhalt des AÜG aushändigen; nichtdeutschen Leih-

---

28 Zu den Einzelheiten § 7 AÜG Rdn. 2 f., 4 ff., 7 ff.
29 Thüsing/*Kudlich* § 16 AÜG Rn. 38.

arbeitnehmern ist dieses auf Verlangen in ihrer Muttersprache zu erteilen (§ 11 Abs. 2 AÜG).

II. Subjektiver Tatbestand

Die Ordnungswidrigkeiten des § 16 AÜG können sowohl vorsätzlich 29 als auch fahrlässig begangen werden. **Vorsätzliches Handeln** setzt voraus, dass der Täter bei Begehung der Handlung alle Umstände kennt, die zum gesetzlichen Tatbestand gehören (vgl. § 11 Abs. 1 S. 1 OWiG). Fehlt es an diesen Voraussetzungen, bleibt die Möglichkeit der Ahndung wegen **fahrlässigen Handelns** unberührt (§ 11 Abs. 1 S. 2 OWiG).

Ein **vermeidbarer Verbotsirrtum** lässt die Schuld des Täters nicht ent- 30 fallen (§ 11 Abs. 2 OWiG). Ein solcher wird regelmäßig vorliegen, wenn sich Verleiher und/oder Entleiher vor Durchführung der gewerbsmäßigen Arbeitnehmerüberlassung nicht haben rechtlich beraten lassen. Dabei kann auch schon eine Erkundigung über die Rechtslage bei der zuständigen Regionaldirektion ausreichen.[30] Als geeignete Auskunftspersonen kommen darüber hinaus insbesondere fachlich qualifizierte Rechtsanwälte in Betracht. Haben sich die Beteiligten bei diesen auskunftsfähigen Personen zuvor nicht oder nicht hinreichend erkundigt, ist ihr Irrtum über das Eingreifen des AÜG vermeidbar.[31]

C. Bußgeldhöhen – Abs. 2

Die **Höhe des zu verhängenden Bußgeldes** bestimmt sich nach § 16 31 **Abs. 2 AÜG** i.V.m. § 17 OWiG. Die Geldbuße beträgt mindestens € 5,00 (§ 17 Abs. 1 OWiG); die Höchstbeträge ergeben sich aus § 16 Abs. 2 AÜG wie folgt:

Tatbestand	Bußgeldhöhe
§ 16 Abs. 1 Nr. 2 AÜG	€ 500 000,00
§ 16 Abs. 1 Nr. 1–1b AÜG	€ 25 000,00
§ 16 Abs. 1 Nr. 2a, 3 AÜG	€ 2 500,00
§ 16 Abs. 1 Nr. 4–8 AÜG	€ 500,00

---

30 AG Gießen 13.4.1987, 54 OWi 15 Js 22376/86, EzAÜG § 1 AÜG Gewerbsmäßige Arbeitnehmerüberlassung Nr. 24.
31 OLG Düsseldorf 4.9.1979, 5 Ss (OWi) 480/79-477/79 I, EzAÜG § 1 AÜG Gewerbsmäßige Arbeitnehmerüberlassung Nr. 10.

32 **Fahrlässiges Handeln** kann im **Höchstmaß** nur mit der Hälfte des an-
gedrohten Höchstbetrages der Geldbuße für vorsätzliches Handeln
geahndet werden (§ 17 Abs. 2 OWiG).

33 Nach § 17 Abs. 3 OWiG sind Grundlage für die **Zumessung der Geldbuße** die Bedeutung der Ordnungswidrigkeit und der Vorwurf, der
den Täter trifft. Auch die wirtschaftlichen Verhältnisse sind grundsätzlich zu berücksichtigen; lediglich bei geringfügigen Ordnungswidrigkeiten bleiben sie außer Betracht. Ordnungswidrigkeiten, die
regelmäßig nur mit einer Buße von € 5,00 bis € 35,00 geahndet werden
können, gelten regelmäßig als geringfügig (vgl. § 56 Abs. 1 S. 1
OWiG).[32]

34 Die Geldbuße soll den **wirtschaftlichen Vorteil übersteigen**, den der
Täter aus der Ordnungswidrigkeit gezogen hat (§ 17 Abs. 4 S. 1
OWiG). Soweit das gesetzliche Höchstmaß dazu nicht ausreicht, kann
es sogar überschritten werden (§ 17 Abs. 4 S. 2 OWiG).

35 Die bis zum Inkrafttreten des Dritten Gesetzes für moderne Dienstleistungen am Arbeitsmarkt zuständigen **Landesarbeitsämter** haben
bei der Bemessung der Bußgeldhöhe im Rahmen illegalen Verleihs
und Entleihs (§ 16 Abs. 1 Nr. 1 und Nr. 1a AÜG) regelmäßig auf den
aus der illegalen Überlassung erzielten Reingewinn abgestellt. In
ständiger Verwaltungspraxis wurde bei einem illegalen Entleiher ein
wirtschaftlicher Vorteil von DM 3,00 pro Arbeitsstunde und bei einem
illegalen Verleiher ein solcher von DM 1,00 pro Arbeitsstunde angenommen.[33] Zu Recht wird diese **pauschalisierte Zumessung kritisiert**. Das Bußgeldhöchstmaß werden die zuständigen Behörden bei
dieser Bemessung nur äußerst selten verhängen können.[34] Den Anforderungen des Einzelfalls besser gerecht wird eine Gewinnschätzung
auf Grundlage der Bruttolohnsumme unter Berücksichtigung gezahl-
ter oder zu zahlender Einkommensteuer.[35]

36 In allen Fällen ist bei der **Gewinnabschöpfung** das verfassungsmäßi-
ge **Übermaßverbot** zu beachten. Dieses verbietet es, den Täter rückwirkend über lange Zeiträume nahezu einkommenslos zu stellen.[36]

---

32 Thüsing/*Kudlich* § 16 AÜG Rn. 52.
33 MünchArbR/*Marschall* § 176 Rn. 38; *Urban-Crell/Schulz* Rn. 880; jeweils
m.w.Nachw.
34 Thüsing/*Kudlich* § 16 AÜG Rn. 55 m.w.Nachw.
35 BayOLG 25.4.1995, 3 ObOWi 11/95, NZA-RR 1996, 21 (zur Bestimmung des
wirtschaftlichen Vorteils durch Schwarzarbeit); BGH 13.1.1983, 4 StR
578/82, AP AÜG § 1 Nr. 6; *Boemke/Lemke* § 16 AÜG Rn. 42; Thüsing/*Kudlich*
§ 16 AÜG Rn. 55.
36 BayOLG 25.4.1995, 3 ObOWi 11/95, NZA-RR 1996, 21.

Für die **Verjährung von Ordnungswidrigkeiten** gilt § 31 OWiG. Die 37
Verjährungsfristen orientieren sich am Höchstmaß der Geldbuße (§ 31
Abs. 2 OWiG).

D. Verfolgung von Ordnungswidrigkeiten – Absätze 3 bis 5

I. Zuständigkeit – Abs. 3

Für die Verfolgung von Ordnungswidrigkeiten sind grundsätzlich die 38
Verwaltungsbehörden sachlich zuständig (§ 35 OWiG). Im Anwendungsbereich des AÜG bestimmt **§ 16 Abs. 3 AÜG** die sachlich zuständige Behörde im Sinne des § 36 Abs. 1 Nr. 1 OWiG. Demnach sind
für die Ordnungswidrigkeiten nach **§ 16 Abs. 1 Nr. 1–2a AÜG** die **Behörden der Zollverwaltung**, für die **übrigen Tatbestände** des § 16
Abs. 1 AÜG (Nr. 3–8) ist die **BA** sachlich zuständig.

▶ Praxistipp:

Zuständige Einsatzgruppe des Zolls zur Bekämpfung illegaler Beschäftigung und Schwarzarbeit ist die **Finanzkontrolle Schwarzarbeit (FKS)**. Die Beamten der Finanzkontrolle Schwarzarbeit gehören den Hauptzollämtern an. Bei Anfragen und Hinweisen von
überregionaler Bedeutung ist die

Bundesfinanzdirektion West
Wörthstraße 1–3
50668 Köln
E-Mail: poststelle@abt-fks.bfinv.de
Telefon: 0221/37993-100
Fax: 0221/37993-701 oder -702

zuständig. Eine nach Bundesländern und Postleitzahlen geordnete
Übersicht über alle Standorte der Hauptzollämter finden Sie unter:

www.zoll.de/d0_zoll_im_einsatz/b0_finanzkontrolle/
k0_ansprechpartner/index.html

Die **örtliche Zuständigkeit** der Verwaltungsbehörde folgt aus § 37 39
OWiG. Grundsätzlich örtlich zuständig ist die Verwaltungsbehörde,
in deren Bezirk die Ordnungswidrigkeit begangen oder entdeckt worden ist (Abs. 1 Nr. 1) oder der Betroffene zur Zeit der Einleitung des
Bußgeldverfahrens seinen Wohnsitz hat (Abs. 1 Nr. 2). Sind etwa
wegen unterschiedlichen Begehungs-/Entdeckungsortes und/oder
Wohnsitzes des Betroffenen an sich mehrere Verwaltungsbehörden
örtlich zuständig, bleibt die Behörde zuständig, die den Betroffenen
zuerst vernommen hat, ihn durch die Polizei zuerst hat vernehmen

lassen oder der die Akten von der Polizei nach der Vernehmung des Betroffenen zuerst übersandt worden sind (§ 39 Abs. 1 S. 1 OWiG).

II. Vollstreckung – Abs. 4

40   Die **Vollstreckung rechtskräftiger Bußgeldbescheide** richtet sich grundsätzlich nach §§ 89 ff. **OWiG**. Die Behörden der Zollverwaltung und die BA können demnach als Verwaltungsbehörden, die den Bußgeldbescheid erlassen haben, die Vollstreckung selbst betreiben (§ 92 OWiG). Darüber hinaus besteht die Möglichkeit der **Vollstreckung in entsprechender Anwendung des § 66 SGB X** (§ 16 Abs. 4 AÜG).[37] Nach § 66 Abs. 1 SGB X richtet sich die Vollstreckung nach dem VwVG (Bund); zuständig sind die Hauptzollämter als Vollstreckungsbehörden der Finanzverwaltung (§ 4 Buchst. b) VwVG). Die Zwangsvollstreckung kann darüber hinaus **auch in entsprechender Anwendung der §§ 704 ff., 803 ff. ZPO** stattfinden (§ 66 Abs. 4 S. 1 SGB X).

41   Eine rechtskräftig festgesetzte Geldbuße darf nach Ablauf der **Vollstreckungsverjährung** nicht mehr vollstreckt werden (§ 34 Abs. 1 OWiG). Diese beträgt fünf Jahre bei einer Geldbuße von mehr als € 1 000,00, drei Jahre bei einer Geldbuße bis zu € 1 000,00 (§ 34 Abs. 2 OWiG). Die Vollstreckungsverjährung beginnt mit der Rechtskraft der Bußgeldentscheidung (§ 34 Abs. 3 OWiG).

III. Verbleib der Geldbuße, Auslagen und Entschädigungspflicht – Abs. 5

42   Nach § 16 Abs. 5 AÜG fließen die Geldbußen nach § 16 Abs. 2 AÜG entweder in die Kasse der Behörden der Zollverwaltung (für Ordnungswidrigkeiten nach § 16 Abs. 1 Nr. 1–2a AÜG) oder in die der BA (für Ordnungswidrigkeiten nach § 16 Abs. 1 Nr. 3–8 AÜG) als jeweils zuständiger Verwaltungsbehörde. Abweichend von § 105 Abs. 2 und § 110 Abs. 4 OWiG tragen diese dann aber auch die notwendigen Auslagen (z.B. im Falle einer Verfahrenseinstellung) und sind entschädigungspflichtig für Vermögensschäden, die durch Verfolgungsmaßnahmen im Bußgeldverfahren verursacht worden sind (vgl. § 8 StrEG).

---

37   Für parallele Zuständigkeiten nach §§ 89 OWiG ff. u. § 66 SGB X a. Thüsing/*Kudlich* § 16 AÜG Rn. 78 f.; wohl a. *Boemke/Lembke* § 16 AÜG Rn. 47; unklar HWK/*Kalb* § 16 AÜG Rn. 22.

§17 Durchführung

[1]Die Bundesagentur für Arbeit führt dieses Gesetz nach fachlichen Weisungen des Bundesministeriums für Arbeit und Soziales durch. [2]Verwaltungskosten werden nicht erstattet.

A. Durchführung des AÜG – S. 1

Die **Durchführung des AÜG** ist der **BA als Auftragsangelegenheit** 1
übertragen (§ 17 S. 1 AÜG). Sie unterliegt – über die allgemeine Rechtsaufsicht des Bundesministeriums für Arbeit und Soziales (BMAS) nach § 393 Abs. 1 SGB III hinaus – den fachlichen Weisungen des Ministeriums. Im Rahmen seiner **Fachaufsicht** kann dieses sowohl allgemeine als auch konkrete Weisungen im Einzelfall erteilen. Bei Ausübung seiner Fachaufsichtsbefugnis ist das BMAS an die Vorgaben des AÜG gebunden. Räumen einzelne Vorschriften der BA Ermessen ein, kann das Ministerium insoweit auch nur Ermessensrichtlinien aufstellen. Diese müssen der ausführenden Behörde Raum für Einzelfallentscheidungen lassen.[1]

▶ Praxistipp:

Die **Durchführungsanweisungen** der BA zum **Arbeitnehmer-überlassungsgesetz (DA-AÜG)** wurden auf Weisung des BMAS erlassen. Die aktuelle DA-AÜG aus Oktober 2004 ist in Auszügen im Anhang abgedruckt. Die vollständige Fassung ist auf der Homepage der BA abrufbar unter:

www.arbeitsagentur.de/zentraler-Content/A01-Allgemein-Info/
A015-Oeffentlichkeitsarbeit/Publikation/pdf/
DA-Arbeitnehmerueberlassungsgesetz.pdf

Die Verwaltungsanweisungen der BA sind für den Rechtsanwender eine **wertvolle Orientierungshilfe**. Gleichwohl ist nicht zu verkennen, dass diese nur die Verwaltung binden, gegenüber außenstehenden Dritten aber keine unmittelbare Rechtswirkung ent-

---

1 BSG 12.12.1990, 11 Rar 49/90, EzAÜG § 3 AÜG Versagungsgründe Nr. 14 = NZA 1991, 951.

falten. So sind auch die Gerichte bei Rechtsstreitigkeiten nicht an die Interpretation des AÜG durch die BA gebunden. Gleichwohl bedienen sich auch die Gerichte regelmäßig der DA-AÜG als Auslegungshilfe.

2 Die Kompetenz zur Durchführung des AÜG liegt bei der **BA**. Deren **interne Organisation** bestimmt sich nach ihrer Satzung,[2] die vom Verwaltungsrat als deren Überwachungs-, Beratungs- und Legislativorgan erlassen wird (Art. 3 Abs. 1 der Satzung; § 373 Abs. 5 SGB III). Durch Runderlasse hat der Verwaltungsrat die Durchführung des AÜG den Regionaldirektionen der BA und in beschränktem Umfang auch den Arbeitsagenturen als zuständigen Organen und Dienststellen der BA übertragen.

▶ Praxistipp:

Eine Übersicht über die Geschäftsverteilung nebst sämtlichen Kontaktdaten der Regionaldirektionen findet sich im Anhang.

B. Verwaltungskosten – S. 2

3 Die bei der Durchführung des AÜG entstehenden **Verwaltungskosten hat die BA selbst zu tragen**, sie werden ihr nicht erstattet (§ 17 S. 2 AÜG). Ihre Aufgaben sollen aus Mitteln der Beitragszahler finanziert werden. Die Kosten werden teilweise durch die nach § 2a AÜG erhobenen Gebühren und Auslagen sowie den Einnahmen, die der BA aus der Verhängung von Geldbußen nach § 16 Abs. 1 Nr. 3–8 AÜG zufließen (§ 16 Abs. 5 S. 1 AÜG), gedeckt.

---

2 Satzung der BA v. 16.12.2004, BAnz. 2005 S. 1867.

§ 18 Zusammenarbeit mit anderen Behörden

(1) Zur Verfolgung und Ahndung der Ordnungswidrigkeiten nach § 16 arbeiten die Bundesagentur für Arbeit und die Behörden der Zollverwaltung insbesondere mit folgenden Behörden zusammen:
1. den Trägern der Krankenversicherung als Einzugsstellen für die Sozialversicherungsbeiträge,
2. den in § 71 des Aufenthaltsgesetzes genannten Behörden,
3. den Finanzbehörden,
4. den nach Landesrecht für die Verfolgung und Ahndung von Ordnungswidrigkeiten nach dem Schwarzarbeitsbekämpfungsgesetz zuständigen Behörden,
5. den Trägern der Unfallversicherung,
6. den für den Arbeitsschutz zuständigen Landesbehörden,
7. den Rentenversicherungsträgern,
8. den Trägern der Sozialhilfe.

(2) Ergeben sich für die Bundesagentur für Arbeit oder die Behörden der Zollverwaltung bei der Durchführung dieses Gesetzes im Einzelfall konkrete Anhaltspunkte für
1. Verstöße gegen das Schwarzarbeitsbekämpfungsgesetz,
2. eine Beschäftigung oder Tätigkeit von Ausländern ohne erforderlichen Aufenthaltstitel nach § 4 Abs. 3 des Aufenthaltsgesetzes, eine Aufenthaltsgestattung oder eine Duldung, die zur Ausübung der Beschäftigung berechtigen, oder eine Genehmigung nach § 284 Abs. 1 des Dritten Buches Sozialgesetzbuch,
3. Verstöße gegen die Mitwirkungspflicht nach § 60 Abs. 1 Satz 1 Nr. 2 des Ersten Buches Sozialgesetzbuch gegenüber einer Dienststelle der Bundesagentur für Arbeit, einem Träger der gesetzlichen Kranken-, Pflege-, Unfall- oder Rentenversicherung oder einem Träger der Sozialhilfe oder gegen die Meldepflicht nach § 8a des Asylbewerberleistungsgesetzes,
4. Verstöße gegen die Vorschriften des Vierten und Siebten Buches Sozialgesetzbuch über die Verpflichtung zur Zahlung von Sozialversicherungsbeiträgen, soweit sie im Zusammenhang mit den in den Nummern 1 bis 3 genannten Verstößen sowie mit Arbeitnehmerüberlassung entgegen § 1 stehen,
5. Verstöße gegen die Steuergesetze,
6. Verstöße gegen das Aufenthaltsgesetz,
unterrichten sie die für die Verfolgung und Ahndung zuständigen Behörden, die Träger der Sozialhilfe sowie die Behörden nach § 71 des Aufenthaltsgesetzes.

(3) ¹In Strafsachen, die Straftaten nach den §§ 15 und 15a zum Gegenstand haben, sind der Bundesagentur für Arbeit und den Behörden der Zollverwaltung zur Verfolgung von Ordnungswidrigkeiten

1. bei Einleitung des Strafverfahrens die Personendaten des Beschuldigten, der Straftatbestand, die Tatzeit und der Tatort,

2. im Falle der Erhebung der öffentlichen Klage die das Verfahren
abschließende Entscheidung mit Begründung

zu übermitteln. ²Ist mit der in Nummer 2 genannten Entscheidung
ein Rechtsmittel verworfen worden oder wird darin auf die angefochtene Entscheidung Bezug genommen, so ist auch die angefochtene Entscheidung zu übermitteln. ³Die Übermittlung veranlaßt die
Strafvollstreckungs- oder die Strafverfolgungsbehörde. ⁴Eine Verwendung

1. der Daten der Arbeitnehmer für Maßnahmen zu ihren Gunsten,

2. der Daten des Arbeitgebers zur Besetzung seiner offenen Arbeitsplätze, die im Zusammenhang mit dem Strafverfahren bekanntgeworden sind,

3. der in den Nummern 1 und 2 genannten Daten für Entscheidungen über die Einstellung oder Rückforderung von Leistungen
der Bundesagentur für Arbeit

ist zulässig.

(4) ¹Gerichte, Strafverfolgungs- oder Strafvollstreckungsbehörden
sollen den Behörden der Zollverwaltung Erkenntnisse aus sonstigen Verfahren, die aus ihrer Sicht zur Verfolgung von Ordnungswidrigkeiten nach § 16 Abs. 1 Nr. 1 bis 2 erforderlich sind, übermitteln, soweit nicht für die übermittelnde Stelle erkennbar ist, daß
schutzwürdige Interessen des Betroffenen oder anderer Verfahrensbeteiligter an dem Ausschluß der Übermittlung überwiegen. ²Dabei ist zu berücksichtigen, wie gesichert die zu übermittelnden Erkenntnisse sind.

Übersicht

A. Allgemeines

Vorgängerregelung des heutigen **§ 18 AÜG** war § 17a AÜG a.F., wel- **1**
cher mit Wirkung zum 1.1.1982 durch das Gesetz zur Bekämpfung
der illegalen Beschäftigung vom 15.12.1981[1] in das AÜG aufgenommen wurde.[2] Mit der **Regelung über die Zusammenarbeit der
zuständigen Behörden** verfolgt der Gesetzgeber das Ziel, Formen illegaler Beschäftigung (illegale Arbeitnehmerüberlassung, Schwarzarbeit, illegale Ausländerbeschäftigung) und die damit oft in Zusammenhang stehenden Leistungsmißbrauchsfälle wirksam und effektiv
zu bekämpfen.[3] Die Erfüllung dieser Aufgaben soll durch eine bessere Koordination der Zusammenarbeit der beteiligten Behörden, insbesondere eines besseren Informationsaustausches, erleichtert werden.[4]

B. Pflicht zur Zusammenarbeit – Abs. 1

I. Pflicht zur Zusammenarbeit

§ 18 Abs. 1 AÜG normiert eine Verpflichtung der BA und der Behör- **2**
den der Zollverwaltung, insbesondere mit den in Nr. 1–8 genannten
Behörden zur Verfolgung und Ahndung von Ordnungswidrigkeiten
nach § 16 AÜG zusammenzuarbeiten. Die **Aufzählung der genannten Behörden ist nicht abschließend** (»insbesondere«). Ausdrücklich
aufgezählt sind lediglich die wichtigsten Behörden, mit denen sich
üblicherweise Schnittmengen bei der Bekämpfung illegaler Beschäftigung ergeben. Darüber hinaus kommt aber auch eine Zusammenarbeit mit anderen Behörden in Betracht, etwa der Polizei, den
Industrie- und Handelskammern, den Handwerkskammern, den
Staatsanwaltschaften sowie Straf-/Arbeitsgerichten.[5]

Die **Pflicht zur Zusammenarbeit bezieht sich auf alle in § 16 AÜG** **3**
genannten Ordnungswidrigkeiten. Sie ist nicht auf die Tatbestände
illegaler Überlassung (§ 16 Abs. 1 Nr. 1–2a AÜG) beschränkt.[6] Die er-
weiterte Pflicht zur Zusammenarbeit in allen Fällen des § 16 AÜG er-

---

1 BGBl. I. S. 1390.
2 Ausführlich zur Entstehungsgeschichte Schüren/Hamann/*Hamann* § 18
  AÜG Rn. 1 ff.; Thüsing/*Kudlich* § 18 AÜG Rn. 1.
3 BT-Drucks. 9/847 S. 8.
4 BT-Drucks. 9/847 S. 8, 10.
5 Schüren/Hamann/*Hamann* § 18 AÜG Rn. 13 ff.; Thüsing/*Kudlich* § 18 AÜG
  Rn. 3.
6 Für die Ahndung von Ordnungswidrigkeiten nach § 16 Abs. 1 Nr. 1–2a AÜG
  sind die Behörden der Zollverwaltung zuständig (vgl. § 16 Abs. 3 AÜG).

klärt sich daraus, dass auch Verstöße von Verleiher und Entleiher bei legaler Arbeitnehmerüberlassung (§ 16 Abs. 1 Nr. 3–8 AÜG) oftmals erste Anhaltspunkte für illegale Praktiken liefern.[7] Nicht ausdrücklich erwähnt ist eine Zusammenarbeit im Zusammenhang mit den Straftatbeständen der §§ 15, 15a AÜG. Diese bauen auf den Ordnungswidrigkeitentatbeständen des § 16 Abs. 1 Nr. 1–2 AÜG auf; **mittelbar** erfolgt also auch eine **Zusammenarbeit bei der Verfolgung von Straftaten.**[8]

4 Über den Wortlaut hinaus begründet § 18 Abs. 1 AÜG nicht nur eine einseitige Verpflichtung der BA und der Behörden der Zollverwaltung, sondern eine **wechselseitige Pflicht zur Zusammenarbeit** dieser mit den in Nr. 1–8 genannten Behörden. Ein gegenseitiger Informationsaustausch soll erfolgen, sobald ein auf konkreten Anhaltspunkten beruhender Anfangsverdacht besteht. Bloße Vermutungen der Begehung von Ordnungswidrigkeiten genügen nicht.[9]

5 Die konkrete **Art und Weise der Zusammenarbeit** ist im Gesetz nicht geregelt; den beteiligten Behörden steht deren Ausgestaltung mithin im Wesentlichen frei. § 18 Abs. 1 AÜG enthält allerdings keinen Erlaubnistatbestand zum Eingriff in den Datenschutz oder das Sozialgeheimnis (§ 35 SGB I).

6 Neben dem **wechselseitigen Informationsaustausch** kommen zur Ausgestaltung der Zusammenarbeit insbesondere **gemeinsame Veranstaltungen** (z.B. Schulungsveranstaltungen, Gesprächskreise, Arbeitsgruppen) und **gemeinsame Aktivitäten** (z.B. Betriebsstättenprüfungen, Verkehrs-/Grenzkontrollen, Überprüfung von Arbeitnehmern auf Baustellen) in Betracht. Voraussetzung ist lediglich, dass eine der beteiligten Behörden für die konkrete Maßnahme zuständig ist.[10]

II. Beteiligte Behörden

7 Die Aufzählung der in § 18 Abs. 1 Nr. 1–8 AÜG genannten Behörden ist nicht abschließend; die Zusammenarbeit auch mit weiteren Behörden zur Bekämpfung illegaler Beschäftigung ist möglich.[11] Als die **wichtigsten Behörden der Zusammenarbeit** nennt § 18 Abs. 1 AÜG folgende:

– **Träger der Krankenversicherung** als Einzugsstellen für die Sozialversicherungsbeiträge **(Nr. 1)**: Ortskrankenkassen (§ 143 ff. SGB V),

7 *Boemke/Lembke* § 18 AÜG Rn. 4 m.w.Nachw.
8 HWK/*Kalb* § 18 AÜG Rn. 2; Thüsing/*Kudlich* § 18 AÜG Rn. 5 m.w.Nachw.
9 *Boemke/Lembke* § 18 AÜG Rn. 15 m.w.Nachw.; HWK/*Kalb* § 18 AÜG Rn. 12.
10 *Boemke/Lembke* § 18 AÜG Rn. 16.
11 Vgl. bereits § 18 AÜG Rdn. 2.

Betriebskrankenkassen (§ 147 ff. SGB V), Innungskrankenkassen (§ 147 ff. SGB V), Landwirtschaftliche Krankenkassen (§ 166 SGB V), Deutsche Rentenversicherung Knappschaft Bahn-See (§ 167 SGB V), Ersatzkassen (§ 168 ff. SGB V);

– **Behörden gemäß § 71 AufenthG (Nr. 2)**: u.a. Ausländerbehörden, Auslandsvertretungen des Auswärtigen Amtes, Polizeien der Länder; die Einzelheiten ergeben sich aus dem jeweiligen Landesrecht;

– **Finanzbehörden (Nr. 3)**: Finanzämter, Oberfinanzdirektionen, Bundesamt für Finanzen, Zollbehörden (insbesondere Zollämter), Länderministerien und Senatoren für Finanzen, Bundesfinanzministerium;[12]

– Nach Landesrecht für die Verfolgung und Ahndung von Ordnungswidrigkeiten **nach dem SchwarzArbG zuständige Behörden (Nr. 4)**: Behörden der Zollverwaltung, zuständige Leistungsträger, jeweils für ihren Geschäftsbereich und die nach Landesrecht zuständigen Behörden (vgl. § 12 SchwarzArbG);[13]

– **Träger der Unfallversicherung (Nr. 5)**: Berufsgenossenschaften und Unfallkassen (vgl. § 114 SGB VII);[14]

– Zuständige **Landesbehörden für den Arbeitsschutz (Nr. 6)**: Zuständige Behörden ergeben sich aus dem jeweiligen Landesrecht, in der Regel handelt es sich um die Gewerbeaufsichtsämter (vgl. § 21 ArbSchG);

– **Rentenversicherungsträger (Nr. 7)**: Regionalträger und Bundesträger der Deutschen Rentenversicherung, Bundesträger sind die Deutsche Rentenversicherung Bund und die Deutsche Rentenversicherung Knappschaft-Bahn-See (vgl. § 125 SGB VI);

---

12 Mitteilungspflicht zur Bekämpfung der illegalen Beschäftigung und des Leistungsmissbrauchs ergibt sich a. aus § 31a AO.

13 Zum 1.1.2009 wurde zur Verbesserung der Bekämpfung der Schwarzarbeit und illegalen Beschäftigung eine **Sofortmeldepflicht** (§ 28a Abs. 4 SGB IV) sowie eine **Mitführungs- und Vorlagepflicht von Ausweispapieren** (§ 2a Abs. 1 SchwarzArbG) in bestimmten Branchen (Baugewerbe, Gaststätten- und Beherbergungsgewerbe, Personenbeförderungsgewerbe, Speditions-, Transport- und damit verbundene Logistikgewerbe, Schaustellergewerbe, Unternehmen der Forstwirtschaft, Gebäudereinigungsgewerbe, Unternehmen, die sich am Auf- und Abbau von Messen und Ausstellungen beteiligen und in der Fleischwirtschaft) eingeführt. Zur Ahndung von Ordnungswidrigkeiten bei Verstößen gegen § 2a Abs. 1, 2 SchwarzArbG sind die Behörden der Zollverwaltung zuständig (§§ 8, 12 Abs. 1 Nr. 3 SchwarzArbG). Die Spitzenverbände der Sozialversicherungsträger haben sich am 26.2.2009 darauf verständigt, die Zeitarbeitsbranche von diesen gesetzlichen Verpflichtungen auszunehmen.

14 Rechtspflicht zur Zusammenarbeit ergibt sich a. aus § 211 SGB VII.

– **Träger der Sozialhilfe (Nr. 8)**: Zuständige Behörden ergeben sich aus dem jeweiligen Landesrecht, in der Regel handelt es sich um die kreisfreien Städte und Landkreise (vgl. § 96 BSHG).

C. Unterrichtungspflichten – Abs. 2

I. Allgemeines

8 § 18 Abs. 2 AÜG begründet die Verpflichtung der BA und der Behörden der Zollverwaltung, die zuständigen Behörden bei Verstößen gegen die in Nr. 1–6 genannten Gesetze zu unterrichten, sobald sich bei der Durchführung des AÜG für diese konkrete Anhaltspunkte ergeben. Ausreichend ist mithin ein entsprechender **Anfangsverdacht**. Dieser Verdacht muss weder hinreichend noch dringend sein. Die einen Anfangsverdacht begründenden Erkenntnisse müssen nicht im Zusammenhang mit der Verfolgung von Ordnungswidrigkeiten nach § 16 AÜG aufgetreten sein; auch sonstige Erkenntnisse, die etwa im Rahmen des Verwaltungsverfahrens (§§ 1–8 AÜG) gewonnen wurden, sind an die zuständigen Behörden weiterzugeben.[15]

9 Für die ausdrücklich – und abschließend – in § 18 Abs. 2 AÜG genannten **Unterrichtungsgegenstände** wird eine Weitergabe der Informationen und Erkenntnisse grundsätzlich nicht durch das Daten- und Sozialgeheimnis (§ 35 SGB I) und das Steuergeheimnis (§ 30 AO) eingeschränkt. Die Unterrichtungspflicht hat in diesen Fällen Vorrang.[16]

10 **Nicht zulässig** ist die **Weitergabe von Einzelangaben**, die die BA im Rahmen des **statistischen Meldeverfahrens nach § 8 AÜG** erhalten hat; insoweit besteht ein ausdrückliches Geheimhaltungsgebot (§ 8 Abs. 4 AÜG).

II. Unterrichtungsgegenstände

11 Die Unterrichtungspflicht besteht in den in **Nr. 1–6 des § 18 Abs. 2 AÜG** explizit **genannten Fällen**. Die Aufzählung ist abschließend. Dies gilt nicht nur für den Unterrichtungsgegenstand selbst, sondern auch die zu unterrichtenden Behörden.[17]

---

15 Thüsing/*Kudlich* § 18 AÜG Rn. 10; zur Behandlung von Zufallserkenntnissen vgl. *Sandmann/Marschall* Art. 1 § 18 AÜG Anm. 28; *Ulber* § 18 AÜG Rn. 18 ff.

16 *Boemke/Lembke* § 18 AÜG Rn. 19; Thüsing/*Kudlich* § 18 AÜG Rn. 11; HWK/*Kalb* § 18 AÜG Rn. 14.

17 *Boemke/Lembke* § 18 AÜG Rn. 18 m.w.Nachw.

Liegen konkrete Anhaltspunkte vor, bestehen Unterrichtungspflich- 12
ten in folgenden Fällen (**§ 18 Abs. 2 AÜG**):
- **Verstöße gegen das SchwarzArbG (Nr. 1)**: Zum Begriff der Schwarzarbeit vgl. § 1 SchwarzArbG;
- **Beschäftigung oder Tätigkeit von Ausländern ohne erforderlichen Aufenthaltstitel oder Genehmigung nach § 284 Abs. 1 SGB III (Nr. 2)**: Illegale Ausländerbeschäftigung stellt eine Ordnungswidrigkeit nach § 404 SGB III dar; die zur Ahndung dieser Ordnungswidrigkeiten zuständigen Behörden ergeben sich aus § 403 SGB III. Wird der ausländische Arbeitnehmer als Leiharbeitnehmer eingesetzt, sind zudem die Straftatbestände der §§ 15, 15a AÜG und der Ordnungswidrigkeitentatbestand des § 16 Abs. 1 Nr. 2 AÜG erfüllt. Zuständig für die Verfolgung von Straftaten ist die Staatsanwaltschaft, die Ordnungswidrigkeiten nach § 16 Abs. 1 Nr. 2 AÜG werden von den Behörden der Zollverwaltung geahndet. Ergeben sich aus einem staatsanwaltschaftlichen Ermittlungsverfahren Erkenntnisse über mögliche Ordnungswidrigkeiten nach § 16 Abs. 1 Nr. 1–2 AÜG, sind diese an die Behörden der Zollverwaltung zu übermitteln (§ 18 Abs. 4 AÜG);
- **Verstöße gegen Mitwirkungspflichten nach dem SGB I** oder gegen die **Meldepflicht nach § 8a AsylbLG (Nr. 3)**: Nach § 60 Abs. 1 Nr. 2 SGB I müssen Bezieher von Sozialleistungen Änderungen ihrer Verhältnisse, die für den Leistungsbezug erheblich sind oder über die im Zusammenhang mit der Leistung Erklärungen abgegeben worden sind, unverzüglich mitteilen. Diese Vorschrift und damit zugleich die Unterrichtungspflicht nach § 18 Abs. 2 Nr. 3 AÜG dienen der Bekämpfung des Leistungsmissbrauchs. Vom Wortlaut ausdrücklich nicht erfasst werden alle unrichtigen und falschen Angaben, die bereits im Zeitpunkt der Antragstellung – also entgegen § 60 Abs. 1 S. 1 Nr. 1 SGB I – gemacht worden sind.[18] In diesen Fällen ist allerdings eine Information der zuständigen Behörde im Rahmen der allgemeinen Zusammenarbeit nach § 18 Abs. 1 AÜG möglich;

▶ **Beispiel:**

Bedeutung erlangt die Unterrichtungspflicht nach § 18 Abs. 2 Nr. 3 AÜG beispielsweise dann, wenn die zuständigen Behörden bei Überprüfung von Arbeitnehmern auf dem Bau feststellen, dass unter den dort Beschäftigten Bezieher von Arbeitslosengeld I und / oder II sind.

---

18 *Boemke/Lembke* § 18 AÜG Rn. 23; HWK / *Kalb* § 18 AÜG Rn. 17.

- Leistungsberechtigte nach § 1 AsylbLG unterliegen der Meldepflicht nach § 8a AsylbLG; sie müssen spätestens am 3. Tag nach
Aufnahme einer unselbständigen oder selbständigen Erwerbstätigkeit eine Meldung bei der zuständigen Behörde abgeben;
- **Verstöße gegen die Vorschriften des SGB IV und SGB VII über
die Verpflichtung zur Zahlung von Sozialversicherungsbeiträgen (Nr. 4)**: Erfasst werden Verstöße gegen die Pflicht zur Abführung des Gesamtsozialversicherungsbeitrages (§§ 28d ff. SGB IV)
oder der Beiträge zur Unfallversicherung (§§ 150 ff. SGB VII); kumulativ muss zusätzlich ein gewerbsmäßiger Verleih ohne Erlaubnis nach § 1 AÜG und ein Verstoß gegen einen der Tatbestände
der Nr. 1–3 des § 18 Abs. 2 AÜG vorliegen;

▶ **Beispiel:**

Bei Überprüfungen eines Auftragnehmers wegen illegaler Arbeitnehmerüberlassung unter dem Deckmantel eines **Scheinwerkvertrages** entdeckt die BA, dass Beiträge zur Sozialversichtung nicht
oder nicht ordnungsgemäß abgeführt wurden. Dies wird sie der
zuständigen Krankenkasse als Einzugsstelle für den Gesamtsozialversicherungsbeitrag mitteilen, die ihrerseits die Staatsanwaltschaft wegen des Verdachts des Vorenthaltens von Sozialversicherungsbeiträgen (§ 266a StGB) einschalten wird.

- **Verstöße gegen die Steuergesetze (Nr. 5)**: Der Begriff der Steuergesetze ist nach herrschender Auffassung weit zu verstehen, erfasst werden alle bundes- als auch landesrechtlichen Steuergesetze
ungeachtet der Steuerarten (z.B. Einkommen-, Umsatz-, Gewerbe-,
Grunderwerbssteuer).[19] Ein Unterrichtungsrecht der Finanzbehörden ergibt sich umgekehrt aus § 31a AO hinsichtlich solcher Tatsachen, die für die Erteilung, die Rücknahme oder den Widerruf einer Erlaubnis nach dem AÜG maßgeblich sind. In diesen Fällen
besteht ein Ermessen der Finanzbehörden, ob sie dem Steuergeheimnis (§ 30 AO) Vorrang vor der Unterrichtung der BA ein-
räumen. Kein Ermessen, sondern eine Mitteilungspflicht der
Finanzbehörden besteht im Falle der Bekämpfung illegaler Beschäftigung (§ 31a Abs. 1 Nr. 1a, Abs. 2 S. 1 AO);
- **Verstöße gegen das AufenthG (Nr. 6)**: Die Unterrichtungspflicht
der BA und der Behörden der Zollverwaltung beschränkt sich bei
Verstößen gegen das Aufenthaltsgesetz nicht auf solche im Zusammenhang mit illegaler Arbeitnehmerüberlassung; die Ausländerbehörden sind bei sämtlichen relevanten Verstößen zu unterrich-

---

19 *Boemke/Lembke* § 18 AÜG Rn. 31; Thüsing / *Kudlich* § 18 Rn. 13 a.E.

ten.[20] Umgekehrt ergibt sich eine Unterrichtungspflicht der Ausländerbehörden, wenn sie konkrete Anhaltspunkte für illegale Ausländerbeschäftigung erlangen (§ 90 AufenthG).

D. Übermittlungspflichten

I. Straftaten – Abs. 3

In **Strafsachen, die Straftaten nach den §§ 15, 15a AÜG zum Gegenstand haben**, sind die BA und die Behörden der Zollverwaltung zur Verfolgung von Ordnungswidrigkeiten über die in Nr. 1 und 2 des § 18 Abs. 3 S. 1 und S. 2 AÜG genannten Vorgänge zu unterrichten. Die Ordnungswidrigkeitentatbestände müssen nicht solche des § 16 AÜG sein, auch die Ahndung sonstiger Verstöße (insbesondere § 404 SGB III) ist erfasst.[21] **13**

Übermittlungsgegenstände nach § 18 Abs. 3 S. 1 AÜG sind: **14**
– bei Einleitung eines Strafverfahrens die Personaldaten des Beschuldigten, der Straftatbestand, die Tatzeit und der Tatort **(Nr. 1)**,
– im Falle der Erhebung der öffentlichen Klage die das Verfahren abschließende Entscheidung mit Begründung **(Nr. 2)**.

Bei Anklageerhebung ist das rechtskräftige Urteil zu übermitteln; im Falle der Verfahrenseinstellung der unanfechtbare Einstellungsbeschluss. Darüber hinaus ist nach **§ 18 Abs. 3 S. 2 AÜG** in den Fällen der Nr. 2 auch die angefochtene Entscheidung zu übermitteln, wenn mit der abschließenden Entscheidung ein Rechtsmittel verworfen worden oder darin auf die angefochtene Entscheidung Bezug genommen worden ist. **15**

Originärer Zweck der Übermittlung nach § 18 Abs. 3 AÜG ist die **Verfolgung von Ordnungswidrigkeiten**. Über diesen Zweck hinaus erlaubt § 18 Abs. 3 S. 4 eine Verwendung der Daten auch für die in Nr. 1–3 genannten sonstigen Zwecke. Diese sind abschließend und beziehen sich auf folgende Vorgänge: **16**
– **Daten der Arbeitnehmer für Maßnahmen zu ihren Gunsten (Nr. 1)**: Außer zur Verfolgung von Ordnungswidrigkeiten dürfen die Daten nicht zu Ungunsten der Arbeitnehmer Verwendung finden;

---

20 *Boemke/Lembke* § 18 AÜG Rn. 33.
21 Zum Streit, ob es sich um Ordnungswidrigkeiten handeln muss, die zur verfolgten Straftat in Tateinheit oder Tatmehrheit stehen, vgl. Thüsing/*Kudlich* § 18 AÜG Rn. 16 m.w.Nachw.

- **Daten des Arbeitgebers zur Besetzung offener Arbeitsplätze (Nr. 2)**: Die Datennutzung soll es der BA ermöglichen, ihr Vermittlungsangebot zu erweitern und ihre Vermittlungstätigkeit nach §§ 35 ff. SGB III zu verbessern;
- **Arbeitnehmer- und Arbeitgeberdaten für Entscheidungen über die Einstellung oder Rückforderung von Leistungen der BA (Nr. 3)**: Ziel ist die Verbesserung der Bekämpfung von Leistungsmissbräuchen. § 18 Abs. 3 S. 4 Nr. 3 AÜG lässt eine Verwendung der Daten zu Ungunsten von Arbeitgeber und Arbeitnehmer zu. Beispielsweise kann zu Unrecht bezogenes Arbeitslosengeld zurückgefordert und der Leistungsbezug eingestellt werden.[22]

II. Ordnungswidrigkeiten – Abs. 4

17 § 18 Abs. 4 AÜG begründet ein Recht von Gerichten und Staatsanwaltschaften (Strafverfolgungs- und Strafvollstreckungsbehörden, vgl. §§ 152, 451 Abs. 1 StPO), Erkenntnisse aus sonstigen Verfahren an die Behörden der Zollverwaltung zur Verfolgung von Ordnungswidrigkeiten nach § 16 Abs. 1 Nr. 1–2a AÜG zu übermitteln. Bei den »sonstigen Verfahren« im Sinne dieser Vorschrift handelt es sich nicht nur um solche, die Straftaten nach §§ 15, 15a AÜG betreffen. Die Übermittlung der Erkenntnisse steht im pflichtgemäßen Ermessen der zuständigen Behörden, welche die Informationen übermitteln sollen. Bei der Entscheidung zur Übermittlung ist nach § 18 Abs. 4 S. 2 AÜG zu berücksichtigen, wie gesichert die zu übermittelnden Erkenntnisse sind. Ein **Anfangsverdacht** wird insoweit ausreichend, aber auch erforderlich sein.[23] Im Regelfall werden Gerichte und Staatsanwaltschaften bei Abwägung der widerstreitenden Interessen eine Datenübermittlung vornehmen müssen. Fälle, in denen schutzwürdige Belange des Betroffenen überwiegen, sind vermutlich die Ausnahme. Insbesondere dürfte weder ein illegaler Verleiher noch ein illegaler Entleiher ein schutzwürdiges Vertrauen darauf haben können, dass seine rechtswidrigen Praktiken im Rahmen des AÜG ungeahndet bleiben.

---

22 *Boemke/Lembke* § 18 AÜG Rn. 43; Schüren/Hamann/*Hamann* § 18 AÜG Rn. 84.
23 *Boemke/Lembke* § 18 AÜG Rn. 47.

§ 19 Übergangsvorschrift

[1]§ 1 Abs. 2, § 1b Satz 2, die §§ 3, 9, 10, 12, 13 und 16 in der vor dem 1. Januar 2003 geltenden Fassung sind auf Leiharbeitsverhältnisse, die vor dem 1. Januar 2004 begründet worden sind, bis zum 31. Dezember 2003 weiterhin anzuwenden. [2]Dies gilt nicht für Leiharbeitsverhältnisse im Geltungsbereich eines nach dem 15. November 2002 in Kraft tretenden Tarifvertrages, der die wesentlichen Arbeitsbedingungen einschließlich des Arbeitsentgelts im Sinne des § 3 Abs. 1 Nr. 3 und des § 9 Nr. 2 regelt.

Das Recht der gewerbsmäßigen Arbeitnehmerüberlassung erfuhr 1 durch das **Erste Gesetz für moderne Dienstleistungen am Arbeitsmarkt vom 23.12.2002**[1] grundlegende Änderungen. Im Gegenzug zur Aufhebung der bisherigen Strukturprinzipien des AÜG (besonderes Befristungs-, Wiedereinstellungs-, Synchronisationsverbot sowie der Überlassungshöchstdauer) wurde insbesondere der in der Zeitarbeit bisher unbekannte Grundsatz des Equal-Pay und Equal-Treatment eingeführt.

Um nicht nur den Parteien des Leiharbeitsverhältnisses, sondern 2 auch den Tarifvertragsparteien ausreichend Gelegenheit zu geben, sich auf die geänderte Rechtslage einzustellen, normierte § 19 S. 1 AÜG eine **Übergangsregelung** für die Anwendung der neuen oder geänderten § 1 Abs. 2, § 1b S. 2, §§ 3, 9, 10, 12, 13 und 16 AÜG für die Zeit **vom 1.1.2003 bis zum 31.12.2003**.[2]

Für bis zum 31.12.2003 abgeschlossene Altverträge konnte nur über 3 die **Rückausnahme des § 19 S. 2 AÜG** die Anwendung des neuen Rechts der Arbeitnehmerüberlassung bereits ab dem 1.1.2003 erreicht werden. Voraussetzung dafür war, dass das Leiharbeitsverhältnis in den Geltungsbereich eines nach dem 15.11.2002 in Kraft getretenen Tarifvertrages fiel, der die wesentlichen Arbeitsbedingungen einschließlich des Arbeitsentgelts im Sinne der § 3 Abs. 1 Nr. 3, § 9 Nr. 2 AÜG regelte. Waren diese Bedingungen erfüllt, galt das AÜG in seiner geänderten Fassung ohne Einschränkung ab dem Zeitpunkt des Inkrafttretens der tarifvertraglichen Regelung.[3]

---

1 BGBl. I. S. 4697, 4619.
2 BT-Drucks. 15/25 S. 39 f.; BT-Drucks. 15/91 S. 17; der ursprüngliche Gesetzesentwurf sah zunächst nur eine Übergangsfrist bis zum 1.7.2003 vor, vgl. BT-Drucks. 15/25 S. 39.
3 BT-Drucks. 15/91 S. 17; a. *Boemke/Lembke* § 19 AÜG Rn. 12.

4 Die **Voraussetzungen für die Anwendung der Rückausnahme** des
§ 19 S. 2 AÜG waren im Einzelnen **umstritten**. Insbesondere war fraglich, ob – entsprechend des Gesetzeswortlauts – bereits das bloße Unterfallen unter den Geltungsbereich eines entsprechenden Tarifvertrages ausreichte[4] oder ob ein solcher Tarifvertrag über den Wortlaut des
§ 19 S. 2 AÜG hinaus auf das Leiharbeitsverhältnis nicht vielmehr
nach allgemeinen tarifrechtlichen Grundsätzen anwendbar sein
musste.[5] Dieser Streit ist heute bedeutungslos. Das reformierte AÜG
gilt seit dem 1.1.2004 sowohl für die nach diesem Stichtag abgeschlossenen Neuverträge als auch für die zuvor abgeschlossenen Altverträge ohne jede Einschränkung.[6]

---

4 *Ankersen* NZA 2003, 421; *Boemke/Lembke* § 19 AÜG Rn. 9; *Kokemoor* NZA 2003,
   238, 242.
5 So *Böhm* NZA 2003, 829; *Ulber* AuR 2003, 7, 8; wohl a. Thüsing/*Thüsing* § 19
   AÜG Rn. 3.
6 HWK/*Kalb* § 19 AÜG Rn. 1; Thüsing/*Thüsing* § 19 AÜG Rn. 5.

Anhang

Übersicht

A. Gesetzestexte und Verordnungen (Auszüge)

I. Abgabenordnung (Auszug)

§ 30 Steuergeheimnis

(1) Amtsträger haben das Steuergeheimnis zu wahren.

(2) Ein Amtsträger verletzt das Steuergeheimnis, wenn er
1. Verhältnisse eines anderen, die ihm
   a) in einem Verwaltungsverfahren, einem Rechnungsprüfungsverfahren oder einem gerichtlichen Verfahren in Steuersachen,
   b) in einem Strafverfahren wegen einer Steuerstraftat oder einem Bußgeldverfahren wegen einer Steuerordnungswidrigkeit,
   c) aus anderem Anlass durch Mitteilung einer Finanzbehörde oder durch die gesetzlich vorgeschriebene Vorlage eines Steuerbescheids oder einer Bescheinigung über die bei der Besteuerung getroffenen Feststellungen bekannt geworden sind, oder
2. ein fremdes Betriebs- oder Geschäftsgeheimnis, das ihm in einem der in Nummer 1 genannten Verfahren bekannt geworden ist, unbefugt offenbart oder verwertet oder
3. nach Nummer 1 oder Nummer 2 geschützte Daten im automatisierten Verfahren unbefugt abruft, wenn sie für eines der in Nummer 1 genannten Verfahren in einer Datei gespeichert sind.

(3) Den Amtsträgern stehen gleich
1. die für den öffentlichen Dienst besonders Verpflichteten (§ 11 Abs. 1 Nr. 4 des Strafgesetzbuchs),
1a. die in § 193 Abs. 2 des Gerichtsverfassungsgesetzes genannten Personen,
2. amtlich zugezogene Sachverständige,
3. die Träger von Ämtern der Kirchen und anderen Religionsgemeinschaften, die Körperschaften des öffentlichen Rechts sind.

(4) Die Offenbarung der nach Absatz 2 erlangten Kenntnisse ist zulässig, soweit
1. sie der Durchführung eines Verfahrens im Sinne des Absatzes 2 Nr. 1 Buchstaben a und b dient,
2. sie durch Gesetz ausdrücklich zugelassen ist,
3. der Betroffene zustimmt,

4. sie der Durchführung eines Strafverfahrens wegen einer Tat dient, die keine Steuerstraftat ist, und die Kenntnisse

   a) in einem Verfahren wegen einer Steuerstraftat oder Steuerordnungswidrigkeit erlangt worden sind; dies gilt jedoch nicht für solche Tatsachen, die der Steuerpflichtige in Unkenntnis der Einleitung des Strafverfahrens oder des Bußgeldverfahrens offenbart hat oder die bereits vor Einleitung des Strafverfahrens oder des Bußgeldverfahrens im Besteuerungsverfahren bekannt geworden sind, oder

   b) ohne Bestehen einer steuerlichen Verpflichtung oder unter Verzicht auf ein Auskunftsverweigerungsrecht erlangt worden sind,

5. für sie ein zwingendes öffentliches Interesse besteht; ein zwingendes öffentliches Interesse ist namentlich gegeben, wenn

   a) Verbrechen und vorsätzliche schwere Vergehen gegen Leib und Leben oder gegen den Staat und seine Einrichtungen verfolgt werden oder verfolgt werden sollen,

   b) Wirtschaftsstraftaten verfolgt werden oder verfolgt werden sollen, die nach ihrer Begehungsweise oder wegen des Umfangs des durch sie verursachten Schadens geeignet sind, die wirtschaftliche Ordnung erheblich zu stören oder das Vertrauen der Allgemeinheit auf die Redlichkeit des geschäftlichen Verkehrs oder auf die ordnungsgemäße Arbeit der Behörden und der öffentlichen Einrichtungen erheblich zu erschüttern, oder

   c) die Offenbarung erforderlich ist zur Richtigstellung in der Öffentlichkeit verbreiteter unwahrer Tatsachen, die geeignet sind, das Vertrauen in die Verwaltung erheblich zu erschüttern; die Entscheidung trifft die zuständige oberste Finanzbehörde im Einvernehmen mit dem Bundesministerium der Finanzen; vor der Richtigstellung soll der Steuerpflichtige gehört werden.

(5) Vorsätzlich falsche Angaben des Betroffenen dürfen den Strafverfolgungsbehörden gegenüber offenbart werden.

(6) Der automatisierte Abruf von Daten, die für eines der in Absatz 2 Nr. 1 genannten Verfahren in einer Datei gespeichert sind, ist nur zulässig, soweit er der Durchführung eines Verfahrens im Sinne des Absatzes 2 Nr. 1 Buchstaben a und b oder der zulässigen Weitergabe von Daten dient. Zur Wahrung des Steuergeheimnisses kann das Bundesministerium der Finanzen durch Rechtsverordnung mit Zustimmung des Bundesrates bestimmen, welche technischen und organisatorischen Maßnahmen gegen den unbefugten Abruf von Daten zu treffen sind. Insbesondere kann es nähere Regelungen treffen über die Art der Daten, deren Abruf zulässig ist, sowie über den Kreis der Amtsträger, die zum Abruf solcher Daten berechtigt sind. Die Rechtsver-

ordnungen bedürfen nicht der Zustimmung des Bundesrates, soweit sie Einfuhr- und Ausfuhrabgaben und Verbrauchsteuern, mit Ausnahme der Biersteuer, betreffen.

§ 31a Mitteilungen zur Bekämpfung der illegalen Beschäftigung und des Leistungsmissbrauchs

(1) Die Offenbarung der nach § 30 geschützten Verhältnisse des Betroffenen ist zulässig, soweit sie

1. für die Durchführung eines Strafverfahrens, eines Bußgeldverfahrens oder eines anderen gerichtlichen oder Verwaltungsverfahrens mit dem Ziel
   a) der Bekämpfung von illegaler Beschäftigung oder Schwarzarbeit oder
   b) der Entscheidung
      aa) über Erteilung, Rücknahme oder Widerruf einer Erlaubnis nach dem Arbeitnehmerüberlassungsgesetz oder
      bb) über Bewilligung, Gewährung, Rückforderung, Erstattung, Weitergewährung oder Belassen einer Leistung aus öffentlichen Mitteln oder
2. für die Geltendmachung eines Anspruchs auf Rückgewähr einer Leistung aus öffentlichen Mitteln erforderlich ist.

(2) Die Finanzbehörden sind in den Fällen des Absatzes 1 verpflichtet, der zuständigen Stelle die jeweils benötigten Tatsachen mitzuteilen. In den Fällen des Absatzes 1 Nr. 1 Buchstabe b und Nr. 2 erfolgt die Mitteilung auch auf Antrag des Betroffenen. Die Mitteilungspflicht nach den Sätzen 1 und 2 besteht nicht, soweit deren Erfüllung mit einem unverhältnismäßigen Aufwand verbunden wäre.

§ 370 Steuerhinterziehung

(1) Mit Freiheitsstrafe bis zu fünf Jahren oder mit Geldstrafe wird bestraft, wer

1. den Finanzbehörden oder anderen Behörden über steuerlich erhebliche Tatsachen unrichtige oder unvollständige Angaben macht,
2. die Finanzbehörden pflichtwidrig über steuerlich erhebliche Tatsachen in Unkenntnis lässt oder
3. pflichtwidrig die Verwendung von Steuerzeichen oder Steuerstemplern unterlässt und dadurch Steuern verkürzt oder für sich oder einen anderen nicht gerechtfertigte Steuervorteile erlangt.

(2) Der Versuch ist strafbar.

(3) In besonders schweren Fällen ist die Strafe Freiheitsstrafe von sechs Monaten bis zu zehn Jahren. Ein besonders schwerer Fall liegt in der Regel vor, wenn der Täter

1. in großem Ausmaß Steuern verkürzt oder nicht gerechtfertigte Steuervorteile erlangt,
2. seine Befugnisse oder seine Stellung als Amtsträger missbraucht,
3. die Mithilfe eines Amtsträgers ausnutzt, der seine Befugnisse oder seine Stellung missbraucht,
4. unter Verwendung nachgemachter oder verfälschter Belege fortgesetzt Steuern verkürzt oder nicht gerechtfertigte Steuervorteile erlangt, oder
5. als Mitglied einer Bande, die sich zur fortgesetzten Begehung von Taten nach Absatz 1 verbunden hat, Umsatz- oder Verbrauchssteuern verkürzt oder nicht gerechtfertigte Umsatz- oder Verbrauchssteuervorteile erlangt.

(4) Steuern sind namentlich dann verkürzt, wenn sie nicht, nicht in voller Höhe oder nicht rechtzeitig festgesetzt werden; dies gilt auch dann, wenn die Steuer vorläufig oder unter Vorbehalt der Nachprüfung festgesetzt wird oder eine Steueranmeldung einer Steuerfestsetzung unter Vorbehalt der Nachprüfung gleichsteht. Steuervorteile sind auch Steuervergütungen; nicht gerechtfertigte Steuervorteile sind erlangt, soweit sie zu Unrecht gewährt oder belassen werden. Die Voraussetzungen der Sätze 1 und 2 sind auch dann erfüllt, wenn die Steuer, auf die sich die Tat bezieht, aus anderen Gründen hätte ermäßigt oder der Steuervorteil aus anderen Gründen hätte beansprucht werden können.

(5) Die Tat kann auch hinsichtlich solcher Waren begangen werden, deren Einfuhr, Ausfuhr oder Durchfuhr verboten ist.

(6) Die Absätze 1 bis 5 gelten auch dann, wenn sich die Tat auf Einfuhr- oder Ausfuhrabgaben bezieht, die von einem anderen Mitgliedstaat der Europäischen Gemeinschaften verwaltet werden oder die einem Mitgliedstaat der Europäischen Freihandelsassoziation oder einem mit dieser assoziierten Staat zustehen. Das Gleiche gilt, wenn sich die Tat auf Umsatzsteuern oder auf harmonisierte Verbrauchsteuern, für die in Artikel 3 Abs. 1 der Richtlinie 92/12/EWG des Rates vom 25. Februar 1992 (ABl. EG Nr. L 76 S. 1) genannten Waren bezieht, die von einem anderen Mitgliedstaat der Europäischen Gemeinschaften verwaltet werden. Die in Satz 2 bezeichneten Taten werden nur verfolgt, wenn die Gegenseitigkeit zur Zeit der Tat verbürgt und dies in einer Rechtsverordnung nach Satz 4 festgestellt ist. Das Bundesministerium der Finanzen wird ermächtigt, mit Zustimmung des Bundesrates in einer Rechtsverordnung festzustellen, im Hinblick

auf welche Mitgliedstaaten der Europäischen Gemeinschaften Taten im Sinne des Satzes 2 wegen Verbürgung der Gegenseitigkeit zu verfolgen sind.

(7) Die Absätze 1 bis 6 gelten unabhängig von dem Recht des Tatortes auch für Taten, die außerhalb des Geltungsbereiches dieses Gesetzes begangen werden.

§ 376 Verfolgungsverjährung

(1) In den in § 370 Abs. 3 Satz 2 Nr. 1 bis 5 genannten Fällen besonders schwerer Steuerhinterziehung beträgt die Verjährungsfrist zehn Jahre.

(2) Die Verjährung der Verfolgung einer Steuerstraftat wird auch dadurch unterbrochen, dass dem Beschuldigten die Einleitung des Bußgeldverfahrens bekannt gegeben oder diese Bekanntgabe angeordnet wird.

§ 378 Leichtfertige Steuerverkürzung

(1) Ordnungswidrig handelt, wer als Steuerpflichtiger oder bei Wahrnehmung der Angelegenheiten eines Steuerpflichtigen eine der in § 370 Abs. 1 bezeichneten Taten leichtfertig begeht. § 370 Abs. 4 bis 7 gilt entsprechend.

(2) Die Ordnungswidrigkeit kann mit einer Geldbuße bis zu fünfzigtausend Euro geahndet werden.

(3) Eine Geldbuße wird nicht festgesetzt, soweit der Täter unrichtige oder unvollständige Angaben bei der Finanzbehörde berichtigt oder ergänzt oder unterlassene Angaben nachholt, bevor ihm oder seinem Vertreter die Einleitung eines Straf- oder Bußgeldverfahrens wegen der Tat bekannt gegeben worden ist. § 371 Abs. 3 und 4 gilt entsprechend.

§ 379 Steuergefährdung

(1) Ordnungswidrig handelt, wer vorsätzlich oder leichtfertig
1. Belege ausstellt, die in tatsächlicher Hinsicht unrichtig sind,
2. Belege gegen Entgelt in den Verkehr bringt oder
3. nach Gesetz buchungs- oder aufzeichnungspflichtige Geschäftsvorfälle oder Betriebsvorgänge nicht oder in tatsächlicher Hinsicht unrichtig verbucht oder verbuchen lässt
und dadurch ermöglicht, Steuern zu verkürzen oder nicht gerechtfertigte Steuervorteile zu erlangen. Satz 1 Nr. 1 gilt auch dann, wenn Einfuhr- und Ausfuhrabgaben verkürzt werden können, die von ei-

nem anderen Mitgliedstaat der Europäischen Gemeinschaften verwaltet werden oder die einem Staat zustehen, der für Waren aus den Europäischen Gemeinschaften auf Grund eines Assoziations- oder Präferenzabkommens eine Vorzugsbehandlung gewährt; § 370 Abs. 7 gilt entsprechend. Das Gleiche gilt, wenn sich die Tat auf Umsatzsteuern bezieht, die von einem anderen Mitgliedstaat der Europäischen Gemeinschaften verwaltet werden.

(2) Ordnungswidrig handelt, wer vorsätzlich oder leichtfertig
1. der Mitteilungspflicht nach § 138 Abs. 2 nicht, nicht vollständig oder nicht rechtzeitig nachkommt,
2. die Pflicht zur Kontenwahrheit nach § 154 Abs. 1 verletzt.

(3) Ordnungswidrig handelt, wer vorsätzlich oder fahrlässig einer Auflage nach § 120 Abs. 2 Nr. 4 zuwiderhandelt, die einem Verwaltungsakt für Zwecke der besonderen Steueraufsicht (§§ 209 bis 217) beigefügt worden ist.

(4) Die Ordnungswidrigkeit kann mit einer Geldbuße bis zu fünftausend Euro geahndet werden, wenn die Handlung nicht nach § 378 geahndet werden kann.

§ 380 Gefährdung der Abzugsteuern

(1) Ordnungswidrig handelt, wer vorsätzlich oder leichtfertig seiner Verpflichtung, Steuerabzugsbeträge einzubehalten und abzuführen, nicht, nicht vollständig oder nicht rechtzeitig nachkommt.

(2) Die Ordnungswidrigkeit kann mit einer Geldbuße bis zu fünfundzwanzigtausend Euro geahndet werden, wenn die Handlung nicht nach § 378 geahndet werden kann.

§ 384 Verfolgungsverjährung

Die Verfolgung von Steuerordnungswidrigkeiten nach den §§ 378 bis 380 verjährt in fünf Jahren.

II. Arbeitnehmerentsendegesetz

Abschnitt 1
Zielsetzung

§ 1 Zielsetzung

Ziele des Gesetzes sind die Schaffung und Durchsetzung angemessener Mindestarbeitsbedingungen für grenzüberschreitend entsandte und für regelmäßig im Inland beschäftigte Arbeitnehmer und Arbeitnehmerinnen sowie die Gewährleistung fairer und funktionierender Wettbewerbsbedingungen. Dadurch sollen zugleich sozialversicherungspflichtige Beschäftigung erhalten und die Ordnungs- und Befriedungsfunktion der Tarifautonomie gewahrt werden.

Abschnitt 2
Allgemeine Arbeitsbedingungen

§ 2 Allgemeine Arbeitsbedingungen

Die in Rechts- oder Verwaltungsvorschriften enthaltenen Regelungen über

1. die Mindestentgeltsätze einschließlich der Überstundensätze,
2. den bezahlten Mindestjahresurlaub,
3. die Höchstarbeitszeiten und Mindestruhezeiten,
4. die Bedingungen für die Überlassung von Arbeitskräften, insbesondere durch Leiharbeitsunternehmen,
5. die Sicherheit, den Gesundheitsschutz und die Hygiene am Arbeitsplatz,
6. die Schutzmaßnahmen im Zusammenhang mit den Arbeits- und Beschäftigungsbedingungen von Schwangeren und Wöchnerinnen, Kindern und Jugendlichen und
7. die Gleichbehandlung von Männern und Frauen sowie andere Nichtdiskriminierungsbestimmungen

finden auch auf Arbeitsverhältnisse zwischen einem im Ausland ansässigen Arbeitgeber und seinen im Inland beschäftigten Arbeitnehmern und Arbeitnehmerinnen zwingend Anwendung.

Abschnitt 3
Tarifvertragliche Arbeitsbedingungen

§ 3 Tarifvertragliche Arbeitsbedingungen

Die Rechtsnormen eines bundesweiten Tarifvertrages finden unter den Voraussetzungen der §§ 4 bis 6 auch auf Arbeitsverhältnisse zwischen einem Arbeitgeber mit Sitz im Ausland und seinen im räumlichen Geltungsbereich dieses Tarifvertrages beschäftigten Arbeitnehmern und Arbeitnehmerinnen zwingend Anwendung, wenn der Tarifvertrag für allgemeinverbindlich erklärt ist oder eine Rechtsverordnung nach § 7 vorliegt. Eines bundesweiten Tarifvertrages bedarf es nicht, soweit Arbeitsbedingungen im Sinne des § 5 Nr. 2 oder 3 Gegenstand tarifvertraglicher Regelungen sind, die zusammengefaßt räumlich den gesamten Geltungsbereich dieses Gesetzes abdecken.

§ 4 Einbezogene Branchen

§ 3 gilt für Tarifverträge
1. des Bauhauptgewerbes oder des Baunebengewerbes im Sinne der Baubetriebe-Verordnung vom 28. Oktober 1980 (BGBl. I. S. 2033), zuletzt geändert durch die Verordnung vom 26. April 2006 (BGBl. I. S. 1085), in der jeweils geltenden Fassung einschließlich der Erbringung von Montageleistungen auf Baustellen außerhalb des Betriebssitzes,
2. der Gebäudereinigung,
3. für Briefdienstleistungen,
4. für Sicherheitsdienstleistungen,
5. für Bergbauspezialarbeiten auf Steinkohlebergwerken,
6. für Wäschereidienstleistungen im Objektkundengeschäft,
7. der Abfallwirtschaft einschließlich Straßenreinigung und Winterdienst und
8. für Aus- und Weiterbildungsdienstleistungen nach dem Zweiten oder Dritten Buch Sozialgesetzbuch.

§ 5 Arbeitsbedingungen

Gegenstand eines Tarifvertrages nach § 3 können sein
1. Mindestentgeltsätze, die nach Art der Tätigkeit, Qualifikation der Arbeitnehmer und Arbeitnehmerinnen und Regionen differieren können, einschließlich der Überstundensätze,
2. die Dauer des Erholungsurlaubs, das Urlaubsentgelt oder ein zusätzliches Urlaubsgeld,
3. die Einziehung von Beiträgen und die Gewährung von Leistungen im Zusammenhang mit Urlaubsansprüchen nach Nummer 2 durch eine gemeinsame Einrichtung der Tarifvertragsparteien, wenn sichergestellt ist, dass der ausländische Arbeitgeber nicht gleichzeitig zu Beiträgen zu der gemeinsamen Einrichtung der Tarifvertragsparteien und zu einer vergleichbaren Einrichtung im Staat seines Sitzes herangezogen wird und das Verfahren der gemeinsamen Einrichtung der Tarifvertragsparteien eine Anrechnung derjenigen Leistungen vorsieht, die der ausländische Arbeitgeber zur Erfüllung des gesetzlichen, tarifvertraglichen oder einzelvertraglichen Urlaubsanspruchs seines Arbeitnehmers oder seiner Arbeitnehmerin bereits erbracht hat, und
4. Arbeitsbedingungen im Sinne des § 2 Nr. 3 bis 7.

§ 6 Besondere Regelungen

(1) Dieser Abschnitt findet keine Anwendung auf Erstmontage- oder Einbauarbeiten, die Bestandteil eines Liefervertrages sind, für die In-

betriebnahme der gelieferten Güter unerlässlich sind und von Facharbeitern oder Facharbeiterinnen oder angelernten Arbeitern oder Arbeiterinnen des Lieferunternehmens ausgeführt werden, wenn die Dauer der Entsendung acht Tage nicht übersteigt. Satz 1 gilt nicht für Bauleistungen im Sinne des § 175 Abs. 2 des Dritten Buches Sozialgesetzbuch und nicht für Arbeitsbedingungen nach § 5 Nr. 4.

(2) Im Falle eines Tarifvertrages nach § 4 Nr. 1 findet dieser Abschnitt Anwendung, wenn der Betrieb oder die selbstständige Betriebsabteilung im Sinne des fachlichen Geltungsbereichs des Tarifvertrages überwiegend Bauleistungen gemäß § 175 Abs. 2 des Dritten Buches Sozialgesetzbuch erbringt.

(3) Im Falle eines Tarifvertrages nach § 4 Nr. 2 findet dieser Abschnitt Anwendung, wenn der Betrieb oder die selbstständige Betriebsabteilung überwiegend Gebäudereinigungsleistungen erbringt.

(4) Im Falle eines Tarifvertrages nach § 4 Nr. 3 findet dieser Abschnitt Anwendung, wenn der Betrieb oder die selbstständige Betriebsabteilung überwiegend gewerbs- oder geschäftsmäßig Briefsendungen für Dritte befördert.

(5) Im Falle eines Tarifvertrages nach § 4 Nr. 4 findet dieser Abschnitt Anwendung, wenn der Betrieb oder die selbstständige Betriebsabteilung überwiegend Dienstleistungen des Bewachungs- und Sicherheitsgewerbes oder Kontroll- und Ordnungsdienste erbringt, die dem Schutz von Rechtsgütern aller Art, insbesondere von Leben, Gesundheit oder Eigentum dienen.

(6) Im Falle eines Tarifvertrages nach § 4 Nr. 5 findet dieser Abschnitt Anwendung, wenn der Betrieb oder die selbstständige Betriebsabteilung im Auftrag eines Dritten überwiegend auf inländischen Steinkohlebergwerken Grubenräume erstellt oder sonstige untertägige bergbauliche Spezialarbeiten ausführt.

(7) Im Falle eines Tarifvertrages nach § 4 Nr. 6 findet dieser Abschnitt Anwendung, wenn der Betrieb oder die selbstständige Betriebsabteilung gewerbsmäßig überwiegend Textilien für gewerbliche Kunden sowie öffentlich-rechtliche oder kirchliche Einrichtungen wäscht, unabhängig davon, ob die Wäsche im Eigentum der Wäscherei oder des Kunden steht. Dieser Abschnitt findet keine Anwendung auf Wäschereidienstleistungen, die von Werkstätten für behinderte Menschen im Sinne des § 136 des Neunten Buches Sozialgesetzbuch erbracht werden.

(8) Im Falle eines Tarifvertrages nach § 4 Nr. 7 findet dieser Abschnitt Anwendung, wenn der Betrieb oder die selbstständige Betriebsabtei-

lung überwiegend Abfälle im Sinne des § 3 Abs. 1 Satz 1 des Kreislaufwirtschafts- und Abfallgesetzes sammelt, befördert, lagert, beseitigt oder verwertet oder Dienstleistungen des Kehrens und Reinigens öffentlicher Verkehrsflächen und Schnee- und Eisbeseitigung von öffentlichen Verkehrsflächen einschließlich Streudienste, erbringt.

(9) Im Falle eines Tarifvertrages nach § 4 Nr. 8 findet dieser Abschnitt Anwendung, wenn der Betrieb oder die selbstständige Betriebsabteilung überwiegend Aus- und Weiterbildungsmaßnahmen nach dem Zweiten oder Dritten Buch Sozialgesetzbuch durchführt. Ausgenommen sind Einrichtungen der beruflichen Rehabilitation im Sinne des § 35 Abs. 1 Satz 1 des Neunten Buches Sozialgesetzbuch.

§ 7 Rechtsverordnung

(1) Ist für einen Tarifvertrag im Sinne dieses Abschnitts ein gemeinsamer Antrag der Parteien dieses Tarifvertrages auf Allgemeinverbindlicherklärung gestellt, kann das Bundesministerium für Arbeit und Soziales durch Rechtsverordnung ohne Zustimmung des Bundesrates bestimmen, dass die Rechtsnormen dieses Tarifvertrages auf alle unter seinen Geltungsbereich fallenden und nicht an ihn gebundenen Arbeitgeber sowie Arbeitnehmer und Arbeitnehmerinnen Anwendung finden. § 5 Abs. 1 Satz 1 Nr. 2 des Tarifvertraggesetzes findet entsprechend Anwendung. Satz 1 gilt nicht für tarifvertragliche Arbeitsbedingungen nach § 5 Nr. 4.

(2) Kommen in einer Branche mehrere Tarifverträge mit zumindest teilweise demselben fachlichen Geltungsbereich zur Anwendung, hat der Verordnungsgeber bei seiner Entscheidung nach Absatz 1 im Rahmen einer Gesamtabwägung ergänzend zu den in § 1 genannten Gesetzeszielen die Repräsentativität der jeweiligen Tarifverträge zu berücksichtigen. Bei der Feststellung der Repräsentativität ist vorrangig abzustellen auf
1. die Zahl der von den jeweils tarifgebundenen Arbeitgebern beschäftigten unter dem Geltungsbereich des Tarifvertrages fallenden Arbeitnehmer und Arbeitnehmerinnen,
2. die Zahl der jeweils unter dem Geltungsbereich des Tarifvertrages fallenden Mitglieder der Gewerkschaft, die den Tarifvertrag geschlossen hat.

(3) Liegen für mehrere Tarifverträge Anträge auf Allgemeinverbindlicherklärung vor, hat der Verordnungsgeber mit besonderer Sorgfalt die von einer Auswahlentscheidung betroffenen Güter von Verfassungsrang abzuwägen und die widerstreitenden Grundrechtsinteressen zu einem schonenden Ausgleich zu bringen.

(4) Vor Erlass der Rechtsverordnung gibt das Bundesministerium für Arbeit und Soziales den in den Geltungsbereich der Rechtsverordnung fallenden Arbeitgebern sowie Arbeitnehmern und Arbeitnehmerinnen, den Parteien des Tarifvertrages sowie in den Fällen des Absatzes 2 den Parteien anderer Tarifverträge Gelegenheit zur schriftlichen Stellungnahme innerhalb von drei Wochen ab dem Tag der Bekanntmachung des Entwurfs der Rechtsverordnung.

(5) Wird erstmals ein Antrag nach Absatz 1 gestellt, wird der Antrag im Bundesanzeiger veröffentlicht und mit ihm der Ausschuss nach § 5 Abs. 1 Satz 1 des Tarifvertragsgesetzes (Tarifausschuss) befasst. Stimmen mindestens vier Ausschussmitglieder für den Antrag oder gibt der Tarifausschuss innerhalb von drei Monaten keine Stellungnahme ab, kann eine Rechtsverordnung nach Absatz 1 erlassen werden. Stimmen zwei oder drei Ausschussmitglieder für den Antrag, kann eine Rechtsverordnung nur von der Bundesregierung erlassen werden. Die Sätze 1 bis 3 gelten nicht für Tarifverträge nach § 4 Nr. 1 bis 3.

§ 8 Pflichten des Arbeitgebers zur Gewährung von Arbeitsbedingungen

(1) Arbeitgeber mit Sitz im In- oder Ausland, die unter den Geltungsbereich eines für allgemeinverbindlich erklärten Tarifvertrages nach den §§ 4 bis 6 oder einer Rechtsverordnung nach § 7 fallen, sind verpflichtet, ihren Arbeitnehmern und Arbeitnehmerinnen mindestens die in dem Tarifvertrag für den Beschäftigungsort vorgeschriebenen Arbeitsbedingungen zu gewähren sowie einer gemeinsamen Einrichtung der Tarifvertragsparteien die ihr nach § 5 Nr. 3 zustehenden Beiträge zu leisten. Satz 1 gilt unabhängig davon, ob die entsprechende Verpflichtung kraft Tarifbindung nach § 3 des Tarifvertragsgesetzes oder kraft Allgemeinverbindlicherklärung nach § 5 des Tarifvertragsgesetzes oder aufgrund einer Rechtsverordnung nach § 7 besteht.

(2) Ein Tarifvertrag nach den §§ 4 bis 6, der durch Allgemeinverbindlicherklärung oder Rechtsverordnung nach § 7 auf nicht an ihn gebundene Arbeitgeber sowie Arbeitnehmer und Arbeitnehmerinnen erstreckt wird, ist von einem Arbeitgeber auch dann einzuhalten, wenn er nach § 3 des Tarifvertragsgesetzes oder kraft Allgemeinverbindlicherklärung nach § 5 des Tarifvertragsgesetzes an einen anderen Tarifvertrag gebunden ist.

(3) Wird ein Leiharbeitnehmer oder eine Leiharbeitnehmerin vom Entleiher mit Tätigkeiten beschäftigt, die in den Geltungsbereich eines für allgemeinverbindlich erklärten Tarifvertrages nach den §§ 4, 5 Nr. 1 bis 3 und § 6 oder einer Rechtsverordnung nach § 7 fallen, hat

der Verleiher zumindest die in diesem Tarifvertrag oder in dieser Rechtsverordnung vorgeschriebenen Arbeitsbedingungen zu gewähren sowie die der gemeinsamen Einrichtung nach diesem Tarifvertrag zustehenden Beiträge zu leisten.

§ 9 Verzicht, Verwirkung

Ein Verzicht auf das Mindestentgelt nach § 8 ist nur durch gerichtlichen Vergleich zulässig. Die Verwirkung des Anspruchs der Arbeitnehmer und Arbeitnehmerinnen auf das Mindestentgelt nach § 8 ist ausgeschlossen. Ausschlussfristen für die Geltendmachung des Anspruchs können ausschließlich in dem für allgemeinverbindlich erklärten Tarifvertrag nach den §§ 4 bis 6 oder dem der Rechtsverordnung nach § 7 zugrunde liegenden Tarifvertrag geregelt werden; die Frist muss mindestens sechs Monate betragen.

Abschnitt 4
Arbeitsbedingungen in der Pflegebranche

§ 10 Anwendungsbereich

Dieser Abschnitt findet Anwendung auf die Pflegebranche. Diese umfasst Betriebe und selbständige Betriebsabteilungen, die überwiegend ambulante, teilstationäre oder stationäre Pflegeleistungen oder ambulante Krankenpflegeleistungen für Pflegebedürftige erbringen (Pflegebetriebe). Pflegebedürftig ist, wer wegen einer körperlichen, geistigen oder seelischen Krankheit oder Behinderung für die gewöhnlichen und regelmäßig wiederkehrenden Verrichtungen im Ablauf des täglichen Lebens vorübergehend oder auf Dauer der Hilfe bedarf. Keine Pflegebetriebe im Sinne des Satzes 2 sind Einrichtungen, in denen die Leistung zur medizinischen Vorsorge, zur medizinischen Rehabilitation, zur Teilnahme am Arbeitsleben oder am Leben in der Gemeinschaft, die schulische Ausbildung oder die Erziehung kranker oder behinderter Menschen im Vordergrund des Zwecks der Einrichtung stehen, sowie Krankenhäuser.

§ 11 Rechtsverordnung

(1) Das Bundesministerium für Arbeit und Soziales kann durch Rechtsverordnung ohne Zustimmung des Bundesrates bestimmen, dass die von einer nach § 12 errichteten Kommission vorgeschlagenen Arbeitsbedingungen nach § 5 Nr. 1 und 2 auf alle Arbeitgeber sowie Arbeitnehmer und Arbeitnehmerinnen, die unter den Geltungsbereich einer Empfehlung nach § 12 Abs. 4 fallen, Anwendung finden.

(2) Das Bundesministerium für Arbeit und Soziales hat bei seiner Entscheidung nach Absatz 1 neben den in § 1 genannten Gesetzeszielen die Sicherstellung der Qualität der Pflegeleistung sowie den Auftrag kirchlicher und sonstiger Träger der freien Wohlfahrtspflege nach § 11 Abs. 2 Elftes Buch Sozialgesetzbuch zu berücksichtigen.

(3) Vor Erlass einer Rechtsverordnung gibt das Bundesministerium für Arbeit und Soziales den in den Geltungsbereich der Rechtsverordnung fallenden Arbeitgebern und Arbeitnehmern und Arbeitnehmerinnen sowie den Parteien von Tarifverträgen, die zumindest teilweise in den fachlichen Geltungsbereich der Rechtsverordnung fallen, und paritätisch besetzten Kommissionen, die auf der Grundlage kirchlichen Rechts Arbeitsbedingungen für den Bereich kirchlicher Arbeitgeber in der Pflegebranche festlegen, Gelegenheit zur schriftlichen Stellungnahme innerhalb von drei Wochen ab dem Tag der Bekanntmachung des Entwurfs der Rechtsverordnung.

§ 12 Kommission

(1) Das Bundesministerium für Arbeit und Soziales errichtet eine Kommission zur Erarbeitung von Arbeitsbedingungen oder deren Änderung. Die Errichtung erfolgt im Einzelfall auf Antrag einer Tarifvertragspartei aus der Pflegebranche oder der Dienstgeberseite oder der Dienstnehmerseite von paritätisch besetzten Kommissionen, die auf der Grundlage kirchlichen Rechts Arbeitsbedingungen für den Bereich kirchlicher Arbeitgeber in der Pflegebranche festlegen.

(2) Die Kommission besteht aus acht Mitgliedern. Das Bundesministerium für Arbeit und Soziales benennt je zwei geeignete Personen sowie jeweils einen Stellvertreter aufgrund von Vorschlägen
1. der Gewerkschaften, die in der Pflegebranche tarifzuständig sind,
2. der Vereinigungen der Arbeitgeber in der Pflegebranche,
3. der Dienstnehmerseite der in Absatz 1 genannten paritätisch besetzten Kommissionen sowie
4. der Dienstgeberseite der in Absatz 1 genannten paritätisch besetzten Kommissionen.

(3) Die Sitzungen der Kommission werden von einem oder einer nicht stimmberechtigten Beauftragten des Bundesministeriums für Arbeit und Soziales geleitet. Die Kommission kann sich eine Geschäftsordnung geben.

(4) Die Kommission beschließt unter Berücksichtigung der in den §§ 1 und 11 Abs. 2 genannten Ziele Empfehlungen zur Festsetzung von Arbeitsbedingungen nach § 5 Nr. 1 und 2. Sie kann eine Ausschluss-

frist empfehlen, die den Anforderungen des § 9 Satz 3 entspricht. Empfehlungen sind schriftlich zu begründen.

(5) Die Kommission ist beschlussfähig, wenn alle Mitglieder anwesend oder vertreten sind. Ein Beschluss der Kommission bedarf jeweils einer Mehrheit von drei Vierteln der Mitglieder
1. der Gruppe der Mitglieder nach Absatz 2 Nr. 1 und 2,
2. der Gruppe der Mitglieder nach Absatz 2 Nr. 3 und 4,
3. der Gruppe der Mitglieder nach Absatz 2 Nr. 1 und 3 sowie
4. der Gruppe der Mitglieder nach Absatz 2 Nr. 2 und 4.

(6) Mit Beschlussfassung über Empfehlungen nach Absatz 4 wird die Kommission aufgelöst.

§ 13 Rechtsfolgen

Eine Rechtsverordnung nach § 11 steht für die Anwendung der §§ 8 und 9 sowie der Abschnitte 5 und 6 einer Rechtsverordnung nach § 7 gleich.

Abschnitt 5
Zivilrechtliche Durchsetzung
§ 14 Haftung des Auftraggebers

Ein Unternehmer, der einen anderen Unternehmer mit der Erbringung von Werk- oder Dienstleistungen beauftragt, haftet für die Verpflichtungen dieses Unternehmers, eines Nachunternehmers oder eines von dem Unternehmer oder einem Nachunternehmer beauftragten Verleihers zur Zahlung des Mindestentgelts an Arbeitnehmer oder Arbeitnehmerinnen oder zur Zahlung von Beiträgen an eine gemeinsame Einrichtung der Tarifvertragsparteien nach § 8 wie ein Bürge, der auf die Einrede der Vorausklage verzichtet hat. Das Mindestentgelt im Sinne des Satzes 1 umfasst nur den Betrag, der nach Abzug der Steuern und der Beiträge zur Sozialversicherung und zur Arbeitsförderung oder entsprechender Aufwendungen zur sozialen Sicherung an Arbeitnehmer oder Arbeitnehmerinnen auszuzahlen ist (Nettoentgelt).

§ 15 Gerichtsstand

Arbeitnehmer und Arbeitnehmerinnen, die in den Geltungsbereich dieses Gesetzes entsandt sind oder waren, können eine auf den Zeitraum der Entsendung bezogene Klage auf Erfüllung der Verpflichtungen nach den §§ 2, 8 oder 14 auch vor einem deutschen Gericht für Arbeitssachen erheben. Diese Klagemöglichkeit besteht auch für eine gemeinsame Einrichtung der Tarifvertragsparteien nach § 5 Nr. 3 in Bezug auf die ihr zustehenden Beiträge.

Abschnitt 6
Kontrolle und Durchsetzung durch staatliche Behörden

§ 16 Zuständigkeit

Für die Prüfung der Einhaltung der Pflichten eines Arbeitgebers nach § 8 sind die Behörden der Zollverwaltung zuständig.

§ 17 Befugnisse der Behörden der Zollverwaltung und anderer Behörden

Die §§ 2 bis 6, 14, 15, 20, 22 und 23 des Schwarzarbeitsbekämpfungsgesetzes sind entsprechend anzuwenden mit der Maßgabe, dass

1. die dort genannten Behörden auch Einsicht in Arbeitsverträge, Niederschriften nach § 2 des Nachweisgesetzes und andere Geschäftsunterlagen nehmen können, die mittelbar oder unmittelbar Auskunft über die Einhaltung der Arbeitsbedingungen nach § 8 geben, und

2. die nach § 5 Abs. 1 des Schwarzarbeitsbekämpfungsgesetzes zur Mitwirkung Verpflichteten diese Unterlagen vorzulegen haben.

Die §§ 16 bis 9 des Schwarzarbeitsbekämpfungsgesetzes finden Anwendung. § 6 Abs. 3 des Schwarzarbeitsbekämpfungsgesetzes findet entsprechende Anwendung. Für die Datenverarbeitung, die den in § 16 genannten Zweck oder der Zusammenarbeit mit den Behörden des Europäischen Wirtschaftsraums nach § 20 Abs. 2 dient, findet § 67 Abs. 2 Nr. 4 des Zehnten Buches Sozialgesetzbuch keine Anwendung.

§ 18 Meldepflicht

(1) Soweit die Rechtsnormen eines für allgemeinverbindlich erklärten Tarifvertrages nach den §§ 4, 5 Nr. 1 bis 3 und § 6 oder einer Rechtsverordnung nach § 7 auf das Arbeitsverhältnis Anwendung finden, ist ein Arbeitgeber mit Sitz im Ausland, der einen Arbeitnehmer oder eine Arbeitnehmerin oder mehrere Arbeitnehmer oder Arbeitnehmerinnen innerhalb des Geltungsbereichs dieses Gesetzes beschäftigt, verpflichtet, vor Beginn jeder Werk- oder Dienstleistung eine schriftliche Anmeldung in deutscher Sprache bei der zuständigen Behörde der Zollverwaltung vorzulegen, die die für die Prüfung wesentlichen Angaben enthält. Wesentlich sind die Angaben über

1. Familienname, Vornamen und Geburtsdatum der von ihm im Geltungsbereich dieses Gesetzes beschäftigten Arbeitnehmer und Arbeitnehmerinnen,
2. Beginn und voraussichtliche Dauer der Beschäftigung,
3. Ort der Beschäftigung, bei Bauleistungen die Baustelle,
4. Ort im Inland, an dem die nach § 19 erforderlichen Unterlagen bereitgehalten werden,
5. Familienname, Vornamen, Geburtsdatum und Anschrift in Deutschland des oder der verantwortlichen Handelnden,
6. Branche, in die die Arbeitnehmer und Arbeitnehmerinnen entsandt werden sollen, und
7. Familienname, Vornamen und Anschrift in Deutschland eines oder einer Zustellungsbevollmächtigten, soweit dieser oder diese nicht mit dem oder der in Nummer 5 genannten verantwortlichen Handelnden identisch ist.

Änderungen bezüglich dieser Angaben hat der Arbeitgeber im Sinne des Satzes 1 unverzüglich zu melden.

(2) Der Arbeitgeber hat der Anmeldung eine Versicherung beizufügen, dass er seine Verpflichtungen nach § 8 einhält.

(3) Überlässt ein Verleiher mit Sitz im Ausland einen Arbeitnehmer oder eine Arbeitnehmerin oder mehrere Arbeitnehmer oder Arbeitnehmerinnen zur Arbeitsleistung einem Entleiher, hat der Entleiher unter den Voraussetzungen des Absatzes 1 Satz 1 vor Beginn jeder Werk- oder Dienstleistung der zuständigen Behörde der Zollverwaltung eine schriftliche Anmeldung in deutscher Sprache mit folgenden Angaben zuzuleiten:
1. Familienname, Vornamen und Geburtsdatum der überlassenen Arbeitnehmer und Arbeitnehmerinnen,
2. Beginn und Dauer der Überlassung,
3. Ort der Beschäftigung, bei Bauleistungen die Baustelle,
4. Ort im Inland, an die nach § 19 erforderlichen Unterlagen bereitgehalten werden,
5. Familienname, Vornamen und Anschrift in Deutschland eines oder einer Zustellungsbevollmächtigten des Verleihers,
6. Branche, in die die Arbeitnehmer und Arbeitnehmerinnen entsandt werden sollen, und
7. Familienname, Vornamen oder Firma sowie Anschrift des Verleihers

Absatz 1 Satz 3 gilt entsprechend.

(4) Der Entleiher hat der Anmeldung eine Versicherung des Verleihers beizufügen, dass dieser seine Verpflichtungen nach § 8 einhält.

(5) Das Bundesministerium der Finanzen kann durch Rechtsverordnung im Einvernehmen mit dem Bundesministerium für Arbeit und Soziales ohne Zustimmung des Bundesrates bestimmen,

1. dass, auf welche Weise und unter welchen technischen und organisatorischen Voraussetzungen eine Anmeldung, Änderungsmeldung und Versicherung abweichend von Absatz 1 Satz 1 und 3, Absatz 2 und 3 Satz 1 und 2 und Absatz 4 elektronisch übermittelt werden kann,

2. unter welchen Voraussetzungen eine Änderungsmeldung ausnahmsweise entfallen kann, und

3. wie das Meldeverfahren vereinfacht oder abgewandelt werden kann, sofern die entsandten Arbeitnehmer und Arbeitnehmerinnen im Rahmen einer regelmäßig wiederkehrenden Werk- oder Dienstleistung eingesetzt werden oder sonstige Besonderheiten der zu erbringenden Werk- oder Dienstleistung dies erfordern.

(6) Das Bundesministerium der Finanzen kann durch Rechtsverordnung ohne Zustimmung des Bundesrats die zuständige Behörde nach Absatz 1 Satz 1 und Absatz 3 Satz 1 bestimmen.

§ 19 Erstellen und Bereithalten von Dokumenten

(1) Soweit die Rechtsnormen eines für allgemeinverbindlich erklärten Tarifvertrages nach den §§ 4, 5 Nr. 1 bis 3 und § 6 oder einer entsprechenden Rechtsverordnung nach § 7 über die Zahlung eines Mindestentgelts oder die Einziehung von Beiträgen und die Gewährung von Leistungen im Zusammenhang mit Urlaubsansprüchen auf das Arbeitsverhältnis Anwendung finden, ist der Arbeitgeber verpflichtet, Beginn, Ende und Dauer der täglichen Arbeitszeit der Arbeitnehmer der Arbeitnehmerinnen aufzuzeichnen und diese Aufzeichnungen mindestens zwei Jahre aufzubewahren. Satz 1 gilt entsprechend für einen Entleiher, dem ein Verleiher einen Arbeitnehmer oder eine Arbeitnehmerin oder mehrere Arbeitnehmer oder Arbeitnehmerinnen zur Arbeitsleistung überlässt.

(2) Jeder Arbeitgeber ist verpflichtet, die für die Kontrolle der Einhaltung eines für allgemeinverbindlich erklärten Tarifvertrages nach den §§ 4, 5 Nr. 1 bis 3 und 6 oder einer Rechtsverordnung nach § 7 erforderlichen Unterlagen im Inland für die gesamte Dauer der tatsächlichen Beschäftigung der Arbeitnehmer und Arbeitnehmerinnen im Geltungsbereich dieses Gesetzes, mindestens für die Dauer der gesamten Werk- oder Dienstleistung, insgesamt jedoch nicht länger als zwei Jahre in deutscher Sprache bereitzuhalten. Auf Verlangen der Prüfbehörde sind die Unterlagen auch am Ort der Beschäftigung bereitzuhalten, bei Bauleistungen auf der Baustelle.

§ 20 Zusammenarbeit der in- und ausländischen Behörden

(1) Die Behörden der Zollverwaltung unterrichten die zuständigen Finanzämter über Meldungen nach § 18 Abs. 1 und 3.

(2) Die Behörden der Zollverwaltung und die übrigen in § 2 des Schwarzarbeitsbekämpfungsgesetzes genannten Behörden dürfen nach Maßgabe der datenschutzrechtlichen Vorschriften auch mit Behörden anderer Vertragsstaaten des Abkommens über den Europäischen Wirtschaftsraum zusammenarbeiten, die diesem Gesetz entsprechende Aufgaben durchführen oder für die Bekämpfung illegaler Beschäftigung zuständig sind oder Auskünfte geben können, ob ein Arbeitgeber seine Verpflichtungen nach § 8 erfüllt. Die Regelungen über die internationale Rechtshilfe in Strafsachen bleiben hiervon unberührt.

(3) Die Behörden der Zollverwaltung unterrichten das Gewerbezentralregister über rechtskräftige Bußgeldentscheidungen nach § 23 Abs. 1 bis 3, sofern die Geldbuße mehr als zweihundert Euro beträgt.

(4) Gerichte und Staatsanwaltschaften sollen den nach diesem Gesetz zuständigen Behörden Erkenntnisse übermitteln, die aus ihrer Sicht zur Verfolgung von Ordnungswidrigkeiten nach § 23 Abs. 1 und 2 erforderlich sind, soweit dadurch nicht überwiegende schutzwürdige Interessen des Betroffenen oder anderer Verfahrensbeteiligter erkennbar beeinträchtigt werden. Dabei ist zu berücksichtigen, wie gesichert die zu übermittelnden Erkenntnisse sind.

§ 21 Ausschluss von der Vergabe öffentlicher Aufträge

(1) Von der Teilnahme an einem Wettbewerb um einen Liefer-, Bau- oder Dienstleistungsauftrag der in § 98 des Gesetzes gegen Wettbewerbsbeschränkungen genannten Auftraggeber sollen Bewerber oder Bewerberinnen für eine angemessene Zeit bis zur nachgewiesen Wiederherstellung ihrer Zuverlässigkeit ausgeschlossen werden, die wegen eines Verstoßes nach § 23 mit einer Geldbuße von wenigstens zweitausendfünfhundert Euro belegt worden sind. Das Gleiche gilt auch schon vor Durchführung eines Bußgeldverfahrens, wenn im Einzelfall angesichts der Beweislage kein vernünftiger Zweifel an einer schwerwiegenden Verfehlung im Sinne des Satzes 1 besteht.

(2) Die für die Verfolgung oder Ahndung der Ordnungswidrigkeiten nach § 23 zuständigen Behörden dürfen öffentlichen Auftraggebern nach § 98 Nr. 1 bis 3 und 5 des Gesetzes gegen Wettbewerbsbeschränkungen und solchen Stellen, die von öffentlichen Auftraggebern zugelassene Präqualifikationsverzeichnisse oder Unternehmers- und

Lieferantenverzeichnisse führen, auf Verlangen die erforderlichen Auskünfte geben.

(3) Öffentliche Auftraggeber nach Abs. 2 fordern im Rahmen ihrer Tätigkeit beim Gewerbezentralregister Auskünfte über rechtskräftige Bußgeldentscheidungen wegen einer Ordnungswidrigkeit nach § 23 Abs. 1 oder 2 an oder verlangen von Bewerbern oder Bewerberinnen eine Erklärung, dass die Voraussetzungen für einen Ausschluss nach Absatz 1 nicht vorliegen. Im Falle einer Erklärung des Bewerbers oder der Bewerberin können öffentliche Auftraggeber nach Absatz 2 jederzeit zusätzlich Auskünfte des Gewerbezentralregisters nach § 150a der Gewerbeordnung anfordern.

(4) Bei Aufträgen ab einer Höhe von 30 000 Euro fordert der öffentliche Auftraggeber nach Absatz 2 für den Bewerber oder die Bewerberin, der oder die den Zuschlag erhalten soll, vor der Zuschlagserteilung eine Auskunft aus dem Gewerbezentralregister nach § 150a der Gewerbeordnung an.

(5) Vor der Entscheidung über den Ausschluss ist der Bewerber oder die Bewerberin zu hören.

§ 22 Zustellung

Für die Anwendung dieses Gesetzes gilt der im Inland gelegene Ort der Werk- oder Dienstleistung sowie das vom Arbeitgeber eingesetzte Fahrzeug als Geschäftsraum im Sinne des § 5 Abs. 2 des Verwaltungszustellungsgesetzes in Verbindung mit § 178 Abs. 1 Nr. 2 der Zivilprozessordnung.

§ 23 Bußgeldvorschriften

(1) Ordnungswidrig handelt, wer vorsätzlich oder fahrlässig
1. entgegen § 8 Abs. 1 Satz 1 oder Abs. 3 jeweils in Verbindung mit einem Tarifvertrag nach den §§ 4 bis 6, der nach § 5 des Tarifvertragsgesetzes für allgemeinverbindlich erklärt oder durch Rechtsverordnung nach § 7 Abs. 1 erstreckt worden ist, eine dort genannte Arbeitsbedingung nicht gewährt oder einen Beitrag nicht leistet,
2. entgegen § 17 Satz 1 in Verbindung mit § 5 Abs. 1 Satz 1 des Schwarzarbeitsbekämpfungsgesetzes eine Prüfung nicht duldet oder bei einer Prüfung nicht mitwirkt,
3. entgegen § 17 Satz 1 in Verbindung mit § 5 Abs. 1 Satz 2 des Schwarzarbeitsbekämpfungsgesetzes das Betreten eines Grundstücks oder Geschäftsraums nicht duldet,
4. entgegen § 17 Satz 1 in Verbindung mit § 5 Abs. 3 Satz 1 des Schwarzarbeitsbekämpfungsgesetzes Daten nicht, nicht richtig,

nicht vollständig, nicht in der vorgeschriebenen Weise oder nicht rechtzeitig übermittelt,

5. entgegen § 18 Abs. 1 Satz 1 oder Abs. 3 Satz 1 eine Anmeldung nicht, nicht richtig, nicht vollständig, nicht in der vorgeschriebenen Weise oder nicht rechtzeitig vorlegt oder nicht, nicht richtig, nicht vollständig, nicht in der vorgeschriebenen Weise oder nicht rechtzeitig zuleitet,

6. entgegen § 18 Abs. 1 Satz 3, auch in Verbindung mit Abs. 3 Satz 2, eine Änderungsmeldung nicht, nicht richtig, nicht vollständig, nicht in der vorgeschriebenen Weise oder nicht rechtzeitig macht,

7. entgegen § 18 Abs. 2 oder 4 eine Versicherung nicht beifügt,

8. entgegen § 19 Abs. 1 eine Aufzeichnung nicht, nicht richtig oder nicht vollständig oder nicht mindestens zwei Jahre aufbewahrt, oder

9. entgegen § 19 Abs. 2 eine Unterlage nicht, nicht richtig, nicht vollständig erstellt oder nicht in der vorgeschriebenen Weise bereithält.

(2) Ordnungswidrig handelt, wer Werk- oder Dienstleistungen in erheblichem Umfang ausführen lässt, in dem er als Unternehmer einen anderen Unternehmer beauftragt, von dem er weiß oder fahrlässig nicht weiß, dass dieser bei der Erfüllung dieses Auftrages

1. entgegen § 8 Abs. 1 Satz 1 oder Abs. 3, jeweils in Verbindung mit einem Tarifvertrag nach den §§ 4 bis 6, der nach § 5 des Tarifvertragsgesetzes für allgemeinverbindlich erklärt oder durch Rechtsverordnung nach § 7 Abs. 1 erstreckt worden ist, eine dort genannte Arbeitsbedingung nicht gewährt oder einen Beitrag nicht leistet oder

2. einen Nachunternehmer einsetzt oder zulässt, dass ein Nachunternehmer tätig wird, der entgegen § 8 Abs. 1 Satz 1 oder Abs. 3, jeweils in Verbindung mit einem Tarifvertrag nach den §§ 4 bis 6, der nach § 5 des Tarifvertragsgesetzes für allgemeinverbindlich erklärt oder durch Rechtsverordnung nach § 7 Abs. 1 erstreckt worden ist, eine dort genannte Arbeitsbedingungen nicht gewährt oder einen Beitrag nicht leistet.

(3) Die Ordnungswidrigkeit kann in den Fällen des Absatzes 1 Nr. 1 und des Absatzes 2 mit einer Geldbuße bis zu fünfhunderttausend Euro, in den übrigen Fällen mit einer Geldbuße bis zu dreißigtausend Euro geahndet werden.

(4) Verwaltungsbehörden in Sinne des § 36 Abs. 1 Nr. 1 des Gesetzes über Ordnungswidrigkeiten sind die in § 16 genannten Behörden jeweils für ihren Geschäftsbereich.

(5) Die Geldbußen fließen in die Kasse der Verwaltungsbehörde, die den Bußgeldbescheid erlassen hat. Für die Vollstreckung zugunsten der Behörden des Bundes und der unmittelbaren Körperschaften und Anstalten des öffentlichen Rechts sowie für die Vollziehung des dinglichen Arrest nach § 111d der Strafprozessordnung in Verbindung mit § 46 des Gesetzes über Ordnungswidrigkeiten durch die in § 16 genannten Behörden gilt das Verwaltungs-Vollstreckungsgesetz. Die nach Satz 1 zuständige Kasse trägt abweichend von § 105 Abs. 2 des Gesetzes über Ordnungswidrigkeiten die notwendigen Auslagen; sie ist auch ersatzpflichtig im Sinne des § 110 Abs. 4 des Gesetzes über Ordnungswidrigkeiten.

Abschnitt 7
Schlussvorschriften

§ 24 Evaluation

Die nach § 7 festgesetzten Mindestentgeltsätze sind im Hinblick auf ihre Beschäftigungswirkungen, insbesondere aus sozialversicherungspflichtige Beschäftigung sowie die Schaffung angemessener Mindestarbeitsbedingungen, fünf Jahre nach Inkrafttreten des Gesetzes zu überprüfen.

§ 25 Inkrafttreten, Außerkrafttreten

Dieses Gesetz tritt am Tage nach der Verkündung in Kraft.[1] Gleichzeitig tritt das Arbeitnehmer-Entsendegesetz vom 26. Februar 1996 (BGBl I S. 227), zuletzt geändert durch das Gesetz vom 21. Dezember 2007 (BGBl I S. 3140) außer Kraft.

III. Einkommensteuergesetz (Auszug)

§ 41a Anmeldung und Abführung der Lohnsteuer

(1) Der Arbeitgeber hat spätestens am zehnten Tag nach Ablauf eines jeden Lohnsteuer-Anmeldungszeitraums
1. dem Finanzamt, in dessen Bezirk sich die Betriebsstätte (§ 41 Abs. 2) befindet (Betriebsstättenfinanzamt), eine Steuererklärung einzureichen, in der er die Summen der im Lohnsteuer-Anmeldungszeitraum einzubehaltenden und zu übernehmenden Lohnsteuer angibt (Lohnsteuer-Anmeldung),

---

1 Verkündet am 23.4.2009, in Kraft getreten am 24.4.2009 (BGBl. I S. 799).

2. die im Lohnsteuer-Anmeldungszeitraum insgesamt einbehaltene und übernommene Lohnsteuer an das Betriebsstättenfinanzamt abzuführen.

Die Lohnsteuer-Anmeldung ist nach amtlich vorgeschriebenem Datensatz durch Datenfernübertragung nach Maßgabe der Steuerdaten-Übermittlungsverordnung zu übermitteln. Auf Antrag kann das Finanzamt zur Vermeidung unbilliger Härten auf eine elektronische Übermittlung verzichten; in diesem Fall ist die Lohnsteuer-Anmeldung nach amtlich vorgeschriebenem Vordruck abzugeben und vom Arbeitgeber oder von einer zu seiner Vertretung berechtigten Person zu unterschreiben. Der Arbeitgeber wird von der Verpflichtung zur Abgabe weiterer Lohnsteuer-Anmeldungen befreit, wenn er Arbeitnehmer, für die er Lohnsteuer einzubehalten oder zu übernehmen hat, nicht mehr beschäftigt und das dem Finanzamt mitteilt.

(2) Lohnsteuer-Anmeldungszeitraum ist grundsätzlich der Kalendermonat. Lohnsteuer-Anmeldungszeitraum ist das Kalendervierteljahr, wenn die abzuführende Lohnsteuer für das vorangegangene Kalenderjahr mehr als 1 000 Euro, aber nicht mehr als 4 000 Euro betragen hat; Lohnsteuer-Anmeldungszeitraum ist das Kalenderjahr, wenn die abzuführende Lohnsteuer für das vorangegangene Kalenderjahr nicht mehr als 1 000 Euro betragen hat. Hat die Betriebsstätte nicht während des ganzen vorangegangenen Kalenderjahres bestanden, so ist die für das vorangegangene Kalenderjahr abzuführende Lohnsteuer für die Feststellung des Lohnsteuer-Anmeldungszeitraums auf einen Jahresbetrag umzurechnen. Wenn die Betriebsstätte im vorangegangenen Kalenderjahr noch nicht bestanden hat, ist die auf einen Jahresbetrag umgerechnete für den ersten vollen Kalendermonat nach der Eröffnung der Betriebsstätte abzuführende Lohnsteuer maßgebend.

(3) Die oberste Finanzbehörde des Landes kann bestimmen, dass die Lohnsteuer nicht dem Betriebsstättenfinanzamt, sondern einer anderen öffentlichen Kasse anzumelden und an diese abzuführen ist; die Kasse erhält insoweit die Stellung einer Landesfinanzbehörde. Das Betriebsstättenfinanzamt oder die zuständige andere öffentliche Kasse können anordnen, dass die Lohnsteuer abweichend von dem nach Absatz 1 maßgebenden Zeitpunkt anzumelden und abzuführen ist, wenn die Abführung der Lohnsteuer nicht gesichert erscheint.

(4) Arbeitgeber, die eigene oder gecharterte Handelsschiffe betreiben, dürfen vom Gesamtbetrag der anzumeldenden und abzuführenden Lohnsteuer einen Betrag von 40 Prozent der Lohnsteuer der auf solchen Schiffen in einem zusammenhängenden Arbeitsverhältnis von mehr als 183 Tagen beschäftigten Besatzungsmitglieder abziehen und einbehalten. Die Handelsschiffe müssen in einem inländischen See-

schiffsregister eingetragen sein, die deutsche Flagge führen und zur Beförderung von Personen oder Gütern im Verkehr mit oder zwischen ausländischen Häfen, innerhalb eines ausländischen Hafens oder zwischen einem ausländischen Hafen und der Hohen See betrieben werden. Die Sätze 1 und 2 sind entsprechend anzuwenden, wenn Seeschiffe im Wirtschaftsjahr überwiegend außerhalb der deutschen Hoheitsgewässer zum Schleppen, Bergen oder zur Aufsuchung von Bodenschätzen oder zur Vermessung von Energielagerstätten unter dem Meeresboden eingesetzt werden. Ist für den Lohnsteuerabzug die Lohnsteuer nach der Steuerklasse V oder VI zu ermitteln, so bemisst sich der Betrag nach Satz 1 nach der Lohnsteuer der Steuerklasse I.

§ 42d Haftung des Arbeitgebers und Haftung bei Arbeitnehmerüberlassung

(1) Der Arbeitgeber haftet
1. für die Lohnsteuer, die er einzubehalten und abzuführen hat,
2. für die Lohnsteuer, die er beim Lohnsteuer-Jahresausgleich zu Unrecht erstattet hat,
3. für die Einkommensteuer (Lohnsteuer), die auf Grund fehlerhafter Angaben im Lohnkonto oder in der Lohnsteuerbescheinigung verkürzt wird,
4. für die Lohnsteuer, die in den Fällen des § 38 Abs. 3a der Dritte zu übernehmen hat.

(2) Der Arbeitgeber haftet nicht, soweit Lohnsteuer nach § 39 Abs. 4 oder § 39a Abs. 5 nachzufordern ist und in den vom Arbeitgeber angezeigten Fällen des § 38 Abs. 4 Satz 2 und 3 und des § 41c Abs. 4.

(3) Soweit die Haftung des Arbeitgebers reicht, sind der Arbeitgeber und der Arbeitnehmer Gesamtschuldner. Das Betriebsstättenfinanzamt kann die Steuerschuld oder Haftungsschuld nach pflichtgemäßem Ermessen gegenüber jedem Gesamtschuldner geltend machen. Der Arbeitgeber kann auch dann in Anspruch genommen werden, wenn der Arbeitnehmer zur Einkommensteuer veranlagt wird. Der Arbeitnehmer kann im Rahmen der Gesamtschuldnerschaft nur in Anspruch genommen werden,
1. wenn der Arbeitgeber die Lohnsteuer nicht vorschriftsmäßig vom Arbeitslohn einbehalten hat,
2. wenn der Arbeitnehmer weiß, dass der Arbeitgeber die einbehaltene Lohnsteuer nicht vorschriftsmäßig angemeldet hat. Dies gilt nicht, wenn der Arbeitnehmer den Sachverhalt dem Finanzamt unverzüglich mitgeteilt hat.

(4) Für die Inanspruchnahme des Arbeitgebers bedarf es keines Haftungsbescheids und keines Leistungsgebots, soweit der Arbeitgeber
1. die einzubehaltende Lohnsteuer angemeldet hat oder
2. nach Abschluss einer Lohnsteuer-Außenprüfung seine Zahlungsverpflichtung schriftlich anerkennt.

Satz 1 gilt entsprechend für die Nachforderung zu übernehmender pauschaler Lohnsteuer.

(5) Von der Geltendmachung der Steuernachforderung oder Haftungsforderung ist abzusehen, wenn diese insgesamt 10 Euro nicht übersteigt.

(6) Soweit einem Dritten (Entleiher) Arbeitnehmer gewerbsmäßig zur Arbeitsleistung überlassen werden, haftet er mit Ausnahme der Fälle, in denen eine Arbeitnehmerüberlassung nach § 1 Abs. 3 des Arbeitnehmerüberlassungsgesetzes vorliegt, neben dem Arbeitgeber. Der Entleiher haftet nicht, wenn der Überlassung eine Erlaubnis nach § 1 des Arbeitnehmerüberlassungsgesetzes in der Fassung der Bekanntmachung vom 3. Februar 1995 (BGBl. I S. 158), das zuletzt durch Artikel 11 Nr. 21 des Gesetzes vom 30. Juli 2004 (BGBl. I S. 1950) geändert worden ist, in der jeweils geltenden Fassung zugrunde liegt und soweit er nachweist, dass er den nach § 51 Abs. 1 Nr. 2 Buchstabe d vorgesehenen Mitwirkungspflichten nachgekommen ist. Der Entleiher haftet ferner nicht, wenn er über das Vorliegen einer Arbeitnehmerüberlassung ohne Verschulden irrte. Die Haftung beschränkt sich auf die Lohnsteuer für die Zeit, für die ihm der Arbeitnehmer überlassen worden ist. Soweit die Haftung des Entleihers reicht, sind der Arbeitgeber, der Entleiher und der Arbeitnehmer Gesamtschuldner. Der Entleiher darf auf Zahlung nur in Anspruch genommen werden, soweit die Vollstreckung in das inländische bewegliche Vermögen des Arbeitgebers fehlgeschlagen ist oder keinen Erfolg verspricht; § 219 Satz 2 der Abgabenordnung ist entsprechend anzuwenden. Ist durch die Umstände der Arbeitnehmerüberlassung die Lohnsteuer schwer zu ermitteln, so ist die Haftungsschuld mit 15 Prozent des zwischen Verleiher und Entleiher vereinbarten Entgelts ohne Umsatzsteuer anzunehmen, solange der Entleiher nicht glaubhaft macht, dass die Lohnsteuer, für die er haftet, niedriger ist. Die Absätze 1 bis 5 sind entsprechend anzuwenden. Die Zuständigkeit des Finanzamts richtet sich nach dem Ort der Betriebsstätte des Verleihers.

(7) Soweit der Entleiher Arbeitgeber ist, haftet der Verleiher wie ein Entleiher nach Absatz 6.

(8) Das Finanzamt kann hinsichtlich der Lohnsteuer der Leiharbeitnehmer anordnen, dass der Entleiher einen bestimmten Teil des mit

dem Verleiher vereinbarten Entgelts einzubehalten und abzuführen hat, wenn dies zur Sicherung des Steueranspruchs notwendig ist; Absatz 6 Satz 4 ist anzuwenden. Der Verwaltungsakt kann auch mündlich erlassen werden. Die Höhe des einzubehaltenden und abzuführenden Teils des Entgelts bedarf keiner Begründung, wenn der in Absatz 6 Satz 7 genannte Prozentsatz nicht überschritten wird.

(9) Der Arbeitgeber haftet auch dann, wenn ein Dritter nach § 38 Abs. 3a dessen Pflichten trägt. In diesen Fällen haftet der Dritte neben dem Arbeitgeber. Soweit die Haftung des Dritten reicht, sind der Arbeitgeber, der Dritte und der Arbeitnehmer Gesamtschuldner. Absatz 3 Satz 2 bis 4 ist anzuwenden; Absatz 4 gilt auch für die Inanspruchnahme des Dritten. Im Fall des § 38 Abs. 3a Satz 2 beschränkt sich die Haftung des Dritten auf die Lohnsteuer, die für die Zeit zu erheben ist, für die er sich gegenüber dem Arbeitgeber zur Vornahme des Lohnsteuerabzugs verpflichtet hat; der maßgebende Zeitraum endet nicht, bevor der Dritte seinem Betriebsstättenfinanzamt die Beendigung seiner Verpflichtung gegenüber dem Arbeitgeber angezeigt hat. In den Fällen des § 38 Abs. 3a Satz 7 ist als Haftungsschuld der Betrag zu ermitteln, um den die Lohnsteuer, die für den gesamten Arbeitslohn des Lohnzahlungszeitraums zu berechnen und einzubehalten ist, die insgesamt tatsächlich einbehaltene Lohnsteuer übersteigt. Betrifft die Haftungsschuld mehrere Arbeitgeber, so ist sie bei fehlerhafter Lohnsteuerberechnung nach dem Verhältnis der Arbeitslöhne und für nachträglich zu erfassende Arbeitslohnbeträge nach dem Verhältnis dieser Beträge auf die Arbeitgeber aufzuteilen. In den Fällen des § 38 Abs. 3a ist das Betriebsstättenfinanzamt des Dritten für die Geltendmachung der Steuer- oder Haftungsschuld zuständig.

IV. Schwarzarbeitsbekämpfungsgesetz (Auszug)

§ 8 Bußgeldvorschriften

(1) Ordnungswidrig handelt, wer
1. a) entgegen § 60 Abs. 1 Satz 1 Nr. 1 des Ersten Buches Sozialgesetzbuch eine Tatsache, die für eine Leistung nach dem Sozialgesetzbuch erheblich ist, nicht richtig oder nicht vollständig anzeigt,
   b) entgegen § 60 Abs. 1 Satz 1 Nr. 2 des Ersten Buches Sozialgesetzbuch eine Änderung in den Verhältnissen, die für eine Leistung nach dem Sozialgesetzbuch erheblich ist, nicht, nicht richtig, nicht vollständig oder nicht rechtzeitig mitteilt,
   c) entgegen § 8a des Asylbewerberleistungsgesetzes die Aufnahme einer Erwerbstätigkeit nicht, nicht richtig, nicht vollständig oder nicht rechtzeitig meldet,

d) der Verpflichtung zur Anzeige vom Beginn des selbstständigen Betriebes eines stehenden Gewerbes (§ 14 der Gewerbeordnung) nicht nachgekommen ist oder die erforderliche Reisegewerbekarte (§ 55 der Gewerbeordnung) nicht erworben hat oder

e) ein zulassungspflichtiges Handwerk als stehendes Gewerbe selbstständig betreibt, ohne in die Handwerksrolle eingetragen zu sein (§ 1 der Handwerksordnung) und Dienst- oder Werkleistungen in erheblichem Umfang erbringt oder

2. Dienst- oder Werkleistungen in erheblichem Umfang ausführen lässt, indem er eine oder mehrere Personen beauftragt, die diese Leistungen unter vorsätzlichem Verstoß gegen eine in Nummer 1 genannte Vorschrift erbringen.

(2) Ordnungswidrig handelt, wer vorsätzlich oder fahrlässig

1. entgegen § 2a Abs. 1 ein dort genanntes Dokument nicht mitführt oder nicht oder nicht rechtzeitig vorlegt,

2. entgegen § 2a Abs. 2 den schriftlichen Hinweis nicht oder nicht für die vorgeschriebene Dauer aufbewahrt oder nicht oder nicht rechtzeitig vorlegt,

3. entgegen
   a) § 5 Abs. 1 Satz 1 oder 2 oder
   b) § 5 Abs. 2 Satz 1
   eine Prüfung oder das Betreten eines Grundstücks oder eines Geschäftsraumes nicht duldet oder bei einer Prüfung nicht mitwirkt,

4. entgegen § 5 Abs. 1 Satz 4 ein dort genanntes Dokument nicht oder nicht rechtzeitig vorlegt oder

5. entgegen § 5 Abs. 3 Satz 1 Daten nicht, nicht richtig, nicht vollständig, nicht in der vorgeschriebenen Weise oder nicht rechtzeitig übermittelt.

(3) Die Ordnungswidrigkeit kann in den Fällen des Absatzes 1 Nr. 1 Buchstabe a bis c sowie Nr. 2 in Verbindung mit Nr. 1 Buchstabe a bis c mit einer Geldbuße bis zu dreihunderttausend Euro, in den Fällen des Absatzes 1 Nr. 1 Buchstabe d und e sowie Nr. 2 in Verbindung mit Nr. 1 Buchstabe d und e mit einer Geldbuße bis zu fünfzigtausend Euro, in den Fällen des Absatzes 2 Nr. 3 Buchstabe a und Nr. 5 mit einer Geldbuße bis zu dreißigtausend Euro, in den Fällen des Absatzes 2 Nr. 1 mit einer Geldbuße bis zu fünftausend Euro und in den übrigen Fällen mit einer Geldbuße bis zu tausend Euro geahndet werden.

(4) Absatz 1 findet keine Anwendung für nicht nachhaltig auf Gewinn gerichtete Dienst- oder Werkleistungen, die

1. von Angehörigen im Sinne des § 15 der Abgabenordnung oder Lebenspartnern,

2. aus Gefälligkeit,
3. im Wege der Nachbarschaftshilfe oder
4. im Wege der Selbsthilfe im Sinne des § 36 Abs. 2 und 4 des Zweiten Wohnungsbaugesetzes in der Fassung der Bekanntmachung vom 19. August 1994 (BGBl. I S. 2137) oder als Selbsthilfe im Sinne des § 12 Abs. 1 Satz 2 des Wohnraumförderungsgesetzes vom 13. September 2001 (BGBl. I S. 2376), zuletzt geändert durch Artikel 7 des Gesetzes vom 29. Dezember 2003 (BGBl. I S. 3076),

erbracht werden. Als nicht nachhaltig auf Gewinn gerichtet gilt insbesondere eine Tätigkeit, die gegen geringes Entgelt erbracht wird.

(5) Das Bundesministerium der Finanzen wird ermächtigt, durch Rechtsverordnung mit Zustimmung des Bundesrates Vorschriften über Regelsätze für Geldbußen wegen einer Ordnungswidrigkeit nach Absatz 1 oder 2 zu erlassen.

§ 9 Erschleichen von Sozialleistungen im Zusammenhang mit der Erbringung von Dienst- oder Werkleistungen

Wer eine in § 8 Abs. 1 Nr. 1 Buchstabe a, b oder c bezeichnete Handlung begeht und dadurch bewirkt, dass ihm eine Leistung nach einem dort genannten Gesetz zu Unrecht gewährt wird, wird mit Freiheitsstrafe bis zu drei Jahren oder mit Geldstrafe bestraft, wenn die Tat nicht in § 263 des Strafgesetzbuches mit Strafe bedroht ist.

§ 10 Beschäftigung von Ausländern ohne Genehmigung oder ohne Aufenthaltstitel und zu ungünstigen Arbeitsbedingungen

(1) Wer vorsätzlich eine in § 404 Abs. 2 Nr. 3 des Dritten Buches Sozialgesetzbuch bezeichnete Handlung begeht und den Ausländer zu Arbeitsbedingungen beschäftigt, die in einem auffälligen Missverhältnis zu den Arbeitsbedingungen deutscher Arbeitnehmer und Arbeitnehmerinnen stehen, die die gleiche oder eine vergleichbare Tätigkeit ausüben, wird mit Freiheitsstrafe bis zu drei Jahren oder mit Geldstrafe bestraft.

(2) In besonders schweren Fällen des Absatzes 1 ist die Strafe Freiheitsstrafe von sechs Monaten bis zu fünf Jahren. Ein besonders schwerer Fall liegt in der Regel vor, wenn der Täter gewerbsmäßig oder aus grobem Eigennutz handelt.

§ 11 Erwerbstätigkeit von Ausländern ohne Genehmigung oder ohne Aufenthaltstitel in größerem Umfang

(1) Wer

1. gleichzeitig mehr als fünf Ausländer entgegen § 284 Abs. 1 des Dritten Buches Sozialgesetzbuch beschäftigt oder entgegen § 4 Abs. 3 Satz 2 des Aufenthaltsgesetzes beschäftigt oder mit Dienst- oder Werkleistungen beauftragt oder

2. eine in
    a) § 404 Abs. 2 Nr. 3 des Dritten Buches Sozialgesetzbuch,
    b) § 404 Abs. 2 Nr. 4 des Dritten Buches Sozialgesetzbuch,
    c) § 98 Abs. 2a des Aufenthaltsgesetzes oder
    d) § 98 Abs. 3 Nr. 1 des Aufenthaltsgesetzes
    bezeichnete vorsätzliche Handlung beharrlich wiederholt,

wird mit Freiheitsstrafe bis zu einem Jahr oder mit Geldstrafe bestraft.

(2) Handelt der Täter in den Fällen des Absatzes 1 Nr. 1 oder 2 Buchstabe a oder Buchstabe c aus grobem Eigennutz, ist die Strafe Freiheitsstrafe bis zu drei Jahren oder Geldstrafe.

§ 12 Allgemeines zu den Ordnungswidrigkeiten

(1) Verwaltungsbehörden im Sinne des § 36 Abs. 1 Nr. 1 des Gesetzes über Ordnungswidrigkeiten sind

1. in den Fällen des § 8 Abs. 1 Nr. 1 Buchstabe a bis c und Nr. 2 in Verbindung mit Nr. 1 Buchstabe a bis c die Behörden der Zollverwaltung und die zuständigen Leistungsträger jeweils für ihren Geschäftsbereich,

2. in den Fällen des § 8 Abs. 1 Nr. 1 Buchstabe d und e und Nr. 2 in Verbindung mit Nr. 1 Buchstabe d und e die nach Landesrecht zuständige Behörde,

3. in den Fällen des § 8 Abs. 2 die Behörden der Zollverwaltung.

(2) Die Geldbußen fließen in die Kasse der Verwaltungsbehörde, die den Bußgeldbescheid erlassen hat.

(3) Die nach Absatz 2 zuständige Kasse trägt abweichend von § 105 Abs. 2 des Gesetzes über Ordnungswidrigkeiten die notwendigen Auslagen. [2]Sie ist auch ersatzpflichtig im Sinne des § 110 Abs. 4 des Gesetzes über Ordnungswidrigkeiten.

(4) Die Behörden der Zollverwaltung unterrichten das Gewerbezentralregister über rechtskräftige Bußgeldbescheide nach § 8 Abs. 2 Nr. 3 Buchstabe a und Nr. 5, sofern die Geldbuße mehr als zweihundert Euro beträgt.

V. Strafgesetzbuch (Auszug)

§ 233 Menschenhandel zum Zweck der Ausbeutung der Arbeitskraft

(1) Wer eine andere Person unter Ausnutzung einer Zwangslage oder der Hilflosigkeit, die mit ihrem Aufenthalt in einem fremden Land verbunden ist, in Sklaverei, Leibeigenschaft oder Schuldknechtschaft oder zur Aufnahme oder Fortsetzung einer Beschäftigung bei ihm oder einem Dritten zu Arbeitsbedingungen, die in einem auffälligen Missverhältnis zu den Arbeitsbedingungen anderer Arbeitnehmerinnen oder Arbeitnehmer stehen, welche die gleiche oder eine vergleichbare Tätigkeit ausüben, bringt, wird mit Freiheitsstrafe von sechs Monaten bis zu zehn Jahren bestraft. Ebenso wird bestraft, wer eine Person unter einundzwanzig Jahren in Sklaverei, Leibeigenschaft oder Schuldknechtschaft oder zur Aufnahme oder Fortsetzung einer in Satz 1 bezeichneten Beschäftigung bringt.

(2) Der Versuch ist strafbar.

(3) § 232 Abs. 3 bis 5 gilt entsprechend.

§ 263 Betrug

(1) Wer in der Absicht, sich oder einem Dritten einen rechtswidrigen Vermögensvorteil zu verschaffen, das Vermögen eines anderen dadurch beschädigt, daß er durch Vorspiegelung falscher oder durch Entstellung oder Unterdrückung wahrer Tatsachen einen Irrtum erregt oder unterhält, wird mit Freiheitsstrafe bis zu fünf Jahren oder mit Geldstrafe bestraft.

(2) Der Versuch ist strafbar.

(3) In besonders schweren Fällen ist die Strafe Freiheitsstrafe von sechs Monaten bis zu zehn Jahren. Ein besonders schwerer Fall liegt in der Regel vor, wenn der Täter

1. gewerbsmäßig oder als Mitglied einer Bande handelt, die sich zur fortgesetzten Begehung von Urkundenfälschung oder Betrug verbunden hat,

2. einen Vermögensverlust großen Ausmaßes herbeiführt oder in der Absicht handelt, durch die fortgesetzte Begehung von Betrug eine große Zahl von Menschen in die Gefahr des Verlustes von Vermögenswerten zu bringen,

3. eine andere Person in wirtschaftliche Not bringt,

4. seine Befugnisse oder seine Stellung als Amtsträger mißbraucht oder

5. einen Versicherungsfall vortäuscht, nachdem er oder ein anderer zu diesem Zweck eine Sache von bedeutendem Wert in Brand gesetzt oder durch eine Brandlegung ganz oder teilweise zerstört oder ein Schiff zum Sinken oder Stranden gebracht hat.

(4) § 243 Abs. 2 sowie die §§ 247 und 248a gelten entsprechend.

(5) Mit Freiheitsstrafe von einem Jahr bis zu zehn Jahren, in minder schweren Fällen mit Freiheitsstrafe von sechs Monaten bis zu fünf Jahren wird bestraft, wer den Betrug als Mitglied einer Bande, die sich zur fortgesetzten Begehung von Straftaten nach den §§ 263 bis 264 oder 267 bis 269 verbunden hat, gewerbsmäßig begeht.

(6) Das Gericht kann Führungsaufsicht anordnen (§ 68 Abs. 1).

(7) Die §§ 43a und 73d sind anzuwenden, wenn der Täter als Mitglied einer Bande handelt, die sich zur fortgesetzten Begehung von Straftaten nach den §§ 263 bis 264 oder 267 bis 269 verbunden hat. § 73d ist auch dann anzuwenden, wenn der Täter gewerbsmäßig handelt.

§ 266a Vorenthalten und Veruntreuen von Arbeitsentgelt

(1) Wer als Arbeitgeber der Einzugsstelle Beiträge des Arbeitnehmers zur Sozialversicherung einschließlich der Arbeitsförderung, unabhängig davon, ob Arbeitsentgelt gezahlt wird, vorenthält, wird mit Freiheitsstrafe bis zu fünf Jahren oder mit Geldstrafe bestraft.

(2) Ebenso wird bestraft, wer als Arbeitgeber
1. der für den Einzug der Beiträge zuständigen Stelle über sozialversicherungsrechtlich erhebliche Tatsachen unrichtige oder unvollständige Angaben macht oder
2. die für den Einzug der Beiträge zuständige Stelle pflichtwidrig über sozialversicherungsrechtlich erhebliche Tatsachen in Unkenntnis lässt
und dadurch dieser Stelle vom Arbeitgeber zu tragende Beiträge zur Sozialversicherung einschließlich der Arbeitsförderung, unabhängig davon, ob Arbeitsentgelt gezahlt wird, vorenthält.

(3) Wer als Arbeitgeber sonst Teile des Arbeitsentgelts, die er für den Arbeitnehmer an einen anderen zu zahlen hat, dem Arbeitnehmer einbehält, sie jedoch an den anderen nicht zahlt und es unterlässt, den Arbeitnehmer spätestens im Zeitpunkt der Fälligkeit oder unverzüglich danach über das Unterlassen der Zahlung an den anderen zu unterrichten, wird mit Freiheitsstrafe bis zu fünf Jahren oder mit Geldstrafe bestraft. Satz 1 gilt nicht für Teile des Arbeitsentgelts, die als Lohnsteuer einbehalten werden.

(4) In besonders schweren Fällen der Absätze 1 und 2 ist die Strafe Freiheitsstrafe von sechs Monaten bis zu zehn Jahren. Ein besonders schwerer Fall liegt in der Regel vor, wenn der Täter

1. aus grobem Eigennutz in großem Ausmaß Beiträge vorenthält,
2. unter Verwendung nachgemachter oder verfälschter Belege fortgesetzt Beiträge vorenthält oder
3. die Mithilfe eines Amtsträgers ausnutzt, der seine Befugnisse oder seine Stellung missbraucht.

(5) Dem Arbeitgeber stehen der Auftraggeber eines Heimarbeiters, Hausgewerbetreibenden oder einer Person, die im Sinne des Heimarbeitsgesetzes diesen gleichgestellt ist, sowie der Zwischenmeister gleich.

(6) In den Fällen der Absätze 1 und 2 kann das Gericht von einer Bestrafung nach dieser Vorschrift absehen, wenn der Arbeitgeber spätestens im Zeitpunkt der Fälligkeit oder unverzüglich danach der Einzugsstelle schriftlich

1. die Höhe der vorenthaltenen Beiträge mitteilt und
2. darlegt, warum die fristgemäße Zahlung nicht möglich ist, obwohl er sich darum ernsthaft bemüht hat.

Liegen die Voraussetzungen des Satzes 1 vor und werden die Beiträge dann nachträglich innerhalb der von der Einzugsstelle bestimmten angemessenen Frist entrichtet, wird der Täter insoweit nicht bestraft. In den Fällen des Absatzes 3 gelten die Sätze 1 und 2 entsprechend.

§ 291 Wucher

(1) Wer die Zwangslage, die Unerfahrenheit, den Mangel an Urteilsvermögen oder die erhebliche Willensschwäche eines anderen dadurch ausbeutet, daß er sich oder einem Dritten

1. für die Vermietung von Räumen zum Wohnen oder damit verbundene Nebenleistungen,
2. für die Gewährung eines Kredits,
3. für eine sonstige Leistung oder
4. für die Vermittlung einer der vorbezeichneten Leistungen

Vermögensvorteile versprechen oder gewähren läßt, die in einem auffälligen Mißverhältnis zu der Leistung oder deren Vermittlung stehen, wird mit Freiheitsstrafe bis zu drei Jahren oder mit Geldstrafe bestraft. Wirken mehrere Personen als Leistende, Vermittler oder in anderer Weise mit und ergibt sich dadurch ein auffälliges Mißverhältnis zwischen sämtlichen Vermögensvorteilen und sämtlichen Gegenleistungen, so gilt Satz 1 für jeden, der die Zwangslage oder sonstige Schwäche des anderen für sich oder einen Dritten zur Erzielung eines übermäßigen Vermögensvorteils ausnutzt.

(2) In besonders schweren Fällen ist die Strafe Freiheitsstrafe von sechs Monaten bis zu zehn Jahren. Ein besonders schwerer Fall liegt in der Regel vor, wenn der Täter

1. durch die Tat den anderen in wirtschaftliche Not bringt,
2. die Tat gewerbsmäßig begeht,
3. sich durch Wechsel wucherische Vermögensvorteile versprechen läßt.

VI. Verordnung über die Betriebe des Baugewerbes, in denen die ganzjährige Beschäftigung zu fördern ist (Baubetriebe-Verordnung)

§ 1 Zugelassene Betriebe

(1) Die ganzjährige Beschäftigung im Baugewerbe ist durch das Saison-Kurzarbeitergeld in Betrieben und Betriebsabteilungen zu fördern, die gewerblich überwiegend Bauleistungen (§ 175 Abs. 2 des Dritten Buches Sozialgesetzbuch) erbringen.

(2) Betriebe und Betriebsabteilungen im Sinne des Absatzes 1 sind solche, in denen insbesondere folgende Arbeiten verrichtet werden (Bauhauptgewerbe):

1. Abdichtungsarbeiten gegen Feuchtigkeit;
2. Aptierungs- und Drainierungsarbeiten, wie zum Beispiel das Entwässern von Grundstücken und urbar zu machenden Bodenflächen, einschließlich der Grabenräumungs- und Faschinierungsarbeiten, des Verlegens von Drainagerohrleitungen sowie des Herstellens von Vorflut- und Schleusenanlagen;
2a. Asbestsanierungsarbeiten an Bauwerken und Bauwerksteilen;
3. Bautrocknungsarbeiten, das sind Arbeiten, die unter Einwirkung auf das Gefüge des Mauerwerks der Entfeuchtung dienen, auch unter Verwendung von Kunststoffen oder chemischen Mitteln sowie durch Einbau von Kondensatoren;
4. Beton- und Stahlbetonarbeiten einschließlich Betonschutz- und Betonsanierungsarbeiten sowie Armierungsarbeiten;
5. Bohrarbeiten;
6. Brunnenbauarbeiten;
7. chemische Bodenverfestigungen;
8. Dämm-(Isolier-)Arbeiten (das sind zum Beispiel Wärme-, Kälte-, Schallschutz-, Schallschluck-, Schallverbesserungs-, Schallveredelungsarbeiten) einschließlich Anbringung von Unterkonstruktionen sowie technischen Dämm-(Isolier-) Arbeiten, insbesondere an technischen Anlagen und auf Land-, Luft- und Wasserfahrzeugen;

9. Erdbewegungsarbeiten, das sind zum Beispiel Wegebau, Meliorations-, Landgewinnungs-, Deichbauarbeiten, Wildbach- und Lawinenverbau, Sportanlagenbau sowie Errichtung von Schallschutzwällen und Seitenbefestigungen an Verkehrswegen;

10. Estricharbeiten, das sind zum Beispiel Arbeiten unter Verwendung von Zement, Asphalt, Anhydrit, Magnesit, Gips, Kunststoffen oder ähnlichen Stoffen;

11. Fassadenbauarbeiten;

12. Fertigbauarbeiten: Einbauen oder Zusammenfügen von Fertigbauteilen zur Erstellung, Instandsetzung, Instandhaltung oder Änderung von Bauwerken; ferner das Herstellen von Fertigbauteilen, wenn diese zum überwiegenden Teil durch den Betrieb, einen anderen Betrieb desselben Unternehmens oder innerhalb von Unternehmenszusammenschlüssen – unbeschadet der Rechtsform – durch den Betrieb mindestens eines beteiligten Gesellschafters zusammengefügt oder eingebaut werden; nicht erfaßt wird das Herstellen von Betonfertigteilen, Holzfertigteilen zum Zwecke des Errichtens von Holzfertigbauwerken und Isolierelementen in massiven, ortsfesten und auf Dauer eingerichteten Arbeitsstätten nach Art stationärer Betriebe; § 2 Nr. 12 bleibt unberührt;

13. Feuerungs- und Ofenbauarbeiten;

14. Fliesen-, Platten- und Mosaik-Ansetz- und Verlegearbeiten;

14a. Fugarbeiten an Bauwerken, insbesondere Verfugung von Verblendmauerwerk und von Anschlüssen zwischen Einbauteilen und Mauerwerk sowie dauerelastische und dauerplastische Verfugungen aller Art;

15. Glasstahlbetonarbeiten sowie Vermauern und Verlegen von Glasbausteinen;

16. Gleisbauarbeiten;

17. Herstellen von nicht lagerfähigen Baustoffen, wie zum Beispiel Beton- und Mörtelmischungen (Transportbeton und Fertigmörtel), wenn mit dem überwiegenden Teil der hergestellten Baustoffe die Baustellen des herstellenden Betriebes, eines anderen Betriebes desselben Unternehmens oder innerhalb von Unternehmenszusammenschlüssen – unbeschadet der Rechtsform – die Baustellen des Betriebes mindestens eines beteiligten Gesellschafters versorgt werden;

18. Hochbauarbeiten;

19. Holzschutzarbeiten an Bauteilen;

20. Kanalbau-(Sielbau-)Arbeiten;

21. Maurerarbeiten;

22. Rammarbeiten;

23. Rohrleitungsbau-, Rohrleitungstiefbau-, Kabelleitungstiefbauarbeiten und Bodendurchpressungen;
24. Schachtbau- und Tunnelbauarbeiten;
25. Schalungsarbeiten;
26. Schornsteinbauarbeiten;
27. Spreng-, Abbruch- und Enttrümmerungsarbeiten; nicht erfaßt werden Abbruch- und Abwrackbetriebe, deren überwiegende Tätigkeit der Gewinnung von Rohmaterialien oder der Wiederaufbereitung von Abbruchmaterialien dient;
28. Stahlbiege- und -flechtarbeiten, soweit sie zur Erbringung anderer baulicher Leistungen des Betriebes oder auf Baustellen ausgeführt werden;
29. Stakerarbeiten;
30. Steinmetzarbeiten;
31. Straßenbauarbeiten, das sind zum Beispiel Stein-, Asphalt-, Beton-, Schwarzstraßenbauarbeiten, Pflasterarbeiten aller Art, Fahrbahnmarkierungsarbeiten; ferner Herstellen und Aufbereiten des Mischgutes, wenn mit dem überwiegenden Teil des Mischgutes der Betrieb, ein anderer Betrieb desselben Unternehmens oder innerhalb von Unternehmenszusammenschlüssen – unbeschadet der Rechtsform – der Betrieb mindestens eines beteiligten Gesellschafters versorgt wird;
32. Straßenwalzarbeiten;
33. Stuck-, Putz-, Gips- und Rabitzarbeiten einschließlich des Anbringens von Unterkonstruktionen und Putzträgern;
34. Terrazzoarbeiten;
35. Tiefbauarbeiten;
36. Trocken- und Montagebauarbeiten (zum Beispiel Wand- und Deckeneinbau und -verkleidungen, Montage von Baufertigteilen) einschließlich des Anbringens von Unterkonstruktionen und Putzträgern;
37. Verlegen von Bodenbelägen in Verbindung mit anderen baulichen Leistungen;
38. Vermieten von Baumaschinen mit Bedienungspersonal, wenn die Baumaschinen mit Bedienungspersonal zur Erbringung baulicher Leistungen eingesetzt werden;
38a. Wärmedämmverbundsystemarbeiten;
39. Wasserwerksbauarbeiten, Wasserhaltungsarbeiten, Wasserbauarbeiten (zum Beispiel Wasserstraßenbau, Wasserbeckenbau, Schleusenanlagenbau);
40. Zimmerarbeiten und Holzbauarbeiten, die im Rahmen des Zimmergewerbes ausgeführt werden;
41. Aufstellen von Bauaufzügen.

(3) Betriebe und Betriebsabteilungen im Sinne des Absatz 1 sind auch
1. Betriebe, die Gerüste aufstellen (Gerüstbauerhandwerk),
2. Betriebe des Dachdeckerhandwerks.

(4) Betriebe und Betriebsabteilungen im Sinne des Absatzes 1 sind ferner diejenigen des Garten- und Landschaftsbaues, in denen folgende Arbeiten verrichtet werden:
1. Erstellung von Garten-, Park- und Grünanlagen, Sport- und Spielplätzen sowie Friedhofsanlagen;
2. Erstellung der gesamten Außenanlagen im Wohnungsbau, bei öffentlichen Bauvorhaben, insbesondere an Schulen, Krankenhäusern, Schwimmbädern, Straßen-, Autobahn-, Eisenbahn-Anlagen, Flugplätzen, Kasernen;
3. Deich-, Hang-, Halden- und Böschungsverbau einschließlich Faschinenbau;
4. ingenieurbiologische Arbeiten aller Art;
5. Schutzpflanzungen aller Art;
6. Drainierungsarbeiten;
7. Meliorationsarbeiten;
8. Landgewinnungs- und Rekultivierungsarbeiten.

(5) Betriebe und Betriebsabteilungen im Sinne des Absatzes 1 sind von einer Förderung der ganzjährigen Beschäftigung durch das Saison-Kurzarbeitergeld ausgeschlossen, wenn sie zu einer abgrenzbaren und nennenswerten Gruppe gehören, bei denen eine Einbeziehung nach den Absätzen 2 bis 4 in der Schlechtwetterzeit nicht zu einer Belebung der wirtschaftlichen Tätigkeit oder zu einer Stabilisierung der Beschäftigungsverhältnisse der von saisonbedingten Arbeitsausfällen betroffenen Arbeitnehmer führt.

§ 2 Ausgeschlossene Betriebe

Nicht als förderfähige Betriebe im Sinne des § 1 Abs. 1 anzusehen sind Betriebe
1. des Bauten- und Eisenschutzgewerbes;
2. des Betonwaren und Terazzowaren herstellenden Gewerbes, soweit nicht in Betriebsabteilungen nach deren Zweckbestimmung überwiegend Bauleistungen im Sinne des § 1 Abs. 1 und 2 ausgeführt werden;
3. der Fassadenreinigung;
4. der Fußboden- und Parkettlegerei;
5. des Glaserhandwerks;
6. des Installationsgewerbes, insbesondere der Klempnerei, des Klimaanlagenbaues, der Gas-, Wasser-, Heizungs-, Lüftungs- und

Elektroinstallation, sowie des Blitzschutz- und Erdungsanlagenbaues;

7. des Maler- und Lackiererhandwerks, soweit nicht überwiegend Bauleistungen im Sinne des § 1 Abs. 1 und 2 ausgeführt werden;
8. der Naturstein- und Naturwerksteinindustrie und des Steinmetzhandwerks;
9. der Naßbaggerei;
10. des Kachelofen- und Luftheizungsbaues;
11. der Säurebauindustrie;
12. des Schreinerhandwerks sowie der holzbe- und -verarbeitenden Industrie einschließlich der Holzfertigbauindustrie, soweit nicht überwiegend Fertigbau-, Dämm- (Isolier-), Trockenbau- und Montagebauarbeiten oder Zimmerarbeiten ausgeführt werden;
13. des reinen Stahl-, Eisen-, Metall- und Leichtmetallbaues sowie des Fahrleitungs-, Freileitungs-, Ortsnetz- und Kabelbaues;
14. und Betriebe, die Betonentladegeräte gewerblich zur Verfügung stellen.

§ 2a

[aufgehoben]

§ 3

[aufgehoben]

§ 4 Inkrafttreten, Außerkrafttreten

Diese Verordnung tritt am 1. November 1980 in Kraft. Gleichzeitig tritt die Baubetriebe-Verordnung vom 19. Juli 1972 (BGBl. I S. 1257), geändert durch Verordnung vom 30. April 1975 (BGBl. I S. 1056), außer Kraft.

VII. Verordnung über die Kosten der Erlaubnis zur gewerbsmäßigen Arbeitnehmerüberlassung (AÜKostV)

§ 1 Kostenpflichtige Amtshandlungen

Die Bundesagentur für Arbeit erhebt für die Erteilung und Verlängerung der Erlaubnis nach Artikel 1 § 1 des Arbeitnehmerüberlassungsgesetzes Gebühren nach § 2 und Auslagen nach § 3 dieser Verordnung.

§ 2 Höhe der Gebühren

Die Gebühr beträgt für die

1. Erteilung oder Verlängerung einer befristeten
   Erlaubnis   1 000 DM,
   ab 1. Januar 2001   625 Euro,
   ab 1. Januar 2003   750 Euro,
2. Erteilung einer unbefristeten Erlaubnis   3 000 DM,
   ab 1. Januar 2001   1 750 Euro,
   ab 1. Januar 2003   2 000 Euro.

§ 3 Auslagen

Als Auslagen werden die in § 10 Abs. 1 Nr. 2 bis 4 des Verwaltungskostengesetzes bezeichneten Aufwendungen erhoben.

§ 4

[aufgehoben]

§ 5 Inkrafttreten

Diese Verordnung tritt am Tage nach der Verkündung in Kraft.

B. Tarifverträge[2]

I. Tarifverträge der Zeitarbeitsbranche – Überblick

1. Entgelttarifverträge

WEST		
	iGZ/DGB	BZA/DGB	AMP/CGZP
Laufzeit/ Kündigung	seit 1.11.2008; Kündigung zum 31.12.2008 (Nachwirkung)	seit 1.1.2007[3]; Kündigung zum 31.12.2008 (Nachwirkung)	seit 1.7.2009 (Mindestlaufzeit 30.6.2010)
Entgeltgruppe			
M	7,31 €	7,31 €	
1	7,51 €	7,38 €	7,35 €
2	7,73 €	7,81 €	7,95 €
3	8,48 €	9,37 €	8,62 €
4	9,52 €	9,91 €	9,25 €
5	10,80 €	11,20 €	11,05 €
6	12,09 €	12,38 €	12,48 €
7	13,36 €	13,46 €	14,57 €
8	14,63 €	14,54 €	15,67 €
9	17,38 €	16,69 €	16,55 €
Sonstiges	Einsatzbezogene Zulagen nach § 5 Entgeltrahmen-tarifvertrag: 0,20 € (EG M–4) 0,40 € (EG 5–9), jeweils ab 14 Monaten Mindestbe-schäftigungsdauer und 6 Monaten Mindesteinsatz beim gleichen Kunden.	Zuschläge nach § 4 Entgelttarif-vertrag: 1,5% nach 9 Monaten Mindest-einsatz beim gleichen Kunden, 3% nach 12 Monaten Mindest-einsatz beim gleichen Kunden.	Entgeltabsenkun-gen um 9,5% möglich: EG 1–3: ersten 4 Monate; EG 4–9: ersten 6 Monate.

2 Stand: April 2009.
3 Angebot BZA Mitte November 2008: 1%ige-Tariferhöhung ab 1.10.2009 – Ta-rifrunde 2009 noch nicht abgeschlossen.

OST		
	iGZ DGB	**BZA/DGB**	**AMP/CGZP**
Laufzeit/ Kündigung	seit 1.11.2008; Kündigung zum 31.12.2008 (Nachwirkung)	seit 1.1.2007[4]; Kündigung zum 31.12.2008 (Nachwirkung)	seit 1.7.2009 (Mindestlaufzeit 30.6.2010)
Entgeltgruppe			
M	6,36 €	6,36 €	
1	6,50 €	6,42 €	6,15 €
2	6,69 €	6,79 €	6,78 €
3	7,34 €	8,15 €	7,14 €
4	8,23 €	8,62 €	8,14 €
5	9,34 €	9,74 €	9,04 €
6	10,46 €	10,77 €	9,77 €
7	11,56 €	11,71 €	10,66 €
8	12,65 €	12,65 €	11,75 €
9	15,03 €	14,52 €	12,74 €
Sonstiges	Einsatzbezogene Zulagen nach § 5 Entgeltrahmentarifvertrag: 0,20 € (EG M–4) 0,40 € (EG 5–9), jeweils ab 14 Monaten Mindestbeschäftigungsdauer und 6 Monaten Mindesteinsatz beim gleichen Kunden.	Zuschläge nach § 4 Entgelttarifvertrag: 1,5% nach 9 Monaten Mindesteinsatz beim gleichen Kunden, 3% nach 12 Monaten Mindesteinsatz beim gleichen Kunden.	Entgeltabsenkungen um 9,5% möglich: EG 1–3: ersten 4 Monate; EG 4–9: ersten 6 Monate.

---

4 Angebot BZA Mitte November 2008: 1%ige-Tariferhöhung ab 1.10.2009 – Tarifrunde 2009 noch nicht abgeschlossen.

2. Entgeltrahmentarifverträge

Entgeltgruppe	iGZ/DGB	BZA/DBG	AMP/CGZP
Laufzeit/ Kündigung	**Inkrafttreten 1.1.2004** (Mindestlaufzeit 31.12.2008; Kündigungsfrist drei Monate).	**Inkrafttreten 1.1.2004;** (Mindestlaufzeit 31.12.2008; Kündigungsfrist sechs Monate).	**Inkrafttreten 1.7.2008** (Mindestlaufzeit 30.6.2010; Kündigungsfrist drei Monate).
M	Tätigkeiten ohne Anlernzeit.	Tätigkeiten ohne Anlernzeit.	(–)
1	Einfache, gleichbleibende oder wiederholende Tätigkeiten, die Einweisung oder Anlernzeit erfordern.	Tätigkeiten ohne Anlernzeit nach 5-monatiger Beschäftigung oder kurzer Anlernzeit.	Schematische Tätigkeiten ohne Berufsvorbildung und spezielles Können, aber Einweisung.
2	Einfache Tätigkeiten mit wechselnden Problemstellungen, die Einarbeitung erfordern oder fachbezogene Berufserfahrung und fachspezifische Kenntnisse oder fachspez. Qualifikation mit Berufserfahrung voraussetzen.	Tätigkeiten, die über EG 1 hinausgehende Anlernzeit sowie Einarbeitung erfordern.	Einfache Tätigkeiten nach festen Vorgaben, die berufliche Grundkenntnisse oder Einarbeitung erfordern.
3	Tätigkeiten, die i.d.R. abgeschlossene 2-jährige Berufsausbildung oder fachspez. Qualifikation und mehrjährige aktuelle Berufserfahrung voraussetzen.	Tätigkeiten, die Berufsausbildung voraussetzen; Kenntnisse können auch durch mehrjährige Tätigkeit in EG 2 erworben werden	Tätigkeiten, die grds. Berufsausbildung oder entspr. Arbeitskenntnisse und Fertigkeiten mit Erfahrung voraussetzen.
4	Tätigkeiten, die abgeschlossene 3-jährige Berufsausbildung und entsprechende aktuelle Arbeitskenntnisse und Fertigkeiten voraussetzen.	Tätigkeiten, die 3-jährige Berufsausbildung und mehrjährige Berufserfahrung erfordern.	Schwierige Tätigkeiten, die einschlägige Berufsausbildung oder vergleichbare fachl. oder prakt. Qualifikation voraussetzen.

Entgeltgruppe	iGZ/DGB	BZA/DBG	AMP/CGZP
5	Wie EG 4, zusätzlich mehrjährige fachspezifische Berufserfahrung.	Wie EG 4, zusätzlich Spezialkenntnisse durch Zusatzausbildung und langjährige Berufserfahrung.	Schwierige Tätigkeiten, die einschlägige Berufsausbildung mit Berufserfahrung oder spezielle Berufsfortbildung mit mehrjähriger Berufserfahrung voraussetzen.
6	Wie EG 5, zusätzlich spezielle Qualifikationsmaßnahmen.	Meister- bzw. Technikerausbildung oder vergleichbar.	Komplexe und schwierige Tätigkeiten, die die Meister- oder Fachschulausbildung voraussetzen, mit disziplinarischer Verantwortung für Personal und Sachwerte; oder wie EG 5, aber spezielle Fachkenntnisse.
7	Spezielle Tätigkeiten, die Meister-, Fachschul- oder FH-Ausbildung voraussetzen, mit Verantwortung für Personal und Sachwerte oder selbständige komplexe Aufgabenerledigung.	Wie EG 6, zusätzlich mehrjährige Berufserfahrung.	Wie EG 6, aber Aufgaben mit höherer Verantwortung, die umfangreiche angewandte Spezialkenntnisse und volle Selbständigkeit erfordern, oder für die qualifizierter Hochschulabschluss, aber keine Berufserfahrung notwendig ist.
8	Abgeschlossenes FH-Studium mit mehrjähriger fachspezifischer Berufserfahrung oder abgeschlossenes Hochschulstudium, selbständige Bewältigung komplexer Aufgabenstellungen.	Abgeschlossenes FH-Studium.	Sehr komplexe und schwierige Tätigkeiten, qualifizierter Hochschulabschluss, geringe Berufserfahrung.
9	Wie EG 8, zusätzlich hohe Verantwortung für Personal und Sachwerte, komplexe organisatorische oder innovative Aufgabenstellungen.	Hochschulstudium bzw. FH-Studium und mehrjährige Berufserfahrung.	Wie EG 8, aber mehrjährige Berufserfahrung.

3. Manteltarifverträge

Regelungsgegenstand	iGZ/DGB	BZA/DBG	AMP/GZP
Laufzeit/Kündigung	MTV v. 29.5.2003; **Inkrafttreten 1.1.2004** (Mindestlaufzeit 31.6.2006; Kündigungsfrist drei Monate).	MTV v. 22.7.2003 i.d.F. v. 30.5.2006; **Inkrafttreten 1.1.2004** (Mindestlaufzeit 31.12.2008; Kündigungsfrist sechs Monate).	MTV v. 29.11.2004 i.d.F. v. 9.7.2008; **Inkrafttreten 1.1.2005** (Mindestlaufzeit 31.12.2009; Kündigungsfrist drei Monate).
Altersvorsorge	(–)	Entgeltumwandlungsklausel: bis zu 4% der Beitragsbemessungsgrenze (BBG).	Öffnungsklausel für Tarifverträge; Anspruch auf Entgeltumwandlung bis zu 4% der BBG.
Arbeitszeiten	Tarifliche Regelarbeitszeit: 151,67 h/Monat; 35 h/Woche Alternativ: variable Monatsarbeitszeit bei 20/21/22/23 Arbeitstagen von 140/147/154/161 h/Monat.	Tarifliche Regelarbeitszeit: 151,67 h/Monat; 35 h/Woche. Einzelvertragliche Verlängerung auf bis zu 40 h/Woche zulässig.	Tarifliche Regelarbeitszeit: 151,67 h/Monat; 35 h/Woche. Einzelvertragliche Verlängerungen zulässig.
Arbeitszeitkonten	Müssen eingerichtet werden; Plusstunden: 150 h. Minusstunden: 21 h. Ausgleichszeitraum: 12 Monate.	Werden eingerichtet; Plusstunden: max. 200 h; bei saisonalen Schwankungen 230 h. Minusstunden: unbegrenzt. Ausgleichszeitraum: (–). Insolvenzsicherung: über 150 h hinausgehenden Plusstunden.	Können eingerichtet werden; Plusstunden: 250 h. Minusstunden: 100 h. Ausgleichszeitraum: (–). Ausgleich: bis 150. Plusstunde: Dispositionsfreiheit Arbeitgeber; ab 151. Plusstunde: Wahlrecht Arbeitnehmer (Fortschreibung, Freizeitausgleich bzw. Auszahlung).

Regelungsgegenstand	iGZ/DGB	BZA/DBG	AMP/GZP
Ausschlussfristen	1 Monat nach Fälligkeit außergerichtlich; bei Ablehnung oder Nichterklärung innerhalb 2 Wochen innerhalb 1 Monats gerichtlich.	2 Monate (bei Ausscheiden 1 Monat) nach Fälligkeit außergerichtlich; bei Ablehnung bzw. Fristablauf innerhalb 1 Monats gerichtlich.	3 Monate nach Fälligkeit außergerichtlich; bei Ablehnung oder Nichterklärung innerhalb 1 Monats gerichtlich.
Befristung	Nach TzBfG.	Sachgrundlose Befristung: Höchstbefristung 2 Jahre; Max. 4 Verlängerungen.	Sachgrundlose Befristung: Höchstbefristung 3 Jahre; Max. 4 Verlängerungen.
Urlaub/Urlaubsentgelt	Urlaub/Arbeitstage pro Jahr: bis 6 Monate: BUrlG; 1. Jahr: 24; 2. Jahr: 25; 3. Jahr: 26; 4. Jahr: 28; ab 5. Jahr: 30. Urlaubsentgelt: Gem. BUrlG.	Wie iGZ/DGB.	Urlaub/Arbeitstage pro Jahr: bis 6 Monate: BUrlG; 1. Jahr: 24; 2. + 3. Jahr: 25; ab 4. Jahr: 26. Urlaubsentgelt: Gem. BUrlG auf Basis tariflicher Arbeitszeit (alternativ: arbeitsvertragliche Mindestarbeitszeit).
Entgeltfortzahlung im Krankheitsfall	EFZG.	EFZG.	EFZG; Bemessung: Tarifentgelt auf Grundlage tariflicher oder vertraglicher Mindestarbeitszeit (ohne Zuschläge).

Regelungsgegenstand	iGZ/DGB	BZA/DBG	AMP/GZP
Jahressonderzahlungen	Urlaubs- und Weihnachtsgeld: 1. + 2. Jahr: je 150 € brutto; 3. + 4. Jahr: je 200 € brutto; ab 5.Jahr: je 300 € brutto. Anspruch erstmals nach 6-monatigem ununterbrochenen Bestand des Arbeitsverhältnisses.	Wie iGZ/DGB.	(–)
Jubiläumszahlung	(–)	(–)	Betriebszugehörigkeit (BZG): 5 Jahre: 250 € brutto; 10 Jahre: 500 € brutto; 15 Jahre: 750 € brutto; 20 Jahre: 1000 € brutto. BZG ab 1.1.2003 berücksichtigungsfähig.
Kündigungsfristen	bis 4 Wochen: 2 Arbeitstage; bis 2 Monate: 1 Woche; bis 6 Monate: 2 Wochen; ab 7. Monat: Gesetz.	bis 3 Monate: 1 Woche; bis 6 Monate: 2 Wochen (Neueinstellung: Abkürzung auf 1 Tag während Probezeit möglich); ab 7. Monat: Gesetz.	bis 2 Wochen: 1 Werktag, bis 1 Monat: 2 Werktage; im 2. Monat: 3 Werktage; im 3. Monat: 1 Woche; bis 6. Monat: 2 Wochen; ab 7. Monat: Gesetz.
Vermögenswirksame Leistungen	(–)	13,30 €/Monat.	13,50 €/Monat (ab 7. Beschäftigungsmonat).

Regelungsgegenstand	iGZ/DGB	BZA/DBG	AMP/GZP
Zuschläge	Mehrarbeit: 25%; Nachtarbeit: 25% (20% bei rglm. Nachtarbeit; (–) bei typischer Nachtarbeit); Sonntagsarbeit: 50% (bei rglm. Sonntagsarbeit gem. Regelungen beim Entleiher); Feiertagsarbeit: 100% (bei rglm. Feiertagsarbeit gem. Regelungen beim Entleiher).	Mehrarbeit: 25% (bei Überschreitung tarifl. Arbeitszeit um mehr als 15%); Nachtarbeit: gem. Regelungen beim Entleiher, max. 25%; Sonntagsarbeit: gem. Regelungen beim Entleiher, max. 50%; Feiertagsarbeit: gem. Regelungen beim Entleiher, max. 100%.	Mehrarbeit: 25% (bei Überschreitung tarifl./vertragl. Regelarbeitszeit um mehr als 20%); Nachtarbeit: 20%; Sonntagsarbeit: 50%; Feiertagsarbeit: 50% (100%: 1.5., Ostersonntag, 25.12., 1.1.). Sonderregelungen für Wach-/Sicherheitsgewerbe, medizinische/pflegerische Branchen, Gastronomie, Film/Fernsehen/Theater/Bühne.

II. Allgemeinverbindliche Mindestlohntarifverträge – Überblick

Mindestlöhne aufgrund allgemeinverbindlicher Tarifverträge				
Branche	Laufzeit	Lohn-/ Entgelt-gruppe	Mindestlöhne/€		
			Deutsch-land West	Berlin	Deutsch-land Ost
Abbruch-gewerbe	1.4.–31.8.2008	1	9,79		9,10
		2	11,96		10,16
Bauhaupt-gewerbe	1.9.2007–31.8.2008	1	10,40		9,00
		2	12,50		9,80
	1.9.2008–31.8.2009	1	10,70		9,00
		2	12,85	12,70	9,80
	1.9.2009–31.8.2010	1	10,80		9,25
		2	12,90	12,75	
	1.9.2010–30.6.2011	1	10,90		9,50
		2	12,95	12,75	
	ab 1.7.2011	1	11,00		9,75
		2	13,00	12,85	
Dachdecker-handwerk	1.1.–31.12.2007	–	10,00		10,00
	1.1.–31.12.2008		10,20		10,20
	1.1.–31.12.2009		10,40		10,40
Elektro-handwerk	1.9.–31.12.2007	–	9,20		7,70
	1.1.–31.12.2008		9,40		7,90
	1.1.–31.12.2009		9,55		8,05
	1.1.–31.12.2010		9,60		8,20
Maler- und Lackierer-handwerk	1.10.2005–31.3.2008	1	7,85		7,15
		2	10,73		9,37
	1.4.2008–30.6.2009	1	8,05		7,50
		2	11,05		9,65
Briefdienst-leistungen	1.1.2008–31.12.2009	1	8,40		8,00
		2	9,80		9,00
	1.1.2010–30.4.2010	1	8,40		
		2	9,80		

Branche	Laufzeit	Lohn-/ Entgelt- gruppe	Deutsch- land West (und Berlin)	Sachsen- Anhalt	Mecklen- burg- Vorpom- mern, Sachsen, Thürin- gen	Branden- burg, Potsdam
Gebäude- reiniger- handwerk	1.7.2007– 29.2.2008	1	7,87	6,36		
		2	8,38	6,67		
		3	8,90	6,98		
		4	9,41	7,19		
		5	9,89	7,03	7,39	7,63
		6	10,43	7,44	7,83	8,06
		7	11,56	8,24	8,67	8,94
	1.3.– 31.12.2008	1	8,15	6,58		
		6	10,80	7,84	8,17	8,34
	1.1.– 30.9.2009	1	8,15	6,58		
		6	10,80	8,01	8,26	8,34

C. Materialien der Bundesagentur für Arbeit

I. Arbeitnehmerüberlassungsgesetz Durchführungsanweisungen
– Stand Oktober 2004 (Auszug § 1 DA-AÜG)

Bundesagentur für Arbeit   Nürnberg, Oktober 2004
Zentrale
PP11-7160.4 (1)

Arbeitnehmerüberlassungsgesetz
Durchführungsanweisungen

Stand Oktober 2004

Hinweise:

Paragraphen ohne Gesetzesangabe bezeichnen solche des AÜG. Die Änderungen sind mit vertikalem Seitenstrich gekennzeichnet. Das Inhaltsverzeichnis wurde mit den jeweiligen Textstellen innerhalb der Durchführungsanweisungen verlinkt.

Soweit nicht einzelne Verfahrensvorschriften des AÜG eingreifen, die nachfolgend in den DA erläutert sind, gilt das Verwaltungsverfahrensgesetz – VwVfG -.

Juli 2005: Die DA wurden für die Aufnahme ins neue Intranet der BA neu aufbereitet. Inhaltliche Änderungen haben sich nicht ergeben.

Erlaubnispflicht	§ 1	DA AÜG

ANÜ setzt immer drei Beteiligte voraus: Verleiher, Leiharbeitnehmer, Entleiher. Aus diesem Grunde ist sog. Selbstverleih rechtlich nicht möglich, da zwischen Verleiher und Leiharbeitnehmer in diesen Fällen Personenidentität besteht. In der Regel ist bei einer derartigen Konstellation der Betreffende entweder Arbeitnehmer des „Entleihers"/Arbeitgebers oder Werkunternehmer, wenn er z.B. im Rahmen eines Werkvertrages für den „Entleiher", d.h. den Auftraggeber bzw. Besteller tätig wird. — **„Selbstverleih"**

Das Makeln von ANÜ-Verträgen stellt keine erlaubnispflichtige Tätigkeit i. S. des AÜG dar. — **Makeln von ANÜ- Verträgen**

ANÜ liegt nicht vor, wenn ein Arbeitnehmer ein weiteres Beschäftigungsverhältnis unter gleichzeitiger Ruhendstellung des ursprünglichen Beschäftigungsverhältnisses eingeht. — **Ruhen des Arbeitsverhältnisses/ Zweitbeschäftigungsverhältnisses**

Kein Verleih ist der sog. Verleih von Fußballspielern nach den Statuten des Deutschen Fußball-Bundes (DFB). Hiernach können Lizenz- und Vertragsspieler ihren Verein nur wechseln, wenn sie in die Transferliste des DFB aufgenommen worden sind. Der Nachweis über die Kündigung oder Beendigung des laufenden Arbeitsvertrages ist dem DFB mit dem Antrag zur Aufnahme in die Transferliste vorzulegen. Bevor demnach ein Lizenz– oder Vertragsspieler bei einem anderen Verein einen neuen Vertrag unterschreiben kann, müssen die arbeitsrechtlichen Beziehungen zu seinem bisherigen Verein gelöst sein; eine vertraglich ausbedungene Rückkehrmöglichkeit zum abgebenden Verein ist dabei unschädlich. — **Verleih im Fußballsport**

ANÜ liegt ferner nicht vor, wenn ein Arbeitgeber des Baugewerbes von der Möglichkeit des § 9 Bundesrahmentarifvertrag Bau (BRTV Bau) Gebrauch macht und einen Arbeitnehmer zur Arbeitsleistung in einer Arbeitsgemeinschaft, an der er beteiligt ist, freistellt. — **Freistellungen nach § 9 BRTV Bau**

Während der Dauer der Freistellung ruht das Arbeitsverhältnis des Arbeitnehmers zum Stammbetrieb; mit der Arbeitsaufnahme tritt der Arbeitnehmer in ein Arbeitsverhältnis zur Arbeitsgemeinschaft. (s. auch DA 1.1.13 – Arge).

1.1.6   Abgrenzung zu anderen Formen des drittbezogenen Personaleinsatzes

Von der ANÜ abzugrenzen ist das Tätigwerden von Erfüllungsgehilfen im Rahmen von Werk-, Dienst-, Dienstverschaffungs- und Geschäftsbesorgungsverträgen. — **Allgemeines**

Hinsichtlich konkreter Abgrenzung im Einzelfall sind Fragesteller auf die Beratung durch Angehörige der rechtsberatenden Berufe sowie berufsständische Vereinigungen zu verweisen. Unabhängig davon ergeben sich aus dem „Merkblatt zur Abgrenzung zwischen Arbeitnehmerüberlassung und Entsendung von Arbeitnehmern im Rahmen von Werk- und selbständigen Dienstverträgen sowie anderen Formen drittbezogenen Personaleinsatzes" (AÜG 10) allgemeine Abgrenzungskriterien. (siehe Internet: www.arbeitsagentur.de -> Service A bis Z > Vermittlung > Arbeitnehmerüberlassung > Merkblatt zur Abgrenzung) — **Einzelfallberatung**

Bei der Unterscheidung zwischen ANÜ und anderen Formen drittbezogenen Personaleinsatzes darf nicht schematisch vorgegangen werden. — **Wertende Gesamtbetrachtung**

Das Vorliegen eines oder mehrerer Kriterien muss noch nicht für oder gegen einen bestimmten Vertragstyp sprechen; dies gilt insbesondere, wenn für ein solches Kriterium eine objektiv berechtigte Notwendigkeit bestand. Im Hinblick auf die Vielfalt der denkbaren Vertragsgestaltungen gibt erst eine (qualitative) Gewichtung der maßgeblichen Abgrenzungskriterien im Rahmen einer wertenden Gesamtbetrachtung zuverlässigen Aufschluss über die Zuordnung drittbezogenen Personaleinsatzes zu einer bestimmten Vertragsform.

Grundsätzlich ist der Geschäftsinhalt der zwischen den Beteiligten vereinbarten Verträge entscheidend. Der Geschäftsinhalt kann sich sowohl aus den schriftlichen Vereinbarungen der Beteiligten als auch aus der praktischen Durchführung der Verträge ergeben. Widersprechen sich allerdings schriftliche Vereinbarungen und tatsächliche Durchführung des Vertrages, so kommt es auf die tatsächliche Durchführung an. Diese ist für die Ermittlung des Vertragstyps maßgebend (vgl. BAG vom 15.6.1983 DBIR 2876a SonstR/Art 1 § 10 AÜG = NJW 1984, 2912). **Vertragsgemäße / tatsächliche Durchführung**

1.1.7 Werkverträge

Aufgrund der Werkvertragsvorschriften des BGB (§§ 631 ff) und der ständigen Rechtsprechung des BAG, der sich auch andere Bundesgerichte angeschlossen haben, liegen gefestigte Maßstäbe für die Abgrenzung zwischen Werkverträgen und Verträgen auf ANÜ nach § 1 AÜG vor. **Allgemeines**

Elemente des Werkvertrages sind: **Kriterien**

- Vereinbarung und Erstellung eines qualitativ individualisierbaren und dem Werkunternehmer zurechenbaren Werkergebnisses.

- Unternehmerische Dispositionsfreiheit des Werkunternehmers gegenüber dem Besteller.

- Weisungsrecht des Werkunternehmers gegenüber seinen im Betrieb des Bestellers tätigen Arbeitnehmern, wenn das Werk dort zu erstellen ist.

- Tragen des Unternehmerrisikos, insbesondere der Gewährleistungen, durch den Werkunternehmer.

- Erfolgsorientierte Abrechnung der Werkleistung.

Voraussetzung für einen Werkvertrag ist u.a., dass das zu erstellende Werk von vornherein ausreichend genau beschrieben ist, um so die erforderliche qualitative Individualisierung vorzunehmen und das Werkergebnis dem Werkunternehmer zuordnen zu können. Diese Voraussetzung gilt auch dann als erfüllt, wenn das Werkergebnis als Ziel zwar klar definiert ist, sich die einzelnen Realisierungsschritte aber erst während der Durchführung ergeben (z.B. Erstellung eines Personalabrechnungssystems durch Software, Reparaturarbeiten am Werkunternehmer einer Anlage). Unbestimmte vertragliche Ziele (z.B. Mitarbeit im Betrieb) indizieren den Verdacht, dass gar nicht beabsichtigt ist, ein näher beschriebenes Werk zum Gegenstand des Vertrages zu machen. **Werkergebnis; Abgrenzbarkeit**

Ein typisches Element des Werkvertrages ist der projekt- und erfolgsbezogene Einsatz der im Betrieb des Werkbestellers tätig werdenden Arbeitnehmer des Werkunternehmers. Allein der Umstand, dass Arbeitnehmer des Bestellerbetriebes der Tätigkeit des Werkunternehmers vergleichbare Arbeiten auf dem eigenen Werksgelände durchführen (z.B. Softwareerstellung durch Arbeitnehmer des Bestellers und gleichzeitige, aber auf ein anderes Projekt bezogene Softwareerstellung durch Arbeitnehmer des Werkunternehmers), steht dem nicht entgegen. Die mangelnde Abgrenzbarkeit des Arbeitsergebnisses bezogen auf die von den Arbeitnehmern des Bestellerbetriebes verrichtete Arbeit deutet darauf hin, dass tatsächlich ANÜ betrieben wird.

Gegen einen Werkvertrag können – trotz der heutzutage im modernen Arbeitsleben fortschreitenden Arbeitsteilung – folgende Vertragsinhalte sprechen: **Werkvertragsfähige Leistungen**

- Wenn gleichzeitig oder über einen bestimmten Zeitraum eine Summe von Klein- und Kleinst-„Projekten" vergeben wird (Aufteilung des Gewerks bis zur „Atomisierung", z.B. Schweißnähte, Verputzarbeit geringen Umfangs im Leistungslohn);

- wenn lediglich die Leistung (nicht erfolgsbezogener) einfacher Arbeiten benötigt wird (z.B. Schreibarbeiten, Botendienste, einfache Zeichenarbeiten, Maschinenbedienung, Dateneingabe vgl. aber hierzu Ziff. 1.5 zum Dienstvertrag).

Urban-Crell 579

Anhaltspunkte dafür, ob überhaupt eine werkvertragsfähige Leistung vorliegt, können auch den schriftlichen Vereinbarungen der Vertragsparteien entnommen werden. Das Werk muss in aller Regel im Angebot präzise beschrieben sein. Allgemeine Formulierungen ohne Präzisierung des Auftraggegenstandes wie „Montage ..." oder „Schweißen ..." genügen nicht. Die Beschreibung der auszuführenden Arbeiten soll so eindeutig sein, dass im Konfliktfalle (Abrechnung, Haftung wegen mangelnder Ausführung) bestimmbar ist, wer die Arbeiten ausgeführt hat. Eine genaue Beschreibung der einzelnen Realisierungsschritte ist jedoch nicht notwendig, wenn der Leistungserfolg im Vertrag hinreichend bestimmt ist.

Für die Zuordnung der zwischen den Vertragsparteien vereinbarten Geschäftsinhalte zu einem bestimmten Vertragstyp kann im Einzelfall auch die Prüfung der Frage hilfreich sein, ob ein Unternehmer nach seiner materiellen Ausstattung (Kapital, Maschinen, Fahrzeuge, Werkzeuge, Materialien, eine dem Unternehmen entsprechende büromäßige Organisation, Versicherungsschutz usw.) sowie der eigenen fachlichen Kompetenz und die seiner Erfüllungsgehilfen überhaupt in der Lage ist, einen anderen Geschäftszweck als den der ANÜ zu betreiben. Ist z.B. die auftragnehmende Vertragspartei in ihrer unternehmerischen Eigenverantwortung und Dispositionsfreiheit dadurch stark eingeschränkt, dass nur der Besteller über die für die Erfüllung des Vertrages wesentlichen Betriebsmittel verfügt, so spricht dieser Umstand eher für einen ANÜ-Vertrag. Das gleiche gilt, wenn der Werkunternehmer kein hinreichend qualifiziertes Personal beschäftigt, welches die geschuldete Leistung selbständig planen und organisieren und schließlich auch selbständig und eigenverantwortlich durchführen und überwachen kann.   **„Werkvertragsfähige" Unternehmen**

Handelt es sich um einen echten Werkvertrag und nicht um einen Werklieferungsvertrag gemäß § 651 BGB, so schuldet der Unternehmer nur die Veränderung einer Sache, die dem Besteller bereits gehört (z.B. das Tapezieren einer Wohnung). In einem solchen Fall kann die Gestellung der sonstigen Arbeitsmittel eine Indizfunktion zukommen. Werkvertragsunternehmen bringen in der Regel ihr Werkzeug mit.   **Arbeitsmittel**

Die Beachtung oder Nichtbeachtung öffentlich-rechtlicher Ordnungsvorschriften (z.B. HandwO, GewO) ist kein zuverlässiges Abgrenzungskriterium. Allerdings kann die Verletzung einschlägiger Vorschriften auf mangelnde fachliche Qualifikation hindeuten. Ferner kann z.B. das Fehlen eines handwerklichen Befähigungsnachweises (Meisterprüfung) zusätzlich die Auffassung stützen, dass kein Werkvertrag vorliegt.   **Ordnungsvorschriften**

Bei Werkverträgen organisiert der Unternehmer die zur Erreichung eines wirtschaftlichen Erfolges notwendigen Handlungen selbst, wobei er sich eines Erfüllungsgehilfen bedienen kann. Dabei bleibt der Unternehmer für die Erfüllung der im Vertrag vorgesehenen Dienste oder für die Herstellung des geschuldeten Werks verantwortlich. Daher kann ein Werkvertrag nur bejaht werden, wenn der Unternehmer Art, Ablauf und Einteilung der Arbeiten selbst bestimmt und der Dritte kein Weisungsrecht gegenüber den Arbeitnehmern des Herstellers hat (vgl. BAG, Urteil vom 10.2.1997 = EzAÜG 1 Nr. 32 = AP nr. 9 zu § 103 BetrVG); vgl. aber auch **„Weisungsbefugnis"**.   **Unternehmerische Dispositionsfreiheit**

Zu den Abgrenzungskriterien wird auch auf die Urteile des BGH v. 16.07.2002 – X ZR 27/01 und v. 25.06.2002 X ZR 83/00 verwiesen.

Vertragstypische Rechte/Pflichten des Werkunternehmers sind insbesondere:

- Entscheidung über Auswahl der eingesetzten Arbeitnehmer (Zahl, Qualifikation und Person),
- Ausbildung und Einarbeitung,
- Bestimmung der Arbeitszeit und Anordnung von Überstunden,
- Gewährung von Urlaub und Freizeit,
- Durchführung der Anwesenheitskontrolle,
- Überwachung der Ordnungsmäßigkeit der Arbeitsabläufe.

Werden derartige Funktionen vom angeblichen Werkbesteller wahrgenommen, so spricht dies für ANÜ.

Die organisatorische Eingliederung in die Arbeitsabläufe oder in den Produktionsprozess des Bestellerbetriebes spricht grundsätzlich für ANÜ. Der Bestellerbetrieb kann aber z.B. besonderen Sicherheitsvorschriften hinsichtlich der auf seinem Gelände beschäftigten Arbeitnehmer unterliegen oder aus Kapazitätsgründen nur für den Ansatz einer beschränkten Zahl von Werkvertragsarbeitnehmern aufnahmefähig sein. Auch müssen betriebliche Gegebenheiten der Bestellerseite im Rahmen der Eingliederungsprüfung berücksichtigt werden; so können z.B. werkvertragliche Instandhaltungsarbeiten, Anlageumbauten oder –erweiterungen auf betriebliche Produktionsabläufe abzustimmen sein, um Produktionsausfälle zu mindern. Immer aber muss ein abgrenzbares Werkergebnis vorliegen.

Eingliederung

Eingliederung ist nicht schon dann gegeben, wenn im Rahmen eines Vertrages Entwicklungs- und Planungsarbeiten von den Vertragsparteien gemeinsam im Betrieb eines der Vertragspartner durchgeführt werden; immer aber muss eine abgrenzbare und einem Vertragspartner zurechenbare Leistung vorliegen.

Der Werkunternehmer hat sicherzustellen, dass er selbst oder seine Repräsentanten (z.B. Meister, Obermonteure, Projektleiter, Vorarbeiter) Weisungs- und Aufsichtsbefugnisse tatsächlich ausüben. Beim Einsatz von Erfüllungsgehilfen muss gewährleistet sein, dass diese im Betriebsgelände des Werkbestellers tätigen Arbeitnehmer ihre Arbeitsleistung in weitgehender Selbständigkeit, d.h. ohne Unterstellung unter das Weisungsrecht des Werkbestellers oder dessen Repräsentanten erbringen. Dies schließt es nicht aus, dass der Besteller betriebsspezifische Hinweise/Anweisungen (z.B. Anweisung zur Schadensvermeidung) gibt.

Weisungsbefugnis

Außerdem kann der Werkbesteller gegenüber dem Werkunternehmer ein vertraglich ausbedungenes (An-)Weisungsrecht haben (vgl. § 645 BGB). Es kann auch gegenüber dem entsandten Erfüllungsgehilfen (Repräsentanten) des Werkunternehmers bestehen. Ein sehr weitgehendes Anweisungsrecht des Werkbestellers kann im Einzelfall dafür sprechen, dass der Erfüllungsgehilfe im Ergebnis dem Weisungsrecht des Werkbestellers unterliegt. Das (An-) Weisungsrecht des Werkbestellers unterscheidet sich aber grundlegend vom (Arbeitgeber-)Weisungsrecht des Werkunternehmers; es beinhaltet lediglich projektbezogene Ausführungsanweisungen und ist damit gegenständlich beschränkt auf die Herstellung des jeweils geschuldeten Werkes; es darf sich nicht auf die einzelne Arbeitsverrichtung, sondern nur auf das Arbeitsergebnis (auch Sachfortschrittskontrolle beziehen).

Der Werkunternehmer trägt im Vergleich zum Verleiher ein erhöhtes Unternehmerrisiko. Der Werkunternehmer trägt die Vergütungsgefahr (§ 644 i.V.m. §§ 640 und 646 BGB) und die Gewährleistungspflicht (§ 633 Abs. 1 BGB). Dabei muss er sich das Verschulden seiner Erfüllungsgehilfen anrechnen lassen (§ 278 BGB). Ein „echter" Werkunternehmer wird gegen diese Risiken entsprechend abgesichert sein (Versicherungen, Rückstellungen). Werkvertragstypisch ist auch die Vereinbarung einer Konventionalstrafe. Der Verleiher muss demgegenüber nur für die fristgerechte Gestellung von Arbeitnehmern und Auswahlverschulden einstehen.

Unternehmerrisiko

Besteht im Falle des zufälligen Untergangs des geschuldeten (Teil-) Werks vor Abnahme durch den Werkbesteller trotz erbrachter Arbeitsleistungen der im Bestellerbetrieb tätig gewesenen Arbeitnehmer kein Anspruch auf Vergütung für die aufgewandte Arbeitszeit sowie für die sonstigen Kosten (z.B. für den Einsatz von Maschinen oder Werkzeug), spricht dies in aller Regel für einen Werkvertrag.

Vergütungsgefahr

Kennzeichnend für den Werkvertrag ist der Umstand, dass der Werkunternehmer dem Besteller die vertragsgemäße, mangelfreie und rechtzeitige (fristgerechte) Herstellung des Werkes (§ 633 Abs. 1 BGB) schuldet; der Besteller braucht ein fehlerbehaftetes Werk nicht abzunehmen.

Gewährleistungspflicht

Für das Bestehen einer Gewährleistungspflicht sprechen insbesondere folgende Rechte des Bestellers:

- Einrede des nicht erfüllten Vertrages (§ 320 BGB),
- Beseitigung des Mangels (Nachbesserung gem. § 633 Abs. 2, 3 BGB),
- Rückgängigmachung des Vertrages (Wandelung) oder die Herabsetzung der Vergütung (Minderung) gem. § 634 BGB,

- Schadensersatz wegen Nichterfüllung (§ 635 BGB),
- Rücktritt vom Vertrag (§ 636 BGB).

Diese Rechte müssen nicht ausdrücklich vereinbart sein, da sie sich aus dem Gesetz ergeben. Sie dürfen allerdings nicht vertraglich abbedungen sein.

Das Abbedingen der Gewährleistungspflicht spricht dann nicht für ANÜ, wenn es durch „Allgemeine Geschäftsbedingungen" oder z.B. die „Verdingungsordnung für Bauleistungen – VOB" oder ähnliche Regelungswerke („Leistungs- und Honorarordnung der Ingenieure – LHO", „Honorarordnung für Architekten und Ingenieure – HOAI") erfolgt. | **Abdingbarkeit**

Auf das Vorliegen von ANÜ deutet dagegen hin, wenn in den Verträgen zwar Regelungen über die Gewährleistungspflicht und die Vergütungsgefahr vorgesehen und – zur Tarnung – auch Leistungen gewährt, aber dann wieder rückvergütet werden. Gleiches gilt, wenn bei einer summenmäßigen Haftungsbeschränkung und bei einem Ausschluss des Rücktrittrechts die Gewährleistung in keinem Verhältnis mehr zu den tatsächlichen Gefahren steht. | **Umgehungsformen**

Auch die Bemessungsgrundlage für das Entgelt kann aufschlussreich sein. Bei einem Werkvertrag wird die Vergütungsregelung regelmäßig entweder in einer Pauschalsumme für das Gesamtwerk oder einzelne Teilabschnitte (Pauschalpreis) oder in einem Einheitspreis nach den vereinbarten Berechnungsmaßstäbe (Material- und Zeitaufwand, Aufmaß, Regiekosten) bestehen. Dies schließt die Abrechnung nach Stundensätzen in bestimmten Fällen nicht aus, insbesondere wenn objektiv feststellbare Tatsachen vorliegen, die einer Kalkulierbarkeit entgegenstehen oder wenn im Rahmen bestimmter Regelungswerke (z.B. Honorarordnung für Architekten und Ingenieure – HOAI-) die Abrechnung nach Stundensätzen zugelassen wird. | **Erfolgsorientierte Abrechnung**

Auch wenn die Abrechnung nicht auf Stundenbasis, sondern nach Kubikmetern, Kilogramm oder Tonnen vorgenommen wird, kann gewerbsmäßige ANÜ vorliegen (LSG SH, Urteil vom 29.03.1978 – L 1 Ar 63/77 – und 19.04.1978 – L 1 Ar 20/76 -). Das gleiche gilt, wenn vom (Teil-)Werkergebnis (z.B. Baufortschritt) unabhängige Abschlagszahlungen oder solche ohne Schlussrechnung vorgenommen werden.

1.1.8 Dienstvertrag

Anders als bei Werkvertragsverhältnissen wird bei Dienstverträgen kein bestimmter Erfolg, sondern eine bestimmte Tätigkeit geschuldet. Ein Dienstvertrag liegt nur dann vor, wenn der dienstleistende Unternehmer die geschuldeten Dienste entweder in Person oder mittels seiner Erfüllungsgehilfen unter eigener Verantwortung und nach eigenem Plan ausführt (Organisation der Dienstleistung, zeitliche Disposition, Zahl der Erfüllungsgehilfen, Eignung der Erfüllungsgehilfen usw.). Das bedeutet insbesondere, dass die Erfüllungsgehilfen in Bezug auf die Ausführung der zu erbringenden Dienstleistung im Wesentlichen frei von Weisungen seitens des Arbeitgeberrepräsentanten des Drittbetriebes sind und ihre Arbeitszeit selbst bestimmen können (Urteil des BSG vom 23.06.1982 – DBIR Nr. 2790a AFG/§ 13 – SozRecht 4100 § 13 Nr. 6). | **ANÜ/Selbständiger Dienstvertrag**

1.1.9 Dienstverschaffungsvertrag

Da ANÜ eine Form der Dienstverschaffung, nämlich die Verschaffung von Arbeitsleistungen ist, kann ein von ANÜ abzugrenzender Dienstverschaffungsvertrag nur dann in Betracht kommen, wenn ein Vertragspartner die Verpflichtung übernimmt, dem anderen Vertragspartner nicht die Arbeitsleistung, sondern die selbständige Dienstleistung eines Dritten zu verschaffen. Voraussetzung dafür ist, dass der Dritte in wirtschaftlicher und sozialer Selbständigkeit und Unabhängigkeit die Dienste (z.B. als Wirtschaftsprüfer) leistet. Arbeitsvertragliche Beziehungen bzw. aufgrund der tatsächlichen Verhältnisse gegebene persönliche Abhängigkeit zu einem Vertragspartner schließen einen derartigen Dienstverschaffungsvertrag aus. Es liegt dann entweder ANÜ oder Arbeitsvermittlung vor. | **ANÜ/ Dienstverschaffungsvertrag**

1.1.10   Geschäftsbesorgungsvertrag

Vom Werkvertrag zu unterscheiden ist der Geschäftsbesorgungsvertrag (§ 675 BGB), der auf eine selbständige Tätigkeit wirtschaftlicher Art gerichtet ist und eine Geschäftsbesorgung zum Gegenstand hat.

ANÜ/
Geschäftsbesor-
gungsvertrag

Ein Geschäftsbesorgungsvertrag liegt z.b. vor, wenn ein Rechtsanwalt mit der Prozessführung beauftragt wird oder eine Werbefirma den Auftrag erhält, eine Werbeaktion mit eigenen personellen und sachlichen Mitteln durchzuführen.

Zu den Abgrenzungskriterien wird auch auf die Urteile des BGH v. 16.07.2002 – X ZR 27/01 und v. 25.06.2002 X ZR 83/00 verwiesen.

1.1.11   Personalgestellung als Neben-/Folgeleistung

Wird als Nebenleistung eines Kauf- oder Mietvertrages über Anlagen, Geräte, Systeme oder Programme Bedienungs-, Wartungs-, Montage- oder Einweisungspersonal überlassen (z.B. Computer und Programme mit Einweisungspersonal, Spezialbaumaschine mit Fahrer, Flugzeug mit Pilot), wird in aller Regel nicht von ANÜ auszugehen sein, wenn der wirtschaftliche Wert der Anlagen, Geräte, Systeme oder Programme erheblich höher ist als die Arbeitsleistung. Bei der Vermietung einer Schreibmaschine mit Personal muss dagegen ANÜ angenommen werden.

Personalgestellung
als Nebenleistung

Maßgebend bei solchen gemischten Verträgen ist, ob die Gebrauchsüberlassung des Gerätes im Vordergrund steht und die dazu erfolgte Personalgestellung nur dienende Funktion hat, indem sie den Einsatz des Gerätes erst ermöglichen soll, d.h. eindeutig als Nebenleistung anzusehen ist.

Wird schwerpunktmäßig die Beschaffung der Arbeitsleistung als Ziel verfolgt und hat die Überlassung des Gerätes dabei nur untergeordnete Bedeutung oder ist sie selbständiger Hauptzweck, liegt Arbeitnehmerüberlassung vor. Das Führen von LKW durch Fremdpersonal verfolgt nicht den primären Zweck, dem vertragsgemäßen Gebrauch der gemieteten LKW zu gewährleisten, sondern verfolgt regelmäßig den Hauptzweck der Personalgestellung (s. BAG-Urteil v. 17.02.1993; 7 AZR 167/92) und erfüllt damit den Tatbestand der Arbeitnehmerüberlassung.

Personalgestellung
als Folgeleistung
bzw. selbständige
Hauptleistung

Entsendet ein Unternehmen, das technische Produktionsanlagen, Einrichtungen oder Systeme herstellt und errichtet, eigenes Stammpersonal zu einem Betreiber derartiger Anlagen, Einrichtungen oder Systeme, um typische Revisions-, Instandhaltungs-, Inbetriebnahme-, Änderungs-, Erweiterungsarbeiten oder Ingenieurleistungen daran durchzuführen, so ist in der Regel nicht von ANÜ auszugehen, wenn das entsendende Unternehmen das Unternehmerrisiko trägt und seine unternehmerische Dispositionsfreiheit gewährleistet ist.

Personalgestellung
als Folgeleistung

Entsendet ein Unternehmen, das Software-Programme herstellt, eigenes Stammpersonal

... im EDV-Bereich

- zu einem Anwender, um ein derartiges Programm auf dessen Anlagen ablauffähig zu machen oder zu entwickeln, oder

- zu einem anderen Hersteller (sog. Entwickler), um aus vom entsendenden Unternehmen erstellten Teilprogrammen ein Gesamtprogramm auf dessen Anlagen zu entwickeln oder zu erproben,

so ist in der Regel nicht von ANÜ auszugehen, wenn das entsendende Unternehmen das Unternehmerrisiko trägt und seine unternehmerische Dispositionsfreiheit gewährleistet ist. Die kontinuierliche Anwendung eines Programms durch Fremdkräfte ist in der Regel ANÜ.

Entsendet ein Unternehmen, das Material, Teile oder Komponenten für Fertigungsprozesse des Bestellers liefert, eigenes Personal zu dem Besteller zum Einbau der Liefergegenstände, so ist in der Regel nicht von ANÜ auszugehen, wenn der Einbau einen geschuldeten Teil der vertraglich festgelegten Gesamtleistung darstellt. Dies gilt nicht, wenn der wirtschaftliche Wert der einzubauenden Teile nicht erheblich höher als der Wert der Arbeitsleistung ist.

... bei Zulieferung

Erlaubnispflicht	§ 1	DA AÜG

1.1.12 Dienstleistungszentren/Agenturen

Die allgemeinen Abgrenzungskriterien sind auch auf die Tätigkeit von Dienstleistungszentren/-agenturen für Privathaushalte anzuwenden.

Personalgestellung durch Dienstleistungszentren

Ist das Dienstleistungszentrum frei, wie viele und welche Personen es in den Privathaushalt entsendet, spricht dies für Werkvertrag, ist dagegen die Zahl und erst recht die Person genau festgelegt, so spricht dies für ANÜ.

Dispositionsfreiheit

Liegt das Weisungsrecht gegenüber dem entsandten Arbeitnehmer bei dem Dienstleistungszentrum (z.B. das Dienstleistungszentrum legt fest, was und in welcher Reihenfolge die entsandte Person im Privathaushalt arbeitet), spricht dies für Werkvertrag. Bestimmt dies hingegen der Privathaushalt, spricht dies für ANÜ. Allerdings ist es unschädlich, wenn der Privathaushalt auf das Werk bezogene Anweisungen gibt, also z.B. die Weisung, beim Staubsaugen von Teppichen andere Düsen zu verwenden als auf Steinfußboden oder ein bestimmtes Putzmittel auf bestimmten Flächen zu benutzen.

Weisungsrecht

Beim Werkvertrag trägt das Dienstleistungszentrum das Unternehmerrisiko, insbesondere die Gewährleistungshaftung. Bei ANÜ wird keine Gewähr geleistet und keine Haftung für Ergebnisse getragen. Muss der Privathaushalt also auch dann bezahlen, wenn eine Reinigung fehlerhaft ist und werden (tatsächlich, weil nicht auf den Vertrag, sondern auf die Abwicklung abgestellt wird) keine Gewährleistungsansprüche bei schlechter Arbeit der entsandten Dienstleistungskräfte geltend gemacht, so spricht dies für ANÜ.

Unternehmerrisiko

Ein wichtiges Merkmal ist die Abrechnung, weil nach der Rechtsprechung aus der Art der Abrechnung abgeleitet werden kann, worauf es den Vertragspartnern ankam, nämlich auf die zeitweise Überlassung eines Arbeitnehmers (Abrechnung auf Stundenbasis) oder auf Arbeitsergebnisse (Abrechnung nach Werkergebnisse, z.B. Reinigung pro qm Raumfläche, Fensterfläche, Zahl und Art der zubereiteten Speisen).

Abrechnung

1.1.13 Arbeitsgemeinschaften (§ 1 Abs. 1 Satz 2)

Eine Arbeitsgemeinschaft (Arge) ist der Zusammenschluss mehrerer Betriebe auf der Grundlage eines entsprechenden Vertrages. Die von der Arbeitsgemeinschaft gewählte Rechtsform, in der Regel eine Gesellschaft des Bürgerlichen Rechts (§§ 705 – 740 BGB), ist dabei ohne Bedeutung.

Begriff

Keine ANÜ ist die Abordnung von Arbeitnehmern zu einer Arge, die zur Herstellung eines Werkes gebildet wurde.

Voraussetzung ist, dass

- der Arbeitgeber Mitglied der Arge ist,
- für alle Mitglieder der Arge Tarifverträge desselben Wirtschaftszweiges gelten,
- und alle Mitglieder aufgrund des Arge-Vertrages zur selbständigen Erbringung von Vertragsleistungen verpflichtet sind.

Für alle Mitglieder der Arbeitsgemeinschaft müssen Tarifverträge desselben Wirtschaftszweiges gelten; Voraussetzung ist Tarifgebundenheit i. S.v . § 3 Tarifvertragsgesetz (TVG) oder Allgemeinverbindlichkeit i. S.v . § 5 TVG.

Tarifverträge

Bei Arbeitsgemeinschaften, an denen Unternehmen mit Geschäftssitz außerhalb der Bundesrepublik Deutschland beteiligt sind, gilt die Ausnahmevorschrift des § 1 Abs. 1 Satz 2 AÜG nicht, möglicherweise aber die Ausnahmevorschrift des § 1 Abs. 1 Sat z 3 AÜG.

Unter Wirtschaftszweig ist nicht die sehr eng gefasste, in der Statistik und Arbeitsmarktforschung geltende Begriffsbestimmung zu verstehen. Vielmehr sind damit entsprechend dem allgemeinen Sprachgebrauch die großen Teilbereiche der Gesamtwirtschaft wie z.B. das Baugewerbe, die Chemische Industrie oder der Bergbau gemeint.

Wirtschaftszweig

II. Merkblatt zur Abgrenzung der Arbeitnehmerüberlassung (AÜG 10-5/2004)

Bundesagentur für Arbeit
Zentrale

Merkblatt

zur Abgrenzung zwischen Arbeitnehmerüberlassung und Entsendung von Arbeitnehmern im Rahmen von Werk- und selbständigen Dienstverträgen sowie anderen Formen drittbezogenen Personaleinsatzes

Die Tätigkeit von Arbeitnehmern in Drittbetrieben kann auf unterschiedlichen Vertragsbeziehungen, z.B. Arbeitnehmerüberlassung, Werkverträgen, selbständigen Dienstverträgen, Dienstverschaffungsverträgen, beruhen. Für die Beurteilung sind grundsätzlich die zwischen den Beteiligten vereinbarten Verträge entscheidend. Der Geschäftsinhalt kann sich sowohl aus den (schriftlichen) Vereinbarungen der Beteiligten als auch aus der praktischen Durchführung der Verträge ergeben. Widersprechen sich schriftliche Vereinbarung und tatsächliche Durchführung des Vertrages, so kommt es auf die tatsächliche Durchführung an (vgl. Urteil des Bundesarbeitsgerichts (BAG) vom 15.06.1983 = Neue Juristische Wochenschrift (NJW) 1984, Seite 2912). Deshalb kann die Art der vertraglichen Beziehung nur aufgrund ihrer Durchführung festgestellt werden.

1. Arbeitnehmerüberlassung

Arbeitnehmerüberlassung ist gegeben, wenn ein Arbeitgeber (Verleiher) Arbeitnehmer (Leiharbeitnehmer) Dritten (Entleihern) zur Arbeitsleistung überlässt (vgl. Art. 1 § 1 des Arbeitnehmerüberlassungsgesetzes (AÜG) vom 7. August 1972 – BGBl. I S. 1393). Sie erschöpft sich also im bloßen Zurverfügungstellen geeigneter Arbeitskräfte, die der Dritte nach eigenen betrieblichen Erfordernissen in seinem Betrieb einsetzt.

2. Werkvertrag

Durch den Werkvertrag wird der Unternehmer zur Herstellung des versprochenen Werkes verpflichtet. Gegenstand des Werkvertrages kann sowohl die Herstellung oder Veränderung einer Sache als auch ein anderer durch Arbeit oder Dienstleistung herbeizuführender Erfolg sein (vgl. § 631 BGB).

Nach der höchstrichterlichen Rechtsprechung sind **grundsätzlich** für einen Werkvertrag folgende Merkmale maßgebend:

- Vereinbarung und Erstellung eines konkret bestimmten Werkergebnisses bzw. Veränderung einer Sache;

- Eigenverantwortliche Organisation aller sich der Übernahmeverpflichtung ergebenden Handlungen durch den Werkunternehmer (unternehmerische Dispositionsfreiheit, auch in zeitlicher Hinsicht; keine Einflussnahme des Bestellers auf Anzahl und Qualifikation der am Werkvertrag beteiligten Arbeitnehmer; in der Regel eigene Arbeitsmittel);

- Weisungsrecht des Werkunternehmers gegenüber seinen im Betrieb des Bestellers tätigen Arbeitnehmern; keine Eingliederung in die Arbeitsabläufe oder in den Produktionsprozess des Bestellerbetriebes;

- Tragen des Unternehmerrisikos durch den Werkunternehmer, insbesondere Gewährleistung für Mängel des Werkes, Erlöschen der Zahlungspflicht des Bestellers bei zufälligem Untergang des Werkes;

- Ergebnisbezogene Vergütung, grundsätzlich keine Abrechnung nach Zeiteinheiten.

3. Selbständiger Dienstvertrag

Ein selbständiger Dienstvertrag liegt nur vor, wenn der dienstleistende Unternehmer die Dienste unter eigener Verantwortung ausführt (Organisation der Dienstleistung, zeitliche Disposition, Zahl der Erfüllungsgehilfen, Eignung der Erfüllungsgehilfen usw.). Das bedeutet insbesondere, dass die Erfüllungsgehilfen in Bezug auf die Ausführung der zu erbringenden Dienstleistung im wesentlichen frei von Weisungen seitens des Arbeitsgeberrepräsentanten des Drittbetriebes sind und ihre Arbeitszeit selbst bestimmen können (Urteil des BSG vom 23.06.1982 = Soz. Recht 4100 § 13 Nr. 6).

4. Dienstverschaffungsvertrag

Ein Dienstverschaffungsvertrag ist dann gegeben, wenn ein Vertragspartner die Verpflichtung übernimmt, dem anderen Vertragspartner nicht eine Arbeitsleistung, sondern eine selbständige Dienstleistung eines Dritten zu verschaffen. Voraussetzung dafür ist, dass der Dritte in wirtschaftlicher und sozialer Selbständigkeit und Unabhängigkeit die Dienste leistet.

Hinsichtlich der konkreten Abgrenzung im Einzelfall unter Berücksichtigung der tatsächlichen Durchführung wird auf die Beratung durch Angehörige der rechtsberatenden Berufe sowie durch berufsständische Vereinigungen verwiesen.

III. Informationen zur Arbeitnehmerüberlassung

 Bundesagentur für Arbeit

Informationen zur Arbeitnehmerüberlassung

1. **Verleiher** im Sinne des Arbeitnehmerüberlassungsgesetzes (AÜG) ist derjenige Arbeitgeber, der Arbeitnehmer (Leiharbeitnehmer) einem Dritten (Entleiher) gewerbsmäßig zur Arbeitsleistung überlässt.

2. Arbeiten im Rahmen von Werk-, selbständigen Dienst- oder Dienstverschaffungs- sowie Geschäftsbesorgungsverträgen **werden nicht vom AÜG erfasst.**

3. Die gewerbsmäßige Arbeitnehmerüberlassung ist grundsätzlich **erlaubnispflichtig.**

4. **Nicht erlaubnispflichtig** sind:
   - Abordnungen zu einer zur Herstellung eines Werkes gebildeten Arbeitsgemeinschaft
   - Überlassungen im selben Wirtschaftszweig zur Vermeidung von Kurzarbeit oder Entlassungen aufgrund tarifvertraglicher Vorschriften,
   - konzerninterne Arbeitnehmerüberlassung,
   - Verleih in das Ausland in ein aufgrund zwischenstaatlicher Vereinbarungen gegründetes deutsch-ausländisches Gemeinschaftsunternehmen.

   Dazu sind im Einzelnen die Regelungen des AÜG zu beachten.

5. Wenn ein Arbeitgeber mit weniger als 50 Beschäftigten zur Vermeidung von Kurzarbeit oder Entlassungen Arbeitnehmer bis zur Dauer von 12 Monaten einem Dritten zur Verfügung stellt, ist die Arbeitnehmerüberlassung nicht erlaubnispflichtig, sondern lediglich vorher **schriftlich anzuzeigen.** Das betreffende Formular kann bei der zuständigen Regionaldirektion angefordert werden.

6. Gewerbsmäßige Arbeitnehmerüberlassung in **Betriebe des Baugewerbes** für Arbeiten, die üblicherweise von Arbeitern verrichtet werden, ist grundsätzlich unzulässig. Sie ist nur gestattet

   - zwischen Betrieben des Baugewerbes und anderen Betrieben, wenn diese Betriebe erfassende, für allgemeinverbindlich erklärte Tarifverträge dies bestimmen,

   - zwischen Betrieben des Baugewerbes, wenn der verleihende und der entleihende Betrieb seit mindestens drei Jahren von denselben Rahmen- und Sozialkassentarifverträgen erfasst werden.

7. Leiharbeitnehmer haben während der Überlassung an einen Entleiher grundsätzlich Anspruch auf die gleichen wesentlichen Arbeitsbedingungen, einschließlich des Arbeitsentgelts, wie vergleichbare Arbeitnehmer des Entleihers **(Gleichstellungsgrundsatz).** Davon kann durch die Anwendung eines einschlägigen Tarifvertrages abgewichen werden.

8. Der Verleiher muss über entsprechende Fachkenntnisse für die Beschäftigung von Arbeitnehmern und über eine ausreichende Betriebsorganisation verfügen. Zur Sicherstellung der Lohn- und Gehaltszahlungen ist eine Liquidität / Bonität in Höhe von 2.000 € je beschäftigten Leiharbeitnehmer, mindestens 10.000 € erforderlich.

9. Für die Bearbeitung von Anträgen auf Erteilung und Verlängerung der Erlaubnis wird vom Antragsteller eine **Gebühr** erhoben. Sie beträgt für die

   - Erteilung oder Verlängerung einer **befristeten** Erlaubnis **750 €,**
   - Erteilung einer **unbefristeten** Erlaubnis **2000 €.**

   Die Erlaubnis wird auf ein Jahr befristet erteilt. Sie kann unbefristet erteilt werden, wenn der Verleiher drei aufeinander folgende Jahre lang erlaubt tätig war.

10. **Vor Erteilung der Erlaubnis darf keine Arbeitnehmerüberlassung ausgeübt werden!**

11. Die **Erlaubnis** wird von der Regionaldirektion erteilt, in deren Bezirk der Antragsteller seinen Firmensitz hat, bzw. bei Antragstellern mit Sitz im Ausland von der unten genannten Regionaldirektion.

Stand 07.2007

IV. Antrag auf erstmalige Erteilung einer Erlaubnis zur gewerbsmäßigen Arbeitnehmerüberlassung (AÜG 2a)

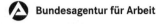

Bundesagentur für Arbeit

Regionaldirektion Nord - HH, MVP, SH

Antrag auf	☐ erstmalige Erteilung	Eingangsstempel
	☐ befristete Verlängerung	
	☐ unbefristete Verlängerung [1] einer	
Erlaubnis zur gewerbsmäßigen Arbeitnehmerüberlassung		
		Betriebsnummer [2]

Die nachstehend erfragten Angaben werden für die Entscheidung über Ihren Antrag benötigt. Fehlende Mitwirkung kann zur Ablehnung des Antrages führen.

1. Antragsteller/in

Name, Vorname bzw. Firma　　Anschrift, Telefon, Telefax (falls abweichend vom Geschäftssitz)

2. Geschäftssitz

Straße, Hausnummer, Postleitzahl, Ort	Telefon
	Telefax
	E-Mail

3. Persönliche Angaben [3]

	Name, Vorname, Geburtsname	Geburtsdatum	Staatsangehörigkeit
1			
2			
3			
4			

4. Zweigniederlassungen [4]

	Straße, Hausnummer, Postleitzahl, Ort	Telefon	Betriebsnummer
1		Telefax	
	Niederlassungsleiter/in: Name, Vorname, Geburtsname	Geburtsdatum	Staatsangehörigkeit
2	Straße, Hausnummer, Postleitzahl, Ort	Telefon	Betriebsnummer
		Telefax	
	Niederlassungsleiter/in: Name, Vorname, Geburtsname	Geburtsdatum	Staatsangehörigkeit

5. Tarifvertrag

Wenden Sie einen Tarifvertrag an?	☐ ja　☐ nein
Wenn ja, welchen?	

AÜG 2a – 05/2009

[1] Eine unbefristete Erlaubnis kann frühestens nach 3 Jahren Verleihtätigkeit erteilt werden.
[2] Die Betriebsnummer wird von der Betriebnummernstelle der Bundesagentur für Arbeit vergeben. D - 66121 Saarbrücken Eschberger Weg 68; Tel: 01801 / 664466; E-Mail: betriebsnummernservice@arbeitsagentur.de; Fax: 0681 / 988429-1300
[3] Die entsprechenden Angaben zu weiteren Niederlassungen, die Arbeitnehmer verleihen, machen Sie ggf. bitte auf einem gesonderten Blatt.
[4] Bei anderen als natürlichen Personen für alle Vertreter/innen nach Gesetz / Satzung / Geellschaftsvertrag.

6. Betriebsorganisation

6.1. Gegenwärtiger Personalstand	Hauptsitz	NL 1	NL 2 [5]	Gesamt
Beschäftigte insgesamt				
Anzahl der Leiharbeitnehmer/innen[6]				

6.2. Geschäftsräume

Anzahl der Geschäftsräume			
Gesamtgröße (qm)			

6.3. Umfang der Arbeitnehmerüberlassung
seit **der letzten Antragstellung**

Anzahl der Leiharbeitnehmer/innen, die verliehen wurden			
davon beendete Arbeitsverhältnisse			

6.4. Ist der Betriebszweck ausschließlich oder überwiegend auf Arbeitnehmerüberlassung ausgerichtet?[7]   ☐ ja   ☐ nein

6.5. Wird die Betriebsorganisation teilweise ausgelagert?   ☐ ja   ☐ nein

Wenn ja, welche Verwaltungsarbeiten werden nicht im eigenen Betrieb ausgeführt?

Wo bzw. von wem werden sie ausgeführt? Name, Anschrift, Telefon, Telefax:

7. Angaben zur Zuverlässigkeit [8]

7.1. Vorstrafen / Straf- und Ermittlungsverfahren innerhalb der letzten fünf Jahre
vor Antragstellung

Sind Sie vorbestraft?   ☐ ja   ☐ nein
Wenn ja, welche Vorstrafen bestehen?

Sind Straf- bzw. staatsanwaltliche Ermittlungsverfahren gegen Sie anhängig?   ☐ ja   ☐ nein
Wenn ja, welche?

7.2. Sind in <u>den</u> letzten 5 Jahren von Finanz-, Gewerbe- oder Sozialbehörden,
Hauptzollämtern Geldbußen nach dem Ordnungswidrigkeitengesetz festge-
setzt worden?   ☐ ja   ☐ nein
Wenn ja, welche?

Sind entsprechende Ermittlungsverfahren nach dem OwiG anhängig?   ☐ ja   ☐ nein
Wenn ja, welche?

---

[5] Die entsprechenden Angaben für weitere Niederlassungen machen Sie ggf. bitte auf einem gesonderten Blatt.
[6] Im Antrag auf erstmalige Erlaubniserteilung bitte die vorgesehene Anzahl angeben.
[7] Die Beurteilung des Betriebszweckes richtet sich nach dem Anteil der Leiharbeitnehmer an der Gesamtzahl der im Betrieb Beschäftigten (ohne Büropersonal für eigene Verwaltung).
[8] Bei anderen als natürlichen Personen beziehen sich diese Fragen auch auf die Vertreter/innen nach Gesetz / Satzung /
Gesellschaftsvertrag und Niederlassungsleiter/innen. Ist eine Frage mit ja zu beantworten, geben Sie bitte dazu auf
einem gesonderten Blatt die betreffende(n) Person(en) an.

7.3. Haben Sie in den letzten fünf Jahren eine Erlaubnis zur Arbeitnehmerüberlassung beantragt?   ☐ ja ☐ nein

Wenn ja, bei welcher Dienststelle der Bundesagentur für Arbeit oder ausländischen Behörde?

Wurde dieser Antrag abgelehnt?   ☐ ja ☐ nein

Wenn ja, aus welchem Grund?

7.4. Waren Sie in den letzten fünf Jahren im Besitz einer Erlaubnis zur Arbeitnehmerüberlassung und wurde diese aufgehoben, widerrufen, zurückgenommen, nicht verlängert oder nicht erneuert?   ☐ ja ☐ nein

Wenn ja, aus welchem Grund und von welcher Dienststelle der Bundesagentur für Arbeit oder ausländischen Behörde?

7.5. Gewerbeuntersagung

Wurde Ihnen innerhalb der letzten fünf Jahre ein Gewerbe untersagt? [9]   ☐ ja ☐ nein

8. Vermögensverhältnisse [10]

8.1. Wurde in den letzten fünf Jahren ein Insolvenz-, Konkurs- oder Vergleichsverfahren gegen Sie eingeleitet?   ☐ ja ☐ nein

8.2. Haben Sie in den letzten fünf Jahren eine eidesstattliche Versicherung abgegeben?   ☐ ja ☐ nein

9. Nur für Antragsteller mit Hauptsitz in einem anderen Staat der EU / des EWR

9.1. Zustellungsbevollmächtigter Vertreter in der Bundesrepublik Deutschland
(Name, Anschrift, Telefon, Telefax):

9.2. Die Arbeitnehmerüberlassung ist in meinem Staat lizenzpflichtig. [11]   ☐ ja ☐ nein

Wenn ja:
Die von mir vorgelegte Lizenz zur Arbeitnehmerüberlassung ist gültig.   ☐ ja ☐ nein

Ich werde die Erlaubnisbehörde unverzüglich informieren, sobald die Lizenz ungültig wird.   ☐ ja ☐ nein

---

Ich versichere / Wir versichern, dass die vorstehenden Angaben zutreffen.
Mir / Uns ist bekannt, dass die Erlaubnis zurückgenommen oder widerrufen werden kann, wenn die Voraussetzungen zur Erteilung einer Erlaubnis von vornherein nicht vorgelegen haben oder später weggefallen sind.
Mir / uns ist auch bekannt, dass die Erlaubnis zurückgenommen oder widerrufen werden kann, wenn ich / wir wiederholt oder in schwerwiegender Weise gegen gesetzliche Bestimmungen oder eine Auflage der Erlaubnisbehörde verstoße(n).

Einen Abdruck des AÜG habe ich / haben wir erhalten.
Von seinem Inhalt habe ich / haben wir Kenntnis genommen.

Ort, Datum

Unterschrift des Antragstellers / der Antragstellerin bzw.
Unterschriften der Vertreter/innen nach Gesetz / Satzung / Gesellschaftsvertrag

Bitte Seite 4 beachten

---

[9] Wenn ja, bitte Kopie des Gewerbeuntersagungsbescheides beifügen.
[10] Bei anderen als natürlichen Personen: Diese Fragen beziehen sich auch auf die Vertreter/innen nach Gesetz / Satzung / Gesellschaftsvertrag und auf die Niederlassungsleiter/innen. Ist eine Frage mit ja zu beantworten, geben Sie bitte dazu auf einem gesonderten Blatt die betreffende(n) Person(en) an.
[11] Wenn ja, bitte eine beglaubigte deutsche Übersetzung der <u>gültigen Lizenz</u> beifügen.
Wenn nein, bitte eine beglaubigte deutsche Übersetzung einer <u>Bestätigung der zuständigen staatlichen Stelle</u> beifügen, dass Sie dort keine Lizenz benötigen.

Weitere vorzulegende Unterlagen

☐ Kopie des aktuellen **Handelsregisterauszuges** [12]

☐ Kopien des **Gesellschaftsvertrages** [12,13]

☐ Kopie der **Gewerbeanmeldung** [12,13]

☐ Nachweis über die Beantragung eines **Führungszeugnisses** zur Vorlage bei einer Behörde (Belegart O) für den/die Antragsteller/in oder - bei anderen als natürlichen Personen - für die Vertreter/innen nach Gesetz / Satzung / Gesellschaftsvertrag sowie für Niederlassungsleiter/innen [14]

  zuständige Behörde: Einwohnermeldeamt

☐ Auskunft aus dem **Gewerbezentralregister - GZR 3 -** (Belegart 9) für den/die Antragsteller/in oder - bei anderen als natürlichen Personen - für die Vertreter/innen nach Gesetz / Satzung / Gesellschaftsvertrag sowie für Niederlassungsleiter/innen [14]

  zuständige Behörde: Ordnungsamt

☐ Auskunft aus dem **Gewerbezentralregister - GZR 4 -** für juristische Personen oder Personenvereinigungen (z. B. GmbH) - (Belegart 9)

  zuständige Behörde: Ordnungsamt des Firmensitzes

☐ Bescheinigung der **Berufsgenossenschaft** (Unfallversicherungsträger) [15]

  zuständig: VBG Hamburg, wenn überwiegend Arbeitnehmerüberlassung betrieben wird

☐ Einverständniserklärung für das Einholen von Auskünften beim **Finanzamt** [15, 16]

☐ Bescheinigungen der **Krankenkassen**, bei denen die Mehrzahl der Leiharbeitnehmer/innen versichert ist / werden soll [15]

☐ Aktuelle Liquiditätsnachweise:

  Auszüge aller Geschäftskonten, ggf . **Kreditbestätigungen und Betriebswirtschaftliche A uswertung** (hinsichtlich der Bonität müssen mindestens 2.000 € pro Leiharbeitnehmer, mindestens jedoch 10.000 € liquide Mittel nachgewiesen werden)

☐ Muster eines **Leiharbeitsvertrages** - bzw. eines Arbeitsvertrages mit **Zusatzvereinbarung** für Leiharbeitnehmer - gemäß § 11 AÜG [12]

☐ Muster eines Überlassungsvertrages gemäß § 12 AÜG [12]

---

[12] Bei Anträgen auf Verlängerung der Erlaubnis nur, falls zwischenzeitlich Veränderungen eingetreten sind

[13] Nur, falls ein Handelsregisterauszug nicht in Betracht kommt bzw. noch nicht vorliegt

[14] Antragsteller/Vertreter/Niederlassungsleiter/innen, die ihren Wohnsitz oder gewöhnlichen Aufenthalt in den letzten fünf Jahren über wiegend im Ausland hat ten, f ügen bitte z usätzlich z u den U nterlagen vo n de utschen B ehörden auc h die entsprechenden ausländischen Unterlagen mit beglaubigten Übersetzungen in die deutsche Sprache bei.

[15] Bitte beiliegende Vordrucke verwenden

[16] Nur bei Erstantrag erforderlich

V. Anzeige der Überlassung nach § 1a AÜG (AÜG 2b)

 Bundesagentur für Arbeit

	Eingangsstempel
Anzeige der Überlassung eines Arbeitnehmers	
nach § 1a Arbeitnehmerüberlassungsgesetzt – AÜG - [1]	Betriebsnummer[2]

Gewerbsmäßige Arbeitnehmerüberlassung in Betriebe des Baugewerbes für Arbeiten, die üblicherweise von Arbeitern verrichtet werden, ist unzulässig. Si e ist zwischen Betrieben des Baugewerbes und anderen Betrieben gestattet, wenn diese Betriebe erfassende, für allgemeinverbindlich erklärte Tarifverträge dies bestimmen. Sie ist weiterhin zwischen Betrieben des Baugewerbes gestattet, wenn der verleihende Betrieb nachweislich seit mindestens drei Jahren von denselben Rahmen- und Sozialkassentarifverträgen oder von deren Allgemeinverbindlichkeit erfasst wird. Dieser Nachweis ist mit Beginn des Verleihs vom Verleiher in geeigneter Weise vorzuhalten.

1. Anzeigender

Name, Vorname / Firma, von der aus Arbeitnehmerüberlassung betrieben werden soll		
Straße, Hausnummer	Telefon	Telefax
Postleitzahl, Ort	Staat	Internet-Adresse

2. Angaben zur Person

Familienname (bei anderen als natürlichen Personen: Vertreter nach Gesetz / Satzung / Gesellschaftsvertrag)		
Geburtsname	Geburtsdatum	Staatsangehörigkeit
Vorname		Telefon
Straße, Hausnummer (bei anderen als natürlichen Personen: Anschrift der Firma etc.)		
Postleitzahl, Ort		Staat

3. Entleiher

Firma		
Straße, Hausnummer	Telefon	Telefax
Postleitzahl, Ort	Staat	Internet-Adresse

4. Betriebliche Angaben

Zahl der Arbeitnehmer zum Zeitpunkt der beabsichtigten Überlassung:	Wäre der anzeigende Betrieb ohne die Arbeitnehmerüberlassung zu Kurzarbeit oder Entlassung gezwungen? ☐ ja ☐ nein

---

[1] Für jeden Arbeitnehmer ist eine gesonderte Anzeige vor Beginn der Überlassung zu erstatten. Mehrere Arbeitnehmer können dann in einer Anzeige zusammengefasst werden, wenn sie demselben Entleiher überlassen werden sollen; in diesem Fall ist für jeden Beschäftigten der Zeitraum der Überlassung anzugeben.
[2] Die Betriebsnummer wird von der zuständigen Arbeitsagentur vergeben.

AÜG 2b – 06/2004

5. Arbeitnehmerüberlassung in Betriebe des Baugewerbes

Ist der Betrieb des Entleihers dem Baugewerbe zuzuordnen?	☐ ja	☐ nein

Wenn ja,

- überlässt Ihr Baubetrieb Arbeitskräfte an andere Betriebe <u>außerhalb</u> des Baugewerbes

	☐ ja	☐ nein

- überlässt Ihr Baubetrieb Arbeitskräfte an andere Betriebe <u>innerhalb</u> des Baugewerbes

	☐ ja	☐ nein

(Beachten Sie bitte hierzu die Hinweise auf Seite 1)

6. Überlassene(r) Leiharbeitnehmer

Angaben zu dem / den Leiharbeitnehmer(n) bitte auf dem dafür vorgesehenen Vordruck eintragen.

Ich versichere / wir versichern , dass alle Voraussetzungen für die Anzeige(n) nach § 1a Arbeitnehmer-überlassungsgesetz (AÜG) vorliegen und dass die vorstehenden Angaben richtig und vollständig sind, insbesondere dass die Überlassung der jeweiligen Arbeitnehmer nicht länger als 12 Monate dauert.

Ein Abdruck des AÜG und das Merkblatt 8 über Kurzarbeitergeld für Arbeitgeber und Betriebsvertretungen habe ich / haben wir erhalten. Ich habe / Wir haben insbesondere davon Kenntnis genommen, dass

1. die Arbeitnehmerüberlassungen unerlaubt erfolgen, wenn die Voraussetzungen für die Anzeige nach § 1a AÜG nicht vorliegen,
2. der Verleiher, der gewerbsmäßig Leiharbeitnehmer ohne die erforderliche Erlaubnis an Dritte über-lässt, nach § 16 Abs. 1 AÜG ordnungswidrig handelt und mit einer Geldbuße bis zu 25.000 € belegt werden kann (§ 16 Abs. 2 AÜG),
3. der Verleiher mit Freiheitsstrafe bis zu drei Jahren (in besonders schweren Fällen bis zu fünf Jahren) oder mit Geldstrafe belegt werden kann, wenn er einen Ausländer, ohne die nach § 284 Sozialgesetz-buch Drittes Buch erforderliche Genehmigung des Arbeitsamtes einem Dritten überlässt (§§ 15, 15a AÜG).

Ort, Datum	Unterschrift des Anzeigenden (bei anderen als natürlichen Personen: Vertreter nach Gesetz / Satzung / Gesellschaftsvertrag)

Bitte nicht vergessen:

Vordruck mit Angaben zu dem / den Leiharbeitnehmer(n) beifügen!

Bundesagentur für Arbeit

Anlage zur
Anzeige der Überlassung eines Arbeitnehmers

Anzeigender: _____

Anzeige vom: _____   Angaben zu dem / den Leiharbeitnehmer(n)

Name, Vorname	Geburtsdatum, Geburtsort	Straße, PLZ, Ort	Art der Tätigkeit	Beginn und Ende der Überlassung (Datum)		Pflicht, auswärtige Leistungen zu erbringen	
						ja	nein
						☐	☐
						☐	☐
						☐	☐
						☐	☐
						☐	☐

VI. Auskunftseinwilligung Finanzamt (AÜG 4 a/b)

Erklärung
im Zusammenhang mit der Beantragung der
Erlaubnis nach dem Arbeitnehmerüberlassungsgesetz (AÜG)
für

Name	Anschrift

Als
☐ persönlich haftende(r) Gesellschafter(in)
☐ Vertreter(in) nach Gesetz, Satzung oder Gesellschaftsvertrag
☐ Geschäftsführer(in)
☐ Niederlassungsleiter(in)
☐ Einzelunternehmer(in)
☐

(Zutreffendes ankreuzen, Mehrfachankreuzungen möglich)

willige ich

Name	Vorname	Anschrift

Geburtsdatum	Zuständiges Finanzamt	Steuer-Nummer

ein, dass zur Feststellung meiner persönlichen Zuverlässigkeit/der Zuverlässigkeit des Antragstellers /der Antragstellerin* nach § 3 Abs. 1 Nr. 1 AÜG die erforderlichen Auskünfte bei dem zuständigen Finanzamt eingeholt und von diesem hierfür die umseitig genannten Angaben gemacht werden.

_____   _____
Ort, Datum   Unterschrift

(nur von Erlaubnisbehörde auszufüllen)

Vfg.

_____   _____ , den _____
Gesch. Zeichen

1. Vordruck AÜG 4a/b an Finanzamt   Erledigt

                                            _____
                                            Nz./Datum
2. Wv. _____

I.A.

_____
Nz./Datum

*) Nichtzutreffendes streichen

AÜG-4 a/b-

- 2 -

1. Hiermit wird bescheinigt, dass der / die umseitig genannte Steuerpflichtige hier steuerlich

☐ nicht geführt wird

☐ für folgende Steuern geführt wird

☐ Umsatz-steuer	☐ Gewerbe-steuer	☐ Einkommen-steuer	☐ Lohnsteuer (Arbeitgeber)	☐ Körperschaft-steuer	☐ Vermögen-steuer

2. Zurzeit bestehen

☐ keine Steuerrückstände

☐ Rückstände einschl. Nebenfor-derungen in Höhe von [EUR] davon gestundet: [EUR]

☐ Ratenzahlungen in Höhe von [EUR] monatlich sind vereinbart

und werden	☐ pünktlich	☐ nicht pünktlich geleistet.

☐ Vollstreckungsmaßnahmen sind	☐ eingeleitet	☐ ausgesetzt.

☐ Ein Vergleichs-/Konkursverfahren ist anhängig

3.

a) Die Lohnsteueranmeldungen liegen bis einschließlich		vor.
b) Die Umsatzsteuervoranmeldungen liegen bis einschließlich		vor.
c) Die übrigen Steuererklärungen liegen bis einschließlich		vor.

4. Der / Die Steuerpflichtige kommt seinen / ihren Zahlungsverpflichtungen

☐ pünktlich	☐ nicht immer pünktlich	☐ oft verspätet	☐ durchweg verspätet

nach.

5. Er / Sie hat seine / ihre Steuererklärungspflichten

☐ pünktlich erfüllt	☐ nicht immer pünktlich erfüllt	☐ oft vernachlässigt	☐ durchweg vernachlässigt

6. Gegen den / die Steuerpflichtige(n) sind in den letzten 5 Jahren folgende Steuerstrafen / Geldbußen wegen Steuervergehen festgesetzt worden

☐ keine	☐ EUR

Hinweise (ggfs. Zu Steuerstrafen):

7. Sonstiges

....
(Unterschrift / Stempel / Siegel des Finanzamtes)

VII. Bescheinigung der Berufsgenossenschaft (AÜG 7)

 Bundesagentur für Arbeit

Regionaldirektion Sachsen

Bescheinigung der Berufsgenossenschaft

Diese Bescheinigung ist nur im Original gültig!

Name und Anschrift der Berufsgenossenschaft

An die Regionaldirektion Sachsen	Ihr Zeichen
	Ihre Nachricht vom
	Unser Zeichen (Bitte stets angeben)
	Datum

Erlaubnis zur gewerbsmäßigen Arbeitnehmerüberlassung

Name und Anschrift des Antragstellers (Verleihers): _____

_____

Der Antragsteller

☐ ist nicht gemeldet.

☐ ist gemeldet (Zuständigkeit wird zur Zeit geprüft).

☐ ist gemeldet bei _____

☐ ist gemeldet. Beiträge waren bisher nicht fällig.

☐ hat die fälligen Beiträge bzw. Vorschüsse bezahlt.

☐ hat die fälligen Beiträge bzw. Vorschüsse nicht bezahlt.

☐ hat seine gesetzliche Verpflichtung zur jährlichen Nachweisung nicht erfüllt.

weitere Hinweise:

_____

_____

_____

_____

AÜG 7 – 05/2009

| Datum und Unterschrift | Siegel/Stempel der Berufsgenossenschaft |

VIII. Bescheinigung der Krankenkasse (AÜG 6)

 Bundesagentur für Arbeit

Regionaldirektion   Nordrhein-Westfalen

Bescheinigung der Krankenkasse

> Diese Bescheinigung ist nur im Original gültig!

Name und Anschrift der Krankenkasse

An die Regionaldirektion Nordrhein-Westfalen	Ihr Zeichen
	Ihre Nachricht vom
	Unser Zeichen, Betriebs-/Beitragskonto-Nr. (Bitte stets angeben)
	Datum

Erlaubnis zur gewerbsmäßigen Arbeitnehmerüberlassung

Name und Anschrift des Antragstellers (Verleihers): _____

_____

Der Antragsteller

    wurde bei uns bisher nicht als Arbeitgeber geführt.

    hat zur Zeit bei uns _____ (Anzahl) Arbeitnehmer gemeldet.

    ist zur Zeit mit der Zahlung der Gesamtsozialversicherungsbeiträge in Höhe von
        EUR in Verzug .

    hat wegen rückständiger Gesamtsozialversicherungsbeiträge Säumniszuschläge nach § 24
    Abs. 1 und 2 SGB IV in Höhe von _____ EUR zu zahlen.

    hat Gesamtsozialversicherungsbeiträge vorsätzlich hinterzogen.

    ist mit der Zahlung der Gesamtsozialversicherungsbeiträge innerhalb der letzten zwei Jahre
    wiederholt im Rückstand gewesen.

    ☐ ja   ☐ nein   hat innerhalb der letzten zwei Jahre gegen sonstige Vorschriften
                  und Bestimmungen des Beitragseinzugs, wie Melderecht und
                  ordnungsmäßige Beitragsabrechnung, verstoßen (Einzelheiten zu
                  den Verstößen bitte ggf. auf der Rückseite erläutern).

weitere Hinweise:

AÜG 6 – 05/2009

Datum und Unterschrift   Siegel/Stempel der Krankenkasse

IX. Merkblatt für Leiharbeitnehmer

 Bundesagentur für Arbeit

Zentrale   Mai 2009

Merkblatt
für Leiharbeitnehmer

Leiharbeitnehmer im Sinne des „Gesetzes zur Regelung der gewerbsmäßigen Arbeitnehmerüberlassung" (AÜG) vom 7. August 1972 – BGBl. I S. 1393 – ist ein Arbeitnehmer, der zu einem Verleiher in einem Arbeitsverhältnis steht und Dritten (Entleihern) gewerbsmäßig zur Arbeitsleistung überlassen wird.

Wenn Sie nicht deutscher Staatsangehöriger sind, hat der Verleiher Ihnen dieses Merkblatt und den Nachweis über die wesentlichen Arbeitsbedingungen (s. Ziff. 2) auf Verlangen in Ihrer Muttersprache auszuhändigen.

A. Arbeitsverhältnis

1. Grundlage der erlaubten Tätigkeit eines Leiharbeitnehmers ist der Abschluss eines Arbeitsvertrages mit einem Verleiher, der eine **Erlaubnis** der Regionaldirektion der Bundesagentur für Arbeit zur gewerbsmäßigen Überlassung von Arbeitnehmern hat.
Fehlt die Erlaubnis und greifen Ausnahmen von der Erlaubnispflicht nicht ein, ist der Arbeitsvertrag zwischen Ihnen und dem Verleiher unwirksam. In diesem Falle kommt ein Arbeitsverhältnis zwischen Ihnen und dem Entleiher zustande, und zwar zu dem zwischen Verleiher und Entleiher vorgesehenen Zeitpunkt.
Lag zwar ursprünglich eine Erlaubnis vor und entfällt diese im Verlaufe der vertraglichen Beziehung, hat der Verleiher Sie unverzüglich über den Zeitpunkt des Wegfalls der Erlaubnis zu unterrichten und Sie auf das voraussichtliche Ende der Abwicklung hinzuweisen. Die Abwicklungsfrist beträgt höchstens 12 Monate.

2. Der **Nachweis der wesentlichen Vertragsbedingungen** des Leiharbeitsverhältnisses richtet sich nach § 11 Abs. 1 AÜG und den Bestimmungen des Nachweisgesetzes (NachwG).

Der Verleiher ist verpflichtet, die wesentlichen Inhalte des Leiharbeitsverhältnisses in eine Niederschrift aufzunehmen. Wenn Ihnen ein schriftlicher Arbeitsvertrag ausgehändigt worden ist, entfällt die Verpflichtung, sofern der Vertrag mindestens folgende Angaben enthält:

* Name und Anschrift der Vertragsparteien,
* der Zeitpunkt des Beginns des Arbeitsverhältnisses,
* bei befristeten Arbeitsverhältnissen die vorhersehbare Dauer des Arbeitsverhältnisses,
* der Arbeitsort oder, falls der Arbeitnehmer nicht nur an einem bestimmten Arbeitsort tätig sein soll, ein Hinweis darauf, dass der Arbeitnehmer an verschiedenen Orten beschäftigt werden kann,
* eine kurze Charakterisierung oder Beschreibung der vom Arbeitnehmer zu leistenden Tätigkeit,
* die Zusammensetzung und Höhe des Arbeitsentgelts einschließlich der Zuschläge, der Zulagen, Prämien und Sonderzahlungen sowie anderer Bestandteile des Arbeitsentgelts und deren Fälligkeit,
* die vereinbarte Arbeitszeit,
* die Dauer des jährlichen Erholungsurlaubs,
* die Fristen für die Kündigung des Arbeitsverhältnisses,
* ein in allgemeiner Form gehaltener Hinweis auf die Tarifverträge, Betriebs- oder Dienstvereinbarungen, die auf das Arbeitsverhältnis anzuwenden sind,
* Firma und Anschrift des Verleihers, die Erlaubnisbehörde sowie Ort und Datum der Erteilung der Erlaubnis nach § 1 AÜG,
* Art und Höhe der Leistungen für Zeiten, in denen der Leiharbeitnehmer nicht verliehen ist.

§ 2 Abs. 1 Satz 1 NachwG regelt, dass spätestens einen Monat nach Beginn des Arbeitsverhältnisses die wesentlichen Vertragsbedingungen schriftlich niederzulegen sind, die Niederschrift zu unterzeichnen und Ihnen als Leiharbeitnehmer auszuhändigen ist.
Zur Gewährleistung der Rechtssicherheit der Vertragsparteien wird die Aushändigung einer derartigen Niederschrift, besonders bei Befristungen, *immer vor Beginn der Beschäftigung* empfohlen.

3. Grundsätzlich haben Sie Anspruch auf **Ersatz von Aufwendungen (z. B. Fahrt- und Übernachtungskosten) bei auswärtigem Einsatz (§ 670 BGB)** Tarifvertraglich oder einzelvertraglich können **abweichende Regelungen getroffen werden.** Ob und ggf. in welchem Umfang diese Aufwendungen auch steuerfrei ersetzt werden können, ist von den im jeweiligen Einzelfall zu beachtenden steuerlichen Regelungen abhängig.

4. Die Beteiligungsrechte der **Arbeitnehmervertretungen** (Betriebsräte, Personalräte) nach dem Betriebsverfassungsgesetz bzw. Bundespersonalvertretungsgesetz sind auch von den Verleihbetrieben und deren Beschäftigten zu beachten.

5. Der Verleiher darf Ihnen nicht untersagen, **nach Beendigung Ihres Leiharbeitsverhältnisses** ein Arbeitsverhältnis mit dem Entleiher einzugehen. Entsprechende Vereinbarungen sowie ähnliche Vereinbarungen zwischen Entleiher und Verleiher sind grundsätzlich unwirksam.

6. Der Verleiher hat Ihnen das vereinbarte **Arbeitsentgelt** auch dann zu zahlen, wenn er Sie nicht bei einem Entleiher beschäftigen kann. Ihr Recht auf Vergütung kann – längstens bis 31.12.2010 – durch Vereinbarung von Kurzarbeit aufgehoben werden, wenn Ihnen Kurzarbeitergeld nach dem Sozialgesetzbuch (SGB) III gezahlt wird.

7. Sie sind nicht verpflichtet, bei einem Entleiher tätig zu werden, soweit dieser durch einen Arbeitskampf unmittelbar betroffen ist. Bei einem solchen **Arbeitskampf** muss der Verleiher Sie auf Ihr Leistungsverweigerungsrecht hinweisen.

B. Gleichstellungsgrundsatz und Ausnahmen

1. Für die Zeit der Überlassung haben Sie grundsätzlich Anspruch, hinsichtlich der Gewährung der wesentlichen Arbeitsbedingungen einschließlich des Arbeitsentgelts einem vergleichbaren Arbeitnehmer im Betrieb des Entleihers gleichgestellt zu werden (§ 3 Abs. 1 Nr. 3 und § 9 Nr. 2 AÜG). Andere Vereinbarungen sind unwirksam.

2. Von diesem Gleichstellungsgrundsatz darf nur in folgenden Fällen abgewichen werden:

- Für Ihr Leiharbeitsverhältnis gilt ein Tarifvertrag, der die wesentlichen Arbeitsbedingungen wie Arbeitsentgelt, Arbeitszeit, Urlaub regelt Ein solcher Tarifvertrag ist zum einen anwendbar, wenn Sie Mitglied der Gewerkschaft sind und Ihr Arbeitgeber Mitglied des Arbeitgeberverbandes ist, die den Tarifvertrag geschlossen haben. Zum anderen kann im Arbeitsvertrag zwischen Ihnen und Ihrem Arbeitgeber (Verleiher) die Anwendung eines bestimmten Tarifvertrages vereinbart werden.

- Wenn Sie vor Abschluss des Leiharbeitsvertrages arbeitslos waren, kann Ihnen der Verleiher bis zu sechs Wochen ein Nettoarbeitsentgelt zahlen, das der Höhe des Betrages entspricht, den Sie zuletzt als Arbeitslosengeld erhalten haben oder erhalten hätten.

C. Sozialversicherung

Dem Verleiher als Ihrem Arbeitgeber obliegt, wie jedem anderen Arbeitgeber auch, die Abführung der Beiträge zu allen Zweigen der Sozialversicherung. Kommt er dieser Verpflichtung nicht nach, so haftet dafür der Entleiher, soweit ihm Arbeitnehmer gegen Vergütung zur Arbeitsleistung überlassen worden sind (§ 28 e Abs. 2 Sozialgesetzbuch – SGB – IV).

D. Arbeitsschutz und Unfallverhütung

Ihre Tätigkeit bei dem Entleiher unterliegt den für den Betrieb des Entleihers geltenden öffentlich-rechtlichen Vorschriften des Arbeitsschutzrechts.

Für die Einhaltung dieser Vorschriften sind Verleiher und Entleiher verantwortlich. Der Entleiher hat auch die im Rahmen der gesetzlichen Unfallverhütung notwendigen Unfallverhütungsmaßnahmen zu treffen. Sie sind verpflichtet, die entsprechenden Vorschriften zu befolgen.

Der Entleiher hat Sie ferner, insbesondere vor Beginn der Beschäftigung und bei Veränderungen in seinem Arbeitsbereich, über Gefahren für Sicherheit und Gesundheit, denen Sie bei der Arbeit ausgesetzt sein können, sowie über die Maßnahmen und Einrichtungen zur Abwendung dieser Gefahren zu unterrichten. Der Entleiher hat Sie zusätzlich über die Notwendigkeit besonderer Qualifikationen oder beruflicher Fähigkeiten oder einer besonderen ärztlichen Überwachung sowie über erhöhte besondere Gefahren des Arbeitsplatzes zu unterrichten.

E. Frühzeitige Arbeitsuchendmeldung gemäß § 38 Abs. 1 Sozialgesetzbuch (SGB) III

Wenn Ihr Arbeitsverhältnis beim Verleiher durch Kündigung oder Ablauf der Befristung endet, sind Sie verpflichtet, sich nach Kenntnis des Beendigungszeitpunktes persönlich bei der Agentur für Arbeit arbeitsuchend zu melden. Zur Wahrung der gesetzlichen Meldefrist kann auch eine telefonische Anzeige unter Angabe der persönlichen Daten und des Beendigungszeitpunktes ausreichend sein, wenn die persönliche Meldung nach terminlicher Vereinbarung nachgeholt wird.

Bei verspäteter Arbeitsuchendmeldung tritt eine Sperrzeit von einer Woche ein (§ 144 Abs. 1 Nr. 7 u. Abs. 6 Sozialgesetzbuch - SGB III).

F. Zuständigkeitsfragen

Zur Entscheidung von Streitigkeiten aus dem Leiharbeitsverhältnis zwischen Ihnen und dem Verleiher sind die Arbeitsgerichte zuständig. Nähere Auskünfte in diesem Bereich erteilen Arbeitnehmer- und Arbeitgeberverbände, Rechtsanwälte sowie die für die Überwachung der Verleiher zuständigen Regionaldirektionen der Bundesagentur für Arbeit

Bei Zweifeln, ob der Verleiher die erforderliche Erlaubnis der Bundesagentur für Arbeit besitzt, können Sie sich an die zuständige Regionaldirektion wenden.

Die Informationen über die Arbeitnehmerüberlassung erhalten Sie unter folgender Internetadresse:

www.arbeitsagentur.de > Unternehmen > Rechtsgrundlagen > Arbeitnehmerüberlassung

X. Vermittlungsgutschein

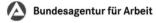

Bundesagentur für Arbeit

☐ Agentur für Arbeit ☐ Arbeitsgemeinschaft   Kunden-Nr. (priv. AV) / Betriebsnummer
(soweit vorhanden)

_____

Postfach _____

_____

Zutreffendes bitte ankreuzen ☒ oder ausfüllen!

Antrag auf Auszahlung eines Vermittlungsgutscheins
☐ nach § 421g SGB III   ☐ nach § 16 Abs. 1 SGB II i.V.m. § 421g SGB III

1.	☐ Ich beantrage die Zahlung einer Vergütung in Höhe von ☐ abschließend 1.000 Euro (befristeter Vertrag 3 bis unter 6 Monate) ☐ zunächst 1.000 Euro
	☐ Ich beantrage die Zahlung einer Vergütung (Restbetrag) in Höhe von _____ Euro (max. 1.500 €). **Bitte beachten:** Eine Beschäftigungsbestätigung des Arbeitgebers oder ein entsprechender anderer Nachweis ist beizufügen (Original).
2.	☐ Ich und meine Vertreter, Mitarbeiter etc. sind mit dem Arbeitgeber ☐ in keiner Weise wirtschaftlich oder personell verflochten. ☐ in folgender Weise wirtschaftlich oder personell verflochten (Erläuterung auf besonderem Blatt).
3.	☐ Ich bin / Wir sind von der Agentur für Arbeit nicht mit der Vermittlung des Arbeitnehmers beauftragt.
4.	Die Zahlung soll erfolgen auf das Konto Nr. _____ bei der _____ BLZ _____

Folgende Belege sind beigefügt:
- Vermittlungsgutschein (Original)
- Vermittlungsvertrag mit dem Arbeitnehmer (Kopie)
- Vermittlungs- und Beschäftigungsbestätigung des Arbeitgebers oder entsprechende andere Nachweise (Original)
- am Tag der Vermittlung gültige Gewerbeanmeldung für eine Tätigkeit als Arbeitsvermittler (Kopie)*

* entfällt bei Beteiligung nach den gesetzlichen Regelungen zur Teilnahme Schwerbehinderter Menschen am Arbeitsleben

_____   _____
(Ort, Datum)   (Unterschrift und Stempel des Vermittlers)

BA SP III 22 VGS 4 05.2009

XI. Vermittlungsbestätigung

(Arbeitgeber)

Vermittlungs- und Beschäftigungsbestätigung
(nach sechswöchiger Dauer des Beschäftigungsverhältnisses)

☐ Ich / Wir bestätigen hiermit, dass ich / wir **auf Vermittlung von** _____

_____

_____ (Name bzw. Firma und Anschrift des Vermittlers)

mit ☐ Frau ☐ Herrn _____

geb. am _____ , wohnhaft _____

ein im Inland sozialversicherungspflichtiges Beschäftigungsverhältnis eingegangen bin / sind.

☐ Die Arbeitszeit beträgt mindestens 15 Stunden wöchentlich.

☐ Der Arbeitsvertrag wurde am _____

    ☐ auf Dauer

    ☐ für die Zeit vom _____ bis _____ geschlossen.

☐ Frau ☐ Herrn _____ war

    ☐ bisher nicht bei mir / uns versicherungspflichtig beschäftigt.

    ☐ vom _____ bis _____ bei mir / uns versicherungspflichtig beschäftigt.

☐ Das Beschäftigungsverhältnis

    ☐ besteht ununterbrochen seit _____ .

    ☐ bestand ununterbrochen vom _____ bis _____ .

Beschäftigungsbestätigung
(nach sechsmonatiger Dauer des Beschäftigungsverhältnisses)

Das Beschäftigungsverhältnis mit ☐ Frau ☐ Herrn _____

☐ besteht ununterbrochen seit _____ .

☐ bestand ununterbrochen vom _____ bis _____ .

_____ _____ _____
(Ort)   (Datum)   (Unterschrift und Stempel des Arbeitgebers)

D. Arbeitshilfen

I. Muster

Hinweis:

Die Muster sind mit der erforderlichen Sorgfalt erstellt. Eine kritische Prüfung und Anpassung an die Bedürfnisse des Einzelfalls ist gleichwohl unvermeidlich. Eine Haftung ist ausgeschlossen.

1. Muster Leiharbeitsvertrag (ohne Tarifbezug)

Arbeitsvertrag

zwischen

_____, _____, _____,

– nachfolgend auch: »Gesellschaft« –

und

_____, _____, _____,

– nachfolgend auch: »Arbeitnehmer« –.

Vorbemerkung

Die Gesellschaft versichert, im Besitz einer gültigen Erlaubnis zur Arbeitnehmerüberlassung gemäß § 1 AÜG zu sein. Die Erlaubnis wurde von der Bundesagentur für Arbeit, Regionaldirektion _____, in _____ am __.__.____ unbefristet/befristet erteilt und zuletzt am __.__.____ verlängert.

§ 1
Tätigkeit und Aufgabengebiet

1. Der Arbeitnehmer wird als _____ eingestellt. Seine Tätigkeit umfasst insbesondere _____. Er erbringt diese im Rahmen gewerbsmäßiger Arbeitnehmerüberlassung. [*oder bei Mischbetrieben:* Die Gesellschaft beabsichtigt, den Arbeitnehmer je nach Auftragslage entweder im eigenen Betrieb oder bei Kunden (Entleihern) einzusetzen.]

2. Die Gesellschaft behält sich vor, den Arbeitnehmer auch andere seiner Vorbildung und Fähigkeiten entsprechende gleichwertige und zumutbare Aufgaben zu übertragen.[5]

3. Als Dienstsitz gilt der Sitz der Gesellschaft.

4. Der Arbeitnehmer wird bei verschiedenen Kunden (Entleihern) der Gesellschaft eingesetzt. Der Arbeitnehmer ist damit einverstanden, an wechselnden Einsatzorten auch außerhalb seines Dienstsitzes tätig zu werden. [*oder bei Mischbetrieben:* Der Arbeitnehmer ist verpflichtet, auch bei Kunden (Entleihern) der Gesellschaft tätig zu werden. Der Arbeitnehmer ist damit einverstanden, an wechselnden Einsatzorten auch außerhalb seines Dienstsitzes eingesetzt zu werden.]

5. Die Gesellschaft ist berechtigt, den Arbeitnehmer jederzeit von seinem Einsatzort abzuberufen und anderweitig einzusetzen. Während des Einsatzes bei einem Entleiher unterliegt der Arbeitnehmer dem Weisungsrecht des Entleihers, jedoch nur im Rahmen diesen Vertrages.

6. Der Arbeitnehmer ist nicht verpflichtet bei einem Entleiher tätig zu werden, soweit dieser durch einen Arbeitskampf unmittelbar betroffen ist.

§ 2
Arbeitszeit

1. Die regelmäßige Arbeitszeit beträgt _____ Stunden wöchentlich. Wird der Arbeitnehmer bei einem Entleiher eingesetzt, so richtet sich seine regelmäßige Wochenarbeitszeit einschließlich der Pausenzeiten nach der für einen vergleichbaren Stammarbeitnehmer im Betrieb des Entleihers geltenden Arbeitszeit.

2. Die Verteilung der Arbeitszeit richtet sich nach den betrieblichen Erfordernissen der Gesellschaft; während der Überlassung an einen Entleiher bestimmt sich die Lage der Arbeits- und Pausenzeiten nach den im Kundenbetrieb geltenden Regelungen.

3. Der Arbeitnehmer wird im Rahmen der betrieblichen Erfordernisse auch über die vorgenannte Arbeitszeit hinaus tätig werden.

4. Die Gesellschaft kann unter angemessener Berücksichtigung der Interessen des Arbeitnehmers Kurzarbeit anordnen, wenn ein erheblicher Arbeitsausfall vorliegt, der auf wirtschaftlichen Gründen oder einem unabwendbaren Ereignis beruht, und der Arbeitsaus-

---

5 Zur AGB-Kontrolle von Versetzungsklauseln vgl. BAG 11.4.2006, 9 AZR 557/05, AP BGB § 307 Nr. 7 (kein Verstoß gegen das Transparengebot, wenn keine konkreten Versetzungsgründe genannt werden); ferner LAG Köln 9.1.2007, 9 Sa 1099/06, NZA-RR 2007, 343 (»Gleichwertigkeitsgarantie«).

fall der Arbeitsverwaltung angezeigt ist (§§ 169 ff. SGB III). Für die
Dauer der Kurzarbeit vermindert sich die vertragliche Vergütung
im Verhältnis zur ausgefallenen Arbeitszeit. Die Gesellschaft wird
bei der Anordnung von Kurzarbeit eine Ankündigungsfrist von
drei Wochen einhalten.[6]
5. Der Arbeitnehmer verpflichtet sich, wöchentliche Arbeitzeitnach-
weise vom Entleiher unterzeichnen zu lassen.

§ 3
Vergütung

1. Für Zeiten, in denen der Arbeitnehmer nicht bei einem Entleiher
eingesetzt wird, erhält er eine Vergütung in Höhe von Euro
_____ brutto/Stunde.
2. Für die Zeit der Überlassung des Arbeitnehmers an einen Entleiher ist die Gesellschaft verpflichtet, dem Arbeitnehmer die im
Betrieb des Entleihers für vergleichbare Stammarbeitnehmer geltenden Arbeitsbedingungen einschließlich des Arbeitsentgelts zu
gewähren (§ 9 Nr. 2 AÜG); die Gesellschaft wird dem Arbeitnehmer gesonderte Nachweise über die jeweils geltenden wesentlichen Entgelt- und Arbeitsbedingungen erteilen. Vorstehender
Satz 1 gilt nicht, wenn die mit der Gesellschaft nach § 3.1 dieses
Vertrages vereinbarten Arbeits- und Entgeltbedingungen für den
Arbeitnehmer günstiger sind.
3. Die Vergütung ist jeweils am letzten Werktag eines Monats unter
Einbehalt der gesetzlichen Abzüge fällig und zahlbar. Die Auszahlung erfolgt bargeldlos.

§ 4
Sonderleistungen[7]

Jegliche Sonderleistungen oder -zahlungen, die nicht in diesem Arbeitsvertrag oder einer anderen (ggf. auch mündlichen) vertraglichen
Abrede vereinbart sind, erfolgen freiwillig und ohne Rechtsanspruch

---

6 Da Zeitarbeitsunternehmen regelmäßig betriebsratslos sind, bedarf es zur
   Einführung von Kurzarbeit im Leiharbeitsverhältnis entweder einer einzelvertraglichen Vereinbarung oder einer – nur unter sehr engen Voraussetzungen zulässigen – Änderungskündigung. Ratsam ist deshalb bereits die Aufnahme einer Kurzarbeitsklausel im Arbeitsvertrag. Die hier gewählte
   Formulierung sollte einer Transparenz- und Angemessenheitskontrolle nach
   §§ 305 ff. BGB stand halten, dazu a. *Bauer/Günther* BB 2009, 662; vgl. ferner
   § 11 AÜG Rdn. 46 ff.
7 Zum Freiwilligkeitsvorbehalt bei Sonderzahlungen BAG 30.7.2008, 10 AZR
   606/07, NZA 2008, 1173; BAG 21.1.2009, 10 AZR 219/08, NZA 2009, 310; a.
   ErfK/*Preis* §§ 305–310 BGB Rn. 71.

für die Zukunft. Auch die wiederholte Gewährung begründet keinen Anspruch aus betrieblicher Übung.

§ 5
Abtretung/Verpfändung/Überzahlung

1. Der Arbeitnehmer darf seine Vergütungsansprüche an Dritte nur nach vorheriger schriftlicher Zustimmung der Gesellschaft verpfänden oder abtreten. Die Zustimmung darf nur aus sachlichen Gründen verweigert werden.
2. Überzahlungen sind vom Arbeitnehmer unverzüglich zurückzuerstatten. Die Gesellschaft ist zur Verrechnung überbezahlter Bezüge im Rahmen folgender Gehaltsabrechnungen berechtigt. Der Einwand des Wegfalls der Bereicherung (§ 818 Abs. 3 BGB) ist ausgeschlossen.

§ 6
Spesen und Auslagen

1. Notwendige Reisekosten, Spesen und Auslagen werden dem Arbeitnehmer durch die Gesellschaft im Rahmen der steuerlichen Höchstbeträge erstattet.
2. Über die nachfolgend genannten Fahrtkosten hinaus sind Fahrtkosten und Anfahrtzeiten zum Entleiher durch die Vergütung abgegolten:[8]
   a) Für Tätigkeiten bei einem Entleiher werden dem Arbeitnehmer bei Benutzung des zeitlich günstigsten öffentlichen Verkehrsmittels die Fahrtkosten erstattet, wenn die tatsächlich aufgewendete Wegezeit (Hin- und Rückweg) 2 Stunden überschreitet; maßgeblich ist die planmäßige Fahrtzeit.
   b) Bei Benutzung des eigenen Kraftfahrzeugs wird die über 100 km hinausgehende Wegstrecke (Hin- und Rückweg zwischen Dienstsitz und Einsatzort) pauschal mit 0,30 Euro pro Kilometer vergütet.
3. Die Erstattung von Reisekosten, Spesen und Auslagen setzt den Nachweis durch Vorlage entsprechender Belege voraus. Die Abrechnung erfolgt monatlich. Erstattungsansprüche sind ausgeschlossen, wenn sie nicht innerhalb von drei Monaten nach Ablauf des Monats, in dem die Auslagen und Spesen angefallen sind,

---

8 Anfahrtzeiten zum Entleiher gelten grundsätzlich als Arbeitszeit und sind als solche nach § 612 Abs. 1 BGB zu vergüten. Zur Grenze der Abdingbarkeit vgl. LAG Köln 24.10.2006, 13 Sa 881/06, NZA-RR 2007, 345.

schriftlich unter Verwendung des dafür von der Gesellschaft vorgesehenen Spesenberichts geltend gemacht werden.

4. Reisekosten, Spesen und Auslagen finden bei der Berechnung von Mehr-, Nacht-, Sonntags- und Feiertagsarbeitszuschläge keine Berücksichtigung.

§ 7
Urlaub

1. Der Arbeitnehmer hat Anspruch auf einen Jahresurlaub von 30 Arbeitstagen. Der Zeitpunkt des Urlaubs ist rechtzeitig vorher mit dem Vorgesetzten abzustimmen. Dabei hat der Arbeitnehmer auf die betrieblichen Erfordernisse der Gesellschaft Rücksicht zu nehmen. Ein Urlaub von zusammenhängend mehr als drei Wochen bedarf der schriftlichen Zustimmung der Gesellschaft.

2. Der jährliche Erholungsurlaub ist grundsätzlich bis spätestens zum 31. Dezember des jeweiligen Kalenderjahres zu nehmen und zu gewähren. Ein Anspruch auf Abgeltung für nicht genommenen Jahresurlaub besteht bei fortdauerndem Arbeitsverhältnis nicht.

§ 8
Arbeitsverhinderung und Krankheit

1. Im Falle der Arbeitsverhinderung hat der Arbeitnehmer der Gesellschaft und dem Entleiher die Gründe und die voraussichtliche Dauer seiner Verhinderung unverzüglich mitzuteilen. Bei Arbeitsverhinderung durch Krankheit hat der Arbeitnehmer spätestens bis zum Ablauf des dritten Werktages nach Eintritt der Arbeitsverhinderung seine Arbeitsunfähigkeit und deren voraussichtliche Dauer durch ärztliches Attest nachzuweisen.

2. Ist der Arbeitnehmer wegen Arbeitsunfähigkeit infolge von Krankheit oder Unfall verhindert zu arbeiten, ohne dass ihn ein Verschulden trifft, wird die Gesellschaft dem Arbeitnehmer seine vertraglichen Bezüge nach Maßgabe der jeweils geltenden gesetzlichen Bestimmungen unter Anrechnung sämtlicher Leistungen, die dem Arbeitnehmer von einer gesetzlichen oder privaten Krankenversicherung für den Verdienstausfall gezahlt werden, fortzahlen.

§ 9
Nebenbeschäftigung

Der Arbeitnehmer wird seine ganze Arbeitskraft und seine fachlichen Kenntnisse und Erfahrungen ausschließlich der Gesellschaft widmen. Während der Dauer des Arbeitsverhältnisses darf der Arbeitnehmer

ohne vorherige schriftliche Zustimmung der Gesellschaft weder eine
entgeltliche noch unentgeltliche Nebenbeschäftigung ausüben. Der
Arbeitnehmer wird der Gesellschaft die beabsichtigte Tätigkeit unter
Angabe von Art, Ort und Dauer vorher schriftlich anzeigen. Die Gesellschaft wird die Zustimmung erteilen, soweit betriebliche Interessen nicht entgegenstehen. Die Zustimmung ist jederzeit widerruflich.

§ 10
Geheimhaltung und Rückgabepflicht

1. Der Arbeitnehmer wird sämtliche ihm aufgrund oder im Zusammenhang mit seiner Tätigkeit für die Gesellschaft bekannt werdenden Tatsachen und Umstände, insbesondere sämtliche Geschäfts-
   und Betriebsgeheimnisse sowie alle sonstigen Geschäfts- und Betriebsdaten, die die Gesellschaft, die mit der Gesellschaft verbundenen Unternehmen und Kunden der Gesellschaft oder deren Geschäftsbetrieb betreffen, streng vertraulich behandeln und geheim
   halten und Dritten nicht zugänglich machen. Dies gilt auch für alle
   sonstigen Kenntnisse, die der Arbeitnehmer über Unternehmen
   und/oder Personen erwirbt, die als Vertragspartner oder in anderer Weise mit der Gesellschaft und den mit ihr verbundenen Unternehmen in Geschäftsbeziehung stehen. Diese Verpflichtung gilt
   auch nach Beendigung des Arbeitsverhältnisses.
2. Alle Geschäftsunterlagen, Kundenlisten, Aufzeichnungen und
   sonstige Unterlagen sowie sonstige Daten, gleich welcher Art, welche die Gesellschaft und die mit ihr verbundenen und/oder in Geschäftsbeziehungen stehenden Unternehmen und/oder Personen
   betreffen, sind und bleiben Eigentum der Gesellschaft. Sie sind von
   dem Arbeitnehmer so zu behandeln, als seien sie ihm als Geschäfts-
   und Betriebsgeheimnisse persönlich anvertraut. Auf Verlangen der
   Gesellschaft sind vorstehende Unterlagen und Daten, einschließlich aller wie auch immer hergestellten Kopien, der Gesellschaft jederzeit, spätestens jedoch bei Beendigung des Arbeitsverhältnisses
   oder einer Freistellung dieses Vertrages zurückzugeben. Die Geltendmachung eines Zurückbehaltungsrechtes ist ausgeschlossen.

§ 11
Dauer und Beendigung des Arbeitsverhältnisses

1. Das Arbeitsverhältnis ist auf unbestimmte Zeit geschlossen. [alter-
   nativ sachgrundlose Befristung:[9] Das Arbeitsverhältnis ist für einen

---

9 Bei sachgrundloser Befristung des Arbeitsvertrages sollte eine sogenannte
  Neueinstellungsklausel aufgenommen werden. Bei wahrheitswidriger Beant-

Zeitraum von __ Monaten/Jahre(n) gemäß § 14 Abs. 2 TzBfG befristet bis zum __.__.____ geschlossen. Es endet, ohne dass es einer Kündigung bedarf.]

2. Während der ersten sechs Monate kann das Arbeitsverhältnis von beiden Seiten mit einer Frist von zwei Wochen gekündigt werden (Probezeit). Anschließend gilt für beide Parteien eine Kündigungsfrist von _____ zum Monatsende. Jede gesetzliche Verlängerung der Kündigungsfrist zugunsten des Arbeitnehmers gilt auch zugunsten der Gesellschaft.

3. Das Recht zur außerordentlichen Kündigung aus wichtigem Grund bleibt unberührt.

4. Jede Kündigung bedarf zu ihrer Wirksamkeit der Schriftform.

5. Die Gesellschaft ist berechtigt, nach Ausspruch einer Kündigung – gleich von welcher Vertragspartei und aus welchem Rechtsgrund – den Arbeitnehmer bis zur Beendigung seines Arbeitsverhältnisses unter Anrechnung auf restliche Urlaubsansprüche sowie sonstige Ansprüche auf Freizeitausgleich von seiner Dienstverpflichtung freizustellen. § 615 Satz 2 BGB findet Anwendung.

6. Das Arbeitsverhältnis endet auf jeden Fall mit Ablauf des Monats, in dem der Arbeitnehmer staatliche Regelaltersrente beanspruchen kann. Das Arbeitsverhältnis endet ferner mit Ablauf des Monats, in dem der zuständige Sozialversicherungsträger durch Bescheid feststellt, dass der Arbeitnehmer auf Dauer erwerbsunfähig ist, bei späterem Beginn des entsprechenden Rentenbezugs jedoch erst mit Ablauf des dem Rentenbeginn vorhergehenden Tages. Gewährt der Sozialversicherungsträger nur eine Rente auf Zeit, so ruht das Arbeitsverhältnis für den Bewilligungszeitraum dieser Rente, längstens indes bis zum Beendigungszeitpunkt nach den vorstehenden Bestimmungen.

§ 12
Ausschlussfristen[10]

1. Alle Ansprüche aus dem Arbeitsverhältnis sind innerhalb von drei Monaten nach Fälligkeit, spätestens drei Monate nach Beendigung

---

wortung der Frage nach einer Vorbeschäftigung i.S.d. § 14 Abs. 2 S. 2 TzBfG kann der Verleiher wegen arglistiger Täuschung (§ 123 BGB) anfechten. Formulierungsbeispiel: »Der Arbeitnehmer erklärt durch seine Unterschrift, bisher in keinem Arbeitsverhältnis mit der Gesellschaft gestanden zu haben. Dem Arbeitnehmer ist bewusst, dass eine unrichtige Erklärung die Gesellschaft zur Anfechtung des Vertrages berechtigen kann.«

10 Zur AGB-Kontrolle bei Formularverträgen BAG 12.3.2008, 10 AZR 152/07, NZA 2008; BAG 1.3.2006, 5 AZR 511/05, AP BGB § 307 Nr. 10; BAG 28.9.2005, 5 AZR 52/05, NJW 2006, 795 (einstufige Ausschlussfrist); BAG 25.5.2005, 5 AZR 572/04, NZA 2005, 1111.

des Anstellungsverhältnisses schriftlich gegenüber der anderen Vertragspartei geltend zu machen. Nicht innerhalb der Frist geltend gemachte Ansprüche sind verwirkt.

2. Lehnt die andere Vertragspartei den Anspruch ab oder erklärt sie sich nicht innerhalb von drei Wochen nach Geltendmachung des Anspruchs, verfällt dieser, wenn er nicht innerhalb von drei Monaten nach Ablehnung oder nach Ablauf der drei Wochen im Falle des Schweigens gerichtlich geltend gemacht wird.

3. Absätze 1 und 2 gelten auch für Ansprüche, die mit dem Arbeitsverhältnis in Zusammenhang stehen.

4. Vorstehende Ausschlussfristen gelten nicht bei Haftung wegen Vorsatz.

§ 13
Unfallverhütung

1. Der Arbeitnehmer ist verpflichtet, sich über die Gefahren seines Arbeitsplatzes durch entsprechend qualifizierte Mitarbeiter der Gesellschaft und des Entleihers informieren zu lassen und an allen Maßnahmen der Unfallverhütung und Arbeitsicherheit mitzuwirken. Die allgemeinen Unfallverhütungsvorschriften, die in den Räumen der Gesellschaft und des Entleihers zur Einsicht aushängen, sind zu beachten und zu befolgen.

2. Sollte der Entleiher den Arbeitnehmer vor Beginn der Beschäftigung oder bei Veränderungen im Arbeitsbereich des Arbeitnehmers nicht über die Gefahren für Sicherheit und Gesundheit informieren, so hat der Arbeitnehmer die Gesellschaft darüber unverzüglich zu unterrichten. Die Gesellschaft sorgt in diesem Fall für Abhilfe.

§ 14
Merkblatt

Der Arbeitnehmer bestätigt, ein von der Gesellschaft unterschriebenes Exemplar dieses Vertrages sowie das Merkblatt für Leiharbeitnehmer der Bundesagentur für Arbeit erhalten zu haben.

§ 15
Schriftformklausel[11]

Dieser Vertrag gibt die Vereinbarungen zwischen den Vertragsparteien vollständig und inhaltlich zutreffend wieder. Schriftliche oder

---

11 Zur AGB-Kontrolle bei doppelten Schriftformklauseln BAG 20.5.2008, 9 AZR 382/07, NZA 2008, 1233.

mündliche Nebenabreden bestehen nicht. Die Aufhebung, Änderung und Erweiterung der vorstehenden vertraglichen Vereinbarungen bedürfen zu ihrer Gültigkeit grundsätzlich der Schriftform. Abweichende mündliche Vereinbarungen ändern diesen Vertrag nur, wenn eine umfassend zur Vertretung des Unternehmens berechtigte Person mit dem Arbeitnehmer nach Abschluss dieses Arbeitsvertrages zwar ohne schriftliche Bestätigung, jedoch ausdrücklich eine abweichende Vereinbarung trifft. Besteht keine Vereinbarung im Sinne des Satzes 2 oder 3, begründet auch die wiederholte Gewährung einer Leistung oder Vergünstigung keinen Rechtsanspruch für die Zukunft.

§ 16
Schlussbestimmungen

1. Dieser Vertrag unterliegt dem Recht der Bundesrepublik Deutschland.
2. Die Vertragsparteien sind sich darüber einig, dass durch diesen Vertrag sämtliche anderen Abmachungen, Zusagen und sonstigen vertraglichen Absprachen in der Vergangenheit aufgehoben und ersetzt werden. Rechte und Besitzstände aus und im Zusammenhang mit solchen Abmachungen, Zusagen oder vertraglichen Absprachen bestehen nicht.
3. Sollten einzelne Bestimmungen dieses Vertrages ganz oder teilweise unwirksam oder undurchführbar sein oder werden, so wird die Wirksamkeit der übrigen Bestimmungen dieses Vertrages hiervon nicht berührt. Anstelle der unwirksamen oder undurchführbaren Bestimmung tritt eine solche Regelung, die in rechtlich zulässiger Weise dem von den Vertragsparteien mit der unwirksamen oder undurchführbaren Bestimmung verfolgten wirtschaftlichen Zweck möglichst nahe kommt. Entsprechendes gilt für den Fall, daß dieser Vertrag Lücken enthalten sollte.

2. Leiharbeitsvertrag (mit Tarifbezug)

Arbeitsvertrag

zwischen

———————, ———————, ———————,

– nachfolgend auch: »Gesellschaft« –

und

———————, ———————, ———————,

– nachfolgend auch: »Arbeitnehmer« –.

Urban-Crell   611

Vorbemerkung

Die Gesellschaft versichert, im Besitz einer gültigen Erlaubnis zur Arbeitnehmerüberlassung gemäß § 1 AÜG zu sein. Die Erlaubnis wurde von der Bundesagentur für Arbeit, Regionaldirektion _____, in _____ am __.__.____ unbefristet/befristet erteilt und zuletzt am __.__.____ verlängert.

§ 1
Tätigkeit und Aufgabengebiet

1. Der Arbeitnehmer wird als _____ eingestellt. Seine Tätigkeit umfasst insbesondere _____. Er erbringt diese im Rahmen gewerbsmäßiger Arbeitnehmerüberlassung. [*oder bei Mischbetrieben:* Die Gesellschaft beabsichtigt, den Arbeitnehmer je nach Auftragslage entweder im eigenen Betrieb oder bei Kunden (Entleihern) einzusetzen.]
2. Die Gesellschaft behält sich vor, den Arbeitnehmer auch andere seiner Vorbildung und Fähigkeiten entsprechende gleichwertige und zumutbare Aufgaben zu übertragen.[12]
3. Als Dienstsitz gilt der Sitz der Gesellschaft.
4. Der Arbeitnehmer wird bei verschiedenen Kunden (Entleihern) der Gesellschaft eingesetzt. Der Arbeitnehmer ist damit einverstanden, an wechselnden Einsatzorten auch außerhalb seines Dienstsitzes tätig zu werden. [*oder bei Mischbetrieben:* Der Arbeitnehmer ist verpflichtet, auch bei Kunden (Entleihern) der Gesellschaft tätig zu werden. Der Arbeitnehmer ist damit einverstanden, an wechselnden Einsatzorten auch außerhalb seines Dienstsitzes eingesetzt zu werden.]
5. Die Gesellschaft ist berechtigt, den Arbeitnehmer jederzeit von seinem Einsatzort abzuberufen und anderweitig einzusetzen. Während des Einsatzes bei einem Entleiher unterliegt der Arbeitnehmer dem Weisungsrecht des Entleihers, jedoch nur im Rahmen diesen Vertrages.
6. Der Arbeitnehmer ist nicht verpflichtet bei einem Entleiher tätig zu werden, soweit dieser durch einen Arbeitskampf unmittelbar betroffen ist.

---

12 Zur AGB-Kontrolle von Versetzungsklauseln vgl. BAG 11.4.2006, 9 AZR 557/05, AP BGB § 307 Nr. 7 (kein Verstoß gegen das Transparengebot, wenn keine konkreten Versetzungsgründe genannt werden); ferner LAG Köln 9.1.2007, 9 Sa 1099/06, NZA-RR 2007, 343 (»Gleichwertigkeitsgarantie«).

§ 2
Vergütung

1. Der Arbeitnehmer wird in Vergütungsgruppe ＿＿＿ des ＿＿＿＿＿＿＿ (*Tarifvertrages*) eingestuft. Die Vergütung beträgt zurzeit Euro ＿＿＿＿ brutto/Stunde.
2. Die Vergütung ist jeweils am letzten Werktag eines Monats unter Einbehalt der gesetzlichen Abzüge fällig und zahlbar. Die Auszahlung erfolgt bargeldlos.

§ 3
Geheimhaltung und Rückgabepflicht

1. Der Arbeitnehmer wird sämtliche ihm aufgrund oder im Zusammenhang mit seiner Tätigkeit für die Gesellschaft bekannt werdenden Tatsachen und Umstände, insbesondere sämtliche Geschäfts- und Betriebsgeheimnisse sowie alle sonstigen Geschäfts- und Betriebsdaten, die die Gesellschaft, die mit der Gesellschaft verbundenen Unternehmen und Kunden der Gesellschaft oder deren Geschäftsbetrieb betreffen, streng vertraulich behandeln und geheim halten und Dritten nicht zugänglich machen. Dies gilt auch für alle sonstigen Kenntnisse, die der Arbeitnehmer über Unternehmen und/oder Personen erwirbt, die als Vertragspartner oder in anderer Weise mit der Gesellschaft und den mit ihr verbundenen Unternehmen in Geschäftsbeziehung stehen. Diese Verpflichtung gilt auch nach Beendigung des Arbeitsverhältnisses.
2. Alle Geschäftsunterlagen, Kundenlisten, Aufzeichnungen und sonstige Unterlagen sowie sonstige Daten, gleich welcher Art, welche die Gesellschaft und die mit ihr verbundenen und/oder in Geschäftsbeziehungen stehenden Unternehmen und/oder Personen betreffen, sind und bleiben Eigentum der Gesellschaft. Sie sind von dem Arbeitnehmer so zu behandeln, als seien sie ihm als Geschäfts- und Betriebsgeheimnisse persönlich anvertraut. Auf Verlangen der Gesellschaft sind vorstehende Unterlagen und Daten, einschließlich aller wie auch immer hergestellten Kopien, der Gesellschaft jederzeit, spätestens jedoch bei Beendigung des Arbeitsverhältnisses oder einer Freistellung dieses Vertrages zurückzugeben. Die Geltendmachung eines Zurückbehaltungsrechtes ist ausgeschlossen.

§ 4
Dauer und Beendigung des Arbeitsverhältnisses

1. Das Arbeitsverhältnis ist auf unbestimmte Zeit geschlossen. [*alternativ sachgrundlose Befristung:* Das Arbeitsverhältnis ist für einen Zeitraum von ＿＿ Monaten/Jahre(n) gemäß § 14 Abs. 2 TzBfG be-

fristet bis zum __.__.____ geschlossen.[13] Es endet, ohne dass es einer Kündigung bedarf.]

2. Es gelten die tariflichen ordentlichen Kündigungsfristen.

3. Das Recht zur außerordentlichen Kündigung aus wichtigem Grund bleibt unberührt.

4. Jede Kündigung bedarf zu ihrer Wirksamkeit der Schriftform.

5. Die Gesellschaft ist berechtigt, nach Ausspruch einer Kündigung – gleich von welcher Vertragspartei und aus welchem Rechtsgrund – den Arbeitnehmer bis zur Beendigung seines Arbeitsverhältnisses unter Anrechnung auf restliche Urlaubsansprüche sowie sonstige Ansprüche auf Freizeitausgleich von seiner Dienstverpflichtung freizustellen. § 615 Satz 2 BGB findet Anwendung.

6. Das Arbeitsverhältnis endet auf jeden Fall mit Ablauf des Monats, in dem der Arbeitnehmer staatliche Regelaltersrente beanspruchen kann. Das Arbeitsverhältnis endet ferner mit Ablauf des Monats, in dem der zuständige Sozialversicherungsträger durch Bescheid feststellt, dass der Arbeitnehmer auf Dauer erwerbsunfähig ist, bei späterem Beginn des entsprechenden Rentenbezugs jedoch erst mit Ablauf des dem Rentenbeginn vorhergehenden Tages. Gewährt der Sozialversicherungsträger nur eine Rente auf Zeit, so ruht das Arbeitsverhältnis für den Bewilligungszeitraum dieser Rente, längstens indes bis zum Beendigungszeitpunkt nach den vorstehenden Bestimmungen.

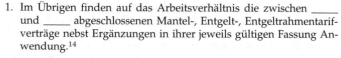

§ 5
Tarifgeltung

1. Im Übrigen finden auf das Arbeitsverhältnis die zwischen _____ und _____ abgeschlossenen Mantel-, Entgelt-, Entgeltrahmentarifverträge nebst Ergänzungen in ihrer jeweils gültigen Fassung Anwendung.[14]

[*sofern nach Abs. 1 CGZP-Tarifverträge in Bezug genommen werden:*[15]

2. Im Falle der Feststellung der Unwirksamkeit der Tarifverträge zwischen _____ und der CGZP, gelten ab dem Zeitpunkt der Fest-

---

13 Zur Neueinstellungsklausel sh. Muster-Leiharbeitsvertrag ohne Tarifbezug.

14 Tarifgebundene Verleiher sollten große dynamische Bezugnahmeklauseln vereinbaren, vgl. § 3 AÜG Rdn. 129 (Praxistipp); Formulierungsbeispiele vor dem Hintergrund der geänderten, aber für die Zeitarbeitsbranche derzeit kaum bedeutsamen BAG-Rechtsprechung zur Gleichstellungsabrede bei Böhm/Hennig/Popp/*Popp* Rn. 978 ff.

15 Die Inbezugnahme der von der CGZP abgeschlossenen Tarifverträge ist wegen drohender Tarifunfähigkeit der Vereinigung nicht zu empfehlen, zur Problematik vgl. § 3 AÜG Rdn. 152 ff.

stellung (*alternativ:* rückwirkend) die jeweils geltenden Mantel-, Entgelt-, Entgeltrahmentarifverträge nebst Ergänzungen zwischen dem _____ (BZA oder iGZ) und der DGB Tarifgemeinschaft Zeitarbeit.[16]]

§ 6
Einzelvertragliche Ausschlussfristen[17]

1. Alle Ansprüche aus dem Arbeitsverhältnis sind innerhalb von drei Monaten nach Fälligkeit, spätestens drei Monate nach Beendigung des Anstellungsverhältnisses schriftlich gegenüber der anderen Vertragspartei geltend zu machen. Nicht innerhalb der Frist geltend gemachte Ansprüche sind verwirkt.
2. Lehnt die andere Vertragspartei den Anspruch ab oder erklärt sie sich nicht innerhalb von drei Wochen nach Geltendmachung des Anspruchs, verfällt dieser, wenn er nicht innerhalb von drei Monaten nach Ablehnung oder nach Ablauf der drei Wochen im Falle des Schweigens gerichtlich geltend gemacht wird.
3. Absätze 1 und 2 gelten auch für Ansprüche, die mit dem Arbeitsverhältnis in Zusammenhang stehen.
4. Vorstehende Ausschlussfristen gelten nicht bei Haftung wegen Vorsatz.

§ 7
Schriftformklausel[18]

Dieser Vertrag gibt die Vereinbarungen zwischen den Vertragsparteien vollständig und inhaltlich zutreffend wieder. Schriftliche oder mündliche Nebenabreden bestehen nicht. Die Aufhebung, Änderung und Erweiterung der vorstehenden vertraglichen Vereinbarungen bedürfen zu ihrer Gültigkeit grundsätzlich der Schriftform. Abweichende mündliche Vereinbarungen ändern diesen Vertrag nur, wenn eine umfassend zur Vertretung des Unternehmens berechtigte Person mit dem Arbeitnehmer nach Abschluss dieses Arbeitsvertrages zwar ohne schriftliche Bestätigung, jedoch ausdrücklich eine abweichende

---

16 Eine derartige Tarifwechselklausel hält einer AGB-Kontrolle voraussichtlich nicht Stand; sie sollte aber gleichwohl vorsorglich verwendet werden, wenn CGZP-Tarifverträge einzelvertraglich in Bezug genommen werden; zur Problematik *Brors* DB 2006, 101; ausführlich § 3 AÜG Rdn. 161 f.
17 Insbesondere bei Anwendung der CGZP-Tarifverträge sollte auf die Verwendung einer zusätzlichen einzelvertraglichen Verfallklausel nicht verzichtet werden, vgl. § 3 AÜG Rdn. 165.
18 Zur AGB-Kontrolle bei doppelten Schriftformklauseln BAG 20.5.2008, 9 AZR 382/07, NZA 2008, 1233.

Vereinbarung trifft. Besteht keine Vereinbarung im Sinne des Satzes 2
oder 3, begründet auch die wiederholte Gewährung einer Leistung
oder Vergünstigung keinen Rechtsanspruch für die Zukunft.

§ 8
Schlussbestimmungen

1. Dieser Vertrag unterliegt dem Recht der Bundesrepublik Deutschland.
2. Die Vertragsparteien sind sich darüber einig, dass durch diesen
   Vertrag sämtliche anderen Abmachungen, Zusagen und sonstigen
   vertraglichen Absprachen in der Vergangenheit aufgehoben und
   ersetzt werden. Rechte und Besitzstände aus und im Zusammenhang mit solchen Abmachungen, Zusagen oder vertraglichen Absprachen bestehen nicht.
3. Sollten einzelne Bestimmungen dieses Vertrages ganz oder teilweise unwirksam oder undurchführbar sein oder werden, so wird die
   Wirksamkeit der übrigen Bestimmungen dieses Vertrages hiervon
   nicht berührt. Anstelle der unwirksamen oder undurchführbaren
   Bestimmung tritt eine solche Regelung, die in rechtlich zulässiger
   Weise dem von den Vertragsparteien mit der unwirksamen oder
   undurchführbaren Bestimmung verfolgten wirtschaftlichen Zweck
   möglichst nahe kommt. Entsprechendes gilt für den Fall, daß dieser Vertrag Lücken enthalten sollte.

3. Muster-Rahmenvertrag Arbeitnehmerüberlassung

Rahmenvertrag Arbeitnehmerüberlassung

zwischen

————————, ————————, ————————,

– nachfolgend auch: »Verleiher« –

und

————————, ————————, ————————,

– nachfolgend auch: »Entleiher« –.

§ 1
Erlaubnis

1. Der Verleiher ist im Besitz einer Erlaubnis der Bundesagentur für
   Arbeit zur gewerbsmäßigen Arbeitnehmerüberlassung nach § 1
   Abs. 1 AÜG. Die Erlaubnisurkunde der Bundesagentur für Arbeit

– Regionaldirektion _____ – datiert vom __. ____ 200_ und hat eine befristete Laufzeit vom __. _____ 200_ bis zum __. _____ 200_. Eine Kopie der Erlaubnisurkunde ist diesem Vertrag als **Anlage 1** beigefügt.

2. Der Verleiher wird den Entleiher unverzüglich über den Zeitpunkt eines etwaigen Wegfalls der Erlaubnis unterrichten. Sollte die Erlaubnis nicht verlängert, zurückgenommen oder widerrufen werden, wird der Verleiher den Entleiher auf das voraussichtliche Ende der Abwicklung und die gesetzliche Abwicklungsfrist hinweisen.

§ 2
Überlassung

Der Verleiher überlässt dem Entleiher Arbeitnehmer mit den beruflichen Qualifikationen und für die Tätigkeiten, die in den jeweiligen Einzelverträgen bezeichnet sind. Das Muster eines solchen Einzelvertrages ist dieser Vereinbarung als **Anlage 2** beigefügt.

§ 3
Vergütung; Vermittlungshonorar

1. Die vom Entleiher an den Verleiher zu entrichtende Vergütung für die Überlassung von Arbeitnehmern bestimmt sich nach den in der Preisliste des Verleihers genannten Verrechnungssätzen zuzüglich gesetzlicher Mehrwertsteuer in der jeweils gültigen Höhe. Die aktuelle Preisliste ist diesem Vertrag als **Anlage 3** beigefügt.
2. Vermittlungsprovisionen richten sich nach den Allgemeinen Geschäftsbedingungen (AGB) des Verleihers.

§ 4
Laufzeit und Kündigung

1. Dieser Vertrag wird auf unbestimmte Zeit geschlossen, er kann von jeder Partei mit einer Frist von ___ Wochen/___ Monaten zum Monatsende gekündigt werden.
2. Wird dieser Rahmenvertrag gekündigt, gilt dies zugleich als Kündigung aller Einzelverträge nach vorstehendem § 2 dieses Vertrages zum gleichen Zeitpunkt wie der Rahmenvertrag.
3. Das Recht zur fristlosen Kündigung dieses Vertrages aus wichtigem Grund bleibt unberührt.
4. Jede Kündigung bedarf zu ihrer Wirksamkeit der Schriftform.

Urban-Crell

§ 5
Allgemeine Geschäftsbedingungen

Die Allgemeinen Geschäftsbedingungen des Verleihers sind Vertragsbestandteil. Diese sind diesem Vertrag als **Anlage 4** beigefügt.

§ 6
Erfüllungsort und Gerichtsstand

Erfüllungsort und Gerichtsstand für beide Vertragsparteien ist der Sitz des Verleihers.

§ 7
Schlussbestimmungen

1. Dieser Vertrag nebst Anlagen unterliegt dem Recht der Bundesrepublik Deutschland.
2. Änderungen und Ergänzungen sowie die Aufhebung auch nur einzelner Bestimmungen dieses Vertrages oder seiner Anlagen bedürfen zu ihrer Wirksamkeit der Schriftform. Dies gilt auch für die Schriftformklausel selbst.
3. Die Anlagen zu diesem Vertrag sind wesentliche Bestandteile dieser Vereinbarung. Soweit sie zur Einbeziehung weiterer Arbeitnehmer fortgeschrieben oder sonst geändert werden, sind sie jeweils von Verleiher und Entleiher zu unterschreiben.
4. Sollten einzelne Bestimmungen dieses Vertrages nicht wirksam oder der Vertrag lückenhaft sein, berührt dies die Wirksamkeit der übrigen Bestimmungen dieses Vertrages nicht. Verleiher und Entleiher sind in einem solchen Fall verpflichtet, einander so zu stellen, als sei eine Ersatzregelung vereinbart, die den wirtschaftlichen Zweck der unwirksamen oder lückenhaften Bestimmung möglichst weitgehend in wirksamer Weise erfüllt, und eine solche Ersatzregelung zu vereinbaren.
5. Mit diesem Vertrag ist die Rechtsbeziehung zwischen Verleiher und Entleiher nach § 12 AÜG geregelt.

4. Muster-Einzelvertrag Arbeitnehmerüberlassungsvertrag

Einzelvertrag Arbeitnehmerüberlassung[19]

zwischen

—————————, —————————, —————————,

— nachfolgend auch: »Verleiher« —

und

—————————, —————————, —————————,

— nachfolgend auch: »Entleiher« —.

§ 1
Vertragsgegenstand

1. Der Arbeitnehmer
   Name, Vorname: ————————————
   Geburtsdatum: ————————————
   Anschrift: ————————————
   Staatsangehörigkeit: ————————————
   Einsatzort: ————————————
   wird dem Entleiher unbefristet/befristet für die Zeit vom __.
   _____ 200_ bis zum __. _____ 200_ (Überlassungszeitraum) zur
   Arbeitsleistung als Leiharbeitnehmer überlassen.
2. Der Arbeitnehmer übernimmt die Aufgaben als ———————————.
   Dafür sind folgende (besondere) berufliche Qualifikationen und
   Fähigkeiten erforderlich: ————————————————————.
   Die zu übertragenden Aufgaben entsprechen den Fähigkeiten und
   Kenntnissen des Arbeitnehmers und sind dem mit dem Verleiher
   arbeitsvertraglich vereinbarten Aufgabengebiet gleichwertig.

§ 2
Arbeitszeit[20]

Die regelmäßige wöchentliche Arbeitszeit des Leiharbeitnehmers beträgt __ Stunden.

---

19 Anlage 2 zum Rahmenvertrag Arbeitnehmerüberlassung.
20 Arbeitsvertragliche Regelarbeitszeit/Woche und wöchentliche Einsatzzeit
   beim Entleiher sollten einander entsprechen, ansonsten drohen dem Verleiher für Nichteinsatzzeiten Verzugslohnrisiken (§ 615 BGB).

§ 3
Vergütung und Abrechnung

1. Der Entleiher zahlt für die Überlassung eine pauschale Vergütung in Höhe von EURO _____ pro Monat, zuzüglich gesetzlicher Mehrwertsteuer. Beginnt oder endet die Überlassung während eines Monats, ist die Vergütung zeitanteilig zu entrichten.
2. Für Arbeitsstunden, die über die regelmäßige Wochenarbeitszeit gemäß vorstehendem § 2 hinaus gehen (Überstunden) sowie für Nacht-, Sonntags- und Feiertagsarbeit erhält der Verleiher eine zusätzliche Vergütung in Höhe von EURO _____ pro Stunde.
3. Die Rechnungsstellung erfolgt zum __. des der Arbeitsleistung nachfolgenden Monats. Der Entleiher ist verpflichtet, die vom Leiharbeitnehmer zu erstellenden Arbeitszeitnachweise zu kontrollieren und bis spätestens __. des der Arbeitsleistung nachfolgenden Monats gegenzuzeichnen.

§ 4
Kündigung

1. Beide Parteien können die Überlassung unter Einhaltung einer Frist von zwei Wochen kündigen.
2. Das Recht zur außerordentlichen Kündigung bleibt unberührt.
3. Jede Kündigung bedarf zur Wirksamkeit der Schriftform.

§ 5
Schlussbestimmungen

1. Änderungen und Ergänzungen dieses Vertrages bedürfen zu ihrer Wirksamkeit der Schriftform. Dies gilt auch für die Änderung dieses Schriftformerfordernisses.
2. Sollten Bestimmungen dieses Vertrages ganz oder teilweise unwirksam sein, wird dadurch die Wirksamkeit des Vertrages im Übrigen nicht berührt. Für diesen Fall gilt diejenige wirksame Bestimmung als vereinbart, welche der unwirksamen Bestimmung nach Sinn und Zweck am nächsten kommt. Entsprechendes gilt für den Fall einer unbewussten Regelungslücke.
3. Im Übrigen gelten die Regelungen des Rahmenvertrages Arbeitnehmerüberlassung vom __. _____ 200_ nebst der Allgemeinen Geschäftsbedingungen des Verleihers.

5. Muster Allgemeine Geschäftsbedingungen Arbeitnehmer- überlassung

Allgemeine Geschäftsbedingungen für Leistungen der XY Personal Service GmbH[21]

Diese Allgemeinen Geschäftsbedingungen der XY Personal Service GmbH – nachfolgend auch »Verleiher« – sind Bestandteil des mit dem Kunden – nachfolgend auch »Entleiher« – abgeschlossenen Arbeitnehmerüberlassungsvertrages nebst Anlagen (§ 12 AÜG) und gelten in Ergänzung dazu. Der Geltung von abweichenden Allgemeinen Geschäftsbedingungen des Entleihers wird ausdrücklich widersprochen. Diese Allgemeinen Geschäftsbedingungen des Verleihers gelten auch für Folgegeschäfte, selbst wenn bei deren Abschluss nicht nochmals darauf hingewiesen wird.

§ 1
Vertragsgegenstand und Durchführung

1. Der Verleiher stellt dem Entleiher auf der Grundlage des Arbeitnehmerüberlassungsgesetzes (AÜG), seiner Allgemeinen Geschäftsbedingungen und den Bestimmungen des abgeschlossenen Arbeitnehmerüberlassungsvertrages nebst Anlagen Leiharbeitnehmer (nachfolgend auch »Arbeitnehmer«) am vereinbarten Einsatzort zur Verfügung.
2. Der Verleiher hat den Arbeitnehmer gemäß dem von dem Entleiher beschriebenen fachlichen Anforderungsprofil ausgewählt und auf seine berufliche Eignung hin überprüft. Der Entleiher ist nur berechtigt, den Arbeitnehmer zur Durchführung der im Vertrag vereinbarten Tätigkeit einzusetzen. Er darf ausschließlich Geräte, Werkzeuge, Maschinen und sonstige Arbeitsmaterialien benutzen, die zur Ausführung dieser Tätigkeit erforderlich sind. Im Falle des Einsatzes ausländischer Arbeitnehmer sichert der Verleiher zu, dass die erforderlichen behördlichen Genehmigungen vorliegen.
3. Während der Beschäftigung im Entleiherbetrieb unterliegt der überlassene Arbeitnehmer der Leitung, Aufsicht und den Arbeitsanweisungen des Entleihers; dieser darf Mehrarbeitsstunden des Arbeitnehmers anordnen. Eine vertragliche Beziehung zwischen dem entsandten Arbeitnehmer und dem Entleiher wird nicht begründet.
4. Alle wesentlichen Merkmale der Tätigkeit sowie etwaige Neudispositionen sind ausschließlich mit dem Verleiher zu vereinbaren,

---

21 Anlage 4 zum Rahmenvertrag Arbeitnehmerüberlassung; das Schriftformerfordernis nach § 12 AÜG erstreckt sich a. auf die AGB – vorsorglich sollten die Vertragsparteien a. diese separat unterschreiben, vgl. a. *Boemke/ Lembke* § 12 AÜG Rn. 8.

wobei der Verleiher auf die besonderen Wünsche und Anforderungen im Entleiherbetrieb angemessen Rücksicht nehmen wird.

5. Soll der überlassene Arbeitnehmer mit anderen Tätigkeiten betraut oder an einem anderen Tätigkeitsort eingesetzt werden, so hat der Entleiher den Verleiher im Voraus darüber zu unterrichten und dessen schriftliche Zustimmung einzuholen.

§ 2
Arbeitssicherheit

1. Der Entleiher ist verpflichtet, den entsandten Arbeitnehmer vor der Arbeitsaufnahme über die in seinem Betrieb und dem jeweiligen Arbeitsplatz geltenden Unfallverhütungsvorschriften zu unterrichten, insbesondere aber dem Arbeitnehmer die für die Ausübung der jeweiligen Tätigkeit vorgeschriebene Sicherheitsausrüstung und Schutzkleidung unentgeltlich zur Verfügung zu stellen. Ebenso werden Einrichtungen und Maßnahmen der Ersten Hilfe durch den Entleiher unentgeltlich sichergestellt.

2. Sollten der entsandte Arbeitnehmer bei mangelhaften oder nicht vorhandenen Sicherheitseinrichtungen oder Ausrüstungen oder Schutzkleidung die Aufnahme oder Fortsetzung der Tätigkeit ablehnen, haftet der Entleiher gegenüber dem Verleiher für den dadurch entstandenen Lohnausfall. Die Leiharbeitnehmer sind durch den Verleiher bei der Berufsgenossenschaft versichert.

3. Arbeitsunfälle sind dem Verleiher und der Berufsgenossenschaft mittels schriftlicher Unfallanzeige unverzüglich zu melden. Eine Kopie der Unfallanzeige ist vom Entleiher gemäß § 193 SGB VII der für den Betrieb des Entleihers zuständigen Berufsgenossenschaft zu übersenden.

4. Die sicherheitstechnischen Kontrollen am Tätigkeitsort werden durch den/die Sicherheitsbeauftragten des Verleihers bzw. eine Fachkraft für Arbeitssicherheit eines durch den Verleiher beauftragten Unternehmens regelmäßig durchgeführt. Der Entleiher gestattet diesen Personen den Zugang zu den Arbeitsplätzen.

§ 3
Vertragslaufzeit; Kündigung

1. Der Arbeitnehmerüberlassungsvertrag ist auf unbestimmte Zeit geschlossen. Er kann von beiden Vertragsparteien mit einer Frist von drei Monaten zum Monatsende gekündigt werden. Die Kündigung des Arbeitnehmerüberlassungsvertrages gilt zugleich als Kündigung aller Einzelverträge Arbeitnehmerüberlassung zum gleichen Zeitpunkt.

2. Die einzelne Arbeitnehmerüberlassung beginnt und endet jeweils zu dem für den überlassenen Arbeitnehmer im Einzelvertrag Arbeitnehmerüberlassung genannten Zeitpunkt. Krankheit und Urlaub verlängern die Frist nicht. Während der Dauer der Überlassung eines Arbeitnehmers kann der Entleiher diese unter Einhaltung einer Frist von zwei Wochen kündigen. Die Kündigung des Arbeitnehmerüberlassungsvertrages lässt die Wirksamkeit des Rahmenvertrages Arbeitnehmerüberlassung unberührt. Der Entleiher ist verpflichtet, den Arbeitnehmer spätestens zwei Werktage vor Einsatzende über die Beendigung des Einsatzes zu informieren.

3. Das Recht zur außerordentlichen Kündigung des Rahmenvertrages sowie der Einzelverträge Arbeitnehmerüberlassung bleibt unberührt. Der Verleiher ist zur außerordentlichen Kündigung insbesondere berechtigt, wenn:

   a) der Entleiher seine Zahlung einstellt oder über sein Vermögen die Eröffnung eines Insolvenzverfahrens beantragt wird;

   b) eine Verschlechterung der wirtschaftlichen Verhältnisse des Entleihers eintritt;

   c) der Entleiher mit der Erfüllung seiner Verbindlichkeiten aus einem Einzelvertrag Arbeitnehmerüberlassung oder aus einem anderen Vertragsverhältnis mit dem Verleiher in Verzug geraten ist und trotz angemessener Fristsetzung von zwei Wochen nicht leistet;

   d) der Entleiher seine Pflichten zur Sicherstellung der Arbeitssicherheit des Arbeitnehmers nicht erfüllt;

   e) für den Arbeitnehmer unzumutbare Arbeitsbedingungen gegeben sind;

   f) dem Arbeitnehmer die Arbeitsleistung im Betrieb des Entleihers aufgrund Streik, Aussperrung, höherer Gewalt oder anderer Gründe in der Sphäre des Entleihers unmöglich ist.

4. Jede Kündigung bedarf zu ihrer Wirksamkeit der Schriftform.

§ 4
Haftung

1. Der Verleiher haftet nur für die fehlerfreie Auswahl und pünktliche Bereitstellung eines für die vereinbarte Tätigkeit qualifizierten Arbeitnehmers. Die Haftung für eine Verletzung der in Satz 1 genannten oder sich kraft Gesetzes ergebender Verpflichtungen ist auf Vorsatz und grobe Fahrlässigkeit beschränkt. Für weitergehende Schäden haftet der Verleiher nicht.

2. Der Verleiher haftet insbesondere nicht für von dem entsandten Arbeitnehmer verursachte Schäden oder Schlechtleistungen; entsprechendes gilt, wenn der Arbeitnehmer seine Leistung nicht er-

bringt. Der Arbeitnehmer ist weder Erfüllungs- noch Verrichtungs-
gehilfe des Verleihers.

3. Eine Freistellung des Verleihers durch den Entleiher im Zusammenhang mit Ansprüchen, die durch dritte Personen in Verbindung mit der Ausführung der vom Arbeitnehmer durchgeführten
   Arbeiten erfolgen sollten, gilt als ausdrücklich vereinbart.

4. Der überlassene Leiharbeitnehmer ist zum Inkasso nicht berechtigt. Der Verleiher haftet daher nicht für Schäden, die dadurch verursacht werden, dass der Arbeitnehmer mit Geldangelegenheiten,
   wie Kassenführung, Verwahrung und Verwaltung von Geld sowie
   Wertpapieren und ähnlichen Geschäften betraut wird.

5. Der Entleiher hat den Arbeitnehmer unverzüglich nach Tätigkeitsaufnahme darauf zu prüfen, ob er für die von ihm auszuübende
   Tätigkeit geeignet ist. Stellt der Entleiher innerhalb der ersten vier
   Stunden des ersten Überlassungstages des Arbeitnehmers fest,
   dass dieser für die vorgesehene Tätigkeit offensichtlich ungeeignet
   ist und besteht er daher auf den Austausch dieses Arbeitnehmers,
   werden ihm bis zu vier Arbeitsstunden sowie die An- und Abreise
   für diesen Tag nicht berechnet. Der Verleiher ist über die Zurückweisung unverzüglich schriftlich (per Telefax oder E-Mail) zu unterrichten. Der Verleiher wird im Rahmen seiner Möglichkeiten eine geeignete Ersatzkraft zur Arbeitsleistung zur Verfügung stellen.
   Der Entleiher ist berechtigt, vom Einzelvertrag Arbeitnehmerüberlassung zurückzutreten, wenn ihm der Verleiher nicht spätestens
   mit Ablauf des übernächsten Tages nach Zugang des Austausch-
   verlangens eine für die konkrete Tätigkeit geeignete Ersatzkraft
   überläßt. Weitergehende Ansprüche des Entleihers oder eine Verpflichtung zum Schadensersatz durch den Verleiher (ausgenommen grobe Fahrlässigkeit oder Vorsatz) bestehen nicht. Verlangt
   der Entleiher innerhalb der ersten vier Stunden des ersten Überlassungstages keinen Austausch des Arbeitnehmers, werden diese
   Arbeitsstunden berechnet; ein Austausch eines Arbeitnehmers ist
   dann nur noch mit ausdrücklicher schriftlicher Zustimmung des
   Verleihers möglich.

6. Ist der Verleiher mit der Überlassung eines Arbeitnehmers in Verzug, ist der Entleiher nur dann zum Rücktritt vom Einzelvertrag
   Arbeitnehmerüberlassung berechtigt, wenn er dem Verleiher eine
   angemessene Nachfrist von mindestens drei Werktagen gesetzt hat.

§ 5
Rechnungslegung und Abrechnung

1. Die Abrechnung der Leistungen erfolgt auf der Grundlage des
   im Arbeitnehmerüberlassungsvertrages vereinbarten Stundenver-

rechnungssatzes zuzüglich etwaiger Zuschläge und gesetzlicher Mehrwertsteuer in der jeweils geltenden Höhe.

2. Eine etwaige Überlassung von Werkzeug und sonstigen Arbeitsmitteln durch den Verleiher ist nicht im Stundenverrechnungssatz enthalten. Die Parteien werden insoweit eine selbständige Vergütungsregelung treffen.

3. Der Verleiher behält sich eine entsprechende Erhöhung des Stundenverrechnungssatzes vor, wenn nach Vertragsabschluss tariflich bedingte Lohnerhöhungen eintreten, wenn Leiharbeitnehmer gegen andere mit höherer Qualifikation ausgetauscht werden, oder wenn Umstände, die der Verleiher nicht zu vertreten hat, eine Kostensteigerung verursachen. Entsprechendes gilt bei einer Änderung des Einsatzortes durch den Entleiher, wenn dem Verleiher dadurch höhere Aufwendungen entstehen; die höheren Aufwendungen kann der Verleiher ersetzt verlangen.

4. Der Entleiher ist verpflichtet, dem Verleiher auf Verlangen Auskunft über die Arbeitsbedingungen einschließlich des Arbeitsentgelts vergleichbarer Arbeitnehmer im Entleiherbetrieb zu erteilen.

5. Der Leiharbeitnehmer wird dem Entleiher wöchentlich Tätigkeitsnachweise vorlegen. Der Entleiher ist verpflichtet, diese Nachweise zu unterzeichnen und dem Arbeitnehmer eine Ausfertigung auszuhändigen. Eine Ausfertigung bleibt zur Rechnungskontrolle beim Entleiher.

6. Die Rechnungsstellung durch den Verleiher erfolgt monatlich bis zum 10. eines Monats für den Vormonat. Die Rechnung ist sofort nach Erhalt ohne Abzug zur Zahlung fällig. Der Verleiher kann angemessene monatliche Abschlagszahlungen verlangen.

7. Im Falle des Zahlungsverzugs, Scheck- oder Wechselprotests, der Lastschriftrückbelastung oder bei Beantragung des Insolvenzverfahrens werden die gesamten offenen Forderungen zur sofortigen Zahlung fällig. Die in Rechnung gestellten Forderungen sind ab Fälligkeit auf das Jahr mit 12 % über dem jeweiligen Basiszinssatz zu verzinsen.

8. Für die außergerichtliche bzw. gerichtliche Beitreibung der Forderungen berechnet der Verleiher eine Bearbeitungsgebühr in Höhe von Euro 80,00.

§ 6
Arbeitszeit und Zuschläge

1. Soweit nicht anderes vereinbart ist, ist der Entleiher berechtigt und verpflichtet, eine Arbeitszeit des Arbeitnehmers von __ Stunden/Woche (»regelmäßige Arbeitszeit«) abzunehmen. Kommt der Entleiher mit der Annahme der Arbeitsleistung in Verzug, ist der

Verleiher berechtigt, die Vergütung für die nicht abgenommenen Arbeitsstunden zu berechnen. Änderungen der regelmäßigen Arbeitszeit können nur zwischen dem Verleiher und dem Entleiher vereinbart werden. Die Grenzen des Arbeitszeitgesetzes sind durch den Entleiher zu beachten.

2. Die Stundenverrechnungssätze gelten, sofern nicht ausdrücklich anders vereinbart ist, ohne Zuschläge für Mehr-, Nacht-, Sonntags- und Feiertagsarbeit sowie sonstige Zuschläge. Für Arbeitsstunden, die über die unter vorstehender Ziffer 1 genannte regelmäßige wöchentliche Arbeitszeit hinausgehen (»Mehrarbeit«), sowie für Nacht-, Sonntags- und Feiertagsstunden werden folgende Zuschläge berechnet:

- 25 %   Mehrarbeit;
- 50 %   Mehrarbeit (20.00 bis 6.00 Uhr);
- 25 %   Nachtarbeit (23.00 bis 6.00 Uhr);
- 25 %   1. + 2. Arbeitsstunde an Samstagen;
- 50 %   ab der 3. Arbeitsstunde an Samstagen;
- 50 %   Arbeitsstunden an Sonntagen;
- 100 %   Arbeitsstunden an gesetzlichen Feiertagen.

Beim Zusammentreffen mehrerer Zuschläge wird nur der jeweils höchste berechnet. Bei Einsatz in Wechselschicht wird ein Zuschlag von 10 % berechnet.

3. Zeiten für Rufbereitschaft und Reisezeiten des überlassenen Arbeitnehmers werden auf der Grundlage des vereinbarten Stundenverrechnungssatzes abgerechnet.

4. Der Entleiher ist verpflichtet, die vom Leiharbeitnehmer zu erstellenden wöchentlichen Arbeitszeitnachweise zu kontrollieren und spätestens bis Dienstag der auf die Arbeitsleistung folgenden Woche gegenzuzeichnen.

§ 7
Vermittlungshonorar; Personalvermittlung

1. Das mit dem Entleiher bestehende Vertragsverhältnis ist über die Arbeitnehmerüberlassung hinaus darauf gerichtet, den Arbeitnehmer zur dauerhaften Einstellung zu vermitteln. Begründen der Entleiher und der überlassene Arbeitnehmer während der Arbeitnehmerüberlassung oder innerhalb von sechs Monaten nach Beendigung des Leiharbeitsvertrages ein Arbeitsverhältnis, gilt dies als Arbeitsvermittlung durch den Verleiher. In diesem Fall hat der Verleiher Anspruch auf ein Vermittlungshonorar in Höhe des 200-fachen vereinbarten Stundenverrechnungssatzes. Das Honorar

reduziert sich für jeden der Vermittlung unmittelbar vorangegangenen Überlassungsmonat um je 1/12.

2. Vorstehender Absatz 2 gilt entsprechend bei Begründung eines Arbeitsverhältnisses zwischen überlassenem Arbeitnehmer und einem mit dem Entleiher verbundenen Unternehmen im Sinne des AktG.[22]

3. Erfolgt die Übernahme des Arbeitnehmers ohne vorherige Überlassung, hat der Verleiher Anspruch auf ein Vermittlungshonorar in Höhe von zwei Monatsfestgehältern/brutto des Arbeitnehmers auf Grundlage des mit dem Entleiher abgeschlossenen Arbeitsvertrages.

4. Alle Honorare verstehen sich zuzüglich gesetzlicher Mehrwertsteuer in der jeweils geltenden Höhe.

5. Das jeweilige Honorar ist fällig mit Abschluss des Arbeitsvertrages zwischen dem Leiharbeitnehmer und dem Entleiher oder dem mit dem Entleiher verbundenen Unternehmen im Sinne des AktG. Der Entleiher wird den Verleiher hierüber unverzüglich in Kenntnis setzen; er ist auf Verlangen zur Erteilung entsprechender Auskünfte verpflichtet.

§ 8
Sozialeinrichtungen

Der Entleiher ist verpflichtet, den überlassenen Leiharbeitnehmern Zugang zu den im Betrieb bestehenden Sozialeinrichtungen zu gewähren.

§ 9
Arbeitskampf

Im Falle eines legalen Streiks im Betrieb des Entleihers ist der Verleiher von seiner Verpflichtung zur Leistung frei. Bei einem Arbeitskampf im Entleiherbetrieb ist der Leiharbeitnehmer nicht zur Arbeitsaufnahme verpflichtet. Der Verleiher hat den Leiharbeitnehmer darauf hinzuweisen.

§ 10
Erfüllungsort; Gerichtsstand; Anwendbares Recht

1. Erfüllungsort für die Leistungen der Parteien ist bei dem Geschäftssitz des Verleihers. Ist der Entleiher Kaufmann gemäß § 38

---

22 Ob eine derartige Konzernerweiterung der Vermittlungsklausel zulässig oder vielmehr ein unzulässiges Einstellungshemmnis im Sinne des § 9 Nr. 3 Hs. 2 AÜG ist, ist zweifelhaft (sh. § 9 AÜG Rdn. 44).

Abs. 1 ZPO, so ist der ausschließliche Gerichtsstand für sämtliche Streitigkeiten aus und im Zusammenhang mit der mit ihm bestehenden Geschäftsverbindung, einschließlich etwaiger Wechsel- und Scheckforderungen, am Geschäftssitz des Verleihers. Der Verleiher ist berechtigt, den Entleiher auch an seinem allgemeinen Gerichtsstand zu verklagen.

2. Für das Vertragsverhältnis zwischen Verleiher und Entleiher gilt das Recht der Bundesrepublik Deutschland.

3. Sollten einzelne Bestimmungen des Arbeitnehmerüberlassungsvertrages oder dieser Allgemeinen Geschäftsbedingungen ganz oder teilweise unwirksam sein oder werden, wird dadurch die Wirksamkeit der übrigen Bestimmungen nicht berührt. Für diesen Fall gilt diejenige wirksame Bestimmung als vereinbart, welche der unwirksamen Klausel nach Sinn und Zweck am nächsten kommt. Entsprechendes gilt für den Fall einer unbewussten Regelungslücke.

II. Übersicht über Strafen und Bußgelder bei illegaler Beschäftigung

1. Illegale Arbeitnehmerüberlassung

Verstoß	Tatbestand	Bußgeld	Strafe
Verleih von Leiharbeitnehmern ohne Verleiherlaubnis	§ 16 Abs. 1 Nr. 1 AÜG	bis zu € 25 000,00	–
Tätigwerdenlassen eines von einem Verleiher ohne Verleiherlaubnis entliehenen Leiharbeitnehmers	§ 16 Abs. 1a. AÜG	bis zu € 25 000,00	–
Entleih eines Ausländers ohne Aufenthaltstitel/Genehmigung von einem Verleiher mit Verleiherlaubnis	§ 16 Abs. 1 Nr. 2 AÜG	bis zu € 250 000,00	–
Verleih eines Ausländers, der keine(n) Aufenthaltstitel/Genehmigung besitzt, ohne Verleiherlaubnis	§ 15 Abs. 1 AÜG	–	Freiheitsstrafe bis zu drei Jahren oder Geldstrafe
→ in besonders schweren Fällen	§ 15 Abs. 2 AÜG	–	Freiheitsstrafe von sechs Monaten bis zu fünf Jahren oder Geldstrafe

Verstoß	Tatbestand	Bußgeld	Strafe
Tätigwerdenlassen eines von einem Verleiher mit Verleiherlaubnis entliehenen Ausländers ohne Aufenthaltstitel/Genehmigung zu diskriminierenden Arbeitsbedingungen	§ 15a Abs. 1 S. 1 AÜG	–	Freiheitsstrafe bis zu drei Jahren oder Geldstrafe
→ in besonders schweren Fällen	§ 15a Abs. 1 S. 2 AÜG	–	Freiheitsstrafe von sechs Monaten bis zu fünf Jahren oder Geldstrafe
Entleih mehrerer Ausländer ohne Aufenthaltstitel/Genehmigung von einem Verleiher mit Verleiherlaubnis	§ 15a Abs. 2 S. 1 Nr. 1 AÜG	–	Freiheitsstrafe bis zu einem Jahr oder Geldstrafe
→ in besonders schweren Fällen	§ 15a Abs. 2 S. 2 AÜG	–	Freiheitsstrafe bis zu drei Jahren oder Geldstrafe
Beharrliche Wiederholung des Entleihers ausländischer Arbeitnehmer ohne Aufenthaltstitel/Genehmigung von Verleihern mit Verleiherlaubnis	§ 15a Abs. 2 S. 1 Nr. 2 AÜG	–	Freiheitsstrafe bis zu einem Jahr oder Geldstrafe
→ in besonders schweren Fällen	§ 15a Abs. 2 S. 2 AÜG	–	Freiheitsstrafe bis zu drei Jahren oder Geldstrafe
Entleih ausländischer Arbeitnehmer ohne Aufenthaltstitel/Genehmigung von Verleihern ohne Verleiherlaubnis	Über die Fiktion des § 10 Abs. 1 AÜG i.V.m. § 9 Nr. 1 AÜG wird der Entleiher Arbeitgeber der ausländischen Arbeitnehmer. Es liegt illegale Ausländerbeschäftigung vor.	Je nach Art des Verstoßes kommt entweder ein Bußgeld bis zu € 250 000,00 …	… eine Freiheitsstrafe bis zu fünf Jahren oder eine Geldstrafe in Betracht
Gewerbsmäßige Arbeitnehmerüberlassung in das Baugewerbe	§ 16 Abs. 1 Nr. 1b. AÜG	bis zu € 25 000,00	–

Verstoß	Tatbestand	Bußgeld	Strafe
Verstoß gegen Arbeitgeber-pflichten (§ 3 Abs. 1 AÜG) → bei vermuteter Arbeits-vermittlung nach § 1 Abs. 2 AÜG ohne An-zeige der Gewerbeaus-übung nach § 14 GewO (str.)	§ 146 Abs. 2 Nr. 1 GewO	bis zu € 1 000,00	–

2. Illegale Ausländerbeschäftigung

Verstoß	Tatbestand	Bußgeld	Strafe
Ausübung einer Beschäfti-gung ohne Aufenthaltstitel/ Genehmigung	§ 404 Abs. 2 Nr. 4 SGB III	bis zu € 5 000,00	–
Beschäftigung von Auslän-dern ohne Aufenthaltstitel/ Genehmigung	§ 404 Abs. 2 Nr. 3 SGB III	bis zu € 500 000,00	–
Mittelbare illegale Auslän-derbeschäftigung	§ 404 Abs. 1 Nr. 2 SGB III	bis zu € 500 000,00	–
Beschäftigung von Auslän-dern ohne Aufenthaltstitel/ Genehmigung in größerem Umfang	§ 11 Abs. 1 Nr. 1 SchwarzArbG	–	Freiheitsstrafe bis zu einem Jahr oder Geld-strafe
→ in besonders schweren Fällen	§ 11 Abs. 2 SchwarzArbG	–	Freiheitsstrafe bis zu drei Jah-ren oder Geld-strafe
Beharrliche Wiederholung der Beschäftigung von Aus-ländern ohne Aufenthalts-titel/Genehmigung	§ 11 Abs. 1 Nr. 2a Schwarz-ArbG	–	Freiheitsstrafe bis zu einem Jahr oder Geld-strafe
→ in besonders schweren Fällen	§ 11 Abs. 2 SchwarzArbG	–	Freiheitsstrafe bis zu drei Jah-ren oder Geld-strafe

Verstoß	Tatbestand	Bußgeld	Strafe
Beharrliche Wiederholung der Ausübung einer Beschäftigung ohne Aufenthaltstitel/Genehmigung	§ 11 Abs. 1 Nr. 2b SchwarzArbG	–	Freiheitsstrafe bis zu einem Jahr oder Geldstrafe
→ in besonders schweren Fällen	§ 11 Abs. 2 SchwarzArbG	–	Freiheitsstrafe bis zu drei Jahren oder Geldstrafe
Diskriminierende Beschäftigung von Ausländern ohne Aufenthaltstitel/Genehmigung	§ 10 Abs. 1 SchwarzArbG	–	Freiheitsstrafe bis zu drei Jahren oder Geldstrafe
→ in besonders schweren Fällen	§ 10 Abs. 2 SchwarzArbG	–	Freiheitsstrafe von sechs Monaten bis zu fünf Jahren oder Geldstrafe
Menschenhandel zum Zwecke der Ausbeutung der Arbeitskraft	§ 233 StGB	–	Freiheitsstrafe von sechs Monaten bis zu zehn Jahren

3. Vorenthalten von Sozialversicherungsbeiträgen bzw. Steuern

Verstoß	Tatbestand	Bußgeld	Strafe
Nichtanmeldung eines Arbeitnehmers zur Sozialversicherung	§ 111 Abs. 1 Nr. 2 SGB IV	bis zu € 25 000,00	–
Vorenthalten von Sozialversicherungsbeiträgen	§ 266a StGB	–	Freiheitsstrafe bis zu fünf Jahren oder Geldstrafe
→ in besonders schweren Fällen	§ 266a Abs. 4 StGB	–	Freiheitsstrafe von sechs Monaten bis zu zehn Jahren
Steuerhinterziehung	§ 370 Abs. 1 AO	–	Freiheitsstrafe bis zu fünf Jahren oder Geldstrafe
→ in besonders schweren Fällen	§ 370 Abs. 3 AO	–	Freiheitsstrafe von sechs Monaten bis zu zehn Jahren

Verstoß	Tatbestand	Bußgeld	Strafe
Leichtfertige Steuerver-kürzung	§ 378 Abs. 1 AO	bis zu € 50 000,00	–
Steuergefährdung	§ 379 Abs. 1 AO	bis zu € 5 000,00	–
Gefährdung der Abzugs-steuern	§ 380 Abs. 1 AO	bis zu € 25 000,00	–

4. Schwarzarbeit

Verstoß	Tatbestand	Bußgeld	Strafe
Leistungsmissbrauch gegenüber der BA	§ 404 Abs. 2 Nr. 26 SGB III	bis zu € 5 000,00	–
Leistungsmissbrauch im Zusammenhang mit der Er-bringung von Dienst- oder Werkleistungen in erheb-lichem Umfang	§ 8 Abs. 1 Nr. 1a)–c) SchwarzArbG	bis zu € 300 000,00	–
Erschleichen von Sozialleis-tungen im Zusammenhang mit der Erbringung von Dienst- oder Werkleistun-gen	§ 9 SchwarzArbG	–	Freiheitsstrafe bis zu drei Jah-ren oder Geld-strafe
Betrügerischer Leistungs-missbrauch	§ 263 Abs. 1 StGB	–	Freiheitsstrafe bis zu fünf Jah-ren oder Geld-strafe
→ in besonders schweren Fällen	§ 263 Abs. 3 StGB	–	Freiheitsstrafe von einem Jahr bis zu zehn Jahren
Unerlaubte Reisegewer-beausübung	§ 145 Abs. 1 Nr. 1 GewO	bis zu € 50 000,00	–
Unrechtmäßige Gewerbe-ausübung	§ 146 Abs. 2 Nr. 1 GewO	bis zu € 1 000,00	–
Unrechtmäßige (Reise-) Ge-werbeausübung im Zusam-menhang mit der Erbrin-gung von Dienst- und Werkleistungen in erhebli-chem Umfang	§ 8 Abs. 1 Nr. 1d) SchwarzArbG	bis zu € 50 000,00	–

Verstoß	Tatbestand	Bußgeld	Strafe
Unerlaubte Handwerksaus-übung	§ 117 Abs. 1 Nr. 1 HandwO	bis zu € 10 000,00	–
Unerlaubte Handwerksaus-übung im Zusammenhang mit der Erbringung von Dienst- und Werkleistungen in erheblichem Umfang	§ 8 Abs. 1 Nr. 1e) SchwarzArbG	bis zu € 50 000,00	–
Beauftragung mit Schwarz-arbeit	§ 8 Abs. 1 Nr. 2 SchwarzArbG	bis zu € 300 000,00	–

5. Illegale Arbeitnehmerentsendung

Verstoß	Tatbestand	Bußgeld	Strafe
Nichteinhaltung der nach dem AEntG von Arbeit-geber bzw. Verleihern mit Sitz im In- oder Ausland zu gewährenden Arbeitsbedin-gungen, insbesondere die Zahlung des tariflichen Mindestlohns	§ 23 Abs. 1 Nr. 1 AEntG	bis zu € 500 000,00	–
Nichtabführung der nach dem AEntG von Arbeit-gebern mit Sitz im In- oder Ausland zu leistenden Bei-träge zu einer gemeinsamen Einrichtung der Tarifver-tragsparteien	§ 23 Abs. 1 Nr. 1 AEntG	bis zu € 500 000,00	–
Ausführenlassen von Bau-leistungen in erheblichem Umfang durch Unterneh-men oder von diesen einge-setzten Nachunternehmen, die die nach dem AEntG zu gewährenden Arbeitsbedin-gungen, insbesondere die Zahlung des tariflichen Mindestlohns, nicht einhal-ten	§ 23 Abs. 2 AEntG	bis zu € 500 000,00	–

Verstoß	Tatbestand	Bußgeld	Strafe
Nichtanmeldung der nach Deutschland entsandten bzw. verliehenen Arbeitnehmer vor Beginn jeder in deutscher Sprache bei der zuständigen Behörde der Zollverwaltung durch Arbeitgeber bzw. Entleiher mit Sitz im Ausland gemäß § 18 Abs. 1 bzw. 3 AEntG	§ 23 Abs. 1 Nr. 5 und 6 AEntG	bis zu € 30 000,00	–
Nichtabgabe einer Versicherung über die Einhaltung der Arbeitsbedingungen nach dem AEntG im Rahmen der von Arbeitgebern bzw. Entleihern mit Sitz im Ausland nach § 18 Abs. 2 bzw. 4 AEntG vorzunehmenden Anmeldung	§ 23 Abs. 1 Nr. 7 AEntG	bis zu € 30 000,00	–

E. Adressen der Regionaldirektionen

Regional-direktion	Zuständigkeit		Anschrift	Telefon	E-Mail
	Bundesländer	**Ausland**			
Nord	Hamburg Schleswig-Holstein Mecklenburg-Vorpommern	Dänemark, Norwegen, Schweden, Finnland, Island, Estland, Lettland, Litauen	Projensdorfer Straße 82, 24106 Kiel	0431 / 33 95-33 30	Nord.ANUE @arbeitsagentur.de
Niedersachsen-Bremen	Niedersachsen Bremen	–	Altenbekener Damm 82, 30173 Hannover	0511 / 98 85-36 11	Niedersachsen-Bremen.AUeG @arbeitsagentur.de
Nordrhein-Westfalen	Nordrhein-Westfalen	Großbritannien, Irland, Niederlande, Malta, Polen	Josef-Gockel-Straße 7, 40474 Düsseldorf	0211 / 43 06-25 8	Nordrhein-Westfalen.3013 @arbeitsagentur.de
Hessen	Hessen	Rumänien, Bulgarien, alle Nicht-EU-/EWR-Staaten	Saonestraße 2–4, 60528 Frankfurt	069 / 66 70-23 8	Hessen.301-Recht @arbeitsagentur.de
Rheinland-Pfalz Saarland	Rheinland-Pfalz Saarland	Belgien, Frankreich, Luxemburg	Eschberger Weg 68, 66121 Saarbrücken	0681 / 84 9-43 2	Rheinland-Pfalz-Saarland. Justiziariat@arbeitsagentur.de
Baden-Württemberg	Baden-Württemberg	Spanien, Portugal	Hölderlinstraße 36, 70174 Stuttgart	0711 / 94 1-20 14	BadenWuerttemberg.ANUE @arbeitsagentur.de
Bayern	Bayern	Italien, Griechenland, Österreich, Liechtenstein, Slowenien, Zypern	Regensburger Straße 100, 90478 Nürnberg	0911 / 17 9-38 05	Bayern.AUeG @arbeitsagentur.de

Regional-direktion	Zuständigkeit		Anschrift	Telefon	E-Mail
	Bundesländer	**Ausland**			
Berlin-Brandenburg	Berlin Brandenburg	–	Friedrichstraße 34, 10969 Berlin	030/55 55 99-53 41	Berlin-Brandenburg.301-AueG-OWiG@arbeitsagentur.de
Sachsen-Anhalt Thüringen	Sachsen-Anhalt Thüringen	Ungarn	Frau-von-Selmnitz-Straße 6, 06110 Halle	0345/13 32-20 7	Sachsen-Anhalt-Thueringen.AUeC@arbeitsagentur.de
Sachsen	Sachsen	Slowakei, Tschechien	Paracellsiusstraße 12, 09114 Chemnitz	03719/11 8-33 1	Sachsen.ANUE @arbeitsagentur.de

Stichwortverzeichnis

Die fett gedruckten Zahlen verweisen auf den Paragrafen, die mager gedruckten Zahlen auf die jeweilige Randnummer der Kommentierung.